Begutachtung psychischer Störungen

Frank Schneider
Helmut Frister
Dirk Olzen

Begutachtung psychischer Störungen

3., vollständig überarbeitete und aktualisierte Auflage

Unter Mitarbeit von

Sabrina Weber-Papen

sowie Svenja Behrendt, Sara Brinkmann, Peter Ernst, Florian Esser, Ute Habel, Angela Kramp, Anika Krebs, Max Mommertz, Anne Mosig, Janina Rumpff, Rolf-Dieter Stieglitz, Jill Tellioglu, Benjamin Theis, Heider Thomas

Mit 12 Abbildungen

 Springer

Prof. Dr. Dr. Frank Schneider
Uniklinik RWTH Aachen
Aachen

Prof. Dr. Helmut Frister
Heinrich-Heine-Universität Düsseldorf
Düsseldorf

Prof. Dr. Dirk Olzen
Heinrich-Heine-Universität Düsseldorf
Düsseldorf

ISBN-13 978-3-642-54764-5   ISBN 978-3-642-54765-2 (eBook)
DOI 10.1007/978-3-642-54765-2

Die Deutsche Nationalbibliothek verzeichnet diese Publikation in der Deutschen Nationalbibliografie;
detaillierte bibliografische Daten sind im Internet über http://dnb.d-nb.de abrufbar.

Springer Medizin
© Springer-Verlag Berlin Heidelberg 2006, 2010, 2015

Planung: Renate Scheddin, Heidelberg
Projektmanagement: Renate Schulz, Heidelberg
Lektorat: Dr. Irene Leubner-Metzger, Staines-upon-Thames/GB
Projektkoordination: Barbara Karg, Heidelberg
Umschlaggestaltung: deblik Berlin
Fotonachweis Umschlag: © Sandor Jackal/fotolia.com
Satz: TypoStudio Tobias Schaedla, Heidelberg

Gedruckt auf säurefreiem und chlorfrei gebleichtem Papier

Springer Medizin ist Teil der Fachverlagsgruppe Springer Science+Business Media
www.springer.com

Vorwort zur 3. Auflage

Begutachtungen von Patienten mit psychischen Störungen – dies ist die sog. Königsdisziplin der biopsychosozialen Wissenschaft Psychiatrie: anspruchsvoll, schwierig, kaum etwas für Anfänger. Kandidaten in der Weiterbildung zum Facharzt für Psychiatrie und Psychotherapie müssen aber früh lernen, selbst psychiatrische Gutachten anzufertigen. Als Fachärzte kommen sie häufig in die Situation, mit psychiatrischen Gutachten beauftragt zu werden.

Dass Bedarf an einem kompakten, praxisnahen Leitfaden für diesen Bereich besteht, bewiesen uns die erfreuliche Nachfrage und positive Resonanz auf die ersten beiden Auflagen unseres Buches »Begutachtung psychischer Störungen«. Grund genug, das Werk nun in einer wesentlich verbesserten und von Grund auf überarbeiteten 3. Auflage zu präsentieren. Mit der vorliegenden Neuauflage wurde das Buch auf den derzeitigen Stand der Rechtsprechung, Gesetzgebung und Literatur gebracht, um seinem Anspruch zu genügen, die Leser zuverlässig und aktuell zu informieren. Neu aufgenommen haben wir zudem Abschnitte zur beamtenrechtlichen Unfallfürsorge, zum Militärversorgungsrecht als Teil des öffentlichen Unfallentschädigungsrechts und zur Begutachtung von Menschen mit Traumafolgestörungen, mit Schwerpunkt auf der Begutachtung der posttraumatischen Belastungsstörung, sowie ein Kapitel zu Kindeswohlentscheidungen. Wir hoffen damit, unseren Lesern ein noch umfassenderes Wissensspektrum zu aktuellen Themen und Diskussionen im Feld der psychiatrischen und psychologischen Begutachtung vermitteln zu können.

An unseren Zielen hat sich im Vergleich zur 1. Auflage nichts geändert: Unser Bestreben ist und war, für ärztliche wie psychologische Kollegen einen Praxisleitfaden zu verfassen, der sozusagen in jede Kitteltasche passt und jeden Sachverständigen in die Lage versetzt, den aktuellen Stand der medizinischen, psychologischen und besonders auch der juristischen Literatur präsent zu haben. Gerade die rechtlichen Grundlagen sind für jede Begutachtung wichtig; nicht, dass der Gutachter die juristischen Entscheidungen fällt, aber der Gutachter muss als »Gehilfe des Gerichtes« diese Entscheidungen mit vorbereiten. Dies erfordert ein umfassendes Wissen über das juristische Spannungsfeld, in dem er seine Empfehlungen abgibt.

Das Buch soll aber gerade auch für Juristen lesenswert und wichtig sein: Richter, Rechtsanwälte und Staatsanwälte haben häufig mit psychiatrischen und psychologischen Gutachten zu tun, ohne das Hintergrundwissen zu haben, diese Gutachten wirklich kritisch würdigen zu können. Die medizinischen Begriffe haben sich von der überkommenen gesetzlichen Terminologie gelöst. Von »krankhafter Störung der Geistestätigkeit« oder gar »schwerer seelischer Abartigkeit« ist in der Medizin schon lange nicht mehr die Rede. Stattdessen werden andere Begriffe und Krankheitsmodelle verwendet, orientiert am Wissensfortschritt.

Das zu dem Verständnis notwendige Wissen soll in dem vorliegenden Werk bereitgestellt werden, um Juristen, Mediziner und Psychologen, aber auch Betroffene, Betreuer und Angehörige in die Lage zu versetzen, psychiatrische und psychologische Gutachten zu verstehen und kritisch zu hinterfragen. Hierzu dienen auch die zahlreichen Beispiele aus der Praxis, die möglichst lebensnah wiedergegeben werden. Es versteht sich von selbst, dass dabei alle Hinweise wie Namen und Orte, die auf die Begutachteten und ihr Umfeld Rückschlüsse erlauben, geändert wurden.

Mediziner und Juristen müssen sich – ungeachtet ihrer in vielem unterschiedlichen Weltsicht – über die Einschätzung evtl. vorhandener psychischer Störungen bei Patienten verständigen, um richtige und gerechte Entscheidungen der Gerichte zu ermöglichen. Zu dieser immer wieder schwierigen, aber gleichwohl interessanten und notwendigen Verständigung möchten wir mit diesem Buch einen Beitrag leisten.

Allen, die zum Gelingen dieses Buches beigetragen haben, sei herzlich gedankt: den Mitarbeitern aller drei Auflagen für ihre engagierte Hilfe, allen voran Sabrina Weber-Papen und daneben in den ersten beiden Auflagen Michael Lindemann, jenen des Springer-Verlages, insbesondere Renate Scheddin und Renate Schulz, für die vertrauensvolle Zusammenarbeit sowie Dr. Irène Leubner-Metzger für das sorgfältige Lektorat. Nicht zuletzt möchten wir auch den Lesern und Rezensenten der ersten beiden Auflagen danken, die durch konstruktive Kritik und Verbesserungsvorschläge wesentlich zur Weiterentwicklung unseres Werkes beigetragen haben. Auch dieses Mal würden wir uns über Anregungen und Verbesserungsvorschläge zur Gestaltung künftiger Auflagen freuen.

Aachen und Düsseldorf, im November 2014
Frank Schneider, Helmut Frister und Dirk Olzen

Über die Autoren

Univ.-Prof. Dr. med. Dr. rer. soc. Frank Schneider ist Direktor der Klinik für Psychiatrie, Psychotherapie und Psychosomatik der Uniklinik Rheinisch-Westfälische Technische Hochschule Aachen sowie Adjunct Professor of Psychiatry an der School of Medicine der University of Pennsylvania, Philadelphia. Er ist Facharzt für Psychiatrie und Psychotherapie, Diplom-Psychologe sowie Psychologischer Psychotherapeut und besitzt die Anerkennung des Schwerpunkts »Forensische Psychiatrie« der psychiatrischen Fachgesellschaft DGPPN sowie der Ärztekammer Nordrhein. Daneben ist er Mitherausgeber der Zeitschrift Der Nervenarzt, Prodekan der Medizinischen Fakultät der RWTH Aachen und war Präsident der Deutschen Gesellschaft für Psychiatrie und Psychotherapie, Psychosomatik und Nervenheilkunde (DGPPN).
Adresse: Klinik für Psychiatrie, Psychotherapie und Psychosomatik, Uniklinik RWTH Aachen, Pauwelsstraße 30, 52074 Aachen; psychiatrie@ukaachen.de; http://www.psychiatrie.ukaachen.de

Univ.-Prof. Dr. jur. Helmut Frister ist Geschäftsführender Direktor des Instituts für Rechtsfragen der Medizin an der Juristischen Fakultät der Heinrich-Heine-Universität Düsseldorf und Inhaber des dortigen Lehrstuhls für Strafrecht und Strafprozessrecht. Er ist Mitherausgeber der Zeitschrift Medizinstrafrecht (medstra), Mitglied der Ethikkommission der Medizinischen Fakultät der Heinrich-Heine-Universität und der Ärztekammer Nordrhein, Mitglied des Ethikkomitees des Düsseldorfer Universitätsklinikums, Mitglied der AG Fortpflanzungsmedizin der Deutschen Akademie der Naturforscher Leopoldina und ehemaliger Dekan der Juristischen Fakultät.
Adresse: Institut für Rechtsfragen der Medizin, Universitätsstraße 1, Geb. 24.91, 40225 Düsseldorf; helmut.frister@uni-duesseldorf.de; http://imr.duslaw.de/llm-medizinrecht/dozenten.html und http://www.jura.uni-duesseldorf.de/dozenten/frister/

Univ.-Prof. Dr. jur. Dirk Olzen war Geschäftsführender Direktor des Instituts für Rechtsfragen der Medizin, das seit dem Wintersemester 2007/2008 einen Masterstudiengang im Medizinrecht anbietet. Er bekleidet jetzt das Amt des Direktors an diesem Institut und war bis zu seiner Emeritierung im Sommer 2014 Inhaber des Lehrstuhls für Bürgerliches Recht und Zivilprozessrecht an der Heinrich-Heine-Universität Düsseldorf. Prof. Olzen ist Mitglied der Ethikkommission bei der Ärztekammer Nordrhein. Er war Dekan der Juristischen Fakultät und ist Mitherausgeber der Juristischen Rundschau.
Adresse: Institut für Rechtsfragen der Medizin, Universitätsstraße 1, Geb. 24.91, 40225 Düsseldorf; dirk.olzen@uni-duesseldorf.de; http://imr.duslaw.de/llm-medizinrecht/dozenten und http://www.jura.uni-duesseldorf.de/dozenten/olzen/

Mitarbeiterverzeichnis

Behrendt, Svenja
Heinrich-Heine-Universität
Juristische Fakultät
Lehrstuhl Strafrecht und Strafprozessrecht
Universitätsstr. 1, 40225 Düsseldorf

Brinkmann, Sara
Heinrich-Heine-Universität
Juristische Fakultät
Lehrstuhl Strafrecht und Strafprozessrecht
Universitätsstr. 1, 40225 Düsseldorf

Ernst, Peter
Heinrich-Heine-Universität
Juristische Fakultät
Lehrstuhl Strafrecht und Strafprozessrecht
Universitätsstr. 1, 40225 Düsseldorf

Esser, Florian
Heinrich-Heine-Universität
Juristische Fakultät
Lehrstuhl Bürgerliches Recht und Zivilprozessrecht
Universitätsstr. 1, 40225 Düsseldorf

Frister, Helmut, Prof. Dr. jur.
Heinrich-Heine-Universität
Juristische Fakultät
Lehrstuhl Strafrecht und Strafprozessrecht
Universitätsstr. 1, 40225 Düsseldorf

Habel, Ute, Prof. Dr. rer. soc.
Uniklinik RWTH Aachen
Klinik für Psychiatrie, Psychotherapie und
Psychosomatik
Pauwelsstr. 30, 52074 Aachen

Kramp, Angela
Heinrich-Heine-Universität
Juristische Fakultät
Lehrstuhl Bürgerliches Recht und Zivilprozessrecht
Universitätsstr. 1, 40225 Düsseldorf

Krebs, Anika
Heinrich-Heine-Universität
Juristische Fakultät
Lehrstuhl Strafrecht und Strafprozessrecht
Universitätsstr. 1, 40225 Düsseldorf

Mommertz, Max
Heinrich-Heine-Universität
Juristische Fakultät
Lehrstuhl Bürgerliches Recht und Zivilprozessrecht
Universitätsstr. 1, 40225 Düsseldorf

Mosig, Anne
Heinrich-Heine-Universität
Juristische Fakultät
Lehrstuhl Strafrecht und Strafprozessrecht
Universitätsstr. 1, 40225 Düsseldorf

Olzen, Dirk, Prof. Dr. jur.
Heinrich-Heine-Universität
Juristische Fakultät
Lehrstuhl Bürgerliches Recht und Zivilprozessrecht
Universitätsstr. 1, 40225 Düsseldorf

Rumpff, Janina
Heinrich-Heine-Universität
Juristische Fakultät
Lehrstuhl Bürgerliches Recht und Zivilprozessrecht
Universitätsstr. 1, 40225 Düsseldorf

Schneider, Frank, Prof. Dr. med. Dr. rer. soc.
Uniklinik RWTH Aachen
Klinik für Psychiatrie, Psychotherapie und
Psychosomatik
Pauwelsstr. 30, 52074 Aachen

Stieglitz, Rolf-Dieter, Prof. Dr. rer. nat.
Universität Basel
Fakultät für Psychologie
Missionsstr. 62a, CH-4055 Basel

Tellioglu, Jill
Heinrich-Heine-Universität
Juristische Fakultät
Lehrstuhl Bürgerliches Recht und Zivilprozessrecht
Universitätsstr. 1, 40225 Düsseldorf

Theis, Benjamin
Heinrich-Heine-Universität
Juristische Fakultät
Lehrstuhl Strafrecht und Strafprozessrecht
Universitätsstr. 1, 40225 Düsseldorf

Thomas, Heider
Heinrich-Heine-Universität
Juristische Fakultät
Lehrstuhl Strafrecht und Strafprozessrecht
Universitätsstr. 1, 40225 Düsseldorf

Weber-Papen, Sabrina
Uniklinik RWTH Aachen
Klinik für Psychiatrie, Psychotherapie und
Psychosomatik
Pauwelsstr. 30, 52074 Aachen

Inhaltsverzeichnis

Abkürzungsverzeichnis

AAK	Atemalkoholkonzentration
Abs.	Absatz
ÄT	Ärztetag
a. F.	alte Fassung
AG	Amtsgericht
AGP	Arbeitsgemeinschaft für Geronto-psychiatrie
AK	Alternativkommentar
AKB	Allgemeine Bedingungen für die Kraftverkehrsversicherung
Alt.	Alternative
AMDP	Arbeitsgemeinschaft für Methodik und Dokumentation in der Psychiatrie
AO	Abgabenordnung
APA	American Psychiatric Association
Art.	Artikel
AsylVfG	Asylverfahrensgesetz
AUB	Allgemeine Unfallversicherungsbedingungen
AufenthG	Aufenthaltsgesetz
AuslG	Ausländergesetz
AVB	Allgemeine Versicherungsbedingungen
Az.	Aktenzeichen
BA	Blutalkohol
BAK	Blutalkoholkonzentration
BÄK	Bundesärztekammer
BAMF	Bundesamt für Migration und Flüchtlinge
BayBG	Bayerisches Beamtengesetz
BayObLG	Bayerisches Oberstes Landesgericht
BayObLGZ	Entscheidungen des Bayerischen Obersten Landesgerichts in Zivilsachen
BayVBl	*Bayerische Verwaltungsblätter*
BbesG	Bundesbesoldungsgesetz
BBG	Bundesbeamtengesetz
BDH	Bundesdisziplinarhof
BDI	Beck-Depressions-Inventar
BDP	Bund Deutscher Psychologen
BeamtStG	Beamtenstatusgesetz
BeamtVG	Beamtenversorgungsgesetz
BeckOK	Beck'scher Online-Kommentar
BeckRS	Beck-Rechtsprechung
BeurkG	Beurkundungsgesetz
BG	Beamtengesetz
BGB	Bürgerliches Gesetzbuch

BGB-E	BGB-Einzelnorm
BGBl	Bundesgesetzblatt
BGH	Bundesgerichtshof
BGHR	BGH-Rechtsprechung (Entscheidungssammlung, jeweils für Strafrecht und Zivilrecht)
BGHSt	Bundesgerichtshof, Entscheidungen in Strafsachen
BGHZ	Bundesgerichtshof, Entscheidungen in Zivilsachen
BKV	Berufskrankheitenverordnung
BLL	Begutachtungsleitlinien
BMA	Bundesministerium für Arbeit und Sozialordnung
BMAS	Bundesministerium für Arbeit und Soziales
BMG	Bundesministerium für Gesundheit
BMI	Body Mass Index
BpolBG	Bundespolizeibeamtengesetz
BR-Drucks.	Drucksachen des Bundesrates
BremBG	Bremisches Beamtengesetz
BRRG	Beamtenrechtsrahmengesetz
BSG	Bundessozialgericht
BSGE	Amtliche Sammlung der Entscheidungen des Bundessozialgerichts
BT	Bundestag
BtÄndG	Betreuungsrechtsänderungsgesetz
BT-Drucks.	Drucksachen des Bundestages
BtMG	Betäubungsmittelgesetz
BtPrax	Betreuungsrechtliche Praxis
BVDN	Berufsverband Deutscher Nervenärzte
BVerfG	Bundesverfassungsgericht
BVerfGE	Entscheidungen des Bundesverfassungsgerichts, Amtliche Sammlung
BVerfGG	Bundesverfassungsgerichtsgesetz
BVerfGK	Kammerentscheidungen des Bundesverfassungsgerichts
BVersBl	Bundesversorgungsblatt
BVerwG	Bundesverwaltungsgericht
BVerwGE	Sammlung der Entscheidungen des BVerwG
BVG	Bundesversorgungsgesetz
BvR	verwendetes Aktenzeichen des Bundesverfassungsgerichts für Verfassungsbeschwerden

BW	Baden-Württemberg	FamR	Familienrecht (Fachbuch)
CCT	kraniale Computertomographie	FamRZ	*Zeitschrift für das gesamte Familienrecht*
CDT	carbohydratdefizientes Transferrin	FD-StrVR	*Fachdienst Straßenverkehrsrecht*
CFT	Grundintelligenztestskala (»Culture Fair Test«)	FeV	Fahrerlaubnisverordnung
		FF	Forum Familienrecht
CIPS	Internationale Skalen für Psychiatrie (Collegium Internationale Psychiatriae Scalarum)	FGG	Gesetz über die Angelegenheiten der freiwilligen Gerichtsbarkeit
		FGPrax	Praxis der Freiwilligen Gerichtsbarkeit
CISG	Wiener UN-Kaufrecht	FPI-R	Freiburger Persönlichkeitsinventar, Revision
c.I.-Test	Kurztest für zerebrale Insuffizienz		
DÄ	*Deutsches Ärzteblatt*	FPPK	Forensische Psychiatrie, Psychologie, Kriminologie
DAR	Deutsches Autorecht		
DGPPN	Deutsche Gesellschaft für Psychiatrie und Psychotherapie, Psychosomatik und Nervenheilkunde	FÜR	Familie Partnerschaft Recht
		FuR	Familie und Recht
		GA	*Goltdammer's Archiv für Strafrecht*
DGPs	Deutsche Gesellschaft für Psychologie	GBl	Gesetzblatt
DIMDI	Deutsches Institut für Medizinische Dokumentation und Information	GBO	Grundbuchordnung
		GdB	Grad der Behinderung
DMW	Deutsche Medizinische Wochenschrift	GdS	Grad der Schädigungsfolgen
DÖD	*Der Öffentliche Dienst*	GDV	Gesamtverband der Deutschen Versicherungswirtschaft
DÖV	*Die Öffentliche Verwaltung*		
DPA	Deutsche Psychologen Akademie	GG	Grundgesetz
DRiZ	Deutsche Richterzeitung	GGT	Gammaglutamyltransferase
DSM	Diagnostisches und Statistisches Manual Psychischer Störungen	GOÄ	Gebührenordnung für Ärzte
		GOT	Glutamat-Oxalazetat-Transaminase
DVBl	Deutsches Verwaltungsblatt	GPT	Glutamat-Pyruvat-Transaminase
EBM	einheitlicher Bewertungsmaßstab	GRUR	Gewerblicher Rechtsschutz und Urheberrecht
EEG	Elektroenzephalogramm		
EG	Europäische Gemeinschaft	GVBl	Gesetz- und Verordnungsblatt
EGBGB	Einführungsgesetz zum Bürgerlichen Gesetzbuch	GVG	Gerichtsverfassungsgesetz
		HAMD	Hamilton-Depressionsskala
EGMR	Europäischer Gerichtshof für Menschenrechte	HAWIE-R	Hamburg-Wechsler-Intelligenz-Test für Erwachsene, Revision
EGStGB	Einführungsgesetz zum Strafgesetzbuch	HAWIK	Hamburg-Wechsler-Intelligenztest für Kinder
EGVVG	Einführungsgesetz zum Versicherungsvertragsgesetz	HBG	Hessisches Beamtengesetz
		HGB	Handelsgesetzbuch
EinglHV	Eingliederungshilfe-Verordnung	HH	Hansestadt Hamburg
EQ	Entwicklungsquotient	HHG	Häftlingshilfegesetz
ES	Entscheidungssammlung	HK-AuslR	Handkommentar Ausländerrecht
EtG	Ethylglukuronid	HK-JGG	Handkommentar Jugendgerichtsgesetz
EuGH	Europäischer Gerichtshof	HmBG	Hamburger Beamtengesetz
EuGRZ	*Europäische Grundrechte-Zeitschrift*	HRRS	*Höchstrichterliche Rechtsprechung im Strafrecht*
FAF	Fragebogen zur Erfassung von Aggressivitätsfaktoren		
		Hs.	Halbsatz
FamFG	Gesetz über das Verfahren in Familiensachen und in den Angelegenheiten der freiwilligen Gerichtsbarkeit	IA	Intelligenzalter
		ICD-10	International Classification of Diseases, 10. Auflage

ICF	International Classification of Functioning, Disability and Health
IHK	Industrie- und Handelskammer
INR	International Normalized Ratio
InsO	Insolvenzordnung
IQ	Intelligenzquotient
JA	*Juristische Arbeitsblätter*
JGG	Jugendgerichtsgesetz
JR	Juristische Rundschau
JStVollzG	Jugendstrafvollzugsgesetz
JurBüro	*Das Juristische Büro*
jurisPK	juris Praxiskommentar
JuS	Juristische Schulung
JVA	Justizvollzugsanstalt
JVEG	Justizvergütungs- und Entschädigungsgesetz
JVollzGB	Justizvollzugsgesetzbuch
JZ	Juristenzeitung
KAI	Kurztest für allgemeine Basisgrößen der Informationsverarbeitung
KassKomm	Kasseler Kommentar
KErzG	Kindererziehungsgesetz
KfZPflVV	KfZ-Pflichtversicherungsverordnung
KG	Kammergericht oder Kommanditgesellschaft
KJHG	Kinder- und Jugendhilfegesetz
KK	Karlsruher Kommentar
LAG	Landesarbeitsgericht
LBG	Landesbeamtengesetz
LebenspartnerschaftsG	Lebenspartnerschaftsgesetz
LG	Landgericht
Lit.	Litera (Buchstabe)
LK	Leipziger Kommentar
LR	Löwe-Rosenberg
LSA	Land Sachsen-Anhalt
LSG	Landessozialgericht
MCV	mittleres korpuskuläres Volumen der Erythrozyten
MdE	Minderung der Erwerbsfähigkeit
MDK	Medizinischer Dienst der Krankenversicherung
MDR	*Monatsschrift für Deutsches Recht*
MedR	*Zeitschrift für Medizinrecht*
MedSach	*Der medizinische Sachverständige*
ME LSt VollzG	Musterentwurf zum Landesstrafvollzugsgesetz
MeSo	Medizin im Sozialrecht
MFJFG	Ministerium für Frauen, Jugend, Familie und Gesundheit
MMPI	Minnesota Multiphasic Personality Inventory
MPU	Medizinisch-Psychologische Untersuchung
MRK	Menschenrechtskonvention
MRT	Magnetresonanztomographie
MRVG	Maßregelvollzugsgesetz
MschrKrim	*Monatsschrift für Kriminologie und Strafrechtsreform*
Münch Komm	Münchener Kommentar
MV, M-V	Mecklenburg-Vorpommern
NA	neurologische Adaption
NBG	Niedersächsisches Beamtengesetz
n. F.	neue Fassung
NJOZ	Neue Juristische Online-Zeitschrift
NJVollzG	Niedersächsisches Justizvollzugsgesetz
NJW	Neue Juristische Wochenschrift
NJWE-FER	Neue Juristische Wochenschrift, Entscheidungsdienst Familien- und Erbrecht
NJW-RR	Neue Juristische Wochenschrift, Rechtsprechungs-Report
NK	Nomos-Kommentar
NRW	Nordrhein-Westfalen
NStE	*Neue Entscheidungssammlung für Strafrecht*
NStZ	*Neue Zeitschrift für Strafrecht*
NStZ-RR	NStZ-Rechtsprechungs-Report
n. v.	nicht veröffentlicht
NVersZ	*Neue Zeitschrift für Versicherung und Recht*
NVwZ	*Neue Zeitschrift für Verwaltungsrecht*
NVwZ-RR	NVwZ-Rechtsprechungs-Report
NWVBl	*Nordrhein-Westfälische Verwaltungsblätter*
NZA	*Neue Zeitschrift für Arbeitsrecht*
NZA-RR	NZA-Rechtsprechungs-Report
NZS	*Neue Zeitschrift für Sozialrecht*
NZV	Neue Zeitschrift für Verkehrsrecht
OEG	Opferentschädigungsgesetz
OHG	offene Handelsgesellschaft
OLG	Oberlandesgericht
OLG NL	*OLG-Rechtsprechung Neue Länder*

OLGSt	Entscheidungen der Oberlandesgerichte in Strafsachen und über Ordnungswidrigkeiten	SK	Systematischer Kommentar
		SKT	Kurztest zur Erfassung von Gedächtnis- und Aufmerksamkeitsstörungen
OVG	Oberverwaltungsgericht	SozR	Sozialrecht
OWiG	Gesetz über Ordnungswidrigkeiten	Sp.	Spalte
p. c.	post conceptionem	SPM	Standard Progressive Matrices
16 PF-R	16-Persönlichkeitsfaktoren-Test, revidierte Fassung	SSRI	selektive Serotonin-Wiederaufnahmehemmer (selective serotonin reuptake inhibitors)
PGK	Psychologisches Gutachten Kraftfahreignung		
		SSW	Schwangerschaftswoche
PolG	Polizeigesetz	StA	Staatsanwalt(schaft)
ProdHafG	Produkthaftungsgesetz	StGB	Strafgesetzbuch
PSB	Periodischer Sicherheitsbericht	stopp	Strafprozessordnung
PStG	Personenstandsgesetz	StR	Strafrecht
PsychKG	Gesetz über Hilfen und Schutzmaßnahmen bei psychischen Krankheiten	StRR	StrafRechtsReport
		StraFo	Strafverteidiger-Forum
PTBS/PTSD	posttraumatische Belastungsstörung (post traumatic stress disorder)	StV	Strafverteidiger
		StVG	Straßenverkehrsgesetz
RegE	Regierungsentwurf	StVollstrO	Strafvollstreckungsordnung
RG	Reichsgericht	StVollzG	Strafvollzugsgesetz
RhPfVerfGH	Rheinland-Pfälzischer Verfassungsgerichtshof	StVZO	Straßenverkehrszulassungsordnung
		SVG	Soldatenversorgungsgesetz
RiA	Das Recht im Amt	SVR	*Straßenverkehrsrecht*
RiStBV	Richtlinien für das Straf- und Bußgeldverfahren	TBFN	Testbatterie zur Forensischen Neuropsychologie
Rn.	Randnummer, Randnote	THC	Tetrahydrocannabinol
RP	Rheinland-Pfalz	ThürBG	Thüringer Beamtengesetz
R&P	Recht und Psychiatrie	ThUG	Therapieunterbringungsgesetz
r+s	recht und schaden	TMT	Trail-Making-Test
Rspr.	Rechtsprechung	TSG	Transsexuellengesetz
RVO	Reichsversicherungsordnung	TSH	Thyreoidea-stimulierendes Hormon
SächsBG	Sächsisches Beamtengesetz	UBG	Unterbringungsgesetz
SBG	Saarländisches Beamtengesetz	UE	Unterrichtseinheit
SBPM	Standards für die Begutachtung psychotraumatisierter Menschen	UnterbrG	Unterbringungsgesetz
		UrhG	Urheberrechtsgesetz
SchadÄndG	Schadensersatzrechtsänderungsgesetz	UStG	Umsatzsteuergesetz
SchKG	Schwangerschaftskonfliktgesetz	UStR	Umsatzsteuer-Richtlinien
SFHÄndG	Schwangeren- und Familienhilfeänderungsgesetz	UVollzO	Untersuchungshaftvollzugsordnung
		Var.	Variante
SFSS	Strukturierter Fragebogen Simulierter Symptome	VBlBW	*Verwaltungsblätter für Baden-Württemberg*
SG	Sozialgericht	VersMedV	Versorgungsmedizin-Verordnung
SG	Gesetz über die Rechtsstellung der Soldaten	VersR	Versicherungsrecht
		VerwRspr	Verwaltungsrechtsprechung
SGB	Sozialgesetzbuch	VG	Verwaltungsgericht
SGb	Die Sozialgerichtsbarkeit	VGH	Verwaltungsgerichtshof
SGG	Gesetz über die Sozialgerichtsbarkeit	VRS	Verkehrsrechts-Sammlung
SH	Schleswig-Holstein	VV	Verwaltungsvorschriften

VVG	Versicherungsvertragsgesetz
VwGO	Verwaltungsgerichtsordnung
VwVfG	Verwaltungsverfahrensgesetz
WAIS-IV	Wechsler Adult Intelligence Scale
WHO	Weltgesundheitsorganisation
WIE	Wechsler Intelligenztest für Erwachsene
WM	Wertpapiermitteilungen
WMS-R	Wechsler Gedächtnistest, revidierte Fassung
WMT	Word Memory Test
ZaeFQ	*Zeitschrift für ärztliche Fortbildung und Qualität im Gesundheitswesen*
ZBR	*Zeitschrift für Beamtenrecht*
ZDv	Zentrale Dienstvorschrift
ZEV	*Zeitschrift für Erbrecht und Vermögens- nachfolge*
ZfStrVo	*Zeitschrift für Strafvollzug und Straffälli- genhilfe*
ZIP	*Zeitschrift für Wirtschaftsrecht*
ZIS	*Zeitschrift für Internationale* Strafrechts- dogmatik
ZPO	Zivilprozessordnung
ZR	Zentralrat
ZRP	*Zeitschrift für Rechtspolitik*
ZSEG	Gesetz über die Entschädigung von Zeugen und Sachverständigen
ZStW	*Zeitschrift für die gesamte Strafrechts- wissenschaft*
ZZP	*Zeitschrift für Zivilprozess*

Zeitschriftentitel sind kursiv gedruckt.

Grundlagen psychiatrischer Begutachtung

F. Schneider, H. Frister, D. Olzen, *Begutachtung psychischer Störungen*
DOI 10.1007/978-3-642-54765-2_1, © Springer-Verlag Berlin Heidelberg 2015

1

■ **Zum Einstieg**

Begutachtungen von Patienten mit psychischen Störungen stellen einen wesentlichen Teil der Tätigkeit im Fachgebiet der Psychiatrie und Psychotherapie dar. Dabei sind die Rahmenbedingungen für einzelne Beteiligte gelegentlich nicht ganz klar oder nicht einfach nachvollziehbar: Zu verschieden sind die Herangehensweisen von Ärzten zur Beschreibung und Klassifikation einer psychischen Störung einerseits und der Umgang mit Rechtsfragen durch Juristen andererseits, und zu heterogen sind die Erwartungen an eine solche Begutachtung.

Die Kunst der qualifizierten psychiatrischen Begutachtung liegt gerade in diesem Brückenschlag: Von einer persönlichen Exploration und Untersuchung einer Person ausgehend soll ein psychischer Befund erhoben, ggf. eine psychische Störung diagnostiziert und vor diesem Hintergrund eine spezielle Frage beantwortet werden.

1.1   Rahmenbedingungen

Der psychiatrische Sachverständige steht in einem Spannungsfeld unterschiedlicher Erwartungen der Öffentlichkeit, der Justiz sowie des zu begutachtenden Probanden und trägt eine besondere, vielschichtig begründete Verantwortung (Foerster 2003, S. 81 ff.).

》 Der Sachverständige muss ganz unterschiedliche Reaktionen von außen auf sein Handeln ertragen können: Er ist sowohl angesehen wie angefeindet, er wird ebenso geschätzt wie verachtet. […] Der psychiatrische Sachverständige kann nicht jede juristische Frage beantworten. Er muss sich der prinzipiellen Grenzen seiner Kompetenz bewusst sein, insbesondere ist die forensische Psychiatrie und Psychotherapie nicht geeignet, allgemeine gesellschaftliche oder politische Fragen zu lösen. Zwar ist es sicherlich positiv, dass die Rechtsprechung sich gegenüber psychiatrischen und psychotherapeutischen Erkenntnismöglichkeiten öffnet. Andererseits darf nicht jedes sozial auffällige Verhalten der Psychopathologie zugeordnet werden. Nicht jede Abweichung ist Ausdruck einer schweren psychischen Störung. Nicht für jedes sozial dysfunkti-

onale oder destruktive Verhalten ist der Psychiater zuständig. (Foerster 2002, S. 30 ff.)

Immer häufiger haben gerichtlich bestellte Sachverständige eine wesentliche Rolle in Rechtsstreitigkeiten. Etwa 95 % der Richter folgen in ihrer Entscheidung letztlich dem Sachverständigengutachten (Rauscher 2002, S. 584; Hörner et al. 1988, S. 395 ff.). Auch wenn der Richter – nicht der Sachverständige – die Entscheidung in einem Verfahren treffen soll, so benötigt er zur juristischen Beurteilung entscheidungserheblicher Sachverhalte deren Aufklärung und Beratung durch einen Sachverständigen, wenn ihm selbst die Kenntnisse zur fachlichen Beurteilung fehlen. Im Folgenden soll die Aufgabe des psychiatrischen Sachverständigen in den verschiedenen Gerichtsverfahren dargestellt werden, ob man ihn nun despektierlich als Gehilfen des Gerichts oder angemessener als eigenständigen, seiner Wissenschaft und der Neutralität verpflichteten Forscher und Kliniker ansieht, der eine Behörde oder nichtöffentliche Einrichtung bei der Lösung eines konkreten Problems berät.

Kriterien, an denen ein Sachverständiger zu messen ist

- ▬ Fragestellung im Kompetenzbereich (Facharzt für Psychiatrie und Psychotherapie, Schwerpunktbezeichnung Forensische Psychiatrie, DGPPN-Zertifikat Forensische Psychiatrie)
- ▬ Unbefangenheit, Objektivität und Neutralität gegenüber Auftraggeber und zu Begutachtendem
- ▬ Belehrung des Probanden
- ▬ Akten, insbesondere ärztliche Aufzeichnungen, umfangreich zugrunde gelegt
- ▬ Psychiatrisch-psychotherapeutische Exploration und Untersuchung ausführlich durchgeführt und Inhalte sowie psychopathologischer Befund breit und nachvollziehbar dokumentiert
- ▬ Allgemeine körperliche und neurologische Untersuchung durchgeführt bzw. vorhandene Befunde dargestellt

▼

- Zusatzuntersuchungen erwogen bzw. durchgeführt und dargestellt
- Diagnosen entsprechend standardisierten Katalogen gestellt (ICD-10, DSM-5)
- Klare, sich aus dem Bisherigen ableitende Beantwortung der gestellten Fragen
- Widersprüche und Grenzen der Beurteilung dargestellt und diskutiert
- Nicht allgemein bekannte Sachverhalte mit Literaturzitaten belegt
- Kollegialer, aber kritischer und unabhängiger Umgang mit Vorgutachtern
- Keine Äußerung zu reinen Rechtsfragen bzw. sehr zurückhaltender Umgang damit
- Namentliche Nennung von Mitarbeitern (»Hilfskräften«) sowie ggf. Schilderung von Art und Umfang ihrer Aufgabengebiete
- Form des Gutachtens angemessen (verständliche Sprache für Auftraggeber sowie den zu Begutachtenden, klarer Stil, Beschränkung auf das inhaltlich Wesentliche, Seiten umfangreich bedruckt)
- Preis-Leistungs-Verhältnis sowie Zeitdauer der Gutachtenerstellung angemessen

1.1.1 Das psychiatrische Gutachten

Zu unterscheiden ist zwischen dem fachärztlichen Gutachten und der gutachterlichen Stellungnahme: Bei einem Gutachten handelt es sich um eine wissenschaftliche Tätigkeit, mit anerkannten Methoden und Kriterien nach feststehenden Regeln Informationen zu konkreten Fragestellungen zu gewinnen und zu interpretieren, um fundierte Feststellungen zu treffen (Kühne u. Zuschlag 2006, S. 13 f.). Eine gutachterliche Stellungnahme stellt dagegen lediglich eine kurz gefasste Beantwortung einzelner (Beweis-)Fragen dar.

Üblicherweise wird in den meisten Anfragen ein schriftliches Gutachten von dem Sachverständigen erbeten. Nur im Strafrecht haben solche schriftlichen Gutachten lediglich vorbereitenden Charakter. Wurden dem Sachverständigen die gesamten Akten zugeleitet, so entscheidet er darüber, was für sein Gutachten relevant ist und ob noch weitere Tatsachen für die Aufklärung des Sachverhaltes benötigt werden.

Für den Inhalt eines psychiatrischen bzw. psychologischen Gutachtens erfordert das Gesetz keinen bestimmten Aufbau. Entscheidend bleibt allein, dass für die Beteiligten überprüfbar ist, auf welche Art und Weise der Sachverständige sein Ergebnis gewonnen hat (BGH NStZ 2001, S. 45 f.; Abgrenzung BGH NStZ 2008, S. 116 f.). Es kommt also darauf an, dass der Sachverständige seine Entscheidungsgrundlage nachvollziehbar darstellt.

Dazu gehört z. B. bei psychiatrischen Gutachten die genaue Angabe der Untersuchungsergebnisse. Bei psychologischen Gutachten ist die Mitteilung der einzelnen erhobenen Testergebnisse in Relation zu den Normbefunden zwingend, damit die gutachterlichen Einschätzungen aus den erhobenen und präsentierten Befunden, den eigenen Angaben des Untersuchten und der Aktenlage rekonstruierbar sind.

Ein schriftliches Gutachten, gleich für welchen juristischen Bereich, hat allerdings eine immer wiederkehrende Grundstruktur, wobei sich selbstverständlich gewisse Unterschiede nach der jeweiligen Fragestellung ergeben werden. Nach dem sog. Vorspann, der u. a. die Personalien des Sachverständigen, das Datum, das Aktenzeichen, die Prozessparteien und die Personalien des zu Begutachtenden und exakt die verwerteten Unterlagen enthält, zitiert der Sachverständige im Hauptteil des Gutachtens zunächst die Beweisfrage. Dabei sind die für das Gutachten relevanten Teile umfassend in den Aktenauszug des Gutachtens aufzunehmen. Der Gutachter muss klarstellen, von welchem Sachverhalt er ausgeht, indem er die ihm vom Gericht vorgelegten Tatsachen (sog. Anknüpfungstatsachen) anführt (vgl. § 404a Abs. 3 ZPO). Er darf nur diese beurteilen und hat Rechtsausführungen zu unterlassen.

Es folgen die Tatsachen, die der Sachverständige selbst aufgrund seiner spezifischen Kenntnisse festgestellt hat, um sie dem Gericht zu vermitteln (sog. Befundtatsachen). Um solche Befundtatsachen handelt es sich bei der Befragung der zu begutachtenden Person. Diese münden in dem psychopathologischen Befund und ggf. in einer psychiatrischen Diagnose, vorzugsweise entsprechend ICD-10, ggf. auch nach DSM-5 kodiert (▶ Abschn. 1.3). Am Schluss des Gutachtens steht eine Zusammenfassung, die die fach- und sachkundigen Schlussfolgerungen des Gutachters enthält und die gestellten Fragen ausreichend beantwortet.

Es gibt keine normativen Vorgaben für die Abfassung eines psychiatrischen oder psychologischen Gutachtens. Trotzdem ist es für die Praxis zielführend, wenn die folgenden Inhaltspunkte integriert werden:

- ▬ Adressat, Aktenzeichen;
- ▬ Auftraggeber, Fragestellung;
- ▬ Grundlage der Begutachtung (Informationsquellen, Exploration und Untersuchung vs. Gutachten nach Aktenlage, Zusatzgutachten);
- ▬ Informationen über Aufklärung und Einverständnis des zu Begutachtenden;
- ▬ Aktenlage mit Sachverhaltsschilderung;
- ▬ eigene Angaben des Probanden;
- ▬ Untersuchungsbefunde;
- ▬ ggf. Diagnose (ICD-10, DSM-5);
- ▬ zusammenfassende Beurteilung und forensisch-psychiatrische Einschätzung.

Eine ausführliche Darstellung relevanter Informationen findet sich in ▶ Abschn. 1.6 sowie in einem Beispielgutachten in ▶ Abschn. 1.7; explizite Richtlinien nur für psychologische Gutachten wurden vom Berufsverband Deutscher Psychologinnen und Psychologen (BDP) und der wissenschaftlichen Fachgesellschaft Deutsche Gesellschaft für Psychologie (DGPs) vorgelegt (Kühne u. Zuschlag 2006). Die Arbeitsgruppe »Qualitätsstandards für psychodiagnostische Gutachten« hat im Auftrag der DGPs entsprechende Empfehlungen bzw. Qualitätsstandards für psychologisch-diagnostische Gutachten verfasst, die unter http://www.dgps.de/_download/2011/Qualitaetskriterien_Gutachten.pdf abgerufen werden können. Für spezielle Fragestellungen gibt es gelegentlich konkrete Leitlinien für die Erstellung von Gutachten; beispielhaft seien die Hinweise für Gutachter der Gutachterkommission für ärztliche Behandlungsfehler bei der Ärztekammer Nordrhein oder die Leitlinie gem. § 16 Abs. 3 des Maßregelvollzugsgesetzes des Landes Nordrhein-Westfalen (MRVG NRW) genannt (▶ Abschn. 9.4.3). Für

Letztere ist eine Liste geeigneter Sachverständiger eingeführt worden, die vom Landesbeauftragten für den Maßregelvollzug Nordrhein-Westfalen geführt wird.

Für einige weitere Rechtsbereiche wurden bereits Mindestanforderungen an Gutachter und Gutachten aufgestellt, so z. B. für Schuldfähigkeitsgutachten von einer interdisziplinären Arbeitsgruppe, bestehend aus Richtern am Bundesgerichtshof, Bundesanwälten, forensischen Psychiatern und Psychologen, Sexualmedizinern und Juristen (Boetticher et al. 2005, S. 57 ff.).

Grundsätzlich soll der Gutachter in der gesamten Arbeit eine möglichst auch dem Laien verständliche Sprache verwenden, um Missverständnisse seitens des Auftraggebers zu vermeiden. Das Ziel besteht darin, die psychiatrischen und psychologischen Ausführungen des Sachverständigen für das Gericht nachvollziehbar zu schildern. Der Richter bzw. der Auftraggeber soll sich selber ein umfassendes Bild von der Persönlichkeit der betroffenen Personen machen können, um darauf seine Entscheidung aufzubauen.

Allerdings ist auch zu berücksichtigen, dass derartige Gutachten nicht nur im Rahmen der Anforderung des zugrunde liegenden Sachverhalts, sondern auch weit darüber hinaus Verwendung finden können. Abzulehnen ist deshalb die gelegentliche Intention von Auftraggebern, die Aktenlage und die Beweisfragen, die zum Gutachtenauftrag geführt haben, nicht im Gutachten zu wiederholen. Jedes Gutachten, nicht nur ein zivilrechtliches, muss auch für sich alleine stehen können, d. h. aus sich heraus nachvollziehbar und verständlich sein.

Üblicherweise wird das Gutachten in zweifacher Ausfertigung an den Auftraggeber übersendet. Eine Kopie des Gutachtens verbleibt bei dem Sachverständigen und ist auch entsprechend in Rechnung zu stellen. Allerdings ist die Praxis der Anerkennung dieser Kosten unterschiedlich. Nach § 7 JVEG soll es keinen generellen Kostenersatz für die Kopie eines Gutachtenexemplars für die Handakten des Sachverständigen geben, es sei denn, der Sachverständige kann mit seiner späteren Ladung zu einer Verhandlung zwecks Erläuterung seines Gutachtens rechnen (dann muss er ja eine Kopie seines Gutachtens vorliegen haben). Manche Behörden bitten um die Übersendung einer größeren Zahl von Exemplaren, was im Gutachtenauftrag notiert sein wird. Die Honorarnote wird ebenfalls üblicherweise in zweifacher Ausfertigung eingereicht.

Eine Aufbewahrungspflicht für Gutachten, vorbereitende Materialien und Protokolle besteht für den Sachverständigen nicht. Allerdings sollten alle Unterlagen bis zum rechtskräftigen Abschluss des Verfahrens zur Verfügung stehen.

Anwesenheit dritter Personen

Die Anwesenheit dritter Personen während der psychiatrischen Begutachtung kann die Exploration und Untersuchung erheblich behindern. Aussagen des Probanden werden beispielsweise durch die Gegenwart von Angehörigen, Lebenspartnern oder Rechtsanwälten verfälscht, sodass insbesondere bei Glaubhaftigkeitsbegutachtungen die Anwesenheit Dritter ausgeschlossen werden sollte. Auch bei Prognose- und Schuldfähigkeitsgutachten hat der Proband kein Recht auf die Gegenwart Dritter (nicht einmal des Verteidigers) bei der gutachterlichen Exploration und Untersuchung (Foerster u. Winckler 2009, S. 19). Die alleinige Untersuchung durch den Psychiater und/oder den Psychologen entspricht dem klinischen Standard im Fach.

Gelegentlich verlangen Probanden die Anwesenheit einer Vertrauensperson bei ärztlichen Begutachtungen im Rahmen sozialgerichtlicher Verfahren. Hier kann in einem gemeinsamen, erklärenden Dreiergespräch über den Ablauf der Untersuchung diesem Wunsch jedoch häufig abgeholfen werden. Sowohl das LSG Rheinland-Pfalz (NJW 2006, S. 1547 f.) als auch der Petitionsausschuss des Bundestages kamen (Letzterer im Wege einer parlamentarischen Prüfung) zu dem Ergebnis, dass ein genereller Ausschluss von Vertrauenspersonen bei einer ärztlichen Begutachtung im sozialgerichtlichen Verfahren nicht zulässig sei. Der Sachverständige könne die Untersuchung dann zwar ablehnen, müsse dafür aber einen sachlichen Grund nennen. Es reiche für die Begründung der Ablehnung nicht aus, dass in Anwesenheit einer Begleitperson das notwendige Vertrauensverhältnis zum Untersuchten nicht hergestellt werden könne und eine ord-

nungsgemäße Begutachtung so nicht möglich sei (vgl. Tamm 2006, S. 317 f.).

Notwendigkeit eines Dolmetschers

Sollte ein Proband die deutsche Sprache nicht beherrschen, ist ein Dolmetscher der Muttersprache des Probanden hinzuzuziehen. Dies ist dem Gericht im Voraus mitzuteilen, ggf. ist eine Kostenübernahme vorab zu klären. Ein Dolmetscher soll grundsätzlich wörtlich übersetzen, da ansonsten ein angemessener psychopathologischer Befund nicht erstellt und die notwendigen Informationen nur eingeschränkt eingeholt werden können. Ein solcher Dolmetscher muss allgemein vereidigt sein; Listen mit entsprechenden Dolmetschern liegen bei den Präsidenten der lokalen Gerichte vor. Es ist nicht zielführend, auf einen Dolmetscher zu verzichten, um Kosten zu sparen. Weitaus wichtiger erscheint das perfekte Verständnis eines Probanden, auch wenn im Einzelfall der Dolmetscher im Rahmen der gutachterlichen Exploration und Untersuchung nur gelegentlich benötigt wird.

Einsicht in Krankenakten

Sofern Krankenberichte oder Krankengeschichten eingesehen werden sollen, muss der Proband die ihn vormals behandelnden Ärzte namentlich ausdrücklich und schriftlich von ihrer Schweigepflicht befreien (Parzeller et al. 2005, S. 289 ff.). Die Offenbarung seines Patientengeheimnisses kann der Patient gestatten, indem er nach außen erkennbar darin einwilligt. Dies geschieht üblicherweise mit einem Formulartext (◘ Abb. 1.1).

Voraussetzung für die Entbindung von der Schweigepflicht ist, dass der Betroffene darüber informiert wird, wer welche Informationen über ihn erhalten soll.

Wenn eine gesetzliche Betreuung besteht, muss der Betreuer weder das Einverständnis zur Exploration erklären noch die Schweigepflichtsentbindung unterzeichnen, soweit der Betreute Einwilligungsfähigkeit besitzt. Die Einwilligungsfähigkeit zu prüfen, ist Sache des Arztes. Da die Einwilligung keine rechtsgeschäftliche Willenserklärung darstellt, kommt es nicht auf die bürgerlich-rechtliche Geschäftsfähigkeit des Patienten im Sinne der §§ 104 ff. BGB an, sondern vielmehr auf die

```
Hiermit entbinde ich, Petra K., geb. 24.6.1956, die mich behandelnden Ärzte
im Lukas-Krankenhaus Wuppertal und Herrn Dr. P. Wegener, Wuppertal, gegenüber
Prof. Dr. Dr. F. Schneider zum Zwecke der Begutachtung für die Staatsanwalt-
schaft Wuppertal von der ärztlichen Schweigepflicht.

Wuppertal, den 22.11.2014

[Unterschrift]
```

◻ Abb. 1.1 Muster Schweigepflichtsentbindung

natürliche Einsichts-, Urteils- und Verständnisfähigkeit.

❯ **Ein Vermerk zur Geschäftsfähigkeit auf dem Formular über die Entbindung von der ärztlichen Schweigepflicht kann daher zwar evtl. Schlüsse auf die Einwilligungsfähigkeit zulassen, muss aber nicht zwingend vorgenommen werden.**

Aufklärung des Probanden

Ob der Sachverständige den Probanden über seine Schweigepflicht belehren muss, ist umstritten (Schreiber u. Rosenau 2009, S. 161). Die Verfahrensgesetze behandeln den Sachverständigen ebenso wie den Zeugen als ein Beweismittel. Auch wenn er gegenüber dem Beschuldigten wie ein Vernehmender auftritt, handelt es sich bei seiner Exploration rechtlich gerade nicht um eine Vernehmung. Eine Belehrung erscheint aus diesem Grund nicht zwingend notwendig. Um aber in jedem Fall die prozessualen Rechte des Beschuldigten zu wahren, sollten ihm vor dem Gespräch folgende Informationen vom Sachverständigen mitgeteilt werden:

- Auftraggeber und Fragestellung des Gutachtens sowie die Rolle des Sachverständigen im konkreten Verfahren;
- vorgesehene Schritte der geplanten Exploration und Untersuchung (inkl. der geplanten Zusatzuntersuchungen);
- mögliche Konsequenzen im Rahmen des Gutachtenauftrages;
- dass es dem Probanden zur freien Entscheidung ansteht, Angaben zu machen (alle oder auch nur einzelne Fragen können beantwortet werden);

- keine Vertraulichkeit der Informationsweitergabe (es besteht die grundsätzliche Verpflichtung des Sachverständigen gegenüber einem Gericht zur Aussage);
- Möglichkeit der Hinzuziehung eines Anwalts zur Beratung über die Mitwirkung vor einer Entscheidung zur Mitarbeit.

Es ist in der Regel wenig zweckdienlich, das Ergebnis der Begutachtung am Ende mit dem Probanden oder seinen Rechtsvertretern zu diskutieren. Die Entscheidung in einem Verfahren liegt grundsätzlich nicht bei dem Sachverständigen, worauf stets hingewiesen werden sollte.

1.1.2 Der Sachverständige im Zivilprozess

Das Gutachten eines Arztes für Psychiatrie und Psychotherapie dient im Zivilprozess in erster Linie dazu, die Beeinträchtigung der Fähigkeit zur eigenverantwortlichen Lebensgestaltung einer Person zu beurteilen. Dabei geht es u. a. um die Feststellung der:

- Verschuldensfähigkeit,
- Voraussetzungen für die Anordnung einer Betreuung, eines Einwilligungsvorbehaltes oder einer Unterbringung,
- Geschäftsfähigkeit einer Person,
- Testierfähigkeit,
- Prozessfähigkeit.

Erhebung eines Sachverständigenbeweises

Im Zivilverfahren streiten stets mindestens 2 Parteien über einen prozessualen Anspruch. Um zu einer Sachentscheidung zu kommen, muss das Gericht die Schlüssigkeit des Klägervorbringens sowie die Erheblichkeit des Beklagtenvorbringens prüfen. Dabei ergeben sich die zwischen den Parteien streitigen Tatsachen, auf die es für die Entscheidung des Rechtsstreites ankommt. Fehlt dem Richter zur Ermittlung oder Beurteilung dieser Tatsachen das erforderliche Fachwissen, so hat er einen Sachverständigenbeweis zu erheben. Die Entscheidung darüber trifft das Gericht nach pflichtgemäßem Ermessen und ist dabei generell vom Antrag der Parteien unabhängig. Die Möglichkeit der Parteien, gem. § 403 ZPO einen Antrag auf Erhebung eines Sachverständigenbeweises zu stellen, stellt vielmehr nur eine Anregung an das Gericht dar (Zöller-Greger 2014, § 403 Rn. 1). Denn der Tatrichter darf auch ohne Beweisantritt Gutachten einholen (§§ 144 Abs. 1, 287 Abs. 1 S. 2 und 442 ZPO) oder bei eigener Sachkunde sogar ganz auf eine Begutachtung verzichten. Soweit der Kläger den Beweis antritt, hat er in finanzielle Vorleistung zu treten (§§ 402, 379 analog ZPO). Anderenfalls wird in der Regel kein Gutachten eingeholt. Dies mag dann eher negative Auswirkungen auf den Erfolg seiner Klage haben.

Soll also die Vernehmung eines Sachverständigen erfolgen, so erlässt der Richter einen Beweisbeschluss, aus dessen Inhalt sich der Gutachtenauftrag ergibt. Das Gericht darf sich aus diesem Grund nicht mit einer pauschalen Beauftragung begnügen, sondern es hat gem. § 359 Nr. 1 ZPO alle streitigen Tatsachen, über die Beweis erhoben werden soll, im Einzelnen anzugeben. Der Beweisbeschluss trifft auch darüber eine Aussage, ob die Auskunftsperson als Sachverständiger, als Zeuge oder sachverständiger Zeuge vernommen wird (§ 359 Nr. 2 ZPO).

Der Sachverständigenbeweis ist im Einzelnen in den §§ 402 ff. ZPO geregelt. Eine Definition des Begriffs des Sachverständigen findet sich dort aber nicht. Im Allgemeinen versteht man unter einem Sachverständigen eine Person, die ihre besondere Sachkunde dem Gericht bei der Entscheidung eines Rechtsstreites zur Verfügung stellt (Ulrich 2007, S. 1). Als sachkundig gilt derjenige, der über bestimmte Kenntnisse oder Fähigkeiten verfügt, die zur Erfassung der für die Beurteilung maßgeblichen tatsächlichen Gegebenheiten und damit für die Entscheidung des Rechtsstreites notwendig sind. Zur Überprüfung dieser Kenntnisse wird eine entsprechende Berufsausbildung vorausgesetzt; darüber hinaus werden berechtigterweise überdurchschnittliche Fachkenntnisse in dem jeweiligen Betätigungsgebiet verlangt (Wellmann 2004). Für die Begutachtung psychisch Kranker heißt dies zunächst die abgeschlossene Weiterbildung zum Facharzt für Psychiatrie und Psychotherapie bzw. Nervenarzt sowie die zusätzliche Qualifikation mit der Schwerpunktbezeichnung »Forensische Psychiatrie« als Ergänzung zum Facharzttitel bzw. dem Zertifikat »Forensische Psychiatrie« durch die psychiatrische Fachgesellschaft DGPPN (▸ Abschn. 1.1.9).

Im Unterschied zum Zeugen, der über eigene Wahrnehmungen aussagt, vermittelt der **Sachverständige** dem Richter das fehlende Fachwissen zur Beurteilung von Tatsachen (BGH NJW 2013, S. 3570, 3572) und berät ihn somit in seinen Entscheidungen. Der Unterschied liegt also darin, dass der Sachverständige im Gegensatz zum Zeugen durch jede andere Person mit entsprechendem Wissen ersetzt werden kann.

> ❯ **Sofern Ärzte und Psychologen vor Gericht gerufen werden, um z. B. nach Entbindung von der Schweigepflicht über Beobachtungen auszusagen, die sie während der Erfüllung ihrer beruflichen Tätigkeit als Behandler des zu Beurteilenden gemacht haben, sind sie deshalb sog. sachverständige Zeugen, keine Sachverständigen.**

Berichtet also eine Vernehmungsperson nur über die eigene Wahrnehmung vergangener Tatsachen, so bleibt sie **Zeuge**. Dies gilt auch dann, wenn die Person die zu bekundenden Wahrnehmungen aufgrund ihrer besonderen Sachkunde gemacht hat und dementsprechend als sachverständiger Zeuge gem. § 414 ZPO anzusehen ist. Diese Regelung soll klarstellen, dass sachverständige Zeugen echte Zeugen und keine Sachverständigen sind (MünchKomm-Zimmermann 2012, § 414 Rn. 2). Es ist nicht allein die Sachkunde, die eine Beweisperson zum Sachverständigen werden lässt. Sachverständiger wird man vielmehr erst dann, wenn eine Person aufgrund ihrer Fachkenntnisse Schlüsse auf Ursache und Wirkung z. B. einer Erkrankung zieht (Thomas u. Putzo 2013, § 414 Rn. 1).

Wagner und Cramer (2002, S. B2248) weisen darauf hin, dass es sich schon bei der Ableitung einer Diagnose aus vorangegangenen Symptomen des eigenen Patienten um eine eindeutige Sachverständigentätigkeit handelt: Der Arzt wendet sein medizinisches Fachwissen auf einen bestimmten Sachverhalt an und gelangt damit zu konkreten Ergebnissen. Noch klarer wird die Sachverständigenrolle, wenn der Arzt eine Prognose erstellt, z. B. über den Krankheitsverlauf.

Zur Abgrenzung lässt sich demnach festhalten, dass ein Zeuge lediglich aufgrund eigener Wahrnehmung über vergangene Tatsachen und Zustände aussagt und aufgrund dessen unersetzbar ist. Demgegenüber ist z. B. ein Facharzt für Psychiatrie und Psychotherapie oder ein Psychologischer Psychotherapeut sachverständiger Zeuge, wenn er im Zusammenhang mit der Klärung einer Krankheit eines Patienten, der sich in seiner Behandlung befunden hat, befragt wird.

> ❯ Soll der Facharzt für Psychiatrie und Psychotherapie oder der Psychologische Psychotherapeut nicht allein etwas über die aufgrund seiner besonderen Sachkunde wahrgenommenen Tatsachen aussagen, sondern vielmehr auch etwas über Ursache und Wirkung sowie zu Diagnose und Prognose einer Krankheit bekunden, so muss er als Sachverständiger hinzugezogen und auch vergütet werden.

Entscheidend ist diese Abgrenzung insbesondere auch aufgrund der Konsequenzen auf die Entschädigung im Rahmen des JVEG (▶ Abschn. 1.1.7). Dabei gilt, dass dem sachverständigen Zeugen aufgrund der Anwendbarkeit der §§ 373 – 401 ZPO (MünchKomm-Zimmermann 2012, § 414 Rn. 2) lediglich eine Entschädigung als Zeuge und nicht als Sachverständiger zukommt. Zu beachten ist allerdings, dass sich die Eigenschaft der Vernehmungsperson unabhängig von der Ladung ausschließlich danach richtet, wie er von dem Gericht konkret herangezogen wurde (OVG Lüneburg DS 2012, S. 88). Weiterhin kommt es in der gerichtlichen Praxis häufig vor, dass dieselbe Person sowohl als Zeuge als auch als Sachverständiger gehört wird. In solchen Fällen wird der Arzt bzw. Psychologe für die gesamte Dauer seiner Ver-

nehmung als Sachverständiger entschädigt (Rieger 2001, S. 4660).

Auswahl und Ablehnung des Sachverständigen

- **Auswahl**

Jede natürliche Person kann zum Sachverständigen bestellt werden. Daneben besteht aber auch die Möglichkeit, Behörden oder sonstige öffentliche Stellen mit Sachverständigengutachten zu betrauen. Dies ergibt sich aus § 1 Abs. 2 JVEG. Allerdings ist die Beauftragung einer Klinik oder einer anderen Institution als Gutachter ohne die Bezeichnung einer bestimmten Person aufgrund § 407a Abs. 2 S. 1 ZPO, der eine **persönliche** Gutachterpflicht normiert, unzulässig (BSG NJW 1973, S. 1438).

> ❯ Das Gericht muss den Sachverständigen in Person benennen.

Soweit es z. B. um die Anordnung der Betreuung wegen einer psychischen Krankheit oder Behinderung geht, sind nach § 280 Abs. 1 S. 2 FamFG Fachärzte für Psychiatrie und Psychotherapie, Fachärzte für Psychiatrie oder Nervenärzte als Sachverständige für die Beurteilung, ob eine Betreuung notwendig ist, heranzuziehen (BayObLG FamRZ 1993, S. 351 f.; dazu ausführlich ▶ Kap. 5). Wem der Gutachtenauftrag im Einzelfall erteilt wird, hängt dann von der jeweiligen Art der Krankheit oder Beeinträchtigung des Betroffenen ab. Entscheidende Qualifikation ist allein die Approbation und u. U. die Anerkennung als Facharzt, nicht aber ein bestimmtes Angestelltenverhältnis, die dienstrechtliche Stellung oder die kassenärztliche Anerkennung (Bienwald 2011, §§ 280-284 FamFG Rn. 15). Allerdings ist – unabhängig davon – vom Sachverständigen selbst, sofern er angestellt oder verbeamtet tätig ist, ggf. eine Nebentätigkeitsgenehmigung von seinem Dienstherren einzuholen.

> ❯ Aus medizinischer Sicht ist bei der Beurteilung psychischer Störungen die Beauftragung von Nichtfachärzten auszuschließen, da nur psychiatrisch-psychotherapeutisch weitergebildete Ärzte über die nötige Sachkunde im Fachgebiet der Psychiatrie und Psychotherapie, einschließlich der forensischen Psychiatrie, verfügen.

Diese Problematik betrifft beispielsweise praktische Ärzte, Allgemeinmediziner, Rechtsmediziner oder viele Amtsärzte, die in der Regel keine eingehenden Kenntnisse und Fertigkeiten im psychiatrisch-psychotherapeutischen Bereich erworben haben. Die Sachkunde ist vom Gericht zu überprüfen und in der Entscheidung darzulegen (BGH NJW-RR 2012, S. 962 f.). Auch approbierte Ärzte ohne Facharztanerkennung, z. B. auch Assistenzärzte, sollten nicht als entsprechende Gutachter beauftragt werden. Gegebenenfalls sind, je nach konkreter Fragestellung, weitere sog. Zusatzgutachten von Ärzten anderer, nichtpsychiatrischer Disziplinen hinzuzuziehen.

Die Auswahl des hinzuzuziehenden Sachverständigen unter mehreren Geeigneten erfolgt grundsätzlich nach pflichtgemäßem Ermessen durch das Prozessgericht (§ 404 Abs. 1 ZPO). Lediglich dann, wenn sich beide Parteien über die Person des Sachverständigen einigen, ist das Gericht grundsätzlich daran gebunden (§ 404 Abs. 4 ZPO).

Kommt das Gericht zu der Überzeugung, dass es die für die Entscheidung erforderlichen Sachkenntnisse nur durch mehrere Gutachter erlangen kann, so steht es dem Richter frei, gleichzeitig mehrere Sachverständige zu einem Beweisthema zu ernennen. Insbesondere kommt die Vernehmung eines anderen Sachverständigen dann in Betracht, wenn das Gericht das Gutachten des ersten Sachverständigen für ungenügend erachtet (§ 412 Abs. 1 ZPO).

Gerade im Bereich der Psychiatrie und Psychotherapie wird die Zuziehung eines weiteren Sachverständigen aus dem gleichen Fachgebiet aber auch für zulässig oder sogar geboten erachtet, selbst wenn das vorliegende Gutachten nicht für ungenügend gehalten wird. So kann der Richter sich bei besonders schwierigen Fragen dahingehend versichern, ob übereinstimmende Ergebnisse erzielt werden (BGH FamRZ 1962, S. 115; für das Strafrecht auch BayObLG NJW 1956, S. 1001), wobei zu beachten ist, dass ein solches Vorgehen nicht der gängigen Praxis entspricht. Diese Sonderstellung psychiatrischer Begutachtung gegenüber den anderen medizinischen Fächern ist wissenschaftlich nicht haltbar und nur noch historisch verständlich.

■ **Ablehnung**

Die Ablehnung eines Sachverständigen erfolgt aus denselben Gründen, die zur Ablehnung eines Richters berechtigen (§ 406 Abs. 1 ZPO). Diese Gründe ergeben sich aus den §§ 41 und 42 ZPO. Danach liegt ein Ablehnungsgrund u. a. in solchen Angelegenheiten vor, in denen der Sachverständige selbst (§ 41 Nr. 1 ZPO) oder etwa sein Ehegatte (§ 41 Nr. 2 ZPO) Partei im Prozess ist.

Größere praktische Bedeutung hat der Ablehnungsgrund des Sachverständigen wegen Besorgnis der Befangenheit (§ 42 Abs. 2 ZPO).

❯ Danach gilt ein Sachverständiger als befangen, wenn Zweifel an seiner Unparteilichkeit bestehen, etwa weil er in verwandtschaftlichen Beziehungen oder Freundschaften zu einer Partei steht oder diese zuvor schon, z. B. als Arzt oder Psychologe, behandelt hat (vgl. Ratzel u. Luxenburger 2011, § 25 Rn. 44; Ratajczak 1997).

Ärzte, die beim Medizinischen Dienst der Krankenversicherung (MDK), dem Versorgungsamt etc. tätig sind, gelten nicht per se als befangen, sondern nur, wenn sie zu den Beteiligten in rechtlicher, wirtschaftlicher oder sonstiger Beziehung stehen, so dass ein Anhaltspunkt für einen möglichen Interessenkonflikt besteht (LSG Nordrhein-Westfalen BeckRS 2013, 73453). Ein Recht zur Selbstablehnung, welches gem. § 48 ZPO für den Richter möglich ist, gibt es dagegen für den Sachverständigen nicht. Lehnt der Sachverständige eine Begutachtung unter Hinweis auf seine Befangenheit ab, wird das Gericht aber zu prüfen haben, ob die vorgetragenen Gründe Anlass dazu bieten, ihn nach § 408 Abs. 1 S. 2 ZPO von der Verpflichtung zur Erstattung des Gutachtens zu entbinden (Ulrich 2007, S. 145).

Des Weiteren muss das Gericht beachten, dass die Pflicht zur Erstattung eines Gutachtens dann nicht mehr zumutbar ist, wenn wegen der Sachverständigentätigkeit die sonstige Berufsarbeit vernachlässigt würde. So ist z. B. bei verbeamteten Professoren die Forschung bzw. Lehre oder die Tätigkeit in der Klinik und bei niedergelassenen Ärzten analog die Praxisarbeit genauso wichtig wie die Erstattung von Gutachten. Ob insoweit ein sonstiger Grund im Sinne des § 408 Abs. 1

S. 2 ZPO anerkannt wird, liegt im Ermessen des Gerichtes. Ein entsprechender Antrag des Sachverständigen muss nicht vorliegen. Es bietet sich jedoch an, das Gericht über die Arbeitsauslastung zu informieren.

> ❯❯ Hat ein ernannter Sachverständiger allerdings den Gutachtenauftrag angenommen, gibt es für ihn – abgesehen von einer eigenen schweren Erkrankung – kaum eine Möglichkeit mehr, diesen zu einem späteren Zeitpunkt zurückzugeben.

Trotz der den Ärzten gem. § 407 Abs. 1 Var. 3 ZPO obliegenden Pflicht zur Gutachtenerstattung kann der vom Gericht als Sachverständiger bestellte Psychiater und Psychotherapeut außerdem aus den gleichen Gründen, die einen Zeugen zur Zeugnisverweigerung berechtigen (§ 383 ZPO), das Gutachten verweigern (§ 408 Abs. 1 S. 1 ZPO). Ein Psychiater und Psychotherapeut darf sich demnach u. a. auf seine Schweigepflicht berufen. Er ist als Sachverständiger zwar aussageberechtigt; die aus einer früheren Behandlung resultierenden Kenntnisse kann er aber nur dann verwerten, wenn der Patient ihn von der Verschwiegenheit ausdrücklich und – aus Beweisgründen – möglichst auch schriftlich entbindet (Laufs u. Kern-Schlund 2010, § 70 Rn. 34).

Möchte ein Sachverständiger sein Recht zur Verweigerung des Gutachtens geltend machen, so stehen ihm 2 Möglichkeiten zur Verfügung. Er kann zum einen zum Vernehmungstermin erscheinen und dort seine Verweigerung mit Darlegung der Tatsachen, auf die er seine Weigerung stützt, vortragen. Praktischer ist es, gem. § 386 Abs. 3 ZPO vorher seine Zeugnisverweigerung schriftlich zu erklären.

Die Grundpflichten des Sachverständigen

Die Tätigkeit des Sachverständigen richtet sich darauf, den Richter bei der Feststellung von Tatsachen zu unterstützen. Weiterhin hat er dem Gericht seine Kenntnis von abstrakten Erfahrungssätzen in dem in Frage stehenden Zusammenhang mitzuteilen. Dazu wird er aufgrund seiner besonderen Sachkunde in der Lage sein; vor allem benötigt er die Fähigkeit, diese Erfahrungssätze auf einen feststehenden Sachverhalt anzuwenden und hieraus Schlussfolgerungen zu ziehen.

■ **Die Pflicht aus § 407a ZPO**

Die wesentlichen Pflichten des Sachverständigen sind in § 407a ZPO ausdrücklich gesetzlich geregelt, der sinngemäß für alle anderen Verfahrensarten und somit u. a. für den Strafprozess, den Sozialgerichtsprozess und das verwaltungsgerichtliche Verfahren gilt. Diese durch das Rechtspflegevereinfachungsgesetz mit Wirkung ab dem 1.4.1991 eingeführte Vorschrift soll nach dem Willen des Gesetzgebers vor allem vermeidbaren Verzögerungen entgegenwirken und die Praxis des Sachverständigenbeweises vereinheitlichen (Zöller-Greger 2014, § 407a ZPO Rn. 1).

> ❯❯ Gemäß § 407a Abs. 1 ZPO hat der Sachverständige zunächst unverzüglich zu prüfen, ob der ihm vom Gericht gestellte Auftrag in sein Fachgebiet fällt und von ihm auch ohne Hinzuziehung weiterer Sachverständiger erledigt werden kann. Anderenfalls muss er das Gericht unverzüglich verständigen. Eine schnelle Information ermöglicht es dem Gericht, evtl. noch weitere Sachverständige hinzuzuziehen oder einen anderen Sachverständigen zu bestellen.

Der Sachverständige selbst ist nicht befugt, den Auftrag auf einen anderen Sachverständigen zu übertragen. Soweit er sich der Mitarbeit einer anderen Person bedient, hat er diese zu benennen und den Umfang ihrer Tätigkeit anzugeben, falls es sich nicht um Hilfsdienste von untergeordneter Bedeutung handelt, § 407a Abs. 2 ZPO. Untergeordnete Dienste sind z. B. die Feststellung einfacher Befunde für ein ärztliches Gutachten (Ulrich 2007, S. 196 f.).

Die Tätigkeit des Sachverständigen ist somit im Kern höchstpersönlich und unübertragbar. Zur eigenen Meinungsbildung gehört auch, dass der Gutachter z. B. eine betroffene Person selbst untersucht, um eigene Schlussfolgerungen aus seinem persönlichen Einblick zu ziehen (Bürger 1999, S. 100, 103). Auch wenn es dem Sachverständigen grundsätzlich gestattet ist, Hilfskräfte heranzuziehen, muss er dementsprechend deren Untersuchungsergebnisse auf ihre Richtigkeit hin überprüfen und bleibt aufgrund dessen persönlich und uneingeschränkt verantwortlich (BGH NJW 2012, S. 791). Dies lässt die Unterschrift unter einem schriftlichen Gutachten erkennen.

Soweit eine eigene Untersuchung durch den Sachverständigen vorgenommen wurde, genügt dafür der Vermerk »Einverstanden aufgrund eigener Untersuchung und Urteilsbildung«. Es reicht dagegen gerade nicht aus, dass ein Sachverständiger das von einem seiner ärztlichen Mitarbeiter erstellte Gutachten mit »Einverstanden aufgrund eigener Urteilsbildung« unterzeichnet (BSG VersR 1990, S. 992 f.). Eine solche Übung in der Praxis widerspricht der höchstrichterlichen Rechtsprechung.

Der Sachverständige muss demnach in jedem Fall und in jeder Phase der Gutachtenerstellung die Organisationsgewalt eigenverantwortlich innehaben und tatsächlich ausüben. Daraus folgt, dass er den Patienten selbst untersuchen und im Gutachten exakt kenntlich machen muss, welche Arbeiten von einer Hilfskraft durchgeführt wurden (Laufs u. Kern-Schlund 2010, § 122 Rn. 19). Der Begriff der Hilfskraft ist juristisch geprägt: Hilfskraft in diesem Sinne kann durchaus ein fachärztlicher Kollege, z. B. auch ein Oberarzt, sein.

> ❯ **Verstößt der Gutachter gegen seine persönliche Gutachterpflicht, so ist das Gutachten unverwertbar. Daraus folgt, dass weder der zum Sachverständigen Berufene noch seine Hilfsperson eine Vergütung erhalten.**

Allerdings steht es dem Gericht offen, die Gutachtenerstellung der anderen Person gem. § 360 S. 2 ZPO zu legitimieren. In diesem Fall wird der zunächst beauftragte Sachverständige ohne Honorar entlassen und gem. §§ 404 Abs. 1 S. 3, 360 ZPO die Hilfsperson zum Sachverständigen ernannt (BGH NJW 1985, S. 1399 f.).

Im Zivilprozess ist der Sachverständige an die Fragestellung des Beweisbeschlusses gebunden. Dementsprechend stellt es eine Aufgabe des Gerichts dar, den der Begutachtung zugrunde zu legenden Sachverhalt klar zu formulieren, um Missverständnisse und Unklarheiten zu vermeiden. Es kann jedoch vorkommen, dass das Beweisthema aufgrund fehlender Sachkunde des Gerichts (oder auch fehlender Kenntnisse und Erfahrungen bei

der Formulierung derartiger Beweisbeschlüsse) Lücken oder Ungereimtheiten aufweist. Zweifel an Inhalt und Umfang des Auftrags hat der Sachverständige unverzüglich durch das Gericht klären zu lassen, § 407a Abs. 3 S. 1 ZPO. Er darf keinesfalls einem mehrdeutigen Beweisbeschluss eine eigene Auslegung geben. Das Verfehlen des Beweisthemas führt u. U. zu dem Verlust oder zu Kürzungen seines Gebührenanspruchs (MünchKomm-Zimmermann 2012, § 413 Rn. 5 f; OLG Frankfurt MDR 1977, S. 761; OLG Naumburg OLG NL 1998, S. 228).

Erwachsen voraussichtliche Kosten, die erkennbar außer Verhältnis zum Wert des Streitgegenstandes stehen oder doch jedenfalls einen angeforderten Kostenvorschuss erheblich übersteigen, so muss der Sachverständige ebenfalls rechtzeitig hierauf hinweisen (§ 407a Abs. 3 S. 2 ZPO). Die Kosten übersteigen den Kostenvorschuss erheblich, wenn sie mehr als 20 % bis 25 % darüber liegen (MünchKomm-Zimmermann 2012, § 407a Rn. 11; OLG Koblenz JurBüro 2010, S. 214). Die Hinweispflicht an das Gericht besteht auch bei streitigem oder unklarem Sachverhalt. Der Sachverständige hat die Pflicht, das Gericht um Aufklärung und Weisung zu bitten, von welchen Tatsachen er ausgehen soll, um auf diese Weise unnötige Kosten und insbesondere unzureichende Gutachten zu vermeiden.

Die Pflicht, über unerwartete Kosten zu informieren, dient neben den eigenen Interessen des Sachverständigen nicht zuletzt dem schutzwürdigen Interesse der Parteien, das Prozessrisiko gegen das Kostenrisiko abwägen zu können.

Weiterhin obliegt es dem Sachverständigen gem. § 407a Abs. 4 ZPO, auf Verlangen des Gerichts die Akten und sonstige für die Begutachtung beigezogenen Unterlagen sowie Untersuchungsergebnisse unverzüglich herauszugeben oder mitzuteilen. Andernfalls ordnet das Gericht die Herausgabe an. Die Herausgabepflicht des Sachverständigen bezieht sich nicht nur auf die ihm überlassenen Gerichtsakten, sondern auch auf die Unterlagen, die er für seine Begutachtung selbst herbeigezogen oder erstellt hat. Solche Unterlagen sind insbesondere Krankengeschichten, Lichtbilder und Aufzeichnungen (Zöller-Greger 2014, § 407a ZPO Rn. 4). Falls der Schutz von Persönlichkeitsrechten, hier insbesondere der

Schutz der Geheim- und Individualsphäre des Einzelnen, gem. Art. 2 Abs. 1 GG in Verbindung mit Art. 1 Abs. 1 GG, der Herausgabe entgegenstehen, was bei Aufzeichnungen psychiatrischer Gutachter durchaus der Fall sein kann, muss der Sachverständige dies dem Gericht mitteilen. Eine solche Situation kann u. U. auch dann vorliegen, wenn der Gutachter eigene Wahrnehmungen über sich selbst in seinen Unterlagen aufführt.

Die Herausgabeanordnung des Gerichts, die durch Beschluss geschieht, ist nicht anfechtbar (MünchKomm-Zimmermann 2012, § 407a Rn. 19). Dadurch soll gewährleistet werden, dass ein anderer Sachverständiger im Falle einer Verzögerung der Gutachtenerstattung oder bei Entziehung des Gutachtenauftrages möglichst bald das Gutachten erstellen oder fortsetzen kann, um erneute Untersuchungen möglichst zu vermeiden.

■ **Weitere Grundpflichten**

Zu beachten bleibt, dass § 407a ZPO die allgemeinen Pflichten des Sachverständigen nicht abschließend aufführt. Rechtsprechung und Literatur haben vielmehr darüber hinaus zahlreiche weitere grundlegende Pflichten entwickelt.

Da ein Gutachten Objektivität und Neutralität voraussetzt, muss der Sachverständige sein Gutachten unparteiisch erstellen und das Gericht auf mögliche Befangenheitsgründe hinweisen. Bei Erstellung seines Gutachtens hat der Sachverständige ferner zu berücksichtigen, dass er »Helfer« des Gerichts ist und nicht etwa selbst den Prozess entscheiden soll (Laufs u. Kern-Schlund 2010, § 122 Rn. 1 f.). Dies entspricht auch der seltenen Beeidigung des Sachverständigen nach § 410 Abs. 1 S. 1 ZPO, die vom Gericht nach pflichtgemäßem Ermessen vorgenommen werden kann. Der Sachverständige hat zu beeiden, das von ihm erforderte Gutachten unparteiisch und nach bestem Wissen und Gewissen zu erstatten.

Weiterhin besteht die Pflicht zur Beschleunigung. Der Sachverständige soll die Erstattung des Gutachtens möglichst zügig, fehlerfrei und vollständig durchführen. Das Gericht kann ihm hierzu eine Frist bestimmen (§ 411 Abs. 1 ZPO). Der Sachverständige sollte deshalb das Gericht über den in Aussicht genommenen Zeitraum, den er benötigt, frühzeitig informieren.

Außerdem gilt es zu beachten, dass der Inhalt der gutachterlichen Exploration der Schweigepflicht unterliegen kann (► Abschn. 1.1.1). Allerdings ist der Psychiater und Psychotherapeut als gerichtlich bestellter Sachverständiger dem Gericht gegenüber aussageberechtigt und -verpflichtet, soweit sein Auftrag reicht. Dies ergibt sich aus seiner Pflicht zur Gutachtenerstattung. Dem Gericht gegenüber kann sich der Sachverständige folglich nicht auf seine ärztliche Verschwiegenheitspflicht berufen (Heberer 2001, S. 391). Er ist vielmehr zu sämtlichen Mitteilungen befugt, die den ihm erteilten Auftrag umfassen. Alles andere unterliegt jedoch weiterhin der Verschwiegenheitspflicht (BGHZ 40, S. 288). In der Praxis ist die Grenzziehung schwierig, weil das Gericht den Auftrag erweitern kann. Dies sollte der Gutachter dann entsprechend festhalten.

Wurde ein Sachverständiger gleichzeitig auch als Zeuge berufen und hat der Patient ihn von seiner Verschwiegenheitspflicht befreit, so kann er sich ebenfalls nicht auf sein Zeugnisverweigerungsrecht gem. § 383 Abs. 1 Nr. 6 ZPO berufen. Er ist aber nur in dem Umfang zur Aussage berechtigt, wie der Patient ihn von seiner Schweigepflicht befreit hat. Daneben stellt es sich als eine höchstpersönliche Pflicht des Sachverständigen dar, vor Gericht zu erscheinen (§ 409 ZPO), soweit eine ordnungsgemäße Ladung durch das Gericht vorliegt.

Ladung im Sinne des § 214 ZPO ist die Bekanntgabe des angesetzten Termins. Sie beinhaltet notwendigerweise die Angabe des Gerichts, des Rechtsstreites, der Terminszeit sowie des -ortes und des Zwecks (Zöller-Stöber 2014, § 214 Rn. 3).

Dies resultiert auch daraus, dass den Prozessparteien ein Anspruch auf mündliche Erläuterung des schriftlichen Gutachtens zusteht (BVerfG NJW 2013, S. 3433). Bei bestehender Begutachtungspflicht muss der Sachverständige der Ladung Folge leisten.

Das Gutachten

Das Gericht soll bei Erfüllung des von ihm erteilten Gutachtenauftrags den Sachverständigen gem. § 404a ZPO leiten. Üblich ist im psychiatrischen

Bereich die Vorlage eines schriftlichen Gutachtens (§ 411 ZPO; im Strafrecht: »vorbereitendes« Gutachten).

> Das Gericht legt aus diesen Gründen unter Berücksichtigung des Beweisthemas zunächst den Auftrag des Sachverständigen fest. Den Inhalt des Gutachtens bestimmt in der Regel jedoch der Sachverständige selbst (OLG Hamm FG Prax 1996, S. 199). Da das Gericht nicht die nötige Sachkenntnis besitzt, kann es keine Weisungen über bestimmte Methoden und Vorgehensweisen erteilen.

Daraus resultiert die Pflicht des Sachverständigen zu überprüfen, ob er selbst die erforderliche Sachkunde für das Gutachten besitzt. Die Annahme eines Gutachtens trotz fehlender Sachkunde führt ggf. zur Schadensersatzpflicht gegenüber einer Partei, § 839a BGB.

Für den Sachverständigen kann sich nach Erledigung seines Auftrages die Frage stellen, ob sein Gutachten noch für andere Zwecke verwendet werden darf. Dabei stellen sich urheberrechtliche Probleme. Deshalb ist zu unterscheiden, ob es sich um ein urheberrechtlich geschütztes oder ein nicht geschütztes Gutachten handelt. Zunächst zum Urheberrecht:

- **Verwertungsrechte**

Für die Frage der Verwertungsrechte medizinischer Gutachten ist zwischen urheberrechtlich geschützten und nicht geschützten Gutachten zu unterscheiden.

- **Grundsätzliches**

Das Urheberrecht gilt für wissenschaftliche Werke und damit auch wissenschaftliche Gutachten nur eingeschränkt. Gemäß § 2 Abs. 2 UrhG sind nur persönliche geistige Schöpfungen, die eine besondere Schöpfungshöhe erreichen, auch besonders geschützt. Wissenschaftliche Erkenntnisse und Lehrmeinungen fallen aufgrund des »wissenschaftlichen Freihaltebedürfnisses« grundsätzlich nicht hierunter (Dreier u. Schulze, Kommentar zum UrhG, 2013, 4. Aufl. § 2 Rn. 93 f.). Urheberrechtlich geschützt werden wissenschaftliche Werke und Gutachten dann, wenn sich aus ihrem

Aufbau oder der Methodik eine besondere schöpferische Eigenleistung ergibt. Die fachlich übliche Ausdrucksweise oder der fachlich übliche Aufbau erreicht keine solche hinreichende Individualität, die das Gutachten als Werk i. S. d. UrhG qualifiziert (BGH GRUR 1981, S. 352 f.).

Fälle, in denen von einem urheberrechtlich geschützten Gutachten ausgegangen werden kann, sind z. B. bei der Begutachtung besonders umfangreicher und komplexer neuer Krankheitsbilder möglich. Keine besondere Schöpfungshöhe liegt vor, wenn »alltägliche« Probleme begutachtet wurden.

■ ■ **1) Verwertungsrechte bei urheberrechtlich geschützten Gutachten**

Liegt ein urheberrechtlich geschütztes Werk vor, stehen dem Urheber sämtliche Rechte an seinem wissenschaftlichen Werk zu. Der Urheber kann aber anderen, beispielsweise dem Auftraggeber, Nutzungsrechte an seinem Werk vertraglich einräumen gem. § 31 Abs. 1 UrhG. Sind keine klaren Absprachen getroffen worden, kann nicht davon ausgegangen werden, dass der Urheber eines Werkes dem Auftraggeber ein ausschließliches Nutzungsrecht übertragen wollte (OLG HH GRUR-RR 2008, S. 378 f.). Im Zweifel werden die Nutzungsrechte nur in dem Umfang stillschweigend übertragen, wie sie für die Erfüllung des Vertragszwecks erforderlich sind (OLG HH GRUR-RR 2008, S. 378 f.; BGH GRUR 2004, S. 938). Eine weitergehende Einräumung der Nutzungsrechte ist nur dann anzunehmen, wenn der Wille der Parteien im Vertrag dies ergibt (OLG HH GRUR-RR 2008, S. 378 f.; BGH GRUR 2004, S. 938).

■ ■ **2) Verwertungsrechte bei nicht urheberrechtlich geschützten Gutachten**

Wenn kein urheberrechtlich geschütztes Werk vorliegt, ist das dem Gutachtenauftrag zugrunde liegende Rechtsverhältnis maßgeblich. Handelt es sich um ein gerichtliches Sachverständigengutachten, muss es allen Verfahrensbeteiligten zur Verfügung gestellt werden (Lippert, NJW 1989, S. 2935 f.).

Handelt es sich hingegen um ein im Rahmen eines privatrechtlichen Rechtsverhältnisses angefertigtes Gutachten, hat der Auftraggeber, sofern nichts anderes vereinbart ist, umfassende Verwertungsrechte am Gutachten (Lippert, NJW 1989, S. 2936). Hierzu existiert aber keine Rechtsprechung. Es könnte daran zu denken sein, dass Nutzungsrechte an Gutachten wie im Urheberrecht zu behandeln sind. Die vertraglichen Vereinbarungen könnten also so ausgelegt werden, dass Nutzungsrechte nur insoweit eingeräumt werden sollten, als dass der Zweck des Gutachtens erfüllt werden kann. Dies spricht gegen eine Übertragung der Verwertungsrechte auf den Auftraggeber. Allerdings kommt es auf die Auslegung im Einzelfall an.

Auch die ärztliche Schweigepflicht ist ein Argument dafür, dass Verwertungsrechte nur sehr eingeschränkt vertraglich vereinbart werden können.

Klausel. Wegen der bestehenden Unsicherheiten empfiehlt sich folgende Klausel am Ende des Gutachtens:

» Gutachten dürfen nur zu dem Zweck, zu dem sie erstellt worden sind, verwendet werden. Die Weitergabe an Dritte oder anderweitige Verwendung ohne Zustimmung des Gutachters ist nicht gestattet. Das Verwertungsrecht verbleibt in jedem Fall bei dem Gutachter.

Gerichtlich bestellte Gutachten müssen allen Beteiligten zur Verfügung gestellt werden; in privatrechtlichen Verträgen können auch Abweichungen von der vorgeschlagenen Formulierung zugunsten des Auftraggebers vereinbart werden.

Das Verhältnis des Sachverständigen zum Gericht

Im Verhältnis zu den übrigen Beweismitteln ist der Einfluss des Sachverständigen im Rechtsstreit größer. Der Grund dafür liegt darin, dass in der Psychiatrie und Psychologie genauso wie bei sonstigen Wissenschaften Juristen vor Fragen gestellt werden, deren Beantwortung ihre Erkenntnismöglichkeiten übersteigt (Olzen 1980, S. 66 f.).

> Trotz der großen Bedeutung des Sachverständigenbeweises darf jedoch nicht außer Acht gelassen werden, dass die Entscheidung des Rechtsstreites allein in der Verantwortung des Gerichts liegt (Art. 92, 97 GG). Dem Richter steht es im Rahmen der freien

Beweiswürdigung gem. § 286 Abs. 1 ZPO frei, inwieweit er den Schlussfolgerungen und Ausführungen des Sachverständigengutachtens bei seiner Entscheidung folgt.

Das Gericht darf von einem Gutachten allerdings nur dann abweichen, wenn es die zugrunde liegenden Tatsachen und die Schlussfolgerungen auf ihre Richtigkeit und Überzeugungskraft hin überprüft hat und eine abweichende Entscheidung begründen kann. Dabei muss das Gericht deutlich machen, dass die Beurteilung nicht von einem Mangel an Sachkunde beeinflusst ist (BGH NJW 1989, S. 2948). Da die mangelnde Sachkunde aber gerade der Grund für die Beauftragung eines Sachverständigen ist, befindet sich das Gericht u. U. in der Situation, das Gutachten nicht überprüfen zu können. Hat das Gericht Bedenken bezüglich des Gutachtens, so muss es den Sachverständigen zu einer Ergänzung oder mündlichen Erläuterung seines Gutachtens veranlassen oder einen weiteren Sachverständigen beauftragen (Laufs u. Kern-Schlund 2010, § 118 Rn. 5).

1.1.3 Der Sachverständige im Strafprozess

Im Strafprozess wird der psychiatrische Sachverständige für verschiedenste Fragen herangezogen. Im Vordergrund steht dabei die Befragung über die Schuldfähigkeit des Täters (§§ 20, 21 StGB). Weiter werden Gutachten für Kriminalprognosen sowohl bei psychisch kranken Tätern (§§ 63 f. StGB) als auch bei der Aussetzung von Strafen (§§ 57, 57a StGB), bei Vollzugserleichterungen oder der Erwägung der Sicherungsverwahrung eines Täters (§§ 66 ff. StGB) benötigt. Häufig erfordert daneben die Beurteilung der Glaubhaftigkeit von Zeugenaussagen die Beteiligung eines psychiatrischen oder psychologischen Sachverständigen (BGH NJW 2002, S. 1813).

Erhebung eines Sachverständigenbeweises

Im Strafverfahren, das im Unterschied zum Zivilprozess kein Parteienprozess ist, gilt als zentraler Verfahrensgrundsatz die Amtsermittlungspflicht, die das Gericht zu einer selbstständigen Aufklärungstätigkeit berechtigt und verpflichtet. In ihrem Rahmen muss das Gericht alle Maßnahmen durchführen, die zur Aufklärung von entscheidungsrelevanten Tatsachen dienen können. Regelungen zum Sachverständigen im Strafprozess finden sich in den §§ 72 ff. StPO. Seine Hinzuziehung gilt dann als notwendig, wenn dem Gericht zur Beurteilung von Sachfragen notwendige Erfahrungen und Kenntnisse fehlen (dazu Eisenberg 2013, Rn. 1518 ff.; Krehl 2013, § 244 StPO Rn. 42 ff.).

Das Strafverfahren lässt sich in verschiedene Phasen einteilen. Es entwickelt sich von den staatsanwaltlichen Ermittlungen bis zum Urteil, wobei sich in jedem der unterschiedlichen Verfahrensabschnitte die Notwendigkeit der Anforderung eines Sachverständigengutachtens ergeben kann.

▪ Ermittlungsverfahren

Am Beginn eines Strafverfahrens steht das Ermittlungs- bzw. Vorverfahren, dessen Herrin die Staatsanwaltschaft ist, und das in den meisten Fällen aufgrund einer Anzeige eingeleitet wird. Die Staatsanwaltschaft hat sowohl die zur Belastung als auch die zur Entlastung dienenden Umstände zu ermitteln und für die Erhebung der Beweise Sorge zu tragen, deren Verlust zu besorgen ist (§ 160 Abs. 2 StPO). Da das Ermittlungsverfahren nur vorbereitenden Charakter hat, regelt Nr. 69 RiStBV, dass die Staatsanwaltschaft nur dann einen Sachverständigen heranziehen soll, wenn sein Gutachten für die vollständige Aufklärung des Sachverhalts unentbehrlich ist. In der Praxis ist dies z. B. häufig bei Kapitaldelikten der Fall.

Außerdem soll ein Sachverständigengutachten gemäß den §§ 80a und 414 Abs. 3 StPO schon im Vorverfahren angefordert werden, wenn mit einer Anordnung der Unterbringung des Beschuldigten in einem psychiatrischen Krankenhaus, einer Entziehungsanstalt oder in der Sicherungsverwahrung zu rechnen ist, weil in diesen Fällen im Hauptverfahren gem. § 246a StPO stets ein Sachverständiger hinzugezogen werden muss. Vor der Auswahl eines Gutachters soll die Staatsanwaltschaft dem Verteidiger Gelegenheit zur Stellungnahme geben, »es sei denn, daß der Gegenstand der Untersuchung ein häufig wiederkehrender, tatsächlich gleichartiger Sachverhalt (z. B. Blutalkoholgutachten) ist

oder eine Gefährdung des Untersuchungszwecks (vgl. § 147 Abs. 2 StPO) oder eine Verzögerung des Verfahrens zu besorgen ist« (Nr. 70 Abs. 1 RiStBV; siehe zur Auswahl des Sachverständigen durch die Staatsanwaltschaft auch Erb 2009, S. 882, 894 f.). Von Verteidigerseite wird beklagt, dass das Anhörungserfordernis in der Praxis vielfach nicht beachtet wird (LR-Krause 2008, § 73 StPO Rn. 26) und geltend gemacht, dass dies die Verwertbarkeit des Gutachtens in Frage stellen kann (Dierlamm 2008, S. 117, 122 ff.).

Da das Vorverfahren ein staatsanwaltliches Verfahren ist, kann vor Erhebung der Anklage das Gericht grundsätzlich nicht von Amts wegen die Einholung eines Gutachtens beschließen. Erachtet aber die Staatsanwaltschaft die Vornahme einer richterlichen Untersuchungshandlung für erforderlich, so kann sie gem. § 162 StPO die Einschaltung eines Ermittlungsrichters beantragen. Von dieser Möglichkeit wird in der Praxis allerdings nur sehr selten Gebrauch gemacht. Ein solcher Antrag kann aber insbesondere dann sinnvoll sein, wenn das Beweismittel, also hier die Aussage des Sachverständigen, für eine zukünftige Hauptverhandlung gesichert werden soll.

Nur bei Gefahr im Verzug, wenn also die Erreichung des Ermittlungszweckes, dem das Gutachten dienen soll, gefährdet wird, kann der Richter ohne Antrag gem. § 165 StPO die Erhebung eines Sachverständigenbeweises anordnen und durchführen, sofern ein Staatsanwalt nicht erreichbar ist. Daneben besteht gem. § 166 Abs. 1 StPO für den Richter die Möglichkeit, auf Antrag des von ihm vernommenen Beschuldigten Beweiserhebungen vorzunehmen, wenn diese die Freilassung des Beschuldigten begründen könnten oder ansonsten der Verlust der Beweise zu besorgen ist.

Der Sachverständige ist dazu verpflichtet, auf Ladung vor der Staatsanwaltschaft zu erscheinen und zur Sache auszusagen oder ein Gutachten zu erstatten (§ 161a Abs. 1 S. 1 StPO). Bei diesen Vernehmungen von Sachverständigen durch die Staatsanwaltschaft – die in der Praxis allerdings kaum vorkommen – steht weder dem Beschuldigten noch seinem Verteidiger ein Anwesenheitsrecht zu (Müller 1997, S. 493, 496). Die Einsicht in ein schriftliches Gutachten darf dem Verteidiger aber gem. § 147 Abs. 3 StPO in keiner Lage des Verfahrens versagt werden.

Der im Ermittlungsverfahren tätige Sachverständige wird regelmäßig in der Anklageschrift der Staatsanwaltschaft als Beweismittel angeführt und trotz der Auswahlbefugnis des Gerichts gem. § 73 Abs. 1 S. 1 StPO in den meisten Fällen auch zur Hauptverhandlung geladen. Der Auswahlentscheidung der Staatsanwaltschaft kommt daher erhebliche Bedeutung für den weiteren Gang des Verfahrens zu (Eisenberg 2013, Rn. 1526; LR-Krause 2008, § 73 StPO Rn. 26).

▪ Zwischenverfahren

Nach Anklageerhebung steht es dem Gericht frei, in jedem weiteren Verfahrensabschnitt die Heranziehung eines Sachverständigen zu beschließen. Gemäß § 202 S. 1 StPO kann das Gericht folglich – auch bevor es über die Eröffnung des Hauptverfahrens entscheidet – bereits einzelne Beweise erheben und somit auch Sachverständigengutachten anordnen. Denn auch sie dienen u. U. der Entscheidung der Frage, ob ein Hauptverfahren eröffnet oder das Verfahren eingestellt wird (Müller 1988, § 3 Rn. 72a).

▪ Hauptverfahren

Die Hauptverhandlung ist das Kernstück des Strafverfahrens, dessen praktisch wichtigster Teil wiederum die Beweisaufnahme darstellt (▶ Ablauf der Hauptverhandlung und des Gutachtenvortrags für den Sachverständigen). Gemäß § 244 Abs. 2 StPO muss das Gericht zur Wahrheitsfindung von Amts wegen alle ihm zur Verfügung stehenden Mittel ausschöpfen und dementsprechend stets einen Sachverständigenbeweis erheben, wenn ihm selbst zur Entscheidung über bestimmte Tatsachen die erforderliche Sachkunde fehlt, z. B. weil bei der Beurteilung der Schuldfähigkeit eine erhebliche Ausnahmekonstellation vorliegt (BGH NStZ-RR 2009, S. 115; OLG Hamm 2. Strafsenat, Beschluss vom 22. Oktober 2013 – 2 RVs 46/13 -, juris). Ferner verlangt § 246a Abs. 1 S. 1 StPO die Vernehmung eines Sachverständigen, wenn in Betracht kommt, dass die Unterbringung des Angeklagten in einem psychiatrischen Krankenhaus oder in der Sicherungsverwahrung angeordnet oder vorbehalten wird. Gleiches gilt gemäß Abs. 1 S. 2 der

Vorschrift, wenn das Gericht erwägt, die Unterbringung des Angeklagten in einer Entziehungsanstalt anzuordnen.

Die notwendige Ladung des Sachverständigen ordnet gem. § 214 Abs. 1 S. 1 StPO der Vorsitzende an. Dies sollte in der Regel nach mündlicher Terminvereinbarung geschehen, da die meisten psychiatrischen Gutachter in ihrem Hauptamt oder im Rahmen ihrer gutachterlichen Praxis üblicherweise enge Terminpläne haben.

Die Amtsermittlungspflicht des Gerichts wird durch das Beweisantragsrecht der Verfahrensbeteiligten ergänzt (§ 244 Abs. 3–6 StPO), das grundsätzlich auch den Sachverständigenbeweis umfasst. Ein entsprechender Antrag kann allerdings nicht nur aus den in § 244 Abs. 3 StPO normierten allgemeinen Gründen, sondern gemäß § 244 Abs. 4 S. 1 StPO etwa auch deshalb abgelehnt werden, weil das Gericht – was dann allerdings in der Urteilsbegründung deutlich gemacht werden muss (BGH NStZ 2010, S. 100 f.) – selbst die erforderliche Sachkunde besitzt. Außerdem ist eine Ablehnung gemäß § 244 Abs. 4 S. 2 StPO regelmäßig möglich, wenn das Gericht bereits einen Sachverständigen gehört hat und aufgrund seines Gutachtens das Gegenteil der unter Beweis gestellten Tatsache als erwiesen erachtet. Einen zweiten Sachverständigen muss das Gericht in der Regel nur dann hören, wenn ein entsprechender Beweisantrag gestellt wurde und der Sachverständige zur Hauptverhandlung sowohl geladen wurde als auch erschienen ist (vgl. § 245 Abs. 2 StPO).

Sofern der Vorsitzende den Antrag auf Vernehmung eines Sachverständigen ablehnt, kann der Angeklagte ihn gem. § 220 StPO in einem solchen Fall selbst unmittelbar laden lassen. Von dieser Möglichkeit wird in neuerer Zeit immer häufiger Gebrauch gemacht (KK-Fischer 2013, Einleitung Rn. 368). Der unmittelbar geladene Sachverständige ist, ebenso wie der gerichtlich geladene Sachverständige, ein unabhängiger Gutachter. Er ist aber nur dann zum Erscheinen in der Hauptverhandlung verpflichtet, wenn ihm bei der Ladung durch den die unmittelbare Ladung zustellenden Gerichtsvollzieher die gesetzliche Entschädigung für die Reisekosten und das Zeitversäumnis bar angeboten oder deren Hinterlegung bei der Geschäftsstelle nachgewiesen wird

(§ 220 Abs. 2 StPO). Hinzutreten muss, dass sich aus § 75 StPO für ihn überhaupt eine Begutachtungspflicht ergibt.

> **Grundsätzlich braucht der Sachverständige in der Hauptverhandlung nicht ständig anwesend zu sein. Soweit keine Weisungen von Seiten des Gerichts vorliegen, entscheidet der Sachverständige deshalb selbst dar-**

über, ob und inwieweit das Gutachten seine Anwesenheit erfordert (Eisenberg 2013, Rn. 1584). Dies muss er selbstverständlich in Absprache mit dem Gericht tun.

Erscheint ein Sachverständiger auf ordnungsgemäße Ladung nicht bei Gericht, so können ihm die dadurch verursachten Kosten und ein Ordnungsgeld auferlegt werden (§ 77 Abs. 1 S. 1 StPO).

Ablauf der Hauptverhandlung und des Gutachtenvortrags für den Sachverständigen

Obwohl es sich bei dem Strafverfahren um ein mündliches Verfahren handelt und die Verfahrensbeteiligten deshalb nach der Rechtsprechung keinen Anspruch auf ein schriftliches Gutachten haben sollen (BGHSt 54, S. 177; zu Recht kritisch Deckers et al. 2011, S. 69), ist in aller Regel im Vorfeld dem Auftraggeber (Gericht oder Staatsanwaltschaft) ein vorbereitendes schriftliches Gutachten zu erstatten. Es ist nicht zu vertreten, dass eine psychiatrische Exploration und Untersuchung ausschließlich in einer Hauptverhandlung erfolgt, sofern sich nicht Hinderungsgründe seitens des Angeklagten ergeben. Der mündliche Vortrag eines psychiatrischen oder psychologischen Gutachtens erfolgt in der Hauptverhandlung üblicherweise am Ende der Beweisaufnahme. Zuvor werden zumeist der Angeklagte, alle Zeugen und ggf. die übrigen Sachverständigen der anderen Disziplinen vernommen.

Der Sitzplatz des Sachverständigen ist meist neben der Staatsanwaltschaft (dazwischen ggf. die Nebenklage). Bei Unklarheiten sollte ein Justizwachtmeister, Protokollführer oder Richter nach dem Platz gefragt werden. Grundsätzlich ist auf eine genügende Distanz zu allen anderen Prozessbeteiligten zu achten. Dies gilt insbesondere auch für die Pausen (z. B. kein Zusammensitzen am Mittagstisch in der Kantine, keine Unterhaltung auf dem Gerichtsflur).

Fragerecht des Sachverständigen. Das Gericht gestattet dem Sachverständigen in der Regel die unmittelbare Befragung des Angeklagten und der Zeugen (§ 80 Abs. 2 StPO), ggf. auch anderer Sachverständiger. Dieses Fragerecht sollte der Sachverständige nutzen. Üblicherweise geschieht dies, nachdem das Gericht (Vorsitzender, ggf. beisitzende Richter) und danach die Staatsanwaltschaft ihre Fragen an den Angeklagten oder die Zeugen gerichtet haben. Dabei sollte der Sachverständige sich grundsätzlich auf jene Problemkreise beschränken, die eng mit seinem Gutachtenauftrag zu tun haben (Eisenberg 2008, Rn. 1590). Das

Fragerecht des Sachverständigen darf nicht darauf hinauslaufen, dass dieser die Zeugen selbstständig vernimmt (OLG Köln StraFo 2011, S. 504 f.; Eisenberg 2013, Rn. 1590; KK-Senge 2013, § 80 Rn. 5).

Belehrung. Die Belehrung des Sachverständigen (in der Regel in Kombination mit jener eines Zeugen, da der Sachverständige oft auch Zeugenaussagen zu machen hat, insbesondere über den Ablauf und das Verhalten in der Untersuchung) erfolgt oft durch den Vorsitzenden am Beginn der Verhandlung oder ansonsten unmittelbar vor dem Vortrag (§§ 57, 72 StPO). Dabei wird immer angeführt,

- dass das Gutachten unparteiisch und nach bestem Wissen und Gewissen zu erstatten ist,
- der Gutachter seine Aussage u. U. beschwören muss,
- ein Meineid als Verbrechen bestraft wird,
- auch eine uneidliche Falschaussage strafbar ist.

Allgemeine Angaben. Zu Beginn des Gutachtenvortrages sollte der Sachverständige auf Nachfragen des Vorsitzenden oder spontan in der Regel zu den folgenden Punkten Angaben machen:

- vollständiger Name
- Beruf
- Alter in vollen Jahren (nicht Geburtsdatum)
- Wohnort (nicht Arbeitsort; ohne Postleitzahl und ohne Straße)
- Erklärung, dass der Sachverständige mit dem Probanden weder verwandt noch verschwägert ist und dass er selbst nicht wegen Meineides vorbestraft ist (»im Übrigen verneinend«)

Gutachtenvortrag. In einem gut vorbereiteten und strukturierten Vortrag hat der Sachverständige dann die folgenden Informationen in freier Rede vorzutragen, wobei es ihm selbstverständlich gestattet ist, seine Unterlagen, seinen Laptop usw. vor sich zu haben und die relevanten Punkte zu übernehmen (ein reines Ablesen sollte unbedingt vermieden werden):

▼

- relevante Aktenauszüge (sofern noch nicht in die Hauptverhandlung eingeführt, z. B. Arztschreiben)
- eigene Angaben des Probanden (sofern noch nicht eingeführt, z. B. durch den vom Probanden selbst abgegebenen Lebenslauf, wobei Ergänzungen, sofern sinnvoll, eingefügt werden sollten)
- Untersuchungsbefunde einschließlich der vom Sachverständigen veranlassten Zusatzuntersuchungen (z. B. Testpsychologie, Laborwerte, EEG, CCT, MRT), sofern sie nicht von einem anderen in der Hauptverhandlung anwesenden Sachverständigen dargestellt wurden
- zusammenfassende Einschätzung und forensisch-psychiatrische Beurteilung

Diese Gliederung sollte entsprechend dem vorbereitenden schriftlichen Gutachten erfolgen (▶ Abschn. 1.1.1). Üblicherweise dauert ein solcher Gutachtenvortrag zwischen 20 und 40 Minuten, kann aber durchaus auch länger sein.

Wegen des in der Hauptverhandlung geltenden Prinzips der Unmittelbarkeit (§ 250 StPO) kann der Sachverständige sich nicht darauf zurückziehen, dass er diese oder jene Information in seinem vorbereitenden schriftlichen Gutachten dargelegt hat: Alle relevanten Informationen müssen im Gutachtenvortrag angesprochen werden (KK-Senge 2013, § 82 StPO Rn. 3).

Befragung. Zunächst hat das Gericht, dann die Staatsanwaltschaft und schließlich die Verteidigung die Möglichkeit, im Anschluss an den Gutachtenvortrag Fragen an den Sachverständigen zu richten. Der Sachverständige muss sich dabei bemühen, entstandene Missverständnisse zu klären und zusätzlich erwünschte Informationen zu geben.

Nicht selten versuchen einzelne Prozessbeteiligte bei dieser Befragung, den Sachverständigen zu verunsichern und als befangen i. S. d. §§ 74, 24 StPO darzustellen. Ziel dabei ist, einen Sachverständigen durch einen anderen zu ersetzen, wenn beispielsweise das Ergebnis des Sachverständigengutachtens mit den eigenen Erwartungen nicht übereinstimmt. In solchen Fällen darf sich der Sachverständige – wie im gesamten Verfahren – nicht provozieren lassen. Er sollte sich auf die wissenschaftlichen Grundlagen des Faches zurückziehen und freundlich, aber bestimmt die gestellten Fragen beantworten. Selten wird es bei persönlich verletzenden Angriffen notwendig sein, den Vorsitzenden Richter zu bitten, die Frage gemäß § 241 Abs. 2 StPO als ungeeignet oder nicht zur Sache gehörend zurückzuweisen (dazu KK-Schneider 2013, § 241 StPO Rn. 5 ff.). Alternativ kann der Sachverständige die gestellten Fragen unter Vermeidung von Augenkontakt zum Fragesteller dem Vorsitzenden beantworten. Meist regelt sich die Vorwurfshaltung dann schnell.

Vereidigung. Grundsätzlich kann der Sachverständige vereidigt werden (§ 79 StPO), was aber in der Praxis außerordentlich selten ist. Dies geschieht nur, wenn es dem Gericht geboten erscheint. Hierbei spricht der Vorsitzende dem Sachverständigen die Eidesformel vor.

Entlassung und Vergütung. Je nach Praxis des Gerichtes ist es üblich, dass der Sachverständige nach seiner Entlassung, die vom Vorsitzenden Richter anzuordnen ist, von diesem einen Bogen mit Angaben zum Verfahren und insbesondere mit seinen Anwesenheitszeiten ausgehändigt bekommt (alternativ wird eine Honorarnote ohne diesen Bogen vom Sachverständigen eingereicht). Dieser Bogen ist bei der Anweisungsstelle des Gerichtes mit der Rechnung einzureichen (in der Regel schriftlich). Neben den eigentlichen Anreise- und Teilnahmezeiten an der Hauptverhandlung werden üblicherweise 1–2 Stunden Vorbereitungszeit für den Sachverständigen für jeden Termin anzurechnen sein, ggf. auch mehr.

Auswahl und Ablehnung des Sachverständigen

Auch im Strafprozess kann jede natürliche Person zum Sachverständigen bestellt werden. Die Auswahl obliegt gem. § 73 StPO dem Gericht und liegt in dessen pflichtgemäßem Ermessen (KK-Senge 2013, § 73 StPO Rn. 6). Der Angeklagte kann keinen bestimmten Sachverständigen erzwingen, indem er sich weigert mit anderen Sachverständigen zu arbeiten (BGH 3. Strafsenat, Beschluss vom 17. Juli 2008 – 3 StR 250/08 -, juris; KK-Senge 2013, § 73 Rn. 3). Die Auswahlbefugnis des Gerichts wird gem. § 73 Abs. 2 StPO nur dann eingeschränkt, wenn für die Art des in Betracht kommenden Gutachtens Sachverständige öffentlich bestellt sind.

Hintergrundinformation
Grundsätzlich gibt es keine öffentlich bestellten psychiatrischen Sachverständigen. Lediglich in Bayern konnten Landgerichtsärzte nach dem Bayerischen Sachverständigengesetz (Gesetz vom 11.10.1950, GVBl. 1950, S. 219) von der Bezirksregierung für die Begutachtung medizinischer Fragen im Rahmen der Verhandlungsfähigkeit, der strafrechtlichen Verant-

wortlichkeit oder ähnlicher Fragen herangezogen werden. In der Praxis wurde davon allerdings so gut wie kein Gebrauch gemacht (Bayerlein-Bock 2008, § 3 Rn. 3 und § 4 Rn. 22). Mit Wirkung zum 1.1.2008 ist das Bayerische Sachverständigengesetz aufgehoben worden.

Im Rahmen des § 73 Abs. 1 StPO hat das Gericht zunächst die Fachrichtung der zu klärenden Sachfrage zu bestimmen. Die Auswahl des Sachverständigen bezieht sich somit zunächst auf das Fachgebiet, aber auch auf die persönliche Eignung des Sachverständigen. So muss das Gericht insbesondere bei Gutachten, die eine psychiatrische Untersuchung des Angeklagten verlangen und deshalb eine persönliche Exploration und Untersuchung erfordern, beachten, dass die Person des Sachverständigen möglichst Vertrauen bei dem zu Untersuchenden erwirbt (Müller 1988, § 4 Rn. 175). Dies ist in der Praxis ein schwieriges Kriterium, da ein Beschuldigter oder Angeklagter in der Regel ein konkretes Ziel mit der Sachverständigentätigkeit verbindet. Daneben kann bei der Auswahl des Sachverständigen die Eilbedürftigkeit der Angelegenheit als Kriterium herangezogen werden (BVerfG StV 2011, S. 41).

Ein weiteres Kriterium für die Wahl einer Person kann außerdem die Prozesserfahrung eines Sachverständigen sein (Schreiber u. Rosenau 2009, S. 153, 157). Problematisch ist an diesem Konstrukt im Strafrecht, dass erfahrene psychiatrische Gutachter, zumal mit der besonderen Qualifikation einer Schwerpunktbezeichnung bzw. mit dem Zertifikat »Forensische Psychiatrie« der Deutschen Gesellschaft für Psychiatrie und Psychotherapie, Psychosomatik und Nervenheilkunde (DGPPN, ► Abschn. 1.1.9), relativ selten sind. Manchmal wird den Gutachtern vorgeworfen, eine Art »Hausgutachter« einer Staatsanwaltschaft oder eines Gerichtes darzustellen, wenn sie häufiger von einer bestimmten Behörde beauftragt werden. Die Häufigkeit der Hinzuziehung sagt allerdings noch nichts über mangelnde Neutralität aus (siehe dazu auch Erb 2009, S. 882, 892 ff.). Allerdings sind Sachverständige, insbesondere wenn sie hauptberuflich eine Gutachtenpraxis führen, selbstständige Unternehmer, was grundsätzlich zu berücksichtigen ist.

Generell sollte sich der Sachverständige bewusst sein, dass auch unbewusste Erwartungen und unbewusste Einstellungen zum Tatgeschehen und zum Täter die eigene Beurteilung beeinflussen

können (Eisenberg 2013, Rn. 1617). So wurde etwa in einer neueren Studie (Murrie et al. 2013, S. 1889) für das kontradiktorische Strafverfahren der USA auffallend häufig ein Gleichlauf der psychiatrischen Prognose von Rückfallwahrscheinlichkeiten mit der Verfahrensrolle des Auftraggebers konstatiert. Auch wenn sich die Studie nicht ohne weiteres auf das durch den Amtsermittlungsgrundsatz geprägte deutsche Strafverfahren übertragen lässt und einige der teilnehmenden Gutachter keinen derartigen »allegiance effect« (Loyalitätseffekt) gezeigt haben (Murrie et al. 2013, S. 1889, 1895), deutet sie doch darauf hin, dass insbesondere subjektive klinische Bewertungen durch sachfremde Einflüsse mitbestimmt sein können.

Eine kürzlich durchgeführte Befragung unter deutschen Sachverständigen (Jordan u. Gresser 2014, S. 210 f.) zeigt, dass auch unser Rechtssystem vor Beeinflussungen nicht ausreichend schützt. Die Angabe von 28 % der teilnehmenden psychiatrischen und 45 % der teilnehmenden psychologischen Sachverständigen, vom Gericht in Einzelfällen oder sogar häufig eine Tendenz für das erwünschte Ergebnis des Gutachtens signalisiert bekommen zu haben, stimmt sehr bedenklich. In Verbindung mit der insbesondere bei den teilnehmenden psychologischen Sachverständigen teilweise recht hohen wirtschaftlichen Abhängigkeit von der Gutachtertätigkeit erscheint in diesen Fällen das Risiko hoch, dass die Verlässlichkeit des Gutachtens leidet. Selbst wenn die Begutachtung trotz der Erwartungshaltung seitens des Auftraggebers objektiv wäre, könnte man sich dessen aus der Sicht eines Dritten nie gänzlich sicher sein. Zur Wahrung seiner Objektivität ist der Sachverständige deshalb gehalten, derartige Signale des Gerichts strikt zurückzuweisen. Auch sollte er sich mögliche sachfremde Einflüsse stets bewusst machen, um sie soweit wie möglich ausschließen zu können.

Die Ablehnung des Sachverständigen im Strafverfahren ist in den §§ 74 und 24 StPO geregelt und stimmt inhaltlich mit den Bestimmungen der ZPO überein. Ein Sachverständiger kann demnach auch im Strafverfahren aus denselben Gründen abgelehnt werden, die zur Ablehnung eines Richters führen (vgl. §§ 22 ff. StPO; dazu im Einzelnen Eisenberg 2013, Rn. 1549 ff.). Bloße Fehler im Rahmen der gutachterlichen Tätigkeit begründen allerdings nur dann die Besorgnis der Befangenheit, wenn die Vorgehensweise des Sachverständigen objektiv willkürlich ist oder grundlegende Verfahrensrechte der Beteiligten missachtet werden (vgl. dazu BGH StraFo 2011, S. 274 f.; OLG Köln NStZ-RR 2011, S. 315). Nach Ablehnung eines Sachverständigen »kann« das Gericht gem. § 83 Abs. 2 StPO einen neuen Gutachter bestellen; die Heranziehung wird allerdings, da der Bestellung des abgelehnten Sachverständigen die Feststellung unzureichender eigener Sachkunde des Gerichts zugrunde lag, in der Regel geboten sein (LR-Krause 2008, § 83 StPO Rn. 8). Wird ein Sachverständiger abgelehnt, so kann er über von ihm festgestellte, nicht mehr reproduzierbare Tatsachen gleichwohl in der Hauptverhandlung als Zeuge zu vernehmen sein (BGH NStZ-RR 2010, S. 210).

In sachlicher Übereinstimmung mit § 408 ZPO besteht gem. § 76 Abs. 1 S. 1 StPO ein Gutachtenverweigerungsrecht des Sachverständigen, und zwar aus denselben Gründen, die einen Zeugen zur Aussageverweigerung berechtigen. In Betracht kommen hier gemäß den §§ 52 und 53 StPO persönliche und berufliche Gründe, die dem Sachverständigen ein Recht zur Verweigerung geben. Dies gilt grundsätzlich auch bei der Behandlung von Personen, die gem. §§ 126a StPO, 63, 64 StGB in psychiatrisch-psychotherapeutischen Kliniken untergebracht sind. Denn auch in diesem Arzt-Patienten-Verhältnis besteht keine unbegrenzte Offenbarungspflicht. Allerdings kann sich das Verweigerungsrecht des Arztes bei Behandlung einer im Maßregelvollzug untergebrachten Person nur auf die Tatsachen und Informationen erstrecken, die ihm aufgrund seiner Behandlung und Vertrauensbeziehung anvertraut worden sind. Nicht erfasst sind solche Tatsachen, die ihm aufgrund seiner Ordnungs- und Verwaltungsaufgaben bekannt wurden (Schöch 2004, S. 385, 404). Im letztgenannten Fall wird die sonst erforderliche Zustimmung des Betroffenen zur Preisgabe des Geheimnisses durch eine gesetzliche Duldungspflicht ersetzt. Eine solche Situation liegt z. B. vor, wenn die Untersuchungen und die Behandlung der Vorbereitung eines Gutachtens dienen (BGH MedR 2002, S. 309). In derartigen Fällen sind die Patienten ausdrücklich darauf hinzuweisen, dass insoweit keine ärztliche Schweigepflicht besteht.

Arbeitsüberlastung oder mangelnde Sachkenntnis berechtigen den Sachverständigen dagegen nicht dazu, von sich aus die Erstattung des Gutachtens zu verweigern. Er hat jedoch die Möglichkeit, einen Antrag an das Gericht zu stellen, ihn aus diesen Gründen gem. § 76 Abs. 1 S. 2 StPO von der Verpflichtung zur Gutachtenerstattung freizustellen. Dem hat das Gericht in begründeten Fällen zu entsprechen, was in der Praxis meist auch geschieht (Hüttemann 2004 Rn. 191).

Verfahrensökonomisch ist diese Regelung nicht. Gerade Arbeitsüberlastung führt häufig dazu, dass Ärzte Gutachtenaufträge zurückgeben müssen. Sollte ein Gericht, bzw. die Staatsanwaltschaft, dieses Argument nicht gelten lassen wollen (was manchmal passiert), muss es damit rechnen, dass das Gutachten auch später nicht oder nur sehr verzögert erstattet wird. Insofern ist jedem Sachverständigen dringend zu raten, unmittelbar nach Auftragseingang zu prüfen, ob er das angeforderte Gutachten in einer angemessenen Frist von etwa 3 Monaten erledigen kann (diese Frist kann sich allerdings aus Gründen, die der Gutachter nicht zu verantworten hat, verlängern, z. B. keine zeitnahe Zusage der Übernahme möglicherweise anfallender Zusatzkosten, zunächst fehlendes Einverständnis des zu Begutachtenden, notwendig werdende aufwendige Zusatzuntersuchungen, fehlende Akteneingänge).

Das Gutachten

Die Arbeit des Sachverständigen erfordert zunächst einen klaren gerichtlichen Auftrag und weiterhin auch die Leitung des Gerichtes bei dessen Ausführung (§ 78 StPO). Ebenso wie im Zivilprozess stellen auch im Strafverfahren die sog. Anknüpfungstatsachen die Grundlage für die Tätigkeit des Sachverständigen dar. Diese werden ihm je nach Verfahrensabschnitt durch die Staatsanwaltschaft oder das Gericht mitgeteilt (Eisenberg 2013, Rn. 1603; LR-Krause 2008, § 78 StPO Rn. 9). Der Gutachter hat im Falle ihrer Unzulänglichkeit die Möglichkeit, zur Vorbereitung seines Gutachtens weitere Aufklärung durch Vernehmung von Zeugen oder auch des Beschuldigten zu verlangen (§ 80 Abs. 1 StPO). Denn ebenso wie andere Sachverständige ist der psychiatrische bzw. psychologische Sachverständige nicht zur eigenen Ermittlung von Anknüpfungstatsachen befugt. Er darf nur der richterlichen Vernehmung beiwohnen und Fragen stellen, wobei ihm allerdings nicht die ganze Befragung überlassen werden kann (Meyer-Goßner 2013, § 80 StPO Rn. 2). Anderenfalls besteht die Gefahr, dass das Urteil im Rechtsmittelverfahren aufgehoben wird (vgl. BGH bei Dallinger MDR 1966, S. 381, 383; Meyer-Goßner 2013, § 80 StPO Rn. 6).

In der Praxis bietet sich folgendes Vorgehen an: Stellt der Sachverständige einen entsprechenden Bedarf fest, so teilt er dies mit einer Begründung dem Auftraggeber mit und bittet darum, diese Personen durch ihn, den Sachverständigen, selbstständig befragen zu lassen. Diesem Begehren wird in der Regel vom Auftraggeber, meist im Einvernehmen mit der Verteidigung, zugestimmt.

Ein praktisches Problem besteht, wenn die zu begutachtende Person sich nicht von dem psychiatrischen oder psychologischen Sachverständigen befragen lässt. Denn der Sachverständige hat keine Möglichkeit, selbst Zwangsmaßnahmen zu veranlassen. Allerdings kann er anregen, den Beschuldigten nach § 81 StPO zum Zwecke der Begutachtung in einem psychiatrischen Krankenhaus – dies muss nicht die eigene Klinik sein – für die Dauer von bis zu 6 Wochen unterbringen zu lassen. Auch dort kann er den Probanden beobachten und aus seinem Verhalten auf Station sachverständig zu den Beweisfragen Stellung nehmen. Dieses Vorgehen ist wegen des Zwangscharakters aber grundsätzlich zu vermeiden und überdies an strenge Voraussetzungen gebunden; so muss der Beschuldigte der Tat dringend verdächtig sein (§ 81 Abs. 2 S. 1 StPO), und die Anordnung darf zu der Bedeutung der Sache und der zu erwartenden Strafe oder Maßregel der Besserung und Sicherung nicht außer Verhältnis stehen (§ 81 Abs. 2 S. 2 StPO).

Auch zur Feststellung von Befundtatsachen, also solchen Umständen, die nur vom Gutachter selbst aufgrund seiner Sachkunde zuverlässig wahrgenommen werden können, muss die Vernehmung durch das Gericht oder die Staatsanwaltschaft veranlasst werden. Der Gutachter darf allerdings der Vernehmung von Zeugen oder Beschuldigten beiwohnen und Fragen stellen (§ 80 Abs. 2 StPO). Dies kommt in der Praxis jedoch kaum vor.

Die Exploration des Beschuldigten durch den psychiatrischen Sachverständigen gilt nicht als »Vernehmung« im rechtlichen Sinne, auch wenn dies gelegentlich so bezeichnet wird. Um Missverständnisse zu vermeiden, sollte daher bei der Untersuchung durch einen Arzt für Psychiatrie und Psychotherapie bzw. durch einen Psychologen (Master, Diplom) von einer Exploration (Befragung) und einer wissenschaftlichen Untersuchung gesprochen werden.

Das erstattete Gutachten hat hinreichend substantiiert zu sein und muss anerkannten wissenschaftlichen Standards genügen. Die für die Begutachtung maßgeblichen Einzelkriterien müssen sorgfältig erhoben werden; es muss eine Auswertung des Aktenmaterials sowie eine eingehende Untersuchung des Probanden stattfinden (BVerfGE 109, S. 133, 164 f.). Besonders hervorzuheben ist die Pflicht zur persönlichen Erstellung des Gutachtens (BGH StraFo 2011, S. 359; Ulrich 2007, Rn. 337; Saß 2007, S. 430). Die Verantwortung für das Gutachten liegt insgesamt bei dem beauftragten Sachverständigen. Er kann zwar für bestimmte Teilbereiche Hilfskräfte einsetzen, muss dies jedoch im Gutachten kenntlich machen (KK-Senge 2013, § 73 Rn. 4; Kinze 2011, S. 29, 34). Insbesondere die Exploration stellt einen so wesentlichen Teil der Gutachtertätigkeit dar, dass sie nicht übertragen werden darf (BGH NStZ 2012, S. 103). Psychologische Tests können hingegen delegiert werden, sofern der ausgewählte Sachverständige in seinem Vortrag zu erkennen gibt, dass er im Ganzen die Verantwortung für das Gutachten trägt (BGHSt 22, S. 268, 272 f.).

Hinsichtlich der Form des Gutachtens im Strafprozess bleibt hervorzuheben, dass ein Gutachten gem. § 261 StPO nur dann als Grundlage eines Urteils verwendet werden kann, wenn es in der Hauptverhandlung Gegenstand der mündlichen Verhandlung war. Ausnahmen gelten nur in den Fällen der §§ 251 und 256 StPO. Von der Möglichkeit, die Vernehmung des Sachverständigen durch die Verlesung seines Gutachtens zu ersetzen, wenn der Angeklagte einen Verteidiger hat und der Staatsanwalt, der Verteidiger und der Angeklagte damit einverstanden sind (§ 251 Abs. 1 Nr. 1 StPO), oder wenn der Sachverständige für die Erstellung von Gutachten der betreffenden Art allgemein vereidigt ist (§ 256 Abs. 1 Nr. 1b StPO), dürfte allerdings aufgrund der Bedeutung und Komplexität psychiatrischer Gutachten in der Pra-

1

xis kaum Gebrauch gemacht werden. In Betracht kommt eine Verlesung entsprechender Gutachten daher vor allem, wenn der Sachverständige verstorben ist oder aus einem anderen Grunde in absehbarer Zeit gerichtlich nicht vernommen werden kann (§ 251 Abs. 1 Nr. 2 StPO). Geringe praktische Relevanz wird in diesem Zusammenhang schließlich auch der in § 251 Abs. 2 StPO vorgesehenen Ersetzung der Sachverständigenvernehmung durch die Verlesung der Niederschrift über eine frühere richterliche Vernehmung zukommen.

1.1.4 Der Sachverständige im Sozialgerichtsprozess

Gutachten in sozialgerichtlichen Verfahren dienen der Durchsetzung oder Abwehr sozialrechtlicher Ansprüche. Dabei geht es oft um Tatbestände, die durch Krankheiten und dadurch bedingte Leistungseinbußen geprägt sind. Zu deren Klärung bedarf es regelmäßig sachkundiger Mithilfe.

Da sozialrechtliche Aufgaben von verschiedenen unabhängigen Ämtern und Versorgungsträgern erfüllt werden, bestehen auch sehr unterschiedliche Grundlagen für die Gewährung von Leistungen. Diese verschiedenen Bereiche des Sozialrechts stellen jeweils spezifische Anforderungen an Sachverständigengutachten, auf die hier im Einzelnen nicht näher eingegangen wird (zum medizinischen Gutachten im Sozialgerichtsprozess vgl. Ehlers 2005, Rn. 194 ff.; Grüner 2009, S. 611 ff.).

Generell lässt sich festhalten, dass gem. § 103 SGG im Sozialgerichtsprozess der Amtsermittlungsgrundsatz gilt. Danach ist es Aufgabe des Gerichts, alle relevanten Fakten für ein Verfahren zu ermitteln. Das Gericht hat also auch ohne Antragstellung der Parteien eine Begutachtung zu veranlassen und die Person des Sachverständigen sowie deren Fachrichtung auszuwählen. Die Regelung des § 404 Abs. 4 ZPO, wonach das Gericht grundsätzlich an eine Einigung der Parteien über bestimmte Personen als Sachverständige gebunden ist, gilt wegen des Grundsatzes der Amtsermittlung im sozialgerichtlichen Verfahren nicht (§ 103 SGG).

Eine Ausnahme findet sich in § 109 Abs. 1 S. 1 SGG, wonach auf Antrag des Versicherten, des be-

hinderten Menschen, des Versorgungsberechtigten oder Hinterbliebenen ein bestimmter Arzt gehört werden muss. Auch dann besteht aber für das Sozialgericht die Möglichkeit, daneben zusätzliche Sachverständige zu bestellen.

Ansonsten lässt sich grundsätzlich festhalten, dass für den Sachverständigen im sozialgerichtlichen Verfahren gem. § 118 Abs. 1 SGG die wesentlichen Regelungen des Zivilprozesses analog gelten, sodass auf die Ausführungen dazu verwiesen werden kann (▶ Abschn. 1.1.2).

1.1.5 Der Sachverständige im verwaltungsgerichtlichen Verfahren

Die Pflicht des Verwaltungsgerichts, von Amts wegen den für eine Entscheidung relevanten Sachverhalt zu erforschen, ergibt sich aus dem in § 86 Abs. 1 VwGO niedergelegten Amtsermittlungsgrundsatz. Ansonsten bestehen für den Sachverständigen in einem verwaltungsgerichtlichen Verfahren keine Abweichungen zu den Bestimmungen der Zivilprozessordnung (▶ Abschn. 1.1.2); diese sind vielmehr gem. § 173 S. 1 VwGO entsprechend anzuwenden.

1.1.6 Der Sachverständige im familiengerichtlichen Verfahren

Familiengerichtliche Verfahren waren bis zum 31.8.2009 in §§ 606 ff. ZPO geregelt. Mit Wirkung zum 1.9.2009 ist das Gesetz über das Verfahren in Familiensachen und in den Angelegenheiten der freiwilligen Gerichtsbarkeit (FamFG) vom 17.12.2008 (BGBl I S. 2586) in Kraft getreten. Seither finden sich die Regelungen über familiengerichtliche Verfahren in §§ 111 ff. FamFG.

Auch in familiengerichtlichen Verfahren gem. §§ 111 ff. FamFG hängt die Entscheidung des Gerichts häufig von der vorbereitenden Tätigkeit eines Gutachters ab. Als Sachverständige werden hier in den meisten Fällen Psychologen (Master, Diplom) bzw. Psychologische Psychotherapeuten herangezogen; seltener sind dagegen psychiatrische Gutachten (Leitner 2000, S. 57).

Für Familiensachen (§ 111 FamFG) gilt grundsätzlich der Amtsermittlungsgrundsatz des § 26 FamFG. Das Gericht hat also von Amts wegen die zur Feststellung der Tatsachen erforderlichen Ermittlungen anzustellen. In Familienstreitsachen nach § 112 FamFG und Ehesachen allerdings finden die Vorschriften der ZPO entsprechende Anwendung (▶ Abschn. 1.1.2). Dort gilt der Verhandlungsgrundsatz; die Parteien müssen also dem Gericht die erforderlichen Tatsachen vorlegen.

Weitergehende Möglichkeiten bestehen in den Verfahren, die einen sog. Freibeweis zulassen. Hier können auch Sachverständigenauskünfte eingeholt werden. Die Vorschrift des § 404 Abs. 4 ZPO, wonach das Gericht einer Einigung der Parteien über eine bestimmte Person als Sachverständigen Folge zu leisten hat, findet ebenso wie im sozialgerichtlichen Verfahren aufgrund des Amtsermittlungsgrundsatzes keine Anwendung (Heumann 2001, S. 16 f.). Ansonsten ist aufgrund der entsprechenden Geltung der Regelungen der ZPO auf die oben gemachten Ausführungen zu verweisen (▶ Abschn. 1.1.2).

1.1.7 Vergütung des Sachverständigen

Wenn das Gericht oder die Staatsanwaltschaft ein Sachverständigengutachten in Auftrag gegeben hat, so richtet sich dessen Vergütung nach dem JVEG (▶ Gesetz über die Vergütung von Sachverständigen, Dolmetscherinnen, Dolmetschern, Übersetzerinnen und Übersetzern sowie die Entschädigung von ehrenamtlichen Richterinnen, ehrenamtlichen Richtern, Zeuginnen, Zeugen und Dritten), vom 5.5.2004, BGBl. I S. 718; Meyer et al. 2014.

> **Das Gesetz gilt für alle gerichtlichen Verfahren, gleich welcher Gerichtsbarkeit.**

Auch von anderen öffentlichen und nichtöffentlichen Auftraggebern wird der Honorierung eines Gutachtens das JVEG zugrunde gelegt; falls dies nicht im Anschreiben thematisiert ist, sollte vor Arbeitsaufnahme eine entsprechende Bestätigung eingeholt werden. Eine Honorierung gutachterlicher Leistungen im Gebiet der Psychiatrie und Psychotherapie gem. GOÄ, EBM oder Pauschalsätzen einer Versicherung o. Ä. ist grundsätzlich abzulehnen. Dies wird gelegentlich von Berufsgenossenschaften, Versicherungen, Oberschulämtern u. a. betrieben; in solchen Fällen ist vor Aufnahme der Untersuchungen gegenüber dem Auftraggeber darauf hinzuweisen, dass nur das JVEG als gesetzliche Berechnungsgrundlage eines ausführlichen Gutachtens in Frage kommen kann. Dem Auftraggeber sollte man unter solchen Umständen mit der Nennung einer geschätzten Kostenhöhe die Möglichkeit zum Überdenken des Gutachtenauftrages geben.

Gesetz über die Vergütung von Sachverständigen, Dolmetscherinnen, Dolmetschern, Übersetzerinnen und Übersetzern sowie die Entschädigung von ehrenamtlichen Richterinnen, ehrenamtlichen Richtern, Zeuginnen, Zeugen und Dritten

Das Gesetz ist hier in relevanten Ausschnitten dargestellt; der vollständige Text findet sich im Internet unter http://www.gesetze-im-internet.de/jveg/index.html (Neufassung gültig ab 1.8.2013)

§ 1. Geltungsbereich und Anspruchsberechtigte. (1) Dieses Gesetz regelt 1. die Vergütung der Sachverständigen, Dolmetscherinnen, Dolmetscher, Übersetzerinnen und Übersetzer, die von dem Gericht, der Staatsanwaltschaft, der Finanzbehörde in den Fällen, in denen diese das Ermittlungsverfahren selbstständig durchführt, der Verwaltungsbehörde im Verfahren nach dem Gesetz über Ordnungswidrigkeiten oder dem Gerichtsvollzieher herangezogen werden [...]. Eine Vergütung oder Entschädigung wird nur nach diesem Gesetz gewährt. Der Anspruch auf Vergütung nach Satz 1 Nr. 1 steht demjenigen zu, der beauftragt worden ist; dies gilt auch, wenn der Mitarbeiter einer Unternehmung die Leistung erbringt, der Auftrag jedoch der Unternehmung erteilt worden ist.

▼

1

(2) Dieses Gesetz gilt auch, wenn Behörden oder sonstige öffentliche Stellen von den in Absatz 1 Satz 1 Nr. 1 genannten Stellen zu Sachverständigenleistungen herangezogen werden. Für Angehörige einer Behörde oder einer sonstigen öffentlichen Stelle, die weder Ehrenbeamte noch ehrenamtlich tätig sind, gilt dieses Gesetz nicht, wenn sie ein Gutachten in Erfüllung ihrer Dienstaufgaben erstatten, vertreten oder erläutern.

(3) Einer Heranziehung durch die Staatsanwaltschaft oder durch die Finanzbehörde in den Fällen des Absatzes 1 Satz 1 Nr. 1 steht eine Heranziehung durch die Polizei oder eine andere Strafverfolgungsbehörde im Auftrag oder mit vorheriger Billigung der Staatsanwaltschaft oder der Finanzbehörde gleich. Satz 1 gilt im Verfahren der Verwaltungsbehörde nach dem Gesetz über Ordnungswidrigkeiten entsprechend. [...]

§ 2. Geltendmachung und Erlöschen des Anspruchs, Verjährung. (1) Der Anspruch auf Vergütung oder Entschädigung erlischt, wenn er nicht binnen drei Monaten bei der Stelle, die den Berechtigten herangezogen oder beauftragt hat, geltend gemacht wird; hierüber und über den Beginn der Frist ist der Berechtigte zu belehren. Die Frist beginnt 1. im Fall der schriftlichen Begutachtung oder der Anfertigung einer Übersetzung mit Eingang des Gutachtens oder der Übersetzung bei der Stelle, die den Berechtigten beauftragt hat, 2. im Falle der Vernehmung als Sachverständiger oder Zeuge oder der Zuziehung als Dolmetscher mit Beendigung der Vernehmung oder Zuziehung [...].

§ 3. Vorschuss. Auf Antrag ist ein angemessener Vorschuss zu bewilligen, wenn dem Berechtigten erhebliche Fahrtkosten oder sonstige Aufwendungen entstanden sind oder voraussichtlich entstehen werden oder wenn die zu erwartende Vergütung für bereits erbrachte Teilleistungen einen Betrag von 2000 € übersteigt.

§ 4. Gerichtliche Festsetzung und Beschwerde. (1) Die Festsetzung der Vergütung, der Entschädigung oder des Vorschusses erfolgt durch gerichtlichen Beschluss, wenn der Berechtigte oder die Staatskasse die gerichtliche Festsetzung beantragt oder das Gericht sie für angemessen hält. Zuständig ist [...] 2. das Gericht, bei dem die Staatsanwaltschaft besteht, wenn die Heranziehung durch die Staatsanwaltschaft oder in deren Auftrag oder mit deren vorheriger Billigung durch die Polizei oder eine andere Strafverfolgungsbehörde erfolgt ist, [...] 3. das Landgericht, bei dem die Staatsanwaltschaft besteht, die für das Ermittlungsverfahren zuständig wäre, wenn die Heranziehung in den Fällen des § 1 Abs. 1 Satz 1 Nr. 1 durch die Finanzbehörde oder in deren Auftrag oder mit deren

vorheriger Billigung durch die Polizei oder eine andere Strafverfolgungsbehörde erfolgt ist, [...].

(3) Gegen den Beschluss nach Absatz 1 können der Berechtigte und die Staatskasse Beschwerde einlegen, wenn der Wert des Beschwerdegegenstands 200 € übersteigt oder wenn sie das Gericht, das die angefochtene Entscheidung erlassen hat, wegen der grundsätzlichen Bedeutung der zur Entscheidung stehenden Frage [...] zulässt.

(4) Soweit das Gericht die Beschwerde für zulässig und begründet hält, hat es ihr abzuhelfen; im Übrigen ist die Beschwerde unverzüglich dem Beschwerdegericht vorzulegen. Beschwerdegericht ist das nächsthöhere Gericht. Eine Beschwerde an einen obersten Gerichtshof des Bundes findet nicht statt. Das Beschwerdegericht ist an die Zulassung der Beschwerde gebunden; die Nichtzulassung ist unanfechtbar.

(5) Die weitere Beschwerde ist nur zulässig, wenn das Landgericht als Beschwerdegericht entschieden und sie wegen der grundsätzlichen Bedeutung der zur Entscheidung stehenden Frage [...] zugelassen hat. Sie kann nur darauf gestützt werden, dass die Entscheidung auf einer Verletzung des Rechts beruht; die §§ 546 und 547 der Zivilprozessordnung gelten entsprechend. Über die weitere Beschwerde entscheidet das Oberlandesgericht. Absatz 4 Satz 1 und 4 gilt entsprechend.

(6) Anträge und Erklärungen können ohne Mitwirkung eines Bevollmächtigten schriftlich eingereicht oder zu Protokoll der Geschäftsstelle abgegeben werden; § 129a der Zivilprozessordnung gilt entsprechend. Für die Bevollmächtigung gelten die Regelungen der für das zugrunde liegende Verfahren geltenden Verfahrensordnung entsprechend. Die Beschwerde ist bei dem Gericht einzulegen, dessen Entscheidung angefochten wird.

(7) Das Gericht entscheidet über den Antrag durch eines seiner Mitglieder als Einzelrichter; dies gilt auch für die Beschwerde, wenn die angefochtene Entscheidung von einem Einzelrichter oder einem Rechtspfleger erlassen wurde. Der Einzelrichter überträgt das Verfahren der Kammer oder dem Senat, wenn die Sache besondere Schwierigkeiten tatsächlicher oder rechtlicher Art aufweist oder die Rechtssache grundsätzliche Bedeutung hat. Das Gericht entscheidet jedoch immer ohne Mitwirkung ehrenamtlicher Richter. Auf eine erfolgte oder unterlassene Übertragung kann ein Rechtsmittel nicht gestützt werden.

(8) Die Verfahren sind gebührenfrei. Kosten werden nicht erstattet.

(9) Die Beschlüsse nach den Absätzen 1, 2, 4 und 5 wirken nicht zu Lasten des Kostenschuldners.

▼

§ 5. Fahrtkostenersatz. (1) Bei Benutzung von öffentlichen, regelmäßig verkehrenden Beförderungsmitteln werden die tatsächlich entstandenen Auslagen bis zur Höhe der entsprechenden Kosten für die Benutzung der ersten Wagenklasse der Bahn einschließlich der Auslagen für Platzreservierung und Beförderung des notwendigen Gepäcks ersetzt.
(2) Bei Benutzung eines eigenen oder unentgeltlich zur Nutzung überlassenen Kraftfahrzeugs werden
1. dem Zeugen oder dem Dritten (§ 23) zur Abgeltung der Betriebskosten sowie zur Abgeltung der Abnutzung des Kraftfahrzeugs 0,25 €, 2. den in § 1 Abs. 1 Satz 1 Nr. 1 und 2 genannten Anspruchsberechtigten zur Abgeltung der Anschaffungs-, Unterhaltungs- und Betriebskosten sowie zur Abgeltung der Abnutzung des Kraftfahrzeugs 0,30 € für jeden gefahrenen Kilometer ersetzt zuzüglich der durch die Benutzung des Kraftfahrzeugs aus Anlass der Reise regelmäßig anfallenden baren Auslagen, insbesondere der Parkentgelte. Bei der Benutzung durch mehrere Personen kann die Pauschale nur einmal geltend gemacht werden. Bei der Benutzung eines Kraftfahrzeugs, das nicht zu den Fahrzeugen nach Absatz 1 oder Satz 1 zählt, werden die tatsächlich entstandenen Auslagen bis zur Höhe der in Satz 1 genannten Fahrtkosten ersetzt; zusätzlich werden die durch die Benutzung des Kraftfahrzeugs aus Anlass der Reise angefallenen regelmäßigen baren Auslagen, insbesondere die Parkentgelte, ersetzt, soweit sie der Berechtigte zu tragen hat.
(3) Höhere als die in Absatz 1 oder Absatz 2 bezeichneten Fahrtkosten werden ersetzt, soweit dadurch Mehrbeträge an Vergütung oder Entschädigung erspart werden oder höhere Fahrtkosten wegen besonderer Umstände notwendig sind.
(4) Für Reisen während der Terminsdauer werden die Fahrtkosten nur insoweit ersetzt, als dadurch Mehrbeträge an Vergütung oder Entschädigung erspart werden, die beim Verbleiben an der Terminsstelle gewährt werden müssten.
(5) Wird die Reise zum Ort des Termins von einem anderen als dem in der Ladung oder Terminsmitteilung bezeichneten oder der zuständigen Stelle unverzüglich angezeigten Ort angetreten oder wird zu einem anderen als zu diesem Ort zurückgefahren, werden Mehrkosten nach billigem Ermessen nur dann ersetzt, wenn der Berechtigte zu diesen Fahrten durch besondere Umstände genötigt war.

§ 6. Entschädigung für Aufwand. (1) Wer innerhalb der Gemeinde, in der der Termin stattfindet, weder wohnt noch berufstätig ist, erhält für die Zeit, während der er aus Anlass der Wahrnehmung des Termins von seiner Wohnung und seinem Tätigkeitsmittelpunkt abwesend sein muss, ein Tagegeld, des-

sen Höhe sich nach § 4 Abs. 5 Satz 1 Nr. 5 Satz 2 des Einkommensteuergesetzes bestimmt.
(2) Ist eine auswärtige Übernachtung notwendig, wird ein Übernachtungsgeld nach den Bestimmungen des Bundesreisekostengesetzes gewährt.

§ 7. Ersatz für sonstige Aufwendungen. (1) Auch die in den §§ 5, 6 und 12 nicht besonders genannten baren Auslagen werden ersetzt, soweit sie notwendig sind. Dies gilt insbesondere für die Kosten notwendiger Vertretungen und notwendiger Begleitpersonen.
(2) Für die Anfertigung von Kopien und Ausdrucken werden ersetzt 1. bis zu einer Größe von DIN A3 0,50 Euro je Seite für die ersten 50 Seiten und 0,15 Euro für jede weitere Seite, 2. in einer Größe von mehr als DIN A3 3 Euro je Seite und 3. für Farbkopien und -ausdrucke jeweils das Doppelte der Beträge nach Nummer 1 oder Nummer 2. Die Höhe der Pauschalen ist in derselben Angelegenheit einheitlich zu berechnen. Die Pauschale wird nur für Kopien und Ausdrucke aus Behörden- und Gerichtsakten gewährt, soweit deren Herstellung zur sachgemäßen Vorbereitung oder Bearbeitung der Angelegenheit geboten war, sowie für Kopien und zusätzliche Ausdrucke, die nach Aufforderung durch die heranziehende Stelle angefertigt worden sind. Werden Kopien oder Ausdrucke in einer Größe von mehr als DIN A3 gegen Entgelt von einem Dritten angefertigt, kann der Berechtigte anstelle der Pauschale die baren Auslagen ersetzt verlangen.
(3) Für die Überlassung von elektronisch gespeicherten Dateien anstelle der in Absatz 2 genannten Kopien und Ausdrucke werden 1,50 Euro je Datei ersetzt. Für die in einem Arbeitsgang überlassenen oder in einem Arbeitsgang auf denselben Datenträger übertragenen Dokumente werden höchstens 5 Euro ersetzt.

§ 8. Grundsatz der Vergütung. (1) Sachverständige, Dolmetscher und Übersetzer erhalten als Vergütung 1. ein Honorar für ihre Leistungen (§§ 9 bis 11), 2. Fahrtkostenersatz (§ 5), 3. Entschädigung für Aufwand (§ 6) sowie 4. Ersatz für sonstige und für besondere Aufwendungen (§§ 7 und 12).
(2) Soweit das Honorar nach Stundensätzen zu bemessen ist, wird es für jede Stunde der erforderlichen Zeit einschließlich notwendiger Reise- und Wartezeiten gewährt. Die letzte bereits begonnene Stunde wird voll gerechnet, wenn sie zu mehr als 30 Minuten für die Erbringung der Leistung erforderlich war; anderenfalls beträgt das Honorar die Hälfte des sich für eine volle Stunde ergebenden Betrags.
(3) Soweit vergütungspflichtige Leistungen oder Aufwendungen auf die gleichzeitige Erledigung mehrerer

▼

Angelegenheiten entfallen, ist die Vergütung nach der Anzahl der Angelegenheiten aufzuteilen.

(4) Den Sachverständigen, Dolmetschern und Übersetzern, die ihren gewöhnlichen Aufenthalt im Ausland haben, kann unter Berücksichtigung ihrer persönlichen Verhältnisse, insbesondere ihres regelmäßigen Erwerbseinkommens, nach billigem Ermessen eine höhere als die in Absatz 1 bestimmte Vergütung gewährt werden.

§ 9. Honorar für die Leistung der Sachverständigen und Dolmetscher. (1) Der Sachverständige erhält für jede Stunde ein Honorar in der Honorargruppe ... in Höhe von

...	Euro
M 1	65
M 2	75
M 3	100

Die Zuordnung der Leistungen zu einer Honorargruppe bestimmt sich nach der Anlage 1. [...]

§ 10. Honorar für besondere Leistungen. (1) Soweit ein Sachverständiger oder ein sachverständiger Zeuge Leistungen erbringt, die in der Anlage 2 bezeichnet sind, bemisst sich das Honorar oder die Entschädigung nach dieser Anlage.

(2) Für Leistungen der in Abschnitt O des Gebührenverzeichnisses für ärztliche Leistungen (Anlage zur Gebührenordnung für Ärzte) bezeichneten Art bemisst sich das Honorar in entsprechender Anwendung dieses Gebührenverzeichnisses ein Honorar nach dem 1,3fachen Gebührensatz. § 4 Absatz 2 Satz 1, Absatz 2a Satz 1, Absatz 3 und 4 Satz 1 und § 10 der Gebührenordnung für Ärzte gelten entsprechend; im Übrigen bleiben die §§ 7 und 12 unberührt.

(3) Soweit für die Erbringung einer Leistung nach Absatz 1 oder Absatz 2 zusätzliche Zeit erforderlich ist, erhält der Berechtigte ein Honorar nach der Honorargruppe 1. [...]

§ 12. Ersatz für besondere Aufwendungen. (1) Soweit in diesem Gesetz nichts anderes bestimmt ist, sind mit der Vergütung nach den §§ 9 bis 11 auch die üblichen Gemeinkosten sowie der mit der Erstattung des Gutachtens oder der Übersetzung üblicherweise verbundene Aufwand abgegolten. Es werden jedoch gesondert ersetzt 1. die für die Vorbereitung und Erstattung des Gutachtens oder der Übersetzung aufgewendeten notwendigen besonderen Kosten, einschließlich der insoweit notwendigen Aufwendungen für Hilfskräfte, sowie die für eine Untersuchung verbrauchten Stoffe und Werkzeuge; 2. für jedes zur Vorbereitung und Erstattung des Gutachtens erfor-

derliche Foto 2 Euro und, wenn die Fotos nicht Teil des schriftlichen Gutachtens sind (§ 7 Absatz 2), 0,50 Euro für den zweiten und jeden weiteren Abzug oder Ausdruck eines Fotos; 3. für die Erstellung des schriftlichen Gutachtens 0,90 Euro je angefangene 1 000 Anschläge; ist die Zahl der Anschläge nicht bekannt, ist diese zu schätzen; 4. die auf die Vergütung entfallende Umsatzsteuer, sofern diese nicht nach § 19 Abs. 1 des Umsatzsteuergesetzes unerhoben bleibt.

(2) Ein auf die Hilfskräfte (Absatz 1 Satz 2 Nr. 1) entfallender Teil der Gemeinkosten wird durch einen Zuschlag von 15 Prozent auf den Betrag abgegolten, der als notwendige Aufwendung für die Hilfskräfte zu ersetzen ist, es sei denn, die Hinzuziehung der Hilfskräfte hat keine oder nur unwesentlich erhöhte Gemeinkosten veranlasst.

§ 13. Besondere Vergütung. (1) Haben sich die Parteien oder Beteiligten dem Gericht gegenüber mit einer bestimmten oder einer von der gesetzlichen Regelung abweichenden Vergütung einverstanden erklärt, wird der Sachverständige, Dolmetscher oder Übersetzer unter Gewährung dieser Vergütung erst herangezogen, wenn ein ausreichender Betrag für die gesamte Vergütung an die Staatskasse gezahlt ist. Hat in einem Verfahren nach dem Gesetz über Ordnungswidrigkeiten die Verfolgungsbehörde eine entsprechende Erklärung abgegeben, bedarf es auch dann keiner Vorschusszahlung, wenn die Verfolgungsbehörde nicht von der Zahlung der Kosten befreit ist. In einem Verfahren, in dem Gerichtskosten in keinem Fall erhoben werden, genügt es, wenn ein die Mehrkosten deckender Betrag gezahlt worden ist, für den die Parteien oder Beteiligten nach Absatz 6 haften.

(2) Die Erklärung nur einer Partei oder eines Beteiligten oder die Erklärung der Strafverfolgungsbehörde oder der Verfolgungsbehörde genügt, soweit sie sich auf den Stundensatz nach § 9 oder bei schriftlichen Übersetzungen auf ein Honorar für jeweils angefangene 55 Anschläge nach § 11 bezieht und das Gericht zustimmt. Die Zustimmung soll nur erteilt werden, wenn das Doppelte des nach § 9 oder § 11 zulässigen Honorars nicht überschritten wird und wenn sich zu dem gesetzlichen Honorar keine geeignete Person zur Übernahme der Tätigkeit bereit erklärt. Vor der Zustimmung hat das Gericht die andere Partei oder die anderen Beteiligten zu hören. Die Zustimmung und die Ablehnung der Zustimmung sind unanfechtbar.

(3) Derjenige, dem Prozess- oder Verfahrenskostenhilfe bewilligt worden ist, kann eine Erklärung nach Absatz 1 nur abgeben, die sich auf den Stundensatz nach § 9 oder bei schriftlichen Übersetzungen auf ein Honorar für jeweils angefangene 55 Anschläge nach § 11 bezieht. Wäre er ohne Rücksicht auf die

▼

Prozess- oder Verfahrenskostenhilfe zur vorschussweisen Zahlung der Vergütung verpflichtet, hat er einen ausreichenden Betrag für das gegenüber der gesetzlichen Regelung oder der vereinbarten Vergütung (§ 14) zu erwartende zusätzliche Honorar an die Staatskasse zu zahlen; § 122 Abs. 1 Nr. 1 Buchstabe a der Zivilprozessordnung ist insoweit nicht anzuwenden. Der Betrag wird durch unanfechtbaren Beschluss festgesetzt. Zugleich bestimmt das Gericht, welche Honorargruppe die Leistung des Sachverständigen ohne Berücksichtigung der Erklärungen der Parteien oder Beteiligten zuzuordnen oder mit welchem Betrag für 55 Anschläge in diesem Fall eine Übersetzung zu honorieren wäre.

(4) Ist eine Vereinbarung nach den Absätzen 1 und 3 zur zweckentsprechenden Rechtsverfolgung notwendig und ist derjenige, dem Prozess- oder Verfahrenskostenhilfe bewilligt worden ist, zur Zahlung des nach Absatz 3 Satz 2 erforderlichen Betrags außerstande, bedarf es der Zahlung nicht, wenn das Gericht seiner Erklärung zustimmt. Die Zustimmung soll nur erteilt werden, wenn das Doppelte des nach § 9 oder § 11 zulässigen Honorars nicht überschritten wird. Die Zustimmung und die Ablehnung der Zustimmung sind unanfechtbar.

(5) Im Musterverfahren nach dem Kapitalanleger-Musterverfahrensgesetz ist die Vergütung unabhängig davon zu gewähren, ob ein ausreichender Betrag an die Staatskasse gezahlt ist. Im Fall des Absatzes 2 genügt die Erklärung eines Beteiligten des Musterverfahrens. Die Absätze 3 und 4 sind nicht anzuwenden. Die Anhörung der übrigen Beteiligten des Musterverfahrens kann dadurch ersetzt werden,

dass die Vergütungshöhe, für die die Zustimmung des Gerichts erteilt werden soll, öffentlich bekannt gemacht wird. Die öffentliche Bekanntmachung wird durch Eintragung in das Klageregister nach § 2 des Kapitalanleger-Musterverfahrensgesetzes bewirkt. Zwischen der öffentlichen Bekanntmachung und der Entscheidung über die Zustimmung müssen mindestens vier Wochen liegen.

(6) Schuldet nach den kostenrechtlichen Vorschriften keine Partei oder kein Beteiligter die Vergütung, haften die Parteien oder Beteiligten, die eine Erklärung nach Absatz 1 oder Absatz 3 abgegeben haben, für die hierdurch entstandenen Mehrkosten als Gesamtschuldner, im Innenverhältnis nach Kopfteilen. Für die Strafverfolgungs- oder Verfolgungsbehörde haftet diejenige Körperschaft, der die Behörde angehört, wenn die Körperschaft nicht von der Zahlung der Kosten befreit ist. Der auf eine Partei oder einen Beteiligten entfallende Anteil bleibt unberücksichtigt, wenn das Gericht der Erklärung nach Absatz 4 zugestimmt hat. Der Sachverständige, Dolmetscher oder Übersetzer hat eine Berechnung der gesetzlichen Vergütung einzureichen.

§ 14. Vereinbarung der Vergütung. Mit Sachverständigen, Dolmetschern und Übersetzern, die häufiger herangezogen werden, kann die oberste Landesbehörde, für die Gerichte und Behörden des Bundes die oberste Bundesbehörde, oder eine von diesen bestimmte Stelle eine Vereinbarung über die zu gewährende Vergütung treffen, deren Höhe die nach diesem Gesetz vorgesehene Vergütung nicht überschreiten darf.

Eine Ausnahme der Vergütung gem. dem JVEG besteht lediglich für solche Angehörigen einer Behörde oder sonstigen öffentlichen Stelle, die das Gutachten in Erfüllung ihrer Dienstaufgaben erstatten (§ 1 Abs. 2 S. 2 JVEG).

Hintergrundinformation
Eine besondere Regelung besteht außerdem für Sachverständige, die im Strafprozess unmittelbar vom Angeklagten geladen werden. Für sie entsteht ein Entschädigungsanspruch nach dem JVEG nur bei gerichtlicher Bestellung und nur dann, wenn sich in der Hauptverhandlung herausstellt, dass die gutachterliche Tätigkeit zur Aufklärung der Sache dienlich war (§ 220 Abs. 3 StPO).

Die Anspruchsentstehung hängt grundsätzlich nicht von der Erstattung eines Gutachtens ab. Es ist vielmehr ausreichend, wenn der Sachverständige vom Gericht oder der Staatsanwaltschaft geladen wurde und zum Termin erscheint. Gemäß § 2 Abs. 1 JVEG wird die Entschädigung jedoch nur auf Antrag gewährt.

Neben dem Honorar nach § 9 JVEG und dem Ersatz der erforderlichen Aufwendungen gemäß den §§ 10 und 12 JVEG hat der Sachverständige weiterhin einen Anspruch auf Erstattung der Fahrtkosten, den durch Abwesenheit vom Aufenthaltsort verursachten Mehraufwand sowie auf den Ersatz der nicht besonders genannten baren Auslagen (§§ 5–7 JVEG). Das Honorar beträgt gem. § 9 JVEG für jede Stunde der erforderlichen Zeit je nach Honorargruppe 65–100 € (◘ Abb. 1.2). Gegebenenfalls ist bei Eingang eines

```
Univ.-Prof. Dr. Dr. Frank Schneider          52074 Aachen, 22.8.2014
Direktor der Klinik für Psychiatrie,         Pauwelsstr. 30
Psychotherapie und Psychosomatik             Tel.: 0241 80 89 633
Uniklinik RWTH Aachen                        Fax: 0241 80 82 401
                                             psychiatrie@ukaachen.de
                                             Steuernr.: 777/3569/1159


An das
Amtsgericht Düsseldorf
Postfach 10 11 40
40002 Düsseldorf

Rechnung 231-2014

Für den Gutachtenauftrag des Amtsgerichtes Düsseldorf über
Herrn Karl Feder, geb. am 15.4.1962
Az.: 55 JK 77/13
liquidiere ich gemäß dem Justizvergütungs- und -entschädigungsgesetz (JVEG),
Honorargruppe M3:

Aktenstudium                                                     2 Std.
Vorbereitende Arbeiten, Exploration, psychiatrische
Untersuchung, Auswertung der
Befunde und Dokumentation (2 Termine)                            7 Std.
Körperliche Untersuchung                                         1 Std.
Ausarbeitung des Gutachtens                                      9 Std.
Diktat, konzeptionelle Überarbeitung, Korrektur                 7 Std.

Gesamt:                           26 Std. à 100,00 €      2.600,00 €

Pkw zur JVA Aachen (2×12 km à 0,30 €)                           7,20 €
Parkgebühren (Quittungen anbei)                                 5,00 €
Schreibgebühren 25.596 Zeichen (26×0,90 €)                     23,40 €
(je angefangene 1.000 Zeichen 0,90 €)
2×20 Durchschriftseiten           20,00 € (40 Kopien à 0,50 €)
Zwischensumme:                                              2.655,60 €
Umsatzsteuer 19%                                              504,56 €
Betrag:                                                     3.160,16 €

Ich bitte um Überweisung auf mein Konto bei der Düssel Bank Aachen,
Konto-Nr.: 33697, BLZ: 666 872 442.

Mit freundlichen Grüßen
Prof. Dr. Dr. F. Schneider
```

◻ **Abb. 1.2** Honorarnote für ein psychiatrisches Gutachten (Beispiel)

Gutachtenauftrages der Kostenrahmen zu prüfen und dem Auftraggeber zur Stellungnahme zuzuleiten.

Für das Aktenstudium wird üblicherweise eine Stunde für etwa 100 Seiten zugrunde gelegt. Bei den übrigen Positionen ist die erforderliche Zeit eines durchschnittlich erfahrenen Gutachters zu bemessen, d. h. nicht die effektiv notwendig gewordene Zeit, sondern die »erforderliche« fiktive Zeit eines Sachverständigen mit durchschnittlicher Befähigung und Erfahrung mit durchschnittlicher Arbeitsintensität (Meyer et al. 2014, S. 113 f., mit weiteren Verweisen in Fußnote 23).

Gemäß § 2 Abs. 1 JVEG erlischt der Anspruch, wenn der Sachverständige nicht innerhalb von 3 Monaten nach Beendigung der Zuziehung bei dem zuständigen Gericht oder der zuständigen Staatsanwaltschaft seine Vergütung verlangt hat.

Dieses Gesetz ist abschließend, sodass der Gutachter keine darüber hinausgehenden Ansprüche geltend machen kann.

Medizinische und psychologische Gutachten sind umsatzsteuerpflichtig: Nach dem EuGH-Urteil aus dem Jahr 2000 (C-384/98) sind Leistungen eines Arztes nur dann nach Art. 13 Teil A Abs. 1 Lit. c der 6. EG-Richtlinie (nationale Befreiungsvorschrift: § 4 Nr. 14 UStG) steuerfrei, wenn sie der medizinischen Betreuung von Personen durch das Diagnostizieren und Behandeln von Krankheiten oder anderen Gesundheitsstörungen dienen (vgl. auch EuGH v. 20.11.2003, C-307/01).

Hintergrundinformation

Im Einvernehmen mit den obersten Finanzbehörden der Länder hat das Bundesministerium für Finanzen daher festgelegt (Bundessteuerblatt Teil I, S. 157 v. 8.3.2001), dass in Abweichung von Abschnitt 88 Abs. 3 Nr. 1, 2 und 4 UStR die Erstellung ärztlicher Gutachten nur dann nach § 4 Nr. 14 UStG steuerfrei ist, wenn ein therapeutisches Ziel im Vordergrund steht. Dies ist bei den üblichen forensisch-psychiatrischen und psychologischen Gutachten regelmäßig nicht der Fall.

Tipp

Von der Oberfinanzdirektion Hannover wurde ein beispielhafter Katalog steuerfreier und steuerpflichtiger gutachterlicher ärztlicher Leistungen erstellt (Iser 2008).

Honorargruppen bei medizinischen und psychologischen Gutachten (JVEG, Anlage 1 zu § 9 Abs. 1 in relevanten Auszügen)

M 1: Einfache gutachtliche Beurteilungen, insbesondere

- in Gebührenrechtsfragen
- zur Minderung der Erwerbsfähigkeit nach einer Monoverletzung
- zur Haft-, Verhandlungs- oder Vernehmungsfähigkeit
- zur Verlängerung einer Betreuung

M 2: Beschreibende (Ist-Zustands-)Begutachtung nach standardisiertem Schema ohne Erörterung spezieller Kausalzusammenhänge mit einfacherer medizinischer Verlaufsprognose und mit durchschnittlichem Schwierigkeitsgrad, insbesondere Gutachten

- in Verfahren nach dem SGB IX
- zur Minderung der Erwerbsfähigkeit und zur Invalidität, [...]
- zu einfachen Fragestellungen zur Schuldfähigkeit ohne besondere Schwierigkeiten der Persönlichkeitsdiagnostik
- zur Einrichtung oder Aufhebung einer Betreuung und der Anordnung eines Einwilligungsvorbehaltes gemäß § 1903 BGB

- zu Unterhaltsstreitigkeiten aufgrund einer Erwerbs- oder Arbeitsunfähigkeit
- zu neurologisch-psychologischen Fragen in Verfahren nach der FeV

M 3: Gutachten mit hohem Schwierigkeitsgrad (Begutachtungen spezieller Kausalzusammenhänge und/oder differenzialdiagnostischer Probleme und/oder Beurteilung der Prognose und/oder Beurteilung strittiger Kausalitätsfragen), insbesondere Gutachten

- zum Kausalzusammenhang bei problematischen Verletzungsfolgen
- zu ärztlichen Behandlungsfehlern
- in Verfahren nach dem OEG
- in Verfahren nach dem HHG
- zur Schuldfähigkeit bei Schwierigkeiten der Persönlichkeitsdiagnostik
- in Verfahren zur Anordnung einer Maßregel der Besserung und Sicherung (in Verfahren zur Entziehung der Fahrerlaubnis zu neurologisch/psychologischen Fragestellungen)
- zur Kriminalprognose
- zur Aussagetüchtigkeit
- zur Widerstandsfähigkeit
- in Verfahren nach den §§ 3, 10, 17 und 105 JGG

▼

- in Unterbringungsverfahren
- in Verfahren nach § 1905 BGB
- in Verfahren nach dem TSG
- in Verfahren zur Regelung von Sorge- oder Umgangsrechten
- zur Geschäfts-, Testier- oder Prozessfähigkeit
- zu Berufskrankheiten und zur Minderung der Erwerbsfähigkeit bei besonderen Schwierigkeiten [...]

Honorar für kurze gutachterliche Stellungnahmen (JVEG, Anlage 2 zu § 10 Abs. 1, Abschnitt 2: Befund)

- Nr. 200: Ausstellung eines Befundscheins oder Erteilung einer schriftlichen Auskunft ohne nähere gutachtliche Äußerung: € 21,00
- Nr. 201: Die Leistung der in Nummer 200 genannten Art ist außergewöhnlich umfangreich: bis zu € 44,00
- Nr. 202: Zeugnis über einen ärztlichen Befund mit von der heranziehenden Stelle geforderter kurzer gutachtlicher Äußerung oder Formbogengutachten, wenn sich die Fragen auf Vorgeschichte, Angaben und Befund beschränken und nur ein kurzes Gutachten erfordern: € 38,00
- Nr. 203: Die Leistung der in Nummer 202 genannten Art ist außergewöhnlich umfangreich: [...] bis zu € 75,00

1.1.8 Folgen der Pflichtverletzung für den Sachverständigen

Ein fehlerhaftes Sachverständigengutachten, das zur Entscheidungsgrundlage wird, führt u. U. zu Schadensersatzansprüchen gegen den Sachverständigen.

Zivilrechtliche Haftung

Zwischen dem gerichtlich bestellten Sachverständigen und den Parteien bzw. Verfahrensbeteiligten besteht kein Vertragsverhältnis, sodass vertragliche Ansprüche ausscheiden. Ebenso ist mangels Amtsträgereigenschaft eine Amtshaftung gem. § 839 BGB in Verbindung mit Art. 34 GG ausgeschlossen (OLG Düsseldorf NJW 1986, S. 2891).

Etwas anderes gilt hier für den Sachverständigen, der das Gutachten im Auftrag einer Privatperson erstattet. Zwischen ihm und seinem Auftraggeber besteht ein Werkvertrag gem. §§ 631 ff. BGB. Im Falle der Nicht- oder Schlechterstellung des Gutachtens kann es somit zu einer Haftung aus diesem Vertrag kommen (vgl. ausführlich allgemein zur Haftung des Privatgutachters Bayerlein-Roeßner 2008, § 33 Rn. 1 ff.).

> § 839a BGB enthält einen eigenständigen Haftungstatbestand für Gerichtssachverständige (eingeführt durch das 2. Gesetz zur Änderung schadensersatzrechtlicher Vorschriften vom 19.7.2002, BGBl I S. 2674). Danach ist ein vom Gericht ernannter Sachverständiger, der vorsätzlich oder grob fahrlässig ein unrichtiges Gutachten erstattet, zum Ersatz des Schadens verpflichtet, der einem der Verfahrensbeteiligten durch eine darauf beruhende gerichtliche Entscheidung entsteht.

Die Norm unterscheidet nicht danach, ob der Gutachter beeidigt wurde oder nicht. In beiden Fällen wird für Vorsatz und grobe Fahrlässigkeit gehaftet. Dies schafft für den Geschädigten die Möglichkeit, bei einem fehlerhaften Gutachten zumindest materielle Gerechtigkeit durch Rückgriff auf den Sachverständigen zu bekommen (BT-Drucks. 14/7752, S. 28). Allerdings ergibt sich daraus andererseits das Problem, dass rechtskräftig abgeschlossene Verfahren nun in einem sog. Sachverständigenprozess wieder neu aufgenommen werden können (Staudinger-Wöstmann 2012, § 839a Rn. 6). Dieser Gefahr wurde allerdings durch den Verzicht auf eine Haftung für einfache Fahrlässigkeit entgegengewirkt. Dadurch wurde auch eine Beeinträchtigung der wissenschaftlichen Bewertungsfreiheit des Sachverständigen vermieden.

Eine Ersatzpflicht ist nur dann begründet, wenn der Schaden durch eine gerichtliche Entscheidung entsteht. Eine Haftung entfällt folglich, wenn das Verfahren durch einen Vergleich der Parteien beendet wurde (BT-Drucks. 14/7752, S. 28).

§ 839a Abs. 2 BGB verweist auf § 839 Abs. 3 BGB, sodass die Haftung ausgeschlossen ist, wenn der Geschädigte es vorsätzlich oder fahrlässig unterlassen hat, den Schaden durch Gebrauch eines Rechtsmittels abzuwenden. Als Rechtsmittel gelten dabei alle Rechtsbehelfe, die den Zweck verfolgen, eine schädigende Anordnung zu beseitigen oder zu berichtigen (BGH VersR 1982, S. 953 f.; NJW-RR 2004, S. 706 f.). Darunter fallen also nicht nur Rechtsmittel gegen die gerichtliche Entscheidung selbst, sondern auch solche, die sich z. B. direkt gegen den Sachverständigen richten. So besteht etwa bei Zweifeln an der Unparteilichkeit des Sachverständigen gem. § 406 ZPO die Pflicht, diesen abzulehnen (Däubler 2002, S. 625, 629).

Nach der Intention des Gesetzgebers sollen dem Geschädigten keine weiteren Ansprüche neben der Regelung zur Haftung des gerichtlichen Sachverständigen zustehen, auch wenn seine Ziele mit Geltendmachung des § 839a BGB nicht zu erreichen sind; es handelt sich also um eine abschließende Regelung (Begr. RegE, BT-Drucks. 14/7752, S. 28). Insgesamt ist dem Gutachter zur Vermeidung von Schadensersatzansprüchen am Ende seines Gutachtens ein Haftungsausschluss zu empfehlen. Die vertragliche Haftung kann gem. § 276 Abs. 3 BGB im Voraus nicht für Vorsatz ausgeschlossen werden. Der gerichtlich bestellte Sachverständige haftet gem. § 839a BGB für Vorsatz und grobe Fahrlässigkeit. Diese Haftung kann nicht ausgeschlossen werden.

Für »private« Gutachten empfiehlt sich etwa folgende Formulierung: »Hiermit schließe ich die Haftung im gesetzlich zulässigen Umfang aus, und zwar auch für Schäden, die Dritten verursacht werden, soweit sie in den Schutzbereich dieses Vertrages einbezogen sind.«

Strafrechtliche Verantwortlichkeit

Der Sachverständige kann auch strafrechtlich zur Verantwortung gezogen werden: Bei Erstellung eines Gutachtens kommt in erster Linie eine Strafbarkeit wegen eines Aussagedelikts in Betracht

(§§ 153, 154, 156, 161 StGB). Alle genannten Tatbestände setzten voraus, dass eine Aussage und damit ihr Inhalt falsch sind.

Hintergrundinformation
Nach der sog. »objektiven« Theorie ist eine Aussage dann falsch, wenn ihr Inhalt nicht der Wirklichkeit entspricht (Schönke u. Schröder-Lenckner 2010, Vorbem. zu §§ 153 ff. Rn. 4). Dies ist beim Sachverständigen z. B. dann der Fall, wenn sich die von ihm dargestellten Vorgänge nicht so zugetragen haben, wie sie von ihm dargestellt wurden (Müller 1988, § 22 Rn. 984).

Bei Wertungen des Sachverständigen kann eine Strafbarkeit auch daraus resultieren, dass sein Gutachten gegen seine innere Überzeugung spricht, also wenn ein Gegensatz zwischen Wissen und Aussageinhalt besteht (Laufs u. Kern–Ulsenheimer 2010, § 144 Rn. 1). Zu beachten bleibt aber, dass wegen eines Aussagedelikts nur dann bestraft wird, wenn die Aussage vor Gericht oder einer anderen zur eidlichen Vernehmung zuständigen Stelle abgegeben wurde. Dazu gehört gerade nicht die Staatsanwaltschaft oder die Polizei (§ 161a Abs. 1 S. 3 StPO).

Auch ist zu beachten, dass unter Aussage im Sinne der §§ 153 ff. StGB nur die mündliche Darlegung durch den Sachverständigen zu verstehen ist, sodass die Erstattung eines schriftlichen Gutachtens keine »Aussage« darstellt.

Verursacht der Sachverständige durch ein wissentlich unrichtiges Gutachten eine gerichtliche Entscheidung, durch die im Zivilprozess eine Partei einen ihr nicht zustehenden Vermögensvorteil erlangt, so kommt weiterhin eine Strafbarkeit wegen Prozessbetruges in Betracht (§ 263 StGB). Auch der versuchte Betrug ist strafbar.

Ansonsten kann der Sachverständige sich noch wegen Strafvereitelung (§ 258 StGB), falscher Verdächtigung (§ 164 StGB), des Ausstellens eines unrichtigen Gesundheitszeugnisses (§ 278 StGB), Verletzung der Schweigepflicht (§ 203 Abs. 1 StGB), Freiheitsberaubung (§ 239 StGB) und fahrlässiger Körperverletzung (§ 229 StGB) bei verbotenen Eingriffen strafbar machen.

> **Erstattet ein Sachverständiger ein Gutachten, aufgrund dessen ein Straftäter oder psychisch Kranker aus der Strafhaft, der**

1

Sicherungsverwahrung oder einer psychiatrischen Klinik entlassen wird, kann es auch zu einer strafrechtlichen Verurteilung wegen fahrlässiger Tötung oder fahrlässiger Körperverletzung (§§ 222, 229 StGB) kommen, wenn der Entlassene im Rahmen seiner wiedergewonnenen Freiheit eine Tötung oder Körperverletzung begeht. Dem entspricht die Sachlage hinsichtlich der strafrechtlichen Verantwortung eines Arztes oder Therapeuten im Maßregelvollzug bei fehlgeschlagenen Lockerungen.

Allerdings ist anzumerken, dass für den Sachverständigen solche Fälle in der Praxis bisher nicht entschieden wurden und auch Verurteilungen von Entscheidungsträgern im Maßregelvollzug nur vereinzelt bekannt geworden sind. Dabei handelte es sich jeweils um schwere Rückfalltaten mehrfach verurteilter Sexualtäter.

Beispiel

In einem Fall wurde z. B. ein Facharzt für Psychiatrie wegen fahrlässiger Körperverletzung zu einer Geldstrafe von 120 Tagessätzen verurteilt. Im Rahmen einer Therapie gewährte dieser einem 19-jährigen Sexualstraftäter, der im Alter von 14–18 Jahren mindestens 7 Sexualstraftaten begangen hatte, Ausgänge innerhalb des Geländes des Landeskrankenhauses. Der Arzt beließ es bei dieser Ausgangsregelung, obwohl der Untergebrachte mehrfach das ihm zum Ausgang erlaubte Gelände verlassen hatte und zweimal verspätet und angetrunken zurückgekommen war, davon einmal mit zerrissener Hose und verdreckten Schuhen. Bei weiteren Ausgängen beging dieser 3 weitere Sexualstraftaten, darunter eine vollendete Vergewaltigung und eine sexuelle Nötigung mit Oralverkehr.

In der Begründung stützte sich das Gericht auf eine Sorgfaltspflichtverletzung aufgrund Nichtbeachtung eines Erlasses des Justizministeriums, in dem die Kompetenz für die Gewährung von Geländeausgängen allein dem Justizminister zugewiesen wurde. Einen weiteren Sorgfaltspflichtverstoß sah das Gericht darin, dass der Arzt den Ausgang trotz der beiden Alkoholzwischenfälle gewährte. Die Straftaten des Untergebrachten waren nach Ansicht des Gerichts somit für den Arzt vorhersehbar (LG Göttingen NStZ 1985, S. 410; zu weiteren Fällen vgl. ausführlich Schöch 2004, S. 385, 410 ff.).

Im Allgemeinen wird eine Strafbarkeit mangels Vorsatzes jedoch verneint werden müssen. Denn auch bei Zweifeln wird der Entscheidungsträger darauf vertrauen, dass alles gutgehen werde. Nur wenige Delikte knüpfen an die fahrlässige Begehung an und begründen damit für den Sachverständigen eine realistische Gefahr, strafrechtlich zur Verantwortung gezogen zu werden.

> **Fahrlässig handelt, wer die im Verkehr erforderliche Sorgfalt außer Acht lässt. Solange sich der Entscheidungsträger im Rahmen des gesetzlichen Beurteilungs- und Ermessensspielraums der Lockerungsnormen bewegt, wird allerdings normalerweise auch eine Sorgfaltspflichtverletzung trotz prinzipieller Vorhersehbarkeit der Straftat zu verneinen sein.**

1.1.9 Sicherung und Optimierung der Begutachtungsqualität

Psychiatrische Begutachtungen haben eine besondere Relevanz und unterliegen einem hohen gesamtgesellschaftlichen Druck. Solche Gutachten haben in der Regel eine ganz wesentliche Bedeutung für das Verfahren, die Therapie und Prognoseentscheidungen.

Zahlreiche Einflussvariablen tragen zur Qualität von Gutachten bei. Hierzu zählen der Nutzen des Gutachtens für den Auftraggeber, die Fachkompetenz des Gutachters, seine Neutralität, Objektivität, Unbestechlichkeit und Verschwiegenheit, die Lesbarkeit und Verständlichkeit des Gutachtens, dessen Nachvollziehbarkeit und Nachprüfbarkeit sowie Überzeugungskraft (Kühne u. Zuschlag 2006, S. 19 ff.). Einen Überblick über Methodenprobleme der forensisch-psychiatrischen Prognosebeurteilung geben Nedopil u. Stadtland (2005). Zur Qualitätssicherung in der forensischen Psychiatrie anhand von Kriterienkatalogen s. Habermeyer (2006).

Als wichtigster Qualitätsindikator ist die Fort- und Weiterbildung der Gutachter zu nennen. So sollten entsprechende Begutachtungen nur durch Fachärzte für Psychiatrie und Psychotherapie, Fachärzte für Psychiatrie bzw. durch Nervenärzte erstattet werden. Bestandteil des fachärztlichen Weiterbildungscurriculums sind erste Erfahrungen in der Begutachtung. Zudem sollte eine entsprechende Expertise der Gutachter auch nach außen mit einem weiteren Qualifikationsnachweis für Fachärzte für Psychiatrie und Psychotherapie dokumentierbar werden (Saß 2000, S. 763; Saß 2001, S. 575; vgl. Kröber 2007).

So hat die DGPPN als wissenschaftliche Fachgesellschaft im Jahr 2000 ein Curriculum »Forensische Psychiatrie« beschlossen, das auch mit dem Berufsverband deutscher Nervenärzte (BVDN) abgestimmt wurde. Ziel war es, im Vorgriff auf die zwischenzeitlich erfolgte Einrichtung eines Schwerpunktes »Forensische Psychiatrie« bei den deutschen Ärztekammern, eine Zertifizierung für dieses Gebiet durchzuführen (Saß 2000, S. 763). Dafür wurden und werden DGPPN-zertifizierte forensisch-psychiatrische Fortbildungsveranstaltungen und Seminare durchgeführt, die für den Erwerb der Zusatzqualifikation geeignet sind. Anerkannte Weiterbildungseinrichtungen sowie akkreditierte Veranstaltungen finden sich auf der Homepage der DGPPN. Hier findet sich auch eine Liste, der durch die Fachgesellschaft inzwischen zertifizierten Gutachter (http://www.dgppn.de/karriere/zertifizierungen/zertifikatforensik.html).

Nach entsprechender, unterdessen erfolgter Änderung der Musterweiterbildungsordnung sollte dieses Zertifikat in den Weiterbildungskatalog für den Schwerpunkt »Forensische Psychiatrie« im Gebiet Psychiatrie und Psychotherapie überführt werden (Saß 2000, S. 763).

Der Deutsche Ärztetag hat die neue Musterweiterbildungsordnung im Jahr 2003 verabschiedet und im Mai 2004 ergänzt. Sie wurde in den Ärztekammern – allerdings mit einzelnen Abweichungen in verschiedenen Bereichen – in Landesrecht umgesetzt.

Derzeit existieren beide Nachweise der forensisch-psychiatrischen Qualifizierung (DGPPN-Zertifikat sowie Schwerpunktbezeichnung »Forensische Psychiatrie« der Ärztekammern) nebeneinander: siehe ▶ Qualifizierung im Schwerpunkt »Forensische Psychiatrie« durch die DGPPN und ▶ Schwerpunkt »Forensische Psychiatrie« in der neuen (Muster-)Weiterbildungsordnung der Bundesärztekammer.

Unbestritten ist, dass mit der Einführung des DGPPN-Zertifikats »Forensische Psychiatrie« bereits wichtige Maßnahmen zur Qualitätsverbesserung umgesetzt wurden. Unter anderem mit Hinweis auf die strafrechtliche Fokussierung des DGPPN-Zertifikats und die unterschiedlichen Anforderungen an strafrechtliche, zivilrechtliche und sozialrechtliche Begutachtungen stellen aktuelle Überlegungen zur Qualitätsverbesserung und –sicherung in der forensischen Psychiatrie eine Fortentwicklung des DGPPN-Zertifikats wie auch die Notwendigkeit nichtstrafrechtlicher Fachkundenachweise zur Diskussion (s. hierzu Cording 2014; Müller u. Saimeh 2014).

Qualifizierung im Schwerpunkt »Forensische Psychiatrie durch die DGPPN

(Saß 2000, S. 764; http://www.dgppn.de/fileadmin/user_upload/_medien/dokumente/referate/forensische-psychiatrie/Merkblatt-zur-Zertifizierung-forensische-Psychiatrie-07012014.pdf)

Die Fortbildung im Schwerpunkt »Forensische Psychiatrie« dient in Vertiefung der Inhalte der Gebietsweiterbildung, der Vermittlung, dem Erwerb und dem Nachweis spezieller Kenntnisse, Fertigkeiten und Erfahrungen in der Erstellung von Gutachten und deren Vertretung vor Gericht, in der Diagnostik und Behandlung psychisch kranker und gestörter Rechtsbrecher sowie in Rechtsfragen, die den Umgang mit psychisch kranken, gestörten und behinderten Menschen betreffen.

Fortbildungszeit. Sie beträgt 3 Jahre, davon mindestens 2 nach Abschluss der Weiterbildung zum Gebietsarzt für Psychiatrie und Psychotherapie bzw. Psychiatrie bzw. Nervenheilkunde in einer Einrichtung, deren Leiter zur Fortbildung in forensischer Psychiatrie ermächtigt ist, oder eine mindestens sechsjährige forensisch-psychiatrische Tätigkeit.

Inhalt und Ziel der Fortbildung. Hierzu gehören im Schwerpunkt »Forensische Psychiatrie« besondere Kenntnisse und Erfahrungen auf folgenden Gebieten:
- Schuldfähigkeitsbeurteilung
- Grundlagen der Einweisung in den Maßregelvollzug nach den §§ 63, 64 und 66 StGB (einschließ-

▼

lich subsidiärer Maßnahmen, z. B. ambulante Therapie gem. § 35 BtMG)
- Beurteilung der Rückfall- und Gefährlichkeitsprognose
- Beurteilung der Verhandlungsfähigkeit, Haftfähigkeit und Vernehmungsfähigkeit
- Beurteilung der Reife von Heranwachsenden nach § 105 JGG
- Behandlung im Maßregel- und Justizvollzug
- Fragen des Zivilrechts, des Betreuungsrechts und des Unterbringungsrechts
- Verwaltungsrechtliche und verkehrsrechtliche Fragen

Weiter ist zur Erlangung der Schwerpunktanerkennung Wissen aus den Nachbargebieten der forensischen Psychiatrie nachzuweisen, namentlich aus der Kriminologie, der Rechtspsychologie, dem Prozessrecht, soweit es die Tätigkeit des Sachverständigen betrifft, aus der Rechtsmedizin und der Sexualmedizin. Besondere Bedeutung kommt dem Wissen und der praktischen Erfahrung bezüglich der Beurteilung und Behandlung spezifischer Störungsbilder in der forensischen Psychiatrie zu (z. B. aggressives Verhalten, sexuell abweichendes Verhalten, Suizidalität, Intoxikationssyndrome). Spezielles Wissen ist auch zu erwerben und nachzuweisen über:
- Rechtliche Grundlagen der Beurteilung von Jugendlichen/Heranwachsenden und ihre Anwendung im Straf-, Zivil- und Sorgerecht
- Glaubhaftigkeit von Zeugenaussagen und die Zeugentüchtigkeit
- Ethische und rechtliche Fragen bei der Diagnostik und Therapie von sowie Forschung mit psychisch Kranken und Gestörten
- Theoretische und praktische Beherrschung der Prinzipien der Qualitätssicherung in der forensischen Psychiatrie

Fortbildungsgang. Von der Fortbildungszeit ist mindestens ein Jahr in einer Maßregelvollzugseinrichtung oder klinisch-stationären Einrichtung im Justizvollzug abzuleisten. Die praktische gutachterliche Erfahrung ist durch 70 psychiatrische Gutachten, die unter Supervision erstellt und – soweit gesetzlich vorgeschrieben – vor dem Gericht vertreten werden, zu belegen. Davon entfallen etwa 50 Gutachten auf Fragen des Strafrechts (Schuldfähigkeit und Prognose), die anderen 20 Gutachten stellen zivilrechtliche, sozialrechtliche und Gutachten auf anderen Rechtsgebieten (Betreuung, Fahreignung, etc.) dar. Für den therapeutischen Umgang mit psychisch kranken Rechtsbrechern sind Kenntnisse über die rechtlichen Grundlagen, die Rahmenbedingungen und die spezifischen Therapieformen in Vollzugseinrichtungen sowie in der ambulanten Versorgung erforderlich.

Die theoretischen Kenntnisse forensischer Psychiatrie sind durch mindestens 240 Stunden theoretische Ausbildung nachzuweisen. Empfohlen werden:
- 12 Stunden Grundlagen und Gutachtentechnik
- 40 Stunden Schuldfähigkeitsbegutachtung, 4 Stunden Jugendrecht
- 8 Stunden Glaubhaftigkeitsbeurteilung, Opferbegutachtung
- 4 Stunden Haft-, Vernehmungs-, Verhandlungsfähigkeit
- 56 Stunden Maßregelvollzug, Kriminaltherapie
- 40 Stunden Kriminalprognose
- 12 Stunden Gefängnispsychiatrie (Sozialtherapie, psychische Störungen in Haft etc.)
- 24 Stunden Zivilrecht, 20 Stunden Sozialrecht
- 4 Stunden Verwaltungsrecht (Disziplinarrecht, Wehrtauglichkeit, Fahreignung)
- 12 Stunden Rechtspsychologie und Rechtsmedizin

Fortbildungsmöglichkeiten. Die Fortbildungsmöglichkeiten sind derzeit nur in wenigen Einrichtungen in vollem Umfang vorhanden. Sie sind aber durch die Einrichtung regionaler und überregionaler Fortbildungsseminare realisierbar.

Schwerpunkt »Forensische Psychiatrie« in der neuen (Muster-)Weiterbildungsordnung der Bundesärztekammer

Weiterbildungsziel. Ziel der Weiterbildung im Schwerpunkt »Forensische Psychiatrie« ist, aufbauend auf der Facharztweiterbildung Psychiatrie und Psychotherapie, die Erlangung der Schwerpunktkompetenz nach Ableitung der vorgeschriebenen Weiterbildungszeiten und Weiterbildungsinhalte.

Weiterbildungszeit. 36 Monate bei einem Weiterbildungsbefugten an einer Weiterbildungsstätte gem. § 5 Abs. 1 Satz 1, davon können bis zu 12 Monate während der Facharztweiterbildung abgeleistet werden.

Weiterbildungsinhalt. Erwerb von Kenntnissen, Erfahrungen und Fertigkeiten in
- ethischen und rechtlichen Fragen, die den Umgang mit psychisch kranken, gestörten und behinderten Menschen betreffen

▼

- der Erkennung und Behandlung psychisch kranker und gestörter Straftäter
- gerichtlich angeordneter psychiatrisch-psychotherapeutischer Therapie, auch im Maßregel- und Justizvollzug
- der Beurteilung der Schuldfähigkeit, der Glaubhaftigkeit von Zeugenaussagen und Zeugentüchtigkeit
- den Grundlagen der Einweisung in den Maßregelvollzug einschließlich subsidiärer Maßnahmen unter Beachtung der gesetzlichen Vorschriften
- der Beurteilung der Rückfall- und Gefährlichkeitsprognose
- der Beurteilung der Verhandlungs-, Haft- und Vernehmungsfähigkeit

- der Beurteilung der Reife von Heranwachsenden nach Jugendgerichtsgesetz sowie ihrer Anwendung im Straf-, Zivil- und Sorgerecht
- Fragen des Zivil-, Betreuungs- und Unterbringungsrechtes einschließlich Geschäftsfähigkeit, Testierfähigkeit, Prozessfähigkeit
- forensischen Gutachten aus den Bereichen Sozial-, Zivil- und Strafrecht
- Verwaltungs- und verkehrsrechtlichen Zusammenhangsfragen
- der Beurteilung und Behandlung von Störungsbildern wie aggressives Verhalten, sexuell abweichendes Verhalten, Suizidalität, Intoxikationssyndrome

■ Weiterbildung in Rechtspsychologie

Entsprechende Qualitätssicherungsmaßnahmen gibt es auch für psychologische Gutachter. So hat die Deutsche Gesellschaft für Psychologie (DGPs) 1995 eine Ordnung für die Weiterbildung in Rechtspsychologie erlassen, die vom Vorstand der Föderation Deutscher Psychologenvereinigungen am 18.11.1995 verabschiedet wurde.

Es folgt ein Auszug aus der neuen Weiterbildungsordnung Rechtspsychologie, die am 1.10.2013 in Kraft getreten ist und die alte Ordnung aus dem Jahr 1995 außer Kraft gesetzt hat (▶ Ordnung für die Weiterbildung in Rechtspsychologie der Föderation Deutscher Psychologenvereinigungen), http://www.dgps.de/uploads/media/Ordnung_Weiterbildung_Rechtspsychologie_2013.PDF.

Ordnung für die Weiterbildung in Rechtspsychologie der Föderation Deutscher Psychologenvereinigungen

§ 1 Ziele der Weiterbildung. Die Weiterbildung in Rechtspsychologie soll eine fundierte wissenschaftliche und berufliche Qualifikation für psychologische Tätigkeiten im Rechtssystem vermitteln. Sie soll insbesondere für rechtspsychologisch-sachverständige Tätigkeiten für Gerichte, Staatsanwaltschaften, Justizministerien und Einrichtungen des Straf- und Maßregelvollzuges sowie für rechtspsychologisch-diagnostische Tätigkeiten in Einrichtungen des Rechtswesens qualifizieren. Sie umfasst einerseits theoretische Weiterbildungsabschnitte, in denen die rechtlichen und institutionellen Grundlagen, die erforderlichen rechtspsychologischen Theorien, Methoden und Techniken sowie die Grundlagen, Theorien und Methoden relevanter Nachbarfächer gelehrt werden. Sie umfasst andererseits die praktische Fallarbeit unter Supervision, bei der die sachgemäße Anwendung rechtspsychologischer Kenntnisse und Fertigkeiten eingeübt und zur systematischen Reflexion dieser Tätigkeit und ihrer Folgewirkungen im rechtlichen Feld angeleitet werden soll.

Die Weiterbildung wird mit einer Prüfung abgeschlossen und durch ein Zertifikat beurkundet, das den Absolventen nach erfolgreichem Abschluss zur Führung des Titels »Fachpsychologin« bzw. »Fachpsychologe für Rechtspsychologie BDP/DGPs« berechtigt. Titel und Weiterbildungszertifikat dokumentieren gegenüber Auftraggebern und Abnehmern rechtspsychologischer Leistungen den Erwerb fundierter Kenntnisse und Kompetenzen für psychologische Tätigkeiten im Rechtssystem und gewährleisten die Einhaltung fachlicher Qualitätsstandards. Inhaber des Zertifikats sind zur kontinuierlichen Fortbildung in Rechtspsychologie verpflichtet, wodurch die Kompetenzen auf dem aktuellen Stand der rechtspsychologischen Wissenschaft gehalten und an zukünftige rechtliche Weiterentwicklungen angepasst werden.

§ 2 Teilnahmevoraussetzungen. Voraussetzung für die Teilnahme ist ein Diplom- oder Masterabschluss in Psychologie oder ein gleichwertiger Abschluss (bei Diplomabschluss mit den Grundlagen- und Anwendungsfächern entsprechend der »Rahmenordnung für die Diplomprüfung im Studiengang Psychologie«

▼

von 1987 bzw. 2002; bei Masterabschluss entsprechend der Fächer in den Empfehlungen der Deutschen Gesellschaft für Psychologie, s. http://www.dgps.de/studium/abschluesse/), bei Absolventen eines psychologischen Masterstudiengangs ist der Nachweis eines Studienumfangs von mindestens 240 Leistungspunkten (LP bzw. ECTS) mit originär psychologischen Inhalten erforderlich. Über das Vorliegen dieser Voraussetzungen und über die Anerkennung anderweitiger ausländischer Studienabschlüsse entscheidet das Fachgremium für die Weiterbildung in Rechtspsychologie (im Weiteren »Fachgremium«). Für den erfolgreichen Abschluss der Weiterbildung ist der Nachweis psychologischer Berufserfahrung mit rechtspsychologischem Tätigkeitsschwerpunkt im Umfang von mindestens drei Jahren erforderlich.

§ 3 Inhalte der Weiterbildung. Die inhaltlichen Schwerpunkte der Weiterbildung liegen auf dem Gebiet der Forensischen Psychologie als traditionellem Anwendungsbereich der Psychologie im Rechtswesen. Im Mittelpunkt stehen psychologisch-psychodiagnostische Fragestellungen im Rahmen rechtlicher Entscheidungen, insbesondere die Durchführung psychodiagnostischer Untersuchungen und die Anfertigung sachverständiger Stellungnahmen und Gutachten für Gerichte und andere Institutionen der Rechtspflege.

§ 3.1 Inhalte der theoretischen Weiterbildung
A.   Grundlagen
1.   Rechtliche Grundlagen: Gesetzgebung und Institutionen der Rechtspflege; rechtspsychologisch relevantes materielles Recht und Verfahrensrecht; Grundzüge des Beweisrechts; Aufgabe und Stellung des Sachverständigen im Gerichtsverfahren
2.   Empirisch-psychologische Grundlagen: Kriminalität und dissoziales Verhalten Kriminalprävention; psychologische Grundlagen der Kindeswohlgefährdung; Folgen von Scheidung und Trennung für Kinder; Psychologie richterlicher Urteilsbildung; Polizeipsychologie; Fairnesserleben im Gericht; Kriminalitätswahrnehmung und Kriminalitätsfurcht; außergerichtliche Konfliktlösung
3.   Grundlagen relevanter Nachbarfächer: Forensische Psychiatrie; Entwicklungspsychopathologie; Kriminologie; Kinder- und Jugendpsychiatrie
4.   Praxisgrundlagen: Verfassen rechtspsychologischer Gutachten und Stellungnahmen; mündliche Gutachtenerstattung vor Gericht; Abrechnung rechtspsychologischer Gutachten

5.   Gesellschaftliche und ethische Grundlagen: psychosoziale Versorgung und Nachsorge entlassener Rechtsbrecher; Kriminalität, Öffentlichkeit und Massenmedien; Verhältnis von Kinderschutz und elterlichen Rechten; ethische Aspekte der Rechtspsychologie
B.   Anwendungsbereiche
1.   Sachverständige Beurteilung des Täters im strafrechtlichen Hauptverfahren: strafrechtliche Schuldfähigkeit bei psychischer Störung; strafrechtliche Entwicklungsreife jugendlicher und heranwachsender Täter; schädliche Neigungen Jugendlicher; Beurteilung der Voraussetzung einer Maßregelunterbringung; Verhandlungsfähigkeit
2.   Sachverständige Beurteilung des Täters im strafrechtlichen Vollstreckungsverfahren: Kriminalprognose bei vorzeitiger Bewährungsentlassung; Voraussetzung der Maßregelunterbringung im Vollzugsverlauf; Fragen des Risikomanagements nach Vollzugsentlassung; Haftfähigkeit
3.   Psychologische Tätigkeit im Straf- und Maßregelvollzug: Eingangsdiagnostik und Vollzugsplanung; Lockerungseignung und Missbrauchsprognose; Indikations- und Verlaufsdiagnostik bei therapeutischen Behandlungsmaßnahmen; therapeutische Behandlung von Rechtsbrechern; Krisenintervention
4.   Aussagepsychologische Fragestellungen: Aussagefähigkeit von Zeugen; Realitätsgehalt von Zeugenaussagen; suggestive Beeinflussung von Zeugen
5.   Familienrechtliche Fragestellungen: Trennung und Scheidung; Sorge – und Umgangsrecht; Erziehungsfähigkeit; Mediation im Familienrecht; Kindeswohlgefährdung; Adoption; Unterbringung Jugendlicher
6.   Sonstige rechtliche Fragestellungen: Deliktsfähigkeit, Haftung und Verantwortung; Geschäftsfähigkeit; Arbeits- und Erwerbsunfähigkeit; betreuungsrechtliche Fragestellungen und Einrichtung von Betreuungen; waffenrechtliche Fragestellungen; Widerstandsfähigkeit; Zustimmung zur Sterilisation

Die auf diese Inhalte zu beziehenden Seminarangebote müssen der Weiterentwicklung wissenschaftlicher Erkenntnisse, den Veränderungen der Gesellschaft und des Rechtssystems sowie der Praxis gleichermaßen Rechnung tragen.

§ 3.2 Inhalte der praktischen Weiterbildung.
Die praktische Weiterbildung erfolgt durch die
▼

Fallarbeit in Fachteams von in der Regel vier bis sechs Weiterbildungsteilnehmern unter Anleitung eines erfahrenen Supervisors sowie durch die Erstellung sachverständiger Gutachten unter intensiver Betreuung in Einzelsupervision. Sie bieten Gelegenheit zur fallspezifischen Anwendung wissenschaftlicher Erkenntnisse auf rechtspsychologische Fragestellungen und zum Erwerb von Fertigkeiten und Erfahrungen in rechtspsychologischem Denken und Handeln. In der Anleitung zur Praxis werden theoretisches und empirisches Wissen, methodische Kenntnisse sowie praktische und persönliche Erfahrungen bei der Lösung konkreter Aufgabenstellungen integriert, die Problemangemessenheit und die regelgerechte Durchführung rechtspsychologischer Tätigkeit reflektiert und kontrolliert und die selbstkritische Reflexion über die Folgen rechtspsychologischer Entscheidungen und Empfehlungen systematisch eingeübt.

§ 4 Organisation und Durchführung der Weiterbildung
§ 4.1 Zeitlicher Umfang. Die Weiterbildung umfasst einen zeitlichen Umfang von 400 Unterrichtseinheiten (UE; je 45 Minuten). Diese verteilen sich auf vier Bestandteile:

1. Weiterbildungsseminare (240 UE)
2. Kontinuierliche Fallarbeit unter Supervision im Fachteam (120 UE)
3. Fallarbeit unter Einzelsupervision (30 UE)
4. Zusätzliche Arbeit aus (1), (2) oder (3) (10 UE)

Hinzu kommen Zeiten für Literaturstudien, die Vor- und Nachbereitung der Weiterbildungsseminare und der Arbeit im Fachteam sowie für die Anfertigung von schriftlichen Falldarstellungen und Prüfungsgutachten.

Die Weiterbildung erstreckt sich in der Regel über mindestens drei Jahre. [...]

§ 4.5 Prüfung. Für die Verleihung des Zertifikats für Rechtspsychologie werden drei weitere vollständige forensisch-psychologische Gutachten als Prüfungsfälle aus mindestens zwei der unter Punkt 3.1 unter B genannten sechs Anwendungsbereiche erstellt (Prüfungsgutachten). Diese drei Gutachten sind nicht identisch mit den unter 4.3 angeführten zehn supervidierten Fällen bzw. den unter 4.4 genannten drei einzelsupervidierten Fällen, sondern stellen vollständig eigenständig bearbeitete Fälle dar. Bei einem der Prüfungsfälle kann es sich, anstelle eines Gutachtens, auch um einen einschlägigen abgeschlossenen Interventionsfall mit ausführlicher schriftlicher Dokumentation handeln, die eine ausführliche Indikationsdiagnostik, Interventionszielplanung, Interventionsbeschreibung, Verlaufsdiagnostik und Erfolgskontrolle beinhalten soll. Die Prüfung wird durchgeführt nach Abgabe dieser Prüfungsgutachten bzw. Prüfungsfälle. [...] Die Prüfung wird als mündliche Einzelprüfung durchgeführt und dauert in der Regel 90 Minuten. [...]

§ 4.7 Zertifikat. Die vollständige und erfolgreiche Teilnahme am Weiterbildungsprogramm wird zertifiziert. Damit wird der Teilnehmer als »Fachpsychologin« bzw. »Fachpsychologe für Rechtspsychologie BDP/DGPs« der Föderation Deutscher Psychologenvereinigungen anerkannt und erhält das Recht, diesen Titel zu führen. Die Deutsche Psychologen Akademie (DPA) führt eine aktuelle offizielle Liste zertifizierter Fachpsychologen für Rechtspsychologie, die allen Gerichten, Ministerien und anderen potentiellen Auftraggebern und Abnehmern rechtspsychologischer Leistungen zugänglich gemacht wird. Sie umfasst alle zertifizierten Fachpsychologinnen und Fachpsychologen, die eine Aufnahme wünschen, sich zu kontinuierlicher Fortbildung in Rechtspsychologie verpflichtet haben und diese Fortbildung in regelmäßigen Abständen (siehe § 10 der Ausführungsbestimmungen zur Ordnung für die Weiterbildung in Rechtspsychologie) nachweisen. [...]

1.2 Psychopathologie

1.2.1 Begriffsbestimmung und Relevanz

Unter Psychopathologie versteht man die deskriptive, klassifikatorische und – hinsichtlich der individuellen erlebens- und biografiebezogenen Bedingtheiten der psychischen Störungen – verstehende Beschreibung krankhaften Erlebens und Verhaltens. Psychopathologie beruht »auf der Beobachtung, Beschreibung und Strukturierung geistiger und seelischer Abnormitäten beim Menschen, erschlossen aus sprachlichen Mitteilungen, Verhaltensbeobachtung und Psychometrie« (Payk 2010, S. 7).

» Psychopathologische Symptome (griech.: sýmptoma = Eigentümlichkeit) stellen als diagnostische Bausteine die kleinsten phänomenologisch zu unterscheidenden und operationalisierbaren Störungseinheiten dar, die sprachlich gekennzeichnet werden können. (Payk 2010, S. 43)

Psychopathologische Merkmale lassen sich unterschiedlichen Bereichen psychischer Funktionen zuordnen und zentrieren sich um das Erleben und Verhalten eines psychisch kranken Patienten. Sie werden auf unterschiedliche Weise erfasst. Die Entscheidung, ob ein bestimmtes Phänomen als pathologisch anzusehen ist, basiert letztlich immer auf der Fremdbeurteilung des Untersuchers, orientiert an den jeweiligen Definitionen. Die Beurteilungsgrundlagen können jedoch unterschiedlich sein:

- Die Hauptinformationsquelle als Grundlage der Bewertung sind Aussagen des Patienten. Bestimmte Phänomene lassen sich nur beurteilen, wenn der Patient dazu direkt Stellung nimmt, da es sich um intrapsychisch ablaufende Prozesse handelt, die nicht der direkten Beobachtung durch Dritte zugänglich sind. Hierzu zählen z. B. Symptome wie Grübeln oder Antriebshemmung.
- Auf der anderen Seite gibt es eine Reihe von psychopathologischen Phänomenen, die nicht direkt der Beobachtung durch den Patienten zugänglich sind. Hierzu zählen z. B. Affektarmut oder Affektstarre, vor allem aber auch eine Reihe von formalen Denkstörungen (z. B. Vorbeireden, Neologismen). Der Fremdbeobachtung durch Dritte (meist der Untersucher, aber auch andere Personen wie Angehörige oder Pflegepersonal bzw. Zeugen, wenn der zu beurteilende Zeitraum zurückliegt) kommt hier die entscheidende Bedeutung zu.
- Bei einer Vielzahl psychopathologischer Symptome sind jedoch sowohl Aussagen des Patienten als auch die Fremdbeobachtung gleichermaßen von Bedeutung. Hierzu zählen z. B. Symptome wie Antriebsarmut, die vom Patienten berichtet, jedoch auch durch Dritte beobachtet werden können, oder auch Konzentrationsstörungen.

Der Erfassung der psychopathologischen Symptome kommen vielfältige Funktionen zu. Als Erstes dient sie der Erstellung des **psychopathologischen Befundes**. Mit der Erhebung des psychopathologischen Befundes sollen die psychischen Merkmale und Symptome erfasst werden, die für die **Kennzeichnung einer aktuellen psychischen Störung** charakteristisch sind. Im Zusammenhang mit forensisch psychiatrisch relevanten Fragestellungen ist darüber hinaus häufig zusätzlich neben einem aktuellen Befund ein solcher für einen zurückliegenden Zeitpunkt zu erheben. Während die Psychopathologie den Querschnitt wie den Verlauf allein auf der phänomenologischen Ebene abbildet, sagt sie allein nichts Definitives über Ätiologie und Pathogenese der zugrunde liegenden Störung aus.

Psychopathologische Symptome sind weiterhin die Grundlage für die Kennzeichnung eines Patienten auf höheren Beschreibungsebenen, d. h. der sog. **Syndrom- und Diagnoseebene**. Beide unterscheiden sich hinsichtlich ihrer Aussagekraft dadurch, dass syndromale Beschreibungen (meist in Form von Ratingskalen, ◌ Tab. 1.2) dimensionale Beschreibungen sind und daher die Möglichkeit einer Quantifizierung, d. h. Schweregradbestimmung, ermöglichen (z. B. zur Evaluation therapeutischer Interventionen). Auf der Diagnoseebene dagegen wird beim Erfüllen der diagnostischen Kriterien implizit von einem hinreichenden Schweregrad ausgegangen. Die Aussagemöglichkeiten mittels Diagnosen sind jedoch nur kategorial (Diagnose vorhanden – nicht vorhanden). In ◌ Tab. 1.1 ist jeweils ein Beispiel aufgeführt. Dabei soll explizit auf Folgendes hingewiesen werden:

> ❯ Ohne eine zuverlässige, d. h. insbesondere reliable Symptomerfassung sind keine zuverlässigen Aussagen auf höheren Ebenen, also z. B. keine Diagnosen möglich.

Psychopathologische Kenntnisse auf Symptomebene sind somit unabdingbar notwendige Voraussetzung für eine zuverlässige psychiatrische Diagnostik. So kann niemand mit der ICD-10 arbeiten, wenn er nicht hinreichende Kenntnisse darüber hat, was die einzelnen diagnostischen Kriterien überhaupt bedeuten. Ein Lexikon von Begriffen, wie es von der WHO herausgegeben worden ist (Dilling 2009), kann hier zwar Hilfestellung geben, reicht jedoch bei weitem nicht aus, da in diesem u. a. nur ein Teil der in der ICD-10 enthaltenen Begriffe genannt werden. Zudem sind ein umfassendes Training und eine

◻ Tab. 1.1 Beispiele für Symptomgruppierungen auf Syndrom- und Diagnoseebene

Depressives Syndrom nach AMDP	Depressive Episode nach ICD-10
Grübeln	Depressive Stimmung
Gefühl der Gefühllosigkeit	Interessen- oder Freudeverlust an Aktivitäten
Störung der Vitalgefühle	Verminderter Antrieb oder gesteigerte Ermüdbarkeit
Deprimiert	Verlust des Selbstvertrauens oder des Selbstwertgefühls
Hoffnungslos	Unbegründete Selbstvorwürfe oder ausgeprägte, unangemessene Schuldgefühle
Insuffizienzgefühle	Wiederkehrende Gedanken an den Tod oder an Suizid, suizidales Verhalten
Schuldgefühle	Klagen oder Nachweis eines verminderten Denk- oder Konzentrationsvermögens
Antriebsgehemmt	Unschlüssigkeit oder Unentschlossenheit
Morgens schlechter	Psychomotorische Agitiertheit oder Hemmung (subjektiv oder objektiv)
Durchschlafstörungen	Schlafstörungen jeder Art
Verkürzung der Schlafdauer	Appetitverlust oder gesteigerter Appetit mit entsprechender Gewichtsveränderung
Früherwachen	
Appetit vermindert	

Ausbildung in Psychopathologie notwendig, wie dies in der fachärztlichen Weiterbildung für Psychiatrie und Psychotherapie vermittelt wird. Nur das richtige Verständnis und die Kenntnis der Bedeutung der in der ICD-10 genannten Kriterien erlaubt eine reliable Diagnose.

1.2.2 Erfassungsmöglichkeiten

Die Erfassung psychopathologischer Phänomene kann auf unterschiedliche Weise erfolgen. Da die freie, oft weniger systematische Erfassung der Psychopathologie in einem klinischen Gespräch oft fehlerbehaftet ist, hat sich zunehmend der Einsatz standardisierter klinischer Verfahren durchgesetzt, d. h. psychometrischer Verfahren.

Unter klinischen Verfahren sollen solche verstanden werden, die unter der Zielsetzung der Erfassung spezifischer Aspekte psychischer Störungen, wie z. B. Depressivität, entwickelt wurden. Diese wurden anfangs zumeist nur in der Forschung eingesetzt, finden jedoch immer mehr auch als zusätzliche, informative Verfahren Anwendung in der klinischen Praxis, da sie insbesondere zur Schweregradbestimmung bestimmter klinisch relevanter Syndrome (Statuserfassung) als auch zur Therapieevaluation (Veränderungserfassung) eingesetzt werden und damit zur Objektivierung beitragen können.

> **Die ermittelten Syndromwerte oder das Erreichen eines bestimmten Schwellenwertes bedeuten nicht, dass eine bestimmte Diagnose vorliegt (z. B. Depression). Die Ergebnisse können jedoch im Kontext des gesamten diagnostischen Prozesses neben anderen Informationen mit zur Diagnosestellung herangezogen werden (▶ Abschn. 1.3).**

Klinische Verfahren lassen sich hauptsächlich hinsichtlich der einbezogenen **Datenquellen**, d. h. der Personen, von denen die Beurteilungen vorgenommen werden, unterteilen (meist Selbst- und Fremdbeurteilungen) sowie nach dem Indikationsbereich, d. h. dem Anwendungsbereich, unterscheiden. Gerade im Bereich klinischer Verfahren sind in den letzten 30 Jahren eine nicht mehr zu überblickende Flut von Skalen zu unterschiedlichen Indikationsbereichen entwickelt worden (Stieglitz et al. 2001). In ◻ Tab. 1.2 finden sich daher nur Beispiele von Verfahren, die sich hinreichend bewährt haben.

Die einzelnen Verfahren erlauben ein unterschiedlich breites Spektrum klinisch-psychopathologisch relevanter Syndrome abzubilden. Unterschieden werden sog. **eindimensionale und mehrdimensionale Verfahren**. So erlaubt z. B. das AMDP-System mit seinen 140 Merkmalen die Erfassung von 8 Syndromen (u. a. paranoid-halluzinatorisches Syndrom, depressives Syndrom,

◘ Tab. 1.2 Klinische Skalen, Beispiele (*S* Selbstbeurteilung, *F* Fremdbeurteilung)

Bereiche	Verfahren	Beurteilung	Beschreibung
Gesamtpsycho-pathologie	Symptom-Checkliste von L.R. Derogatis (SCL-90-R-Standard; Franke 2014)	S	Erfasst mit 90 Items die subjektiven Beeinträchtigungen durch körperliche und psychische Symptome innerhalb eines Zeitraums von 7 Tagen; die 9 Skalen beschreiben die Bereiche Somatisierung, Zwanghaftigkeit, Unsicherheit im Sozialkontakt, Depressivität, Ängstlichkeit, Aggressivität/Feindseligkeit, phobische Angst, paranoides Denken und Psychotizismus; 3 globale Kennwerte geben Auskunft über das Antwortverhalten
	AMDP-System (AMDP 2007)	F	Fremdbeurteilungsverfahren zur Erfassung anamnestischer Daten, psychopathologischer und somatischer Symptome
Störungen durch Alkohol	Trierer Alkoholismus-inventar (TAI; Funke et al. 1987)	S	Anhand von 90 Items werden Trinkgewohnheiten und deren Folgeerscheinungen erhoben. Die 7 Skalen des Fragebogens beziehen sich auf den Schweregrad, soziales Trinken, süchtiges Trinken, Motive, Schädigung, Partnerkonflikte wegen Trinkens, Trinken wegen Partnerproblemen
Schizophrenie	Positive and Negative Syndrome Scale (PANSS; Kay et al. 2005)	F	Besteht aus 30 Items zur Beurteilung der psychopathologischen Symptomatik bei Schizophrenien oder anderen wahnhaften Störungen; der Schwerpunkt der Beurteilung liegt auf der Differenzierung der Positiv- und Negativsymptomatik; zusätzlich werden allgemeine psychopathologische Symptome erfasst
Depressivität	Depressivitätsskala (DS; von Zerssen 1996)	S	Anhand von 16 Items wird das Ausmaß subjektiver Beeinträchtigungen durch ängstlich-depressive Verstimmtheit ermittelt
	Beck-Depressions-Inventar Revision (BDI II; Beck, dt. Bearbeitung von Hautzinger et al. 2009)	S	21 Items messen die Ausprägung depressiver Symptome, ein Cut-off-Wert gibt Auskunft über die klinische Relevanz
	Hamilton-Depressionsskala (HAMD; Hamilton 2005)	F	Misst die Ausprägung depressiver Symptomatik mit 17, 21 oder 24 Items. Beurteilt werden Niedergeschlagenheit, Schuldgefühle, Suizidalität, Schlafstörungen, Antriebsverhalten, Angst und Zwänge sowie Vitalstörungen
Manie	Young Mania Rating Scale (YMRS; Young et al. 1978)	F	Anhand von 11 Items werden manische Symptome erfasst (gehobene Stimmung und gesteigerte motorische Aktivität, sexuelles Interesse, Schlafstörungen und Irritierbarkeit, Sprache und Denkstörungen, aggressives Verhalten, äußeres Erscheinungsbild, Krankheitseinsicht)
	Manie-Selbstbeurteilungsskala (MSS; Krüger et al. 1998)	S	48 Items messen manische Symptome; ein Cut-off-Wert von 14 legt die Diagnose einer manischen Störung nahe
Angst-störungen ▼	Beck-Angst-Inventar (BAI; Margraf u. Ehlers 2007)	S	Erfasst das Ausmaß klinisch relevanter Angst während der letzten 7 Tage anhand von 21 Items, die eng angelehnt sind an die DSM-IV-Kriterien für die Panikstörung und die generalisierte Angststörung

◻ **Tab. 1.2** *Fortsetzung*

Bereiche	Verfahren	Beurteilung	Beschreibung
Zwangs-störungen	Hamburger Zwangs-inventar (HZI; Zawor-ka et al. 1983)	S	188 Items bilden einen Gesamtwert und unterscheiden 6 Indikatoren zwanghaften Verhaltens, z. B. Kontrollieren und Wiederholen, Waschen und Reinigen. Durch Vergleich der Antworten auf unterschiedlich schwierige Items können Verfälschungstendenzen abgeschätzt werden
	Yale-Brown Obses-sive Compulsive Scale (Y-BOCS; Good-man et al. 1989)	F	Verfahren zur Quantifizierung und Spezifizierung von Zwangsstörungen (in Anlehnung an das DSM). Anhand von 21 Items werden beurteilt: Schweregrad von Denk- und Handlungszwängen und Vermeidung sowie Zeitauf-wand, Beeinträchtigung im Alltagsleben, Leidensdruck, Wi-derstand und ausgeübte Kontrolle über die Symptomatik
Posttrauma-tische Belas-tungsstörung (PTBS)	Clinician-Adminis-tered PTSD Scale (CAPS; dt. Überset-zung von Schnyder u. Moergeli 2002)	F	An den DSM-IV-Kriterien orientiertes Verfahren zur Schweregradbeurteilung der PTBS und der akuten Belastungsstörung; umfasst 30 Items
Dissoziative Störungen	Fragebogen zu disso-ziativen Symptomen (FDS; Spitzer et al. 2005)	S	Screening-Instrument zur Erfassung verschiedener dissoziativer Phänomene, einschließlich Depersonali-sation und Derealisation
Somatoforme Störungen	Screening für soma-toforme Störungen (SOMS; Rief u. Hiller 2008)	S	Dient der Klassifikation, der Quantifizierung sowie der Verlaufsbeschreibung von Personen mit somatoformen Störungen. Sowohl die Kriterien von DSM-IV als auch von ICD-10 werden berücksichtigt
Essstörungen	Eating Disorder Inventory-2, dt. Ver-sion (EDI-2; Paul u. Thiel 2004)	S	Verfahren zur mehrdimensionalen Beschreibung der spezifischen Psychopathologie von Patienten mit Anorexia und Bulimia nervosa sowie anderen psycho-genen Essstörungen
Persönlichkeits-störungen	Borderline-Persön-lichkeitsinventar (BPI; Leichsenring 1997)	S	Psychoanalytisch fundierter Fragebogen mit 53 Items zur normierten Bestimmung von 4 Skalen: Entfremdungser-lebnisse und Identitätsdiffusion, Angst vor Nähe, primitive Abwehr und Objektbeziehungen, mangelhafte Realitäts-prüfung. Zusätzlich kann ein Summenwert über 51 Items normiert werden. Verfälschungstendenzen bleiben unberücksichtigt

Weitere Angaben zu den Verfahren finden sich u. a. in Stieglitz et al. (2001), CIPS (2005), AMDP (2000, 2007). Zur Persönlichkeits-diagnostik siehe auch ◻ Tab. 1.22 , ◻ Tab. 1.29 .

manisches Syndrom), während andere Verfahren nur spezifische Syndrombereiche abbilden (z. B. Hamilton-Depressionsskala, HAMD). Insbeson-dere für den Depressionsbereich sind eine Viel-zahl von Selbst- und Fremdbeurteilungsverfahren entwickelt worden. Gleiche Skalenbezeichnungen bedeuten dabei jedoch nicht notwendigerweise gleiche Inhalte, da mit den einzelnen Skalen z. T. sehr unterschiedliche Aspekte eines depressiven Syndroms erfasst werden (z. B. HAMD: Fokus auf körperlichen Aspekten; BDI: Fokus auf kognitiven Aspekten).

Insbesondere aus Ökonomiegründen (z. T. ge-ringe Durchführungszeit, Durchführung durch

1

Patienten), aber auch aufgrund guter psychometrischer Qualität (Reliabilität und Validität) finden insbesondere **Selbstbeurteilungsverfahren** sehr häufig Anwendung. Sie sind in der Regel auch bei Patienten mit psychischen Störungen gut einsetzbar (Ausnahme: sehr schwer gestörte schizophrene Patienten in der Akutphase oder schwer depressive Patienten), setzen jedoch ein bestimmtes intellektuelles Mindestniveau voraus.

> ● **Explizit hinzuweisen ist jedoch darauf, dass mittels Selbstbeurteilungsverfahren allein keine Diagnosen zu stellen sind. Viele diagnostisch relevante Symptome sind, wie bereits oben erwähnt, gar nicht oder nur bedingt der Selbstbeobachtung und damit auch der Selbstbeurteilung zugänglich. Gerade für forensisch relevante Fragestellungen sind solche Skalen wegen der verfahrensimmanenten Simulationsmöglichkeiten nur in diesem Kontext nutzbar.**

Daneben stellen insbesondere **Fremdbeurteilungsverfahren** eine ebenfalls in Routine wie Forschung sehr häufig eingesetzte Verfahrensgruppe dar. Die Anwendung setzt jedoch in der Regel klinische Erfahrung voraus, zusätzlich ist ein umfassendes Training im jeweiligen Instrument eine notwendige Voraussetzung für eine adäquate Anwendung. Daher stellt das Kriterium der Interrater-Reliabilität (d. h. der Grad der Übereinstimmung zwischen verschiedenen Untersuchern) ein weiteres wichtiges Evaluationskriterium für diese Verfahrensgruppe dar.

Selbst- und Fremdbeurteilungsverfahren stimmen in der Regel nicht vollständig überein (Korrelationen meist im Bereich von r=0,5–0,6). Empirische Studien und klinische Erfahrung zeigen zudem, dass beide unterschiedliche Perspektiven abbilden, die nicht austauschbar sind und sich beide gegenseitig ergänzen sollten. Wenn es möglich ist, sollten daher beide eingesetzt werden. In Studien zur Evaluation therapeutischer Interventionen wird jedoch den Fremdbeurteilungsverfahren eine etwas größere Bedeutung zugesprochen, da sie auch bei schwerer gestörten Patienten anwendbar sind und therapeutische Effekte oft differenzierter abzubilden erlauben (Überblick bei Stieglitz 2000, S. 183 ff.).

> ● **Im deutschen Sprachraum am verbreitetsten ist das AMDP-System (Arbeitsgemeinschaft für Dokumentation und Methodik in der Psychiatrie). Es handelt sich um ein Fremdbeurteilungsverfahren zur Erfassung anamnestischer Daten, psychopathologischer und somatischer Symptome.**

Das AMDP-System ist ein Verfahren, das für den Erwachsenenbereich innerhalb der Psychiatrie konzipiert wurde. Es dient primär zur Erfassung der Psychopathologie im Querschnitt wie im Verlauf. Es unterstützt die Diagnosestellung, dient vor allem aber der Schweregradeinschätzung der Beeinträchtigung und der Evaluation der Effektivität therapeutischer Interventionen.

Zunehmend gewinnt das System Bedeutung im Bereich der Aus-, Fort- und Weiterbildung von Ärzten und klinischen Psychologen. Kernstück des Systems ist der »psychische Befund« mit 100 Symptomen. Die Zusammenstellung der psychopathologischen Symptome orientierte sich im Wesentlichen an den wichtigsten Vertretern der deutschsprachigen Psychopathologie (u. a. Kraepelin, Bleuler, Jaspers, K. Schneider).

In der psychopathologischen Befunderhebung hat sich ein systematisches Vorgehen zunehmend durchgesetzt, wie es etwa mit dem AMDP-System (2007) möglich ist, wobei die psychopathologischen Symptome in Merkmalsbereiche unterteilt werden (◘ Tab. 1.3). Jedes Symptom wird durch folgende Punkte einheitlich dargestellt: Definition, Erläuterungen und Beispiele, Hinweise zur Graduierung sowie abzugrenzende Begriffe. Zudem wurde für jedes Symptom festgelegt, inwieweit die Bewertung auf Selbstaussagen des Patienten oder Beobachtungen Dritter bzw. beidem beruht (s. oben). Die Symptome des psychischen (und somatischen) Befundes werden auf einer fünfstufigen Skala bewertet: nicht vorhanden, leicht, mittel und schwer. Eine fünfte Kategorie »keine Aussage« steht zur Verfügung, wenn der Patient bezüglich bestimmter Symptome nicht explorierbar ist (z. B. ein mutistischer Patient) oder wenn nicht hinreichend Informationen vorliegen, um ein Symptom eindeutig zu bewerten (z. B. unklare Angaben des Patienten).

> ❯ Die Anwendung des Systems hat verschiedene Vorteile: präzise und umfassende Beschreibung der Phänomene, gemeinsame Sprache und damit bessere Kommunikation.

Das AMDP-System soll der folgenden Darstellung zugrunde gelegt werden. Eine Adaptation des AMDP-Systems an den gerontopsychiatrischen Bereich stellt das AGP-System dar (Gutzmann et al. 2000).

Hinzuweisen ist jedoch darauf, dass mit dem AMDP-System nicht alle psychopathologischen Symptome abgedeckt werden, sondern nur die 100 wichtigsten, wie in verschiedenen Studien gezeigt werden konnte (vgl. im Überblick Baumann u. Stieglitz 1983). In ❏ Tab. 1.3 sind die einzelnen Merkmalsbereiche sowie die jeweils zugeordneten Symptome aufgeführt.

1.2.3 Merkmalsbereiche

Neben der Psychopathologie sind im Verlauf eines jeden Gesprächs folgende Punkte zu beurteilen:
- Äußeres Erscheinungsbild (Kleidung, Körperpflege, Gestik, Mimik, Physiognomie),
- Verhalten in der Untersuchungssituation (Dissimulation, interaktionelles Verhalten),
- Sprechverhalten bzw. die Sprache (Klang, Modulation, Sprechstörungen wie Stammeln und Stottern, Sprachverständnis und Ausdrucksvermögen).

❏ Tab. 1.3 Psychopathologische Merkmalsbereiche. (In Anlehnung an das AMDP-System; Freyberger et al. 2012)

Merkmalsbereich	Symptome
Bewusstseinsstörungen	Quantitativ (Bewusstseinsverminderung) und qualitativ (Bewusstseinstrübung, -einengung, -verschiebung)
Orientierungsstörungen	Zeitlich, örtlich, situativ, zur Person
Aufmerksamkeits- und Gedächtnisstörungen	Auffassungsstörungen, Konzentrationsstörungen, Merkfähigkeitsstörungen, Gedächtnisstörungen, Konfabulationen, Paramnesien
Formale Denkstörungen	Denkverlangsamung, Denkhemmung, umständliches Denken, eingeengtes Denken, Perseveration, Grübeln, Gedankendrängen, Ideenflucht, Vorbeireden, Denken gesperrt/Gedankenabreißen, Denken inkohärent/zerfahren, Neologismen
Inhaltliches Denken	Nicht wahnhaft (Befürchtungen und Zwänge) und wahnhaft (Wahn mit formalen und inhaltlichen Merkmalen)
Sinnestäuschungen	Illusionen, Halluzinationen auf verschiedenen Sinnesmodalitäten
Ich-Störungen	Derealisation, Depersonalisation, Gedankenausbreitung, -entzug, -eingebung, andere Fremdbeeinflussungserlebnisse
Störungen der Affektivität	Ratlosigkeit, Gefühl der Gefühllosigkeit, affektarm, Störung der Vitalgefühle, deprimiert/depressiv, hoffnungslos, ängstlich, euphorisch, dysphorisch, gereizt, innerlich unruhig, »klagsam-jammerig«, Insuffizienzgefühle, gesteigertes Selbstwertgefühl, Schuldgefühle, Verarmungsgefühle, ambivalent, Parathymie, affektlabil, Affektdurchlässigkeit (-inkontinenz), affektstarr
Antriebs- und psychomotorische Störungen	Antriebsarm bis stuporös, antriebsgehemmt, antriebsgesteigert, motorisch unruhig, Parakinesen, maniriert/bizarr, theatralisch, mutistisch, logorrhoisch
Zirkadiane Besonderheiten	Morgens schlechter, abends schlechter, abends besser
Sonstige Merkmale	Aggressivität, Selbstbeschädigung, Suizidalität, Mangel an Krankheitseinsicht, Mangel an Krankheitsgefühl, Ablehnung der Behandlung, sozialer Rückzug, soziale Umtriebigkeit, Pflegebedürftigkeit

Diese Merkmale sind zwar nicht im engeren Sinne Teil des psychopathologischen Befundes, geben aber wichtige Hinweise zur psychosozialen Integration des Patienten, zu seinen interpersonellen Kompetenzen und zum Krankheitsverhalten. Eine klinische Einschätzung des Intelligenzniveaus sollte ebenfalls vorgenommen werden.

Bewusstseinsstörungen

Bewusstseinsstörungen werden auf der Basis der Gesamtbeurteilung und des Gesamteindrucks des Patienten im Untersuchungsgespräch beurteilt. Unterschieden werden sog. quantitative Bewusstseinsstörungen (Bewusstseinsverminderung), die durch eine Störung der Vigilanz (Wachheit) bedingt sind, von qualitativen Bewusstseinsstörungen. Vigilanzstörungen weisen nahezu immer auf eine organische Ätiologie hin und werden entsprechend des Wachheitsgrades weiter unterteilt (◘ Tab. 1.4).

Die qualitativen Bewusstseinsstörungen stellen Veränderungen des Bewusstseins dar. So ist die **Bewusstseinstrübung** durch eine unzureichende Klarheit bzw. Verwirrtheit von Denken und Handeln gekennzeichnet, wie sie etwa bei deliranten Zustandsbildern gefunden wird.

Bei der **Bewusstseinseinengung**, wie sie für epileptische Dämmerzustände charakteristisch sein kann, kommt es bei weitgehend erhaltener Handlungsfähigkeit zu einer Einengung und Fixierung von Denkinhalten und Erlebnissen bei gleichzeitig vorhandener verminderter Ansprechbarkeit auf Außenreize. Das Erleben ist insgesamt traumartig verändert.

Bei der **Bewusstseinsverschiebung oder -erweiterung** handelt es sich um einen Zustand, der durch das Gefühl des gesteigerten Intensitäts- und Helligkeitserlebens, erhöhter Wachheit und Vergrößerung des Bewusstseinsraumes gekennzeichnet ist. Derartige Zustände treten häufiger im Zusammenhang mit der Einnahme von Halluzinogenen auf.

Orientierungsstörungen

Auf Orientierungsstörungen kann teilweise aus dem Gesprächsverlauf geschlossen werden, sie müssen jedoch meist exploriert werden. Überprüft wird die Fähigkeit, sich in der zeitlichen, räumlichen und gegenwärtigen persönlichen Situation zurechtzufinden:

- Die **zeitliche Orientierung** wird durch Erfragen des Datums, des Wochentages, des Jahres oder der Jahreszeit überprüft.
- Die **örtliche Orientierung** bezieht sich stets auf die Kenntnis des Ortes, an dem sich der Patient gegenwärtig befindet.
- Mit **situativer Orientierung** ist die Fähigkeit gemeint, die gegenwärtige Situation (z. B. die Untersuchungssituation) zu erkennen und richtig einzuordnen.
- Die **Orientierung zur Person** spiegelt das Wissen um Aspekte der eigenen Person und lebensgeschichtlicher Zusammenhänge wider (z. B. Rolle im Lebensalter).

Aufmerksamkeits- und Gedächtnisstörungen

Hinweise auf Störungen in diesem Bereich ergeben sich aufgrund von Beobachtungen in der Untersuchungssituation oder Angaben des Patienten. Diese sind durch klinische Prüfungen dann genauer zu untersuchen.

Konzentrationsstörungen als mangelnde Fähigkeit, die Aufmerksamkeit über längere Zeit auf eine Aufgabe zu fixieren, kann man z. B. prüfen, indem man den Patienten bittet, fortlaufend von einer Zahl den gleichen Betrag abzuziehen (z. B. bei 81 beginnend jeweils 7 zu subtrahieren) oder etwa die Wochentage rückwärts aufzusagen.

◘ **Tab. 1.4** Vigilanzstörungen (In Anlehnung an das AMDP-System; Freyberger et al. 2012)

Benommenheit	Patient ist lethargisch und verlangsamt, unaufmerksam und müde
Somnolenz	Patient ist schläfrig, apathisch, aber noch erweckbar
Sopor	Patient schläft und ist nur durch starke Reize für kurze Zeit zu erwecken
Koma	Patient ist bewusstlos und zeigt auf Außenreize keine Reaktion mehr

▣ **Tab. 1.5** Weitere Gedächtnisstörungen. (In Anlehnung an das AMDP-System; Freyberger et al. 2012)	
Amnesien	Totale oder lakunäre, d. h. zeitlich oder inhaltlich begrenzte Erinnerungslücken. In Abhängigkeit vom Zeitpunkt eines schädigenden Ereignisses (z. B. Hirntrauma oder Intoxikation) wird die retrograde Amnesie (Störung für die vor dem Ereignis liegende Zeit) von der anterograden Amnesie (Störung für die Zeit nach dem Ereignis) unterschieden
Hypermnesie	Steigerung der Erinnerungsfähigkeit (z. B. in Fieberzuständen, drogeninduziert)
Paramnesie	Scheinerinnerungen, Erinnerungstäuschungen, -verfälschungen, Gedächtnisillusionen oder Trugerinnerungen, die z. B. im Rahmen einer wahnhaften Veränderung der Erinnerung bei schizophrenen Patienten auftreten oder als Déjà-vu-Erlebnisse (falsches Wiedererkennen bzw. vermeintliche Vertrautheit, »schon gesehen«) oder Jamais-vu-Erlebnisse (vermeintliche Fremdheit, Gefühl von Unbekanntheit) vorkommen
Ekmnesie	Störung des Zeiterlebens und des Zeitgitters, bei der die Vergangenheit als Gegenwart erlebt wird. Gefühl, in der Vergangenheit zu leben
Zeitgitterstörung	Störung des zeitlichen Rasters und der Chronologie des Erinnerten, zeitliche Einordnung von Erinnerungen ist gestört
Konfabulation	Erinnerungslücken werden vom Patienten mit Einfällen gefüllt, die dieser tatsächlich für Erinnerungen hält (z. B. beim Korsakow-Syndrom)

Weiterhin sind die Auffassungsstörungen von Bedeutung, die sich auf eine Beeinträchtigung der Fähigkeit beziehen, Wahrnehmungsaspekte in ihrer Bedeutung zu begreifen und mit früheren Erfahrungen zu verknüpfen. Prüfen lässt sich diese Funktion, indem man den Patienten bittet, den Sinn eines Sprichworts oder einer kurzen Fabel zu erklären. Das Vorliegen von Auffassungsstörungen ist immer explizit zu prüfen, da sie alleine aus dem Gespräch mit dem Patienten oft nicht zu erkennen sind.

Hinweise auf Störungen im Bereich des Gedächtnisses ergeben sich in der Regel aufgrund von Angaben des Patienten. Die Gedächtnisleistung ist ein komplexer Prozess, dessen verschiedene Teilkomponenten (Informationsaufnahme und -entschlüsselung, Behalten dieser Informationen sowie Aufruf alter oder neuer Gedächtnisinhalte) gestört sein können. Die AMDP unterscheidet nur zwischen Merkfähigkeits- und Gedächtnisstörungen. Erstere sind definiert als Fähigkeit, sich an Dinge nach einem Zeitabstand bis 10 Minuten zu erinnern. Die Überprüfung kann z. B. durch die Vorgabe von Begriffen (z. B. »Oslo, 34, Aschenbecher«) erfolgen. Beim Gedächtnis geht es um die Reproduktion von Informationen oder Ereignissen, die Tage bis Jahre zurückliegen können.

Dem Erscheinungsbild nach werden im AMDP-System weitere Gedächtnisstörungen differenziert (▣ Tab. 1.5).

Formale Denkstörungen

In der Psychopathologie wird zwischen formalen und inhaltlichen Denkstörungen unterschieden. Bei den formalen Denkstörungen (▣ Tab. 1.6) handelt es sich um von außen beobachtbare oder subjektiv erlebte Veränderungen in der Geschwindigkeit, Kohärenz und Stringenz des Gedankenganges oder -ablaufs, während unter inhaltlichen Denkstörungen zum Beispiel Wahnphänomene zusammengefasst werden. Als wesentliches Kriterium für den Schweregrad von Denkstörungen kann die Erschwerung des Interviews angesehen werden, wobei sich im Gespräch die formalen Denkstörungen manchmal erst bei einem längeren Verlauf oder im Zusammenhang mit emotionalen Belastungssituationen zeigen.

Befürchtungen und Zwänge

Von den formalen Denkstörungen sind die inhaltlichen Denkstörungen abzugrenzen, bei denen der Inhalt des Denkens und die Realitätskontrolle beeinträchtigt sind (▣ Tab. 1.7). Von den hier beschriebenen nicht wahnhaften inhaltlichen Denk-

◨ Tab. 1.6 Formale Denkstörungen. (In Anlehnung an das AMDP-System; Freyberger et al. 2012)

Denkverlang- samung	Vom Untersucher beobachtete Verlangsamung des Denkens mit schleppendem Ablauf (aus den sprachlichen Äußerungen zu erschließen)
Denkhemmung	Das Denken wird vom Patienten subjektiv als gebremst, wie gegen einen inneren Widerstand empfunden
Umständliches Denken	Der Patient kann Wesentliches vom Unwesentlichen im Gespräch nicht unterscheiden, verliert sich in Einzelheiten, die Zielvorstellung bleibt aber erhalten
Eingeengtes Denken	Der inhaltliche Gedankenumfang ist eingeschränkt, der Patient ist mit einem oder mit wenigen Themen verhaftet und auf wenige Zielvorstellungen fixiert
Perseveration	Haftenbleiben an zuvor gebrauchten Worten oder Angaben, die im aktuellen Gesprächs- zusammenhang nicht mehr sinnvoll sind
Grübeln	Unablässiges Beschäftigtsein mit (nicht nur, aber meist) unangenehmen Themen, die vom Patienten nicht als fremd erlebt werden
Gedanken- drängen	Der Patient ist dem Druck vieler Einfälle oder Gedanken ausgesetzt
Ideenflucht	Vermehrung von Einfällen, die aber nicht mehr von einer Zielvorstellung straff geführt werden. Das Ziel des Denkens kann aufgrund dazwischenkommender Assoziationen ständig wechseln oder verloren gehen
Vorbeireden	Der Patient geht nicht auf die Frage ein, bringt etwas inhaltlich anderes vor, obwohl aus Ant- wort und/oder Situation ersichtlich ist, dass er die Frage verstanden hat
Gesperrt/Gedan- kenabreißen	Plötzlicher Abbruch eines sonst flüssigen Gedankenganges ohne erkennbaren Grund, was vom Patienten erlebt (Gedankenabreißen) und/oder vom Interviewer beobachtet wird (gesperrt)
Inkohärenz/ Zerfahrenheit	Denken und Sprechen des Patienten verlieren für den Untersucher ihren verständlichen Zu- sammenhang, sind im Extremfall bis in einzelne, scheinbar zufällig durcheinander gewürfelte Sätze, Satzgruppen oder Gedankenbruchstücke zerrissen. Mangel an logischer Verknüpfung zwischen Teilen des Gesprochenen. Dazugehöriger Begriff: Kontamination (Verschmelzung heterogener Sachverhalte)
Neologismen	Wortneubildungen, die der sprachlichen Konvention nicht entsprechen und oft nicht unmittel- bar verständlich sind, sowie semantisch ungewöhnlicher Gebrauch von Worten

◨ Tab. 1.7 Zwangsmerkmale und weitere nicht wahnhafte inhaltliche Denkstörungen. (In Anlehnung an das AMDP- System; Freyberger et al. 2012)

Zwangsdenken	Zwanghafte Gedanken oder Vorstellungen, wie z. B. Zwangsgrübeln und Zwangsbefürchtungen
Zwangsimpulse	Zwanghafte Impulse, bestimmte Handlungen auszuführen (z. B. sich oder andere zu verletzen)
Zwangs- handlungen	Auf der Grundlage von Zwangsimpulsen oder -handlungen immer wieder ausgeführte Handlungen, wie z. B. Wasch- oder Kontrollzwang
Hypochondrie	Ängstlich getönte Beziehung zum eigenen Körper, an dem z. B. Missempfindungen wahrgenom- men werden, mit der unbegründeten Befürchtung, körperlich krank zu sein oder zu werden; normale Körpervorgänge erhalten oft eine übermäßige Bedeutung
Phobien	Angst vor bestimmten Objekten oder Situationen, die zumeist vermieden werden; Subtypen z. B. soziale Phobien, Agoraphobie, Klaustrophobie, spezifische Phobien
Überwertige Ideen	Emotional stark besetzte Erlebnisinhalte oder Gedanken, die die gesamte Person in unangemes- sener Weise bestimmen (u. U. mit biografischem Hintergrund)
Misstrauen	Das Verhalten anderer Menschen wird ängstlich, unsicher oder feindselig auf die eigene Person bezogen

◘ **Tab. 1.8** Formale und inhaltliche Wahnmerkmale. (In Anlehnung an das AMDP-System; Freyberger et al. 2012)

Formale Wahnmerkmale	
Wahngedanken	Wahnhafte Meinungen und Überzeugungen
Wahneinfälle	Meist plötzliches und unvermitteltes gedankliches Auftreten von wahnhaften Vorstellungen und Überzeugungen
Wahnwahrnehmung	Reale Sinneswahrnehmungen erhalten eine abnorme Bedeutung (meist im Sinne der Eigenbeziehung). Die Wahnwahrnehmung ist eine wahnhafte Fehlinterpretation einer an sich richtigen Wahrnehmung
Wahnstimmung	Die erlebte Atmosphäre des Betroffenseins, der Erwartungsspannung und des bedeutungsvollen Angemutetwerdens in einer verändert erlebten Welt. Diese Stimmung besteht in einem Bedeutungzumessen und Inbeziehungsetzen, Meinen, Vermuten und Erwarten, das vom Gesunden nicht nachvollzogen werden kann. Meist nur zu Beginn der Wahnentwicklung
Systematisierter Wahn	Beschreibt den Grad der logischen oder paralogischen Verknüpfung einzelner Wahnaspekte. Zwischen diesen einzelnen Elementen werden Verbindungen hergestellt, die oft einen kausalen oder finalen Charakter besitzen und vom Patienten als Beweise oder Bestätigungen angesehen werden
Wahndynamik	Emotionale Anteilnahme am Wahn, die Kraft des Antriebes und die Stärke der Affekte, die im Zusammenhang mit dem Wahn wirksam werden
Inhaltliche Wahnmerkmale	
Beziehungswahn	Wahnhafte Eigenbeziehung; selbst belanglose Ereignisse werden ichbezogen gedeutet, der Patient ist davon überzeugt, dass es nur seinetwegen geschieht
Beeinträchtigungs- und Verfolgungswahn	Der Patient erlebt sich selbst als Ziel von Feindseligkeiten. Er fühlt sich wahnhaft bedroht, beleidigt, verspottet, die Umgebung trachte ihm nach seiner Gesundheit oder dem Leben
Eifersuchtswahn	Wahnhafte Überzeugung, vom Lebenspartner betrogen und hintergangen worden zu sein
Schuldwahn	Wahnhafte Überzeugung, Schuld auf sich geladen zu haben (z. B. gegenüber Gott, anderen sittlichen Instanzen, Gesetzen)
Verarmungswahn	Wahnhafte Überzeugung, nicht genug finanzielle Mittel zum Lebensunterhalt zu haben
Hypochondrischer Wahn	Wahnhafte Überzeugung, krank zu sein
Größenwahn	Wahnhafte Selbstüberschätzung und Selbstüberhöhung, z. B. Wahn hoher Abstammung, Herrscher der Welt zu sein
Andere Wahninhalte	Wahnthemen, die nicht in die oben genannten Kategorien passen, z. B. die wahnhafte Überzeugung, schwanger zu sein

störungen werden die in ◘ Tab. 1.8 wiedergegebenen wahnhaften Phänomene unterschieden.

Befürchtungen entsprechen eher Sorgen, während es sich bei den Zwängen um immer wieder gegen inneren Widerstand sich aufdrängende Gedanken oder Handlungen handelt, die vom Patienten als weitgehend unsinnig erlebt werden. Sie lassen sich nicht oder nur schwer unterbinden, bei Unterdrückung dieser Phänomene tritt Angst auf.

Wahn

Als Wahn wird eine Fehlbeurteilung der Realität bezeichnet, die mit erfahrungsunabhängiger und damit unkorrigierbarer Gewissheit auftritt und

◘ Tab. 1.9 Sinnestäuschungen. (In Anlehnung an das AMDP-System; Freyberger et al. 2012)

Illusionen	Verfälschte wirkliche Wahrnehmungen. Die tatsächlich vorhandene, gegenständliche Reizquelle wird verkannt (im Gegensatz zur Wahnwahrnehmung)
Stimmenhören	Form der akustischen Halluzination, bei der menschliche Stimmen wahrgenommen werden, ohne dass tatsächlich jemand spricht. Die Stimmen können den Patienten direkt ansprechen, imperativ oder kommentierend seine Handlungen begleiten oder in Rede und Gegenrede über ihn sprechen (dialogisch). Vorkommen u. a. bei schizophrenen Psychosen
Andere akustische Halluzinationen	Akustische Halluzinationen, die nicht Stimmen beinhalten (halluzinierte Geräusche, Akoasmen)
Optische Halluzinationen	Wahrnehmen von Lichtblitzen, Mustern, Gegenständen, Personen oder ganzen Szenen ohne entsprechende Reizquelle (Vorkommen u. a. beim Alkoholentzugsdelir)
Körperhalluzinationen	Taktile oder haptische Halluzinationen (Wahrnehmen von nicht vorhandenen Objekten auf Haut und Schleimhäuten) und Störungen des Leibempfindens (Zönästhesien, qualitativ abnorme Leibsensationen; vom Begriff der Zönästhesien abzugrenzen sind die zönästhetischen Halluzinationen, sog. Leibgefühlsstörungen, die den Charakter des von außen Gemachten tragen)
Geruchs-/Geschmackshalluzinationen	Geruchs- und Geschmackswahrnehmungen, ohne dass eine Reizquelle ausgemacht werden kann
Pseudohalluzinationen	Trugwahrnehmungen, bei denen die Unwirklichkeit vom Patienten erkannt wird

an der mit subjektiver Evidenz festgehalten wird, auch wenn sie im Widerspruch zur Erfahrung der gesunden Mitmenschen sowie ihrem kollektiven Meinen und Glauben steht. Es besteht kein Bedürfnis nach Begründung dieser Fehlbeurteilung. Bei den Wahnphänomenen lassen sich formale und inhaltliche Merkmale unterscheiden (◘ Tab. 1.8).

Sinnestäuschungen

Zu dem Merkmalsbereich der Sinnestäuschungen werden Illusionen, Halluzinationen und Pseudohalluzinationen gerechnet (◘ Tab. 1.9). Differenziert werden können die Sinnestäuschungen anhand des Vorhandenseins oder der Abwesenheit einer Reizquelle und/oder der Fähigkeit bzw. der Unfähigkeit zur Realitätskontrolle.

Ich-Störungen

Unter Ich-Störungen werden Störungen des Einheitserlebens, der Identität im Zeitverlauf, der Ich-Umwelt-Grenze sowie der »Ich-Haftigkeit« aller Erlebnisse verstanden (◘ Tab. 1.10).

Störungen der Affektivität

Störungen der Affektivität treten bei den meisten psychischen Störungen auf. Dabei kann der Affekt in ganz verschiedener Weise verändert sein. Die Störungen der Affektivität werden zum Teil aus dem Gesprächsverlauf erschlossen, müssen aber auch teilweise gezielt exploriert werden (◘ Tab. 1.11).

Antriebs- und psychomotorische Störungen

Antriebs- und psychomotorische Störungen werden erkennbar am Aktivitätsgrad und der Beurteilung der Psychomotorik. Antrieb ist dabei die vom Willen weitgehend unabhängig wirkende Kraft, die die Bewegung aller psychischen Funktionen bewirkt (◘ Tab. 1.12).

Zirkadiane Besonderheiten

Mit den sog. zirkadianen Besonderheiten sollen tages- oder jahreszeitliche Schwankungen der Befindlichkeit und des Verhaltens des Patienten wäh-

◱ Tab. 1.10 Ich-Störungen. (In Anlehnung an das AMDP-System; Freyberger et al. 2012)

Derealisation	Personen, Gegenstände und Umgebung erscheinen unwirklich, fremdartig oder räumlich verändert. Dadurch wirkt die Umwelt unvertraut, sonderbar oder gespenstisch (z. B. Farben wirken blasser, Straßen enger)
Depersonalisation	Störung des Einheitserlebens der Person im Augenblick oder der Identität in der Zeit des Lebenslaufs. Die Person kommt sich selbst fremd, unwirklich, unmittelbar verändert als oder wie ein anderer und/oder uneinheitlich vor
Gedankenausbreitung	Die Gedanken gehören nicht mehr dem Patienten alleine, andere haben Anteil und wissen, was er denkt (Gedankenlesen)
Gedankenentzug	Dem Patienten werden die Gedanken weggenommen oder »abgezogen«
Gedankeneingebung	Gedanken und Vorstellungen werden als von außen her beeinflusst, gemacht, gelenkt, gesteuert, eingegeben oder aufgedrängt, empfunden
Andere Fremdbeeinflussungserlebnisse	Fühlen, Streben, Wollen oder Handeln werden als von außen gemacht erlebt (z. B. eigene Bewegungen von außen gelenkt)

◱ Tab. 1.11 Störungen der Affektivität. (In Anlehnung an das AMDP-System; Freyberger et al. 2012)

Ratlos	Der Patient findet sich stimmungsmäßig nicht mehr zurecht und begreift seine Situation, seine Umgebung oder Zukunft kaum oder gar nicht mehr. Er versteht nicht mehr, was mit ihm geschieht und wirkt auf den Beurteiler »staunig« (verwundert, hilflos)
Gefühl der Gefühllosigkeit	Reduktion bis Verlust affektiven Erlebens, subjektiv erlebte Gefühlsleere. Der Patient erlebt sich als gefühlsverarmt, leer, verödet, nicht nur für Freude, sondern auch für Trauer (bis innerlich tot fühlen)
Affektarm	Die Anzahl (das Spektrum) gezeigter Gefühle ist vermindert. Wenige oder nur sehr dürftige Affekte (z. B. gleichgültig, unbeteiligt, teilnahmslos) sind beobachtbar
Störung der Vitalgefühle	Herabsetzung des Gefühls von Kraft und Lebendigkeit, der körperlichen und seelischen Frische und Ungestörtheit
Deprimiert/depressiv	Niedergedrückte und niedergeschlagene Stimmung
Hoffnungslos	Pessimistische Grundstimmung, fehlende Zukunftsperspektive. Der Glaube an eine positive Zukunft ist vermindert oder abhandengekommen (»Schwarzsehen«)
Ängstlich	Gefühle von Angst, manchmal ohne angeben zu können, wovor. Die Angst kann sich frei flottierend, unbestimmt, in Angstanfällen und/oder durch körperliche Symptome (Schwitzen, Zittern) äußern
Euphorisch	Zustand übersteigerten Wohlbefindens, Behagens, der Heiterkeit, der Zuversicht, des gesteigerten Vitalgefühls
Dysphorisch	Missmutige Verstimmtheit. Der Patient ist schlecht gelaunt, mürrisch-moros, nörgelnd, missgestimmt, unzufrieden, ärgerlich
Gereizt	Zustand erhöhter Reizbarkeit, bis hin zur Gespanntheit
Innerlich unruhig	Inneres Aufgewühltsein, innere Aufgeregtheit, Spannung oder Nervosität
»Klagsam«, »jammerig«	Schmerz, Kummer, Ängstlichkeit werden ausdrucksstark in Worten, Mimik und Gestik vorgetragen (»Wehklagen«)
Insuffizienzgefühle ▼	Das Vertrauen in die eigene Leistungsfähigkeit oder den eigenen Wert ist vermindert oder verloren gegangen

▫ Tab. 1.11 *Fortsetzung*

Gesteigertes Selbstwertgefühl	Ein positiv erlebtes Gefühl der Steigerung des eigenen Wertes, der Kraft und/oder der Leistungsfähigkeit
Schuldgefühle	Der Patient macht sich Selbstvorwürfe, fühlt sich für eine Tat, für Gedanken oder Wünsche verantwortlich, die seiner Ansicht nach vor einer weltlichen oder religiösen Instanz, anderen Personen oder sich selbst gegenüber verwerflich sind
Verarmungsgefühle	Der Patient fürchtet, dass ihm die Mittel zur Bestreitung seines Lebensunterhalts fehlen
Ambivalent	Koexistenz widersprüchlicher Gefühle, Vorstellungen, Wünsche, Intentionen und Impulse, die als gleichzeitig vorhanden und meist auch als quälend erlebt werden (z. B. jemanden gleichzeitig lieben und hassen)
Parathymie	Gefühlsausdruck und berichteter Erlebnisinhalt stimmen nicht überein (paradoxe Affekte, inadäquate Gefühlsreaktion; z. B. ein Patient berichtet lachend, wie er vermeintlich gefoltert wurde)
Affektlabil	Schneller Stimmungswechsel, der auf einen Anstoß von außen erfolgt (Vergrößerung affektiver Ablenkbarkeit) oder auch scheinbar spontan auftritt
Affektinkontinent	Affekte können bei geringem Anstoß überschießen, vom Patienten nicht beherrscht werden und manchmal eine übermäßige Stärke annehmen
Affektstarr	Verminderung der affektiven Modulationsfähigkeit. Hier ist die Schwingungsfähigkeit (Amplitude) verringert

▫ Tab. 1.12 Störungen des Antriebs und der Psychomotorik. (In Anlehnung an das AMDP-System; Freyberger et al. 2012)

Antriebsarm	Mangel an Aktivität, Energie, Schwung, Elan, Initiative und Anteilnahme. Eine sehr schwere Form der Antriebsarmut stellt der Stupor dar, die relative Bewegungslosigkeit mit Einschränkung der Reizaufnahme und der Reaktionen
Antriebsgehemmt	Energie, Initiative und Anteilnahme werden vom Patienten als gebremst/blockiert erlebt. Der Patient will etwas Bestimmtes machen, schafft es aber nicht
Antriebsgesteigert	Zunahme an Aktivität, Energie, Initiative und Anteilnahme
Motorisch unruhig	Gesteigerte und ungerichtete motorische Aktivität (z. B. Patient kann nicht still sitzen)
Parakinesen	Qualitativ abnorme, meist komplexe Bewegungen, die häufig die Gestik, Mimik und auch die Sprache betreffen. **Stereotypien** sind sprachliche oder motorische Äußerungen, die oft längere Zeit hindurch in immer gleicher Form wiederholt werden. Hierzu gehören Verbigerationen (Wortstereotypien), Katalepsie (Haltungsstereotypien), Echolalie (Wiederholen von vorgesprochenen Worten und kurzen Sätzen) und die wächserne Biegsamkeit (Flexibilitas cerea). Beim **Befehlsautomatismus** führt der Patient automatisch Handlungen aus, die er selbst nicht als von sich intendiert erlebt. Beim **Negativismus** tun Patienten gerade das nicht, was man von ihnen erwartet, oder sie tun genau das Gegenteil
Maniriert, bizarr	Alltägliche Bewegungen und Handlungen (auch Gestik, Mimik und Sprache) erscheinen dem Beobachter verstiegen, verschroben, posenhaft und verschnörkelt
Theatralisch	Die Patienten erwecken den Eindruck, als würden sie sich selber darstellen
Mutistisch	Wortkargheit bis zum Nichtsprechen (Verstummen)
Logorrhoisch	Verstärkter bis unkontrollierbarer Redefluss/-drang

rend einer 24-Stunden-Periode abgebildet werden (z. B. Befinden morgens schlechter).

Andere Störungen

Darüber hinaus sind Sozial- und Krankheitsverhalten zu beachten sowie aggressive Erlebens- und Verhaltensmuster im weiteren Sinne (◘ Tab. 1.13).

Wie bereits weiter oben ausgeführt, deckt das AMDP-System nicht das gesamte Spektrum psychopathologischer Symptome ab (vgl. hierzu auch Hamilton u. Fish 1990; Peters 2011; Scharfetter 2010; Payk 2010). An dieser Stelle genannt werden sollen die zunehmend klinisch relevanter werdenden dissoziativen Symptome, die als eigene Störung, aber auch bei vielen anderen psychischen Störungen als zusätzliche Symptome auftreten können (z. B. posttraumatische Belastungsstörung, Borderline-Persönlichkeitsstörung). Sie manifestieren sich als Ausdruck eines psychischen Konflikts, einer starken Belastung o. Ä. in Form körpernaher Phänomene ohne entsprechendes Korrelat. Sie sind als Kontinuum anzusehen, das von alltäglichen Phänomenen bis zu schwersten Formen reicht. Auf symptomatologischem Niveau lassen sich Unterscheidungen hinsichtlich der Bereiche Amnesie,

Tendenz zu imaginativen Erlebnissen (z. B. Trancezustände), pseudoneurologischen Erlebnissen (z. B. Bewegungsstörungen) sowie Depersonalisation/Derealisation treffen (vgl. Freyberger u. Stieglitz 2012, S. 613).

1.2.4   Befunderhebung

Die Techniken der Befunderhebung zur Einschätzung der Psychopathologie reichen vom freien klinischen Interview über strukturierte Interviews bis hin zu standardisierten Interviews (▶ Abschn. 1.3.3). Während mit dem Strukturierungsgrad die Vollständigkeit und Zuverlässigkeit (Reliabilität) der erhaltenen Informationen ansteigen, gehen gleichzeitig subjektive Aspekte des Erlebens verloren, die für das Verständnis des Patienten und seiner Störung ebenso relevant sind. In der psychopathologischen Befunderhebung im Zusammenhang mit dem AMDP-System hat sich eine Vorgehensweise bewährt, die einen Mittelweg geht. Als Hilfsmittel der Befunderhebung kann beim AMDP-System ein **Interviewleitfaden** in Form eines halbstrukturierten Interviews herangezogen

◘ **Tab. 1.13** Sozial- und Krankheitsverhalten und aggressive Erlebens- und Verhaltensmuster. (In Anlehnung an das AMDP-System; Freyberger et al. 2012)

Sozial- und Krankheitsverhalten	
Sozialer Rückzug	Reduktion der Kontakte zu anderen Menschen
Soziale Umtriebigkeit	Vermehrung der Kontakte zu anderen Menschen
Mangel an Krankheitsgefühl	Der Patient fühlt sich nicht krank, obwohl er offensichtlich krank ist
Mangel an Krankheitseinsicht	Der Patient erkennt seine krankhaften Erlebnis- und Verhaltensweisen nicht als krankheitsbedingt an
Ablehnung der Behandlung	Widerstreben gegen verschiedene therapeutische Maßnahmen und/oder gegen Krankenhausaufnahme und -aufenthalt
Aggressive Erlebens- und Verhaltensmuster	
Aggressivität	Aggressionstendenzen (verbale Aggression, erhöhte Bereitschaft zu Tätlichkeiten als Angriff oder als Verteidigung) und Aggressionshandlungen (Gewalthandlungen gegen Personen oder Gegenstände)
Suizidalität	Suizidgedanken oder -handlungen
Selbstbeschädigung	Selbstverletzungen ohne damit verbundene Suizidabsichten

◘ Tab. 1.14 Gesprächsablauf psychopathologischer Befunderhebung. (Nach Fähndrich u. Stieglitz 2007)

Struktur	Ziel
Beginn des Gesprächs	Information über Ziel des Gesprächs, insbesondere über die forensische Situation (gutachterliche Fragestellung, Freiwilligkeit, keine Vertraulichkeit, mögliche Konsequenzen der Begutachtung), Beziehungsaufbau zum Probanden (wichtig: freie und spontane Schilderung der Symptomatik ermöglichen)
Interviewteil	Systematische Exploration der Anamnese und der Symptome: ■ Weitere Klärung bereits angesprochener bzw. erkennbarer Symptome ■ Befragung hinsichtlich bisher nicht angesprochener bzw. erkennbarer Symptome
Ende des Gesprächs	Dem Probanden ist es zu ermöglichen, bisher nicht angesprochene Beschwerden, Informationen im Begutachtungsfall o. Ä. zu ergänzen, ggf. Synopsis der Symptomatik

◘ Tab. 1.15 Vorschläge zur Exploration zusammenhängender Merkmalsbereiche. (Nach Fähndrich u. Stieglitz 2007)

Komplex 1	Affektive Störung, zirkadiane Besonderheiten, Befürchtungen und Zwänge, Antriebs- und psychomotorische Störungen, andere Störungen (sozialer Rückzug, Suizidalität)
Komplex 2	Bewusstseinsstörungen, Orientierungsstörungen, Aufmerksamkeits- und Gedächtnisstörungen, Denkstörungen
Komplex 3	Wahn, Sinnestäuschungen, Ich-Störungen
Komplex 4	Andere Störungen, somatische Symptome

werden (Fähndrich u. Stieglitz 2007). Dort finden sich Hinweise zur Gesprächsführung und -strukturierung (◘ Tab. 1.14 , ◘ Tab. 1.15 , ◘ Tab. 1.16) und spezifische Beispielfragen für die Erfassung der relevanten Merkmale. Damit soll vor allem die Fehlerquelle Informationsvarianz (► Abschn. 1.3.3) reduziert werden, d. h. die Unterschiede in der Fragetechnik, die als wesentliche Fehlerquelle für fehlende Übereinstimmung zwischen Urteilenden identifiziert werden konnte.

1.3 Klassifikation psychischer Störungen

Die psychiatrische Krankheitslehre ist eng mit dem Begriff der Klassifikation verbunden. Der Begriff »Klassifikation« wird in der Literatur unterschiedlich verwendet. Unter Klassifikation wird einerseits die Einteilung einer Vielfalt (z. B. Menge von Merkmalen, Population von Fällen) in ein nach Klassen geordnetes System, andererseits die Zuordnung einzelner Merkmale bzw. Fälle zu Klassen eines solchen Systems verstanden.

Allgemeines Ziel einer Klassifikation ist es, die interessierenden Phänomene einer systematischen Untersuchung zugänglich und die Beobachtungsergebnisse kommunizierbar sowie vergleichbar zu machen (z. B. im Rahmen einer Therapiestudie zum Vergleich verschiedener Behandlungen).

❯ Es wird allgemein akzeptiert, dass Klassifikationen für sehr unterschiedliche Zwecke gebraucht werden, keine Klassifikation allen Zwecken genügen kann und dass es daher keine ideale Klassifikation geben kann.

Nach DIMDI (2013a, IX) kann eine Klassifikation der Krankheiten »als eine Systematik von Krankheitsgruppen definiert werden, der Krankheitsbilder nach feststehenden Kriterien zugeordnet sind. Eine statistische Klassifikation der Krankheiten muss den gesamten Bereich der möglichen Krankheitsbilder mit einer überschaubaren Anzahl von Kategorien abdecken«.

❏ **Tab. 1.16** Interviewerverhalten. (Nach Fähndrich u. Stieglitz 2007)	
Ziel	**Beispiele**
Strukturierung des Gesprächs	Mit unverfänglichen Themen beginnen
	Inhaltlich zusammengehörige Aspekte gemeinsam explorieren
	Überleitung bzw. Einleitung neuer Themenbereiche
Präzisierung der Information	Beispiele nennen lassen
	Unverständliche Punkte erläutern lassen
	Eigene Beispiele bringen (bei Unklarheit auf Seiten des Patienten)

Eng mit dem Begriff der Klassifikation verbunden und gleichermaßen oft vermischt mit ihm werden die Begriffe »Nosologie« und »Nomenklatur«:

- Die **Nosologie** (Krankheitslehre) versucht, eine eindeutige Systematisierung definierter Krankheiten nach einheitlichen Gesichtspunkten zu erreichen. Zu diesen Gesichtspunkten zählen neben der Syndromatik vor allem die Ätiologie, der Verlauf, die Prognose und die therapeutische Ansprechbarkeit.
- Unter **Nomenklatur** versteht man spezifische Begriffsbeschreibungen, die benutzt werden, um die Klassen und Elemente eines Systems zu identifizieren. Dabei werden sowohl die Namen der Klassen als auch die technischen Begriffe definiert. Praktisch gesehen kann eine Nomenklatur als eine unter Experten anerkannte Liste von Begriffen verstanden werden, die im Prinzip unabhängig von den zugrunde liegenden Charakteristika der Klassen ist.
- Weitere wichtige Begriffe in diesem Zusammenhang sind **Glossar** (begriffliche Zusammenstellung der im Rahmen eines Klassifikationssystems verwendeten Termini) und **Manual** (Zusammenfassung aller für die Klassifikation notwendigen Informationen).

Bis vor wenigen Jahren konkurrierte eine Vielzahl unterschiedlicher Definitionen von psychischen Störungen. Heute dominieren 2 Klassifikationssysteme, die ICD-10 (International Classification of Diseases in der 10. Revision) der WHO sowie das DSM-5 (Diagnostic and Statistical Manual of Mental Disorders, das inzwischen in der 5. Revision vorliegt; Falkai u. Wittchen 2014) der APA (American Psychiatric Association). Beide unterscheiden sich u. a. darin, dass das DSM-5 ein nationales System ist (jedoch mit internationaler Verbreitung), das System der WHO als internationales System hingegen verbindlich für deren Mitgliedsländer ist. Zudem existieren für die ICD-10 verschiedene Versionen (s. unten), für das DSM aber nur eine Version (vgl. zu weiteren Unterschieden Stieglitz 2000, S. 219 ff.; van Drimmelen-Krabbe et al. 1999, S. 89 ff.).

❯ **Die folgenden Ausführungen beziehen sich auf die ICD-10, da in Deutschland im versorgungsärztlichen Kontext die ICD-10 verbindlich ist und das DSM-5 in Deutschland eher für forschungsrelevante Fragestellungen Anwendung findet. Grundsätzlich spricht allerdings nichts gegen die Verwendung von DSM-5 unter forensisch-psychiatrischen Bedingungen.**

Der Versuch, bei der Entwicklung beider Systeme eine möglichst große Konvergenz zu erreichen, zeigt sich auch darin, dass im Manual zum DSM-5 immer parallel zu den Kodierungen nach DSM-5 die entsprechenden ICD-10-Kodierungen aufgeführt werden, wenn Störungen vorliegen, die eine hohe Übereinstimmung aufweisen. Dies bedeutet jedoch keineswegs, dass automatisch eine vollständige Übereinstimmung zwischen beiden Systemen vorliegt. Es gilt jeweils im konkreten Einzelfall zu prüfen, ob die spezifischen Symptom-, Zeit- und Verlaufskriterien für die einzelnen Störungen tatsächlich erfüllt sind.

Hintergrundinformation

Auf der Internetseite http://www.zi-berlin.de findet sich ein komfortables ICD-10-Diagnosen-Suchwerkzeug, bei welchem Freitexte und ICD-10-Nummern eingegeben werden können.

1.3.1 Kennzeichen und Struktur der ICD-10

Anfang der 90er Jahre wurden die klinisch-diagnostischen Leitlinien der ICD-10 (Dilling et al. 2014) sowie kurz darauf die Diagnostischen Kriterien für Forschung und Praxis (Dilling et al. 2011) herausgegeben. Die Gründe, die 10. Version herauszugeben, waren vielfältig. Von zentraler Bedeutung war die Verbesserung der Zuverlässigkeit der Erfassung (u. a. mangelnde Beurteilerübereinstimmungen der Vorgängerversionen). Aber auch die Übernahme der bereits im DSM-III enthaltenen diagnostischen Veränderungen (u. a. operationalisierte Diagnostik, multiaxiale Diagnostik) war wichtig, um gegenüber dem DSM-System konkurrenzfähig zu werden (vgl. auch Stieglitz et al. 2012, S. 17 ff.).

Derzeit wird die 10. Version der ICD einer erneuten Revision unterzogen, sodass bald die 11. Version vorliegen wird. Geplant ist dies für das Jahr 2017.

ICD-10 sowie DSM-5 sind beide einem sog. **deskriptiven oder atheoretischen Ansatz** verpflichtet. Entsprechend dem bisher unbefriedigenden Wissensstand über die Ätiologie der meisten psychischen Störungen wurde, von wenigen Ausnahmen abgesehen, versucht, theoretische Annahmen oder diagnostische Hierarchieregeln aufzugeben, um eine möglichst präzise und umfassende Beschreibung von Patienten auf Störungsebene zu gewährleisten. Zu den Übereinstimmungen und Gemeinsamkeiten beider Systeme gehört auch die klare Fokussierung auf eine operationalisierte Diagnostik unter Berücksichtigung von Symptomen, Zeit- und Verlaufskriterien.

> **Die sog. psychischen und Verhaltensstörungen, kodiert mit F00 bis F99, sind Teil der Gesamt-ICD-10, die insgesamt 21 Kapitel umfasst. Die 1. Stelle des ICD-Codes ist ein Buchstabe. Jeder Buchstabe ist einem bestimmten Kapitel zugeordnet (Ausnahmen s. DIMDI 2013b).**

Die in Kap. V beschriebenen psychischen Störungen lassen sich auf unterschiedlichen Ebenen kodieren, entsprechend der Grundintention, eine möglichst präzise Beschreibung bereits auf der Diagnoseebene zu erreichen. In ◘ Tab. 1.17 findet sich eine Übersicht zu den verschiedenen Kodierungsebenen.

Kernklassifikation der ICD-10 ist die dreistellige Ebene, die für die internationalen Meldungen der Todesursachendaten an die WHO sowie für die allgemeinen internationalen Vergleiche verbindlich ist (DIMDI 2013b).

Im klinischen Alltag ist die Kodierung mindestens auf der vierstelligen Ebene sinnvoll. In ◘ Tab. 1.18 finden sich Beispiele für eine Kodierung auf den unterschiedlichen Ebenen. Insbesondere die Kodierungen an fünfter Stelle sind sehr heterogen, da sie unterschiedliche Schwerpunkte haben. Sie können der Spezifizierung der Psychopathologie dienen, Hinweise auf Komplikationen enthalten oder aber den Schweregrad oder den Verlauf charakterisieren. Eine sechsstellige Kodierung ist nur bei wenigen Störungen möglich.

Die alphanumerische Kodierung mit dem Buchstaben F und den nachfolgenden Subspezifizierungen wurde weiterhin im Hinblick darauf eingeführt, dass es dadurch möglich ist, in Zukunft bei einer (bisher etwa alle 10 Jahre erfolgten) Revision keine grundlegenden Veränderungen mehr vorzunehmen, sondern lediglich Ergänzungen und Modifikationen. Von den potenziellen Möglichkeiten der Kodierung psychischer Störungen von F00.00 bis F99.99 (ca. 1000 fünfstellige Diagnosen) sind gegenwärtig lediglich ca. zwei Drittel bereits besetzt.

> **Bei psychiatrischen Begutachtungen erscheint es grundsätzlich sinnvoll, neben der alphanumerischen Kodierung der Diagnose(n) auch den erläuternden Text der ICD-10 in das Gutachten aufzunehmen.**

Neben dieser strukturellen Veränderung sind insbesondere einige weitere Kennzeichen der ICD-10 herauszuheben:

◼ **Tab. 1.17** Kodierungsebenen psychischer Störungen in der ICD-10. (Mod. nach Baumann u. Stieglitz 2011)

Ebene	Kodierung	Bedeutung
1	F	Hinweis auf das Vorliegen einer psychischen Störung (hier F: psychische und Verhaltensstörungen)
2	Fa	Hauptkategorie, Hinweis auf als zusammengehörig anzusehende Störungen (Beispiel: F3 – affektive Störungen)
3	Fab	Kategorie, Kennzeichen der einzelnen Störungsgruppe (Beispiel: F32 – depressive Episode)
4	Fab.c	Spezifizierung der Subgruppe hinsichtlich unterschiedlicher Kriterien, wie z. B. Erscheinungsbild (Beispiel: F40.1 – soziale Phobie), Schweregrad (Beispiel: F32.1 – mittelgradig depressive Episode)
5	Fab.cd	Zusatzspezifikation hinsichtlich unterschiedlicher Kriterien (Beispiel: F32.01 – leichte depressive Episode mit somatischem Syndrom)
6	Fab.cde	Zusatzspezifikation hinsichtlich unterschiedlicher Kriterien (nur bei einigen Störungen; Beispiel: F14.241 – Abhängigkeitssyndrom bei gegenwärtigem Kokaingebrauch mit körperlichen Symptomen)

Auf der einstelligen Ebene (Kodierung F) ist zu erkennen, dass es sich um das Vorliegen einer psychischen Störung handelt. Auf der zweistelligen Ebene (Fa) wird die Hauptkategorie charakterisiert. Die dreistellige Ebene, kodiert mit Fab, kennzeichnet die einzelnen Störungen. Die vier- bis sechsstelligen Ebenen sind als sog. Spezifizierung der Störungsgruppe anzusehen.

◼ **Tab. 1.18** Beispiele für Spezifizierungen an der 5. Stelle in der ICD-10

Spezifizierung	Kodierung	Beispiele
Allgemein	F06.32	Organische manische Störung
Wahn	F31.50	Gegenwärtig schwere depressive Episode mit synthymer psychotischer Symptomatik
Psychotisches Zustandsbild	F10.51	Störung durch Alkohol, psychotische Störung, vorwiegend wahnhaft
Somatische Begleitsymptomatik	F32.10	Mittelgradig depressive Episode mit somatischen Symptomen
Komplikation	F10.07	Störung durch Alkohol, akute Intoxikation, pathologischer Rausch
Schweregrad	F41.01	Panikstörung, schwer
Verlauf	F20.01	Paranoide Schizophrenie, episodisch mit zunehmendem Residuum
Belastung	F23.21	Akute schizophrenieforme psychotische Störung mit akuter Belastung

▬ Einführung einer operationalisierten Diagnostik,
▬ Einführung des Komorbiditätsprinzips,
▬ Möglichkeit einer multiaxialen Diagnostik.

Operationalisierte Diagnostik

Das Grundprinzip der operationalisierten psychiatrischen Diagnostik hat folgendes allgemeine Muster:

Eine Diagnose D ist nur zu stellen, wenn
▬ die Merkmale M1–Mx vorhanden sind,
▬ die Ausschlusskriterien A1–Ax nicht vorhanden sind,
▬ exakt definierte Verknüpfungsregeln (Diagnosealgorithmen) R1–Rx erfüllt sind.

◻ Tab. 1.19 Prinzip der operationalisierten Diagnostik am Beispiel der Kategorie F30.1 »Manie ohne psychotische Symptome« (Forschungskriterien)

Symptomkriterien	Die Stimmung ist vorwiegend gehoben, expansiv oder gereizt und für die Betroffenen deutlich abnorm
Symptome	Gesteigerte Aktivität oder motorische Ruhelosigkeit
	Gesteigerte Gesprächigkeit (»Rededrang«)
	Ideenflucht oder subjektives Gefühl von Gedankenrasen
	Verlust normaler sozialer Hemmungen, was zu einem den Umständen unangemessenen Verhalten führt
	Vermindertes Schlafbedürfnis
	Überhöhte Selbsteinschätzung oder Größenwahn
	Ablenkbarkeit oder dauernder Wechsel von Aktivitäten oder Plänen
	Tollkühnes oder leichtsinniges Verhalten, dessen Risiken die Betroffenen nicht erkennen, z. B. Lokalrunden ausgeben, törichte Unternehmungen, rücksichtsloses Fahren
	Gesteigerte Libido oder sexuelle Taktlosigkeit
Zeitkriterium	Mindestens eine Woche
Ausschlusskriterien	Fehlen von Halluzinationen oder Wahn; Wahrnehmungsstörungen können aber vorkommen (z. B. subjektive Hyperakusis, Wahrnehmung von Farben als besonders leuchtend etc.)
	Häufigstes Ausschlusskriterium: Die Episode ist nicht auf einen Missbrauch psychotroper Substanzen (F1) oder auf eine organische psychische Störung im Sinne des Kapitels F0 zurückzuführen
Diagnosealgorithmus	3 der Symptome (4, wenn die Stimmung gereizt ist), die eine schwere Störung der persönlichen Lebensführung verursachen, müssen vorliegen

Als Grundlagen der operationalisierten Diagnostik werden folgende Merkmale herangezogen: Symptomkriterien, Zeitkriterien, Verlaufskriterien, Ausschlusskriterien sowie Diagnosealgorithmen. In ◻ Tab. 1.19 ist ein allgemeines Beispiel dieser Vorgehensweise am Beispiel der manischen Episode enthalten.

Komorbidität

Eine weitere wichtige Neuerung in der ICD-10 stellt die Einführung des sog. Komorbiditätsprinzips dar (◻ Tab. 1.20). Komorbidität beschreibt die Möglichkeit, gemeinsam auftretende verschiedene psychische Störungen bei einer Person auch getrennt zu diagnostizieren und zu kodieren.

Nach der ICD-10 sind so viele Diagnosen zu verschlüsseln, wie für die Beschreibung des klinischen Bildes notwendig sind. In der Literatur werden hierzu immer wieder verschiedene wichtige

Argumente herausgestellt, die eine Rechtfertigung dieser Strategie liefern. Zu nennen sind sowohl therapeutische als auch theoretische Überlegungen (vgl. hierzu auch Stieglitz 2000, S. 241 ff.).

Zu den klinisch-therapeutischen Überlegungen zählt, dass Patienten mit komorbiden Störungen meist auch die schwerer kranken Patienten sind und z. T. einer spezifischen Behandlung bedürfen. Zudem haben verschiedene Studien immer wieder zeigen können, dass die Behandlung und die Prognose des weiteren Verlaufs eines Patienten mit mehr als einer Störung oft als deutlich ungünstiger anzusehen ist. Zu den theoretischen Überlegungen zählen z. B. Argumente, dass Studien mit komorbiden psychischen Störungen als Ausgangspunkt für die Untersuchung der Ätiologie und des Verlaufs psychischer Störungen dienen können und dass genauere Schätzungen über Prävalenzraten psychischer Störungen zu erreichen sind.

▣ Tab. 1.20 Beispiele für Komorbidität (ICD-10)

F20.0: Paranoide Schizophrenie F12.1: Störungen durch Cannabinoide, schädlicher Gebrauch	Schizophrener Patient, der Cannabis zur »Selbstmedikation« nimmt
F40.1: Soziale Phobie F32.1: Mittelgradig depressive Episode	Patient mit einer sozialen Phobie entwickelt durch die damit verbundene zunehmende Isolierung eine depressive Störung
F41.0: Panikstörung F60.31: Emotional instabile Persönlichkeitsstörung vom Borderlinetypus	Patient mit einer Panikstörung erfüllt zusätzlich die Kriterien einer Persönlichkeitsstörung

Komorbidität kann zwischen Störungsgruppen aus verschiedenen Hauptkategorien (z. B. Komorbidität von Angst- und Persönlichkeitsstörungen), aber auch innerhalb einer einzelnen Störungsgruppe diagnostiziert werden (z. B. verschiedene komorbide Störungen aus dem Bereich der Persönlichkeitsstörungen). Darüber hinaus muss differenziert werden, ob die Komorbidität im Querschnitt, d. h. aktuell, vorliegt oder aber über die gesamte Lebensspanne auftritt (Lebenszeitkomorbidität). Auch die Dokumentation der zeitlichen Abfolge der Entwicklung psychischer Störungen gilt es dabei zu berücksichtigen.

Multiaxiale Klassifikation

Auch die Aufnahme eines multiaxialen Ansatzes in die ICD-10 wurde stark beeinflusst durch das Klassifikationssystem der amerikanischen Psychiatervereinigung APA. Erstmalig im DSM-III wurde ein multiaxialer Ansatz vorgeschlagen, wenngleich diese Gedanken bereits in den 40er Jahren erstmals konzeptualisiert wurden (vgl. hierzu Stieglitz 2000, S. 244 ff.). Der allgemeine Grundgedanke eines multiaxialen Systems besteht darin, zur Beschreibung von Patienten möglichst viele sog. Achsen oder Dimensionen bereitzustellen, um einer umfassenden Darstellung der Gesamtsituation des Patienten besser gerecht werden zu können. Welche Achsen dies sein sollten, ist bisher umstritten. Für die ICD-10 werden die hier aufgeführten Achsen vorgeschlagen (▶ Übersicht, vgl. auch Siebel et al. 1997, S. 231 ff.). Die Achsen II und III sind als fakultative Achsen anzusehen, d. h. sie sind nicht obligatorisch Gegenstand einer ICD-10-Diagnostik.

Multiaxiales System des Kapitels V (F) der ICD-10. (Mod. nach Siebel et al. 1997)

Achse I: Psychische und somatische Störungen
- Ia: Psychische Störungen bzw. Erkrankungen einschließlich der Persönlichkeitsstörungen
- Ib: Somatische Störungen und Erkrankungen

Achse II: Soziale Funktionseinschränkungen (WHO Disability Diagnostic Scale)
- Globaleinschätzung und Subskalen:
  - Selbstfürsorge und Alltagsbewältigung
  - Berufliche Funktionsfähigkeit
  - Funktionsfähigkeit in anderen sozialen Rollen und Aktivitäten
- Beurteilungsskala:
  - 00: Keine Funktionseinschränkung
  - 20: Minimale Funktionseinschränkung
  - 40: Deutliche Funktionseinschränkung
  - 60: Schwere Funktionseinschränkung
  - 80: Sehr schwere Funktionseinschränkung
  - 99: Maximale Funktionseinschränkung
  - XX: Nicht beurteilbar

Achse III: Umgebungs- und situationsabhängige Einflüsse/Probleme der Lebensführung und Lebensbewältigung
- Probleme in Verbindung mit negativen Kindheitserlebnissen und Erziehung
- Probleme in Verbindung mit Ausbildung und Bildung

▼

- Probleme in der primären Bezugsgruppe, einschließlich familiärer Umstände
- Probleme in Verbindung mit der sozialen Umgebung
- Probleme in Verbindung mit Wohnbedingungen und finanziellen Verhältnissen
- Probleme in Verbindung mit Berufstätigkeit und Arbeitslosigkeit
- Probleme im Zusammenhang mit Umweltbelastungen
- Probleme bei bestimmten psychosozialen oder juristischen Situationen
- Probleme in Verbindung mit Hinweisen auf Krankheiten oder Behinderungen in der Familienanamnese
- Probleme bei der Lebensführung
- Probleme bei der Lebensbewältigung

Nicht unwichtig scheint Achse III »Umgebungs- und situationsabhängige Einflüsse/Probleme der Lebensführung und Lebensbewältigung« zu sein, da sie von großer klinischer wie forensischer Bedeutung ist, obschon Achse III üblicherweise nicht benutzt wird. Sie erlaubt wichtige Zusatzinformationen zu kodieren. Auf ihr sind solche Faktoren aufzuführen, die für die Entstehung, das aktuelle Erscheinungsbild, die Behandlung sowie für den weiteren Verlauf von Bedeutung sind. Dies sei an 2 Fallbeispielen aufgezeigt.

Beispiel

- **Fall 1.1**

Martina K., 40-jährig, ist gutachterlich zu diagnostizieren. Sie hat nun die dritte, jetzt mittelgradige Episode einer depressiven Störung. Während der Begutachtung zeigte sich, dass vor Beginn der Symptomatik ein seit längerer Zeit bestehender schwerwiegender Konflikt mit dem Ehemann bestand. Auch vor den beiden anderen Episoden zeigte sich ein ähnliches Bild. Folgende Kodierungen wären möglich:

- F33.1: rezidivierende depressive Störung, gegenwärtig mittelgradige Episode
- Z63.0: Probleme in der Beziehung zum (Ehe-)Partner

Beispiel

- **Fall 1.2**

Im psychiatrisch-psychotherapeutischen Konsildienst einer Justizvollzugsanstalt wird der 35-jährige Peter K. wegen einer Angststörung vorgestellt. Er berichtet über Panikzustände, die mehrfach im Monat auftreten und mit massiven körperlichen Symptomen, Angstgefühlen und mittlerweile auch Vermeidungsverhalten verbunden sind. Während der Therapie wird deutlich, dass der Patient Probleme in der Interaktion mit anderen Menschen hat, zu impulsivem Verhalten neigt, eine unbeständige Stimmung zeigt. Die Kriterien einer spezifischen Persönlichkeitsstörung werden jedoch nicht erfüllt. Folgende Kodierungen wären möglich:

- F41.00: mittelgradige Panikstörung
- Z73.1: akzentuierte Persönlichkeitszüge (emotional instabile Züge, impulsiver Typus)

Versionen der ICD-10

Schon während der Vorbereitung der ICD-10 zeigte sich, dass die ICD alleine nicht alle klinisch notwendigen Informationen enthalten kann, sondern dass nur eine sog. Gruppe von krankheits- und gesundheitsrelevanten Klassifikationen den unterschiedlichen Anforderungen im öffentlichen Gesundheitswesen Rechnung tragen kann (DIMDI 2013a). Dementsprechend wurden von der WHO verschiedene Versionen des Kapitels V (F) der ICD-10 vorgelegt (family of instruments), die grundsätzlich alle im forensischen Kontext Relevanz haben.

Versionen des Kapitels V (F) der ICD-10

- Klinisch-diagnostische Leitlinien (Dilling et al. 2014)
- Forschungskriterien (Dilling et al. 2011)
- Taschenführer (Dilling u. Freyberger 2012)
- Kurzfassung im Rahmen der Gesamt-ICD-10 (DIMDI 2013a)
- Version für die Primärversorgung (Müßigbrodt et al. 2010)
- Multiaxiales System (Siebel et al. 1997, S. 231 ff.)

Kernstück des Systems stellen die sog. klinisch-diagnostischen Leitlinien und die Forschungskriterien dar. Weiterhin wird eine sog. Kurzfassung im Rahmen der Gesamt-ICD-10 vorgelegt, eine Version für die Primärversorgung und das bereits erwähnte multiaxiale System. Die Gemeinsamkeit der Leitlinien, der Forschungskriterien, der Kurzfassung sowie der Version für die Primärversorgung besteht darin, dass alle Störungen gleich kodiert werden. Unterschiede bestehen jedoch in der Darstellung der einzelnen Störungen.

Entsprechend ihrer Bezeichnung finden die klinisch-diagnostischen Leitlinien primär in der klinischen Routine und damit auch im forensischen psychiatrisch-psychotherapeutischen Rahmen Anwendung. Auch hier wird zwar der Grundgedanke einer operationalisierten Diagnostik zugrunde gelegt, jedoch weniger scharf als in den Forschungskriterien, d. h., es besteht mehr Spielraum für klinische Entscheidungen hinsichtlich der Symptom- und Zeitkriterien. Die Forschungskriterien können als äquivalent zum DSM-IV bzw. DSM-5 angesehen werden, was den Formalisierungsgrad, nicht dagegen die einzelnen inhaltlichen Ausgestaltungen betrifft.

Besonders hinzuweisen ist auf den Taschenführer, der einerseits die Forschungskriterien umfasst sowie den Anhang der Forschungskriterien und die Z-Kodierungen aus den Leitlinien, aber auch eine Reihe von hilfreichen Informationen zur praktischen Anwendung.

In der Kurzfassung im Rahmen der Gesamt-ICD-10 finden sich dagegen keine expliziten Operationalisierungen mehr, sondern nur noch Kurzcharakteristika mit den im Vordergrund stehenden Symptomen bei den einzelnen Störungsgruppen. Die Version für die Primärversorgung umfasst dagegen wiederum die operationalen Definitionen, wenngleich weniger stringent als in den klinisch-diagnostischen Leitlinien und den Forschungskriterien. Zudem finden sich Hinweise auf therapeutische Maßnahmen, die bei einer bestimmten Störung Anwendung finden können (u. a. Gespräch, Medikation).

Über diese verschiedenen Versionen der ICD-10 hinaus existieren eine Reihe von Begleitmaterialien (▶ Übersicht). Zu nennen ist hier u. a. das Lexikon psychopathologischer Grundbegriffe, das Definitionen einer Reihe in der ICD-10 vorkommender psychopathologischer Phänomene enthält. Unter didaktischen Gesichtspunkten hervorzuheben sind insbesondere das ICD-10-Computertutorial, das ermöglicht, sich in das System einzuarbeiten und es auch in der klinischen Arbeit zu nutzen, sowie die ICD-10-Fallbücher, die eine Vielzahl von illustrativen Fallbeispielen enthalten. Für die Psychiatrie als relevant anzusehen ist auch die neurologische Adaptation der ICD-10.

Begleitmaterialien zum Kap. V (F) der ICD-10

- ▬ Lexikon psychopathologischer Grundbegriffe (Dilling 2009)
- ▬ ICD-10 in der klinischen Anwendung (Dittmann et al. 1992)
- ▬ ICD-10-Computertutorial (Malchow u. Dilling 2000)
- ▬ ICD-10-Fallbücher (Freyberger u. Dilling 1999; Dilling 2000)
- ▬ Neurologische Adaption der ICD-10 (Kessler u. Freyberger 2001)

1.3.2 Hauptkategorien der ICD-10

Die Gruppierung der Störungsgruppen in der ICD-10 erfolgte u. a. nach dem Prinzip, Störungen, die Ähnlichkeiten aufweisen, in einem Abschnitt zusammenzufassen. In ◖ Tab. 1.21 sind die Hauptkategorien der ICD-10 aufgeführt.

Die Kategorien F0–F7 lassen sich wie folgt kurz charakterisieren (Malchow u. Dilling 2000; Freyberger u. Dilling 1999; vgl. zu den einzelnen Diagnosen: http://www.zi-berlin.de (Näheres zu Ätiologie, Klinik, Diagnostik und Therapie psychischer Erkrankungen bei Schneider 2012):

- ▬ **F0: Organische einschließlich symptomatischer psychischer Störungen**
  - – Allgemeine Charakteristika: Nachweis einer hirnorganischen Krankheit, Verletzung oder Funktionsstörung des Gehirns, Untergliederung nach Typus und Schweregrad der kognitiven/sensorischen Störung.
  - – Wichtigste Störungen: Demenzen.
  - – Therapie: Bisher kein hinreichend evidenzbasierter pharmakologisch-therapeu-

◘ Tab. 1.21 Hauptkategorien der ICD-10

F0	Organische, einschließlich symptomatischer psychischer Störungen
F1	Psychische und Verhaltensstörungen durch psychotrope Substanzen
F2	Schizophrenie, schizotype und wahnhafte Störungen
F3	Affektive Störungen
F4	Neurotische-, Belastungs- und somatoforme Störungen
F5	Verhaltensauffälligkeiten mit körperlichen Störungen und Faktoren
F6	Persönlichkeits- und Verhaltensstörungen
F7	Intelligenzstörung
F8	Entwicklungsstörungen
F9	Verhaltens- und emotionale Störungen mit Beginn in der Kindheit und Jugend
F99	Nicht näher bezeichnete psychische Störungen

tischer Ansatz bei Demenzkrankheiten; psychosoziale Maßnahmen wie bspw. Angehörigenarbeit.

F1: Psychische und Verhaltensstörungen durch psychotrope Substanzen

– Allgemeine Charakteristika: Nachweis einer Verursachung durch psychotrope Substanzen; Kodierung der Substanz an dritter Stelle (z. B. F10: Alkohol) sowie an vierter Stelle des im Vordergrund stehenden klinischen Aspekts (z. B. F10.0 akute Alkoholintoxikation).

– Wichtigste Störungen: Störungen durch Alkohol und illegale Drogen.

– Therapie: Substanzspezifische Interventionen; Entgiftung und Entwöhnungsbehandlung, primär psychotherapeutische Interventionen (Verhaltenstherapie), gelegentlich medikamentöse Behandlungen möglich.

F2: Schizophrenie, schizotype und wahnhafte Störungen

– Allgemeine Charakteristika: Nachweis von Wahn, Halluzinationen und/oder Denkstörungen; Untergliederung nach Syndromen

(z. B. paranoide Schizophrenie) oder Verlauf (z. B. F22 anhaltende wahnhafte Störung).

– Wichtigste Störungen: Schizophrenie, schizoaffektive Störung.

– Therapie: Antipsychotische Behandlung (Atypika favorisiert), psychosoziale Interventionen (kognitiv-behaviorale Therapie, Psychoedukation, Training sozialer Fertigkeiten, Ergotherapie, Soziotherapie, Angehörigenarbeit).

F3: Affektive Störungen

– Allgemeine Charakteristika: Nachweis von Veränderungen in der Stimmung und im Antrieb; Untergliederung nach der Verlaufsform sowie der Art der affektiven Störung.

– Wichtigste Störungen: Depressive Störung (einzelne Episode oder rezidivierend), bipolare affektive Störung, Dysthymia.

– Therapie: Psychopharmakotherapie (favorisiert werden selektive Serotonin-Wiederaufnahmehemmer SSRI und andere moderne Antidepressiva), psychosoziale Interventionen (kognitiv-behaviorale Therapie, Interpersonelle Psychotherapie), bei spezieller Indikation Elektrokrampftherapie, Lichttherapie, Schlafentzug.

F4: Neurotische, Belastungs- und somatoforme Störungen

– Allgemeine Charakteristika: Hohe Bedeutung psychischer Verursachung; Untergliederung nach phänomenologischen Syndromen (z. B. Zwang) oder äußerer Belastung (z. B. Anpassungsstörung).

– Wichtigste Störungen: Panikstörung, Agoraphobie, soziale Phobie, Zwangsstörung, Anpassungsstörungen, posttraumatische Belastungsstörung, somatoforme Störungen.

– Therapie: Psychosoziale Interventionen (kognitiv-behaviorale Therapie) in Kombination mit Antidepressiva (besonders SSRI).

F5: Verhaltensauffälligkeiten mit körperlichen Störungen und Faktoren

– Allgemeine Charakteristika: Nachweis von Verhaltensauffälligkeiten mit körperlichen Funktionsstörungen, Untergliederung nach funktionalen Zusammenhängen.

– Wichtigste Störungen: Essstörungen, Schlafstörungen.
– Therapie: Primär psychotherapeutische Interventionen; Essstörungen: u. a. zusätzlich Ernährungsberatung, Wahrnehmungstraining, Psychopharmakotherapie.

■ **F6: Persönlichkeits- und Verhaltensstörungen**
– Allgemeine Charakteristika: Nachweis anhaltender, gestörter Verhaltensmuster, Untergliederung nach typologischen Gesichtspunkten.
– Wichtigste Störungen: Persönlichkeitsstörungen.
– Therapie: Psychosoziale Interventionen (kognitiv-behaviorale Therapie; z. B. bei Borderline-Persönlichkeitsstörung: Dialektisch-behaviorale Therapie nach Linehan); Effekt psychopharmakologischer Interventionen bis auf stimmungsmodulierende und antiaggressive Wirkung einzelner Psychopharmaka weniger gut belegt.

■ **F7: Intelligenzstörung**
– Allgemeine Charakteristika: Beeinträchtigung der Intelligenzfunktion, Differenzierung nach Schweregraden.
– Wichtigste Störungen: Stufen der Intelligenzminderung (leicht, mittelgradig, schwer, schwerst)
– Therapie: Psychosoziale Fördermaßnahmen.

1.3.3 Diagnostisches Vorgehen in der ICD-10

Die klinische Anwendung der ICD-10 setzt zunächst umfassende Kenntnisse des Systems voraus. In der Regel, insbesondere im klinischen und gutachterlichen Alltag, werden die diagnostischen Entscheidungen basierend auf einem freien klinischen Interview getroffen. Will man explizit im Hinblick auf die ICD-10 eine diagnostische Zuordnung eines Patienten vornehmen, sind 2 allgemeine Strategien denkbar:

■ Es wird sukzessive vom Abschnitt F0 an begonnen zu prüfen, ob die für diesen Abschnitt zentrale Symptomatik vorliegt. Im Abschnitt

F0 wären dies z. B. nachweisbare organische Ursachen oder Beeinträchtigung von Gedächtnis oder Denkvermögen bzw. Bewusstseinsstörungen. Wenn Hinweise auf einen dieser Aspekte zu erkennen sind, wäre zunächst eine Störung aus dem jeweiligen Abschnitt zu überlegen, um dann weiter die nachfolgenden Abschnitte F1 usw. zu prüfen.

■ Eine andere Strategie, die vermutlich von denjenigen, die mit dem System vertrauter sind, angewendet wird, kann man als ein hypothesengeleitetes, klinisches Vorgehen bezeichnen. Hierbei werden zunächst aufgrund der im Vordergrund stehenden Symptomatik des Patienten Hypothesen über das Vorliegen einer Störung aufgestellt. Anhand des ICD-10-Manuals wird dann geprüft, ob diese Kriterien im Hinblick auf die jeweilige Störung erfüllt sind. Falls dies der Fall ist, ist in einem weiteren Schritt zu prüfen, ob weitere Symptome vorhanden sind, die nicht zu dieser Diagnose gehören, für die dann gleichfalls eine weitere Hypothese aufgestellt und geprüft werden müsste (◘ Abb. 1.3).

Abschließend sei auf einige anwendungsbezogene Probleme von Klassifikationsverfahren hingewiesen, die nicht nur für die ICD-10 gelten. Zu nennen sind folgende Aspekte:

Der Nutzer muss, insbesondere wenn er wenig vertraut ist mit dem System, unbedingt das **Manual** zu Rate ziehen und diagnostische Entscheidungen unter Beachtung der Symptom-, Zeit- und Verlaufskriterien sowie der Ausschlusskriterien fällen. Immer wieder wird dies vernachlässigt, und nur von der Bezeichnung der Kategorien aus werden Diagnosen gestellt.

Das **Komorbiditätsprinzip** als ein neues Prinzip wird bisher zu wenig beachtet. Dies ist nicht nur im Hinblick auf die forensische psychiatrisch-psychotherapeutische Arbeit, sondern klinisch auch zur individuellen Therapieplanung eines Patienten von großer Bedeutung, da unter versorgungsepidemiologischen Aspekten davon auszugehen ist, dass Patienten mit einer komorbiden Störung auch die schwerer behandelbaren Patienten sind (u. U. Komplikation in der Behandlung, längere Liegedauer).

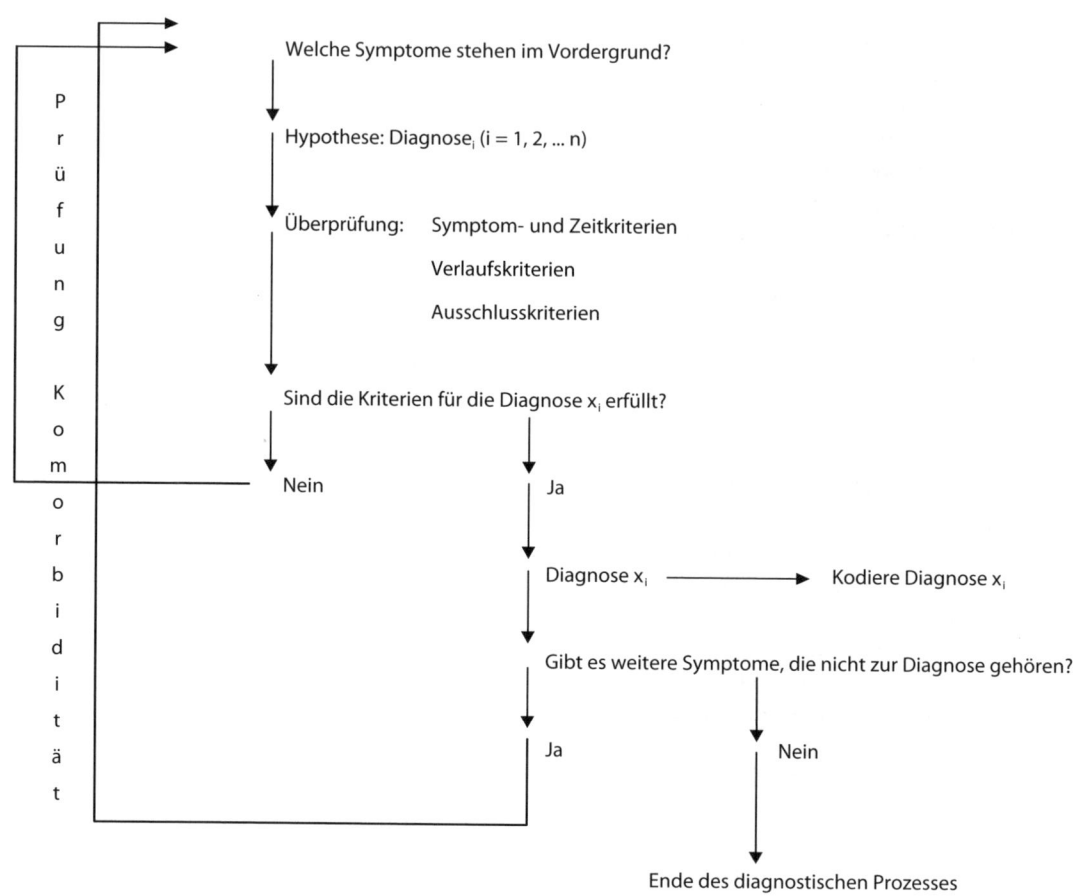

Abb. 1.3 Schritte im diagnostischen Prozess. (Mod. nach Stieglitz et al. 2012)

Bei der Beurteilung des Patienten anhand der diagnostischen Kriterien dürfen andere theoretische Konzepte, die nichts mit der Diagnose zu tun haben, keine Rolle spielen. Auch wenn es zu einer Reihe von Störungen unterschiedliche konzeptuelle Überlegungen gibt (z. B. Borderline-Störung) dürfen diese nicht verwendet werden, da die Definition der Störung in der ICD-10 rein deskriptiv ohne Bezug zu einem bestimmten theoretischen Konstrukt erfolgt.

Diagnostische Unsicherheiten, die bei bestimmten Patienten auch bei Vorliegen einer operationalisierten Diagnose immer wieder auftreten können, dürfen sich nicht in der Wahl bestimmter Diagnosen widerspiegeln (z. B. bei Unklarheit, ob es eine schizophrene oder eine affektive Störung ist, darf nicht automatisch die Diagnose der schizoaffekti-

ven Störung gewählt werden; anderes Beispiel: zu häufige Entscheidung für die Diagnose Borderline-Störung, früher konzeptualisiert als Störung im Grenzbereich Neurose/Psychose).

Gleichfalls ist darauf zu achten, dass aufgrund eines **singulären Phänomens**, das vielleicht mit im Vordergrund stehen kann, keinesfalls automatisch der Rückschluss auf das Vorliegen einer entsprechenden Diagnose erlaubt ist (z. B. begangene Straftat = dissoziale Persönlichkeitsstörung; hysterisch = histrionische Persönlichkeitsstörung; misstrauisch = paranoide Persönlichkeitsstörung). Es gilt selbstverständlich, alle für die Diagnose relevanten Kriterien genauestens zu prüfen.

Untersuchungsinstrumente: Das Vorliegen expliziter diagnostischer Kriterien für die einzelnen Störungen (operationalisierte Diagnostik) ge-

◻ Tab. 1.22 Deutschsprachige Erhebungsinstrumente zur ICD-10

Bezeichnung und Abkürzung	Art des Instruments	Autoren
Gesamtbereich		
Schedules for Clinical Assessment in Neuropsychiatry (SCAN)	Strukturiertes Interview	Gülick-Bailer et al. (1995)
DIA-X Interview	Standardisiertes Interview	Wittchen u. Pfister (1997)
ICD-10-Checklisten Symptomcheckliste (SCL) Internationale Diagnosenchecklisten (IDCL)	Checklisten	WHO (1995); Hiller et al. (1995)
ICD-10-Merkmalsliste (ICDML)	Checkliste	Dittmann et al. (1992)
Persönlichkeitsstörungen		
International Personality Disorder Examination (IPDE)	Strukturiertes Interview	Mombour et al. (1996)
Aachener Integrierte Merkmalsliste (AIML)	Checkliste	Saß et al. (1995)
Internationale Diagnosencheckliste für Persönlichkeitsstörungen	Checkliste	Bronisch et al. (1995)
Demenzen		
Strukturiertes Interview für die Diagnose einer Demenz (SIDAM)	Strukturiertes Interview	Zaudig u. Hiller (1996)

währleistet alleine keine zuverlässige Diagnostik. In verschiedenen Studien konnten immer wieder bestimmte Fehlerquellen identifiziert werden, vor allem die sog. Informations- und Beobachtungvarianz, d. h. die unterschiedlichen Strategien, Informationen zu erheben (z. B. Art der Fragen) sowie die unterschiedliche Bewertung dieser Informationen (vgl. im Detail Stieglitz 2000, S. 16 ff.).

Zur Reduktion dieser Fehlerquellen sind zusätzliche Hilfsmittel notwendig. Hierzu zählt vor allem der Einsatz von Erhebungsinstrumenten; wichtig ist auch die klinisch-psychiatrische Erfahrung des Untersuchers. In ◻ Tab. 1.22 sind deutschsprachige Erhebungsinstrumente zusammengestellt, die im Hinblick auf die ICD-10 entwickelt bzw. daran adaptiert wurden (zu weiteren Instrumenten, z. B. zum DSM-IV, s. Stieglitz et al. 2001).

Zu unterscheiden sind 3 große Gruppen von Erhebungsinstrumenten: Checklisten, strukturierte und standardisierte Interviews.

Checklisten stellen im eigentlichen Sinne noch keine substanziellen Erweiterungen zur Reduktion der beiden Varianzquellen dar. Sie sind lediglich, oft in didaktisch guter Weise, Zusammenstellungen der für eine Diagnose notwendigen Kriterien. Diese sind dann systematisch zu prüfen. Wie die Symptome jedoch zu erheben und zu erfassen sind, bleibt dem Untersucher überlassen. Daher setzt die Anwendung von Checklisten sowohl Kenntnisse im Bereich der ICD-10 (z. B. Hypothesen über das Vorliegen einer bestimmten Störung) und der Symptomdefinitionen (Psychopathologie, vgl. ► Abschn. 1.2) als auch allgemeine Kenntnisse in der psychiatrischen Gesprächsführung voraus. Diese beiden Aspekte spielen bei den Interviews kaum eine Rolle.

Unter **strukturierten Interviews** werden solche Verfahren subsumiert, die dem Interviewer Fragen zur Verfügung stellen, mit denen bestimmte Symptome zu erfassen sind, und Hinweise geben, in welcher Reihenfolge dies geschehen muss. Zum Teil finden sich auch Hinweise auf Kodierungen.

Demgegenüber werden bei **standardisierten Interviews** alle Ebenen des diagnostischen Pro-

◘ Tab. 1.23 Charakteristika der ICD-10. (Nach Baumann u. Stieglitz 2011)

Kriterium	Kennzeichen
Ziele der Klassifikation	Gesundheitsstatistik, Forschung, Kommunikation, Therapiegrundlage, klinische Anwendung
Geltungsbereich	Alle Krankheiten, nicht nur psychische Störungen
Klassenlogik	Typen (Diagnosen)
Klasseneigenschaft	I. d. R. nicht ausschließend, Komorbidität zugelassen
Klassifikationsbasis	Atheoretisch, deskriptiv, uneinheitlich (u. a. Ätiologie, Verlauf, Syndromatik, Schweregrad)
Gewinnung der diagnostischen Einheiten	Klinisch-kombinatorisch, basierend auf Konventionen in Abstimmung mit den Mitgliedsländern der WHO
Definitionen	Operationalisierte Diagnostik (Kriterienkatalog), Glossar
Zuordnungsregeln	Z. T implizite, z. T. explizite Regeln
Formale Genauigkeit	Mehrfach in nationalen und internationalen Studien überprüft

zesses eingeschlossen, d. h. die Fragen, die Reihenfolge als auch die Kodierung der Antworten des Patienten sind detailliert vorgeschrieben. Daher erreichen standardisierte Interviews in der Regel auch mit die höchsten Reliabilitätswerte, da der Untersucher kaum einen Einfluss auf den diagnostischen Prozess hat, der durch die Vorgaben des Interviews reglementiert ist.

In letzter Zeit haben standardisierte Interviews auch in ihrer Umsetzung in computerisierter Form an Bedeutung gewonnen. Dies erlaubt es, PC-gesteuert die wesentlichen Kriterien der ICD-10 für die meisten Störungsgruppen zu erfassen. Ein Nachteil sehr formalisierter Erhebungsinstrumente ist eine dadurch möglicherweise geringere Berück-

sichtigung subjektiver Akzentuierungen und Erlebnisweisen des Untersuchten.

Eine weitere Unterscheidung bezüglich der diagnostischen Hilfsmittel zur Diagnosestellung nach der ICD-10 besteht darin, welche Kategorien der ICD-10 abgebildet werden können. So finden sich bei den Instrumenten solche, die alle bzw. ein weites Spektrum der in der ICD-10 eingeschlossenen Diagnosen zu erfassen erlauben. Andere dagegen beschränken sich auf bestimmte Teilbereiche, wie z. B. die Persönlichkeitsstörungen und die Demenzen.

Bisherige Reliabilitätsstudien mit derartigen Instrumenten konnten zeigen, dass abgesehen von wenigen Störungsgruppen hohe bis sehr hohe Interrater-Reliabilitäten zu erreichen sind (vgl. hierzu Stieglitz et al. 2001). Im Hinblick auf die Anwendung von Interviews ist auf folgende Punkte jedoch unbedingt hinzuweisen:

- Vor Anwendung eines derartigen Instruments ist ein oft mehrtägiges Training unabdingbar notwendig.
- Kenntnisse des Klassifikationssystems sind außer bei standardisierten Interviews notwendig.
- Die Anwendung in der klinischen Routine ist bei der für die diagnostische Erhebung zur Verfügung stehenden Zeit kaum realistisch. Die Interviews dauern je nach Schweregrad der Störung des Patienten oft mehrere Stunden. Deshalb ist von einer routinemäßigen Anwendung auch bei Begutachtungen abzuraten. Die Instrumente haben jedoch auch bei dem erhöhten Zeitaufwand der Anwendung ihren Nutzen im forensischen Rahmen, so z. B. bei differenzialdiagnostisch schwer einzuordnenden Patienten.

1.3.4 Fazit

Eine Evaluation psychiatrischer Klassifikationssysteme ist in der Regel schwierig, da es keine allgemein akzeptierten Kriterien gibt. Ein Vorschlag zur Kennzeichnung eines Klassifikationssystems wurde von Baumann und Stieglitz (2011, S. 109 ff.) vorgelegt. In ◘ Tab. 1.23 findet sich abschließend eine Zusammenfassung der wesentlichen Kennzeichen der ICD-10.

1.4 Medizinische Untersuchungstechniken und -standards: Informationserhebung und Untersuchung

1.4.1 Psychiatrische Untersuchung

Zu einer psychiatrischen Untersuchung im Rahmen einer Begutachtung gehören neben der psychiatrischen Exploration und der Anamneseerhebung in der Regel auch eine internistische, neurologische sowie ggf. auch laborchemische, testpsychologische oder apparative Untersuchungen.

Das wichtigste psychiatrische Instrument ist das Gespräch mit dem Probanden. Es stellt je nach Untersuchungssituation und Fragestellung eine individuelle Mischung aus Interview, Exploration und Anamneseerhebung dar, wobei die beiden letzteren Elemente wesentlich zur Beurteilung des psychopathologischen Befundes beitragen. Sie haben im Rahmen der Gutachtenerstellung eine zentrale Bedeutung. Jede psychiatrische Untersuchung schließt mit einem psychopathologischen Befund (▶ Abschn. 1.2) und ggf. mit einer Diagnose ab (▶ Abschn. 1.3). Testverfahren und strukturierte klinische Interviews können ergänzend angewandt werden.

Eine psychiatrische Untersuchung sollte in einem Raum stattfinden, der möglichst frei von störenden äußeren Einflüssen ist. Die Probanden sollten sich mit geeigneten Dokumenten ausweisen.

Die gutachterliche Untersuchungssituation unterscheidet sich von einer normalen Arzt-Patient-Interaktion. Da üblicherweise im Auftrag einer Behörde oder einer Versicherung eine konkrete juristische Fragestellung zu beantworten ist, geht es nicht um eine therapeutische Intervention. Die Mitteilung der Untersuchungsergebnisse an den Auftraggeber wird nicht durch die ärztliche Schweigepflicht beschränkt.

Der Proband muss somit über den Auftraggeber, den Untersuchungsablauf und die Funktion des psychiatrischen Sachverständigen informiert werden (Lesting 1992, S. 11 ff.; vgl. zur Mitwirkungspflicht auch ▶ Abschn. 1.1.1). Es hat sich bewährt, die Untersuchung zunächst mit einem eher unstrukturierten Interview zu beginnen, um die Atmosphäre etwas zu lockern, da die Probanden meist nur bedingt freiwillig zur Untersuchung erscheinen

und mit gutachterlich tätigen Psychiatern in der Regel keine Vorerfahrungen besitzen. Die Probanden zeigen gelegentlich deutliche Vorbehalte und ein gewisses Misstrauen in der Begutachtungssituation.

Angesichts eines wachsenden Ausländeranteils in der Bevölkerung wird auch der psychiatrische Gutachter zunehmend mit fremdsprachigen und kulturell verschiedenen Patienten konfrontiert. Da die psychiatrische Untersuchung weitgehend auf dem Gespräch basiert, ergibt sich in diesen Fällen eine ganze Reihe von zusätzlichen Problemen, und häufig ist eine Untersuchung nur mit Hilfe eines Dolmetschers möglich. Daraus resultieren jedoch weitere Probleme (Horn 1995, S. 382 ff.).

❯ **Der Untersucher sollte sich prinzipiell bemühen, direkt mit dem Patienten und nicht mit, sondern über den Dolmetscher zu sprechen. Allerdings sollte grundsätzlich Wert darauf gelegt werden, dass bei einem nicht ganz perfekt Deutsch sprechenden Probanden immer ein Dolmetscher hinzugezogen wird. In der Regel muss – auch aus Kostengründen – hierzu zuvor das Einverständnis des Auftraggebers des Gutachtens eingeholt werden (▶ Abschn. 1.1.1).**

Aufgrund des häufig deutlich andersartigen kulturellen Hintergrundes haben einige fremdsprachige Probanden Schwierigkeiten mit einer spontaneren Äußerung ihrer Gedanken und Gefühle, und es müssen in der obendrein noch schwierigen Gesprächssituation mit einem Dolmetscher viele Details durch direkte Fragen mühsam eruiert werden, was einen erheblich höheren Zeitaufwand bedeutet. Die insgesamt komplexe und schwierige Problematik der transkulturellen Begutachtung ist in einigen Sammelbänden und Büchern ausführlicher dargestellt (Hausotter u. Schouler-Ocak 2007; Sieberer et al. 2011).

Da Eigenangaben und die Anamnese des Probanden wesentlicher Bestandteil eines Gutachtens sind, ergeben sich besondere Probleme bei Simulation, ausgeprägter Aggravation und Dissimulation verschiedener Krankheitssymptome sowie bei Patienten mit Erinnerungslücken (Foerster u. Winckler 2009, S. 27 ff.; ▶ Abschn. 1.5.4). Häufig sind aus diesen, aber auch aus vielen anderen Gründen ergänzende fremdanamnestische Angaben weiterführend.

Hinweise für Aggravation und/oder Simulation

Ein Verdacht auf Simulation (bewusstes Vortäuschen nicht vorhandener physischer oder psychischer Krankheitssymptome oder ihre absichtliche Herbeiführung) ergibt sich insbesondere aus Diskrepanzen zwischen den Angaben des Betroffenen bezüglich seiner Beschwerden und den Schilderungen anderer Personen oder Angaben zur Vorgeschichte in den Akten. Zudem können folgende Merkmale auf das mögliche Vorliegen von Simulation oder ausgeprägter Aggravation (absichtlich übertriebene Betonung/Darstellung vorhandener Krankheitssymptome) hindeuten:

- eine auffällige Diskrepanz zwischen der Beschwerdeschilderung des Betroffenen und seinem Verhalten oder auch seiner Inanspruchnahme therapeutischer Hilfen
- sehr vage Symptomschilderungen
- sehr unpräzise und wechselnde Angaben zum Krankheitsverlauf
- theatralisch und appellativ wirkende Beschwerdeschilderungen

Testpsychologische Verfahren bei Simulationsverdacht als auch die Verhaltensbeobachtung bei der Bearbeitung neuropsychologischer Tests können einen weiteren Hinweis auf Simulation oder Aggravation geben bzw. einen entsprechenden Verdacht erhärten (▶ Abschn. 1.5.4).

Neben den persönlich erhobenen Befunden ist bei einer psychiatrischen Begutachtung die umfassende Kenntnis der juristischen Akten, der möglichen früheren Gutachten sowie der medizinischen und psychiatrischen Vorbefunde erforderlich, um ein faires, korrektes und zielgerichtetes Gutachten zu erstatten. Bei sozialrechtlichen Fragestellungen zur Beurteilung der Dienstfähigkeit ist u. U. auch die Kenntnis einer Personalakte hilfreich (Creutz 1993, S. 294 ff.).

Anamneseerhebung

Eine der wichtigsten Säulen eines psychiatrischen Gutachtens ist die ausführliche und differenzierte Anamneseerhebung. Hierbei ist es nicht nur wichtig, Symptome, Daten und Beschwerden zusammenzutragen, sondern es sollte versucht werden, den entsprechenden Bezug zur Lebensgeschichte und zur aktuellen psychosozialen Situation herzustellen (Scharfetter u. Faust 1995, S. 57). Die folgenden Ausführungen beschreiben eine für die forensisch-psychiatrische Untersuchung typische Gliederung:

- **Angaben zur Person:** Alter, Familienstand, Beruf.
- **Aktuelle Befindlichkeit:** gegenwärtige psychische Beschwerden, Selbstverletzungen, Suizidgedanken, ambulante und stationäre Behandlungen in psychiatrischen-psychotherapeutischen oder psychosomatischen Kliniken oder Einrichtungen und Praxen, Psychotherapien.
- **Psychiatrische Vorgeschichte:** psychische Erkrankungen und Vorbehandlungen, frühere Medikation, Suizidversuche.
- **Somatische Anamnese:** Kinderkrankheiten, Impfkomplikationen, körperliche Erkrankungen, Krankenhausaufenthalte, Operationen, Unfälle, Arztkontakte, häufiger Arztwechsel, Allergien oder Überempfindlichkeiten.
- **Aktuelle Medikation:** Psychopharmaka, internistische und andere Medikamente, Medikamentenunverträglichkeiten u. a. (ggf. Medikation – und Alkohol und/oder Drogen – zum Tatzeitpunkt).
- **Frühkindliche Entwicklung:** Schwangerschaft, Geburtsverlauf und frühkindliche Entwicklung.
- **Prämorbide Persönlichkeit:** eingetretener »Lebensknick«.
- **Gynäkologische Anamnese (wenn indiziert):** Menstruation, Menarche, Menopause, Beschwerden, Geburten, Fehlgeburten, Abtreibungen, gynäkologische Eingriffe.
- **Vegetative Anamnese:** Schlaf, Appetit, Gewichtsbewegung, sexuelle Lust, Potenz, Durst, Miktion, Stuhlgang, tages- oder jahreszeitliche Schwankungen der Stimmung.
- **Suchtanamnese:** Nikotin, illegale und legale Drogen, Alkohol, besondere Medikamente (z. B. Schlafmittel, Schmerzmittel, Beruhigungsmittel, Schlankheitsmittel, Laxanzien), nicht stoffgebundene Süchte, z. B. Spielsucht.

- **Familienanamnese:**
  - Mutter und Vater (Alter, Beruf, somatische und psychische Krankheiten, Beziehung zur Mutter bzw. dem Vater, Persönlichkeitsstruktur, psychosoziale Belastungen, Heirat der Eltern, ggf. Trennung oder Scheidung, ggf. Todesjahr bzw. Todesursache, Probleme und Erkrankungen bei den Verwandten mütterlicher- und väterlicherseits, z. B. psychische und körperliche Auffälligkeiten bei den Großeltern, was in hereditärer Hinsicht häufig nicht unergiebig ist).
  - Geschwister (Anzahl von Schwestern und Brüdern, Alter, chronologische Geschwisterreihe, Berufe, psychosoziale Auffälligkeiten, körperliche und psychische Erkrankungen, Intensität der Kontakte und jeweiliges Verhältnis, Partnerschaften und Kinder der Geschwister, Hinweise auf Halb- und/oder Stiefgeschwister).
  - Eigene Kinder.
  - Familiäre Belastung mit psychischen Störungen.
- **Soziale Anamnese:** Geburt, wo aufgewachsen, Kindheit, besondere Belastungen, kindliche Entwicklung, Erziehungsstil, Kindheitserinnerungen, Primordialsymptome (Nägelkauen, Bettnässen, verlängertes Daumenlutschen, Haareausreißen, Ängste, Angstträume, Stottern), Entwicklung in der Pubertät und Adoleszenz, besondere Konfliktkonstellationen, Wohnorte, Kindergarten, Grundschule, weitere Schulausbildung, Lieblingsfächer, Schulabschluss, Berufswahl, Berufsausbildung, Berufsabschluss, Berufswechsel, Militär, aktuelle berufliche und wirtschaftliche Situation, Wohnverhältnisse, Freizeitaktivitäten, Hobbys, religiöse Einstellungen, Vermögen bzw. Schulden, Fahrerlaubnis, ggf. Aufenthaltsstatus, Partnerschaften, Trennungen, aktuelles Familienleben.
- **Sexualanamnese (wenn indiziert):** Sexualaufklärung (durch Erziehungsberechtigten, Schule oder andere Vertrauensperson), Beginn der Pubertät, Menarche, erster Samenerguss, besondere Ängste, Belastungen oder Verhaltensänderungen während der Pubertät, Masturbationsverhalten, erster Geschlechtsverkehr, sexuelle Erlebnisfähigkeit (früher bzw. aktuell), weitere Sexualkontakte in kürzeren bzw. längeren partnerschaftlichen Beziehungen, häufiger Wechsel des Sexualpartners, Qualität und Zufriedenheit der jeweiligen sexuellen Beziehungen, Einstellung zur Promiskuität, Einstellung zur Verhütung und zur Interruptio, sexuelle Funktionsstörungen, besondere sexuelle Praktiken, spezielle sexuelle Präferenzen, ungewöhnliche sexuelle Phantasien (z. B. Gewalt- oder Unterwerfungsphantasien, besondere sexuelle Rituale oder Inszenierungen), sexuelle Orientierung, sexuelle Missbrauchserlebnisse, Inzesterlebnisse.
- **Forensische Vorgeschichte:** Probleme mit der Polizei oder beim Militär (z. B. disziplinarrechtliche Probleme), Probleme mit der Fahrerlaubnis (Alkohol am Steuer, Fahrerflucht), Verwarnungen, Sozialstunden, Verurteilungen, offene Bewährungsstrafen, Gefängnisaufenthalte, früherer Maßregelvollzug, Einstellung bezüglich vergangener Straftaten, gegenwärtig anhängige Gerichtsverfahren.
- **Exploration zum Untersuchungsanlass**

1.4.2 Körperliche Untersuchung

Im Rahmen einer psychiatrischen Begutachtung hat die eingehende körperliche Untersuchung (d. h. die internistische und neurologische Untersuchung) eine besondere Bedeutung und ist in nahezu jeder Begutachtungssituation relativ leicht durchzuführen. Unabhängig davon, ob aufwendige apparative diagnostische Maßnahmen vorgenommen wurden, sollte eine körperliche Untersuchung in der Regel bei keiner Begutachtung fehlen.

> **Die Zulässigkeit der körperlichen Untersuchung eines Beschuldigten zur Erlangung verfahrenserheblicher Tatsachen im Rahmen eines strafrechtlichen Ermittlungsverfahrens ist in § 81a StPO geregelt.**

Während der Beschuldigte die einfache körperliche Untersuchung, mit der lediglich die Beschaffenheit seines Körpers festgestellt werden soll, gem. § 81a Abs. 1 S. 1 StPO grundsätzlich zu dulden hat, formuliert § 81a Abs. 1 S. 2 StPO für Untersuchungs-methoden, die mit einem – auch nur geringen – Eingriff in die körperliche Unversehrtheit verbunden sind, bestimmte Voraussetzungen: Danach muss der Eingriff von einem Arzt nach den Regeln der ärztlichen Kunst durchgeführt werden, und es darf kein Nachteil für die Gesundheit des Beschuldigten zu befürchten sein. Jegliche körperliche Untersuchung muss darüber hinaus gem. § 81a Abs. 2 StPO grundsätzlich von einem Richter angeordnet werden, bei Gefahr im Verzug kann eine Anordnung auch durch die Staatsanwaltschaft oder ihre Hilfsbeamten (§ 152 GVG) erfolgen. Willigt der Beschuldigte in die Durchführung der Untersuchung ein, so entfällt das Anordnungserfordernis; dies setzt allerdings in der Regel eine Belehrung des Beschuldigten über sein Weigerungsrecht sowie eine Aufklärung über Bedeutung, Gefährlichkeit und Nachwirkungen etwaiger Eingriffe voraus. Schwerwiegende Eingriffe dürfen indes auch bei existierender Einwilligung nur auf richterliche Anordnung vorgenommen werden (Eisenberg 2013, Rn. 1626).

Internistische Untersuchung

Bei der allgemeinen körperlichen Untersuchung sind üblicherweise folgende Punkte zu beachten:
- Allgemeinzustand, Ernährungszustand, Größe und Gewicht;
- Haut, Gesichtsfarbe und Schleimhäute; Narben, Tätowierungen, Piercings, Hämatome;
- Kopf und Hals, Lymphknoten, Schilddrüse;
- Inspektion, Perkussion des Thorax, Auskultation von Lunge, Herz und Halsgefäßen;
- Periphere Pulse, Blutdruck;
- Abdomen: Spontanlagerung, Form der Bauchdecken, abdomineller Behaarungstyp, Striae, Narben, Rektusdiastase, Druckschmerzhaftigkeit, Abwehrspannung, Resistenzen, Palpation von Leber und Milz, Darmgeräusche, Klopf- oder Druckdolenz des Nierenlagers;
- Wirbelsäule: Klopf- oder Druckdolenz, Lordosen, Kyphosen, Skoliosen, Beckenstand, Muskelverspannungen;
- Extremitäten: Beweglichkeit, Defekte, Muskelkontur, Druckempfindlichkeit der Muskeln oder Muskelursprünge, Veränderungen der Gelenke.

Neurologische Untersuchung

Die neurologische Untersuchung sollte einen umfassenden entsprechenden Status erheben, wobei – je nach Fragestellung – auch eine Untersuchung nur einzelner Bereiche in Betracht kommt.

Hirnnerven. N. olfactorius (N. I). N. opticus (N. II). N. oculomotorius (N. III), N. trochlearis (N. IV), N. trigeminus (N. V), N. abducens (N. VI), N. facialis (N. VII), N. vestibulocochlearis (N. VIII), N. glossopharyngeus (N. IX), N. vagus (N. X), N. accessorius (N. XI), N. hypoglossus (N. XII).

Motorik. Muskeltrophik, Tonus, Armvorhalteversuch, Beinvorhalteversuch, Feinmotorik, Kraftprüfung (◘ Tab. 1.24).

Eigenreflexe. Bizepssehnenreflex (BSR), Radiusperiostreflex (RPR), Trizepssehnenreflex (TSR), Trömner-Reflex, Knipsreflex, Adduktorenreflex, Patellarsehnenreflex (PSR), Tibialis-posterior-Reflex, Achillessehnenreflex (ASR), Rossolimo-Reflex.

Kloni. Patellarklonus, Fußklonus.

Physiologische Fremdreflexe. Glabella-Reflex, Mayer-Grundgelenkreflex, Bauchhautreflex (BHR), Kremasterreflex, Analreflex.

Pathologische Fremdreflexe. Babinski-Reflex, Chaddock-Reflex, Gordon-Reflex, Oppenheim-Reflex.

◘ **Tab. 1.24** Einteilung der groben Kraft

Kriterium	Kraftgrad
Normale Kraft	5
Bewegung gegen leichten Widerstand	4
Anheben des Gliedmaßenabschnittes gegen die Schwerkraft	3
Bewegung nur unter Aufhebung der Schwerkraft	2
Muskelkontraktion sichtbar, jedoch ohne Bewegung	1
Keine Muskelaktivität	0

Nervendehnungszeichen. Meningismus, Lasègue, umgekehrter Lasègue, Kernig, Brudzinski, Lhermitte.

Koordination. Finger-Nase-Versuch (FNV), Finger-Finger-Versuch (FFV), Knie-Hacken-Versuch (KHV), Barany-Zeigeversuch, Diadochokinese, Romberg-Versuch, Unterberger-Tretversuch, Gangprüfung, Schriftprobe.

Sensibilität. Berührungsempfindung, Schmerzempfindung, Spitz-Stumpf-Diskrimination, Graphästhesie, Temperaturempfindung, Lagesinn, Vibrationsempfindung.

1.4.3 Laborchemische Untersuchung

Da psychische Störungen Ausdruck einer zugrunde liegenden organischen Störung sein können und psychiatrische Patienten häufig an zusätzlichen somatischen Erkrankungen leiden, ist auch im Rahmen von gutachterlichen Fragestellungen eine Basislabordiagnostik und ggf. auch eine Zusatzlabordiagnostik bei Patienten mit psychischen Störungen häufig sinnvoll (Cordes u. Malevani 2002, S. 766; Schneider u. Hettmann 2012).

Allgemeine Laboruntersuchungen

Blutchemische Untersuchungen sollten – in Abhängigkeit von der gutachterlichen Fragestellung – Teil jedes Gutachtens sein, wenn entsprechende Befunde nicht bereits in den Akten vorliegen. Zur Abbildung der Funktion der einzelnen Organsysteme gehören im Besonderen Blutbild und Differenzialblutbild, Blutkörperchensenkungsgeschwindigkeit (BSG), Glutamat-Oxalazetat-Transaminase (GOT), Glutamat-Pyruvat-Transaminase (GPT), Gamma-Glutamyltransferase (GGT), alkalische Phosphatase (AP), Laktatdehydrogenase (LDH), Bilirubin, Kreatinin, Harnstoff, Gesamteiweiß, Glukose, Natrium, Kalium, Kalzium, Thyreoidea-stimulierendes Hormon (TSH), Urinstatus (◘ Tab. 1.25).

Alkoholbestimmungen

■ **Atemalkohol**

Als einfach durchzuführendes Screeningverfahren hat sich seit Jahrzehnten die Bestimmung der Atemalkoholkonzentration (AAK) bewährt. Der im Blut und somit auch in den Lungenkapillaren vorhandene Alkohol diffundiert in die Alveolarluft und kann durch verschiedene Verfahren ebenfalls in der Ausatemluft nachgewiesen werden (Schütz 1983, S. 6 ff.). Die modernen, bei entsprechender Compliance des Patienten einfach zu handhabenden Geräte zur Atemalkoholbestimmung (z. B. Alkotest der Firma Dräger) liefern recht genaue Ergebnisse. Bei forensischen Fragestellungen, insbesondere auch bei der Schuldfähigkeitsbeurteilung, ist jedoch die Methode der AAK-Bestimmung nicht sicher genug, sodass in diesen Fällen auf eine Blutalkoholbestimmung nicht verzichtet werden kann.

■ **Blutalkohol**

Der Bestimmung der Blutalkoholkonzentration (BAK) kommt somit forensisch eine besondere Bedeutung zu, wobei sie allerdings im Gesamtkontext forensischer Tätigkeiten auch nicht überschätzt werden sollte.

> **Eine Blutabnahme zur Bestimmung der Blutalkoholkonzentration (BAK) stellt einen Eingriff in die körperliche Unversehrtheit dar, dessen Zulässigkeit an den bereits erwähnten Anforderungen des § 81a Abs. 1, S. 2, Abs. 2 StPO zu messen ist.**

Danach darf kein Nachteil für die Gesundheit des Beschuldigten zu befürchten sein; die Entnahme muss von einem Arzt durchgeführt werden und – falls der Beschuldigte nicht in ihre Durchführung einwilligt – durch den Richter bzw. bei Gefahr im Verzug durch die Staatsanwaltschaft oder ihre Hilfsbeamten (§ 152 GVG) angeordnet werden (Schmelz 2002, S. 91 ff.).

Ein BAK-Wert ist zwar ein objektiver Parameter, aber keine starre und statische Größe und sollte deshalb stets individuell bewertet werden. Ein BAK-Wert von bspw. 2,0 ‰ wirkt bei einem alkoholgewöhnten und alkoholabhängigen Menschen ganz anders auf die psychischen Funktionen und damit auch auf die Urteilsfähigkeit als auf einen Menschen, der kaum Alkohol konsumiert.

◘ Tab. 1.25 Basis-Laboruntersuchungen bei psychischen Auffälligkeiten. (Cordes u. Malevani 2002, S. 768 ff.; Schneider u. Hettmann 2012, S. 69 ff.)

	Ergebnis	Mögliche somatische Ursachen (ohne Anspruch auf Vollständigkeit)	Mögliche psychiatrische Relevanz
Blutuntersuchungen			
Alkalische Phosphatase (AP)	Erhöht	Medikamentös induziert	Antikonvulsiva
		Knochentumoren, Hyperparathyreoidismus, Hyperthyreose, Akromegalie	Organische psychische Erkrankungen
		Leber-, Gallenwegserkrankungen	Alkoholerkrankung
Bilirubin (gesamt)	Erhöht	Leber-, Gallenwegserkrankungen	Alkoholerkrankung, Virushepatitiden bei Opiatabhängigkeit
		Hämolyse	Organische psychische Erkrankungen
		Medikamentös induziert	Carbamazepin
Blutkörperchensenkungsgeschwindigkeit (BSG)	Erhöht	Entzündung	Organische psychische Erkrankungen
Kalzium (gesamt)	Erniedrigt	Niereninsuffizienz, Hypoparathyreoidismus, akute Pankreatitis, osteoblastische Knochenmetastasen, M. Cushing	Organische psychische Erkrankungen
		Medikamentös induziert	Lithium, Antikonvulsiva
	Erhöht	Hyperthyreose, Hyperparathyreodismus, M. Addison, Sarkoidose, Akromegalie, Knochenmetastasen	Organische psychische Erkrankungen
Erythrozyten, Hämoglobin	Erniedrigt	Anämie	Alkoholerkrankung
		Anämie, medikamentös induzierte Panzytopenie	Carbamazepin
	Erhöht	Erbrechen, Diarrhö	Opiatentzug
Gamma-Glutamyl-Transferase (GGT)	Erhöht	Leber-, Gallenwegserkrankungen	Alkoholerkrankung
		Herzinfarkt	Angststörung
		Medikamentös induziert	Antipsychotika, malignes neuroleptisches Syndrom, Antidepressiva, Antikonvulsiva
Glukose (nüchtern)	Erniedrigt/ Erhöht	Diabetes mellitus (oder dessen Therapie)	Organische depressive Störung, organische Angststörung (bei Hypoglykämie)
	Erniedrigt	Insulinom	Organische psychische Erkrankungen
		Faktitielle Hypoglykämie (Insulin, Sulfonylharnstoffe)	Münchhausen-Syndrom
▼		Hypophyseninsuffizienz, Nebenniereninsuffizienz	Organische psychische Erkrankungen

Tab. 1.25 *Fortsetzung*

	Ergebnis	Mögliche somatische Ursachen (ohne Anspruch auf Vollständigkeit)	Mögliche psychiatrische Relevanz
GOT, GPT	Erniedrigt	Vitamin-B_6-Mangel	Anorexia nervosa, Alkoholerkrankung
	Erhöht	Lebererkrankungen	Alkoholerkrankung
		Medikamentös induziert	Antipsychotika, malignes neuroleptisches Syndrom, Antidepressiva, Antikonvulsiva
		Herzerkrankungen (GOT erhöht)	Angststörung
Harnsäure	Erhöht	Gicht, maligne Neoplasien, Hungerzustände	Alkoholerkrankung, Essstörung
Harnstoff	Erhöht	Häufiges Erbrechen, Katabolie	Anorexia nervosa
		Eiweißreiche Kost	Bulimia nervosa
		Exsikkose	Depression, Demenz, Vergiftungswahn
		Sepsis	Delir
		Maligne Neoplasien	Organische psychische Erkrankungen
Kalium	Erniedrigt	Erbrechen, Diarrhö	Essstörungen, Opiatentzug
		Herzinfarkt, Asthma	Angststörung
		Verminderte intestinale Kaliumaufnahme	Anorexia nervosa, Alkoholerkrankung
		Medikamentös induziert	Laxanzien, Diuretika- und Steroidmissbrauch
	Erhöht	Muskeltraumata, Digitalisintoxikation, Rhabdomyolyse	Suizidversuch, Intoxikationen
		Niereninsuffizienz, Addisonkrise, Tumorzelllyse, systemischer Lupus erythematodes	Organische psychische Erkrankungen
Kreatinin	Erhöht	Chronische Niereninsuffizienz, akutes Nierenversagen	Rhabdomyolyse nach Suizidversuch
		Medikamentös induziert	Analgetikamissbrauch, malignes neuroleptisches Syndrom
Laktatdehydrogenase (LDH)	Erhöht	Lebererkrankungen	Alkoholerkrankung
		Vitamin-B_{12}-, Folsäuremangel	Alkoholerkrankung, Anorexia nervosa
		Herzinfarkt	Angststörung
		Epilepsie, Hämolyse	Organische psychische Erkrankungen
▼		Medikamentös induziert	Malignes neuroleptisches Syndrom

◘ Tab. 1.25 *Fortsetzung*

	Ergebnis	Mögliche somatische Ursachen (ohne Anspruch auf Vollständigkeit)	Mögliche psychiatrische Relevanz
Leukozyten, Granulozyten	Erniedrigt	Medikamentös induziert	Trizyklische Antidepressiva, Phenothiazine, Clozapin, Carbamazepin
		Lebererkrankungen, megaloblastäre Anämie	Alkoholerkrankung
	Erhöht	Infektionen, Leukämie, metabolische Erkrankungen, maligne Neoplasien	Organische psychische Erkrankungen
		Blutverlust, Intoxikationen, Entzug	Suizidversuch, Opiatentzug
		Medikamentös induziert	Malignes neuroleptisches Syndrom, Lithium
Lipide (Cholesterin, Triglyzeride)	Erhöht	Diabetes mellitus	Organische depressive Störung, organische Angststörung (bei Hypoglykämie)
		Hypothyreose	Organische depressive Störung, Psychosen, Demenz, Anorexia nervosa, Lithium
Mittleres korpuskuläres Erythrozytenvolumen (MCV)	Erhöht	Lebererkrankungen	Alkoholerkrankung
		Vitamin-B_{12}-, Folsäuremangel	Alkoholerkrankung, Anorexia nervosa
Natrium	Erniedrigt	Erbrechen, Diarrhö	Opiatentzug, Essstörungen
		Polydipsie	Alkoholerkrankung, Psychosen
		Medikamentös induziert	Antidepressiva, Antipsychotika, Carbamazepin, Morphine, Diuretikamissbrauch bei Essstörungen, chronischer Steroidmissbrauch
Partielle Thromboplastinzeit (PTT)	Erniedrigt	Entzündungen	Organische psychische Erkrankungen
	Erhöht	Lebererkrankungen, Vitamin-K-Mangel	Alkoholerkrankung
		Autoimmunerkrankungen, Blutverlust, Hämophilie, maligne Neoplasien	Organische psychische Erkrankungen
		Medikamentös induziert (Heparin, Cumarine)	Trizyklische Antidepressiva, selektive Serotoninwiederaufnahmehemmer sowie Antipsychotika können die Wirkung von Antikoagulanzien verstärken
Protein (Serum)	Erniedrigt	Hungerzustände, Katabolie	Anorexia nervosa, Depression, Vergiftungswahn
▼		Polydipsie	Alkoholerkrankung, Psychosen

□ Tab. 1.25 *Fortsetzung*

	Ergebnis	Mögliche somatische Ursachen (ohne Anspruch auf Vollständigkeit)	Mögliche psychiatrische Relevanz
Quick-Test (TPZ), INR	Quick erniedrigt bzw. INR erhöht	Lebererkrankungen, Vitamin-K-Mangel	Alkoholerkrankung
		Medikamentös induziert (z. B. Cumarine, Salicylate, Paracetamol)	Trizyklische Antidepressiva, selektive Serotoninwiederaufnahmehemmer sowie Antipsychotika können die Wirkung von Antikoagulanzien verstärken
Thrombozyten	Erniedrigt	Kollagenosen, Sarkoidose, Leukämie, maligne Lymphome	Organische psychische Erkrankungen
		Medikamentös induziert	Carbamazepin, Analgetikamissbrauch
TSH (wenn pathologisch: fT3 und fT4 bestimmen)	Erniedrigt	Hyperthyreose	Organische affektive Störungen, organische Angststörung, Schlafstörungen, schizophreniform imponierende Psychosen
	Erhöht	Hypothyreose	Organische depressive Störung, Psychosen, Demenz, Anorexia nervosa, Lithium
Urinuntersuchungen			
Cortisol (24-h-Urin)	Erhöht	Cushing-Syndrom	Organische psychische Erkrankung, depressive Störung
Erythrozyten	Positiv	Nephropathien	Analgetikamissbrauch
		Nephritiden, Harnwegsinfekte, maligne Neoplasien	Organische psychische Erkrankung
		Blutungsneigung bei Thrombozytopenie	Carbamazepin
Glukose	Positiv	Diabetes mellitus	Organische depressive Störung, organische Angststörung (bei Hypoglykämie)
Keton	Positiv	Diabetes mellitus	Organische depressive Störung, organische Angststörung (bei Hypoglykämie)
		Hungerzustände, Erbrechen	Anorexia nervosa, Vergiftungswahn
Leukozyten	Positiv	Pyelonephritiden, Harnwegsinfekte	Organische psychische Erkrankungen
pH	Sauer	Hungerzustände	Anorexia nervosa, Vergiftungswahn
		Fieber	Malignes neuroleptisches Syndrom
▼	Alkalisch	Harnwegsinfekte	Organische psychische Erkrankungen

◻ Tab. 1.25 *Fortsetzung*

	Ergebnis	Mögliche somatische Ursachen (ohne Anspruch auf Vollständigkeit)	Mögliche psychiatrische Relevanz
Protein	Positiv	Infekte, maligne Neoplasien	Organische psychische Erkrankungen
		Nephropathien	Analgetikamissbrauch
		Intoxikationen, Rhabdomyolyse	Suizidversuch, Intoxikation (Medikamente, Alkohol, Drogen)
Urobilinogen	Positiv	Hämolyse	Intoxikationen, Suizidversuch, organische psychische Erkrankungen
		Lebererkrankungen	Alkoholerkrankung

Alkohol wird über den Magen-Darm-Trakt in die Blutbahn aufgenommen und in den Körperflüssigkeiten nahezu gleichmäßig verteilt, wobei die Resorption durch unterschiedlichste Faktoren, wie z. B. durch den Mageninhalt, durch die Art des Getränks, durch die Beweglichkeit des Magens (Magenperistaltik) sowie durch bestimmte eingenommene Medikamente und zusätzliche Nikotinaufnahme, beeinflusst werden kann. Die Elimination des Alkohols erfolgt zum überwiegenden Teil durch verschiedene in der Leber vorhandene Enzymsysteme (z. B. die Alkoholdehydrogenase, ADH, und das mikrosomale äthanoloxidierende System, MEOS). Die Abbaurate beträgt durchschnittlich 0,15 ‰/h bei einer Variation von 0,10–0,20 ‰/h.

Die Berechnung und Erstellung einer Blutalkoholkurve und die individuelle Bewertung eines Blutalkoholwertes bezüglich der Auswirkung auf eine Straftat ist eine komplexe Aufgabe und konfrontiert den Gutachter mit einer Vielzahl von Problemen (Haffner u. Blank 2002, S. 69 ff.; Foerster u. Leonhard 2002, S. 55 ff.; Forster u. Joachim 1997, S. 39 ff.; Rissing-van Saan 2002, S. 103 ff.).

> **Tipp**
>
> Ein spezifischer Marker, der sich für Fragestellungen eignet, bei denen Alkoholkonsum Stunden bis wenige Tage vorangegangen war, jedoch auf der Basis der Blutalkoholbestimmung nicht mehr erfassbar ist, ist Ethylglukuronid
>
> ▼

(EtG). Ethylglukuronid ist ein Phase-II-Metabolit des Alkohols, wird durch hepatische Glukuronidierung gebildet und über die Nieren ausgeschieden. Die Halbwertszeit im Serum beträgt ungefähr 2–3 h, die Nachweisbarkeit im Urin liegt bei 3,5+/-1,5 Tagen.

▪ CDT-Untersuchung

Die Objektivierung eines chronischen Alkoholkonsums ist gerade im Bereich der forensischen Psychiatrie relevant. Hierzu dient neben der GGT- und MCV-Bestimmung (mittleres korpuskuläres Volumen der Erythrozyten) seit einigen Jahren auch die Bestimmung des carbohydratdefizienten Transferrins (CDT) (Habel u. Schneider 2002, S. 36 f.; Blanke 2000, S. 21 ff.; Wetterling u. Kanitz 1997; S. 337 ff.).

Eine erhöhte GGT kann bei starkem Alkoholkonsum nach mehreren Monaten festgestellt werden, jedoch fallen bei Abstinenz erhöhte Werte schon nach Tagen bis Wochen wieder ab. Auch das MCV steigt erst nach einem längeren erhöhten Alkoholkonsum an, ist aber aufgrund der 3-monatigen Lebensdauer der Erythrozyten auch in abstinenten Phasen bis zu diesem Zeitpunkt noch relativ stabil nachzuweisen. Die GGT hat zwar eine gewisse Sensitivität, aber die Spezifität ist gering. Die Sensitivität und Spezifität des MCV liegt dagegen etwas höher, aber insgesamt sind beide Laborparameter keine sehr zuverlässigen Marker für chronischen Alkoholkonsum.

Das CDT steigt bei einem mindestens 2- bis 3-wöchigen täglichen Konsum von mehr als 60 g Alkohol (z. B. 350 ml Wein oder 1,5 l Bier) auf Werte über 20 µg/ml (Männer) bzw. über 26 µg/ml (Frauen) an, wobei es bezüglich dieser Referenzbereiche allerdings noch keinen abschließenden Konsens gibt. Bei forensischen Fragestellungen wurde für Männer ein Grenzwert von 30 µg/ml vorgeschlagen (Iffland et al. 1994, S. 273 ff.).

Das CDT hat bezüglich eines chronischen Alkoholkonsums gegenüber der GGT- und MCV-Bestimmung zwar eine zuverlässigere Sensitivität (50–90 %) und vor allen Dingen eine bessere Spezifität (80–100 %), aber auch hier sind falsch-positive Befunde möglich, sodass ein erhöhtes CDT forensisch letztendlich kein Beweis für einen erhöhten Alkoholkonsum ist. Es finden sich z. B. erhöhte CDT-Werte bei genetisch determinierter Variante des Transferrins, bei biliärer Zirrhose, bei Autoimmunhepatitis, fortgeschrittener Leberinsuffizienz, bei schweren Lungen-, Pankreas- und Herzerkrankungen oder dem seltenen Krankheitsbild der Glukanose. Bei Schwangerschaft, deutlichem Eisenmangel, niedrigen Ferritinwerten oder malignen Erkrankungen ergeben sich gleichfalls erhöhte CDT-Werte. Es gibt auch einige seltene neuropsychiatrische Syndrome mit rezessiv vererbten Stoffwechselstörungen des Glykoproteinmetabolismus, bei denen erhöhte CDT-Werte gefunden werden (Wetterling u. Kanitz 1997, S. 340).

Ein jahrelanger Alkoholkonsum von unter 60 g pro Tag wird beispielsweise durch eine CDT-Bestimmung nicht entdeckt. Ein erhöhter CDT-Wert normalisiert sich bei Abstinenz innerhalb von 2–3 Wochen wieder, bei Männern jedoch langsamer als bei Frauen (Hornig u. Gottschaldt 1996, S. 179). Ebenso ist die Sensitivität des CDT-Wertes als »Alkoholmarker« bei Frauen geringer, sodass eine CDT-Bestimmung bei Frauen weniger aussagekräftig ist (Wetterling u. Kanitz 1997, S. 343). Auch lässt sich aufgrund eines erhöhten CDT-Wertes nicht zwischen Alkoholmissbrauch und Alkoholabhängigkeit unterscheiden.

Drogenscreening

Angesichts des weit verbreiteten Drogenkonsums sind Drogenscreenings auch im Rahmen von forensisch-psychiatrischen Untersuchungen häufig

◻ **Tab. 1.26** Zeitraum der Nachweisbarkeit relevanter Substanzgruppen beim Drogenscreening im Urin

Amphetamine	Etwa 2–3 Tage
Barbiturate	Etwa 2 h bis 7–21 Tage (je nach Präparat u. Halbwertszeit)
Benzodiazepine	Bis zu einer Woche (bei Leberinsuffizienz bis zu 2 Wochen) (abhängig von Präparat, Metaboliten und Halbwertszeit)
Cannabis	Tage, teilweise bis Wochen (je nach Konsumart)
Kokain	Etwa bis zu 3 Tage
Methadon	Etwa bis zu 5 Tage
Opiate (z. B. Codein, Morphin)	Etwa 2–3 Tage

erforderlich. Durch den Drogenkonsum kann es zu einer Reihe von psychischen Störungen kommen, bzw. es können viele psychische Störungen zusammen mit Drogenkonsum als sog. komorbide Störungen auftreten.

Aufgrund der einfachen Gewinnung und der verhältnismäßig langen Nachweisbarkeit (◻ Tab. 1.26) wird im klinischen Alltag eine Drogentestung im Urin durchgeführt. Da diese Urinproben häufig durch unterschiedlichste Verfahren manipuliert werden, ist eine Urinabgabe nur unter direkter Sichtkontrolle aussagekräftig.

Weiterhin ist auf Farbe, Geruch, spezifisches Gewicht, Temperatur und ggf. auf den Kreatininwert der Urinprobe zu achten, wodurch mögliche Manipulationen u. U. noch erkannt werden können.

Im Rahmen bestimmter forensischer Fragestellungen (z. B. Straftaten unter Drogeneinfluss, Beschaffungskriminalität, Drogenkonsum im Gefängnis) sind die üblichen immunologischen Schnelltests und Immunoessayverfahren häufig nicht beweiskräftig genug, sodass hier spezifischere, aufwendigere chromatographische Drogenbestimmungsverfahren durchgeführt werden müssen, z. B. Hochdruckflüssigkeitschromatographie (HPLC), Gaschromatographie (GC) oder Dünnschichtchromatographie (DC) (Leibfahrt 2003, S. 24 ff.; Banger 2000, S. 9 ff.). Doch auch mit diesen Verfahren lässt sich nur ein aktueller Drogenkonsum nachweisen, ein »Längsschnittnachweis« von Drogen über einen längeren Zeitraum ist durch Urin- und auch durch Blutuntersuchungen nicht zu führen.

Ein Verfahren zum Langzeitnachweis von Drogen über Wochen oder Monate ist jedoch die Haarfollikelanalyse, da die meisten Drogen über den Blutkreislauf in die Haarfollikel gelangen und dort gespeichert werden. Verschiedene Drogen lassen sich aber auch in einer normalen Haarprobe nachweisen, und teilweise kann durch eine abschnittsweise Untersuchung der Haare der Verlauf des Drogenkonsums dargestellt werden.

> Auch für die zwangsweise Entnahme einer Haarprobe gilt im Übrigen das Anordnungserfordernis des § 81a Abs. 2 StPO (Wagner u. Möller 1995, S. B2172).

Liquorpunktion

Insbesondere bei Verdacht auf organische psychische Erkrankungen und differenzialdiagnostisch unklare Psychosen ist eine Liquoruntersuchung indiziert. Bei klinischem Verdacht auf eine eventuelle intrakranielle Hirndrucksteigerung ist vor einer Liquorpunktion eine Computertomographie des Schädels (CCT) notwendig.

Eventuell kann auch der lumbale Liquordruck bestimmt werden. Diese Bestimmung erfolgt während der Lumbalpunktion mittels eines Steigrohres und wird in Millimeter Wassersäule gemessen, wobei Werte zwischen 100 und 250 mmH$_2$O (in Abhängigkeit vom Body-Mass-Index) in liegender Position als normal gelten.

Die Farbe und Klarheit des Liquors sind zu beachten. Dann werden die Zellzahl sowie die möglichen Liquorleukozyten, die Pandy-Reaktion, der Eiweißgehalt, der Liquor-Serum-Quotient für Albumin als Hinweis auf eine Blut-Hirn-Schranken-Störung, die oligoklonalen Banden, der Immunglobulin-Liquor-Serumquotient als Hinweis auf eine mögliche intrathekale Immunglobulinsynthese sowie der Glukosegehalt und der Laktatwert (beide zusätzlich auch im Serum) bestimmt.

Weiterhin sind auch mikrobiologische und zytologische Untersuchungen wichtig. Daneben können bei speziellen Fragestellungen auch bestimmte ergänzende virologische Untersuchungen und zusätzliche Marker wie z. B. Angiotensin-Converting-Enzyme (ACE) oder Tumormarker im Liquor bestimmt werden.

> Bei der Liquorpunktion handelt es sich aufgrund der mit ihr verbundenen psychischen und physischen Belastungen (z. B. gelegentlich Störungen des Allgemeinbefindens von kürzerer oder längerer Dauer, Übelkeit oder Kopfschmerzen) um einen schwerwiegenden Eingriff in die in Art. 2 Abs. 2 GG verbürgte körperliche Unversehrtheit. Im Rahmen eines Strafverfahrens ist ein entsprechender Eingriff nach herrschender Auffassung zwar gem. § 81a Abs. 1 S. 2 StPO auch ohne Einwilligung des Beschuldigten zulässig, jedoch allenfalls bei schweren mutmaßlichen Straftaten und dringendem Tatverdacht (BVerfGE 16, S. 195, 198 ff.). Stehen andere, weniger beeinträchtigende Untersuchungsmethoden zur Klärung der Beweisfrage zur Verfügung, so sind diese vorrangig anzuwenden (OLG Hamm NJW 1971, S. 1904).

1.4.4 Apparative Untersuchung

Elektroenzephalographie

Die Ableitung eines Elektroenzephalogramms (EEG) ist bei Patienten mit psychischen Störungen bei Epilepsieverdacht notwendig, kann aber auch als unspezifische Screeningmethode für hirnorganische Störungen sinnvoll sein. Ein pathologisches EEG zeigt entweder sog. epilepsietypische Potenziale (z. B. Spikes, Sharp Waves, Spike-Wave-Komplexe), Zeichen einer Allgemeinveränderung (z. B. Grundrhythmusverlangsamung oder Veränderung der Rhythmizität) oder eine lokal begrenzte Verlangsamung, die man dann als Herdbefund bezeichnet.

Kraniale Computertomographie

Die Möglichkeiten der Computertomographie haben die hirnstrukturelle Diagnostik seit den

70er Jahren revolutioniert. Da wenigstens 2–10 % der psychiatrischen Patienten hirnstrukturelle Veränderungen aufweisen, ist eine zerebrale Bildgebung häufig notwendig. Demnach ergeben sich Indikationen für ein strukturell bildgebendes Verfahren bei unklaren Verwirrtheitszuständen und Demenzen, bei Erstmanifestation einer psychotischen Episode bzw. einer affektiven Störung oder Persönlichkeitsveränderung unklarer Genese, bei unklaren psychischen Störungen nach dem 50. Lebensjahr, bei chronischer Einnahme von psychotropen Substanzen, bei unklaren Katatonien, bei Anorexia nervosa sowie bei fokalneurologischen Symptomen und Auffälligkeiten im EEG. Aufgrund der jahrzehntelangen Anwendung, der relativ niedrigen Kosten und der raschen Verfügbarkeit ist die kraniale Computertomographie (CCT) trotz der damit verbundenen Strahlenbelastung ein sinnvolles Screeninginstrument in der Psychiatrie.

Kraniale Magnetresonanztomographie

In den letzten Jahren hat die Magnetresonanztomographie (MRT) die CCT schrittweise verdrängt und gilt zunehmend als das bildgebende Mittel der Wahl bei psychiatrischen Patienten. Gegenüber einer CCT-Untersuchung bietet die MRT-Darstellung kranialer Strukturen eine deutlich bessere Auflösung (Signal-Rausch-Verhältnis) sowie eine artefaktfreiere Darstellung und hat zudem noch den Vorteil einer fehlenden Strahlenbelastung. Nachteilig sind die etwas höheren Kosten sowie Probleme mit ferromagnetischen Implantaten (z. B. Herzschrittmacher, Aneurysmaclips oder Metallplatten) und mögliche Panikprobleme ausgesprochen ängstlicher Patienten aufgrund der verhältnismäßig engen Abmessungen und des durch das angelegte Magnetfeld hohen Lautstärkepegels der MRT-Geräte.

Aufwendige und kostenintensivere bildgebende Verfahren wie die funktionelle Magnetresonanztomographie (fMRT; Schneider u. Fink 2013), die Magnetresonanzspektroskopie (MRS), die Single-Photon-Emissions-Computertomographie (SPECT) und die Positronenemissionstomographie (PET) sind für forensische Fragestellungen in der Regel nicht zielführend und werden zurzeit noch überwiegend im Rahmen von wissenschaftlichen Fragestellungen angewandt. Allerdings können diese Methoden im Einzelfall auch im gutachterlichen Bereich indiziert sein.

1.5 Testpsychologische Untersuchung

Testpsychologische Untersuchungen nehmen in der forensischen Begutachtung einen weiten Raum ein. Aufgrund ihrer psychometrischen Eigenschaften erlauben sie es, relevante individuelle Messwerte aus dem Leistungs- und Persönlichkeitsbereich objektiv zu erfassen. Definitionsgemäß handelt es sich bei psychologischen Tests um aufwendig konstruierte wissenschaftliche Routineverfahren zur Untersuchung eines oder mehrerer empirisch abgrenzbarer Persönlichkeitsmerkmale mit dem Ziel einer möglichst quantitativen Aussage über den relativen Grad von Merkmalsausprägungen (Lienert u. Raatz 1998).

Ihre Konstruktion orientiert sich an den Gütekriterien **Validität, Reliabilität und Objektivität**. Das bedeutet, dass ein neu entwickelter Test daraufhin evaluiert wird, wie gut er das Merkmal, das er zu messen vorgibt, erfasst (Validität) und wie genau und zuverlässig er es im Folgenden misst (Reliabilität). Die Objektivität wird dadurch garantiert, dass die Testvorgabe und Auswertung standardisiert erfolgen und damit die Unabhängigkeit der Ergebnisse vom Untersucher gesichert wird. Erst bei ausreichender Objektivität, Validität und Reliabilität eines Tests kann man davon ausgehen, dass die Testwerte das interessierende Merkmal auch quantitativ und qualitativ repräsentieren.

Man unterscheidet im Wesentlichen zwischen Leistungstests, psychometrischen Persönlichkeitstests und sog. Persönlichkeitsentfaltungsverfahren. Zu den Leistungstests gehören Intelligenztests, allgemeine Leistungstests, spezielle Funktionsprüfungs- und Eignungstests, Entwicklungstests und Schultests, wobei die beiden Letzten im Falle forensischer Gutachtenerstellung keine Rolle spielen. Zu den psychometrischen Persönlichkeitsverfahren zählen Persönlichkeitsstrukturtests, klinische Verfahren, Einstellungs- und Interessentests. Die Persönlichkeitsentfaltungsverfahren beinhalten Formdeuteverfahren, verbal-thematische Verfahren, zeichnerische und Gestaltungsverfahren (Brähler et al. 2002). Die Verwendung dieser letzten Gruppe von Tests im Kontext der Gutachtenerstellung kann jedoch aufgrund der mangelnden Durchführungs-, Auswertungs- und Interpretationsobjektivität und der damit fehlenden psychometrischen Eigenschaften nicht befürwortet werden.

Eine testpsychologische Untersuchung im Rahmen forensisch-psychiatrischer Gutachten erfolgt meist nach Anforderung einer testpsychologischen Zusatzbegutachtung durch den Auftraggeber, was wiederum meist durch den primär beauftragten Psychiater aufgrund klinischer Verdachtsmomente oder auffälliger Defizite des Probanden angeregt wird. Die testpsychologische Untersuchung dient dann je nach Fragestellung der Objektivierung, Quantifizierung oder dem abgesicherten Ausschluss solcher Auffälligkeiten.

Die Durchführung, Auswertung und besonders die Interpretation der Tests und ihrer Ergebnisse sollte von entsprechend ausgebildeten Personen, wie insbesondere Psychologen (Master, Diplom) und Fachärzten für Psychiatrie und Psychotherapie, durchgeführt werden, die über die Erfahrung und das notwendige theoretische Hintergrundwissen verfügen. Dies wird nicht immer berücksichtigt und birgt dann die Gefahr falscher Anwendungen und Interpretationen. Relevantes Wissen über die psychologischen und psychometrischen Grundlagen sowie fundamentale Kenntnisse in psychologischer Diagnostik, Routine in der Anwendung der fraglichen Tests und erworbenes Wissen über die Tätigkeit des Gutachters sind jedoch notwendig, um Fehler in der Aussage zu minimieren (Westhoff u. Kluck 2014).

1.5.1 Einsatzbereiche und Fragestellungen

Das forensische Anwendungsgebiet für psychologische Tests ist sehr umfangreich und vielfältig. Es beinhaltet den Bereich der Strafgesetzgebung (Schuldfähigkeit, Maßregeln, Prognosebeurteilung, Verhandlungs- und Vernehmungsfähigkeit, Eidesfähigkeit, Haftfähigkeit, Glaubwürdigkeit u. a.), der Jugendgerichtsbarkeit (Reifebeurteilung, Schuldfähigkeit, Prognosebeurteilung, Empfehlung von Maßnahmen u. a.) und des bürgerlichen Rechts (Geschäfts- und Testierfähigkeit, Prozessfähigkeit, Fahrtauglichkeit, Sorgerecht, Versorgungs- und Entschädigungsrecht, Arbeitsfähigkeit u. a.).

Aus den Fragen, die im Gutachtenauftrag in der Regel im Hinblick auf die rechtliche Fragestellung formuliert sind, hat der beauftragte Psychologe im ersten Schritt testbare Hypothesen abzuleiten. Zur Hypothesenprüfung wählt er dann die geeigneten Testverfahren aus, mit deren Hilfe es ihm möglich wird, die Fragestellung zu beantworten. Die Auswahl ist auch an den Gegebenheiten und den Möglichkeiten des Probanden orientiert. So können Papier- und Bleistiftverfahren und motorische Prüfungen bei manchen körperbehinderten Probanden nicht durchgeführt werden, computerisierte Verfahren meist dann nicht, wenn es sich um ältere Probanden ohne Computererfahrung handelt oder wenn man die Probanden in Justizvollzugsanstalten untersucht.

Sinnvollerweise sollten die ausgewählten und verwendeten Verfahren immer mit einer kurzen Testbeschreibung im Gutachten genannt werden, um die Ergebnisse und Interpretationen für andere Gutachter oder Experten sowie alle weiteren Beteiligten transparent und nachvollziehbar zu machen.

Zur Anwendung testpsychologischer Verfahren anbei 3 Fallbeispiele:

Beispiel

▪ **Fall 1.3**

Der 36-jährige Karl W. wurde wegen Körperverletzung an seiner Exfreundin angeklagt. Er habe sie in ihrer Wohnung aufgesucht und ihr mit schweren Schuhen zwischen die Beine getreten. Herr W. hat das Fachabitur und eine Lehre zum Flugzeugmechaniker absolviert, er hat allerdings nie in diesem Beruf gearbeitet, er hat ein sehr unstetes Leben mit vielen Orts- und Berufswechseln geführt und hat viele Beziehungen hinter sich. Mit 16 Jahren war er bereits zu einem 3-wöchigen Arrest verurteilt worden. Ferner wurde bei ihm eine schwere Schilddrüsenerkrankung festgestellt.

Aus einem vorausgehenden psychiatrischen Gutachten lagen bereits testpsychologische Befunde vor. Es ist ein Intelligenzquotient von 112–115 geschätzt worden. Zur Beantwortung der Frage der Schuldfähigkeit (§ 20 bzw. 21 StGB) sollte nun eine weitere testpsychologische Untersuchung erfolgen. Sie beinhaltete eine wiederholte Intelligenztestung (Frage der Stabilität und Vergleichbarkeit zum Vorgutachten) und eine Untersuchung der allgemeinen Leistungsfähigkeit sowie die Abklärung einer zerebralen Insuffizienz aufgrund eines medizinischen Faktors. Zudem sollte auch die Persönlichkeit untersucht werden, da der Verdacht einer Persönlichkeitsstörung oder -veränderung nahe lag.

Beispiel
- **Fall 1.4**

Ahmed F., ein in Deutschland aufgewachsener, aus der Türkei stammender 21-jähriger Mann, wurde der gefährlichen Körperverletzung beschuldigt. Man warf ihm vor, einen Mann auf die Gleise der S-Bahn gestoßen zu haben, sodass dieser gefährlich verletzt wurde. Bei Herrn F. lag eine sekundäre Intelligenzminderung als Zustand nach Operation eines Astrozytoms mit hypothalamischer und einseitig thalamischer Läsion vor. Er hatte die Sonderschule besucht.

Im Rahmen der Schuldfähigkeitsbeurteilung und zur Frage seiner Gefährlichkeit war seine intellektuelle Leistungsfähigkeit zu beurteilen. Die Frage lautete also, ob er infolge Intelligenzmangels bei Begehung der Tat unfähig (§ 20 StGB) oder erheblich eingeschränkt war (§ 21 StGB), das Unrecht der Tat einzusehen bzw. nach Einsicht zu handeln (Fortsetzung ► Abschn. 1.5.2).

Beispiel
- **Fall 1.5**

Bei Ali K., einem 46-jährigen türkischen Arbeiter, der seit 19 Jahren in Deutschland lebte und die deutsche Staatsbürgerschaft hatte, sollte festgestellt werden, ob seine zahlreichen beklagten psychosomatischen Beschwerden und depressiven Symptome sowie die dadurch bedingte Arbeitsunfähigkeit durch eine fehlerhaft durchgeführte Operation am Ellenbogen verursacht worden waren.

Eine ausführliche Leistungsdiagnostik war indiziert. Obwohl seine sprachlichen Verständigungsmöglichkeiten gut waren, wurde neben einer sprachgebundenen auch eine sog. sprachfreie Intelligenztestung durchgeführt. Auch die Frage nach einem möglichen hirnorganischen Leistungsabbau oder einem infolge depressiver Erkrankung möglichen »pseudodemenziellen« Syndrom musste verfolgt werden (Fortsetzung ► Abschn. 1.5.2).

Die erhaltenen Testergebnisse werden durch den klinischen Eindruck, die Verhaltensbeobachtung während der psychologischen Untersuchung sowie durch Ergebnisse einer möglichen Exploration ergänzt und in ein schlüssiges Gesamtbild integriert. Der psychologische Gutachter wird sich selten auf die bloße Berichterstattung testpsychologischer Ergebnisse beschränken. Gerade bei der Durchführung von Leistungstests ist die Verhaltensbeobachtung wesentlich, um bspw. Widersprüche und Kontraste innerhalb der Gesamtleistung aufzuklären, Aussagen über die Leistungseinstellung wie z. B. über Leistungsmotivation und Anstrengung zu gewinnen, Simulations- und Verfälschungstendenzen aufzudecken und nicht zuletzt, um Beziehungen zu Alltagsleistungen (Schule, Beruf, Ausbildung) herstellen zu können. Dies verdeutlicht wiederum, warum die testpsychologische Untersuchung im Falle der forensischen Begutachtung ausschließlich von fachlich qualifizierten Psychologen (Master, Diplom) mit entsprechender diagnostischer und klinischer Erfahrung durchgeführt werden sollte.

1.5.2 Leistungstests

Aus den oben genannten Untergruppen bilden vor allem die Intelligenztests, die allgemeinen Leistungstests und die speziellen Funktionsprüfungs- und Eignungstests für die Begutachtung relevante Testkategorien.

Die leistungsdiagnostischen Tests zielen zum großen Teil auf eine globale Abschätzung der intellektuellen Leistungsfähigkeit im Sinne allgemeiner Intelligenz ab. Teilweise wurden sie entwickelt, um relativ spezielle intellektuelle Teilfunktionen wie Aufmerksamkeit, Konzentration und Gedächtnis, Eignungen für bestimmte Tätigkeiten oder klinisch bedeutsame Leistungsdefizite zu messen. Im Sinne neuropsychologischer Diagnostik hat man Verfahren entwickelt, die das Profil sehr spezifischer intellektueller Teilfunktionen so erfassen, dass Aussagen über den Funktionszustand lokalisierter Hirnareale möglich sind. Die in tabellarischer Form gegebenen Darstellungen können nur einen Teil der verfügbaren Tests wiedergeben. Eine ausführliche Darstellung verfügbarer Testverfahren findet sich bei Brähler et al. (2002).

Intelligenzmessung

Die Abschätzung der intellektuellen Leistungsfähigkeit stellt einen wesentlichen Teil der testpsychologischen Begutachtung dar. Sie ist bei den meisten Fragestellungen relevant, so bei der Beurteilung der Schuldfähigkeit aufgrund von Intelligenzdefiziten (in der juristischen Terminologie hat der inzwischen obsolete Begriff des Schwachsinns überdauert), der Arbeitsfähigkeit, der Reifebeurteilung, der Testier- und Geschäftsfähigkeit oder der Betreuungsbedürftigkeit im höheren Lebensalter.

Da es keine einheitliche Definition des Konstruktes »Intelligenz« gibt, wurden in Abhängigkeit vom theoretischen Intelligenzkonzept und den historischen Entwicklungen z. T. sehr unterschiedliche Intelligenztests konzipiert (◘ Tab. 1.27). Der SPM (Standard Progressive Matrices) beruht bspw. auf dem 2-Faktoren-Modell der Intelligenz von Spearman (1904), das davon ausgeht, dass sich Intelligenz aus 2 Faktoren zusammensetzt: einem allgemeinen g-Faktor (general intelligence), der in allen Intelligenzleistungen zum Ausdruck kommt, und mehreren s-Faktoren (specific intelligence), die die Besonderheit spezieller Leistungen repräsentieren. Nach Wechsler (1956) lässt sich die allgemeine Intelligenz in eine verbale und eine Handlungskomponente unterteilen, die sich wiederum jeweils aus ganz spezifischen Teilleistungen zusammensetzen. Dementsprechend hatte Wechsler einen Intelligenztest entwickelt, der seit 2013 in einer überarbeiteten deutschen und auf deutschen Normwerten basierenden Fassung des ursprünglich englischsprachigen Intelligenztests vorliegt. Diese WAIS-IV (Wechsler Adult Intelligence Scale) ist im Vergleich zum vorausgehenden Verfahren, dem WIE (Wechsler Intelligenztest für Erwachsene), beträchtlich verändert worden. Neue Untertests (z. B. Formenwaage, visuelle Puzzle) ermöglichen es, Teilaspekte der Intelligenz zu messen, die aufgrund aktueller Forschungsergebnisse als wesentlich erachtet werden. Dazu wurde auch die Aufteilung in einen Verbal- und einen Handlungsteil aufgegeben. Es können ein Gesamt-IQ

◘ **Tab. 1.27** Auswahl gebräuchlicher Verfahren zur Intelligenzmessung

WAIS-IV: Wechsler Adult Intelligence Scale (Petermann 2012)	Deutlich modifizierte Nachfolgeversion des Wechsler Intelligenztests für Erwachsene (WIE; von Aster et al. 2006) Neben einem Gesamt-IQ lassen sich 4 Indexwerten zu den Bereichen Sprachverständnis, wahrnehmungsgebundenes logisches Denken, Arbeitsgedächtnis und Verarbeitungsgeschwindigkeit ermitteln
I-S-T-2000 R: Intelligenzstrukturtest (Liepmann et al. 2007)	Beruht auf einem hierarchischen Intelligenzstrukturmodell. Es werden mit den 11 Untertests die Allgemeinintelligenz als Gesamtwert und multiple Faktoren der Intelligenz erfasst: verbale, figural-räumliche, rechnerische Fähigkeiten, Merkfähigkeit, fluide und kristalline Intelligenz
LPS: Leistungsprüfsystem (Horn 1983)	Untertests (1–14) messen Allgemeinbildung (1, 2), Denkfähigkeit (3, 4), Wortflüssigkeit (5, 6), technische Begabung (7–10), Ratefähigkeit (11, 12) und Wahrnehmungstempo (13, 14)
SPM: Standard Progressive Matrices (Raven et al. 2009)	Sprachfreie Methode zur Messung der allgemeinen Intelligenz. Geprüft wird die Fähigkeit, Regeln, nach denen Matrizen aufgebaut sind, auf die Vervollständigung der Matrizen anzuwenden
CFT-20-R: Grundintelligenztest-Skala 2, revidierte Fassung (Weiß 2008)	Sprachfreies Verfahren zur Messung der allgemeinen intellektuellen Leistungsfähigkeit. Der Test ist zur Anwendung bei Schülern im Alter von 9 bis 15 Jahren und bei Erwachsenen mit einfacher Schulvorbildung geeignet
MWT: Mehrfachwahl-Wortschatztest (Lehrl 2005)	Sehr ökonomischer, in den Parallelformen A und B vorliegender Test zur Erfassung kristalliner, auf Lernen und Erfahrung beruhender Intelligenzkomponenten, der entwickelt wurde, um bei Personen mit Intelligenzstörung die prämorbide Intelligenz grob zu schätzen

und 4 Indexwerte bestimmt werden. Mit den 4 Indizes lassen sich detaillierte Aussagen zu den Bereichen Sprachverständnis, wahrnehmungsgebundenes logisches Denken, Arbeitsgedächtnis und Verarbeitungsgeschwindigkeit treffen. Diese Aufteilung ermöglicht eine differenzierte Einschätzung des Intelligenzniveaus einer Person.

Trotz der zahlreichen Weiterentwicklungen bleibt ein Problem der Intelligenztestverfahren ihr meist kulturspezifischer Inhalt, der bspw. auch lange im Land lebenden Ausländern ohne Sprachschwierigkeiten u. U. Probleme bereitet. Dem kann man durch die Anwendung sprachfreier Verfahren zur Intelligenzmessung begegnen. Diese haben aber wiederum den Nachteil, nur einzelne Bereiche des Gesamtkonstruktes Intelligenz zu erfassen.

Bei der Wahl geeigneter Verfahren zur Beantwortung der im Gutachtenauftrag formulierten Frage wird sich der Gutachter in erster Linie am Probanden, aber auch an ökonomischen Gesichtspunkten orientieren. So ist bei einer erwartungsgemäß geringen Intelligenz (▶ Fall 1.4) oder bei älteren Probanden der WAIS-IV angebracht (er ist von 16;0 bis 89;11 Jahre normiert). Er differenziert besonders gut im unteren Intelligenzbereich, prüft ein breites Spektrum intellektueller Teilleistungen und erlaubt eine gute Verhaltensbeobachtung, da die Testung einen hohen Grad an Interaktion zwischen Versuchsleiter und Proband erfordert. Der Intelligenzstrukturtest (I-S-T 2000 R, Liepmann et al. 2007) mit einem hohen Anteil schwieriger Aufgaben und fehlender Normierung über 60 Jahre und die Standard Progressive Matrices (SPM, Raven et al. 2009) mit einem zwar sprachfreien, aber immer gleichen Aufgabentyp sind dagegen weniger geeignet. Anders ist es im ▶ Fall 1.5, wo ein solcher sprachfreier Intelligenztest zusätzlich durchgeführt werden muss, um den Probanden aufgrund sprachlicher Schwierigkeiten mit einem nur verbal orientierten Verfahren nicht zu benachteiligen. Es ist jedoch weder nötig noch ökonomisch, mehr als ein oder höchstens zwei Verfahren zur Intelligenzabschätzung einzusetzen, besonders da die meisten Verfahren sehr zeitaufwendig sind (z. B. WAIS-IV durchschnittlich ca. 90 min und mehr) und der zusätzliche Erkenntnisgewinn mit jedem weiteren Verfahren nur noch gering ist.

Beispiel
- **Fall 1.6**

Ein IQ von 109 weist bei Renate U. auf eine durchschnittliche allgemeine Intelligenz hin. Prozentual ausgedrückt bedeutet dies, dass sie bei einem Prozentrang von 73 % etwa 72,9 % der Gleichaltrigen in ihrer Leistung übertrifft. Damit liegt der IQ innerhalb des Durchschnittsbereichs. Da eine Messungenauigkeit des Verfahrens berücksichtigt werden muss, lässt sich der wahre IQ von Frau U. mit einer Wahrscheinlichkeit von 95 % in einem Bereich von 105–113 schätzen. Im Wesentlichen zeigen die Untertestergebnisse keine größeren Variationen; die Leistung ist im Gesamtbild recht ausgeglichen. Entsprechend besteht zwischen den eher sprachlich-theoretisch orientierten Anforderungen und den mehr handlungsgebundenen, praktischen Testteilen kein signifikanter Unterschied.

Anhand der Ergebnisse der Leistungsuntersuchung lässt sich die intellektuelle Leistungsfähigkeit von Frau U. im oberen Durchschnittsbereich einordnen. Unter den intellektuellen Teilaspekten sind verbale und nonverbale, eher praktische Fertigkeiten ähnlich gut ausgebildet. Frau U. zeigt vielseitiges Interesse und Aufgeschlossenheit der Umwelt gegenüber, was sich in einem breiten Wissen und guten Sprach- und Begriffskenntnissen ausdrückt. Die Beobachtungsfähigkeit im Erkennen von Gegenständen und wichtigen Einzelheiten ist dagegen nur unzureichend. Die Ergebnisse eines Intelligenzquotienten von 109 stehen im Wesentlichen in Einklang mit den Angaben, die diesbezüglich in einem vorausgehenden psychiatrischen Gutachten von Frau Dr. S. gemacht wurden. Die Schätzung des Intelligenzwertes von 112–115 entspricht weitgehend der aktuellen Messung. Die geringen Abweichungen können auf verschiedene Anforderungen unterschiedlicher Verfahren, die angewendet wurden, zurückgeführt werden. Im Vorgutachten werden leider keine Angaben zu den Testverfahren gemacht, sodass hier unmittelbare Vergleiche entfallen.

Beispiel
- **Fall 1.4 (Fortsetzung)**

Ahmed F. erreichte im WAIS-IV (◘ Tab. 1.27) eine Gesamtleistung von 38 Wertpunkten. Damit wurde eine extrem niedrige intellektuelle Leistungsfähigkeit (IQ 59) festgestellt, die dem sog. Schwachsinn entspricht. Sein Verhalten bot zugleich Auffälligkeiten, indem er in einem unbeaufsichtigten Moment eine im Regal des Untersuchungszimmers liegende Banane öffnete, in den Papierkorb warf und sich eine Computerdiskette einsteckte. Letztlich stellte ein Versuch, mit ihm Fragen von Unrecht, Schuld und Strafe zu besprechen, sicher, dass ihm die Einsicht in die Strafbarkeit der ihm vorgeworfenen Tat fehlte.

Beispiel

- **Fall 1.5 (Fortsetzung)**

Die allgemeine Intelligenz von Ali K. liegt mit einem Gesamt-IQ von 67 im WAIS-IV weit unterhalb des Durchschnittsbereichs seiner Altersgruppe. Dieser Wert entspricht einem Prozentrang von 1, d. h. nur rund 0,9 % der Gleichaltrigen würden in diesem Test eine schlechtere Intelligenzleistung erbringen. Sein wahrer IQ liegt, die Messungenauigkeit des Tests mit eingerechnet, mit einer Wahrscheinlichkeit von 95 % zwischen 64 und 72. Die allgemeine intellektuelle Leistungsfähigkeit von Herrn K. lässt sich den Testergebnissen zufolge dem in § 20 StGB so benannten Schwachsinn zuordnen. Dabei zeigt Herr K. bei nicht verbalen logischen und wahrnehmungsorganisatorischen Aufgabenstellungen bessere Leistungen (wahrnehmungsgebundenes logisches Denken WLD=78) als bei verbalen Anforderungen (Sprachverständnis SV = 65).

Bei der Testdurchführung muss jedoch die mangelnde Leistungsmotivation und Anstrengungsbereitschaft des Probanden berücksichtigt werden. Man darf daher annehmen, dass seine wahre intellektuelle Gesamtbefähigung höher anzusetzen ist. In einem sprachfreien Intelligenztest (CFT-20-R), der weitgehend frei von soziokulturellen und erziehungsspezifischen Einflüssen ist, erzielt er einen IQ von 85, der ebenfalls unter dem Durchschnittsbereich der Normstichprobe liegt.

Herr K. hält die Testaufgaben und -fragen für zu einfach, nimmt sie nicht ernst und zeigt eine abwehrende, überhebliche Haltung. Daher muss er teilweise wiederholt darauf hingewiesen werden, sich an die Testinstruktionen zu halten. Die Anforderungen werden von ihm unterschätzt: So hört er bei der Instruktion nicht genau zu, da er glaubt, alles bereits verstanden zu haben und lösen zu können und stellt dann anhand der Beispielaufgaben den tatsächlichen Schwierigkeitsgrad der Aufgaben fest, sodass oft eine weitere Instruktion nötig ist. Mangelndes Sprachver-

ständnis ist hierfür jedoch nicht verantwortlich zu machen. Wenn er Aufgaben nicht lösen kann, gibt er schnell auf, seine Ausdauer ist gering. Entsprechend zeigt er auch keine durchgängig hohe Einsatzbereitschaft und ausreichende Leistungsmotivation.

Herr K. verfügt den Ergebnissen der Leistungsuntersuchung zufolge über eine niedrige Intelligenz. Der Umgang mit verbalem Material fällt ihm besonders schwer, wobei sprachliche Schwierigkeiten dadurch erklärbar sind, dass es sich hierbei nicht um seine Muttersprache handelt. Jedoch auch Anforderungen, bei denen das Sprachverständnis sichergestellt war, die jedoch Bildung, kulturelle Erfahrung sowie Aufgeschlossenheit gegenüber der Umwelt erforderten, war Herr K. nur unterdurchschnittlich gut gewachsen. Allerdings offenbaren die Ergebnisse der sprachfreien Intelligenzmessung (CFT-20-R) und des Index zum wahrnehmungsgebundenen logischen Denken des WAIS-IV, in dem Leistungen in Bezug auf nicht sprachliche Anforderungen zum Ausdruck kommen, ebenfalls eine geringe intellektuelle Leistungsfähigkeit. Diese Ergebnisse überraschen, da Herr K. angibt, in der Türkei Abitur gemacht zu haben und sowohl Journalistik als auch Pädagogik studiert zu haben. Den Anforderungen eines Studiums wäre Herr K. unter Zugrundelegung einer solchen hier festgestellten intellektuellen Leistungsfähigkeit sicher nicht gewachsen gewesen.

Auffällig ist dabei die Selbstüberschätzung von Herrn K.. Er fühlt sich wie ein Schüler behandelt und deutet durch seine Haltung an, in der Testsituation unterfordert zu sein, wird dann aber den an ihn gestellten Anforderungen kaum gerecht. Bei schwierigen Aufgaben resigniert er schnell. Den Widerspruch zwischen Anspruchsniveau und Leistung nimmt er augenscheinlich nicht wahr, oder dieser ist ihm gleichgültig. Er thematisiert ihn jedenfalls nicht spontan. Zudem muss die wenig ernsthafte, teilweise nachlässige und gleichgültige Arbeitseinstellung mit einer nicht ausreichend hohen Leistungsmotivation betont werden, die ebenfalls zu einer geringeren Leistung führt, als es den tatsächlichen Fähigkeiten Herrn K.s entspricht.

Spezielle Leistungstests

Die Erfassung der allgemeinen intellektuellen Leistungsfähigkeit ist nicht ausreichend und adäquat, wenn Defizite in spezifischen intellektuellen Teilfunktionen festzustellen sind, so z. B. Störungen der Aufmerksamkeit, der Konzentration oder des Gedächtnisses. Zur Klärung entsprechender Fragen können Untertests von Testbatterien herangezogen werden. Für sehr spezifische Teilbereiche und zur differenzierteren Erfassung einzelner Teilfunktionen wurden jedoch eigene Verfahren entwickelt, die die allgemeinen Voraussetzungen der Leistungsfähigkeit erfassen (◘ Tab. 1.28).

Ein häufig auftauchendes Problem im Rahmen der verschiedenen gutachterlichen Fragestellungen ist das Ausmaß einer erworbenen Intelligenzstörung als Folge psychopathologischer Veränderungen oder einer Hirnschädigung. Psychopathologisch vermittelte Störungen intellektueller Teilfunktionen können im Rahmen einer Depression oder im Zustand einer schizophrenen Zerfahrenheit auftreten, ferner eine Folge mehr oder weniger lokalisierbarer oder auch diffuser Hirnschädigungen sein, z. B. infolge von demenziellen Entwicklungen. Häufig erreichen sie ein forensisch bedeutsames Ausmaß. In aller Regel sind sie mit einer krankhaft veränderten Persönlichkeit assoziiert.

◘ Tab. 1.28 Einzelne spezielle Leistungstests, die in der Gutachtenpraxis Verbreitung gefunden haben

d2: d2-R Aufmerksamkeits-Belastungs-Test (Brickenkamp 2010)	Erfasst die kognitive Verarbeitungsgeschwindigkeit bei selektiver Aufmerksamkeit. In 14 Zeilen mit den Buchstaben d und p mit 1–4 Strichen sollen unter Zeitdruck alle »d mit 2 Strichen« markiert werden. Es wird die schnelle und genaue Beobachtung von Einzelheiten gemessen
KAI: Kurztest für allgemeine Basisgrößen der Informationsverarbeitung (Lehrl et al. 1992)	Informationsverarbeitungsgeschwindigkeit und Gegenwartsdauer werden mittels Lesegeschwindigkeit von Buchstabenreihen und Nachsprechen von Zahlen und Buchstaben geprüft und in IQ-Punkte umgewandelt
TAP: Testbatterie zur Aufmerksamkeitsprüfung (Zimmermann u. Fimm 2006)	13 einfache Paradigmen (Version 2.0/2.1), in denen mittels Tastendruck selektiv auf sprachfreie Reize zu reagieren ist, erlauben die Erfassung zahlreicher spezifischer Teilfunktionen der Aufmerksamkeit (selektive Aufmerksamkeit, geteilte Aufmerksamkeit, Arbeitsgedächtnis, Reaktionswechsel, »alertness«, Vigilanz u. a.)
WMS-R: Wechsler Gedächtnistest (Revision; Härting et al. 2000)	Testbatterie für Gedächtnisanteile: Merkumfang für Zahlenreihen, Reproduktion von Kurzgeschichten, Behalten und Lernen von Paarassoziationen, Orientierung und mentale Kontrolle
Verbaler Lern- und Merkfähigkeitstest (VLMT; Helmstaedter et al. 2001)	Test zum seriellen Wortlistenlernen, der unterschiedliche Parameter des episodischen Gedächtnisses für bedeutungshaltiges sprachliches Material erfasst, wie Lernleistung, mittelfristige Enkodierungs- bzw. Abrufleistung und Wiedererkennensleistung
TMT-A und TMT-B: Trail-Making-Test (Reitan 1992)	Die visuomotorische Geschwindigkeit, (geteilte) Aufmerksamkeit und kognitive Flexibilität (TMT-B) werden gemessen. Auf einem Papier sind unsystematisch angeordnete Zahlen in aufsteigender Reihenfolge so schnell wie möglich zu verbinden (TMT-A), bzw. es müssen abwechselnd Zahlen und Buchstaben so schnell wie möglich in richtiger Reihenfolge verbunden werden (TMT-B)
BT: Benton-Test (Benton 2009)	Prüft kurz- bis mittelfristiges Gedächtnis für komplexe figurale Informationen. 3 Parallelformen. Es werden je 10 Vorlagen in 10 s dargeboten. Nach jeder Darbietung sollen sie unmittelbar bzw. mit Verzögerung reproduziert bzw. wiedererkannt werden. Abweichungen von Intelligenz- und altersentsprechenden Leistungen geben Hinweise auf erworbene Störungen der kognitiven Leistung
SKT: Kurztest zur Erfassung von Gedächtnis- und Aufmerksamkeitsstörungen (Erzigkeit 2007)	Durch 9 Aufgaben, die Aufmerksamkeit und Gedächtnis beanspruchen, werden Leistungsbeeinträchtigungen im Rahmen organischer Psychosyndrome gemessen. 5 Parallelformen

▼

◻ Tab. 1.28 *Fortsetzung*

WCST: Wisconsin Card Sorting Test (Grant u. Berg 1993)	Dient der Erfassung der komplexen Verhaltensbereiche des Planens und des Handelns, speziell der Umstellungsfähigkeit zwischen verschiedenen Konzepten. Der Test beinhaltet Kategorisierungsaufgaben, die die genaue Exploration des Stimulusmaterials, die Extraktion der relevanten Merkmale, die Entwicklung eines Konzeptes, das Lernen aus Rückmeldungen und die Entwicklung von Alternativkonzepten voraussetzt
CKV: Computergestütztes Kartensortierverfahren (Drühe-Wienholt u. Wienholt 2011)	Stellt die ökonomische und weniger fehleranfällige Realisierung des bereits modifizierten WCST am PC dar. Wie im WCST hat der Proband die Aufgabe, 96 Reaktionskarten einzeln den Zielkarten zuzuordnen. Er erhält jeweils die Rückmeldung, ob die Zuordnung richtig oder falsch war. Nach 10 aufeinanderfolgenden richtigen Zuordnungen zu einer Kategorie wird die Kategorie geändert, ohne dass dies dem Probanden mitgeteilt wird
FWIT: Farbe-Wort-Interferenz-Test (Bäumler 1985; STROOP-Test)	Erfasst inhibitorische Kontrollprozesse und selektive Aufmerksamkeit. Es wird eine kognitive Interferenz erzeugt, indem der Testperson farblich inkongruent dargestellte Farbwörter vorgelegt werden, deren Druckfarbe die Testperson benennen soll
TL-D: Turm von London (dt. Version von Tucha u. Lange 2004)	Prüft die Planungs- und Problemlösefähigkeit. 3 unterschiedlich farbige Holzkugeln, die auf 3 nebeneinander angeordneten Stäben unterschiedlicher Länge angeordnet sind, müssen in der geringst möglichen Anzahl von Zügen rearrangiert werden, um einen vorgegebenen Zielzustand zu erreichen.
RWT: Regensburger Wortflüssigkeitstest (Aschenbrenner et al. 2001)	Erhebt Wortflüssigkeit und kognitive Flexibilität im formallexikalischen und semantischen Bereich, indem innerhalb von 1 oder 2 min jeweils möglichst viele Worte generiert werden müssen, die einer bestimmten Regel folgen

Beispiel

- **Fall 1.7**

Der 74-jährige Rentner Fritz N. erschoss seinen Nachbarn, Herrn B., der ebenfalls Rentner war. Beide Nachbarn hatten einander nicht gegrüßt, seit Herr N. 2 Jahre vor der Tat die Enkel von Herrn B., die sich aus seinem Garten ihren Ball zurückgeholt hatten, beschimpft und mit einem Gewehr bedroht hatte. Herr N. wartete seit dieser Zeit insgeheim darauf, dass sich Herr B. bei ihm wegen seiner Enkel entschuldigte. Er räumte ihm gedanklich zum Jahreswechsel eine letzte Frist zur Entschuldigung ein. Als diese am 6. Januar nicht erfolgt war, trank Herr N. Bier und Schnaps, sodass er zur Tatzeit eine BAK von 1,1 ‰ hatte und sich angetrunken, aber nicht betrunken fühlte. Zeugen bestätigten diese Einschätzung. Den Vernehmungsbeamten imponierte Herr N. am Tag nach der Tat als kritikschwach. Er drückte sein Bedauern für den Fall aus, dass Herr B. überleben sollte und äußerte, er verstehe nicht, warum die Kripo das Geschehen so hochspiele.

Eingedenk des Umstandes, dass Herr N. 74 Jahre lang in Selbstständigkeit ein legal bewährtes Leben geführt hatte, mit Rücksicht auf das Motiv der Tat und im Hinblick auf sein Nachtatverhalten stellte sich im Zusammenhang mit der Frage nach der Schuldfähigkeit die Frage nach einer erworbenen Intelligenzstörung. Hinweise auf eine Intelligenzstörung fanden sich im WAIS-IV und in der Skala B logisches Schlussfolgern aus dem 16 PF-R. Im WAIS-IV erreichte Herr N. mit insgesamt 112 IQ-Punkten ein gut durchschnittliches Resultat. Aus dem Profil von Untertest-Ergebnissen errechnete sich aber ein über die Alterserwartung hinaus reichender Abbau von 50 % (Sturm et al. 1993) und in der Intelligenzskala B des 16-Pesönlichkeitsfaktoren-Tests (16 PF-R) erwies sich das Denken von Herrn N. in Richtung seiner konkreten Denkfähigkeit als beeinträchtigt. Hier erreichte er nur 66 IQ-Punkte. Im weiteren Persönlichkeitsbereich waren damit assoziierte Veränderungen der Primärpersönlichkeit, die keine psychischen Auffälligkeiten erkennen ließen, feststellbar. Herr N. beschrieb sich im MMPI-2 und im

16 PF-R als empfindlich, durch Kritik leicht zu verletzen, als rigide in seinen konservativen Werthaltungen, argwöhnisch, übernachhaltig, kritisch-aggressiv, dabei stimmungsmäßig heiter und gut gelaunt.

Vom psychiatrischen Sachverständigen wurde passend zu den Testbefunden und zu somatischen Korrelaten ein hirnorganisches Psychosyndrom auf dem Boden einer Multiinfarktdemenz diagnostiziert. Er beschrieb eine euphorische Verstimmung als Kennzeichen einer Wesensänderung und eine weitgehend aufgehobene Kritikfähigkeit. Zusammenfassend wurde psychiatrisch wie psychologisch festgestellt, dass die Schuldfähigkeit von Herrn N. infolge einer krankhaften seelischen Störung zum Tatzeitpunkt erheblich beeinträchtigt gewesen war.

Beispiel
- **Fall 1.8**

Otto L., 27-jährig, ist in einem hilflosen Zustand aufgegriffen und in einem psychiatrischen Fachkrankenhaus auf die Intensivstation gebracht worden. Im Aufnahmegespräch vermittelte er wahnhafte Vorstellungen und das Gefühl des Bedrohtseins. Er berichtete über dunkle Mächte, die ihn bedrohten und ihn zur Selbsttötung ermunterten. Herr L. erklärte sich freiwillig zur geschlossenen Unterbringung bereit. Etwa 1 h nach der stationären Aufnahme öffnete Herr L. ein unverschlossenes Fenster und stürzte sich aus 14 m Höhe auf den Boden. In einem Gutachten sollte dazu Stellung genommen werden, inwieweit dieses selbstschädigende Verhalten vom medizinischen Personal hätte vorhergesehen werden können (Frage nach einem Kunstfehler) und ob die durch den Sprung des Probanden verursachten Verletzungen auskuriert seien. Ferner sollte untersucht werden, ob der Proband auch zum Untersuchungszeitpunkt noch durch die auf den Sturz zurückzuführenden Verletzungen in seiner Lebensführung beeinträchtigt sei.

Die testpsychologische Untersuchung zeigte eine sehr geringe intellektuelle Leistungsfähigkeit (WAIS-IV). Die erreichte Gesamtleistung mit einem Intelligenzquotienten von 52, der einem Prozentrang von unter 0,1 entspricht, lag damit am untersten Ende der Normwertverteilung. Auffällig waren hierbei deutliche Gedächtnisprobleme, besonders Beeinträchtigungen der kurzfristigen Behaltensleistung von visuellen und akustischen Reizen. In Einklang damit stand auch, dass sich Herr L. – zu Beginn da-

nach gefragt – nicht erinnern konnte, bereits jemals testpsychologisch untersucht worden zu sein, obwohl Testergebnisse aus Voruntersuchungen vorlagen.

Die weitere Untersuchung mit speziellen Leistungstests (KAI) demonstrierte eine deutlich reduzierte aktuelle geistige Funktionstüchtigkeit (IQ 79), sodass auch fluide Intelligenzkomponenten, die nicht auf Lernen und Erfahrung beruhen, deutliche Einbußen aufwiesen. Funktionen der Informationsverarbeitung und des Gedächtnisses erwiesen sich somit als beeinträchtigt. Darüber hinaus war eine optimale Ausschöpfung der intellektuellen Funktionen beeinträchtigt durch eine starke Irritierbarkeit bei zeitlicher Belastung (d2-R). Bei Detaildiskriminationsaufgaben, die Konzentration bei einfachen Aufgaben erfassen, war die willensmäßige Anstrengung von Herrn L. zwar ausreichend, die Leistungsmenge und das Arbeitstempo waren jedoch sehr stark herabgesetzt. Die Aufmerksamkeits- und Konzentrationsfähigkeit bei der Bewältigung einfacher Routineaufgaben waren damit nicht altersadäquat. Daher konnte auch nicht von einer dauerhaft vorhandenen, ausreichenden psychophysischen Belastbarkeit ausgegangen werden. Für eine geringe Anstrengungsbereitschaft oder einen mangelnden Leistungseinsatz während der Testsituation gab es keine Anhaltspunkte. Herr L. hätte im Falle einer Manipulation der Ergebnisse nicht nur langsam gearbeitet, sondern auch mehr Fehler gemacht. Er arbeitete jedoch sorgfältig und gab sich Mühe, Fehler zu vermeiden.

Anzeichen einer hirnpathologisch begründeten kognitiven Leistungsminderung wurden in 2 der 3 speziell hierzu eingesetzten Verfahren sichtbar. Zum einen ergaben sich Auffälligkeiten bezüglich der Geschwindigkeit der Reizaufnahme und der Reizverarbeitung bei störenden Umweltbedingungen sowie eine deutlich erhöhte Interferenzneigung im Kurztest für zerebrale Insuffizienz (c.I.-Test). Zum anderen waren messbare Beeinträchtigungen im Bereich der Symbolerfassung, Überblicksgewinnung und der schnellen geistigen Umstellfähigkeit festzustellen (Trail-Making-Test). Bezüglich der visuell-räumlichen Wahrnehmung und des visuell-räumlichen Gedächtnisses ließen sich keine Hinweise auf eine erworbene Störung der kognitiven Leistung finden (Benton-Test). Dies mag dadurch begründet sein, dass ausgehend von einem so niedrigen allgemeinen Intelligenzniveau keine hohen Leistungserwartungen in diesem

Verfahren gestellt werden, sodass die Resultate hier im Bereich der Erwartungswerte liegen. Während die Ergebnisse einer vorangegangenen testpsychologischen Untersuchung auf ein fragliches oder sehr leichtes hirnorganisches Psychosyndrom verwiesen, zeigten die aktuellen Ergebnisse insgesamt eher mittelgradige bis stärkere Ausprägungsgrade einer solchen zerebralen Insuffizienz.

Der Gutachter kam zu dem Schluss, dass dieses Ereignis selbstschädigenden Verhaltens vom medizinischen Personal hätte vorhergesehen werden können (Kunstfehler) und dass die Sicherheitsvorkehrungen entsprechend hätten eingerichtet werden müssen. Zudem ließen die aufgeführten Beeinträchtigungen es unmöglich erscheinen, dass Herr L. seinen erlernten Beruf als Maurer ausüben könne. Eine hierfür ausreichende Belastungsfähigkeit sei nicht gegeben. Die Beeinträchtigungen ließen sich ferner am ehesten als Folge der Verletzungen verstehen. Auch wenn Herr L. nur eine Sonderschule besucht habe, so wären ein Hauptschulabschluss und eine abgeschlossene Gesellenprüfung als Maurer sowie die Tätigkeit in diesem Beruf, wie sie Herr L. berichtete, mit den hier beschriebenen intellektuellen Fähigkeiten, den starken Leistungseinbußen und Beeinträchtigungen im Sinne einer zerebralen Insuffizienz nur schwer vereinbar.

Da seit den Vorergebnissen keine Zustandsverbesserungen zu verzeichnen waren, sondern im Gegenteil eher eine Zustandsverschlechterung im Sinne einer Chronifizierung, war nicht davon auszugehen, dass sich der Zustand von Herrn L. in Zukunft verbessern würde.

1.5.3 Psychometrische Persönlichkeitstests

Innerhalb dieser Gruppe werden Strukturtests im Hinblick auf die Persönlichkeit, Einstellungs- und Interessentests sowie klinische Tests unterschieden. Unter die erstgenannte Gruppe fallen mehrdimensionale Persönlichkeitstests, die dadurch gekennzeichnet sind, dass sie eine Reihe von Persönlichkeitsmerkmalen erfassen, die dann im Bereich der »normalen« Persönlichkeit angesiedelt sind (Brähler et al. 2002). Zudem sind diese Tests den genannten Gütekriterien der Objektivität, Reliabilität und Validität verpflichtet, während die Gruppe der

Persönlichkeitsentfaltungsverfahren nicht ausreichend testtheoretisch abgesichert ist. Im Gegensatz zu Persönlichkeitsstrukturtests beruhen Persönlichkeitsentfaltungsverfahren auf der Vorgabe von uneindeutigem Reizmaterial, das beim Probanden ein breites Reaktionsspektrum auslösen kann. Der Diagnostiker interpretiert dies nach heterogenen, meist sog. qualitativen Deutungskonzepten. So beinhaltet bspw. der Rorschach-Test eine inhaltlich-assoziative Interpretation einer Reihe von symmetrischen Tintenklecksen. Entsprechend sind die Aussagen auf der Basis solcher Tests stark vom Untersucher abhängig und genügen nicht den psychometrischen Gütekriterien, sodass sie für die Gutachtenpraxis unbrauchbar erscheinen.

Psychometrische Persönlichkeitstests finden sich in Fragebögen, bei deren Bearbeitung die Probanden vorgegebene Aussagen dahingehend beurteilen sollen, inwieweit sie ihr eigenes Verhalten und Erleben charakterisieren. Merkmalsabhängig werden dann die Antworten bei den einzelnen Items zu Skalen zusammengefasst, die für bestimmte Interessen, Werthaltungen und Einstellungen stehen. Generell beinhalten diese Fragebögen das Problem einer systematischen Verfälschung der Antworten, da die Testergebnisse auf den subjektiven Angaben des Probanden beruhen. Zudem besteht, wie auch bei vielen Intelligenztests, eine gewisse Kulturabhängigkeit und eine sprachliche Gebundenheit (◙ Tab. 1.29).

Die Persönlichkeitsstruktur spielt im Rahmen von Begutachtungen eine bedeutende Rolle. Es können damit Art und Ausmaß von Persönlichkeitsveränderungen im Rahmen hirnorganischer Psychosyndrome objektiviert werden. Insbesondere erhält der Gutachter Hinweise auf klinisch relevante Persönlichkeitsakzentuierungen oder Persönlichkeitsstörungen.

Beispiel
▪ **Fall 1.9**

Harry E. war 47 Jahre alt und 19 Jahre verheiratet, als er seine Frau erstach, die sich zuvor von ihm getrennt und die Scheidung beantragt hatte. Von der Verteidigung wurde geltend gemacht, es handele sich bei der Tat um ein in tiefgreifender Bewusstseinsstörung begangenes Affektdelikt, das von ihm nicht zu verantworten sei. Herr E. war in

◻ Tab. 1.29 Psychometrische Persönlichkeitstests

IKP: Inventar klinischer Persönlichkeitsakzentuierungen (Andresen 2006)	Es handelt sich um ein Selbstbeurteilungsverfahren zur vollständigen dimensionalen Erfassung von Persönlichkeitsakzentuierungen nach DSM-IV und ICD-10
FAF: Fragebogen zur Erfassung von Aggressivitätsfaktoren (Hampel u. Selg 1975)	77 Items messen 5 Aggressivitätsfaktoren. Die Skalen 1–3 sind als Summe der Aggressivität normiert. Eine Offenheitsskala dient als Prüfskala für die Unverfälschtheit der Selbstauskunft
FPI-R: Freiburger Persönlichkeitsinventar (Revision; Fahrenberg et al. 2010)	138 Items zur Quantifizierung von 10 Persönlichkeits-merkmalen, z. B. Lebenszufriedenheit, soziale Orientierung und Leistungsorientierung. Eine Offenheitsskala ermöglicht die Erfassung sozial erwünschter Antworten als Index der Verfälschungstendenz. Zusätzlich sind die Sekundärfaktoren Extraversion und Emotionalität bestimmbar
MMPI-2: Minnesota Multiphasic Personality Inventory-2 (Hathaway u. McKinley, dt. Bearbeitung von Engel 2000)	567 Items bilden 10 Basisskalen: Hypochondrie, Depressivität, Hysterie, Psychopathie, männliche/weibliche Interessen, Paranoia, Psychasthenie, Schizophrenie, Hypomanie, soziale Introversion. Mit 3 Validitätsskalen lassen sich Verfälschungen in Richtung sozialer Erwünschtheit sowie Simulation und Dissimulation einschätzen. Die Kurzform beinhaltet nur die ersten 370 Items und deckt damit die Basis- und Validitätsskalen ab. Der Test erlaubt eine qualitative Bewertung der gemessenen Persönlichkeitsmerkmale im klinischen Sinn
MSI: Multiphasic Sex Inventory (Nichols u. Molinder, dt. Bearbeitung von Deegener 1996)	300 Items erfassen unterschiedlichste psychosexuelle Merkmale bei Sexualstraftätern, wie sexueller Missbrauch an Kindern, Vergewaltigung, Exhibitionismus, Fetischismus, Impotenz, Wissen und Überzeugungen über Sexualität. Zusätzlich sind Skalen zur Abschätzung der Validität und Behandlungseinstellung enthalten
16 PF-R: 16-Persönlichkeits-faktoren-Test (revidierte Fassung; Schneewind u. Graf 1998)	192 Items messen 16 Primärdimensionen der Persönlichkeit, u. a. Wärme, logisches Schlussfolgern, emotionale Stabilität, Dominanz, Lebhaftigkeit, Regelbewusstsein. Eine Skala für soziale Erwünschtheit dient als Kontrollskala. Die 16 Primärdimensionen lassen sich zu 5 Globalfaktoren zusammenfassen: Extraversion, Unabhängigkeit, Ängstlichkeit, Selbstkontrolle, Unnachgiebigkeit
PCL-R: Revidierte Psychopathie-checkliste nach Hare (2003)	Interviewleitfaden, ermöglicht die Diagnose einer soziopathischen Persönlichkeitsstörung anhand der Einschätzung von 20 Persönlichkeits- und Verhaltensmerkmalen. Liefert einen dimensionalen Wert, der das Ausmaß wiedergibt, in dem bei einer Person zutreffend eine soziopathische Persönlichkeitsstörung diagnostiziert werden kann
PPI-R: Psychopathic Personality Inventory-Revised (deutsche Version Alpers u. Eisenbarth 2008)	Selbstbeurteilungsinstrument, mit dem die nach Cleckley (1964) dimensional variierende Persönlichkeitseigenschaft »Psychopathie« in den Dimensionen Schuldexternalisierung, rebellische Risikofreude, Stressimmunität, sozialer Einfluss, Kaltherzigkeit, machiavellistischer Egoismus, sorglose Planlosigkeit und Furchtlosigkeit erfasst wird. Die Skala »unaufrichtige Beantwortung« dient der Überprüfung von Antworttendenzen manipulativer Art

guten wirtschaftlichen Verhältnissen aufgewachsen, die Erziehungssituation war allerdings durch sehr gegensätzliche Verhaltensweisen der Eltern gekennzeichnet. Die schulische und berufliche Entwicklung führte nicht an die eigenen und die von den Eltern gesteckten Ziele. Der Versuch, sich mit einer Firma selbstständig zu machen, scheiterte. Schon bei Beendigung seiner ersten Intimbeziehung hatte Herr E. Schwierigkeiten anzuerkennen, dass die Freundin sich einem anderen Mann zuwandte. Zwei Jahre danach lernte er, unterdessen 26 Jahre alt, seine 4 Jahre jüngere spätere Ehefrau kennen. Auf Initiative der

Frau heirateten sie einige Jahre später. Nach 2 Jahren Ehe wurde eine erste, nach weiteren 2 Jahren eine zweite Tochter geboren. Bereits nach einem Jahr Ehe misshandelte Herr E. seine Ehefrau. Mehrmals flüchtete sie mit den Kindern aus der ehelichen Wohnung. Bei einer nächtlichen Auseinandersetzung fügte Herr E. seiner Frau einen Splitterbruch des linken Ellbogengelenks zu, während seine Kinder auf das Hausdach geflüchtet waren. Es folgten Scheidungsantrag und Versöhnung. Bis ein Jahr vor ihrer Tötung lebte Frau E. mit einigen zwischenzeitlichen – durch seine Gewalttätigkeit ausgelösten – Trennungen aus einer Mischung von Mitleid wegen der Kinder und weil sie immer noch hoffte, er würde sich ändern, mit Herrn E. zusammen. Nachdem er sie erneut geschlagen hatte, nahm sie das ruhende Scheidungsverfahren wieder auf.

Herr E., der jetzt viel Alkohol trank, drohte, sie umzubringen, falls sie nicht zu ihm zurückkehre. Parallel dazu ging er Beziehungen mit anderen Intimpartnerinnen ein. Zweieinhalb Monate vor der Tötung hatten sich seine Lebensverhältnisse geordnet. Er hatte eine feste Partnerin, eine berufliche Anstellung, seinen Führerschein zurückerhalten, und er ging seinen Freizeitinteressen nach. Die auf Endgültigkeit hinauslaufende Ablehnung seiner Person durch die Ehefrau und Mutter seiner Töchter kränkte ihn gleichwohl.

Als er am Tattag verabredungsgemäß in der Wohnung von Frau E. erschien, kam es zum Streit. Er bedrohte sie mit einem Messer. Sie konnte einige Stiche abwehren und versuchte, zu fliehen. Schließlich wurde sie durch zwei mit großer Wucht geführte Messerstiche getötet. Herr E. rief fliehend der ihm nachsehenden Tochter zu: »Siehst du, das habt ihr nun davon!« Er versteckte sich und brachte sich mit dem Tatmesser oberflächliche Verletzungen an den Handgelenken bei, bevor er kurz danach entdeckt und festgenommen wurde.

Leistungspsychologisch erwies sich Herr E. mit 110 IQ-Punkten als gut durchschnittlich intelligent. Das Profil der intellektuellen Teilfunktionen ergab keinen Hinweis auf eine Intelligenzstörung. Im MMPI-2 waren bei einer Neigung zum Aggravieren (T/F=59; T/K=32) die Skalen Paranoia (T/Pa=77), Hypochondrie (T/Hd=76), Hysterie (T/Hy=75) und Psychopathie (T/Pp=71) deutlich erhöht. Herr E. beschrieb sich damit im Sinne der Paranoia-Skala als vorwurfsvoll, feindselig und misstrauisch, rigide und dickköpfig, Schuld und Kritik verschiebend sowie soziale Situationen falsch interpretierend. Gemäß der Hypochondrie-Skala schilderte er sich als gesundheitlich besorgt, zu körperlichen Beschwerden, Pessimismus, Mutlosigkeit und Sturheit geneigt. Die Hysterie-Skala wies ihn als narzisstisch aus, emotional undifferenziert, naiv, auf soziale Billigung bedacht. Die Psychopathie-Skala schließlich charakterisierte ihn als egozentrisch, impulsiv vom Augenblick geleitet, unbedachtsam und affektiv flach. Der 16 PF-R zeigte Herrn E. in Relation zur Norm als dominant, besorgt, selbstgenügsam.

Zeugenaussagen waren mit den Testantworten in guter Übereinstimmung. So wurde in der Hauptverhandlung von unterschiedlichen Zeugen gesagt: »Sein Lieblingsthema waren seine Schwierigkeiten.« »Wenn er nicht im Mittelpunkt stand, hat er die Feste verlassen.« »Er fühlte sich nicht anerkannt.« »Er sah sich von vielen Leuten angegriffen. Vielleicht war er zu empfindlich.« »Er neigt leicht zu Jähzorn.« »Herr E. war immer unzufrieden, wehleidig, hat sich selbst bemitleidet oder wurde aggressiv.« »Er war zu wenig bereit, sich zu ändern. Er erwartete zu viel von den anderen.«

Die Tat von Herrn E. verstand sich in forensischpsychologischer Wertung als persönlichkeitskonform und in Anbetracht der Tatumstände nicht als Ergebnis einer tiefgreifenden Bewusstseinsstörung. Da sich bei Herrn E. im Tatzusammenhang zudem kein Einfluss einer krankhaften seelischen Störung feststellen ließ, er nicht intelligenzgemindert war und seine Persönlichkeitsauffälligkeiten nicht die Kriterien einer sog. schweren anderen seelischen Abartigkeit erfüllten, fanden sich keine Hinweise, die gem. §§ 20 und 21 StGB geeignet gewesen wären, seine Einsichts- und/oder Steuerungsfähigkeit als erheblich eingeschränkt einzuschätzen.

1.5.4   **Verfälschungstendenzen**

Kann man im therapeutischen Kontext davon ausgehen, dass ein Patient dem Diagnostiker zutreffende Informationen geben will, weil er eine wirksame Behandlung anstrebt, muss im Rahmen von Begutachtungen die Möglichkeit absichtlicher, zweckgerichteter Verfälschungen berücksichtigt werden. Das gilt vor allem im Kontext von Schuldfähigkeitsbeurteilungen oder Rentenansprüchen und spielt besonders bei den auf subjektiven Aussagen beruhenden Persönlichkeitstests, aber auch bei Leistungstests eine Rolle.

> **Von besonderer Bedeutung ist aufgrund möglicher Verfälschungstendenzen – wie im Übrigen bei jeder psychiatrischen Diagnostik – eine umfassende Fremdanamnese.**

Die Gültigkeit von Leistungstestergebnissen lässt sich meist leicht an Lebensdaten wie bspw. dem erreichten Schulabschluss abschätzen, gelegentlich auch an bizarren Reaktionen oder weit unter der Erwartung liegenden Leistungen. Tatsächlich sind Verfälschungen in diesem Bereich eher selten. Ergibt sich im Rahmen forensischer Begutachtungen der Verdacht auf Simulation, so kann dieser z. B. anhand speziell dafür entwickelter testpsychologischer Verfahren weiter untersucht und erhärtet werden. Zu diesen Verfahren gehören bspw. die deutsche Adaptation des Word Memory Tests (WMT; Brockhaus u. Merten 2004), der Strukturierte Fragebogen Simulierter Symptome (SFSS; Cima et al. 2003) oder die computergestützte Testbatterie zur Forensischen Neuropsychologie (TBFN; Heubrock u. Petermann 2000). Der WMT gilt als einer der verbreitetsten und am besten untersuchten Beschwerdenvalidierungstests, der im Gewand eines Lern- und Gedächtnistests zwischen suboptimalem Leistungsverhalten und »wirklich« defizitären Gedächtnisleistungen unterscheiden soll. Beim SFSS handelt es sich um einen Selbstbeurteilungsfragebogen zum Screening simulierter psychischer und neurologischer Symptome. Er besteht aus 75 dichotom (ja – nein) skalierten Items, die ungewöhnliche, atypische Beschwerden beschreiben. Die Items können den 5 Subskalen »niedrige Intelligenz«, »affektive Störung«, »neurologische Beeinträchtigung«, »Psychose« und »amnestische Störung« zugeordnet werden. Für die Einzelskalen und den SFSS-Gesamtwert liegen Cut-off-Werte vor, anhand derer abgeschätzt werden kann, ob eine Simulationstendenz besteht. Die Testbatterie zur Forensischen Neuropsychologie wird eingesetzt, wenn der Verdacht besteht, dass es sich bei geschilderten sensorischen (Seh- oder Hörstörungen) oder kognitiven Störungen (Gedächtnisstörungen) nicht um authentische Störungen handelt. Sie umfasst Gedächtnistests,

visuell-figurale und akustische Wahrnehmungstests. Je nach Fragestellung können ein einzelner oder mehrere Untertests der Testbatterie eingesetzt werden. Jedoch sind auch Testverfahren zur Objektivierung von Simulation immer kritisch und im Gesamtkontext zu betrachten. Es wird in der Praxis ein zunehmender und unkritischer Einsatz von Beschwerdenvalidierungstests beobachtet, der überdacht werden sollte. Ist das Ergebnis eines solchen Tests auffällig, kann man zunächst nur folgern, dass die Anstrengungsbereitschaft hinter den Erwartungen zurück blieb. Die Interpretation als Simulation oder Aggravation muss dann aufgrund einer Integration aller Befunde und Informationen in einen Gesamtkontext vom Gutachter erfolgen. Einzig und allein aufgrund eines auffälligen Ergebnisses in einem entsprechenden Testverfahren kann demnach nicht auf das Vorliegen von Simulation geschlossen werden (zu Methoden und Problemen der Beschwerdenvalidierung vgl. auch Merten 2014). Zudem betonen Merten et al. (2008) die Notwendigkeit, mehr als ein Verfahren zur Abschätzung der Simulation einzusetzen.

Im Bereich der Persönlichkeitsmessung bietet das MMPI-2 mit 3 Kontrollskalen – Lügen-(L-), Seltenheits-(F-) und Kontroll-(K-)Skala – differenzierte Möglichkeiten, Verfälschungstendenzen abzuschätzen:

- Die **L-Skala** prüft die Neigung, im Sinne sozialer Erwünschtheit zu antworten und aus diesem Grund kleine moralische Schwächen zu leugnen, die fast jeder hat. Diese Skala prüft jedoch keine allgemeine Neigung, im Alltag zu lügen. Sind die Werte dieser Skala deutlich erhöht, so wirkt sich dieser Umstand auf die Interpretationsmöglichkeiten der übrigen klinischen Skalen negativ aus.
- Die **F-Skala** des MMPI enthält Items, die sowohl von Gesunden als auch psychisch Kranken selten in auffälliger Richtung beantwortet werden, es sei denn, die Testpersonen wollen als psychisch auffällig gelten oder sind bei der Bearbeitung gleichgültig und unkooperativ. Zeigt sich demnach die F-Skala erhöht, ist durch Besprechung der in Richtung Auffälligkeit beantworteten F-Items zu klären, ob die Items verstanden oder zufällig beantwortet wurden oder ob sich hinter dem auffälligen

Antwortverhalten eine relevante psychische Störung verbirgt.

- Die **K-Skala** als dritte Kontrollskala des MMPI enthält Eigenschaften, die von einigen Probanden eher abgelehnt werden, während andere sie positiv bzw. neutral bewerten. Erhöhte Werte können daher auf eine Neigung deuten, psychische Probleme zu leugnen (Dissimulation); andererseits kann es aber auch sein, dass bei psychisch stabilen Menschen erhöhte Werte auftreten, die den Tatsachen entsprechen. Daher müssen bei erhöhten Werten dieser Skala weitere Informationen eingeholt werden, um zwischen Dissimulanten, bzw. Personen mit Verdrängungstendenzen, und Probanden ohne Auffälligkeiten zu differenzieren.

Ein wichtiger Index ist dabei der F-minus-K-Index, der in der deutschen Praxis aufgrund von Normunterschieden zwischen den USA und Deutschland, statt auf Rohwertdifferenzen, auf T-Wert-Äquivalenten beruht. Profile mit einer T-Wert-Differenz von mehr als 40 T-Werten sind höchstwahrscheinlich aufgrund von Simulation nicht sinnvoll interpretierbar.

Im FPI-R und FAF ist jeweils eine sog. **Offenheitsskala** enthalten, die dazu dienen soll, Verfälschungstendenzen zu objektivieren. Wie bereits anhand der Validitätsskalen des MMPI-2 deutlich wird, gibt es dafür unterschiedliche Motivationen. So kann die Offenheitsskala die Bereitschaft anzeigen, kleine Fehler und Schwächen zuzugeben, die meist jeder hat, worin sich eine gewisse Unkonventionalität äußert. Ferner kann sich darin eine Antworttendenz im Sinne sozialer Erwünschtheit widerspiegeln, ein Ausdruck des Bemühens, einen bestimmten Eindruck der eigenen Persönlichkeit zu vermitteln. Schließlich kann es sich u. U. um eine Neigung zur Selbstidealisierung handeln. Demnach haben Offenheitsskalen das Problem der Mehrdeutigkeit, das sich auch empirisch kaum lösen lässt.

Beispiel
- **Fall 1.10**

Simon K. war als Täter und Mittäter an 3 Morden beteiligt. Die ersten Lebensjahre hatte er in verschiedenen Heimen und zeitweise in einer Pflegefamilie verbracht, ehe er im Alter von 6 Jahren zu der Familie B. kam. Die Eheleute B. förderten ihn und berücksichtigten ihn in ihrem Testament. Trotz erheblicher Schwierigkeiten wie Schulschwänzen, Fortlaufen von Zuhause und kindlichen Eigentumsdelikten gelang es ihm, eine Ausbildung zum Kunstschmied abzuschließen und im Beruf erfolgreich zu sein. Zusammen mit einem Freund, mit dem er Deutschland verlassen wollte, beging er Straftaten. Schließlich entwickelten sein Freund und er den Plan, seine Pflegeeltern und eine Pflegeschwester zu töten, um durch das Erbe Geld für die Auswanderung zu erhalten. Sein erstes Opfer wurde die Pflegeschwester. Sie war schwanger und man wollte vermeiden, dass das Kind Erbansprüche erwerben würde. Sie wurde erdrosselt, wobei man einen Sexualmord vortäuschte. Den Plan, anschließend die Pflegeeltern im Auto mit einer Straßensperre zu stoppen und gemeinsam mit anderen zufällig gestoppten Verkehrsteilnehmern zu töten, gaben sie wegen der damit verbundenen Risiken auf. Als die Pflegemutter dann an Krebs erkrankte, beschlossen sie, ihren natürlichen Tod abzuwarten und anschließend einen Suizid des Pflegevaters vorzutäuschen. Während der Wartezeit töteten sie eine Freundin von Herrn K., die sich von ihm getrennt hatte, weil sie mit ihrem Wissen über vorausgegangene Straftaten als »Sicherheitsrisiko« eingeschätzt wurde. Als die Pflegemutter an Krebs verstorben war, lockten Herr K. und sein Freund den Pflegevater in einen von langer Hand vorbereiteten Hinterhalt. Hier sollte er betäubt und in diesem Zustand auf Eisenbahnschienen vor einen Zug gelegt werden. Als die Betäubung fehlschlug und sich Herr B. wehrte, wurde er erschossen. In seiner Verteidigung machte Herr K. geltend, er sei für die Taten nicht verantwortlich.

Im MMPI-2 lag die F-Skala mit einem T-Wert von 84 mehr als 3 Standardabweichungen über dem Mittelwert. Die K-Skala war mit 41 T-Wertpunkten gleichzeitig unter dem Mittelwert angesiedelt. Von den 10 Basisskalen hatten 7 Skalen extrem erhöhte Werte zwischen $T=75$ und $T=92$. Aus dieser Befundkonstellation ergab sich der Verdacht auf Simulation. Um diesen Verdacht auszuräumen oder abzusichern, war es notwendig, andere Möglichkeiten zu suchen oder auszuschließen, die ein solches Skalenprofil bedingen könnten. Zu diesem Zweck wurden die von ihm in Richtung Auffälligkeit beantworteten F-Items einzeln durchgesprochen. Dabei fand sich, dass Herr K. die Items inhaltlich verstanden und dass er sie mit normalpsychologischen Begründungen absichtlich in Richtung Auffälligkeit beantwortet hatte. So begründete er etwa seine Aussage: »Ja, ich sehe um mich herum Dinge, Tiere oder Menschen, die andere nicht sehen«, mit den Worten: »Hm, wenn man nachher mal fragt, dann haben die das gar nicht gesehen. Zum Beispiel im Wald muss man leise sein, darf man nicht laut laufen, sonst sieht man ja nichts. Im Bild oder im Schattenfeld oder in Bäumen kann man richtige Gesichter sehen oder in Geräuschen Melodien wie Sprechen. Das hören die anderen nicht. Das habe ich schon oft versucht, denen zu sagen, aber die haben nicht die Ohren dafür.« Ein Hinweis auf das Vorliegen einer krankhaften seelischen Störung oder einer schweren anderen seelischen Auffälligkeit fand sich bei der Besprechung der F-Items ebenso wenig wie im psychopathologischen Befund, der mit dem Befundsystem und nach den Regeln der Arbeitsgemeinschaft für Methodik und Dokumentation in der Psychiatrie (AMDP) erhoben wurde. Herr K. hatte simuliert, um exkulpiert zu werden. – Er wurde rechtskräftig zu lebenslänglicher Haft verurteilt.

1.5.5 Stellenwert psychologischer Untersuchungen

Die testpsychologische Untersuchung hat im Kontext der forensischen Begutachtung einen bedeutenden Stellenwert, wenn es um die Objektivierung und Quantifizierung von intellektueller und allgemeiner Leistungsfähigkeit geht. Die Abschätzung des Ausmaßes von Beeinträchtigungen kognitiver Leistungen und die Beurteilung von Persönlichkeitsauffälligkeiten im Rahmen hirnorganischer Psychosyndrome oder anderer psychischer Störungen anhand psychometrischer Befunde dienen der Absicherung des klinischen Urteils des psychiatrischen und psychologischen Gutachters. So können manche kognitiven Einbußen oder Beeinträchtigungen während der klinischen Untersuchung wie auch der gutachterlichen Exploration allein nicht auffallen, da sie möglicherweise in solchen besonderen Situationen oder allgemein im Alltag überspielt werden bzw.

nicht zum Ausdruck kommen. Hier bringt eine ausführliche testpsychologische Untersuchung einen deutlichen Informationsgewinn, und es steigt die Sicherheit der klinischen Diagnose. Allerdings sollte die testpsychologische Untersuchung immer durch eine entsprechende Fragestellung oder einen klinischen Verdacht begründet sein. Ebenso sollte diese Untersuchung von einem methodisch und theoretisch qualifizierten, klinisch und forensisch erfahrenen Psychologen (Master, Diplom) durchgeführt werden, der eine sinnvolle und angemessene Umsetzung der Fragestellung vornimmt und eine ökonomische Auswahl der geeigneten Tests trifft.

Die Befunde der verschiedenen Tests sind dann auf wechselseitige Stimmigkeit hin zu untersuchen und mit explorierten Angaben des Probanden bzw. Verhaltensbeobachtungen während der Testung abzugleichen und in Einklang zu bringen. Erst eine Integration aller Befunde schafft die Grundlage für eine genaue und korrekte Beantwortung der Fragestellung.

1.6 Dokumentationsschema

Zur Arbeitserleichterung einer umfassenden gutachterlichen psychiatrischen Exploration und Untersuchung hat sich in der Praxis der Gebrauch eines relativ starren Dokumentationsschemas für die Anamnese und Untersuchung bewährt, insbesondere für den Anfänger. Ein solches wird im Folgenden beispielhaft wiedergegeben (◘ Abb. 1.4). Es ist je nach gutachterlicher Fragestellung, die naturgemäß große Unterschiede aufweist, entsprechend zu modifizieren.

Ein starres Schema soll nicht darüber hinwegtäuschen, dass im Einzelfall nur einige, in anderen Fällen zahlreiche (hier nicht angeführte) Punkte zu erfragen bzw. zu dokumentieren sind.

Eine Reihe der Fragen wurden zum Ankreuzen oder Ausfüllen vorgesehen, wobei Antwortalternativen nur teilweise angeführt sind. Andere Items betreffen den zu ergänzenden Freitext. Viele Punkte betreffen Screening-Fragen, d. h. nach einer positiv oder negativ beantworteten Eingangsfrage ergibt sich weiterer Klärungsbedarf, der hier nicht dargestellt werden kann.

1. Allgemeine Angaben

NAME: _____   VORNAME: _____

Geburtsname: _____   Auftraggeber: _____

Geburtsdatum: _____   zuständig: _____

Geburtsort: _____   Verteidiger: _____

                                    Dolmetscher: _____

Untersuchungsdatum: _____   Klinik: _____

Untersuchungsort: _____   JVA: _____

Ausgewiesen durch: _____

Schweigepflichtentbindung gegeben: ja/nein Verbleib: _____

Krankengeschichte/JVA-Gesundheitsakte eingesehen: ja/nein

Psychologe: _____   EEG: _____

Neurologe: _____   MRT: _____

Internist: _____   Labor: _____

Drogenscreening: _____

Aufklärung erfolgt:

☐ Auftraggeber und Fragestellung des Gutachtens sowie mögliche Konsequenzen im Rahmen des Gutachtenauftrages

☐ Freie Entscheidung, Angaben zu machen; es können alle oder auch nur einzelne Fragen beantworten werden

☐ Keine Vertraulichkeit. Grundsätzliche Aussagepflicht des Sachverständigen gegenüber einem Gericht

☐ Möglichkeit der Hinzuziehung eines Anwalts zur Beratung über die Mitwirkung

☐ Rückfragen umfassend beantwortet

Einverständnis zur Begutachtung erteilt: ja/nein   Datum: _____

2. Eigene Angaben des Untersuchten

Psychiatrische, psychologische oder andere Vorbegutachtung in früheren Verfahren: ja/nein

Verfahren: _____

Gesetzliche Betreuung: ja/nein; seit wann: _____ Betreuer: _____

Zur aktuellen Befindlichkeit

Seit:	Art (erstes Auftreten, Entwicklung, jetzige Beschwerden)	Behandlung
	Körperliche Beschwerden:	
	Gegenwärtige Befindlichkeit/psychische Beschwerden:	

▢ **Abb. 1.4** Beispiel Dokumentationsschema für Anamnese und Untersuchung

Frühere Krankheiten (schwere Krankheiten, Operationen oder Unfälle)

Jahr	Art/Behandlung	Folgebeschwerden
	Gehirnerschütterung: ja/nein Schädel-Hirn-Trauma: ja/nein Appendektomie: ja/nein Tonsillektomie: ja/nein	

Psychische Erkrankungen
Jemals in entsprechender ambulanter oder stationärer Behandlung gewesen: ja/nein
Niemals einen Selbstmordversuch in Erwägung gezogen oder durchgeführt: ja/nein
Subjektive Hinweise auf psychische Störung: Schizophrenie, affektive Störung, hirnorganische Störung, Verhaltensstörung, Sucht

Psychiatrische, psychotherapeutische, psychosomatische oder psychologische Vorbehandlung
Ambulant: ja/nein
Stationär: ja/nein
Nähere Informationen: _____

_____

Suizidgedanken
Momentan: ja/nein   Lebensunlust/Todeswunsch/Umsetzungsgedanken
Früher: ja/nein
Suizidversuche: ja/nein
Einzelheiten: _____

_____

Medikation
Derzeitige Medikation: ja/nein   was: _____
Beruhigungs- oder Schlafmittel: ja/nein   was: _____
Regelmäßige Medikation: ja/nein   was: _____

Präparate **zurzeit**	Dosis	Grund	Seit wann

Zum Tatzeitpunkt:
Medikation: ja/nein   was: _____

◻ **Abb. 1.4** *Fortsetzung*

Frühkindliche Entwicklung
Schwangerschaft unauffällig: ja/nein
Geburtsverlauf unauffällig: ja/nein
Frühkindliche Entwicklung unauffällig: ja/nein

Prämorbide Persönlichkeit
„Lebensknick" eingetreten: ja/nein

Gynäkologische Anamnese
Letzte Periode: _____   regelmäßig: ja/nein
Beschwerden: _____
Geburten: _____
Fehlgeburten: _____

Vegetative Anamnese (letzte 4 Wochen):
Schlaf nicht gestört: ja/nein
☐ Einschlafstörungen ☐ Durchschlafstörungen ☐ morgendliches Früherwachen
Schlafbeginn: _____ Schlafende: _____
Regelm. Mittagsschlaf: ja/nein
Appetit gut: ja/nein
Gewichtsschwankung stattgefunden: ja/nein
Derzeitiges Gewicht: _____ kg; Körpergröße: _____ cm
Plus/minus _____ kg seit 1 / 4   Wochen bzw. Inhaftierung
Sexuelle Lust und Potenz normal und nicht verändert: ja/nein   seit: _____
Probleme beim Wasserlassen oder beim Stuhlgang: ja/nein
Allergie oder Überempfindlichkeit: ja/nein
Tages- oder jahreszeitliche Schwankungen der Stimmung in der Vergangenheit:
ja/nein

Vegetative Anamnese zum Tatzeitpunkt
Schlaf
Appetit
Gewichtsbewegung
Sexuelle Lust/Potenz
Wasserlassen/Stuhlgang

Befinden zum Tatzeitpunkt
_____

Suchtanamnese
Rauchen: ja/nein
Anzahl der Zigaretten pro Tag: _____   Raucher seit: _____ Lebensjahr
Noch nie geraucht: ja/nein

Illegale Drogen
Jemals Erfahrung damit: ja/nein
Regelmäßig: ja/nein
Erster Konsum: _____ Lebensjahr
Letzter Konsum: _____

☐ Haschisch
☐ Kokain
☐ Synthetische/Designerdrogen
☐ Heroin

◼ **Abb. 1.4** *Fortsetzung*

☐ LSD, Pilze
☐ Speed/Amphetamine
☐ Benzodiazepine/verschreibungspflichtige Medikamente/Anabolika
☐ Andere:
Dosissteigerung: ja/nein
Entzüge/Therapien: ja/nein

Alkohol
Trinken, nicht täglich und nur in sozial üblichen Mengen: ja/nein
Derzeit:
Täglich: ja/nein   was/wie viel: _____
Früher:
Trinken seit: _____
Erster Vollrausch: _____
Üblicherweise was/wie viel: _____
Früher mehr: ja/nein
Alkoholverträglichkeit: normal/nicht normal
Entzugszeichen: ja/nein   Entzugsbehandlung: ja/nein
Entwöhnungstherapien: ja/nein
Alkoholtypische Folgeerscheinungen: _____
☐ mangelnder Appetit, ☐ Gewichtsverlust, ☐ Kontrollverlust, ☐ epileptische An-
fälle, ☐ Wadenkrämpfe, ☐ Lebererkrankung, ☐ brennende Füße, ☐ Muskelschwund
der Waden, ☐ gerötete Gesichtshaut, ☐ Erbrechen, ☐ Durchfälle,
☐ vermehrte Schweißneigung, ☐ feuchte, kühle Hände und Füße, ☐ Schlaf- und Po-
tenzstörungen

Nicht stoffgebundene Süchte
Ja/nein
Welche: _____

Alkohol oder andere Suchtmittel zum Tatzeitpunkt
Ja/nein   was/wie viel: _____

Familienanamnese
Vater lebt – gestorben; Alter: _____; gestorben wann: _____ an: _____
Beruf:
Gesundheitsprobleme: ja/nein
Verhältnis/Kontakt: gut/schlecht
Mutter lebt – gestorben; Alter: _____; gestorben wann: _____ an: _____
Beruf: _____
Gesundheitsprobleme: ja/nein
Verhältnis/Kontakt: gut/schlecht
Wohnort der Eltern: _____ verheiratet/getrennt/geschieden seit: _____

Geschwister:
Gesamtzahl: _____
1. lebt – gestorben; Alter: _____; gestorben wann: _____ an: _____
wohnhaft in: _____   verheiratet: ja/nein
Beruf: _____   Kinder: _____
Gesundheitsprobleme: ja/nein
Verhältnis/Kontakt: gut/schlecht

◻ **Abb. 1.4** *Fortsetzung*

2. lebt – gestorben; Alter: _____; gestorben wann: _____ an: _____
wohnhaft in: _____ verheiratet: ja/nein
Beruf: _____ Kinder: _____
Gesundheitsprobleme: ja/nein
Verhältnis/Kontakt: gut/schlecht

3. lebt – gestorben; Alter: _____; gestorben wann: _____ an: _____
wohnhaft in: _____ verheiratet: ja/nein
Beruf: _____ Kinder: _____
Gesundheitsprobleme: ja/nein
Verhältnis/Kontakt: gut/schlecht

4. lebt – gestorben; Alter: _____; gestorben wann: _____ an: _____
wohnhaft in: _____ verheiratet: ja/nein
Beruf: _____ Kinder: _____
Gesundheitsprobleme: ja/nein
Verhältnis/Kontakt: gut/schlecht

5. lebt – gestorben; Alter: _____; gestorben wann: _____ an: _____
wohnhaft in: _____ verheiratet: ja/nein
Beruf: _____ Kinder: _____
Gesundheitsprobleme: ja/nein
Verhältnis/Kontakt: gut/schlecht

Stiefgeschwister: ja/nein   wer von den Genannten: _____
Halbgeschwister: ja/nein   wer von den Genannten: _____

Kinder

1. lebt – gestorben; Alter: _____; gestorben wann: _____ an: _____
wohnhaft in: _____ bei: _____ verheiratet: ja/nein
Beruf: _____ Kinder: _____
Gesundheitsprobleme: ja/nein
Verhältnis/Kontakt: gut/schlecht
Unterhalt gezahlt: ja/nein

2. lebt – gestorben; Alter: _____; gestorben wann: _____ an: _____
wohnhaft in: _____ bei: _____ verheiratet: ja/nein
Beruf: _____ Kinder: _____
Gesundheitsprobleme: ja/nein
Verhältnis/Kontakt: gut/schlecht
Unterhalt gezahlt: ja/nein

3. lebt – gestorben; Alter: _____; gestorben wann: _____ an: _____
wohnhaft in: _____ bei: _____ verheiratet: ja/nein
Beruf: _____ Kinder: _____
Gesundheitsprobleme: ja/nein
Verhältnis/Kontakt: gut/schlecht
Unterhalt gezahlt: ja/nein

◘ **Abb. 1.4** *Fortsetzung*

4. lebt – gestorben; Alter: _____; gestorben wann: _____ an: _____
wohnhaft in: _____ bei: _____ verheiratet: ja/nein
Beruf: _____ Kinder: _____
Gesundheitsprobleme: ja/nein
Verhältnis/Kontakt: gut/schlecht
Unterhalt gezahlt: ja/nein

5. lebt – gestorben; Alter: _____; gestorben wann: _____ an: _____
wohnhaft in: _____ bei: _____ verheiratet: ja/nein
Beruf: _____ Kinder: _____
Gesundheitsprobleme: ja/nein
Verhältnis/Kontakt: gut/schlecht
Unterhalt gezahlt: ja/nein

Familiäre Belastung mit psychischen Störungen
Nervenkrankheiten in der Familie aufgetreten: ja/nein
Wer/was: _____

Soziale Anamnese
Alter: _____
Geburtsort: _____ Land: _____
                                            Dorf/kleine/große Stadt
Bei Eltern aufgewachsen: ja/nein   aufgewachsen in: _____
Alter bei Auszug aus elterlichem Haus: _____
Muttersprache: _____
Religiös: ja/nein
Kindheit unauffällig und normal: ja/nein
Schöne/schlimme/schwierige/fordernde/gewalttätige Umwelt
Kindergarten: ja/nein
Schule Anzahl Jahre: _____ Sonderschule: nie/ von: ____ bis: ____
Abschluss: Hauptschule/Realschule/Gymnasium
Sitzengeblieben: ja/nein
Ausbildung zum: _____ Dauer: __ Jahre abgeschlossen: ja/nein

Berufliche und persönliche Entwicklung

Jahr/Ort	Beruf/Soziales

☐ **Abb. 1.4** *Fortsetzung*

Militär: ja/nein   Grund, warum nicht: _____
Dabei disziplinarrechtliche Probleme: ja/nein
Hobbys: _____
Wohnung: _____
Miete/Eigentum Größe: _____ m²/Zimmer
Mitbewohner: _____
Geld: ausreichend/knapp
☐ Sozialhilfe   ☐ Arbeitslosenhilfe   ☐ Arbeitslosengeld
Schulden: ja/nein
Höhe: _____ €; bei: _____
Offenbarungseid: ja/nein zuletzt: _____
Vermögen: ja/nein
Fahrerlaubnis erworben/entzogen wegen: _____

☐ Asylantrag gestellt   ☐ Aufenthaltsberechtigung
Status: bewilligt/abgelehnt/noch im Entscheidungsprozess
Vorstrafen: ja/nein
Andere anhängige Gerichtsverfahren: ja/nein
Haft: _____
Freunde/Bekannte: viele/wenige
Einzelgänger: ja/nein
Derzeitige Beziehung/Ehe: ja/nein   frühere Beziehungen: _____
Bekannt seit: 1./2./xx. Ehe
Verheiratet seit: _____   getrennt seit: _____
Geschieden seit: _____
Alter: _____   Beruf: _____
Gesund/krank
Beziehungsqualität: gut/schlecht
Weitere Partnerschaften: _____
Zukunftsperspektive/sozialer Empfangsraum: _____

Psychosexuelle Anamnese (Befragung, wenn indiziert)
Eintritt der Pubertät: _____ Lebensjahr
Konkrete Erinnerungen daran: ja/nein
Verbunden mit besonderen Ängsten, psychischen Belastungen oder Verhaltensände-
rungen: ja/nein
Körperliche Entwicklungsstörungen: ja/nein
1. Geschlechtsverkehr im Alter von _____ Jahren im Rahmen einer kurzen/lang
andauernden partnerschaftlichen Beziehung
Sexuelle Funktionsstörungen: ja/nein
Sexuelles Erleben subjektiv normal/nicht normal
Ungewöhnliche sexuelle Phantasien oder Praktiken (Phantasien und Praktiken in
Verbindung mit dem Zufügen oder dem Erleiden von Schmerzen, Gewaltphantasien,
Beherrschungs- oder Unterwerfungsphantasien, besonders ritualisierte Inszenie-
rungen): ja/nein
Phantasien oder Impulse, sich einer Frau oder Kindern gegen deren Willen und
mit Gewalt zu bemächtigen: ja/nein
Wann/was: _____
Eigene sexuelle Missbrauchserlebnisse: ja/nein
Wann/was: _____
Sexuelle Orientierung: _____

◻ **Abb. 1.4** *Fortsetzung*

Zum Untersuchungsanlass:
a. ohne Vorhalten von Aktenauszügen
b. mit Vorhalten (welche?) _____

3. Untersuchungsbefunde

Psychischer Befund
Freie Beschreibung/Eindruck (mit Formulierungsbeispielen):
Klein/mittelgroß/groß, schlank/adipös, kurze/lange/schwarze/braune/blonde Haare, Bart, Brille
Sportliche/modische/elegante/schlichte/einfache Kleidung
Körperlich und in der Kleidung nicht ganz/durchschnittlich/sehr gepflegt
Kein/ausgeprägter Akzent
Sehr jugendlich/vorgealtert wirkend
Pünktlich zum vereinbarten Untersuchungstermin erschienen
SOZIALKONTAKT: selbstunsicher/beflissen/selbstsicher/adäquat/höflich/
freundlich-zugewandt
AFFEKT: Stimmung nicht/auffällig verändert/subdepressiv/depressiv/ängstlich-
angespannt/hoffnungslos/ängstlich/ratlos/Gefühl des Ausgeliefertseins/affekti-
ve Schwingungsfähigkeit gut/nicht erhalten
ANTRIEB: nicht gestört/verlangsamt/müde/erschöpft
SUIZIDALITÄT: kein Anhalt für Suizidalität/latente Suizidalität/Lebensunlust/
ausgeprägter Todeswunsch mit/ohne konkrete Umsetzungsgedanken
KOGNITIONEN: Aufmerksamkeit und Konzentration gut/vermindert; Merkfähigkeit
und Gedächtnisfunktionen intakt/beeinträchtigt; gute/erschwerte Auffassungsgabe
FORMALES DENKEN: ungestört/verlangsamt/weitschweifig/inkohärent/zerfahren
INHALTLICHE DENKSTÖRUNGEN: keine/deutlich ausgeprägte Wahnsymptomatik mit Be-
einträchtigungs-, Verfolgungs- und Vergiftungsideen; Schilderungen von Phobi-
en/Zwängen
SINNESTÄUSCHUNGEN: akustische Halluzinationen (imperative/beschimpfende/
dialogisierende Stimmen)/optische Halluzinationen
ICH-STÖRUNGEN: keine/Derealisations-/Depersonalisations-/Fremdbeeinflussungs-
erleben/Gedankeneingebung/Gedankenentzug/Gedankenausbreitung
ORIENTIERUNG, BEWUSSTSEIN: wach/benommen/somnolent/bewusstseinsklar; orientiert zu Zeit/Ort/Situation/Person
PSYCHISCHE WERKZEUGSTÖRUNGEN: keine/welche?
INTELLIGENZ: unterhalb/im/oberhalb des Normbereiches

AMDP-Befund

Merkmalsbereich	Symptome
Bewusstseins-störungen	Quantitativ (Bewusstseinsverminderung) Qualitativ (Bewusstseinstrübung, -einengung, -verschiebung)
Orientierungs-störungen	Zeitlich, örtlich, situativ, zur Person
Aufmerksamkeits-störungen	Auffassungsstörungen, Konzentrationsstörungen, Merk-fähigkeits- und Gedächtnisstörungen

◻ **Abb. 1.4** *Fortsetzung*

Formale Denkstörungen	Verlangsamung, Hemmung, umständliches Denken, einge-engtes Denken, Perseveration, Grübeln, Gedankendrängen, Ideenflucht, Vorbeireden, Denken gesperrt/Gedankenabrei-ßen, Denken inkohärent/zerfahren, Neologismen
Inhaltliches Denken	Nicht wahnhaft: Zwang, Hypochondrie, Phobien, überwerti-ge Ideen, Misstrauen Wahnhaft: formale und inhaltliche Wahnmerkmale
Sinnestäuschungen	Illusionen, Halluzinationen auf verschiedenen Sinnes-modalitäten
Ich-Störungen	Derealisation, Depersonalisation, Gedankenausbreitung, -entzug, -eingebung, andere Fremdbeeinflussungserlebnisse
Störungen der Affektivität	Ratlosigkeit, Gefühl der Gefühllosigkeit, affektarm, Störung der Vitalgefühle, deprimiert/depressiv, hoff-nungslos, ängstlich, euphorisch, dysphorisch, gereizt, innerlich unruhig, klagsam/jammerig, Insuffizienzgefüh-le, gesteigertes Selbstwertgefühl, Schuldgefühle, Verar-mungsgefühle, ambivalent, Parathymie, affekt-labil, Af-fektdurchlässigkeit (-inkontinenz), affektstarr
Antriebs- und psychomotorische Störungen	Antriebsarm, stuporös, antriebsgehemmt, antriebsgestei-gert, motorisch unruhig, Parakinesen, maniriert/ bizarr, theatralisch, mutistisch, logorrhoisch
Zirkadiane Besonderheiten	Morgens schlechter, abends schlechter, abends besser
Sonstige Merkmale	Aggressivität, Selbstbeschädigung, Suizidalität, Man-gel an Krankheitseinsicht, Mangel an Krankheitsgefühl, Ablehnung der Behandlung, sozialer Rückzug, soziale Um-triebigkeit, Pflegebedürftigkeit

Allgemeiner körperlicher Befund (mit Formulierungsbeispielen für einen Normalbefund)

Untersuchungsdatum: _____

Guter Allgemein- und Ernährungszustand (gemessen: _____ kg, _____ cm)

Narben/Tätowierungen: keine

Haut, Gesichtsfarbe und sichtbare Schleimhäute: unauffällig

Lymphknoten nicht tastbar

Schilddrüse nicht vergrößert tastbar

Gebiss saniert, Zunge feucht, Rachenring nicht gerötet

Brustkorb symmetrisch, Lunge auskultatorisch und perkutorisch unauffällig bei vesikulärem Atemgeräusch. Lungengrenzen beidseits einen Querfinger verschieb-lich

Herztöne rein, keine pathologischen Herzgeräusche

Gefäßstatus unauffällig. Blutdruck _____ mmHg links im Liegen, Puls _____/min

Keine Ödeme oder Varizen

◘ Abb. 1.4 *Fortsetzung*

```
Abdomen weich, keine Druckschmerzhaftigkeit, keine Resistenzen, Darmgeräusche
lebhaft
Leber am Rippenbogen in der Medioklavikularlinie tastbar
Nierenlager beidseits frei
Vegetatives Nervensystem unauffällig
Keine eingeschränkte Beweglichkeit der Wirbelsäule und der Extremitäten


Neurologischer Befund
Händigkeit: links/rechts/beidhändig
Hirnnerven unauffällig
Keine Paresen, keine feinmotorischen Störungen
Keine Auffälligkeiten von Muskeltonus und -trophik
Muskeleigenreflexe seitengleich mittellebhaft auslösbar
Keine pathologischen Reflexe
Kein Meningismus, keine Stauungspapille
Keine Koordinationsstörungen
Sensibilität unauffällig, insbesondere Pallästhesie von allseits  8/8
```

◘ **Abb. 1.4** *Fortsetzung*

1.7   Gutachtenbeispiele

Im Folgenden wird ein psychiatrisches Gutachten zur Frage der Schuldfähigkeit und den Voraussetzungen einer Maßregel bei einem schizophrenen Patienten wiedergegeben (◘ Abb. 1.5). Es ist beispielhaft für andere gutachterliche Fragestellungen im Bereich von Psychiatrie und Psychotherapie zu verstehen. Anschließend wird – in einem ganz anderen Fall, einer Intelligenzminderung – beispielhaft ein testpsychologisches Gutachten dargestellt (◘ Abb. 1.6).

Geändert wurden jeweils alle Hinweise wie Namen und Orte, die auf den Begutachteten und seine Tatopfer Rückschlüsse erlauben. Zur besseren Lesbarkeit wurden dafür jeweils andere Bezeichnungen eingefügt.

Der Fall des schizophren erkrankten Peter Hardenberg ist inzwischen rechtskräftig abgeschlossen. In der Hauptverhandlung, in der Verhandlungsfähigkeit wieder bestand, gaben die Eltern und Nachbarn zu Protokoll, dass der Proband seit vielen Jahren regelmäßig über das Hören von Stimmen sowie über Verfolgungs- und Bedrohungserlebnisse Fremder berichtet hatte. Dies war für eine diagnostische Einschätzung ganz wesentlich. Ein Arbeitskollege gab darüber hinaus an, dass der Proband immer wieder von einer Art Mafia berichtet habe, die hinter ihm her sei. Nur er selbst sei auserwählt, die Menschheit durch seine Handlungen vor dem Bösen in Form dieser Mafia zu retten. Letztere habe eine Verbindung zu den italienischen Rechtspopulisten und sei noch immer Hitler und seinen Nazischergen ergeben. Nach dem Anschlag am 11. September 2001 in New York habe Herr Hardenberg ihm einmal erzählt, dass er nun wisse, dass er den Kampf gegen afghanische Gotteskrieger aufgenommen habe. Dies habe er (der Arbeitskollege) nicht ernst genommen.

In der Hauptverhandlung versuchte Herr Hardenberg wieder, sich als völlig gesund darzustellen. Sowohl für die beiden Berufs- wie auch die beiden Laienrichter der großen Strafkammer des Landgerichtes und für die übrigen Prozessbeteiligten war aber unverkennbar, dass er eine schwere, behandlungsbedürftige psychische Störung aufwies.

Das Urteil führte zu einem Freispruch wegen Schuldunfähigkeit (§ 20 StGB) sowie zu einer Einweisung in ein psychiatrisches Krankenhaus (§ 63 StGB). Auf Anraten seines Verteidigers verzichtete der Proband noch im Gerichtssaal auf eine Revision.

1

Univ.-Prof. Dr. Dr. Frank Schneider   52074 Aachen, 22.9.2014
Direktor der Klinik für Psychiatrie,   Pauwelsstr. 30
Psychotherapie und Psychosomatik   Tel.: 0241 80 89 633
Uniklinik RWTH Aachen   Fax: 0241 80 82 401
                                             psychiatrie@ukaachen.de
                                             www.psychiatrie.ukaachen.de

An die
Staatsanwaltschaft
43569 Kleve

44 Dk 97/14

Auf Ersuchen der Staatsanwaltschaft Kleve vom 11.7.2014 (hier eingegangen am
14.7.2014) erstatten wir das folgende vorbereitende, wissenschaftlich begründete

psychiatrische Gutachten

über Herrn
Peter Hardenberg,
geb. am 3.11.1978 in Kleve,
zzt. Rheinische Kliniken Bedbach.

In einem Gutachten soll aus psychiatrischer Sicht zur Frage der Schuldfähigkeit gemäß den §§ 20, 21 StGB und ggf. zu den Voraussetzungen einer Maßregel
entsprechend § 63 StGB Stellung genommen werden.
    Es lagen vor die Akten der Staatsanwaltschaft Kleve, Az.: 44 Dk 97/14,
Blatt 1 bis 103. Die vom Unterzeichnenden am 16.7.2014 angeforderte Betreu-
ungsakte des Amtsgerichtes Kleve stand noch nicht zur Verfügung.
    Darüber hinaus entband der Proband die ihn vormals und gegenwärtig behan-
delnden Ärzte von ihrer Schweigepflicht, sodass entsprechende Unterlagen zum
Zwecke der Gutachtenerstellung angefordert und verwendet werden konnten.
    Das Gutachten stützt sich auf eine ambulant durchgeführte psychiatrische
Untersuchung am 6.8., 11.8. und 18.8.2014 in den Kliniken Bedbach.
    Zu Beginn der gutachterlichen Exploration wurde Herr Hardenberg über Auf-
traggeber und Fragestellung des Gutachtens informiert. Auch die möglichen Konsequenzen im Rahmen des Gutachtenauftrages wurden eingehend vorgestellt und
erläutert, wobei der Proband jederzeit die Möglichkeit zu Rückfragen hatte.
Der Unterzeichner wies Herrn Hardenberg darauf hin, dass es ihm freistehe, Angaben zu machen, insbesondere, dass seine Mitarbeit vollkommen freiwillig sei,
ferner, dass er alle oder auch nur einzelne Fragen beantworten könne, dass
keine Vertraulichkeit bestehe und er unmittelbar die Unterredung beenden könne. Weiterhin wurde er darüber aufgeklärt, dass er zunächst seinen Anwalt oder
eine andere Person hinzuziehen dürfe, um zu erfragen, ob dieser ihm die Mitarbeit an einem psychiatrischen Gutachten empfehle. Ein weiterer Hinweis bezog sich darauf, dass der Sachverständige grundsätzlich dem Gericht gegenüber
zur Aussage verpflichtet ist und insoweit kein Schweigerecht hat. Zum Termin
am 6.8.2014 erklärte der Proband, dass er nicht an der Begutachtung mitwirken
wolle. Er wolle sich zunächst mit seinem Rechtsanwalt beraten. Herr Rechtsanwalt Berger aus Köln teilte sodann am 8.8.2014 per Fax mit, dass der Proband
mit der Begutachtung einverstanden sei, weswegen Herr Hardenberg am 11.8.2014
erneut aufgesucht wurde. Nunmehr erklärte er sich bereit, an der Begutachtung
mitzuwirken. Dieses Einverständnis wiederholte er am 18.8.2014.

◻ **Abb. 1.5** Psychiatrisches Beispielgutachten

Übersicht über die Aktenlage
Akten der Staatsanwaltschaft Kleve, Az.: 44 Dk 97/14
Auf Blatt 1 findet sich die Festnahmeanzeige des Probanden vom 25.6.2014. Danach hätte der Proband am genannten Tag in die psychiatrische Abteilung des Krankenhauses Kleve eingewiesen werden sollen. Der Proband sei bereits mehrfach zuvor gewalttätig aufgetreten. Er habe sich in seiner Wohnung versteckt gehabt, mit einer Axt in Richtung eines Polizisten schlagen wollen und sei dann aus einem Badezimmerfenster geklettert, eine Axt, ein Beil sowie ein Messer in den Händen. Der Proband sei weggerannt und habe auf dem gegenüberliegenden elterlichen Gehöft seinen Vater mittels Axt und Beil angegriffen, der am Arm verletzt worden sei. Daraufhin sei der Proband überwältigt und vorläufig festgenommen worden. Nähere Angaben zum Tatablauf gegenüber dem Vater finden sich in einem polizeilichen Vermerk auf den Blättern 5 und 7.

Blatt 48 enthält das Protokoll einer Anhörung des Herrn Horst Hardenberg aus Hünxe vom 26.6.2014. Der Vater des Probanden wurde in der chirurgischen Ambulanz eines Krankenhauses angetroffen. Er berichtete, dass der Proband seit geraumer Zeit psychisch sehr auffällig gewesen sei. Unter anderem bewerfe er Autos mit Steinen oder demoliere sie mit Werkzeugen. Auch müsse die Familie häufiger unter den Gewaltausbrüchen des Probanden leiden. Bislang seien trotz intensiver Bitten seitens der Familie weder das Gesundheitsamt noch andere Behörden tätig geworden. Am frühen Morgen des Tattages sei der Proband mit einem Hammer bewaffnet auf seinem Bauernhof unterwegs gewesen, habe ein Fahrzeugfenster und dann eine Scheibe eines Wohnhauses eingeschlagen. Dann habe der Proband ihn, den Vater, mit Steinen beworfen und mit einem Hammer bedroht. Einige Stunden später, am Mittag, sei der Proband auf seinen Hof gelaufen, wild mit Beil und Axt um sich schlagend. Dabei habe er zu dem Geschädigten/Vater gerufen: „Ich mache Dich alle. Du Sau. Du Nazi-Schwein." Er habe das Beil in seine Richtung geschleudert. Der Proband habe ihn hiernach mit einer Axt am linken Arm getroffen. Daraufhin sei er gestürzt und von der Axt vermutlich auch im oberen Rückenbereich getroffen worden. Zu diesem Zeitpunkt habe sein Sohn noch mit der Axt über ihm gestanden. Der Vater habe ihn zu Fall bringen können. Die Polizei sei sodann vor Ort erschienen.

Bei der polizeilichen Vernehmung vom 27.6.2014 (Blatt 63) gab der Proband an, dass er keine Angaben machen wolle.

Die psychiatrische Abteilung des Hubertus-Hospitals in Kleve berichtete dem Amtsgericht Kleve am 9.7.2014 von der Unterbringung des Probanden in der Klinik gem. PsychKG NW seit dem 27.6.2014. Diagnostisch liege aller Wahrscheinlichkeit nach eine anhaltende wahnhafte Störung vor (ICD-10: F22.0). „Es bestehen überzeugende Anhaltspunkte dafür, dass aus dieser Störung heraus eine anhaltende Fremdgefährlichkeit resultiert. Herr Hardenberg leidet offenbar unter der wahnhaften Überzeugung, dass gegen ihn ein Komplott geschmiedet, er gemobbt wird usw. Er fühlt sich deshalb im Recht, wenn er gegen die von ihm als Aggressoren empfundenen dritten Personen gewaltsam vorgeht. Letzte diagnostische Sicherheit besteht allerdings deshalb nicht, da sich Herr Hardenberg während der gesamten Behandlungsdauer auf keinerlei Behandlungsbündnis eingelassen hat. Er teilt den Behandelnden nichts über seine innere Befindlichkeit mit. Es festigt sich der Eindruck, dass die Behandelnden und alle übrigen am Unterbringungsvorgang Beteiligten mittlerweile in sein Wahnsystem einbezogen und als feindselig angesehen werden." Die Krankheitsprognose wurde als sehr schlecht beschrieben. Man bat, die Möglichkeiten einer Unterbringung zur Begutachtung und ggf. Sicherung in einer forensischen Psychiatrie zu prüfen.

Auf Blatt 91 findet sich der Unterbringungsbefehl des Amtsgerichtes Kleve vom 11.7.2014, der die einstweilige Unterbringung nach § 126a StPO in einem psychiatrischen Krankenhaus anordnete.

Arztschreiben (nicht in der Akte der Staatsanwaltschaft vorhanden)
Die psychiatrische Abteilung des Hubertus-Hospitals in Kleve berichtete am 1.8.2014 in einem Kurzarztbrief über einen stationären Aufenthalt vom 27.6.

◻ **Abb. 1.5** *Fortsetzung*

bis zum 11.7.2014 wegen anhaltender wahnhafter Störung (ICD-10: F22.0). Es sei eine beschützte, geschlossene Unterbringung nach PsychKG durchgeführt worden. Der Proband sei bezüglich der Medikation compliant, eine Exploration wegen der Verweigerungshaltung nicht möglich gewesen. Die laborchemischen Befunde bei Aufnahme sowie im Verlauf zeigten keine Auffälligkeiten. Bei Entlassung sei folgende Medikation verabreicht worden: Olanzapin 20 mg, Fluvoxamin 50 mg, Zopiclon 7,5 mg.

Krankengeschichte aus den Unterlagen der Rheinischen Kliniken Bedbach
Herr Hardenberg wurde am 11.7.2014 gemäß dem Unterbringungsbefehl des Amtsgerichtes Kleve auf der Rechtsgrundlage des § 126a StPO in der Klinik stationär aufgenommen. Vorausgegangen war eine stationäre Behandlung gemäß dem PsychKG NW im Hubertus-Hospital in Kleve.

Eine allgemein-körperliche und neurologische Untersuchung vom 11.7.2014 ergab keine relevanten Auffälligkeiten.

Die laborchemischen Untersuchungen vom 11.7.2014 zeigten leichte Erhöhungen von Bilirubin, Glukose und Harnstoff bei im Übrigen unauffälligen Befunden der Transaminasen, der Enzyme, des Gesamteiweißes, der Retentionsstoffe, der Blutfette und der Spurenelemente. Ein TSH-Test ergab ein Ergebnis im Normbereich.

Ein am 14.7.2014 abgeleitetes EEG wies eine niedrige Amplitude von ca. 9 Hz entsprechend einem Alphagrundrhythmus auf. Ein Seiten- oder Herdhinweis oder Zeichen gesteigerter zerebraler Erregbarkeit konnten nicht festgestellt werden.

Ein am 14.7.2014 abgeleitetes EKG ergab einen unauffälligen Befund.

Im Rahmen einer internistischen Konsiliaruntersuchung vom 16.7.2014 wurde eine bekannte Aortenklappeninsuffizienz mit einer letzten kardiologischen Untersuchung vor 3 Jahren bei Dr. Paul in Viersen geschildert, die keiner klinischen Behandlung bedurfte.

Der Proband wurde seit der Aufnahme durchgängig mit 20 mg Olanzapin behandelt, zeitweise mit 50 mg Fluvoxamin bzw. bis zu 2 mg Lorazepam und erhält seit dem 24.7.2014 durchgängig 600 mg Amisulprid, 1 Tablette Zopiclon und 3 mg Lorazepam.

Eine testpsychologische Untersuchung am 22.7.2014 zeigte bei dem prämorbid gut durchschnittlich bis überdurchschnittlich intelligenten und nach eigener Einschätzung leicht depressiven Patienten zum Testzeitpunkt in den durchgeführten Verfahren (WIE, d2) keine Beeinträchtigungen der aktuellen intellektuellen Leistungsfähigkeit. Die Persönlichkeitsverfahren ergaben bei deutlicher Dissimulation, die eine gültige Interpretation einschränkte, Erhöhungen in den Skalen Hypochondrie und Psychasthenie (MMPI-2). Hinweise auf eine hirnorganische Beeinträchtigung fanden sich nicht (Benton-Test, SKT).

Immer wieder wurde in Eintragungen dokumentiert, dass der Proband im stationären Alltag zurückgezogen sei und keinen Kontakt zu Mitpatienten, ärztlichen und psychologischen Mitarbeitern oder dem Pflegepersonal ergreife. So wird z. B. am 21.7.2014 beschrieben, dass der Proband unsicher und misstrauisch sei und auf Ansprache oder Blickkontakt ausweiche. Im ärztlichen Gespräch habe er sich wortkarg gezeigt, einsilbig und leise. Auf konkrete Fragen bezüglich des Deliktes und auf Fragen bezüglich seiner Vergangenheit sei er danebenredend und ausweichend. Ebenfalls wurde eine depressive Beeinträchtigung beschrieben.

Am 23.7.2014 heißt es über ein psychotherapeutisches Gespräch u. a.: „Insgesamt wirkt der Patient im Gespräch angestrengt, denkt lange nach und äußert oft erst auf Nachfrage Bruchstücke seiner Geschichte ohne Zusammenhänge. Affektiv wirkt er ratlos. Wenn er über das ihn widerfahrene Unrecht spricht, zeigt er sich deutlich angespannt."

Unter dem 28.7.2014 findet sich folgende Eintragung: „In Erwartung des ersten Gutachtergespräches spricht Hr. Hardenberg von sich aus mehr, wirkt gespannt und ist deutlich sitzunruhig. Auf Fragen nach seinen Annahmen und Vermutungen bzgl. der Ursachen der Problementwicklung (denkbar, dass diese wahnhaft sind) besteht er anders als in der letzten Sitzung erneut darauf,

◘ Abb. 1.5 *Fortsetzung*

unwissend zu sein. Er erklärt, auch dem Gutachter nur erzählen zu können, was er der Referentin bereits erzählt habe. […] Nach bereits beendetem Gespräch kommt der Patient erstmalig von sich aus auf die Referentin zu, um zu klären, was und aus welchem Grund diese dem Gutachter besser verschweigen solle. Dabei handelt es sich um bereits fremdanamnestisch von der Mutter berichtete Vorfälle. Der Patient scheint diese im Zusammenhang mit dem Gegenstand der Begutachtung überzubewerten."

Nach gewisser Besserung der psychotischen und depressiven Symptomatik in den ersten beiden Augustwochen 2014 heißt es ab dem 14.8.2014 wieder regelmäßig, dass der Proband zurückgezogen, misstrauisch, depressiv, reduziert schwingungsfähig, leicht angespannt und nervös gewesen sei.

Eigene Angaben des Untersuchten
Eine psychiatrische oder psychologische Vorbegutachtung sei nie durchgeführt worden.

Vor einigen Wochen sei eine Betreuung eingerichtet worden, und zwar kurz vor der Aufnahme in der Klinik. Der Betreuer heiße Herr Schlauf. Er mache seinen Job mäßig gut und sei für Aufenthalt und medizinische Betreuung zuständig.

Zur aktuellen Befindlichkeit
Körperlich sei er völlig gesund. Er habe keine Schmerzen, keine Behinderungen. Psychisch habe er eigentlich kein Problem, fühle sich vom Nervlichen her völlig gesund.

Auf Nachfrage gab der Proband an, dass er möglicherweise wegen der Anlasstat in der Klinik sei. Der Staatsanwalt wolle das so. Er wisse allerdings keinen Grund. Der Rechtsanwalt sage, er solle erst einmal hier in der Klinik bleiben und keinen Widerspruch dagegen einlegen. Daran halte er sich jetzt.

Wenn er jetzt entlassen würde, könne er bei den Eltern wohnen. Seine jetzige Wohnung habe er gekündigt. Diese sei gegenüber den Eltern lokalisiert. Seine Wohnung habe er noch einen Monat bis zum Ablauf der Kündigungsfrist.

Er könne auch wieder mit seiner Tätigkeit als Systemadministrator beginnen, sei dort gegenwärtig krank gemeldet, und zwar seit dem Zeitpunkt der Anlasstat vor einigen Wochen.

Frühere Krankheiten
Mit etwa 5 Jahren habe er eine Operation im Mundraum wegen eines Geschwürs gehabt. Die Vereiterung sei ambulant behandelt worden. Er habe keine Folgeprobleme entwickelt.

Im Übrigen seien keine schweren Krankheiten aufgetreten, Operationen durchgeführt worden oder Unfälle geschehen. Auch habe er nie eine Gehirnerschütterung oder eine Verletzung des Gehirns gehabt.

Psychische Erkrankungen
Er sei noch nie in seinem Leben nervenkrank gewesen.

Nach der Anlasstat sei er nach dem Gesetz für einige Zeit in der Psychiatrie im Hubertus-Hospital in Kleve gewesen, anschließend in die Rheinischen Kliniken Bedbach gekommen. Dies sei sein erster stationärer Aufenthalt in einer Nervenklinik.

Vor 2 Jahren sei er einmal bei dem Neurologen Dr. Krass in Viersen gewesen, weil er stärkere Kopfschmerzen gehabt habe. Ihm sei Aspirin verordnet worden. Die Kopfschmerzen seien langsam besser geworden, dann vollständig verschwunden.

Im Übrigen sei er sonst nie bei einem Nervenarzt, Psychiater, Neurologen oder Psychologen in Behandlung gewesen.

Er habe niemals einen Selbstmordversuch in Erwägung gezogen oder durchgeführt.

◘ **Abb. 1.5** *Fortsetzung*

Medikation

Er nehme derzeit Medikamente ein, Solian 500 mg über den Tag verteilt. Solian erhalte er seit ein paar Wochen. Vorher habe er Zyprexa gehabt, das sei nicht ganz so gut gewesen. Das könne er aber nicht näher konkretisieren. Mit Solian fühle er sich jetzt wohler. Daneben nehme er noch 1 mg Tavor, was fest angesetzt sei.

Zum Tatzeitpunkt habe er keine Medikamente und keine Drogen eingenommen, aber zuvor am Morgen eine Flasche Bier getrunken.

Frühkindliche Entwicklung

Schwangerschaft, Geburtsverlauf und frühkindliche Entwicklung seien unauffällig gewesen.

Prämorbide Persönlichkeit

Eine Art Lebensknick sei niemals bei ihm aufgetreten.

Vegetative Anamnese

In den letzten 4 Wochen sei der Schlaf gestört, er werde in der letzten Zeit konstant sehr früh wach. Er schlafe üblicherweise von 21 bis 4 Uhr morgens. Auch halte er immer eine halbe Stunde Mittagsschlaf.

Der Appetit sei gut, er habe aber seit der Aufnahme hier in der Klinik 2 kg abgenommen. Er wiege derzeit 78 kg bei 173 cm Körpergröße.

Sexuelle Lust verspüre er seit der Aufnahme in der Klinik nicht mehr, in der alten Klinik sei diese noch normal gewesen. Die Potenz sei ansonsten normal.

Probleme beim Wasserlassen oder beim Stuhlgang bestünden nicht.

Eine Allergie oder Überempfindlichkeit sei nicht bekannt.

Tages- oder jahreszeitliche Schwankungen der Stimmung kenne er aus der Vergangenheit ebenfalls nicht.

Zum Tatzeitpunkt sei der Schlaf gut gewesen, jedenfalls besser als jetzt. Auch sein Appetit sei gut gewesen, er habe damals 2 kg mehr gewogen als heute. Sexuelle Lust und Potenz zum Tatzeitpunkt bezeichnete Herr Hardenberg als völlig normal. Er habe damals keine Probleme beim Wasserlassen oder beim Stuhlgang gehabt.

Zum Tatzeitpunkt habe er sich gut gefühlt. Jetzt fühle er sich schlechter, weil er eingesperrt sei.

Suchtanamnese

Er habe noch nie in seinem Leben geraucht.

Erfahrungen mit illegalen Drogen wie Haschisch, Kokain, synthetischen/Designerdrogen, Heroin, LSD, Speed bzw. Amphetaminen oder verschreibungspflichtigen Medikamenten vom Schwarzmarkt habe er niemals gemacht.

Alkohol sei für ihn nie ein Problem gewesen. Er habe nur Bier getrunken, dann 1 Flasche à 0,5 l am Tag, aber nicht täglich.

Das erste Mal habe er in der Pubertät Alkohol getrunken und sei das erste Mal mit 16 Jahren volltrunken gewesen. Dies habe sich später wiederholt, vielleicht ein paar Mal im Jahr. Niemals habe er aber mehr oder regelmäßiger Alkohol getrunken.

Entzugszeichen von Alkohol kenne er nicht. Eine Alkoholentwöhnungsbehandlung habe er nie durchgeführt, eine solche sei ihm auch nie empfohlen worden. Alkoholtypische Folgeerkrankungen wurden auf konkretes Nachfragen verneint.

Familienanamnese

Der Vater lebe 60-jährig, sei Landwirt, gesund. Das Verhältnis zu ihm sei gut, anders als früher; gebessert habe es sich erst hier in der Klinik.

Die Mutter lebe 54-jährig, sei Hausfrau, ebenfalls gesund. Auch zu ihr bestehe ein gutes Verhältnis.

◻ Abb. 1.5 *Fortsetzung*

Jetzt habe er vor, wegen der Anlasstat nach Köln in die Nähe seiner Arbeitsstelle zu ziehen, weg von den Eltern. Mit den Eltern habe er noch nie über seine Tat gesprochen. Sie kämen beide einmal wöchentlich in die Klinik.

Er habe einen 2 Jahre älteren, gesunden Bruder, einen Maurer, der mit seiner Familie in einem neuen Mehrfamilienhaus der Eltern wohne. Dieser sei verheiratet und habe 2 Kinder. Das Verhältnis zum Bruder sei ebenfalls gut, er komme hin und wieder zu Besuch.

Dann habe er noch einen 2 Jahre jüngeren Bruder, von Beruf Schlosser, der alleine in einer Wohnung in dem genannten Mehrfamilienhaus wohne. Dieser Bruder sei nicht verheiratet, habe auch keine Kinder. Der Bruder sei gesund. Das Verhältnis zu ihm empfinde er als nicht so eng, der Bruder sei einmal in der Klinik zu Besuch gewesen.

Weitere Geschwister, insbesondere Halb- oder Stiefgeschwister, habe er nicht, auch keine Kinder.

Nervenkrankheiten seien in der Familie nicht aufgetreten.

Soziale Anamnese
Er sei vor 36 Jahren in Kleve geboren und dort bei den Eltern aufgewachsen. Mit 25 Jahren habe er den elterlichen Haushalt verlassen.

Die Kindheit sei schön gewesen. Er habe den Kindergarten besucht, dann das Gymnasium, bis zum Abitur. Er sei nie sitzengeblieben.

Nach dem Abitur habe er eine Ausbildung als Biologisch-Technischer-Assistent bei einer großen Firma gemacht. Vor der IHK Kleve habe er diese nach 2½ Jahren erfolgreich abgeschlossen.

Er habe noch 7 Monate bei der Ausbildungsfirma gearbeitet, dann seinen Zivildienst geleistet: Er sei im Allgemeinkrankenhaus Paul-Hospital in Wuppertal gewesen, habe z. T. im Büro geholfen, z. T. in der Kinderabteilung bei verschiedenen Untersuchungen ausgeholfen. Er habe an seinem Einsatzort im Schwesternwohnheim ein Zimmer bewohnt.

Nach dem Zivildienst sei er 6 Monate arbeitslos gewesen, habe anschließend eine im Vergleich zum Ausbildungsberuf herabgestufte Tätigkeit als Operator bei der Firma Clearing in Kleve über 2 Jahre ausgeübt. Dann habe er sich intern versetzen lassen, und zwar auf eine Stelle als Juniorprogrammierer für 4 Jahre. Im Rahmen von betriebsbedingten Stellenstreichungen sei es zu einem Aufhebungsvertrag gekommen.

Bei der Firma Rational in Köln habe er dann vor 2 Jahren seine Tätigkeit als Systemadministrator begonnen. Das Beschäftigungsverhältnis bestehe noch, er sei derzeit krank geschrieben, aber erst seit der Anlasstat.

Er wohne seit dem 25. Lebensjahr allein in einer 80 m² großen Wohnung zur Miete, diese befinde sich in einem Dorf bei Kleve. Die Wohnung habe er gekündigt. Die Eltern würden nun seine Möbel ausräumen und einlagern.

Sein Geld sei ausreichend gewesen; er habe keine Schulden, sondern ein bisschen Vermögen.

Die Fahrerlaubnis für die Klasse 5 zum Fahren von Traktoren habe er im 16. Lebensjahr, die Klasse 3 im 18. Lebensjahr gemacht. Vor 4 Jahren sei er zu schnell gefahren, er habe damals 100 € Geldstrafe bezahlen müssen, und der Führerschein sei für einen Monat eingezogen worden. Vor einem Jahr sei er bei einer Alkoholfahrt mit 0,5‰ in eine Routinekontrolle geraten. Er habe wieder 100 € Geldstrafe bezahlen müssen, der Führerschein sei für einen Monat eingezogen worden.

Das Amtsgericht Kleve habe ihn vor 3 Jahren wegen Körperverletzung gegenüber seiner ehemaligen Freundin zu 3000 € Geldstrafe verurteilt. Vom Amtsgericht sei er vor 2 Jahren mit 4000 € wegen Sachbeschädigung bestraft worden, weil er das Auto des gegenwärtigen Freundes dieser früheren Freundin mit Steinen beworfen haben sollte. Das stimme aber nicht, er habe nur Sand darauf geworfen. Die Freundin und ihr Freund seien immer wieder bei seinem Vater aufgetaucht, hätten dort ein Pferd unterstellen wollen, was ihm aber nicht recht gewesen sei. Sein Vater könne einfach nicht einsehen, dass die beiden ihnen

◻ Abb. 1.5 *Fortsetzung*

schaden wollten. Der Vater hätte dieses Einsehen auch früher nicht gehabt. Näheres dürfe er dazu nicht angeben.

Weitere anhängige Gerichtsverfahren gebe es nicht. In Haft sei er nie gewesen.

Sein Freundes- und Bekanntenkreis sei mittelgroß. Er habe keinen guten Freund, sei jedoch kein Einzelgänger.

Derzeit habe er keine Beziehung. Zuletzt sei er mit einer Frau aus Bonn zusammen gewesen, über 3 Monate, vor einem Jahr. Früher sei er 6 Jahre mit einer Frau zusammen gewesen, habe auch mit ihr zusammen gewohnt, und zwar bis vor 4 Jahren. Diese Zeitangaben seien alle ungefähr. Er sei niemals verheiratet gewesen.

Homosexuelle Neigungen kenne er nicht.

Zum Untersuchungsanlass
Erste Befragung
Die Polizei sei bei ihm zu Hause gewesen, habe ihn gegen seinen Willen mit dem Ordnungsamt in eine Klinik mitnehmen wollen. Er habe sich in sein Badezimmer eingeschlossen, zusammen mit einer Axt, einem Beil und einem Messer. Er habe gewusst, dass die Polizei mit der früheren Freundin und ihrem neuen Freund ein Komplott gegen ihn schmieden würde. Diese Botschaft sei aus dem Fernseher gekommen, eine Stimme habe ihm das in den Tagen vor diesem Anlass immer wieder gesagt, morgens, abends und in der Nacht. Es sei immer eine männliche Stimme gewesen, die er allerdings keiner ihm bekannten Person zuordnen könne. Diese Stimme habe er erstmals vor ein paar Jahren gehört, auch vor den anderen ihm vorgeworfenen, bereits abgeurteilten Straftaten. Darüber habe er aber noch nie mit jemandem gesprochen. Mehr dürfe er dazu nicht sagen. Das habe mit dem Komplott gegen ihn zu tun. Eine Art afghanische Mafia sei hinter ihm her. Den Grund dürfe er auch nicht sagen. Es habe aber mit seiner Arbeit als Systemadministrator zu tun, allerdings sei er da nicht ganz sicher. Begonnen habe dies nach dem Anschlag in New York vom 11. September 2001.

Dann sei die Tür aufgebrochen worden, er habe die Leute mit der Axt verschreckt, daraufhin seien alle verschwunden. Er sei aus dem ebenerdigen Fenster geklettert und zum Vater auf den Hof gegenüber der Straße gelaufen, und zwar mit Axt, Beil und Messer.

Er sei dann auf den Vater los, weil der die Polizei gerufen hätte. Dies sei eine Art Strafe für den Vater gewesen. Die Stimme habe ihm den Befehl zum Eingreifen gegeben. Was die Stimme genau gesagt habe, wisse er nicht mehr. Sinngemäß habe sie gesagt, dass er nun mit der Zerstörung des Vaters den konspirativen Ring der Mafia zerschlagen müsse. Er habe gar keine andere Wahl gehabt als zuzuschlagen. Eigentlich tue ihm schon leid, dass er den Vater habe verletzen müssen. Es sei schon richtig, dass der Vater nicht zu der Mafia gehöre, ganz sicher sei er sich aber nicht.

Der Vater habe sich mit einem Weidezaunpfahl, einem 2 m langen Holz, gewehrt, habe ihm in das Gesicht geschlagen. Er habe dann dem Vater einmal mit der scharfen Seite der Axt in den Arm geschlagen und sie dann weggeworfen. Der Vater habe auf dem Boden gelegen, sei überströmt von Blut gewesen. Er habe dann dem Vater noch einmal mit dem Beil auf die Schulter geschlagen, wieder mit der scharfen Seite. Dann habe er das Beil weggeworfen, weil sein Auftrag jetzt erfüllt gewesen sei. Das habe die Stimme ihm damals so gesagt. Das Messer habe er schon vorher weggeworfen.

Dann habe er einen Würgegriff bei dem Vater angesetzt. Mit einem Würgegriff meine er einen „Schwitzkasten". Dann sei die Polizei gekommen, habe sie beide auseinander gebracht. Er sei festgenommen worden, einen Tag in Polizeigewahrsam gewesen, dann in die Klink gekommen, das Hubertus-Hospital in Kleve.

Auf Nachfragen gab der Proband an, dass er zu dem damaligen Zeitpunkt ziemlich aufgeregt gewesen sei, weil er eingewiesen werden sollte. Schon morgens habe er mit dem Vater gestritten, einfach so. Der Vater habe ihm an dem Morgen Hausverbot erteilt. Den Grund dafür wisse er nicht.

□ **Abb. 1.5** *Fortsetzung*

Zweite Befragung
Nachdem der Proband nach Thematisierung der Anlasstat am 11.8.2014 zunehmend und in bedrohlicher Weise aggressiv, angespannt, unruhig, zerfahren und emotional beeinträchtigt wirkte, wurde die Untersuchung abgebrochen; am 18.8.2014 wurde der Proband aber nochmals und unter Vorhalt einiger Aktenauszüge nach dieser Situation befragt. Dabei gab er an:
  Damals sei er gesund gewesen. Auch rückblickend gebe es keinen Grund, dass er in eine Klinik habe gehen müssen. Er bedaure, was er getan habe, wisse jedoch nicht, warum andere Leute darauf kommen würden, dass er krank gewesen sein könnte.
  Unter Vorhalt aus den Akten (Blatt 3 Mitte) gab der Proband an, es stimme, dass er von der Polizei mit Pfefferspray eingesprüht worden sei. Dies habe er vergessen.
  Die Auskunft (Blatt 7), wonach er den Vater mit „Spastiker" und „Nazi-Sau" beschimpft habe, könne er so nicht mehr nachvollziehen. Dies wisse er nicht mehr. Dass er mit dem Hammer gegen den Geländewagen des Vaters geschlagen habe, sei dagegen richtig (Blatt 7 unten).
  Die Aussage (Blatt 8 oben), wonach er in regelmäßigen Abständen auf dem Hof des Vaters und in der Wohnung seines Bruders randaliert habe, sei falsch.
  Auf die Frage, was das Ziel des Angriffs auf den Vater gewesen sei, äußerte der Proband, dass er den Vater habe bestrafen und nicht töten wollen. Er habe ihm wehtun wollen, weil dieser ihn vorher an die Polizei verraten hätte. Es sei aber nicht richtig, dass die Situation mit dem Vater etwas mit Mobbing oder einem Komplott gegen ihn zu tun gehabt haben könnte. Es gebe kein Komplott gegen ihn.
  Auch sei falsch, dass irgendjemand feindselig gegen ihn eingestellt sei. Er wisse jedenfalls nichts von Feindseligkeit. Es gebe niemanden auf der Welt, dem er Schaden zufügen oder der ihm Schaden zufügen wollte. Allerdings dürfe er dazu nichts weiter sagen: Seine Stimme drohe ihm schon seit über 2 Jahren, dass die Menschheit sterben müsse, wenn er dagegen verstoße. Daran halte er sich, er habe eigentlich schon zu viel erzählt.
  Auf die Frage nach seinem Zustand bei den letzten Treffen antwortete der Proband, dass nichts mit ihm los gewesen sei. Auf wiederholtes Nachfragen gab er an, dass er Unruhe verspürt habe. Er habe jedoch nicht bemerkt, dass er angespannt gewesen sei.

Untersuchungsbefunde
Allgemeiner körperlicher Befund
Guter Allgemein- und übergewichtiger Ernährungszustand (91 kg, 175 cm, BMI 29,7 kg/m^2).
Reizlose Narbe (anamnestisch nach Impfung in der Kindheit) im Bereich des rechten Oberarmes, ca. 3×5 cm. Im Übrigen Haut, Gesichtsfarbe und sichtbare Schleimhäute unauffällig.
Keine Lymphknoten tastbar.
Schilddrüse nicht vergrößert tastbar.
Gebiss bis auf einige Zahnlücken saniert, Zunge feucht, Rachenring nicht gerötet.
Brustkorb symmetrisch, Lunge auskultatorisch und perkutorisch unauffällig bei vesikulärem Atemgeräusch. Lungengrenzen beidseits einen Querfinger verschieblich.
Herztöne rein, keine pathologischen Herzgeräusche.
Gefäßstatus unauffällig.
Blutdruck 140/80 mmHg links im Liegen, Puls 82/min.
Keine Ödeme oder Varizen.
Abdomen weich, keine Druckschmerzhaftigkeit, keine Resistenzen, Darmgeräusche lebhaft.
Leber am Rippenbogen in der Medioklavikularlinie tastbar.
Nierenlager beidseits frei.
Vegetatives Nervensystem unauffällig.
Keine eingeschränkte Beweglichkeit der Wirbelsäule und der Extremitäten.

◻ **Abb. 1.5** *Fortsetzung*

Neurologischer Befund
Rechtshändigkeit.
Hirnnerven unauffällig.
Keine Paresen, keine feinmotorischen Störungen.
Keine Auffälligkeiten von Muskeltonus und -trophik.
Muskeleigenreflexe seitengleich sehr lebhaft auslösbar.
Keine pathologischen Reflexe.
Kein Meningismus, keine Stauungspapille.
Keine Koordinationsstörungen.
Sensibilität unauffällig, insbesondere Pallästhesie von allseits 8/8.

Psychischer Befund
Herr Hardenberg ist knapp mittelgroß, hatte eine Halbglatze und war übergewichtig. Er trug legere einfache Kleidung und war körperlich und in der Kleidung durchschnittlich gepflegt. In der Motorik zeigte sich der Proband sehr steif, wies einen leichten Tremor, zeitweise Manierismen und eine ausgeprägte Akathisie auf.

Im Sozialkontakt wirkte er selbstunsicher, dabei höflich und misstrauisch.

Die Stimmung war deutlich depressiv-angstvoll verändert, die affektive Schwingungsfähigkeit sehr deutlich zum negativen Pol hin reduziert. Der Proband zeigte eine ausgeprägte Ambivalenz.

Zeitweise wirkte der Proband vom Antrieb her verlangsamt, ferner müde und erschöpft. Mit zunehmender Untersuchungsdauer und ganz besonders ausgeprägt bei Thematisierung der Anlassstat am 11.8.2014 war der Proband zunehmend aggressiv, angespannt, konnte sich nur mit Mühe zusammennehmen, sodass die Untersuchung an diesem Tag abgebrochen wurde.

Es bestand kein unmittelbarer Anhalt für Suizidalität.

Die Konzentration, Merkfähigkeit und Gedächtnisfunktionen waren beeinträchtigt. Es wurde die große Mühe deutlich, die die längeren Gespräche dem Probanden bereiteten.

Das formale Denken des Probanden lässt sich als sehr deutlich verlangsamt, inkohärent und zeitweise ausgesprochen zerfahren bewerten.

Inhaltliche Denkstörungen wurden vom Probanden an einem Untersuchungstag in Form von Beziehungs-, Beeinträchtigungs- und Verfolgungswahn bejaht, am letzten Untersuchungstag dagegen vehement verneint. Dabei wirkten die Angaben am letzten Tag deutlich verleugnend.

Der Proband beschrieb Wahrnehmungsstörungen in Form des Stimmenhörens (imperative Stimmen) ebenfalls zunächst sowohl für den Anlasszeitraum als auch für die jetzige gutachterliche Situation. Auch dieser Umstand wurde anschließend wieder in Abrede gestellt.

Es bestanden keine Beeinträchtigungen der Orientierung oder des Bewusstseins, ferner lagen keine psychischen Werkzeugstörungen vor.

Die Intelligenz erschien vom Gesamteindruck her im Normbereich zu liegen.

Krankheitseinsicht bestand nicht, Behandlungseinsicht nur partiell.

Zusammenfassende Beurteilung und forensisch-psychiatrische Einschätzung
Herr Peter Hardenberg, geb. am 3.11.1978, wurde ambulant psychiatrisch am 6.8., 11.8. und 18.8.2014 untersucht. Der Staatsanwaltschaft Kleve soll ein Gutachten zur Frage der Schuldfähigkeit zum Tatzeitpunkt und ggf. zu den Voraussetzungen einer Maßregel erstattet werden.

Der Proband stellte sich selbst als psychisch völlig gesund dar, berichtete über keinerlei gegenwärtige oder frühere Auffälligkeiten von besonderem Krankheitswert. Nur bei Thematisierung der Anlassstat machte er einmalig eingehende Angaben zu wahnhaftem Erleben in Form von Beziehungs-, Beeinträchtigungs- und Verfolgungserleben, verbunden mit imperativen Stimmen, die ihm die Schädigung des Opfers, des Vaters, befahlen. Dies wurde zu einem späteren Untersuchungszeitpunkt wieder in Abrede gestellt.

❏ **Abb. 1.5** *Fortsetzung*

Dieses verneinende Verhalten stand in drastischem Kontrast zu dem in der Akte dokumentierten Erleben und Verhalten in früheren Zeiten, insbesondere auch zum Tatzeitpunkt. Auch ergab sich ein massiver Kontrast zu den Beschreibungen während der stationären Beobachtung unmittelbar nach der Anlasstat sowie nun auch in den Rheinischen Kliniken Bedbach. In diesem Zusammenhang ist die testpsychologisch objektivierte und klinisch imponierende Bagatellisierungstendenz besonders zu berücksichtigen. Insofern scheinen die Angaben zur Anlasstat des Probanden vom 11.8.2014 gegenüber dem Unterzeichnenden Ausdruck des damals von ihm Erlebten gewesen zu sein. Insbesondere entsprach auch der während der gutachterlichen Situation erhobene Befund mit massivsten psychopathologischen Auffälligkeiten nicht der Selbstbeschreibung des Probanden zum letzten Untersuchungszeitpunkt.

Eine wahnhafte Störung wurde von den Vorbehandelnden beschrieben. Entsprechend der Internationalen Klassifikation psychischer Störungen der Weltgesundheitsorganisation liegt bei Herrn Hardenberg sowohl zum Tatzeitpunkt als auch zum jetzigen Untersuchungszeitpunkt eine paranoide Schizophrenie mit kontinuierlichem Verlauf vor (ICD-10: F20.04). Deutlich wurde nun eine gewisse Aggravation und Bagatellisierung der psychopathologischen Symptomatik.

Entsprechend der ICD-10 sind schizophrene Störungen im Allgemeinen durch grundlegende und charakteristische Störungen von Denken und Wahrnehmung sowie inadäquate oder verflachte Affektivität gekennzeichnet. Die Klarheit des Bewusstseins und der intellektuellen Fähigkeiten werden dadurch in der Regel nicht beeinträchtigt. Im Laufe der Zeit können sich jedoch gewisse kognitive Defizite entwickeln. Die Störung beeinträchtigt die Grundfunktionen, die dem normalen Menschen ein Gefühl von Individualität, Einzigartigkeit und Entscheidungsfreiheit geben. Die Betroffenen glauben oft, dass ihre inneren Gedanken, Gefühle und Handlungen anderen bekannt sind oder dass andere daran teilhaben. Die Betroffenen können sich so als Schlüsselfigur allen Geschehens erleben. Besonders häufig sind akustische Halluzinationen, die das Verhalten oder die Gedanken u. U. kommentieren. Die Wahrnehmung ist nicht selten auf andere Weise gestört. Unbedeutende Eigenschaften alltäglicher Dinge können wichtiger sein als das ganze Objekt oder die Gesamtsituation. Zu Beginn ist auch Ratlosigkeit häufig und führt oft zu der Überzeugung, dass alltägliche Situationen eine besondere, meist unheimliche Bedeutung besitzen, die sich einzig auf die betroffene Person beziehen. Bei der charakteristischen schizophrenen Denkstörung werden nebensächliche und unwichtige Züge eines Gesamtkonzepts, die bei normaler psychischer Aktivität eine geringe Rolle spielen, in den Vordergrund gerückt und an Stelle wichtiger und situationsentsprechender Elemente verwendet. So wird das Denken vage, „schief" und verschwommen, und der sprachliche Ausdruck gelegentlich unverständlich. Brüche und Einschiebungen in den Gedankenfluss sind häufig. Gedanken scheinen wie von einer äußeren Stelle entzogen.

Die Stimmung ist charakteristischerweise flach, kapriziös oder unangemessen. Ambivalenz oder Antriebsstörung können als Trägheit, Negativismus oder Stupor erscheinen. Katatonie kann vorhanden sein.

Die Erkrankung beginnt meist akut mit schwerwiegend gestörtem Verhalten oder stellt sich schleichend mit allmählicher Entwicklung seltsamer Gedanken oder Verhaltensweisen ein. Der Verlauf zeigt gleichfalls große Unterschiede und ist keineswegs unvermeidlich chronisch oder sich verschlechternd.

Obwohl keine eindeutig pathognomonischen Symptome zu benennen sind, erscheint es entsprechend der ICD-10 aus praktischen Überlegungen sinnvoll, die oben genannten Symptome in Gruppen zu unterteilen, die besondere Bedeutung für die Diagnose haben und oft gemeinsam auftreten:

1. Gedankenlautwerden, Gedankeneingebung oder Gedankenentzug, Gedankenausbreitung
2. Kontrollwahn, Beeinflussungswahn, Gefühl des Gemachten, deutlich bezogen auf Körper- oder Gliederbewegungen oder bestimmte Gedanken, Tätigkeiten oder Empfindungen; Wahnwahrnehmungen

◻ **Abb. 1.5** *Fortsetzung*

3. Kommentierende oder dialogische Stimmen, die über den Patienten und sein Verhalten sprechen oder andere Stimmen, die aus einem Teil des Körpers kommen
4. Anhaltender, kulturell unangemessener oder völlig unrealistischer Wahn
5. Anhaltende Halluzinationen jeder Sinnesmodalität, begleitet entweder von flüchtigen oder undeutlich ausgebildeten Wahngedanken oder deutliche affektive Beteiligung oder begleitet von anhaltenden überwertigen Ideen, täglich, über Wochen oder Monate auftretend
6. Gedankenabreißen oder Einschiebungen in den Gedankenfluss, was zu Zerfahrenheit, Danebenreden oder Neologismen führt
7. Katatone Symptome, wie Erregung, Haltungsstereotypien oder wächserne Biegsamkeit, Negativismus, Mutismus und Stupor
8. Negative Symptome wie auffällige Apathie, Sprachverarmung, verflachte oder inadäquate Affekte, zumeist mit sozialem Rückzug und verminderter sozialer Leistungsfähigkeit. Diese Symptome dürfen nicht durch eine Depression oder eine antipsychotische Medikation verursacht sein

Für die Diagnose einer Schizophrenie ist mindestens 1 eindeutiges Symptom der oben genannten Gruppen 1–4 oder es sind mindestens 2 Symptome der Gruppe 5–8 notwendig. Diese Symptome müssen fast ständig während eines Monats oder länger deutlich vorhanden gewesen sein.

Bei dem Probanden bestanden zum Tatzeitpunkt, sofern dies von hier aus retrospektiv unter Berücksichtigung der beschriebenen Bagatellisierungstendenz festzustellen ist, die Kriterien 2, 3, 4, 5, 6, (7) und 8.

Entsprechend der diagnostischen Leitlinien der ICD-10 wird das klinische Bild einer paranoiden Schizophrenie von ziemlich dauerhaften Wahnvorstellungen beherrscht, meist begleitet von Halluzinationen, besonders akustischer Art. Störungen der Stimmung, des Antriebs und der Sprache sowie katatone Symptome stehen nicht im Vordergrund. Denkstörungen können im akuten Stadium deutlich sein, aber sie verhindern nicht die klare Beschreibung der typischen Wahngedanken oder Halluzinationen. Der Affekt ist meist weniger verflacht als bei den anderen Schizophrenieformen. Eine gewisse Inadäquatheit kommt ebenso häufig vor, wie Störungen der Stimmung, der Reizbarkeit, plötzliche Wutausbrüche, Furchtsamkeit und Misstrauen gegeben sind. Negative Symptome wie Affektverflachung und Antriebsstörung treten oft auf, beherrschen das klinische Bild jedoch nicht.

Der Verlauf der paranoiden Schizophrenie kann sich episodisch mit teilweiser oder vollständiger Remission oder chronisch darstellen.

Diese Unterform einer paranoiden Schizophrenie bestand bei dem Probanden zum Tatzeitpunkt wie zum jetzigen Untersuchungszeitpunkt. Der Ersterkrankungsbeginn liegt einige Jahre zurück: Der Proband berichtete, schon »seit Jahren« Stimmen zu hören und das Gefühl der Verfolgung und Beeinflussung zu erleben. Eine nähere zeitliche Konkretisierung war ihm nicht möglich.

Es ergaben sich keine Hinweise aufgrund der Aktenlage, den eigenen Angaben des Probanden und der jetzigen Untersuchungsergebnissen, wonach eine andersartige psychische Störung, z. B. eine organische Störung, eine Missbrauchs- oder Abhängigkeitserkrankung, eine affektive Störung, eine neurotische oder Verhaltensstörung oder eine Persönlichkeitsstörung, bestehen könnte. Auch fanden sich keine Hinweise auf eine somatische Erkrankung.

Es ist davon auszugehen, dass die psychische Störung zum Tatzeitpunkt in akuter Ausprägung bestand. Die Informationen in den Akten sowie auch eine Reihe von Angaben des Probanden gegenüber dem Unterzeichner weisen in diese Richtung. Weitere Aufklärung hierzu ist aus der Hauptverhandlung mit der Vernehmung von Zeugen (z. B. den Eltern) zu erwarten, da unmittelbar vor der Anlasstat eine Einweisung nach PsychKG NW vorgesehen war.

Eine paranoid schizophrene Störung ist dem Eingangskriterium einer krankhaften seelischen Störung gemäß den §§ 20/21 StGB zuzuordnen. Hinweise für eine besonders affektive Akzentuierung bei Begehung der Tat im Sinne einer

◨ **Abb. 1.5** *Fortsetzung*

tiefgreifenden Bewusstseinsstörung haben sich nicht ergeben. Ein Schwachsinn konnte klinisch und testpsychologisch ausgeschlossen werden. Auch ergeben sich keine Anhaltspunkte für eine sog. schwere andere seelische Abartigkeit.

Aufgrund des wahrscheinlichen, hier unterstellten psychotischen Erlebens zum Tatzeitpunkt war die Einsicht in das begangene Unrecht zum Tatzeitpunkt offensichtlich aufgehoben. Dies ist aufgrund der hier bekannten Umstände der Anlasstat und dem jetzigen diagnostischen Eindruck zu schlussfolgern. Insofern ist diese Einschätzung, ungeachtet der beschriebenen Bagatellisierungstendenz, als mit einer besonders hohen Wahrscheinlichkeit ausgestattet abzugeben.

Damit würden in diesem Bereich zusammenfassend die Voraussetzungen einer aufgehobenen Schuldfähigkeit im Sinne des § 20 StGB zum Tatzeitpunkt aus psychiatrischer Sicht vorliegen.

Zugleich wird von hier aus die Unterbringung in einem psychiatrischen Krankenhaus gem. § 63 StGB befürwortet. Aus psychiatrischer Sicht ist davon auszugehen, dass von dem Probanden infolge seines Zustandes erhebliche rechtswidrige Taten zu erwarten sind und er deshalb für die Allgemeinheit gefährlich ist. Diese Annahme gründet sich insbesondere auf die fehlende Krankheits- und die mangelnde Behandlungseinsicht. Auch die jetzige, weiter nicht remittierte psychotische Symptomatik mit besonderen affektiven, kognitiven und Antriebsstörungen lässt einen solchen Schluss zu. Da der Proband selbst seinen Behandelnden gegenüber Denkstörungen und fast durchgängig auch Wahrnehmungsstörungen verneint hat, die nach dem Gesamtbild der klinischen Symptomatik aber vorliegen müssten, sind Krankheits- sowie Kriminalprognose derzeit als relativ schlecht anzusehen.

Auch die mehrmonatige stationär-psychiatrische und psychotherapeutische Behandlung hat diesen Zustand nicht wesentlich verbessert. Daher ist gegenwärtig aus psychiatrischer Sicht nicht zu empfehlen, entsprechend § 67b Abs. 1 S. 1 StGB eine Maßregel zugleich mit der Anordnung zur Bewährung auszusetzen.

Es wird von hier aus empfohlen, dass die ärztlich Behandelnden vor einer anzusetzenden Hauptverhandlung eine Stellungnahme zur aktuellen Verhandlungsfähigkeit abgeben. Außerdem ist anzuraten, dass der für den Probanden verantwortliche Chefarzt oder Oberarzt der Klinik als weiterer Sachverständiger geladen wird und zum weiteren Verlauf der Erkrankung im Rahmen einer prognostischen Einschätzung Stellung nehmen kann.

Zusammenfassend wurde im vorliegenden Gutachten beschrieben, dass aus psychiatrischer Sicht die Voraussetzungen einer aufgehobenen Schuldfähigkeit zum Tatzeitpunkt vorlagen. Daneben wurde die Unterbringung in einem psychiatrischen Krankenhaus empfohlen.

Das Gutachten darf nur zu dem Zweck, zu dem es erstellt worden ist, verwendet werden. Die Weitergabe an Dritte oder seine anderweitige Verwendung ist ohne Zustimmung des Gutachters nicht gestattet. Das Verwertungsrecht verbleibt bei dem Gutachter.

Prof. Dr. med. Dr. rer. soc. Frank Schneider
Facharzt für Psychiatrie und Psychotherapie
Diplom-Psychologe, Psychologischer Psychotherapeut
Forensische Psychiatrie (DGPPN, Ärztekammer Nordrhein)

Literatur
F. Schneider, H. Frister, D. Olzen: Begutachtung psychischer Störungen (3. Auflage). Heidelberg: Springer, 2014
F. Schneider (Hrsg.): Facharztwissen Psychiatrie und Psychotherapie. Berlin, Heidelberg: Springer, 2012

◻ **Abb. 1.5** *Fortsetzung*

Univ.-Prof. Dr. Dr. Frank Schneider   52074 Aachen, 28.8.2014
Direktor der Klinik für Psychiatrie,   Pauwelsstr. 30
Psychotherapie und Psychosomatik   Tel.: 0241 80 89 633
Uniklinik RWTH Aachen   Fax: 0241 80 82 401
                                             psychiatrie@ukaachen.de
                                             www.psychiatrie.ukaachen.de

An die
Staatsanwaltschaft Düsseldorf
Postfach 10 11 22
40002 Düsseldorf

43 AK 107/14

Testpsychologische Zusatzuntersuchung

über Herrn
Paul Krassner,
geb. am 15.4.1985,
wohnhaft Bahnweg 1,
49100 Bergbach

Die Erstellung der nachfolgenden testpsychologischen Zusatzuntersuchung über
Herrn Paul Krassner erfolgt auf Veranlassung der Staatsanwaltschaft Düsseldorf
im Rahmen eines psychiatrischen Gutachtens des Unterzeichnenden zur Frage der
strafrechtlichen Verantwortlichkeit. Das Gutachten stützt sich auf testpsychologische Untersuchungen am 15.7.2014 und 18.7.2014 in der Klinik für Psychiatrie, Psychotherapie und Psychosomatik der Uniklinik RWTH Aachen.
     Folgende standardisierte testpsychologische Verfahren wurden verwendet:
1. Wechsler Adult Intelligence Scale (WAIS-IV)
2. Aufmerksamkeitsbelastungstest d2-R nach Brickenkamp
3. Wechsler Gedächtnistest, revidierte Fassung (WMS-R), Untertests logisches
   Gedächtnis I und II
4. Test zur Objektivierung zerebraler Insuffizienzen (c.I.-Test)
5. Kurztest zur Erfassung von Gedächtnis- und Aufmerksamkeitsstörungen (SKT)
6. Visual Retention Test nach Benton
7. Trail-Making-Test (TMT)

Die durchgeführten Verfahren zielen auf die Überprüfung folgender im Hinblick
auf die Fragestellung wichtiger Funktionen und Persönlichkeitsdimensionen ab:
     Intelligenz, kognitive Flexibilität, Hirnleistung allgemein, Konzentrati-
onsfähigkeit, Informationsverarbeitung, Merkfähigkeit, Gedächtnis und affektive Belastbarkeit.
     Herr Krassner erschien zu beiden Untersuchungsterminen in Begleitung eines
Mitarbeiters seines Wohnheimes.
     Vor der Testdurchführung wurde Herr Krassner zunächst über die Gutachtensi-
tuation aufgeklärt, wobei betont wurde, dass im Rahmen der Begutachtung kein
Raum für vertrauliche Mitteilungen sei, da alle für das Gutachten relevanten
Informationen darin aufgenommen und dem Gericht bekannt würden.
     Herr Krassner erklärte sich damit einverstanden und war zur freiwilligen
Mitarbeit bereit.

Testbefunde
Danach gefragt, gab Herr Krassner an, bislang keine Erfahrungen mit psychologischen Tests gemacht zu haben.

◘ **Abb. 1.6** Testpsychologisches Beispielgutachten

Wechsler Adult Intelligence Scale (WAIS-IV; Petermann 2012)
Dieses Verfahren dient der Erfassung der globalen Intelligenz und wichtiger
Teilbereiche der intellektuellen Leistungsfähigkeit, die sich in der aktuellen
Forschung als bedeutsam herausgestellt haben. Vier Indizes kennzeichnen die
Leistung in den Bereichen Sprachverständnis, wahrnehmungsgebundenes logisches
Denken, Arbeitsgedächtnis und Verarbeitungsgeschwindigkeit. Herr Krassner er-
zielt in den einzelnen Untertests folgende Testergebnisse in Wertpunkten:

Wortschatztest	WP = 1
Gemeinsamkeitenfinden	WP = 1
Rechnerisches Denken	WP = 3
Zahlennachsprechen	WP = 1
Allgemeines Wissen	WP = 2
Symbol-Suche	WP = 3
Zahlen-Symbol-Test	WP = 2
Mosaik-Test	WP = 1
Matrizen-Test	WP = 3
Visuelle Puzzles	WP = 4

Sprachverständnis = 51; wahrnehmungsgebundenes logisches Denken = 56; Arbeitsgedächtnis = 55; Verarbeitungsgeschwindigkeit = 59; Gesamt-IQ = 48.

Mit einem in diesem Verfahren erzielten Gesamt-IQ von 48 liegt Herr Krassner
sehr weit unter dem Durchschnitt seiner Altersgruppe. Seine intellektuelle
Leistungsfähigkeit entspricht gemäß ICD-10 einer mittelgradigen Intelligenzminderung. Dieser Wert kommt einem Prozentrang von noch unter 0,1 gleich,
d. h., mehr als 99,9% der Gleichaltrigen würden in diesem Test eine bessere
Intelligenzleistung erbringen. Die Messungenauigkeit des Verfahrens mit eingerechnet, dürfte sein wahrer IQ mit einer Wahrscheinlichkeit von 95% zwischen
45 und 53 liegen.
    Das sehr auffällige intellektuelle Leistungsprofil weist ausschließlich
stark unterdurchschnittliche Leistungen in den einzelnen Untertests auf. Eine
relative Leistungsstärke oder -schwäche in einzelnen Untertests im Vergleich
zum sonstigen Leistungsniveau von Herrn Krassner gibt es nicht.
    Bei der Betrachtung der Index-Werte für das Sprachverständnis (misst erwor-
benes Wissen und sprachliches Schlussfolgern), für das wahrnehmungsgebundene
logische Denken (ist ein Maß für wahrnehmungsgebundenes fluides Schlussfolgern, räumliches Vorstellungsvermögen und visuo-motorische Integration), für
das Arbeitsgedächtnis sowie für die Verarbeitungsgeschwindigkeit zeigen sich
keine signifikanten relativen Leistungsstärken oder -schwächen, sondern es
finden sich durchweg stark unterdurchschnittliche Leistungen.
    Insgesamt betrachtet gibt es keine größeren Schwankungen der Leistungen in
den verschiedenen Untertests. Fast alle Leistungen befinden sich im untersten
Normbereich.

**Wechsler Gedächtnistest, revidierte Fassung (WMS-R), Untertests logisches
Gedächtnis I und II** (Härting et al. 2000)
Aus dem Wechsler Gedächtnistest wurden die beiden einzeln normierten Subtests
logisches Gedächtnis I und II ausgewählt. Bei diesen Untertests sollen 2 Ge-
schichten jeweils unmittelbar (logisches Gedächtnis I) und 30 Minuten nach der
akustischen Darbietung (logisches Gedächtnis II) aus dem Gedächtnis wiedergegeben werden. Der Subtest logisches Gedächtnis I dient damit der Erfassung des
kurzfristigen Gedächtnisses, der Subtest logisches Gedächtnis II dient der Abschätzung des mittelfristigen Gedächtnisses.
Herr Krassner erreicht die folgenden Werte:
Logisches Gedächtnis I: 20   Perzentil 13
Logisches Gedächtnis II: 17   Perzentil 10
Die Leistungen von Herrn Krassner für das kurz- und das mittelfristige Gedächtnis sind als unterdurchschnittlich zu interpretieren.

◻ **Abb. 1.6** *Fortsetzung*

Aufmerksamkeitsbelastungstest d2-R (Brickenkamp 2010)
Mit diesem Verfahren wird eine intelligenzunabhängige Prüfung der Aufmerksamkeitsleistung in quantitativer und qualitativer Hinsicht angestrebt. Hierbei erreicht Herr Krassner folgende Leistungen:

Fehleranteil (%)	30,09	PR = 7
Tempo (BZO)	103	PR = 1
Konzentrationsleistung (KL)	72	PR = 1

Bei der hier geprüften intelligenzunabhängigen Leistungssituation kommt es auf die Schnelligkeit und Genauigkeit des Arbeitsverhaltens im Hinblick auf die Unterscheidung ähnlicher visueller Kleindetails an, was einen großen Teil der Konzentration bei leichten Routineaufgaben ausmacht. Das Tempo bei der Testbearbeitung, gemessen über die Anzahl bearbeiteter Zielobjekte, liegt bei Herrn Krassner, gemessen an seiner Altersnorm weit unter dem Durchschnitt. Die Sorgfalt bei der Testbearbeitung, gemessen als Fehleranteil, ist ebenfalls unzureichend. Damit ist die Fähigkeit zur Willensanstrengung und Genauigkeit beeinträchtigt. Quantität und Qualität im Zusammenhang betrachtet, ergeben damit stark unterdurchschnittliche Leistungen. Herr Krassner arbeitet nicht ausreichend schnell und genau.

Insgesamt ist die Konzentrationsleistung als nicht mehr normgerecht einzustufen. Herr Krassner hat Schwierigkeiten, mit dem Zeitdruck bei diesem Test zurechtzukommen und wirkt dadurch sehr belastet. Eine altersgemäße psychophysische Belastbarkeit erscheint hier nicht gegeben.

Test zur Objektivierung zerebraler Insuffizienzen (c.I.-Test; Lehrl u. Fischer 1997)
Mit diesem sensitiven Screeningverfahren zur Diagnostizierung zerebraler Insuffizienzen lassen sich bei Herrn Krassner Anzeichen eines psychoorganischen Syndroms feststellen. Reizaufnahme und Reizverarbeitung bei störenden Umweltbedingungen (Symbole zählen) sind verlangsamt. Die schnelle kognitive Flexibilität (Interferenztest) ist dagegen nicht auffällig beeinträchtigt.

Kurztest zur Erfassung von Gedächtnis- und Aufmerksamkeitsstörungen (SKT; Erzigkeit 2001)
Der Kurztest zur Erfassung von Gedächtnis- und Aufmerksamkeitsstörungen ist ein Leistungsverfahren, das ein breites Spektrum psychischer Funktionen erfasst. Er dient der Objektivierung erworbener Intelligenzstörungen. Herr Krassner erzielt einen Gesamtwert von 12, ein Ergebnis, das der Test als leichtes organisches Psychosyndrom klassifiziert.

Das Leistungsprofil in diesem Test ist recht heterogen, es fallen große Leistungsdifferenzen zwischen den einzelnen Untertests auf. Solche Schwankungen kommen bei ausgeprägten Gedächtnisstörungen oder bei umschriebenen zerebralen Schädigungen vor, sie können aber auch durch Aggravations- und Verfälschungstendenzen verursacht sein. Letzteres lässt sich aufgrund der Verhaltensbeobachtung und des klinischen Eindruckes jedoch ausschließen. Das Leistungsprofil zeigt, dass bei bekannten visuellen Gegenständen die kurzfristige Behaltensleistung nicht und die mittelfristige Gedächtnisleistung sowie die geistige Umstellungsfähigkeit kaum beeinträchtigt sind und damit nicht gestörte Funktionsbereiche darstellen. Auffällig sind Beeinträchtigungen im Umgang mit Zahlen und in der Verarbeitungsgeschwindigkeit. Diese Beeinträchtigungen stehen in Übereinstimmung mit weiteren ermittelten Testergebnissen.

Visual Retention Test nach Benton (Benton 2009)
Der Benton-Test dient der Diagnose hirnorganischer Störungen. Es werden damit die visuelle Merkfähigkeit, die Gestaltauffassungsfähigkeit (Figur-Grund-Differenzierung) und die Formreproduktionsfähigkeit (visuomotorische Koordination) gemessen. Den Probanden werden auf Vorlagen Abbildungen geometrischer Figuren gezeigt. Sie sollen sich die Figuren einprägen und nach 10 Sekunden

☐ **Abb. 1.6** *Fortsetzung*

Darbietungszeit aus dem Gedächtnis nachzeichnen. Hirnschädigungen drücken sich dabei in Minderleistungen aus. Herr Krassner erzielt keine einzige korrekte Lösung bei den 10 Vorlagen und macht dabei 23 Fehler. Bei Annahme eines Intelligenzniveaus von 48 liegt der Erwartungswert für die Zahl richtiger Lösungen im Benton-Test nach Lebensalter bei 3-4, für die Zahl der Fehler bei 8-9.

Die Leistung liegt damit mindestens 3 Punkte unter dem Erwartungswert und legt eine Störung der kognitiven Leistung nahe. Die Fehlerzahl liegt sogar bis zu 15 Punkte über dem Erwartungswert und gibt einen ernsthaften Hinweis auf eine solche Störung.

Die Art der Fehler, es handelt sich vor allem um Auslassungen und Entstellungen, weisen darauf hin, dass bei Herrn Krassner eine Störung der visuokonstruktiven Fähigkeiten, der visuellen Wahrnehmung und des visuellen Gedächtnisses vorliegt. So kann er bspw. die Figur (Dreieck) benennen, die er gesehen hat, aber nicht mehr aus dem Gedächtnis nachzeichnen. Auslassungen weisen auf Hirnschädigungen hin, da sie für Patienten mit solchen Schädigungen typisch sind; bei Personen mit Schwachsinn kommt es häufiger zu Entstellungsfehlern.

Trail-Making-Test (TMT; Reitan 1992)
Dieser Test dient der Messung der Merkmalsbereiche Symbolerfassung, Überblicksgewinnung, Umstellfähigkeit. Diese Funktionen werden mittels motorischer Reaktionen (Linienverbindungen) auf visuelles Reizmaterial erhoben. Testleistungsdefizite gelten als Hinweis auf hirnorganische Störungen.

Die von Herrn Krassner benötigte Bearbeitungszeit ist so hoch, dass sie im Vergleich mit den Normwerten auf ziemlich bis stark gestörte Hirnfunktionen hinweist. In der Normgruppe finden sich keine gesunden Kontrollpersonen mit so hohen Bearbeitungszeiten.

Angaben des Probanden
Herr Krassner äußert sich zu den ihm zur Last gelegten Tatvorwürfen zunächst mit folgender Schilderung: Er habe in der Stadt CDs angeguckt, da ihm langweilig gewesen sei. Er habe die CDs eingepackt und sei damit aus dem Laden gegangen. Da habe es an der Tür gepiept, und er habe die CDs zurückgeben müssen. Auf Nachfrage, warum es gepiept habe, gab er an, er habe die CDs nicht bezahlt, weil er kein Geld dabei gehabt hätte. Auf weitere Nachfragen äußert Herr Krassner, dass man dies nicht dürfe, sondern dies Diebstahl wäre. Die Polizei (auf Nachfrage) sei aber nicht gekommen. Zu dem Vorfall sei es im November oder Dezember 2013 gekommen.

Nach weiteren Vorfällen befragt, berichtet Herr Krassner von dem Besuch bei seinem Freund Pete, bei dem er Geld aus einem Portemonnaie entwendet habe. Er habe bei seinem Freund übernachtet. Sie seien im Kino in Duisburg gewesen, anschließend wären sie zurückgefahren, hätten gegessen und ferngesehen sowie Musik gehört. Er sei dann ins Schlafzimmer der Eltern von Pete und habe nach Geld gesucht. Das Portemonnaie von Frau Hauser habe dort auf dem Tisch gelegen und er habe Kleingeld, so 6-7 € herausgenommen. Auf Nachfrage, ob das alles gewesen sei, was er mitgenommen habe, antwortet er, er habe auch noch die D-Karte (er meinte damit die Scheckkarte) mitgenommen. Dann sei er wieder zu Pete ins Zimmer, er habe dem aber nichts davon erzählt. Mit der Karte habe er nichts gemacht, er wisse ja nicht, wie das funktioniere, Geld abzuheben. Er habe die Karte dann dem Dieter gezeigt, der bei ihm im Heim arbeite, und der habe sie ihm weggenommen. Nachher habe er zur Polizei gehen müssen. An mehr könne er sich nicht mehr erinnern.

Klinischer Eindruck und Verhaltensbeobachtung
Das äußere Erscheinungsbild zeigt einen durchschnittlich gepflegten, sportlich gekleideten jungen Mann. Herr Krassner macht einen sehr kindlich-naiven Eindruck. Er ist höflich, bemüht und im Kontakt freundlich, dabei aber gehemmt und schweigsam. Es ist eine gewisse Nervosität spürbar. Antworten und Aussagen kommen vielfach nur auf Nachfrage.

◻ **Abb. 1.6** *Fortsetzung*

Bei der Testbearbeitung zeigt er eine ausreichende Leistungsmotivation und gibt keinen Anlass für einen Verdacht auf mangelndes Bemühen oder absichtliches Vortäuschen von Defiziten. Er freut sich sichtlich, wenn ihm Lösungen gelingen und man ihn lobt, und wirkt auf der anderen Seite recht verzweifelt, wenn er mit Defiziten konfrontiert wird bzw. ihm Lösungen der Aufgaben nicht gelingen. Bei seinen Lösungsbemühungen fällt auf, dass er meist nach Versuch und Irrtum vorgeht und langsam arbeitet. Es gelingt ihm nicht, Probleme gedanklich zu durchdringen oder hierfür Lösungsstrategien zu entwickeln.

Teilweise ist er bemüht, seine offensichtlichen Schwierigkeiten zu verbergen und nicht von vornherein immer offenzulegen. Bei den Antworten und Lösungen, die er nicht kennt, überlegt er lange und gibt erst auf Nachfrage zu, dass er die Antwort nicht weiß.

Es fällt auf, dass ihm eine geordnete Schilderung der ihm zur Last gelegten Taten kaum möglich ist und viele Antworten erst auf Nachfrage kommen. Er lässt wenig Schuld- oder Reuegefühle im Zusammenhang mit den ihm zur Last gelegten Vorwürfen erkennen.

Zusammenfassender testpsychologischer Untersuchungsbefund
Den Ergebnissen der Leistungsuntersuchung zufolge verfügt Herr Krassner mit einem IQ von 48 über eine extrem niedrige Intelligenz, die der Merkmalskategorie eines sog. Schwachsinns im Sinne der §§ 20, 21 StGB zuzuordnen ist. Die erreichte Gesamtleistung, die einem Prozentrang von unter 0,1 entspricht, liegt damit am untersten Ende der Normwerteverteilung der Gleichaltrigen. Das Leistungsspektrum ist dabei recht gleichmäßig ausgeprägt; durchschnittliche oder gar überdurchschnittliche Leistungen fehlen völlig, signifikante relative Leistungsstärken oder -schwächen gibt es nicht.

Herr Krassner kann außerdem nicht ausreichend lesen, schreiben oder rechnen. Kenntnisse in diesen Bereichen sind rudimentär.

Sowohl das kurz- als auch das mittelfristige Gedächtnis für akustisches Material erweisen sich als beeinträchtigt.

Auch bei einfachen Detaildiskriminationsaufgaben zeigt er unter zeitlicher Belastung eine starke Irritierbarkeit. Er arbeitet sehr langsam, und die Leistungsqualität ist äußerst gering, sodass keine altersadäquate Konzentrationsfähigkeit vorliegt. Möglicherweise werden hier die Testresultate noch zusätzlich beeinflusst von den offensichtlich vorhandenen Wahrnehmungs- und visuellen Differenzierungsdefiziten von Herrn Krassner.

Solche zeigen sich in weiteren Verfahren, die dazu eingesetzt wurden, um mögliche Hirnleistungsstörungen zu objektivieren.

Hinweise auf ein hirnorganisches Psychosyndrom finden sich in den Resultaten aller hierzu verwendeten Tests. So sind die visuelle Formwahrnehmung und das visuelle Gedächtnis sowie visuokonstruktive Fertigkeiten stark beeinträchtigt und deuten auf eine zerebrale Insuffizienz hin. Weitere Hinweise erhält man aus der reduzierten Geschwindigkeit der Reizaufnahme und -verarbeitung und anhand der Leistungseinbußen in der Symbolerfassung und Überblicksgewinnung sowie der Konstruktion räumlicher Konfigurationen.

Nicht vergleichbar gestört sind dagegen die schnelle geistige Umstellfähigkeit, d. h., Herr Krassner zeigt keine erhöhte Interferenzneigung, sowie die kurzfristige und auch mittelfristige Gedächtnisleistung in Bezug auf konkrete und bekannte visuelle Gegenstände.

Ausgehend von diesen Ergebnissen ist eine mittelgradige Intelligenzminderung entsprechend ICD-10: F71 zu diagnostizieren.

Das Gutachten darf nur zu dem Zweck, zu dem es erstellt worden ist, verwendet werden. Die Weitergabe an Dritte oder seine anderweitige Verwendung ist ohne Zustimmung des Gutachters nicht gestattet. Das Verwertungsrecht verbleibt bei dem Gutachter.

◻ **Abb. 1.6** *Fortsetzung*

Prof. Dr. rer. soc. Ute Habel
Diplom-Psychologin, Psychologische Psychotherapeutin

Einverstanden aufgrund eigener Untersuchung und Urteilsbildung
Prof. Dr. med. Dr. rer. soc. Frank Schneider
Facharzt für Psychiatrie und Psychotherapie
Diplom-Psychologe, Psychologischer Psychotherapeut
Forensische Psychiatrie (DGPPN, Ärztekammer Nordrhein)

Literatur
F. Schneider, H. Frister, D. Olzen: Begutachtung psychischer Störungen (3. Auflage). Heidelberg: Springer 2014
F. Schneider (Hrsg.): Facharztwissen Psychiatrie und Psychotherapie. Berlin, Heidelberg: Springer, 2012

▢ **Abb. 1.6** *Fortsetzung*

1.8   Literatur

Alpers GW, Eisenbarth H (2008) PPI-R. Psychopathic Personality Inventory-Revised. Hogrefe Testzentrale, Göttingen

AMDP: Arbeitsgemeinschaft für Methodik und Dokumentation in der Psychiatrie (2000, 2007) Das AMDP-System. Manual zur Dokumentation psychiatrischer Befunde. Hogrefe Testzentrale, Göttingen

AMDP, CIPS (1990) Rating scales for psychiatry. Beltz, Weinheim

Andresen B (2006) Inventar Klinischer Persönlichkeitsakzentuierungen. Hogrefe Testzentrale, Göttingen

Aschenbrenner S, Tucha O, Lange KW (2001) Regensburger Wortflüssigkeits-Test (RWT). Hogrefe Testzentrale, Göttingen

Aster M von, Neubauer A, Horn R (2006) Wechsler Intelligenztest für Erwachsene (WIE). Hogrefe Testzentrale, Göttingen

Bäumler G (1985) Farbe-Wort-Interferenztest (FWIT). Hogrefe Testzentrale, Göttingen

Banger M (2000) Drogenscreening-Untersuchungen. In: Gastpar M, Banger M (Hrsg) Laboruntersuchungen in der psychiatrischen Routine. Thieme, Stuttgart, S. 9–20

Baumann U, Stieglitz RD (1983) Testmanual zum AMDP-System. Empirische Studien zur Psychopathologie. Springer, Berlin Heidelberg New York Tokio

Baumann U, Stieglitz RD (2011) Klassifikation. In: Perrez M, Baumann U (Hrsg) Lehrbuch Klinische Psychologie – Psychotherapie, 4. Aufl. Huber, Bern, S. 109–127

Bayerlein W (Hrsg) (2008) Praxishandbuch Sachverständigenrecht, 4. Aufl. Beck, München (zit. Bayerlein-Bearbeiter)

Beck AT, dt. Bearbeitung von Hautzinger M, Keller F, Kühner C (2009) BDI II Beck-Depressions-Inventar Revision. Pearson Assessment, Frankfurt/Main

Benton AL (2009) Der Benton-Test. Hogrefe Testzentrale, Göttingen

Bienwald W (2011) Betreuungsrecht, 5. Aufl. Gieseking, Bielefeld

Blanke J (2000) Die CDT-Untersuchung. In: Gastpar M, Banger M (Hrsg) Laboruntersuchungen in der psychiatrischen Routine. Thieme, Stuttgart, S. 21–25

Boetticher A, Nedopil N, Bosinski HAG, Saß H (2005) Mindestanforderungen für Schuldfähigkeitsgutachten. NStZ 25: 57–62

Brähler E, Holling H, Leutner D, Petermann F (Hrsg) (2002) Brickenkamp Handbuch psychologischer und pädagogischer Tests, 2 Bde. Hogrefe, Göttingen

Brickenkamp R, Schmidt-Atzert L, Liepmann D (2010) Test d2 Aufmerksamkeits-Belastungs-Test. Revision. Hogrefe Testzentrale, Göttingen

Brockhaus R, Merten T (2004) Neuropsychologische Diagnostik suboptimalen Leistungsverhaltens mit dem Word Memory Test. Nervenarzt 75: 882–887

Bronisch Th, Hiller W, Mombour W, Zaudig M (1995) Internationale Diagnosen Checkliste für Persönlichkeitsstörungen nach ICD-10 (IDCL-P). Hogrefe Testzentrale, Göttingen

Bürger R (1999) Sachverständigenbeweis im Arzthaftungsprozess. MedR 17: 100–111

Cima M, Hollnack S, Kremer K, Knauer E, Schellbach-Matties R, Klein B, Merckelbach H (2003) Strukturierter Fragebogen Simulierter Symptome. Die deutsche Version des »Structured Inventory of Malingered Symptomatology: SIMS«. Nervenarzt 74: 977–986

CIPS (2005) Internationale Skalen für Psychiatrie, 4. Aufl. Beltz, Weinheim

Cleckley H (1964) The mask of Sanity. Mosby, St. Louis, MO

Cordes J, Malevani J (2002) Zusatzdiagnostik. Labor. In: Gaebel W, Müller-Spahn F (Hrsg) Diagnostik und Therapie psychischer Störungen. Kohlhammer, Stuttgart, S. 766–787

Cording C (2014) Zur Qualitätssicherung zivilrechtlicher Begutachtungen. Forens Psychiatr Psychol Kriminol 8: 3–9

Creutz R (1993) Zeitgemäße Anforderungen an die psychiatrische Begutachtung von Angehörigen des öffentlichen Dienstes durch das Gesundheitsamt. Gesundh Wes 55: 294–300

Däubler W (2002) Die Reform des Schadensersatzrechts. JuS 42: 625–630

Deckers R, Schöch H, Nedopil N et al. (2011) Pflicht zur Einholung eines vorläufigen schriftlichen Gutachtens eines Psychiaters bei Anordnung einer Maßregel nach den §§ 63, 66, 66a StGB? – Zugleich Anmerkung zum Urteil des BGH vom 14.10.2009 – BGH 14.10.2009 Az. 2 StR 205/09. NStZ 2: 69–73

Dierlamm A (2008) Das rechtliche Gehör vor der Auswahl eines Sachverständigen im Ermittlungsverfahren. In: Jung H, Luxenburger B, Wahle E (Hrsg) Festschrift für Egon Müller. Nomos, Baden-Baden, S. 117–124

Dilling H (2000) Die vielen Gesichter des psychischen Leids. Huber, Bern

Dilling H (2009) Lexikon zur ICD-10 Klassifikation psychischer Störungen, 2. Aufl. Huber, Bern

Dilling H, Freyberger HJ (2012) Taschenführer zur ICD-10 Klassifikation psychischer Störungen, 6. Aufl. Huber, Bern

Dilling H, Mombour W, Schmidt MH, Schulte-Markwort E (2011) ICD-10 Kap. V (F) Diagnostische Kriterien für Forschung und Praxis, 5. Aufl. Huber, Bern

Dilling H, Mombour W, Schmidt MH (2014) ICD-10 Kap. V (F) Klinisch-diagnostische Leitlinien, 9. Aufl. Huber, Bern

DIMDI (2013a) ICD-10-WHO. Version 2013. Bd I: Systematisches Verzeichnis. DIMDI, Köln

DIMDI (2013b) ICD-10-WHO. Version 2013. Bd II: Regelwerk. DIMDI, Köln

Dittmann V, Dilling H, Freyberger HJ (Hrsg) (2000) Psychiatrische Diagnostik nach ICD-10. Klinische Erfahrungen bei der Anwendung. Ergebnisse der ICD-10-Merkmalslistenstudie. Huber, Bern

Dittmann V, Freyberger HJ, Stieglitz R-D, Zaudig M (1992) Die ICD-10-Merkmalsliste. Test-Version III. In: Dittmann V, Dilling H, Freyberger HJ (Hrsg) Psychiatrische Diagnostik nach ICD-10. Klinische Erfahrungen bei der Anwendung. Ergebnisse der ICD-10-Merkmalslistenstudie. Huber, Bern, S. 185–216

Dreier T, Schulze G (2013) Kommentar zum Urheberrechtsgesetz, 4. Aufl. Beck, München

Drimmelen-Krabbe J van, Bertelsen A, Pull C (1999) Ähnlichkeiten und Unterschiede zwischen ICD-10 und DSM-IV. In: Helmchen H, Henn H, Lauter H, Sartorius N (Hrsg) Psychiatrie der Gegenwart, Bd 2: Allgemeine Psychiatrie. Springer, Berlin Heidelberg New York Tokio, S. 89–117

Drühe-Wienholt C-M, Wienholt W (2011) Computergestütztes Kartensortierverfahren. Hogrefe Testzentrale, Göttingen

Ehlers A (2005) Medizinisches Gutachten im Prozess. Jehle Rehm, München

Eisenberg U (2013) Beweisrecht der StPO, 8. Aufl. Beck, München

Erb V (2009) Die Abhängigkeit des Richters vom Sachverständigen. ZStW 121: 882–918

Erzigkeit H (2007) Manual zum SKT, Formen A–E. Hogrefe, Göttingen

Fähndrich E, Stieglitz RD (2007) Leitfaden zur Erfassung des psychopathologischen Befundes. Halbstrukturiertes Interview anhand des AMDP-Systems, 3. Aufl. Hogrefe, Göttingen

Fahrenberg J, Hampel R, Selg H (2010) Das Freiburger Persönlichkeitsinventar FPI. Revidierte Fassung FPI-R. 8. Aufl. Hogrefe Testzentrale, Göttingen

Falkai P, Wittchen H-U (Hrsg), mitherausgegeben von Döpfner M, Gaebel W, Maier W, Rief W, Saß H, Zaudig M (2014) Diagnostisches und Statisches Manual Psychischer Störungen DSM-5, deutsche Ausgabe. Hogrefe, Göttingen

Foerster K (2002) Der psychiatrische Sachverständige zwischen Proband, Justiz und Öffentlichkeit. WsFPP 9: 29–43

Foerster K (2003) Von der Verantwortung des psychiatrischen Sachverständigen. In: Amelung K, Beulke W, Lilie H, Rosenau H, Rüping H, Wolfslast G (Hrsg) Strafrecht, Biorecht, Rechtsphilosophie. Müller, Heidelberg, S. 81–88

Foerster K, Leonhard M (2002) Die Beurteilung der Schuldfähigkeit bei akuter Alkoholintoxikation und Alkoholabhängigkeit. In: Schneider F, Frister H (Hrsg) Alkohol und Schuldfähigkeit. Springer, Berlin Heidelberg New York Tokio, S. 55–67

Foerster K, Winckler P (2009) Forensisch-psychiatrische Untersuchung. In: Foerster K, Dreßing H (Hrsg) Psychiatrische Begutachtung – Ein praktisches Handbuch für Ärzte und Juristen, 5. Aufl. Elsevier, München, S. 17–33

Forster B, Joachim H (1997) Alkohol und Schuldfähigkeit. Eine Orientierungshilfe für Mediziner und Juristen. Beck, München

Franke G (2014) SCL-90-R-Standard. Die Symptom-Checkliste von L. R. Derogatis. Hogrefe Testzentrale, Göttingen

Freyberger HJ, Dilling H (1999) Fallbuch Psychiatrie. Kasuistiken zum Kap. V (F) der ICD-10. Huber, Bern

Freyberger HJ, Stieglitz RD (2012) Dissoziative Störungen. In: Berger M (Hrsg) Psychische Erkrankungen, 4. Aufl. Urban & Fischer, München, S. 613–621

Freyberger HJ, Ermer A, Stieglitz RD (2012) Psychische Untersuchung und Befunderhebung. In: Freyberger HJ, Schneider W, Stieglitz RD (Hrsg) Kompendium Psychiatrie, Psychotherapie, Psychosomatische Medizin, 12. Aufl. Huber, Bern, S. 5–16

Funke W, Funke J, Klein M, Scheller R (1987) Trierer Alkoholismusinventar (TAI). Hogrefe Testzentrale, Göttingen

Goodman WK, Price LH, Rasmussen SA et al. (1989) The Yale-Brown Obsessive Compulsive Scale. Arch Gen Psychiatry 46: 1006–1016

Grant DA, Berg EA (1993) Wisconsin Card Sorting Test (WCST). Hogrefe Testzentrale, Göttingen

Grüner B (2009) Rechtliche Grundlagen. In: Foerster K, Dreßing H (Hrsg) Psychiatrische Begutachtung – Ein praktisches Handbuch für Ärzte und Juristen, 5. Aufl. Elsevier, München, S. 611–655

Gülick-Bailer M, Maurer K, Häfner H (1995) Schedules for Clinical Assessment in Neuropsychiatry (SCAN). Huber, Bern

Gutzmann H, Kühl KP, Göhringer K (2000) Das AGP-System. Dokumentation gerontopsychiatrischer Befunde. Hogrefe Testzentrale, Göttingen

Habel U, Schneider F (2002) Diagnostik und Symptomatik von Alkoholintoxikation, schädlichem Gebrauch und Alkoholabhängigkeit. In: Schneider F, Frister H (Hrsg) Alkohol und Schuldfähigkeit. Springer, Berlin Heidelberg New York Tokio, S. 23–54

Habermeyer E (2006) Kriterienkataloge: Ein Beitrag zur Qualitätssicherung in der Forensischen Psychiatrie. In: Schneider F (Hrsg) Entwicklungen der Psychiatrie. Springer, Berlin Heidelberg New York Tokio

Haffner HJ, Blank JH (2002) Berechnung und Stellenwert der Blutalkoholkonzentration bei der Schuldfähigkeitsbeurteilung. In: Schneider F, Frister H (Hrsg) Alkohol und Schuldfähigkeit. Springer, Berlin Heidelberg New York Tokio, S. 69–89

Hamilton M (2005) Hamilton-Depressions-Skala. In: Collegium Internationale Psychiatriae Scalarum (Hrsg) Internationale Skalen für Psychiatrie. Beltz, Weinheim

Hamilton M, Fish F (1990) Klinische Psychopathologie. Enke, Stuttgart

Hampel R, Selg H (1975) FAF Fragebogen zur Erfassung von Aggressivitätsfaktoren. Hogrefe Testzentrale, Göttingen

Hare RD (2003) The Hare psychopathy checklist revised, 2nd edition. Multi-Health Systems, Toronto

Härting C, Markowitsch HJ, Neufeld H, Calabrese P, Deisinger K, Kessler J (2000) Wechsler Gedächtnis Test – Revidierte Fassung (WMS-R). Hogrefe Testzentrale, Göttingen

Hathaway SR, McKinley JC, dt. Bearbeitung von Engel R (2000) Minnesota Multiphasic Personality Inventory-2. Hogrefe Testzentrale, Göttingen

Hausotter W, Schouler-Ocak M (2007) Begutachtung bei Menschen mit Migrationshintergrund. Elsevier, München

Heberer J (2001) Das ärztliche Berufs- und Standesrecht, 2. Aufl. ecomed, Landsberg

Helmstaedter C, Lendt M, Lux S (2001) Verbaler Lern- und Merkfähigkeitstest (VLMT). Hogrefe Testzentrale, Göttingen

Heubrock D, Petermann F (2000) Testbatterie zur Forensischen Neuropsychologie (TBFN). Swets Test Services, Frankfurt/Main

Heumann F-W (2001) Das Sachverständigengutachten im familiengerichtlichen Verfahren. FuR 12: 16–20

Hiller W, Zaudig M, Mombour W (1995) Internationale Diagnosen-Checklisten (IDCL). Hogrefe Testzentrale, Göttingen

Horn W (1983) Leistungsprüfsystem LPS. Hogrefe Testzentrale, Göttingen

Horn HJ (1995) Die Begutachtung von fremdsprachigen Ausländern – Probleme und Fehlerquellen. Mschr Krim 77: 382–386

Hörner W, Liebau K, Foerster K (1988) Die Berücksichtigung des forensisch-psychiatrischen Gutachtens im Strafver-fahren und im rechtskräftigen Urteil. Mschr Krim 71: 395–400

Hornig UC, Gottschaldt M (1996) Kohlenhydrat-defizientes Transferrin (CDT) als Indikator in der Diagnostik eines erhöhten Alkoholkonsums. Sucht 42: 176–180

Hüttemann G (2004) Der Sachverständige im Strafprozess. In: Wellmann CR, Weidhaas J (Hrsg) Der Sachverständige in der Praxis, 7. Aufl. Werner, Düsseldorf, S. 103–133

Iffland R, Balling P, Börsch G et al. (1994) Zur Wertung erhöhter Spiegel von GGT, CDT, Methanol, Aceton und Isopropanol im Blut alkoholauffälliger Kraftfahrer – Alkoholismusindikatoren anstelle medizinisch-psychologischer Untersuchungen. Blutalkohol 31: 273–314

Iser C (2008) Medizinische Gutachten: Manual zur Umsatzsteuerpflicht. DÄ 105: B1082–1083

Jordan B, Gresser U (2014) Gerichtsgutachten: Oft wird die Tendenz vorgegeben. DÄ 111: A210–212

Kay SR, Fiszbein A, Opler LA (2005) The Positive and Negative Syndrome Scale (PANSS) for Schizophrenia. In: Collegium Internationale Psychiatriae Scalarum (Hrsg) Internationale Skalen für Psychiatrie. Beltz, Weinheim

Kessler C, Freyberger HJ (2001) Neurologische Adaptation der ICD-10 – Kap. VI (G). Huber, Bern

Kinze W (2011) Grundsätze für Gutachten und Gutachter. In: Häßler F, Kinze W, Nedopil N (Hrsg) Praxishandbuch Forensische Psychiatrie des Kindes-, Jugend- und Erwachsenenalters. MWV, Berlin, S. 29–51

KK: Karlsruher Kommentar zur Strafprozessordnung und zum Gerichtsverfassungsgesetz (2013) Hannich R (Hrsg), 7. Aufl. Beck, München (zit. KK-Bearbeiter)

Kröber H-L (2007) Qualitätssicherung in der forensisch psychiatrischen Begutachtung und Zertifizierungsprozess. Forens Psychiatr Psychol Kriminol 1: 73–80

Krüger S, Bräuning P, Shugar G (1998) Manie-Selbstbeurteilungsskala (MSS). Manual. Beltz Test GmbH, Göttingen

Kühne A, Zuschlag B (2006) Richtlinien für die Erstellung psychologischer Gutachten. DPV, Bonn

Laufs A, Kern B-R (Hrsg) (2010) Handbuch des Arztrechts, 4. Aufl. Beck, München (zit. Laufs u. Kern-Bearbeiter)

Lehrl S (2005) Mehrfachwahl-Wortschatz-Intelligenztest B (MWT-B). Hogrefe Testzentrale, Göttingen

Lehrl S, Fischer B (1997) c.I. Test. Kurztest für cerebrale Insuffizienz. Hogrefe Testzentrale, Göttingen

Lehrl S, Gallwitz A, Blaha L (1992) KAI Kurztest für Allgemeine Intelligenz. Hogrefe Testzentrale, Göttingen

Leibfahrt M (2003) Anwendung und Interpretation von Drogenscreenings im stationär-psychiatrischen Umfeld. Krankenhauspsychiatrie 14: 24–30

Leichsenring F (1997) Borderline-Persönlichkeits-Inventar (BPI). Hogrefe Testzentrale, Göttingen

Leitner WG (2000) Zur Mängelerkennung in familienpsychologischen Gutachten. FuR 11: 57–63

Lesting W (1992) Die Belehrungspflicht des psychiatrischen Sachverständigen über das Schweigerecht des beschuldigten Patienten. R&P 10: 11–16

Lienert GA, Raatz U (1998) Testaufbau und Testanalyse, 6. Aufl. PVU, Weinheim

Liepmann D, Beauducel A, Brocke B, Amthauer R (2007) Intelligenz-Struktur-Test 2000 R (I-S-T 2000 R). Hogrefe Testzentrale, Göttingen

Lippert H-D (1989) Wem stehen die Ergebnisse eines Sachverständigengutachtens zu? NJW 46: 2935–2936

LR: Löwe-Rosenberg (2008) Die Strafprozessordnung und das Gerichtsverfassungsgesetz. Bd 2, §§ 48–93, 26. Aufl. Beck, München (zit. LR-Bearbeiter)

Malchow CP, Dilling H (2000) ICD-10-Computer-Tutorial II. Huber, Bern

Margraf J, Ehlers A (2007) BAI Beck-Angst-Inventar. Harcourt Test Services, Frankfurt/Main

Merten T (2014) Beschwerdenvalidierung. Hogrefe, Göttingen

Merten T, Diederich C, Stevens A (2008) Vorgetäuschte Beschwerden nach Distorsionstrauma der Halswirbelsäule: eine experimentelle Simulationsstudie. Aktuelle Neurologie 35: 8–15

Meyer P, Höver A, Bach W (2014) Die Vergütung und Entschädigung von Sachverständigen, Zeugen, Dritten und von ehrenamtlichen Richtern nach dem JVEG, 26. Aufl. Heymanns, Köln

Meyer-Goßner L (2013) Strafprozessordnung, 56. Aufl. Beck, München

Mombour W, Zaudig M, Berger P et al. (1996) International Personality Disorder Examination (IPDE). Hogrefe Testzentrale, Göttingen

Müller E (1997) Über Probleme des Sachverständigenbeweises im staatsanwaltlichen Ermittlungsverfahren. In: Prütting H, Rüssmann H (Hrsg) Verfahrensrecht am Ausgang des 20. Jahrhunderts. Festschrift für Gerhard Lüke zum 70. Geburtstag. Beck, München, S. 493–502

Müller K (1988) Der Sachverständige im gerichtlichen Verfahren. Handbuch des Sachverständigenbeweises, 3. Aufl. Müller, Heidelberg

Müller JL, Saimeh N (2014) Standards nichtstrafrechtlicher psychiatrischer Begutachtung. Gegenwärtige Situation, Qualitätsnachweis und Perspektive. Forens Psychiatr Psychol Kriminol 8: 41–48

Münchener Kommentar Zivilprozessordnung (2012) Rauscher T, Wax P, Wenzel J (Hrsg), Bd 1, §§ 1–510c, 4. Aufl. Beck, München (zit. MünchKomm-Bearbeiter)

Müßigbrodt H, Kleinschmidt S, Schürmann A, Freyberger HJ, Dilling H (2010) Psychische Störungen in der Praxis. Leitfaden zur Diagnostik und Therapie in der Primärversorgung nach dem Kap. V (F) der ICD-10, 4. Aufl. Huber, Bern

Murrie DC, Boccaccini MT, Guarnera LA, Rufino KA (2013) Are Forensic Experts Biased by the Side That Retained Them? Psychol Sci 24: 1889–1897

Nedopil N, Stadtland C (2005) Methodenprobleme der forensisch-psychiatrischen Prognosebeurteilung. In: Schneider F (Hrsg) Entwicklungen der Psychiatrie. Springer, Berlin Heidelberg New York Tokio

Nichols HR, Molinder I, dt. Bearbeitung von Deegener G (1996) Multiphasic Sex Inventory (MSI). Hogrefe Testzentrale, Göttingen

Olzen D (1980) Das Verhältnis von Richtern und Sachverständigen im Zivilprozeß. ZZP 93: 66–88

Parzeller M, Wenk M, Rothschild MA (2005) Die ärztliche Schweigepflicht. DÄ 102: 289–296

Paul T, Thiel A (2004) Eating Disorder Inventory-2 (EDI-2). Hogrefe Testzentrale, Göttingen

Payk TR (2010) Pathopsychologie. Vom Symptom zur Diagnose, 3. Aufl. Springer, Berlin Heidelberg New York Tokio

Petermann F (Hrsg) (2012) Wechsler Adult Intelligence Scale – Fourth Edition: WAIS-IV. Pearson Assessment, Frankfurt/Main

Peters UH (2011) Lexikon Psychiatrie, Psychotherapie, Medizinische Psychologie, 6. Aufl. Urban & Fischer bei Elsevier, München

Ratajczak T (1997) Die Ablehnung des Gutachters wegen Besorgnis der Befangenheit. BDIZ konkret 4: 24–29

Ratzel R, Luxenburger B (2011) Handbuch Medizinrecht. Deutscher Anwaltverlag, Bonn

Rauscher T (2002) Die Schadensrechtsreform. JURA 24: 577–584

Raven JC, Court JH, Horn R (2009) Standard Progressive Matrices (SPM), 2. Aufl. Hogrefe Testzentrale, Göttingen

Reitan RM (1992) Trial Making for Adults. Reitan Lab., Tucson/AZ

Rief W, Hiller W (2008) SOMS – Das Screening für Somatoforme Störungen. Hogrefe Testzentrale, Göttingen

Rieger H-J (Hrsg) (2001) Lexikon des Arztrechts, 2. Aufl. Müller, Heidelberg

Rissing-van Saan R (2002) Beeinträchtigung der Schuldfähigkeit bei der Begehung von Straftaten und deren strafrechtliche Folgen. In: Schneider F, Frister H (Hrsg) Alkohol und Schuldfähigkeit. Springer, Berlin Heidelberg New York Tokio, S. 103–119

Saß H (2000) Zur Musterweiterbildungsordnung: Schwerpunkt »Forensische Psychiatrie«, Weiterbildungscurriculum und Übergangsbestimmungen. Nervenarzt 71: 763–765

Saß H (2001) Schwerpunkt Forensische Psychiatrie: Gegenwärtiger Stand. Nervenarzt 72: 575

Saß H (2007) Grundlagen des Zusammenwirkens von Juristen und psychiatrischen/psychologischen Sachverständigen – Anmerkung aus psychiatrischer/psychologischer Sicht. In: Kröber H-L, Dölling D, Leygraf N, Saß H (Hrsg) Handbuch der Forensischen Psychiatrie. Bd 1 Strafrechtliche Grundlagen der Forensischen Psychiatrie. Steinkopff, Darmstadt, S. 424–433

Saß H, Steinmeyer EM, Ebel H, Herpertz S (1995) Untersuchungen zur Kategorisierung und Dimensionierung von Persönlichkeitsstörungen. Z Klin Psychol 24: 239–251

Scharfetter C (2010) Allgemeine Psychopathologie, 6. Aufl. Thieme, Stuttgart

Scharfetter C, Faust V (1995) Anamnese und psychischer Befund in Stichworten. In: Faust V (Hrsg) Psychiatrie. Ein Lehrbuch für Klinik, Praxis und Beratung. Fischer, Stuttgart, S. 57–82

Schmelz S (2002) Gesetzliche Grundlagen der Blutentnahme. In: Schneider F, Frister H (Hrsg) Alkohol und Schuldfähigkeit. Springer, Berlin Heidelberg New York Tokio, S. 91–101

Schneewind KA, Graf J (1998) Der 16-Persönlichkeits-Faktoren-Test, revidierte Fassung. Hogrefe Testzentrale, Göttingen

Schneider F (Hrsg) (2012) Facharztwissen Psychiatrie und Psychotherapie. Springer, Berlin Heidelberg New York Tokio

Schneider F, Hettmann M (2012) Labrochemische Untersuchung. In: Schneider F (Hrsg) Facharztwissen Psychiatrie und Psychotherapie. Springer, Heidelberg, S. 67–75

Schneider F, Fink G (Hrsg) (2013) Funktionelle Kernspintomographie in Psychiatrie und Neurologie, 2. Aufl. Springer, Berlin Heidelberg New York Tokio

Schnyder U, Moergeli H (2002) German Version of Clinician-Administered PTSD Scale. J Trauma Stress 15: 487–492

Schöch H (2004) Juristische Aspekte des Maßregelvollzugs. In: Venzlaff U, Foerster K (Hrsg) Psychiatrische Begutachtung. Ein praktisches Handbuch für Ärzte und Juristen, 4. Aufl. Urban & Fischer, München, S. 385–416

Schönke A, Schröder H (Hrsg) (2010) Strafgesetzbuch: Kommentar, Eser A u.a. 28. Aufl. Beck, München (zit. Schönke u. Schröder-Bearbeiter)

Schreiber HL, Rosenau H (2009) Der Sachverständige im Verfahren und in der Verhandlung. In: Foerster K, Dreßing H (Hrsg) Psychiatrische Begutachtung – Ein praktisches Handbuch für Ärzte und Juristen, 5. Aufl. Elsevier, München, S. 153–165

Schütz H (1983) Alkohol im Blut. Verlag Chemie, Weinheim, S. 6–11, S. 33–36

Siebel U, Michels R, Hoff P et al. (1997) Multiaxiales System des Kapitels V (F) der ICD-10. Nervenarzt 68: 231–238

Sieberer M, Calliess IT, Machleidt W, Ziegenbein M (2011) Begutachtung von Migranten, Flüchtlingen und Asylsuchenden. In: Machleidt W, Heinz A (Hrsg) Praxis der Interkulturellen Psychiatrie und Psychotherapie. Migration und psychische Gesundheit. Elsevier, München, S. 181–187

Spearman C (1904) »General intelligence«, objectively determined and measured. Am J Psychol 15: 201–293

Spitzer C, Stieglitz R-D, Freyberger H-J (2005) Fragebogen zu Dissoziativen Symptomen (FDS). Hogrefe Testzentrale, Göttingen

Staudinger J (Hrsg) (2012) Kommentar zum Bürgerlichen Gesetzbuch mit Einführungsgesetz und Nebengesetzen, Buch 2: Recht der Schuldverhältnisse, §§ 839, 839a, 13. Bearbeitung (Neubearbeitung 2012). De Gruyter, Berlin (zit. Staudinger-Bearbeiter)

Stieglitz RD (2000) Diagnostik und Klassifikation psychischer Störungen. Hogrefe, Göttingen

Stieglitz RD, Baumann U, Freyberger HJ (2001) Psychodiagnostik in Klinischer Psychologie, Psychiatrie, Psychotherapie. Thieme, Stuttgart

Stieglitz RD, Freyberger HJ, Schneider W (2012) Klassifikation und diagnostischer Prozess. In: Freyberger HJ, Schneider W, Stieglitz RD (Hrsg) Kompendium Psychiatrie, Psychotherapie, Psychosomatische Medizin, 12. Aufl. Huber, Bern, S. 17–38

Sturm W, Willmes K, Horn W (1993) Leistungsprüfsystem 50+. Hogrefe, Göttingen

Tamm B (2006) Die Mitnahme von Begleitpersonen zur ärztlichen Begutachtung im sozialgerichtlichen Verfahren – Ein Verstoß gegen die sozialgerichtliche Mitwirkungspflicht? Umwelt-Medizin-Gesellschaft 19: 317–318

Thomas H, Putzo H (Hrsg) (2013) Zivilprozessordnung, 34. Aufl. Beck, München

Tucha O, Lange KW (2004) Turm von London – Deutsche Version (TL-D). Hogrefe Testzentrale, Göttingen

Ulrich J (2007) Der gerichtliche Sachverständige: Ein Handbuch für die Praxis, 12. Aufl. Heymanns, Köln

Wagner R, Cramer S (2002) Kündigungsschutzprozess: Ist der Arzt Zeuge oder Sachverständiger? DÄ 99: B2248

Wagner HJ, Möller MR (1995) Asservierung von Haaren zum Nachweis chronischen Drogenkonsums. DÄ 92: B2169–B2172

Wechsler D (1956) Die Messung der Intelligenz Erwachsener. Huber, Bern

Weiß RH (2008) Grundintelligenztest Skala 2 – Revision – (CFT 20-R). Hogrefe Testzentrale, Göttingen

Wellmann CR (2004) Der Sachverständige in der Praxis, 7. Aufl. Werner, Düsseldorf

Westhoff K, Kluck M-L (2014) Psychologische Gutachten schreiben und beurteilen, 6. Aufl. Springer, Berlin Heidelberg New York Tokio

Wetterling T, Kanitz RD (1997) Der neue »Alkoholmarker« carbohydratdefizientes Transferrin (CDT). Fortschr Neurol Psychiatr 65: 337–346

WHO (1995) Symptom-Checkliste (SCL). Huber, Bern

Wittchen HU, Pfister H (1997) DIA-X Interview. Swets & Zeitlinger, Frankfurt/Main

Young RC, Biggs JT, Ziegler VE, Meyer DA (1978) A rating scale for mania: reliability, validity and sensitivity. British J Psychiatr 133: 429–435

Zaudig M, Hiller W (1996) Strukturiertes Interview für die Diagnose einer Demenz vom Alzheimer Typ, der Multiinfarkt- (oder vaskulären) Demenz und Demenzen anderer Ätiologie nach DSM-III-R, DSM-IV und ICD-10 (SIDAM). Huber, Bern

Zaworka W, Hand I, Jauernig G, Lünenschloss K (1983) Hamburger Zwangsinventar (HZI). Fragebogen zur Erfassung von Zwangsgedanken und Zwangsverhalten. Hogrefe Testzentrale, Göttingen

Zerssen D von (1996) Depressivitätsskala (DS). In: Collegium Internationale Psychiatriae Scalarum (Hrsg) Internationale Skalen für Psychiatrie. Beltz, Göttingen

Zimmermann P, Fimm B (2006) Testbatterie zur Aufmerksamkeitsprüfung (TAP). Version 2.0. Psytest, Herzogenrath

Zöller R (Hrsg) (2014) Zivilprozessordnung, Kommentar, 30. Aufl. Schmidt, Köln (zit. Zöller-Bearbeiter)

Schuldfähigkeit und Verantwortlichkeit

F. Schneider, H. Frister, D. Olzen, *Begutachtung psychischer Störungen*
DOI 10.1007/978-3-642-54765-2_2, © Springer-Verlag Berlin Heidelberg 2015

◼ Zum Einstieg

Breiten Raum in der forensisch-psychiatrischen Gutachtenpraxis nimmt die Einschätzung der Schuldfähigkeit im Strafrecht ein. Dabei werden mit medizinisch-psychologischen Methoden Informationen gesammelt (Exploration und ärztliche Untersuchung, Zusatzuntersuchungen wie testpsychologische und apparative Verfahren, Aktenlage hinsichtlich der Krankengeschichte und des tatzeitlichen Verhaltens und Erlebens), gegebenenfalls zu einer Diagnose für den Tatzeitpunkt zusammengefasst, und es werden die Auswirkungen auf die Schuldfähigkeit im Rechtssinne diskutiert.

Die Entscheidung über die strafrechtliche Verantwortlichkeit hat das erkennende Gericht zu treffen, während der Gutachter allenfalls eine entsprechende Empfehlung abgeben soll – ein Grundsatz, dem in der Praxis nicht immer in dieser Klarheit entsprochen wird.

2.1 Begutachtung der Schuldfähigkeit Erwachsener

Die häufig konstatierten Verständigungsschwierigkeiten zwischen Juristen und Ärzten werden sowohl von juristischer als auch von psychiatrischer Seite vor allem auf den Mangel einer gemeinsamen Sprache zurückgeführt (Detter 1998, S. 57, 60; Nedopil 1999, S. 433 ff.; Nedopil 2008, S. 925, 937). Tatsächlich sind mit den von beiden Seiten benutzten Begriffen für die jeweils andere Disziplin abweichende Inhalte und Konnotationen verbunden. Einen wesentlichen Anlass dürfte dieses Kommunikationsproblem in den Bestimmungen über die Schuldfähigkeit Erwachsener (§§ 20, 21 StGB) haben, denen selbst von juristischer Seite attestiert wird, sie seien aufgrund der insgesamt verunglückten Gesetzesfassung nicht wirklich interpretationsfähig (NK-Schild 2013, § 20 Rn. 21, 69 ff.). Zielführend sind interdisziplinäre Kontakte: So sind von einer Arbeitsgruppe, bestehend aus Richtern am Bundesgerichtshof, Bundesanwälten, forensischen Psychiatern und Psychologen, Sexualmedizinern und Juristen Empfehlungen für die forensische Schuldfähigkeitsbeurteilung nach den §§ 20 und 21 StGB erarbeitet worden (Boetticher

et al. 2005, S. 57 ff.; dazu Eisenberg 2005, S. 304 ff.; Habermeyer u. Saß 2007, S. 10 ff.; LK-Schöch 2007, § 20 Rn. 220; Schöch 2008, S. 967 ff.).

§ 20 StGB. Schuldunfähigkeit wegen seelischer Störungen. Ohne Schuld handelt, wer bei Begehung der Tat wegen einer krankhaften seelischen Störung, wegen einer tiefgreifenden Bewußtseinsstörung oder wegen Schwachsinns oder einer schweren anderen seelischen Abartigkeit unfähig ist, das Unrecht der Tat einzusehen oder nach dieser Einsicht zu handeln.

§ 21 StGB. Verminderte Schuldfähigkeit. Ist die Fähigkeit des Täters, das Unrecht der Tat einzusehen oder nach dieser Einsicht zu handeln, aus einem der in § 20 bezeichneten Gründe bei Begehung der Tat erheblich vermindert, so kann die Strafe nach § 49 Abs. 1 gemildert werden.

§ 3 JGG. Verantwortlichkeit. Ein Jugendlicher ist strafrechtlich verantwortlich, wenn er zur Zeit der Tat nach seiner sittlichen und geistigen Entwicklung reif genug ist, das Unrecht der Tat einzusehen und nach dieser Einsicht zu handeln. Zur Erziehung eines Jugendlichen, der mangels Reife strafrechtlich nicht verantwortlich ist, kann der Richter dieselben Maßnahmen anordnen wie das Familiengericht.

2.1.1 Bedeutung der Schuldfähigkeit für die Rechtfertigung der Strafe

Das strafrechtliche Schuldprinzip

Beauftragt das Gericht einen psychiatrischen oder psychologischen Sachverständigen mit einer Begutachtung der Schuldfähigkeit, so lassen sich die Erwartungen des Auftraggebers in etwa wie folgt konkretisieren: Der Sachverständige soll feststellen, ob der Untersuchte zu einem bestimmten Zeitpunkt an einer psychischen Erkrankung litt, die Einfluss auf seine Verantwortlichkeit gehabt haben könnte (SK-StGB-Rudolphi 2013, § 20 Rn. 3).

> ❯ Der juristische Erwartungshorizont erklärt sich aus der Verpflichtung des Strafrechts auf das Schuldprinzip. Nach diesem mit verfassungsrechtlichem Rang ausgestatteten

Grundsatz setzt jede Strafe die Schuld des von ihr Betroffenen voraus (BVerfGE 20, S. 323, 331; BVerfGE 41, S. 121, 125).

Dahinter steht die Erwägung, dass die Bestrafung eines Straftäters ihrerseits ein großes Unrecht darstellen würde, wenn dieser für seine Tat »nichts kann« (LK-Schöch 2007, § 20 Rn. 4). Ergeben sich nun Anhaltspunkte dafür, dass der Täter zum Tatzeitpunkt eine psychische Störung hatte, infolge derer er für die Tat eventuell »nichts kann«, so hat das Gericht diesem Gesichtspunkt – in der Regel unter Zuziehung eines psychiatrischen, daneben oft eines psychologischen Sachverständigen – nachzugehen.

Diesen wenigen, eher umgangssprachlichen Wendungen lässt sich allerdings noch keine genauere Aussage dazu entnehmen, welche inhaltliche Ausfüllung das Schuldprinzip durch die herrschende Auffassung im Strafrecht erfährt. Was meinen also die Strafjuristen, wenn sie den Grundsatz aufstellen, es dürfe keine Strafe ohne Schuld des Betroffenen verhängt werden?

Bemüht man sich um eine inhaltliche Konkretisierung des Schuldgrundsatzes, so wird man im Strafgesetzbuch selbst zunächst nicht fündig. Zwar erklärt der Gesetzgeber in § 46 Abs. 1 S. 1 StGB die Schuld des Täters zur Grundlage für die Zumessung der Strafe. Auch nimmt er an verschiedenen Stellen eine Negativabgrenzung vor, indem er Aussagen dazu trifft, in welchen Konstellationen der Täter ohne Schuld handelt: so in den Vorschriften zum Verbotsirrtum und zum entschuldigenden Notstand (§§ 17, 35 StGB) oder eben in § 20 StGB hinsichtlich der Schuldunfähigkeit wegen seelischer Störungen. Eine positive Definition dessen, was Schuld im strafrechtlichen Sinne sein soll, findet sich im Gesetz hingegen nicht (Schreiber u. Rosenau 2009, S. 77 f.).

Schuldfähigkeit als Willensfreiheit?

In der Rechtsprechung des Bundesgerichtshofes findet sich demgegenüber bereits in einer frühen Entscheidung der Versuch, dem Schuldgrundsatz inhaltliche Konturen zu verleihen.

> **Nach dem Standpunkt des Bundesgerichtshofes liegt dem Strafrecht das Bild eines auf freie, verantwortliche, sittliche Selbstbe-**

stimmung angelegten Menschen zugrunde, der grundsätzlich die Fähigkeit besitzt, sich für das Recht und gegen das Unrecht zu entscheiden und sein Verhalten nach den rechtlichen Sollensnormen auszurichten (BGHSt 2, S. 194, 200; vgl. BGHSt 10, S. 259, 262; BGHSt 18, S. 87, 94; Theune 2002a, S. 300, 302).

Indem der Bundesgerichtshof von der Willensfreiheit des Menschen als der Grundlage staatlichen Strafens ausgeht, bezieht er im klassischen Streit um die Freiheitsproblematik, der seit jeher zwischen den Vertretern des Indeterminismus (wonach Freiheit stets im Andershandelnkönnen des mit einer Entscheidungssituation Konfrontierten besteht) und denjenigen des Determinismus (welcher die Existenz gerade dieser Wahlfreiheit des Handelnden negiert und ihn als das Objekt auf ihn einwirkender Kausalverläufe sieht) ausgetragen wird, eine klar indeterministische Position (Schreiber u. Rosenau 2009, S. 77, 79 f.).

Hintergrundinformation

Den psychiatrischen oder psychologischen Sachverständigen konfrontiert die Rechtsprechung des Bundesgerichtshofs mit dem Problem, dass sich die Fähigkeit zur Selbstbestimmung nicht in dem von der Judikatur vorausgesetzten Sinne eines »Andershandelnkönnens« als Fähigkeit bestimmen lässt, immer auch eine andere, als die getroffene Entscheidung, zu treffen. Bereits Kant hat in seiner 1781 erschienenen Kritik der reinen Vernunft gezeigt, dass jede Analyse der Willensentscheidung eines Menschen diese Entscheidung als Reaktion einer bestimmten Person auf eine bestimmte Entscheidungssituation versteht und mit dieser Grundannahme zugleich davon ausgeht, dass die getroffene Entscheidung aus den Eigenarten der Person und der Entscheidungssituation resultiert.

Bereits aus erkenntnistheoretischen Gründen ist es nicht möglich, im Strafprozess zu einer erfahrungswissenschaftlich fundierten Antwort auf die vom Bundesgerichtshof formulierte Frage zu gelangen, ob der konkret zu beurteilende Täter im Tatzeitpunkt anders handeln konnte als geschehen oder ob er ausnahmsweise aufgrund der bei ihm bestehenden psychischen Problematik in seiner Entscheidungsfreiheit so weit eingeschränkt war, dass ihm kein (bzw. nur ein verminderter) Schuldvorwurf gemacht werden kann (Frister 1993, S. 18;

Frister 2013a, Kap. 3 Rn. 6; Frister 2013c, S. 1057, 1059 ff.).

Schuldfähigkeit als formale Willensbildungsfähigkeit

Einen Ausweg aus dem Dilemma des Schuldbegriffes weist die Feststellung, dass trotz der aufgezeigten Problematik, Autonomie als psychischen Sachverhalt erkenntnistheoretisch zu ergründen, die Fähigkeit zur Selbstbestimmung in der sozialen Realität von den an einer sozialen Interaktion Beteiligten dem jeweiligen Gegenüber im Regelfall durchaus selbstverständlich zugeschrieben wird. Dem sozialen Erleben des Menschen stellt sich sowohl das eigene Verhalten, als auch dasjenige anderer keineswegs als Naturereignis, wie etwa Blitz oder Donner dar, sondern als Gestaltung der Welt durch ein autonomes, der Selbstbestimmung fähiges Subjekt. Die Annahme der Willensfreiheit ist demnach nicht erst eine Erfindung des Strafrechts, sondern die implizite Voraussetzung der sich von der natürlichen Umwelt abhebenden sozialen Welt des Menschen. Da das gesamte soziale Leben auf der wechselseitigen Zuerkennung von Autonomie beruht, ist diese auch ein notwendiger und legitimer Anknüpfungspunkt strafrechtlicher Zurechnung (Frister 2013a, Kap. 3 Rn. 8; Schünemann 1989, S. 147, 151; a. A. Herzberg 2012, S. 13 ff.).

Ein in dieser Weise begründetes Schuldprinzip wird auch durch die jüngere Debatte über die Vereinbarkeit der Annahme der Willensfreiheit des Menschen mit den Ergebnissen der neueren Hirnforschung nicht in Frage gestellt. Ob die Ergebnisse hirnphysiologischer Experimente von Libet und anderen (Libet et al. 1983, S. 623 ff.; Haggard et al. 2002, S. 382 ff.) den empirischen Nachweis erbringen könnten (was sie sicher nicht tun), dass das menschliche Verhalten durchgängig durch neuronale Prozesse bestimmt werde und das Bewusstsein autonomer Steuerung bloße wirkungslose Einbildung sei (so Roth 2003, S. 553 f.; Singer 2004, S. 30 ff.; kritisch Helmrich 2004, S. 92 ff.; Kröber 2003, S. 13; Jäger 2013, S. 3 ff.), ist für ein richtig verstandenes Schuldprinzip ohne Bedeutung. Ein solcher Nachweis wäre lediglich die empirische Bestätigung der auf Kant zurückgehenden erkenntnistheoretischen Überlegung, dass bei theoretischer Betrachtung jedes Verhalten

aus den Eigenarten der Person und der Situation zu erklären ist. Die wechselseitige Zuerkennung von Autonomie als Voraussetzung einer sich von der natürlichen Umwelt abhebenden sozialen Welt wird dadurch nicht berührt (wie hier Lindemann 2006, S. 343 ff.; vgl. zur Diskussion Bieri 2005, S. 20 ff.; Kröber 2004, S. 103, 106; Nedopil 2010, S. 209, 220; Schockenhoff 2004, S. 166 ff.; Schreiber u. Rosenau 2009, S. 77, 81 f.; Frister 2013b, S. 533 ff.; Boetticher 2010, S. 187 ff.; Laufs 2011, S. 1 ff.). Gleiches gilt für die neueren Erkenntnisse zu genetischen Dispositionen (Dreßing et al. 2009, S. 36 ff.).

Die Zuerkennung von Autonomie hängt im sozialen Leben von der formalen Qualität des Willensbildungsprozesses ab: Wer über die Fähigkeit verfügt, sich auf eine Art und Weise zu entscheiden, deren Rationalität nicht signifikant hinter dem Niveau zurückbleibt, das für einen erwachsenen Menschen unserer Gesellschaft bei der in Frage stehenden Entscheidung im Allgemeinen erreichbar ist, wird als frei angesehen (Frister 1993, S. 128; Frister 2013a, Kap. 18 Rn.13).

> Ist der Täter in der Lage, einen im Vergleich zur rationalen Entscheidungsfindung eines durchschnittlichen Erwachsenen hinreichend differenzierten Entscheidungsprozess zu durchlaufen, so kann dementsprechend auch das Strafrecht davon ausgehen, dass der Täter sich in der in Rede stehenden Situation prinzipiell anders – nämlich normgemäß – verhalten konnte und sich deshalb durch die Verwirklichung des zur Anklage gebrachten Deliktes schuldig gemacht hat (Roxin 2006, § 19 Rn. 37).

Legt man ein solches nicht am Entscheidungsinhalt, sondern an der Art und Weise der Entscheidungsfindung orientiertes Verständnis des Schuldprinzips zugrunde, so erscheint der Gedanke von der Willensfreiheit als der Grundlage staatlichen Strafens zumindest als gut handhabbares »praktisches Postulat« (LK-Schöch 2007, § 20 Rn. 30; Fischer 2014, § 20 Rn. 3), das seine Plausibilität aus dem Umstand gewinnt, dass Kategorien wie »Schuld« und »Verantwortung« von den Menschen als unleugbare Bestandteile unserer sozialen Wirklichkeit erlebt und im alltäglichen Umgang dem jeweils anderen praktisch zugeschrieben werden (Grasnick 1987, S. 55 f.). Die Kommunikation zwischen psychiatrischen oder psychologischen Sachverständigen und Juristen sollte der Schuldgrundsatz dann nicht weiter, in dem eingangs ausgeführten Sinne, belasten.

2.1.2 Schuldunfähigkeit bei Erwachsenen (§ 20 StGB)

Die gesetzliche Regelung geht davon aus, dass der erwachsene Mensch in der Regel schuldfähig ist: Während für Kinder in § 19 StGB die unwiderlegliche Vermutung der Schuldunfähigkeit ausgesprochen wird und bei Jugendlichen, zwischen 14 und 18 Jahren, die für die Schuldfähigkeit erforderliche geistige und sittliche Reife nach § 3 JGG erst im Einzelfall positiv festgestellt werden muss, geht das geltende Recht bei Erwachsenen davon aus, dass sie im Normalfall schuldfähig sind.

> **Normalität und Verantwortlichkeit gelten dem Gesetz nach als Regelfall, der nicht weiter begründet werden muss; erst für den Fall, dass Umstände auftreten, die Zweifel an der Schuldfähigkeit des Täters begründen, wird eine eingehende Auseinandersetzung des Gerichts mit dieser Frage erforderlich (BGH NStZ 1989, S. 190 f.).**

Aus diesem Grunde beschränkt sich das Gesetz in § 20 StGB – im Unterschied zur positiven Regelung der Schuldfähigkeit in § 3 JGG – darauf, als Ausnahme von der Regel, negativ die Voraussetzungen der Schuldunfähigkeit zum Zeitpunkt der Tat zu bestimmen (Schönke u. Schröder-Perron/Weißer 2014, § 20 Rn. 1).

Legt man das herrschende Verständnis dieser Norm zugrunde, so folgt die Feststellung der Schuldunfähigkeit in § 20 StGB einer zweistufigen Methode (NK-Schild 2013, § 20 Rn. 33): Auf der ersten Stufe ist zu fragen, ob der Täter bei Begehung der Tat eine psychische Störung aufwies, die sich einem der in § 20 StGB aufgeführten Eingangsmerkmalen zuordnen lässt. Die zweite Stufe beschäftigt sich sodann mit der Frage, ob der Täter aufgrund des psychopathologischen Zustandes außerstande war, das Unrecht der von ihm begangenen Tat einzusehen oder nach dieser Einsicht zu handeln (◘ Abb. 2.1).

Aufgrund der unterschiedlichen Anknüpfungspunkte dieser beiden Prüfungsschritte spricht man auch von einer »biologisch-psychologischen« oder von einer »psychisch-normativen« Methode (Tondorf u. Tondorf 2011, Rn. 21; MünchKomm-Streng 2011, § 20 Rn. 12 ff.; NK-Schild 2013, § 30 Rn. 33). Die letztgenannte Bezeichnung ist allerdings zumindest insoweit ungenau, als sich auch die erste Stufe nicht auf die bloße Beschreibung psychischer Zustände beschränkt, sondern ihrerseits be-

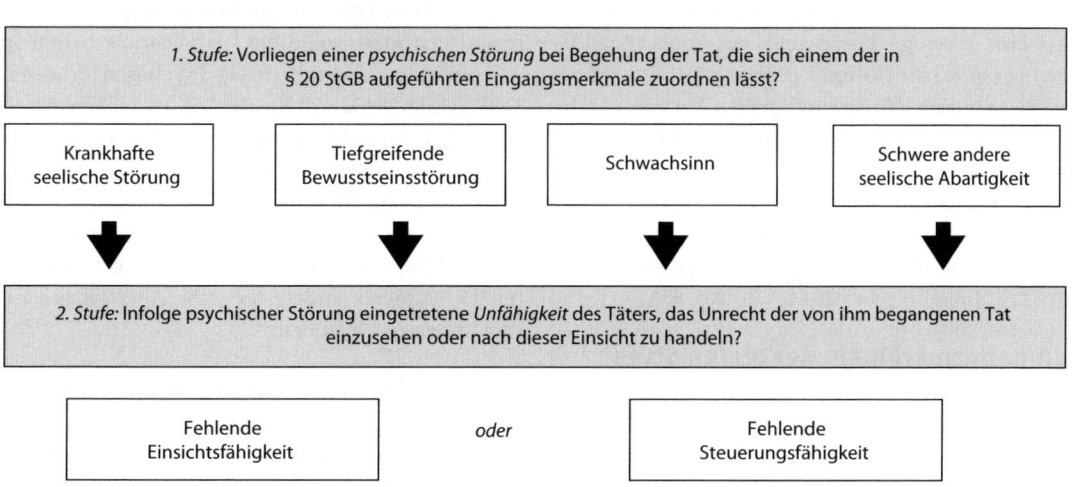

◘ **Abb. 2.1** Zweistufenmodell zur Feststellung der Schuldunfähigkeit im Sinne von § 20 StGB

reits wertende Elemente, wie das Erfordernis einer »tiefgreifenden« Bewusstseinsstörung oder einer »schweren« seelischen Abartigkeit, aufweist (Roxin 2006, § 20 Rn. 2; Fischer 2014, § 20 Rn. 5).

Der genannte Umstand macht deutlich, dass es sich bei den in § 20 StGB gebildeten Kategorien um Rechtsbegriffe handelt. Diese nehmen zwar Bezug auf psychiatrische Diagnosen (Schreiber u. Rosenau 2009, S. 77, 84), die Entscheidung über die Anwendung der psychischen Merkmale der ersten Stufe auf den konkret zu beurteilenden Fall fällt hingegen nach der gesetzgeberischen Konzeption allein in den Kompetenzbereich des – sachverständig zu beratenden – Gerichts (Tondorf u. Tondorf 2011, Rn. 77; Fischer 2014, § 20 Rn. 63).

Die weit verbreitete richterliche Praxis, den Sachverständigen dennoch zu einer Aussage über die Zuordnung des bei dem Angeklagten gegebenenfalls vorgefundenen Krankheitsbildes zu den Eingangsmerkmalen des § 20 StGB sowie den möglichen Implikationen auf Einsichts- bzw. Steuerungsfähigkeit zu bewegen, entbindet den Tatrichter nicht davon, sich in eigener Verantwortung mit dem erstatteten Gutachten auseinanderzusetzen und seine Entscheidung über die Schuldfähigkeit des Angeklagten auf eine für das Revisionsgericht nachvollziehbare Art und Weise in den Urteilsgründen darzulegen (BGHSt 7, S. 238 f.; BGH NStZ-RR 2013, S. 309 ff.; Detter 1998, S. 57, 59; insoweit zutreffend auch Konrad u. Rasch 2014, S. 226, die sich allerdings bei der Beurteilung des Vorliegens der Eingangsmerkmale zu Unrecht für eine alleinige Kompetenz des Sachverständigen aussprechen [Konrad u. Rasch 2014, S. 225]). Schließt er sich der Beurteilung des Sachverständigen an, so hat er die wesentlichen **Anknüpfungs- und Befundtatsachen** im Urteil so wiederzugeben, wie dies zum Verständnis des Gutachtens und zur Beurteilung seiner Schlüssigkeit erforderlich ist (BGH NStZ-RR 2009, S. 45 f.; BGH NStZ-RR 2012, S. 140 f.; Fischer 2014, § 20 Rn. 65).

Eingangsmerkmale der ersten Stufe

Nach § 20 StGB können bei der Beurteilung der Schuldfähigkeit nur diejenigen Zustände Berücksichtigung finden, die sich als
- »krankhafte seelische Störung«,
- »tiefgreifende Bewusstseinsstörung«,
- »Schwachsinn« oder
- »schwere andere seelische Abartigkeit«

bezeichnen lassen. Diese Aufzählung ist abschließend zu verstehen, weshalb eine analoge Anwendung auf andere als die dort genannten Störungsbilder auszuscheiden hat. Das begriffliche Instrumentarium ist allerdings – wie im Einzelnen noch zu zeigen sein wird – ohnehin so weit geraten, dass sich alle in Betracht kommenden psychischen Störungen ohne weiteres zwanglos erfassen lassen (Albrecht 1983, S. 193 f.; Blau 1989, S. 71, 74).

Bereits an dieser Stelle soll auf die Problematik hingewiesen werden, die sich aus der Anlehnung der geltenden Gesetzesfassung an den somatischen Krankheitsbegriff des Psychiaters Kurt Schneider ergibt: Diesem lag eine klare Unterscheidung zwischen zwar »abnormen«, als bloßen »Spielarten menschlichen Wesens« jedoch letztlich nicht »wirklich krankhaften« Phänomenen, sowie solchen Zuständen zugrunde, die aufgrund ihrer körperlichen oder nach damaligem Kenntnisstand doch zumindest postulierbar körperlichen Ursachen als eigentliche »Krankheiten« einzustufen sein sollten (Schneider 1953, S. 5 ff.; vgl. Schmidt-Recla 2000, S. 160 ff.; Saß 2011, S. 175 f.). Während zu ersterer Kategorie nach Auffassung Kurt Schneiders (und in damaliger Terminologie) abnorme Verstandeslagen (Schwachsinn), Triebanomalien, abnorme Persönlichkeiten, abnorme Erlebnisreaktionen sowie – als Zwischenstufe – abnorme erlebnisreaktive Persönlichkeitsentwicklungen (Neurosen) gehörten, sollte die letztgenannte lediglich die (»wirklich krankhaften«) Psychosen erfassen (NK-Schild 2013, § 20 Rn. 71, 73). In der Gesetzesfassung des § 20 StGB hat diese Konzeption insofern ihren Niederschlag gefunden, als diese für die Psychosen das Merkmal der »krankhaften seelischen Störung« vorsieht, während die vermeintlich »normal-psychologischen« Zustände vor allem unter die »schwere andere seelische Abartigkeit« zu subsumieren sein sollen.

▶ **Der somatische Krankheitsbegriff von Kurt Schneider, die hieraus abgeleiteten gesetzlichen Formulierungen und die dahinterstehenden Konzepte sind heute wissenschaftlich überholt.**

Die biologische Psychiatrie und ihre benachbarten wissenschaftlichen Fächer haben mittlerweile für viele der nach dem Modell von Kurt Schneider noch den »Spielarten menschlichen Wesens« zuzuordnenden psychischen Störungen ebenfalls biologische Korrelate auf genetischer, hirnmorphologischer und hirnfunktioneller oder anderer Ebene gefunden, sodass die Unterscheidung zwischen »wirklich krankhaften« und »sonstigen psychischen Störungen« nicht mehr aufrechtzuerhalten ist.

Nach dem gegenwärtigen Stand der psychiatrischen Wissenschaften und der zur Verfügung stehenden Nomenklatur ICD-10 und DSM-5 besteht kein Zweifel daran, dass auch die, die Schuldfähigkeit beeinträchtigenden bloßen »Spielarten menschlichen Wesens«, einschließlich schwerer Intelligenzminderungen, psychische Krankheitszustände sind. Die Ausgliederung der sog. »anderen seelischen Abartigkeiten« einschließlich des sog. »Schwachsinns« aus dem Begriff der »krankhaften seelischen Störung« ist deshalb nur noch eine Konvention ohne sachliche Berechtigung.

> **Eigentlich könnten und sollten die Eingangsmerkmale »Schwachsinn« und »schwere andere seelische Abartigkeit« aus den §§ 20 und 21 StGB gestrichen werden. Dies gilt umso mehr, als diese Merkmale schon aufgrund ihrer stigmatisierenden Formulierung durchgreifenden Bedenken begegnen, worauf auch schon andere Autoren hingewiesen haben (Rasch 1991, S. 126; Venzlaff 1983, S. 277, 281 f.).**

Umstritten ist die Bedeutung gängiger psychiatrischer Klassifikationssysteme wie ICD-10 oder DSM-5 für die Beurteilung der Schuldfähigkeit: So sieht sich der Versuch einer Zuordnung der 4 Eingangsmerkmale des § 20 StGB zu den Kategorien der ICD-10 im einschlägigen Schrifttum zum Teil deutlicher Kritik ausgesetzt (Blau 1989, S. 71 ff.). Beizupflichten ist den Kritikern einer Berücksichtigung der genannten Diagnoseschlüssel bei der Schuldfähigkeitsbegutachtung darin, dass diese Systeme nicht für forensische Zwecke entwickelt wurden und ausdrücklich auch geringfügige Störungen erfassen, weshalb etwa die Aufnahme eines bestimmten Krankheitsbildes in die ICD-10

oder das DSM-5 den Sachverständigen niemals davon entbinden kann, konkrete Feststellungen zum Ausmaß der zu beurteilenden Störung zu treffen und ihre Auswirkung auf die Tat darzulegen (BGHSt 37, S. 397, 400 f.; BGH NStZ 1997, S. 383 ff.; BGH NStZ 2007, S. 29; Fischer 2014, § 20 Rn. 7). So sei bei fast jedem zweiten Bürger im Laufe seines Lebens eine psychiatrische Störung im Einklang mit den Diagnosesystemen feststellbar. Das Ausmaß der Beeinträchtigung divergiere jedoch gewaltig (Jacobi et al. 2004; Wittchen et al. 2011). Diese sicherlich nicht unproblematischen Gesichtspunkte dürfen jedoch nicht darüber hinwegtäuschen, dass vor allem die ICD-10 in der deutschen Gerichtspraxis inzwischen weit verbreitet ist (LK-Schöch 2007, § 20 Rn. 37 f.; MünchKomm-Streng 2011, § 20 Rn. 13). Damit ist gewährleistet, dass sich Sachverständige in von außen nachvollziehbarer Weise an diagnostischen Konventionen und Beschreibungen orientieren (Theune 2002a, S. 300, 310; ▶ Abschn. 1.3). Das Problem besteht allerdings weniger in der Verwendung von ICD-10 oder DSM-5, sondern vielmehr darin, dass unkritisch psychiatrische Diagnosen den Eingangsmerkmalen zugeordnet werden – unter Umgehung der mehrstufigen Beurteilungsnotwendigkeit (vgl. Boetticher et al. 2005, S. 58).

> **Nicht jede ICD-10- oder DSM-5-Diagnose ist den Eingangsmerkmalen des § 20 StGB zuzuordnen. Für eine Zuordnung relevant ist neben einer psychiatrischen Diagnose, die Auswirkungen auf die Schuldfähigkeit haben könnte, das Ausmaß der Beeinträchtigung zum Tatzeitpunkt.**

■ **»Krankhafte seelische Störung«**
Mit dem Begriff der »krankhaften seelischen Störung« sind all diejenigen psychischen Störungen gemeint, die nach dem Krankheitsbegriff Kurt Schneiders auf einer körperlich-organischen Ursache beruhen (sog. exogene Psychosen) oder für die sich nach diesem Krankheitsbegriff eine solche Ursache zumindest postulieren lässt (früher sog. endogene Psychosen; Lackner u. Kühl 2011, § 20 Rn. 5; MünchKomm-Streng 2011, § 20 Rn. 34). Dabei stellt der Begriff der Störung klar, dass hierzu sowohl angeborene als auch er-

worbene Störungen zu rechnen sind (Lenckner 1972, S. 3,114); überdies werden neben länger andauernden Zuständen auch sehr kurze Veränderungen erfasst (Schönke u. Schröder-Perron/Weißer 2014, § 20 Rn. 7). Der Begriff des Seelischen umfasst die gesamte menschliche Psyche und soll nicht nur Beeinträchtigungen des Geistes im Sinne des intellektuellen Vermögens, sondern auch solche des Willens, Gefühls- und Trieblebens in den Anwendungsbereich dieses Merkmals einbeziehen, also Kognitionen und Emotionen bzw. Erleben und Verhalten (Lackner u. Kühl 2011, § 20 Rn. 3; Schreiber u. Rosenau 2009, S. 77, 85).

■■ **Psychosen**
Problematisch erscheint zunächst der in den gängigen Klassifikationssystemen wie ICD-10 oder DSM-5 nicht mehr verwendete Begriff der sog. endogenen Psychosen, der – historisch gesehen – eine biologische Verursachung impliziert und übersetzt werden kann mit »im Körperinneren entstehend, von innen kommend« (NK-Schild 2013, § 20 Rn. 85). Der Sache nach wird mit dem Begriff der endogenen Psychosen eine Gruppe von Krankheiten bezeichnet, deren hervorstechendstes Merkmal eine Störung des Realitätsbezugs ist (Rasch 1989, S. 11, 13), was allerdings auch bei anderen psychischen Krankheiten der Fall ist.

Ihre Gleichstellung mit den körperlich begründbaren Psychosen – in heutiger Terminologie eine symptomatisch definierte Teilmenge (psychotisches Erleben) organischer einschließlich symptomatischer psychischer Störungen (ICD-10: F0) – wird durch den historischen Gesetzgeber damit gerechtfertigt, dass sie in gleicher Weise den Kern der Persönlichkeit und die Fähigkeit zu sinnvollem Handeln beeinträchtigen (BT-Drucks. 4/650, S. 138).

Beispiele aus der Rechtsprechung
■ Schizophrenien:
  – BGH StV 1995, S. 405
  – BGH StV 1998, S. 15
  – BGH R&P 2008, S. 53
  – BGH NStZ-RR 2012, S. 306 f.
  – BGH NStZ-RR 2012, S. 239

  – BGH NStZ-RR 2013, S. 368 f.
  – BGH bei Pfister NStZ-RR 2013, S. 161 ff.
■ Bipolare Störungen:
  – BGH NStZ-RR 1998, S. 5 f.
  – BGH NJW 2001, S. 1435, 1436
  – BGH NStZ-RR 2010, S. 171
  – BGHR StGB § 63 Zustand 11

Wenngleich auch der folgende Begriff in der Wissenschaft heute nicht mehr verwendet wird, bewegt man sich juristisch bei den sog. **exogenen Psychosen** doch auf vergleichsweise gesichertem Terrain: Hierunter werden alle diejenigen Krankheiten verstanden, die auf biologisch nachweisbaren hirnorganischen Störungen beruhen und darum auch als »körperlich begründbare Psychosen« bezeichnet werden können (NK-Schild 2013, § 20 Rn. 85). Der Nachweis derartiger Krankheitsbilder erscheint dem Außenstehenden insoweit erleichtert, als sich die zugrunde liegenden Störungen neben dem psychopathologischen Befund und der Anamnese häufig mit technischen Methoden und Apparaten wie laborchemischen oder bildgebenden Befunden feststellen und in ihrer Stärke erfassen lassen (LK-Schöch 2007, § 20 Rn. 93). Allerdings kann aus dem Ausmaß einer messbaren hirnorganischen Veränderung nicht unmittelbar auf das Maß der psychischen Beeinträchtigung geschlossen werden. Hirnorganische Veränderungen können in sehr unterschiedlichem Maße kompensiert werden, sodass neben der Feststellung der betreffenden Veränderung stets auch eine Beurteilung der psychopathologischen Folgen erforderlich ist.

Wie beschrieben, hat die Forschung mit dem Auffinden neurobiologischer Korrelate vieler psychischer Störungen zu einer Ausweitung des Begriffes der »krankhaften seelischen Störungen« geführt, was vom historischen Gesetzgeber so nicht vorauszusehen war. Allerdings sollte in der gutachterlichen Praxis nicht so sehr das historische Verständnis von Krankheiten, sondern die moderne Medizin bei der Zuordnung zu den Eingangskategorien beachtet werden, was zu einer deutlichen Ausweitung des ursprünglichen Begriffes der »krankhaften seelischen Störung«, d. h. somatisch begründbarer psychischer Störungen, führt.

Beispiele aus der Rechtsprechung

- Traumatische Psychosen nach Hirnverletzungen:
  - BGH NJW 1993, S. 1540
  - Glatzel 1990, S. 132 ff.
- Hirnorganische Krampfleiden, wie die idiopathische Epilepsie:
  - BGH NJW 1995, S. 795 ff.
  - BGH StV 1992, S. 503
  - BGH NStZ-RR 2009, S. 136
  - Koufen 1984, S. 389 ff.
  - Pittrow u. Saß 1994, S. 82 ff.
- Folgeerscheinungen von Alkohol-, Drogen- und Medikamentenabhängigkeit:
  - BGH bei Holtz MDR 1977, S. 982
  - BGH NJW 1995, S. 1229
  - BGH NStZ 1999, S. 448 f.
- Dauerhafte krankhafte Suchtmittelüberreaktion im Sinne einer substanzinduzierten psychischen Störung:
  - BGHR StGB § 63 Zustand 36
- Fälle hirnorganisch begründeten Persönlichkeitsabbaus im Sinne der Demenz:
  - BGH NStZ 1983, S. 34
  - BGH StV 1989, S. 102
  - BGH StV 1994, S. 15

▪▪ Intoxikationen

So besteht inzwischen über die Zuordnung von Intoxikationen infolge Drogen- oder Alkoholkonsums zur Merkmalskategorie der krankhaften seelischen Störung aufgrund der mit ihnen verbundenen toxischen Beeinträchtigung der Hirntätigkeit weitgehend Einigkeit (BGHSt 43, S. 66, 69; Foerster u. Leonhardt 2002, S. 55, 62; Lackner u. Kühl 2011, § 20 Rn. 4; Fischer 2014, § 20 Rn. 11). Die überkommene Einordnung als tiefgreifende Bewusstseinsstörung (Arab-Zadeh 1978, S. 2326) ist demgegenüber als veraltet anzusehen.

Die Begutachtung der Schuldfähigkeit im Zusammenhang mit einem Alkoholrausch hat grundsätzlich im Rahmen einer Gesamtwürdigung sämtliche äußeren und inneren Kennzeichen des Tatgeschehens und der Persönlichkeitsverfassung des Täters in den Blick zu nehmen und dabei nicht zuletzt auch den Blutalkoholwert einzubeziehen (BGHSt 36, S. 286, 288; BGH NStZ 1987, S. 321). In der Rechtsprechung fand der letztgenannte Gesichtspunkt allerdings in der Vergangenheit in Gestalt einer zunehmend starr gehandhabten Schwellenwertregelung Berücksichtigung: Neben der Feststellung, das Vorliegen verminderter Schuldfähigkeit im Sinne des § 21 StGB sei ab einem Blutalkoholwert von 2 ‰ »zumindest naheliegend« (BGH NJW 1989, S. 1043; BGH StV 1987, S. 385 f.), findet sich insoweit auch die Formulierung, dass ab 2 ‰ »in der Regel von einer erheblichen Verminderung der Steuerungsfähigkeit auszugehen« sei (BGH StV 1989, S. 14). Entsprechendes sollte für den Anwendungsbereich des § 20 StGB ab einem Schwellenwert von 3 ‰ gelten; bei gravierenderen Delikten gegen Leib und Leben wurden erhöhte Untergrenzen angenommen (BGH NJW 1994, S. 2629 f.; Rissing-van Saan 2002, S. 103 f.; Salger 1988, S. 379, 389).

Ihren vorläufigen Abschluss fand diese auch als schematisierende »Promillediagnostik« (Blau 1988, S. 210; Rösler u. Blocher 1996, S. 329) kritisierte Entwicklung in einer Entscheidung des 4. Senats des Bundesgerichtshofs, in der die Feststellung getroffen wurde, zwischen Blutalkoholkonzentration (BAK) einerseits und Beeinträchtigungen der Schuldfähigkeit andererseits gäbe es »zwar keine gesetzmäßige lineare Beziehung, jedoch statistisch belegbare, mehr oder weniger ausgeprägte Regelmäßigkeiten, die Wahrscheinlichkeitsaussagen jedenfalls über die Verminderung oder den Wegfall der Steuerungsfähigkeit« zuließen. Abgesehen von Ausnahmefällen seien keine Beurteilungskriterien zur Rekonstruktion der psychischen Befindlichkeit des Täters zur Tatzeit von solcher Überzeugungskraft ersichtlich, die geeignet wären, den in ständiger Rechtsprechung angewandten Erfahrungssatz in Bezug auf eine Blutalkoholkonzentration von 2 ‰ und mehr zu entkräften (BGHSt 37, S. 231, 241; Rissing-van Saan 2002, S. 103, 105 f.).

Im Rahmen eines auf Betreiben des 1. Strafsenats zustande gekommenen Vorlageverfahrens wurde diese Position jedoch wieder zugunsten einer eher an einer Gesamtschau aller in der Person des Täters und im Tatgeschehen wirksamen Umstände orientierten Betrachtungsweise aufgegeben. Da auch die anderen Senate des Bundesgerichtshofs mittlerweile nicht mehr an der von BGHSt 37, S. 231, 233 vorgenommenen strikten Fokussierung lediglich des Blutalkoholwertes festhalten wollten, sah sich der

1. Senat in der Lage, unter ausdrücklicher Aufgabe der bisherigen Rechtsprechung zu judizieren, dass es keinen medizinisch-statistischen Erfahrungssatz gäbe, demzufolge »ohne Rücksicht auf psychodiagnostische Beurteilungskriterien allein wegen einer bestimmten Blutalkoholkonzentration zur Tatzeit in aller Regel vom Vorliegen einer alkoholbedingt erheblich verminderten Steuerungsfähigkeit auszugehen« sei (BGHSt 43, S. 66, 71 f.; Detter 1999, S. 3, 8 ff.; Rissing-van Saan 2002, S. 103, 106 f.; dazu auch Wendt u. Kröber 2010, S. 240, 249 ff.).

> »Grenzwerte« der Blutalkoholkonzentration (BAK) für die Beurteilung der Schuldfähigkeit stellen lediglich »Richtwerte« dar, die eine verminderte bzw. aufgehobene Schuldfähigkeit nahelegen. Keinesfalls darf bei der Beurteilung der Schuldfähigkeit die Blutalkoholkonzentration allein Berücksichtigung finden.

Offen bleibt danach noch die Frage, wie die psychodiagnostischen Kriterien und die Blutalkoholkonzentration für die Schuldfähigkeitsbeurteilung zu gewichten sind. In der Akzentuierung scheinen der 4. und der 5. Strafsenat dem BAK-Wert zwar keine absolute Bedeutung mehr, aber dennoch eine hohe Bedeutung beizumessen (BGH NJW-Spezial 2012, S. 152; BGH NStZ 2012, S. 262 f.; weitere Urteile des 5. Strafsenats bei Pfister 2013, S. 161 f.; BGH NStZ-RR 2013, S. 272 f.), wohingegen der 1. Strafsenat der Blutalkoholkonzentration eine mit den psychodiagnostischen Kriterien gleichrangige Bedeutung zukommen lässt (BGH NJW 2012, S. 2672 f.).

Die psychodiagnostischen Kriterien, denen nach der skizzierten Rechtsprechungsänderung nunmehr wieder verstärkte Bedeutung bei der Beurteilung einer alkoholbedingten Beeinträchtigung der Schuldfähigkeit des Täters bei Begehung der Tat zukommen soll, knüpfen sowohl an die Täterpersönlichkeit und das Tatgeschehen, als auch an das Verhalten des Täters vor, während und nach der Tat an (BGHSt 57, S. 247, 250 ff.; BGHR StGB § 20 Blutalkoholkonzentration 20; BGH NStZ-RR 2013, S. 272 f.; Foerster u. Leonhardt 2002, S. 55 ff.; Fischer 2014, § 20 Rn. 17, 17a, 22 ff.). Indizielle Bedeutung kann in diesem Zusammenhang so unterschiedlichen Aspekten wie der finalen Struktur,

Planmäßigkeit, Sinnhaftigkeit, Zielgerichtetheit, Folgegerichtetheit, Geschicklichkeit sowie Situations- und Persönlichkeitsadäquatheit des Verhaltens zukommen, ferner der Eintrübung des Erinnerungsvermögens, der motorischen Beherrschung, der Alkoholverträglichkeit usw. (Rösler u. Blocher 1996, S. 329, 333). Aus der Vielzahl der in der Literatur zur Frage der Rauschbeurteilungskriterien entwickelten Kataloge (Bresser 1984, S. 45 ff.; Konrad u. Rasch 1992, S. 167 ff.; Kröber 1996, S. 569 ff.; vgl. Plate 2002, S. 194 ff.) soll hier exemplarisch die von Detter (1999, S. 3, 10) anhand von Rechtsprechungsbeispielen zusammengestellte Übersicht aufgegriffen werden. Danach sind bei der Begutachtung der Schuldfähigkeit unter Alkoholeinfluss folgende Gesichtspunkte zu berücksichtigen:

- Gegen eine Beeinträchtigung sollen sprechen: detaillierte Einlassung, akuter und chronischer Alkoholkonsum, logische und schlüssige Handlungssequenzen verbunden mit motorischen Kombinationsleistungen, umsichtiges Reagieren auf plötzlich und unerwartet sich ändernde Situationen, Situationserkennen, Wahrnehmungsvermögen, Rückzugsverhalten.
- Für eine Beeinträchtigung sollen sprechen: Handeln entgegen bisheriger Verhaltensmuster, Sinnlosigkeit und Persönlichkeitsfremdheit der Tat.
- Sowohl für, als auch gegen eine Beeinträchtigung können sprechen: Blutalkoholkonzentration, Trunkenheitsgrad, Handlungsablauf, Erinnerungsvermögen (Problem bei der Erfassung: Verfälschungstendenzen), spontanes und eingeschliffenes Handeln (d. h. Leistungsverhalten).

Im Einzelnen ist hier jedoch noch vieles ungeklärt und die Rechtsprechung befindet sich nach wie vor im Fluss (vgl. Schönke u. Schröder-Perron/Weißer 2014, § 20 Rn. 16b). So wurde auf der einen Seite die Anwendbarkeit des § 21 StGB bei 2,8 ‰ wegen Alkoholgewöhnung des Täters sowie planmäßiger und motorisch genau kontrollierter Tatausführung abgelehnt (BGH NStZ 1998, S. 457 f.; BGH NStZ-RR 1997, 162; für eine Berücksichtigung auch BGH NStZ-RR 2013, S. 272; BGH NJW 2012, S. 2672 ff.; siehe dazu auch Fischer 2014, § 20 Rn. 23a). Während auf der anderen Seite Alkoholgewöhnung und Erinnerungsvermögen, einem unauffälligen Leistungsverhalten sowie – durch eine mögliche Ernüchterung wegen der Tat beeinflusstem – Nachtatverhalten jegliche Eignung zu einer Entkräftung der von der Blutalkoholkonzentration ausgehenden Indizwirkung abgesprochen wurde (BGH NStZ 1998, S. 295; BGH StV 1998, S. 256 f.). So kann die Steuerungsfähigkeit bei einem Alkoholgewöhnten bereits aufgehoben und sein äußerliches Verhalten dennoch unauffällig sein. Andererseits kann die Steuerungsfähigkeit eben auch weitaus länger als bei Alkohollungewöhnten erhalten bleiben (Fischer 2014, § 20 Rn. 23a). Es wird nicht zuletzt Aufgabe der medizinisch-psychiatrischen Wissenschaft sein, die bestehenden Unsicherheiten zu beseitigen und einheitliche Standards herauszuarbeiten (Maatz 1998, S. 279, 282).

Die Beeinträchtigung der Schuldfähigkeit kann sich auch erst aus einem Zusammenwirken situativer oder konstellativer Faktoren mit dem Alkoholkonsum des Täters ergeben (Schönke u. Schröder-Perron/Weißer 2014, § 20 Rn. 16e). So kommt etwa der kumulativen Wirkung von Affekt und alkoholischer Enthemmung – insbesondere bei Beziehungstaten – beträchtliche forensische Relevanz zu (dazu LK-Schöch 2007, § 20 Rn. 181; Maatz 2005, S. 1389 ff.; Marneros 2007, S. 68 ff.).

Beispiele aus der Rechtsprechung

- Schizophrenie: BGH NStZ 1991, S. 527 f.
- Verminderte Alkoholtoleranz infolge eines Anfallsleidens: BGH StV 1991, S. 156
- Intelligenzminderung: BGH NStE § 21 Nr. 18 und OLG Köln VRS 67, S. 21
- Affektive Erregung: BGH StV 1994, S. 13, BGH NStZ 1997, S. 232, BGH NStZ 2000, S. 585 und BGH NStZ-RR 2008, S. 105
- (Schwere) Persönlichkeitsstörung: BGH NStZ 1999, S. 508; BGH NStZ-RR 2008, S. 335; oder sog. neurotische Fehlentwicklung: BGH NJW 1984, S. 1631
- Wesensveränderung infolge langjähriger Alkoholabhängigkeit: BGH NStZ 1991, S. 31
- Unfallschock: BGH VRS 24, S. 189
- Übermüdung: OLG Koblenz DAR 1973, S. 137
- Altersabbau: BGH StV 1994, S. 14; BGH StV 2008, S. 245
- Zusammenwirken mit Medikamenten oder Betäubungsmitteln: BGH StV 1988, S. 294

Prüfpflichten

Mit dem Erreichen bestimmter Schwellenwerte bei der Blutalkoholkonzentration sind nach der neueren Rechtsprechung nunmehr vornehmlich besondere Prüfpflichten für das erkennende Gericht verbunden:

- So soll ab einer Blutalkoholkonzentration von 3 ‰ – bei alkoholungewohnten Jugendlichen und Heranwachsenden auch darunter – die Schuldunfähigkeit zumindest so nahe liegen, dass sie der Tatrichter eingehend und in aller Regel mit Hilfe eines Sachverständigen zu prüfen hat (BGH NStZ-RR 2013, S. 272; BGH bei Detter NStZ 1998, S. 182 f.; OLG Düsseldorf NStZ-RR 1998, S. 86). Insbesondere bei trinkgewohnten Personen soll allerdings auch die von einer wesentlich höheren BAK ausgehende Indizwirkung sehr viel geringer sein, als dies bei bloßen Gelegenheitskonsumenten der Fall ist; die Feststellung von Schuldunfähigkeit setzt daher eine umfassende Würdigung sämtlicher Umstände des konkreten Falles voraus (BGH NStZ-RR 1999, S. 359 f.; OLG Düsseldorf NZV 1998, S. 418 f.).
- Einer Blutalkoholkonzentration von 2 ‰ sollen sich immerhin noch wesentliche Anhaltspunkte für eine erhebliche Verminderung der Schuldfähigkeit des Täters im Sinne des § 21 StGB entnehmen lassen, wenngleich es sich lediglich um eine entsprechende Prüf- und Erörterungspflichten des Gerichts auslösende »widerlegbare Vermutung« handeln soll (BGH NStZ-RR 1997, S. 162; Maatz 1998, S. 279, 281).
- In Einzelfällen kann schließlich auch bei einem Blutalkoholwert von unter 2 ‰ eine Beeinträchtigung der Schuldfähigkeit in Betracht zu ziehen sein, so etwa beim Vorliegen jugendlichen Alters in Verbindung mit gruppendynamischen Prozessen (BGHR StGB § 21 Alkoholauswirkungen 5) oder im Zusammenwirken mit einem (juristisch so genannten) Unfallschock bzw. einer Magenerkrankung und bisheriger Abstinenz (BGH VRS 30, S. 277).

Die Ermittlung der Blutalkoholkonzentration zum Zeitpunkt der Tat, die grundsätzlich zum Fachgebiet der Rechtsmedizin und nicht zu dem der Psychiatrie gehört, erfolgt in der Praxis – soweit eine nachträglich entnommene Blutprobe vorhanden ist – durch Rückrechnung anhand folgender Grundsätze: Da ein individueller Abbauwert nach herrschender Auffassung nicht feststellbar ist (BGHSt 34, S. 29, 32; BGH NStZ 1986, S. 114), wird in ständiger Rechtsprechung ein höchstmöglicher Abbauwert von 0,2 ‰ pro Stunde zuzüglich eines (einmaligen) Sicherheitsabschlages von weiteren 0,2 ‰ zugrunde gelegt (BGHSt 35, S. 308, 314; BGHSt 37, S. 231, 237). In Anwendung des Grundsatzes »in dubio pro reo« darf eine Fortsetzung des Alkoholkonsums nach der Tat, der sog. Nachtrunk, nur dann zur Annahme einer niedrigeren Blutalkoholkonzentration zum Tatzeitpunkt führen, wenn er zweifelsfrei feststeht (LK-Schöch 2007, § 20 Rn. 110).

Stehen lediglich Trinkmengenangaben zur Verfügung, so ist nach der sog. Widmark-Formel zu verfahren: Die aufgenommene Alkoholmenge in Gramm wird durch das mit einem Verteilungsfaktor multiplizierte Körpergewicht in Kilogramm geteilt; hiervon ist sodann das Resorptionsdefizit sowie der Alkoholabbau in Abzug zu bringen (Haffner u. Blank 2002, S. 69, 72 f.; MünchKomm-Streng 2011, § 20 Rn. 73; Fischer 2014, § 20 Rn. 14 ff.). Fehlt es auch insoweit an zuverlässigen Berechnungsgrundlagen, so hat sich der Richter unter Beachtung des Zweifelssatzes eine Überzeugung davon zu verschaffen, welche Höchstmenge aufgenommenen Alkohols in Betracht kommt (BGH NStZ 1992, S. 32 f.; eingehend dazu Fischer 2014, § 20 Rn. 15 f.).

■ ■ **»Pathologischer Rausch«**
Als eine Sonderform unter den alkoholbedingten Intoxikationen begegnet schließlich in der Rechtsprechung vereinzelt der sog. pathologische Rausch (BGHSt 40, S. 198, 200; LG Bad Kreuznach NStZ 1992, S. 338). Hierbei soll es sich um eine ganz seltene Form der alkoholbedingten Psychose handeln, die fast immer im Zusammenhang mit einer Hirnschädigung oder einer körperlichen Erkrankung steht und bereits nach dem Konsum geringer Mengen Alkohols auf-

treten soll (LK-Schöch 2007, § 20 Rn. 99, 114; MünchKomm-Streng 2011, § 20 Rn. 33).

Mit dem Begriff »pathologischer Rausch« als diagnostischer Kategorie sind jedoch erhebliche Probleme verbunden (Foerster u. Leonhardt 2002, S. 55, 60; Venzlaff 2003, S. 509, 512 ff.; Winckler 1999, S. 803, 808): Aufgrund seiner lediglich unscharfen Definition eignet sich der Begriff gerade auch im forensischen Kontext dazu, aus bloßen Verhaltensauffälligkeiten im Rahmen einer Intoxikation diagnostisch auf das Vorliegen eines pathologischen Rausches zu schließen; die Verwendung des Begriffes birgt mithin die Gefahr, dass die Diagnose unter normativen Gesichtspunkten und nicht auf der Basis psychopathologischer Kriterien erfolgt. Zudem impliziert der Begriff, dass es auch einen nicht-pathologischen Rausch gäbe. Medizinisch betrachtet ist jedoch jeder Rausch pathologisch (Wendt u. Kröber 2010, S. 240, 253). Bei den Phänomenen, die man früher als »pathologischer Rausch« bezeichnete, steht zudem weniger die Wirkung des Alkohols im Vordergrund; vielmehr liegt eine symptomatische Psychose vor, die durch Alkoholeinnahme ausgelöst wurde. Aus den genannten Gründen sollte auf die Verwendung des Begriffes zugunsten einer präziseren diagnostischen Zuordnung anhand allgemein anerkannter wissenschaftlicher Kriterien verzichtet werden (Foerster u. Leonhardt 2002, S. 55, 61; Habel u. Schneider 2002, S. 23, 28; Venzlaff 2003, S. 509, 516; Winckler 1999, S. 803, 808; krit. auch Fischer 2014, § 20 Rn. 18).

■ **»Tiefgreifende Bewusstseinsstörung«**
Unter einer tiefgreifenden Bewusstseinsstörung versteht das Gesetz Störungen der Fähigkeit zur Vergegenwärtigung des eigenen Erlebens, die nicht auf einem Organprozess beruhen (LK-Schöch 2007, § 20 Rn. 61); es handelt sich mithin um nicht krankhafte, in der historischen Diktion Kurt Schneiders »normal psychologische« seelische Störungen (Glatzel 1982, S. 434). Eine Bewusstseinsstörung ist die Beeinträchtigung der Bewusstseinsfähigkeit, die zu einer Trübung oder partiellen Ausschaltung des Selbst- oder Außenweltbewusstseins und damit zu einer Einschränkung der Selbstbestimmung führt (Schönke u. Schröder-Perron/Weißer 2014, § 20 Rn. 13).

In der Wahl des Begriffes »tiefgreifend« wird das Bemühen des Gesetzgebers deutlich, all diejenigen Bewusstseinsstörungen aus dem Anwendungsbereich der Norm auszuschließen, die »noch im Spielraum des Normalen liegen« (BT-Drucks. 4/650, S. 138). Hierzu wurde in der Gesetzesbegründung ausgeführt, auch der normale Mensch unterliege immer wieder mehr oder weniger starken Bewusstseinsbeeinträchtigungen, die ebenfalls auf den Mangel an Schlaf, auf Erschöpfung, Erregung, Schrecken oder sonstige körperliche oder seelische Ursachen zurückzuführen seien. Solche Zustände beeinträchtigten jedoch in der Regel nicht die Schuldfähigkeit, sondern könnten allenfalls bei der Bewertung des Maßes der Schuld berücksichtigt werden. Nach dem Willen des Gesetzgebers sollte eine Exkulpation nur denjenigen Tätern zuteilwerden, deren Störung in ihrer Auswirkung eine solche Stärke aufweise, dass sie wie eine akute Psychose die Fähigkeit des Täters zu sinnvollem, normgemäßem Handeln in Frage stelle.

Gedacht war damit letztlich an eine »Gleichwertigkeit« der Bewusstseinsstörung zur ersten Alternative des § 20 StGB, der krankhaften seelischen Störung (Lenckner 1972, S. 3, 117), ohne dass allerdings die Ausführungen hierzu wesentlich über die verhältnismäßig dehnbare Formulierung hinausgegangen wären. Die Bewusstseinsstörung müsse so intensiv sein, »dass das seelische Gefüge des Betroffenen zerstört oder im Fall des § 21 StGB erschüttert« sei (BT-Drucks. 5/4095, S. 11). Das Problem, wie die Gleichwertigkeit von Ungleichartigem zu beurteilen sein soll, wird durch derartig allgemein gehaltene Setzungen jedenfalls nicht gelöst (Endres 1998, S. 674).

Beim Hauptanwendungsfall der Bewusstseinsstörung, dem Affekt, gelangt die Rechtsprechung nur in Ausnahmefällen zu einer vollständigen Exkulpation. In der Regel zieht sie allenfalls eine Schuldminderung im Sinne des § 21 StGB in Betracht (NK-Schild 2013, § 20 Rn. 96, 100; Fischer 2014, § 20 Rn. 30 f.), was aus psychiatrischer Sicht nicht immer nachvollziehbar ist: Bei einem auch als »Höchstform des Erregungszustandes« (BGHSt 11, S. 20, 24) bezeichneten Affekt findet ein besonderes Abwägen von Gründen und Gegengründen nicht mehr statt, und es kommt zu einem Durch-

bruch destruktiver Handlungsmuster (Schönke u. Schröder-Perron/Weißer 2014, § 20 Rn. 15). Das äußere Verhalten, insbesondere auch der Ablauf von Tatvorbereitung, Tatausführung und Nachtatverhalten, kann dabei grundsätzlich indiziell für die innere Fähigkeit des Täters sein, den Tatimpuls mit anderen Gesichtspunkten abzuwägen und sich ihm zu widersetzen (BGH NStZ-RR 2013, 71 f.). Bei einem »Haften am Affekt« und anschließender Amnesie kann es jedoch dem psychologischen Zustandsbild entsprechen, wenn der Täter ruhig und kühl auftritt (BGH NStZ-RR 2013, 71 f.). Daher bedarf es in solchen Fällen weiterer Feststellungen, um eine dennoch bestehende Steuerungsfähigkeit anzunehmen. Unabhängig von der Schuldfrage kann es bei Affekttaten allerdings auch bereits an einer vorsätzlichen Begehung der Tat fehlen (vgl. MünchKomm-Joecks 2011, § 16 Rn. 53, 58 m. w. N.).

Unter Verwendung einer in der Rechtswissenschaft gängigen Gegenüberstellung unterscheidet Schöch sog. sthenische Affekte wie Wut, Hass oder Zorn, bei denen sich geradezu typische Konstellationen, wie etwa eskalierende partnerschaftliche Konflikte aufdrängten, »in denen Selbstbeherrschung eine die Kräfte des Täters übersteigende Aufgabe sein kann« (LK-Schöch 2007, § 20 Rn. 129) und sog. asthenische Affekte, wie Verwirrung, Furcht oder Schrecken (vgl. auch Schönke u. Schröder-Perron/Weißer 2014, § 20 Rn. 15). Als Beispiel für die letztgenannte Kategorie kann der juristisch sogenannte »Unfallschock« gelten – eine durch die mit einem Unfall verbundene seelische Erschütterung ausgelöste hochgradige Verwirrung, Bestürzung oder Furcht (OLG Köln NJW 1967, S. 1521 f.).

Hintergrundinformation
Bei der Beschreibung des Affekts besteht in Rechtsprechung und Schrifttum eine deutliche Neigung zur Verwendung einer dramatischen, an den Bereich der Naturgesetzlichkeit angelehnten Metaphorik: So ist die Rede davon, der Affekt fege »wie ein Sturm die Funktionen des Wollens, Fühlens, Denkens weg« (NK-Schild 2013, § 20 Rn. 91); der Täter werde von der Affektaufwallung wie von einer »Lawine« überrumpelt (Undeutsch 1974, S. 91, 105) bzw. handle unter dem Eindruck eines »blindwütigen, alle Dämme der Beherrschung brechenden und zur Schuldunfähigkeit führenden Affektsturms« (BGH StV 1997, S. 630). Seine Verortung im Bereich archaischer, primitiver Persönlichkeitsschichten hat dem Affekt schließlich auch

die Bezeichnung als »Primitivreaktion« eingetragen (Saß 1983, S. 557, 559). Für die Frage, ob im konkreten Fall die Schuldfähigkeit des Täters infolge einer besonderen Belastungssituation gemindert ist, verschaffen die genannten wortreichen Umschreibungen indessen kaum eigenen Erkenntnisgewinn, weshalb man zu einem sachlicheren Sprachgebrauch zurückkehren sollte (vgl. auch Marneros 2007, S. 18).

Mehr Ertrag versprechen die in der Literatur entwickelten und inzwischen auch von der Rechtsprechung vermehrt aufgegriffenen Versuche (BGH StV 1987, S. 434; BGH StV 1990, S. 493 f.), das Phänomen des Affekts anhand von ausführlichen Kriterienkatalogen besser fassbar zu machen. Beispielhaft soll hier der von Saß (1983, S. 557, 562 ff.) entwickelte und häufig zitierte Katalog vorgestellt werden (❏ Tab. 2.1).

Saß weist selbst darauf hin, dass diese Merkmale nicht im Sinne eines starren Kriterienkataloges zu verstehen sind. Dies würde ebenso wenig weiterhelfen, wie die bereits zurückgewiesene gängige Praxis einer Illustration unter Zuhilfenahme eingängiger Naturmetaphorik. Um der stets zu gewärtigenden Gefahr einer reinen »Abfragerunde« zwischen Juristen und Natur- und Verhaltenswissenschaftlern vorzubeugen, ist auch hier eine auf den jeweiligen Einzelfall bezogene, unterschiedliche Gewichtung der einzelnen Aspekte vorzunehmen; die klinische Urteilsbildung hat dementsprechend auf der Grundlage einer Gesamtschau von Täter und Tatgeschehen zu erfolgen, bei der von den normativen Vorgaben des Gesetzes auszugehen ist (BGH NStZ-RR 2004, S. 234 f.; Foerster

❏ **Tab. 2.1** Kriterienkatalog. (Nach Saß 1983)

Kriterien, die für das Vorliegen einer tiefgreifenden Bewusstseinsstörung sprechen können	Kriterien, die gegen das Vorliegen einer tiefgreifenden Bewusstseinsstörung sprechen können
1. Spezifische Tatvorgeschichte und Tatanlaufzeit mit chronischen Affektspannungen	1. Aggressives Vorgestalten in der Phantasie
2. Affektive Ausgangssituation mit Tatbereitschaft	2. Ankündigungen der Tat
3. Psychopathologische Disposition der Persönlichkeit	3. Aggressive Handlungen in der Tatanlaufzeit
4. Konstellative Faktoren wie Alkoholeinfluss, Rauschdrogen, psychotrope Medikamente, Erschöpfung etc.	4. Vorbereitungshandlungen für die Tat
5. Abrupter, elementarer Tatablauf ohne Sicherungstendenzen	5. Konstellierung der Tatsituation durch den Täter
6. Charakteristischer Affektauf- und -abbau	6. Fehlender Zusammenhang Provokation-Erregung-Tat
7. Folgeverhalten mit schwerer Erschütterung	7. Zielgerichtete Gestaltung des Tatablaufs vorwiegend durch den Täter
8. Einengung des Wahrnehmungsfeldes und der seelischen Abläufe	8. Lang hingezogenes Tatgeschehen
9. Missverhältnis zwischen Tatanstoß und Reaktion	9. Komplexer Handlungsablauf in Etappen
10. Erinnerungsstörungen	10. Erhaltene Introspektionsfähigkeit bei der Tat
11. Persönlichkeitsfremdheit	11. Exakte, detailreiche Erinnerung
12. Störung der Sinn- und Erlebniskontinuität	12. Zustimmende Kommentierung des Tatgeschehens
	13. Fehlen von vegetativen, psychomotorischen und psychischen Begleiterscheinungen heftiger Affekterregung

In der linken Spalte sollten die Kriterien Nr. 9–12 aufgrund ihrer Subjektivität lediglich ergänzend zu den als wichtig und relativ verlässlich angesehenen Kriterien Nr. 1–8 herangezogen werden.

u. Venzlaff 2009, S. 281, 284; Fischer 2014, § 20 Rn. 32; ausführlich zu der Kontroverse um die Verwendung des von Saß entwickelten Kriterienkataloges und der Differenzierung zwischen Affekttat und Impulstat (Marneros 2007, S. 7 ff., S. 75 ff.; zur Abgrenzung vgl. auch BGH NStZ 2008, S. 618). In einem Beitrag jüngeren Datums hat Saß sich mit der Kritik an seinem Katalog sowie den zwischenzeitlich erschienen Alternativvorschlägen auseinandergesetzt und ihn dabei näher erläutert und verteidigt (Saß 2010, S. 343 ff.).

Von Venzlaff (1985, S. 391, 403) stammt der Vorschlag, bei der Beurteilung der forensisch-psychiatrischen Relevanz einer affektiven Erschütterung des Täters auf folgende Inhalte zurückzugreifen:

1. Feststellung bestimmter Strukturmerkmale in der Täterpersönlichkeit, die für Hilflosigkeit gegenüber kritischen Lebenssituationen, Frustrierbarkeit und Unterlegenheitsgefühle sprechen, die starke Besetzung mit Trennungs- und Verlustängsten, ein Angewiesensein auf tragende mitmenschliche Bindungen, ein Verhaftetsein an starren Ordnungssystemen und Konventionen, geringe Flexibilität und Mangel an persönlicher Originalität, Tendenz zur Risiko- und Konfliktvermeidung sowie ausgeprägtes Streben nach sozialer Angepasstheit.

2. Eine sich – oft über Jahre hinziehende – seelische Zermürbung im Rahmen eines Partnerkonflikts, in dem sich die Partnerbeziehung mehr und mehr ambivalent gestaltet, und in dessen Rahmen der potenzielle Täter durch die geistige, verbale oder körperliche Überlegenheit des Partners immer wieder beschämende Niederlagen und Demütigungen erleidet.

3. Zunehmende Isolierung des Täters im Verband der engeren und weiteren Familien- oder Bezugsgruppe mit Verstärkung seiner Rat- und Hilflosigkeit.

4. Psychopathologische Abwandlung im situativen Tatvorfeld in Richtung einer präsuizidalen bzw. depressiven Symptomatik, u. U. in Verbindung mit psychosomatischen Störungen oder allgemeinen Erschöpfungszuständen.

5. Eruptiver Affektdurchbruch ohne Vorkonstituierung und Risikoabsicherung auf einen konfliktspezifischen Reiz oder eine akute leiblich-existenzielle Bedrohung, die vom Opfer ausgehen.

6. Kurz andauernde, nicht die Anlasssituation mit einschließende Erinnerungslücke oder lediglich gewisse Erinnerungsunschärfen.

7. Gegebenenfalls das Vorhandensein körperlicher oder psychischer konstellativer Faktoren, die eine zusätzliche psychische oder körperliche Unterminierung bewirken.

8. Phase planlosen oder impulsiven Verhaltens nach der Tat wie z. B. länger dauernder Affektstupor, panikartiges Fortlaufen, Suizidversuch oder hilflose Verzweiflung.

In der Rechtsprechung haben vor allem Erinnerungslücken des Täters eine unterschiedliche, zuletzt zunehmend zurückhaltende Beurteilung in ihrer Bedeutung für die Einordnung eines Affekts als tiefgreifende Bewusstseinsstörung erfahren (LK-Schöch 2007, § 20 Rn. 136; Maatz 2001, S. 1 ff.; Marneros 2007, S. 120 f.; MünchKomm-Streng 2011, § 20 Rn. 174). Danach kann etwa bei einem Tötungsdelikt eine auf das eigentliche Tötungsgeschehen begrenzte Erinnerungslücke Ausdruck eines affektiven Erinnerungsverlustes sein; allerdings ist zu beachten, dass eine solche Erinnerungslücke von vielen Angeklagten bewusstseinsnah lediglich postuliert wird.

> **Ein erhalten gebliebenes Erinnerungsvermögen soll noch nicht ohne weiteres den Nachweis für ein intaktes Hemmungsvermögen zum Zeitpunkt der Tat erbringen. Nur wenn der Täter über exakte, detailreiche Erinnerungen an das Tatgeschehen verfüge, lasse dies ausnahmsweise den Schluss gegen eine Beeinträchtigung der Schuldfähigkeit zu (Theune 1999, S. 273, 276).**

■ **»Schwachsinn«**

Aus der Formulierung des Gesetzeswortlauts geht hervor, dass der historische Gesetzgeber den sog. Schwachsinn lediglich als einen Unterfall der »schweren seelischen Abartigkeit« verstanden wissen wollte. Erfasst werden sollten von dieser Bezeichnung sämtliche Fälle einer angeborenen Intelligenzschwäche ohne nachweisbare Ursache

(MünchKomm-Streng 2011, § 20 Rn. 38; Roxin 2006, § 20 Rn. 22). Eine bereits bei der Geburt vorhandene Schädigung, etwa der Fall einer Chromosomenanomalie, sollte demgegenüber als Krankheit gelten mit der Folge, dass dann die erste Alternative des § 20 StGB (krankhafte seelische Störung) anzunehmen sei (LK-Schöch 2007, § 20 Rn. 67, 150).

Wie bei der Einordnung der Intoxikationen als krankhafte seelische Störungen ist hingegen derzeit auch bei Intelligenzminderungen grundsätzlich von einer biologischen (»organischen«) Verursachung auszugehen, weshalb die genannte Differenzierung zugunsten einer ausnahmslosen Einordnung als krankhafte seelische Störung aufzugeben ist.

Nach neuerem Stand der psychiatrischen Wissenschaft ist darüber hinaus die Unterscheidung zwischen erworbener und angeborener Intelligenzminderung wenig zielführend; eine Differenzierung erfolgt vielmehr anhand der Erlebnis- und Verhaltenskonsequenzen einer Schädigung. Insoweit enthält ICD-10 (F70–F79) eine Einteilung nach dem Schweregrad (Dilling u. Freyberger 2012; Lehmkuhl et al. 2012, S. 811 ff.):

- Leichte Intelligenzminderung: verzögerter Spracherwerb, normale Kommunikation im alltäglichen Leben möglich (ein anhand eines ausreichend standardisierten Intelligenztests erhobener IQ zwischen 50 und 69 ist hinweisend auf eine leichte Intelligenzminderung).
- Mittelgradige Intelligenzminderung: sprachliche Leistungsfähigkeit deutlich begrenzt, Erwerb von Fähigkeiten im Bereich der Selbstversorgung und der motorischen Fertigkeiten verzögert (der IQ liegt hier gewöhnlich zwischen 35 und 49).
- Schwere Intelligenzminderung: sprachliche Fähigkeiten reichen zur Verständigung meistens nicht aus, häufig Zeichen einer organischen Schädigung oder Fehlentwicklung des zentralen Nervensystems (in der Regel beträgt der mittels standardisierter Intelligenztests gemessene IQ zwischen 20 und 34).
- Schwerste Intelligenzminderung: Unfähigkeit, Aufforderungen oder Anweisungen nachzukommen, rudimentäre nonverbale Kommunikation (der IQ liegt unter 20).

■ **»Schwere andere seelische Abartigkeit«**

Mit dem Begriff der »schweren anderen seelischen Abartigkeit« werden Abweichungen von einer für den Durchschnittsmenschen zugrunde gelegten Norm des psychosozialen Gefüges bezeichnet, die entsprechend der historischen Sichtweise nicht auf organischen Substraten beruhen und die auch sonst nicht den psychischen Störungen zugeordnet werden (Schönke u. Schröder-Perron/Weißer 2014, § 20 Rn. 19). Die vierte Alternative des § 20 StGB fungiert damit als Auffangkategorie für alle diejenigen psychischen Beeinträchtigungen, die der Gesetzgeber in Anlehnung an den somatischen Krankheitsbegriff des Psychiaters Kurt Schneider nicht als krankhafte seelische Störungen im Sinne des ersten Merkmals ansehen wollte (Frister 2013c, S. 1057, 1059).

In konsequentem Nachvollzug der Restriktionserwägungen des Gesetzgebers verlangt die Rechtsprechung seit jeher, die sog. schwere andere seelische Abartigkeit müsse in ihrer den Betroffenen belastenden Wirkung und somit auch im Hinblick auf seine Fähigkeit zu normgemäßem Verhalten von solchem Gewicht sein, dass sie den krankhaften seelischen Störungen als gleichwertig erscheine (BGHSt 37, S. 397, 401; BGH NStZ 1996, S. 380; Theune 2002a, S. 300, 310 ff.). Der besagte Zusammenhang wurde vor allem in älteren Entscheidungen auch mit der griffigen Formulierung beschrieben, die psychische Störung müsse »Krankheitswert« besitzen. Dieser Terminus ist jedoch von Seiten des psychiatrischen Schrifttums insofern als missverständlich kritisiert worden, als die bei der Bestimmung von Krankheiten relevanten Gesichtspunkte mit dem Schweregrad von psychischen Störungen wenig zu tun hätten, weshalb der Begriff des »Krankheitswerts« als Instrument der quantitativen Bestimmung des Grades einer Störung letztlich unbrauchbar sei (Schreiber u. Rosenau 2009, S. 77, 96; Fischer 2014, § 20 Rn. 6). Die neuere Rechtsprechung verzichtet denn auch weitgehend auf seine Verwendung und zieht die erste Alternative des § 20 StGB lediglich im bereits erläuterten Sinn als abstrakten Vergleichsmaßstab für die Bestimmung desjenigen Ausmaßes heran, in dem die als »schwere andere seelische Abartigkeit« bezeichnete Störung auf das Handlungsgefüge des Täters einwirken muss (BGHSt 49, S.

45, 49, 52 f.; BGH NStZ-RR 2007, S. 105 f.; BGH NStZ-RR 2008, S. 274; MünchKomm-Streng 2011, § 20 Rn. 91; vgl. dazu auch Tondorf u. Tondorf 2011, Rn. 31 ff.).

Der Begriff der »Abartigkeit« begegnet aufgrund seines stigmatisierenden Charakters den bereits eingangs angesprochenen durchgreifenden Bedenken, was auch von anderen Autoren angemerkt wurde (Rasch 1991, S. 126 ff.; Tondorf u. Tondorf 2011, Rn. 31; Venzlaff 1983, S. 277, 281 f.). Der Ausdruck geht auf die Entartungs- und Degenerationslehren des Nationalsozialismus zurück und knüpft unmittelbar an die »Musterungsvorschriften der Deutschen Wehrmacht im Kriege« vom 1.4.1944 an; im Diagnosekatalog der Psychiatrie kommt er ohnehin nicht vor und ist als obsolet anzusehen (NK-Schild 2013, § 20 Rn. 71 m. w. N.; Konrad u. Rasch 2014, S. 228 f.; Rasch 1982, S. 177 f.). Um die von einem dergestalt vorbelasteten und verächtlichen Sprachgebrauch ausgehende unnötige Herabsetzung eines Angeklagten oder Beschuldigten zu vermeiden, könnte bis zu der Abschaffung dieser überholten Kategorie durch den Gesetzgeber der insoweit besser geeignet erscheinende Formulierungsvorschlag »vergleichbar schwere seelische Störung« von Blau (1993, S. 113 f.) aufgegriffen werden.

▪▪ Persönlichkeitsstörungen

Unter das vierte Merkmal des § 20 StGB fallen zunächst die Persönlichkeitsstörungen, für die sich in Rechtsprechung und juristischem Schrifttum – in Abweichung von dem inzwischen differenzierteren Begriffsgebrauch der gängigen psychiatrischen Terminologie – nach wie vor auch die falsche, überkommene Bezeichnung als Psychopathien findet (BGH NStZ-RR 1998, S. 106; Streng 2004, S. 614, 616).

Entsprechend der Klassifikation der ICD-10 unterscheidet die Praxis paranoide, schizoide, dissoziale, emotional instabile, histrionische, anankastische, ängstliche (vermeidende), abhängige sowie sonstige und nicht näher bezeichnete Persönlichkeitsstörungen (ICD-10: F60.0–60.9); auch gibt es Kombinationen der Merkmale verschiedener Störungen, bei denen kein Symptombild vorherrschend ist, das eine spezifische Diagnose erlauben würde (F61; Mathiak et al. 2012).

Entscheidend für die Beurteilung der Schuldfähigkeit bei einer Persönlichkeitsstörung ist – wie stets bei der Prüfung der Eingangsmerkmale des § 20 StGB – eine Gesamtwürdigung der zu beurteilenden Persönlichkeit und ihrer Entwicklung, des Gewichts der Störung und ihres Zusammenhangs mit der konkreten Tat sowie der aktuell wirkenden sonstigen konstellativen Faktoren (Schönke u. Schröder-Perron/Weißer 2014, § 20 Rn. 19; NK-Schild 2013, § 20 Rn. 103; zu den Standards einer sachgerechten Begutachtung Boetticher et al. 2005, S. 57, 60 f.; Maatz 2007, S. 147, 154 f.; Saß u. Habermeyer 2007, S. 156, 159). Bei einer schizoiden Persönlichkeitsstörung beispielsweise ist der Tatrichter gehalten, wertend zu beurteilen, ob die Voraussetzungen einer schweren seelischen Abartigkeit vorliegen. Dazu kommt es maßgeblich auf den Ausprägungsgrad der Störung und ihren Einfluss auf die soziale Anpassungsfähigkeit des Betroffenen an (BGH NStZ-RR 2013, 309 ff.).

In Anlehnung an entsprechende Übersichten bei den Affektdelikten hat Saß (1987, S. 118 f.) den Versuch unternommen, in einem Merkmalskatalog diejenigen Gesichtspunkte zu versammeln, deren Vorliegen für oder gegen eine Beeinträchtigung der Schuldfähigkeit des Täters sprechen kann. Obwohl die Beschreibungen des Kataloges im Einzelnen unpräzise erscheinen, sind sie doch immerhin geeignet, als eine Art Richtschnur bei der bereits angesprochenen Gesamtschau zu fungieren und die tatrichterliche Erörterungspflicht zu konkretisieren (Maatz 2007, S. 147, 151 f.).

– Gesichtspunkte, die für das Vorliegen einer die Schuldfähigkeit beeinträchtigenden Persönlichkeitsstörung sprechen: psychopathologische Disposition der Persönlichkeit, chronische konstellative Faktoren, z. B. Abusus, depravierende Lebensumstände, Schwäche der Abwehr- und Realitätsprüfungsmechanismen, Einengung der Lebensführung, Stereotypisierung des Verhaltens, Häufung sozialer Konflikte auch außerhalb des Delinquenzbereiches, emotionale Labilisierung in der Zeit vor dem Delikt, aktuelle konstellative Faktoren, z. B. Alkohol, Ermüdung, affektive Erregung, Hervorgehen der Tat aus neurotischen Konflikten bzw. neurotischer Primordialsymptomatik, bei sexuellen Deviationen schließlich Einengung, Fixierung und Progredienzphänomen.

- Gesichtspunkte, die gegen das Vorliegen einer die Schuldfähigkeit beeinträchtigenden Persönlichkeitsstörung sprechen: Tatvorbereitungen, planmäßiges Vorgehen bei der Tat, Fähigkeit zu warten, lang hingezogenes Tatgeschehen, komplexer Handlungsablauf in Etappen, Vorsorge gegen Entdeckung, Möglichkeit anderen Verhaltens unter vergleichbaren Umständen, Hervorgehen des Delikts aus dissozialen Charakterzügen.

Vereinzelt begegnet in der Rechtsprechung des Bundesgerichtshofs schließlich die Auseinandersetzung mit dem als »**Borderline-Störung**« bezeichneten Typus einer Persönlichkeitsstörung (BGHSt 42, S. 385; BGH NStZ 1999, S. 508). Der Begriff der »Borderline-Störung« wird häufig synonym verwendet zu der in der ICD-10 sogenannten emotional-instabilen Persönlichkeitsstörung vom Borderline-Typus (ICD-10: F60.31). Die Bezeichnung »Borderline« wurde Ende des 19. Jahrhunderts eingeführt, um ein Beschwerdebild mit plötzlichen Stimmungsschwankungen, zeitweiligen Gefühlen der Unwirklichkeit oder mit Wahrnehmungsstörungen zu bezeichnen, das man an der Grenze zu den schizophrenen Psychosen ansiedelte. Heute weiß man aber, dass die Borderline-Erkrankung als Persönlichkeitsstörung und die Schizophrenie nichts miteinander zu tun haben und ganz unterschiedliche Erkrankungsbilder sind. Gelegentlich berichten Menschen mit einer Borderline-Erkrankung zwar über eine veränderte Wahrnehmung, häufig bleibt aber der Realitätsbezug – anders als bei Psychosen – erhalten (Schneider 2013).

Für die Begutachtung ist in diesem Zusammenhang von besonderer Bedeutung, ob das Tatverhalten innerhalb einer psychotisch geprägten Episode liegt (und die Grunderkrankung dann möglicherweise eher eine schizophrene Psychose ist) und wie groß das Ausmaß der ggf. bestehenden Persönlichkeitsstörung ist (Schreiber u. Rosenau 2009, S. 77, 95).

Besonders bei persönlichkeitsgestörten Straftätern wird eine gewisse Zurückhaltung im Umgang mit den exkulpierenden Vorschriften der §§ 20 und 21 StGB des Öfteren damit begründet, diese

Klientel sei kaum behandelbar und würde bei einer Unterbringung nach § 63 StGB den therapeutischen Betrieb in den psychiatrischen Krankenhäusern ohnehin nur stören (»Psychopathenproblem«, vgl. Rasch 1982, S. 177, 180; Konrad u. Rasch 2014, S. 430 f.). Im juristischen Schrifttum wird daher z. T. gefordert, in »Grenzfällen« eine Verminderung der Schuldfähigkeit zu verneinen, wenn die Therapieprognose für das psychiatrische Krankenhaus nicht günstiger ist als für den Strafvollzug (Schöch 2005, S. 1382, 1387 f.; LK-Schöch 2007, § 20 Rn. 175). Eine Vermischung von Schuldfähigkeit und Prognose ist jedoch abzulehnen.

> Die Rechtslage ist insoweit eindeutig, dass die Therapiefähigkeit des Täters weder im Rahmen der Schuldfähigkeitsbestimmungen noch bei einer eventuellen Unterbringungsentscheidung im Sinne des § 63 StGB eine Rolle spielen darf. Entsprechende Überlegungen dürfen demgemäß auch bei der Begutachtung keine Rolle spielen (NK-Schild 2013, § 20 Rn. 42).

■ ■ **Verhaltensstörungen (Neurosen)**

Ebenfalls den »schweren anderen seelischen Abartigkeiten« zugerechnet werden die früher sog. neurotischen Störungen als erworbene und oftmals auch einer Behandlung zugänglichen Verhaltensstörungen, die sich als abnorme Erlebnisreaktionen darstellen (Roxin 2006, § 20 Rn. 25). Von den in den gängigen psychiatrischen Klassifikationssystemen ICD-10 und DSM-5 insoweit unterschiedenen Störungsformen, sind hier vor allem die neurotischen und die somatoformen Störungen sowie die Anpassungsstörung (ICD-10: F43.2) und die posttraumatische Belastungsstörung (ICD-10: F 43.1) zuzuordnen (Eisenberg 2013a, Rn. 1769; vgl. auch Konrad u. Rasch 2014, S. 164; Schepker 2011a, S. 93 f.; BGH NStZ-RR 2008, 274; a. A. Leygraf 2010, S. 507, 510). Davon zu unterscheiden ist die akute Belastungsreaktion (ICD-10: F43.0), welche eher als tiefgreifende Bewusstseinsstörung einzuordnen ist (Eisenberg 2013a, Rn. 1759; vgl. Konrad u. Rasch 2014, S. 160, 372; wohl a. A. Schepker 2011b, S. 265, 268, die vorwiegend das Eingangskriterium der schweren anderen seelischen Abartigkeit für einschlägig hält, ohne dabei allerdings zwischen akuter Belastungsstörung und neurotischen Störungen zu unterscheiden). Danach zählen zu den hier relevanten (neurotischen) Störungen die phobischen Störungen, wie Agoraphobie (Furcht auf öffentlichen Plätzen, in Menschenansammlungen), Klaustrophobie (Angst in geschlossenen Räumen, in vollen Verkehrsmitteln etc.), Akrophobie (Höhenangst), Tierphobie, soziale Phobie oder Flugangst, ebenso jedoch auch andere, nicht situations- oder objektgebundene Angststörungen (Panikstörung, generalisierte Angststörung sowie »Angst und depressive Störung, gemischt«) und schließlich Zwangsstörungen (Plate 2002, S. 277 ff.).

Hauptkennzeichen der somatoformen Störungen sind körperliche Symptome, die nicht durch eine organische Erkrankung oder einen spezifischen pathophysiologischen Prozess hinreichend erklärt werden können.

▪▪ Sexualstörungen

Das vierte Merkmal des § 20 StGB erfasst psychische und Verhaltensstörungen in Verbindung mit der sexuellen Entwicklung und Orientierung sowie der Sexualpräferenz, insbesondere die Deviationen und Perversionen, die nach ständiger Rechtsprechung jedoch nur dort zu einem Ausschluss der Schuldfähigkeit führen können, wo der Sexualtrieb so anormal gesteigert ist, dass der Täter ihm selbst unter Aufbietung aller ihm zur Verfügung stehenden Willenskräfte nicht zu widerstehen vermag (BGHSt 14, S. 30, 32; BGH StV 1994, S. 75; Münch-Komm-Streng 2011, § 20 Rn. 99). An anderer Stelle wird gefordert, die Sexualstörung müsse sich mit einer »das Hemmungsvermögen betreffenden Persönlichkeitsentartung« verbinden (BGH StV 1993, S. 240; BGH NStZ 1998, S. 30). Als mögliche Beurteilungskriterien im Rahmen der auch hier anzustellenden Gesamtschau werden etwa eine süchtige Entgleisung (BGH StV 1993, S. 240; Theune 2002b, S. 225, 228) oder Auffälligkeiten des äußeren Tatgeschehens im Sinne eines »sexuell motivierten Rituals« (BGH NStZ 1994, S. 75) genannt (zu den Standards einer sachgerechten Begutachtung Boetticher et al. 2005, S. 57, 61 f.).

Die in der Rechtsprechung nach wie vor anzutreffende Unterscheidung zwischen »naturwidriger geschlechtlicher Triebhaftigkeit« (z. B. Homosexu-

alität oder Pädophilie), bei der schon ein Trieb von durchschnittlicher Stärke exkulpieren soll, und »normaler Sexualität«, bei der ein unüberwindbar stark ausgeprägter Trieb gefordert wird, ist hingegen als verfehlt zurückzuweisen: Auch in diesem Zusammenhang kann es allein auf die Stärke und Ausprägung des Triebes sowie auf das Maß der hierdurch bedingten Beeinträchtigungen des Verhaltensspielraums ankommen und nicht auf einen etwaigen »Krankheitswert« der Störung (Schreiber u. Rosenau 2009, S. 77, 97).

Die Rechtsprechung ist in der Annahme einer »schweren anderen seelischen Abartigkeit« insgesamt sehr zurückhaltend: So ist im Einzelnen betont worden, von bloßen sog. Charaktermängeln (BGHSt 23, S. 176, 190) oder einer allgemeinen Haltlosigkeit des Täters (BGH bei Dallinger MDR 1953, S. 146 f.) könne grundsätzlich keine Beeinträchtigung der Schuldfähigkeit ausgehen, und auch bei einer gesteigerten Spielleidenschaft soll nur dann eine »schwere andere seelische Abartigkeit« gegeben sein, wenn sie zu entsprechend schweren Persönlichkeitsveränderungen führt oder der Täter bei Beschaffungstaten unter starken Entzugserscheinungen gelitten hat (BGHSt 49, S. 365, 369 f.; BGH NStZ 2004, S. 31 f.; BGH NStZ 2005, S. 281 f.; in Bezug auf Glücksspielsucht Kellermann 2005, S. 287, 290 ff.; Rasch 1991, S. 126, 129 f.; zur Kaufsucht OLG Düsseldorf NStZ-RR 2007, S. 7).

> ❯ **Selbst wenn vom Vorliegen einer »schweren anderen seelischen Abartigkeit« ausgegangen wird, gelangt die Rechtsprechung in der weit überwiegenden Zahl der Fälle lediglich zu verminderter Schuldfähigkeit im Sinne des § 21 StGB.**

Eine vollständige Exkulpation gem. § 20 StGB bleibt grundsätzlich seltenen Ausnahmefällen, wie etwa psychoseähnlichen Störungen oder psychotischen und hirnorganischen Persönlichkeitsveränderungen, vorbehalten (Foerster 1989, S. 83, 86 f.; Schönke u. Schröder-Perron/Weißer 2014, § 20 Rn. 22).

▪ Zusammentreffen mehrerer psychischer Störungen

Nicht selten ist schließlich ein Zusammentreffen mehrerer Beeinträchtigungen, etwa eines Affekts (»Bewusstseinsstörung«) auf der Basis einer Persönlichkeitsstörung (»schwere andere seelische Abartigkeit«) und einer akuten Alkoholintoxikation (»krankhafte seelische Störung«), die zwar jede nicht für sich allein betrachtet, jedoch in kumulativem Zusammenwirken eine Beeinträchtigung der Schuldfähigkeit bewirken könnten (LK-Schöch 2007, § 20 Rn. 180 ff.; Schreiber u. Rosenau 2009, S. 77, 85; Streng 2004, S. 614 ff.). Die Auswirkungen auf das seelische Gefüge des Täters hat der Tatrichter – sachverständig beraten – dabei durch eine besonders sorgfältige Gesamtwürdigung festzustellen (BGH NStZ-RR 2012, S. 140 f.).

Zweite Stufe der Einsichts- und Steuerungsfähigkeit

Neben dem Vorliegen der auf der ersten Stufe zu beurteilenden psychischen Störungen fordert das Gesetz, dass der Täter gerade aufgrund dieser Beeinträchtigung unfähig war,

- das Unrecht der Tat einzusehen (**Fehlen der Einsichtsfähigkeit**) oder
- nach dieser Einsicht zu handeln (**Fehlen der Steuerungsfähigkeit**).

> **Die Einsichtsfähigkeit muss nur dann geprüft werden, wenn eine psychische Erkrankung einem der Eingangsmerkmale des § 20 StGB zuzuordnen ist.**

Auf der zweiten Stufe der Schuldfähigkeitsbeurteilung ist, dem Willen des Gesetzgebers entsprechend, der Ursachenzusammenhang zwischen organisch-biologischer Kausalität und psychosozialen Folgen im Hinblick auf die **konkrete Tat** zu untersuchen (Schönke u. Schröder-Perron/Weißer 2014, § 20 Rn. 25).

> **Einsichtsunfähigkeit kann z. B. bei kognitiven Defiziten oder inhaltlichen Denkstörungen vorliegen. Die Feststellung der Einsichtsfähigkeit (ebenso wie der Steuerungsfähigkeit) erfolgt nicht pauschal, sondern immer bezogen auf die einzelne, konkrete Tat. Während z. B. bei kognitiven Defiziten die Einsicht in das Unrecht einfacher Taten bestehen kann, kann beim gleichen Probanden die Einsicht in das Unrecht komplexerer Tatabläufe fehlen.**

Es entspricht einer nach wie vor verbreiteten Auffassung in der psychiatrischen Wissenschaft, dass sich begründete Aussagen dazu, ob der zu beurteilende Täter im konkreten Fall die Fähigkeit zur Einsicht in das Unrecht seiner Tat besaß, bzw. in der Lage war diese Einsicht zur Grundlage seines Handelns zu machen, nicht treffen lassen. Die Vertreter dieser auf den Psychiater Kurt Schneider (Schneider 1953, S.13 ff.) zurückgehenden Ansicht argumentieren unter anderem, eine auch nur einigermaßen zuverlässige Abstufung bei der Beurteilung vor allem der Steuerungsfähigkeit scheitere an der Vielschichtigkeit menschlicher Motivations- und Determinationsstrukturen (Langelüddeke u. Bresser 1976, S. 269; Schneider 1953, S. 13 ff.). In dieser unter dem Schlagwort »Agnostizismusdebatte« geführten Diskussion steht die – insoweit gnostische – Gegenposition auf dem Standpunkt, dass eine Möglichkeit zur wissenschaftlichen Fundierung von Aussagen über die Einsichts- und Steuerungsfähigkeit des Täters auf der Grundlage psychiatrisch-psychologischer Erfahrungen durchaus bestehe (Venzlaff 1975, S. 883, 901 ff.).

Hintergrundinformation

Bei der Behandlung dieser Streitfrage erlangen erneut die bereits aus der Diskussion des Schuldprinzips bekannten Gesichtspunkte Bedeutung: Sieht man nämlich – entsprechend den obigen Ausführungen – in der Selbstbestimmungsfähigkeit im Sinne des § 20 StGB lediglich die Fähigkeit zur Durchführung eines für den Entwicklungsstand unserer Gesellschaft hinreichend differenziert strukturierten Entscheidungsprozesses oder, anders ausgedrückt, die Fähigkeit einer Person, sich auf eine Art und Weise zu entscheiden, deren Rationalität nicht signifikant hinter dem Niveau zurückbleibt, das für einen erwachsenen Menschen unserer Gesellschaft bei der in Frage stehenden Entscheidung im Allgemeinen erreichbar ist (Frister 1993, S. 128), so sind die von den Agnostikern so vehement abgelehnten Aussagen über einen indeterministisch verstandenen Grad der Freiheit des Menschen auf der hier zu erörternden zweiten Stufe der Schuldfähigkeitsprüfung gar nicht erforderlich. Für den damit eingenommenen Standpunkt kommt es bei der Frage nach der Einsichts- und Steuerungsfähigkeit lediglich auf die normale – und insoweit durchschnittlich generalisierend festzustellende – Motivierbarkeit des Betreffenden durch soziale Normen, seine »normative Ansprechbarkeit« (NK-Schild 2013, § 20 Rn. 45; MünchKomm-Streng 2011, § 20 Rn. 57; MünchKomm-Radtke 2011, Vorbemerkung zu den §§ 38 ff. Rn. 22), an. Für deren Feststellung bedarf es einer Beantwortung der Frage nach der sittlichen Wahlfreiheit des Menschen gerade nicht (Schreiber u. Rosenau 2009, S. 77, 98).

Nach alledem hat der Sachverständige auch zur Beurteilung der Einsichts- und Steuerungsfähigkeit einen wesentlichen Beitrag zu leisten. Seine Aufgabe besteht darin, durch einen Vergleich der psychischen Verfassung des Täters mit den ihm aus klinischer Erfahrung bekannten Störungsbildern zu Aussagen über eine mögliche Beeinträchtigung des zu Beurteilenden in seiner sozialen Handlungskompetenz zu gelangen (Rasch 1984, S. 264, 267). Der Richter hat diese Aussagen in tatsächlicher Hinsicht zu würdigen und sodann zu entscheiden, ob das von dem Täter zu erreichende Differenzierungsniveau nach den, in der sozialen Interaktion praktizierten Maßstäben als für die Zuerkennung der Zurechnungsfähigkeit hinreichend anzusehen ist oder nicht (Frister 1993, S. 180 f.; Schreiber u. Rosenau 2009, S. 77, 99; BGH NStZ-RR 2013, 71 f.). Die Darstellung dieser Überlegungen in den Urteilsgründen unterliegt der revisionsgerichtlichen Kontrolle (BGHSt 8, S. 113, 118; Schreiber u. Rosenau 2009, S. 77, 109; vgl. dazu auch BGH NStZ-RR 2008, S. 338 f.).

> ❯ **Nach dem insoweit eindeutigen Wortlaut der Norm reicht das Fehlen der Einsichtsfähigkeit bereits für sich genommen für eine Exkulpation aus, d. h. bei Einsichtsunfähigkeit ist eine Prüfung der Steuerungsfähigkeit nicht mehr notwendig. Ein etwaiger Mangel der Steuerungsfähigkeit ist deshalb immer erst dann zu prüfen, wenn der Täter das Unrecht seiner Tat eingesehen hat oder zumindest einsehen konnte (BGH bei Holtz MDR 1987, S. 92 f.).**

Der Logik dieser im Gesetz festgeschriebenen Vorgehensweise entspricht es im Übrigen, dass Einsichts- und Steuerungsfähigkeit strenggenommen niemals gleichzeitig fehlen können. Obwohl eine Trennung zwischen diesen beiden Fragenkreisen in der Praxis nicht selten auf Probleme stößt (Janzarik 1991, S. 423 ff.), erscheint es zumindest dann, wenn die Schuldunfähigkeit zugleich als Anordnungsvoraussetzung der Unterbringung in einem psychiatrischen Krankenhaus nach § 63 StGB fungiert, als unzulässig, wenn das Gericht die Anwendung des § 20 StGB auf fehlende Einsichts- und Steuerungsfähigkeit zugleich stützt (BGH NStZ 1991, S. 528 f.; Fischer 2014, § 20 Rn. 44a). Bedenken begegnet daher ein Urteil des 2. Strafsenats des Bundesgerichtshofes, mit dem der Senat eine Unterbringungsentscheidung nach § 63 StGB bestätigt hat, der die sachverständige Annahme einer Aufhebung sowohl der Einsichts-, als auch der Steuerungsfähigkeit zugrunde lag (BGH NStZ-RR 2006, S. 167 f.). Der Senat ging davon aus, dass bestimmte Krankheitsbilder – im konkreten Fall eine mittelschwere schizoaffektive Psychose, bei der die Tat in einer akuten schizomanischen Episode begangen wurde – von vornherein ambivalent angelegt sind und ausnahmsweise beide Fähigkeiten vollständig aufheben können. Dieser Judikatur haben sich inzwischen andere Strafsenate des BGH – allerdings ohne das Problem nochmals zu erörtern – angeschlossen (BGH NStZ-RR 2013, 303, 304; BGH BeckRS 2012, 23337; BGH BeckRS 2013, 09601; BGH BeckRS 2014, 00392).

Nach der Rechtsprechung deckt sich die in der ersten Alternative des § 20 StGB vorausgesetzte Unfähigkeit, das Unrecht der Tat einzusehen, in ihren Auswirkungen mit dem in § 17 StGB geregelten Verbotsirrtum: Gemeinsames Kennzeichen der von den beiden Vorschriften erfassten Fallgruppen sei die fehlende Unrechtseinsicht des Täters, die bei § 20 StGB allerdings zusätzlich auf die dort genannten »biologischen« Gründe zurückzuführen sein müsse (BGH MDR 1968, S. 854). Aufgrund der Tatsache, dass die genannten Störungen den gleichzeitig vorliegenden Verbotsirrtum stets »unvermeidbar« machen (und damit den Täter nach § 17 S. 1 StGB ebenfalls »ohne Schuld« handeln lassen), fehlt es bei Zugrundelegung dieser Ansicht mithin an einem eigenen Anwendungsbereich des § 20 StGB (Fischer 2014, § 20 Rn. 4). Zu beachten ist in diesem Zusammenhang allerdings, dass nur unter den Voraussetzungen der §§ 20 und 21 StGB die Unterbringung in einem psychiatrisch-psychotherapeutischen Krankenhaus gemäß § 63 StGB in Betracht kommt (Schönke u. Schröder-Perron/ Weißer 2014, § 20 Rn. 4).

An der Steuerungsfähigkeit soll es dem Täter nach herrschender Auffassung dann mangeln, wenn er trotz vorhandener Unrechtseinsicht auch bei Aufbietung aller ihm zur Verfügung stehenden Widerstandskräfte nicht in der Lage war, seinen Willen durch vernünftige Erwägungen zu bestimmen (Lackner u. Kühl 2011, § 20 Rn. 12;

LK-Schöch 2007, § 20 Rn. 79). Damit wird jedoch nichts anderes beschrieben, als das – wie dargelegt – schon aus erkenntnistheoretischen Gründen nicht feststellbare »Andershandelnkönnen« in der konkreten Entscheidungssituation (Frister 1994, S. 316 ff.).

Der Sache nach bezeichnet die Steuerungsfähigkeit nichts anderes, als die über die bloße Intelligenz hinausgehenden Voraussetzungen der bereits beschriebenen Fähigkeit zu einer hinreichend differenzierten Willensbildung.

> ❯ Die Steuerungsfähigkeit fehlt insbesondere dann, wenn der Täter zum Tatzeitpunkt zwar zu hinreichend differenzierter Erkenntnis in der Lage ist und insofern Einsichtsfähigkeit besitzt, jedoch nicht in hinreichendem Maße in der Lage ist, das Erkannte auf die eigene Person zu beziehen und ihm dadurch eine positive, negative oder neutrale Bedeutung zu verleihen (Frister 1993, S. 140 ff.), was zur Folge hat, dass er nicht alternativ handeln kann. Für eine fehlende Steuerungsfähigkeit kann eine hohe Impulsivität des Tatablaufs ohne Tatplanung und ohne Risikoabsicherung sprechen.

Dabei wird man auch die Steuerungsfähigkeit des Täters nicht abstrakt, sondern im Hinblick auf den jeweiligen Einzelfall und das konkret verwirklichte Delikt zu beurteilen haben (BGHR StGB § 20 Affekt 5), was etwa bei gleichermaßen im Zustand der Trunkenheit begangener Beleidigung und gefährlicher Körperverletzung, aber auch bei Sexual- und Tötungsdelikten durchaus zu einer unterschiedlichen Bewertung führen kann (BGHSt 14, S. 114, 116; BGH NStZ 1990, S. 231). Daher kommt im Übrigen auch dem Umstand einer Betreuung im Sinne der §§ 1896 ff. BGB in keiner Weise präjudizielle Bedeutung für die Beurteilung der Schuldfähigkeit zu (OLG Frankfurt GA 1963, S. 54).

Neben einer lediglich partiellen Schuldfähigkeit – als Schuldfähigkeit eines Kranken für bestimmte Delikte – gibt es demnach auch eine partielle Schuldunfähigkeit – als Ausschluss der Verantwortung eines prinzipiell Schuldfähigen für bestimmte Delikte (MünchKomm-Streng 2011,

§ 20 Rn. 2; Schönke u. Schröder-Perron/Weißer 2014, § 20 Rn. 31). In einer jüngeren Entscheidung des 3. Senats des Bundesgerichtshofs (BGH NStZ 2012, S. 44) ist allerdings in Zweifel gezogen worden, ob bei einer einheitlichen Handlung die Schuldfähigkeitsbeurteilung tatsächlich teilbar sei.

Beispiel
- **Fall 2.1**

Im Rahmen einer Erstmanifestation einer schizophrenen Psychose fühlte sich der 25-jährige Student Holger K. verfolgt von einer fremden Macht, die ihn mit dem Tode bedrohte. Er spürte diese Beeinflussung körperlich durch Bestrahlungserlebnisse und hörte die Stimmen seiner Verfolger, die ihn ermahnten, diese oder jene Dinge zu tun bzw. zu lassen. Holger K. wurde in seiner Nachbarschaft und an der Universität erst nach vielen Monaten auffällig, nachdem er sich immer mehr aus Angst vor den vermeintlich ihn Bedrohenden in sein Appartement zurückgezogen hatte. Dieser Rückzug wurde von seinem Umfeld jedoch toleriert.

Herr K. geriet nach der versuchten Tötung eines Politikers in die Presseschlagzeilen: »Wahnsinniger attackiert Minister«. Er war bei einer Parteiveranstaltung auf den Redner am Pult zugegangen, hatte in einem Blumenstrauß ein Messer versteckt, das er unmittelbar vor dem Pult zog und mit dem er auf den Politiker einstach.

Bei der Aufnahme in das psychiatrisch-psychotherapeutische Fachkrankenhaus, die von der Polizei und der Staatsanwaltschaft innerhalb weniger Stunden nach der Tat über die lokalen Ordnungsbehörden veranlasst wurde, waren neben dem wahnhaften Erleben und akustischen und zönästhetischen Halluzinationen eine massive Ambivalenz, Depressivität sowie formale Denkstörungen, in Form von Weitschweifigkeit, Inkohärenz und Gedankenabreißen, auffällig. Herr K. berichtete, dass er zur Rettung der Menschheit den attackierten Minister, der in Wahrheit einer erdfernen Population angehöre, die die Menschheit versklaven wolle, umbringen müsse. Von seinen Stimmen sei er zu dieser Tat gedrängt worden.

Aufgrund sachverständiger Empfehlung wurde bei Herrn K. im Urteil des Landgerichts Schuldunfähigkeit aufgrund der Erstmanifestation einer krankhaften seelischen Störung (paranoide Schizophrenie, ICD-10: F20.00) mit aufgehobener Einsichtsfähigkeit festgestellt. Es war ihm zum Tatzeitpunkt nicht möglich, das

Unrecht der Tat aufgrund der psychotischen, realitätsfernen Sichtweise einzusehen. Seine Unterbringung in einem psychiatrischen Krankenhaus gemäß § 63 StGB wurde beschlossen.

Beispiel
- **Fall 2.2**

Hubert U., 56-jähriger Frührentner, war wegen einer seit 24 Jahren bekannten Schizophrenie in einer Pflegefamilie untergebracht. Er war intermittierend in einer Werkstatt für Behinderte stundenweise tätig und hatte – bis auf seine inzwischen über 80-jährige Mutter – keine weitreichenden sozialen Kontakte. Von dieser erhielt er gelegentlich Geld für Tabak. Er hörte seit Jahren immer wieder Stimmen, die sein Handeln kommentierten. Er war zeitweise sehr in sich gekehrt, häufig interesse- und freudlos. Er war stabil auf ein Antipsychotikum eingestellt, was u. a. bewirkte, dass die zuvor fast jährlich erneut auftretenden Krankheitsausbrüche ausblieben. Es bestand eine umfassende gesetzliche Betreuung.

Eines Morgens saß er auf einem Bürgersteig, wie er das oft zu tun pflegte. Eine ihm nicht bekannte ältere Passantin sprach ihn an, da sie ihm helfen wollte. Sofort stürzte sich Herr U. auf diese und verletzte sie schwer. Anschließend lief er weg und sprach bei einer Polizeiwache vor. Er wollte eine Anzeige wegen versuchter Entführung gegen die Passantin abgeben. Bei seiner Festnahme berichtete Herr U., dass die Passantin versucht habe, ihn in einer Art zu verwandeln, dass er ein lebendiger Leichnam würde, der dann tausend Jahre dahinvegetieren müsste. Sie habe versucht, ihn in ihr Haus, eine Brutstätte einer verschworenen religiösen Organisation und der Kinderschändung, zu entführen, um ihn dort aufzuessen.

Auch bei diesem Patienten wurde eine fehlende Einsicht in das begangene Unrecht aufgrund einer erneut zum Ausbruch gekommenen undifferenzierten Schizophrenie (ICD-10: F20.31) wegen des realitätsfernen Erlebens zum Tatzeitpunkt postuliert. Er wurde in eine psychiatrische Klinik gemäß § 63 StGB eingewiesen.

Beispiel
- **Fall 2.3**

Mit 58 Jahren wurde die allein lebende frühere Schneiderin Wilhelmine G. erstmals auffällig. Sie zeigte immer mehr kognitive Einbußen, in Form von Vergesslichkeit gerade erworbener Gedächtnisinhalte, Aufmerksamkeitsstörungen und ein hypomanes Syndrom mit Antriebssteigerung. Sie wurde in einem Altenheim untergebracht.

Frau G. wurde der Brandstiftung beschuldigt, nachdem sie unstreitig versucht hatte, ihre Küche in Brand zu setzen. Es wurde durch einen Brandsachverständigen rekonstruiert, dass Frau G. offensichtlich wahllos Gegenstände auf ihrem Herd aufgetürmt hatte, die sich entzündeten. Das Mehrfamilienhaus brannte in der Folge bis auf die Grundmauern ab.

Frau G. hatte in ihrer Vernehmung angegeben, dass sie sich an einen Brand nicht erinnern könne. Ein psychiatrischer und ein psychologischer Sachverständiger diagnostizierten aufgrund eingehender Explorationen und medizinischer (psychiatrisch, internistisch, neurologisch), testpsychologischer und apparativer Untersuchungen (MRT, EEG) eine Demenz bei Alzheimer-Krankheit mit frühem Beginn (ICD-10: F00.0).

Die Patientin war wegen der massiven kognitiven Beeinträchtigungen nicht in der Lage, an einer Hauptverhandlung teilzunehmen, diese wurde in ihrer Abwesenheit durchgeführt. Eine Schuldunfähigkeit aufgrund einer krankhaften seelischen Störung (Demenz) mit aufgehobener Einsichtsfähigkeit in das begangene Unrecht der Tat wurde angenommen. Zudem wurde sie gemäß § 63 StGB in ein psychiatrisches Krankenhaus eingewiesen; diese Maßregel wurde aber nach § 67b StGB zugleich mit der Anordnung zur Bewährung ausgesetzt. Als Bewährungsauflage wurde der Aufenthalt in einem geschlossenen Pflegeheim angeordnet, der auf Basis des Betreuungsrechts durchgeführt wurde. Dort starb sie 4 Jahre nach der Anlasstat; die Diagnose wurde post mortem gesichert.

Beispiel
- **Fall 2.4**

Hartmut F., 41-jähriger Manager eines Industrieunternehmens, kam nach einer Afrikareise zunächst gesund zurück. Innerhalb eines Jahres veränderte er sich zunächst körperlich und dann auch psychisch in erheblichem Maße. Zum Zeitpunkt der Erstuntersuchung in einer auf Tropenkrankheiten spezialisierten Universitätsklinik wurde bereits ein massiver, irreversibler Befall des Gehirns durch eine Wurmerkrankung diagnostiziert, an welcher der Patient einige Monate später starb. Während dieses Krankenhausaufenthalts entwich Herr F. von der Station und hielt sich für einige Tage als Obdachloser in der Stadt auf. Er wurde festgenommen, nachdem er stark alkoholisiert Stahlträger auf Bahngleise gelegt hatte.

Unter Polizeibewachung blieb er in der Universitätsklinik und wurde später in ein Justizvollzugskrankenhaus überwiesen. In der Antragsschrift ging man von einem versuchten Tötungsdelikt aus, verneinte aber die Schuldfähigkeit wegen der Infektion. Die Staatsanwaltschaft, sachverständig beraten, führte weiter aus, dass bei bestehender Einsicht in das begangene Unrecht die Fähigkeit, entsprechend der vorhandenen Einsicht das Handeln normgerecht zu organisieren, aufgehoben war. Zu einer Hauptverhandlung kam es wegen des baldigen Todes des Patienten nicht mehr.

Beispiel

▪ **Fall 2.5**

Das Ehepaar T. war seit 18 Jahren verheiratet, die 15- und 17-jährigen Söhne lebten zu Hause. Herr T. war Metzger, Birgit T. verkaufte die Fleisch- und Wurstwaren in der eigenen Metzgerei. Bis zu zwei Verkäuferinnen waren als gelegentliche Aushilfe tätig. Das Familienleben war seit Jahren durch die Alkoholabhängigkeit des Mannes und die Arbeitsüberlastung der beiden als Selbstständige sowie durch ständige Streitereien untereinander und mit den Söhnen geprägt.

Am letzten verkaufsoffenen Tag vor Weihnachten kam Herr T. schon frühmorgens angetrunken in die Metzgerei und konsumierte am Vormittag weitere Alkoholika. Er beschimpfte seine Frau als nichtsnutzige Hure, die zu dumm sei, seine Wurst zu verkaufen, und beschuldigte sie, dass sie ständig den Kunden zu viel Wechselgeld herausgebe (was offensichtlich nicht den Tatsachen entsprach).

Frau T., die üblicherweise sehr introvertiert und still war und die die Führungsrolle ihres Mannes in der Familie immer akzeptierte, nahm nach diesem Vorwurf ohne Vorankündigung und – retrospektiv von ihr so angegeben – ohne Vorüberlegung ein großes Schlachtermesser und schlug es ihrem Mann in die Halsgegend, der sofort verblutete. Sie ließ sich widerstandslos am Tatort festnehmen, war dort bei Erscheinen der Polizei regungslos stehend angetroffen worden. In Polizeigewahrsam unternahm sie einen Suizidversuch durch Erhängen, was verhindert werden konnte.

Eine tiefgreifende Bewusstseinsstörung wurde vom erkennenden Landgericht, sachverständig beraten, aufgrund einer akuten Belastungsreaktion (ICD-10: F43.0) bei der sonst gesunden, wenngleich etwas depressiv und ängstlich-zurückgezogen imponierenden Frau angenommen. Es wurde postuliert, dass zwar die Einsicht in das begangene Unrecht zur Tat ungestört gewesen sei, es aber in einer ganz besonderen affektiven Akzentuierung zu einer aufgehobenen Steuerungsfähigkeit gekommen sei. Schuldunfähigkeit wurde im Urteil festgestellt, eine Gefahr für die Allgemeinheit dagegen nicht gesehen.

Vorverlagerte Schuld

Nach dem Wortlaut des § 20 StGB handelt der Täter grundsätzlich ohne Schuld, wenn er bei Begehung der Tat aufgrund einer psychischen Störung in seiner Einsichts- oder Steuerungsfähigkeit beeinträchtigt war. Nun sind allerdings Fallgestaltungen denkbar, in denen die Voraussetzungen des § 20 StGB zum Tatzeitpunkt zwar vorliegen, der Täter jedoch den seine Schuldfähigkeit beeinträchtigenden Zustand im Vorfeld der Tat vorwerfbar herbeigeführt hat: Zu denken ist in diesem Zusammenhang etwa an den Täter, der sich vor der Begehung eines Tötungsdeliktes gezielt »Mut antrinkt«, um seine Hemmungen zu überwinden oder an einen, der sich exkulpiert wähnt, wenn er erst im Zustand der Trunkenheit mit der eigentlichen Tatausführung beginnt oder auch an einen Täter, der fahrlässig nicht bedenkt, dass er nach entsprechendem Alkoholkonsum stets zu Gewalttaten neigt. Weiterhin gehört hierher auch der Eifersuchtstäter, der seine Neigung zu unkontrollierbaren Wutausbrüchen kennt und sich dennoch, sozusagen »sehenden Auges«, in eine kritische Situation begibt (weitere Beispiele bei Deiters 2002, S. 121, 125).

Derartige Konstellationen werden von der Rechtswissenschaft unter dem Schlagwort »**actio libera in causa**« (richtigerweise müsste man noch ergänzen: »sed non libera in actu«; NK-Schild 2013, § 20 Rn. 112) diskutiert, was übersetzt werden kann als »Handlung, die zwar in ihrem Ursprung frei ist, jedoch unfrei in ihrer Ausführung«. Damit wird auf den gerade unter dem Gesichtspunkt des Schuldgrundsatzes problematischen Umstand hingewiesen, dass der Täter noch im Zustand der Schuldfähigkeit einen

Handlungsverlauf anstößt, der seinen Niederschlag in der Verwirklichung eines Delikts erst zu einem Zeitpunkt findet, in dem die Schuldfähigkeit des Täters – sei es durch Alkoholeinfluss, sei es unter dem Eindruck eines Affekts – zumindest erheblich beeinträchtigt ist. Es würde den hier vorgegebenen Rahmen sprengen, wenn man versuchen wollte, die vielstimmige Diskussion in Literatur und Rechtsprechung nachzuzeichnen, die sich der Frage widmet, wie man trotz des insoweit eindeutig scheinenden Wortlauts des § 20 StGB (»bei Begehung der Tat«) bei den Fallgestaltungen der »actio libera in causa« dem ebenso deutlich empfundenen Strafbedürfnis Rechnung tragen könnte. An dieser Stelle muss es deshalb mit dem Hinweis auf die Existenz von Lösungswegen sein Bewenden haben, die es grundsätzlich ermöglichen, auch in solchen Fällen auf einem rechtlich zumindest vertretbaren Wege zu einer Bestrafung des Täters zu gelangen (Roxin 2006, § 20 Rn. 59 ff.). Eine Entscheidung des Bundesgerichtshofs aus dem Jahr 1996 hat allerdings die Anwendung der »actio libera in causa« auf verhaltensgebundene Tatbestände, wie etwa die Gefährdung des Straßenverkehrs gemäß § 315c Abs. 1 StGB oder die Trunkenheit im Verkehr gemäß § 316 StGB ausgeschlossen (BGHSt 42, S. 235; Deiters 2002, S. 121, 125 f.); gleichzeitig wurde die Verzichtbarkeit der hier in Rede stehenden Hilfskonstruktion im Fahrlässig-

keitsbereich festgestellt (BGHSt 42, S. 235 ff.; Deiters 2002, S. 121, 127). Abschließend bleibt festzuhalten, dass auch in der Berücksichtigung eines Vorverschuldens beim Affekt in letzter Zeit eine leichte Tendenz der Rechtsprechung zur Zurückhaltung zu verzeichnen ist (Frisch 1989, S. 538 ff.; vgl. auch BGH NJW 2009, S. 305 f.).

2.1.3 Erheblich verminderte Schuldfähigkeit (§ 21 StGB)

Die Vorschrift des § 21 StGB eröffnet für den Fall, dass die Fähigkeit des Täters, das Unrecht der Tat einzusehen oder nach dieser Einsicht zu handeln, aus einem der in § 20 StGB genannten Gründe bei Begehung der Tat erheblich vermindert ist, die Möglichkeit einer Strafmilderung. Das Gesetz lehnt sich demnach bei der Regelung der erheblich verminderten Schuldfähigkeit an die bereits bei § 20 StGB verwendete zweistufige Methode an:

- Auf der ersten Stufe wird das Vorliegen bestimmter, abschließend aufgezählter psychopathologischer Zustände vorausgesetzt.
- Auf einer zweiten Stufe wird sodann eine von diesen Störungen ausgehende erhebliche Beeinträchtigung des Täters in seiner Einsichts- oder Steuerungsfähigkeit gefordert (◘ Abb. 2.2).

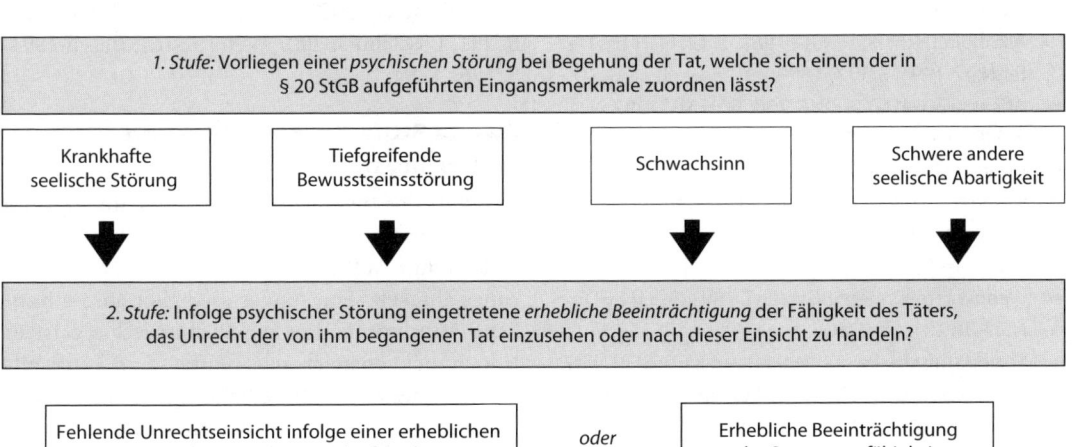

◘ **Abb. 2.2** Zweistufenmodell zur Feststellung erheblich verminderter Schuldfähigkeit im Sinne von § 21 StGB

Rechtsfolge ist nach dem Wortlaut des Gesetzes nicht – wie bei § 20 StGB – die völlige Straflosigkeit, sondern lediglich eine fakultative, d. h. im Ermessen des Gerichts stehende Strafmilderung, deren genaue Modalitäten § 49 Abs. 1 StGB bestimmt.

Eingangsmerkmale der ersten Stufe

Die Bezugnahme auf § 20 StGB macht deutlich, dass eine erhebliche Minderung der Schuldfähigkeit bei allen vier dort genannten biologisch-psychologischen Anknüpfungsbefunden in Betracht kommt. Es gibt somit weder psychische Störungen, welche die Schuld stets voll ausschließen, noch solche, bei denen ausschließlich von einer erheblich verminderten Schuldfähigkeit im Sinne des § 21 StGB ausgegangen werden kann (sog. Einheitslösung).

Beispiel

- **Beispiele aus der Rechtsprechung, bei denen § 21 StGB erörtert wurde**
- Zusammenwirken von alkoholischer Enthemmung und beginnender Demenz: BGH StV 1989, S. 102
- Wechselwirkung von Alkohol und Testosteron: BGH NStZ-RR 2006, S. 335
- Pyromanische Neigung in Kombination mit Alkoholmissbrauch: BGH NStZ-RR 2007, S. 336
- Leichtere Form der Intelligenzminderung zusammen mit Tablettenabhängigkeit und neurotisch-depressiver Störung: BGHR StGB § 21 Ursachen, mehrere 5
- Alkoholrausch: BGH NStZ 1989, S. 17; BGH bei Detter NStZ 1991, S. 177, 180
- Affekt: BGH NStZ 1988, S. 268; BGH StV 1997, S. 630; BGH NStZ 2013, S. 31
- Neurose: BGH StV 1989, S. 104
- Depression und chronifizierte posttraumatische Belastungsstörung: BGH bei Pfister NStZ-RR 2013, S. 161, 167
- Wahnvorstellungen: BGH NStZ 1991, S. 31; BGH NStZ-RR 2013, S. 239
- Soziopathische Persönlichkeitsstörung: BGH NStZ 1992, S. 380; bzw. dissoziale Persönlichkeitsstörung: BGH NStZ-RR 1999, S. 359; BGH StraFo 2008, S. 123
- Exhibitionismus: OLG Zweibrücken StV 1986, S. 436

- Querulanz: OLG Düsseldorf GA 1983, S. 473
- Schwere reaktive Depression: BGHSt 34, S. 22

Drogenabhängigkeit des Täters führt nach ständiger, im Schrifttum teilweise deutlich kritisierter Rechtsprechung (Fischer 2014, § 20 Rn. 26a, weitere Nachweise auch in Rn. 11a) bei isolierter Betrachtung nur dann zu einer Anwendung des § 21 StGB, wenn eine langjährige »Drogenkarriere« zu schwersten Persönlichkeitsveränderungen geführt hat oder der Täter starke Entzugserscheinungen erleidet bzw. aufgrund früheren Erlebens deren Eintritt fürchtet und dadurch zu Beschaffungsstraftaten getrieben wird (BGH NJW 2002, S. 2045; BGH NStZ 2006, S. 151; BGH NStZ-RR 2008, S. 274 f.; BGH NStZ 2012, S. 44; BGH NStZ-RR 2013, S. 239 f.; Arab-Zadeh 1978, S. 2326 f.). Löst die Einnahme von Betäubungsmitteln infolge einer krankhaften Suchtmittelüberempfindlichkeit eine psychotische Reaktion aus, kann dies allerdings auch zu Schuldunfähigkeit führen. Die psychiatrische Diagnose einer substanzinduzierten psychotischen Störung ist – vergleichbar mit einer Alkoholüberempfindlichkeit – als krankhafte seelische Störung zu bewerten (BGHR StGB § 63 Zustand 36). Auch dem exzessiv (»pathologisch«) betriebenen Glücksspiel soll Bedeutung im Rahmen des § 21 StGB nur bei einer hierdurch hervorgerufenen Persönlichkeitsveränderung zukommen, die in ihrem Schweregrad den krankhaften seelischen Störungen gleichwertig erscheint (BGH JR 1989, S. 379 f.; BGH NStZ 2005, S. 207; BGH NStZ 2005, S. 281; LK-Schöch 2007, § 20 Rn. 161; Rasch 1991, S. 126, 129).

Zweite Stufe der Einsichts- und Steuerungsfähigkeit

Resultat der psychischen Beeinträchtigung des Täters muss – anders als bei § 20 StGB – nicht die vollständige Aufhebung der Einsichts- oder Steuerungsfähigkeit sein, sondern lediglich ihre **erhebliche Minderung**. Für die Rechtsprechung ist es jedoch nicht ausreichend, wenn es dem Täter aufgrund seines Zustandes lediglich generell erschwert war, Einsicht in das Unrecht seines Tuns zu gewinnen oder nach dieser Einsicht zu handeln – soweit er in der konkreten Situation sehr wohl über die erforderliche Unrechtseinsicht (BGH NStZ 1990,

S. 333; BGH NStZ-RR 2008, S. 105 f.) oder ein hinreichendes Hemmungsvermögen (OLG Hamm NJW 1977, S. 1498 f.) verfügte. Die Versagung der nach dem Wortlaut des § 21 StGB an sich auch in derartigen Konstellationen eröffneten Möglichkeit einer Strafmilderung wird damit begründet, dass die Schuld des Täters nicht gemindert sei, wenn er trotz erheblich verminderter Einsichtsfähigkeit das Unrecht der Tat tatsächlich eingesehen habe (BGHSt 21, S. 27 f.).

Bei der Überlegung, ob die von der psychischen Störung des Täters ausgehende Beeinträchtigung der Einsichts- oder Steuerungsfähigkeit als erheblich im Sinne des § 21 StGB angesehen werden kann, handelt es sich letztlich um eine rein normativ-wertende Frage, die der Richter grundsätzlich unter Einbeziehung des klinischen Erfahrungswissens eines Sachverständigen zu vergleichbaren Konstellationen zu beantworten hat, ohne jedoch an dessen Äußerungen gebunden zu sein (BGHSt 43, S. 66, 77; BGH NStZ 2004, S. 437 f.). Diese Beurteilung setzt eine Gesamtwürdigung des Gerichts voraus, die darauf einzugehen hat, ob der Täter motivatorischen und situativen Tatanreizen wesentlich weniger Widerstand entgegensetzen konnte als ein Durchschnittsbürger (BGH BeckRS 2012, 01000). Angesichts des von der Rechtsprechung angenommenen Grundsatzes, demzufolge eine verminderte Einsichtsfähigkeit strafrechtlich nur dann von Bedeutung sein soll, wenn sie auch tatsächlich das Fehlen der Einsicht zur Folge hat, während eine erheblich verminderte Steuerungsfähigkeit stets zur Anwendung des § 21 StGB führen soll, darf der Richter im Übrigen auch bei § 21 StGB seine Entscheidung nicht auf das Fehlen beider Fähigkeiten zugleich stützen, sondern hat sich Klarheit über die in Betracht kommende Alternative zu verschaffen (BGH NJW 1995, S. 1229).

Die herrschende Auffassung versteht § 21 StGB schließlich unter Bezugnahme auf den Wortlaut (»kann […] gemildert werden«) als Ermessensvorschrift: Danach ergibt sich die Entscheidung für die von § 21 StGB eröffnete Möglichkeit einer Strafmilderung beim Vorliegen der zuvor besprochenen Voraussetzungen der Norm nicht bereits zwingend, sondern sie unterliegt dem pflichtgemäßen Ermessen des Richters (Fi-

scher 2014, § 21 Rn. 18; LK-Schöch 2007, § 20 Rn. 40). Dem Umstand, dass im Falle erheblich verminderter Schuldfähigkeit in der Regel auch ein entsprechend gemindertes Schuldgehalt der Tat und damit eine geringere Strafwürdigkeit vorliegen dürfte, versucht man allerdings durch eine grundsätzlich restriktive Auslegung der »Kann-Regelung« Rechnung zu tragen (BGH NJW 1981, S. 1221). So darf der Tatrichter insbesondere nicht aus schuldfremden Erwägungen, etwa zu Präventionszwecken, von einer Strafmilderung absehen (BGHSt 7, S. 28, 31; MünchKomm-Streng 2011, § 21 Rn. 21).

Besonderheiten gelten nach der Rechtsprechung des Bundesgerichtshofs für den Bereich (Alkohol-)rauschbedingter Beeinträchtigung der Schuldfähigkeit: Insoweit entspricht es seit langem herrschender Auffassung, dass von der nach § 21 StGB eröffneten Möglichkeit einer Strafmilderung dann kein Gebrauch gemacht werden darf, wenn die durch die Herabsetzung der Einsichts- und Steuerungsfähigkeit verminderte Tatschuld durch schulderhöhende Umstände – etwa die schuldhafte Herbeiführung des Rauschzustandes – aufgewogen wird (Fischer 2014, § 21 Rn. 20, 24 f.). Diese schulderhöhenden Umstände sind in den Urteilsgründen explizit zu benennen (BGH NStZ-RR 2010, S. 336). Zu einem Ausschluss der Strafmilderung soll es nach der Rechtsprechung jedoch nur dann kommen, wenn der Täter schon früher unter Alkoholeinfluss nach Ausmaß und Intensität der jetzigen Tat vergleichbare Straftaten begangen hat und daher wusste oder sich hätte bewusst sein können, dass er im Zustand der Alkoholisierung zu Straftaten neigt (BGHSt 43, S. 66, 78; BGH NStZ 2005, S. 384, 386; BGH NStZ 1993, S. 537; zu einem Vorverschulden bei einer im Affekt begangenen Straftat BGHSt 53, S. 31 f.).

Der 3. Strafsenat des Bundesgerichtshofs hatte allerdings in einem obiter dictum aus dem Jahr 2003 eine Rechtsprechungsänderung vorgeschlagen (BGH JZ 2003, S. 1016). Danach sollte eine Strafmilderung nach den §§ 21 und 49 StGB in der Regel schon allein dann nicht in Betracht kommen, wenn die erhebliche Verminderung der Schuldfähigkeit des Täters auf verschuldeter Trunkenheit beruht (zustimmend der 2. Senat, BGHR StGB § 21 Strafrahmenverschiebung 32). Ob der Täter bereits früher unter Alkohol vergleichbare Straftaten begangen hat, sollte demnach künftig ohne Belang sein. Nachdem sich unterdessen der 5. Strafsenat – unter Hervorhebung der Notwendigkeit einer stärker individualisierenden, auf die Vorhersehbarkeit für den konkreten Täter abstellenden Betrachtungsweise – eher ablehnend zu der vorgeschlagenen Rechtsprechungsänderung geäußert (BGHSt 49, S. 239, 241 ff.; vgl. auch BGH NStZ 2009, S. 202 f. und zuletzt BGH NStZ-RR 2010, S. 234 f.) und mit dieser Auffassung Zustimmung in der Rechtsprechung der anderen Senate gefunden hat (4. Strafsenat: BGH NStZ 2006, S. 274 f.; BGH NStZ-RR 2006, S. 185 f.; gegen eine schematische Behandlung nunmehr auch der 2. Strafsenat, BGH StV 2006, S. 465 f.), ist nicht davon auszugehen, dass sich die mit dem Schuldprinzip nur schwer zu vereinbarende Sichtweise des 3. Senats (Frister 2003, S. 1019 f.; Neumann 2003, S. 527, 530 f.; Roxin 2006, § 20 Rn. 45; Schöch 2006, S. 371, 373 ff.) in der Rechtsprechung des Bundesgerichtshofs durchsetzen wird. Ist die Herbeiführung des die Schuldunfähigkeit bzw. verminderte Schuldfähigkeit begründenden Zustandes bereits nicht vorwerfbar, so kommt ein Ausschluss der Strafmilderung jedenfalls nicht in Betracht (BGH NStZ 2012, S. 687 f.).

Beispiel
- **Fall 2.6**

Hartmut K., 36-jähriger Angestellter, überfuhr im angetrunkenen Zustand mit seinem PKW eine Fußgängerin, als er vorschriftswidrig abgebogen war. Tatzeitnah wurde eine Blutalkoholkonzentration von 1,6 ‰ festgestellt. Von Zeugen wurde ein leichtes Schwanken und Lallen berichtet, der Polizeiarzt sprach dagegen nur von einer leichten Alkoholisierung. Herr K. selbst gab für den gesamten Vorfall zunächst in seiner Beschuldigtenvernehmung eine Erinnerungslücke an, während er bei der Hauptverhandlung jede Angabe zur Sache verweigerte. Der psychiatrische Sachverständige diagnostizierte einen einfachen Alkoholrausch ohne Komplikationen (ICD-10: F10.00), ohne jeden Hinweis auf eine weitergehende psychische Störung, z. B. eine Alkoholabhängigkeit. Das Tatgericht erkannte auf eine erheblich verminderte Schuldfähigkeit, im Sinne des § 21 StGB wegen einer krankhaften seelischen Störung (Alkoholintoxikation).

Beispiel
- **Fall 2.7**

Der 24-jährige arbeitslose Peter U., gelernter Anstreicher, war seit Jahren heroinabhängig. Er war Hepatitis-C- sowie HIV-positiv, insgesamt in einem ausgesprochen reduzierten Allgemein- und Ernährungszustand. Er lebte meist auf der Straße und hatte keine festen sozialen Kontakte mehr. Eines Nachts stieg er in eine Blumenhandlung ein, um sich Geld für Drogen zu beschaffen. Er hebelte ein Fenster auf und entwendete geringe Bargeldvorräte. Aufgrund der fortgeschrittenen psychosozialen und somatischen Beeinträchtigungen infolge der Heroinabhängigkeit wurde bei erhaltener Einsichtsfähigkeit und erheblich eingeschränkter Steuerungsfähigkeit eine erheblich geminderte Schuldfähigkeit angenommen. Es wurde auf eine Gefängnisstrafe sowie eine Maßregel nach § 64 StGB erkannt.

Beispiel
- **Fall 2.8**

Peter B. war angeklagt, seine Freundin getötet zu haben. Zeugen beschrieben das Tatverhalten des Probanden als völlig impulsiv, unbeherrscht, blindwütig. Der psychiatrische Sachverständige diagnostizierte eine dissoziale Persönlichkeitsstörung entsprechend ICD-10: F60.2. Der Tatrichter ließ sich von dem Sachverständigen davon überzeugen, dass eine genetische Mitverursachung sowie hirnanatomische und hirnfunktionelle Störungen bei dieser Persönlichkeitsstörung wissenschaftlich nachgewiesen worden waren, die das Tatverhalten miterklären würden. Bei erhaltener Einsichtsfähigkeit wurde von der Schwurgerichtskammer eine erheblich geminderte Steuerungsfähigkeit im Urteil beschrieben. Als Konsequenz wurde in Abweichung von der gesetzlich vorgesehenen Reihenfolge »Maßregel vor Strafe« eine Einweisung in ein psychiatrisch-psychotherapeutisches Krankenhaus auf der Grundlage des § 63 StGB nach Verbüßung der Haft angeordnet.

2.1.4 Verfahrensfragen

Da die gesetzliche Konzeption beim erwachsenen Straftäter den Normalfall der Schuldfähigkeit zugrunde legt, muss sich das Gericht mit den Voraussetzungen der §§ 20 und 21 StGB nicht auseinandersetzen, wenn Anhaltspunkte für eine psychische Beeinträchtigung des Täters zum Tatzeitpunkt nicht ersichtlich sind (BGH NStE § 20 Nr. 20). Erst wenn konkrete Umstände Anlass zu der Annahme geben, der Täter sei bei Begehung der Tat nicht voll schuldfähig gewesen, hat sich das Gericht von Amts wegen mit den einschlägigen Vorschriften zu befassen (OLG Hamm BeckRS 2013, 20933). Regelmäßig wird jedoch dem Gericht die für eine Beurteilung der Schuldfähigkeitsfrage erforderliche Sachkunde fehlen, weshalb in der Regel ein psychiatrischer Sachverständiger hinzuzuziehen ist (Detter 1998, S. 57 f.). Geht das Gericht demgegenüber ausnahmsweise davon aus, im Besitz entsprechender Sachkunde zu sein, so hat es diese in den Urteilsgründen darzulegen (BGHSt 12, S. 18, 20).

In 2 Entscheidungen hat der 5. Strafsenat des Bundesgerichtshofs hervorgehoben, in Kapitalstrafsachen, zumal im Bereich der Anwendbarkeit von Jugendstrafrecht, bestehe Anlass, in der Mehrzahl der Fälle rechtzeitig im Vorfeld der Hauptverhandlung einen psychiatrischen Sachverständigen mit der Erstattung eines Gutachtens zur Schuldfähigkeit zu betrauen. Dies gelte jedenfalls dann, wenn nicht ein länger geplantes Verbrechen vorliege, welches, wenngleich verwerflich, so doch rational nachvollziehbar motiviert sei (BGH NStZ 2008, S. 644 f.; BGHR StGB § 21 Sachverständiger 13). Der 1. Strafsenat sah sich daraufhin zu der Feststellung veranlasst, ein Rechtssatz des Inhalts, dass der Tatrichter in Kapitalstrafsachen aus Gründen der Aufklärungspflicht stets gehalten sei, einen Sachverständigen mit der Erstattung eines Gutachtens zur Schuldfähigkeit zu betrauen, existiere nicht; vielmehr könne regelmäßig davon ausgegangen werden, dass der Tatrichter über die notwendige Sachkunde verfüge, um zu beurteilen, ob mit Blick auf das Tatbild und die Person des Angeklagten die Hinzuziehung eines Gutachters zur Beurteilung der Schuldfähigkeit geboten sei (BGH NStZ 2008, S. 645 f.). Dass dem Tatgericht aus dem Aufklärungsgrundsatz in Kapitalstrafsachen nicht stets die Verpflichtung zur Hinzuziehung eines Gutachters erwächst, hat unterdessen auch der 5. Strafsenat konzediert (BGHR StPO § 244

Abs. 2 Sachverständiger 21; BGH BeckRS 2011, 19471; zum Vorstehenden Basdorf 2008, S. 275, 277 ff.). Angesichts der bei Kapitaldelikten häufig zugrunde liegenden affektiv aufgeladenen Kernsituation (BeckOK-StGB-Eschelbach § 20 Rn. 87.1; vgl. auch BGH NStZ 2013, S. 31 f.) wird jedoch vielfach der entsprechende Anlass im zu beurteilenden Lebenssachverhalt oder der Persönlichkeit des Betroffenen gegeben sein (vgl. BeckOK-StGB-Eschelbach § 20 Rn. 85).

> **Kommt in Betracht, dass die Unterbringung in einem psychiatrischen Krankenhaus oder in der Sicherungsverwahrung angeordnet oder vorbehalten werden wird, so schreibt § 246a StPO die Zuziehung eines Sachverständigen zwingend vor. Gleiches gilt, wenn das Gericht erwägt, die Unterbringung des Angeklagten in einer Entziehungsanstalt anzuordnen.**

Mit der Wahl einer abweichenden Formulierung für die Unterbringung gemäß § 64 StGB war bezweckt, die Beauftragung eines Gutachters zukünftig auf Fälle zu beschränken, in denen das Gericht eine Anordnung der Unterbringung konkret erwägt (BT-Drucks. 16/1344, S. 17). Nicht zuletzt in Ansehung der zeitgleich mit der hier behandelten Änderung erfolgten Umgestaltung des § 64 StGB zur Soll-Vorschrift (► Abschn. 9.3.3) muss allerdings sichergestellt bleiben, dass das Gericht seine Ermessensentscheidung auch weiterhin regelmäßig sachverständig beraten trifft. Richtigerweise ist daher davon auszugehen, dass die Pflicht zur Hinzuziehung eines Sachverständigen nur in den Fällen entfällt, in denen eine Unterbringung offensichtlich nicht in Frage kommt (BT-Drucks. 16/5137, S. 11; dazu Schneider 2008, S. 68, 70; ► Abschn. 9.3.1).

> **Gemäß § 246a Abs. 2 StPO soll neuerdings auch in Fällen, in denen wegen eines Sexualdelikts zu Lasten eines Minderjährigen Anklage erhoben wurde und eine Therapieweisung in Betracht kommt, ein Sachverständiger gehört werden, sofern dies für die Feststellung der Therapiebedürftigkeit erforderlich ist.**

Hintergrundinformation
Aufgrund der Ausgestaltung als Soll-Vorschrift ist ein Absehen von der Hinzuziehung eines Sachverständigen bei Vorliegen der Voraussetzungen nur bei außergewöhnlichen Umständen möglich (BeckOK-StPO-Berg 2013, § 246a Rn. 4c f.).

Die Zuziehung eines Sachverständigen ist nach der Rechtsprechung in der Regel erforderlich bei:
- einer Blutalkoholkonzentration von über 3 ‰ (OLG Düsseldorf NStZ-RR 1998, S. 86);
- alkoholkranken Wiederholungstätern (OLG Karlsruhe BA 1993, S. 309);
- Hirnschäden und Kopfverletzungen (BGH StV 1988, S. 52; Glatzel 1990, S. 132 f.);
- neurotisch geprägter Sexualanomalie (BGH NStE § 20 Nr. 49);
- Epilepsie (BGH NStZ-RR 2010, S. 105);
- Intelligenzstörung oder einem Zurückbleiben in der Entwicklung (BGH NJW 1967, S. 299);
- erstmaliger Straffälligkeit in fortgeschrittenem Lebensalter (BGH StV 1992, S. 321, insbesondere bei Taten aus dem Bereich des Sexualstrafrechts (BGH NStZ-RR 2006, S. 38);
- Kapitaldelikten ohne Planung, beziehungsweise ohne nachvollziehbare Motivation (BGH NStZ 2008, S. 644).

Die Auswahl des geeigneten Sachverständigen stellt § 72 Abs. 1 S. 1 StPO grundsätzlich in das pflichtgemäße Ermessen des Richters. Bei der Beurteilung bestimmter Erkrankungen, etwa Entwicklungsstörungen eines Angeklagten, kann die Begutachtung statt durch einen Psychiater auch durch einen Psychologen durchgeführt werden (Rasch 1992, S. 257, 264). Handelt es sich hingegen bei der zu begutachtenden Störung um eine psychische Störung, so wird in der Regel allein der Facharzt für Psychiatrie und Psychotherapie bzw. Nervenarzt über die erforderliche wissenschaftliche Qualifikation verfügen; bei Anhaltspunkten für eine im engeren Sinne neurologische Erkrankung (»Hirnschädigung oder Kopfverletzung«) wird man auf die Sachkunde eines Neurologen zurückzugreifen haben (BGH StV 1984, S. 142) und bei altersbedingt eingeschränkter Einsichtsfähigkeit auf diejenige eines entsprechend erfahrenen Psychiaters (BGH NStZ 1991, S. 81).

Zur Vorbereitung eines Gutachtens über den psychischen Zustand des Beschuldigten gestattet § 81 StPO dem Gericht die Anordnung der Unterbringung und Beobachtung des Beschuldigten in einem öffentlichen psychiatrischen Krankenhaus für die Dauer von bis zu 6 Wochen, nachdem hierzu ein Sachverständiger und der Verteidiger angehört wurden. Der Sachverständige muss sich dabei vor seiner Stellungnahme einen persönlichen Eindruck vom Beschuldigten gemacht haben. Im zweiten Absatz dieser Norm wird eine entsprechende Unterbringung an das Vorliegen eines dringenden Tatverdachts geknüpft sowie unter den Vorbehalt der Verhältnismäßigkeit gestellt: Wiegt die Unterbringung für den Beschuldigten schwerer als die Strafe oder Maßregel im Sinne der §§ 62 ff. StGB, die er für die Straftat zu erwarten hat, so darf eine Anordnung nach § 81 StPO nicht ergehen.

Hintergrundinformation
Eine Unterbringung ist daher unzulässig, wenn die Befunde einer früheren Untersuchung ausreichen (LG Berlin NJW 1960, S. 2256) oder der Sachverständige durch ambulante Untersuchungen eine hinreichende Erkenntnisgrundlage gewinnen kann (OLG Düsseldorf StV 1993, S. 571; OLG Hamm StV 2001, S. 156). Abzusehen ist von einer Unterbringung auch dann, wenn der Beschuldigte sich freiwillig in einer privaten Klinik untersuchen lässt und die dortigen Ärzte als Sachverständige geeignet sind (Eisenberg 2013a, S. 663 Rn. 1698a) oder wenn brauchbare Ergebnisse nicht zu erwarten sind, weil der Beschuldigte die Mitwirkung nachdrücklich verweigert (OLG Rostock BeckRS 2014, 00907).

> **Während eine Anordnung nach § 81 StPO vor allem dazu dient, die Voraussetzungen für eine fachlich fundierte Begutachtung der Schuldfähigkeit des Beschuldigten zu schaffen, besteht der Zweck einer einstweiligen Unterbringung nach § 126a StPO darin, die Allgemeinheit schon vor dem Urteil vor als besonders gefährlich erachteten Rechtsbrechern zu schützen (Meyer-Goßner 2013, § 126a Rn. 1).**

Da die Unterbringung gem. § 126a StPO in einem psychiatrisch-psychotherapeutischen Krankenhaus oder einer Entziehungsanstalt vollzogen wird und so faktisch die Vorwegnahme der Unterbringung nach den §§ 63 und 64 StGB ermöglicht, ist ihre Anordnung an strenge Voraussetzungen geknüpft: Nach § 126a Abs. 1 StPO müssen dringende Gründe für die Annahme vorliegen, dass die Tat im Zustand der Schuldunfähigkeit oder verminderten Schuldfähigkeit im Sinne der §§ 20 und 21 StGB begangen wurde und dass die Unterbringung des Beschuldigten in einem psychiatrischen Krankenhaus oder in einer Entziehungsanstalt angeordnet werden wird. Darüber hinaus muss die einstweilige Unterbringung im Interesse der öffentlichen Sicherheit erforderlich sein; für die insoweit vorzunehmende Gefährlichkeitsprognose wird eine sachverständige Begutachtung in der Regel unabweisbar sein (SK-StPO-Paeffgen 2010, § 126a Rn. 5b). Auch hier ist das Gericht gehalten, die Anknüpfungs- und Befundtatsachen im Beschluss wiederzugeben (BVerfG NJW 2012, S. 513, 515). Je länger die Unterbringung andauert, desto höhere Anforderungen sind zudem an den die Freiheitsentziehung rechtfertigenden Grund zu stellen (BVerfG NJW 2012, S. 513 ff.).

2.2 Begutachtung der Verantwortlichkeit (§ 3 JGG)

Im Gegensatz zum Erwachsenenstrafrecht normiert § 3 JGG eine Verpflichtung des Gerichts zur positiven Feststellung der Verantwortungsreife des jugendlichen Täters: Danach setzt die strafrechtliche Verantwortlichkeit eines Jugendlichen voraus, dass dieser zur Zeit der Tat nach seiner sittlichen und geistigen Entwicklung reif genug war, das Unrecht der Tat einzusehen und nach dieser Einsicht zu handeln. Anders als bei § 20 StGB ist die so bezeichnete Verantwortlichkeit somit nicht lediglich bei Anhaltspunkten für ihr Fehlen zu erörtern, sondern im Urteil stets explizit festzustellen und näher zu begründen (Böhm u. Feuerhelm 2004, S. 44; Meier et al. 2013, § 5 Rn. 9). Mit der Frage nach dem erreichten Zustand sittlicher und geistiger Reife einerseits sowie der Einsichts- und Steuerungsfähigkeit andererseits wird allerdings nach herrschender Sichtweise erneut ein zweistufiges Modell festgeschrieben, das sich insoweit an die Vorgehensweise bei der Begutachtung der Schuldfähigkeit beim Erwachsenen

anlehnt. Dabei lässt sich die noch unabgeschlossene geistige und sittliche Entwicklung der ersten Stufe – ähnlich der psychischen Störung im Sinne des § 20 StGB – als biologische Komponente der Verantwortlichkeit einordnen, während die fehlende Einsichts- oder Handlungsfähigkeit der zweiten Stufe anhand psychologisch-normativer Kriterien zu beurteilen ist (Schaffstein u. Beulke 2002, S. 63).

Der Versuch einer inhaltlichen Ausfüllung des so umrissenen Verantwortungsbegriffes stößt aufgrund der strukturellen Anlehnung an § 20 StGB erwartungsgemäß auf ähnliche Probleme, wie sie bereits bei der Konkretisierung des Schuldprinzips diskutiert wurden: Nach herrschender Auffassung setzt auch die von § 3 JGG geforderte Einsichtsfähigkeit zunächst die Fähigkeit zur Einsicht in das staatliche Verbotensein der Tat voraus, was auf der einen Seite mehr sein soll als eine bloße Bewertung des Verhaltens als unmoralisch, anstößig oder unehrenhaft, auf der anderen Seite aber nicht die Kenntnis gerade der Strafbarkeit voraussetzen soll (Ostendorf 2013, § 3 Rn. 7). In der Rechtsprechung findet sich hierzu auch die Formulierung, der Jugendliche müsse zum Zeitpunkt der Tat einen Entwicklungsstand erreicht haben, welcher ihn zu der Erkenntnis befähige, dass sein Verhalten mit einem geordneten und friedlichen Zusammenleben der Menschen unvereinbar sei und deshalb von der Rechtsordnung nicht geduldet werden könne (LG Passau NJW 1997, S. 1165). Mit der Steuerungs- oder Handlungsfähigkeit soll sodann die Fähigkeit bezeichnet sein, das individuelle Verhalten im konkreten Einzelfall auch an der zuvor gewonnenen Unrechtseinsicht auszurichten (HK-JGG-Diemer 2011, § 3 Rn. 10; MünchKomm-Altenhain/Laue 2013, § 3 JGG Rn. 14). Im Ergebnis wird damit erneut die Selbstbestimmungsfähigkeit des Menschen als Voraussetzung jeden staatlichen Strafens postuliert.

Die Untauglichkeit des so umrissenen indeterministischen Verständnisses der Einsichts- und Steuerungsfähigkeit für die Praxis des Strafverfahrens ist bereits erörtert worden, weshalb es hier mit einem erneuten Hinweis auf die schon aus erkenntnistheoretischen Gründen bestehenden Grenzen der Analyse menschlicher Willensentscheidungen sein Bewenden haben soll: Versteht man die Willensentscheidung als Reaktion einer bestimmten Person auf eine bestimmte Entscheidungssituation, so impliziert dies eben auch ein Resultieren der besagten Entscheidung aus den Eigenarten dieser Person und der konkreten Entscheidungssituation, weshalb die Vorstellung von einem »Andershandelnkönnen« im Sinne der Fähigkeit, immer auch eine andere als die tatsächlich getroffene Entscheidung treffen zu können, denklogisch unmöglich erscheint (Frister 1993, S. 18).

> **Richtigerweise wird man auch im Kontext des § 3 JGG nicht nach einem individuellen »Andershandelnkönnen« des Jugendlichen fragen, sondern dessen Fähigkeit zu einer hinreichend strukturierten Willensbildung zum Gegenstand der Untersuchung machen müssen. Einzig die Gründe für eine mögliche Beeinträchtigung dieses Willensbildungsprozesses sind – insoweit anders als bei § 20 StGB – nicht in bestimmten psychischen Störungsbildern, sondern in der mangelnden Entwicklung des Jugendlichen zu suchen.**

Als Vergleichsmaßstab ist in diesem Zusammenhang auf den vom Gesetzgeber unterstellten Entwicklungsstand eines 18-Jährigen Bezug zu nehmen, da dieser grundsätzlich für eine strafrechtliche Inanspruchnahme ausreichen soll, wenn nicht ausnahmsweise eine psychische Störung vorliegt (Meier et al. 2013, § 5 Rn. 10; Ostendorf 2013, § 3 Rn. 5).

Bei der Beurteilung des Reifezustandes ist entsprechend dem Wortlaut des § 3 JGG auf den Zeitpunkt der Tat abzustellen; insoweit muss der persönliche Eindruck zeitlich versetzt korrigiert und einer etwaigen Nachreifung des Jugendlichen Rechnung getragen werden (Meier et al. 2013, § 5 Rn. 11; MünchKomm-Altenhain/Laue 2013, § 3 JGG Rn. 16; Ostendorf 2013, § 3 Rn. 11). Die Einsichts- und Steuerungsfähigkeit des Jugendlichen ist überdies für jede einzelne der von ihm verwirklichten Taten gesondert festzustellen und kann für bestimmte, der jugendlichen Lebenssphäre sehr ferne Verhaltensweisen noch fehlen, während sie hinsichtlich anderer, im en-

geren Lebensraum eines Jugendlichen beheimateter Deliktskategorien bereits vorhanden ist (sog. partielle Verantwortlichkeit; Eisenberg 2013b, § 3 Rn. 5 ff.; MünchKomm-Altenhain/Laue 2013, § 3 JGG Rn. 11). So braucht etwa ein Jugendlicher, der bereits das Einsichtsvermögen in das Unrecht eines Diebstahls oder einer Sachbeschädigung hat, noch keineswegs die Fähigkeit besitzen, das Unrecht eines zu gleicher Zeit von ihm verwirklichten differenzierteren Tatbestandes zu erkennen, z. B. eines Urkundendelikts oder einer Tat gegen Rechtsgüter der Allgemeinheit (Schaffstein u. Beulke 2002, S. 64 f.).

Um der Gefahr vorzubeugen, dass es bei der Anwendung des § 3 JGG in der Justizpraxis weitgehend mit »inhaltslosen Leerformeln« (Frehsee 1993, S. 379, 383) sein Bewenden hat, sollte der strafrechtlichen Beurteilung jugendlichen Fehlverhaltens stets eine ausführliche psychosoziale Beschuldigtendiagnose zugrunde gelegt werden, die sich um eine Offenlegung der einzelnen Persönlichkeitsschichten des Probanden bemüht, wie sie sich in seiner biografischen Entwicklung, in seinem Erziehungs- und Sozialisationsprozess herausgebildet haben (Ostendorf 2013, § 3 Rn. 12). Ob hierzu ein Sachverständiger hinzuzuziehen ist, steht im pflichtgemäßen Ermessen des erkennenden Gerichts (§ 43 Abs. 2 S. 1 JGG »soweit erforderlich«), obligatorisch ist dies nur bei besonderen Umständen in der Person des Angeklagten (Eisenberg 2013b, § 43 Rn. 26, 28; MünchKomm-Altenhain/Laue 2013, § 3 Rn. 19). Dabei spielen auch Verhältnismäßigkeitserwägungen eine Rolle. So ist z B. von einer Hinzuziehung eines Sachverständigen in der Regel abzusehen, wenn es lediglich um Bagatellverfehlungen geht (Eisenberg 2013b, § 43 Rn. 29, 32), da die von einer entsprechenden Exploration ausgehenden Eingriffe in Persönlichkeit und Privatsphäre und die stigmatisierenden Wirkungen in die Abwägung einzubeziehen sind (Meier et al. 2013, § 5 Rn. 13; Ostendorf 2013, § 3 Rn. 14). Allein auf die Schwere der Verfehlung darf es für die (positive) Entscheidung über die Hinzuziehung dabei nicht ankommen (Eisenberg 2013b, § 43 Rn. 34). Hat das Gericht entschieden, dass ein Sachverständiger hinzugezogen wird, stellt sich die anschließende Frage, welche fachspezifische

Befähigung (kriminologische, psychologische oder psychiatrische) zu fordern ist. Geht es um die Begutachtung nichtkrankhafter Zustände ist die Entscheidung nach der Rechtsprechung dem pflichtgemäßen Ermessen des Jugendrichters überlassen (Eisenberg 2013b, § 43 Rn. 41). Bei einer Reifebeurteilung nach § 3 S. 1 JGG wird diese in der Regel von einem Entwicklungspsychologen vorzunehmen sein (Ostendorf 2013, § 3 Rn. 13). Bei Anhaltspunkten für psychopathologische Auffälligkeiten wird regelmäßig ein Jugendpsychiater, bei sonst entwicklungsuntypisch auffälligem Sozialverhalten ein Sozialpädagoge/Psychotherapeut mit forensischer Qualifikation zu beauftragen sein (Eisenberg 2013b, § 43 Rn. 43). Nicht nur die Justiz hat ihre Schwierigkeiten mit der Handhabung des § 3 JGG, auch die forensische Psychiatrie hat bislang noch keine einheitliche Linie entwickeln können, wie die sittliche und geistige Reife objektiviert werden kann (Günter u. Karle 2010, S. 561, 568 ff.; vgl. auch HK-JGG-Diemer 2011, § 3 Rn. 14, 15).

Im Einzelnen umstritten ist das Verhältnis der jugendstrafrechtlichen Verantwortungsreife gem. § 3 JGG zu den Schuldfähigkeitsbestimmungen der §§ 20 und 21 StGB. Aufgrund der bereits erwähnten Übereinstimmungen in der Normstruktur sind hier Konstellationen denkbar, in denen die Beeinträchtigung der Einsichts- oder Steuerungsfähigkeit auf ein Zusammentreffen jugendspezifischer Reifedefizite mit einem pathologischen Zustand zurückgeht, was die Frage nach sich zieht, welcher Regelung der Vorrang bei der rechtlichen Beurteilung zu geben ist.

Von Bedeutung ist die mit der Beantwortung dieser Frage vorgenommene Weichenstellung vor allem unter dem Gesichtspunkt der in Betracht kommenden Rechtsfolgen: Während dem Gericht nach einer Verneinung der Verantwortlichkeit nach § 3 S. 2 JGG lediglich der Rückgriff auf die allgemeinen vormundschaftsrechtlichen Erziehungsmaßnahmen (§§ 1666, 1666a BGB, §§ 27–41 SGB VIII) bleibt, fungieren die §§ 20 und 21 StGB als Anknüpfungspunkte für die Möglichkeit der Unterbringung in einem psychiatrischen Krankenhaus gem. § 63 StGB, die einen weitaus gravierenderen Eingriff in die Rechtssphäre des Betroffenen darstellt.

Nach herrschender Auffassung hat für das Verhältnis der genannten Normen des Jugend- und Erwachsenenstrafrechts und die sich daraus ergebenden Konsequenzen für eine etwaige Maßregelanordnung Folgendes zu gelten:

> ❯ In denjenigen Konstellationen, in denen das psychische Zurückbleiben als Folge eines noch nicht abgeschlossenen Entwicklungsprozesses erscheint und aus diesem Grunde bei fortschreitender Reifung einen Ausgleich erwarten lässt, ist nur § 3 JGG anwendbar mit der Folge, dass § 63 StGB ausgeschlossen ist (Meier et al. 2013, § 5 Rn. 18; Schaffstein u. Beulke 2002, S. 67). Liegt hingegen ein vom Reifungsprozess unabhängiger psychopathologischer Zustand im Sinne des § 20 StGB vor (z. B. angeborene Intelligenzminderung), der nicht oder nur mangelhaft ausgleichsfähig ist, geht die Bestimmung des § 20 StGB dem § 3 JGG vor, sodass die Möglichkeit einer Unterbringung nach § 63 StGB eröffnet ist (Schönke u. Schröder-Perron/Weißer 2014, § 20 Rn. 44).

Kann nicht aufgeklärt werden, ob die Schuldunfähigkeit des Jugendlichen nur entwicklungsbedingt ist oder ob sie auf einem vom Reifungsvorgang unabhängigen pathologischen Zustand beruht, ist wiederum nur § 3 JGG mit den in Satz 2 der Vorschrift angesprochenen Rechtsfolgen anzuwenden (Brunner u. Dölling 2011, § 3 Rn. 10a). Für Entwicklungsstörungen, die sich zwar auf pathologische Ursachen zurückführen lassen, bei denen jedoch mit zunehmendem Alter mit einem Ausgleich zu rechnen ist, sollen schließlich nach Auffassung der Rechtsprechung sowohl die §§ 20 und 21 StGB als auch § 3 JGG zur Anwendung gelangen, weshalb bei Vorliegen der weiteren Voraussetzungen des § 63 StGB die Unterbringung angeordnet werden müsse (BGHSt 26, S. 67 f.). Allerdings wird zu berücksichtigen sein, dass an die Unterbringung eines Jugendlichen im psychiatrischen Krankenhaus aufgrund der mit ihr verbundenen Eingriffsintensität generell besonders strenge Anforderungen zu stellen sind (BGHSt 37, S. 373 f.; NK-Schild 2013, § 20 Rn. 68).

2.3   Literatur

Albrecht P-A (1983) Unsicherheitszonen des Schuldstraf-
rechts – «Bewusstseinsstörung« und »Abartigkeit« zwischen normativen Setzungen und empirischer Psychologie. GA 130: 193–217

Arab-Zadeh A (1978) Schuldfähigkeit und Strafzumessung
bei drogenabhängigen Klienten. NJW 31: 2326–2329

Basdorf C (2008) Gebotene psychiatrische Begutachtung in
Fällen auffälliger Besonderheiten in der Tat und/oder bei
dem Täter. HRRS 9: 275–279

BeckOK-StGB: Beck'scher Online-Kommentar Strafgesetzbuch (2013) 23. Aufl. Beck, München (zit. BeckOK-StGB-
Bearbeiter)

BeckOK-StPO: Beck'scher Online-Kommentar Strafprozessordnung (2013) 17. Aufl. Beck, München (zit. BeckOK-StPO-
Bearbeiter)

Bieri P (2005) Untergräbt die Regie des Gehirns die Freiheit
des Willens? In: Gestrich C, Wabel T (Hrsg) Freier oder
unfreier Wille? Handlungsfreiheit und Schuldfähigkeit im
Dialog der Wissenschaften (Beiheft zur Berliner Theologi-
schen Zeitschrift). Wichern, Berlin, S. 20–36

Blau G (1988) Anmerkung zu BGH JR 1988, S. 208 f. und 209 f.
JR 5: 210–214

Blau G (1989) Methodische Probleme bei der Handhabung
der Schuldfähigkeitsbestimmungen des Strafgesetz-
buchs aus juristischer Sicht. MSchrKrim 72: 71–77

Blau G (1993) Paraphrasen zur Abartigkeit. In: Die Sprache
des Verbrechens – Wege zu einer klinischen Kriminologie.
In: Leygraf N (Hrsg) Die Sprache des Verbrechens – Wege
zu einer klinischen Kriminologie. Festschrift für Wilfried
Rasch. Kohlhammer, Stuttgart, S. 113–125

Boetticher A, Nedopil N, Bosinski HAG, Saß H (2005) Mindestanforderungen für Schuldfähigkeitsgutachten. NStZ 25:
57–61

Boetticher A (2010) »Raus aus dem Richterstaat, rein in den
Neuro-Staat!«- Der Angriff der Neurowissenschaften auf
das Schuldstrafrecht. In: Stompe T, Schanda H (Hrsg) Der
freie Wille und die Schuldfähigkeit. Medizinisch Wissenschaftliche Verlagsgesellschaft, Berlin, S. 187–207

Böhm A, Feuerhelm W (2004) Einführung in das Jugendstrafrecht, 4. Aufl. Beck, München

Bresser PH (1984) Trunkenheit, Bewusstseinsstörung, Schuldfähigkeit. Zum Methodischen: Das Typische und das
Abnorme. Forensia 5: 45–60

Brunner R, Dölling D (Hrsg) (2011) Jugendgerichtsgesetz-
Kommentar, 12. Aufl. De Gruyter, Berlin

Deiters M (2002) Die freie Entscheidung zur Tat: Zur Rechtsfigur der actio libera in causa. In: Schneider F, Frister H
(Hrsg) Alkohol und Schuldfähigkeit. Springer, Berlin Heidelberg New York Tokio, S. 121–139

Detter K (1998) Der Sachverständige im Strafverfahren – eine
Bestandsaufnahme. NStZ 18: 57–61

Detter K (1999) Zur Schuldfähigkeitsbegutachtung aus revisi-
onsrechtlicher Sicht. BA 36: 3–21

Dilling H, Freyberger HJ (Hrsg) (2012) Taschenführer zur ICD-
10-Klassifikation psychischer Störungen. Huber, Bern

Dreßing H, Gass P, Retz W, Rösler M (2009) Neurobiologische
Erkenntnisse – mögliche Relevanz für die strafrechtliche
Begutachtung. In: Foerster K, Dreßing H (Hrsg) Psychiatrische Begutachtung – Ein praktisches Handbuch für Ärzte
und Juristen, 5. Aufl. Elsevier, München, S. 36–42

Eisenberg U (2005) Anmerkungen zu dem Beitrag »Mindestanforderungen für Schuldfähigkeitsgutachten«, NStZ
2005, 57–62. NStZ 25: 304–307

Eisenberg U (2013a) Beweisrecht der StPO, 8. Aufl. Beck,
München

Eisenberg U (2013b) Jugendgerichtsgesetz, 16. Aufl. Beck,
München

Endres J (1998) Psychologische und psychiatrische Konzepte der »tiefgreifenden Bewusstseinsstörung« nach
§§ 20, 21 StGB. StV 18: 674–682

Fischer T (Hrsg) (2014) Strafgesetzbuch, 61. Aufl. Beck, München

Foerster K (1989) Gedanken zur psychiatrischen Beurteilung
neurotischer und persönlichkeitsgestörter Menschen bei
strafrechtlichen Fragen. MSchrKrim 72: 83–87

Foerster K, Leonhardt M (2002) Die Beurteilung der Schuldfähigkeit bei akuter Alkoholintoxikation und Alkoholabhängigkeit. In: Schneider F, Frister H (Hrsg) Alkohol und
Schuldfähigkeit. Springer, Berlin Heidelberg New York
Tokio, S. 55–67

Foerster K, Venzlaff U (2009) Die »tiefgreifende Bewusstseinsstörung« und andere affektive Ausnahmezustände. In:
Foerster K, Dreßing H (Hrsg) Psychiatrische Begutachtung – Ein praktisches Handbuch für Ärzte und Juristen,
5. Aufl. Elsevier, München, S. 281–293

Frehsee D (1993) Strafreife – Reife des Jugendlichen oder
Reife der Gesellschaft? In: Albrecht P-A (Hrsg) Fest-
schrift für Horst Schüler-Springorum. Heymanns, Köln,
S. 379–395

Frisch W (1989) Grundprobleme der Bestrafung »verschuldeter« Affekttaten. ZStW 101: 538–610

Frister H (1993) Die Struktur des »voluntativen Schuldele-
ments«. Duncker & Humblot, Berlin

Frister H (1994) Der Begriff der Schuldfähigkeit. MSchrKrim
72: 316–323

Frister H (2003) Anmerkung zu BGH JZ 2003, 1017 ff. JZ 58:
1019–1020

Frister H (2013a) Strafrecht Allgemeiner Teil, 6. Aufl. Beck,
München

Frister H (2013b) Überlegungen zu einem agnostischen
Begriff der Schuldfähigkeit. In: Freund G, Murmann U,
Bloy R, Perron W (Hrsg) Grundlagen und Dogmatik des
gesamten Strafrechtssystems. Festschrift für Wolfgang
Frisch zum 70. Geburtstag. Duncker & Humblot , Berlin,
S. 533–554

Frister H (2013c) Der strafrechtsdogmatische Begriff der
Schuld. JuS 12: 1057–1065

Glatzel J (1982) Zur forensisch-psychiatrischen Problematik
der tiefgreifenden Bewusstseinsstörung. StV 2: 434–437

Glatzel J (1990) Die Bedeutung des Nachweises einer Hirnverletzung für die Beurteilung der Schuldfähigkeit. StV
10: 132–134

Grasnick W (1987) Über Schuld, Strafe und Sprache. Mohr, Tübingen

Günter M, Karle M (2010) Das Gutachten zu Strafmündigkeit und Entwicklungsstand. In: Kröber H-L, Dölling D, Leygraf N, Sass H (Hrsg) Handbuch der Forensischen Psychiatrie Band 2. Psychopathologische Grundlagen und Praxis der Forensischen Psychiatrie im Strafrecht. Springer, Heidelberg, S. 561–599

Habel U, Schneider F (2002) Diagnostik und Symptomatik von Alkoholintoxikationen, schädlichem Gebrauch und Alkoholabhängigkeit. In: Schneider F, Frister H (Hrsg) Alkohol und Schuldfähigkeit. Springer, Berlin Heidelberg New York Tokio, S. 23–54

Habermeyer E, Saß H (2007) Die Mindeststandards der Schuldfähigkeitsbegutachtung aus psychiatrischer Sicht. FPPK 1: 10–14

Haffner H-T, Blank JH (2002) Berechnung und Stellenwert der Blutalkoholkonzentration bei der Schuldfähigkeitsbeurteilung. In: Schneider F, Frister H (Hrsg) Alkohol und Schuldfähigkeit. Springer, Berlin Heidelberg New York Tokio, S. 69–89

Haggard P, Clark S, Kalogeras J (2002) Voluntary action and conscious awareness. Nat Neurosci 5: 382–385

Helmrich H (2004) Wir können auch anders: Kritik der Libet-Experimente. In: Geyer C (Hrsg) Hirnforschung und Willensfreiheit. Zur Deutung der neuesten Experimente. Suhrkamp, Frankfurt/Main, S. 92–97

Herzberg R (2012) Setzt strafrechtliche Schuld ein Vermeiden-können voraus? ZStW 124: 12–63

HK-JGG: Diemer H, Schatz H, Sonnen B-R (2011) Jugendgerichtsgesetz-Kommentar, 6. Aufl. Müller, Heidelberg (zit. HK-JGG-Bearbeiter)

Jacobi F, Wittchen H-U, Hölting C, Höfler M, Pfister H, Müller N, Lieb R (2004) Prevalence, co-morbidity and correlates of mental disorders in the general population: results from the German Health Interview and Examination Survey (GHS). Psychol Med 34: 597–611

Jäger C (2013) Willensfreiheit, Kausalität und Determination. Stirbt das moderne Schuldstrafrecht durch die moderne Gehirnforschung? GA 160: 3–14

Janzarik W (1991) Grundlagen der Einsicht und das Verhältnis von Einsicht und Steuerung. Nervenarzt 62: 423–427

Kellermann B (2005) Glücksspielsucht und Beschaffungsdelinquenz. StV 25: 287–295

Konrad N, Rasch W (1992) Zur psychiatrischen Beurteilung forensisch relevanter Rauschzustände. In: Frank C, Harrer G (Hrsg) Kriminalprognose. Alkoholbeeinträchtigung – Rechtsfragen und Begutachtungsprobleme. Forensia-Jahrbuch 3. Springer, Berlin Heidelberg New York Tokio, S. 167–177

Konrad N, Rasch W (2014) Forensische Psychiatrie. Rechtsgrundlagen, Begutachtung und Praxis, 4. Aufl. Kohlhammer, Stuttgart

Koufen H (1984) Zur forensischen Beurteilung psychischer Auffälligkeiten von Epileptikern. MSchrKrim 67: 389–393

Kröber H-L (1996) Kriterien verminderter Schuldfähigkeit nach Alkoholkonsum. NStZ 16: 569–576

Kröber H-L (2003) Freie Entscheidung gegen den Fahrstuhl. Aktuelle Argumente gegen die menschliche Willensfreiheit basieren auf verkürzten Interpretationen einzelner Experimente. Gehirn & Geist: Angriff auf das Menschenbild 2: 13

Kröber H-L (2004) Die Hirnforschung bleibt hinter dem Begriff strafrechtlicher Verantwortlichkeit zurück. In: Geyer C (Hrsg) Hirnforschung und Willensfreiheit. Zur Deutung der neuesten Experimente. Suhrkamp, Frankfurt/Main, S. 103–110

Lackner K, Kühl K (Hrsg) (2011) Strafgesetzbuch mit Erläuterungen, 27. Aufl. Beck, München

Langelüddeke A, Bresser PH (1976) Gerichtliche Psychiatrie, 4. Aufl. De Gruyter, Berlin

Laufs A (2011) Der aktuelle Streit um das alte Problem der Willensfreiheit. Eine kritische Bestandsaufnahme aus juristischer Sicht. MedR 1: 1–7

Lehmkuhl G, Sinzig J, Sappok T, Diefenbacher A (2012) Intelligenzminderung. In: Berger M (Hrsg) Psychische Erkrankungen, 4. Aufl. Urban & Fischer, München, S. 811–828

Lenckner T (1972) Strafe, Schuld und Schuldfähigkeit. In: Göppinger H, Witter H (Hrsg) Handbuch der forensischen Psychiatrie I. Springer, Berlin Heidelberg New York Tokio, S. 3–286

Leygraf N (2010) Belastungsreaktionen und Anpassungsstörungen. In: Kröber H-L, Dölling D, Leygraf N, Sass H (Hrsg) Handbuch der Forensischen Psychiatrie Band 2. Psychopathologische Grundlagen und Praxis der Forensischen Psychiatrie im Strafrecht. Springer, Heidelberg, S. 507–513

Libet B, Gleason CA, Wright EW, Pearl DK (1983) Time of conscious intention to act in relation to onset of cerebral activity (readiness-potential). Brain 106: 623–642

Lindemann M (2006) Wir müssen (und können) nicht aufhören, von Freiheit zu sprechen: Die Erkenntnisse der modernen Neurowissenschaften und das Schuldstrafrecht. In: Barton S (Hrsg) »… weil er für die Allgemeinheit gefährlich ist« Prognosegutachten, Neurobiologie, Sicherungsverwahrung. Nomos, Baden-Baden, S. 343–359

LK: Leipziger Kommentar zum Strafgesetzbuch (2007) Bd 1. Einleitung, §§ 1–31, Laufhütte H-W, Rissing-van Saan R, Tiedemann K (Hrsg) 12. Aufl. De Gruyter, Berlin (zit. LK-Bearbeiter)

Maatz KR (1998) §§ 20, 21 StGB, Privilegierung der Süchtigen? – Zur normativen Bestimmung der Schuldfähigkeit alkoholisierter Straftäter. StV 18: 279–285

Maatz KR (2001) Erinnerung und Erinnerungsstörungen als sog. psychodiagnostische Kriterien der §§ 20, 21 StGB. NStZ 21: 1–8

Maatz KR (2005) Der alkoholisierte Affekttäter – Bedeutung für die Schuldfähigkeit. Nervenarzt 76: 1389–1401

Maatz KR (2007) Schuldfähigkeitsbeurteilung – Juristische Aspekte bei der Begutachtung von Persönlichkeitsstörungen. FPPK 1: 147–155

Marneros A (2007) Affekttaten und Impulstaten. Schattauer, Stuttgart

Mathiak K, Dyck M, Schneider F (2012) Persönlichkeitsstörungen (F60-F62). In: Schneider F (Hrsg) Facharztwissen Psychiatrie und Psychotherapie. Springer, Berlin Heidelberg, S. 405–419

Meier B-D, Rössner D, Schöch H (2013) Jugendstrafrecht, 3. Aufl. Beck, München

Meyer-Goßner L (Hrsg) (2013) Strafprozessordnung, 56. Aufl. Beck, München

Müller JL (2009) Forensische Psychiatrie im Zeitalter der »neuroscience«. Nervenarzt 80: 241–251

MünchKomm: Münchener Kommentar zum Strafgesetzbuch (2011, 2013) Bd 1 (2011), §§ 1–37 StGB. Joecks W, Miebach K (Hrsg) 2. Aufl.; Bd 6 (2013), JGG (Auszug) Nebenstrafrecht I Strafvorschriften aus AMG, BtMG, GÜG, TPG, TFG, GenTG, TierSchG, BNatSchG, VereinsG, VersammlungsG. Joecks W, Miebach K (Hrsg) 2. Aufl. Beck, München (zit. MünchKomm-Bearbeiter)

Nedopil N (1999) Verständigungsschwierigkeiten zwischen dem Juristen und dem psychiatrischen Sachverständigen. NStZ 19: 433–439

Nedopil N (2008) Forensische Psychiatrie – Psychopathologie zwischen Neurowissenschaft und normativen Zwängen. In: Schöch H (Hrsg) Strafverteidigung, Revision und die gesamte Strafrechtswissenschaften. Festschrift für Gunter Widmaier. Heymanns, Köln u.a., S. 925–939

Nedopil N (2010) Der freie Wille und die Schuldfähigkeit aus der Perspektive des forensisch-psychiatrischen Gutachters. In: Stompe T, Schanda H (Hrsg) Der freie Wille und die Schuldfähigkeit. Medizinisch Wissenschaftliche Verlagsgesellschaft, Berlin, S. 209–222

Neumann U (2003) Anmerkung zu BGH StV 2003, S. 497 ff. StV 23: 527–531

NK: Nomos-Kommentar zum Strafgesetzbuch (2013), Bd 1, §§ 1–79b, Kindhäuser U, Neumann U, Paeffgen H-U (Hrsg), 4. Aufl. Nomos, Baden-Baden (zit. NK-Bearbeiter)

Ostendorf H (2013) Jugendgerichtsgesetz-Kommentar, 9. Aufl. Nomos, Baden-Baden

Pfister W (2013) Die Beurteilung der Schuldfähigkeit in der Rechtsprechung des Bundesgerichtshofs. NStZ-RR 6: 161–167

Pittrow L, Saß H (1994) Epilepsie und Dämmerzustand bei motivisch unklaren Delikten. MSchrKrim 77: 82–88

Plate J (2002) Psyche, Unrecht und Schuld. Die Bedeutung der psychischen Verfassung des Täters für die allgemeinen Voraussetzungen der Strafbarkeit. Beck, München

Rasch W (1982) Angst vor der Abartigkeit – Über einen schwierigen Begriff der §§ 20, 21 StGB. NStZ 2: 177–183

Rasch W (1984) Die Zuordnung der psychiatrisch-psychologischen Diagnosen zu den vier psychischen Merkmalen der §§ 20, 21 StGB. StV 4: 264–269

Rasch W (1989) Die Bedeutsamkeit psychodynamischer Gesichtspunkte bei der Beurteilung der Schuldfähigkeit. In: Beck-Mannagetta H, Reinhardt K (Hrsg) Psychiatrische Begutachtung im Strafverfahren. Luchterhand, Neuwied, S. 11–20

Rasch W (1991) Die psychiatrisch-psychologische Beurteilung der sogenannten schweren anderen seelischen Abartigkeit. StV 11: 126–131

Rasch W (1992) Die Auswahl des richtigen Psycho-Sachverständigen im Strafverfahren. NStZ 12: 257–265

Rissing-van Saan R (2002) Beeinträchtigung der Schuldfähigkeit bei der Begehung von Straftaten und deren strafrechtliche Folgen. In: Schneider F, Frister H (Hrsg) Alkohol und Schuldfähigkeit. Springer, Berlin Heidelberg New York Tokio, S. 103–119

Rösler M, Blocher D (1996) Die Begutachtung alkoholisierter Straftäter aus der Sicht der forensischen Psychiatrie. BA 33: 329–338

Roth G (2003) Fühlen, Denken, Handeln – Wie das Gehirn unser Verhalten steuert. Suhrkamp, Frankfurt/Main

Roxin C (2006) Strafrecht Allgemeiner Teil, Bd. 1, 4. Aufl. Beck, München

Salger H (1988) Die Bedeutung des Tatzeit-Blutalkoholwertes für die Beurteilung der erheblich verminderten Schuldfähigkeit. In: Gamm OF (Hrsg) Strafrecht, Unternehmensrecht, Anwaltsrecht. Festschrift für Gerd Pfeiffer zum Abschied aus dem Amt als Präsident d. Bundesgerichtshofes. Heymanns, Köln, S. 379–395

Saß H (1983) Affektdelikte. Nervenarzt 54: 557–572

Saß H (1987) Psychopathie – Soziopathie – Dissozialität. Zur Differentialtypologie der Persönlichkeitsstörungen. Springer, Berlin Heidelberg New York Tokio

Saß H, Habermeyer E (2007) Die Begutachtung von Persönlichkeitsstörungen aus psychopathologischer Sicht. FPPK 1: 156–161

Saß H (2010) Tiefgreifende Bewusstseinsstörung. In: Kröber H-L, Dölling D, Leygraf N, Sass H (Hrsg) Handbuch der Forensischen Psychiatrie Band 2. Psychopathologische Grundlagen und Praxis der Forensischen Psychiatrie im Strafrecht. Springer, Heidelberg, S. 343–372

Saß H (2011) Forensische Erheblichkeit seelischer Störungen im psychopathologischen Referenzsystem. In: Nedopil N (Hrsg) Die Psychiatrie und das Recht – Abgrenzung und Brückenschlag. Lengerich, Berlin u.a., S. 175–194

Schaffstein F, Beulke W (2002) Jugendstrafrecht, 14. Aufl. Kohlhammer, Stuttgart

Schepker R (2011a) Forensische Relevanz psychiatrisch-psychologischer Diagnosen (unter Bezug auf ICD-10). In: Häßler F, Kinze W, Nedopil N (Hrsg) Praxishandbuch Forensische Psychiatrie des Kindes-, Jugend- und Erwachsenenalters. Medizinisch Wissenschaftliche Verlagsgesellschaft, Berlin, S. 93–96

Schepker R (2011b) Neurotische und Belastungsstörungen. In: Häßler F, Kinze W, Nedopil N (Hrsg) Praxishandbuch Forensische Psychiatrie des Kindes-, Jugend- und Erwachsenenalters. MWV, Berlin, S. 265–270

Schmidt-Recla A (2000) Theorien zur Schuldfähigkeit, Leipziger Universitätsverlag, Leipzig (zugl.: Leipzig, Univ. Diss. 1999)

Schneider F (2013) Borderline. Der Ratgeber für Patienten und Angehörige. Herbig, München

Schneider K (1953) Die Beurteilung der Zurechnungsfähigkeit, 2. Aufl. Thieme, Stuttgart

Schneider U (2008) Die Reform des Maßregelrechts. NStZ 28: 68–73

Schöch H (2005) Zum Verhältnis von Psychiatrie und Strafrecht aus juristischer Sicht. Nervenarzt 76: 1382–1388

Schöch H (2006) Abschied von der Strafmilderung bei alkoholbedingter Dekulpation? GA 153: 371–375

Schöch H (2008) Mindestanforderungen für Schuldfähigkeits- und Prognosegutachten. In: Schöch H (Hrsg) Strafverteidigung, Revision und die gesamten Strafrechtswissenschaften. Festschrift für Gunter Widmaier. Heymanns, Köln u.a., S. 967–986

Schockenhoff E (2004) Wir Phantomwesen. Über zerebrale Kategorienfehler. In: Geyer C (Hrsg) Hirnforschung und Willensfreiheit. Zur Deutung der neuesten Experimente. Suhrkamp, Frankfurt/Main, S. 166–170

Schönke A, Schröder H (Hrsg) (2014) Strafgesetzbuch Kommentar, 29. Aufl. Beck, München (zit. Schönke u. Schröder-Bearbeiter)

Schreiber H-L, Rosenau H (2009) Rechtliche Grundlagen der psychiatrischen Begutachtung. In: Foerster K, Dreßing H (Hrsg) Psychiatrische Begutachtung – Ein praktisches Handbuch für Ärzte und Juristen, 5. Aufl. Elsevier, München, S. 77–152

Schünemann B (1989) Die Entwicklung der Schuldlehre in der Bundesrepublik Deutschland. In: Hirsch H-J, Weigend T (Hrsg) Strafrecht und Kriminalpolitik in Japan und Deutschland. Duncker & Humblot, Berlin, S. 147–176

Singer W (2004) Verschaltungen legen uns fest: Wir sollten aufhören, von Freiheit zu sprechen. In: Geyer C (Hrsg) Hirnforschung und Willensfreiheit. Zur Deutung der neuesten Experimente. Suhrkamp, Frankfurt/Main, S. 30–65

SK-StGB: Systematischer Kommentar zum Strafgesetzbuch, Loseblattsammlung (2013). Wolter J (Hrsg) Luchterhand, Neuwied (zit. SK-StGB-Bearbeiter)

SK-StPO: Systematischer Kommentar zur Strafprozessordnung (2010). Wolter J (Hrsg) Bd 2, 4. Aufl. Heymanns, Köln (zit. SK-StPO-Bearbeiter)

Streng F (2004) »Komorbidität«, Schuld(un)fähigkeit und Maßregelanordnung – Befunde zur rechtlichen Relevanz des Zusammentreffens mehrerer psychischer Störungen. StV 24: 614–620

Theune W (1999) Auswirkungen des normalpsychologischen (psychogenen) Affekts auf die Schuldfähigkeit sowie den Schuld- und Rechtsfolgenausspruch. NStZ 19: 273–280

Theune W (2002a) Die Beurteilung der schweren anderen seelischen Abartigkeit in der Rechtsprechung und ihre Vereinbarkeit mit dem Schuldprinzip. ZStW 114: 300–318

Theune W (2002b) Auswirkungen einer schweren anderen seelischen Abartigkeit auf die Schuldfähigkeit und die Zumessung von Strafe und Maßregel. NStZ 22: 225–229

Tondorf G, Tondorf B (2011) Psychologische und psychiatrische Sachverständige im Strafverfahren – Verteidigung bei Schuldfähigkeits- und Prognosebegutachtung, 3. Aufl. Müller, Heidelberg

Undeutsch U (1974) Schuldfähigkeit unter psychologischem Aspekt. In: Eisen G (Hrsg) Handwörterbuch der Rechtsmedizin, Bd 2. Enke, Stuttgart, S. 91–115

Venzlaff U (1975) Aktuelle Probleme der forensischen Psychiatrie. In: Kisker KP, Lauter H, Meyer J-E, Müller C, Strömgren E (Hrsg) Psychiatrie der Gegenwart, Bd 3, 2. Aufl. Springer, Berlin Heidelberg New York Tokio, S. 883–932

Venzlaff U (1983) Die Mitwirkung des psychiatrischen Sachverständigen bei der Beurteilung der Schuldfähigkeit. In: Schmidt-Hieber W (Hrsg) Justiz und Recht, Festschrift aus Anlass des 10jährigen Bestehens der Deutschen Richterakademie. Müller, Heidelberg, S. 277–292

Venzlaff U (1985) Die forensisch-psychiatrische Beurteilung affektiver Bewusstseinsstörungen – Wertungs- oder Quantifizierungsproblem? In: Schwind HD (Hrsg) Festschrift für Günter Blau zum 70. Geburtstag am 18. Dezember 1985. De Gruyter, Berlin, S. 391–403

Venzlaff U (2003) Über den sogenannten »pathologischen Rausch« oder die zähe Lebensdauer eines »Unbegriffs«. In: Amelung K (Hrsg) Strafrecht. Biorecht. Rechtsphilosophie. Festschrift für Hans-Ludwig Schreiber. Müller, Heidelberg, S. 509–518

Wendt F, Kröber H-L (2010) Alkoholrausch. In: Kröber H-L, Dölling D, Leygraf N, Sass H (Hrsg) Handbuch der Forensischen Psychiatrie Band 2. Psychopathologische Grundlagen und Praxis der Forensischen Psychiatrie im Strafrecht. Springer, Heidelberg, S. 240–258

Winckler P (1999) Der »pathologische Rausch« – Diagnostische Fehlkonstruktion oder zuverlässige psychiatrische Diagnose? Nervenarzt 70: 803–809

Wittchen H-U, Jacobi F, Rehm J, et al. (2011) The size and burden of mental disorders and other disorders of the brain in Europe 2010. Eur Neuropsychopharmacol 21: 655–679

Zivilrechtliche Verantwortlichkeit (Deliktsfähigkeit)

F. Schneider, H. Frister, D. Olzen, *Begutachtung psychischer Störungen*
DOI 10.1007/978-3-642-54765-2_3, © Springer-Verlag Berlin Heidelberg 2015

■   **Zum Einstieg**

Die zivilrechtliche Verantwortlichkeit ist zwar im Recht der unerlaubten Handlungen geregelt, innerhalb des Zivilrechts jedoch auch sonst von Bedeutung, insbesondere im Rahmen des Verschuldens oder Mitverschuldens. Für Schäden, die im bewusstlosen oder in einem die freie Willensbestimmung ausschließenden Zustand herbeigeführt werden, ist der Verursacher nicht verantwortlich. Etwas anderes gilt jedoch, wenn er sich auf schuldhafte Art und Weise in diesen die Verantwortlichkeit ausschließenden Zustand versetzt hat. Es besteht dann zumindest eine Haftung, wie wenn ihm Fahrlässigkeit zur Last fiele.

Minderjährige sind vor Vollendung des 7. Lebensjahres zivilrechtlich nicht verantwortlich. Sogar bis zu ihrem 10. Lebensjahr ist ihre Verantwortung im motorisierten Straßen- und Schienenverkehr grundsätzlich ausgeschlossen, da sie die damit verbundenen Gefahren nicht erkennen können. Ansonsten entscheidet, ob der Minderjährige die zur Begehung der schädigenden Handlung erforderliche Einsicht zur Erkenntnis der Verantwortlichkeit hat.

3.1   Überblick

Der für das ganze Zivilrecht geltende Grundsatz der Privatautonomie überlässt es dem einzelnen Bürger, seine Lebensverhältnisse selbstständig zu gestalten, allerdings verbunden mit der Verantwortlichkeit für eigenes Handeln: Wer einen Vertrag schließt, ist daran gebunden; wer schuldhaft Rechtsgüter anderer verletzt, hat Schadensersatz zu leisten. Die Zurechnung des eigenen Verhaltens findet jedoch dort ihre Grenze, wo es in nicht mehr ausreichendem Maße willensgesteuert ist (Staudinger-Oechsler 2013, § 827 Rn. 1 für die Zurechnung von Delikten). Deshalb hat der Gesetzgeber in den §§ 104 ff. BGB die Wirksamkeit rechtsgeschäftlichen Handelns an die Geschäftsfähigkeit geknüpft (► Kap. 6). Entsprechende Vorschriften für die Deliktsfähigkeit finden sich in den §§ 827 und 828 BGB.

3.1.1   Regelungsgehalt der §§ 827 ff. BGB

§ 827 BGB. Ausschluss und Minderung der Verantwortlichkeit. Wer im Zustand der Bewusstlosigkeit oder in einem die freie Willensbestimmung ausschließenden Zustand krankhafter Störung der Geistestätigkeit einem anderen Schaden zufügt, ist für den Schaden nicht verantwortlich. Hat er sich durch geistige Getränke oder ähnliche Mittel in einen vorübergehenden Zustand dieser Art versetzt, so ist er für einen Schaden, den er in diesem Zustand widerrechtlich verursacht, in gleicher Weise verantwortlich, wie wenn ihm Fahrlässigkeit zur Last fiele; die Verantwortlichkeit tritt nicht ein, wenn er ohne Verschulden in den Zustand geraten ist.

§ 828 BGB. Minderjährige. (1) Wer nicht das 7. Lebensjahr vollendet hat, ist für einen Schaden, den er einem anderen zufügt, nicht verantwortlich.

(2) Wer das 7., aber nicht das 10. Lebensjahr vollendet hat, ist für den Schaden, den er bei einem Unfall mit einem Kraftfahrzeug, einer Schienenbahn oder einer Schwebebahn einem anderen zufügt, nicht verantwortlich. Dies gilt nicht, wenn er die Verletzung vorsätzlich herbeigeführt hat.

(3) Wer das 18. Lebensjahr noch nicht vollendet hat, ist, sofern seine Verantwortlichkeit nicht nach Absatz 1 oder 2 ausgeschlossen ist, für den Schaden, den er einem anderen zufügt, nicht verantwortlich, wenn er bei der Begehung der schädigenden Handlung nicht die zur Erkenntnis der Verantwortlichkeit erforderliche Einsicht hat.

Die §§ 827 und 828 BGB mindern die zivilrechtliche Verantwortlichkeit für verursachte Schäden oder schließen sie sogar aus, anknüpfend an die meist nur mit psychiatrischer Sachverständigenhilfe feststellbare zivilrechtliche Verantwortlichkeit (in der juristischen Terminologie auch Zurechnungsfähigkeit genannt; zum Begriff s. Deutsch 1996, Rn. 20) des Verursachers zum Zeitpunkt seiner schädigenden Handlung.

❯ **Fehlt es an der zivilrechtlichen Verantwortlichkeit, ist ein Anspruch des Geschädigten gegen den Schädiger auf Schadensersatz grundsätzlich ausgeschlossen. In Betracht** kommt allein eine Haftung des zur Aufsicht des Schädigers Verpflichteten gem. § 832 BGB, weil er seinen Verpflichtungen zur Überwachung (des Minderjährigen bzw. der wegen ihres körperlichen oder geistigen Zustands aufsichtsbedürftigen Person) nicht nachgekommen ist.

Hierzu kann nachgeordnet den Schädiger trotz Fehlens der zivilrechtlichen Verantwortlichkeit ausnahmsweise eine Ersatzpflicht gem. § 829 BGB treffen, falls es die Gerechtigkeit (bzw. in der Terminologie des Gesetzes: die »Billigkeit«) erfordert, z. B. wenn er über sehr viel Vermögen verfügt, während der Schaden den Geschädigten besonders hart treffen würde.

3.1.2 Anwendungsbereich der §§ 827 ff. BGB

Die Bedeutung der Deliktsfähigkeit ergibt sich aus dem großen Anwendungsbereich der §§ 827 ff. BGB im Haftungssystem des BGB. Zwar deutet die systematische Stellung im Deliktsrecht allein auf eine Geltung für unerlaubte Handlungen.

Darunter versteht man Verletzungen von allgemeinen, vertragsunabhängig zwischen allen Bürgern bestehenden und von jedermann zu beachtenden Rechtsbeziehungen (Palandt-Sprau 2014, Einf. v. § 823 Rn. 2). Das für die Praxis relevanteste Beispiel einer unerlaubten Handlung gibt § 823 Abs. 1 BGB. Danach ist derjenige, der vorsätzlich oder fahrlässig das Leben, den Körper, die Gesundheit, die Freiheit, das Eigentum oder ein sonstiges Recht eines anderen widerrechtlich verletzt, dem anderen zum Ersatz des daraus entstehenden Schadens verpflichtet.

Die fehlende zivilrechtliche Verantwortlichkeit führt aber auch in allen anderen Fällen zivilrechtlicher Verschuldenshaftung zum Ausschluss der Verantwortlichkeit, wie sich aus der allgemeinen Vorschrift des § 276 Abs. 1 S. 2 BGB ergibt, die eine entsprechende Anwendung der §§ 827 und 828 BGB anordnet. Der zivilrechtlichen Verantwortlichkeit kommt somit z. B. bei einem vertraglich vereinbarten, an Verschulden anknüpfen-

den Kündigungs- oder Rücktrittsrecht Bedeutung zu (BGH NJW 1968, S. 1132 f.), ferner bei der Feststellung der Erbunwürdigkeit im Sinne des § 2339 Abs. 1 Nr. 1 BGB (BGHZ 102, S. 227, 229 ff.), ebenso im Versicherungsrecht, sodass der Versicherer nur bei Vorsatz des zivilrechtlich verantwortlichen, d. h. zurechnungsfähigen Versicherungsnehmers gem. § 81 Abs. 1 VVG von seiner Leistungspflicht befreit wird, also nicht mehr zahlen muss (BGH VersR 1967, S. 944; BGH NJW 1985, S. 2648), bei grober Fahrlässigkeit hingegen seine Leistung entsprechend kürzen kann, § 81 Abs. 2 VVG. Sogar im Bereicherungsrecht – d. h. bei der Rückabwicklung (z. B. infolge von Anfechtung) fehlgeschlagener Verträge – können die §§ 827 ff. BGB eine Rolle spielen (BGHZ 55, S. 128, 136 f.).

Für das Mitverschulden im Sinne des § 254 BGB, der einen Schadensersatzanspruch des Geschädigten mindert oder ausschließt, gelten die Grundsätze der zivilrechtlichen Verantwortlichkeit (BGH VersR 1975, S. 133, 135) und der Billigkeitshaftung des § 829 BGB (BGH VersR 1964, S. 385 f.) aufgrund der Ähnlichkeit der Fragestellung analog.

Dagegen sind die Normen grundsätzlich nicht im Rahmen der Gefährdungshaftung heranzuziehen, weil diese die Verantwortung des Schädigers verschuldensunabhängig eintreten lässt (Palandt-Sprau 2014, § 827 Rn. 1). Allerdings diskutiert man eine analoge Anwendung für solche Fälle der Gefährdungshaftung, die an die Haltereigenschaft anknüpfen (Erman-Schiemann 2014, § 827 Rn. 1; zum Streitstand Staudinger-Oechsler 2013, § 828 Rn. 6).

Beispiel

Kommt jemand durch den Biss eines Hundes zu Schaden, haftet hierfür gem. § 833 S. 1 BGB der Halter des Hundes, und zwar allein deshalb, weil er durch die Anschaffung und Haltung des Tieres eine Gefahrenquelle für andere geschaffen hat. Auch hier kommt es nicht auf ein Verschulden des Halters (z. B. »Gassigehen« ohne Leine) an.

Für das praxisrelevanteste Beispiel, die Fahrzeughalterhaftung nach § 7 StVG, gelten die §§ 827 ff. BGB bereits unstreitig (Palandt-Thomas 2003, § 827 Rn. 1).

3.1.3 Verhältnis zur Geschäftsfähigkeit und zur Schuld

Parallelen bestehen zwischen der Deliktsfähigkeit (zivilrechtlichen Verantwortlichkeit) und der Geschäftsfähigkeit (▶ Kap. 6). Zum einen ist die untere Altersgrenze von 7 Jahren für beide gleich (§§ 104 Nr. 1, 828 Abs. 1 BGB; ▶ Abschn. 3.3.1 und ▶ Kap. 6), zum anderen werden Begriffe, soweit der Gesetzgeber sie in beiden Bereichen verwendet, inhaltlich auch entsprechend ausgelegt (▶ Abschn. 3.2.1).

Schwieriger ist das Verhältnis zur Schuld (▶ Kap. 2). Obwohl man sich bei der Schaffung der Vorschriften zur Deliktsfähigkeit im 19. Jahrhundert noch an das Strafrecht anlehnte, entfernten sich die Entwicklungen in der Folgezeit immer weiter voneinander (zur Entstehungsgeschichte s. Deutsch 1996, Rn. 449 ff.). Dies kann entweder als gesetzgeberische Entscheidung gedeutet werden, Strafe und Schadensersatzpflicht unterschiedlich zu behandeln, oder als bloßer historischer Zufall (Staudinger-Oechsler 2013, § 827 Rn. 3). Für eine – vom Schrifttum noch heute überwiegend befürwortete – Orientierung an § 20 StGB bei der Konkretisierung des § 827 BGB spricht die umfangreiche strafrechtliche Kasuistik, die dann Verwendung finden kann (Staudinger-Oechsler 2013, § 827 Rn. 3). Dagegen kann man jedoch einwenden, dass sich die Zwecksetzung der strafrechtlichen und die der zivilrechtlichen Haftung unterscheiden. Die höchstrichterliche Rechtsprechung hat diese Problematik noch nicht entschieden.

Für die psychiatrische gutachterliche Praxis macht eine solche Differenzierung wenig Unterschied, da es jeweils auf den psychopathologischen Befund zu einem gegebenen Zeitpunkt ankommt, der in der Regel sachverständig zu rekonstruieren und einzuschätzen ist. Die zu beantwortende Fragestellung erscheint entsprechend relativ gleichartig.

> Wie auch bei der Geschäfts- und Testierfähigkeit (▶ Kap. 6) kommt es bei der zivilrechtlichen Verantwortlichkeit nicht allein auf die Diagnose einer psychischen Erkrankung an, sondern besonders auf die aktuelle Psychopathologie zum in Frage stehenden Zeitpunkt, d. h. wie sich die Erkrankung zum entsprechenden Zeitpunkt auf die Willensbildung auswirkte.

3.2 Deliktsfähigkeit Volljähriger (§ 827 BGB)

Die Deliktsfähigkeit Volljähriger ist in dem unter ▶ Abschn. 3.1.1 vollständig wiedergegebenen § 827 BGB geregelt: »Wer im **Zustand der Bewusstlosigkeit** oder in einem die **freie Willensbestimmung ausschließenden Zustand** krankhafter Störung der Geistestätigkeit einem anderen Schaden zufügt, ist für den Schaden nicht verantwortlich« (Satz 1). Da das Gesetz damit eine Ausnahme normiert, muss ein Schädiger, der sich darauf beruft, um der Haftung zu entgehen, dessen Voraussetzungen darlegen und ggf. auch beweisen. Dies ist bei psychischen Störungen nicht immer einfach, da beispielsweise bei psychotischen oder demenziellen Erkrankungen gelegentlich mangelnde Krankheitseinsicht besteht. In solchen Fällen kann es nützen, wenn ein gesetzlicher Betreuer die Interessen des Schädigers vertritt.

3.2.1 Zustände fehlender Verantwortlichkeit (§ 827 S. 1 BGB)

Bewusstlosigkeit (§ 827 S. 1, Fall 1 BGB)
- **Definition**

Ein Zustand der Bewusstlosigkeit im Sinne des § 827 S. 1 BGB liegt vor, wenn die Wahrnehmungs- und die Steuerungsmöglichkeit schwer beeinträchtigt sind und infolgedessen eine freie Willensbetätigung fehlt (Staudinger-Oechsler 2013, § 827 Rn. 5). Zu beachten ist, dass diese juristische Definition mit dem medizinischen Begriff der Bewusstlosigkeit nur sehr bedingt vereinbart werden kann. Dort steht mehr der Grad der Bewusstseinstrübung im Vordergrund (▶ Abschn. 1.2.3): Differenzierter werden sog. quantitative Bewusstseinsstörungen (Bewusstseinsverminderung auf dem Kontinuum zur Somnolenz bis hin zum Koma), die durch eine Störung der Vigilanz (Wachheit) bedingt sind, von qualitativen Bewusstseinsstörungen (Bewusstseinstrübung, -einengung, -verschiebung oder -erweiterung) unterschieden.

> Im Vergleich zum medizinischen Begriff
> der Bewusstlosigkeit kommt es bei der in
> juristischem Sinne ausschlaggebenden
> Bewusstlosigkeit entscheidend darauf
> an, ob eine freie Willensbetätigung noch
> möglich ist.

■ **Bewusstlosigkeit und Handlung**

Einordnungsschwierigkeiten unter den im Gesetz gebrauchten (juristischen) Begriff der Bewusstlosigkeit ergeben sich bezüglich völligen Fehlens des Bewusstseins, wie es bei den Bewusstlosigkeiten im medizinischen Sinne vorkommt, etwa bei Zuständen kurzfristiger Ohnmacht. In der Literatur wird zum großen Teil vertreten, dass dann – ebenso wie in der Rechtsgeschäftslehre des bürgerlichen Rechts (s. hierzu MünchKomm-Schmitt 2012, § 105 Rn. 39) und im Strafrecht (s. hierzu Lackner/Kühl-Kühl 2011, § 20 StGB Rn.14) – schon keine Handlung im Rechtssinne vorliege (Baumgärtel 1987 S. 40, 42; Dunz 1987, S. 239 f.). Demgegenüber ist die Bewusstseinslage nach Ansicht des BGH vom deliktsrechtlichen Handlungsbegriff zu unterscheiden (BGHZ 98, S. 135, 138). Dem § 827 S. 1 BGB sei gerade zu entnehmen, dass eine Handlung auch im Zustand der Bewusstlosigkeit vorgenommen werden könne – lediglich die Verantwortlichkeit hierfür werde ausgeschlossen. Dass die Gesetzgeber des BGB so gedacht haben, zeigt auch § 105 Abs. 2 BGB, wonach eine im Zustand der Bewusstlosigkeit abgegebene Willenserklärung zwar in ihren Rechtswirkungen nichtig, damit aber doch immerhin denkbar ist. In diesem Zusammenhang gehören insbesondere Handlungen durch Unterlassen.

Die Problematik hat jedoch geringe praktische Relevanz; sie wirkt sich im Ergebnis nicht aus, weil hinsichtlich der Beweislastverteilung Einigkeit besteht: Ergeben sich bereits aus ihrem äußeren Erscheinungsbild Zweifel an einer Handlung, z. B. bei physischem Zwang oder bloßen Reflexen, sind diese vom Geschädigten durch geeignete Beweismittel zu beseitigen, wenn er mit seiner Klage durchdringen will. Innere Vorgänge, die zum Fehlen der zivilrechtlichen Verantwortlichkeit führen, darunter auch die eben angesprochene »Willenlosigkeit«, muss dagegen der Schädiger beweisen, der sich auf seine mangelnde Verantwortlichkeit berufen möchte.

Hintergrundinformation

Unterschiede können sich allerdings bei der Beurteilung von Notwehrfällen ergeben, nämlich bei der Frage, ob ein gegenwärtiger rechtswidriger Angriff (§ 227 Abs. 2 BGB) seitens des Bewusstlosen vorliegt. Denn auch der Angriff stellt eine Handlung im Rechtssinne dar. Erkennt man eine Angriffshandlung auch des Bewusstlosen an, liegen die Notwehrvoraussetzungen des § 227 Abs. 2 BGB vor. Nach der Gegenauffassung kann mangels rechtlich relevanter Handlung des Bewusstlosen von einem Angriff nicht gesprochen werden. Es entsteht somit kein Notwehrrecht im Sinne des § 227 BGB; vielmehr sind von vornherein nur die Voraussetzungen des »milderen« § 228 BGB bzw. des § 34 StGB gegeben (Staudinger-Oechsler 2013, § 827 Rn. 8).

■ **Tiefgreifende Bewusstseinsstörungen**

Nach einhelliger Auffassung wird unter Bewusstlosigkeit im Sinne des § 827 S. 1 BGB auch die tiefgreifende Bewusstseinsstörung subsumiert, wenn sie die freie Willensbestimmung ausschließt (MünchKomm-Wagner 2013, § 827 Rn. 7 mit weiteren Nachweisen; zum Ausschluss der freien Willensbestimmung s. weiter unten).

Die tiefgreifende Bewusstseinsstörung ist eine »nicht krankhafte normalpsychologische seelische Störung […]« (NK-StGB-Schild 2013, § 20 StGB Rn. 86). Insoweit kann aufgrund der Parallelität zu § 20 StGB auf die Ausführungen zur Schuldfähigkeit verwiesen werden (▶ Kap. 2; vgl. auch Fischer 2014, § 20 StGB Rn. 27 ff.). Maßgeblich bleibt also, wie in Kap. 2 ausgeführt, ob eine besondere affektive Akzentuierung bei Begehung der Handlung angenommen werden kann. Zu beachten ist, dass ein mit der erheblich verminderten Schuldfähigkeit des § 21 StGB vergleichbares Institut der »erheblich verminderten Zurechnungsfähigkeit« im Zivilrecht nicht existiert (BGH NJW 1984, S. 1958).

Beispiel

■ **Fall 3.1**

Herbert Z., 51-jähriger Autofahrer, wird in der Folge einer erstmals erlebten kardialen Ischämie am Steuer bewusstlos. Herr Z. vermochte infolgedessen sein Fahrzeug nicht mehr zu kontrollieren und verursachte einen Unfall. Damit war seine freie Willensbestimmung und in der Folge seine zivilrechtliche Verantwortlichkeit aufgehoben.

Erwähnenswert ist an dieser Stelle die im Rahmen des § 827 S. 1 BGB besonders hervorgehobene Erscheinungsform der **Alkoholintoxikation**. Anders als im Strafrecht, wo sie als krankhafte seelische Störung gilt (▶ Abschn. 2.1.2), wird sie im Rahmen von § 827 S. 1 BGB aus juristischer Sicht als tiefgreifende Bewusstseinsstörung angesehen. Diese unterschiedliche Zuordnung ist jedoch nur wenig von Belang, sodass auch hier das im Zusammenhang der Schuldfähigkeit Gesagte gilt: Sowohl das Gericht und in diesem Rahmen auch der Sachverständige dürfen bei ihrer Einschätzung einer forensisch relevanten Alkoholintoxikation – wie im Strafrecht – nicht allein auf die Blutalkoholkonzentration abstellen, weil die Alkoholverträglichkeit von Person zu Person sehr verschieden sein kann (BGH NJW-RR 2009, S. 244, 246) und darüber hinaus zahlreiche weitere Quellen der inter- wie intraindividuellen Varianz der Alkoholverträglichkeit bzw. der Konsequenzen bestehen.

Deshalb sind auch andere Indizien zu berücksichtigen und zu rekonstruieren. Immerhin kann aber im Allgemeinen bei einer Blutalkoholkonzentration von 3 ‰ oder mehr ein Ausschluss der freien Willensbestimmung in Betracht gezogen werden (MünchKomm-Wagner 2013, § 827 Rn. 8; s. auch OLG Hamm NJW 1992, S. 1635), während bei 2 ‰ oder weniger die zivilrechtliche Verantwortlichkeit zumeist noch gegeben sein wird (MünchKomm-Wagner 2013, § 827 Rn. 8; vgl. auch die bei MünchKomm-Wagner 2013, § 827 Rn. 8 genannten Rechtsprechungsbeispiele, die noch einmal verdeutlichen, dass die Umstände des Einzelfalls entscheidend sind: Die Zurechnungsfähigkeit wurde bejaht bei BAK-Werten von 2,66 ‰, 2,96 ‰ sowie 3,00 ‰, hingegen verneint bei 2,26 ‰ und 2,5 ‰).

Ähnlich verhält es sich bei **Drogen**. Auch hier entscheidet, ob die freie Willensbestimmung ausgeschlossen ist (Staudinger-Oechsler 2013, § 827 Rn. 15). Die alleinige medizinische Diagnose einer Intoxikation reicht hier ebenfalls grundsätzlich nicht, vielmehr sind über die individuelle und auf den jeweiligen Tatzeitpunkt bezogene Art und die Quantität der Intoxikation sachverständig Feststellungen zu treffen.

Beispiel

- **Fall 3.2**

Fred J., 26-jähriger Gelegenheitsarbeiter, hatte unstreitig versucht, in die Geschäftsräume einer Blumenhandlung einzubrechen. Er schlug die Schaufensterscheibe ein, wonach er, durch die ausgelöste Alarmanlage erschreckt, floh. Er wurde von Passanten festgehalten und kurze Zeit später der Polizei übergeben. Herr J. hatte die Anlasstat als Beschaffungskriminalität im Rahmen einer Heroinabhängigkeit durchgeführt. Im zivilrechtlichen Verfahren führte Herr J. an, dass es aufgrund seiner Drogenabhängigkeit zu einem Fehlen der zivilrechtlichen Verantwortlichkeit gekommen sei. Dies konnte durch den Sachverständigen nicht bestätigt werden, da zum Tatzeitpunkt weder eine wesentliche Entzugssymptomatik noch eine Intoxikation bestand. Die Heroinabhängigkeit selbst war zwar im medizinischen Sinne als schwer ausgeprägt einzuschätzen (ICD-10: F11.24), allerdings stellte die Zivilkammer auf die Empfehlung des Gutachters hin fest, dass es bislang bei Herrn J. nicht zu schwerwiegenden somatischen oder psychischen Problemen aufgrund der Abhängigkeit gekommen war. In der Folge wurde er als zivilrechtlich verantwortlich eingeschätzt.

Schlaf (BGHZ 23, S. 90, 97) und extreme Übermüdung gelten im zivilrechtlichen Sinne ebenfalls als eine tiefgreifende Bewusstseinsstörung, die u. U. die Verantwortlichkeit ausschließen kann. Wichtig ist in diesem Zusammenhang aber, dass eine unerlaubte Handlung schon dann vorliegt, wenn jemand eine Tätigkeit ausübt, die Wachsamkeit voraussetzt, und sie trotz Müdigkeitsanzeichen fortsetzt (MünchKomm-Wagner 2013, § 827 Rn. 7).

Beispiel

Ein Autofahrer etwa, der am Steuer einschläft und infolgedessen einen Unfall verursacht, kann sich der Haftung im Ergebnis nicht entziehen. Selbst wenn man aufgrund des Schlafes die zivilrechtliche Verantwortlichkeit zum Zeitpunkt des Unfalls verneint, haftet er, weil er sich im wachen und damit zurechnungsfähigen Zustand trotz Müdigkeitsanzeichen zum Weiterfahren entschlossen hat.

Eine tiefgreifende Bewusstseinsstörung kann des Weiteren auf einem Zustand beruhen, der im allgemeinen Sprachgebrauch als »Unfallschock«

bezeichnet wird, in der Medizin aber eher unter dem Begriff der akuten Belastungsreaktion im Sinne von ICD-10: F43.0 gefasst wird (BGH VersR 1977, S. 430 f.). Ein solcher »Schock« wird allerdings in der für § 827 S. 1 BGB erforderlichen Intensität in aller Regel nur kurze Zeit andauern. Auch panischer Schrecken (OLG Nürnberg VersR 1965, S. 93 f.), äußerste Erregung (»Affektsturm«; BGH NJW 1958, S. 266 zu § 51 StGB a. F.) oder ein hypnotischer Dämmerzustand (Münch-Komm-Wagner 2013, § 827 Rn. 8) können zum Ausschluss der zivilrechtlichen Verantwortlichkeit führen.

Beispiel
- **Fall 3.3**

Kerstin O., 24-jährige Studentin, sah als Autofahrerin, wie direkt vor ihr nachts auf einer Bundesstraße 2 Autos frontal zusammenstießen. Sie blieb mit ihrem PKW mitten auf der Straße stehen, machte ihr Fahrlicht aus und rührte sich nicht mehr. Ein nachfolgender PKW fuhr auf, der Fahrer verletzte sich schwer. Im folgenden zivilrechtlichen Verfahren begehrte er Schmerzensgeld, welches ihm vom Gericht aufgrund der mit sachverständiger Hilfestellung angenommenen tiefgreifenden Bewusstseinsstörung, im Sinne einer akuten Belastungsreaktion (ICD-10: F43.0) von Frau O. zum Tatzeitpunkt, nicht zugebilligt wurde.

Freie Willensbestimmung ausschließende Störung (§ 827 S. 1, Fall 2 BGB)

Gemäß § 827 S. 1, Fall 2 BGB ist die zivilrechtliche Verantwortlichkeit auch dann ausgeschlossen, wenn sich der Schädiger zum Zeitpunkt der unerlaubten Handlung in einem die freie Willensbestimmung ausschließenden Zustand krankhafter Störung der Geistestätigkeit (medizinisch ausgedrückt: **psychische Störung**) befand. Der Unterschied zur Bewusstlosigkeit (im Rechtssinne) besteht weniger in der Intensität als in der Dauer der Willensbeeinträchtigung (Staudinger-Oechsler 2013, § 827 Rn. 5).

Auch hier sei nochmals auf die unterschiedliche Terminologie in Recht und Medizin sowie auf die daraus resultierenden Verständigungsschwierigkeiten hingewiesen. Die Differenzierung nach der Dauer der Willensbeeinträchtigung erscheint aus medizinischer Sicht sinnlos, da entgegen der Alltagssprache Bewusstlosigkeiten im medizinischen Sinne recht lange andauern können. Erleichterung schafft diesbezüglich der Umstand, dass beide in § 827 S. 1 BGB genannten Alternativen, die »Bewusstlosigkeit« und der »Zustand krankhafter Störung der Geistestätigkeit«, gleichermaßen zum Ausschluss der zivilrechtlichen Verantwortlichkeit führen und der Abgrenzung dieser Begriffe somit kein entscheidendes Gewicht zukommt.

- **Krankhafte Störung**

Der Begriff der »krankhaften Störung der Geistestätigkeit« in § 827 S. 1 BGB ist gleichbedeutend mit dem des § 104 Nr. 2 BGB und entspricht jedenfalls nach Ansicht der Literatur inhaltlich auch der »krankhaften seelischen Störung« des § 20 StGB (Staudinger-Oechsler 2013, § 827 Rn. 16; ► Abschn. 2.1.2). Er erfasst somit eine psychische Störung, die meist wenigstens in dem Ausmaß einer akuten psychotischen Erkrankung ausgeprägt ist (Erman-Müller 2014, § 104 Rn. 3).

> ❯ Unerheblich ist, ob die krankhafte Störung schon zum Zeitpunkt der Geburt vorlag oder später eintrat und wie sie medizinisch eingeordnet wird (Staudinger-Oechsler 1998, § 827 Rn. 16).

- **Ausschluss der freien Willensbestimmung**

Nach dem Wortlaut der Norm entscheidet, ob die krankhafte Störung der Geistestätigkeit (psychische Störung) die freie Willensbestimmung ausschließt. Eine bloß quantitative Minderung der Geistes- und Willenskraft, mithin der emotionalen und kognitiven Funktionen, genügt daher nicht (so schon RG 74, S. 110 zu § 105), ebenso wenig eine krankheitsbedingte Gleichgültigkeit gegenüber den Folgen des eigenen Handelns (Diederichsen u. Dröge 2000), wie sie häufiger bei Manien oder akuten Psychosen auftreten kann.

Auch die Unfähigkeit zu ruhigen und vernünftigen Überlegungen ist nicht ausreichend (Erman-Schiemann 2014, § 827 Rn. 2). Jedoch kann in solchen Fällen das Hinzutreten weiterer Umstände, insbesondere qualitativer psychopathologischer Veränderungen, zum Ausschluss der Willensbestimmung führen. Allerdings kann man bei derartigen qualitativen Veränderungen häufig von einer Aufhebung ausgehen.

> **Gewisse Krankheiten, wie z. B. psychotisches Erleben mit inhaltlichen Denkstörungen oder auch Wahrnehmungsstörungen, stehen einer freien Willensbestimmung nicht grundsätzlich im Wege. Vielmehr kommt es – wie im Strafrecht – auf die Art und Ausprägung sowie auf die Verbindung zur Anlasstat an.**

Zu bedenken ist schließlich, dass zumindest theoretisch auch ein krankheitsbedingt Deliktsunfähiger in lichten Momenten (»lucida intervalla«) zivilrechtlich verantwortlich sein kann (Staudinger-Oechsler 2013, § 827 Rn. 17). Ein solcher Fall scheint in der Praxis allerdings extrem selten zu sein, und es ist sogar fraglich, ob solche lichten Intervalle überhaupt auftreten können bzw. welche Implikationen das Vorhandensein nicht lichter Momente auf die lichten Momente hat.

▪ **Anwendungsfälle**

Nach dem eben Gesagten kann ein die freie Willensbestimmung ausschließender Zustand krankhafter Störung psychischer Funktionen (»der Geistestätigkeit«) z. B. bei ausgeprägtem Intelligenzmangel, inhaltlichen Denkstörungen und sogar bei exzessiver Furcht vor bestimmten Tieren bejaht werden (Taupitz u. Neikes 2009; Diederichsen u. Dröge 2000). Viele weitere psychische Störungen in akuter und deutlicher Ausprägung sind hier hinzuzufügen (z. B. organische Störungen, Intoxikationen und Entzugssyndrome, schizophrene und affektive Erkrankungen).

> **Selbstverständlich hat die Anordnung eines Betreuers vor oder nach der Anlasstat hinsichtlich der zivilrechtlichen Verantwortlichkeit keine direkten Konsequenzen (Deutsch 1996, Rn. 469). Vielmehr bedarf es auch hier – wie stets – einer Prüfung des Einzelfalles, ob die Voraussetzungen für den Ausschluss der Verantwortlichkeit vorliegen.**

Im Übrigen kann auf die ausführliche, im Rahmen des § 20 StGB entwickelte Kasuistik zur krankhaften seelischen Störung verwiesen werden.

Beispiel

▪ **Fall 3.4**

Bei Hermann F., einem 51-jährigen Unternehmer, war seit vielen Jahren eine bipolare Störung bekannt. Im Rahmen einer manischen Episode mit psychotischen Symptomen (ICD-10: F31.2) kaufte Herr F. innerhalb von 5 Tagen mehrere Autos, beging Zechprellereien (logierte in Hotels ohne zu bezahlen, machte dort mehrere tausend Euro Schulden aufgrund von Telefonsexverbindungen) und hängte Zettel mit Gewaltandrohungen an die Restauranttür eines Geschäftspartners. Bei seiner Erkrankung war eine familiäre Bindung bekannt, auch bei dem Vater und einem Großonkel väterlicherseits war diese Krankheit beschrieben worden. Zivilrechtlich wurde sein Erleben und Verhalten zu den einzelnen Tatzeitpunkten als freie Willensbestimmung ausschließender Zustand krankhafter Störung der Geistestätigkeit gewertet: Die psychische Erkrankung erreichte einen solchen Grad, dass sie den Ausschluss der freien Willensbildung zur Folge hatte. Es bestand weder ein ausreichendes Einsichts- und Urteilsvermögen in die Tragweite, Bedeutung und Auswirkung von Entscheidungen noch ein ausreichendes Urteilsvermögen über die Gründe, die für oder gegen eine Entscheidung sprechen. Ferner lag eine übermäßig starke Beeinflussbarkeit durch Dritte vor.

3.2.2 Bedeutung der Zustandsverursachung (§ 827 S. 2 BGB)

Grundsatz: Haftung wie bei zu vertretener Fahrlässigkeit

Die Haftung des Schädigers ist auch im Falle des Fehlens der zivilrechtlichen Verantwortlichkeit nicht zwangsläufig vollständig ausgeschlossen; § 827 S. 2, Hs. 1 BGB sieht vielmehr vor, dass derjenige, der sich durch geistige Getränke oder ähnliche Mittel, insbesondere also Alkohol oder Drogen, in einen Intoxikationszustand der eben beschriebenen Art versetzt, für einen Schaden, den er in diesem Zustand widerrechtlich verursacht, ungeachtet der dann fehlenden Verantwortlichkeit in gleicher Weise verantwortlich ist, wie wenn ihm Fahrlässigkeit zur Last fiele.

Die Beweislast für die genannten Voraussetzungen trifft den Geschädigten (BGH VersR 1982, S. 849). Der Schädiger haftet allerdings nur, wenn das begangene Delikt auch bei Fahrlässigkeit, d. h. bei unabsichtlicher Außerachtlassung der im Verkehr üblichen Sorgfalt, § 276 Abs. 2 BGB, zu einer Schadensersatzpflicht führt (Palandt-Sprau 2014, § 827 Rn. 2a). Die Rechtsprechung bejaht sogar grobe Fahrlässigkeit, also einen besonders gravierenden, wenngleich noch nicht vorsätzlichen Verstoß gegen die Sorgfalt, wenn der Delinquent – wie etwa bei Trunkenheitsfahrten – elementare Verhaltensvorschriften verletzt (BGH NJW 1989, S. 1612 f.; zur Relevanz für das Versicherungsrecht ▸ Abschn. 3.1.2).

Die Verantwortlichkeit für Vorsatzdelikte (z. B. §§ 825, 826 BGB, teilweise auch § 823 Abs. 2 BGB), bei denen mehr als ein bloßer Verstoß gegen die Sorgfalt erforderlich ist, kann über § 827 S. 2, Hs. 1 BGB hingegen nicht herbeigeführt werden (BGH NJW 1968, S. 1132 f.). Diesbezüglich kommt jedoch eine Haftung nach den Grundsätzen der actio libera in causa in Betracht, die an die vorsätzliche Herbeiführung des willensunfreien Zustands zur Begehung der unerlaubten Handlung anknüpft und neben § 827 S. 2 BGB anwendbar ist (Soergel-Spickhoff 2005, § 827 Rn. 5). Der Vorwurf gründet sich hierbei darauf, dass der Täter sich in die entsprechende Verfassung versetzt hat (weitere, hier sinngemäß geltende Ausführungen zur »actio libera in causa« ▸ Abschn. 2.1.2).

Beispiel

▪ **Fall 3.5**

Henriette P., eine 44-jährige Handelsvertreterin, hatte in der Vergangenheit mehrfach Trunkenheitsfahrten begangen. Sie war entsprechend zur Verantwortung gezogen worden. Nun hatte sie, wiederum angetrunken (Blutalkoholkonzentration 2,8 ‰, deutliche psychopathologische, alkoholtypische Auffälligkeiten), einen Fahrradfahrer angefahren und schwer verletzt. Dieser begehrte Schadensersatz.

Die Einschaltung eines psychiatrischen Sachverständigen war lange strittig. Nachdem ein solcher tätig war, ergab sich ein einfaches Bild: Frau P. hatte keine Alkoholabhängigkeit, allerdings eine – bei Frauen relativ selten anzutreffende – dissoziale Persönlichkeitsstörung (ICD-10: F60.2). Bei ihr kam es zu gelegentlichen Trinkexzessen. Das Gericht urteilte dann auch, dass Frau P. sich vorsätzlich in einen »alkoholintoxikierten« Zustand versetzt hat, vorher wohl wissend – u. a. aufgrund ihrer eigenen strafrechtlichen Erfahrungen –, welche Wirkungen Alkohol in hohem Ausmaß auf ihr Erleben und Verhalten haben würde.

Ausnahme: Zustandsverursachung ohne Verschulden

Auch wenn der Schädiger seinen Zustand der fehlenden zivilrechtlichen Verantwortlichkeit (Unzurechnungsfähigkeit) selbst verursacht hat, entfällt die Haftung, falls er beweisen kann, dass dies nicht schuldhaft geschah (§ 827 S. 2, Hs. 2 BGB).

Bezugspunkt des Verschuldens ist dabei nicht die unerlaubte Handlung oder ihre Vorhersehbarkeit in normaler Verfassung, sondern das Hervorrufen des Zustands fehlender Verantwortlichkeit (sog. Initiationsverschulden; Palandt-Sprau 2014, § 827 Rn. 2a; Taupitz u. Neikes 2009). Keine Schuld trifft den Täter, wenn er die berauschende Eigenschaft des Getränks bzw. Mittels weder gekannt hat noch kennen musste (BGH NJW 1968, S. 1132 f.; Palandt-Sprau 2014, § 827 Rn. 2a). Die mögliche Intensivierung der Alkoholwirkung durch einzelne Medikamente wird allerdings als bekannt vorausgesetzt, ebenso das Risiko, bei einem Kauf illegaler Drogen vermischte bzw. verunreinigte Ware zu erhalten (MünchKomm-Wagner 2013, § 827 Rn. 12). Auf (z. B. krankheitsbedingt) fehlende Toleranz seines Körpers gegen Alkohol kann sich der Täter nicht stützen, wenn er hiervon Kenntnis hatte (Palandt-Sprau 2014, § 827 Rn. 2a). Krankheitsbedingte Intoleranz gegenüber Alkohol oder illegalen Drogen kommt in der gutachterlichen Praxis allerdings höchst selten vor.

3.3 Deliktsfähigkeit Minderjähriger (§ 828 BGB)

Die Deliktsfähigkeit Minderjähriger ist in § 828 BGB (Normtext s. unter ▸ Abschn. 3.1.1) geregelt und danach zum einen vom Alter, zum anderen von der Einsichtsfähigkeit abhängig.

3

3.3.1 Kinder unter 7 Jahren (§ 828 Abs. 1 BGB)

> § 828 Abs. 1 BGB schließt die Verantwortlichkeit von Kindern, die nicht das 7. Lebensjahr vollendet haben, aus.

Dies entspricht der Regelung des § 104 Nr. 1 BGB zur Geschäftsfähigkeit. Maßgeblich für die Altersfeststellung ist der Zeitpunkt der Vornahme der unerlaubten Handlung, nicht der des Schadenseintritts (Erman-Schiemann 2014, § 828 Rn. 1).

Die strenge Altersgrenze macht aus medizinisch-psychologischer Sicht nur bedingt Sinn und kann im Einzelfall aufgrund höchst unterschiedlicher Reifung zu unangemessenen Ergebnissen führen. Eine feste Altersgrenze schien dem Gesetzgeber jedoch aus Gründen der Rechtssicherheit geboten.

3.3.2 Kinder zwischen dem 7. und dem vollendeten 10. Lebensjahr (§ 828 Abs. 2 BGB)

> Nach § 828 Abs. 2 S. 1 BGB sind Kinder zwischen dem 7. und dem vollendeten 10. Lebensjahr nicht verantwortlich für Schäden, die sie bei einem Unfall mit einem Kraftfahrzeug, einer Schienen- oder einer Schwebebahn verursacht haben.

Mit dieser durch Art. 2 Nr. 4 des 2. Schadenersatzrechtsänderungsgesetzes vom 19.7.2002 (BGBl I, S. 2674) eingeführten Vorschrift berücksichtigt der Gesetzgeber, dass Kinder dieses Alters die typischen Gefahren des motorisierten Straßen- und Bahnverkehrs nicht erkennen und sich deshalb nicht angemessen verhalten können (Däubler 2002, S. 625 ff.). Ursächlich hierfür sind kindliche Eigenheiten, wie etwa Lauf- und Erprobungsdrang, Impulsivität, Affektreaktionen, mangelnde Konzentrationsfähigkeit und gruppendynamisches Verhalten (BT-Drucks. 14/7752, S. 26). Das Anliegen der Gesetzesänderung bestand vor allem darin, einer Kürzung der Schadensersatzansprüche minderjähriger Unfallopfer aufgrund von Mitverschulden entgegenzutreten (Wagner 2002, S. 2049, 2060; ▶ Abschn. 3.1.2).

Das Haftungsprivileg greift nach dem Sinn und Zweck des § 828 Abs. 2 S. 1 BGB jedoch nur ein, wenn sich in der Fallkonstellation eine typische Überforderungssituation des Kindes durch die spezifischen Gefahren des motorisierten Verkehrs realisiert hat, nicht hingegen, wenn beispielsweise ein Kind mit seinem Kickboard gegen einen ordnungsgemäß parkenden PKW prallt (BGH NJW 2005, S. 354).

Zu beachten ist, dass gem. § 828 Abs. 2 S. 2 BGB die Verantwortlichkeit des Minderjährigen allerdings dann nicht entfällt, wenn er die Verletzung vorsätzlich herbeigeführt hat. In Betracht kommt dann jedoch ein Ausschluss der Verantwortlichkeit gem. § 828 Abs. 3 BGB (s. im Folgenden).

Beispiel
- **Fall 3.6**

Der 9-jährige, gesunde Junge Alexander K. bewirft im Rahmen einer Mutprobe vorbeifahrende Autos absichtlich mit Steinen. Obwohl es sich um ein Geschehen im Straßenverkehr handelt, führt § 828 Abs. 2 BGB hier nicht zum Ausschluss der Verantwortlichkeit, weil Alexander K. die Steine absichtlich geworfen hat und nicht einer der Norm zugrunde liegenden Überforderungssituation im Straßenverkehr ausgesetzt ist (BT-Drucks. 14/7752, S. 27). Ein typischer, von der Norm erfasster Fall wäre hingegen der des gleichaltrigen Ralf L., der mit seinem Fahrrad aus Unachtsamkeit einen Unfall verursacht.

3.3.3 Kinder und Jugendliche bis zum vollendeten 18. Lebensjahr (§ 828 Abs. 3 BGB)

Absatz 3 des unter 3.1.1 vollständig aufgeführten § 828 BGB entspricht inhaltlich § 828 Abs. 2 S. 1 a. F. BGB (BT-Drucks. 14/7752, S. 6): »Wer das 18. Lebensjahr noch nicht vollendet hat, ist, sofern seine Verantwortlichkeit nicht nach Absatz 1 oder 2 ausgeschlossen ist, für den Schaden, den er einem anderen zufügt, nicht verantwortlich, wenn er bei der Begehung der schädigenden Handlung **nicht die zur Erkenntnis der Verantwortlichkeit erforderliche Einsicht** hat.«

Die in § 828 Abs. 2 S. 2 a. F. BGB vorgenommene Gleichstellung von Taubstummen mit

Minderjährigen wurde berechtigterweise als diskriminierend empfunden und daher ersatzlos gestrichen. Infolgedessen unterscheidet sich die Deliktsfähigkeit Taubstummer nicht mehr von der anderer gesunder Personen.

Bedeutung der erforderlichen Einsicht

Nach dem Wortlaut der Norm ist für die Frage der zivilrechtlichen Verantwortlichkeit allein die zur Erkenntnis der Verantwortlichkeit erforderliche Einsicht des Minderjährigen maßgeblich, also die geistige Reife, »die ihn in den Stand setzt, das Unrecht seiner Handlung gegenüber den Mitmenschen und zugleich die Verpflichtung zu erkennen, in irgendeiner Weise für die Folgen seiner Handlung selbst einstehen zu müssen« (Palandt-Sprau 2014, § 828 Rn. 6). Auf die individuelle Steuerungsfähigkeit zum Zeitpunkt der Tat, sich einsichtsgemäß zu verhalten, kommt es hingegen für § 828 BGB anders als im Rahmen von § 3 JGG und § 20 StGB nicht an (BGH NJW 1984, S. 1958; ► Kap. 2).

Hintergrundinformation
Die hier erörterte (personenbezogene) zivilrechtliche Verantwortlichkeit des § 828 Abs. 3 BGB ist von der Frage des (handlungsbezogenen) Verschuldens (§ 276 BGB) strikt zu trennen. Die Steuerungsfähigkeit findet nur beim Verschulden Berücksichtigung, da dieses die Vermeidbarkeit des Gefahreneintritts durch den Schädiger voraussetzt. Aufgrund des hierbei anzulegenden objektiven Maßstabs kommt es für die Beurteilung von Vorsatz und vor allem von Fahrlässigkeit auf die jeweilige Verstandesreife an, die allgemein von Jugendlichen der entsprechenden Altersgruppe erwartet werden kann (sog. Gruppenfahrlässigkeit; BGH NJW 1984, S. 1958). Berücksichtigt wird demnach nur die Steuerungsfähigkeit, wie sie ganzen Altersgruppen von Jugendlichen eigen ist. Die individuelle (!) Steuerungsfähigkeit des Schädigers bleibt hingegen ohne Relevanz. Daher kann und soll das Gericht die Vermeidbarkeit und somit das Verschulden regelmäßig ohne sachverständige Hilfe feststellen.
    Das Außerachtlassen der individuellen Steuerungsfähigkeit ist aus medizinisch-psychologischer Sicht zu bedauern, da alle hierfür maßgeblichen individuellen Leistungen und Eigenschaften unberücksichtigt bleiben – ein befremdliches Vorgehen des Gesetzgebers. Aufgrund entwicklungspsychologischer Untersuchungen ist wissenschaftlich eine solche kollektive Reifungsnorm mit der gebotenen Präzision nicht festzustellen.
    Bemerkenswert bleibt schließlich, dass der Minderjährige im Haftungsrecht des BGB in viel stärkerem Maße zur Verantwortung gezogen wird als im Strafrecht (BGH NJW 1984, S. 1958), wo die individuelle Steuerungsfähigkeit Berücksichtigung findet. Den insofern strengeren zivilrechtlichen Maßstab gebietet der Schutz der Allgemeinheit vor der Beeinträchtigung ihrer Rechtsgüter, wie z. B. Eigentum oder Gesundheit.

■ **Einsicht bezüglich der Gefahr des Handelns**
Im Zusammenhang mit der Einsichtsfähigkeit spricht man auch von einer »**doppelten Psychologisierung**« (Diederichsen u. Dröge 2000). Der Jugendliche muss danach zum einen – entsprechend seinem Entwicklungsstand – von der rechtlichen Verantwortlichkeit im Allgemeinen wissen und zum anderen dieses Bewusstsein auch auf den konkreten Fall anwenden können. Dabei braucht er allerdings keine bestimmte Vorstellung von den rechtlichen und wirtschaftlichen Folgen seines Verhaltens zu haben.

❯ **Für die Einsichtsfähigkeit ausreichend ist das generelle Verständnis des Jugendlichen, dass sein Verhalten geeignet ist, irgendwelche Gefahren herbeizuführen (BGH NJW 1984, S. 1958; OLG Köln MDR 1993, S. 739).**

Kann der Minderjährige die Gefährlichkeit seiner Handlung nicht erkennen, bleibt er gleichwohl für die Schädigung verantwortlich, falls er sich über Verbote oder Warnungen hinweggesetzt hat, die er nach seiner Reife bereits verstehen konnte (Diederichsen u. Dröge 2000).

■ **Einsicht bezüglich der rechtlichen Konsequenzen**
Auf welche Art er für das Unrecht einzustehen haben wird, welche zivilrechtlichen Konsequenzen ihn treffen, muss der Minderjährige nicht übersehen (Erman-Schiemann 2014, § 828 Rn. 4). Allerdings erlaubt die Erkenntnis, dass das eigene Verhalten geeignet ist, Gefahren herbeizuführen, regelmäßig den Schluss auf die Erkenntnis, für das eigene Verhalten (in welcher Form auch immer) einstehen zu müssen (BGH VersR 1957, S. 415; 1970, S. 374 f.).

Beispiel
■ **Fall 3.7**
Der 13-jährige Mark L. besuchte seit etwa einem halben Jahr regelmäßig den Jugendclub seiner Stadt. Obwohl er dort mit Freunden regelmäßig Alkohol konsumierte, fuhr er stets mit dem Fahrrad zurück nach Hause. Eines Abends kollidierte er in angetrunkenem Zustand mit der Fußgängerin Birgit H., die sich mittelschwer verletzte. Im Schadensersatzprozess machte Mark L., vertreten durch seine Eltern, geltend,

ihm habe die zur Erkenntnis seiner Verantwortlichkeit erforderliche Einsicht gefehlt. Das Gericht verwies darauf, dass ihm die mit dem Fahrradfahren in angetrunkenem Zustand verbundenen Gefahren bewusst waren. Ein Jugendlicher, der die Gefährlichkeit seiner Handlung kennt, wisse im Allgemeinen auch, dass er zur Verantwortung gezogen werden kann, wenn er sie dennoch begeht.

■ Prüfung der Einsichtsfähigkeit

Im Rahmen der Prüfung der Einsichtsfähigkeit sind die Umstände des Einzelfalles sowie die individuelle Entwicklung des Jugendlichen von besonderer Bedeutung (Palandt-Sprau 2014, § 828 Rn. 6). Das schließt die Berücksichtigung allgemeiner Erfahrungssätze, insbesondere bezüglich des Alters, jedoch nicht aus. Zwar darf die erforderliche Einsicht nicht allein aufgrund der Annäherung an die obere oder untere Altersgrenze des § 828 Abs. 3 BGB bejaht bzw. verneint werden. Zulässig ist es aber, die erforderliche Einsicht des Schädigers mit der Begründung anzunehmen, dass sie in seiner Altersgruppe erfahrungsgemäß gegeben sei und bei ihm kein geringerer Entwicklungsgrad gegenüber durchschnittlichen Gleichaltrigen vorliege (Erman-Schiemann 2014, § 828 Rn. 5). Dadurch wird einerseits die interindividuelle Varianz der Reifeentwicklung berücksichtigt. Andererseits obliegt es dem minderjährigen Schädiger, den Beweis für seinen geringeren Entwicklungsgrad zu führen.

Hintergrundinformation
Letzteres erklärt sich dadurch, dass § 828 Abs. 3 BGB eine Ausnahmeregelung zu dem Grundsatz darstellt, dass die erforderliche Einsicht vorliegt.

■ Anwendungsfälle

Kinder- und jugendpsychiatrische Gutachten über die Einsichtsfähigkeit eines Minderjährigen werden insbesondere bei Schadensersatzansprüchen eingeholt, die auf Brandlegung oder auf beim Spielen erlittenen Körperverletzungen basieren. Dabei werden von der Rechtsprechung die Gefahren, die von als Waffen benutzten Spielzeugen ausgehen (z. B. Pfeil und Bogen, Steinschleudern, Schwerter oder Blasrohre), als erkennbar angesehen (MünchKomm-Mertens 1997, § 828 Rn. 9).

Bei anderen, »kleineren« Delikten entfällt häufig eine individuelle Begutachtung, obschon sie eigentlich indiziert wäre.

Der Umgang mit Chemikalien oder Medikamenten, aber auch mit Streichhölzern, ist aufgrund des komplexeren Gefahrzusammenhangs je nach Alter noch nicht erfassbar (MünchKomm-Mertens 1997, § 828 Rn. 9, mit weiteren Nachweisen).

Beispiel
■ Fall 3.8

Florian P., 14-jähriger Schüler einer Förderschule für schwer erziehbare Jugendliche, verletzte indirekt Frau U., eine Erzieherin seines Wohnheimes, nachdem er im Bad seiner Wohngruppe einen Brand gelegt hatte. Die Erzieherin hielt sich in der Wohngruppe auf und verbrannte Teile ihrer Arme bei Löschversuchen. Sie begehrte nun Schadensersatz. Die polizeilichen Ermittlungen hatten ergeben, dass Florian den Brand vorsätzlich gelegt hatte, da er sich von Frau U. ungerechtfertigterweise gemaßregelt fühlte. Fremdaggressive Handlungen waren in der Vergangenheit schon häufig bei Florian aufgetreten.

Eine kinder- und jugendpsychiatrische Begutachtung ergab unter Berücksichtigung eines testpsychologischen Zusatzgutachtens einen IQ von 61 in einem standardisierten Test (HAWIK). Dies entspricht einer leichten Intelligenzminderung entsprechend ICD-10: F70. Bei der Geburt hatte Florian einen hypoxischen Hirnschaden erlitten. Einsicht in das begangene Unrecht hatte Florian nach Meinung des Sachverständigen nicht, da er aufgrund der psychischen Störung zwar abstrakt verstehen konnte, dass ein Brand jemanden erheblich schädigen könne, allerdings aufgrund seiner hirnorganischen Schädigungen die Konsequenzen seines Tuns im Rahmen der impulsiv ablaufenden Tathandlung nicht überblicken konnte.

Wird der Jugendliche für verantwortlich erachtet, kommt in Ausnahmefällen eine Haftungseinschränkung aus Billigkeitsgründen (§ 242 BGB) sowie aus verfassungsrechtlichen Gründen (Art. 1 Abs. 1 GG in Verbindung mit Art. 2 Abs. 1 GG) in Betracht, falls eine unbegrenzte Haftung zur Existenzvernichtung des Jugendlichen führen würde (BVerfG NJW 1998, S. 3557 f.).

3.4 Literatur

Baumgärtel G (1987) Anmerkung zu BGH VI ZR 294/85 vom 1.7.1986. JZ 42: 42

Däubler W (2002) Die Reform des Schadensersatzrechts. JuS 42: 625–630

Deutsch E (1996) Allgemeines Haftungsrecht, 2. Aufl. Heymanns, Köln

Diederichsen U, Dröge M (2000) Deliktsfähigkeit und Schadensersatzrecht. In: Venzlaff U, Foerster K (Hrsg) Psychiatrische Begutachtung, 3. Aufl. Urban & Fischer, München, S. 417–424

Dunz W (1987) Anmerkung zu BGH VI ZR 294/85 vom 1.7.1986. JR 33: 239–240

Erman W (2014) Bürgerliches Gesetzbuch, 1. Bd, 4. Aufl. Aschendorff, Münster (zit. Erman-Bearbeiter)

Erman W (2014) Bürgerliches Gesetzbuch, 2. Bd, 4. Aufl. Aschendorff, Münster (zit. Erman-Bearbeiter)

Fischer T (2014) Strafgesetzbuch und Nebengesetze, 61. Aufl. Beck, München

Lackner K, Kühl K (Hrsg) (2011) Strafgesetzbuch, 27. Aufl. Beck, München (zit. Lackner/Kühl-Bearbeiter)

NK: Nomos-Kommentar zum Strafgesetzbuch (2013) Kindhäuser U, Neumann U, Paeffgen HU (Hrsg) 1. Bd 4. Aufl. Nomos, Baden-Baden (zit. NK-StGB-Bearbeiter)

Münchener Kommentar (1997–2013) Kommentar zum Bürgerlichen Gesetzbuch. Säcker FJ, Rixecker R (Hrsg) Bd 1: Allgemeiner Teil, §§ 1–240, 6. Aufl.; Bd 5: Schuldrecht, Besonderer Teil III, §§ 705–853, 3. und 6. Aufl. Beck, München (zit. MünchKomm-Bearbeiter)

Palandt O (Hrsg) ([62]2003, [68]2014) Bürgerliches Gesetzbuch. Beck, München (zit. Palandt-Bearbeiter)

Soergel HT (Hrsg) (2005) Kommentar zum Bürgerlichen Gesetzbuch, Bd 12, §§ 823–853 Produkthaftungsgesetz Umwelthaftungsgesetz, 13. Aufl. Kohlhammer, Stuttgart (zit. Soergel-Bearbeiter)

Staudinger J (Hrsg) (2013) Kommentar zum Bürgerlichen Gesetzbuch mit Einführungsgesetz und Nebengesetzen, Zweites Buch, Recht der Schuldverhältnisse, §§ 826–829; Produkthaftungsgesetz. De Gruyter, Berlin (zit. Staudinger-Bearbeiter)

Taupitz J, Neikes A (2009) Juristische Grundlagen. In: Foerster K, Dreßing H (Hrsg) Psychiatrische Begutachtung – Ein praktisches Handbuch für Ärzte und Juristen, 5. Aufl. Elsevier, München, S. 503–551

Wagner G (2002) Das Zweite Schadensersatzrechtsänderungsgesetz. NJW 55: 2049–2064

Verhandlungs-, Vernehmungs- und Haftfähigkeit

F. Schneider, H. Frister, D. Olzen, *Begutachtung psychischer Störungen*
DOI 10.1007/978-3-642-54765-2_4, © Springer-Verlag Berlin Heidelberg 2015

■ **Zum Einstieg**

Durch eine überschaubare Darstellung der wesentlichen Leitlinien höchstrichterlicher Rechtsprechung zur Verhandlungs-, Vernehmungs- und Haftfähigkeit sollen in diesem Kapitel dem wissenschaftlichen Sachverständigen wie dem mit den entsprechenden Entscheidungen befassten Juristen die erforderlichen Grundlagen für den interdisziplinären Dialog in Strafverfahren und Strafvollstreckung bereitgestellt werden. Bei diesem Dialog sollte sich insbesondere der Jurist stets darüber im Klaren sein, dass die Begutachtung der betreffenden Fähigkeiten aufgrund der zumeist erforderlichen Abschätzung gesundheitlicher Risiken der Natur der Sache nach mit der Gefahr prädiktorischer Irrtümer belastet ist (Wille u. John 1986, S. 563, 567).

4.1 Verhandlungsfähigkeit

Die Teilnahme an der Hauptverhandlung darf das Leben des Angeklagten nicht gefährden und nicht zu irreparablen schweren Gesundheitsschäden führen. Verhandlungsfähigkeit setzt die Fähigkeit des Beschuldigten voraus, »seine Interessen in und außerhalb der Verhandlung vernünftig wahrzunehmen, die Verteidigung in verständiger und verständlicher Weise zu führen sowie Prozesserklärungen abzugeben und entgegenzunehmen.« (BVerfG NJW 1995, S. 1951)

4.1.1 Der Anwesenheitsgrundsatz des § 230 Abs. 1 StPO

■ **§ 230 StPO. Ausbleiben des Angeklagten.**
(1) Gegen einen ausgebliebenen Angeklagten findet eine Hauptverhandlung nicht statt. […]

In § 230 Abs. 1 StPO findet sich der Grundsatz, dass die strafprozessuale Hauptverhandlung gegen einen ausgebliebenen Angeklagten nicht stattfindet. Sinn dieser Regelung ist zum einen, die gerichtliche Wahrheitsfindung zu fördern, zum anderen jedoch auch, dem Angeklagten zu seinem in Art. 103 Abs. 1 GG verbrieften rechtlichen Gehör zu verhelfen (BGHSt 56, S. 298, 306; BGH

NStZ 2011, S. 47, 49; KK-Gmel 2013, § 230 Rn. 1). Als regelmäßige Folge einer ernsthaften und länger andauernden Verhandlungsunfähigkeit des Angeklagten sieht das Gesetz deshalb die vorläufige (§ 205 StPO) bzw. endgültige (§§ 206a Abs. 1, 260 Abs. 3 StPO) Einstellung des Verfahrens wegen eines Verfahrenshindernisses vor.

Nach der Rechtsprechung des Bundesgerichtshofes soll der Zweifelsgrundsatz (»in dubio pro reo«) bei der Frage der Verhandlungsfähigkeit zwar insoweit keine Anwendung finden, als eine auf die Verletzung des § 230 Abs. 1 StPO gestützte Revisionsrüge nur Erfolg haben kann, wenn das Bestehen von Verhandlungsunfähigkeit positiv nachgewiesen ist (BGH bei Dallinger MDR 1973, S. 902; BGH NStZ 1984, S. 520 f.; Eisenberg 2013, Rn. 128). Dies bedeutet jedoch keineswegs, dass der Tatrichter die Hauptverhandlung durchführen darf, wenn er begründete Zweifel an der Verhandlungsfähigkeit des Angeklagten hat: Liegen die – unter ▶ Abschn. 4.1.2 und ▶ Abschn. 4.1.3 zu erörternden – Voraussetzungen der §§ 231 Abs. 2 und 231a Abs. 1 StPO nicht vor, so hat er das Verfahren vielmehr nach § 205 StPO vorläufig einzustellen (BGH NStZ 1984, S. 520 f.; Burhoff 2013, Rn. 2889; KK-Schneider 2013, § 205 Rn. 14). § 205 StPO ist auch anzuwenden, wenn unklar ist, ob die bestehende Verhandlungsunfähigkeit vorübergehender oder endgültiger Natur ist (BGH NStZ 1996, S. 242; KK-Schneider 2013, § 205 Rn. 14). Die endgültige Verfahrenseinstellung, die außerhalb der Hauptverhandlung gemäß § 206a Abs. 1 StPO und in der Hauptverhandlung nach § 260 Abs. 3 StPO erfolgt, setzt demgegenüber die Gewissheit voraus, dass die Verhandlungsunfähigkeit einen »zweifelsfrei unverbesserlichen Dauerzustand« (Seetzen 1974, S. 259) darstellt, die Verhandlungsfähigkeit des Angeklagten also zur Überzeugung des Gerichts auf Dauer entfallen ist (BGH NStZ 1996, S. 242).

4.1.2 Die Ausnahmen vom Anwesenheitsgrundsatz

Aus der hohen Bedeutung, die dem Anwesenheitsgrundsatz angesichts seiner grundgesetzlichen Verankerung zukommt, erklärt sich, dass die Strafprozessordnung die Durchführung einer Hauptverhandlung ohne den Angeklagten auch im Falle der Verhandlungsunfähigkeit lediglich im Ausnahmefall zulässt: In § 231 Abs. 2 StPO wird diese Möglichkeit an die Voraussetzung geknüpft, dass der Angeklagte über die Anklage bereits vernommen worden ist und das Gericht seine Anwesenheit für den Rest der Verhandlung nicht mehr für erforderlich erachtet. Hat auch eine Vernehmung zur Sache noch nicht stattgefunden, so gestattet § 231a StPO die Hauptverhandlung ohne den verhandlungsunfähigen Angeklagten nur dann, wenn er den Zustand der Verhandlungsunfähigkeit vorsätzlich und schuldhaft herbeigeführt und damit wissentlich seine weitere Teilnahme am Verfahren verhindert hat. Dieser Nachweis ist naturgemäß nicht einfach zu führen.

Für schuldunfähige Täter, bei denen lediglich über die Verhängung von Maßregeln der Besserung und Sicherung zu befinden ist, ist in §§ 413 ff. StPO schließlich das Sicherungsverfahren vorgesehen, in dem gem. § 415 StPO unter bestimmten Voraussetzungen ebenfalls das Erfordernis der Anwesenheit des Beschuldigten entfällt.

Verhandlungsunfähigkeit nach Vernehmung zur Sache (§ 231 Abs. 2 StPO)

- **§ 231 StPO. Anwesenheitspflicht des Angeklagten.**

[…] (2) Entfernt der Angeklagte sich dennoch oder bleibt er bei der Fortsetzung einer unterbrochenen Hauptverhandlung aus, so kann diese in seiner Abwesenheit zu Ende geführt werden, wenn er über die Anklage schon vernommen war und das Gericht seine fernere Anwesenheit nicht für erforderlich erachtet.

Wenn die Verhandlungsunfähigkeit des Angeklagten nach dem Abschluss seiner Vernehmung zur Anklage eintritt, kommt eine Verhandlung ohne ihn nur unter den Voraussetzungen des § 231 Abs. 2 StPO in Betracht (BGH NJW 2011, S. 3249, 3252; KK-Gmel 2013, § 231a Rn. 1; LR-Becker 2010, § 231a Rn. 2; Eisenberg 2012, S. 63, 65). Dies setzt zunächst die Eigenmächtigkeit des Fernbleibens voraus, an der es fehlt, wenn der An-

geklagte sich mit ausdrücklicher oder stillschweigender Billigung des Gerichts aus der bereits begonnenen Verhandlung entfernt (BGH StV 1993, S. 285 f.), wenn das Gericht ihm freigestellt hat, ob er zum Fortsetzungstermin erscheinen wolle (BGH StV 1987, S. 189; OLG Celle NZV 2013, S. 51), oder wenn ihm sein Gesundheitszustand ohne eigenes Verschulden ein weiteres Erscheinen nicht möglich macht (BGH NStZ 2010, S. 585). Für eine Fortsetzung des Verfahrens ohne den Angeklagten muss das Gericht darüber hinaus dessen fernere Anwesenheit für obsolet erachten; hierüber hat es nach pflichtgemäßem Ermessen unter Würdigung der besonderen Umstände des Einzelfalls sowie der aktuellen Prozesslage zu entscheiden (Meyer-Goßner 2013, § 231 Rn. 20). Insoweit ist eine Verfügung des Gerichts, nicht alleine des Vorsitzenden, notwendig (OLG Köln NStZ-RR 2012, S. 178).

Ein den Anwendungsbereich des § 231 Abs. 2 StPO eröffnender Fall des eigenmächtigen Fernbleibens kann nach ständiger Rechtsprechung etwa im Falle von Alkohol- (BGH NStZ 1986, S. 372) oder Medikamentenmissbrauch (BGH NStZ 2002, S. 533, 535) oder bei einem auf einer zurechenbaren Willensentscheidung beruhenden Suizidversuch gegeben sein, soweit dieser die Verhandlungsunfähigkeit des Angeklagten zur Folge hat (BGHSt 16, S. 178; 56, S. 298, 308 mit zustimmender Anmerkung Arnoldi NStZ 2012, S. 108 und ablehnender Anmerkung Trüg NJW 2011, S. 3256; Meyer-Goßner 2013, § 231 Rn. 17). Auch wenn bei einer weiteren Anwesenheit des Angeklagten in der Hauptverhandlung die Gefahr eines solchen Suizidversuchs besteht, kann die aus dieser Gefahr resultierende Verhandlungsunfähigkeit als eigenmächtiges Fernbleiben bewertet werden. Eine Fortsetzung ohne den Angeklagten ist so lange zulässig, wie das Gericht bei pflichtgemäßer Prüfung von der Fortdauer der selbst herbeigeführten Verhandlungsunfähigkeit ausgehen darf (OLG Düsseldorf StV 1997, S. 282; Eisenberg 2012, S. 63, 69).

Im Jugendstrafverfahren müssen gem. § 50 Abs. 1 JGG besondere Gründe für den Ausschluss des Angeklagten vorliegen, welche im Falle des § 231 Abs. 2 StPO regelmäßig nicht vorliegen (Eisenberg 2012, S. 63, 65).

Das Vorliegen einer zurechenbaren Willensentscheidung ist allerdings aus medizinischer Sicht kaum reliabel abzuschätzen: Häufig genug ist die Situation einer Hauptverhandlung mit der Realisierung der möglichen strafrechtlichen Konsequenzen und der öffentlichen Breitenwirkung ein ganz besonders hoher Stressor, der zu selbstschädigendem Verhalten führen kann. Dies kann aus psychiatrischer Sicht als akute Belastungsreaktion, also als krankhafte Reaktion, verstanden werden, die kaum vorwerfbar erscheint. Jedoch ist eine zurechenbare Willensentscheidung in der Regel zumindest dann anzunehmen, wenn ein Suizidversuch als alleiniges Instrument zur Verfahrensbeeinflussung durchgeführt wurde bzw. angedroht wird. Dies mit hinreichender Sicherheit nachzuweisen dürfte allerdings im Einzelfall unmöglich sein.

Beispiel
- **Fall 4.1**

Herbert K., 51-jähriger Manager aus einer Großstadt, hatte sich wegen eines Wirtschaftsvergehens seit über einem Jahr in einer Hauptverhandlung zu verantworten. Am Morgen vor einem weiteren Termin erreichte die Kammer ein Fax des Verteidigers, in dem Verhandlungsunfähigkeit geltend gemacht wurde. Beigefügt war das Attest eines Arztes für Allgemeinmedizin vom Vortag, in dem eine Neurasthenie und eine erhebliche Suizidgefährdung diagnostiziert wurden. Weiter wurde in dem Attest ausgeführt, dass eine Verhandlungsfähigkeit »aus medizinischer Sicht« ausgeschlossen sei. Von den übrigen Prozessbeteiligten wurde die Vorlage des Attestes zu dem Zeitpunkt als ein Versuch der Prozessverzögerung angesehen. Zuvor waren zahlreiche Beweisanträge der Verteidigung durch die Wirtschaftsstrafkammer abgelehnt worden. Der Angeklagte wurde von der Polizei im Gerichtssaal vorgeführt. Ein hinzugezogener Amtsarzt stellte keine medizinische Diagnose fest, wobei der Angeklagte sich auf Anraten der Verteidigung von diesem nicht untersuchen ließ. Die Kammer zog unmittelbar einen Facharzt für Psychiatrie und Psychotherapie hinzu, der auf Vorschlag der Verteidigung vom Gericht als Sachverständiger ernannt wurde. Dieser stellte nach eingehender ambulanter Untersuchung an 2 Terminen sowie nach Aktenstudium fest, dass keine psychiatrische Diagnose festzustellen war.

Beispiel
- **Fall 4.2**

Die 34-jährige Martha S. hatte sich am ersten Verhandlungstag zu der Anklage des versuchten Totschlages zum Nachteil ihres Mannes eingelassen. Sie machte erstmals in dem gesamten Verfahren eine Aussage und schilderte die Tötungsabsicht und ihr seinerzeitiges Vorgehen. Eine psychiatrische Begutachtung wurde seitens der Staatsanwaltschaft und seitens der Kammer als unnötig erachtet. Am Abend des nächsten Verhandlungstages unternahm sie, zurück in der JVA, einen Suizidversuch, indem sie sich die Pulsadern eröffnete. Ein hinzugezogener psychiatrischer Sachverständiger diagnostizierte eine typische Depression mit wahnhaftem Erleben, was retrospektiv auch Auswirkungen auf die Schuldfähigkeit hatte. Das Verfahren wurde wegen Verhandlungsunfähigkeit zunächst auf unbestimmte Zeit ausgesetzt und die Hauptverhandlung nach 6 Monaten neu aufgenommen, als das depressive Syndrom unter entsprechender psychopharmakologischer und psychosozialer Therapie deutlich entaktualisiert war. Wegen Schuldunfähigkeit aufgrund einer krankhaften seelischen Störung wurde Frau S. freigesprochen.

Verhandlungsunfähigkeit vor Vernehmung zur Sache (§ 231a StPO)

Im Unterschied zur Ermessensvorschrift des § 231 Abs. 2 StPO ist der aus der Zeit der Terroristenprozesse stammende § 231a StPO als zwingende Bestimmung ausgestaltet und gilt nur für den Fall, dass der Angeklagte seine Verhandlungsunfähigkeit vorwerfbar und zielgerichtet herbeiführt, noch bevor er vollständig zur Anklage vernommen worden ist.

- **§ 231a StPO. Hauptverhandlung bei vorsätzlich herbeigeführter Verhandlungsunfähigkeit.**

(1) Hat sich der Angeklagte vorsätzlich und schuldhaft in einen seine Verhandlungsfähigkeit ausschließenden Zustand versetzt und verhindert er dadurch wissentlich die ordnungsgemäße Durchführung oder Fortsetzung der Hauptverhandlung in seiner Gegenwart, so wird die Hauptverhandlung, wenn er noch nicht über die Anklage vernommen war, in seiner Abwesenheit durchgeführt oder fortgesetzt, soweit das Gericht seine Anwesenheit nicht für un-

erläßlich hält. Nach Satz 1 ist nur zu verfahren, wenn der Angeklagte nach Eröffnung des Hauptverfahrens Gelegenheit gehabt hat, sich vor dem Gericht oder einem beauftragten Richter zur Anklage zu äußern. [...]

(3) Die Verhandlung in Abwesenheit des Angeklagten nach Absatz 1 beschließt das Gericht nach Anhörung eines Arztes als Sachverständigen. [...]

Als mögliche Ursachen für die nach § 231a StPO maßgeblich verschuldete Verhandlungsunfähigkeit werden die Durchführung eines Hungerstreiks, jede Art von Selbstbeschädigung, der Genuss von Rauschgift sowie der Missbrauch von Medikamenten genannt (KK-Gmel 2013, § 231a Rn. 3a). Die Mittel, mit denen der Angeklagte die Verhandlungsunfähigkeit herbeigeführt hat, dürften jedoch letztlich eher von sekundärer Bedeutung sein (LR-Becker 2010, § 231a Rn. 6; SK-Deiters 2011, § 231a Rn. 14). In Betracht kommen insoweit auch bewusstes Hineinsteigern in einen psychischen Ausnahmezustand (wobei aus medizinischer Sicht Zweifel bestehen, wie derartiges überhaupt diagnostiziert werden kann) oder der Abbruch einer bereits begonnenen ärztlichen Behandlung (OLG Hamm NJW 1977, S. 1739). Auch Letzteres kann beispielsweise aufgrund eines depressiven oder eines psychotischen Syndroms geschehen, sodass eine Vorwerfbarkeit hier nicht festzustellen sein wird. Nach herrschender Auffassung kann schließlich vom Angeklagten nicht verlangt werden, dass er sich einem gravierenden Heileingriff unterzieht oder sonst eine über das allgemein Übliche hinausgehende aktive Maßnahme zur Behebung einer nicht selbst schuldhaft herbeigeführten Verhandlungsunfähigkeit ergreift (BVerfG StV 1993, S. 620; BGHSt 26, S. 228, 234; LR-Becker 2010, § 231a Rn. 6; einschränkend aber LG Lüneburg NStZ-RR 2010, S. 211).

Die Anwendbarkeit des § 231a Abs. 1 StPO setzt voraus, dass der Angeklagte den seine Verhandlungsunfähigkeit bedingenden Zustand zumindest bedingt vorsätzlich herbeigeführt hat, d.h., er muss bei seinem schädigenden Verhalten ernsthaft mit der Möglichkeit gerechnet haben, dass dessen Folge seine Verhandlungsunfähigkeit sein könnte (BGHSt 26, S. 228, 239). Soweit § 231a Abs. 1 StPO darüber hinaus auch schuldhaftes Handeln des Angeklagten verlangt, wird auf den strafrechtlichen Schuldausschließungsgrund des § 20 StGB Bezug genommen (KK-Gmel 2013, § 231a Rn. 6); lediglich verminderte Schuldfähigkeit im Sinne des § 21 StGB reicht also nicht aus. Durch das Herbeiführen der Verhandlungsunfähigkeit muss der Angeklagte schließlich wissentlich verhindert haben, dass das Gericht in seiner Gegenwart verhandeln kann, d.h., er muss sich dieser Folge seines selbstschädigenden Verhaltens im Ergebnis, nicht hingegen hinsichtlich aller Einzelheiten des Kausalverlaufs bewusst gewesen sein (LR-Becker 2010, § 231a Rn. 5).

Resultat des Versuchs, sich der Hauptverhandlung zu entziehen, muss eine mit dem strafprozessualen Beschleunigungsgebot nicht mehr vereinbare Verzögerung der Hauptverhandlung sein (LR-Becker 2010, § 231a Rn. 8; Riess 1975, S. 265, 269). Soweit demgegenüber davon auszugehen ist, dass der Angeklagte alsbald wieder verhandlungsfähig sein wird, weil etwa eine Trunkenheit im Wege der Ausnüchterung beseitigt werden kann, ist die Anwendung des § 231a StPO ausgeschlossen. In derartigen Fällen erscheint es im Hinblick auf die in § 231a Abs. 1 S. 2 und Abs. 3 StPO aufgestellten weiteren Voraussetzungen einer Verhandlung ohne den Angeklagten auch als Gebot der Prozessökonomie, die schon laufende Hauptverhandlung zu unterbrechen bzw. den Termin zu verlegen (LR-Becker 2010, § 231a Rn. 9). Weiterhin darf das Gericht nicht in Abwesenheit des Angeklagten verhandeln, wenn es dessen Anwesenheit zur Sachverhaltsaufklärung, etwa durch eine Gegenüberstellung mit einem Zeugen, für unerlässlich hält (LK-Becker 2010, § 231a Rn. 11; Meyer-Goßner 2013, § 231a Rn. 14).

§ 231a Abs. 3 S. 1 StPO schreibt zwingend die Anhörung eines Arztes vor, bevor das Gericht über die Fortführung der Hauptverhandlung entscheidet. Dies kann, muss aber nicht zwingend, ein Amtsarzt sein (Meyer-Goßner 2013, § 231a Rn. 17). Grundsätzlich sollten psychische Störungen allerdings immer von einem Facharzt für Psychiatrie und Psychotherapie diagnostiziert werden, eine Qualifikation, die Gerichts- oder Amtsärzte nur in Ausnahmefällen besitzen. Weitere formelle Voraussetzungen des § 231a StPO sind die gemäß Abs. 1 S. 2 erforderliche vorherige Gelegenheit zur Äußerung als Mindestmaß an rechtlichem Gehör sowie die Bestellung eines Verteidigers, vgl. Abs. 4.

Verhandlungsunfähigkeit und Sicherungsverfahren (§ 415 StPO)

- **§ 415 StPO. Hauptverhandlung ohne Beschuldigten.**

(1) Ist im Sicherungsverfahren das Erscheinen des Beschuldigten vor Gericht wegen seines Zustandes unmöglich oder aus Gründen der öffentlichen Sicherheit oder Ordnung unangebracht, so kann das Gericht die Hauptverhandlung durchführen, ohne daß der Beschuldigte zugegen ist. […]
(5) In der Hauptverhandlung ist ein Sachverständiger über den Zustand des Beschuldigten zu vernehmen. Hat der Sachverständige den Beschuldigten nicht schon früher untersucht, so soll ihm dazu vor der Hauptverhandlung Gelegenheit gegeben werden.

Das in den §§ 413 ff. StPO geregelte Sicherungsverfahren dient der selbstständigen Anordnung von Maßregeln der Besserung und Sicherung – etwa der Unterbringung in einem psychiatrischen Krankenhaus gem. § 63 StGB oder in einer Entziehungsanstalt gem. § 64 StGB – für den Fall, dass das Strafverfahren gegen den Täter wegen Schuldunfähigkeit oder Verhandlungsunfähigkeit nicht durchgeführt werden kann. In Abweichung von der ansonsten bestehenden Zweispurigkeit des strafrechtlichen Sanktionssystems (Strafe und Maßregel) sind Gegenstand dieses Verfahrens mithin allein die Anordnungsvoraussetzungen einer Maßregel; der Zweck des Verfahrens liegt ausschließlich in der Sicherung der Allgemeinheit vor dem für gefährlich erachteten Straftäter (BGHSt 22, S. 1, 3; Meyer-Goßner 2013, § 413 Rn. 1).

Den vorstehend skizzierten Besonderheiten des Sicherungsverfahrens trägt auch die Anwesenheitsregelung des § 415 StPO Rechnung: Danach kann die Hauptverhandlung in Abwesenheit des Beschuldigten durchgeführt werden, wenn dies wegen seines Zustandes oder aus Gründen der öffentlichen Sicherheit oder Ordnung angebracht ist. Ersteres kann etwa der Fall sein infolge einer Suizidgefahr oder einer Transportunfähigkeit (LR-Gössel 2009, § 415 Rn. 2), letzteres, wenn massiv fremdgefährdendes Verhalten

oder Ausbruchsversuche während des Transports bzw. in der Hauptverhandlung zu erwarten sind und durch anderweitige Sicherungen nicht hinreichend abwendbar erscheinen (Meyer-Goßner 2013, § 415 Rn. 3). Für die Hauptverhandlung schreibt § 415 Abs. 5 StPO zwingend die Mitwirkung eines Sachverständigen vor, dem gem. § 414 Abs. 3 StPO nach Möglichkeit bereits im Ermittlungsverfahren Gelegenheit zur Vorbereitung seines Gutachtens durch Exploration des Beschuldigten gegeben werden soll.

Beispiel
- **Fall 4.3**

Ferdinand K., ein 37-jähriger Frührentner, hatte seine Frau getötet. Ein Jahr zuvor hatte er einen schweren Verkehrsunfall mit einem Schädel-Hirn-Trauma erlitten, war viele Monate auf einer Intensivstation beatmet worden, bis er nun als sog. Pflegefall nach Hause entlassen worden war. Die Familie war mit der Pflege deutlich überfordert. Herr K. war nicht orientiert, unruhig, hatte einen veränderten Schlaf-Wach-Rhythmus und war zeitweise fremdaggressiv. Grund für die Feststellung der Verhandlungsunfähigkeit war nun die massive Beeinträchtigung des Kurzzeit- und des Intermediärgedächtnisses, was klinisch und testpsychologisch festgestellt wurde. Er konnte der Hauptverhandlung nicht folgen.

4.1.3 Der Begriff der Verhandlungsfähigkeit

Bei der Bestimmung des Begriffs der Verhandlungsfähigkeit werden üblicherweise 2 Kategorien unterschieden:
- eine auf eine adäquate Beteiligung des Angeklagten am Verfahren bezogene, seine Fähigkeit zu einer geordneten Verteidigung thematisierende Kategorie;
- eine auf die Wahrung seiner physischen Integrität abzielende, die gesundheitlichen Risiken einer Teilnahme am Prozess erörternde Kategorie (Gatzweiler 1989, S. 167 f.; Lach et al. 2009, S. 121).

Danach setzt Verhandlungsfähigkeit zunächst die Fähigkeit des Beschuldigten voraus, »seine Interessen in und außerhalb der Verhandlung vernünftig wahrzunehmen, die Verteidigung in verständiger und verständlicher Weise zu führen sowie Prozesserklärungen abzugeben und entgegenzunehmen« (BVerfG NJW 1995, S. 1951; vgl. auch BVerfG NJW 2005, S. 2382; BGH NStZ-RR 2013, S. 154; BGH NStZ 1996, S. 242; OLG Stuttgart NStZ-RR 2006, S. 313 f.).

> **Nach der Definition des Bundesgerichtshofs ist unter Verhandlungsfähigkeit ein Zustand geistiger Klarheit und Freiheit zu verstehen, der es ermöglicht, dass mit dem Angeklagten strafgerichtlich verhandelt werden kann; der Angeklagte soll aufgrund seiner psychischen und physischen Verfassung in der Lage sein, der Verhandlung zu folgen, die Bedeutung des Verfahrens sowie der einzelnen Verfahrensakte zu erkennen und zu würdigen und sich sachgerecht zu verteidigen (BGH bei Dallinger MDR 1958, S. 141; BGH NStZ-RR 2013, S. 154; Lach et al. 2009, S. 122; Seetzen 1974, S. 259 f.). Die Bedeutung des Tatvorwurfs muss erfasst werden und eine überlegte Wahl zwischen Aussage und Schweigen erfolgen können. Der Angeklagte muss den Inhalt seiner Einlassung, in Anbetracht der Tragweite und orientiert an seinen eigenen Interessen, bestimmen können, aber nicht geschäftsfähig im Sinne des Bürgerlichen Rechts sein (BGH NStZ-RR 2013, S. 155 f.).**

Nach der Rechtsprechung des Europäischen Gerichtshofs für Menschenrechte schließt das Recht eines Angeklagten auf effektive Mitwirkung an seinem Strafverfahren nach Art. 6 der Europäischen Menschenrechtskonvention im Allgemeinen nicht nur das Recht auf Anwesenheit ein, sondern auch das Recht, das Verfahren zu hören und ihm zu folgen. In diesem Zusammenhang setzt eine wirksame Beteiligung voraus, dass der Angeklagte ein umfassendes Verständnis bezüglich der Art der Verhandlung und der Tragweite für ihn selbst hat, einschließlich der Bedeutung der Strafe, die verhängt werden könnte.

»Der Angeklagte sollte unter anderem in der Lage sein, seinem Anwalt seine Version der Ereignisse zu erklären, auf Erklärungen hinzuweisen, mit denen er nicht einverstanden ist, und ihn auf alle Fakten hinzuweisen, die zu seiner Verteidigung vorgebracht werden sollten.« (EGMR – 5. Sektion – vom 8.1.2008, Nr. 30443/03, H.L. ./. Deutschland, Rn. 55, Juris; vgl. auch Gollwitzer 2005, Art. 6 MRK Rn. 188)

Eine Beeinträchtigung der Fähigkeit des Betroffenen, der Gerichtsverhandlung zu folgen und aktiv an der Verteidigung mitzuwirken, kommt insbesondere bei psychotischen Erkrankungen, ausgeprägten organischen Psychosyndromen (Ludwig 2005, S. 138 f.) sowie höhergradiger Intelligenzminderung (Hoffmann 2005, S. 148) in Betracht; daneben sind Probleme der Sprache, des Gedächtnisses, des Planens und der Handlungsorganisation von Bedeutung (Rothschild 2005, S. 177, 183). Bei Angeklagten in hohem Alter können Einschränkungen der Verhandlungsfähigkeit vor allem auch durch Demenzerkrankungen bedingt sein (Stoppe 2005, S. 143 f.). Depressionen oder Delirien, Intoxikationen und Entzugssyndrome von Suchtmitteln sowie viele andere psychische Erkrankungen können ebenfalls die Verhandlungsfähigkeit beeinträchtigen.

Hintergrundinformation
Häufiger erhalten Gefangene in den Justizvollzugsanstalten psychotrop wirksame Medikation, insbesondere Benzodiazepine, oft nicht von Psychiatern, sondern eher von nicht entsprechend weitergebildeten Anstaltsärzten verordnet. Im schlimmsten Fall erfolgt eine Medikation sogar ganz ohne ärztliche Verschreibung durch das Krankenpflegepersonal in den Gefängnissen. Dies ist dann auch ein Problem des Hauptverfahrens. Je nach Auswahl und Dosierung des Präparates kann es zu einer vorübergehenden Verhandlungsunfähigkeit kommen, zumal bei einer Verwertung unter dem Einfluss der Medikation gewonnener Aussagen ein etwaiger Verstoß gegen die Vorschrift des § 136a Abs. 1 S. 1 StPO zu erörtern ist (Gatzweiler 1989, S. 167, 169).

> **Die Teilnahme an der Hauptverhandlung darf darüber hinaus jedoch auch das Leben des Angeklagten nicht gefährden und nicht zu irreparablen schweren Gesundheitsschäden führen (Gatzweiler 1989, S. 167 f.).**

Von der Rechtsprechung werden insoweit allerdings strenge Anforderungen aufgestellt: Danach muss eine durch konkrete Anhaltspunkte belegte Besorgnis bestehen, der Angeklagte werde bei Durchführung der Hauptverhandlung sterben oder schwerwiegend an seiner Gesundheit geschädigt werden (BVerfGE 51, S. 324, 346; BVerfG NJW 2005, S. 2382 f.). Allein die bloße Möglichkeit einer lebensgefährdenden Erkrankung oder des Eintritts gesundheitlicher Schäden soll demgegenüber für die Annahme einer Verhandlungsunfähigkeit nicht ausreichen, da sich diese niemals ausschließen lässt (BVerfG NJW 2002, S. 51 f.; OLG Frankfurt NJW 1969, S. 570). Der Konflikt zwischen dem Schutz der Rechtsgüter des Betroffenen und der Funktionsfähigkeit der Strafrechtspflege erfordert eine Abwägung der widerstreitenden Interessen unter Anwendung des Verhältnismäßigkeitsprinzips, »wobei zuvorderst Art, Umfang und mutmaßliche Dauer des Strafverfahrens, Art und Intensität der zu befürchtenden Schädigung sowie Möglichkeiten, dieser entgegenzuwirken, Beachtung erfordern«. (BVerfG EuGRZ 2009, S. 645 f.)

Nach Wille und John (1986, S. 563, 565) kommen für eine Begründung der Verhandlungsunfähigkeit aus gesundheitlichen Gründen insbesondere kardiale und zerebrale Störungen in Betracht, die in Verbindung mit emotionaler Belastung sowohl das Gesundheitsrisiko erhöhen als auch bei bestimmten Persönlichkeitsstrukturen die kognitive Leistungsfähigkeit beeinträchtigen können.

Beispiel
- **Fall 4.4**

Peter P., ein 46-jähriger Makler, wurde des mehrfachen Betruges zum Nachteil von Kunden und Geschäftspartnern angeklagt. Er hatte bereits 2 Herzinfarkte erlitten. Von der Verteidigung wurde Verhandlungsunfähigkeit geltend gemacht. Die Kammer ließ sich von einem Facharzt für Innere Medizin sachverständig beraten, der angab, dass »nicht ausgeschlossen werden« könne, dass ein erneuter Herzinfarkt bei Aufnahme der Hauptverhandlung eintreten könne. Die Kammer ordnete nun an, dass die gesamte Hauptverhandlung im Beisein einer Anästhesistin mit entsprechender notfallmäßiger Ausstattung (einschließlich Beatmungsgerät) durchgeführt werden müsse.

Während der Sachverständige demnach bei der erstgenannten Kategorie, die auch als **prozessuale Verteidigungsfähigkeit** bezeichnet werden kann, vor allem die für eine ordnungsgemäße Wahrneh-

mung prozessualer Beteiligungsrechte unumgänglichen psychischen Mindestfertigkeiten zugrunde zu legen hat, steht bei der zweiten, auch als **physische Verhandlungsunfähigkeit** zu bezeichnenden Kategorie, die in Abwägung zum staatlichen Strafverfolgungsinteresse noch tolerable Risikohöhe im Vordergrund (Wille u. John 1986, S. 563, 565).

> **Der Begriff der Verhandlungsfähigkeit kann niemals abstrakt, sondern stets nur bezogen auf das jeweilige konkrete Verfahrensstadium bestimmt werden.**

So sind die Anforderungen in der Tatsacheninstanz durch die vom Gesetz vorgesehenen vielfältigen originären Beteiligungsrechte des Angeklagten geprägt: Dessen Einlassung ist wesentliches Beweismittel, er kann selbst Anträge stellen und Zeugen befragen und wird vor Entscheidungen des Gerichts neben seinem Verteidiger gehört (BGH NStZ 1996, S. 242; OLG Stuttgart NStZ-RR 2006, S. 313 f.). Während für diesen Verfahrensabschnitt somit hohe Anforderungen an die Verhandlungsfähigkeit des Angeklagten zu stellen sind, eröffnen sich im Revisionsverfahren, das auf eine reine Rechtskontrolle reduziert ist und in dem Erörterungen tatsächlicher Art nicht stattfinden, Partizipationsmöglichkeiten vor allem für den Verteidiger und weniger für den Rechtsmittelführer selbst. Hier soll es deshalb nach herrschender Auffassung ausreichen, wenn der Angeklagte über die Einlegung des Rechtsmittels verantwortlich entscheiden kann, er um die Bedeutung des Revisionsverfahrens weiß und fähig ist, mit seinem Verteidiger eine Grundübereinkunft über die Fortführung oder die Rücknahme des Rechtsmittels zu treffen (BVerfG NStZ 1995, S. 391; BGHSt 41, S. 16, 19; BGH NStZ-RR 2013, S. 154; KK-Schneider 2013, § 205 Rn. 13). Wenn die Vorinstanz in der Hauptverhandlung keine Zweifel an der Verhandlungsfähigkeit des Angeklagten hatte und solche auch weder vom Sachverständigen noch vom Verteidiger geltend gemacht wurden, kann die Verhandlungsfähigkeit auch vom Revisionsgericht grundsätzlich bedenkenlos bejaht werden (BGH NStZ-RR 2006, S. 42; BGH NStZ-RR 2012, S. 318; BGH NStZ-RR 2013, S. 154; BGH NStZ-RR 2013, S. 155 f.; KG, Beschluss vom 8.8.2012 – 4 Ws 76/12 – 141 AR 325/12).

Auch bei Zustellungen im Strafverfahren muss der Empfänger verhandlungsfähig sein (OLG Brandenburg NStZ-RR 2009, S. 219).

Einer lediglich **eingeschränkten Verhandlungsfähigkeit** des Angeklagten ist dadurch Rechnung zu tragen, dass die Verhandlungsführung seinen spezifischen Bedürfnissen angepasst wird, indem etwa der jeweilige Hauptverhandlungstermin zeitlich begrenzt wird oder die Belastungen durch häufige Pausen, Unterbrechungen bzw. ärztliche Aufsicht reduziert werden (BVerfG EuGRZ 2009, S. 645, 647; Meyer-Goßner 2013, Einleitung Rn. 97; KK-Schneider 2013, § 205 Rn. 10; Rothschild 2005, S. 177, 184; Seetzen 1974, S. 259 f.). Hier eröffnet sich die Möglichkeit, unter Einbeziehung aller Verfahrensbeteiligten – nicht zuletzt auch des medizinischen Sachverständigen – bereits im Vorfeld der Hauptverhandlung zu klären, wie auf vorhandene Beeinträchtigungen des Angeklagten, z. B. Schwerhörigkeit, Rücksicht genommen werden kann (Burhoff 2013, Rn. 2888).

Die **Begutachtung** der Verhandlungs(un)fähigkeit folgt einem **zweistufigen Vorgehen**: Zunächst sind die psychiatrischen und/oder somatischen Diagnosen festzustellen, sodann sind deren Auswirkungen, vor allem auf Wahrnehmung, Einsichts-, Denk- und Handlungsvermögen, sowie die Belastbarkeit und gesundheitliche Gefährdung bei einer Verhandlungsteilnahme nachvollziehbar darzustellen und Behandlungsmöglichkeiten oder mögliche Modifikationen des allgemeinen Verhandlungsablaufs aufzuzeigen.

4.1.4 Terminsfähigkeit

Abzugrenzen ist die Verhandlungsfähigkeit von der Kategorie der Terminsfähigkeit. Diese bezeichnet die Fähigkeit eines Beschuldigten, Zeugen oder Sachverständigen, den Weg zum Gericht allein oder in Begleitung zurückzulegen und an der Hauptverhandlung in dem geforderten Umfang teilzunehmen (Lach et al. 2009, S. 124; Rothschild 2005, S. 177, 187; Schulte 2000, S. 310). Die Terminsfähigkeit unterteilt sich weiter in die Fähigkeit, den Ort der Verhandlung allein oder in Begleitung aufsuchen zu können, sog. Reisefähigkeit, und die Transportfähigkeit, welche vorliegt,

sofern der Betroffene nicht reisefähig ist, aber mit Hilfe eines Krankentransportes zur Gerichtsstelle gebracht werden kann (Lach et al. 2009, S. 124). Auch hier gilt, dass das Erscheinen vor Gericht aus eigener Kraft oder mit fremder Hilfe nicht mit erheblichen Gesundheitsrisiken verbunden sein darf (Schewe u. Reinhardt 1992, S. 210, 249; Wille u. John 1986, S. 563; vgl. auch OLG Hamm NZV 2011, S. 562 f.). Sofern die Reisefähigkeit des Angeklagten auf absehbare Zeit nicht vorliegen wird, ist eine Übertragung des Verfahrens gem. § 12 Abs. 2 StPO auf das nach § 8 Abs. 1 StPO zuständige Gericht angebracht (BGH, Beschluss vom 23.9.2009 – 2 ARs 405/09). Bei Zeugen und Sachverständigen besteht bei Terminsunfähigkeit gem. § 223 StPO die Möglichkeit einer sog. kommissarischen Vernehmung durch den beauftragten oder ersuchten Richter, etwa am Wohnort der Auskunftsperson. Dies wird in der Praxis allerdings nur höchst vereinzelt durchgeführt.

Beispiel
- **Fall 4.5**

Ein psychologischer Sachverständiger hatte vor 4 Monaten ein vorbereitendes schriftliches Gutachten in einem Strafverfahren erstattet. Er wurde zur Hauptverhandlung schriftlich geladen und bestätigte die Terminsnachricht. Zwischenzeitlich erlitt er aufgrund einer zerebrovaskulären Insuffizienz eine Stunden dauernde, vorübergehende, inzwischen wieder vollständig abgeklungene Halbseitensymptomatik. Er gab an, dass ihm aufgrund seiner fehlenden Fahrtüchtigkeit der Weg zum Gericht nicht zuzumuten sei. Die vollständig remittierten gesundheitlichen Beschwerden schränkten seine Terminsfähigkeit allerdings nach Auffassung des Gerichts in keiner Weise ein. Die Benutzung öffentlicher Verkehrsmittel sei möglich und zumutbar.

4.2 Vernehmungsfähigkeit

Die Vernehmungsfähigkeit ist zunächst insoweit begrifflich weiter gefasst als die Verhandlungsfähigkeit, als sie sowohl beim Beschuldigten wie auch bei Sachverständigen und Zeugen gegeben sein muss (Konrad 2009, S. 387, 392). Nach verbreiteter Auffassung sollen darüber hinaus an den für die Vernehmungsfähigkeit maßgeblichen physischen und psychischen Zustand des Probanden generell geringere Mindestanforderungen zu stellen sein, als dies bei der Beurteilung der Verhandlungsfähigkeit der Fall ist; zur Begründung wird u. a. auf das Mehr an Beteiligungsrechten verwiesen, die das Prozessrecht dem Angeklagten in der Hauptverhandlung im Vergleich zur Vernehmung des Ermittlungsverfahrens zuschreibt (Wille u. John 1986, S. 563, 565). Ob sich jedoch eine solche Nivellierung des Anforderungsniveaus für die verschiedenen Vernehmungssituationen rechtfertigen lässt, erscheint zweifelhaft, weshalb im Folgenden zwischen der Vernehmungsfähigkeit des Beschuldigten einerseits sowie derjenigen von Zeugen und Sachverständigen andererseits unterschieden werden soll.

4.2.1 Vernehmungsfähigkeit des Beschuldigten

> Vernehmungsfähigkeit des Beschuldigten setzt voraus, dass dieser die Bedeutung des Tatvorwurfs und der Verdachtsgründe erfassen, Fragen in ihrem Sinngehalt verstehen, eine überlegte Wahl zwischen Aussage und Schweigen treffen und den Inhalt seines Vorbringens in Erkenntnis der Tragweite und orientiert an seinen Interessen bestimmen kann. Der Sache nach ist damit nichts anderes gemeint als die Verhandlungsfähigkeit.

Eine explizite Regelung oder gar Legaldefinition findet sich in der Strafprozessordnung zur Frage der Vernehmungsfähigkeit ebenso wenig wie zur Verhandlungsfähigkeit. Wille und John definieren sie als die Fähigkeit zu einer inhaltlich geordneten Kommunikation mit den Ermittlungsbehörden und anderen Rechtspflegeorganen im Vorverfahren (1986, S. 563 f.). Anderen Autoren zufolge setzt Vernehmungsfähigkeit vor allem die Fähigkeit voraus, der Vernehmung zu folgen, Fragen in ihrem Sinngehalt aufzunehmen und in freier Willensentschließung und Willensbetätigung Antworten und Erklärungen in verständlicher Form abzugeben (Glatzel 1982, S. 283, 285; Konrad 2009, S. 387, 392). Eine kurze und bündige Zusammenfassung erfährt der Meinungsstand schließlich in der Formulierung, die jeweilige Auskunftsperson müsse

in der Lage sein, den Sinn von Fragen zu verstehen und sinnvoll zu antworten (Lach et al. 2009, S. 118; Rothschild 2005, S. 177, 180; Schewe u. Reinhardt 1992, S. 210, 247).

Eine vorübergehende Vernehmungsunfähigkeit kommt danach etwa in Betracht bei akuten Intoxikationen oder Entzugssyndromen, insbesondere bei Abhängigkeitserkrankungen (zu der Frage, ob die Aussage eines alkoholisierten Menschen verwertbar ist vgl. auch Hampe u. Mohammadi 2013, S. 12), psychotischen oder hirnorganischen Erkrankungen oder schweren akuten Belastungsreaktionen. Dauernde Vernehmungsunfähigkeit kommt eher selten vor, gelegentlich bei chronischen Psychosen und schweren organischen Psychosyndromen.

Beispiel
- **Fall 4.6**
Reinhard G., ein 48-jähriger Patient mit langjährigem chronischem Psychosyndrom, der in einem Pflegeheim lebte, wurde als dauernd vernehmungsunfähig eingeschätzt, nachdem gezeigt werden konnte, dass er zeitlich, örtlich und zur Person aufgrund der Folgen eines schweren Schädel-Hirn-Traumas nach einem Autounfall nicht orientiert war.

Es stellt sich allerdings die Frage, ob mit einer derartigen Reduktion des Begriffs der Vernehmungsfähigkeit auf die Frage bloßer Kommunikationsfähigkeit der spezifischen Situation der Beschuldigtenvernehmung hinreichend Rechnung getragen wird. Wie sich der Vorschrift des § 136 Abs. 2 StPO entnehmen lässt, soll die Vernehmung des Beschuldigten diesem Gelegenheit zur Beseitigung der gegen ihn vorliegenden Verdachtsgründe und zur Geltendmachung der zu seinen Gunsten sprechenden Tatsachen geben. Der Zweck der Beschuldigtenvernehmung liegt demnach in der Gewährung rechtlichen Gehörs. Dies hat zur Folge, dass der Beschuldigte auch dann in seiner Rolle als Verfahrenssubjekt bleibt, wenn er sich dazu entschließt, von seinem Schweigerecht keinen Gebrauch zu machen; zu einem bloßen Objekt staatlicher Ausforschung darf er nach dem Gesetzeszweck auch im Falle vorliegender Aussagebereitschaft nicht werden (Grünwald 1993, S. 58 ff.).

Ausgehend von dieser Funktion der Beschuldigtenvernehmung ist zu fordern, dass der Beschuldigte in jeder Vernehmungssituation »nach seiner psychischen und physischen Verfassung in der Lage ist, sich sachgemäß zu verteidigen. Dazu gehört, daß er die Bedeutung des Tatvorwurfs und der Verdachtsgründe erfaßt, eine überlegte Wahl zwischen Aussage und Schweigen treffen kann und den Inhalt seines Vorbringens in Erkenntnis der Tragweite und orientiert an seinen Interessen bestimmen kann.« (Grünwald 1993, S. 64). Der Sache nach ist damit jedoch nichts anderes beschrieben als die bereits erörterten Anforderungen an die Verhandlungsfähigkeit, deren Vorliegen mithin Voraussetzung nicht erst für die Durchführung des gerichtlichen Verfahrens, sondern bereits für die Vernehmung des Beschuldigten in den vorangegangenen Verfahrensstadien sein muss (Grünwald 1993, S. 64).

4.2.2 Vernehmungsfähigkeit des Zeugen und Sachverständigen

> Vernehmungsfähigkeit des Zeugen und Sachverständigen beschreibt die kommunikative Fähigkeit, einer Vernehmung zu folgen, Fragen in ihrem Sinngehalt aufzunehmen und in freier Willensentschließung und Willensbetätigung Antworten und Erklärungen in verständlicher Form abzugeben. Dies bedeutet, dass eine Person in der Lage sein muss, den Sinn von Fragen zu verstehen und sinnvoll zu antworten.

Anders als bei der Vernehmung des Beschuldigten kann es bei der Vernehmung von Zeugen und Sachverständigen mit der von der herrschenden Auffassung geforderten Kommunikationsfähigkeit sein Bewenden haben: Sowohl der Zeuge als auch der Sachverständige treten dem Vernehmungsorgan als persönliches Beweismittel in dem gegen einen anderen gerichteten Strafverfahren gegenüber; sie erfüllen mit ihrer Aussage bzw. mit der Erstattung des Gutachtens grundsätzlich eine – erforderlichenfalls mit Zwangsmitteln durchsetzbare – staatsbürgerliche Pflicht. Zumindest in diesem Sinn sind die Träger des Personalbeweises demnach – in Abgrenzung zum Beschuldigten – als Objekt der Beweisaufnahme und nicht

als Prozesssubjekte einzustufen (LR-Kühne 2006, Einleitung, Abschn. J Rn. 5 und 125). Erschöpft sich danach jedoch die Rolle des Zeugen bzw. Sachverständigen bei seiner Vernehmung darin, zur Wahrheitsfindung in dem gegen einen Dritten anhängigen Strafverfahren beizutragen, so genügt für die Vernehmungsfähigkeit die von Wille und John geforderte Fähigkeit zu inhaltlich geordneter Kommunikation, die Fähigkeit, den Sinn von Fragen zu verstehen und sinnvoll zu antworten.

4.3 Haftfähigkeit

Die Frage der Haftfähigkeit, insbesondere der Vollzugstauglichkeit Gefangener, gilt als »zentrales Problem der ärztlichen Gesundheitsfürsorge im Strafvollzug« und als »dauernde Herausforderung an den Anstaltsarzt« (KStVollzG-Lesting u. Stöver 2012, § 56 Rn. 20). Wenngleich sein Gutachten lediglich Entscheidungsgrundlage für die Beschlüsse der juristisch geschulten Strafvollstreckungsorgane und damit letztlich ohne unmittelbare Konsequenzen für den untersuchten Probanden ist (Kiesecker 1999, S. 51, 55), wird sich auch der medizinische Sachverständige bei der Erstellung seines Gutachtens den spezifischen Konfliktlinien der Haftfähigkeitsfrage nicht entziehen können – zu deutlich kollidieren hier der staatliche Strafanspruch auf der einen und das Recht des Strafgefangenen auf die Gewährleistung eines menschenwürdigen Strafvollzugs einschließlich des Verzichts auf die Vollstreckung einer Strafe um jeden Preis auf der anderen Seite (BVerfG NStZ-RR 2003, S. 345; KStVollzG-Lesting u. Stöver 2012, § 56 Rn. 20).

> Haftfähigkeit setzt voraus, dass der psychische und physische Zustand des Beschuldigten oder des Verurteilten den Freiheitsentzug zulässt. Der Inhaftierte muss in einer Einrichtung des Straf- oder Untersuchungshaftvollzuges leben, den Freiheitsentzug ohne Gefahr für seine Gesundheit oder sein Leben absolvieren und – für den Fall, dass es sich um einen verurteilten Straftäter handelt – auch den Sinn und Zweck der Verbüßung einer Freiheitsstrafe erkennen können (Konrad 2009, S. 387 ff.).

Der Vollzug von Untersuchungs- oder Strafhaft setzt danach voraus, dass der psychische und physische Zustand des Inhaftierten den Freiheitsentzug zulässt und dass dem gesundheitlichen Zustand während des Freiheitsentzuges genügend Rechnung getragen werden kann, indem der Inhaftierte bei Bedarf z. B. in ein Vollzugskrankenhaus oder in ein öffentliches Krankenhaus mit entsprechend überwachter Unterbringung verlegt wird (Gatzweiler 1996, S. 283 f.; Münchhalffen u. Gatzweiler 2009, Rn. 359).

Nach Lesting und Stöver (KStVollzG-Lesting u. Stöver 2012, § 56 Rn. 20) bietet sich bei der **Beurteilung der Haftfähigkeit** generell eine Anlehnung an die Rechtsprechung des Bundesverfassungsgerichts zur Frage der Verhandlungsfähigkeit (BVerfG NJW 1995, S. 1951; BVerfG NStZ-RR 1996, S. 38) an: Danach kommen als körperliche Ursachen der Haftunfähigkeit vor allem schwerwiegende kardiovaskuläre und gastrointestinale Erkrankungen sowie neurologische und psychische Erkrankungen in Betracht (weitere Nachweise bei Neuhaus 2009, S. 1010, 1013 ff.; vgl. auch Münchhalffen u. Gatzweiler 2009, Rn. 366 m. w. N.). Aber auch Krankheitsbilder, bei denen die somatische Grunderkrankung für sich gesehen noch nicht zur Haftunfähigkeit führt, die jedoch aufgrund ihrer Verbindung mit psychischen Erkrankungen zu Problemen im Vollzugsalltag – etwa zu Desorientierung oder einem Verlust an Eigenkontrolle – führen, sind als Ursachen für Haftunfähigkeit anzusehen (Gatzweiler 1996, S. 283, 285).

> ❯ Die Frage der Haftfähigkeit entzieht sich damit letztlich einer generalisierenden Beantwortung, da das jeweilige individuelle Krankheitsbild stets zu den vorhandenen – oder eben auch fehlenden – medizinischen Versorgungsmöglichkeiten im Strafvollzug im konkreten Einzelfall in Beziehung gesetzt werden muss (KStVollzG-Lesting u. Stöver 2006, § 56 Rn. 20).

Von der Haft- bzw. Vollzugsfähigkeit abzugrenzen ist die Frage der **Gewahrsamstauglichkeit**, bei der eine Aussage darüber zu treffen ist, ob der psychisch-physische Zustand des Probanden die zeitlich relativ kurz bemessene Gewahrsamnahme nach den Polizeigesetzen der Länder, etwa nach § 35 PolG NRW, gestattet (Heide et al. 2003,

S. A791; Konrad 2009, S. 387 f.). Bei der Gewahrsamnahme handelt es sich nicht um eine Beschränkung der persönlichen Freiheit zum Zwecke der Sicherung eines Strafverfahrens oder der Vollstreckung einer Freiheitsstrafe, sondern um eine engen zeitlichen Grenzen unterliegende Maßnahme zur Abwendung unmittelbarer Gefahren von dem Betroffenen selbst oder der Allgemeinheit. Im Vordergrund stehen dementsprechend zumeist Intoxikationen durch psychotrope Substanzen oder entsprechende Entzugssymptome, aber auch internistische und chirurgische Krankheitsbilder (Elsing et al. 2001, S. 1118, 1121; Heide et al. 2003, S. A791 f.; Konrad 2009, S. 387 f.; Rothschild 2005, S. 177 ff.). Insbesondere bei alkoholisierten Personen können sich zusätzlich verschiedene Traumata finden. Hier sollten vor allem Schädel-Hirn-Traumata und epi- sowie subdurale Blutungen oder auch eine Subarachnoidalblutung diagnostisch abgeklärt werden. Obwohl die Beurteilung oftmals ad hoc und unter unzureichenden räumlichen und zeitlichen Verhältnissen zu erfolgen hat, wird von dem Gutachter zumindest eine valide »Kurzzeitprognose« für einen konkret umrissenen Zeitraum, etwa die nächsten 24 Stunden, gefordert. Der Gutachter hat dann – auch zur Begrenzung des eigenen Haftungsrisikos – ggf. darauf hinzuweisen, dass es sich bei seiner Aussage zum psychisch-physischen Zustand des Betroffenen lediglich um eine Momentaufnahme handelt und dass eine Veränderung der Symptomatik eine erneute ärztliche Untersuchung und Stellungnahme erforderlich machen kann (Heide et al. 2003, S. A791 f.; Rothschild 2005, S. 177, 179 f.) (zu medizinischen Aspekten der Gewahrsamstauglichkeit vgl. auch Heide 2011).

Im Hinblick auf den Zeitpunkt der Begutachtung können für die Haft- bzw. Vollzugsfähigkeit im Wesentlichen 3 unterschiedliche Verfahrensstadien unterschieden werden:

1. Stadium des strafrechtlichen Erkenntnisverfahrens, in dem der Frage der Haftfähigkeit vor allem bei der Außervollzugsetzung eines Haftbefehls im Wege der Haftverschonung gem. § 116 StPO Relevanz zukommen kann.

2. Zeitraum vor Antritt einer Freiheitsstrafe und nach erfolgter rechtskräftiger Verurteilung, in dem wegen bestehender gesundheitlicher Probleme oder Risiken um einen Strafaufschub

im Sinne des § 455 Abs. 1–3 StPO nachgesucht werden kann.

3. Eigentlicher Vollzug der Freiheitsstrafe, bei dessen Antritt nach § 5 Abs. 3 StVollzG (bzw. Art. 7 Abs. 3 BayStVollzG, § 6 Abs. 1 S. 2 HmbStVollzG, § 8 Abs. 2 S. 3 NJVollzG) eine Eingangsuntersuchung durch den Anstaltsarzt insbesondere auch zum Aspekt der Vollzugstauglichkeit (vgl. S. 1 der Verwaltungsvorschrift zu § 5 StVollzG) zu erfolgen hat und in dessen Verlauf bei entsprechenden Anhaltspunkten von der Vollstreckungsbehörde von Amts wegen über eine Strafunterbrechung gemäß § 455 Abs. 4 StPO zu entscheiden ist.

Zuständigkeiten. Für die Überprüfung der Gewahrsamstauglichkeit ist primär der Polizeiarzt zuständig. Niedergelassene Ärzte oder Krankenhausärzte müssen die Gewahrsamstauglichkeit aber dann überprüfen, wenn der in Gewahrsam Befindliche der sofortigen ärztlichen Hilfe bedarf oder bei entsprechenden Zuständigkeitsvereinbarungen mit der Polizei. Gewahrsamstauglichkeit liegt immer dann vor, wenn kein akuter Behandlungsbedarf mehr besteht. Für die Überprüfung der Haft- bzw. Vollzugsfähigkeit ist grundsätzlich der Amtsarzt bzw. nach der Inhaftierung der jeweilige Anstaltsarzt zuständig. Niedergelassene Ärzte oder Krankenhausärzte können aber ausnahmsweise dann zur Überprüfung der Haft- bzw. Vollzugsfähigkeit herangezogen werden, wenn sie in einem Strafverfahren als Sachverständige benannt wurden oder bei entsprechenden Zuständigkeitsvereinbarungen. Allenfalls bei schwerwiegenden Krankheitsbildern besteht einer Grundsatzentscheidung des OLG Köln (NJW 1985, S. 1408) folgend ein gerichtlich durchsetzbarer Anspruch des Gefangenen auf Hinzuziehung eines Vertrauensarztes (hierzu ausführlich Gatzweiler 1996, S. 283, 287 f.; Münchhalffen u. Gatzweiler 2009, Rn. 374).

4.3.1 Haftfähigkeit in der Untersuchungshaft

Wie die Nichterwähnung der Haftfähigkeit im Rahmen der Voraussetzungen des Haftbefehls in den §§ 112 ff. StPO zeigt, steht die Haftunfähigkeit

des Beschuldigten dem Erlass eines Haftbefehls nicht entgegen; sie hindert lediglich dessen Vollzug (KK-Graf 2013, § 112 Rn. 54; Meyer-Goßner 2009, § 112 Rn. 3; Münchhalffen u. Gatzweiler 2009, Rn. 359).

❯ Besteht die naheliegende, konkrete Gefahr, dass der Beschuldigte durch den Vollzug der Untersuchungshaft schwerwiegenden Schaden an seiner Gesundheit erleidet oder zu Tode kommt, so darf der Haftbefehl nicht vollstreckt werden (OLG Düsseldorf JZ 1984, S. 248; KG StV 1992, S. 584; OLG Nürnberg StV 2006, S. 314). Sofern der Beschuldigte bereits durch die Kenntnis vom Erlass eines Haftbefehls einer derartigen konkreten Gesundheitsgefahr ausgesetzt ist, ist als Ausfluss der Verhältnismäßigkeitsprüfung des § 112 Abs. 1 S. 2 StPO bereits von der Anordnung der Haft abzusehen (BGH NStZ-RR 2012, S. 114 f. zur Beugehaft; KK-Graf 2013, § 112 Rn. 54).

Wille und John (1986, S. 563, 567) weisen in diesem Zusammenhang auf die Bedeutung der Unschuldsvermutung hin, die insgesamt einen großzügigeren Maßstab als bei Beurteilung der Vollzugstauglichkeit eines bereits rechtskräftig zu einer Freiheitsstrafe verurteilten Inhaftierten erlaube.

Beim Auftreten einer schwerwiegenden Erkrankung des Beschuldigten im Verlauf der Untersuchungshaft kann zudem Haftverschonung gem. § 116 StPO gewährt werden, wenn beispielsweise die zuvor bejahte Fluchtgefahr aufgrund einer erheblichen körperlichen Funktionsstörung deutlich gemindert erscheint (KK-Graf 2013, § 112 Rn 54; Kiesecker 1999, S. 51 f.). In Betracht zu ziehen ist insoweit auch, dem Beschuldigten gem. § 116 Abs. 1 S. 2 Nr. 2 StPO die Auflage zu erteilen, für die Dauer seiner Behandlung nicht das Krankenhaus zu verlassen, in das er sich nach seiner Haftentlassung zur stationären Behandlung begeben soll (Gatzweiler 1996, S. 283, 286). Problematisch ist in solchen Fällen die nicht seltene Praxis der Justizbehörden, in der Regel telefonisch oder auch durch Beschluss von den behandelnden Ärzten zu fordern, noch vor Entlassung des Patienten Rücksprache zu halten, damit dieser wieder einer Justizvollzugseinrichtung zugeführt werden kann. Dies ist nur dann tolerabel, wenn der betreffende Patient ausdrücklich entsprechend von der Schweigepflicht entbindet (und dies auch nicht im Verlauf zurückzieht).

Rechtfertigen dringende Anhaltspunkte die Annahme, dass der Beschuldigte die ihm vorgeworfene Tat im Zustand der Schuldunfähigkeit (§ 20 StGB) oder erheblich verminderten Schuldfähigkeit (§ 21 StGB) begangen hat, und ist zu erwarten, dass das Gericht aufgrund der fortbestehenden Gefährlichkeit des Beschuldigten dessen Unterbringung in einem psychiatrischen Krankenhaus oder einer Entziehungsanstalt anordnen wird, so kommt nach § 126a StPO bereits im Ermittlungsverfahren eine einstweilige Unterbringung zur Abwendung von Gefahren für die öffentliche Sicherheit in Betracht (▶ Kap. 9).

4.3.2 Strafaufschub gemäß § 455 Abs. 1–3 StPO

Die vorübergehende Aussetzung der Strafvollstreckung aus gesundheitlichen Gründen, die mit dem Oberbegriff des **Strafausstandes** bezeichnet werden kann, umfasst sowohl die Aussetzung der Strafvollstreckung vor Beginn des Vollzugs, den sog. Strafaufschub, als auch die erst nach Vollzugsbeginn angeordnete Strafunterbrechung (KK-Appl 2013, § 455 Rn. 2).

- **§ 455 StPO. Aufschub der Vollstreckung einer Freiheitsstrafe.**
(1) Die Vollstreckung einer Freiheitsstrafe ist aufzuschieben, wenn der Verurteilte in Geisteskrankheit verfällt.
(2) Dasselbe gilt bei anderen Krankheiten, wenn von der Vollstreckung eine nahe Lebensgefahr für den Verurteilten zu besorgen ist.
(3) Die Strafvollstreckung kann auch dann aufgeschoben werden, wenn sich der Verurteilte in einem körperlichen Zustand befindet, bei dem eine sofortige Vollstreckung mit der Einrichtung der Strafanstalt unverträglich ist. […]

Infolge der Verweisungsnorm des § 463 Abs. 1 StPO findet das Regelungssystem des § 455 StPO auch auf die Vollstreckung von freiheitsentziehenden Maßregeln der Besserung und Sicherung nach § 63 ff. StGB Anwendung, es erfährt allerdings in § 463 Abs. 5 StPO einige Modifikationen. § 455 StPO gilt aber nicht für den Vollzug von Untersuchungshaft (KK-Appl 2013, § 455 Rn. 1). Obwohl auch im Zusammenhang mit dem Vollzug von Freiheitsstrafen üblicherweise weiterhin von »Haftfähigkeit« die Rede ist (Konrad 2009, S. 387 f.), erscheint für diesen Verfahrensabschnitt – in Abgrenzung zum Zeitraum der Untersuchungshaft, für den dieser Begriff passt – die Bezeichnung als »Vollzugstauglichkeit« sachnäher (ebenso OLG München NStZ 2013, S. 127).

Der Strafaufschub findet seine gesetzliche Regelung in den Absätzen 1–3 des § 455 StPO. Die Vorschrift enthält eine differenzierte Regelung, die Aufschluss darüber gibt, in welchen Fällen der Beginn der Vollstreckung einer zeitigen, aber auch lebenslangen (LR-Graalmann-Scheerer 2010, § 455 Rn. 5) Freiheitsstrafe wegen Erkrankung aufzuschieben ist oder aufgeschoben werden kann. Voraussetzung hierfür ist in jedem Fall die Befürchtung, dass der Verurteilte in Anbetracht seines Gesundheitszustandes bei einer Fortsetzung der Strafvollstreckung sein Leben einbüßen oder schwerwiegenden Schaden an seiner Gesundheit nehmen würde (OLG München MDR 1981, S. 426). Während jedoch die Absätze 1 und 2 des § 455 StPO Umstände beschreiben, in denen ein Strafaufschub obligatorisch ist und dem Verurteilten infolgedessen ein Recht auf dessen Gewährung zusteht (LR-Graalmann-Scheerer 2010, § 455 Rn. 6), ist der Strafaufschub in § 455 Abs. 3 StPO in das Ermessen der Vollstreckungsbehörde gestellt; der Verurteilte hat hier lediglich ein Recht auf fehlerfreie Ermessensausübung (OLG Hamm NStZ-RR 2009, S. 189; OLG Köln, Beschluss vom 7.8.2012 – 2 Ws 575/12, 2 Ws 576/12; SK-Paeffgen 2013, § 455 Rn. 6).

Die Entscheidungskompetenz liegt für Entscheidungen über den Aufschub einer Freiheitsstrafe oder freiheitsentziehenden Maßregel – wie auch bei der Strafunterbrechung – bei der Staatsanwaltschaft als Vollstreckungsbehörde (OLG Hamm NStZ-RR 2009, S. 189; OLG Köln, Beschluss vom 7.8.2012 – 2 Ws 575/12, 2 Ws 576/12; LR-Graalmann-Scheerer 2010, § 455 Rn. 30). Die

Verfügung eines Strafaufschubs erfolgt grundsätzlich von Amts wegen; es besteht also kein Antragserfordernis, wenngleich ein Antrag des Verurteilten oder seines Verteidigers natürlich möglich und u. U. sogar mit der gebotenen Nachdrücklichkeit vorzubringen ist, um die Prüfung der Vollzugstauglichkeit gegen etwaige Widerstände der Behörden durchzusetzen (RhPf-VerfGH Beschl. vom 16.11.2012 – VGH A 26/12; Gatzweiler 1996, S. 283, 287). Gegen die Versagung eines begehrten Strafaufschubes kann eine gerichtliche Entscheidung nach § 458 Abs. 2 StPO herbeigeführt werden, wobei das Gericht nach § 455 Abs. 3 StPO die Aufschubs- oder Unterbrechungsanordnung auch selbst treffen kann. Gegen eine ablehnende Entscheidung des Gerichts ist wiederum die sofortige Beschwerde zulässig (§ 462 Abs. 3 S. 1 StPO).

Strafaufschub wegen einer psychischen Störung (»Verfallen in Geisteskrankheit«, § 455 Abs. 1 StPO)

Mit dem in § 455 Abs. 1 StPO erwähnten Verfallen des Verurteilten in Geisteskrankheit ist das Auftreten ausgeprägter psychischer Krankheitszustände, insbesondere akuter Psychosen, schwerer affektiver Störungen und hirnorganischer Psychosyndrome gemeint. Die Verwendung des Begriffs »Verfallen« in Verbindung mit dem Verurteiltenbegriff macht deutlich, dass der Gesetzgeber von einem Auftreten der psychischen Erkrankung erst nach dem Zeitpunkt der Verurteilung ausgegangen ist, da er für die Fälle bereits bei Begehung der Tat vorhandener und zum Entscheidungszeitpunkt noch manifester Krankheitsbilder davon ausging, die Schuldfähigkeitsbestimmungen der §§ 20 und 21 StGB sowie die Maßregel der Unterbringung in einem psychiatrischen Krankenhaus (§ 63 StGB) ermöglichten einen adäquaten Umgang mit der psychischen Beeinträchtigung des Angeklagten (KK-Appl 2013, § 455 Rn. 6a). Entgegen seines Wortlauts muss § 455 Abs. 1 StPO nach herrschender Auffassung jedoch auf sämtliche Fälle psychischer Störungen bei verurteilten Straftätern Anwendung finden, und zwar unabhängig vom Zeitpunkt des Auftretens der Erkrankung (KK-Appl 2013, § 455 Rn. 6a; SK-Paeffgen 2013, § 455 Rn. 8, Lach et al. 2009, S. 108).

Beispiel
Relevante Beispiele für schwerwiegende, hier relevante psychische Störungen sind ein weitreichendes psychotisches Erleben bei Schizophrenie und wahnhafter Depression oder schwere organische Psychosyndrome unterschiedlicher Ätiologie und verschiedenartiger Psychopathologie sowie eine fortgeschrittene Demenz (OLG München NStZ 2013, S. 127).

Folge einer entsprechenden psychischen Störung muss sein, dass der Verurteilte für sämtliche Zwecke der Strafverfolgung nicht mehr ansprechbar ist und den Sinn einer Freiheitsstrafe nicht mehr zu erfassen vermag (OLG München NStZ 1981, S. 240; OLG München NStZ 2013, S. 127); bei einer psychischen Störung geringeren Grades kommt die Einweisung in eine Vollzugsanstalt mit entsprechenden Behandlungsmöglichkeiten im Wege des § 152 Abs. 2 StVollzG in Betracht (OLG München NStZ 2013, S. 127 f.; KK-Appl 2013, § 455 Rn. 6a; Konrad 2009, S. 387, 390). Sofern die psychische Störung nur in Episoden auftritt, erscheint ein Aufschub nur für die Dauer einer Episode denkbar (KK-Appl 2013, § 455 Rn. 6a; LR-Graalmann-Scheerer 2010, § 455 Rn. 9; Konrad 2009, S. 387, 390).

Strafaufschub wegen naher Lebensgefahr (§ 455 Abs. 2 StPO)

Üblicherweise werden hierunter lediglich somatische Erkrankungen gefasst. Dies ist aus medizinisch-psychologischer Sicht nicht nachzuvollziehen, da psychische wie somatische Erkrankungen ein hohes Komorbiditätsrisiko haben (und psychisch Kranke dann häufiger als Gesunde sterben) und darüber hinaus nicht selten akute Suizidalität besteht, was durchaus eine nahe Lebensgefahr beinhaltet.

An die nach § 455 Abs. 2 StPO zu fordernde Lebensgefährdung werden von der herrschenden Auffassung strenge Anforderungen gestellt, was mit der in den Äußerungen von Praktikern häufig durchscheinenden Unterstellung zu tun haben dürfte, mit den Aussetzungsgründen des § 455 StPO sei Simulantentum und Wehleidigkeit ein weites Feld eröffnet (Lesting 1992, S. 81 f.). Danach soll es nicht bereits ausreichen, wenn lediglich nicht ausgeschlossen werden kann, dass die Krankheit sich durch den Vollzug lebensbedrohlich verschlechtern werde; vielmehr soll ein höherer Grad an Wahrscheinlichkeit zu fordern sein (OLG Hamm MDR 1976, S. 778; OLG Düsseldorf NJW 1991, S. 765). Bedenken begegnet die verbreitet anzutreffende Aussage, bei lang andauernden Strafen seien die Anforderungen an die Wahrscheinlichkeit noch einmal zu erhöhen (OLG München NStZ 1981, S. 240; Meyer-Goßner 2013, § 455 Rn. 5): Dafür gibt es weder eine nachvollziehbare medizinische noch eine gesetzliche Grundlage.

Nach Kiesecker (1999, S. 51 f.) soll § 455 Abs. 2 StPO Anwendung finden auf akut Schwerkranke, frisch Operierte, Patienten mit schwerwiegenden kardiovaskulären (hierzu Lach et al. 2009, S. 108 f.) und gastrointestinalen Erkrankungen sowie Erkrankungen des zentralen Nervensystems. Eine alleinige HIV-Infektion ohne Ausbruch der Krankheit soll nach Appl (KK-Appl 2013, § 455 Rn. 7) einen Strafaufschub regelmäßig zumindest solange nicht rechtfertigen, wie eine angemessene medizinische Betreuung in der Anstalt oder in einem Vollzugskrankenhaus gewährleistet ist. Dies scheint in der Praxis nicht regelhaft der Fall zu sein, da insbesondere die psychosoziale Betreuung nicht immer gewährleistet ist, entspricht aber dem gängigen Vorgehen.

Die drohende Verschlechterung des Gesundheitszustandes muss schließlich auf den Vollzug der Freiheitsstrafe bzw. der Maßregel zurückzuführen sein: Soweit die sich aus der Krankheit ergebenden Gefahren durch den Vollzug nicht erhöht werden, sondern außerhalb des Vollzugs in gleicher Weise bestehen würden (z. B. Schlaganfallgefährdung bei bestehendem Diabetes mellitus und Hypertonie), kommt § 455 Abs. 2 StPO nicht zur Anwendung (OLG Düsseldorf NStZ 1991, S. 151; Konrad 2009, S. 387, 390; LR-Graalmann-Scheerer 2010, § 455 Rn. 10; kritisch Neuhaus 2009, S. 1010, 1019 f.).

Nach jüngster Rechtsprechung des OLG Hamm (NStZ-RR 2010, S. 191) soll auch die durch einen drohenden Suizid ausgelöste Lebensgefahr nicht auf die Vollstreckung, sondern auf die Person des Verurteilten zurückzuführen sein und ein Strafaufschub daher ausscheiden. Dieser Symptomatik könne vielmehr nach Beginn des Strafvollzugs

mit den Ermächtigungen des § 88 StVollzG (bzw. Art. 96 BayStVollzG, § 74 HmbStVollzG, § 81 NJVollzG) wirksam begegnet werden. Breit diskutiert wird dieses Thema vorrangig bei der Frage der Begründung einer Strafaussetzung gemäß Abs. 4 (vgl. dazu Kapitel 4.3.3). Die dort vorgebrachten Bedenken der Literatur (SK-Paeffgen 2013, § 455 Rn. 6; Münchhalffen/Gatzweiler 2009, Rn. 363; Gatzweiler 1996, S. 283, 285 f.) gelten auch bezüglich einer Strafaussetzung nach Abs. 2.

Strafaufschub wegen Unverträglichkeit sofortiger Vollstreckung (§ 455 Abs. 3 StPO)

In die Regelung des § 455 Abs. 3 StPO, welche die Möglichkeit eines Strafaufschubs in denjenigen Fällen einräumt, in denen eine sofortige Vollstreckung aufgrund des körperlichen Zustands des Verurteilten mit den Einrichtungen der Strafanstalt unvereinbar erscheint, haben 2 unterschiedliche Interessenspositionen Eingang gefunden: Bereits aus dem Wortlaut der Norm ist ersichtlich, dass der Vollzugsanstalt Schwierigkeiten erspart werden sollen, die sich wegen einer körperlichen Besonderheit des Verurteilten, etwa einer gravierenden Behinderung, im Hinblick auf eine geordnete Durchführung des Vollzuges ergeben könnten (LR-Graalmann-Scheerer 2010, § 455 Rn. 11). Die Vorschrift hat jedoch auch die Interessen des somatisch schwer beeinträchtigten Verurteilten im Blick, der im Vollzug nicht die notwendige Rücksichtnahme auf seinen Zustand erwarten könnte, weil der Anstalt die notwendigen Mittel zu seiner Gesundheitsfürsorge oder Pflege nicht zur Verfügung stehen (Gatzweiler 1996, S. 283 f.).

Eine Behinderung in Form einer Querschnittslähmung sowie einer Blasen- und Mastdarmlähmung führt nicht per se zu einer Unverhältnismäßigkeit der Strafvollstreckung i. S. d. Abs. 3, da im Vollzug spezielle Haftplätze für Rollstuhlfahrer vorhanden sind (OLG Köln, Beschluss vom 7.8.2012 – 2 Ws 575/12, 2 Ws 576/12).

Für die Versorgung von schwangeren Frauen oder solchen, die gerade entbunden haben, ist auf die in den §§ 76 ff. StVollzG bzw. den im Gefolge der Föderalismusreform in einigen Ländern an ihre Stelle getretenen Vorschriften (Art. 82 ff. BaySt-

VollzG, § 67 HmbStVollzG, § 71 NJVollzG; vgl. für den Zeitraum der Untersuchungshaft Nr. 57 S. 2 UVollzO) enthaltenen Spezialregelungen zu verweisen. Aus deren Vorhandensein folgert die herrschende Auffassung, dass die zugrunde liegenden körperlichen Zustände prinzipiell nicht als Gründe für einen Strafaufschub nach § 455 Abs. 3 StPO in Betracht kommen (Meyer-Goßner 2013, § 455 Rn. 6; SK-Paeffgen 2013, § 455 Rn. 10).

Die Normen zum Strafaufschub und zur Strafunterbrechung dienen unterschiedlichen Zwecken, welche es ausschließen, die Vorschriften über das eine auf das andere entsprechend anzuwenden (LR-Graalmann-Scheerer 2010, § 455 Rn. 17). Die Ablehnung eines Strafaufschubs nach § 455 Abs. 3 StPO kann daher nicht darauf gestützt werden, dass der Verurteilte in ein Justizvollzugskrankenhaus geladen worden und dort eine angemessene medizinische Betreuung möglich sei, da das Gesetz diesen Ablehnungsgrund nur für § 455 Abs. 4 S. 1 Nr. 3 StPO vorsieht (OLG Celle StraFo 2011, S. 524). Der nach Maßgabe der in § 455 Abs. 1–3 StPO gewährte Aufschub endet durch Fristablauf oder durch Verfügung der Vollstreckungsbehörde und Ladung zum Strafantritt; ein erneuter bzw. mehrmaliger Aufschub ist grundsätzlich statthaft (KK-Appl 2013, § 455 Rn. 9).

4.3.3 Strafunterbrechung gemäß § 455 Abs. 4 StPO

- **§ 455 StPO. Aufschub der Vollstreckung einer Freiheitsstrafe.**
[…] (4) Die Vollstreckungsbehörde kann die Vollstreckung einer Freiheitsstrafe unterbrechen, wenn

1. der Verurteilte in Geisteskrankheit verfällt,
2. wegen einer Krankheit von der Vollstreckung eine nahe Lebensgefahr für den Verurteilten zu besorgen ist,
3. der Verurteilte sonst schwer erkrankt und die Krankheit in einer Vollzugsanstalt oder einem Anstaltskrankenhaus nicht erkannt oder behandelt werden kann

und zu erwarten ist, daß die Krankheit voraussichtlich für eine erhebliche Zeit fortbestehen wird. Die Vollstreckung darf nicht unterbrochen werden, wenn

überwiegende Gründe, namentlich der öffentlichen Sicherheit, entgegenstehen.

Während die Unterbrechung der Strafvollstreckung nach Antritt der Freiheitsstrafe früher in den §§ 45 und 46 StVollstrO normiert war, die heute lediglich noch technische Fragen der Verfahrensgestaltung enthalten, sind die Voraussetzungen der Strafunterbrechung nunmehr in § 455 Abs. 4 StPO geregelt. Der abschließende Charakter, den der Gesetzgeber der Normierung geben wollte, lässt es ausgeschlossen erscheinen, die in Teilen großzügigere Regelung der Aussetzung in den Absätzen 1–3 auf die Strafunterbrechung entsprechend anzuwenden (LR-Graalmann-Scheerer 2010, § 455 Rn. 17). Der Verschärfung der Voraussetzungen liegt die sicherlich nicht unangreifbare Maßgabe zugrunde, dass eine einmal begonnene Strafvollstreckung – nicht zuletzt im Interesse des Verurteilten, da ansonsten nur das Ende der Strafzeit hinausgeschoben würde – nach Möglichkeit ohne Unterbrechung zu Ende geführt werden sollte (KK-Appl 2013, § 455 Rn. 10).

Von Bedeutung ist in diesem Zusammenhang vor allem, dass § 455 Abs. 4 StPO – ebenso wie die Regelung des Strafaufschubes aus vollzugsorganisatorischen Gründen in § 455 Abs. 3 StPO – der Behörde ein Ermessen einräumt: Der Gefangene hat deshalb kein Recht auf die Gewährung einer Unterbrechung, jedoch hat er einen Anspruch auf ermessensfehlerfreie Entscheidung, dessen Berücksichtigung durch die Vollstreckungsbehörde einer zumindest eingeschränkten gerichtlichen Überprüfung offen steht (OLG Hamm NStZ-RR 2009, S. 189; KG StV 2008, S. 87; Meyer-Goßner 2013, § 455 Rn. 7). Nach § 455 Abs. 4 S. 2 StPO ist eine Unterbrechung der Vollstreckung allerdings zwingend ausgeschlossen, wenn überwiegende Gründe, namentlich solche der öffentlichen Sicherheit, dieser entgegenstehen; derartige Gründe können etwa in der Gefahr einer Begehung neuer schwerwiegender Straftaten oder in einer trotz der Erkrankung bestehenden erheblichen Fluchtgefahr zu sehen sein (KK-Appl 2013, § 455 Rn. 15; prägnantes Beispiel bei Lach et al. 2009, S. 111).

In der Formulierung der eine Unterbrechung der Strafvollstreckung ermöglichenden Gründe lehnt sich § 455 Abs. 4 StPO wie bereits erwähnt an die Absätze 1–3 der Vorschrift an, knüpft jedoch

die Möglichkeit einer Unterbrechung aus vollzugsorganisatorischen Gründen an strengere Anforderungen, als diese für den Zeitraum vor dem
Strafantritt in § 455 Abs. 3 StPO aufgestellt werden:
In Ergänzung zu den unzureichenden Ressourcen
sowohl der Vollzugsanstalt als auch der vollzugsin-
ternen Behandlungseinrichtungen (»Anstaltskran-
kenhäuser«) im Hinblick auf eine adäquate Therapie wird nunmehr die Erwartung vorausgesetzt,
dass die Krankheit voraussichtlich für eine längere
Zeit fortbestehen wird. Hierüber ist entsprechend
der Regelung des § 45 Abs. 1 StVollstrO ein Gutachten des zuständigen Arztes einzuholen.

Mit der Erwähnung des »Anstaltskrankenhau-
ses« in § 455 Abs. 4 Nr. 3 StPO ist im Übrigen ein
Umstand nur unvollkommen beschrieben, der mit
dazu beitragen dürfte, dass es sich bei der Strafunterbrechung in der Praxis um ein eher selte-
nes Phänomen handelt (Heischel 1998, S. 40 f.):
Stets vorrangig zu prüfen sind nämlich sowohl
die Möglichkeit der Behandlung des Gefangenen
in einem Anstaltskrankenhaus oder in einer Vollzugsanstalt mit entsprechender Krankenabteilung,
wie sie § 65 Abs. 1 StVollzG (bzw. Art. 67 Abs. 1
BayStVollzG, § 63 Abs. 1 HmbStVollzG, § 63 Abs. 1
NJVollzG) vorsieht, als auch die Realisierbarkeit
der von § 65 Abs. 2 StVollzG (bzw. Art. 67 Abs. 2
BayStVollzG, § 63 Abs. 2 HmbStVollzG, § 63 Abs. 2
NJVollzG) vorgesehenen – ggf. unter Bewachung
durchgeführten – Behandlung in einem Krankenhaus außerhalb des Vollzuges (Grünebaum 2000,
S. 292 ff.).

Sehr problematisch ist die Praxis einer Reihe von
Bundesländern zu bewerten, in denen psychiatrisch-psychotherapeutische Abteilungen in Justizvollzugsanstalten nicht oder nicht mit ausreichenden Plätzen existieren. Dies führt zu einer
massiven Benachteiligung psychisch kranker Gefangener ohne sachlichen Grund (dazu auch Foerster u. Foerster 2008, S. 897). Darüber hinaus
ist die Verlegung von Strafgefangenen in psychiatrisch-psychotherapeutische Fachkliniken außerhalb des Vollzugs in der Regel entweder wegen der
zu unterbrechenden und damit zu verlängernden
Strafhaft mit Nachteilen für die Gefangenen verbunden oder wegen Sicherheitsbedenken entweder
gar nicht bzw. nur unter Bewachung auf der Kran-
kenstation durchführbar.

Beispiel
- **Fall 4.7**

Paul M., ein 24-jähriger Strafgefangener mit akuter
schizophrener Psychose, wurde notfallmäßig in ein
psychiatrisches Krankenhaus verlegt. Er wurde dort
unter der Bewachung von 2 uniformierten, bewaffne-
ten Justizangestellten in einem leer geräumten Mehr-
bettzimmer behandelt. Die anderen Patienten der
Intensivstation waren durch dieses Vorgehen zutiefst
verunsichert und geängstigt. Die Überwachungs-
maßnahmen führten bei ihnen zu einem erheblichen
Anstieg von sedierenden Psychopharmaka, für die es
eigentlich primär keine medizinische Notwendigkeit
gab. Dem Krankenhaus wurde lediglich der allgemeine Pflegesatz für den Patienten bezahlt; nicht berücksichtigt wurde die Aufnahme des Wachpersonals
und die damit verbundene Sperrung von Betten, die
deswegen nicht belegt werden konnten.

Gegenüber diesen Optionen, die eine nach § 461
Abs. 1 StPO grundsätzlich auf die Strafdauer an-
zurechnende Fortsetzung der Freiheitsentziehung
darstellen, ist die Strafunterbrechung subsidiär
(OLG Karlsruhe NStZ 1991, S. 53 f.; LG Ellwangen
NStZ 1988, S. 330 f.; Kiesecker 1999, S. 51, 56).
Das Hanseatische Oberlandesgericht Hamburg hat
allerdings in einer neueren Entscheidung darauf
hingewiesen, dass bei einem todkranken Strafgefangenen, von dem eine nur noch sehr eingeschränkte Gefahr erneuter Straftaten ausgeht, die
Achtung der Menschenwürde eine Unterbrechung
der Strafvollstreckung auch dann gebieten kann,
wenn wegen der Krankheit von der Vollstreckung
selbst eine nahe Lebensgefahr nicht zu besorgen
ist und die Krankheit in einem Anstaltskrankenhaus behandelt werden kann (HansOLG Hamburg
NStZ-RR 2006, S. 285).

Bedenken begegnet die in Rechtsprechung und
Literatur häufig anzutreffende Feststellung, selbst
manifeste Suizidgefahr des Gefangenen rechtfer-
tige eine Strafunterbrechung grundsätzlich nicht,
da in diesen Fällen das Instrumentarium der besonderen Sicherungsmaßnahmen nach § 88 StVollzG
(bzw. Art. 96 BayStVollzG, § 74 HmbStVollzG, §
81 NJVollzG) angemessene Reaktionen ermögli-
che (KG NStZ 1994, S. 255; Konrad 2009, S. 387,
390; Meyer-Goßner 2013, § 455 Rn. 5; vgl. bereits
die Ausführungen zu dieser Problematik im Rah-

men des Abs. 2). Die von dieser Norm eröffneten Zwangsmaßnahmen wie Fixierung oder Vorenthaltung drosselungstauglicher Kleidung, erscheinen vor dem Hintergrund, dass der Suizidversuch im Regelfall Ausdruck tief empfundener innerer Not und schwerster Erkrankung des Strafgefangenen sein dürfte, nur schwer erträglich und zumeist wohl auch inadäquat (SK-Paeffgen 2013, § 455 Rn. 6).

Aus diesem Grunde ist (vgl. Gatzweiler, 1996, S. 283, 285 f.; vgl. auch Münchhalffen/Gatzweiler 2009, Rn. 363) zumindest bei Psychosen, hirnorganischen Erkrankungen, schweren Depressionen und auch bei Angst- oder Verhaltensstörungen vor dem Hintergrund neuerer Erkenntnisse der Suizidprävention eine sensiblere Beurteilung der Haftfähigkeitsfrage dringend einzufordern. Bestehen Anhaltspunkte für eine Selbstgefährdungsneigung, hat die Anstaltsleitung umgehend eine psychiatrische Exploration des Betroffenen herbeizuführen und sicherzustellen, dass geeignete psychosoziale Betreuungsmaßnahmen ergriffen werden (BVerfG, Beschluss der 2. Kammer des 2. Senats vom 24.1.2008 – 2 BvR 1661/06).

Beispiel
- **Fall 4.8**

Thorsten K., 21-jährig, wurde dem Konsiliararzt für Psychiatrie und Psychotherapie bei dessen wöchentlicher Sprechstunde in der Justizvollzugsanstalt vorgestellt. Die Dokumentation des Anstaltsarztes ergab, dass Herr K. 3 Tage zuvor wegen selbstschädigenden Verhaltens (versuchtes Erhängen) und Fremdaggressivität (Herr K. wehrte sich vehement, als ihn Anstaltsbedienstete antrafen) in den besonders gesicherten Haftraum (B-Zelle) verbracht worden war. Dort war er bis zum Besuch des Konsiliararztes eingesperrt, hatte nur seine Unterhose an und war mit einem Fuß an einer der 4 Vorrichtungen angekettet. Es bestand durchgängig Videokontakt, das Licht war ständig an, und es war sehr warm. Der Psychiater diagnostizierte eine akute schizophrene Psychose und veranlasste die notfallmäßige Aufnahme in einem psychiatrischen Krankenhaus sowie die Überführung in Begleitung eines Notarztes.

In entsprechender Anwendung des § 455 Abs. 4 Nr. 3 StPO kommt eine Strafunterbrechung zudem auch dann in Betracht, wenn die Vollzugstauglichkeit zwar gegenwärtig nicht tangiert ist, es sich aber um eine schwere Erkrankung handelt, die langfristig mit Erfolgsaussichten nur außerhalb des Strafvollzugs behandelt werden kann (BVerfG, Beschluss der 3. Kammer des 2. Senats vom 9.3.2010 – 2 BvR 3012/09; OLG Stuttgart StV 1991, S. 478: Lebertransplantation wegen Leberzirrhose). Demgegenüber soll einer AIDS-Erkrankung des Gefangenen zumindest im Anfangsstadium nach herrschender juristischer Auffassung keine eine Strafunterbrechung legitimierende Bedeutung zukommen, solange eine angemessene medizinische Betreuung in der Anstalt gewährleistet ist (LG Ellwangen NStZ 1988, S. 330; KK-Appl 2013, § 455 Rn. 13; ▶ Abschn. 4.3.2); eine Einschätzung, die in ihrer Ausrichtung allein auf die somatischen Aspekte der Krankheit bei gleichzeitiger Vernachlässigung der ungünstigen Auswirkungen psychosozialer Störungen auf den Infektions- und Krankheitsverlauf, nicht unbedenklich erscheint (Bruns 1987, S. 504, 507).

Schließlich wurde jüngst von der höchstrichterlichen Rechtsprechung aus dem Grundsatz der Achtung der Menschenwürde des Art. 1 Abs. 1 GG die Pflicht abgeleitet, im Falle menschenunwürdiger Haftbedingungen die Strafvollstreckung solange zu unterbrechen, wie eine weitere Unterbringung unter Berücksichtigung aller der jeweiligen Vollzugsanstalt zur Verfügung stehenden Möglichkeiten, einschließlich einer Verlegung in eine andere Haftanstalt, nur unter menschenunwürdigen Bedingungen in Betracht käme. Mit dieser Pflicht des Staates dürfte ein entsprechendes Recht des betroffenen Gefangenen korrespondieren, bei der Vollstreckungsbehörde die Unterbrechung bzw. Aufschiebung der Strafe nach § 455 StPO zu beantragen (vgl. hierzu BVerfG StraFo 2011, S. 142, 145; BGH StraFo 2011, S. 157 f.; Meyer-Goßner 2013, § 455 Rn. 15).

Im besonders begründeten Einzelfall können die von der Vollstreckungsbehörde bei der Auslegung von § 455 Abs. 4 StPO zu berücksichtigenden Grundrechte des Strafgefangenen auf Leben und körperliche Unversehrtheit (Art. 2 Abs. 2 S. 1 GG) und seine Menschenwürde (Art. 1 Abs. 1 GG) eine Strafunterbrechung auch über den Wortlaut von § 455 Abs. 4 StPO hinaus möglich erscheinen lassen (BVerfG, Beschluss der 3. Kammer des 2. Senats vom 9.3.2010 – 2 BvR 3012/09; BVerfG, Beschluss der 3. Kammer des 2. Senats vom 6.6.2011 – 2 BvR 1083/11; OLG Celle StraFo 2010, S. 351). Insbesondere müssen die Entscheidungen über den Freiheitsentzug auf einer ausreichenden Sachverhaltsaufklärung beruhen (BVerfG a.a.O).

Die Strafunterbrechung nach § 455 Abs. 4 StPO endet mit Fristablauf, durch gesonderte Verfügung der Vollstreckungsbehörde oder durch Anordnung von Maßnahmen, die die Verfügungsgewalt wieder herstellen sollen, wie etwa der Vorführungs- oder Haftbefehl nach § 457 StPO oder eine Bewachung des Verurteilten (SK-Paeffgen 2013, § 455 Rn. 5).

4.4 Literatur

Bruns M (1987) Aids und Strafvollzug. StV 7: 504–507

Burhoff D (2013) Handbuch für die strafrechtliche Hauptverhandlung, 7. Aufl. ZAP Verlag für die Rechts- und Anwaltspraxis, Köln

Eisenberg U (2012) Sich-Entfernen bzw. Fernbleiben während der Hauptverhandlung (§ 231II StPO). NStZ 2: 63–70

Eisenberg U (2013) Beweisrecht der StPO, 8. Aufl. Beck, München

Elsing C, Schlenker T, Stremmel W (2001) Haft- und Gewahrsamsfähigkeit aus internistischer Sicht. DMW 126: 1118–1121

Foerster K, Foerster M (2008) Psychisch kranke Straftäter im Regelvollzug – vergessen von Justiz und Psychiatrie? In: Schöch H et al. (Hrsg) Strafverteidigung, Revision und die gesamten Strafrechtswissenschaften. Festschrift für Gunter Widmaier. Heymanns, Köln, S. 897–908

Gatzweiler N (1989) Der Sachverständige zur Beurteilung der Verhandlungsfähigkeit bzw. Verhandlungsunfähigkeit. StV 9: 167–172

Gatzweiler N (1996) Haftunfähigkeit – Chancen und Versagen der Verteidigung bei Haftvollzug. StV 16: 283–289

Glatzel J (1982) Die Ermittlungsvernehmung aus psychologisch-psychopathologischer Sicht. StV 2: 283–287

Gollwitzer W (2005) Menschenrechte im Strafverfahren. MRK und IPBPR. De Gruyter, Berlin

Grünebaum R (2000) Psychisch Kranke im Justizvollzug – Sicht des Staatsanwalts. ZaeFQ 94: 292–295

Grünwald G (1993) Das Beweisrecht der Strafprozeßordnung. Nomos, Baden-Baden

Hampe D, Mohammadi E (2013) Das Bereitstellen von Alkohol für einen Zeugen durch das Gericht. StraFo 26: 12–15

Heide S (2011) Medizinische Aspekte der Gewahrsamstauglichkeit. Rechtsmedizin 21: 325–333

Heide S, Stiller D, Kleiber M (2003) Problematik der Gewahrsamstauglichkeit. DÄ 100: A 791–794

Heischel O (1998) »Haftverschonung« aus Gesundheitsgründen gemäß § 455 StPO. ZfStrVo 47: 40–47

Hoffmann K (2005) Verhandlungsfähigkeit bei geistig behinderten Menschen. Rechtsmedizin 15: 148–150

Kiesecker R (1999) Arzt und Gewahrsams-/Haftfähigkeit. MedR 17: 51–57

KK: Karlsruher Kommentar zur Strafprozessordnung und zum Gerichtsverfassungsgesetz (2013) Hannich R (Hrsg), 7. Aufl. Beck, München (zit. KK-Bearbeiter)

Konrad N (2009) Begutachtung der Haft-, Vernehmungs- und Verhandlungsfähigkeit. In: Foerster K, Dreßing H (Hrsg) Psychiatrische Begutachtung – Ein praktisches Handbuch für Ärzte und Juristen, 5. Aufl. Elsevier, München, S. 387–394

KStVollzG: Kommentar zum Strafvollzugsgesetz (2012) Feest J, Lesting W (Hrsg), 6. Aufl. Heymann, Köln (zit. KStVollzG-Bearbeiter)

Lach H, Püschel K, Schuld, F (2009) Ärztliche Diagnose und juristische Entscheidung: Die gerichtsärztliche Prüfung der Haft-, Termin- und Arbeitsfähigkeit. Dr. Kovac, Hamburg

Lesting W (1992) Wohin mit psychisch kranken Strafgefangenen? R&P 10: 81–89

LR: Löwe-Rosenberg Großkommentar zur Strafprozessordnung. (2006, 2009, 2010) Erb V et al. (Hrsg), Bd 1 (2006) §§ 1–47; Bd 6/Teil 1 (2010) §§ 213-255a; Bd 8 (2009) §§ 374-448; Bd 9 (2010) §§ 449-495. 26. Aufl. De Gruyter, Berlin (zit. LR-Bearbeiter)

Ludwig H-C (2005) Die Verhandlungsfähigkeit neurochirurgischer Patienten. Rechtsmedizin 15: 138–140

Meyer-Goßner L (2013) Strafprozessordnung, 56. Aufl. Beck, München

Münchhalffen G, Gatzweiler N (2009) Das Recht der Untersuchungshaft. 3. Aufl. Beck, München

Neuhaus R (2009) Verteidigung bei Haftunfähigkeit. In: Arbeitsgemeinschaft Strafrecht des Deutschen Anwaltsvereins (Hrsg) Strafverteidigung im Rechtsstaat. Nomos, Baden-Baden, S. 1010–1038

Riess P (1975) Die Durchführung der Hauptverhandlung ohne Angeklagten. JZ 30: 265–272

Rothschild M (2005) Gewahrsamstauglichkeit, Vernehmungsfähigkeit, Verhandlungsfähigkeit. Rechtsmedizin 15: 177–189

Schewe G, Reinhardt G (1992) Forensische Psychopathologie. In: Schwerd W (Hrsg) Rechtsmedizin, 5. Aufl. Deutscher Ärzte Verlag, Köln, S. 210–260

Schulte R-M (2000) Begutachtung der Haft-, Verhandlungs- und Vernehmungsfähigkeit. In: Venzlaff U, Foerster K (Hrsg) Psychiatrische Begutachtung – Ein praktisches Handbuch für Ärzte und Juristen, 3. Aufl. Urban & Fischer, München, S. 303–310

Seetzen U (1974) Zur Verhandlungs(un)fähigkeit. DRiZ 52: 259–261

Stoppe G (2005) Die Verhandlungsfähigkeit des alten (multimorbiden) Patienten. Rechtsmedizin 15: 143–147

SK: Systematischer Kommentar zur Strafprozessordnung (2011, 2013) Wolter J (Hrsg) Bd 4 (2011) §§ 198-246; Bd 8 (2013) §§ 374–495, 4. Aufl. Heymanns, Köln (zit. SK-Bearbeiter)

Wille R, John K (1986) Termins- und Haftfähigkeit, Vernehmungs- und Verhandlungsfähigkeit. In: Forster B (Hrsg) Praxis der Rechtsmedizin. Thieme/Beck, Stuttgart, S. 563–568

Einwilligungsfähigkeit und Betreuungsrecht

F. Schneider, H. Frister, D. Olzen, *Begutachtung psychischer Störungen*
DOI 10.1007/978-3-642-54765-2_5, © Springer-Verlag Berlin Heidelberg 2015

5

■ **Zum Einstieg**

Die Betreuung von Personen, die infolge von Krankheit oder Behinderung nicht mehr in der Lage sind, ihre Angelegenheiten zu besorgen, ist in eine komplexe Rechtsmaterie eingebettet. Nach einem kurzen Überblick (▶ Abschn. 5.1) werden im Folgenden die Voraussetzungen der Betreuerbestellung dargelegt (▶ Abschn. 5.2). Dabei ist außer auf die rechtlichen Anforderungen (▶ Abschn. 5.2.1) insbesondere auf die erforderliche sachverständige Begutachtung einzugehen (▶ Abschn. 5.2.2). Besteht ein Betreuungsverhältnis, stellt sich die Frage nach der Rechtswirksamkeit von Handlungen, die der Betreuer als gesetzlicher Vertreter oder der Betreute selbst vornehmen (▶ Abschn. 5.3). Insoweit interessiert insbesondere der Bereich der Rechtsgeschäfte (▶ Abschn. 5.3.1) und der Einwilligung in medizinische Behandlungen (▶ Abschn. 5.3.2). Nicht selten bedarf es dabei einer Begutachtung der Geschäfts- bzw. Einwilligungsfähigkeit des Betroffenen (▶ Abschn. 5.3.3). Praktische Relevanz hat ferner der sog. Einwilligungsvorbehalt, mit dessen Anordnung das Betreuungsgericht die Teilnahme des Betreuten am Rechtsverkehr zu dessen eigenem Schutz weiter einschränken kann (▶ Abschn. 5.4). Ist Eile geboten, dürfen sowohl die Bestellung des Betreuers als auch die Anordnung des Einwilligungsvorbehalts im Wege einer einstweiligen Anordnung erfolgen; es ergeben sich dann verfahrensrechtliche Besonderheiten (▶ Abschn. 5.5). Betreuerbestellung und Einwilligungsvorbehalt können jederzeit aufgehoben oder modifiziert und damit dem Krankheitszustand des Betroffenen angepasst werden (▶ Abschn. 5.6). Ein besonders praxisrelevantes und zugleich eingriffsintensives Instrument des Betreuungsrechts stellt die Unterbringung dar (▶ Abschn. 5.7).

5.1 Rechtliche Betreuung im Überblick

Die Betreuung bedeutet staatliche Hilfe in Form von Rechtsfürsorge; sie ist überwiegend in den §§ 1896 ff. BGB geregelt. Darüber hinaus existieren Regelungen in den Unterbringungsgesetzen der Länder, etwa das Gesetz über Hilfen und Schutzmaßnahmen bei psychischen Krankheiten (PsychKG) in Nordrhein-Westfalen (▶ Abschn. 9.6). Schließlich finden sich verfahrensrechtliche Vorschriften in

den §§ 271 ff. des Gesetzes über das Verfahren in Familiensachen und in den Angelegenheiten der freiwilligen Gerichtsbarkeit (FamFG). Das Gesetz über die Angelegenheiten der freiwilligen Gerichtsbarkeit (FGG), welches in den §§ 65 ff. verfahrensrechtliche Vorschriften der Betreuung beinhaltete, ist durch das FGG-Reformgesetz vom 17.12.2008 (BGBl I, S. 2586) mit Wirkung vom 1.9.2009 aufgehoben und durch das FamFG abgelöst worden. Durch das FGG-Reformgesetz haben u. a. auch einige betreuungsrechtliche Vorschriften im BGB eine Veränderung erfahren. So wurde das bisher für Betreuungsfragen zuständige Vormundschaftsgericht aufgelöst. Seine Aufgaben werden nunmehr vom Familiengericht und vom neu geschaffenen Betreuungsgericht übernommen.

Schon durch die mit Wirkung vom 1.1.1999 geänderte Titelüberschrift »Rechtliche Betreuung« soll verdeutlicht werden, dass dem Betreuer nicht bloß eine faktische Hilfe und Fürsorge obliegt, sondern der Schwerpunkt in der rechtlichen Organisation der Angelegenheiten des Betroffenen zu sehen ist. Die Betonung der rechtlichen Komponente darf jedoch nicht zu der Fehlvorstellung führen, dass der Betreute lediglich Objekt der Betreuungstätigkeit sei. Das Gegenteil ist der Fall: **Oberste Richtschnur bildet das Wohl des Betroffenen** (§ 1901 Abs. 2 BGB; vgl. BayObLG FamRZ 1994, S. 720 f.). Als Ausfluss dessen hat der Betreuer, der gemäß § 1897 Abs. 1 BGB zur persönlichen Betreuung **geeignet** sein muss, den **Wünschen** des Betreuten grundsätzlich zu **entsprechen** (§ 1901 Abs. 3 BGB). Dies gilt unabhängig von der Geschäftsfähigkeit des Betreuten, denn auch die Vorstellungen eines Geschäftsunfähigen sind nicht per se unvernünftig; umgekehrt kann der Wunsch eines Geschäftsfähigen zu ignorieren sein, so etwa die Bitte um Hilfe zur Selbstschädigung.

> ❯ **Die Betreuung setzt voraus, dass der Betroffene betreuungsbedürftig ist, mithin infolge von Krankheit oder Behinderung seine Angelegenheiten ganz oder teilweise nicht besorgen kann (§ 1896 Abs. 1 S. 1 BGB).**

Krankheit oder Behinderung allein genügen für die Bestellung eines Betreuers nicht. Hinzutreten muss ein durch das Leiden hervorgerufenes Unvermögen des Betroffenen, die ihn als Individuum betreffenden Rechte und Pflichten wahrzunehmen und den eigenen Alltag gemäß der bisherigen gewollten Lebensgestaltung zu bewältigen (vgl. Bienwald 1994, § 1896 Rn. 64).

Geschäftsunfähigkeit im Sinne des § 104 Nr. 2 BGB ist hingegen weder erforderlich noch Folge der Betreuungsanordnung.

In der Praxis resultiert die Betreuungsbedürftigkeit meistens aus organischen Störungen, Schizophrenien oder schweren und schwersten Intelligenzminderungen.

Die **Bestellung des Betreuers** erfolgt sowohl auf Antrag des Betroffenen als auch von Amts wegen (§ 1896 Abs. 1 S. 1 BGB). Dritte (z. B. Angehörige, behandelnde Ärzte oder Behörden) können beim Gericht eine Betreuung **anregen**.

Der Betreuer sollte nach Möglichkeit eine natürliche Person sein (§ 1897 Abs. 1 BGB). Soweit erforderlich, kann das Betreuungsgericht aber auch einen anerkannten Betreuungsverein bestellen (§ 1900 BGB).

Die Betreuung umfasst nur solche Tätigkeiten, die zur Besorgung der Angelegenheiten des Betroffenen **erforderlich** sind. Der Aufgabenkreis des Betreuers muss somit im Einzelfall bestimmt werden. Innerhalb seines Aufgabenkreises ist der Betreuer gesetzlicher Vertreter des Betreuten. Der Betreute wird dadurch im Falle seiner Geschäftsfähigkeit jedoch nicht gehindert, auch selbst rechtsgeschäftlich tätig zu werden. Hierbei handelt es sich um den wohl wichtigsten Unterschied zum früheren (mit Wirkung vom 1.1.1992 durch das Rechtsinstitut der Betreuung ersetzten) Entmündigungsrecht, nach dem der Betroffene keine rechtswirksamen Handlungen mehr vornehmen konnte.

Anders verhält es sich, wenn das Betreuungsgericht zur Abwendung einer erheblichen Gefahr für die Person oder das Vermögen des Betreuten einen sog. **Einwilligungsvorbehalt** anordnet (§ 1903 BGB). In diesem Fall kann der Betreute nur mit Einwilligung des Betreuers am Rechtsverkehr teilhaben; der Betreuer wiederum bedarf für die Erteilung dieser Einwilligung in besonders schwerwiegenden Angelegenheiten, z. B. bei Aufgabe der Mietwohnung (§ 1907 Abs. 1 S. 1 BGB) oder bei ärztlichen Maßnahmen mit möglicherweise gravierenden Folgen (§ 1904 Abs. 1 S. 1 BGB)

seinerseits der Genehmigung durch das Betreuungsgericht.

Insgesamt stellt das Betreuungsrecht einen Eingriff in die Selbstbestimmungsfreiheit des Betreuten dar, weil dessen Autonomie durch das Vertretungsrecht des Betreuers und das Instrument des Einwilligungsvorbehalts beschränkt wird; zugleich aber handelt es sich um eine soziale Leistung, da der Betreute nicht ohne staatliche Unterstützung bleibt, soweit er derer – nicht zuletzt zum Schutz vor sich selbst – bedarf.

5.2 Bestellung eines Betreuers

5.2.1 Juristische Voraussetzungen

Die Voraussetzungen für die Bestellung eines Betreuers sind in § 1896 BGB abschließend aufgeführt, insbesondere in Abs. 1 S. 1 und Abs. 2 S. 1.

- Materielle Voraussetzungen:
  - Der Betroffene leidet an einer psychischen Krankheit oder an einer körperlichen, geistigen oder seelischen Behinderung.
  - Der Betroffene kann aufgrund dieses Leidens seine Angelegenheiten ganz oder teilweise nicht besorgen.
  - Die Bestellung des Betreuers ist erforderlich.
- Formelle Voraussetzungen:
  - Der Betroffene muss volljährig sein.
  - Die Bestellung des Betreuers muss vom Betroffenen beantragt sein oder von Amts wegen erfolgen.

Medizinischer Befund

In § 1896 Abs. 1 S. 1 BGB wird vorausgesetzt, dass die zu betreuende Person an einer »psychischen Krankheit« oder einer »körperlichen, geistigen oder seelischen Behinderung« leidet. Eine Differenzierung nach verschiedenen Krankheits- und Behinderungsgraden erfolgt nicht.

> **Gemäß BGB kommt es auf die Schwere der Krankheit oder Behinderung im Rahmen der Diagnose nicht an, ebenso wenig auf die Ursache des Leidens. Entscheidend ist allein, dass eine Krankheit oder Behinderung festgestellt werden kann.**

Dieses einstufige System wurde vom Gesetzgeber bewusst gewählt, da jede Unterscheidung nach der medizinischen Ursache die Gefahr der Diskriminierung mit sich brächte und ein »Zwei-Klassen-Betreuungsrecht« (BT-Drucks. 11/4528, S. 57) zur Konsequenz hätte.

Psychische Krankheiten

Mit dem Begriff der »psychischen Krankheiten« stellt der Gesetzgeber auf die im Fachgebiet der Psychiatrie beschriebenen Erkrankungen ab. **Gemeint sind also entsprechend ICD-10 alle F-Diagnosen** (▶ Abschn. 1.3.2).

Die meisten Betreuungen werden bei Personen mit organischen Störungen (F0) – besonders solche mit demenziellen Syndromen, wie Demenz bei Alzheimer-Krankheit (F00) und vaskulärer Demenz (F01) –, mit Schizophrenien (F2) oder schweren und schwersten Intelligenzminderungen verschiedenartigster Ätiologien (F72, F73) angeordnet. Abhängigkeiten (F1), affektive Störungen (F3) sowie Verhaltens- und Persönlichkeitsstörungen (F4, F6) führen dagegen eher selten zu einer Betreuung des Betroffenen. Gleichwohl können auch sie, ebenso wie alle anderen psychischen Erkrankungen, im Einzelfall die Bestellung eines Betreuers erforderlich machen, z. B. bei ausgeprägter Anorexia nervosa.

Nach der Begründung des Regierungsentwurfs (BT-Drucks. 11/4528, S. 116) zählen Suchtleiden, insbesondere Alkohol-, Drogen- und Medikamentenabhängigkeit, ebenfalls zu den psychischen Krankheiten, was aus medizinischer Sicht selbstverständlich erscheint. Dabei ist über die Feststellung der Abhängigkeit hinaus erforderlich, dass diese »entweder in ursächlichem Zusammenhang mit einem geistigen Gebrechen steht, oder ein darauf zurückzuführender Zustand im psychischen Bereich eingetreten ist, der bereits die Annahme eines geistigen Gebrechens rechtfertigt« (BayObLG FamRZ 1993, S. 1489 f.; BayObLG FamRZ 1990, S. 665 = NJW 1990, S. 774 f., mit weiteren Nachweisen zu § 1910 Abs. 2 BGB a. F.). Drogenabhängigkeit stellt folglich erst dann eine psychische Krankheit im Sinne des § 1896 Abs. 1 S. 1 BGB dar, wenn eine drogeninduzierte Psychose und ein damit verbundener deutlicher Abbau der geistigen Funktionen festgestellt werden können (BayObLG FamRZ 1993, S. 1489 f.).

Behinderungen

Ein Grund für die Betreuung liegt außer in einer psychischen Krankheit auch in einer körperlichen, geistigen oder seelischen Behinderung.

Körperliche Behinderung

Unter einer körperlichen Behinderung im Sinne des Gesetzes ist jede Beeinträchtigung der körperlichen Fähigkeiten zu verstehen, wie **Blindheit, Taubheit, Einschränkung der Fortbewegungsmöglichkeit.**

Die Bestellung eines Betreuers allein aufgrund einer körperlichen Behinderung stellt eine Ausnahme dar, weil der Betroffene dadurch in seiner Entscheidung, wie er die eigenen Angelegenheiten gestalten möchte, in aller Regel nicht beeinträchtigt wird. Hinzu kommt, dass zumeist auf andere Hilfen – etwa auf die eines Bevollmächtigten – zurückgegriffen werden kann, und die Betreuerbestellung somit am Prinzip der Erforderlichkeit scheitert (§ 1896 Abs. 2 S. 2 BGB; ▶ Abschn. 5.2.1). Am Beispiel der körperlichen Behinderungen zeigt sich somit besonders deutlich, dass allein die Diagnose eines Leidens für die Einrichtung einer Betreuung nicht genügt.

Als Gegenbeispiel dienen jedoch Fälle, in denen der Betroffene trotz Vollbesitzes der geistigen Kräfte aufgrund einer Körperbehinderung nicht mehr in der Lage ist, seinen Willen kundzutun. So kann etwa der an einer schweren Spastizität Erkrankte ebenso betreuungsbedürftig sein, wie der zervikal Gelähmte (Staudinger-Bienwald 2013, § 1896 Rn. 31).

Schließlich bleibt zu bedenken, dass körperliche Behinderungen mit psychischen Krankheiten oder geistigen bzw. seelischen Behinderungen einhergehen können. Dann mag zwar eine Betreuung aufgrund der körperlichen Behinderung ausscheiden, jedoch aufgrund des anderen, psychischen Leidens in Betracht kommen, z. B. bei einer Wahnerkrankung eines tauben Menschen.

Geistige Behinderung

Unter geistig Behinderten versteht das Gesetz »Kinder, Jugendliche und Erwachsene, deren geistige Entwicklung durch angeborene oder erworbene Störungen hinter der altersgemäßen

Norm zurückgeblieben ist, sodass sie für ihre Lebensführung besonderer Hilfen bedürfen« (BT-Drucks. 7/4201, S. 3). Damit sind im Wesentlichen schwere und schwerste Intelligenzminderungen gemäß ICD-10: F72 und F73 gemeint (▶ Abschn. 1.3.2), die naturgemäß völlig unterschiedliche Ätiologien haben können (genetisch determinierte Erkrankung, perinatal oder als Unfallfolge erworben usw.).

Im medizinischen Schrifttum wird bisweilen zwischen geistig Behinderten und Lernbehinderten unterschieden, was nicht immer überzeugt. Die Autoren dieser Definitionen sehen entweder einen kategorialen oder einen quantitativen Unterschied. Es empfiehlt sich grundsätzlich auch hier, eine Diagnostik mit Anamneseerhebung, psychischem Befund, testpsychologischer sowie hirnmorphologischer und -funktioneller Untersuchung, ICD-10-orientierter Diagnose und expliziter Beschreibung der Bewältigungsressourcen (»coping«) durchzuführen (▶ Abschn. 1.2–1.5).

Seelische Behinderung

Unter seelischen Behinderungen versteht die juristische Literatur bleibende psychische Beeinträchtigungen als Folge von psychischen Krankheiten (Palandt-Götz 2014, § 1896 Rn. 7). Der Begriff wurde eingefügt, um Gesetzeslücken vorzubeugen, die deshalb entstehen könnten, weil manche Beeinträchtigungen infolge von Altersabbau nicht als Krankheit, sondern als seelische Behinderung qualifiziert werden (Staudinger-Bienwald 2013, § 1896 Rn. 77). Die Bezeichnung gilt jedoch als überholt und sollte im Rahmen der multiaxialen Diagnostik mit standardisierten, internationalen Diagnoseinventaren, wie ICD-10 oder DSM-5, nicht länger Verwendung finden.

Aufgrund des engen Zusammenhangs zwischen seelischen Behinderungen und psychischen Krankheiten empfiehlt es sich, im Rahmen des § 1896 Abs. 1 S. 1 BGB zunächst zu prüfen, ob nicht bereits der Betreuungsgrund der »psychischen Krankheit« vorliegt. Zu beachten ist, dass die strengen Anforderungen des Tatbestandmerkmals »psychische Krankheit« nicht durch eine großzügige Anwendung des Merkmals der »seelischen Behinderung« unterlaufen werden dürfen.

Unvermögen, die eigenen Angelegenheiten zu besorgen

- **Allgemeines**

§ 1896 Abs. 1 S. 1 BGB bestimmt, dass allein die Diagnose einer Krankheit oder Behinderung für die Bestellung eines Betreuers nicht genügt.

> Der Betroffene muss als Folge seines Leidens ganz oder teilweise außerstande sein, die eigenen Angelegenheiten zu besorgen.

- **Individuelle Situation als maßgebliches Kriterium**

Die Prüfung, ob und inwieweit der Betroffene seine Angelegenheiten nicht besorgen kann, muss individuell auf seine Person und seine konkrete Lebenssituation abstellen. Es kommt entscheidend darauf an, ob er in der Lage ist, die ihn »als Individuum und als soziales Wesen innerhalb einer bestimmten Gemeinschaft betreffenden Rechte und Pflichten wahrzunehmen und den eigenen Alltag mitsamt der Sorge für die eigene Gesundheit und körperliche Befindlichkeit der bisherigen gewollten Lebensgestaltung gemäß zu bewältigen« (Bienwald 1994, § 1896 Rn. 64).

- **Unabhängigkeit der Betreuerbestellung vom Nutzen für den Betroffenen**

Unerheblich ist dagegen, ob die Besorgung der Angelegenheiten durch den Betreuer dem Betroffenen zum Vorteil gereicht. Die Betreuungsbedürftigkeit entbindet nicht von bestehenden Rechten und Pflichten, sodass sich die Bestellung eines Betreuers für den Betroffenen auch wirtschaftlich nachteilig auswirken kann, etwa weil der Betreuer Verbindlichkeiten erfüllt, die der Betreute selbst aus rechtlichen Gründen nicht erfüllen könnte.

Beispiel
- **Fall 5.1**

Der geschäftsunfähige Herbert A., der unter einer fortgeschrittenen Alzheimer-Erkrankung leidet, schuldet Peter B. aus früheren Tagen 1000 €. Da gemäß § 105 Abs. 1 BGB Willenserklärungen von Geschäftsunfähigen nichtig sind, ist Herbert A. nicht in der Lage, Peter B. das Geld zu übereignen. Wird für Herbert A. hingegen ein Betreuer bestellt, so kann dieser als gesetzlicher Vertreter (§ 1902 BGB) die Zahlung rechtswirksam für den Betreuten vornehmen (vgl. BGHZ 93, S. 1, zu § 1910 BGB a. F.).

■ **Unabhängigkeit der Betreuerbestellung vom Verschulden**

Da das Betreuungsrecht nicht am Verschuldensprinzip anknüpft, liegt die Betreuungsbedürftigkeit bei Vorliegen der sonstigen Voraussetzungen auch dann vor, wenn sie der Betroffene selbst vorsätzlich herbeigeführt hat, z. B. im Rahmen eines Suizidversuchs oder als Folge einer Suchterkrankung. Das ist schon deshalb zu begrüßen, weil die Frage, inwiefern den zu Betreuenden an seiner Lage ein Verschulden trifft, aus medizinischer Sicht bisweilen schwer zu beantworten ist. So resultieren etwa die meisten Suizidversuche aus psychischen Störungen; entsprechendes gilt für Suchterkrankungen, eine neuropsychiatrische Erkrankung mit hoher genetischer Penetranz, bei der die Abstinenz nur sehr bedingt einem freien Willen unterliegt, obschon die Krankheit fälschlicherweise häufig als Folge eigenen Verschuldens dargestellt wird.

Angelegenheiten des Betroffenen

■ **Tatbestandsmerkmal »Angelegenheiten«**

Der Begriff »Angelegenheiten«, zu deren Besorgung der Betroffene ganz oder teilweise nicht imstande sein darf, wird im Gesetz nicht näher definiert. Der Titelüberschrift »Rechtliche Betreuung« kann entnommen werden, dass jedenfalls alle rechtlichen Lebensbereiche umfasst sein sollen. Deren Schwerpunkt bilden die Rechtsgeschäfte. Als »Angelegenheiten« im Sinne des Gesetzes gelten allerdings auch die sonstigen Rechtshandlungen, etwa die sog. personenrechtlichen Gestattungen, deren wichtigstes Beispiel die Einwilligung in medizinische Maßnahmen darstellt. Ferner ist die Ausübung und Wahrung von Rechten erfasst, so z. B. die Verweigerung der unverhältnismäßig kostspieligen Nacherfüllung seitens des Verkäufers im Sinne des § 439 Abs. 3 S. 1 BGB.

■ **Tatbestandsmerkmal »seine«**

Um eine eigene Angelegenheit im Sinne des § 1896 Abs. 1 S. 1 BGB handelt es sich dann, wenn sie der Betroffene in gesundem Zustand gewöhnlich selbst, d. h. ohne fremde Hilfe (z. B. eines Anwalts oder eines Arztes), erledigen würde (Erman-Roth 2014, § 1896 Rn. 20). Dagegen können solche Tätigkeiten nicht als eigene Angelegenheiten bezeichnet werden, die der Betroffene nicht für sich selbst, sondern als Vertragsleistung für andere oder als gesetzlicher Vertreter eines Dritten besorgt, wie z. B.:
— Erfüllung arbeitsvertraglicher Pflichten durch Angestellte,
— Elterliche Vertretung von Kindern.

■ **Höchstpersönliche Angelegenheiten**

Höchstpersönliche Angelegenheiten, wie die Errichtung eines Testaments (§ 2064 BGB) oder die Eheschließung (§§ 1303, 1304 BGB), sind von der Betreuung grundsätzlich ausgenommen. Es bestehen jedoch Ausnahmen, etwa bezüglich der Einwilligung in ärztliche Heileingriffe (Palandt-Götz 2014, § 1896 Rn. 25).

Arten des Unvermögens

Der zu Betreuende vermag eine Angelegenheit im Rechtssinne dann nicht zu besorgen, wenn seine Erkrankung oder Behinderung einen solchen Grad erreicht hat, dass eine freie Willensbestimmung entfällt. Wann dies der Fall ist, kann angesichts der Bandbreite des Begriffs »Angelegenheiten« nicht allgemeingültig bestimmt werden. Je nach betroffenem Lebensbereich muss man differenzieren. So sind die Anforderungen an einen Vertragsschluss beispielsweise andere als an die Einwilligung in eine Operation.

Es kann unterschieden werden zwischen:
— tatsächlichem Unvermögen,
— rechtlichem Unvermögen (Geschäftsunfähigkeit),
— Unfähigkeit zu personenrechtlichen Gestattungen (Einwilligungsunfähigkeit).

■ **Tatsächliches Unvermögen**

Von tatsächlichem Unvermögen spricht man, wenn der Betroffene allein aus faktischen Gründen an der Besorgung seiner Angelegenheiten gehindert ist, ohne dabei geschäfts- oder handlungsunfähig zu sein, wie etwa bei starker körperlicher Behinderung. Tatsächliches Unvermögen kann in allen Lebensbereichen auftreten.

■ **Rechtliches Unvermögen (Geschäftsunfähigkeit)**

Rechtliches Unvermögen liegt vor, wenn der Betroffene geschäftsunfähig ist und folglich von ihm abgegebene Willenserklärungen gemäß § 105 Abs. 1 BGB nichtig sind, sofern es sich nicht um ein Geschäft des täglichen Lebens im Sinne des § 105a BGB handelt (► Abschn. 5.3.1, ► Kap. 6). Geschäftsunfähig ist nach der Definition des § 104 Nr. 2 BGB, »wer sich in einem die freie Willensbestimmung ausschließenden Zustand krankhafter Störung der Geistestätigkeit befindet, sofern nicht der Zustand seiner Natur nach ein vorübergehender ist«. Keine Rolle spielt die wirtschaftliche Bedeutung der in Frage stehenden Willenserklärung.

❯ Die Geschäftsunfähigkeit – und somit das rechtliche Unvermögen – kann sich je nach Zustand des Betroffenen auf den gesamten rechtsgeschäftlichen Bereich erstrecken oder aber (allerdings sehr selten) nur einen bestimmten, abgrenzbaren Kreis von Angelegenheiten berühren. Im letzteren Falle spricht man von partieller Geschäftsunfähigkeit (BGHZ 18, S. 184; ► Kap. 6).

■ **Einwilligungsunfähigkeit**

Ähnlich dem rechtlichen Unvermögen ist die Unfähigkeit zur wirksamen Erteilung einer personenrechtlichen Gestattung, zu der u. a. die Einwilligung in ärztliche Heileingriffe zählt. Bei personenrechtlichen Gestattungen handelt es sich nicht um Willenserklärungen, sondern um sog. geschäftsähnliche Handlungen (grundlegend BGHZ 29, S. 33, 36). Der Unterschied liegt darin, dass geschäftsähnliche Handlungen im Gegensatz zu Willenserklärungen nicht auf einen rechtlichen, sondern lediglich auf einen tatsächlichen Erfolg gerichtet sind, der bei der Einwilligung des Patienten in der Vornahme der gewünschten medizinischen Maßnahme liegt. Auch geschäftsähnliche Handlungen ziehen jedoch Rechtswirkungen nach sich; im Falle der Einwilligung ist es die Rechtfertigung der Körperverletzung, die tatbestandlich jeden Heileingriff erfüllt. Diese Rechtswirkungen treten jedoch – anders als bei der Willenserklärung – kraft Gesetzes und nicht deshalb ein, weil sie von einem rechtsgeschäftlichen Willen des Erklärenden umfasst sind.

Dementsprechend ist für die Abgabe der Einwilligung Geschäftsfähigkeit nicht erforderlich. Es bedarf aber der verstandesmäßigen, geistigen und sittlichen Reife, die man benötigt, um die Bedeutung und Tragweite des Heileingriffs zu erkennen. Ferner muss die Urteilskraft gegeben sein, das Für und Wider abzuwägen, schließlich die Fähigkeit, das Handeln nach der eigenen Einsicht zu bestimmen (grundlegend BGHZ 29, S. 33, 36, seitdem ständige Rechtsprechung des BGH; ► Abschn. 5.2.2). Diese Erfordernisse bezeichnet man als **Einwilligungsfähigkeit**.

❯ Unvermögen, die eigenen (gesundheitlichen) Angelegenheiten zu besorgen, liegt dann vor, wenn die betroffene Person einwilligungsunfähig ist.

Im Rahmen einer medizinischen Behandlung bedarf es neben der Einwilligung in den Heileingriff auch des Abschlusses eines entsprechenden Behandlungsvertrages i. S. d. § 630a BGB mit dem Arzt. Es handelt sich hierbei um eine juristisch von der Einwilligung zu trennende Handlung. Folglich sind auch im Rahmen der Untersuchung des Unvermögens zwei isolierte Prüfungen vorzunehmen; dabei darf weder von der Geschäftsfähigkeit (die für den Abschluss des Behandlungsvertrages gegeben sein muss) auf die Einwilligungsfähigkeit (die Voraussetzung für die Wirksamkeit der Einwilligung ist) geschlossen werden noch umgekehrt. Es erscheint deshalb möglich, dass der geschäftsunfähige, aber noch einwilligungsfähige Betroffene selbst in die ärztliche Maßnahme einwilligt, beim Abschluss des Behandlungsvertrages jedoch durch seinen Betreuer vertreten werden muss. Es liegt dann nur rechtliches Unvermögen vor. Ist der Patient hingegen geschäfts- und einwilligungsunfähig, so besteht ein doppeltes Unvermögen im Hinblick auf die rechtlichen und die gesundheitlichen Angelegenheiten.

Erforderlichkeit der Betreuerbestellung

Bei der Bestellung eines Betreuers muss das Gericht schließlich das Prinzip der Erforderlichkeit berücksichtigen. Es hat Verfassungsrang und ist in

§ 1896 Abs. 2 BGB »einfachgesetzlich« ausgestaltet: Ein Betreuer kann danach nur für solche Aufgabenkreise bestellt werden, in denen die Besorgung der Angelegenheiten durch einen Bevollmächtigten oder andere Hilfen, bei denen kein gesetzlicher Vertreter bestellt wird, nicht ebenso gut wahrgenommen werden kann.

> **Bevor ein Antrag auf die Einrichtung einer Betreuung gestellt bzw. diese beim zuständigen Gericht angeregt wird, sollte mit dem Betroffenen bzw. seinen Bezugspersonen geklärt werden, ob nicht bereits eine Vorsorgevollmacht oder eine Betreuungsverfügung vorhanden ist. Letztere vermeidet zwar nicht die Einschaltung des Gerichts, jedoch kann der Betroffene durch die Betreuungsverfügung Einfluss auf die durch das Betreuungsgericht anzuordnende Betreuung nehmen, da er in einer Betreuungsverfügung bestimmen kann, wer zum Betreuer bestimmt werden soll und wer nicht. Die Vorsorgevollmacht, die eine Vertrauensperson zum Vertreter in Gesundheitsfragen bestellt, erübrigt eine staatliche Betreuung (§ 1896 Abs. 2 S. 2, 1. Fall BGB).**

Anwendungsbereich des Grundsatzes der Erforderlichkeit

Der Grundsatz der Erforderlichkeit gilt in zweierlei Hinsicht, nämlich
- ob überhaupt ein Betreuer bestellt werden darf oder muss,
- für welche Aufgabenkreise er zu bestellen ist.

Inhalt des Grundsatzes der Erforderlichkeit

Das Prinzip der Erforderlichkeit gebietet es zum einen, dass die staatliche Hilfe in Form der Betreuung gegenüber anderen Hilfen – beispielsweise durch eine vom Betroffenen bevollmächtigte Person – subsidiär ist; die Betreuung soll also die Ausnahme bleiben. Zum anderen wird klargestellt, dass das Maß der Betreuung inhaltlich und auch zeitlich der Betreuungsbedürftigkeit zu entsprechen hat. Die Betreuung darf somit lediglich so weit reichen wie das krankheitsbedingte Unvermögen des Betroffenen.

■ **Hilfe durch Bevollmächtigte**

Die Notwendigkeit einer Betreuung entfällt nach § 1896 Abs. 2 S. 2, 1. Fall BGB trotz Vorliegens von Betreuungsbedürftigkeit, wenn die Angelegenheiten des Betroffenen durch einen Bevollmächtigten ebenso gut besorgt werden können. Dabei ist es unerheblich, ob die Bevollmächtigung speziell für den eingetretenen Fürsorgefall (sog. Vorsorgevollmacht) oder unabhängig davon erfolgte. Ebenso wenig kommt es auf den Zeitpunkt der Vollmachtserteilung an. Entscheidend bleibt allein, dass die Vollmacht wirksam ist und die betreuungsbedürftigen Angelegenheiten umfasst.

> **Tipp**
>
> Eine Mustervollmacht für den Vorsorgefall nebst Erläuterungen ist im Internet abrufbar unter: http://www.justiz.nrw.de/BS/formulare/betreuung/betreuung/vollmacht.pdf

Die Bevollmächtigung kann selbst noch zum Zeitpunkt der Eröffnung des Betreuungsverfahrens erteilt werden, solange die hierfür erforderliche Geschäftsfähigkeit vorliegt. Die wirksam erteilte Vollmacht wird durch die erst später eintretende Geschäftsunfähigkeit des Vollmachtgebers nicht berührt (§§ 168 S. 1 und 672 S. 1 BGB).

Die Erteilung einer Vollmacht ist formlos gültig, unabhängig von der Art des Rechtsgeschäftes, auf das sie sich bezieht (§ 167 Abs. 2 BGB). Um Beweisschwierigkeiten zu umgehen, sollte sie aber schriftlich erfolgen. Gewisse Vertretungsgeschäfte können zurückgewiesen werden, wenn der Vertreter keine Vollmachtsurkunde vorlegt (§ 174 S. 1 BGB). In Grundbuchangelegenheiten muss die Vollmacht gemäß § 29 Abs. 1 GBO öffentlich beglaubigt sein (§ 129 BGB). Um Auseinandersetzungen über die Geschäftsfähigkeit des Vollmachtgebers auszuschließen, empfiehlt sich sogar die notarielle Beurkundung, da sich der Notar gemäß § 11 Abs. 1 BeurkG von der Geschäftsfähigkeit seines Mandanten überzeugt.

Bevollmächtigter kann grundsätzlich jeder sein. Gehört die bevollmächtigte Person jedoch zu einer Einrichtung, in welcher der Betreute untergebracht ist oder wohnt, lässt dies die Notwendigkeit der Betreuung nicht entfallen. Dasselbe gilt, wenn der Betreute zum Bevollmächtigten in einem Abhängigkeitsverhältnis oder in einer anderen engen Beziehung steht (vgl. §§ 1896 Abs. 2 S. 2, 1897 Abs. 3 BGB). In derartigen Konstellationen ist eine Interessenkollision nicht ausgeschlossen und das Betreuungsgericht daher berechtigt, trotz der (wirksamen) Bevollmächtigung einen Betreuer zu bestellen. Dessen Aufgabenkreis wird sich in der Regel auf die Geltendmachung von Rechten des Betreuten gegenüber seinem Bevollmächtigten beziehen (§ 1896 Abs. 3 BGB, »Kontrollbetreuer«; s. hierzu Erman-Roth 2014, § 1896 Rn. 50 ff.).

> ⓘ Deckt die Bevollmächtigung nicht alle betreuungsbedürftigen Angelegenheiten ab, ist die Betreuerbestellung nur zum Teil erforderlich; dann werden Vollmacht und Betreuung kombiniert. Der Betreuer darf wählen, ob er den Bevollmächtigten entlässt, ihn lediglich überwacht (d. h. nur als Kontrollbetreuer auftritt) oder sogar seine Bestellung zum Mitbetreuer im Sinne des § 1899 BGB anregt.

Der Bevollmächtigte steht – anders als der gesetzliche Betreuer – nicht unter der Kontrolle des Betreuungsgerichts. Außer bei einer risikoreichen ärztlichen Maßnahme, d. h. wenn hierbei Lebensgefahr besteht oder ein schwerer, länger andauernder Gesundheitsschaden zu erwarten ist, (§ 1904 Abs. 2 S. 1 BGB) oder einer Unterbringung oder unterbringungsähnlichen Maßnahme (§ 1906 Abs. 5 BGB), braucht der Bevollmächtigte für seine Entscheidungen keine gerichtliche Genehmigung.

- **Andere Hilfen**

Gemäß § 1896 Abs. 2 S. 2, 2. Fall BGB ist eine Betreuung auch dann nicht erforderlich, wenn die Angelegenheiten des Betroffenen durch »andere Hilfen, bei denen kein gesetzlicher Vertreter bestellt wird, ebenso gut wie durch einen Betreuer besorgt werden können«. Das betrifft in erster Linie Familienangehörige, Lebensgefährten, Freunde oder soziale Dienste des Betreuten. Da bei derartigen Hilfen nach dem Gesetzeswortlaut kein gesetzlicher Vertreter bestellt wird, eignen sie sich regelmäßig nur zur Besorgung tatsächlicher Aufgaben (Waschen, Kochen, Putzen etc.). Denn nur in diesen Fällen kann eine nicht vertretungsbe-

rechtigte Person ebenso gut wie ein (gesetzlich vertretungsberechtigter) Betreuer tätig werden. Sobald es jedoch zur Wahrnehmung der Interessen des Betroffenen einer Vertretungsmacht bedarf, ist entweder die Hilfe durch einen Bevollmächtigten oder die Betreuerbestellung erforderlich.

- **Vertretungsrecht des Ehegatten und naher Angehöriger**

In diesem Zusammenhang ist darauf hinzuweisen, dass nach geltender Rechtslage, entgegen einer weit verbreiteten Auffassung, weder der Ehegatte noch die nahen Angehörigen des Betroffenen ein gesetzliches Vertretungsrecht haben. Im Falle der Geschäfts- oder Einwilligungsunfähigkeit des Betroffenen sind die genannten Personen daher nicht dazu befugt, im Namen des Betroffenen Rechtsgeschäfte abzuschließen oder in Heilbehandlungen einzuwilligen, sofern der Betroffene ihnen nicht eine Vollmacht bzw. sog. Vorsorgevollmacht erteilt hat (dazu ▶ Abschn. 5.3.2).

Hintergrundinformation
Diesbezüglich wurde im Gesetzgebungsverfahren zum 2. Betreuungsrechtsänderungsgesetz eine Gesetzesänderung diskutiert (vgl. BT-Drucks. 15/2494): Nach dem Entwurf sollte ein neu geschaffener § 1358 BGB-E unter bestimmten Umständen dem Ehepartner ein gesetzliches Vertretungsrecht für die Vermögenssorge einräumen. Der Ehegatte (§ 1358a BGB-E), nachrangig auch die volljährigen Kinder des Betroffenen (§ 1618b BGB-E), sollten ferner berechtigt sein, anstelle des Betroffenen in Untersuchungen des Gesundheitszustandes und Heilbehandlungen einzuwilligen, sofern der Betroffene selbst hierzu nicht mehr in der Lage (d. h. einwilligungsunfähig) ist.
    Diese Vorschriften hätten sich auch auf das Betreuungsrecht ausgewirkt. Denn anders als nach der momentan geltenden Rechtslage hätte z. B. der Ehegatte eines Betreuungsbedürftigen nicht nur die tatsächlichen, sondern kraft seines dann bestehenden gesetzlichen Vertretungsrechts auch die rechtsgeschäftlichen und gesundheitlichen Angelegenheiten grundsätzlich »ebenso gut« wie ein Betreuer besorgen können. Die Bestellung eines Betreuers wäre in solchen Fällen daher nicht mehr erforderlich gewesen (so auch ausdrücklich § 1896 Abs. 2 Nr. 2 BGB-E). Dieser Teil des Gesetzesentwurfs hat sich jedoch im Gesetzgebungsverfahren nicht durchgesetzt.

Volljährigkeit

Eine rechtliche Betreuung kommt gemäß § 1896 Abs. 1 S. 1 BGB nur bei Volljährigen in Betracht. Eine Ausnahme enthält § 1908a BGB, wonach das Betreuungsgericht auch für Minderjährige, die das 17. Lebensjahr vollendet haben, einen

Betreuer bestellen und einen Einwilligungsvorbehalt anordnen darf, wenn anzunehmen ist, dass diese Maßnahmen bei Eintritt der Volljährigkeit erforderlich werden.

Sinn dieser Vorschrift ist es, in Fällen, in denen die Notwendigkeit einer Betreuung ab dem vollendeten 18. Lebensjahr schon vorher abzusehen ist, zeitliche Lücken zu vermeiden.

Antrag des Betroffenen oder Bestellung von Amts wegen

Dem Betroffenen wird gemäß § 1896 Abs. 1 S. 1 BGB nur »auf seinen Antrag oder von Amts wegen« ein Betreuer bestellt. Der Antrag des Betroffenen stellt eine Verfahrenshandlung dar, die auch ein Geschäftsunfähiger vornehmen kann (§ 1896 Abs. 1 S. 2 BGB).

Besonderheiten ergeben sich, wenn der Betroffene geschäftsfähig ist: Nach dem Wortlaut des alten § 1896 Abs. 1 BGB erschien auch in diesem Fall eine Betreuerbestellung von Amts wegen und somit gegen den Willen des Betroffenen möglich. Dies bedeutet jedoch einen nicht zu rechtfertigenden Eingriff in dessen grundgesetzlich garantiertes Selbstbestimmungsrecht (Art. 2 Abs. 1 GG). Die Rechtsprechung verlangte daher schon sehr früh über den Wortlaut des § 1896 Abs. 1 BGB hinaus, dass eine Betreuung von Amts wegen nur mit dem Einverständnis des Betroffenen erfolgen darf, es sei denn, dieser ist infolge seiner Krankheit oder Behinderung nicht in der Lage, seinen Willen frei zu bestimmen (BayObLG FamRZ 1994, S. 720 f., seitdem ständige Rechtsprechung des BayObLG; OLG Hamm FamRZ 1995, S. 433, 435). Diese Rechtslage ist im Zuge des 2. BtÄndG in § 1896 Abs. 1a BGB verankert worden.

Daraus darf indes kein Umkehrschluss dahingehend gezogen werden, dass bei Einverständnis des Betroffenen die übrigen Voraussetzungen der Betreuung – wie insbesondere Krankheit oder Behinderung sowie das Unvermögen, die eigenen Angelegenheiten zu besorgen – nicht vorliegen müssten.

Bei körperlichen Behinderungen erfolgt die Bestellung des Betreuers ausschließlich auf Antrag des Betroffenen. Eine Bestellung von Amts wegen kommt hier nur in Frage, wenn der Betroffene seinen Willen nicht mehr kundtun kann (§ 1896 Abs. 1 S. 3 BGB).

Zuständiges Gericht

Zuständig für die Anordnung einer Betreuung ist in erster Linie das Betreuungsgericht, in dessen Bezirk der Betroffene zur Zeit der Antragstellung seinen gewöhnlichen Aufenthalt hat (§ 272 Abs. 1 FamFG).

5.2.2 Gutachten im Rahmen der Betreuerbestellung

Erforderlichkeit des Sachverständigengutachtens

Gemäß § 280 Abs. 1 S. 1 FamFG darf ein Betreuer grundsätzlich erst nach Einholung eines Sachverständigengutachtens bestellt werden. Davon sieht das Gesetz in § 281 FamFG folgende Ausnahmen vor: Bereits ein ärztliches Zeugnis kann als Grundlage der Betreuerbestellung genügen,

- wenn der Betreuer nur zur Geltendmachung von Rechten des Betroffenen gegenüber seinem Bevollmächtigten bestellt wird (sog. Kontrollbetreuer; § 281 Abs. 1 Nr. 2 FamFG),
- wenn der Betroffene die Bestellung eines Betreuers beantragt und auf die Begutachtung verzichtet hat und die Einholung des Gutachtens unverhältnismäßig wäre (§ 281 Abs. 1 Nr. 1 FamFG),
- wenn der Betreuer vorläufig durch einstweilige Anordnung bestellt wird (§ 300 Abs. 1 S. 1 Nr. 2 FamFG ▶ Abschn. 5.5).

Das ärztliche Zeugnis unterscheidet sich sowohl seiner Struktur als auch seinem Inhalt nach nicht wesentlich vom forensisch-psychiatrischen Sachverständigengutachten (▶ Kap. 1). Unterschiede existieren jedoch im Verfahrensrecht (z. B. hinsichtlich Auswahl und Entschädigung der Person, die das Gutachten bzw. ärztliche Zeugnis erstellt), weil für das ärztliche Zeugnis die strengen Regeln des förmlichen Beweisverfahrens (§§ 402 ff. ZPO) nicht gelten. Insbesondere kann das Gericht seine Schlussfolgerungen aus einem ihm vorgelegten ärztlichen Zeugnis in freier Beweiswürdigung ziehen. Wie beim Sachverständigengutachten (§ 280 Abs. 2 FamFG) ist der Arzt gesetzlich verpflichtet, den Betroffenen vor der Erstellung des Zeugnisses persönlich zu untersuchen und zu befragen (§§ 281 Abs. 2, 280 Abs. 2 FamFG).

Ziel der Begutachtung

In der Regel ist der Richter verpflichtet, ein Gutachten einzuholen (§ 280 Abs. 1 S. 1 FamFG). Zwar entscheidet allein er selbst, ob die Voraussetzungen für die Anordnung der Betreuung vorliegen; hierfür bedarf es aber in nicht unerheblichem Maße medizinischer Kenntnisse. Der Richter benötigt daher sachverständige Unterstützung. Ziel eines jeden betreuungsrechtlichen Gutachtens muss es somit – wie auch sonst – sein, dem Richter einen umfassenden Eindruck von der Person des Betroffenen zu verschaffen.

Qualifikation des Gutachters

Die Qualifikation des Gutachters richtet sich nach der Art der Erkrankung des Betroffenen, da die Diagnose einen wesentlichen Teil des Gutachtens ausmacht. In aller Regel wird es sich um einen Sachverständigen aus dem Bereich der Psychiatrie und Psychotherapie handeln (Bumiller u. Harders 2011, § 280 Rn. 2).

Die Auswahl des Sachverständigen liegt im pflichtgemäßen Ermessen des Gerichts. Es muss sich jedoch um einen in der Psychiatrie erfahrenen Arzt handeln (BayObLG FamRZ 1988, S. 433 f.). Unter Umständen hat der Richter die Kompetenz des Gutachters zu überprüfen (BayObLG FamRZ 1997, S. 901 f.). Gemäß §§ 29 Abs. 2, 30 Abs. 1 FamFG in Verbindung mit § 406 ZPO kann ein Sachverständiger aus denselben Gründen wie ein Richter abgelehnt werden, also insbesondere aufgrund der Besorgnis der Befangenheit.

Regelmäßig bestehen keine Bedenken gegen die Heranziehung des behandelnden Arztes als Sachverständigen (BGH NJW 2011, 520). Soweit es um Erkenntnisse aus der bisherigen Behandlung geht und nicht im Notfall die Voraussetzungen des übergesetzlichen Notstandes vorliegen, muss der Betroffene den Arzt von der ärztlichen Schweigepflicht entbinden (KG FamRZ 2008, 813).

Dem beauftragten Sachverständigen steht es frei, Hilfspersonen einzusetzen, solange er die persönliche Verantwortung für das Gutachten behält (▶ Abschn. 1.1.2).

Zur Qualitätssicherung und Qualitätsstandards bei betreuungsrechtlichen Begutachtungen s. auch Nedopil 2014.

Inhalt des Gutachtens

Im Rahmen von Betreuungsverfahren sind einige Besonderheiten hervorzuheben, die über die Voraussetzungen allgemeiner psychiatrischer Gutachtentätigkeit hinausgehen (▶ Kap. 1). Das Gericht hat das Gutachten im Rahmen der freien Beweiswürdigung gemäß §§ 29 Abs. 2, 30 Abs. 1 FamFG in Verbindung mit § 286 Abs. 1 ZPO zu bewerten. Gegenstand der richterlichen Überlegung wird dabei vor allem sein, inwieweit die dem Gutachten zugrunde gelegten Tatsachen zutreffen und vom Sachverständigen korrekt gewürdigt wurden. Ein Gericht, das nicht von der Richtigkeit des Gutachtens überzeugt ist, muss entweder – sofern es die erforderliche Sachkunde besitzt – selbst entsprechend seiner abweichenden Beurteilung entscheiden oder aber ein weiteres Gutachten in Auftrag geben (BayObLG FamRZ 1994, S. 720 f.).

> ❯ Die Nachvollziehbarkeit des Gutachtens ist von besonderer Bedeutung. Damit der Richter das Gutachten auf seine wissenschaftliche Fundierung, Logik und Schlüssigkeit überprüfen kann, sind konkrete und hinreichend detaillierte Aussagen erforderlich. Die bloße Feststellung, die fragliche Person sei betreuungsbedürftig, genügt keineswegs (OLG Hamm FamRZ 1995, S. 433 f.; KG FamRZ 1995, S. 1379 f.).

Das Gutachten soll ausweisen, welche Fragen man dem Betroffenen gestellt hat, welche Untersuchungen an ihm vorgenommen und welche Befunde erhoben wurden (OLG Brandenburg FamRZ 2001, S. 38 f. mit weiteren Nachweisen), ebenso, welche Folgerungen der Sachverständige aus den Befundtatsachen gezogen hat (KG FamRZ 1995, S. 1379 f.). Es muss ersichtlich sein, dass der Gutachter sämtliche Erkenntnisquellen ausgeschöpft und sich mit den relevanten Meinungsstreitigkeiten innerhalb der Wissenschaft auseinandergesetzt hat (KG FamRZ 1988, S. 981, 983).

Für den Sachverständigen empfiehlt es sich gelegentlich, kurz auf seine Qualifikation und Erfahrung in der zu begutachtenden Materie einzugehen, da das Gericht in seiner Entscheidung die Sachkunde des Sachverständigen darzulegen hat, sofern sie sich nicht ohne Weiteres aus der Berufsbezeichnung oder aus der Art der Berufstätigkeit ergibt (BayObLG FamRZ 1997, S. 901 f.). Insbesondere ist die Schwerpunktbezeichnung bzw. das DGPPN-Zertifikat »Forensische Psychiatrie« als besondere Qualifikation zu nennen (▶ Abschn. 1.1.9).

■ **Notwendiger Inhalt**

Der Inhalt des Sachverständigengutachtens ist vom Gesetz vorgegeben, § 280 Abs. 3 FamFG.

§ 280 Abs. 1 S. 1 FamFG: Vor der Bestellung eines Betreuers oder der Anordnung eines Einwilligungsvorbehalts hat eine förmliche Beweisaufnahme durch Einholung eines Gutachtens über die Notwendigkeit der Maßnahme stattzufinden.

Da eine Betreuung nur dann notwendig ist, wenn die materiellen Voraussetzungen des § 1896 BGB (▶ Abschn. 5.2.1) vorliegen, sind diese vom Sachverständigen allesamt zu erörtern. Darüber hinaus ist Folgendes zu beachten:

Gemäß § 280 Abs. 3 FamFG muss sich das Gutachten auf folgende Bereiche erstrecken: das Krankheitsbild einschließlich der Krankheitsentwicklung, die durchgeführten Untersuchungen und die diesen zugrunde gelegten Forschungserkenntnisse, den körperlichen und psychiatrischen Zustand des Betroffenen, den Umfang des Aufgabenkreises und die voraussichtliche Dauer der Maßnahme.

Um zu verhindern, dass vom Sachverständigen allein die Notwendigkeit der Betreuung begutachtet wird, sollte sich der Gutachtenauftrag des Gerichts ausdrücklich auch auf den Umfang des zu betreuenden Aufgabenkreises und die voraussichtliche Betreuungsdauer erstrecken. Selbst wenn dieser Hinweis fehlt, empfiehlt es sich für den Gutachter, von sich aus auf diese beiden Fragen einzugehen (Bienwald 2005, § 68b FGG Rn. 32).

Insgesamt ergibt sich folgender zwingender Inhalt des Gutachtens:
- Krankheitsbild und Krankheitsentwicklung,
- durchgeführte Untersuchungen und zugrunde gelegte Forschungserkenntnisse,
- körperlicher und psychiatrischer Zustand des Betroffenen,
- Auswirkung der Erkrankung auf die Fähigkeit, die Angelegenheiten in den fraglichen Lebensbereichen zu besorgen,

- Kausalität zwischen Krankheit und Unvermögen,
- Erforderlichkeit der Betreuung,
- Umfang des zu betreuenden Aufgabenkreises (z. B. Vermögenssorge, Gesundheitsfürsorge, Aufenthaltsbestimmung),
- ggf. die Erforderlichkeit eines Einwilligungsvorbehalts für bestimmte Aufgabenkreise einschließlich der voraussichtlichen Dauer,
- Prognose über die Dauer der Betreuungsbedürftigkeit.

■ ■ **Voraussetzungen der Betreuerbestellung**

Hinsichtlich der materiellen Voraussetzungen der Betreuerbestellung (Art und Schwere der Erkrankung, Unvermögen, die eigenen Angelegenheiten zu besorgen, Kausalität zwischen Erkrankung und Unvermögen, Erforderlichkeit) kann grundsätzlich auf ▶ Abschn. 5.2.1 verwiesen werden. Für den Sachverständigen ist darüber hinaus in Bezug auf episodenhaft verlaufende Krankheiten, hinsichtlich der Begutachtung der Einwilligungsfähigkeit sowie mit Blick auf die Erforderlichkeit der Betreuung, noch das Folgende zu beachten:

Unvermögen bei episodenhaft verlaufenden Krankheiten. Die psychische Krankheit oder Behinderung sowie das daraus resultierende Unvermögen, die eigenen Angelegenheiten selbst zu erledigen, müssen im Zeitpunkt der Betreuerbestellung vorliegen. Die Diagnose eines vergangenen oder eines in der Zukunft mit gewisser Sicherheit eintretenden Leidens bzw. Unvermögens genügt nicht. Daraus ergeben sich bei episodenhaft auftretenden Krankheiten Probleme.

Grundsätzlich gilt auch hier: Ein Betreuer darf nur bestellt werden, wenn und soweit die Fähigkeit des Betroffenen zu selbstverantwortlichem Handeln infolge der Erkrankung eingeschränkt ist. In der Praxis erweist sich jedoch die Prognose, wann und in welcher Intensität eine Krankheitsepisode auftritt, als schwierig. Dies führt zu einem Dilemma, weil sich sowohl die voreilige Bestellung eines Betreuers (als Eingriff in die freie Selbstbestimmung) als auch die Nichtbestellung (als Ablehnung staatlicher Hilfe) negativ auswirken können.

Aus diesem Grunde ist zumindest bei konkret zu befürchtenden Krankheitsepisoden ausnahmsweise eine vorsorgliche Betreuerbestellung gestattet (BayObLG FamRZ 1994, S. 319 f.). In derartigen Fällen muss der Betreuer seiner Pflicht aus § 1901 Abs. 5 S. 1 BGB besonders sorgsam nachkommen und dem Betreuungsgericht alle ihm bekannt werdenden Umstände mitteilen, die eine Aufhebung der Betreuung (► Abschn. 5.6) ermöglichen.

Beispiel

- **Fall 5.2**

Herta F., eine 33-jährige Bankangestellte, litt an einer bipolaren Erkrankung (»manisch-depressive Störung«), deren Kennzeichen u. a. eine vollständige Gesundung zwischen den einzelnen Episoden ist. Während der letzten manischen Episode (ICD-10: F31.2) sollte eine gesetzliche Betreuung eingerichtet werden, da Frau F. Einkäufe erheblichen Umfangs machte, die für sie sinnlos waren und auch ganz deutlich ihre finanziellen Möglichkeiten überstiegen (für diese Zeit wurde Geschäftsunfähigkeit festgestellt). Der Amtsrichter lehnte die Einrichtung einer Betreuung ab, da Frau F. nach den vergangenen Episoden immer wieder vollständig gesundete. Obschon die Patientin eine phasenprophylaktische Medikation zuverlässig einnahm, lag es im Bereich des Möglichen, dass sie zu späterer Zeit wieder erkranken würde. Dies war für die Einrichtung einer Betreuung nicht ausreichend. Der Amtsrichter empfahl, dass in einem zukünftigen Fall der Wiedererkrankung ggf. die Mittel des Unterbringungsrechtes anzuwenden seien.

Unvermögen infolge Einwilligungsunfähigkeit. Neben der Prüfung der Geschäftsfähigkeit, deren Fehlen dazu führt, dass der Betroffene seine rechtlichen Angelegenheiten nicht mehr selbst besorgen kann (zur Geschäftsfähigkeit sowie zu ihrer Begutachtung ► Kap. 6), hat in der Praxis vor allem die Begutachtung der Einwilligungsfähigkeit große Bedeutung. Denn im Falle der Einwilligungsunfähigkeit ist der Betroffene nicht mehr dazu in der Lage, rechtswirksam in ärztliche Behandlungen einzuwilligen, und er bedarf daher der Betreuung.

Die Einwilligungsfähigkeit verdankt ihren Stellenwert nicht zuletzt der rechtsdogmatischen Einordnung ärztlicher Heileingriffe. Juristisch betrachtet stellt nämlich jede medizinische Maßnahme zunächst eine tatbestandliche Körperverletzung des Patienten dar, die sowohl straf- als auch zivilrechtliche Konsequenzen nach sich zieht.

Der behandelnde Arzt macht sich gemäß §§ 223 ff. StGB wegen Körperverletzung strafbar und schuldet dem Patienten Schadensersatz und Schmerzensgeld aus Vertrag bzw. wegen einer unerlaubten Handlung (§§ 280 Abs. 1, 823, 253 Abs. 2 BGB). Das gilt selbst dann, wenn die Behandlung medizinisch indiziert ist, de lege artis durchgeführt wird und im Ergebnis erfolgreich verläuft. Die Rechtswidrigkeit des ärztlichen Eingriffs entfällt nur dann, wenn der Patient wirksam in den Heileingriff einwilligt. Dazu muss er jedoch Bedeutung und Tragweite des Eingriffs erfassen, mit anderen Worten einwilligungsfähig sein.

Bei der Begutachtung der Einwilligungsfähigkeit hilft die gebräuchliche Definition (► Abschn. 5.2.1) kaum weiter. Ob jemand die verstandesmäßige, geistige und sittliche Reife besitzt, um die Bedeutung und Tragweite des Eingriffs zu erkennen, und über die Urteilskraft verfügt, das Für und Wider abzuwägen, lässt sich angesichts der Unbestimmtheit dieser Merkmale ebenso schwer prüfen wie die Frage, ob er dazu befähigt ist, das Handeln nach seiner Einsicht zu bestimmen. Dennoch hat die Arbeitsgruppe um Helmchen und Lauter (1995) eine praktisch verwendbare Konkretisierung vorgenommen.

> **Konkretisierung der Definition der Einwilligungsfähigkeit**
>
> Einwilligungsunfähig ist demnach, wer aufgrund von **Minderjährigkeit** (dieser Fall spielt im Rahmen des Betreuungsrechts mit Ausnahme von Konstellationen des § 1908a BGB keine Rolle, ► Abschn. 5.2.1), **geistiger Behinderung** oder **psychischer Erkrankung** nicht erfassen kann,
> - um welche Tatsachen es sich bei der Entscheidung handelt oder
> - welche Folgen bzw. Risiken die Einwilligungsentscheidung mit sich bringt und welche weniger belastenden Mittel existieren oder
> - welchen Wert bzw. Rang die betroffenen Güter für ihn besitzen.
>
> Einwilligungsunfähig ist auch, wer zwar die erforderliche Einsicht besitzt, aber nicht danach zu handeln vermag.

Für die Annahme der Einwilligungsfähigkeit wird also vorausgesetzt, dass der Betroffene in der Lage ist, die vom Arzt über die Behandlung erteilte Information zu **verstehen**, rational zu **verarbeiten**, objektiv und subjektiv zu **bewerten** sowie nach der so gewonnenen Einsicht zu **entscheiden** (Kröber 1998, S. 41 ff.; zum psychischen Befund ▶ Abschn. 1.2).

Der Patient muss zunächst **verstehen**, welche ärztlichen Maßnahmen aus welchen Gründen und in welcher Weise in Betracht kommen, ferner, welche Belastungen, Risiken und Nebenwirkungen sie mit sich bringen. Er muss somit die kognitive Fähigkeit zur Problemerfassung besitzen. Daran fehlt es bei ganz erheblichen Störungen des Kurz- und Langzeitgedächtnisses sowie bei fehlender Krankheitseinsicht (was unterschiedlich determiniert sein kann). Eine genauere Prüfung der kognitiven Fähigkeiten sollte bereits erfolgen, wenn der Betroffene unter leichteren, zeitlichen Orientierungsstörungen, aphasischen Störungen, psychotisch bedingten Konzentrations- und Auffassungsstörungen oder erheblicher Intelligenzstörung leidet (Kröber 1998, S. 41 ff.).

> ❯ Die Prüfung der kognitiven Fähigkeiten richtet sich auf die Feststellung, inwieweit der Patient die ärztliche Aufklärung verstanden hat und sie in ihren wesentlichen Aspekten mit seinen Worten eigenständig wiedergeben kann.

Der Patient muss darüber hinaus in der Lage sein, die verstandene Information rational zu **verarbeiten**, d. h. die Vor- und Nachteile der verschiedenen Behandlungsmöglichkeiten vergleichend gegeneinander abzuwägen. Diese Fähigkeit fehlt einerseits bei hochgradig affektiver Verschlossenheit – etwa aus Panik, psychotischer Angst, psychotischem Misstrauen oder depressivem Nihilismus –, andererseits bei wahnhafter Verarbeitung der verstandenen Information. Sie ist hingegen nicht zwingend schon bei Überbewertung bestimmter Ideen oder Ideale ausgeschlossen, z. B. religiöser oder politischer Art, oder bei Fehlabwägungen, die aus Trotz oder Misstrauen entstehen (Kröber 1998, S. 41 ff.). Bei massiver, aber nicht psychotischer Verleugnung oder Bagatellisierung der eigenen Krankheit sowie bei deutlichen affektiven

Störungen bleibt ungewiss, ob der Patient seine Krankheit rational verarbeiten kann. In derartigen Fällen sollte der Sachverständige daher eine genauere Untersuchung der Verarbeitungsfähigkeit vornehmen (Kröber 1998, S. 41 ff.). Die Fähigkeit zur rationalen Verarbeitung von Informationen liegt u. U. auch vor, ohne dass der Betroffene von ihr Gebrauch macht. So ist es z. B. für die Frage der Einwilligungsfähigkeit ohne Belang, wenn der Betroffene eine Auseinandersetzung mit seiner medizinischen Problematik aus normal-psychologischen, etwa religiösen Gründen verweigert.

Entsprechend der oben dargestellten Kriterien hat der Patient die verschiedenen Gesichtspunkte unter Berücksichtigung seines eigenen Wertgefüges individuell zu **beurteilen**. Ein Indiz für das Fehlen dieser Fähigkeit liegt im Nichterkennen nahe stehender Personen. Wer bislang vertraute externe Fixpunkte des eigenen Lebens nicht mehr zu erfassen vermag, kann sich regelmäßig auch nicht an seinen internen Grundwerten orientieren. Am Bewertungsvermögen mangelt es ferner, wenn der Betroffene die Bedeutung der anstehenden Entscheidung für das eigene Leben nicht zu ermessen vermag – z. B. weil er nicht in der Lage ist, die Konsequenzen seiner Erkrankung oder deren Behandlung in sein Lebenskonzept bzw. in die eigene soziale Situation einzuordnen. Das Gleiche gilt, wenn er sie emotional nicht zu verarbeiten vermag – sei es aus Euphorie, Parathymie, Affektstarre oder krankhaftem Mangel an Ernsthaftigkeit (Kröber 1998, S. 41 ff.).

Schließlich muss der Betroffene den **eigenen Willen frei bestimmen** können, mithin befähigt sein, das Ergebnis der Überlegungen autonom, d. h. unter Ausschaltung anderer Einflüsse, in Handlungen umzusetzen. **Willensbildung** und **Willensäußerung** sind also 2 voneinander zu unterscheidende Vorgänge.

Die freie Bestimmbarkeit des Willens kann ganz oder zum Teil fehlen bei:
- affektiven Störungen, insbesondere bei hochgradigen Entscheidungshemmungen bei depressiven Erkrankungen oder im Rahmen von Getriebenheit bei Manien;
- schizophrenen Psychosen, insbesondere bei hochgradigen psychotischen Ambivalenzen und wahnhaftem Erleben;

- akuten Intoxikationen;
- abnormalen Erlebnisreaktionen;
- hirnorganischen Erkrankungen;
- Intelligenzstörungen;
- symptomatisch bei stuporösen Zuständen, d. h. relativen motorischen bzw. psychischen Bewegungslosigkeiten mit Einschränkungen der Reizaufnahme und der Reaktionen unterschiedlicher Ätiologie;
- Willensschwächen (Abulien), die hirnorganisch bedingt sein können oder im Rahmen schizophrener Psychosen auftreten;
- zwanghaftem Widerruf der jeweils letzten Entscheidung.

Der in der Praxis häufigste Fall mangelnder Bestimmbarkeit des eigenen Willens ist bei älteren Patienten mit vaskulärer oder Alzheimer-Demenz zu beobachten; diese Patienten können sich z. B. den Empfehlungen der jeweils im Raum anwesenden Person nicht widersetzen (Kröber 1998, S. 41 ff.; zur Klassifikation und Psychopathologie ▶ Abschn. 1.2 und 1.3).

> **Einwilligungsfähigkeit** setzt voraus, dass der Betroffene die kognitiven Fähigkeiten zur Problemerfassung besitzt und in der Lage ist, die vom Arzt erteilte Information zu verstehen, zu verarbeiten, zu bewerten sowie nach der so gewonnenen Einsicht zu entscheiden. Er muss erkennen können, welche Maßnahmen aus welchen Gründen in Betracht kommen, welche Folgen und Risiken eine Entscheidung mit sich bringt und welche Alternativen bestehen. Wesentliche Aspekte sollte er mit seinen eigenen Worten wiedergeben können.

Erforderlichkeit der Betreuung. Im Hinblick auf die Erforderlichkeit der Betreuung wird ein Sachverständiger oft mit dem Problem konfrontiert, dass er keine Kenntnis davon hat, ob im Umfeld des Betroffenen Personen existieren, die entweder als Bevollmächtigte oder durch Leistung anderer Hilfe im Sinne des § 1896 Abs. 2 S. 2 BGB eine Betreuung entbehrlich machen können (▶ Abschn. 5.2.1). Dies liegt allerdings auch nicht im Kompetenzbereich des (medizinischen) Gutachters und lässt sich nur durch einen Sozialbericht der zuständigen Behörde klären.

Zu beachten ist jedoch, dass die Effektivität fremder Hilfen maßgeblich von Art und Schwere der Krankheit bzw. Behinderung des Betroffenen abhängt. Auch wenn dem Sachverständigen die für eine Unterstützung in Betracht kommenden Personen unbekannt sind, sollte er daher gutachterlich klären, ob und inwieweit der eventuell zu Betreuende imstande ist, jene Angelegenheiten, die er selbst nicht erledigen kann, durch andere wahrnehmen zu lassen. Dabei kann z. B. von Bedeutung sein, ob der Betroffene in der Lage ist, einen anderen wirksam zu bevollmächtigen. Dies erfordert eine Prüfung der Geschäftsfähigkeit.

Bei der Begutachtung der Erforderlichkeit einer Betreuung empfiehlt sich ein Vorgehen nach dem Orientierungsraster von Crefeld (1990, S. 272 ff.), ▶ Begutachtung der Betreuungserforderlichkeit.

■ ■ Umfang des Aufgabenkreises

Auch nach Feststellung der Betreuungsbedürftigkeit und Beurteilung des erforderlichen Umfangs der Betreuung ergeben sich die Aufgabenkreise des Betreuers nicht zwangsläufig. Der Gutachter muss vielmehr – zumindest in gewissem Ausmaß – den vermutlichen Krankheitsverlauf in seine Überlegungen einbeziehen. Ein solches Vorgehen bereitet Schwierigkeiten: Einerseits verbietet es der Grundsatz der Erforderlichkeit, den Aufgabenkreis des Betreuers auf Bereiche zu erstrecken, in denen ein Betreuungsbedarf erst in unbestimmter Zukunft entsteht. Andererseits hat das Sachverständigengutachten einen absehbaren Betreuungsbedarf zu berücksichtigen, um weitere Gerichtsverfahren zu vermeiden, die den Betroffenen über Gebühr belasten (Schwab 1992, S. 493 ff.).

Typische Aufgabenkreise einer Betreuung sind:

- Gesundheitsfürsorge (Entscheidungen über Heilbehandlungen einschließlich Untersuchungen und Operationen),
- Aufenthaltsbestimmung,
- Vermögensangelegenheiten (Einteilung, Verwendung und Verwaltung der Einkünfte),

— Vertretung gegenüber Behörden,
— Mietangelegenheiten,
— Geltend machen von Rechten,
— Entgegennahme und Öffnen von Post,
— Entscheidung über freiheitsentziehende Maßnahmen und deren Kontrolle.

Begutachtung der Betreuungserforderlichkeit

Stufe 1: Inwieweit besteht eine Behinderung? (Beschreibung des individuellen Behinderungsbildes)

— Gesundheitliches Schadensbild (»impairments«): Beeinträchtigungen oder Verlust von normalerweise vorhandenen physischen, psychischen oder geistigen Strukturen und Funktionen
— Funktionelle Einschränkungen aufgrund des Schadensbildes (»disabilities«): z. B. Gehstörungen, Blindheit, Störungen des Antriebs, der Merkfähigkeit, der zwischenmenschlichen Beziehungsfähigkeit, der Einschränkung des sozialen Kontakts infolge Entstellung oder chronischer Schmerzzustände
— Einschränkungen im sozialen Feld (Handikaps):
  – Wohnbereich (Schlafen, Essen, Körperpflege, usw., Recht auf Privatsphäre)
  – Arbeitsbereich (materielle Sicherung, Selbstverwirklichung usw.)
  – Freizeitbereich (Bedürfnis nach sozialer Kommunikation, Aktivität usw.)

Stufe 2: Bewältigungsmöglichkeiten für die Behinderung (Coping-Ressourcen) und Gefährdungen

— Genutzte oder bisher ungenutzte Möglichkeiten und Fähigkeiten des Behinderten, die sich aus seiner Persönlichkeit, Lebenserfahrung und Biografie ergeben
— Soziales Netzwerk und seine Funktionalität für den Betroffenen
— Vorhandene materielle Sicherungen der Bedürfnisse; Ansprüche gegenüber Dritten und Ansprüche oder Zugriffe anderer

Stufe 3: Verbleibender professioneller Interventionsbedarf

— Lösungen durch Inanspruchnahme sozialer Unterstützung (persönliche Hilfen, Geld- und Sachleistungen)
— Rehabilitations- oder Pflegeplan
— Lösung von Vermögensproblemen usw.

Stufe 4: Lösungen unter Zuhilfenahme einer Betreuung

Beispiel

▪ **Fall 5.3**

Arthur B., ein 61-jähriger Angestellter, wurde notfallmäßig erstmals in ein psychiatrisches Fachkrankenhaus aufgenommen. Dort diagnostizierte man eine Demenz bei Alzheimer-Krankheit (ICD-10: F00.0). Er war in der Stadt aufgefallen, nachdem er seine Arbeitsstelle nicht mehr aufgesucht hatte, da er nicht mehr wusste, wo er arbeitete und welcher Tätigkeit er nachging. Die 15 Jahre ältere Ehefrau hatte nach eigenem Bekunden keine Veränderungen bei ihm bemerkt. Andere enge Angehörige gab es nicht. Insbesondere die neuroradiologische Diagnostik ergab eine massive frontale Atrophie und andere typische Befunde. Die neuropsychologische Untersuchung erbrachte schwerwiegende kognitive Defizite, insbesondere waren die Gedächtnisfunktionen sehr deutlich gestört. Die Fremdanamnese durch Arbeitskollegen bestätigte eine schleichende Entwicklung der Defizite seit mehreren Jahren. Zudem zeigte Herr B. nun eine depressive Symptomatik sowie eine Vernachlässigung der persönlichen Hygiene. Von den behandelnden Ärzten wurde beim zuständigen Amtsgericht eine umfassende Betreuung angeregt. Daraufhin bestellte das Gericht Herrn G., einen befreundeten Arbeitskollegen des Herrn B., zum Betreuer; zugleich wurde ein Einwilligungsvorbehalt angeordnet.

Beispiel

▪ **Fall 5.4**

Susanne Z., eine 34-jährige Hausfrau, litt seit Jahren an einer schizophrenen Psychose (ICD-10: F20.3). Nach 7 akuten Episoden, während derer sich Frau Z. jeweils stationär in Kliniken aufhielt, war die Krankheit immer mehr chronifiziert, und es bestand eine sehr deutliche, durchgängige Negativsymptomatik mit Interesselosigkeit, Depressivität, Anhedonie, sozialem Rückzug. Bis dahin war Frau Z. immer in der Lage gewesen, ihre Angelegenheiten selbst zu regeln. Nur einmal war die ansonsten sehr kooperative sowie krankheits- und behandlungseinsichtige Patientin nach dem Unterbringungsgesetz des Landes eingewiesen worden. Nun hatte sich die Symptomatik immer weiter verschlechtert: Frau Z. öffnete keine Post mehr, erledigte ihre Behördengänge nicht und kümmerte sich nicht mehr um ihre Bankangelegenheiten. Eine Betreuung wurde von ihr selbst gewünscht, um sie in diesen Bereichen zu unterstützen (Post, Bankangelegenheiten,

Vertretung bei Behörden und anderen öffentlichen Einrichtungen). Die nicht betroffenen Bereiche, wie Gesundheitsfürsorge oder Aufenthaltsbestimmung, waren von der Betreuung mangels Erforderlichkeit nicht umfasst. Ein Einwilligungsvorbehalt wurde nicht angeordnet.

■ ■ **Voraussichtliche Dauer der Betreuungsbedürftigkeit**

Der Sachverständige hat schließlich die voraussichtliche Dauer der Betreuungsbedürftigkeit zu begutachten. Dabei ist nicht nur von der Betreuungsbedürftigkeit im Begutachtungszeitpunkt auszugehen; vielmehr gilt es, die Betreuungsdauer mittels einer Prognose über den mutmaßlichen Krankheitsverlauf sowie dessen Auswirkung auf die Fähigkeit zur Selbstbestimmung abzuschätzen.

Dabei ergeben sich insofern regelmäßig Probleme, als eine sichere Prognose in den wenigsten Fällen möglich ist. So kann z. B. nur schwer abgeschätzt werden, ob und innerhalb welcher Zeitspanne die Arbeit des Betreuers und der Einsatz anderer, etwa technischer Hilfen zur Wiedererlangung der Selbstständigkeit beitragen. Das Gutachten sollte deshalb alternative Krankheitsverläufe sowie deren jeweilige Auswirkungen auf die Betreuungsbedürftigkeit und -dauer aufzeigen. Dadurch wird nicht nur der voraussichtliche Betreuungszeitraum konkretisiert, sondern zugleich auch die spätere Arbeit des Betreuers erleichtert, der dem Gutachten in jedem Krankheitsstadium die jeweilige Betreuungsbedürftigkeit entnehmen kann.

■ **Fakultativer Inhalt**

Der Sachverständige kann in seinem Gutachten dazu Stellung nehmen, ob bestimmte Modalitäten des Betreuungsverfahrens erhebliche Nachteile für die Gesundheit des Betroffenen mit sich brächten und deshalb von dem sonst üblichen Vorgehen abgewichen werden sollte.

❯ Sind erhebliche Nachteile für die Gesundheit des Betroffenen zu befürchten, kann
— die persönliche Anhörung des Betroffenen unterbleiben (§ 278 Abs. 4 FamFG),
— von der Bekanntmachung der Entscheidungsgründe abgesehen werden (§ 288 Abs. 1 FamFG),

— man die Benachrichtigung des Betroffenen darüber unterlassen, dass andere Gerichte, Behörden oder sonstige öffentliche Stellen von der Betreuungsentscheidung unterrichtet wurden (§ 308 Abs. 3 S. 1 Nr. 2 FamFG).

Zwar wird die Frage nach den Nachteilen für die Gesundheit des Betroffenen erst im jeweiligen Verfahrensstadium bedeutsam; ihre vorsorgliche Beantwortung im Rahmen des für die Betreuungsanordnung zu erstellenden Gutachtens ist aus arbeitsökonomischen Gründen dennoch ratsam (Zimmermann 1991, S. 270 ff.). Es erscheint besonders wichtig, grundsätzlich auch die Betroffenen anzuhören.

Form des Gutachtens

Bezüglich der Form des Gutachtens enthält das Gesetz keinerlei Vorschriften. Auch ein mündliches Gutachten wäre demnach grundsätzlich zulässig. De facto muss das Gutachten jedoch stets schriftlich angefertigt werden, da die daran gestellten strengen Anforderungen auf andere Art und Weise nicht zu erfüllen sind (Foerster 2009, S. 555 ff.). Auf Verlangen des Gerichts hat der Sachverständige sein Gutachten in der Verhandlung mündlich zu erläutern; dies ergibt sich aus § 411 Abs. 3 ZPO, der über §§ 29 Abs. 2, 30 Abs. 1 FamFG entsprechende Anwendung findet.

Vorbereitung des Gutachtens: Persönliche Untersuchung und Exploration

Für die Qualität des Gutachtens kommt es entscheidend darauf an, dass es zeitnah und aufgrund eigener Erkenntnisse des Sachverständigen – also nicht nur nach Aktenlage – erstellt wird.

❯ § 280 Abs. 2 FamFG schreibt die persönliche Untersuchung oder Befragung des Betroffenen durch den Sachverständigen vor (und nicht etwa nur durch dessen Hilfskräfte).

Grundsätzlich muss der Betroffene weder an einem vom Gutachter bestimmten Termin erscheinen noch sich untersuchen lassen. Eine derartige Pflicht besteht aber dann, wenn die Untersuchung bzw. die Vorführung zum Zwecke der Untersuchung vom Gericht ausdrücklich angeordnet wird (§ 283 Abs. 1 S. 1 FamFG). Diese Anordnung ist als Entscheidung über Verfahrensfragen nicht anfechtbar (§ 58 Abs. 1 FamFG).

Das Gericht kann gemäß § 284 Abs. 1 S. 1 FamFG nach vorheriger Anhörung des Betroffenen auch eine **zwangsweise** Unterbringung und Beobachtung auf bestimmte Dauer anordnen, soweit ihm dies zur Vorbereitung des Gutachtens erforderlich erscheint. Voraussetzung für eine derartige Anordnung ist gemäß dem Grundsatz der Verhältnismäßigkeit, dass mildere Mittel nicht erfolgreich waren oder mit an Sicherheit grenzender Wahrscheinlichkeit keinen Erfolg versprechen.

Die Unterbringung darf gemäß § 284 Abs. 2 S. 1 FamFG grundsätzlich einen Zeitraum von 6 Wochen nicht überschreiten, kann aber auf maximal 3 Monate verlängert werden (§ 284 Abs. 2 S. 2 FamFG). Gegen sie ist die Beschwerde zulässig, über die das Landgericht entscheidet (§ 284 Abs. 3 S. 2 FamFG i.V.m. § 567 ff. ZPO).

Maßgeblicher Zeitpunkt der Begutachtung

Die Begutachtung darf der Bestellung des Betreuers nicht allzu weit vorgelagert sein. Nur wenn das Gutachten die nötige Aktualität aufweist, ist davon auszugehen, dass in der Zwischenzeit keine maßgeblichen Veränderungen hinsichtlich der Betreuungsbedürftigkeit eingetreten sind. Anderenfalls kann eine ergänzende Begutachtung erforderlich werden.

5.3 Auswirkungen der Betreuerbestellung

5.3.1 Rechtsgeschäfte

Vom Betreuten vorgenommene Rechtsgeschäfte

Nachdem der Gesetzgeber auf eine Feststellung der Geschäftsunfähigkeit des Betreuten verzichtet hat, wirkt sich die Betreuerbestellung im Hinblick auf die Wirksamkeit von Rechtsgeschäften des Betreuten grundsätzlich nicht aus (insofern kann auf die Ausführungen in ► Kap. 6 verwiesen werden):

- Rechtsgeschäfte von betreuten geschäftsfähigen Personen sind wirksam, auch wenn sie in den Aufgabenkreis des Betreuers fallen. Etwas anderes gilt nur, falls ein Einwilligungsvorbehalt angeordnet worden ist (► Abschn. 5.4.3).
- Rechtsgeschäfte des geschäftsunfähigen Betreuten sind grundsätzlich gemäß § 105 Abs. 1 BGB nichtig. Das gilt in gleichem Maße für Rechtsgeschäfte, die im Zustand der Bewusstlosigkeit oder vorübergehender Störung der Geistestätigkeit vorgenommen werden (§ 105 Abs. 2 BGB; ► Kap. 6).

Eine Ausnahme zu § 105 Abs. 1 BGB findet sich in § 105a BGB. Danach gelten Geschäfte des täglichen Lebens, die mit geringwertigen Mitteln bewirkt werden können, trotz Geschäftsunfähigkeit mit ihrem Vollzug in Ansehung von Leistung und, soweit vereinbart, Gegenleistung als wirksam (► Kap. 6).

Vom Betreuer vorgenommene Rechtsgeschäfte

Rechtsgeschäfte können nicht nur vom Betroffenen selbst, sondern nach Bestellung eines Betreuers ebenso von diesem, als gesetzlichem Stellvertreter, vorgenommen werden. Damit trägt der Gesetzgeber der Tatsache Rechnung, dass die Mehrzahl der Betreuten erfahrungsgemäß mehr oder minder geschäftsunfähig ist und infolgedessen nicht mehr selbstständig im Rechtsverkehr auftreten kann.

- **Vertretungsmacht des Betreuers**

Die Vertretungsmacht des Betreuers ergibt sich aus § 1902 BGB. Sie erstreckt sich auf gerichtliche wie außergerichtliche Angelegenheiten des bei der Bestellung übertragenen Aufgabenkreises. Eine weitergehende Befugnis zur Vertretung kann durch den (geschäftsfähigen) Betreuten erteilt werden (§ 167 BGB).

> **Der Betreuer ist berechtigt, in seinem Aufgabenkreis Willenserklärungen im Namen des Betreuten abzugeben und auch zu empfangen (§ 164 Abs. 1 und 2 BGB). Dies gilt unabhängig davon, ob der Betreute geschäftsfähig ist oder nicht.**

Hinzuweisen ist jedoch auf Folgendes: Dem geschäftsfähigen Betreuten können Willenserklärungen Dritter wirksam zugehen. Im Gegensatz dazu ist bei geschäftsunfähigen Betreuten allein der Betreuer empfangszuständig (§§ 131 Abs. 1, 1902 BGB). Bedeutung erlangt dies zum Beispiel, wenn dem Betreuten von seinem Vermieter oder Arbeitgeber gekündigt wird.

Gemäß § 1901 Abs. 3 BGB hat der Betreuer den Wünschen des Betreuten zu entsprechen, soweit dies dessen Wohl nicht zuwiderläuft und dem Betreuer zumutbar ist. Dieser allgemeine Grundsatz des Betreuungsrechts gilt auch im Bereich der rechtsgeschäftlichen Vertretung. Auf die Geschäftsfähigkeit des Betreuten kommt es dabei nicht an.

- **Erforderlichkeit betreuungsgerichtlicher Genehmigungen**

In besonders schwerwiegenden Angelegenheiten schränkt das Gesetz die Vertretungsmacht des Betreuers ein. Es lässt ihn nicht mehr allein entscheiden, sondern verlangt zusätzlich für die Wirksamkeit der Vertretung eine Genehmigung durch das Betreuungsgericht.

> **Einer betreuungsgerichtlichen Genehmigung bedürfen beispielsweise:**
> - Verfügungen über Forderungen und Wertpapiere (§§ 1908i, 1812 BGB)
> - Geschäfte über Grundstücke (§§ 1908i, 1821 BGB)
> - Kreditaufnahmen (§§ 1908i, 1822 Nr. 8 BGB)
> - Kündigung einer vom Betreuten gemieteten Wohnung (§ 1907 BGB)

- **Widersprechende Geschäfte des Betreuers und des Betreuten**

Ist der Betreute geschäftsfähig, kann er, wie jeder andere Geschäftsfähige auch, am Rechtsverkehr teilnehmen. Das gesetzliche Vertretungsrecht des Betreuers indessen bleibt davon unberührt. Insofern ist es denkbar, dass der Betreute und sein Betreuer Rechtsgeschäfte abschließen, die sich widersprechen. Derartige Konstellationen sind nach den allgemeinen Regeln des Vertretungsrechts zu lösen.

Bei sog. **kollidierenden Verfügungsgeschäften** gilt das Prinzip der Priorität: Das zuerst getätigte Rechtsgeschäft ist wirksam, das spätere al-

lenfalls nach den Vorschriften des gutgläubigen Erwerbs vom Nichtberechtigten (z. B. mehrere Übereignungen derselben Sache).

Schuldrechtliche Verpflichtungen hingegen sind wegen des bürgerlich-rechtlichen Abstraktionsprinzips grundsätzlich allesamt wirksam (nichtkollidierende Rechtsgeschäfte). Sofern nur eines dieser Rechtsgeschäfte erfüllt werden kann, hat der Betreute im Übrigen regelmäßig Schadensersatz zu leisten. Ein Beispiel wäre hier der doppelte Verkauf eines Gegenstandes durch Betreuer und Betreuten.

5.3.2 Personenrechtliche Gestattungen: Einwilligung in ärztliche Heileingriffe

Die Ausführungen zu den Rechtsgeschäften gelten sinngemäß auch für personenrechtliche Gestattungen: Die Betreuerbestellung beeinträchtigt die Wirksamkeit einer entsprechenden Erklärung des Betreuten grundsätzlich nicht. An dieser Stelle soll nur auf den Hauptanwendungsfall der personenrechtlichen Gestattung, die Einwilligung in ärztliche Heileingriffe, eingegangen werden.

Die Rechtstellung des Betreuers nach dem Patientenrechtegesetz

Seit dem 26.2.2013 regelt das Gesetz zur Verbesserung der Rechte von Patientinnen und Patienten (BGBl I 2013, 277 ff.) den Behandlungsvertrag in den §§ 630a ff. BGB. Bisher prägte Richterrecht die Rechte der Patienten (BT-Drucks. 17/10488, S. 9). Dieses diente dem Reformgesetzgeber bei Schaffung der §§ 630a-h BGB als maßgebliche Orientierung (BT-Drucks. 17/10488, S. 10).

Der Behandlungsvertrag i. S. d. § 630a Abs. 1 BGB als ein spezieller Fall des Dienstvertrages verpflichtet den Behandelnden zum fachgerechten Bemühen um Heilung. Lediglich wenn ein Behandlungserfolg vereinbart wurde oder es sich um einen vollständig kontrollierbaren Vorgang handelt, kann das werkvertragliche Gewährleistungsrecht ausnahmsweise Anwendung finden (BT-Drucks. 17/10488, S. 17), z. B. beim Zahnersatz oder bei der Prothetik. Dem Begriff des »Behandelnden« i. S. d. §§ 630a ff. BGB unterfallen neben dem Arzt auch Angehörige anderer Gesundheitsberufe, wie Heilpraktiker, Hebammen, Psycho- und Physiotherapeuten (BT-Drucks. 17/10488, S. 11).

Die Behandlung muss den allgemein anerkannten fachlichen Standards genügen, § 630a Abs. 2 BGB. Aber das Patientenrechtegesetz erlaubt im Interesse des medizinischen Fortschritts auch Neulandverfahren bei entsprechender Vereinbarung.

§ 630c Abs. 1 BGB regelt die Mitwirkungsobliegenheiten des Patienten und des Arztes. Sofern für den Patienten ein Betreuer mit dem Aufgabenkreis Gesundheitsfürsorge bestellt wurde, trifft diesen die grundsätzlich dem Patienten auferlegte Mitwirkungsobliegenheit. So soll der Informationsaustausch, den eine optimale Behandlung erfordert, gewährleistet werden (BT-Drucks. 17/10488, S. 21). Dementsprechend hat der Patient oder sein Betreuer den Arzt, z. B. über Medikamenteneinnahme, Vorerkrankungen oder Allergien, zu informieren.

Das Gesetz normiert in § 630c Abs. 2, 3 BGB zudem umfangreiche Informationspflichten des Behandelnden. Sie betreffen sämtliche, auch wirtschaftliche Umstände der Behandlung. Beispielsweise muss der Arzt den Patienten darüber informieren, dass nach seiner Kenntnis die geplante Maßnahme nicht von der Krankenkasse übernommen wird. Hinzu tritt die Sicherungsaufklärung: Sie sichert den Behandlungserfolg und betrifft etwa die korrekte Medikation oder die notwendige Änderung von Ernährungsgewohnheiten. Schließlich besteht sogar eine Pflicht des Arztes zur Offenbarung eigener und fremder (erkennbarer) Behandlungsfehler, sofern der Patient danach fragt oder die Offenbarung zur Abwendung gesundheitlicher Gefahren für den Patienten erforderlich ist.

Als wichtigste Säule der Aufklärung fordert das Patientenrechtegesetz eine Aufklärung des Arztes über sämtliche für die Entscheidung des Patienten wesentliche Umstände. Dies ist Voraussetzung für die im Anschluss einzuholende Einwilligung des Patienten. Steht der Patient aufgrund mangelnder natürlicher Einsichts- und Steuerungsfähigkeit unter Betreuung, hat der Arzt die Einwilligung des (zuvor aufgeklärten) Betreuers einzuholen (BT-Drucks. 17/10488, S. 23; Olzen/Lilius-Karakaya 2013, S. 127, 130). Daneben müssen aber auch dem Einwilligungsunfähigen das Ob und Wie der ärztlichen Behandlung erläutert werden, um auf eine natürliche Zustimmung zur Maßnahme hinzuwirken, vgl. §§ 630c Abs. 2 S. 1, 630e Abs. 5 BGB. Unaufschiebbare Maßnahmen darf der Behandelnde ohne Aufklärung des Betreuers vornehmen (Olzen/Lilius-Karakaya 2013, S. 127, 131).

Hat der zu Behandelnde in gesundem Zustand eine wirksame Patientenverfügung (§ 1901a BGB) errichtet, die auf die aktuelle Lebens- und Behandlungssituation zutrifft, muss grundsätzlich der Betreuer dieser Geltung verschaffen, § 1901a Abs. 1 S. 2 BGB. Aber auch der Behandelnde selbst kann im Sinne der Patientenverfügung (be-)handeln, ohne dass eine vorherige Betreuerbestellung zu erfolgen hat, § 630d Abs. 1 S. 2 BGB (BT-Drucks. 17/10488, S. 55).

Den Arzt trifft schließlich die Pflicht zur Dokumentation der Behandlung, § 630f BGB. Hierbei sind nachträgliche Änderungen kenntlich zu machen, um Schutz vor Fälschungen zu gewährleisten (BT-Drucks. 17/10488, S. 26).

Dem Patienten steht als Pendant zur ärztlichen Dokumentationspflicht ein Einsichtsrecht in seine Patientenakte zu, sofern dem nicht erhebliche therapeutische Gründe oder sonstige erhebliche Rechte Dritter entgegenstehen, § 630g BGB. Diesen Anspruch hat bei betreuten Personen deren Betreuer als Vertreter (Olzen/Lilius-Karakaya 2013, S. 127, 131). Die ärztliche Schweigepflicht steht dem nicht entgegen; sie schützt nur gegen die Informationsweitergabe an unbefugte Dritte (Schmidt-Recla 2011, S. 436, 438). Ein Betreuer mit dem Aufgabenkreis »Gesundheitsfürsorge« darf – anstelle des Betreuten – den Behandelnden von dessen Schweigepflicht befreien. Denn seine Vertretungsmacht erfasst schließlich ärztliche Maßnahmen. Dabei hat sich der Betreuer an den Wünschen und dem Wohl des Betreuten zu orientieren (Olzen/Lilius-Karakaya 2013, S. 127, 132).

Auch die Erben bzw. nahen Angehörigen besitzen ein Einsichtsrecht in Krankenunterlagen, sofern dies dem Patientenwillen entspricht, § 630g Abs. 3 BGB. Die Ermittlung dieses Willens obliegt dem Arzt (vgl. BGH BtPrax 2013, S. 111 f. für die entsprechende Situation in einem Pflegeheim).

Die bisherige Rechtsprechung zur Beweislastverteilung bei Behandlungs- und Aufklärungsfehlern findet in § 630h BGB Eingang ins BGB.

Situation bei Einwilligungsfähigkeit des Betreuten

> Der einwilligungsfähige Betreute ist genauso zu behandeln wie eine nicht betreute Person.

Sofern der Betreute einwilligungsfähig ist (► Abschn. 5.2.1 und ► Abschn. 5.2.2), entscheidet er allein über den ärztlichen Heileingriff (Taupitz u. Neikes 2009, S. 503 ff.; MünchKomm-Schwab 2012, § 1904 Rn. 11). Er bedarf weder der Zustimmung des Betreuers noch einer Genehmigung des Betreuungsgerichts.

Die Einwilligungskompetenz, die auch eine Entscheidung gegen den Eingriff umfasst, liegt auch dann ausschließlich beim Betroffenen, wenn die anstehende ärztliche Maßnahme als besonders gravierend einzuschätzen ist; das gilt selbst dann, wenn die Gefahr besteht, dass der Patient aufgrund der Maßnahme verstirbt. Ferner ist bei Einwilligungsfähigkeit des Betroffenen belanglos, ob der Aufgabenkreis des Betreuers die Einwilligung in die Heilbehandlung ausdrücklich umfasst (MünchKomm-Schwab 2012, § 1904 Rn. 11).

> Die Einwilligungsfähigkeit in ärztliche Eingriffe wird nicht pauschal festgestellt, sondern bezogen auf den Einzelfall. Im Gegensatz zur Geschäftsfähigkeit kann die Einwilligungsfähigkeit relativiert werden und ist abhängig vom Inhalt der Entscheidung. Je schwerwiegender und folgenreicher ein Eingriff ist, desto strengere Maßstäbe sind bei der Feststellung der Einwilligungsfähigkeit anzulegen.

Situation bei Einwilligungsunfähigkeit des Betreuten

> Im Falle der Einwilligungsunfähigkeit des Betreuten muss an seiner Stelle der Betreuer die Einwilligung in die ärztliche Maßnahme erteilen.

Ist für den Betroffenen noch kein Betreuer bestellt, so bedarf es spätestens jetzt einer entsprechenden gerichtlichen Anordnung. Dagegen ist nur eine Erweiterung des Aufgabenkreises des Betreuers notwendig (► Abschn. 5.6), wenn der Patient zwar schon unter Betreuung steht, diese aber noch nicht den gesundheitlichen Bereich erfasst.

Beachtung der Wünsche des einwilligungsunfähigen Betreuten

Im Rahmen der Einwilligungserteilung hat der Betreuer gemäß § 1901 Abs. 3 S. 1 BGB – wie bei allen seinen Tätigkeiten – den Wünschen des Betreuten zu entsprechen, soweit dies dem Wohl des Betreuten nicht zuwiderläuft und dem Betreuer auch zumutbar ist. Damit trägt die Betreuung auch bei fehlender Einwilligungsfähigkeit des Betroffenen der Selbstbestimmungsfreiheit Rechnung.

Das Wohl des Betreuten darf nicht mit der bestmöglichen medizinischen Versorgung verwechselt werden. Das Anliegen eines Betroffenen, sein Leiden nicht oder nur teilweise zu kurieren, ist stets zu beachten, soweit es sich nicht als Ausdruck seiner Krankheit darstellt. Dies gilt auch und besonders für Maßnahmen, die lebens-, aber zugleich schmerzverlängernd wirken (BT-Drucks. 11/4528, S. 142).

- **Patientenverfügung**

Ein Betreuer ist gemäß § 1901 Abs. 2 und 3 BGB auch an vor seiner Bestellung geäußerte Wünsche des Betreuten gebunden, es sei denn, dass der Betroffene daran erkennbar nicht mehr festhalten will. In diesem Zusammenhang erlangt in der Praxis die Patientenverfügung besondere Bedeutung.

Begriff. Bei der Patientenverfügung handelt es sich um eine im einwilligungsfähigen Zustand verfasste schriftliche Verfügung des Betroffenen, wonach er bestimmte Behandlungsmethoden wünscht oder ablehnt, § 1901a BGB. Patientenverfügungen beziehen sich meist auf das Ob und Wie lebensverlängernder Maßnahmen und auf die Vergabe von Schmerzmitteln, finden sich aber auch häufig bei psychisch kranken Patienten, die darin meist Behandlungen ganz oder teilweise ablehnen.

Rechtsnatur. Nachdem die rechtliche Situation der Patientenverfügungen lange Zeit nur auf BGH-

Entscheidungen (BGH NJW 2003, S. 1588; BGH NJW 2005, S. 2385) basierte, wurde sie durch das 3. Gesetz zur Änderung des Betreuungsrechts vom 29.7.2009 (BGBl I, S. 2286) gesetzlich geregelt (vertiefend Götz, Die rechtlichen Grenzen der Patientenautonomie bei psychischen Erkrankungen, S. 179 ff., zum Verfahren S. 90 ff.).

Voraussetzungen. Die Patientenverfügung ist in § 1901a Abs. 1 S. 1 BGB legal definiert. § 1901a Abs. 1 S. 1 BGB verlangt für die Wirksamkeit der Patientenverfügung die Errichtung durch einen einwilligungsfähigen Volljährigen (§ 2 BGB) sowie die Einhaltung der Schriftform (§ 126 BGB). Einer ärztlichen Aufklärung bedarf es nur im – in der Praxis wohl selteneren – Falle einer »positiven Verfügung«, durch welche der Betroffene bestimmte medizinische Maßnahmen fordert und gleichzeitig in ihre Durchführung einwilligt. Das Gesetz sieht für die Wirksamkeit einer Patientenverfügung keine Reichweitenbeschränkung vor. So muss der in einer Verfügung geäußerte Wille des Betroffenen nicht nur bei irreversiblem Verlauf des Grundleidens oder gar unmittelbarer Todesnähe, sondern unabhängig von Art und Stadium der Erkrankung, Beachtung finden. Der Widerruf einer Patientenverfügung oder einzelner in ihr enthaltener Anordnungen ist formlos und auch durch nonverbales Verhalten möglich (§ 1901a Abs. 1 S. 3 BGB).

Der Betreuer bzw. Bevollmächtigte prüft bei Einwilligungsunfähigkeit des Betroffenen, ob die in der Patientenverfügung getroffenen Festlegungen auf »die aktuelle ‚Lebens- und Behandlungssituation‘ zutreffen« (§ 1901a Abs. 1 S. 1 a. E. BGB), wobei nicht der objektive Empfängerhorizont, sondern der ermittelbare wirkliche Wille des Erklärenden maßgeblich ist. § 1901b BGB verlangt für die Entscheidungsfindung einen »dialogischen Prozess« (BT-Drucks. 16/13314, S. 20) zwischen Arzt und Betreuer, nahen Angehörigen und sonstigen Vertrauenspersonen. Auch wenn ein Betreuer nicht bestellt wurde, kann der Behandelnde allein der Patientenverfügung Geltung verschaffen, § 630d Abs. 1 S. 2 BGB (BT-Drucks. 17/10488, S. 55, dazu bereits ▶ Abschn. 5.3.2).

■ **Vorsorgevollmacht**

Begriff und Auswirkung. Von der Patientenverfügung ist die sog. Vorsorgevollmacht (vgl. dazu § 1901c BGB) zu unterscheiden, bei der der Betroffene im noch gesunden (und damit geschäftsfähigen) Zustand einer Person seines Vertrauens Vertretungsmacht dahingehend erteilt, für ihn in medizinischen Angelegenheiten zu entscheiden. Dies empfiehlt sich z. B. bei episodenhaft verlaufenden Krankheiten.

> Soweit die Vorsorgevollmacht reicht, kann der Bevollmächtigte an Stelle des Betroffenen die Einwilligung in ärztliche Maßnahmen erteilen oder verweigern. Eine Betreuung ist für den von der Vorsorgevollmacht umfassten Bereich folglich nicht erforderlich (§ 1896 Abs. 2 S. 2 BGB; ▶ Abschn. 5.2.1).

Voraussetzungen der wirksamen Einwilligung durch den Bevollmächtigten. Da es sich bei der Einwilligung in ärztliche Maßnahmen um einen höchstpersönlichen und damit vertretungsfeindlichen Akt handelt, kann der Bevollmächtigte erst nach Eintritt der Einwilligungsunfähigkeit des Betroffenen wirksam tätig werden. Darüber hinaus setzt die wirksame Einwilligungserteilung durch einen vom Patienten bevollmächtigten Stellvertreter Folgendes voraus:

1. Der Vollmachtgeber (Betroffene) war im Zeitpunkt der Erteilung der Vorsorgevollmacht geschäftsfähig.
2. Die Vorsorgevollmacht erstreckt sich ausdrücklich auf die fragliche Maßnahme (§ 1904 Abs. 5 S. 2 BGB).
3. Die Vorsorgevollmacht wurde in der vorgeschriebenen Form, d. h. zumindest schriftlich, erteilt (§§ 1904 Abs. 5 S. 2, 126 BGB).
4. Die Vorsorgevollmacht darf mittlerweile nicht erloschen sein.
5. Bei schwerwiegenden ärztlichen Eingriffen muss der Bevollmächtigte zudem eine betreuungsgerichtliche Genehmigung einholen (§ 1904 Abs. 5 S. 1 in Verbindung mit Abs. 1 S. 1 BGB).

Geschäftsfähigkeit des Vorsorgevollmachtgebers. Streitig ist, ob der Betroffene im Zeitpunkt der Vollmachterteilung geschäftsfähig sein muss oder ob seine Einwilligungsfähigkeit genügt (Münch-Komm-Schwab 2012, § 1904 Rn. 71). Entscheidend ist, dass die Vollmachtserteilung ein Rechtsgeschäft darstellt. Dessen Gegenstand bildet nicht der eventuelle, spätere medizinische Eingriff, sondern dass der Betroffene »die Ausübung der Selbstbestimmung über Körper und Gesundheit für den Fall der eigenen Einwilligungsunfähigkeit einem anderen zu treuen Händen« überlässt (MünchKomm-Schwab 2012, § 1904 Rn. 71). Die damit verbundenen Risiken muss der Betroffene deshalb auch erfassen können. Maßgeblich ist somit die bezüglich dieser Art von Rechtsgeschäften erforderliche (partielle) Geschäftsfähigkeit (so kann der infolge Spielsucht partiell Geschäftsunfähige noch in der Lage sein, eine Vorsorgevollmacht zu verfassen, da im hierfür ausschlaggebenden Bereich Geschäftsfähigkeit besteht).

Inhaltliche Anforderungen: Gemäß § 1904 Abs. 5 S. 2 BGB muss die Vorsorgevollmacht ausdrücklich (!) die ärztliche Maßnahme enthalten. Empfehlenswert ist dementsprechend, die Vollmacht für »alle Gesundheitsangelegenheiten, insbesondere für jedwede Einwilligung in eine Untersuchung des Gesundheitszustandes, eine Heilbehandlung oder einen ärztlichen Eingriff« zu erteilen, und zwar »auch für den Fall, dass die begründete Gefahr besteht, dass der Vollmachtgeber auf Grund der Maßnahme stirbt oder einen schweren und länger dauernden gesundheitlichen Schaden erleidet« (MünchKomm-Schwab 2012, § 1904 Rn. 74; zu den Begriffen »Untersuchung«, »Heilbehandlung«, »ärztlicher Eingriff« und »schwerer und länger dauernder gesundheitlicher Schaden« s. im Folgenden). Selbstverständlich kommt auch eine partielle Vollmacht in Betracht.

Fortbestehende Wirksamkeit der Vollmacht. Aus der Vorsorgevollmacht kann nur dann auf die Einwilligung des Betroffenen zu konkreten Maßnahmen geschlossen werden, wenn die darin niedergelegte Willensrichtung zum Zeitpunkt des ärztlichen Eingriffs fortbesteht. Die Vollmacht darf also noch nicht widerrufen worden sein, was jederzeit und formlos möglich ist. Der Widerruf setzt – wie die Bevollmächtigung selbst – zumindest partielle Geschäftsfähigkeit des Betroffenen voraus. Fehlt

diese, kommt ein Widerruf seitens des Kontrollbetreuers in Betracht (MünchKomm-Schwab 2012, § 1904 Rn. 80), sofern ein solcher gemäß § 1896 Abs. 3 BGB bestellt wurde (zum Kontrollbetreuer s. Erman-Roth 2014, § 1896 Rn. 50 ff.; ▶ Abschn. 5.2.1).

Betreuungsgerichtliche Genehmigung. Schließlich erfordert die wirksame Einwilligung in gravierende ärztliche Maßnahmen eine Genehmigung durch das Betreuungsgericht (§ 1904 Abs. 5 S. 1 BGB). Insofern gilt nichts anderes als bei der stellvertretenden Einwilligung durch den Betreuer (im Folgenden).

Einfachere und dringendere Eingriffe

Einwilligung allein durch den Betreuer. Die Frage, ob ein Betreuer bei Einwilligungsunfähigkeit des Betroffenen allein über die Vornahme der ärztlichen Maßnahme entscheiden kann, beantwortet § 1904 Abs. 1 BGB wie folgt: »Die Einwilligung des Betreuers in eine Untersuchung des Gesundheitszustandes, eine Heilbehandlung oder einen ärztlichen Eingriff bedarf der Genehmigung des Betreuungsgerichts, wenn die begründete Gefahr besteht, dass der Betreute auf Grund der Maßnahme stirbt oder einen schweren und länger dauernden gesundheitlichen Schaden erleidet. Ohne die Genehmigung darf die Maßnahme nur durchgeführt werden, wenn mit dem Aufschub Gefahr verbunden ist.«

Der Betreuer besitzt demnach die alleinige Entscheidungskompetenz, wenn

- nicht die begründete Gefahr besteht, dass der Betreute aufgrund der ärztlichen Maßnahme verstirbt oder zumindest einen schweren und länger dauernden gesundheitlichen Schaden erleidet (Umkehrschluss aus § 1904 Abs. 1 S. 1 BGB), oder

- diese Gefahr zwar besteht, jedoch mit der Einholung der betreuungsgerichtlichen Genehmigung Gefahr verbunden wäre (§ 1904 Abs. 1 S. 2 BGB).

Diese Kompetenzverteilung entspricht weitgehend derjenigen bei der Vornahme von Rechtsgeschäften: Im Falle der Geschäfts-/Einwilligungsfähigkeit darf der Betreute allein entscheiden, bei fehlender

Geschäfts-/Einwilligungsfähigkeit wird er durch den Betreuer vertreten, wobei Rechtsgeschäfte/ Einwilligungen mit besonders gravierenden und weitreichenden Folgen überdies vom Betreuungsgericht zu genehmigen sind.

Zu beachten bleibt, dass im Falle des § 1904 Abs. 1 S. 2 BGB, also bei drohender Gefahr, zwar auf die Genehmigung des Betreuungsgerichts verzichtet wird, nicht jedoch auf die Einwilligung des Betreuers, die zumindest mutmaßlich bestehen muss (BeckOK-Müller 2013, § 1904 Rn. 27; zur mutmaßlichen Einwilligung Fischer 2014, § 223 StGB Rn. 27 f.; Deutsch u. Spickhoff 2008, Rn. 262 ff.).

Schließlich bleibt anzumerken, dass es seit der Novellierung des § 1904 BGB durch das 3. Gesetz zur Änderung des Betreuungsrechts einer betreuungsgerichtlichen Genehmigung nicht bedarf, wenn zwischen Betreuer und Arzt Einvernehmen darüber besteht, dass die Erteilung der Einwilligung dem nach § 1901a BGB festgestellten Willen des Betreuten entspricht (§ 1904 Abs. 4 BGB).

Gravierende Eingriffe: Betreuungsgerichtliche Genehmigung

Bei begründeter Gefahr für Leben oder Gesundheit durch die Untersuchung, die Heilbehandlung oder den ärztlichen Eingriff ist neben der Einwilligung des Betreuers die betreuungsgerichtliche Genehmigung erforderlich (§ 1904 Abs. 1 S. 1 BGB).

▪ **Untersuchung des Gesundheitszustandes, Heilbehandlung, ärztlicher Eingriff**

Mit einer Untersuchung des Gesundheitszustandes sind im Rahmen des § 1904 Abs. 1 S. 1 BGB alle Formen diagnostischer Verfahren gemeint. Heilbehandlungen im Sinne des Gesetzes richten sich auf die Herstellung der Gesundheit, die Linderung von Krankheit oder ihrer Folgen bzw. ihre Verhütung. Der Begriff des ärztlichen Eingriffs hat nur noch eine Auffangfunktion für Maßnahmen, die nicht bereits als Heilbehandlung gelten, aber dennoch die körperliche Unversehrtheit beeinträchtigen (Beispiele für ärztliche Eingriffe im letztgenannten Sinne: Schönheitsoperationen, medizinisch nicht indizierte Schwangerschaftsabbrüche).

▪ **Begründete Gefahr für Leben oder Gesundheit**

Wann die begründete Gefahr besteht, dass der Patient infolge der ärztlichen Maßnahme stirbt oder einen schweren und länger dauernden gesundheitlichen Schaden erleidet, ist schwer festzustellen. Eine gesetzliche Konkretisierung fehlt.

Begriff »begründete Gefahr«. Nicht ausreichend für die Annahme einer begründeten Gefahr sind bloße Befürchtungen. Es bedarf einer objektiven, d. h. ernstlichen und konkret zu erwartenden Gefahr (BT-Drucks. 11/6949, S. 73), die unter Berücksichtigung aller Umstände beurteilt werden muss (Schwab 1990, S. 681 ff.).

Beispiel

Während z. B. die Operation eines jungen, an sich gesunden Menschen u. U. nur ein normales Risiko darstellt, kann derselbe Eingriff bei einem älteren Menschen mit gestörter Blutgerinnung überdurchschnittlich gefährlich sein.

Erforderlich ist nach überwiegender Ansicht zudem, dass das Risiko der ärztlichen Maßnahme bei kunstgerechter Durchführung signifikant über dem Durchschnittsrisiko medizinischer Behandlungen liegt (MünchKomm-Schwab 2012, § 1904 Rn. 25). Im Rahmen dieser Prognose werden Behandlungsfehler des Arztes nicht berücksichtigt, weil eine solche Betrachtungsweise zur Genehmigungspflicht der Mehrzahl der medizinischen Maßnahmen führen würde. Die Möglichkeit eines Behandlungsfehlers ist nämlich stets in Betracht zu ziehen. Eine regelmäßige Pflicht zur Genehmigung entspräche aber nicht der Intention des Gesetzgebers, der mit § 1904 BGB eine Ausnahmevorschrift schaffen wollte.

Bisweilen wird vertreten, eine begründete Gefahr liege ab einem bestimmten, prozentual festgelegten Wahrscheinlichkeitsgrad des Risikoeintritts vor. Im Schrifttum wird eine Komplikationshäufigkeit von mindestens 20 % diskutiert (Wiebach et al. 1997, S. 48 ff.). Demgegenüber lässt das LG Berlin eine allgemeine Schadenswahrscheinlichkeit von 8–10 % genügen, wenn der Patient einer Risikogruppe zugehört, bei der das Schadensrisiko bis auf das Dreifache ansteigen kann

(LG Berlin FamRZ 1993, S. 598). Problematisch bei diesen Berechnungen ist, dass sich eine individuelle, auf den konkreten Einzelfall bezogene Wahrscheinlichkeitsangabe häufig nicht abgeben lässt.

Begriff »schwerer und länger dauernder gesundheitlicher Schaden«. Die Gefahr muss darauf gerichtet sein, dass der Patient einen schweren und länger dauernden gesundheitlichen Schaden erleidet. Demgemäß genügt eine schwere, aber nur kurz anhaltende Gesundheitsstörung ebenso wenig wie ein langfristiges Leiden geringen Ausmaßes. Eine »längere Dauer« im Sinne der Norm wird ab einem Jahr angenommen. Je nach Schwere der gesundheitlichen Beeinträchtigung sind Abweichungen möglich (BT-Drucks. 11/4528, S. 140 f.). Bezüglich der Schwere des gesundheitlichen Schadens verweist die amtliche Begründung zu § 1904 BGB auf den Katalog des § 226 Abs. 1 StGB. Ein schwerer gesundheitlicher Schaden liegt demnach vor bei Verlust eines oder beider Augen, des Gehörs, des Sprechvermögens, der Fortpflanzungsfähigkeit oder eines wichtigen Körpergliedes, ferner bei dauernder Entstellung in erheblicher Weise und bei Verfall in Siechtum, Lähmung oder geistiger Krankheit oder Behinderung.

> Die Frage, ob die begründete Gefahr eines schweren und länger dauernden gesundheitlichen Schadens besteht, stellt sich speziell bei der Langzeitverordnung von Psychopharmaka, deren regelmäßige Einnahme grundsätzlich zu gravierenden und lang anhaltenden Gesundheitsbeeinträchtigungen im Sinne von Nebenwirkungen führen kann. Dies gilt insbesondere dann, wenn bestimmte Risikofaktoren kumulieren. Eine Genehmigungspflicht besteht dennoch nicht generell.

Elektrokonvulsionstherapien erfordern eine betreuungsgerichtliche Genehmigung in aller Regel nicht, da sich unter der Beachtung der Kontraindikationen um eine sichere Maßnahme zur Behandlung schwerer Depressionen und kataton ausgeprägter schizophrener Psychosen handelt. Die hauptsächlich anzutreffende Nebenwirkung der i. d. R. passageren Amnesie lässt sich bei Einsatz der unilateralen Stimulation nur vereinzelt und angesichts der Gefährlichkeit der behandelten Krankheit in vernachlässigbarer Schwere beobachten.

- **Entscheidung über die Genehmigungsbedürftigkeit**

Ob eine medizinische Maßnahme genehmigungspflichtig ist, hat der Betreuer zu klären. Hierzu kann er sich an den behandelnden Arzt wenden oder auch richterliche Beratung in Anspruch nehmen (§ 1908i Abs. 1 S. 1 BGB in Verbindung mit § 1837 Abs. 1 S. 1 BGB). Ferner besteht für ihn die Möglichkeit, die Genehmigung beim Betreuungsgericht sofort einzuholen, allerdings mit dem Risiko, dass dieses sie nicht für notwendig erachtet. Deshalb kann der Betreuer auch ein sog. gerichtliches Negativattest beantragen (Bienwald 2011, § 1904 Rn. 178).

Hält das Betreuungsgericht die Einwilligung des Betreuers für genehmigungspflichtig, ordnet es – sofern der Betreuer eine andere Auffassung vertritt – die Einholung der Genehmigung an und setzt zur Beachtung dieser Anweisung ggf. ein Zwangsgeld fest (§ 1908i Abs. 1 S. 1 BGB in Verbindung mit § 1837 Abs. 2 S. 1 und Abs. 3 S. 1 BGB). Auch die Entlassung des Betreuers kommt in Betracht (§ 1908b Abs. 1 S. 1 BGB).

- **Doppelte Genehmigungspflichtigkeit**

Die Genehmigung der ärztlichen Maßnahme erstreckt sich nur auf diese selbst. Soll im Zuge der medizinischen Behandlung zugleich eine Unterbringung oder eine unterbringungsähnliche Maßnahme erfolgen (▶ Abschn. 5.7), wird hierfür eine weitere Genehmigung des Betreuungsgerichts benötigt.

Abbruch lebensverlängernder Maßnahmen

Gemäß § 1904 Abs. 2 BGB ist die Einschaltung des Betreuungsgerichts bei ablehnendem Betreuerverhalten grundsätzlich erforderlich, wenn die Maßnahme medizinisch angezeigt ist und die begründete Gefahr besteht, dass der Betreute aufgrund des Unterbleibens oder des Abbruchs der Maßnahme stirbt oder einen schweren längerdauernden gesundheitlichen Schaden erleidet. Jedoch ist eine Genehmigung – parallel zur Regelung bei Einwilligung in ärztliche Maßnahmen – in Fällen entbehrlich, in denen zwischen behandelndem Arzt und Betreuer/Bevollmächtigtem Einvernehmen besteht, dass die Nichterteilung oder der Widerruf der Einwilligung dem nach § 1901a BGB ermittelten Willen des Betroffenen entspricht (§ 1904 Abs. 4 BGB). Nach Auffassung des Gesetzgebers werde in diesem Falle dem Erfordernis einer »wechselseitigen Kontrolle« in ausreichendem Umfang Rechnung getragen (BT-Drucks. 16/8442, S. 19). Auch sei ein »generalisierender Missbrauchsverdacht« gegenüber Arzt und Betreuer/Bevollmächtigtem nicht geboten. Bei Anhaltspunkten für ein rechtsmissbräuchliches Zusammenwirken bliebe Dritten die Möglichkeit, ein betreuungsgerichtliches Verfahren zwecks Überprüfung in Gang zu setzen (BT-Drucks. 16/8442, S. 19).

Sterilisation

Wenn es sich bei dem vorzunehmenden ärztlichen Eingriff um eine Sterilisation handelt, bedarf die Einwilligung des gemäß § 1899 Abs. 2 BGB speziell für die Sterilisation zu bestellenden besonderen Betreuers der betreuungsgerichtlichen Genehmigung (§ 1905 Abs. 2 S. 1 BGB; MünchKomm-Schwab 2012, § 1905 Rn. 1 ff.).

Zwangsbehandlungen

Bevor das BVerfG mit seinen Entscheidungen zum Maßregelvollzug verfassungsrechtliche Bedenken äußerte und genaue Anforderungen für Zwangsbehandlungen schuf (BVerfG NJW 2011, S. 2113 ff.; NJW, 2011, S. 3571 ff.), diente dem BGH § 1906 Abs. 1 Nr. 2 BGB als Grundlage für betreuungsrechtliche medizinische Zwangsbehandlungen (BGH NJW 2006, S. 1277; krit. Olzen/van der Sauden 2007, S. 245, 247). Der BGH wandte sich 2012 aufgrund der Rechtsprechung des BVerfG jedoch überraschend von seiner bisherigen Rechtsprechung ab und sah § 1906 Abs. 1 Nr. 2 BGB nicht mehr als taugliche Rechtsgrundlage für Zwangsbehandlungen an.

Zum 26.2.2013 ergänzte der Gesetzgeber wegen der großen Unsicherheit in der Praxis § 1906 BGB schließlich um die Absätze 3 und 3a und normierte die Voraussetzungen der Einwilligung eines Betreuers in Zwangsbehandlungen, einschließlich einer Genehmigungsbedürftigkeit durch das Betreuungsgericht (BGBl I 2013, 266 f.).

Zwangsmaßnahmen sind nach der Definition in § 1906 Abs. 3 S. 1 BGB ärztliche Maßnahmen, die dem natürlichen Willen des Betreuten widersprechen.

Der Betreuer darf darin nur einwilligen, wenn zuvor versucht wurde, den (beispielsweise aufgrund einer affektiven Störung, Schizophrenie oder fortgeschrittener Demenz) einwilligungsunfähigen Betreuten von der Notwendigkeit der Maßnahme zu überzeugen (m. a. W.: nach Aufklärung und erfolgloser Zustimmungswerbung, vgl. nun § 630e Abs. 5 BGB). Hinzutreten muss, dass die Zwangsmaßnahme zum Wohl des Betreuten erforderlich ist, um einen drohenden erheblichen gesundheitlichen Schaden (i. S. v. krankheitsbedingten suizidalen bzw. parasuizidalen Handlungen, die zum Tod/schweren Gesundheitsschäden führen können, s. OLG Brandenburg FamRZ 2007, S. 1127) abzuwenden. Schließlich dürfen keine weniger einschneidenden Maßnahmen mit gleichen Erfolgsaussichten in Betracht kommen, und der zu erwartende Nutzen muss die Beeinträchtigungen deutlich überwiegen. Hierbei ist etwa auf die medizinisch anerkannte Langzeitwirkung von Medikationen und Therapien zu achten (Dodegge 2013, S. 1265, 1268).

Steht der Betreute einer »Zwangsbehandlung« gleichgültig gegenüber, weil er seinen Willen nicht äußern möchte oder kann, scheidet eine Zwangsbehandlung bereits begrifflich aus (BT-Drucks. 17/11513, S.7). Ein entgegenstehender Wille erfordert aber keinen physischen Widerstand. Es genügt ein »Sich fügen« wegen Aussichtslosigkeit bei fortbestehender Ablehnung der Behandlung (BVerfG NJW 2011, S. 2113 f.).

Zum Schutz des Betroffenen steht die Zulässigkeit einer Zwangsbehandlung ferner unter einem betreuungsgerichtlichen Genehmigungsvorbehalt, §§ 1906 Abs. 3a S. 1 BGB, 312 FamFG. Für Eilfälle verweist § 1906 Abs. 3 S. 2 BGB auf § 1846 BGB, allerdings nur bei Verhinderung eines Betreuers an der Erfüllung seiner Pflichten. Die dann gegebene Eilzuständigkeit des Gerichts zur Genehmigung der Zwangsbehandlung ist also subsidiär gegenüber einer entsprechenden Erklärung des Betreuers. Erfolgt auch eine einstweilige Betreuerbestellung nicht rechtzeitig, sind nur Maßnahmen nach den Unterbringungsgesetzen der Länder denkbar

(Dodegge 2013, S. 1265, 1268), nicht aber nach Betreuungsrecht. Daneben besteht in Ausnahmefällen die Möglichkeit einer Rechtfertigung über § 34 StGB analog (LG Kassel BtPrax 2012, S. 208). Dazu muss das Interesse des einwilligungsunfähigen Patienten an seiner Behandlung den Eingriff in sein Freiheitsrecht (deutlich) überwiegen.

Eine wirksame Patientenverfügung gemäß § 1901a Abs. 1 BGB kann auch im Rahmen der Zwangsbehandlung beachtlich sein. Sie erübrigt aber nicht die Zuständigkeit des Betreuers zur Einwilligung in die Zwangsbehandlung (BeckOK-Müller 2013, § 1906 Rn. 26). Die entgegengesetzte Betrachtungsweise widerspräche zum einen § 1901a Abs. 1 S. 2 BGB. Danach soll gerade der Betreuer dem in der Patientenverfügung niedergelegten Patientenwillen Ausdruck und Geltung verschaffen. Ferner könnte eine ärztliche Maßnahme, die der Betroffene als einwilligungsfähiger Patient in seiner Patientenverfügung gewünscht hat, bei entgegenstehendem natürlichen Willen jetzt nicht durchgeführt werden, wenn dem Betreuer die Zuständigkeit zur Einwilligung fehlte, die nach § 1906 Abs. 3 BGB zwingend erforderlich ist. Der Patient könnte also nicht behandelt werden. § 630d Abs. 1 S. 2 BGB ist auf diesen Sachverhalt nicht anwendbar. Die Vorschrift betrifft allein die Einwilligung in medizinische Maßnahmen, i. S. v. § 630d BGB, nicht jedoch die Zwangsbehandlung. Vielmehr legt § 630d Abs. 1 S. 3 BGB im Gegenteil ausdrücklich fest, dass weitergehende Anforderungen an die Einwilligung aus anderen Vorschriften unberührt bleiben. Für die Zwangsbehandlung gelten somit allein die § 1906 Abs. 3, 3a BGB.

Eine wirksame, auf die aktuelle Lebens- und Behandlungssituation zutreffende Patientenverfügung (positive Patientenverfügung) wird also auch bei aktuell entgegenstehendem natürlichen Willen des Betroffenen durchgesetzt, wenn der Betreuer zustimmt. Ein Widerruf der Verfügung scheitert an der Einwilligungsfähigkeit des Patienten.

Willigt der Betreuer in die Zwangsbehandlung ein, bedarf es nach § 1906 Abs. 3 BGB stets der betreuungsgerichtlichen Genehmigung, § 1906 Abs. 3a S. 1 BGB. Eine Eil- bzw. Alleinentscheidungskompetenz kommt dem Vertreter nicht zu. Ebensowenig kann das Gericht die Entscheidung über die Zwangsbehandlung treffen, wenn der einwilligungsunfähige Patient keinen Vertreter hat.

Abschließend ist noch der Hinweis wichtig, dass bei positiver Patientenverfügung dessen Verfasser oder bei der späteren Behandlung der Vertreter des Betreuten wirksam aufgeklärt werden muss.

Ein weiteres Problem tritt auf, wenn der Arzt entgegen dem natürlichen Willen des Patienten behandeln will, der Betreuer jedoch die Zwangsbehandlung ablehnt, z. B. weil er meint, die Patientenverfügung treffe nicht die aktuelle Situation. § 1906 Abs. 3 BGB hilft hier nicht weiter, weil er nur die Einwilligung des Vertreters in die Zwangsbehandlung, nicht jedoch dessen Nichteinwilligung regelt. Da die Vorschrift keine Alternative zur Einwilligung des Patientenvertreters nennt, besteht für den Arzt allein die Möglichkeit, das Betreuungsgericht in seiner Überwachungsfunktion über den Betreuer anzurufen. In dem Zusammenhang kommt zwar grundsätzlich in Betracht, dass das Gericht den Betreuer berät und ggf. anweist gemäß §§ 1908i Abs. 1 S. 1 in Verbindung mit § 1837 Abs. 2 S. 1 BGB. Eine Anweisung des Betreuers, in die Zwangsbehandlung einzuwilligen, konterkariert aber die Entscheidung des Gesetzgebers, sie ohne Mitwirkung des Betreuers nicht zuzulassen und ist deshalb abzulehnen. In Ausnahmefällen kommt eine Entlassung des Betreuers aus wichtigem Grund gemäß § 1908b BGB in Betracht. Im Notfall kann eine Rechtfertigung der Zwangsbehandlung über § 34 StGB analog erfolgen, wenn das Interesse des Patienten an der Behandlung den schweren Eingriff in seine Freiheitsrechte überwiegt.

Hat der Betroffene in einer Patientenverfügung eine ärztliche Maßnahme abgelehnt (negative Patientenverfügung), darf der Betreuer diese auch nicht veranlassen, § 1901a Abs. 1 S. 2 BGB, selbst dann nicht, wenn die Verweigerung der Behandlung eine Gefahr für die körperliche Integrität oder das Leben des Patienten darstellt.

Probleme bereitet der Fall, dass der Betreuer seine gemäß § 1906 Abs. 3 BGB erforderliche Einwilligung in die Zwangsbehandlung wiederum unter Berufung auf die Patientenverfügung verweigert. Will der Arzt dagegen behandeln, weil er die Patientenverfügung anders als der Betreuer versteht, stellt § 1906 Abs. 3 BGB auch für diese Situation kein Verfahren zur Verfügung, mit dem die erforderliche Einwilligung des Betreuers überbrückt werden kann.

Ruft der Arzt das Betreuungsgericht an, kann der Richter auch hier nur versuchen, auf den Betreuer einzuwirken oder ihn ggf. gemäß § 1908b BGB entlassen, wenn seine Verweigerungshaltung dem Patienten schadet.

Willigt der Vertreter dagegen in die Zwangsbehandlung trotz negativer Patientenverfügung ein, etwa weil er die Verfügung als nicht auf die Situation zutreffend versteht, richtet sich deren Zulässigkeit nach § 1906 Abs. 3 BGB. Die Einwilligung bedarf aber gerichtlicher Genehmigung gemäß § 1906 Abs. 3a BGB, so dass der Patientenwille letztlich vom Gericht ermittelt und die darauf basierende Entscheidung des Betreuers überprüft wird.

5.3.3 Gutachten zur Beurteilung einzelner Handlungen des Betreuten

Bei der Frage, ob ein Rechtsgeschäft wirksam ist, kommt es auf die Geschäftsfähigkeit bzw. die Einwilligungsfähigkeit des Betroffenen an. Beides kann der Richter oft nur mit sachverständiger Hilfe feststellen.

Begutachtung der Geschäftsfähigkeit

Besondere Schwierigkeiten bestehen für den Sachverständigen, wenn das fragliche Rechtsgeschäft bereits vor längerer Zeit vorgenommen wurde, so z. B. bei der Klärung der Frage, ob der (inzwischen verstorbene) Erblasser zum Zeitpunkt der Errichtung seines Testaments testierfähig im Sinne des § 2229 BGB war (▶ Kap. 6). Falls der Sachverständige die betroffene Person kannte, z. B. weil er im Rahmen einer Betreuerbestellung ein Gutachten erstellt hatte, darf er auf seine alten Aufzeichnungen zurückgreifen. Diesbezüglich zeigt sich in der Rechtsprechung eine Tendenz, die ärztliche Schweigepflicht als nicht verletzt anzusehen. Denn die Feststellung der Testierfähigkeit entspricht in aller Regel dem mutmaßlichen Willen des Erblassers, sodass ein Verstoß gegen

die ärztliche Schweigepflicht der an sich gemäß § 203 StGB strafbar ist, gerechtfertigt erscheint (BGHZ 91, S. 392, 398).

Aus älteren Gutachten dürfen jedoch keine pauschalen Schlüsse gezogen werden. Vielmehr muss der Sachverständige sein Gutachten einzelfallbezogen erstellen und sich dabei ggf. auch kritisch mit den von ihm oder anderen (Notar etc.) getroffenen Feststellungen auseinandersetzen. Deshalb ist es nicht zulässig und auch wenig sinnvoll, wenn ein Sachverständiger, der im Rahmen der Beurteilung eines früheren Rechtsgeschäftes die Geschäftsunfähigkeit des Betroffenen festgestellt hatte, diese automatisch auch für alle folgenden Rechtsgeschäfte annimmt.

Begutachtung der Einwilligungsfähigkeit

Das eben Angeführte gilt sinngemäß für die Begutachtung der Einwilligungsfähigkeit. Des Weiteren wird auf die Ausführungen zur Betreuerbestellung verwiesen (▶ Abschn. 5.2.2). Anzumerken bleibt, dass der psychiatrische Sachverständige in den Fällen des § 1904 BGB keine Aussagen zu den Erfolgsaussichten der ärztlichen Maßnahme zu treffen hat, sondern sich allein auf die Begutachtung der Einwilligungsfähigkeit des Betroffenen konzentrieren soll.

5.4 Einwilligungsvorbehalt

Wie bereits ausgeführt, wird die Geschäftsfähigkeit des Betroffenen durch die Bestellung eines Betreuers nicht berührt. Der Betroffene kann daher grundsätzlich nach wie vor Rechtsgeschäfte tätigen. In vielen Fällen besteht aber das Bedürfnis, die Teilnahme des Betroffenen am Rechtsverkehr zu seinem eigenen Schutz einzuschränken.

Diesem Anliegen kann mit Hilfe des sog. Einwilligungsvorbehalts (§ 1903 BGB) nachgekommen werden. Ordnet das Betreuungsgericht ihn an, bedarf der Betreute zur wirksamen Abgabe einer Willenserklärung in dem vom Einwilligungsvorbehalt erfassten Bereich der Zustimmung des Betreuers. Dadurch kann der Betreuer jedes Rechtsgeschäft, das der Betreute vornimmt, kontrollieren und ggf. scheitern lassen.

5.4.1 Juristische Voraussetzungen

Da der Einwilligungsvorbehalt stärker in die Privatautonomie des Betreuten eingreift als die bloße Bestellung eines Betreuers, sind auch die gesetzlichen Anforderungen strenger.

- **Voraussetzungen des Einwilligungsvorbehaltes (§ 1903 Abs. 1 S. 1 BGB)**
  - Es muss ein Betreuer bestellt sein, in dessen Aufgabenbereich die fragliche Angelegenheit liegt.
  - Gegenstand des Einwilligungsvorbehaltes sind Willenserklärungen oder geschäftsähnliche Handlungen, die nicht höchstpersönlicher Natur sind.
  - Der Betreute muss außerstande sein, die Angelegenheit selbstverantwortlich zu regeln.
  - Daraus resultiert eine erhebliche Gefahr entweder für die Person des Betreuten oder für das Vermögen des Betreuten.
  - Der Einwilligungsvorbehalt ist zur Abwendung der Gefahr erforderlich.

Bestellung eines Betreuers mit entsprechendem Aufgabenkreis

Bereits vor der Anordnung des Einwilligungsvorbehaltes muss ein Betreuer bestellt worden sein, in dessen Aufgabenkreis die vom Einwilligungsvorbehalt erfasste Angelegenheit fällt. Es erscheint jedoch denkbar und aufgrund des Erforderlichkeitsprinzips sogar eigentlich zwingend, dass der Einwilligungsvorbehalt sich nicht auf den gesamten Aufgabenkreis des Betreuers erstreckt (vgl. § 1903 Abs. 1 S. 1 BGB: »Soweit dies […] erforderlich ist«).

Gegenstand des Einwilligungsvorbehaltes

Der Einwilligungsvorbehalt bezieht sich zunächst nur auf Willenserklärungen des Betreuten (§ 1903 Abs. 1 S. 1 BGB). Über den Wortlaut hinaus darf er jedoch auch für geschäftsähnliche Handlungen angeordnet werden, deren Rechtsfolgen unabhängig davon eintreten, ob sie gewollt sind oder nicht, so z. B. für Mahnungen (§ 286 Abs. 1 BGB) oder Fristsetzungen mit Ablehnungsandrohung (§ 281 Abs. 1 S. 1 BGB).

Gemäß § 309 Abs. 2 S. 1 FamFG kann sich der Einwilligungsvorbehalt ferner auf die »Aufenthaltsbestimmung des Betreuten« erstrecken. Da die Aufenthaltsbestimmung selbst weder ein Rechtsgeschäft noch eine geschäftsähnliche Handlung darstellt, können damit nur Willenserklärungen gemeint sein, die im Rahmen der Aufenthaltsbestimmung Bedeutung erlangen, so etwa die Kündigung einer Mietwohnung oder die im Rahmen der Wohnsitzbegründung/-aufhebung erforderlichen (geschäftsähnlichen) Erklärungen. Nur auf sie kann sich ein Einwilligungsvorbehalt beziehen.

Der Einwilligungsvorbehalt darf sich gemäß § 1903 Abs. 2 BGB nicht auf Willenserklärungen erstrecken, die auf die Eingehung einer Ehe oder auf eine Verfügung von Todes wegen gerichtet sind. Auch für sonstige höchstpersönliche Willenserklärungen kommt ein Einwilligungsvorbehalt grundsätzlich nicht in Betracht (Palandt-Götz 2014, § 1903 Rn. 6).

Darüber hinaus existiert eine Vielzahl von Erklärungen, hinsichtlich derer die Anordnung eines Einwilligungsvorbehaltes kraft ihrer Eigenart untersagt ist. Zu nennen ist insbesondere die Einwilligung in ärztliche Maßnahmen oder in Freiheitsentziehungen, des Weiteren Willenserklärungen bezüglich Angelegenheiten des religiösen Bekenntnisses sowie solche, die der Betreute als gesetzlicher Vertreter seiner Kinder abgibt oder empfängt (MünchKomm-Schwab 2012, § 1903 Rn. 24).

Übergesetzliche Ergänzung: Unvermögen zur freien Willensbildung

Der Betroffene muss nach der Rechtsprechung aufgrund seiner Erkrankung außerstande sein, in dem vom Einwilligungsvorbehalt berührten Bereich selbstverantwortlich zu handeln (BayObLG FamRZ 1995, S. 1518 f.). Er darf also seinen Willen nicht frei bestimmen können. Damit scheidet bei lediglich körperlich Behinderten die Anordnung eines Einwilligungsvorbehaltes aus.

Erhebliche Gefahr für die Person oder das Vermögen des Betreuten

Aus dem Unvermögen des Betreuten zur eigenen Entscheidung muss eine erhebliche Gefahr für seine Person oder sein Vermögen resultieren. Darunter ist die konkrete Befürchtung zu verstehen, der Betreute werde sich ohne den Einwilligungsvorbehalt selbst beträchtlich schädigen. Dies betrifft beispielsweise:

- Personen mit querulatorischen Persönlichkeitsakzentuierungen, die sich unnötig Prozesskosten aufbürden;
- Personen, die Anlass zur Sorge geben, ordnungsgemäße Willenserklärungen ihres Betreuers zu widerrufen.

Ein Einwilligungsvorbehalt erübrigt sich daher in aller Regel bei leichten Krankheiten oder Behinderungen, weil bei solchen Leiden normalerweise nicht die Gefahr besteht, dass der Betreute sich durch Willenserklärungen selbst schadet. Das Gleiche gilt in schwerwiegenden Fällen, wenn der Betreute geschäftsunfähig ist und infolgedessen sein Handeln gemäß § 105 Abs. 1 BGB keine Rechtsfolgen auslöst (BT-Drucks. 11/4528, S. 137).

Zu beachten ist jedoch, dass im Rahmen des § 105 Abs. 1 BGB demjenigen die Beweislast obliegt, der sich auf die Geschäftsunfähigkeit beruft. Gelingt diese Beweisführung nicht, gilt der Betroffene als geschäftsfähig. Gerade in Grenzfällen bzw. bei fehlender Erkennbarkeit der Geschäftsunfähigkeit liegt daher eine Gefahr vor, die mittels des Einwilligungsvorbehaltes abgewandt werden kann. In solchen Konstellationen kommt dem Einwilligungsvorbehalt somit vor allem eine klarstellende Funktion zu (Bienwald 2011, § 1903 Rn. 4).

Eine erhebliche Gefahr für die Person des Betreuten setzt voraus, dass Rechtsgüter wie Leben, Gesundheit oder andere wichtige Persönlichkeitsgüter gefährdet werden. Demgegenüber rechtfertigt eine Vermögensgefahr die Anordnung eines Einwilligungsvorbehalts nur in schwerwiegenden Fällen. Die Gefahr geringfügiger Vermögensschäden reicht ebenso wenig aus wie eine lediglich potenzielle Gefahr. Es muss vielmehr das Vermögen des Betreuten hinreichend konkret gefährdet sein, das dieser für seinen Lebensunterhalt bzw. die Erfüllung seiner Verpflichtungen benötigt (MünchKomm-Schwab 2012, § 1903 Rn. 9).

Erforderlichkeit

Wie im gesamten Betreuungsrecht gilt auch bei der Anordnung des Einwilligungsvorbehaltes das Erforderlichkeitsprinzip. Maßgeblich ist dabei nicht die Schwere der Erkrankung, sondern allein, ob der Einwilligungsvorbehalt geeignet, erforderlich und geboten erscheint, die drohenden Gefahren für die Person oder das Vermögen des Betreuten abzuwenden.

Die Geeignetheit kann nur bejaht werden, wenn die abzuwehrende Gefahr aus dem rechtsgeschäftlichen (oder geschäftsähnlichen) Bereich stammt. Denn nur dort kann der Einwilligungsvorbehalt wirken. Resultiert z. B. die abzuwendende Gefahr aus einem deliktischen Handeln des Betreuten – etwa in Form von riskanter Autofahrweise – wäre ein Einwilligungsvorbehalt ungeeignet. Die Erforderlichkeit ist zu bejahen, wenn kein milderes Mittel zur Gefahrenabwehr eingreift (Beispiele für mildere Mittel: Beratung oder Hilfe bei der Durchführung von Rechtsgeschäften). Schließlich muss der Einwilligungsvorbehalt geboten sein. Er ist also auf diejenigen Bereiche zu begrenzen, aus denen die Gefahr stammt.

5.4.2 Gutachten im Rahmen der Anordnung des Einwilligungsvorbehaltes

Für die Anordnung eines Einwilligungsvorbehaltes bedarf es regelmäßig eines psychiatrischen Sachverständigengutachtens. Dies ergibt sich aus § 280 Abs. 1, 2. Fall FamFG. Für den Inhalt und die Vorbereitung des Gutachtens gilt wiederum § 280 Abs. 3 FamFG.

Vom Sachverständigen ist damit vor der Anordnung des Einwilligungsvorbehalts Folgendes zu erörtern:

- Notwendigkeit des Einwilligungsvorbehalts (d. h. das Vorliegen seiner in § 1903 BGB geregelten Voraussetzungen),
- Umfang des Aufgabenkreises, auf den sich der Einwilligungsvorbehalt erstrecken soll,
- voraussichtliche Dauer des Einwilligungsvorbehalts.

Insofern kann auf die Ausführungen zu den Voraussetzungen des Einwilligungsvorbehaltes (▶ Abschn. 5.4.1) und zu den Anforderungen an das Gutachten bei der Bestellung eines Betreuers (▶ Abschn. 5.2.2) verwiesen werden. In den

Fällen des § 281 FamFG kann das Sachverständigengutachten durch ein ärztliches Zeugnis ersetzt werden. Insoweit weicht § 281 FamFG von § 68 b Abs. 2 FGG ab, der für die Anordnung eines Einwilligungsvorbehalts ein ärztliches Zeugnis in § 68 Abs. 1 S. 2, 3 FGG nicht genügen ließ. Dies erstaunt deshalb, weil der Gesetzgeber nur sprachliche Änderungen vornehmen wollte (BT-Drucks. 16/6308, S. 268).

5.4.3 Auswirkungen des Einwilligungsvorbehalts

Der Einwilligungsvorbehalt wirkt sich auf nach seiner Anordnung vom Betreuten getätigte Rechtsgeschäfte wie folgt aus:

> Sofern das Rechtsgeschäft nicht in den vom Einwilligungsvorbehalt erfassten Bereich fällt, ist es zustimmungsfrei, sodass es für seine Wirksamkeit allein auf die Geschäftsfähigkeit des Betreuten ankommt.

Fällt das Rechtsgeschäft hingegen in den vom Einwilligungsvorbehalt erfassten Bereich, muss danach unterschieden werden, ob der Betreute geschäftsfähig oder geschäftsunfähig ist.

Rechtsgeschäfte des geschäftsfähigen Betreuten

Jedes vom Einwilligungsvorbehalt umfasste Rechtsgeschäft bleibt grundsätzlich ungeachtet der Geschäftsfähigkeit des Betreuten zunächst schwebend unwirksam. Stimmt der Betreuer zu, wird das Rechtsgeschäft gemäß §§ 1903 Abs. 1 S. 2, 108 Abs. 1 und 184 Abs. 1 BGB von Anfang an wirksam. Verweigert er die Zustimmung, so bleibt es unwirksam.

Die Zustimmung kann der Betreuer als Einwilligung entweder bereits vor Abschluss des Rechtsgeschäftes abgeben (§ 183 S. 1 BGB) oder als Genehmigung, nachdem der Betreute das Rechtsgeschäft schon vorgenommen hat (§ 184 Abs. 1 BGB). Die Zustimmung wird entweder gegenüber dem Betreuten oder gegenüber dem Adressaten der Willenserklärung erteilt (§ 182 Abs. 1. BGB); Formerfordernisse bestehen nicht (§ 182 Abs. 2 BGB).

Von dem geschilderten Grundsatz schwebender Unwirksamkeit gibt es allerdings 2 Ausnahmen:

- Zunächst sind alle einseitigen Rechtsgeschäfte des Betreuten gemäß § 1903 Abs. 2 BGB in Verbindung mit § 111 S. 1 BGB ohne Einwilligung von Beginn an unwirksam; eine spätere Genehmigung scheidet aus.
- Überdies kann der Vertragspartner verlangen, dass ihm die Einwilligung schriftlich vorgelegt wird (§ 111 S. 2 BGB).

Darüber hinaus gibt es einige Rechtsgeschäfte, die ungeachtet eines Einwilligungsvorbehaltes zustimmungsunabhängig sind: Dies betrifft gemäß § 1903 Abs. 3 S. 1 BGB zunächst alle diejenigen Rechtsgeschäfte, die dem Betreuten lediglich einen rechtlichen Vorteil bringen. Das ist immer dann der Fall, wenn dem Betreuten zwar Rechte, aber keine Pflichten entstehen, wie z. B. bei der Annahme eines Schenkungsversprechens. Darüber entscheidet der rechtliche Vorteil; lediglich wirtschaftlich vorteilhafte Geschäfte, wie etwa der Kauf eines Gegenstandes zu einem günstigen Preis, sind stets zustimmungsbedürftig, da sie eine Verpflichtung zur Kaufpreiszahlung auslösen.

Auch geringfügige Angelegenheiten des täglichen Lebens kann der Betreute selbstständig tätigen, soweit das Gericht nicht etwas anderes angeordnet hat (§ 1903 Abs. 3 S. 2 BGB): Dementsprechend kann das Gericht z. B. gegenüber einem alkoholkranken Patienten verfügen, dass er auch zu Geschäften des täglichen Lebens der Zustimmung des Betreuers bedarf, um zu verhindern, dass er Alkohol kauft. Was eine geringfügige Angelegenheit ist, bestimmen die wirtschaftlichen Verhältnisse des Betreuten. Regelmäßig erfasst sind alltägliche Bargeschäfte über geringwertige Gegenstände (Palandt-Götz 2014, § 1903 Rn. 9).

Schließlich sind auch die in §§ 110, 112 und 113 BGB genannten Tatbestände zustimmungsfrei. Es handelt sich zum einen um Rechtsgeschäfte, die der Betreute mit ihm eigens zur freien Verfügung oder zu bestimmten Zwecken überlassenen Mitteln bewirkt, ferner um den seltenen Fall, dass er ein selbstständiges Erwerbsgeschäft betreibt oder sich in einem Dienst- bzw. Arbeitsverhältnis befindet.

Rechtsgeschäfte des geschäftsunfähigen Betreuten

Die Rechtsgeschäfte eines geschäftsunfähigen Betreuten sind grundsätzlich gemäß §§ 104 Nr. 2 und 105 Abs. 1 BGB nichtig (▶ Abschn. 5.3.1 und ▶ Kap. 6). Da die Zustimmung des Betreuers ein notwendiges, aber nicht hinreichendes Erfordernis für die Wirksamkeit des Rechtsgeschäftes darstellt, kann auch sie dem nichtigen Rechtsgeschäft nicht zur Wirksamkeit verhelfen. Das Problem, dass durch die Zustimmung des Betreuers der Rechtsverkehr irregeführt werden kann, ist im Interesse des Betreuten hinzunehmen.

> ❯ Hierin zeigt sich der Unterschied zwischen Zustimmungsbefugnis und Vertretungsmacht des Betreuers: Tritt der Betreuer nämlich als Vertreter auf, so kommt es auf die Geschäftsfähigkeit des Betreuten nicht an (▶ Abschn. 5.3.1).

Regelmäßig kann auch der geschäftsunfähige und unter Einwilligungsvorbehalt stehende Betreute ohne Zustimmung seines Betreuers Rechtsgeschäfte des täglichen Lebens tätigen. Dass die diesbezüglichen Willenserklärungen des Betreuten als wirksam gelten können, folgt aus § 105a BGB (▶ Abschn. 5.3.1). Die Zustimmungsfreiheit ergibt sich aus § 1903 Abs. 3 S. 2 BGB, wobei es dem Gericht freisteht, etwas anderes anzuordnen (s. oben).

5.5   Einstweilige Anordnung der Betreuung oder des Einwilligungsvorbehalts

Ist zum Schutze des Betroffenen Eile geboten, kann das Gericht durch einstweilige Anordnungen gemäß § 300 Abs. 1 S. 1 FamFG einen vorläufigen Betreuer bestellen (sog. Eilbetreuung) oder einen vorläufigen Einwilligungsvorbehalt anordnen. In der Praxis wird der Antrag auf einstweilige Anordnungen einer Betreuung häufig im Zusammenhang mit einer bevorstehenden Unterbringung des Betroffenen gestellt. Dabei kommt es zu Abgrenzungsschwierigkeiten zwischen der Unterbringung im Sinne des § 1906 BGB und derjenigen nach Landesrecht (z. B. PsychKG/NW, ▶ Abschn. 5.7.1).

> **Einstweilige Anordnung der Betreuung oder des Einwilligungsvorbehalts**
>
> Das Gericht kann gemäß § 300 Abs. 1 S. 1 FamFG durch einstweilige Anordnung einen vorläufigen Betreuer bestellen oder einen vorläufigen Einwilligungsvorbehalt anordnen, wenn:
>
> ▬ Dringende Gründe für die Annahme bestehen, dass die Voraussetzungen für die Bestellung eines Betreuers oder die Anordnung eines Einwilligungsvorbehalts gegeben sind
> ▬ Ein dringendes Bedürfnis für ein sofortiges Tätigwerden besteht
> ▬ Ein ärztliches Zeugnis über den Zustand des Betroffenen vorliegt (ein Sachverständigengutachten ist also nicht erforderlich; ▶ Abschn. 5.2.2)
> ▬ Der Betroffene persönlich angehört worden ist (ebenso wie der Verfahrenspfleger, der bestellt werden muss, soweit dies zur Wahrnehmung der Interessen des Betroffenen erforderlich ist [§§ 300 Abs. 1 S. 1 Nr. 3, 278 Abs. 1 FamFG]; dieses Erfordernis besteht insbesondere dann, wenn ein Betreuer bestellt werden soll, dessen Aufgabenkreis sich auf sämtliche Angelegenheiten des Betroffenen bezieht)

Die Anhörung des Betroffenen kann gemäß § 300 Abs. 1 S. 2 FamFG auch durch einen sog. ersuchten Richter erfolgen, der also einem anderen Gericht angehört als dem zuständigen Betreuungsgericht (vgl. § 362 ZPO). Sie darf völlig unterbleiben, wenn hiervon erhebliche Nachteile für die Gesundheit des Betroffenen zu besorgen sind, oder der Betroffene offensichtlich nicht in der Lage ist, seinen Willen kundzutun (§ 34 Abs. 2 FamFG). Aus medizinischer Sicht sollte in jedem Fall ein Richter die Anhörung vornehmen.

Bei Gefahr im Verzug sieht das Gesetz Einschränkungen der Verfahrensgarantien des Betroffenen vor: Nach § 301 Abs. 1 FamFG darf das Gericht die einstweilige Anordnung bereits vor der Anhörung des Betroffenen sowie vor Bestellung und Anhörung des Verfahrenspflegers erlassen. Diese Verfahrenshandlungen müssen allerdings unverzüglich nachgeholt werden.

Die Dauer der einstweiligen Anordnung der Betreuung bzw. des Einwilligungsvorbehalts ist auf höchstens 6 Monate begrenzt. Sie kann nach Anhörung eines Sachverständigen jedoch durch weitere einstweilige Anordnungen bis zu einer Gesamtdauer von 1 Jahr verlängert werden (§ 302 FamFG).

Beispiel

- **Fall 5.5**

Werner S., ein 54-jähriger ehemaliger Kraftfahrer, wurde in einem Fachkrankenhaus für Psychiatrie und Psychotherapie aufgenommen. Er war zum wiederholten Male in alkoholintoxikiertem Zustand eingewiesen worden. Nach wenigen Tagen stationären Aufenthaltes hatte er die Behandlung jeweils abgebrochen und war rückfällig geworden. Nun meinten die Ärzte, dass angesichts von Obdachlosigkeit, Verschuldung und massiven familiären Problemen der Zeitpunkt gekommen sei, auch gegen den erklärten Willen des Herrn S. eine längere Entwöhnungsbehandlung durchzuführen. Die Voraussetzungen einer akuten Suizidalität, im Sinne des Unterbringungsgesetzes des Landes, waren allerdings nicht gegeben. Der Antrag auf eine Eilbetreuung wurde vom Gericht nicht weiter verfolgt, da der Amtsrichter der Auffassung war, dass zu einem späteren Zeitpunkt in einem regulären Verfahren Zeit genug zur Befassung mit dieser Angelegenheit sei, die Eilbedürftigkeit also fehle. Nach über 4 Monaten wurde dann der Einrichtung einer Betreuung zugestimmt. Der Patient war zwischenzeitlich noch mehrere Male in delirantem Zustand in die Klinik eingeliefert worden.

Ebenso wie das Gericht einen Betreuer durch einstweilige Anordnung bestellen kann, hat es die Möglichkeit, ihn durch einstweilige Anordnung zu entlassen, wenn dringende Gründe für die Annahme bestehen, dass die Voraussetzungen für die Entlassung vorliegen und ein dringendes Bedürfnis für ein sofortiges Tätigwerden besteht (§ 300 Abs. 2 FamFG). Die Entlassungsgründe finden sich in § 1908b BGB und liegen z. B. im Wegfall der Eignung des Betreuers oder einem anderen wichtigen Grund.

Nachrangig der einstweiligen Anordnung einer Betreuung kann das Gericht in besonders eiligen Fällen auch selbst – anstelle eines Betreuers – die im Interesse des Betroffenen notwendigen Maßnahmen treffen (§§ 1908i Abs. 1 S. 1, 1846 BGB).

5.6 Aufhebung oder Änderung von Betreuung und Einwilligungsvorbehalt

Gemäß § 1908d Abs. 1 S. 1 BGB ist die Betreuung aufzuheben, sobald ihre Voraussetzungen wegfallen. Bei vermindertem Betreuungsbedarf bleibt die Betreuung bestehen, allerdings wird der Aufgabenkreis des Betreuers eingeschränkt (§ 1908d Abs. 1 S. 2 BGB). Dieser kann andererseits – soweit erforderlich – in entsprechender Anwendung der Vorschriften über die Betreuerbestellung auch erweitert werden (§ 1908d Abs. 3 BGB). Gleiches gilt für die Aufhebung oder Änderung des Einwilligungsvorbehaltes (§ 1908d Abs. 4 BGB).

Spätestens nach 7 Jahren muss über die Betreuung neu entschieden werden (§§ 294 Abs. 3, 295 Abs. 2 FamFG).

Sowohl die Aufhebung als auch die Änderung von Betreuung bzw. Einwilligungsvorbehalt erfolgen von Amts wegen, es sei denn, der Betreuer wurde auf Antrag des Betroffenen bestellt (§ 1908d Abs. 2 BGB).

5.7 Unterbringung und unterbringungsähnliche Maßnahmen

5.7.1 Unterbringung

Als Betreuungsmaßnahme kommt gemäß § 1906 BGB auch eine mit Freiheitsentziehung verbundene Unterbringung des Betreuten in Betracht. Daneben hat das Betreuungsgericht gemäß §§ 1908i Abs. 1 S. 1, 1846 BGB die Möglichkeit, eine Unterbringung als vorläufige (!) Maßnahme anzuordnen, sofern noch kein Betreuer bestellt oder dieser an der Erfüllung seiner Pflichten verhindert ist.

Anordnung der Unterbringung

Eine mit Freiheitsentziehung verbundene Unterbringung erfordert, dass sie zum Wohl des Betreuten erforderlich ist, weil

- aufgrund seines Leidens die Gefahr besteht, dass er sich selbst tötet oder erheblichen gesundheitlichen Schaden zufügt (§ 1906 Abs. 1 Nr. 1 BGB);
- eine medizinische Maßnahme notwendig wird, die eine Unterbringung erfordert, und der Betreute die Notwendigkeit der Unterbringung aufgrund seines Leidens nicht erkennen oder nicht nach dieser Einsicht handeln kann (§ 1906 Abs. 1 Nr. 2 BGB).

Eine Unterbringung bedarf grundsätzlich der Genehmigung des Betreuungsgerichts (§ 1906 Abs. 2 S. 1 BGB).

Mit Freiheitsentziehung verbundene Unterbringung

Von einer Unterbringung mit Freiheitsentziehung spricht man, wenn der Betroffene »gegen oder ohne seinen Willen in seiner gesamten Lebensführung auf einen gewissen räumlichen Bereich begrenzt und seine Möglichkeit zur Fortbewegung auf diesen Bereich beschränkt wird« (Münch-Komm-Schwab 2012, § 1906 Rn. 6). Eine Freiheitsentziehung liegt demnach nicht vor, sofern der Betroffene mit der Unterbringung einverstanden ist. Dasselbe gilt, wenn sich der Betreute nicht mehr selbstständig bewegen kann, er also keine Bewegungsfreiheit hat, die ihm entzogen werden könnte. Auch bloße Freiheitsbeschränkungen, etwa durch die Hausordnung eines Altenheims, stellen keine Freiheitsentziehung dar.

Erforderlichkeit der Unterbringung zum Wohl des Betreuten

In § 1906 BGB ist vorausgesetzt, dass die Unterbringung zum Wohl des Betreuten erfolgt. Unterbringungen, die lediglich dem Schutz Dritter oder dem öffentlichen Interesse dienen, werden von der Vorschrift somit nicht erfasst. In diesen Fällen kommt allerdings eine Unterbringung nach öffentlich-rechtlichen Vorschriften (Unterbringungsgesetze der Länder) in Betracht (▶ Abschn. 9.6).

Eine Unterbringung ist in 2 Konstellationen zum Wohl des Betreuten erforderlich: Sie erfolgt zum einen, wenn aufgrund einer psychischen Krankheit oder geistigen oder seelischen Behinderung des Betreuten die Gefahr besteht, dass

er sich selbst tötet oder erheblichen gesundheitlichen Schaden zufügt (§ 1906 Abs. 1 Nr. 1 BGB). Gefahr in diesem Sinne meint ein ernstliches und konkretes Risiko, kein zielgerichtetes Tun des Betroffenen. Erfasst werden deshalb auch willen- bzw. planlose Handlungen, wie z. B. Umherirren, das die Gefahr von Stürzen und/oder Erfrierungen birgt.

> ❯ Gefahren für andere Rechtsgüter als Leben oder Gesundheit, etwa für das Vermögen, rechtfertigen keine Unterbringung. Die Ursache der Gefahr muss in der Erkrankung des Betreuten liegen.

Eine Unterbringung ist zum anderen zulässig, wenn eine Untersuchung des Gesundheitszustandes, eine Heilbehandlung oder ein ärztlicher Eingriff notwendig wird, aber ohne die Unterbringung des Betreuten nicht durchgeführt werden kann und der Betreute aufgrund einer psychischen Krankheit oder geistigen oder seelischen Behinderung die Notwendigkeit der Unterbringung nicht erkennt oder außerstande ist, nach dieser Einsicht zu handeln (§ 1906 Abs. 1 Nr. 2 BGB). Dabei sind die Intensität der mit der Unterbringung verbundenen Freiheitsentziehung und der drohende gesundheitliche Schaden gegeneinander abzuwägen. Kommen weniger einschneidende Maßnahmen in Betracht, etwa eine ambulante Behandlung, scheidet eine Unterbringung aus.

Genehmigung durch das Betreuungsgericht

> ❯ Grundsätzlich ist jede Unterbringung durch das Betreuungsgericht zu genehmigen (§ 1906 Abs. 2 S. 1 BGB).

Ähnlich dem Genehmigungserfordernis bei schwerwiegenden medizinischen Maßnahmen, ist auch die Unterbringung ausnahmsweise ohne Genehmigung zulässig, wenn mit dem Aufschub Gefahr droht (§ 1906 Abs. 2 S. 2, 1. Hs. BGB). Die Genehmigung muss dann allerdings gemäß § 1906 Abs. 2 S. 2, 2. Hs. BGB unverzüglich nachgeholt werden.

Sofern neben der Unterbringung zugleich ein gefährlicher ärztlicher Eingriff vorgenommen werden soll, ist dafür zusätzlich eine betreuungsgerichtliche Genehmigung nach § 1904 BGB einzu-holen (▶ **Abschn. 5.3.2**).

Begutachtung

In § 321 Abs. 1 S. 1 FamFG wird vom Betreuungs-gericht verlangt, vor einer Unterbringung des Betreuten das Gutachten eines Sachverständigen einzuholen. Dieser soll in der Regel Facharzt für Psychiatrie und Psychotherapie sein.

Der Inhalt des Gutachtens kann entsprechend dem Grund der Unterbringung variieren und hat sich an den Standards der forensischen Begutach-tung zu orientieren (▶ **Abschn. 1.1**). Der Sachver-ständige muss darüber hinaus die Notwendigkeit der Unterbringungsmaßnahme darlegen und u. U. Alternativen benennen. Dazu ist ein detaillierter psychischer Befund mit psychiatrischer Diagnose erforderlich. Ferner hat der Gutachter darzulegen, ob und in welchem Maße der Betreute durch seine Krankheit oder Behinderung daran gehindert wird, seinen Willen bezüglich der Unterbringung frei zu bestimmen. Die zum Zwecke der psychiat-rischen Diagnose durchgeführten Untersuchungen und Befragungen sind offenzulegen. Ebenso muss das Gutachten eine Prognose hinsichtlich der vor-aussichtlichen Dauer der Unterbringung enthalten. Bei Unterbringung aufgrund krankheitsbedingter Selbstgefährdung des Betreuten ist eine Einschät-zung der Gefährdung vorzunehmen.

Vor der Begutachtung hat der Sachverständige den Betreuten persönlich zu befragen und auch zu untersuchen (§ 321 Abs. 1 S. 2 FamFG). Alleinige Bezugnahmen auf frühere Gutachten, die etwa vor der Bestellung des Betreuers verfasst wurden, sind nicht zulässig.

Geht es um die Genehmigung einer Einwilli-gung des Betreuers in eine ärztliche Zwangsmaß-nahme oder in deren Anordnung (vgl. § 312 S. 1 Nr. 1, S. 2, 3 FamFG), soll der Sachverständige nicht der zwangsbehandelnde Arzt sein, § 321 Abs. 1 S. 5 FamFG.

Hintergrundinformation
In eng begrenzten Ausnahmefällen – etwa bei besonderer Eilbedürftigkeit – kann der (zwangs-) behandelnde Arzt aber ausnahmsweise als Sachverständiger zur Entscheidung über die Notwendigkeit der Maßnahme ausgewählt werden. Um die gesetzgeberische Wertung der Norm als Ausnahmerege-lung nicht zu unterlaufen, hat das Gericht dann aber nachvoll-

ziehbar die Gründe für eine Abweichung von § 321 Abs. 1 S. 5 FamFG im Genehmigungsbeschluss darzulegen (vgl. BGH, MDR 2013, S. 1463, BT-Drucks. 17/12086, S. 11).

Der Genehmigungsbeschluss muss gemäß § 323 Abs. 2 FamFG Angaben zur Durchführung und Dokumentation der Zwangsbehandlung in der Verantwortung eines Arztes enthalten. Schließ-lich unterliegt die Wirksamkeit der Genehmi-gung zeitlicher Begrenzung, §§ 329 Abs. 1 S. 2, 333 Abs. 2 FamFG, in der Regel darf die Anord-nung 6 Wochen nicht überschreiten.

Beträgt die Gesamtdauer der Maßnahme mehr als zwölf Monate, soll das Gericht außerdem kei-nen Sachverständigen bestellen, der den Betrof-fenen bisher behandelt oder begutachtet hat oder in der Einrichtung arbeitet, in der der Betroffene untergebracht ist, § 329 Abs. 3 FamFG.

Einstweilige Anordnung der Unterbringung

Auch die Unterbringung des Betroffenen kann (wie schon die Bestellung des Betreuers und die Anordnung eines Einwilligungsvorbehalts) durch einstweilige Anordnung erfolgen. Sie wird in aller Regel durch den Betreuer beantragt. Fehlt ein Be-treuer, so ist eine Betreuung, notfalls ebenfalls im Wege einer (weiteren) einstweiligen Anordnung, vorläufig anzuordnen (▶ **Abschn. 5.5**). Erst nach-rangig hierzu eröffnet sich auch dem Gericht selbst die Möglichkeit, seinerseits eine Unterbringung zu verfügen; dies setzt allerdings voraus, dass ein Betreuer noch nicht bestellt wurde und auch nicht vorläufig in der gebotenen Zeit bestellt werden kann, oder aber, dass der Betreuer an der Erfüllung seiner Pflichten verhindert ist (§§ 1908i Abs. 1 S. 1, 1846 BGB).

Hintergrundinformation
Das Gericht hat in diesem Ausnahmefall jedoch die Pflicht, mit der vorläufigen Unterbringungsanordnung, durch geeignete Maßnahmen sicherzustellen, dass dem Betroffenen unver-züglich ein Betreuer oder jedenfalls ein vorläufiger Betreuer im Sinne des § 300 FamFG (▶ **Abschn. 5.5**) zur Seite gestellt wird (BGH NJW 2002, S. 1801).

Unabhängig davon, ob die einstweilige Anordnung der Unterbringung von Betreuer oder Gericht ini-tiiert wird, bestehen dieselben Anordnungsvoraussetzungen (vgl. § 334 FamFG). Sie entsprechen im Wesentlichen den Voraussetzungen der einstweiligen Anordnung einer Betreuerbestellung oder eines Einwilligungsvorbehaltes (▶ Abschn. 5.5), § 331 S. 1 FamFG.

- **Die Voraussetzungen der einstweiligen Anordnung einer vorläufigen Unterbringung sind gemäß § 331 S. 1 FamFG gegeben, wenn**
  - dringende Gründe für die Annahme bestehen, dass die Voraussetzungen für die Genehmigung oder Anordnung einer Unterbringungsmaßnahme gegeben sind,
  - ein dringendes Bedürfnis für ein sofortiges Tätigwerden besteht,
  - ein ärztliches Zeugnis über den Zustand des Betroffenen und über die Notwendigkeit der Maßnahme vorliegt (ein Sachverständigengutachten ist hingegen nicht erforderlich, ▶ Abschn. 5.2.2); geht es um die Genehmigung einer freiheitsentziehenden Unterbringung/die Genehmigung einer Einwilligung in eine ärztliche Zwangsmaßnahme eines Betreuten oder einer Person, die einen Dritten entsprechend bevollmächtigt hat, muss der Arzt, der das ärztliche Zeugnis ausstellt, Erfahrung auf dem Gebiet der Psychiatrie haben und soll Arzt für Psychiatrie sein; das Gleiche gilt, wenn eine freiheitsentziehende Unterbringung oder eine ärztliche Zwangsmaßnahme einen Volljährigen nach den Landesgesetzen über die Unterbringung psychisch Kranker in Rede steht,
  - der Betroffene persönlich angehört wurde (ebenso wie der Verfahrenspfleger, der bestellt werden muss, soweit dies zur Wahrnehmung der Interessen des Betroffenen erforderlich ist; §§ 331 S. 1 Nr. 3, 317 FamFG).

Die einstweilige Anordnung der Unterbringung darf die Dauer von 6 Wochen nicht überschreiten, kann aber nach Anhörung eines Sachverständigen durch eine weitere einstweilige Anordnung bis zu einer Gesamtdauer von 3 Monaten verlängert werden (§ 333 FamFG). Eine Unterbringung zur Vorbereitung eines Gutachtens (▶ Abschn. 5.2.2) ist in diese Gesamtdauer einzubeziehen (§ 333 Abs. 1 S. 5 FamFG).

Bei der Genehmigung einer Einwilligung in eine ärztliche Zwangsmaßnahme oder deren Anordnung darf die einstweilige Anordnung die Dauer von 2 Wochen nicht überschreiten; bei mehrfacher Verlängerung darf die Gesamtdauer 6 Wochen nicht überschreiten, § 333 Abs. 2 FamFG.

Beendigung der Unterbringung

Die Unterbringung muss vom Betreuer beendet werden, wenn ihre Voraussetzungen wegfallen (§ 1906 Abs. 2 S. 3 BGB). Die Beendigung ist dem Betreuungsgericht anzuzeigen (§ 1906 Abs. 2 S. 4 BGB). Die Unterbringung kann auch durch das Betreuungsgericht – ggf. gegen den Willen des Betreuers – aufgehoben werden (§ 330 S. 1 FamFG in Verbindung mit § 23c Abs. 1 GVG).

Abgrenzung zur öffentlich-rechtlichen Unterbringung

Die (zivilrechtliche) Unterbringung des § 1906 BGB ist von der (öffentlich-rechtlichen) Unterbringung im Sinne der Unterbringungsgesetze der Länder (z. B. PsychKG/NW; ▶ Abschn. 9.6) zu unterscheiden. Während für letztere eine unmittelbar bevorstehende Gefahr für die Person des Betroffenen oder Rechtsgüter anderer genügt, darf eine Unterbringung nach § 1906 BGB nur erfolgen, wenn sie zum Wohl des Betroffenen erforderlich erscheint. Ein alleiniger Schutz Dritter oder der Allgemeinheit reicht für eine Unterbringung im Sinne des § 1906 BGB also nicht aus. Damit fügt sich die Unterbringung des § 1906 BGB in das Gesamtkonzept des Betreuungsrechts ein, dessen Anliegen allein die Fürsorge für den Betroffenen ist.

Ein weiterer Unterschied zwischen der zivil- und der öffentlich-rechtlichen Unterbringung besteht im Hinblick auf die Personen, die über die Unterbringung des Betroffenen entscheiden: Die öffentlich-rechtliche Unterbringung des Betroffenen wird vom Amtsgericht angeordnet (vgl. §§ 312 Nr. 3, 313 Abs. 3 FamFG); demgegenüber erfolgt die Unterbringung im Rahmen des § 1906 BGB ausweislich des Wortlauts »durch den Betreuer«. Die von ihm gemäß § 1906 Abs. 2 BGB grundsätzlich einzuholende betreuungsgerichtliche Genehmigung (▶ Abschn. 5.3.2) stellt »nur« ein Rechtmäßigkeitserfordernis dar und darf nicht darüber hinwegtäuschen, dass der Betreuer der alleinige Träger der Unterbringungsentscheidung ist. Lediglich in der Ausnahmekonstellation der §§ 1908i Abs. 1 S. 1 und 1846 BGB, also in dem Fall, dass ein Betreuer noch nicht bestellt oder aber an der Erfüllung seiner Pflichten verhindert ist, kann auch im Rahmen des Betreuungsrechts ein Gericht die Unterbringung des Betroffenen anordnen. Der Unterschied setzt sich fort im Rahmen der Unterbringungsbeendigung, die nach Landesrecht gerichtlich angeordnet werden muss, während im Falle der betreuungsrechtlichen Unterbringung gemäß § 1906 Abs. 3 S. 1 BGB der Betreuer entscheidet.

Neben den aufgezeigten Differenzen gibt es aber auch Berührungspunkte. Hervorzuheben ist insbesondere das mittlerweile einheitliche Verfahren nach den §§ 312 ff. FamFG. Nicht zuletzt diese Gemeinsamkeit hat dazu geführt, dass die landesrechtlichen Unterbringungsgesetze ihre frühere Bedeutung größtenteils verloren haben (Staudinger-Bienwald 2013, § 1906 Rn. 12).

❯ **Sofern es zu Überschneidungen mit der Unterbringung im Sinne des § 1906 BGB kommt, sind die Unterbringungsvorschriften der Länder subsidiär (so ausdrücklich für Nordrhein-Westfalen etwa § 1 Abs. 3 PsychKG/NW).**

5.7.2 Unterbringungsähnliche Maßnahmen

Das zur Unterbringung Ausgeführte gilt gemäß § 1906 Abs. 4 BGB entsprechend für unterbringungsähnliche Maßnahmen. Sie liegen vor, »wenn dem Betreuten, der sich in einer Anstalt, einem Heim oder einer sonstigen Einrichtung aufhält, ohne untergebracht zu sein, durch mechanische Vorrichtungen, Medikamente oder auf andere Weise über einen **längeren Zeitraum oder regelmäßig** die Freiheit entzogen werden soll«. Beispiele sind Maßnahmen wie das Anbringen von Bettgittern, Festbinden, Verabreichung von Medikamenten, z. B. Beruhigungsmitteln (Palandt-Götz 2014, § 1906 Rn. 31).

Unter einem regelmäßigen Freiheitsentzug versteht man Einschränkungen der Bewegungsfreiheit, die stets zur selben Zeit oder aus wiederkehrendem Anlass vorgenommen werden. Eine solche Freiheitsentziehung liegt nicht vor, wenn ein Medikament zu Heilzwecken verabreicht wird, das den Bewegungsdrang des Betreuten nur als Nebenwirkung einschränkt (BT-Drucks. 11/4528, S. 149).

Unterbringungsähnliche Maßnahmen stellen gegenüber der Unterbringung das mildere Mittel dar. Ihnen gebührt nach dem Verhältnismäßigkeitsprinzip deshalb der Vorrang gegenüber der Unterbringung. Das nächtliche Festbinden am Bett eines offenen Heims ist demnach gegenüber der Einlieferung in eine geschlossene Station vorzuziehen.

❯ **Auch unterbringungsähnliche Maßnahmen bedürfen grundsätzlich der Genehmigung des Betreuungsgerichts (in Eilfällen ist umgehend eine Genehmigung nachzuholen), § 1906 Abs. 4, 2 BGB.**

Anders als für Unterbringungen genügt für unterbringungsähnliche Maßnahmen gemäß §§ 321 Abs. 2 und 312 Nr. 2 FamFG grundsätzlich ein ärztliches Zeugnis (▶ Abschn. 5.2.2). Das Betreuungsgericht darf jedoch auch ein Gutachten verlangen.

Der testierende Arzt muss keiner bestimmten Fachrichtung angehören. In der Regel wird der Heimarzt bzw. behandelnde Arzt das ärztliche Zeugnis verfassen. Bei einschneidenden Maßnahmen oder längerer Dauer sollte aber unbedingt ein Facharzt für Psychiatrie und Psychotherapie hinzugezogen werden. Da auch im ärztlichen Zeugnis auf sämtliche für die Unterbringung maßgeblichen Gesichtspunkte einzugehen ist, kann im Übrigen auf die obigen Ausführungen verwiesen werden (▶ Abschn. 5.7.1).

5.8　Literatur

Beck'scher Online-Kommentar zum BGB, Bamberger/Roth (Hrsg), Edition 29 (Stand: 1.2.2014), online abrufbar unter https://beck-online.beck.de/default.aspx?typ=reference&y=400&w=BeckOK&name=BGB, (zit. BeckOK-Bearbeiter)

Bienwald W (1994) Betreuungsrecht: Gesetz zur Reform des Rechts der Vormundschaft für Volljährige (Betreuungsgesetz, BtG), 2. Aufl. Gieseking, Bielefeld

Bienwald W (2011) Betreuungsrecht, Kommentar, 5. Aufl. Gieseking, Bielefeld

Bumiller U, Harders D (2011) FamFG Freiwillige Gerichtsbarkeit – Kommentar, 10. Aufl. Beck, München

Crefeld W (1990) Der Sachverständige im Betreuungsverfahren. FuR 5: 272–281

Deutsch E, Spickhoff A (2008) Medizinrecht – Arztrecht, Arzneimittelrecht, Medizinprodukterecht und Transfusionsrecht, 6. Aufl. Springer, Berlin Heidelberg New York Tokio

Dodegge G (2013) Ärztliche Zwangsmaßnahmen und Betreuungsrecht. NJW 18: 1265-1270

Erman W (2014) Bürgerliches Gesetzbuch, Bd 2, 14. Aufl. Aschendorff, Münster (zit. Erman-Bearbeiter)

Fischer T (2014) Strafgesetzbuch und Nebengesetze, 61. Aufl. Beck, München

Foerster A (2009) Begutachtung bei zivilrechtlichen Fragen. In: Foerster K, Dreßing H (Hrsg) Psychiatrische Begutachtung – Ein praktisches Handbuch für Ärzte und Juristen, 5. Aufl. Elsevier, München, S. 555- 583

Helmchen H, Lauter H (1995) Arbeitskreis Forschungsbedarf und Einwilligungsproblematik bei psychisch Kranken: Dürfen Ärzte mit Demenzkranken forschen? Thieme, Stuttgart

Kröber H-L (1998) Psychiatrische Kriterien zur Beurteilung der Einwilligungsfähigkeit. Rechtsmedizin 8: 41–46

Münchener Kommentar (2012) Kommentar zum Bürgerlichen Gesetzbuch, In: Säcker FJ, Rixecker R (Hrsg), Bd 8: Familienrecht II, §§ 1589–1921 SGB VIII, 6. Aufl. Beck, München (zit. MünchKomm-Bearbeiter)

Nedopil N (2014) Qualitätssicherung bei der betreuungsrechtlichen Begutachtung. Forens Psychiatr Psychol Kriminol 8: 10-16

Olzen D, Lilius-Karakaya J (2013) Patientenrechtegesetz und rechtliche Betreuung. BTPrax 4:127–132

Olzen D, van der Sanden M (2007) Beschluss mit Anmerkungen. JR 6: 245-250

Palandt O (2014) Bürgerliches Gesetzbuch, 73. Aufl. Beck, München (zit. Palandt-Bearbeiter)

Schmidt-Recla A (2011) Anmerkungen zu dem Beschluss des BGH vom 15.9.2010, XII ZB 383/10 – Zur Frage, ob der behandelnde Arzt zugleich zum Sachverständigen in einem Unterbringungsverfahren bestellt werden darf. MedR 7: 436-438

Schwab D (1990) Das neue Betreuungsrecht. FamRZ 37: 681–683

Schwab D (1992) Probleme des materiellen Betreuungsrechts. FamRZ 39: 493–507

Staudinger J (2013) Kommentar zum Bürgerlichen Gesetzbuch mit Einführungsgesetz und Nebengesetzen, 4. Buch, Familienrecht, §§ 1896–1921, 15. Bearbeitung (Neubearbeitung 2013). De Gruyter, Berlin (zit. Staudinger-Bearbeiter)

Taupitz J, Neikes A (2009) Juristische Grundlagen. In: Foerster K, Dreßing H (Hrsg) Psychiatrische Begutachtung – Ein praktisches Handbuch für Ärzte und Juristen, 5. Aufl. Elsevier, München, S. 503–554

Wiebach K, Peters H, Wächter C, Kreyßig M, Winterstein P (1997) Was ist »gefährlich«? Ärztliche und juristische

Aspekte bei der Anwendung des § 1904 BGB. BtPrax 2: 48–53

Zimmermann W (1991) Das neue Verfahren in Betreuungssachen. FamRZ 38: 270–279

Geschäfts- und Testierfähigkeit

F. Schneider, H. Frister, D. Olzen, *Begutachtung psychischer Störungen*
DOI 10.1007/978-3-642-54765-2_6, © Springer-Verlag Berlin Heidelberg 2015

■ **Zum Einstieg**

Geschäftsfähigkeit beschreibt die psychische Gesundheit und das erforderliche Alter, Rechtsgeschäfte eigenverantwortlich vorzunehmen. Dazu sind Einsichts- und Urteilsvermögen notwendig. Als **Testierfähigkeit** bezeichnet man die Fähigkeit, eine letztwillige Verfügung wirksam zu errichten.

6.1   Geschäftsfähigkeit

6.1.1   Definition

Begriff und Wesen

Der Grundsatz der Privatautonomie ermöglicht es dem Einzelnen, privatrechtliche Rechtsverhältnisse im Rahmen der Rechtsordnung nach seinem eigenen Willen zu begründen, aufzuheben und inhaltlich auszugestalten (Dörner et al. 2012, Vorbemerkung zu §§ 104, 185 Rn. 1). Der im BGB verankerte Begriff der Geschäftsfähigkeit meint die dafür notwendige Fähigkeit, Rechtsgeschäfte eigenverantwortlich vornehmen zu können, da diese das wichtigste Mittel sind, Rechtsbeziehungen zwischen Bürgern zu begründen, meist durch Abschluss von Verträgen.

Geschäftsfähigkeit billigt die Rechtsordnung nur solchen Personen zu, die ein gewisses Mindestmaß an Einsichts- und Urteilsvermögen haben, das in der Regel für jede natürliche Person vorausgesetzt wird. Deshalb enthält das BGB keine positive Umschreibung der Geschäftsfähigkeit, sondern bestimmt in den §§ 104 ff. BGB nur die Ausnahmefälle der beschränkten Geschäftsfähigkeit und der Geschäftsunfähigkeit.

Inwieweit eine Person als geschäftsfähig anzusehen ist, bestimmt das Gesetz in Abhängigkeit vom Alter und vom psychischen Zustand. Geschäftsfähig ist grundsätzlich jeder, der das 18. Lebensjahr vollendet hat (§§ 2, 106 BGB). Solche Personen können Rechtsgeschäfte jeder Art allein vornehmen. Minderjährige zwischen 7 und 18 Jahren sind dagegen gemäß der §§ 106 ff. BGB in der Geschäftsfähigkeit beschränkt. Sie benötigen für alle Rechtsgeschäfte, die ihnen nicht lediglich vorteilhaft sind, die Zustimmung ihrer gesetzlichen Vertreter (§§ 107 ff. BGB). Geschäftsunfähig sind Kinder bis zum 7. Lebensjahr (§§ 104 Abs. 1,

106 BGB) und Jugendliche bzw. volljährige Patienten mit dauerhaft psychischen Störungen, die eine freie Willensbestimmung ausschließen (§ 104 Abs. 2 BGB).

Die Vorschriften über die Geschäftsfähigkeit dienen verschiedenen Zielen, wobei aber der Schutz des nicht voll Geschäftsfähigen vor Nachteilen aus seinen Handlungen im Vordergrund steht (MünchKomm-Schmitt 2012, Vorbemerkung zu §§ 104 ff. Rn. 1). Der gute Glaube eines Vertragspartners an die Geschäftsfähigkeit des anderen wird dagegen nicht geschützt. Die Gefahr des unerkannt psychisch Kranken und des Minderjährigen, der den Eindruck eines Volljährigen erweckt, muss für den Rechtsverkehr hingenommen werden. Der Schutz des gutgläubigen Vertragspartners des nicht voll Geschäftsfähigen steht demnach zugunsten des Schutzes eines Geschäftsunfähigen und beschränkt Geschäftsfähigen zurück, sodass weder der Gesichtspunkt des Vertrauensschutzes noch der des Rechtsscheins den Mangel der Geschäftsfähigkeit ersetzen können.

Abgrenzung zu verwandten Begriffen

Die Geschäftsfähigkeit ist eine Unterart der **Handlungsfähigkeit**. Darunter versteht man die Fähigkeit, rechtlich bedeutsames Handeln vorzunehmen. Dieser Begriff, der vom BGB nicht verwendet wird, umfasst neben der Geschäftsfähigkeit auch die Deliktsfähigkeit (§§ 827, 828 BGB; ▶ Kap. 3) und die Verantwortlichkeit für die Verletzung von Verbindlichkeiten (§ 276 Abs. 1 S. 2 BGB), die einen Bürger aus einem Vertrag oder aus gesetzlichen Schuldverhältnissen treffen können (Palandt-Ellenberger 2014, Einf. v. § 104 Rn. 1). Im Bereich des öffentlichen Rechts wird durch den Begriff der Handlungsfähigkeit die Fähigkeit beschrieben, Verfahrenshandlungen gegenüber Verwaltungs- und Finanzbehörden und Sozialleistungsträgern vorzunehmen (§ 12 VwVfG, § 79 AO, § 36 SGB I; vgl. dazu ausf. MünchKomm-Schmitt 2012, Vorbemerkung zu § 104 Rn. 13 ff.).

Von der Geschäftsfähigkeit zu unterscheiden sind die **Rechtsfähigkeit** und die **Verfügungsfähigkeit**.

— Rechtsfähigkeit im Sinne von § 1 BGB ist die Fähigkeit, Subjekt von Rechtsverhältnissen, also Träger von Rechten und Pflichten zu sein.

Sie besteht für natürliche Personen – und zwar grundsätzlich ab der Geburt, also unabhängig vom Alter oder auch von der geistigen Gesundheit. Juristische Personen werden ihnen gleichgeordnet (Palandt-Ellenberger 2014, Überblick v. § 1 Rn. 1).

- Unter Verfügungsmacht (Verfügungsfähigkeit) versteht man die Befugnis, über einen bestimmten Gegenstand im eigenen Namen verfügen zu können.

Im Gegensatz zur Geschäftsfähigkeit als Eigenschaft einer Person, kennzeichnet die Verfügungsmacht die Beziehung einer Person zu einem bestimmten Gegenstand (Palandt-Ellenberger 2014, Einf. v. § 104 Rn. 4). Regelmäßig steht sie dem Rechtsinhaber, meist dem Eigentümer einer Sache, zu; nur ausnahmsweise kann die Befugnis zur Verfügung trotz uneingeschränkter Geschäftsfähigkeit aufgrund besonderer gesetzlicher Regelung fehlen, so z. B. beim Schuldner in einem Insolvenzverfahren (§ 21 InsO) oder beim Erben im Fall der Nachlassverwaltung gem. § 1984 BGB oder im Fall der Testamentsvollstreckung gem. § 2211 BGB (MünchKomm-Schmitt 2012, § 104 Rn. 5).

In verschiedenen Bereichen hat die Geschäftsfähigkeit außerdem eine besondere Ausprägung erfahren, so im Prozess als **Prozessfähigkeit** und im Erbrecht als **Testierfähigkeit**:

- Im Zivilprozess entspricht die Prozessfähigkeit dem materiell-rechtlichen Begriff der Geschäftsfähigkeit (§§ 51 ff. ZPO). Es ist die Fähigkeit, Prozesshandlungen selbst oder durch selbstbestellte Vertreter wirksam vorzunehmen oder vornehmen zu lassen (Thomas u. Putzo 2013, § 51 Rn. 2; ▶ Kap. 7).
- Als Testierfähigkeit bezeichnet man die Fähigkeit, ein Testament wirksam zu errichten (▶ Abschn. 6.2).

6.1.2 Geschäftsunfähigkeit

Voraussetzungen

Die Geschäftsfähigkeit regeln die §§ 104 und 105 BGB. Seit der ersatzlosen Aufhebung des § 104 Nr. 3 BGB a. F. (»Geschäftsunfähigkeit infolge Entmündigung wegen Geisteskrankheit«; Strei-

chung durch das Betreuungsgesetz vom 12.9.1990, BGBl I, S. 2002 ff.) kennt das BGB nur noch 2 gesetzlich geregelte Fälle der Geschäftsunfähigkeit:

- Geschäftsunfähigkeit des Minderjährigen,
- Geschäftsunfähigkeit aufgrund tatsächlicher Unfähigkeit zur Selbstbestimmung (§ 104 BGB).

- **Altersbedingte Geschäftsunfähigkeit**

❯ **Geschäftsunfähig ist zunächst, wer noch nicht das 7. Lebensjahr vollendet hat (§ 104 Nr. 1 BGB).**

Die altersbedingte Geschäftsunfähigkeit hängt nicht von der geistigen Entwicklung des Kindes ab; sie endet gem. § 187 Abs. 2 S. 1 und § 188 Abs. 2 BGB mit Ablauf des letzten Tages des 7. Lebensjahres, also um 24.00 Uhr. Nach diesem Zeitpunkt gilt der Minderjährige gem. § 106 BGB als beschränkt geschäftsfähig, soweit keine Geschäftsunfähigkeit wegen einer krankhaften Störung der Geistestätigkeit vorliegt. Die beschränkte Geschäftsfähigkeit dauert ihrerseits bis zur Vollendung des 18. Lebensjahres (§ 2 BGB).

- **Geschäftsunfähigkeit wegen psychischer Störung**

❯ **Gemäß § 104 Nr. 2 BGB gilt daneben die Person als geschäftsunfähig, die sich in einem die freie Willensbestimmung ausschließenden Zustand krankhafter Störung der Geistestätigkeit befindet, sofern nicht der Zustand seiner Natur nach ein vorübergehender ist.**

Im Gegensatz zur Geschäftsunfähigkeit kraft rechtlichen Status (§ 104 Nr. 1 BGB) kann diese aufgrund tatsächlicher Unfähigkeit zur Selbstbestimmung vorliegende Geschäftsunfähigkeit als »natürliche« bezeichnet werden (Flume 1992, § 13).

Krankhafte Störung der Geistestätigkeit. Die Annahme einer psychischen Störung setzt zunächst einen entsprechenden psychopathologischen Befund voraus (MünchKomm-Schmitt 2012, § 104 Rn. 10; ▶ Abschn. 1.2), wobei es nicht darauf ankommt, welche Ursache die Störung hat. Die Beurteilung, ob eine solche Störung gem. § 104 Nr. 2 BGB vorliegt, ist außerdem unabhängig davon, welche medizinische Diagnose besteht. Bei bestimmten psychischen Störungen wird sie jedoch meist zu bejahen sein, so z. B. bei neuropsychiatrischen Erkrankungen, bei denen das Urteilsvermögen und die Willensbildung erheblich gestört sind (Larenz u. Wolf 2004, § 6 II 2b Rn. 21). Beispielsweise werden bipolare Störungen (manisch-depressive Erkrankungen) als entsprechende psychische Erkrankungen anerkannt, schließen die Geschäftsfähigkeit allerdings nur dann aus, wenn mit einer normalen Urteilsfindung oder Motivation nicht mehr gerechnet werden kann (BGH WM 1965, S. 1186). Dies ist aus psychiatrischer Sicht regelmäßig nur im Akutstadium und grundsätzlich zeitlich befristet der Fall.

Dauerzustand. Des Weiteren darf die krankhafte Störung nicht nur vorübergehender Natur sein; vielmehr setzt die natürliche Geschäftsunfähigkeit einen Dauerzustand voraus. Ein solcher ist unabhängig von der Krankheitsprognose und damit von der Dauer, soweit die Störung nur eine Behandlung über einen längeren Zeitraum hinweg beansprucht. Zu verneinen ist er dagegen bei Störungen, die nur intermittierend auftreten und stets nach mehreren Tagen nachlassen (Palandt-Ellenberger 2014, § 104 Rn. 4).

> ❯ Für Zustände, die beispielsweise durch Bewusstlosigkeit, hochgradiges Fieber, Volltrunkenheit oder andere Rauschzustände ausgelöst wurden, gilt § 104 Nr. 2 BGB nicht. Willenserklärungen, die in einem solchen Zustand abgegeben werden, sind aber gem. § 105 Abs. 2 BGB ebenfalls nichtig.

Da die Wirksamkeit einer Willenserklärung gegenüber einem Bewusstlosen oder vorübergehend psychisch Kranken nicht von § 131 BGB erfasst wird, können diesen Personen aber dennoch Willenserklärungen wirksam zugehen, z. B. Kündigungserklärungen.

Der Wortlaut der Regelung des § 104 Nr. 2 BGB (»sich in einem […] Zustand […] befindet«) ergibt weiterhin, dass auch bei zeitlich dauerhaften psychischen Störungen Geschäftsfähigkeit in sog. lichten Augenblicken, **lucida intervalla**, in Betracht kommt. In solchen Fällen, die z. B. bei gefäßbe-

dingten hirnorganischen Störungen gegeben sein können, kommt es also zur Geschäftsfähigkeit für einzelne Rechtsgeschäfte bei ansonsten dauernder Geschäftsunfähigkeit. Dies sachverständig zu belegen dürfte aber eine Herausforderung darstellen.

Ausschluss der freien Willensbestimmung. Eine krankhafte Störung führt nur dann zur Geschäftsunfähigkeit, wenn sie den Ausschluss der freien Willensbestimmung zur Folge hat. Ein solcher Ausschluss der freien Willensbestimmung liegt dann vor, wenn jemand außerstande ist, seinen Willen frei und unbeeinflusst von einer vorliegenden psychischen Störung zu bilden und nach zutreffend gewonnenen Einsichten zu handeln (BGH WM 1996, S. 104; BGH Entscheidung vom 18.11.2008, XI ZR 157/07).

> ❯ Bei der freien Willensbildung kommt es darauf an, ob eine freie Entscheidung aufgrund einer Abwägung des Für und Wider möglich ist (BGH NJW 1996, S. 918 f.), ob also die Person ihre Entscheidungen von vernünftigen Erwägungen abhängig machen kann (BayObLG NJW-RR 2000, S. 1030 f.).

Die Voraussetzung freier Willensbildung liegt nicht vor, wenn infolge der psychischen Störung die Einflüsse dritter Personen den Willen übermäßig beherrschen (BGH NJW 1996, S. 918 f.) oder wenn die Willensbildung durch unkontrollierte Triebe und Vorstellungen bestimmt wird (BayObLG NJW 1990, S. 774). Bloße Willensschwäche oder leichte Beeinflussbarkeit reichen dafür aber ebenso wenig aus wie das Unvermögen, die Tragweite der abgegebenen Willenserklärung zu erfassen (Palandt-Ellenberger 2014, § 104 Rn. 5).

Für einen Ausschluss der freien Willensbestimmung besteht nicht schon deshalb eine Vermutung, weil der Betroffene seit längerem an einer psychischen Störung (»geistigen Störung«) leidet (BayObLG ZEV 2002, S. 234 f.). Es kommt demnach für die Tatbestandsvoraussetzungen nicht so sehr auf die kognitiven Fähigkeiten, sondern vielmehr auf die Freiheit des Willensentschlusses an.

Beispiel

So wird die Geschäftsunfähigkeit gem. § 104 Abs. 2 BGB bei Debilität erst bei einem geringeren

IQ als 60 in Betracht gezogen (OLG Düsseldorf, VersR 96, S. 1493). Eine Alkoholkrankheit bewirkt nur dann die Geschäftsunfähigkeit, wenn chronischer Konsum zu hirnorganischen Veränderungen oder schweren psychosozialen Folgen geführt hat. Dies verdeutlicht, dass es nicht auf die Diagnose als solche ankommt, sondern allein auf die psychopathologischen Folgen (BayObLG NJW 2003, S. 216, 219).

Der Sachverständige hat demnach zu prüfen, ob und wie sich eine Erkrankung auf die Willensbildung des Betroffenen auswirkt. Dabei muss das Gutachten – wie auch sonst – erkennen lassen, dass es von den richtigen Begriffsbestimmungen zu § 104 Nr. 2 BGB ausgeht (BayObLG NJW 1992, S. 2100 f.).

- **Relative und partielle Geschäftsunfähigkeit**

> Solange der Zustand der krankhaften Störung der Geistestätigkeit andauert, ist es unerheblich, ob er sich bei Vornahme des einzelnen Rechtsgeschäftes ausgewirkt hat.

Es kommen Fälle psychischer Störungen (»Geistesschwäche«) vor, in denen der Betroffene einfache Geschäfte übersehen und vornehmen kann, während er bei Geschäften, die einige Überlegung verlangen, versagt (Flume 1992, § 13). In diesem Zusammenhang hat es der BGH abgelehnt, die Geschäftsfähigkeit bei leichten bis mittleren Intelligenzstörungen einer Person oder bei bloßen Intelligenzmängeln je nach dem Schwierigkeitsgrad des jeweiligen Rechtsgeschäfts zu beurteilen. Die Anerkennung einer solchen relativen Geschäftsunfähigkeit hätte nach Ansicht des BGH nämlich erhebliche Abgrenzungsschwierigkeiten und damit Unsicherheiten für den Rechtsverkehr zur Folge (Palandt-Ellenberger 2014, § 104 Rn. 6; Taupitz u. Neikes 2009, S. 541), da die Gefahr bestehe, dass sich jeder darauf berufen könne, dass seine geistigen Fähigkeiten gerade für das ihm nachteilige Geschäft nicht ausreichend seien. Der Schutz von Personen, die generell in der Lage sind, ihren Willen frei zu bestimmen, deren geistige Fähigkeiten aber bei schwierigen rechtlichen Verhältnissen überfordert sind, kann im Übrigen durch die Bestellung eines Betreuers (§§ 1896 ff. BGB) oder in sonstiger geeigneter Weise gewährleistet werden

(BGH NJW 1970, S. 1680 f.; Soergel-Hefermehl 1999, § 104 Rn. 7).

Anerkannt ist demgegenüber eine **partielle Geschäftsunfähigkeit**, wenn sich eine Störung nur auf bestimmten Lebensgebieten äußert. Sofern also für den Betroffenen nach Art seiner krankhaften Störung die freie Willensbestimmung und die Einsichtsfähigkeit nur in einem gegenständlich beschränkten Kreis von Angelegenheiten ausgeschlossen sind, beschränkt sich der Ausschluss der Geschäftsfähigkeit ausnahmsweise auch nur auf diesen bestimmten Lebensbereich, hinsichtlich dessen der Betreffende unter dem Einfluss beispielsweise von Zwangsgedanken und -handlungen zu »normalem« Handeln unfähig ist. Der Begriff der partiellen Geschäftsunfähigkeit erfasst also nicht das Vorliegen einer allein partiellen kognitiven Störung, sondern stellt darauf ab, dass sich die vorhandene Störung nur partiell auswirkt. Dies bedeutet, dass sich die Erkrankung ausschließlich bei bestimmten Vorgängen oder in einem bestimmten Bereich äußert, während der Betroffene in allen anderen Lebensgebieten im üblichen Rahmen reagiert und handelt. Da es sich bei derartigen Personen um einen krankhaften Zustand dauerhafter Art handelt, ist § 104 Abs. 2 BGB und nicht § 105 Abs. 2 BGB einschlägig.

Eine partielle Geschäftsunfähigkeit hat die Rechtsprechung z. B. bei Querulantenwahn für die Prozessführung (▸ Kap. 7), bei krankhafter Eifersucht für Fragen der Ehe (BGHZ 18, S. 184) oder bei einem »Schock« eines Rechtsanwaltes wegen der Fristversäumung für die Führung eines bestimmten Prozesses (BGHZ 30, S. 112) angenommen. Dagegen gilt es nicht als ausreichend, wenn jemand zahlreiche Meinungsverschiedenheiten mit Behörden zum Gegenstand von Prozessen macht (MünchKomm-Schmitt 2012, § 104 Rn. 17).

Rechtsfolgen

> Gemäß § 105 Abs. 1 BGB ist die **eigene Willenserklärung eines Geschäftsunfähigen nichtig**, unabhängig davon, ob sie für ihn lediglich rechtlich vorteilhaft wirkt oder seine Interessen wahrt. Daher ist auch die **Annahme einer Schenkung durch einen Geschäftsunfähigen grundsätzlich nichtig**.

Auf geschäftsähnliche Handlungen findet die Bestimmung analoge, auf Realakte allerdings keine Anwendung. Als geschäftsähnliche Handlungen gelten Erklärungen, die auf einen tatsächlichen Erfolg gerichtet sind und deren Rechtsfolgen kraft Gesetzes eintreten. Realakte sind Willensbetätigungen; sie unterscheiden sich von den geschäftsähnlichen Handlungen dadurch, dass sie keine Willenserklärungen im Rechtssinne sind. Ein Geschäftsunfähiger kann daher z. B. Besitz an einer Sache erwerben (§ 854 Abs. 1 BGB) oder aufgeben (§ 856 Abs. 1 Fall 1 BGB), sofern er zur Bildung eines entsprechenden natürlichen Willens in der Lage ist (Dörner et al. 2012, § 105 Rn. 1).

> Da jedoch auch der Geschäftsunfähige gem. § 1 BGB rechtsfähig ist, muss er am Rechtsverkehr teilnehmen können. Für ihn handelt sein gesetzlicher Vertreter, dem die Sorge für die Person und das Vermögen des Vertretenen obliegt. Dies sind für Kinder in der Regel beide Eltern (§ 1629 Abs. 1 S. 2 BGB), für psychisch kranke Volljährige ihre gesetzlichen Betreuer (§ 1902 BGB; ▶ Kap. 5) oder ein vom Geschäftsunfähigen vor Eintritt seiner Geschäftsunfähigkeit ernannter Bevollmächtigter (§ 1896 Abs. 2 BGB).

Von der Vertretung sind höchstpersönliche Geschäfte ausgeschlossen. Darunter fallen insbesondere die Verlobung, die Eheschließung und die Testamentserrichtung (zu den Besonderheiten der Testierfähigkeit ▶ Abschn. 6.2).

Anders als der beschränkt Geschäftsfähige ist der Geschäftsunfähige auch nicht in der Lage, ein Rechtsgeschäft mit Zustimmung seines gesetzlichen Vertreters wirksam vorzunehmen. Im Einzelfall kann allenfalls eine »Genehmigung« des Vertreters als Neuvornahme des Geschäfts anzusehen sein, wenn dieses keiner Form bedarf (Flume 1992, § 13). Ebenso kann auch der Geschäftsunfähige bei Erlangung der Geschäftsfähigkeit das Geschäft nur erneut vornehmen, wobei ein »Geltenlassen« als erneute Vornahme gedeutet werden kann (vgl. § 141 BGB). In beiden Fällen handelt es sich aber um erneute Rechtsgeschäfte des früheren Geschäftsunfähigen oder seines Vertreters.

Unerheblich bleibt weiterhin, ob der Geschäftsunfähige eine Willenserklärung für sich selbst oder für einen anderen abgibt. Die Nichtigkeit erfasst auch solche Willenserklärungen, die er als Vertreter für einen Dritten abgegeben hat. Ein Geschäftsunfähiger scheidet folglich als Stellvertreter eines anderen aus, auch wenn er aus diesem Geschäft weder berechtigt noch verpflichtet werden würde (Müller 1998, S. 24). Dies folgt aus § 165 BGB, der für die Stellvertretung zumindest beschränkte Geschäftsfähigkeit fordert.

Andererseits treffen den Geschäftsunfähigen aber rechtliche Folgen eines Rechtsgeschäftes, die sein gesetzlicher Vertreter in seinem Namen vorgenommen hat; auch ein Verschulden seines gesetzlichen Vertreters bei der Erfüllung einer ihn treffenden Verbindlichkeit ist ihm in diesem Zusammenhang gem. § 278 S. 1 BGB zurechenbar. Er wird also schadensersatzpflichtig, wenn seine Eltern oder sein Betreuer für ihn einen Vertrag schließen und bei dessen Durchführung einen Schaden verursachen. Überspitzt könnte man deshalb formulieren, dass der Geschäftsunfähige in solchen Fällen für seine gesetzlichen Vertreter haftet.

Die Abgabe einer Willenserklärung durch den Geschäftsunfähigen regelt § 105 Abs. 1 BGB. Für den Empfang gilt § 131 BGB, der besagt, dass eine gegenüber dem Geschäftsunfähigen abgegebene Willenserklärung erst wirksam wird, wenn sie dem gesetzlichen Vertreter zugeht.

Beispiel
- **Fall 6.1**

Hubert T. litt an einer chronischen schizophrenen Psychose sowie einer mittelgradigen Intelligenzstörung. Eine umfassende Betreuung war seit Jahren eingerichtet. Der Empfang von z. B. Einschreibebriefen erfolgte durch den Betreuer.

Vertreten Eltern ein Kind gemeinschaftlich, so genügt gem. § 1629 Abs. 1 S. 2 BGB der Zugang bei einem Elternteil.

Sind im Hinblick auf die Willenserklärung des Geschäftsunfähigen bereits Leistungen ausgetauscht worden, so findet eine Rückabwicklung nach dem Bereicherungsrecht statt (§§ 812 ff. BGB). Um aber sowohl dem Schutzzweck der §§ 104 ff. BGB als auch den Wertungen der §§ 812 ff. BGB auch bei Gebrauchsvorteilen und Dienstleistungen gerecht zu werden, ist ein Geschäftsunfähiger nur dann ersatzpflichtig, wenn er durch die Erlangung Kosten gespart hat, deren Entstehung ansonsten dem Willen des gesetzlichen Vertreters entsprach (MünchKomm-Schmitt 2012, § 105 Rn. 50).

Die Regelung des § 105a BGB

Um die Rechtsstellung volljähriger Geschäftsunfähiger zu verbessern, wurde mit dem »Gesetz zur Änderung des Rechts zur Vertretung durch Rechtsanwälte vor den Oberlandesgerichten« § 105a BGB in das BGB eingeführt (mit Wirkung vom 1.8.2002 durch Gesetz vom 23.7.2002, BGBl I, S. 2850).

> § 105a BGB (Geschäfte des täglichen Lebens) regelt folgende Fälle: Soweit ein volljähriger Geschäftsunfähiger ein Geschäft des täglichen Lebens tätigt, das mit geringwertigen Mitteln bewirkt werden kann, ist der von ihm geschlossene Vertrag in Ansehung von Leistung und Gegenleistung als wirksam anzusehen, sobald Leistung und Gegenleistung bewirkt sind.

Die Neuregelung erfasst alle volljährigen Geschäftsunfähigen, wobei die in § 104 Abs. 2 BGB statuierte natürliche Geschäftsunfähigkeit unberührt bleibt. Ebenso bleibt es bei der in § 105 Abs. 1 BGB niedergelegten Rechtsfolgenbestimmung der Nichtigkeit der Willenserklärung eines Geschäftsunfähigen, da die Regelung die Wirksamkeit der Leistungserbringung lediglich fingiert (Fiktionswirkung des § 105a BGB; BT-Drucks. 14/9266, S. 43).

Der sachliche Anwendungsbereich der Regelung beschränkt sich auf **Geschäfte des täglichen Lebens**, die mit geringwertigen Mitteln bewirkt werden können. Der Begriff bezeichnet entgeltliche sowie unentgeltliche Geschäfte (MünchKomm-Schmitt 2012, § 105a Rn. 6), erfasst also auch Alltagsgeschenke durch den Geschäftsunfähigen. Nach der Gesetzesbegründung verlangt das Tatbestandsmerkmal »täglich« nicht, dass das in Betracht kommende Geschäft notwendigerweise jeden Tag vorgenommen werden muss (BT-Drucks. 14/9299, S. 43). Es ist ferner auch nicht erforderlich, dass es sich um ein existenznotwendiges Geschäft handelt.

Beispiel

Als alltägliche Geschäfte wird der Erwerb von Gegenständen des täglichen Bedarfs, die das übliche Maß nicht übersteigen, angeführt (Lebensmittel, kosmetische Artikel, einfache medizinische Produkte, Presseerzeugnisse und Textilien). Daneben sollen auch einfache Dienstleistungen von der Norm erfasst werden (BT-Drucks. 14/9299, S. 43).

Die Leistung muss weiter mit geringfügigen Mitteln bewirkt werden. Um Rechtssicherheit zu gewährleisten und das Prozessrisiko zu vermindern, ist dabei nicht auf die wirtschaftlichen Verhältnisse des Geschäftsunfähigen, die der Geschäftspartner schwer einschätzen kann, sondern auf das durchschnittliche Preis- und Einkommensniveau abzustellen (Palandt-Ellenberger 2014, § 105a Rn. 4). Die Geringfügigkeit der Mittel bezieht sich nicht auf den einzelnen Kaufgegenstand, sondern den Gesamtkaufpreis. Der Gesetzgeber hat es der Rechtsprechung überlassen, geeignete Grenzwerte zur praktischen Handhabung des § 105a BGB zu definieren (so auch Heim 2003, S. 141, 143).

Liegen alle Voraussetzungen des § 105a S. 1 BGB vor, so tritt die Fiktionswirkung der Regelung ein. Rechtsfolge ist dann – anders als beim Handeln in lichten Momenten – kein wirksamer Vertrag. Die Fiktion schließt nur die Rückforderung von bewirkter Leistung und Gegenleistung aus; aus ihr können folglich weder Primär-(d. h. Erfüllungs-) noch Sekundäransprüche (gerichtet auf Schadensersatz) entstehen. Insoweit wurde ein Rechtsinstitut geschaffen, das im Vertragsrecht des BGB kein Vorbild hat; die rechtlichen Einzelfragen sind allerdings streitig.

> Begründet ein Geschäft der alltäglichen Art eine erhebliche Gefahr für die Person oder das Vermögen des Geschäftsunfähigen, ist die Anwendung des § 105a S. 1 BGB ausgeschlossen (§ 105a S. 2 BGB). Dann greift wieder die Nichtigkeitsfolge des § 105 Abs. 1 BGB ein. Diese Regelung basiert auf dem Grundgedanken des Betreuungsrechts, nach dem der Hilflose unter bestimmten Umständen vor sich selbst geschützt werden muss (BT-Drucks. 14/9299, S. 43).

Gefahr im Sinne der Norm besteht, wenn eine Schädigung persönlicher oder wirtschaftlicher Güter droht. Als erheblich stellt sich diese Gefahr dar, wenn ihre Konkretisierung mit hinreichender Sicherheit zu erwarten ist, und der Umfang des erwarteten Schadens das Wohl des Geschäftsunfähigen in seiner konkreten Lebenssituation wesentlich beeinträchtigt (LG Köln NJW 1993, S. 207; MünchKomm-Schwab 2012, § 1903 Rn. 9). Die konkreten Umstände, unter denen ein Schutz des Geschäftsunfähigen vor sich selbst notwendig sein könnte, sind insbesondere angesichts der engen Voraussetzungen des Satzes 1 nur schwer festzulegen. Solche könnten z. B. bei einem depressiv suizidalen Geschäftsunfähigen vorliegen, der ein Messer oder einen Strick zur Durchführung eines Suizidversuches kauft. Eine Gefährdung des Vermögens kommt auch in solchen Fällen in Betracht, in denen der Geschäftsunfähige wiederholt Alkoholika in jeweils kleinen Mengen kauft, diese in ihrer Gesamtheit aber langfristig zu erheblichen Ausgaben und/oder Gesundheitsschäden führen (Jauernig 2014, § 105a Rn. 7). Beide Beispiele sind in der Praxis jedoch kaum von Bedeutung.

Beweislast

Ob Geschäftsunfähigkeit vorliegt, entscheidet das Gericht unter Berücksichtigung der Umstände des Einzelfalles, wobei der Sachverständige den Richter bei der Feststellung der Umstände unterstützt. Wie erläutert, stellt die Geschäftsfähigkeit die Regel, ihr Fehlen dagegen die Ausnahme dar. Daraus lässt sich schließen, dass derjenige, der sich auf die Geschäftsunfähigkeit beruft, auch ihre Voraussetzungen zu **beweisen** hat. Das gilt für alle Fälle der Geschäftsunfähigkeit gem. § 104 BGB.

Unproblematisch wird der Beweis bei altersbedingter Geschäftsunfähigkeit, z. B. in Verbindung mit einem demenziellen Prozess, in der Regel gem. § 104 Nr. 1 BGB zu führen sein. In Fällen der natürlichen Geschäftsunfähigkeit hat derjenige, der sich auf diese beruft, nachzuweisen, dass eine dauernde, die freie Willensbetätigung ausschließende geistige Beeinträchtigung im fraglichen Zeitraum vorlag. Der Beweisantrag muss nicht zwingend vom Geschäftsunfähigen selbst stammen, der seine Verpflichtung damit leugnen will; vielmehr kann

auch der Vertragspartner das Ziel verfolgen, einen für den Geschäftsunfähigen günstigen Vertrag zu Fall zu bringen.

Ist die länger dauernde psychische Störung gem. § 104 Nr. 2 BGB nachgewiesen, so muss kein Beweis darüber erbracht werden, dass auch das einzelne Geschäft in willensunfreiem Zustand geschlossen wurde (Soergel-Hefermehl 1999, § 104 Rn. 9). Es liegt vielmehr beim Gegner, den Gegenbeweis zu führen, dass das Geschäft in einem lichten Augenblick geschlossen wurde (BGH NJW 1988, S. 3011).

Andere Grundsätze gelten dagegen für die Prozessfähigkeit gem. §§ 51 ff. ZPO (▶ Kap. 7).

6.1.3 Vorübergehende Störung der psychischen Funktionen

> ❯ In § 105 Abs. 2 BGB werden Willenserklärungen, die im Zustand erheblicher Bewusstlosigkeit oder der vorübergehenden Störung kognitiver oder emotionaler Funktionen (Geistestätigkeit) abgegeben werden, den Willenserklärungen eines Geschäftsunfähigen gleichgestellt; auch solche Willenserklärungen sind demnach nichtig.

Unter erheblicher Bewusstlosigkeit versteht man nicht das völlige Fehlen des Bewusstseins, da dann von einer Willenserklärung keine Rede mehr sein kann. Vielmehr genügt eine hochgradige Bewusstseinstrübung, die die freie Willensbestimmung ausschließt; dies kann z. B. bei erheblicher Intoxikation gegeben sein (Brox u. Walker 2013, Rn. 269; OLG Köln NJW-RR 2002, S. 622), z. B. bei einer Blutalkoholkonzentration von mehr als 3 ‰ (obschon hier die Diskussion des Strafrechts zum Primat des psychopathologischen Befundes über die BAK zu berücksichtigen ist; ▶ Kap. 2). Als weitere Störungen sind delirante Zustände im Rahmen hohen Fiebers, Nachtwandeln, Schlaftrunkenheit, Hypnose, epileptische Anfälle und bipolare Störungen (manisch-depressive Erkrankung) beschrieben (MünchKomm-Schmitt 2012, Bd. 1, § 105 Rn. 39).

Eine vorübergehende Störung der Geistestätigkeit im Sinne der Norm verlangt ebenso wie die Regelung des § 104 Nr. 2 BGB eine psychische

Störung. Im Gegensatz zu § 104 Nr. 2 BGB darf die Störung aber nicht dauerhaft sein. Erfasst werden somit insbesondere Störungen, die durch Medikamente, Alkohol oder andere Rauschmittel verursacht wurden (Medicus 2010, Rn. 544). Es bleibt aber zu beachten, dass der Status der Geschäftsfähigkeit an sich von dieser vorübergehenden Störung nicht berührt wird. Dem gem. § 105 Abs. 2 BGB Geschäftsunfähigen können aus diesem Grund Erklärungen rechtswirksam zugehen (§ 130 BGB).

Beispiel

▪ **Fall 6.2**

Während der Erstmanifestation einer schizophrenen Episode verkaufte der 25-jährige Thomas Z. sein fast neuwertiges Auto für 100 € an einen ihm nicht näher bekannten Mann, den er kurz zuvor in einer Gastwirtschaft kennen gelernt hatte. Bei Herrn Z. bestanden an diesem Tag, der auch der Aufnahmetag in das psychiatrisch-psychotherapeutische Krankenhaus war, u. a. akustische Halluzinationen, Beeinträchtigungs- und Beziehungswahn und eine Antriebssteigerung. Herr Z. wollte nach seiner Genesung den Autoverkauf rückgängig machen, was ihm auch gelang. Gemäß § 105 Abs. 2 BGB wurde die Nichtigkeit dieses Geschäftes festgestellt.

Beispiel

▪ **Fall 6.3**

Der 31-jährige Angestellte Peter J. litt seit Jahren an einer bipolaren affektiven Störung. In der fraglichen Episode bestand eine manische Ausprägung. Er hatte seine phasenprophylaktisch wirksame Lithiummedikation vor einiger Zeit ohne Rücksprache mit seinem behandelnden Psychiater selbst abgesetzt und erlitt einen Rückfall. Zwei Wochen fuhr er mit Autos kreuz und quer durch Deutschland und angrenzende Länder, kaufte zweimal in dieser Zeit Pkws bei Autohändlern mit schriftlichem Vertrag, wobei er jeweils sein altes Auto dort zurückließ, ohne es in Zahlung zu geben. Er übernachtete in erstklassigen Hotels, telefonierte dort häufig mit sog. 0190-Nummern und ließ sich teures Essen auf sein Zimmer bringen. Jeweils nach 12 Tagen fuhr er weiter, ohne irgendeine Rechnung bezahlt zu haben. In dieser Zeit bestanden deutliche gehobene Lebensgefühle, Rededrang, ein vermindertes Schlafbedürfnis und sexuelle Ent-

hemmtheit, was den Personen um ihn herum auch sehr deutlich wurde. Im Strafverfahren wurde Herr J. wegen Schuldunfähigkeit aufgrund einer krankhaften seelischen Störung und resultierender fehlender Einsichtsfähigkeit freigesprochen. In den zivilrechtlichen Verfahren stellte das Gericht wegen des Berichts über den dreimonatigen stationären Aufenthalt und jenen des behandelnden Psychiaters und Psychotherapeuten nach § 105 Abs. 2 BGB Geschäftsunfähigkeit für den fraglichen Zeitraum fest, da kein ausreichendes Einsichts- und Urteilsvermögen in die Tragweite, Bedeutung und Auswirkung von Entscheidungen bestand, aber eine übermäßig starke Beeinflussbarkeit durch Dritte. Die psychische Störung erreichte einen solchen Grad, dass sie den Ausschluss der freien Willensbestimmung zur Folge hatte.

6.1.4 Beschränkte Geschäftsfähigkeit

❯ Als beschränkt geschäftsfähig gelten minderjährige Personen, die das 7. Lebensjahr vollendet haben, aber noch nicht volljährig sind (§§ 106, 2 BGB).

Beschränkt geschäftsfähige Personen können in bestimmtem Umfang Rechtsgeschäfte selbst wirksam vornehmen, zunächst solche, durch die sie lediglich einen rechtlichen Vorteil erlangen (§ 107 BGB). Einen lediglich rechtlichen Vorteil erlangt der Minderjährige aber nur dann, wenn er durch das Rechtsgeschäft lediglich eine Zuwendung erhält oder seine Rechtslage ansonsten lediglich verbessert wird. Es kommt demnach nicht darauf an, ob das Rechtsgeschäft für ihn wirtschaftlich günstig ist oder ob die Vorteile im einzelnen Fall die sich aus dem Geschäft ergebenden Nachteile überwiegen (Flume 1992, S. 191). Jeder gegen ihn gerichtete Anspruch schließt deshalb den rechtlichen Vorteil für ihn aus. Somit gelten Verpflichtungsgeschäfte nur dann als rechtlich vorteilhaft, wenn der beschränkt Geschäftsfähige keine rechtsgeschäftliche Verpflichtung übernimmt, also bei der Schenkung gem. § 516 BGB, oder wenn er nur als Vertreter für einen anderen handelt (§ 165 BGB), da er dann kein Vertragspartner wird. Dagegen kann ein gegenseitiger Vertrag niemals rechtlich vorteilhaft für ihn sein, da der eine Vertragspartner seine Leistung gerade darum verspricht, weil sich der andere zur Gegenleistung verpflichtet (Brox u. Walker 2013, Rn. 273). Ein Verfügungsgeschäft, etwa eine Eigentumsübertragung gem. § 929 S. 1 BGB, kann von dem Minderjährigen gem. § 107 BGB wirksam vorgenommen werden, wenn das Recht zu seinen Gunsten übertragen, aufgehoben, verändert oder belastet wird.

Ist mit dem Geschäft nur irgendein rechtlicher Nachteil für den Minderjährigen verbunden, so bedarf er der Zustimmung seines gesetzlichen Vertreters, und zwar entweder als Einwilligung oder als Genehmigung. Unter Einwilligung ist die vorherige Zustimmung des gesetzlichen Vertreters (§ 183 BGB) zu einer Willenserklärung des Minderjährigen zu verstehen. Das Rechtsgeschäft, z. B. der Kaufvertrag, wird in diesem Falle sofort mit der Vornahme wirksam. Ein Vertrag, den ein beschränkt Geschäftsfähiger ohne die erforderliche Einwilligung vorgenommen hat, kann durch Genehmigung als nachträgliche Zustimmung wirksam werden (§ 108 Abs. 1 BGB), die aber auch auf die Vornahme des Rechtsgeschäftes zurückwirkt (§ 184 Abs. 1 BGB). Daneben gilt ein ohne spezielle Zustimmung des gesetzlichen Vertreters geschlossener Vertrag gem. § 110 BGB als von Anfang an wirksam, wenn der Minderjährige die vertragsmäßige Leistung mit Mitteln bewirkt, die ihm zu diesem Zweck oder zur freien Verfügung von dem Vertreter oder mit dessen Zustimmung von einem Dritten überlassen worden sind (sog. Taschengeldparagraph). Die gleiche Rechtswirkung hat die sog. partielle Geschäftsfähigkeit des Minderjährigen gemäß der §§ 112 und 113 BGB. Wenn die gesetzlichen Vertreter dem Minderjährigen den selbstständigen Betrieb eines Erwerbsgeschäftes oder die Aufnahme eines Dienst- oder Arbeitsverhältnisses erlauben, so kann der Minderjährige die in diesem Rahmen anfallenden notwendigen Geschäfte selber abschließen.

6.2   Testierfähigkeit

6.2.1   Gesetzliche Erbfolge

Gemäß § 1922 BGB geht mit dem Tode einer Person (Erblasser) deren Vermögen als Ganzes auf eine oder mehrere andere Personen über. Hat der Erblasser kein Testament verfasst, so gilt die gesetzliche Erbfolge, die detailliert in den §§ 1922 ff. BGB geregelt ist. Grundsätzlich erben die Verwandten des Verstorbenen (§§ 1924 ff. BGB in Verbindung mit § 1589 BGB), die in verschiedene Ordnungen eingeteilt werden, wobei die dem Erblasser nähere Ordnung die entferntere jeweils ausschließt (§ 1930 BGB). So erben etwa die Abkömmlinge des Erblassers als Erben erster Ordnung vor den Eltern des Erblassers und deren Abkömmlingen (§§ 1924 ff. BGB).

Daneben gilt, dass der Ehegatte des Erblassers neben den Abkömmlingen des Erblassers ein Viertel, neben Verwandten der zweiten Ordnung oder den Großeltern die Hälfte erbt. Lebten die Ehegatten bis zum Tode des Erblassers in Zugewinngemeinschaft, dann erhöht sich grundsätzlich der gesetzliche Erbteil des überlebenden Gatten um ein Viertel (§ 1371 Abs. 1 BGB).

6.2.2   Gewillkürte Erbfolge

Hat der Erblasser eine wirksame Verfügung von Todes wegen hinterlassen, so gehen die darin enthaltenen Erbregelungen den gesetzlichen Bestimmungen vor.

Der Begriff »Verfügung von Todes wegen« umfasst als Sammelbezeichnung Testamente und Erbverträge. Das Testament ist gem. § 1937 BGB die einseitige Verfügung von Todes wegen, während der Erbvertrag (§§ 1941, 2274 ff. BGB) einen (notariell zu beurkundenden) Vertrag von Todes wegen darstellt, also ein zweiseitiges Rechtsgeschäft, in dem wenigstens eine Partei von Todes wegen verfügt. Erwähnenswert bleibt das gemeinschaftliche Testament als letztwillige Verfügung von Ehegatten (§§ 2265 ff. BGB) oder auch von Lebenspartnern (§ 10 Abs. 4 LebenspartnerschaftsG).

In diesem Zusammenhang ist darauf hinzuweisen, dass durch eine Verfügung von Todes wegen nicht unmittelbar auf den Bestand eines Rechtes des Erblassers eingewirkt wird; vielmehr tritt die Rechtswirkung erst mit seinem Tode ein.

> **Der Erblasser kann durch einseitige Verfügung von Todes wegen seinen Erben bestimmen sowie einzelne Personen von der**

Erbfolge ausschließen (§§ 1937, 1938 BGB).
Die Gültigkeit eines Testaments setzt voraus, dass der Erblasser zum Zeitpunkt der Testamentserrichtung testierfähig ist und die Verfügung persönlich errichtet; ferner, dass bestimmte Formerfordernisse eingehalten werden.

> Testierfähigkeit meint die Fähigkeit, rechtswirksam ein Testament errichten, ändern oder aufheben zu können (Dörner et al. 2012, § 2229 Rn. 3), und bezeichnet eine Sonderform der Geschäftsfähigkeit (▶ Abschn. 6.1), die in den §§ 2229, 2275 BGB besonders geregelt wird. Die Testierfähigkeit stimmt insoweit mit der Geschäftsfähigkeit überein, als dass jeder Geschäftsfähige auch testierfähig ist.

Bei Streitigkeiten infolge eines Erbfalls wird von den Beteiligten gerade die Testierfähigkeit des Erblassers häufig bestritten, insbesondere bei solchen Testamenten, die im fortgeschrittenen Alter errichtet wurden, oder bei einer großen Erbmasse.

Mit der Bestimmung über die persönliche Errichtung (§§ 2064, 2274 BGB) verbietet das Gesetz jede Stellvertretung bei der Errichtung. Dies soll insbesondere die Sicherung der freien Willensentschließung bewirken und ausschließen, dass der Erblasser diese sittliche Verantwortung auf andere abwälzt (Lange u. Kuchinke 2001, S. 345).

> Da das Gesetz für die Errichtung einer Verfügung von Todes wegen eine persönliche Errichtung fordert, kennt es keine beschränkte Testierfähigkeit, sondern nur die volle Testierfähigkeit oder die Testierunfähigkeit.

Es gibt auch keine je nach Schwierigkeit des Testaments abgestufte (sog. relative) Testierfähigkeit (BGHZ 30, S. 117) und auch keine für einen bestimmten, gegenständlich abgegrenzten Kreis von Angelegenheiten (sog. partielle Testierfähigkeit), so wie bei der Geschäftsfähigkeit (▶ Abschn. 6.1). Selbst wenn sich psychische Störungen beim Erblasser nur in einzelnen Lebensbereichen auswirken, ist die Fähigkeit zur Testamentserrichtung entweder gegeben oder nicht (Palandt-Weidlich 2014, § 2229 Rn. 1).

Ebenso wie bei der Geschäftsfähigkeit regelt das Gesetz nicht die Testierfähigkeit, sondern nur ihr Gegenteil, die Testierunfähigkeit (§ 2229 Abs. 4 BGB). Diese Vorschrift gilt jedoch ausschließlich für Testamente. Die Feststellung der Nichtigkeit von Erbverträgen wegen Testierunfähigkeit erfolgt nach den allgemeinen Regelungen der §§ 104 Nr. 2, 105 und 105a BGB, da § 2275 Abs. 1 BGB für den Abschluss eines Erbvertrages die unbeschränkte Geschäftsfähigkeit verlangt.

- **Uneingeschränkte Testierfähigkeit**

Die uneingeschränkte Testierfähigkeit hat nur der voll Geschäftsfähige (▶ Abschn. 6.1.1). Sie setzt zunächst die Vorstellung des Erblassers voraus, dass er überhaupt ein Testament errichtet. Unbedingt erforderlich ist ferner die Einsicht in die Tragweite, Bedeutung und Auswirkung der einzelnen Anordnungen, in die wirtschaftlichen Verhältnisse sowie ein klares Urteil über die Gründe, die für oder gegen die Berechtigung der einzelnen Anordnung sprechen (MünchKomm-Hagena 2013, § 2229 Rn. 2). Nach diesem Urteil muss der Erblasser frei von Einflüssen etwaiger Dritter handeln (OLG Köln FamRZ 1991, S. 1357; OLG Frankfurt NJW-RR 1998, S. 870). Das schließt allerdings nicht aus, dass der Erblasser Anregungen eines Dritten folgt oder sich durch diesen zur Errichtung eines Testaments veranlassen lässt. Denn dabei können durchaus eine vernünftige Überlegung und eine freie Willensentschließung vorliegen.

> Wer ein Testament errichtet, aufhebt oder ändert, muss während des gesamten Vorgangs, d. h. von Beginn der Errichtung bis zu seinem Abschluss, testierfähig sein (BGHZ 30, S. 294 ff.).

Testamente geschäftsunfähiger psychisch Kranker können wirksam sein, wenn sie in sog. lichten Momenten errichtet wurden, sofern in diesen die Einsichtsfähigkeit nach § 2229 Abs. 4 BGB vorlag (zu den lichten Momenten ▶ Abschn. 6.1.2). Allerdings ist das Vorliegen dieser Voraussetzungen kaum nachweisbar. In der Regel wird der Beweis in der Praxis durch ein psychiatrisches Gutachten geführt (MünchKomm-Hagena 2013, § 2229 Rn. 12; zu Beweisfragen ▶ Abschn. 6.2.2).

Der nachträgliche Verlust der Testierfähigkeit beeinträchtigt die Gültigkeit eines zuvor wirksam errichteten Testaments nicht. Hat also ein Erblasser den Inhalt eines zu errichtenden Testaments in allen Einzelheiten mit dem Notar besprochen und erleidet in der folgenden Nacht einen Schlaganfall, so genügt es, wenn er am nächsten Tag noch in der Lage ist, die Bedeutung der Willenserklärung zu erkennen und nach dieser Einsicht frei zu handeln (BGHZ 30, S. 296 f.).

■ **Testierfähigkeit Minderjähriger**

Außer Volljährigen dürfen auch solche Minderjährige testieren, die das 16. Lebensjahr vollendet haben. Der Minderjährige bedarf zur Testamentserrichtung also nicht der Zustimmung des gesetzlichen Vertreters (§ 2229 Abs. 2 BGB). Allerdings sind besondere Formvorschriften zu beachten (§§ 2233 Abs. 1, 2247 Abs. 4 BGB). Danach kann ein Minderjähriger ein Testament nur durch eine Erklärung gegenüber dem Notar oder durch Übergabe einer offenen Schrift zu Händen einer Urkundsperson errichten. Es soll dadurch sichergestellt werden, dass der Minderjährige in jedem Fall durch einen Notar beraten wird. Hat der Minderjährige ein ungültiges eigenhändiges Testament errichtet, wird es auch nicht dadurch gültig, dass er es als Volljähriger formlos bestätigt (§ 141 BGB). Denn die Bestätigung eines formbedürftigen Rechtsgeschäfts muss als Neuvornahme formgerecht erfolgen, sodass die Errichtung eines neuen Testaments erforderlich ist (Olzen 2012, Rn. 238).

Der Minderjährigenschutz tritt im Erbrecht gegenüber dem allgemeinen Rechtsgeschäftsbereich zurück, weil einen Minderjährigen durch die Errichtung eines Testaments zu Lebzeiten noch keine Rechtswirkungen treffen und er demnach nicht, so wie bei Rechtsgeschäften unter Erwachsenen, schutzbedürftig ist (Dörner et al. 2012, § 2229 Rn. 2).

■ **Testierfähigkeit körperlich Behinderter**

Im Falle der Unfähigkeit, Geschriebenes zu lesen oder hinreichend zu sprechen, stellte das Gesetz in § 2233 Abs. 2 und 3 BGB a. F. zusätzliche Erfordernisse für die Errichtung eines Testamentes auf. Diese Regelungen führten beim Zusammentreffen verschiedener Behinderungen, z. B. bei Taubstummen, bei stummen Schreib- oder Leseunkundigen

etc., zur praktischen Testierunfähigkeit. Das Bundesverfassungsgericht hat den Ausschluss dieser Personen von der Testiermöglichkeit – soweit sie geistig und körperlich zu einer Testamentserrichtung in der Lage sind – als verfassungswidrig erachtet. Der generelle Ausschluss schreib- und sprechunfähiger Personen verstößt nach dessen Ansicht gegen die Erbrechtsgarantie des Art. 14 Abs. 1 GG sowie gegen den allgemeinen Gleichheitssatz des Art. 3 Abs. 1 GG und das Benachteiligungsverbot für Behinderte in Art. 3 Abs. 3 S. 2 GG (BVerfG NJW 1999, S. 1853).

Nach Inkrafttreten des OLG-Vertretungsänderungsgesetzes (Gesetz zur Änderung des Rechts zur Vertretung durch Rechtsanwälte vor den Oberlandesgerichten vom 23.7.2002, BGBl I, S. 2850) wird jetzt auf das Erfordernis der Mündlichkeit in § 2232 BGB verzichtet. Der Gesetzgeber hat die Absätze 1 und 2 des § 2233 BGB diesem Verzicht angepasst und den durch die Änderung überflüssig gewordenen Absatz 3 gestrichen. Demnach müssen weder die Erklärung vor dem Notar noch diejenige bei Übergabe einer Schrift mündlich abgegeben werden. Es reichen vielmehr schriftliche Erklärungen, Gebärden sowie jede andere eindeutige Verständigung zwischen dem Betroffenen und dem Notar aus. Bei der Beurkundung sind wieder die Vorschriften des zweiten Abschnitts des Beurkundungsgesetzes zu beachten (ausf. zur gesetzlichen Neuregelung vgl. Bamberger u. Roth 2012, § 2233 Rn. 7 ff.).

■ **Testierfähigkeit betreuter Personen**

❯ **Die Bestellung eines Betreuers hat für den Betreuten keinen Einfluss auf seine Testierfähigkeit. Denn anders als früher die Entmündigung, die seit dem 1.1.1992 abgeschafft und durch das Rechtsinstitut der Betreuung ersetzt worden ist, beeinflusst die Betreuung grundsätzlich die Geschäfts- und Testierfähigkeit nicht.**

Ob unter Betreuung stehende Personen testierunfähig sind, richtet sich demzufolge allein nach § 2229 Abs. 4 BGB. Die Wirksamkeit eines Testaments kann folglich auch nicht von der Einwilligung eines Betreuers abhängig gemacht werden. Selbst wenn gem. § 1903 Abs. 1 BGB zur Abwendung einer erheblichen Gefahr für die Person oder das Vermögen des Betreuten die Einwilligung des

Betreuers erforderlich ist, so unterliegen Willenserklärungen, die auf Verfügungen von Todes wegen gerichtet sind, keinem Einwilligungsvorbehalt (§ 1903 Abs. 2 BGB). Auch kann sich der geschäftsfähige Betreute, anders als der Minderjährige, aller vom Gesetz zugelassenen Testamentsformen bedienen, also auch handschriftlich testieren.

Testierunfähigkeit wegen psychischer Störung (Geistes- oder Bewusstseinsstörung)

Nach § 2229 Abs. 4 BGB ist testierunfähig, wer wegen krankhafter Störung der Geistestätigkeit, wegen Geistesschwäche oder wegen Bewusstseinsstörungen nicht in der Lage ist, die Bedeutung einer von ihm abgegebenen Willenserklärung einzusehen und nach dieser Einsicht zu handeln.

▪ Voraussetzungen

Nicht jede psychische Störung bewirkt die Testierunfähigkeit. Das Gesetz sieht vielmehr die Fähigkeit, die Bedeutung der letztwilligen Verfügung zu erkennen und sich bei seiner Entschließung von normalen Erwägungen leiten zu lassen, als maßgebend an (BayObLG NJOZ 2001, S. 2138, 2140). Eine Person gilt deshalb erst dann als testierunfähig, wenn ihre Überlegungen nach allgemeiner Verkehrsauffassung auch unter Würdigung ihrer speziellen Lebensumstände und ihrer subjektiven Einstellung nicht mehr als freie Willensentscheidungen gewertet werden können. Das gilt z. B., wenn eine Person aufgrund paranoider Wahnvorstellungen nicht in der Lage ist, sich ein klares Urteil über die für und gegen die sittliche Berechtigung einer letztwilligen Verfügung sprechenden Gründe zu bilden (BayObLG NJW-RR 2000, S. 6, 8).

> **Psychopathologische Auffälligkeiten, die die Voraussetzungen einer freien Willensbestimmung beeinträchtigen und Testierunfähigkeit bedingen können, sind nach Foerster (2009) sowie Wetterling et al. (1996):**
> - Schwere Orientierungsstörungen im Hinblick auf grundlegende persönliche Daten und die Lebenssituation
> ▼

> - Schwere überdauernde kognitive Störungen bezüglich des Altgedächtnisses und der Merkfähigkeit
> - Erhebliche Beeinträchtigungen bei lebenspraktischen Aufgaben
> - Unfähigkeit, selbstständig den Haushalt zu führen
> - Unfähigkeit, sich selbst anzuziehen, selbstständig zu essen, oder die bewusste Kontrolle der Blasen- und Mastdarmfunktion auszuüben
> - Unfähigkeit, die soziale Umgebung und nahestehende Personen richtig zu erkennen
> - Unfähigkeit, bestimmte Worte zu finden
> - Unfähigkeit, die Unterschiede bestimmter Begriffe zu erklären
> - Unfähigkeit, die Größenordnung des Erbes korrekt anzugeben oder eine korrekte Stellungnahme zum vorgesehenen Rechtsgeschäft zu geben

Wie auch bei der Feststellung der Geschäftsunfähigkeit reicht es für die Beurteilung der Testierfähigkeit nicht aus, nur den medizinischen Befund einer sog. Geisteskrankheit oder -schwäche festzustellen. Ob der Erblasser zum maßgebenden Zeitpunkt in der Lage war, die Tragweite seiner Anordnungen und insbesondere die Auswirkungen auf die persönlichen und wirtschaftlichen Verhältnisse der Betroffenen zu erkennen, muss vielmehr im Einzelfall festgestellt werden, was in der Praxis häufig große Schwierigkeiten bereitet (Bartsch 2001, S. 861). Das Vorliegen der Voraussetzungen der Testierunfähigkeit im Sinne von § 2229 Abs. 4 BGB kann daher regelmäßig nicht vom Gericht allein, sondern nur mit Hilfe eines Psychiaters bejaht werden (KG NJW 2001, S. 904).

Hintergrundinformation

So schließen z. B. Psychopathie, Drogenabhängigkeit oder querulatorische Veranlagung die Testierfähigkeit nicht von vornherein aus (Taupitz u. Neikes 2009, S. 503, 544), sondern führen vielmehr nur unter Hinzutreten besonderer Umstände, insbesondere weiterer erheblicher neuropsychiatrischer Erkrankungen, zur Testierunfähigkeit.

Auch Störungen, wie z. B. hochgradige Alkohol- oder Drogenintoxikation, Entzugserscheinungen bei einem Abhängigen, schizophrene, bipolare oder organisch bedingte psychische Störungen haben erst den Verlust der Testierfähigkeit zur Folge, wenn dem Erblasser die in § 2229 Abs. 4 BGB vorausgesetzte Einsichtsfähigkeit fehlt. Dabei ist es vor allem Aufgabe eines psychiatrischen Sachverständigen, die Auswirkung der Erkrankung auf die Einsichts- und Willensbildungsfähigkeit des Erblassers abzuklären, um sich so einen Gesamteindruck vom Krankheitsbild des Erblassers zu machen. Insbesondere bei Altersdemenz oder Zerebralsklerose kann die Testierunfähigkeit nur aufgrund des Gesamtverhaltens und des Gesamtbildes der Persönlichkeit festgestellt werden (OLG Düsseldorf FamRZ 1998, S. 1064; OLG München NJW-RR 2008, S. 166).

Über das Vorliegen der Testierunfähigkeit entscheidet der Zeitpunkt der Testamentserrichtung. Es ist folglich gleichgültig, ob die Krankheit oder der geistige Zustand von Dauer oder nur vorübergehender Natur war (Bamberger u. Roth 2012, § 2229 Rn. 11).

Beispiel
- **Fall 6.4**

Lilo K., eine 83-jährige Rentnerin, war nach ihrer frühen Verheiratung Hausfrau und Mutter. Ihr Ehemann, der 6 Monate vor ihr verstarb, war in der Ehe dominant und als Buchhalter auch zu Hause für alle finanziellen Angelegenheiten zuständig. Nie kümmerte sich Frau K. um Behördenangelegenheiten. Beide Ehepartner hatten kein Testament errichtet. Nach dem Tod ihres Mannes musste Frau K. sich erstmals mit der komplexen Materie des Erbrechts auseinandersetzen, was ihr nicht in Ansätzen gelang. Frau K. hatte seit 3 Jahren eine diagnostizierte mittelgradige Demenz vom Alzheimer-Typ mit begleitender depressiver Symptomatik (ICD-10: F00.13), die während eines einwöchigen stationären Aufenthalts in der nahe gelegenen Universitätsklinik für Psychiatrie, Psychotherapie und Psychosomatik diagnostiziert worden war. Sie litt unter typischen Gedächtnisstörungen sowie einer erheblichen Beeinträchtigung des Denkvermögens und der Informationsverarbeitung, was in den letzten Jahren seit Diagnosestellung – für den Hausarzt ersichtlich und von diesem auch gut dokumentiert – erheblich zugenommen hatte. In den letzten Monaten ihres Lebens

bestand zudem ein wahnhaft ausgestaltetes depressives Syndrom. Mit der Erbschaftsangelegenheit war sie völlig überfordert. Ihre Nachbarin überzeugte sie von dem Besuch eines Notars und der Unterzeichnung eines Testaments 6 Wochen nach dem Tod ihres Mannes. Der Notar protokollierte, dass Frau K. gesund sei, ohne dies näher auszuführen. Die Kinder von Frau K. fühlten sich nach deren Tod von der Nachbarin übergangen. Im amtsgerichtlichen Verfahren führte ein psychiatrischer Sachverständiger aus, dass bei der Erblasserin Testierunfähigkeit bestanden habe. Er stützte seine Einschätzung auf die vorliegenden ärztlichen Unterlagen mit den dokumentierten psychopathologischen Befunden und Diagnosen sowie auf die Befragung des Hausarztes und einer Freundin der Erblasserin vor Gericht. Die Entscheidung der Ungültigkeit des Testamentes von Frau K. wurde in anschließenden Verfahren vor dem Landgericht und dem Oberlandesgericht bestätigt, jeweils mit neuen psychiatrischen Sachverständigen.

Beispiel
- **Fall 6.5**

Manfred A., 54-jähriger Inhaber eines Softwarehauses, litt unter einer Herzinsuffizienz und war zweimal wegen zerebraler Blutungen hospitalisiert. Während des stationären Aufenthaltes in einer internistischen Klinik errichtete er vor einem ans Krankenbett gekommenen Notar ein Testament. In der Krankenakte deutete wenig auf einen auffälligen psychopathologischen Befund hin. Lediglich eine gewisse Schläfrigkeit (offensichtlich aufgrund der verabreichten Medikation), reaktive Depressivität sowie eine Antriebsminderung waren dokumentiert. Der Notar hatte im Übrigen Wert darauf gelegt, dass im Vorfeld der Testamentserrichtung ein psychiatrischer Konsiliararzt Herrn A. untersuchte. In diesem Bericht fanden sich keine auf eine Testierunfähigkeit hinweisenden Befunde, auch keine entsprechende Diagnose (»Eine Entscheidung aufgrund einer Abwägung des Für und Wider ist möglich. Bedeutung und Tragweite einer letztwilligen Verfügung können erkannt werden. Es liegen vernünftige Überlegungen vor. Eine gesunde Motivation und Urteilsfindung kann angenommen werden. Der Proband kann seinen Willen frei und unbeeinflusst von einer psychischen Störung bilden und danach handeln.«). Das von nicht berücksichtigten Erben angefochtene Testament behielt im gerichtlichen Verfahren seine Gültigkeit.

- **Rechtsfolge**

War der Erblasser testierunfähig, so ist und bleibt das errichtete Testament unwirksam. Es wird auch bei späterem Eintritt der Testierfähigkeit nicht wirksam, sondern muss formgerecht neu errichtet werden (§ 141 Abs. 1 BGB). Die Geltendmachung der Testierunfähigkeit kann jederzeit erfolgen und ist im Gegensatz zur Anfechtung nicht fristgebunden.

Beweislast

> Entsprechend dem Grundsatz, dass eine Störung der Geistestätigkeit die Ausnahme bildet, gilt ein Erblasser so lange als testierfähig, wie seine Testierunfähigkeit nicht zur vollen Gewissheit des Gerichts nachgewiesen ist (§ 286 Abs. 1 ZPO). Bloße Zweifel genügen deshalb nicht zu ihrer Feststellung.

Art und Umfang der gerichtlichen Ermittlungen richten sich nach den Umständen des Einzelfalls. In jedem Fall ist aber, mit Rücksicht auf die besondere Tragweite der Frage nach der Testierunfähigkeit, eine sorgfältige und gewissenhafte Prüfung erforderlich, in der Regel unter Einbeziehung eines psychiatrischen Sachverständigen (OLG Frankfurt NJW-RR 1998, S. 871).

Die Feststellungslast für die Testierunfähigkeit als eine das Erbrecht vernichtende Tatsache hat nach dem Gesagten grundsätzlich derjenige zu tragen, der sich auf die darauf beruhende Unwirksamkeit des Testaments beruft (OLG Köln FamRZ 1990, S. 1357). Dies gilt auch dann, wenn für den Erblasser eine Gebrechlichkeitspflegschaft (§ 1910 Abs. 2 BGB und Abs. 3 BGB a. F.) oder eine Betreuung (§ 1896 Abs. 1 BGB) bestanden hat (OLG Frankfurt FamRZ 1996, S. 635). In beiden Fällen greift also die Vermutung der Testierfähigkeit ein. Es besteht aber die Möglichkeit, auf die im Betreuungsverfahren eingeholten Gutachten und andere ärztliche Dokumente zurückzugreifen (Bamberger u. Roth 2012, § 2229 Rn. 2).

Auch können die Grundsätze über den Beweis des ersten Anscheins Anwendung finden. Danach begründen Feststellungen darüber, dass der Erblasser vor und nach der Testamentserrichtung testierunfähig war, einen Beweis des ersten Anscheins dafür, dass auch bei der Errichtung des Testaments Testierunfähigkeit bestand. Der Anscheinsbeweis gilt aber nur dann, wenn das Gericht im Grundsatz wirklich von einer anhaltenden Testierunfähigkeit des Erblassers vor und nach dem fraglichen Zeitraum ausgeht (BayObLG NJWE-FER 1999, S. 126). Der Testamentserbe, der sich auf die wirksame Verfügung von Todes wegen beruft, muss den Anschein erschüttern und den Gegenbeweis dadurch führen, dass er die ernsthafte Möglichkeit eines lichten Intervalls beweist (▶ Abschn. 6.1.2). Wird der Beweis des ersten Anscheins der Testierunfähigkeit auf diese Weise erschüttert, wechselt die Feststellungslast für die tatsächliche Testierunfähigkeit wieder zu den daran interessierten gesetzlichen Erben (OLG Frankfurt NJW-RR 1998, S. 870).

Lässt sich nicht feststellen, zu welchem Zeitpunkt ein Erblasser Veränderungen in seinem Testament vorgenommen hat, steht aber fest, dass der Erblasser zu irgendeinem Zeitpunkt innerhalb des für diese Änderungen in Betracht kommenden Zeitraums nicht mehr testierfähig war, so geht diese Tatsache in entsprechender Anwendung des § 2247 Abs. 4 S. 1 BGB zu Lasten desjenigen, der sich auf die Gültigkeit der vorgenommenen Veränderung beruft (BayObLG NJW-RR 2003, S. 297).

Zur Klärung des Sachverhalts sind vom Gericht alle von den Parteien angebotenen Beweise heranzuziehen. In diesem Zusammenhang ist regelmäßig das Gutachten eines fachkundigen psychiatrischen Sachverständigen notwendig (▶ Abschn. 1.1.1).

Inwieweit ein vormals behandelnder Arzt bei der Feststellung der Testierfähigkeit der **ärztlichen Schweigepflicht** unterliegt, hängt davon ab, ob ein objektiver Anhalt dafür vorliegt, dass ein vernünftiges Interesse an der Geheimhaltung der betreffenden Tatsachen besteht oder nicht. Allgemein kann jedoch festgehalten werden, dass die ärztliche Schweigepflicht zwar grundsätzlich nicht mit dem Tode des Patienten erlischt, aber auch nicht mehr in demselben Umfang besteht wie vorher, weil der Erblasser selbst ein Interesse an der Gültigkeit einer von ihm getroffenen letztwilligen Verfügung hat (BGHZ 91, S. 392, 396 ff.; zur Problematik der Schweigepflicht des Gutachters ▶ Abschn. 5.3.3).

6.3   Literatur

Bamberger G, Roth H (Hrsg) (2012) Kommentar zum Bürgerlichen Gesetzbuch, Bd 3, §§ 1297–2385, EGBGB, CISG, 3. Aufl. Beck, München

Bartsch H (2001) Die postmortale Schweigepflicht des Arztes beim Streit um die Testierfähigkeit des Patienten. NJW 54: 861–863

Brox H, Walker W (2013) Allgemeiner Teil des BGB, 37. Aufl. Heymanns, Köln

Dörner H, Ebert I, Eckert J et al. (Hrsg) (2012) Bürgerliches Gesetzbuch, Handkommentar, 7. Aufl. Nomos, Baden-Baden

Foerster K (2009) Begutachtung bei zivilrechtlichen Fragen. In: Foerster K, Dreßing H (Hrsg) Psychiatrische Begutachtung – Ein praktisches Handbuch für Ärzte und Juristen, 5. Aufl. Elsevier, München

Flume W (1992) Allgemeiner Teil des Bürgerlichen Rechts, Bd 2: Das Rechtsgeschäft, 4. Aufl. Springer, Berlin Heidelberg New York Tokio

Heim S (2003) Gesetzgeberische Modifizierung der Auswirkungen der Geschäftsunfähigkeit Volljähriger beim Vertragsschluss. JuS 43: 141–145

Jauernig O (2014) Bürgerliches Gesetzbuch, 15. Aufl. Beck, München

Lange H, Kuchinke K (2001) Erbrecht, 5. Aufl. Beck, München

Larenz K, Wolf M (2004) Allgemeiner Teil des Bürgerlichen Rechts, 9. Aufl. Beck, München

Medicus D (2010) Allgemeiner Teil des BGB, 10. Aufl. Müller, Heidelberg

Müller G (1998) Betreuung und Geschäftsfähigkeit. Gieseking, Bielefeld

Münchener Kommentar (2004–2008) Kommentar zum Bürgerlichen Gesetzbuch, Säcker FJ, Rixecker R (Hrsg), Bd 1: Allgemeiner Teil, §§ 1–240; 5. Aufl.; Bd 8: Familienrecht II, §§ 1589–1921, SGB VIII, 5. Aufl. Bd 9: Erbrecht, §§ 1922–2385, §§ 27–35 BeurkundungsG, 4. Aufl. Beck, München (zit. MünchKomm-Bearbeiter)

Olzen D (2012) Erbrecht, 4. Aufl. De Gruyter, Berlin

Palandt O (Hrsg) (2014) Bürgerliches Gesetzbuch, 73. Aufl. Beck, München (zit. Palandt-Bearbeiter)

Soergel H (Hrsg) (1999) Bürgerliches Gesetzbuch mit Einführungsgesetzen und Nebengesetzen, Bd 2, 13. Aufl. Kohlhammer, Stuttgart (zit. Soergel-Bearbeiter)

Taupitz J, Neikes A (2009) Juristische Grundlagen. In: Foerster K, Dreßing H (Hrsg) Psychiatrische Begutachtung – Ein praktisches Handbuch für Ärzte und Juristen, 5. Aufl. Elsevier, München, S. 503–554

Thomas H, Putzo H (Hrsg) (2013) Zivilprozessordnung, 34. Aufl. Beck, München

Wetterling T, Neubauer H, Neubauer W (1996) Testierfähigkeit von Dementen. Psychiat Prax 23: 213-218

Prozessfähigkeit

F. Schneider, H. Frister, D. Olzen, *Begutachtung psychischer Störungen*
DOI 10.1007/978-3-642-54765-2_7, © Springer-Verlag Berlin Heidelberg 2015

■ **Zum Einstieg**

Die Prozessfähigkeit bezeichnet im Zivilprozess die Fähigkeit, Prozesshandlungen selbst oder durch selbst bestellte Vertreter wirksam vorzunehmen oder entgegenzunehmen (Zöller-Vollkommer 2014, § 52 Rn. 1). Geschäftsunfähige sollen so vor nachteiligen Folgen geschützt werden, die sie durch die Vornahme von Prozesshandlungen erleiden könnten, weil sie z. B. infolge psychischer Störungen nicht in der Lage sind, die Folgen ihres Handelns in dem erforderlichen Maße abzusehen.

7.1   Begriff

7.1.1   Normzweck

§ 52 Abs. 1 ZPO bestimmt, dass eine Person prozessfähig ist, wenn sie sich durch Verträge verpflichten kann. Damit wird die Prozessfähigkeit grundsätzlich an die materiell-rechtliche Geschäftsfähigkeit des Bürgerlichen Rechts gem. §§ 104 ff. BGB gekoppelt (▶ Kap. 6; Ausnahmen ▶ Abschn. 7.2.2).

Das Bürgerliche Recht verlangt die Geschäftsfähigkeit, um sich wirksam rechtsgeschäftlich binden zu können. Geschäftsunfähige und beschränkt Geschäftsfähige sollen so vor nachteiligen Verpflichtungen geschützt werden, die aus Rechtsgeschäften resultieren können, soweit sie infolge psychischer Störungen oder mangelnden Alters und damit mangelnder Erfahrung nicht in der Lage sind, die Folgen ihres Handelns in dem erforderlichen Maße abzusehen.

Diesem Schutzgedanken von Geschäftsunfähigen trägt im Zivilprozess das Erfordernis der Prozessfähigkeit Rechnung (Baumgärtel 1972, S. 103). Denn dort gilt die Dispositionsmaxime, wonach der Inhalt des Rechtsstreits von den Parteien festgelegt wird, und das Gericht an die von den Parteien gestellten Anträge gebunden ist (§ 308 Abs. 1 S. 1 ZPO). Folglich drohen den Parteien erhebliche Nachteile, wenn sie den Umfang des Rechtsstreites nicht erfassen und nicht zu ihrem Vorteil handeln können. Zum Schutz dieser Personen verlangt deshalb § 52 Abs. 1 ZPO Prozessfähigkeit. Sie bildet damit das zivilprozessuale Gegenstück der Geschäftsfähigkeit, nämlich eine Prozesshandlungsvoraussetzung (Oda 1997, S. 36).

7.1.2   Unterscheidung zu anderen Eigenschaften einer Partei im Zivilprozess

Die Prozessfähigkeit steht im Zusammenhang mit anderen Fähigkeiten, über die die Parteien eines Zivilprozesses verfügen müssen, insbesondere der Kläger, um seine Klage führen zu können.

Parteifähigkeit

Der Prozessfähigkeit logisch vorrangig ist die Parteifähigkeit der Betroffenen. Nur für denjenigen, der Partei eines Zivilprozesses sein kann, stellt sich die Frage, ob er diesen Prozess selbst zu führen vermag.

❯ Parteifähigkeit bezeichnet die Fähigkeit, Kläger oder Beklagter eines Zivilprozesses sein zu können (Zöller-Vollkommer 2014, § 50 Rn. 1).

Gemäß § 50 Abs. 1 ZPO ist parteifähig, wer rechtsfähig ist, d. h. wer Träger von Rechten und Pflichten sein kann. Dies gilt uneingeschränkt für alle Menschen von Geburt an bis zum Tode, unabhängig von Alter oder psychischer Gesundheit (§ 1 BGB).

Gleichgestellt sind juristische Personen. Ferner werden auch die Personenhandelsgesellschaften vom Gesetz als parteifähig angesehen. Dies bestimmt § 124 HGB für die OHG, und es gilt über § 161 Abs. 2 HGB auch für die KG. Anerkannt ist zudem, dass die Gesellschaft bürgerlichen Rechts u. U. Kläger oder Beklagter eines Zivilverfahrens sein kann (BGH NJW 2001, S. 1056, 1058).

Prozessführungsbefugnis

Die Prozessfähigkeit ist darüber hinaus von der Prozessführungsbefugnis abzugrenzen. Sie meint die Befugnis einer Person, einen Prozess in eigenem Namen führen zu können (Zöller-Vollkommer 2014, Vorbem. § 50 Rn. 18).

Damit soll verhindert werden, dass jemand ohne entsprechende Legitimation fremde Rechte in eigenem Namen zum Gegenstand eines Zivilprozesses machen kann. Letztlich wird dadurch der Ausschluss der Popularklage gewährleistet. Die Prozessführungsbefugnis steht grundsätzlich jedem zu, der behauptet, Rechtsinhaber bezüglich des Streitgegenstandes eines Zivilverfahrens zu sein.

Der Zivilprozess kennt allerdings als Ausnahme die Figur der Prozessstandschaft, wonach es ausnahmsweise zulässig ist, fremde Rechte im eigenen Namen geltend zu machen. Der Prozessstandschafter wird dadurch selbst Partei des Zivilprozesses und führt ihn unabhängig vom wirklichen Rechtsinhaber. Dies kann auf gesetzlicher Anordnung beruhen. So bestimmt § 265 ZPO, dass beim Streit um eine Forderung deren Abtretung während des Verfahrens keinen Einfluss auf den Prozess hat: Der ursprüngliche Forderungsinhaber bleibt weiterhin Kläger oder Beklagter. Auch rechtsgeschäftlich lässt sich Prozessstandschaft durch eine sog. Ermächtigung einräumen. Dies geschieht z. B. dann, wenn im Rahmen von Eigentumsvorbehaltsklauseln die Veräußerung von Gegenständen unter Eigentumsvorbehalt gestattet wird, evtl. darauf bezogene Prozesse aber durch den Vorbehaltskäufer zu führen sind. Im Hinblick auf die Prozessfähigkeit gelten keine Besonderheiten: Auch Prozessstandschafter kann nur sein, wer prozessfähig ist.

Postulationsfähigkeit

Schließlich ist noch auf die Postulationsfähigkeit hinzuweisen, die erforderlich ist, damit eine Partei vor Gericht auftreten kann.

> ❯ Unter Postulationsfähigkeit wird die Fähigkeit verstanden, in eigener Person vor einem Gericht wirksam prozessual handeln zu können. Diese Fähigkeit hat grundsätzlich jede prozessfähige Person.

Allerdings bestimmt § 78 ZPO als Ausnahme für bestimmte Verfahren, die der Gesetzgeber für besonders wichtig gehalten hat, Anwaltszwang. Hier besteht die Notwendigkeit der Vertretung einer Partei durch einen zugelassenen Anwalt, und zwar grundsätzlich vor dem Familiengericht, beim Landgericht oder auch in den höheren Instanzen.

7.2   Prozessfähige Personen

7.2.1   Grundsatz

Im Zusammenhang mit der hier näher zu behandelnden Prozessfähigkeit sind 3 Situationen zu unterscheiden:

- ▬ prozessfähige Parteien,
- ▬ beschränkt (partiell) prozessfähige Parteien,
- ▬ prozessunfähige Parteien.

Im Allgemeinen sind die unbeschränkt geschäftsfähigen Personen (▶ Kap. 6), d. h. alle volljährigen Personen (§ 2 BGB), die sich nicht in einem die freie Willensbildung ausschließenden »Zustand krankhafter Störung der Geistestätigkeit« befinden (vgl. § 104 Nr. 2 BGB und ▶ Abschn. 7.3.1), auch prozessfähig.

Insbesondere bleibt auch der Betreute grundsätzlich trotz Bestellung des Betreuers (▶ Abschn. 5.3.1) vorbehaltlich des § 104 Nr. 2 BGB geschäftsfähig und damit auch prozessfähig (Musielak-Weth 2013, § 52 Rn. 3). Allerdings sieht § 53 ZPO vor, dass der Betreute seine Prozessfähigkeit verliert, wenn der Aufgabenkreis des Betreuers die Prozessführung für ihn umfasst (▶ Abschn. 7.3.3).

Ist die Betreuung dagegen mit der Anordnung eines Einwilligungsvorbehalts gemäß § 1903 BGB verbunden (▶ Abschn. 5.4), so stellt das Gesetz den Betreuten einem partiell beschränkt Geschäftsfähigen gleich (▶ Abschn. 7.3.2), er ist dann also prozessunfähig. Dies bezieht sich allerdings ausschließlich auf den festgelegten Aufgabenkreis des Betreuers und des Einwilligungsvorbehalts. Im Übrigen bleibt der Betreute in diesen Fällen auch prozessfähig (Musielak-Weth 2013, § 53 Rn. 1 ff.).

7.2.2   Ausnahmen

Bei nicht volljährigen, psychisch gesunden Personen wird in besonderen Fällen dennoch die Prozessfähigkeit angenommen. Eine beschränkte Prozessfähigkeit entsprechend der beschränkten Geschäftsfähigkeit im Sinne der §§ 106 ff. BGB (▶ Abschn. 6.1.4) für 7- bis 18-jährige Parteien des Zivilprozesses kennt das Gesetz aus Gründen der Rechtssicherheit und Verfahrensökonomie allerdings nicht.

Da von der Prozessfähigkeit die Zulässigkeit einer Klage abhängt (▶ Abschn. 7.4), müsste bei Anerkennung einer beschränkten Prozessfähigkeit bereits in jedem Einzelfall im Rahmen der Zulässigkeitsprüfung für eine Klage geprüft werden, ob etwa der Vertrag eines Minderjährigen im Rahmen des sog. Taschengeldparagraphen gem. § 110 BGB wirksam abgeschlossen wurde, weil der Minderjährige einen Kaufpreis mit eigenen Mitteln gezahlt hat. Dadurch wäre ein Rechtsstreit mit erheblichen Unsicherheiten belastet, da die Begründetheit eines Begehrens gleichzeitig über seine Zulässigkeit entscheiden würde. Deshalb fehlt einer Partei in den Fällen der beschränkten Geschäftsfähigkeit grundsätzlich die Prozessfähigkeit. Von diesem Prinzip sind allerdings die im Folgenden aufgeführten Ausnahmen anerkannt.

Gegenständlich beschränkte Prozessfähigkeit

Anerkannt ist zunächst eine Prozessfähigkeit Minderjähriger für bestimmte Verfahren. Bei der gegenständlich beschränkten Prozessfähigkeit handelt es sich um Fälle, in denen ein beschränkt Geschäftsfähiger für bestimmte Rechtsgeschäfte die unbeschränkte Geschäftsfähigkeit im Bürgerlichen Recht genießt, §§ 112, 113 BGB. Insoweit hat der Minderjährige für darauf bezogene Gerichtsverfahren auch die volle Prozessfähigkeit. Für alle anderen Verfahren ist jedoch weiterhin Prozessunfähigkeit gegeben. Dadurch erklärt sich der Begriff der gegenständlich beschränkten Prozessfähigkeit.

Beispiel

Ein Minderjähriger, der von seinem gesetzlichen Vertreter dazu ermächtigt ist, in ein Dienst- oder Arbeitsverhältnis zu treten, gilt für Rechtsgeschäfte, die die Eingehung oder Aufhebung dieses Verhältnisses oder die Erfüllung der sich daraus ergebenden Verbindlichkeit betreffen, als unbeschränkt geschäftsfähig (vgl. § 113 Abs. 1 BGB). Konsequenterweise ist der Minderjährige für diese Rechtsgeschäfte auch prozessfähig. Gleiches gilt für einen betreuten Volljährigen bei Anordnung eines Einwilligungsvorbehalts (▶ Abschn. 5.4) in Bezug auf die angeführten Rechtsgeschäfte (§ 1903 Abs. 1 S. 2 BGB in Verbindung mit § 113 Abs. 1 BGB).

Erweiterte Prozessfähigkeit

Eine weitere Ausnahme von dem eingangs erwähnten Grundsatz bildet die sog. erweiterte Prozessfähigkeit. Der Begriff ist missverständlich. Man bezeichnet damit diejenigen Fälle, in denen

eine Partei im Prozess ihre Rechte selbstständig wahrnehmen kann, also prozessfähig ist, obwohl sie nach Bürgerlichem Recht nicht als geschäftsfähig angesehen wird, und zwar auch nicht gegenständlich beschränkt.

Beispiel

Die Prozessfähigkeit des minderjährigen Ehegatten in Ehesachen gem. § 125 Abs. 1 FamFG stellt ein Beispiel für eine sog. erweiterte Prozessfähigkeit dar.

Unter den Begriff der erweiterten Prozessfähigkeit fällt ferner die Zubilligung dieser Fähigkeit im Rahmen des sog. Zulassungsstreits. Es entspricht fester Rechtsprechung, dass im Streit um die Prozessfähigkeit einer Partei diese als prozessfähig behandelt wird, um ihre Rechte wahrnehmen zu können (BGH NJW-RR 1986, S. 158).

7.3   Prozessunfähige Personen

7.3.1   Prozessunfähigkeit aufgrund Geschäftsunfähigkeit

Vollständige Prozessunfähigkeit

Die Prozessunfähigkeit aufgrund von Geschäftsunfähigkeit ist in den Fällen des § 104 BGB gegeben, d. h. zum einen bei minderjährigen Personen unter 7 Jahren (§ 104 Nr. 1 BGB), zum anderen bei volljährigen Personen, die an einer dauernden krankhaften Störung der Geistestätigkeit, d. h. an einer psychischen Störung leiden, die die freie Willensbestimmung ausschließt (§ 104 Nr. 2 BGB). Hier liegt der Schwerpunkt psychiatrischer Begutachtungen im Rahmen eines Zivilprozesses (▶ Abschn. 6.1.2).

Beispiel

Eine solche Geschäfts- und damit einhergehende Prozessunfähigkeit gem. § 104 Nr. 2 BGB kann abgesehen von den Fällen einer psychischen Störung auch dann gegeben sein, wenn die Person an einer sog. Querulanz leidet, d. h. ein ichbezogenes, forderndes, rechthaberisches Verhalten an den Tag legt, das oft ein reales Unrecht verallgemeinert und sich bis zum Wahn verselbstständigen kann (BGH NJW 2000, S. 289). Dies erfordert allerdings eher eine juristische Einschätzung als eine medizinische Diagnose. Des Weiteren wurden ein Zustand krankhafter Störung der Geistestätigkeit und damit eine erhebliche psychische Störung und in dieser Folge Prozessunfähigkeit angenommen, als ein Beklagter infolge eines bei einem Verkehrsunfall erlittenen Schädel-Hirn- und Thoraxtraumas bei intensiver Behandlung in einer Klinik über Wochen ohne Bewusstsein künstlich ernährt und beatmet worden war (OLG München NJW-RR 1989, S. 255 f.).

- **Unterbrechung der dauernden psychischen Störung durch sog. lichte Momente**

Personen, die an einer dauernden psychischen Störung leiden, können durchaus sog. lichte Augenblicke (»luzide Intervalle«) haben, d. h. vorübergehende Zeiträume, in denen ihr psychischer Zustand (Geisteszustand) nicht die freie Willensbildung ausschließt. Willenserklärungen, die in solchen lichten Augenblicken abgegeben werden, sind wirksam, auch wenn ansonsten eine psychische Störung vorliegt (MünchKommBGB-Schmitt 2012, § 104 Rn. 13). Im Rahmen des Prozessrechts werden diese Intervalle allerdings nur relevant, wenn sie das gesamte Verfahren abdecken, da die Prozessführung unteilbar ist (MünchKommZPO-Lindacher 2013, §§ 51, 52 Rn. 13). Im Bereich der psychischen Störungen kommen solche Fälle eher selten vor. Gleichwohl ist die Partei in einem solchen Fall für das Verfahren, in dem sie sich in einem sog. lichten Augenblick befindet, prozessfähig und bedarf keines Vertreters (▶ Abschn. 6.1.2).

- **Vorübergehende psychische Störung**

Bei Personen, die lediglich an einer vorübergehenden Störung der sog. Geistestätigkeit entsprechend § 105 Abs. 2 BGB leiden, sind dagegen nur die in diesem Zeitraum vorgenommenen Prozesshandlungen unwirksam, ebenso die Entgegennahme von mündlichen, nicht aber von schriftlichen Erklärungen (MünchKommZPO-Lindacher 2013, §§ 51, 52 Rn. 13; Rosenberg et al. 2010, § 44 Rn. 9).

Beispiel
- **Fall 7.1**

Das OLG Hamm hat in einer Entscheidung aus dem Jahre 1960 entschieden, dass die Zustellung eines Ge-

richtsurteils, die an eine Person bewirkt wird, die vorübergehend psychisch erkrankt war, wirksam ist (OLG Hamm NJW 1960, S. 1391). Der Beklagte hatte verspätet Berufung eingelegt und angeführt, die Frist sei bisher nicht in Lauf gesetzt, weil ihm das Urteil nicht wirksam zugestellt worden sei. Er habe zum Zeitpunkt der Zustellung an einer schweren vegetativen Dystonie mit Unruhezustand gelitten. Aufgrund dieser Erkrankung sei er mehrere Monate geschäftsunfähig gewesen, sodass eine wirksame Zustellung an ihn ausgeschlossen gewesen sei. Dieser Ansicht hat sich das Gericht nicht angeschlossen. Vielmehr hindere die vorübergehende Erkrankung nicht die Geschäftsfähigkeit des Beklagten. Diese hätte er nur verloren, wenn er sich in einem sog. dauernden Zustand krankhafter Störung der Geistestätigkeit gem. § 104 Nr. 2 BGB befunden hätte. Der nur vorübergehende Zustand krankhafter Störung der Geistestätigkeit, in dem man gem. § 105 Abs. 2 BGB keine wirksame Willenserklärung abgeben kann, berühre nicht die Geschäftsfähigkeit und damit auch nicht die Prozessfähigkeit (OLG Hamm NJW 1960, S. 1391 f.).

Beispiel
- **Fall 7.2**

In einem zivilgerichtlichen Verfahren verlangte ein Autohaus die Rückabwicklung mehrerer Kaufverträge mit Andreas Z. Der 41-jährige, gut situierte Bauunternehmer hatte im Rahmen einer Manie (ICD-10: F30.1) mehrere neuwertige Fahrzeuge gekauft, diese allerdings nie bezahlt. Die Fahrzeuge ließ er dann im Laufe des jeweiligen Tages irgendwo unverschlossen stehen. Zum damaligen Zeitpunkt traten Krankheitszeichen einer Manie, wie situationsinadäquate gehobene Stimmung, vermehrter Antrieb, Rededrang, vermindertes Schlafbedürfnis, Größenideen und sexuelle Enthemmung, auf. Nach einer etwa einwöchigen manischen Episode, in der er mehrere Personen und Gesellschaften um insgesamt ca. 250.000 € betrogen hatte, wurde er in ein psychiatrisches Fachkrankenhaus eingeliefert und die ersten zehn Tage dort auf der Grundlage des Unterbringungsgesetzes des Landes behandelt. Anschließend erfolgte eine weitere freiwillige stationäre, dann eine ambulante Behandlung. Nachdem Herr Z. wieder völlig entaktualisiert war, bestanden zum Klagezeitpunkt durch das Autohaus sowohl Geschäfts- wie auch Prozessfähigkeit.

Demnach führt eine derartig vorübergehende Erkrankung gerade nicht zur Prozessunfähigkeit aufgrund von Geschäftsunfähigkeit (▶ Abschn. 6.1.3). Von § 104 Nr. 2 BGB werden – ausweislich des Wortlauts – nur Erkrankungen von gewisser Dauer erfasst (MünchKommBGB-Schmitt 2012, § 104 Rn. 12). »Von Dauer« ist dabei nicht gleichbedeutend mit »unheilbar«: Auch psychische Störungen, die heilbar sind, deren Behandlung aber längere Zeit in Anspruch nimmt, sind als nicht nur vorübergehende Störungen im Sinne von § 104 Nr. 2 BGB anzusehen (Palandt-Ellenberger 2014, § 104 Rn. 4).

Partielle Prozessunfähigkeit

Die Geschäftsfähigkeit und damit die Prozessfähigkeit können auch für einen beschränkten Kreis von Angelegenheiten wegen Vorliegen einer psychischen Störung ausgeschlossen sein (sog. gegenständlich beschränkte bzw. partielle Prozessunfähigkeit; BGHZ 18, S. 184, 186). Für die davon nicht betroffenen Lebensbereiche wird der Betroffene dann als uneingeschränkt prozessfähig angesehen.

Beispiel
- **Fall 7.3**

Eine solche partielle Prozessunfähigkeit wurde beispielsweise in einem Eheprozess angenommen. In dem vom BGH entschiedenen Fall gründete die krankhafte Störung der psychischen Funktionen auf Seiten der Beklagten darauf, dass ihr Ehemann sich von ihr getrennt hatte und die Scheidung verlangte. In einem Sachverständigengutachten wurde festgestellt, dass es bezüglich dieses Schlüsselerlebnisses, nämlich in den mit ihrer Ehe und deren Scheidung zusammenhängenden Fragen, bei der Beklagten zu einem Verlust des Kontaktes mit der Wirklichkeit gekommen war. Die Beklagte hatte jedoch nach Ansicht des BGH dadurch nicht generell ihre Bestimmbarkeit durch normale Motive verloren, sondern nur für solche Angelegenheiten, die den Fragenkomplex der Ehescheidung berührten (BGHZ 18, S. 184, 187 ff.). Dies ist aus psychiatrischer Sicht in diesem Fall schwer nachvollziehbar, allerdings nicht grundsätzlich ausgeschlossen.

Dagegen hat die Rechtsprechung eine relative, d. h. auf den Schwierigkeitsgrad des jeweiligen Rechtsgeschäfts bezogene Geschäftsunfähigkeit (▶ Ab-schn. 6.1.2) bisher immer abgelehnt, sodass auch eine entsprechende Prozessunfähigkeit nicht anerkannt wird. Sie liegt also nicht schon deshalb vor, weil eine volljährige, psychisch gesunde Person etwa in Folge ihrer Unerfahrenheit oder auch ihres Alters außerstande ist, die u. U. erheblichen wirtschaftlichen Folgen eines Rechtsgeschäftes richtig einzuschätzen (▶ Abschn. 6.1.2).

7.3.2 Prozessunfähigkeit aufgrund beschränkter Geschäftsfähigkeit

Prozessunfähig aufgrund beschränkter Geschäftsfähigkeit sind Minderjährige zwischen 7 und 18 Jahren (§§ 106 ff. BGB) für die Prozesse, in denen die in ▶ Abschn. 7.2.2 genannten Ausnahmen nicht eingreifen.

7.3.3 Prozessunfähigkeit bei Betreuung oder Pflegschaft

Gemäß § 53 ZPO steht in einem Rechtsstreit eine eigentlich prozessfähige Person bei Vertretung durch einen Betreuer oder Pfleger einer nicht prozessfähigen Person gleich. Die Voraussetzungen einer Betreuung wurden bereits geschildert (▶ Abschn. 5.2.1). Mit der Anordnung einer Pflegschaft (§§ 1909 ff. BGB) bietet das Zivilrecht die Möglichkeit, bestimmte Angelegenheiten anderer zu besorgen, wenn dies aus tatsächlichen oder rechtlichen Gründen erforderlich ist (Staudinger-Bienwald 2013, Vorbem. §§ 1909–1921 Rn. 2).

Die Pflegschaft lässt sich – nach dem Grund ihrer Anordnung – unterteilen in:
- Ergänzungspflegschaft (§ 1909 BGB),
- Pflegschaft für Abwesende (§ 1911 BGB),
- Pflegschaft für eine Leibesfrucht (§ 1912 BGB),
- Pflegschaft für unbekannte Beteiligte (§ 1913 BGB),
- Pflegschaft für Sammelvermögen (§ 1914 BGB).

Hintergrundinformation
Bis 1991 sah das Recht speziell für damals sog. körperlich und geistig Gebrechliche die Bestellung eines Gebrechlichkeitspflegers mit bei körperlichen Gebrechen umfassender

oder partieller Aufgabenzuständigkeit vor (§ 1910 a. F. BGB). An die Stelle der ehemaligen Gebrechlichkeitspflegschaft ist seit dem 1.1.1992 das Rechtsinstitut der Betreuung getreten (▶ Kap. 5).

Grundsätzlich hat die gesetzliche Vertretung einer Person durch einen Betreuer oder Pfleger an sich keinen Einfluss auf die Geschäftsfähigkeit der vertretenen Person (Palandt-Götz 2014, § 1902 Rn. 5). Eine Ausnahme gilt für die Betreuung, wenn ein Einwilligungsvorbehalt angeordnet wurde (§ 1903 BGB; ▶ Abschn. 5.4). Die prinzipiell verbleibende Geschäftsfähigkeit hätte an sich zur Folge, dass Personen, für die ein Betreuer oder ein Pfleger bestellt wurde, auch ihre Prozesse weiterhin selbst führen könnten. Dadurch bestünde aber die Gefahr, dass Betreuer oder Pfleger einerseits und der Vertretene selbst andererseits sich widersprechende Prozesshandlungen vornehmen. Deshalb bestimmt § 53 ZPO, dass die Prozessführung in solchen Fällen allein dem gesetzlichen Vertreter obliegt, also dem jeweiligen Pfleger oder Betreuer (BGH NJW 1988, S. 49, 51).

7.4 Bedeutung der Prozessfähigkeit

Es wurde bereits erwähnt, dass die Prozessfähigkeit eine Sachentscheidungsvoraussetzung darstellt, also ein Erfordernis für die Zulässigkeit einer Klage.

> ❯ Sofern dem Kläger die Prozessfähigkeit fehlt, ist seine Klage deshalb als unzulässig abzuweisen. Darüber hinaus bildet die Prozessfähigkeit aber für die gesamte Dauer des Verfahrens auch eine Handlungsvoraussetzung. Die prozessunfähige Partei ist rechtlich nicht in der Lage, wirksam Prozesshandlungen vorzunehmen, z. B. Beweisanträge zu stellen.

Klagen von und gegen prozessunfähige Personen sind also nur im Wege gesetzlicher Vertretung möglich. Die Vertretungsmacht beruht in solchen Fällen auf gesetzlichen Anordnungen (Musielak-Weth 2013, § 51 Rn. 2). Gemäß § 51 Abs. 1 ZPO gelten dafür grundsätzlich die Vorschriften des Bürgerlichen Rechts, sofern der gesetzliche Vertreter selbst prozessfähig ist. Wer seine eigenen Prozesse zu führen außerstande ist, kann auch keine Rechtsstreitigkeiten für andere führen (OLG Zweibrücken ZIP 1983, S. 941).

Auch im Falle gesetzlicher Vertretung bleibt der Vertretene selbst Partei des Verfahrens. Ihn treffen damit alle Wirkungen des entsprechenden Prozesses einschließlich der Kosten.

Beispiel

Bei **Minderjährigen** ist die gesetzliche Vertretung an das Sorgerecht gekoppelt. In der Regel sind gesetzliche Vertreter eines Kindes die Eltern, und zwar gemeinsam gem. § 1629 Abs. 1 S. 2 BGB. Eine entsprechende Vertretungsregel für prozessunfähige Volljährige findet sich im Hinblick auf die Betreuung in § 1902 BGB.

Ein **Mangel der Prozessfähigkeit** kann unter Umständen geheilt werden, zum einen durch die Genehmigung eines Vertreters, auch wenn dieser erst noch bestellt werden muss, zum anderen dadurch, dass eine ursprünglich prozessunfähige Partei nachträglich prozessfähig wird (BGH NJW 2000, S. 289 f.).

7.5 Prüfung von Amts wegen

Gemäß § 56 Abs. 1 ZPO hat das Gericht den Mangel der Prozessfähigkeit von Amts wegen zu berücksichtigen. Die Amtsprüfung bedeutet, dass die Prüfungspflicht des Gerichtes dann einsetzt, wenn sich aufgrund des vorgetragenen Sachverhalts ausreichend Anhaltspunkte für das Nichtvorliegen der Prozessfähigkeit ergeben, also die Möglichkeit mangelnder Prozessfähigkeit nicht von der Hand zu weisen ist, wie es der BGH zum Ausdruck gebracht hat (BGH NJW-RR 1986, S. 157). Das Gericht muss das Vorliegen der Prozessfähigkeit in jeder Lage des Verfahrens prüfen, weil sich daran die Möglichkeit knüpft, im Verfahren eigenständig zu handeln (BGH NJW 1996, S. 1059 f.).

Erwähnenswert erscheint, dass das Gericht bei der Feststellung amtswegiger Voraussetzungen grundsätzlich nicht an die Vorschriften des förmlichen Beweisverfahrens gebunden ist. Die Beweiserhebung erfolgt vielmehr im Wege des sog. Freibeweisverfahrens. Das Gericht kann die Auswahl und Auswertung seiner Beweismittel nach pflichtgemäßem Ermessen frei bestimmen, ohne an die Förmlichkeiten des sonstigen Beweisverfahrens gebunden zu sein (BGH NJW 1996, S. 1059 f.).

Sobald Anhaltspunkte für die Prozessunfähigkeit auftreten, hat das Gericht alles in seiner Macht liegende zu tun, um diese Zulässigkeitsvoraussetzung zu klären. Da es sich nach dem Gesagten regelmäßig um die Feststellung einer dauernden psychischen Störung handeln muss, die die freie Willensbestimmung ausschließt (§ 104 Nr. 2 BGB), wird dafür grundsätzlich ein psychiatrisches Sachverständigengutachten erforderlich sein (BGH NJW 1990, S. 1734 f.). Für die Feststellung einer die freie Willensbestimmung ausschließenden Störung gelten grundsätzlich die gleichen Aspekte wie bei der Feststellung der Geschäftsunfähigkeit (▶ Abschn. 6.1.2; s. auch ▶ Abschn. 3.2.1).

Beispiel
- **Fall 7.4**

Im Rahmen einer akuten paranoid-halluzinatorischen Schizophrenie (ICD-10: F20.00) reichte Marita K. beim Amtsgericht Klage gegen ihre Nachbarin auf Unterlassung ein. Als Begründung gab Frau K. an, die Nachbarin würde sie mit versteckten »Wanzen« und Richtmikrofonen abhören, durch den Fernseher und die Steckdosen bestrahlen lassen und am Schlaf hindern. Diese Klage wurde aufgrund eines Schreibens der Nachbarin, welches auf die Erkrankung der Frau K. hinweist, und nach Hinzuziehung der Unterbringungsakte beim Betreuungsgericht als unzulässig abgewiesen.

Ein rechtlich umstrittenes Problem liegt darin, wie das Gericht zu verfahren hat, wenn sich nach Erschöpfung der erschließbaren Erkenntnisquellen nicht klären lässt, ob Prozessfähigkeit der entsprechenden Partei gegeben ist oder nicht. In Bezug auf die Geschäftsfähigkeit wird überwiegend vertreten, dass bei nicht klärbaren Zweifeln an der notwendigen psychischen Gesundheit diese Person als geschäftsfähig gilt (BGH NJW 1983, S. 2018 f.). Aufgrund der durch § 52 ZPO vorgenommenen Gleichstellung von Prozessfähigkeit und Geschäftsfähigkeit läge es deshalb nahe, auch die Prozessfähigkeit im Zweifel als gegeben anzusehen (Musielak 1997, S. 1737). Nach überwiegender Auffassung, vor allem der Rechtspre-

chung, wird jedoch die Beweislastregelung für die Prozessfähigkeit anders beurteilt als für die Geschäftsfähigkeit.

Nach Ansicht des BGH trifft die Beweislast für die Prozessfähigkeit beider Parteien den Kläger. Demnach gehen nicht ausräumbare Zweifel zu seinen Lasten (BGH NJW 1996, S. 1059 f.; Oda 1997, S. 62). Dies bedeutet, dass eine entsprechende Klage als unzulässig abgewiesen würde. Bei Prozessunfähigkeit des Beklagten müsste der Kläger für einen gesetzlichen Vertreter des prozessunfähigen Beklagten sorgen.

7.6   Literatur

Baumgärtel G (1972) Wesen und Begriff der Prozesshandlung einer Partei im Zivilprozess, 2. Aufl. Heymanns, Köln

Münchener Kommentar (2012) Kommentar zum Bürgerlichen Gesetzbuch. Säcker FJ, Rixecker R (Hrsg), Bd 1: §§ 1–240 BGB, 6. Aufl. Beck, München (zit. MünchKommBGB-Bearbeiter)

Münchener Kommentar (2013) Kommentar zur Zivilprozessordnung. Rauscher T, Wax P, Wenzel J (Hrsg), Bd 1, §§ 1–510c ZPO, 4. Aufl. Beck, München (zit. MünchKommZPO-Bearbeiter)

Musielak H-J (1997) Die Beweislastregelung bei Zweifeln an der Prozessfähigkeit. NJW 50: 1736–1741

Musielak H-J (Hrsg) (2013) Kommentar zur Zivilprozessordnung, 10. Aufl. Vahlen, München

Oda T (1997) Die Prozessfähigkeit als Voraussetzung und Gegenstand des Verfahrens. Heymanns, Köln

Palandt O (Hrsg) (2014) Bürgerliches Gesetzbuch, 73. Aufl. Beck, München (zit. Palandt-Bearbeiter)

Rosenberg L, Schwab K-H, Gottwald P (2010) Zivilprozessrecht, 17. Aufl. Beck, München

Staudinger J (Hrsg) (2013) Kommentar zum Bürgerlichen Gesetzbuch, §§ 1896–1921 BGB, 15. Bearbeitung (Neubearbeitung 2013). De Gruyter, Berlin (zit. Staudinger-Bearbeiter)

Zöller R (Hrsg) (2014) Zivilprozessordnung, 30. Aufl. Schmidt, Köln (zit. Zöller-Bearbeiter)

Transsexuellengesetz

F. Schneider, H. Frister, D. Olzen, *Begutachtung psychischer Störungen*
DOI 10.1007/978-3-642-54765-2_8, © Springer-Verlag Berlin Heidelberg 2015

- **Zum Einstieg**

Transsexualität beschreibt den Wunsch, als Angehöriger des anderen anatomischen Geschlechts zu leben und anerkannt zu werden. Es besteht das Verlangen, den eigenen Körper durch hormonelle und operative Behandlungen dem bevorzugten Geschlecht so weit wie möglich anzunähern. Zur Lösung der Probleme transsexueller Personen trägt die Rechtsordnung durch das Transsexuellengesetz (TSG) zwei Regelungen bei: Zum einen fördert es eine möglichst realistische Erprobung der gegengeschlechtlichen Rolle im Rahmen des sog. Alltagstests, indem es dem Betroffenen im Rahmen einer »kleinen Lösung« eine Vornamensänderung ermöglicht. Zum anderen unterstützt das TSG das Streben transsexueller Personen nach sozialer Anerkennung durch die mögliche Feststellung der Zugehörigkeit zum nicht im Geburtsantrag angegebenen Geschlecht; diese sog. »große Lösung« hat zur Folge, dass sich die vom Geschlecht abhängigen Rechte und Pflichten grundsätzlich am neuen Geschlecht orientieren.

8.1 Allgemeines

8.1.1 Transsexualität im Überblick

Begriff

Transsexualität wird gemäß ICD-10 den sog. Störungen der Geschlechtsidentität untergeordnet. Transsexualismus zeichnet sich durch die mehr oder weniger vollständige psychische Identifikation mit dem anderen, d. h. dem eigenen Körper widersprechenden Geschlecht aus (so bereits das Bundesverfassungsgericht in seiner für die Schaffung des TSG fundamentalen Grundsatzentscheidung, BVerfGE 49, S. 286 = NJW 1979, S. 595; ähnlich Becker et al. 1997).

In der Literatur wird in diesem Zusammenhang häufig der Terminus der **Geschlechtsinkongruenz** verwendet, der eine fehlende Übereinstimmung zwischen dem Geschlechtsidentitätserleben und den körperlichen Geschlechtsmerkmalen beschreibt. Das Leiden unter der Geschlechtsinkongruenz wird als Geschlechtsdysphorie bezeichnet (vgl. Nieder et al. 2013). Dieser Begriff hat unlängst Eingang gefunden in das aktuelle DSM-5. Damit soll Geschlechtsinkongruenz nicht per se

als krankheitswertig deklariert werden, sondern das Leiden daran.

Die körperlichen Merkmale des angeborenen Geschlechts werden als störend empfunden und abgelehnt, ebenso die damit verbundenen, von der Gesellschaft aufgestellten, rollentypischen Erwartungen (Becker et al. 1997). In dem Wunsch, als Angehöriger des Gegengeschlechts zu leben und sozial wie juristisch anerkannt zu werden, versuchen transsexuelle Personen, sich in ihrer äußeren Erscheinung (insbesondere Kleidung), in ihrem Verhalten und schließlich mittels hormoneller und operativer Behandlung dem anderen Geschlecht anzugleichen (Clement u. Senf 1996). Allerdings ist der Wunsch nach einer operativen Geschlechtsangleichung nicht bei allen Betroffenen, die eine Geschlechtsinkongruenz erleben, vorhanden. Eingeführt wurde daher der Begriff **Transgender**, der sowohl transsexuelle Personen einschließt, bei denen in der Regel der Wunsch nach geschlechtsumwandelnden Operationen besteht, darüber hinaus aber auch Menschen umfasst, die ein Leben quasi zwischen den Geschlechtsrollen anstreben, ohne sich immer einer geschlechtsumwandelnden Operation unterziehen zu wollen (vgl. Nieder et al. 2013). Der Begriff Transgender ist damit weiter gefasst als der Begriff Transsexualität.

Die von der Weltgesundheitsorganisation aufgestellte Definition der **Transsexualität nach ICD-10: F64.0** lässt sich durch die Formulierung folgender Wünsche zusammenfassen:

- Wunsch, als Angehöriger des anderen anatomischen Geschlechts zu leben und anerkannt zu werden (dies geht meist mit dem Gefühl des Unbehagens oder der Nichtzugehörigkeit zum eigenen Geschlecht einher),
- Wunsch, den eigenen Körper durch hormonelle und operative Behandlungen soweit wie möglich dem bevorzugten Geschlecht anzunähern.

Weiter wird in den ICD-10-Diagnosekriterien formuliert, dass die transsexuelle Identität mindestens 2 Jahre bestanden haben muss und nicht Symptom einer anderen psychischen Störung, wie z. B. einer Schizophrenie, sein darf. Ein Zusammenhang mit intersexuellen, genetischen oder geschlechtschromosomalen Anomalien muss ausgeschlossen werden. Mit diesem Ausschlusskriterium wird

Transsexualität damit vom sog. Intersexualismus (Zwittrigkeit) abgegrenzt, der sich auf Personen bezieht, die sich aufgrund körperlicher Besonderheiten nicht eindeutig einem Geschlecht zuordnen lassen (Richter-Appelt 2013).

Entgegen dem 2-Jahres-Kriterium der ICD-10 fordert der insoweit vom Sachverständigen zu beachtende § 1 Abs. 1 TSG eine Feststellung darüber, ob der Betroffene seit mindestens 3 Jahren unter dem Zwang steht, entsprechend seinen transsexuellen Vorstellungen zu leben (▶ Abschn. 8.2.1).

Ursachen

Die Ätiologie der Transsexualität ist – auch infolge der Interdependenz von Anlage- und Umwelteinflüssen – nicht abschließend geklärt. Es gibt Hinweise auf zentralnervöse und endokrinologische Ursachen (Will 1996). Überzeugende spezifische somatische Befunde lassen sich bei erwachsenen transsexuellen Personen aber nicht regelhaft finden. Eine Vertiefung der Ätiologiediskussion kann an dieser Stelle nicht erfolgen (s. Corell 1999; Eicher 1992; Hartmann u. Becker 2013; Nieder et al. 2011; Pfäfflin 2009; Sigusch 1997; Winkelmann 1993).

Behandlung

Das Ziel der medizinischen Behandlung transsexueller Personen besteht im Ausgleich der Diskrepanz zwischen objektiver und subjektiver Geschlechtszugehörigkeit. Nachdem die Anpassung der Psyche an den Körper – etwa im Wege von Psycho- oder Pharmakotherapien – allein keinen Erfolg brachte, verlagerte sich die medizinische Entwicklung hin zur Angleichung des Körpers an die Psyche, und zwar durch Hormonbehandlungen und operative Eingriffe, insbesondere Kastration und Penisamputation, Herstellung einer Vagina, Brustamputation, Entfernung der Eierstöcke, Entfernung der Gebärmutter oder das Anbringen eines künstlichen Penis (Eicher 1992, 1996; Becker et al. 1997). Dabei ist es für den Behandlungserfolg unerlässlich, die geschlechtsändernden Eingriffe durch psychotherapeutische Maßnahmen zu begleiten (Nieder et al. 2013; ausführlich Preuss 1999; Sigusch 1997).

Insgesamt lassen sich 5 Stufen unterscheiden, die bei der Behandlung Transsexueller durchlaufen werden sollten (Kockott 1996):

- Diagnostik,
- Alltagstest,
- Hormonbehandlung,
- geschlechtskorrigierende Operation,
- Nachbetreuung.

Hervorzuheben ist die **Bedeutung des Alltagstests**, dessen Bezeichnung nicht zu der Vorstellung führen darf, der Patient werde in dieser Phase einer Prüfung unterzogen (zu den negativen Auswirkungen einer derartigen Fehlinterpretation auf das Arzt-Patienten-Verhältnis, s. Pfäfflin 2009). Vielmehr erprobt die betroffene Person in dem Stadium, das mindestens ein Jahr andauern sollte (Becker et al. 1997), kontinuierlich und in allen Lebensbereichen die Rolle des gewünschten Geschlechts. Dadurch können frühzeitig wichtige Erfahrungen gesammelt werden, insbesondere, ob die Zugehörigkeit zum Gegengeschlecht wirklich dem eigenen Empfinden entspricht, des Weiteren, wie Familienangehörige, Bekannte und Arbeitskollegen mit der neuen Situation umgehen, und auf welche Weise sich diese Reaktionen auf den Patienten auswirken (BVerfG NJW 1993, S. 1517 f.; Pfäfflin 2009). Ziel des Alltagstests ist also neben einer Verringerung des Leidensdrucks die Absicherung der Diagnose: Der Betroffene wird in dieser Zeit entweder in seinem transsexuellen Empfinden bestärkt und kann dann leichter in die Hormonbehandlung eintreten, oder aber er nimmt von seinem Wunsch nach Geschlechtsumwandlung Abstand (Eicher 1992; Pfäfflin 2009).

Katamnestische Studien haben gezeigt, dass bei umfassender Behandlung der Transsexualität die positiven Auswirkungen die negativen überwiegen und sowohl die soziale Integration als auch das körperliche und psychosoziale Wohlbefinden gefördert werden. Dabei fallen die Ergebnisse bei Frau-zu-Mann-Transsexuellen etwas besser aus als bei Mann-zu-Frau-Transsexuellen (ausführliche Übersicht bei Pfäfflin u. Junge 1992; s. auch Hepp et al. 2002). Das darf aber nicht darüber hinwegtäuschen, dass es in Einzelfällen, insbesondere im Rahmen der chirurgischen Maßnahmen, auch zu erheblichen Komplikationen kommen kann (Pfäfflin 2009, mit weiteren Nachweisen; signifikant schlechter auch die Ergebnisse von Rauchfleisch et al. 1998; zum Ganzen Bosinski 2003).

8.1.2 Transsexuellengesetz im Überblick

Kleine und große Lösung (§§ 1 ff. TSG)

Zur Lösung der Probleme transsexueller Personen trägt die Rechtsordnung (zur Zielsetzung des Gesetzentwurfes BT-Drucks. 8/2947, S. 1) durch das TSG (BGBl 1980, Teil I, S. 1654 ff., zuletzt geändert mit Gesetz vom 17.7.2009 BGBl I, S. 1978) 2 Regelungen für die Erkennung und Behandlung des Transsexualismus bei:

- Zum einen fördert es eine möglichst realistische Erprobung der gegengeschlechtlichen Rolle im Rahmen des Alltagstests, indem es dem Betroffenen in den §§ 1 ff. TSG im Rahmen einer sog. »kleinen Lösung« eine Vornamensänderung ermöglicht (Kockott 1997). Die Vornamensänderung ist für den Betroffenen vor allem deshalb wertvoll, weil sie ihm die Möglichkeit eröffnet, sich einen neuen, auf den geänderten Vornamen lautenden Personalausweis zu verschaffen (▶ Abschn. 8.2.3). Dadurch kann ein Großteil alltäglicher Problemsituationen transsexuell veranlagter Personen vermieden werden.
- Zum anderen unterstützt das TSG das Streben transsexueller Personen nach sozialer Anerkennung durch die gem. der §§ 8 ff. TSG mögliche Feststellung der Zugehörigkeit zum nicht im Geburtsantrag angegebenen Geschlecht (»große Lösung«). Sie hat zur Folge, dass sich die vom Geschlecht abhängigen Rechte und Pflichten grundsätzlich am neuen Geschlecht orientieren (§ 10 Abs. 1 TSG).

Rechtlich wie faktisch geht man davon aus, dass jeder Mensch entweder dem männlichen oder weiblichen Geschlecht angehört (BVerfGE 49, S. 286, 298 = NJW 1979, S. 595). Die Geschlechtszugehörigkeit ist demgemäß nicht ohne Rücksicht auf die Physis der betreffenden Person frei disponibel, »sondern verlautbart und bewertet die vorhandenen psychischen und physischen Geschlechtsmerkmale« (OLG Düsseldorf NJW 1996, S. 793). Dem trägt das TSG dadurch Rechnung, dass es einerseits unter Berücksichtigung der freien Persönlichkeitsentfaltung eine Änderung der Geschlechtszugehörigkeit zulässt, andererseits aber diesen Prozess an – insbesondere körperbezogene – Bedingungen knüpft.

Beide Lösungen setzen ein konstantes Zugehörigkeitsempfinden zum anderen Geschlecht voraus, ferner den psychischen Zwang, dieser Vorstellung entsprechend zu leben (§ 1 Abs. 1 TSG, § 8 Abs. 1 TSG). Die Feststellung der Geschlechtszugehörigkeit (»große Lösung«) erfordert darüber hinaus, dass der Betroffene sich durch die, die äußeren Geschlechtsmerkmale verändernden, operativen Eingriffe dem Erscheinungsbild des Wunschgeschlechts deutlich angenähert hat und nicht fortpflanzungsfähig ist (§ 8 Abs. 1 Nr. 3–4 TSG). Diese zusätzlichen Voraussetzungen des § 8 Abs. 1 TSG dienen in ihrer Zielsetzung dazu, dem Personenstand Dauerhaftigkeit und Eindeutigkeit zu verleihen. Allerdings steht dieses Anliegen des Gesetzgebers im Konflikt zu dem Recht der Transsexuellen auf körperliche Unversehrtheit. Aus diesem Grunde wurde die Regelung des § 8 Abs. 3, 4 TSG vom Bundesverfassungsgericht für verfassungswidrig und damit bis zum Inkrafttreten einer Neuregelung für unanwendbar erklärt (BVerfG NJW 2011, S. 909 ff.). Dem Gesetzgeber steht es frei, im Rahmen einer neuen Vorschrift die personenstandsrechtliche Anerkennung des empfundenen Geschlechts eines Transsexuellen an spezifische Anforderungen zu knüpfen, die zum Nachweis der Dauerhaftigkeit und Ernsthaftigkeit geeignet sind, ohne die Rechte der Transsexuellen zu beeinträchtigen. Denkbar ist auch eine vollständige Überarbeitung des Transsexuellenrechts (BVerfG NJW 2011, S. 909 ff.). Bis dies geschehen ist, gelten für die Personenstandsänderung dieselben Voraussetzungen wie für die Vornamensänderung (BVerfG NJW 2012, S. 600 f.).

Hormonbehandlungen und geschlechtskorrigierende Operationen

Das TSG erfasst nicht die rechtlichen Aspekte der Hormonbehandlung und der geschlechtskorrigierenden operativen Eingriffe. Beide Maßnahmen stellen aber keine sittenwidrige Körperverletzung dar (BGHZ 57, S. 63 = JZ 1972, S. 281 ff.), sodass der Arzt sie mit wirksamer Einwilligung des Betroffenen vornehmen darf, ohne sich strafbar oder schadensersatzpflichtig zu machen, sofern er sie lege artis durchführt. Eine gesetzliche Altersuntergrenze existiert nicht; es entscheidet die Einwilligungsfähigkeit des Betroffenen (▶ Kap. 5).

Für die Indikationsstellung gibt es zu beachtende Standards (Becker et al. 1997).

Eine gutachterliche Empfehlung, dem Antrag einer Vornamensänderung zu entsprechen, bedeutet nicht gleichzeitig die Indikationsstellung für eine Hormonbehandlung oder eine geschlechtskorrigierende Operation. So ist die Indikation für die Vornamensänderung weiter gefasst, in dem Sinne, dass diese dabei behilflich sein sollte, die Indikation für eine geschlechtskorrigierende Maßnahme zu sichern. Da aber in der Praxis manche Krankenkassen das Gutachten zur Vornamensänderung als Grundlage ihrer Entscheidung zur Kostenübernahme für geschlechtskorrigierende Maßnahmen heranziehen, kann es durchaus sinnvoll sein, auch schon im Gutachten zur Vornamensänderung explizit auf die Frage nach einer von den Kassen zu bewilligenden somatischen Behandlungsmaßnahme einzugehen (die Indikation hierfür kann bspw. bereits vorliegen oder noch weiterer Abklärung bedürfen) (Pfäfflin 2009).

Die Pflicht zur Kostenübernahme geschlechtskorrigierender Maßnahmen durch die gesetzlichen (BSG NJW 1988, S. 1550 f. = VersR 1988, S. 1194) bzw. die privaten Krankenversicherungen (OLG Köln VersR 1995, S. 447, 449 = R&P 1995, S. 47) wurde mittlerweile gerichtlich anerkannt (zum Ganzen EGMR NJW 2004, S. 2505; s. Laufs u. Kern 2010, § 128 Rn. 9; Pfäfflin 2009; Corell 1999; Deutsch u. Spickhoff 2014; Augstein 1992, 1996).

Hintergrundinformation
Begutachtungen bei Vornamens- und Personenstandsänderungsverfahren im Rahmen des TSG sind im Kontext des Transsexualismus zwar am häufigsten, jedoch stellen sich zuweilen auch andere gutachterlich zu beurteilende Fragen, etwa wie bereits angesprochen zur Kostenübernahme bzw. Indikationsstellung für geschlechtskorrigierende Behandlungen oder Sorgerechtsfragen. Transsexualität stellt allein keinen Grund dar, einem transsexuellen Elternteil bei einer Scheidung das Sorgerecht zu entziehen (Pfäfflin 2009).

8.1.3 Begutachtung im TSG

Auswahl der Sachverständigen

- **Erforderliche Qualifikation (§ 4 Abs. 3 S. 1 TSG)**

Das Gericht darf in sämtlichen angesprochenen Verfahren des TSG einem Antrag des Betroffenen nur dann stattgeben, wenn es zuvor die Gutachten zweier Sachverständiger eingeholt hat, die aufgrund ihrer Ausbildung und beruflichen Erfahrung mit den besonderen Problemen des Transsexualismus ausreichend vertraut sein müssen (§ 4 Abs. 3 S. 1 TSG, der durch die Verweisungen in § 6 Abs. 2 TSG, § 9 Abs. 3 S. 1 TSG nicht nur für die »kleine Lösung«, sondern für alle Entscheidungen des TSG gilt). Bei der Auswahl der Gutachter ist zu beachten, dass für das Verständnis und insbesondere für die Diagnose von Transsexualität primär psychiatrisch-psychotherapeutische und sexualmedizinische Fähigkeiten erforderlich sind (Bosinski 2003). Chirurgische oder gynäkologische Kenntnisse haben hingegen weniger Bedeutung für die Begutachtung. Sofern Sachverhalte in diesem Bereich geklärt werden müssen, etwa, ob Uterus und Ovarien entfernt wurden, genügen in der Regel die Operationsberichte (Langer u. Hartmann 1997; Sieß 1996).

- **Problem der Befangenheit**

Im Zusammenhang mit der Auswahl des Sachverständigen ist schließlich zu berücksichtigen, dass langdauernde ärztliche Behandlungen einer Prozesspartei durch den Sachverständigen gem. § 406 Abs. 1 S. 1 ZPO und § 42 ZPO dessen Ablehnung wegen Befangenheit begründen können (Münch-Komm-Zimmermann 2012, § 406 Rn. 5). Dieser allgemeine Grundsatz des Zivilprozessrechts gilt über die Verweisung des § 4 Abs. 1 TSG in Verbindung mit § 29 Abs. 2 FamFG auch im TSG-Verfahren. Daher sollte jeder den Antragsteller behandelnde Arzt von vornherein als Gutachter ausscheiden (Sieß 1996). Die Besorgnis der Befangenheit besteht ferner, wenn ein Sachverständiger die Angleichung Transsexueller an ihr Wunschgeschlecht generell ablehnt, etwa weil er geschlechtsändernde Operationen als Verstümmelung ansieht (Augstein 1996).

Beispiel
- **Fall 8.1**

Der behandelnde Psychiater Dr. Heribert K. erstattete einen mehrseitigen, von ihm in der Überschrift als »Gutachten entsprechend dem Transsexuellengesetz« bezeichneten Befundbericht. Darin nahm er ausführlich zu den Voraussetzungen der »kleinen Lösung« bei einem von ihm lange behandelten Patienten Stellung.

Während das Amtsgericht den Bericht als eines von zwei unabhängigen Gutachten anerkannte, erachtete das Landgericht Dr. Heribert K. für befangen und holte ein weiteres Gutachten ein.

8.2 Änderung der Vornamen (»kleine Lösung« §§ 1 ff. TSG)

Die beauftragten Sachverständigen müssen unabhängig voneinander tätig werden (§ 4 Abs. 3 S. 2 TSG), ohne miteinander Informationen auszutauschen. Insbesondere darf in Fällen einer zeitlich versetzten Begutachtung der Zweitgutachter nicht den bereits erstellten Bericht seines Kollegen einsehen (Sieß 1996). Um Letzteres zu verhindern und um das Verfahren zu beschleunigen, empfiehlt sich eine gleichzeitige Beauftragung der Sachverständigen durch das Gericht (Sieß 1996). § 4 Abs. 3 TSG setzt nicht voraus, dass beide Gutachten hinsichtlich der Annahme des Transsexualismus übereinstimmen. Im Falle divergierender Gutachten zur Diagnose der Transsexualität ist die Einholung eines weiteren Gutachtens eines anderen Sachverständigen nicht zwingend geboten, nach § 4 Abs. 3 TSG aber auch nicht ausgeschlossen (KG FGPrax 2008, S. 200). Denn auch das Gutachten eines vom Gericht bestellten Sachverständigen unterliegt dem Grundsatz der freien Beweiswürdigung. Schließt sich das Gericht dem verneinenden Gutachten an, hat es sich in den Gründen seiner Entscheidung mit der entgegengesetzten Auffassung des anderen Gutachtens auseinanderzusetzen (KG FGPrax 2008, S. 200).

8.2.1 Materiell-rechtliche Voraussetzungen

Die materiell-rechtlichen Voraussetzungen der in den §§ 1 ff. TSG geregelten Vornamensänderung lassen sich unterteilen in solche, zu deren Feststellung das Gericht sachverständige Hilfe benötigt, und solche, deren Vorliegen es selbst zu beurteilen vermag.

Mit sachverständiger Hilfe festzustellende Voraussetzungen

Der gutachterlichen Unterstützung bedarf das Gericht bezüglich folgender Voraussetzungen, zu denen die beiden Sachverständigen Stellung zu nehmen haben:

- ob sich der Antragsteller infolge transsexueller Prägung nicht mehr dem im Geburtseintrag, sondern dem anderen Geschlecht als zugehörig empfindet (§ 1 Abs. 1 TSG);
- ob er seit mindestens 3 Jahren unter dem Zwang steht, seinen Vorstellungen entsprechend zu leben (§ 1 Abs. 1 TSG);
- ob nach den Erkenntnissen der medizinischen Wissenschaft mit hoher Wahrscheinlichkeit anzunehmen ist, dass sich das Zugehörigkeitsempfinden zum anderen Geschlecht nicht mehr ändern wird (§ 1 Abs. 1 Nr. 2 TSG, § 4 Abs. 3 S. 2 TSG).

- **Abweichendes Geschlechtszugehörigkeitsempfinden infolge transsexueller Prägung (§ 1 Abs. 1 TSG)**

Ob beim Betroffenen ein abweichendes Geschlechtszugehörigkeitsempfinden infolge transsexueller Prägung vorliegt, kann nach allgemeiner Auffassung nicht allein deskriptiv-phänomenologisch diagnostiziert werden. Erforderlich sind vielmehr eine biografische Anamnese, eine körperliche Untersuchung und eine klinisch-psychiatrische Diagnostik zur Feststellung der Geschlechtsidentitätsstörung sowie eine präzise Differenzialdiagnose, um andere Ursachen als Transsexualismus auszuschließen (Becker et al. 1997; Eicher 1992).

> Die Untersuchung des Antragstellers wird sich, wie bei den meisten anderen forensisch-psychiatrischen Gutachten auch, auf mehrere Termine erstrecken (Pfäfflin 2009; Sigusch 1997). Unterlagen aus vorangegangenen ärztlichen oder psychologischen Behandlungen sollten herangezogen werden. Eine stationäre Untersuchung ist in der Regel nicht nötig.

- ■ **Soziale Anamnese**

Im Rahmen der sozialen Anamnese liegt der Schwerpunkt auf der Begutachtung der Geschlechtsidentitätsentwicklung, der psychosexuellen Entwicklung sowie auf der gegenwärtigen Lebenssituation (Becker et al. 1997).

Aus der Kindheit sollten Vorlieben und Aversionen, Beziehungen zu den wichtigsten Personen und erste Erlebnisse mit »cross dressing« erfasst werden (Langer u. Hartmann 1997). Der in dieser Zeit wiederholte Wunsch, dem anderen Geschlecht anzugehören, das Tragen gegengeschlechtlicher Kleidung sowie das Nachahmen der Körpersprache, die intensive Vorliebe für Spielkameraden des anderen Geschlechts sowie die Präferenz, an deren Freizeitaktivitäten teilzunehmen oder bei Phantasiespielen in ihre Rolle zu schlüpfen, sind insbesondere bei kumulativem Auftreten Anzeichen für eine Geschlechtsidentitätsstörung (Clement u. Senf 1996; Eicher 1992).

Bei der Untersuchung der Pubertäts- und Adoleszenzzeit erscheint es von Interesse, wie der Betroffene auf den körperlichen Reifeprozess reagierte, ob und wie er sexuelle Erregung empfand und welcher Art die ersten Partnerkontakte waren (Langer u. Hartmann 1997). Das Verlangen, als Angehöriger des anderen Geschlechts zu leben und behandelt zu werden, ist als Symptom ebenso zu beachten wie die Überzeugung, entsprechend dem Wunschgeschlecht zu fühlen und zu reagieren (Bosinski 2003).

Für die Folgezeit empfiehlt sich für den Gutachter ein zweispuriges Vorgehen: Zum einen sollte der berufliche Werdegang untersucht werden, insbesondere, ob es sich um eine Tätigkeit des Gegengeschlechts handelt, ferner die zugrunde liegende Motivation. Zu beachten ist hierbei auch, dass gerade Mann-zu-Frau-Transsexuelle manchmal – im Sinne vergeblicher »Selbstheilungsversuche« – besonders männlich geprägte Berufe (z. B. bei der Bundeswehr oder Feuerwehr) auswählen. Zum anderen muss der Blick aber auch auf das Beziehungsleben sowie auf die Entwicklung von Emotionalität und Sexualität gerichtet sein (Langer u. Hartmann 1997).

Beispiel
- **Fall 8.2**

Der 34 Jahre alte Herr J. wurde Jonas J. getauft. Schon in der Kindheit bevorzugte er es, mit Mädchen zu spielen. Er trug gerne heimlich Kleider und schminkte sich als Kind und Jugendlicher auch, obschon er von seinen Eltern deswegen häufig geschlagen und mit anderen Methoden diszipliniert wurde. Nach dem Schulabschluss wurde er Verkäufer in einer Apotheke, nachdem er in seinem Wunschberuf als Zahnarzthelfer aufgrund seines männlichen Geschlechts keine Ausbildungsstelle erhalten hatte. In seiner Freizeit trug er nach wie vor häufig Frauenkleider, schminkte sich und vermied es, in seiner Kleinstadt zu verkehren. Mehrfach wöchentlich fuhr er in die nahe gelegene Großstadt, in der er »als Frau« nicht auffiel und sich dergestalt ohne Stigmatisierung relativ frei bewegen konnte. Er beantragte nun die Vornamensänderung (»kleine Lösung«), um mittelfristig auch personenstandsrechtlich als Frau anerkannt zu werden. Beide psychiatrischen Gutachter befürworteten diesen Antrag, da Herr J. sich als »Johanna J.« fühlte, was im Rahmen der Exploration und Untersuchung offensichtlich wurde. Er hatte klare Vorstellungen von dem (späteren) Leben als Frau.

■ ■ Körperliche Untersuchung

Die körperliche Untersuchung, einschließlich der Erhebung des gynäkologischen bzw. andrologisch-urologischen sowie des endokrinologischen Befundes, ist Teil des diagnostischen Ablaufs. Mit ihrer Hilfe können zwar der Allgemeinzustand sowie die körperlichen Voraussetzungen für eine etwaige Geschlechtsumwandlung eingeschätzt, nicht jedoch die Diagnose der Transsexualität gestellt werden, weil sich das (innere) Zugehörigkeitsempfinden zum anderen Geschlecht in der Regel nicht durch die (äußere) Betrachtung des Körpers, auch nicht der Genitalien, feststellen lässt (Clement u. Senf 1996; Langer u. Hartmann 1997). Bisweilen liefert eine körperliche Untersuchung jedoch Hinweise auf das Ausmaß der Körperaversion, z. B. in Fällen selbstschädigenden Verhaltens (Langer u. Hartmann 1997; Bosinski 2003).

Beispiel
- **Fall 8.3**

Björn J., ein 36-jähriger Büroangestellter, wollte eine Mann-zu-Frau-Umwandlung durchführen lassen. Die psychiatrischen Begutachtungen durch die beiden Sachverständigen ließ er durchführen; allerdings stimmte er einer körperlichen Untersuchung nicht zu. Das zuständige Amtsgericht lehnte daraufhin seinen Antrag ab, da die notwendigen Erkenntnisquellen nicht berücksichtigt worden waren.

Psychiatrische Diagnostik

Eine Störung der Geschlechtsidentität bringt nicht selten psychopathologische Auffälligkeiten mit sich (Bosinski 2003; Becker et al. 1997). Schon aus diesem Grunde ist eine klinisch-psychiatrische Diagnostik angezeigt, nicht zuletzt aber auch, um den Betroffenen in seinem Erleben und Verhalten zu charakterisieren (Langer u. Hartmann 1997). Die Begutachtung sollte umfassend sein (▶ Abschn. 1.4, ▶ Abschn. 1.5).

Differenzialdiagnostik

Da der Wunsch nach Geschlechtsumwandlung nicht nur bei Transsexualismus, sondern auch bei anderen Krankheitsbildern bzw. Verhaltensweisen auftreten kann (Sigusch 1997), sind im Rahmen einer Differenzialdiagnose nichttranssexuelle Entwicklungen auszuschließen. Dafür sprechen zunächst medizinische Gründe, weil die für transsexuelle Personen entwickelten Behandlungsmethoden anderen Patienten mit Geschlechtsidentitätsproblemen keine effektive Hilfe bieten. Aber auch das Gesetz stellt diese Voraussetzung auf, wenn es in § 1 Abs. 1 TSG heißt: »[…] auf Grund ihrer transsexuellen Prägung«.

> Der Gutachter muss den berechtigten Wunsch nach Geschlechtsumwandlung vor allem von Geschlechtsidentitätsproblemen abgrenzen, die sich infolge von Transvestitismus, Psychosen, Adoleszenzkonflikten oder aus der Ablehnung der eigenen Homosexualität ergeben (Becker et al. 1997; Sigusch 1997; Clement u. Senf 1996; mit Fallbeispielen Eicher 1992).

Des Weiteren können sich – ggf. auch zurückliegende – Persönlichkeitsstörungen auf die Geschlechtsidentität auswirken (Becker et al. 1997; Sigusch 1997). Sie sind ebenso auszuschließen wie andere Störungen, bei denen transsexuelle Symptomatiken zu Tage treten können, etwa intersexuelle Syndrome oder Temporallappenerkrankungen.

Beispiel
▪ Fall 8.4

Der 28-jährige Kevin P. war schon mehrfach an paranoiden Psychosen erkrankt. Gegenwärtig litt er unter einer chronifizierten schizophrenen Psychose (ICD-10: F20.5). Im Rahmen eines aus dieser Erkrankung resultierenden Wahns lebte er in der Überzeugung, eine Frau zu sein. Vertreten durch seinen Betreuer, beantragte er beim zuständigen Amtsgericht seine Vornamensänderung. Dieser Antrag wurde abgelehnt, da der Wunsch des Herrn P. auf die Psychose zurückgeführt werden konnte.

▪ Zwang, dem Zugehörigkeitsempfinden entsprechend zu leben (§ 1 Abs. 1 TSG)

Als weitere Voraussetzung verlangt das Gesetz die Feststellung des Gutachters, dass der Antragsteller seit mindestens 3 Jahren unter dem Zwang steht, entsprechend seinen Vorstellungen zu leben. Diese bereitet in aller Regel kaum Schwierigkeiten, weil sich die Sachverständigen bereits bei der Begutachtung des transsexuell bedingten Zugehörigkeitsempfindens zum anderen Geschlecht mit der Entwicklung des Betroffenen auseinanderzusetzen haben.

»Zwang«, im Sinne der Norm, darf nicht mit der medizinischen Diagnose einer Zwangserkrankung verwechselt werden, die ein subjektives Leiden an der transsexuellen Symptomatik voraussetzen würde (Pfäfflin 1996). Eine solche Zwangserkrankung kann bei transsexuellen Personen, die sich zumeist mit ihrer Transsexualität »arrangiert« haben, in den seltensten Fällen bejaht werden. Sie empfänden es im Gegenteil als Zwang, sich entsprechend der Rolle des angeborenen Geschlechts verhalten zu müssen (Pfäfflin 1996, 2009).

> Die vom Gesetz verlangte Voraussetzung, dass der Antragsteller seit mindestens 3 Jahren unter dem Zwang steht, entsprechend seinen Vorstellungen zu leben, darf nicht so ausgelegt werden, dass der Betroffene über diesen Zeitraum bereits in der gegengeschlechtlichen Rolle gelebt haben muss. Dies stünde der von der »kleinen Lösung« bezweckten Förderung des Alltagstests entgegen. Entscheidend ist vielmehr, inwieweit die transsexuelle Entwicklung des Betroffenen seine Lebensführung beeinträchtigt (Pfäfflin 1996, 2009).

- **Stabilität des Zugehörigkeitsempfindens (§ 1 Abs. 1 Nr. 2 TSG)**

> Der Sachverständige hat außerdem zu begutachten, ob sich das Zugehörigkeitsempfinden des Antragstellers zum Gegengeschlecht nach den Erkenntnissen der Medizin mit hoher Wahrscheinlichkeit nicht mehr ändern wird.

Im Rahmen dieser Prognose kann er auf die Ergebnisse seiner bisherigen Untersuchungen (Diagnose, Anamnese, aktuelle Lebenssituation, eigener Eindruck) sowie auf die Erfahrungen aus einem evtl. bereits begonnenen Alltagstest zurückgreifen (Langer u. Hartmann 1997). Dabei darf von einem stabilen Zugehörigkeitsempfinden eher ausgegangen werden, wenn sich der Betroffene bereits recht früh und auch kontinuierlich zum anderen Geschlecht hingezogen fühlte. Objektiv bestimmbare Kriterien gibt es letztlich aber nicht (Pfäfflin 1996, 2009).

Ohne sachverständige Hilfe festzustellende Voraussetzungen

- **In Betracht kommender Personenkreis (§ 1 Abs. 1 Nr. 3 TSG)**

Gemäß § 1 Abs. 1 Nr. 3 TSG kommt eine Vornamensänderung nur in Betracht für:

- Deutsche im Sinne des Art. 116 GG;
- Staatenlose bzw. heimatlose Ausländer mit gewöhnlichem Aufenthalt in Deutschland;
- Asylberechtigte bzw. ausländische Flüchtlinge mit Wohnsitz in Deutschland, Ausländer, deren Heimatrecht keine dem TSG vergleichbare Regelung kennt und die ein unbefristetes Aufenthaltsrecht oder eine verlängerbare Aufenthaltserlaubnis besitzen und sich dauerhaft rechtmäßig im Inland aufhalten.

Die Vornamensänderung konnte nach § 1 Abs. 1 Nr. 3 TSG a. F. nur von Personen beantragt werden, die mindestens 25 Jahre alt sind. Diese Altersgrenze wurde vom Bundesverfassungsgericht jedoch 1993 wegen Verstoßes gegen den Gleichheitsgrundsatz des Art. 3 GG für nichtig erklärt (BVerfG NJW 1993, S. 1517) und daher in der Neufassung aufgegeben.

Dabei betonten die Richter, dass es gerade für jüngere Personen besonders wichtig sei, im Rahmen des Alltagstests vor belastenden Situationen geschützt zu werden, die entstehen können, weil die im Personalausweis genannten Vornamen nicht mit dem Auftreten in Einklang stehen (BVerfG NJW 1993, S. 1517 f.; zu Transsexualismus bei Kindern und Jugendlichen s. Bosinski et al. 1996). Des Weiteren habe der Gesetzgeber für geschlechtsändernde (irreversible) Operationen keine Altersgrenze gesetzt und deren Durchführung somit auch jungen Menschen ermöglicht; dann könne es aber »keinen einleuchtenden Grund dafür (geben), denselben Personenkreis vor einer Entscheidung zu bewahren, die weit weniger einschneidend ist und wieder rückgängig gemacht werden kann« (BVerfG ebd.; zur Aufhebung der Vornamensänderung ▶ Abschn. 8.2.5).

8.2.2 Verfahrensrechtliches

Das Vornamensänderungsverfahren wird nur auf Antrag durchgeführt (§ 1 Abs. 1 TSG), in dem die Vornamen, die der Antragsteller künftig führen will, anzugeben sind (§ 1 Abs. 2 TSG). Der Antragsteller ist vom Gericht persönlich anzuhören (§ 4 Abs. 2 TSG).

Antrag (§ 1 TSG) und Beteiligte (§ 3 TSG)

Beteiligter des Vornamensänderungsverfahrens sind zum einen der Antragsteller (§ 3 Abs. 2 Nr. 1 TSG), zum anderen ein gem. § 3 Abs. 3 TSG von der Landesregierung durch Rechtsverordnung zu bestimmender Vertreter des öffentlichen Interesses (§ 3 Abs. 2 Nr. 2 TSG). Im Falle der Geschäftsunfähigkeit des Antragstellers wird das Verfahren von dessen gesetzlichem Vertreter geführt, der hierfür einer familiengerichtlichen Genehmigung bedarf (§ 3 Abs. 1 TSG).

Zuständiges Gericht (§ 2 TSG)

Die sachliche Zuständigkeit für das Verfahren liegt beim Amtsgericht (§ 2 Abs. 1 S. 1 TSG). Örtlich ist das Amtsgericht zuständig, das seinen Sitz am Ort desjenigen Landgerichts hat, in dessen Bezirk sich der Wohnsitz des Antragstellers zum Zeitpunkt der Antragstellung befindet (§ 2 Abs. 2 S. 1 TSG).

Die Zuständigkeit kann ferner allgemein durch Landesrecht oder von der Landesregierung bzw. nach entsprechender Ermächtigung auch von der Landesjustizverwaltung geregelt werden (§ 2 Abs. 1 S. 2–4 TSG).

Rechtsmittel

Die den Beteiligten gegen die Entscheidung zur Verfügung stehenden Rechtsmittel differieren nach Ausgang des Verfahrens (zum Ganzen Sieß 1996): Gibt das Gericht dem Antrag statt, kann gem. § 4 Abs. 1 und Abs. 4 S. 1 TSG die sofortige Beschwerde eingelegt werden. Da das FamFG das Institut der sofortigen Beschwerde nicht kennt, erscheint eine Analogie zu den §§ 567 ff. ZPO sachgerecht. Gegen die Entscheidung der Beschwerdeinstanz (Oberlandesgericht, § 119 Abs. 1 Nr. 1b GVG) kann die Rechtsbeschwerde (§ 4 Abs. 1 TSG in Verbindung mit §§ 574 ff. ZPO) beim BGH eingelegt werden.

Gegen die Ablehnung des Antrags auf Vornamensänderung steht den Beteiligten hingegen die Beschwerde (§ 4 Abs. 1 TSG in Verbindung mit § 58 FamFG), gegen die Entscheidung der Beschwerdeinstanz dann u. U. die Rechtsbeschwerde zu (§ 4 Abs. 1 TSG in Verbindung mit § 70 Abs. 1 FamFG). Die Verfahren richten sich nach den §§ 567 ff. ZPO respektive der §§ 58 ff. FamFG, jeweils in Verbindung mit § 4 Abs. 1 TSG.

8.2.3   Rechtsfolgen der Entscheidung

Die dem Antrag des Betroffenen stattgebende Entscheidung des Gerichts bewirkt zweierlei: die Änderung des Vornamens und das Verbot, die bisher geführten Vornamen zu offenbaren.

Vornamensänderung (§ 1 Abs. 1 TSG)

Zum einen führt der Betroffene zukünftig die im Beschluss angegebenen Vornamen. Dabei gebieten Sinn und Zweck des § 1 Abs. 1 TSG, ebenso wie der verfassungsrechtliche Hintergrund des Transsexuellengesetzes, eine Anpassung auch der Anrede (Herr/Frau) der betroffenen Person (BVerfG NJW 1997, S. 1632; für Adelsbezeichnungen BayObLG NJW-RR 2003, S. 289).

Nachdem die geänderten Vornamen per Randvermerk im Geburtenregister eingetragen worden

sind (§ 21 Abs. 1 PStG), kann sich der Betroffene neue Personenstandsurkunden verschaffen. Von Bedeutung ist hierbei, dass sowohl im neu ausgestellten Geburtsschein als auch in der neuen Geburtsurkunde auf die Transsexualität nicht hingewiesen wird (Sieß 1996). Infolge der beiden Dokumenten zueigenen Beweiskraft (§§ 54, 55 PStG) kann sich der Betroffene mit ihrer Hilfe andere Urkunden neu ausstellen lassen, ohne seine Transsexualität offenlegen zu müssen. Dies gilt insbesondere für den Personalausweis, sodass es dem Transsexuellen dank der Vornamensänderung besser gelingt, unauffällig im Alltag aufzutreten (die durch die »kleine Lösung« unberührt bleibende Geschlechtszugehörigkeit ist im Personalausweis nicht vermerkt).

Offenbarungsverbot (§ 5 TSG)

Zum anderen greift mit Rechtskraft des Beschlusses das sog. Offenbarungsverbot des § 5 TSG ein, wonach die bis dahin geführten Vornamen ohne Zustimmung des Betroffenen nicht offenbart oder ausgeforscht werden dürfen, es sei denn, dass besondere Gründe des öffentlichen Interesses dies erfordern oder jemand ein rechtliches Interesse daran glaubhaft macht.

Beispiel

Ein öffentliches Interesse an einer Offenbarung bis dahin geführter Vornamen kann etwa vorliegen, wenn der Verdacht besteht, der Betroffene habe unter altem Namen Straftaten begangen, oder wenn der Versicherungsverlauf in der gesetzlichen Rentenversicherung zu ermitteln ist. Ein rechtliches Interesse liegt etwa darin, dass eine Privatperson ohne die Kenntnis des früheren Vornamens an der Geltendmachung von Schadensersatz- oder Unterhaltsansprüchen gehindert wäre (Sieß 1996).

Die Relevanz des Offenbarungsverbots zeigt sich insbesondere im Arbeitsrecht. Dort führt es – in Verbindung mit der nachvertraglichen Fürsorgepflicht und verfassungsrechtlichen Grundsätzen – mittelbar zu der Verpflichtung des Arbeitgebers, ein bereits ausgefertigtes Arbeitszeugnis derart neu zu erteilen, dass der geänderte Vorname enthalten ist. Anderenfalls wäre der transsexuelle Arbeitnehmer bei Bewerbungen gezwungen, die

Lücke in der Dokumentation seiner beruflichen Laufbahn dadurch zu schließen, dass er das (noch auf das falsche Geschlecht lautende) Originalzeugnis vorzeigt und damit seine Transsexualität selbst offenbart (LAG Hamm NZA-RR 1999, S. 455, 458).

8.2.4 Unwirksamkeit der Entscheidung (§ 7 TSG)

Die Entscheidung wird ohne diesbezügliche Feststellung des Gerichts in gewissen Fällen unwirksam, etwa dann, wenn mehr als 300 Tage nach ihrer Rechtskraft ein Kind des Antragstellers geboren wird (§ 7 Abs. 1 Nr. 1 TSG). Der Betroffene muss in diesem Fall wieder seine ursprünglichen Vornamen tragen (§ 7 Abs. 2 S. 1 TSG). § 7 Abs. 1 Nr. 3 TSG, der die Unwirksamkeit im Fall der Eheschließung anordnet, ist nach einem Beschluss des BVerfG aus dem Jahr 2006 wegen Verstoßes gegen das GG nichtig und so lange nicht anwendbar, bis eine gesetzliche Regelung in Kraft tritt, die homosexuell orientierten Transsexuellen ohne Geschlechtsumwandlung das Eingehen einer rechtlich gesicherten Partnerschaft ohne Vornamensverlust ermöglicht.

Die Vorschrift ist viel kritisiert worden und zugleich von geringer praktischer Relevanz. Auf sie soll deshalb – ebenso wenig wie auf die nach Unwirksamwerden der Entscheidung bestehende Möglichkeit der erneuten Vornamensänderung aus schwerwiegenden Gründen (§ 7 Abs. 3 TSG) – nicht weiter eingegangen werden (Näheres bei Sieß 1996).

8.2.5 Aufhebung der Vornamensänderung (§ 6 TSG)

> ❯ Stellt der Betroffene fest, dass er sich wieder dem im Geburtseintrag angegebenen Geschlecht zugehörig empfindet, kann er gem. § 6 Abs. 1 TSG die Aufhebung der Vornamensänderung beantragen.

Die Einräumung dieser nur selten wahrgenommenen Möglichkeit ist konsequent, weil die Vornamensänderung zum Gelingen des ergebnisoffenen (!) Alltagstests beitragen soll.

Da das Aufhebungsverfahren demjenigen über die Erstentscheidung nachgebildet ist (§ 6 Abs. 2 S. 1 TSG), kann bezüglich der Verfahrensregeln, dem Erfordernis des fortdauernden Zugehörigkeitsempfindens und dessen Begutachtung durch Sachverständige auf die obigen Ausführungen verwiesen werden.

8.3 Feststellung der Geschlechtszugehörigkeit (»große Lösung« § 8 Abs. 1 TSG)

Die zweite rechtliche Möglichkeit, die das Gesetz demjenigen zur Verfügung stellt, der sich dem anderen Geschlecht zugehörig fühlt, ist die sog. »große Lösung«. Sie betrifft die gerichtliche Feststellung des Gegengeschlechts.

8.3.1 Materiell-rechtliche Voraussetzungen

Voraussetzungen der Geschlechtszugehörigkeitsfeststellung

Ebenso wie im Verfahren zur Änderung des Vornamens muss sich die betroffene Person auch im Rahmen der Feststellung der Geschlechtszugehörigkeit aufgrund ihrer transsexuellen Prägung nicht mehr dem in ihrem Geburtseintrag angegebenen, sondern dem anderen Geschlecht als zugehörig empfinden und seit mindestens 3 Jahren unter dem Zwang stehen, ihren Vorstellungen entsprechend zu leben (§ 8 Abs. 1 TSG). Des Weiteren ergibt sich aus dem Verweis des § 8 Abs. 1 Nr. 1 TSG auf § 1 Abs. 1 Nrn. 1–3 TSG, dass die Voraussetzungen der Geschlechtszugehörigkeitsfeststellung auch hinsichtlich der Wahrscheinlichkeit, dass sich das Zugehörigkeitsempfinden nicht mehr ändern wird, sowie hinsichtlich der Staatsangehörigkeit des Antragstellers mit denjenigen der Vornamensänderung identisch sind. Die materiellrechtlichen Voraussetzungen der Vornamensänderung müssen demnach in vollem Umfang auch für die (weitergehende) Feststellung der Geschlechtszugehörigkeit gegeben sein, sodass insoweit auf die Ausführungen dazu verwiesen werden kann (▶ Abschn. 8.2.1). Dies gilt in gleicher Weise auch für die erforderliche Anzahl und Qualifikation der Sachverständigen, die den Tatbestand begutachten sollen (▶ Abschn. 8.1.3).

Zusätzliche Voraussetzungen

Darüber hinaus verlangt § 8 Abs. 1 TSG, dass der Antragsteller

- dauernd fortpflanzungsunfähig ist (Nr. 3) und
- sich einem die äußeren Geschlechtsmerkmale verändernden operativen Eingriff unterzogen hat, durch den eine deutliche Annäherung an das Erscheinungsbild des anderen Geschlechts erreicht würde (Nr. 4).

Diese zusätzlichen Voraussetzungen des § 8 Abs. 1 TSG zur Personenstandsänderung greifen jedoch in die Rechte der Transsexuellen aus Art. 2 Abs. 1, 2 i. V. m. Art. 1 Abs.1 GG ein. Bis zum Inkrafttreten einer Neuregelung sind sie daher nicht anwendbar (BVerfG NJW 2011, S. 909 ff.). Daraus folgt aber nicht, dass laufende Verfahren zur Personenstandsänderung auszusetzen sind (BVerfG NJW 2012, S. 600). Bis zum Inkrafttreten gesetzlicher Neuregelungen gelten für Vornamens- und Personenstandsänderungen vielmehr allein die Voraussetzungen des § 1 Abs.1 TSG (BVerfG NJW 2012, S. 600).

8.3.2 Verfahrensrechtliches

Verfahrensrecht der Vornamensänderung

Gemäß § 9 Abs. 3 S. 1 TSG sind die Vorschriften des Verfahrens zur Vornamensänderung (§§ 2–4 TSG) entsprechend anzuwenden (▶ Abschn. 8.2.2).

Möglichkeit der Vorabfeststellung

Ein rechtliches Bedürfnis für eine Vorabentscheidung nach § 9 Abs. 1 TSG besteht mit Unanwendbarkeit der dort genannten Hinderungsgründe für eine Entscheidung nach § 8 (kein die äußeren Geschlechtsmerkmale verändernder operativer Eingriff; keine dauernde Fortpflanzungsunfähigkeit) nicht mehr. Für einen dennoch gestellten Antrag fehlt das Rechtsschutzbedürfnis.

8.3.3 Rechtsfolgen der Entscheidung

Die stattgebende Entscheidung des Amtsgerichts über die Feststellung der Geschlechtszugehörigkeit hat für den Antragsteller wichtige Rechtsfolgen.

Rechtsfolgen der Geschlechtszugehörigkeitsfeststellung

Da die rechtlichen Voraussetzungen zur Vornamensänderung in denen der Geschlechtszugehörigkeitsfeststellung vollständig enthalten sind, ist es nur konsequent, dass im Falle der Feststellung der Zugehörigkeit zum anderen Geschlecht gem. § 9 Abs. 3 S. 2 TSG auch die Vornamen des Antragstellers geändert werden und das Offenbarungsverbot sinngemäß gilt (§ 10 Abs. 2 TSG).

Zusätzliche Rechtsfolgen

> Die bedeutsamste Rechtsfolge stellt die Feststellung des Gerichts dar, der Antragsteller sei als dem anderen Geschlecht zugehörig anzusehen. Sie bewirkt, dass sich die geschlechtsabhängigen Rechte und Pflichten von der Rechtskraft der Entscheidung an nach dem neu festgestellten Geschlecht richten, soweit gesetzlich nichts anderes bestimmt ist (§ 10 Abs. 1 TSG).

Dadurch kann der Betroffene z. B. einen Angehörigen seines angeborenen Geschlechts heiraten und als Mitglied einer privaten Krankenkasse dem Tarif des Wunschgeschlechts zugewiesen werden (Sieß 1996).

Unberührt bleiben gem. § 11 TSG die Rechtsverhältnisse des Antragstellers zu seinen Eltern sowie zu seinen Kindern und deren Abkömmlingen, ebenso Rentenansprüche und Ansprüche auf vergleichbare wiederkehrende Leistungen (§ 12 TSG).

§ 11 TSG dient dem Schutz berechtigter Interessen der Kinder und der Eltern, namentlich in unterhalts- oder erbrechtlichen Fragen. Zudem wollte der Gesetzgeber sichergehen, dass in den Urkunden des Kindes die Vornamen beider Eltern nicht auf dasselbe Geschlecht lauten (BT-Drucks. 8/2947, S. 16). § 12 TSG hat zum Ziel, den Transsexuellen bei Rentenansprüchen nicht besser, aber auch nicht schlechter zu stellen als ohne seine Zugehörigkeit zum Gegengeschlecht (Sieß 1996). Folglich erwächst z. B. einem Mann-zu-Frau-Transsexuellen kein Anspruch auf Witwenrente aus der Ehe mit seiner verstorbenen Frau (BT-Drucks. 8/2947, S. 16).

8.3.4 Aufhebung und Unwirksamkeit der Feststellungsentscheidung

Die Aufhebung der die Geschlechtszugehörigkeit feststellenden Entscheidung verläuft durch den Verweis in § 9 Abs. 3 S. 1 TSG auf § 6 TSG entsprechend der Aufhebung der Vornamensänderung. Unter den dort genannten Voraussetzungen kann ein Antragsteller also die rechtliche Folge der Geschlechtsumwandlung revidieren. Auch dabei kommt es zur Begutachtung der Frage, ob der Betroffene sich wieder seinem ursprünglichen Geschlecht zugehörig fühlt. Eine § 7 TSG entsprechende, die Unwirksamkeit der Entscheidung anordnende Norm existiert hingegen nicht.

8.4 Literatur

Augstein MS (1992) Zur rechtlichen Situation Transsexueller in der Bundesrepublik Deutschland. In: Pfäfflin F, Junge A (Hrsg) Geschlechtsumwandlung – Abhandlungen zur Transsexualität. Schattauer, Stuttgart, S. 103–111

Augstein MS (1996) Zur Begutachtung Transsexueller aus der Sicht der Betroffenen. In: Clement U, Senf W (Hrsg) Transsexualität – Behandlung und Begutachtung. Schattauer, Stuttgart, S. 74–80

Becker S, Bosinski HAG, Clement U (1997) Behandlung und Begutachtung von Transsexuellen. Standards der Deutschen Gesellschaft für Sexualforschung, der Akademie für Sexualmedizin und der Gesellschaft für Sexualwissenschaft. Psychotherapeut 42: 256–262

Bosinski HAG (2003) Diagnostische und arztrechtliche Probleme bei transsexuellen Geschlechtsidentitätsstörungen. Urologe 42: 709–721

Bosinski HAG, Arndt R, Sippel WG, Wille R (1996) Geschlechtsidentitätsstörungen bei Kindern und Jugendlichen. Monatsschrift Kinderheilkunde 144: 1235–1241

Clement U, Senf W (1996) Diagnose der Transsexualität. In: Clement U, Senf W (Hrsg) Transsexualität – Behandlung und Begutachtung. Schattauer, Stuttgart, S. 1–7

Corell C (1999) Im falschen Körper – Ein Beitrag zur rechtlichen und tatsächlichen Problematik der Transsexualität. NJW 52: 3372–3377

Deutsch E, Spickhoff A (2014) Medizinrecht: Arztrecht, Arzneimittelrecht, Medizinprodukterecht und Transfusionsrecht, 7. Aufl. Springer, Berlin Heidelberg New York Tokio

Eicher W (1992) Transsexualismus. Möglichkeit und Grenzen der Geschlechtsumwandlung, 2. Aufl. Fischer, Stuttgart

Eicher W (1996) Transformationsoperationen. In: Clement U, Senf W (Hrsg) Transsexualität – Behandlung und Begutachtung. Schattauer, Stuttgart, S. 58–63

Hartmann U, Becker H (2013) Störungen der Geschlechtsidentität: Ursachen, Verlauf, Therapie. Springer, Wien

Hepp U, Klaghofer R, Burkhard-Kübler R, Buddeberg C (2002) Behandlungsverläufe transsexueller Patienten. Eine katamnestische Untersuchung. Nervenarzt 73: 283–288

Kockott G (1996) Die klinische Koordination der Behandlung und Begutachtung. In: Clement U, Senf W (Hrsg) Transsexualität – Behandlung und Begutachtung. Schattauer, Stuttgart, S. 8–17

Kockott G (1997) Mitteilung über die Veröffentlichung von Standards der Behandlung und Begutachtung von Transsexuellen. Nervenarzt 68: 920–921

Langer D, Hartmann U (1997) Psychiatrische Begutachtung nach dem Transsexuellengesetz. Ein erfahrungsgestütztes Plädoyer für Leitlinien und gegen Beliebigkeit. Nervenarzt 68: 862–869

Laufs A, Kern B-R (Hrsg) (2010) Handbuch des Arztrechts, 4. Aufl. Beck, München

Medizinischer Dienst des Spitzenverbandes Bund der Krankenkassen (MDS) (2009) Grundlagen der Begutachtung, Begutachtungsanleitung, Geschlechtsangleichende Maßnahmen bei Transsexualität. Einsehbar unter http://www.mds-ev.org/media/pdf/RL_Transsex_2009.pdf

Münchener Kommentar (2012) Kommentar zur Zivilprozessordnung. In: Rauscher T, Wax P, Wenzel J (Hrsg) Bd 2, §§ 1–510c, 4. Aufl. Beck, München (zit. MünchKomm-Bearbeiter)

Nieder TO, Jordan K, Richter-Appelt H (2011) Zur Neurobiologie transsexueller Entwicklungen – Eine Diskussion der Befunde zur Sexualdifferenzierung, geschlechtsatypischen Verhaltensweisen und Geschlechtsidentität. Z Sexualforsch 24: 199–227

Nieder TO, Briken P, Richter-Appelt H (2013) Transgender, Transsexualität und Geschlechtsdysphorie: Aktuelle Entwicklungen in Diagnostik und Therapie. Psych up2 date 7: 373-388

Pfäfflin F (1993) Zu den somatischen Voraussetzungen für Personenstandsänderungen bei Frau-zu-Mann-Transsexuellen. R&P 11: 108–119

Pfäfflin F (1996) Erstellung der Gutachten. In: Clement U, Senf W (Hrsg) Transsexualität – Behandlung und Begutachtung. Schattauer, Stuttgart, S. 80–87

Pfäfflin F (2009) Begutachtung des Transsexualismus. In: Foerster K, Dreßing H (Hrsg) Psychiatrische Begutachtung – Ein praktisches Handbuch für Ärzte und Juristen, 5. Aufl. Elsevier, München, S. 593–607

Pfäfflin F, Junge A (1992) Nachuntersuchungen nach Geschlechtsumwandlung. Eine kommentierte Literaturübersicht 1961–1991. In: Pfäfflin F, Junge A (Hrsg) Geschlechtsumwandlung. Abhandlungen zur Transsexualität. Schattauer, Stuttgart, S. 149–457

Preuss WF (1999) Die Aufgabe der Psychotherapie bei der Behandlung der Transsexualität. Psychotherapeut 44: 300–306

Rauchfleisch U (2012) Transsexualität – Transidentität. Begutachtung, Begleitung, Therapie. Vandenhoeck & Ruprecht, Göttingen

Rauchfleisch U, Barth D, Battegay R (1998) Resultate einer Langzeitkatamnese von Transsexuellen. Nervenarzt 69: 799–805

Richter-Appelt H (2013) Intersexualität nicht Transsexualität. Bundesgesundhbl – Gesundheitsforsch – Gesundheitsschutz 56: 240–249

Schneider A (1992) Zur Feststellung der Geschlechtszugehörigkeit nach dem Transsexuellengesetz. NJW 46: 2940–2941

Sieß G (1996) Die Änderung der Geschlechtszugehörigkeit: das Transsexuellengesetz und seine praktische Anwendung in der Freiwilligen Gerichtsbarkeit. Hartung-Gorre, Konstanz

Sigusch V (1997) Transsexualismus. Forschungsstand und klinische Praxis. Nervenarzt 68: 870–877

Will MR (1996) Symposium über medizinische und rechtliche Fragen der Transsexualität. NJW 49: 769

Winkelmann U (1993) Transsexualität und Geschlechtsidentität. Lit, Münster

Gefährlichkeitsprognosen

F. Schneider, H. Frister, D. Olzen, *Begutachtung psychischer Störungen*
DOI 10.1007/978-3-642-54765-2_9, © Springer-Verlag Berlin Heidelberg 2015

■ **Zum Einstieg**

Für die Rechtfertigung von Eingriffen in die Rechte einer Person ist neben deren Verantwortlichkeit für eine bereits begangene Tat, insbesondere auch ihre künftige Gefährlichkeit, von erheblicher Bedeutung. Die Aussetzung der Vollstreckung einer Strafe bzw. eines Strafrestes zur Bewährung, die Anordnung einer Maßregel der Besserung und Sicherung, Lockerungsentscheidungen im Vollzug von Strafe und Maßregel, die Sanktionen im Jugendstrafrecht sowie die öffentlich-rechtlichen Unterbringungen nach Landesrecht (zur zivilrechtlichen Unterbringung nach § 1906 BGB ▶ Kap. 5) sind nach dem Gesetz alle davon abhängig, ob und inwieweit die betreffende Person in der Zukunft für die Allgemeinheit, und im zuletzt genannten Fall auch für sich selbst, gefährlich ist. Obwohl diese Frage für den Richter generell nur schwer zu beantworten ist, werden aus prozessökonomischen Gründen Sachverständige zumeist nur bei besonders folgenschweren Prognosen beauftragt. Insbesondere über die Aussetzung der Vollstreckung einer Strafe zur Bewährung entscheidet der Richter in aller Regel ohne Beteiligung eines psychiatrischen oder psychologischen Sachverständigen. Gleichwohl werden im Folgenden auch die rechtlichen Grundlagen hierzu wenigstens kurz dargestellt. Dies ist notwendig, weil die unter Beteiligung von Sachverständigen erfolgende Aussetzung des Strafrestes systematisch auf diesen Regelungen aufbaut.

Mittlerweile sind von der aus Richtern am Bundesgerichtshof, Bundesanwälten und weiteren Juristen mit forensischen Psychiatern und Psychologen sowie Sexualmedizinern gebildeten Arbeitsgruppe, die sich bereits mit Mindestanforderungen für Schuldfähigkeitsgutachten befasst hat (▶ Abschn. 2.1), Empfehlungen auch für forensische Prognosegutachten erarbeitet worden (Boetticher et al. 2006; dazu Bock 2007; Schöch 2008; zu methodischen Grundlagen der Kriminalprognose Dahle 2007).

9.1   Strafaussetzung zur Bewährung (§ 56 StGB)

Um die Belastung des Verurteilten auf das zur Erreichung des Strafzwecks notwendige Maß zu be-

grenzen und entsozialisierende Auswirkungen des Freiheitsentzugs zu vermeiden, hat der Gesetzgeber die Möglichkeit geschaffen, die Vollstreckung von Freiheitsstrafen von nicht mehr als einem Jahr (§ 56 Abs. 1 StGB), in bestimmten Fällen auch 2 Jahren (§ 56 Abs. 2 StGB), zur Bewährung auszusetzen. Das Gericht bestimmt im Falle einer solchen Entscheidung eine Bewährungszeit zwischen 2 und 5 Jahren (§ 56a StGB), nach deren positivem Verlauf die Strafe gegebenenfalls ganz erlassen wird (§ 56g StGB). Die dadurch geschaffene Freiheitsstrafe mit Bewährung hat sich zu einer in der Sache weitgehend eigenständigen Sanktionsform entwickelt und große praktische Bedeutung erlangt. Im Jahre 2012 wurden 70,1 % der verhängten Freiheitsstrafen zur Bewährung ausgesetzt (Statistisches Bundesamt 2014).

Die Aussetzung wird in der Regel mit Auflagen (§ 56b StGB) und Weisungen (§ 56c StGB) verbunden. Die Auflagen dienen der Genugtuung für das begangene Unrecht. Das Gesetz sieht hierfür die Schadenswiedergutmachung, die Zahlung eines bestimmten Geldbetrages an eine gemeinnützige Einrichtung oder den Staat und die Erbringung gemeinnütziger Leistungen vor. Die Weisungen sollen dem Verurteilten helfen, künftig keine Straftaten mehr zu begehen. Da die dazu erforderlichen Maßnahmen von den Umständen des Einzelfalles abhängen, zählt das Gesetz die Weisungen nicht abschließend auf, sondern nennt nur einige typische Beispiele.

❯❯ **Weisungen bezüglich ärztlicher oder psychologischer Behandlungen, welche mit einem körperlichen Eingriff verbunden sind (krit. dazu Schöch 1998, S. 1257, 1259 f.), Entwöhnungsbehandlungen und Heim- bzw. Krankenhausaufenthalten sind nur mit Einwilligung des Verurteilten zulässig (§ 56c Abs. 3 StGB). Da ihre Erfolgsaussichten eine Einschätzung aus psychiatrisch-psychologischer Sicht erfordern, sollten sie in der Regel nicht ohne sachverständige Begutachtung angeordnet werden.**

Die praktisch bedeutsamste Weisung ist gesondert geregelt. Sie besteht darin, den Verurteilten der Aufsicht und Leitung eines Bewährungshelfers zu unterstellen (§ 56d StGB). Auflagen und Weisungen sind nicht vollstreckbar. Ihre Erfüllung wird durch die Möglichkeit gesichert, bei einem gröblichen oder beharrlichen Verstoß die Bewährung zu widerrufen (§ 56f Abs. 1 Nr. 2 und 3 StGB).

Zentrale Voraussetzung einer jeden Strafaussetzung zur Bewährung ist eine günstige Kriminalprognose.

§ 56 Abs. 1 StGB. Bei der Verurteilung zu Freiheitsstrafe von nicht mehr als einem Jahr setzt das Gericht die Vollstreckung der Strafe zur Bewährung aus, wenn zu erwarten ist, daß der Verurteilte sich schon die Verurteilung zur Warnung dienen lassen und künftig auch ohne die Einwirkung des Strafvollzugs keine Straftaten mehr begehen wird. Dabei sind namentlich die Persönlichkeit des Verurteilten, sein Vorleben, die Umstände seiner Tat, sein Verhalten nach der Tat, seine Lebensverhältnisse und die Wirkungen zu berücksichtigen, die von der Aussetzung für ihn zu erwarten sind.

Erwartung bedeutet in diesem Zusammenhang nicht Gewissheit oder sichere Gewähr (BGHSt 7, S. 6, 10), sondern fehlende Wahrscheinlichkeit der Begehung weiterer Straftaten. Es genügt, dass nach den festgestellten Tatsachen die Wahrscheinlichkeit künftig straffreien Verhaltens höher einzuschätzen ist als die Möglichkeit neuer Straftaten (BGH NStZ 1986, S. 27; BGH NStZ 1997, S. 594 f.). Maßgeblicher Zeitpunkt für die zu stellende Prognose ist nicht der Zeitpunkt der Tat, sondern der Zeitpunkt des Urteils.

Das bei der Prognose zu berücksichtigende **Verhalten nach der Tat** bezieht sich auf die gesamte Lebensführung. Insbesondere die Einstellung des Täters zur Tat, die beispielsweise durch das Verheimlichen des Beuteverbleibs (OLG Karlsruhe MDR 1978, S. 71), das Bemühen um Wiedergutmachung (zur Bedeutung näher BGHSt 5, S. 238 f.) oder um Rückfallvorbeugung (BGH StV 1992, S. 13) zum Ausdruck kommt, spielt hier eine wesentliche Rolle. Bei der Würdigung derartigen Verhaltens ist jedoch der strafprozessuale, aus dem allgemeinen Persönlichkeitsrecht (Art. 2 Abs. 1, Art. 1 Abs. 1 GG) und dem Rechtsstaatsprinzip (Art. 20 Abs. 3 GG) abzuleitende Grundsatz zu beachten, dass niemand dazu verpflichtet ist, sich selbst zu belasten (»nemo tenetur se ipsum accusare«; BVerfGE 56, S. 37, 43 ff.; BGHSt 38, S. 214, 220).

> **Ein Verhalten, mit dem der Angeklagte in strafprozessual zulässiger Weise seine Verteidigungsposition wahren will, darf bei der Prognose nicht negativ berücksichtigt werden (BGH NStZ 1981, S. 257; BGH StV 1998, S. 482).**

Leugnet der Täter die Tat, so würden Reue, Schuldeinsicht und Wiedergutmachungsbemühungen einem Geständnis der Tat gleichkommen und seine Verteidigungsposition im Strafprozess erheblich gefährden, sodass das Fehlen dieser Gesichtspunkte genauso wenig als gegen eine positive Prognose sprechend gewertet werden darf, wie das bloße Nichteinlassen zur Sache (BGH StV 1989, S. 149; 1993, S. 521 f.). Sogar die wahrheitswidrige Angabe über die konsumierte Alkoholmenge darf nicht zur Begründung einer negativen Prognose herangezogen werden, wenn der Täter damit der Bestrafung wegen eines Verkehrsdelikts entgehen will (OLG Hamm NJW 1960, S. 61).

Die Gerichte treffen die Prognoseentscheidung zumeist nach der von der Kriminologie als intuitiv bezeichneten Methode, d. h. durch eine auf ihren eigenen Erfahrungen beruhenden Gesamtbewertung. Die Ermittlung der Rückfallwahrscheinlichkeit mit Hilfe von Prognosetafeln, erstellt anhand empirischer Untersuchungen (statistische Methode), ist nicht üblich und wird auch in der Literatur nicht als eigenständige Methode, sondern nur als Ergänzung und zur Kontrolle der Frage empfohlen, inwieweit sich die richterliche Intuition mit rationalen Erfahrungssätzen deckt (SK-Schall 2012, § 56 Rn. 28; ausführliche Auseinandersetzung mit solch allgemeinen Kriterienkatalogen bei Bliesener 2007, Dahle et al. 2007). Ein Sachverständigengutachten zur Erforschung der individuellen Täterpersönlichkeit (sog. klinische Methode) würde zwar generell zu einer besseren Grundlage einer Prognoseentscheidung beitragen, wird aber angesichts des relativ großen Aufwands bei der Strafaussetzung zur Bewährung kaum eingeholt.

9.2   Aussetzung des Strafrestes (§§ 57 ff. StGB)

Die Aussetzung des Strafrestes – früher als bedingte Entlassung bezeichnet – ist eine Maßnahme der Strafvollstreckung mit derselben kriminalpolitischen Zielsetzung, die auch der Aussetzung der kompletten Strafe zur Bewährung nach § 56 StGB zugrunde liegt: Der verurteilten Person wird nach Verbüßung eines Teils ihrer Strafe Gelegenheit gegeben, sich in der Freiheit zu bewähren. Auf diese Weise wird sie, wie bei der anfänglichen Strafaussetzung zur Bewährung, nur in dem zur Erreichung des Strafzwecks notwendigen Maß belastet. Vor allem aber wird durch das Zusammenspiel der Aussetzung des Strafrestes mit der Erteilung geeigneter Weisungen ein möglichst fließender Übergang aus dem Vollzug in die Freiheit ermöglicht. Die Verwandtschaft beider Aussetzungsinstitute zeigt sich auch an der nach den §§ 57 Abs. 3 S. 1, Abs. 5 S. 1, 57a Abs. 3 S. 2 StGB entsprechenden Anwendung der §§ 56a–g StGB (▸ Abschn. 9.1), die Bewährungsmaßnahmen, wie Auflagen und Weisungen, den Widerruf der Strafaussetzung und den Straferlass regeln. Die Entscheidung darüber trifft jedoch nicht wie bei § 56 StGB das Tat-, sondern das Vollstreckungsgericht.

> ❯ Das Gesetz unterscheidet zwischen der Strafrestaussetzung bei zeitiger (§ 57 StGB; ▸ Abschn. 9.2.1), d. h. maximal 15-jähriger (§ 38 Abs. 2 StGB), und bei lebenslanger Freiheitsstrafe (§ 57a StGB; ▸ Abschn. 9.2.2). Eine Sonderregelung betreffend Sachverständigengutachten bei bestimmten Aussetzungsentscheidungen hält die Strafprozessordnung in § 454 Abs. 2 StPO bereit (▸ Abschn. 9.2.3).

9.2.1   Aussetzung bei zeitiger Freiheitsstrafe (§ 57 StGB)

In § 57 Abs. 1 StGB ist die Strafrestaussetzung bei einer zeitigen Freiheitsstrafe für den Fall vorgesehen, dass zwei Drittel der verhängten Strafe, mindestens jedoch 2 Monate, verbüßt sind, dies

unter Berücksichtigung des Sicherheitsinteresses der Allgemeinheit verantwortet werden kann und die verurteilte Person einwilligt.

Als verbüßte Strafe gilt gemäß § 57 Abs. 4 i. V. m. § 51 Abs. 1 S. 1 und § 67 Abs. 4 StGB auch angerechnete Untersuchungshaft sowie vorheriger Maßregelvollzug. Das Erfordernis der Einwilligung der betroffenen Person erklärt sich daraus, dass nur in diesen Fällen eine erfolgreiche Resozialisierung erwartet werden kann und es sinnlos erscheint, der verurteilten Person gegen ihren Willen die von ihrer Mitarbeit abhängige Maßnahme aufzuzwingen (Schönke u. Schröder-Stree/Kinzig 2014, § 57 Rn. 18). Eine Abweichung davon, dass grundsätzlich zwei Drittel der Strafe verbüßt sein müssen, findet sich in Absatz 2.

§ 57 Abs. 2 StGB. Schon nach Verbüßung der Hälfte einer zeitigen Freiheitsstrafe, mindestens jedoch von sechs Monaten, kann das Gericht die Vollstreckung des Restes zur Bewährung aussetzen, wenn

1. die verurteilte Person erstmals eine Freiheitsstrafe verbüßt und diese zwei Jahre nicht übersteigt oder
2. die Gesamtwürdigung von Tat, Persönlichkeit der verurteilten Person und ihrer Entwicklung während des Strafvollzugs ergibt, daß besondere Umstände vorliegen,

und die übrigen Voraussetzungen des Absatzes 1 erfüllt sind.

Die Möglichkeit der weiter reichenden Strafrestaussetzung erklärt sich bei der Erstverbüßung aus der anzunehmenden massiven psychosozialen Beeinträchtigung (»Schockwirkung«) eines ersten Freiheitsentzuges. Der Gesetzgeber ließ sich bei dieser Bestimmung von der Erfahrung leiten, dass die Chancen einer erfolgreichen Resozialisierung der verurteilten Person mit zunehmender Zahl der Verbüßungen abnehmen. Erstmaliger Freiheitsentzug wird dementsprechend in der Regel am spürbarsten empfunden, sodass es in diesen Fällen aus spezialpräventiven Gründen oft ausreichend erscheint, nur die Hälfte der Strafe zu vollstrecken (BT-Drucks. 10/2720, S. 11; OLG Oldenburg NStZ 1987, S. 174 f.; OLG Stuttgart NStZ 1988, S. 128).

Hintergrundinformation

Keine Erstverbüßung liegt daher vor bei zuvor vollstreckter Jugendstrafe (OLG Stuttgart MDR 1988, S. 250; OLG Karlsruhe NStZ 1989, S. 323) und der Anschlussvollstreckung mehrerer Freiheitsstrafen (OLG Karlsruhe a .a. O.; OLG Stuttgart StV 1994, S. 250; OLG Düsseldorf StV 1989, S. 215). Eine vorherige Freiheitsentziehung im Rahmen einer Untersuchungshaft steht der Einordnung eines späteren Strafvollzuges als Erstverbüßung jedoch nicht entgegen, da Untersuchungshaft keine Freiheitsstrafe ist und nicht der Sanktionierung, sondern primär der Verfahrenssicherung dient (OLG Düsseldorf StV 1997, S. 93; OLG Düsseldorf NStZ-RR 1996, S. 186 f.; OLG Stuttgart NStZ 1990, S. 103; anders OLG Karlsruhe MDR 1989, S. 1012 bez. einer Vorstrafe mit angerechneter Untersuchungshaft).

Für die alternativ erforderlichen »besonderen Umstände« müssen entweder Milderungsgründe vorliegen, die gegenüber gewöhnlichen, einfachen Milderungsgründen von besonderem Gewicht sind, oder mehrere Milderungsgründe zusammentreffen.

Beispiel aus der Rechtsprechung

- OLG Karlsruhe GA 1979, S. 469: Kastration nach einem Sexualdelikt
- OLG Düsseldorf StV 1989, S. 23: Ein zuvor unbestrafter Unternehmer mit enger familiärer Bindung ließ sich in erheblichen wirtschaftlichen Schwierigkeiten von seinem Geschäftspartner zur Steuerhinterziehung verleiten. Nach einem umfassenden Geständnis half er bei der Aufdeckung weiterer Taten anderer, verhielt sich im Vollzug einwandfrei und sorgte für seine berufliche Wiedereingliederung
- OLG Köln OLGSt StGB § 57 Nr. 53: Rechtsstaatswidrige Verfahrensverzögerung, vollständige Begleichung des Steuerschadens, Aufbau eines Unternehmens mit zuletzt 300 Arbeitsplätzen und Steuerzahlungen in Höhe von einigen hundert Millionen Euro sowie fortgeschrittenes Alter des mittlerweile 67-Jährigen und gesundheitliche Beeinträchtigungen
- OLG Braunschweig StRR 2010, S. 146: Aktivitäten im Vollzug, die über beanstandungsfreies Verhalten deutlich hinausgehen (Erwerb der erforderlichen deutschen Sprachkenntnisse sowie des Hauptschulabschlusses, Teilnahme an beruflichen Ausbildungs- und Weiterbildungsmaßnahmen sowie an einer psychologischen Einzelbehandlung und sozialen bzw. kirchlichen Aktivitäten)

Eher gegen eine Strafrestaussetzung spricht nach § 57 Abs. 6 StGB, wenn die verurteilte Person nicht über den Verbleib ihrer »Beute« oder Belohnung für die Tat aufklärt. In diesem Falle kann das Gericht trotz günstiger Prognose von einer positiven Aussetzungsentscheidung absehen. Nach § 57 Abs. 7 StGB kann das Gericht Fristen von bis zu 6 Monaten festlegen, innerhalb derer ein (erneuter) Strafaussetzungsantrag der verurteilten Person mangels Zulässigkeit nicht möglich ist. Bei einer positiven Entscheidung darf die Bewährungszeit, auch wenn sie nachträglich verkürzt wird, die Dauer des Strafrestes nicht unterschreiten (§ 57 Abs. 3 S. 1 StGB).

> **Unbedingte Voraussetzung jedweder Strafrestaussetzung ist, dass diese »unter Berücksichtigung des Sicherheitsinteresses der Allgemeinheit verantwortet werden kann« (§ 57 Abs. 1 S. 1 Nr. 2 StGB).**

Diese Entscheidung setzt eine Abwägung zwischen dem Interesse der Allgemeinheit und der verurteilten Person an ihrer Resozialisierung und dem allgemeinen Sicherheitsinteresse voraus. Für eine positive Prognoseentscheidung müssen demnach die Vorteile der Strafrestaussetzung gegenüber der Gefahr überwiegen, dass die verurteilte Person bis zum Zeitpunkt ihrer regulären Entlassung weitere Straftaten begeht, da auch eine verweigerte Strafrestaussetzung erneute Taten nach Verbüßung der kompletten verhängten Strafe nicht verhindern kann.

Zum einen bedeutet dies, dass die Anforderungen an eine positive Legalprognose umso höher anzusetzen sind, je gewichtiger die Rechtsgüter sind, die bei einem möglichen Rückfall des entlassenen Verurteilten verletzt oder gefährdet würden (BGHR StGB § 57 Abs. 1 Erprobung 2). Andererseits dürfen diese auch nicht derart verschärft werden, dass dem wegen eines schweren Verbrechens Verurteilten keine nennenswerte Chance auf eine vorzeitige Haftentlassung bleibt; insbesondere darf die Ablehnung der Aussetzung der Reststrafe zur Bewährung nicht allein auf Umstände gestützt werden, auf die der Verurteilte selbst keinen Einfluss nehmen kann (BGH NStZ-RR 2012, S. 8: Gefahr der Rückkehr in früheres soziales Umfeld mangels Möglichkeit der Arbeitsaufnahme).

Hintergrundinformation

Zwar sprach das Gesetz vor 1998 noch scheinbar weitreichender von der »Verantwortbarkeit der Erprobung«, aber in der Sache brachte die Wortlautänderung keine Änderung, sondern sollte laut Gesetzgeber nur klarstellend im Hinblick auf die praktische Anwendung der Vorschrift wirken (BT-Drucks. 13/7163, S. 7). Dies bestätigte das Bundesverfassungsgericht, indem es feststellte, dass die neue wie die alte Gesetzesfassung die Eingehung eines vertretbaren Restrisikos miteinschließe (BVerfG NJW 1998, S. 2202). Da die verurteilte Person nämlich bereits Freiheitsentzug und resozialisierende Einwirkung erfahren hat, sind die Anforderungen an eine positive Prognose im Verhältnis zur anfänglichen Strafaussetzung zur Bewährung weniger streng.

In § 57 Abs. 1 S. 2 StGB werden der Prognoseentscheidung größtenteils dieselben (nicht abschließend aufgezählten) Gesichtspunkte zugrunde gelegt wie in § 56 Abs. 1 S. 2 StGB, wobei das »Verhalten nach der Tat« (§ 56 Abs. 1 S. 2 StGB) verständlicherweise durch das »Verhalten der verurteilten Person im Vollzug« ersetzt wird.

Jedoch kommt den immer weiter zurückliegenden »Umständen der Tat« gegenüber den auf einen Resozialisierungserfolg hinweisenden Gesichtspunkten, wie den Lebensverhältnissen oder dem Vollzugsverhalten bei einem lang dauernden Vollzug, für die Prognoseentscheidung nur noch eine eingeschränkte Aussagekraft zu (BVerfG NStZ 2000, S. 109). Ebenfalls muss mit zunehmender Dauer des Freiheitsentzugs beachtet werden, dass der grundrechtliche Anspruch der verurteilten Person auf Achtung ihrer Menschenwürde und ihrer freien Persönlichkeit zunehmendes Gewicht auch für die Anforderungen gewinnt, die an die für die Prognose notwendige Sachverhaltsaufklärung zu stellen sind (BVerfG NJW 2000, S. 501). Pauschale Verweisungen auf frühere abschlägige Entscheidungen mit dem Hinweis, es habe sich nichts geändert, sind daher angreifbar.

9.2.2 Aussetzung bei lebenslanger Freiheitsstrafe (§ 57a StGB)

Der § 57a StGB lässt sich auf eine Entscheidung des Bundesverfassungsgerichts zurückführen, das für die Vereinbarkeit der lebenslangen Haft mit der Verpflichtung des Staates zur Achtung der Menschenwürde (Art. 1 Abs. 1 GG) auch hier eine

Regelung für eine vorzeitige Entlassung forderte, da der Verurteilte eine rechtlich überprüfbare Chance auf ein späteres Leben in Freiheit behalten müsse (BVerfGE 45, S. 187). Daraufhin schuf der Gesetzgeber im Jahre 1982 eben diese Vorschrift, die genauso wie § 57 Abs. 1 StGB die Einwilligung der verurteilten Person (▶ Abschn. 9.2.1) und die dort formulierte positive Prognose voraussetzt (§ 57a Abs. 1 S. 1 Nr. 3 StGB). Eine Strafrestaussetzung bei lebenslanger Freiheitsstrafe kann nach § 57a Abs. 1 S. 1 Nr. 1 StGB aber frühestens nach 15 Jahren Verbüßung erfolgen und nach § 57a Abs. 1 S. 1 Nr. 2 StGB nur dann, wenn »nicht die besondere Schwere der Schuld des Verurteilten die weitere Vollstreckung gebietet«. Letzteres muss im Hinblick auf eine nach 15 Jahren frühestmögliche Strafrestaussetzung bereits bei der Verurteilung vom sachnäheren Tatgericht festgestellt werden (BVerfGE 86, S. 288).

> Die Rechtsprechung definiert die besondere Schwere der Schuld als »Umstände von Gewicht«, die im Wege einer zusammenfassenden Würdigung von Tat und Täterpersönlichkeit zu ermitteln sind (BGH[GS]St 40, S. 360), bzw. ein Schuldmaß, das die tatbestandlichen Mindestvoraussetzungen für die Verhängung einer lebenslangen Freiheitsstrafe deutlich übersteigt (OLG Karlsruhe JR 1988, S. 163; OLG Koblenz NStZ 1984, S. 167).

Als praktische Entscheidungshilfe kann dabei – auch vom später über eine Mindestverbüßungszeit entscheidenden Vollstreckungsgericht – § 46 Abs. 2 StGB herangezogen werden (BVerfGE 86, S. 288, 313), der Strafzumessungsgrundlagen regelt und beispielsweise auf die Beweggründe, Gesinnung und Ziele des Täters, die Tatausführung und -auswirkungen sowie auf auch für die Prognose relevante Umstände wie das Vorleben, persönliche und wirtschaftliche Verhältnisse des Täters und sein Nachtatverhalten rekurriert.

Allerdings gilt auch dabei das sog. Doppelverwertungsverbot des § 46 Abs. 3 StGB entsprechend. Umstände, die als Tatbestandsmerkmale die Verhängung einer lebenslangen Strafe erst möglich gemacht haben, dürfen demnach nicht noch einmal zur Begründung der besonderen

Schuldschwere dienen (BGHSt 42, S. 226). Ist im Wege einer Gesamtstrafenbildung auf lebenslange Freiheitsstrafe erkannt worden, werden nach § 57b StGB bei der Feststellung der besonderen Schwere der Schuld die einzelnen Straftaten zusammenfassend gewürdigt.

Die Vollstreckung der lebenslangen Freiheitsstrafe, über den durch die besondere Schwere der Schuld bedingten Zeitpunkt hinaus aus Gründen der Gefährlichkeit des Straftäters, verletzt nach einer neueren Entscheidung des Bundesverfassungsgerichts weder die Garantie der Menschenwürde (Art. 1 Abs. 1 GG) noch das Freiheitsgrundrecht aus Art. 2 Abs. 2 S. 2 GG (BVerfGE 117, S. 71; dazu Kinzig 2007, S. 165 ff.). Das Gericht hat aber gleichzeitig hervorgehoben, dass die konkrete und grundsätzlich auch realisierbare Chance des Verurteilten auf Wiedererlangung der Freiheit durch strikte Beachtung des Verhältnismäßigkeitsgrundsatzes bei der Entscheidung über die Aussetzung der lebenslangen Freiheitsstrafe sicherzustellen ist.

Hieraus ergäben sich Anforderungen auch an das Verfahren zur Wahrheitserforschung, insbesondere an die der Entscheidung über die Strafaussetzung zugrunde liegenden Prognosegutachten: So gebiete es die Sachaufklärungspflicht, einen erfahrenen Sachverständigen zu Rate zu ziehen, der die richterliche Prognose durch ein hinreichend substantiiertes, anerkannten wissenschaftlichen Standards genügendes und zeitnahes Gutachten vorbereite. In den Fällen, in denen die Vollstreckung der lebenslangen Freiheitsstrafe den aufgrund der besonderen Schwere der Schuld gebotenen Zeitraum länger überschreite, dürfe das Gericht ein neues Gutachten nicht allein mit der Begründung verweigern, dass es eine Strafrestaussetzung nicht beabsichtige (BVerfGE 117, S. 71, 105 ff.; vgl. auch BVerfG BVerfGK 14, S. 514 sowie zur erstmaligen Prognoseentscheidung nach der Mindestverbüßungszeit von 15 Jahren BVerfG BVerfGK 16, S. 44).

Im Gegensatz zu § 57 StGB legt § 57a Abs. 3 S. 1 StGB die Bewährungszeit bei einer positiven Aussetzungsentscheidung auf 5 Jahre fest, und das Gericht kann nach § 57a Abs. 4 StGB für die Zulässigkeit eines (erneuten) Strafaussetzungsantrags Mindestfristen von bis zu 2 Jahren festsetzen. Unabhängig von einer Anrechnung nach § 51 StGB

gilt nach § 57a Abs. 2 StGB jede Freiheitsentziehung, die der Verurteilte aus Anlass der Tat erlitten hat, als verbüßte Strafe.

9.2.3 Einholung eines Gutachtens nach § 454 Abs. 2 StPO

Bei Vollstreckung einer lebenslangen Freiheitsstrafe oder einer zeitigen Freiheitsstrafe von mehr als 2 Jahren wegen Straftaten, die nach § 66 Abs. 3 S. 1 StGB ggf. auch Sicherungsverwahrung nach sich ziehen können (Verbrechen und bestimmte Sexual- und Körperverletzungsdelikte, auch wenn sie als Rauschdelikte nach § 323a StGB begangen werden; ► Abschn. 9.3.5), sieht die Vorschrift des § 454 Abs. 2 StPO seit 1998 grundsätzlich die Einholung eines Sachverständigengutachtens durch das Gericht vor, wenn es eine Strafrestaussetzung erwägt. Die zunächst naheliegende Vermutung, es handle sich hierbei um eine ausnahmslose Verpflichtung des Gerichts, wird jedoch durch die Prämisse entkräftet, dass das Gericht die Aussetzung auch wirklich »erwägen« muss. Daher kann das Vollstreckungsgericht von der Hinzuziehung eines Sachverständigen absehen, wenn eine Aussetzung wegen besonderer Umstände offensichtlich nicht verantwortet werden kann, und das Gericht deshalb die Strafaussetzung nicht in Betracht zieht (BGH NStZ 2000, S. 279; Neubacher 2001, S. 449, 453). Ein allgemeiner Anspruch des Verurteilten, dass bei der Entscheidung über die Strafrestaussetzung zur Bewährung stets ein Sachverständiger eingeschaltet wird, besteht auch von Verfassung wegen nicht (BVerfG NJW 2002, S. 2773). Hinsichtlich bereits existierender Gutachten ist allerdings zu überprüfen, ob diese nach wie vor prognostische Kraft entfalten oder ob neuere Entwicklungen oder der bloße Zeitablauf eine neue Prognose erforderlich machen (BGH NStZ-RR 2012, 8).

Auch sieht der Gesetzeswortlaut bei den Fällen zeitiger Freiheitsstrafe ausdrücklich keine Verpflichtung zur Einholung eines Gutachtens vor, wenn »auszuschließen ist, daß Gründe der öffentlichen Sicherheit einer vorzeitigen Entlassung des Verurteilten entgegenstehen«, was aber auch eher selten der Fall sein dürfte (vgl. allerdings OLG

Zweibrücken NStZ-RR 2002, S. 125 [bei bereits in der Hauptverhandlung gegen eine Gefährlichkeit sprechendem Gutachten]; OLG Zweibrücken NJW 2005, S. 3439 [wenn die Gefährlichkeit nach Ausschöpfung aller übrigen Erkenntnismöglichkeiten zweifelsfrei ausgeschlossen werden kann]). »Ein solcher Gefahrenausschluss kommt etwa in Betracht, wenn bei einem (Sexual-)Straftäter die biologischen Voraussetzungen für eine Straffälligkeit entfallen sind, möglicherweise auch beim dauernden Wegfall tatauslösender Umstände bei Beziehungs- und/oder Affekttaten« (OLG Frankfurt NStZ 1998, S. 639 f.). Ersteres kann allerdings vor dem Hintergrund der Unsicherheit des Wegfalls der genannten biologischen Voraussetzungen (chirurgische oder medikamentöse Kastration) und Letzteres aufgrund der nicht unwahrscheinlichen Annahme des Übertragens früherer Beziehungsmuster auf neue Beziehungen fraglich sein.

Schließlich kann die Mitwirkung bei der Begutachtung auch nicht gegen den Willen des Verurteilten erzwungen werden (OLG Düsseldorf StV 1985, S. 377 f.), wobei sich aber das in einem solchen Fall aus der Mitwirkungsverweigerung resultierende Gutachten »nach Aktenlage« negativ auswirken könnte (BGH NJW 1993, S. 2449 f.; OLG Düsseldorf, a. a. O.). Dies muss allerdings keineswegs zwangsläufig der Fall sein (etwa bei nachvollziehbaren Gründen für die Weigerung des Verurteilten und Vorliegen einer Reihe günstiger Prognosekriterien, OLG Celle StV 2008, S. 315).

Welcher Sachverständige hinzugezogen wird, entscheidet nach § 73 StPO das Gericht (zur generellen Auswahlpraxis Detter 1998, S. 57, 59). Das Gesetz macht aber keine Angaben zu der umstrittenen Frage, ob eher der sachnähere, aber grundsätzlich befangene Arzt oder Psychologe, der den Patienten bereits behandelt, oder aber ein dem Patienten bisher unbekannter Experte als Sachverständiger bestellt werden sollte (differenzierend Rotthaus 1998, S. 600; Schall u. Schreibauer 1997, S. 2415). Für den letzteren Fall spricht zwar insbesondere bei langer Unterbringungsdauer die garantierte Objektivität (gegenüber einer ansonsten möglichen »Betriebsblindheit« nach Schüler-Springorum et al. 1996, S. 181; OLG Karlsruhe StV 1999, S. 496; KG NStZ 1999, S. 319 f.; Tondorf

2000, S. 171 ff.; ▶ Abschn. 1.1.3), angesichts der im Verhältnis zum betriebenen Zeitaufwand möglicherweise gründlicheren Exploration und des Mangels an qualifizierten Sachverständigen erscheint die Bestellung eines mit dem Patienten bereits befassten Anstaltspsychologen aber u. U. nachvollziehbar (OLG Hamm StV 1999, S. 216; KG NStZ 1999, S. 319 f.). Dringend zu empfehlen ist allerdings grundsätzlich die Beauftragung eines unabhängigen, neutralen Sachverständigen, allein um der Gefahr einer repetitiven Routinebeurteilung entgegenzuwirken (BVerfGE 117, S. 71, 106). Im Maßregelvollzug ist eine externe Begutachtung nach gewissen Zeitabständen ausdrücklich vorgeschrieben (▶ Abschn. 9.3.7).

Das Gutachten des Sachverständigen hat sich nach § 454 Abs. 2 S. 2 StPO »namentlich zu der Frage zu äußern, ob bei dem Verurteilten keine Gefahr mehr besteht, daß dessen durch die Tat zutage getretene Gefährlichkeit fortbesteht«. Der Sachverständige ist nach § 454 Abs. 2 S. 3 StPO mündlich zu hören, wobei der Staatsanwaltschaft, dem Verurteilten, seinem Verteidiger und der Vollzugsanstalt Gelegenheit zur Mitwirkung zu geben ist (zur verfassungsrechtlichen Bedeutung des Anhörungserfordernisses BVerfG, Beschluss der 3. Kammer des 2. Senats vom 5.5.2008 – 2 BvR 1615/07 –, Juris). Von der mündlichen Anhörung des Sachverständigen kann nur im Einverständnis aller Verfahrensbeteiligten abgesehen werden. Der Gesetzgeber wollte mit dem aufwendigeren Verfahren die Aussetzung auf Fälle beschränken, in denen »ein Rückfallrisiko nach menschlichem Ermessen weitestgehend ausgeschlossen werden kann« (BT-Drucks. 13/8586, S. 10).

Allerdings darf diese prozessuale Vorschrift nicht dahingehend verstanden werden, dass sie durch ihre schärfere Formulierung (»keine Gefahr mehr«) § 57 Abs. 1 StGB als ihr materiell-rechtliches Gegenstück einenge, da dieser dann leerlaufen würde (OLG Karlsruhe NStZ-RR 2000, S. 315; OLG Karlsruhe NStZ-RR 1999, S. 253; Rotthaus 1998, S. 600). Somit richtet sich die Entscheidung über eine Strafrestaussetzung nicht nach der in § 454 Abs. 2 S. 2 StPO formulierten Prognose, sondern lediglich nach der Gefährlichkeitsprognose des § 57 Abs. 1 S. 1 Nr. 2 StGB (ggf. über § 57a Abs. 1 S. 1 Nr. 3 StGB).

Prognoserelevante Faktoren

Für die Gefährlichkeitsprognose können verschiedene Faktoren relevant sein. Männer werden häufiger straffällig als Frauen. Das Rückfallrisiko nimmt mit zunehmendem Alter häufig ab. Unter anderem sollten folgende Faktoren berücksichtigt werden:
- Psychopathologische Auffälligkeiten, psychiatrische Diagnosen
- Persönlichkeit des Probanden
- Biografie
- Strafrechtliche Vorgeschichte
- Tatumstände
- Verhalten vor, während und nach der Tat
- Verhalten in der Haftanstalt bzw. im Maßregelvollzug sowie der Behandlungsverlauf
- Sozialer Empfangsraum (Beruf, Wohnung, Partnerschaft, Familie, Freundschaften, finanzielle Situation usw.)
- Zukunftspläne des Probanden

Beispiel
- **Fall 9.1**

Ein psychiatrisch-psychotherapeutischer Sachverständiger wurde mit einem Prognosegutachten gemäß § 57a StGB bei dem 43-jährigen Gefängnisinsassen Klaus S. beauftragt, da die Strafvollstreckungskammer die Strafaussetzung erwog. Herr S. hatte vor ca. 15 Jahren den Geliebten seiner damaligen Verlobten getötet und war zu einer lebenslangen Freiheitsstrafe verurteilt worden. Zuvor war er bereits mehrfach wegen Körperverletzungen verurteilt worden. Bei dem Anlassverfahren war bereits ein psychiatrischer Sachverständiger hinzugezogen worden, der eine Soziopathie diagnostiziert hatte (dies entsprach nach ICD-10 der Diagnose einer dissozialen Persönlichkeitsstörung [F60.2]). Auffälligkeiten im Vollzug waren in der Personalakte der JVA nur in den ersten 3 Jahren offensichtlich; in der Folge hatte sich Herr S. angepasst verhalten. Eine Anstaltspsychologin bescheinigte mehrfach, wobei der Leiter der JVA sich anschloss, dass eine Gefahr von dem Gefangenen nicht mehr ausgehen würde und aus Anstaltssicht eine Entlassung zu befürworten sei.

Bei der gutachterlichen Untersuchung war klinisch, wie in der durchgeführten testpsychologischen Zusatzbegutachtung, weiter eine ausgeprägte dissozi-

ale Persönlichkeitsstörung festzustellen. Eine Veränderung zur Vorbegutachtung hatte sich nicht ergeben. In der Exploration zeigte Herr S. nur sehr oberflächlich Einsicht in die Zusammenhänge der Anlasstat. Der soziale Empfangsraum hatte sich zwischenzeitlich völlig verändert, Verwandte und Freunde hatten sich abgewendet. Lediglich die frühe Qualifikation als Schlosser bestand, während der Proband in der JVA durchgängig in anderen Berufsbereichen eingesetzt war. Eine Strafaussetzung konnte durch den Sachverständigen nicht befürwortet werden. Dem schloss sich die Kammer an.

9.3 Maßregeln der Besserung und Sicherung (einschl. § 126a StPO)

9.3.1 Allgemeines

Neben der Strafe kennt das StGB als weitere Sanktionsart die Maßregeln der Besserung und Sicherung, die daher auch als »zweite Spur« bezeichnet werden. Im Gegensatz zur auf dem Schuldprinzip basierenden Strafe, die primär die Ahndung der begangenen Straftat im Visier hat, zielen die Maßregeln auf die Abwendung der Gefahr weiterer Taten durch den Täter (LK-Schöch 2008, vor § 61 Rn. 29). Dementsprechend wird ihre Anordnung nicht durch die Schuld des Täters, sondern nach § 62 StGB durch den Verhältnismäßigkeitsgrundsatz begrenzt, der besagt, dass eine Maßnahme geeignet und erforderlich zur Abwehr der von dem Täter ausgehenden Gefahr sein muss und nicht zu ihr außer Verhältnis stehen darf. Eine dauerhafte Unterbringung eines notorischen Schwarzfahrers beispielsweise würde der von ihm ausgehenden Gefahr zwar wirksam begegnen, aber in keinem angemessenen Verhältnis zu ihr stehen. Außerdem ist die Besserung durch Heilung, Therapie und Pflege lediglich ein Mittel zur Erreichung des Zwecks der Verhinderung weiterer Straftaten, was bedeutet, dass auch ein weiterhin mit Erfolgsaussichten therapierbarer Täter nicht mehr untergebracht werden darf, wenn von ihm diesbezüglich keine Gefahr mehr ausgeht (vgl. § 67d Abs. 2 S.1 StGB; Pollähne 2010a, S. 188). Nach § 72 Abs. 2 StGB können Maßregeln nebeneinander angeordnet

werden, wenn nicht ihr Zweck, d. h. die Nicht-
begehung weiterer Straftaten, auch durch eine
Maßregel alleine zu erreichen ist (§ 72 Abs. 1
S. 1 StGB).

Das Strafrecht kennt mit der Unterbringung in
einem psychiatrischen Krankenhaus (§ 63 StGB)
bzw. in einer Entziehungsanstalt (§ 64 StGB) und
der Sicherungsverwahrung (§ 66 StGB) 3 freiheitsentziehende Maßregeln der Besserung und Sicherung, bei denen Sachverständige hinzugezogen
werden.

Sind bereits vor der Verurteilung dringende
Gründe für die Annahme vorhanden, dass eine
Maßregel nach den §§ 63 und 64 StGB angeordnet
werden wird, kann das Gericht nach § 126a Abs. 1
StPO auch schon zu diesem Zeitpunkt die einstweilige Unterbringung anordnen, wenn die öffentliche Sicherheit es erfordert (▶ Abschn. 9.3.4).

Die Vorschrift des § 246a StPO verlangte in
ihrer bis zum 19.7.2007 geltenden Fassung die Zuziehung eines Sachverständigen im Strafverfahren,
wenn damit **zu rechnen** war, dass die Unterbringung in einem psychiatrischen Krankenhaus (§
63 StGB), einer Entziehungsanstalt (§ 64 StGB)
oder in der Sicherungsverwahrung angeordnet (§
66 StGB) oder vorbehalten (§ 66a StGB) werden
würde. Nach allgemeiner Auffassung war jedoch
bereits bei der **Möglichkeit** der Unterbringung mit
ihr im Sinne der Vorschrift »zu rechnen« (BGH
NStZ 1994, S. 95 f.), sodass die Anforderungen
hier wesentlich niedriger waren als beispielsweise
bei den »dringenden Gründen« des § 126a Abs. 1
StPO.

Für die Unterbringung in einem psychiatrischen Krankenhaus und in der Sicherungsverwahrung wurde der Gesetzestext des § 246a Abs. 1
S. 1 StPO dieser Auslegung durch das Gesetz zur
Sicherung der Unterbringung in einem psychiatrischen Krankenhaus und in einer Entziehungsanstalt (BGBl I, S. 1327) insoweit angepasst, als
die Anhörung eines Sachverständigen nunmehr
erfolgen muss, wenn die Anordnung der Maßregel **in Betracht** kommt. Demgegenüber beschränkt
§ 246a Abs. 1 S. 2 StPO die Hinzuziehung eines
Sachverständigen für die Unterbringung in einer
Entziehungsanstalt auf Fälle, in denen das Gericht die Unterbringung **erwägt**. Damit wird die
Beauftragung eines Gutachters – entgegen der

im Gesetzgebungsverfahren geäußerten Auffassung des Rechtsausschusses des Bundestags (BT-
Drucks. 16/5137, S. 11; ebenso Schneider 2008,
S. 68, 70) – erst notwendig, wenn das Gericht die
Anordnung der Unterbringung nach § 64 StGB
konkret in Betracht zieht (Gesetzentwurf des Bun-
desrates, BT-Drucks. 16/1110, S. 25; KK-Krehl
2013, § 246a Rn. 2).

§ 246a StPO wurde zum 1.9.2013 mit dem neu
eingeführten Absatz 2 um eine Soll-Vorschrift zur
Begutachtung in Verfahren wegen Sexualdelikten zum Nachteil Minderjähriger erweitert, bei
denen eine Therapieweisung in Betracht kommt.
Nach der § 68b Abs. 2 S. 2 StGB entnommenen
Legaldefinition handelt es sich dabei um die Weisung, sich »psychiatrisch, psycho- oder sozialthe-
rapeutisch betreuen und behandeln zu lassen«;
ihre Erteilung ist möglich bei der Einstellung des
Verfahrens nach § 153a StPO, der Verwarnung
mit Strafvorbehalt nach § 59a StGB, der Strafaussetzung zur Bewährung nach § 56c StGB oder
bei Führungsaufsicht nach den § 68 ff. StGB.
Der gesetzgeberischen Begründung zufolge soll so
möglichst früh, nämlich »bereits zu Beginn von
möglichen Deliktskarrieren«, gutachterlich eruiert werden, ob eine behandlungsbedürftige und
behandlungsfähige Störung vorliegt (BT-Drucks.
17/12735 S. 16).

Die Vollstreckung der Maßregeln der Besserung und Sicherung erfolgt entsprechend
§ 463 Abs. 1 StPO grundsätzlich nach den Regeln
über die Strafvollstreckung, »soweit nichts anderes
bestimmt ist«, was für die Unterbringung nach
§ 463 Abs. 3 S. 3 StPO ausdrücklich auch die Vorschrift des § 454 Abs. 2 StPO mit einschließt (▶ Abschn. 9.2.3).

§ 136 StVollzG. Die Behandlung des Untergebrachten in einem psychiatrischen Krankenhaus
richtet sich nach ärztlichen Gesichtspunkten. Soweit
möglich, soll er geheilt oder sein Zustand so weit
gebessert werden, daß er nicht mehr gefährlich ist.
Ihm wird die nötige Aufsicht, Betreuung und Pflege
zuteil.

Die Unterbringung in einem psychiatrischen Krankenhaus (§§ 61 Nr. 1, 63 StGB) ist für psychisch
kranke und weiterhin gefährliche Täter vorgese-

hen, die für ihre Taten aufgrund ihrer Krankheit nicht voll verantwortlich sind.

§ 137 StVollzG. Ziel der Behandlung des Untergebrachten in einer Entziehungsanstalt ist es, ihn von seinem Hang zu heilen und die zugrunde liegende Fehlhaltung zu beheben.

Die Unterbringung in einer Entziehungsanstalt, d. h. in einer auf Abhängigkeitserkrankungen spezialisierten Station oder Abteilung einer psychiatrisch-psychotherapeutischen Fachklinik (§§ 61 Nr. 2, 64 StGB) zielt auf alkohol- und drogenabhängige Täter, von denen aufgrund dieser Abhängigkeit weitere erhebliche rechtswidrige Taten zu erwarten sind.

§ 129 StVollzG. Der Sicherungsverwahrte wird zum Schutz der Allgemeinheit sicher untergebracht. Ihm soll geholfen werden, sich in das Leben in Freiheit einzugliedern.

Die Sicherungsverwahrung (§§ 61 Nr. 3, 66 StGB) betrifft Täter, die für ihre Taten verantwortlich sind und wiederholt schwere Straftaten begehen.

Die Unterbringung in einem psychiatrischen Krankenhaus oder in einer Entziehungsanstalt ist nach § 7 Abs. 1 JGG auch bei Jugendlichen und Heranwachsenden (§ 105 Abs. 1 JGG) anzuwenden, wobei nach § 5 Abs. 3 JGG eine Unterbringung Zuchtmittel und Jugendstrafe entbehrlich machen kann (zur daraus resultierenden »Einspurigkeit« des Jugendstrafrechts Ostendorf 2013, § 7 Rn. 19; zur Vereinbarkeit der unbefristeten Unterbringung nach § 63 StGB mit der Kinderrechtskonvention BVerfG, Beschluss vom 5.7.2013 – 2 BvR 708/12 -, Juris). Die Sicherungsverwahrung gemäß § 66 StGB darf gegen Jugendliche und Heranwachsende neben der Strafe nicht angeordnet werden. Der Gesetzgeber hat allerdings 2004 zunächst für Heranwachsende die Möglichkeit geschaffen, die Sicherungsverwahrung bei der Verurteilung vorzubehalten und zu einem späteren Zeitpunkt anzuordnen (§ 106 Abs. 3-4 JGG; dazu BGHSt 52, S. 316) und sodann auch die (isolierte) nachträgliche Anordnung der Sicherungsverwahrung ermöglicht (§ 106 Abs. 5-6 JGG in der bis zum 1.6.2013 geltenden Fassung); 2008 wurde in

§ 7 Abs. 2, 3 JGG a. F. die Möglichkeit einer nachträglichen Anordnung der Sicherungsverwahrung bei Verurteilungen nach Jugendstrafrecht eröffnet (dazu Ullenbruch 2008). Diese kontinuierlichen Verschärfungen haben ebenso wie verschiedene weitere im kriminalpolitischen Diskurs erhobene Forderungen – etwa nach einer Herabsetzung des Strafmündigkeitsalters von 14 auf 12 Jahre oder nach einer vollständigen oder zumindest regelmäßigen Behandlung der Heranwachsenden nach Erwachsenenstrafrecht – berechtigte Kritik des fachwissenschaftlichen Schrifttums hervorgerufen (Albrecht 2008; Ostendorf 2008).

Die zum 1.6.2013 erfolgte Neuregelung konzentriert sich nunmehr wieder auf das Instrument der vorbehaltenen Sicherungsverwahrung (§§ 7 Abs. 2, 106 Abs. 3, 4 JGG), welche zudem, insoweit schärfer als im Erwachsenenstrafrecht, als Anlasstat eine Tat voraussetzt, durch welche das Opfer seelisch oder körperlich schwer geschädigt oder einer solchen Gefahr ausgesetzt worden ist. Die nachträgliche Sicherungsverwahrung bleibt allein in den Fällen möglich, in denen die Unterbringung in einem psychiatrischen Krankenhaus gemäß § 67d Abs. 6 StGB für erledigt erklärt wurde (Ostendorf 2013, § 7 Rn. 19).

Hinzuweisen ist noch auf die Problematik der Möglichkeit der Privatisierung des Maßregelvollzugs. Mit Urteil vom 18.1.2012 hat das Bundesverfassungsgericht zumindest das »hessische Modell«, nach dem Träger der privatisierten Einrichtungen weiterhin die öffentliche Hand bleibt und die Leitungsfunktionen von Angestellten des öffentlichen Dienstes wahrgenommen werden, gebilligt (BVerfGE 130, S. 76).

Die nicht freiheitsentziehenden Maßregeln des StGB sind:
- Führungsaufsicht (§§ 61 Nr. 4, 68 ff. StGB),
- Entziehung der Fahrerlaubnis (§§ 61 Nr. 5, 69 StGB; ▶ Kap. 13),
- Berufsverbot (§§ 61 Nr. 6, 70 StGB).

Unabhängig von der Führungsaufsicht kraft Gesetzes, wie beispielsweise bei positiven Aussetzungsentscheidungen der §§ 67b–d StGB, kann das Gericht nach § 68 Abs. 1 StGB bei mehr als sechsmonatiger Freiheitsstrafe Führungsaufsicht anordnen, wenn die Gefahr weiterer Straftaten besteht und Führungsaufsicht im Gesetz besonders vorgesehen ist. In einer Art Doppelfunktion dient sie dazu, Täter einerseits bei der Gestaltung ihres Lebens in der Freiheit über gewisse kritische Zeiträume hinweg zu unterstützen und sie andererseits zu überwachen, um künftigen Straftaten vorzubeugen (Schönke u. Schröder-Stree/Kinzig 2014, § 68 Rn. 3).

Begeht jemand eine rechtswidrige Tat »bei oder im Zusammenhang mit dem Führen eines Kraftfahrzeugs oder unter Verletzung der Pflichten eines Kraftfahrzeugführers«, wird ihm § 69 Abs. 1 S. 1 StGB die Fahrerlaubnis entzogen, »wenn sich aus der Tat ergibt, daß er zum Führen von Kraftfahrzeugen ungeeignet ist« (► Kap. 13). Um eine Alternative zur Freiheitsstrafe und insbesondere eine Sanktionierung von Tätern zu ermöglichen, für welche »eine Geldstrafe kein fühlbares Übel darstellt«, ist derzeit allerdings geplant, das Fahrverbot als eigenständige Sanktion sowohl im Erwachsenen- als auch im Jugendstrafrecht einzuführen (Koalitionsvertrag der 18. Legislaturperiode, S. 146).

Wenn jemand eine rechtswidrige Tat »unter Missbrauch seines Berufs oder Gewerbes oder unter grober Verletzung der mit ihnen verbundenen Pflichten begangen hat«, kann ihm zum Schutz der Allgemeinheit gemäß § 70 Abs. 1 S. 1 StGB ein Berufsverbot erteilt werden, wenn die Gesamtwürdigung des Täters und der Tat die Gefahr weiterer solcher Taten erkennen lässt. Auch hier kann die Maßregel einerseits vorläufig (§ 132a StPO) und andererseits im Ausnahmefall für immer angeordnet werden, wobei in der Regel maximal 5 Jahre vorgesehen sind.

9.3.2 Unterbringung in einem psychiatrischen Krankenhaus (§ 63 StGB)

§ 63 StGB. Hat jemand eine rechtswidrige Tat im Zustand der Schuldunfähigkeit (§ 20 StGB) oder der verminderten Schuldfähigkeit (§ 21 StGB) begangen, so ordnet das Gericht die Unterbringung in einem psychiatrischen Krankenhaus an, wenn die Gesamtwürdigung des Täters und seiner Tat ergibt, daß von ihm infolge seines Zustandes erhebliche rechtswid-

rige Taten zu erwarten sind und er deshalb für die Allgemeinheit gefährlich ist.

Zum 31.12.2012 waren deutschlandweit 6.659 Personen in einem psychiatrisch-psychotherapeutischen Krankenhaus untergebracht, die Zahl der nach § 64 StGB in einer Entziehungsanstalt Untergebrachten misst demgegenüber nur etwa die Hälfte (Statistisches Bundesamt 2014). Für die Anordnung einer Unterbringung in einem psychiatrisch-psychotherapeutischen Krankenhaus muss der Täter zunächst eine rechtswidrige Tat begangen haben. Im Sinne der sog. limitierten Akzessorietät setzt das zwar voraus, dass die Tatbestandsverwirklichung beispielsweise nicht durch Notwehr gerechtfertigt gewesen sein darf, nicht aber, dass der Täter auch schuldhaft gehandelt haben muss. Im Gegenteil fordert § 63 StGB, dass der Täter nicht (voll) schuldfähig, sondern »im Zustand der Schuldunfähigkeit (§ 20 StGB) oder der verminderten Schuldfähigkeit (§ 21 StGB)« gehandelt hat (zu den einzelnen Merkmalen ► Kap. 2).

Hintergrundinformation

Das ist nicht der Fall, wenn auch die Alternative der vollen Schuldfähigkeit nicht ausgeschlossen werden kann (BGH NStZ 1986, S. 237), da mindestens die erhebliche Minderung der Schuldfähigkeit positiv festgestellt sein muss (BGH NJW 1983, S. 350; BGH NStZ 2009, S. 86), was aber beispielsweise bei Zweifeln zwischen den einzigen Varianten Schuldunfähigkeit (§ 20 StGB) und verminderter Schuldfähigkeit (§ 21 StGB) gegeben ist (BGHSt 18, S. 167). Eine vom Bundesrat vorgeschlagene Änderung des § 63 StGB, die eine Erweiterung auf »nicht auszuschließende« Schuldunfähigkeit vorsah (BT-Drucks. 16/1344 S. 11), ist nicht Gesetz geworden. In der Begründung der Unterbringungsentscheidung muss seitens des Tatgerichts im Einzelnen dargelegt werden, »wie sich die festgestellte, einem Merkmal von §§ 20, 21 StGB unterfallende Erkrankung in der jeweiligen konkreten Tatsituation auf die Einsichts- oder die Steuerungsfähigkeit ausgewirkt hat und warum die Anlasstat auf den entsprechenden psychischen Zustand zurückzuführen ist« (BGH NStZ-RR 2013, S. 303).

Der Zustand, welcher der Schuldunfähigkeit oder verminderten Schuldfähigkeit zugrunde liegt, muss für § 63 StGB zudem ein länger andauernder sein (BGH NStZ 1993, S. 181 f.), was sich auch daraus ergibt, dass die weiterhin vorausgesetzte Gefährlichkeitsprognose »infolge dieses Zustandes« negativ ausfallen muss. Nicht erforderlich ist hingegen, dass der Täter ununterbrochen schuldunfähig oder vermindert schuldfähig ist; vielmehr genügt, dass seine Befindlichkeit aufgrund einer länger dauernden seelischen Störung derart beschaffen ist, dass bereits alltägliche Ereignisse die akute erhebliche Beeinträchtigung der Schuldfähigkeit in Bezug auf eine konkrete Tat auslösen können (BGH NStZ-RR 2005, S. 370 f.). Die auf eine kombinierte Persönlichkeitsstörung zurückzuführende Disposition, in bestimmten Belastungssituationen wegen mangelnder Fähigkeit zur Impulskontrolle in den Zustand erheblich verminderter Steuerungsfähigkeit zu geraten, soll allerdings zur Bejahung eines dauernden Zustandes i. S. d. § 63 StGB grundsätzlich nicht ausreichen (BGH NStZ-RR 2008, S. 140; MünchKomm-van Gemmeren 2012, § 63 Rn. 31).

Insbesondere bei Taten unter Alkoholeinfluss entstehen diesbezüglich auch in der medizinisch-psychologischen Praxis Abgrenzungsprobleme, wenn die Rechtsprechung einerseits »krankhafte Alkoholsucht bzw. –überempfindlichkeit« genügen lässt (BGHSt 7, S. 35; BGH bei Detter 1989, S. 465, 471), andererseits aber Alkoholmissbrauch aufgrund »schwerer Persönlichkeitsstörungen, die ihrerseits keinen Krankheitswert haben«, aus dem Anwendungsbereich des § 63 StGB ausgrenzt und auf § 64 StGB verweist (BGH NStZ 1983, S. 429; ▶ Abschn. 9.3.3). Ist die Verminderung der Schuldfähigkeit letztlich auf die Alkoholisierung zurückzuführen, so soll § 63 StGB nur dann angewandt werden können, wenn »der die Schuldfähigkeit berührende Mangel auf einem derartigen psychischen Defekt (Persönlichkeitsstörung) beruht, daß aus ihm der Zwang zum Trinken mit der Folge weiterer Dekompensation der Persönlichkeit infolge des Alkoholkonsums erwächst« (BGH NStZ-RR 1997, S. 102). Gleiches gilt grundsätzlich auch für die Abhängigkeit von Betäubungsmitteln (dazu Detter 2014, S. 22 f.). Auch nicht-stoffgebundene Süchte können grundsätzlich eine erhebliche Verminderung der Steuerungsfähigkeit begründen, sofern »die Sucht zu schwersten Persönlichkeitsveränderungen geführt oder der Täter bei Beschaffungstaten unter starken Entzugserscheinungen gelitten hat« (BGH NStZ 2004, S. 31). Angesichts des verfassungsrechtlich verankerten Verhältnismäßigkeitsgrundsatzes müssen sich die Unterbringungsvoraussetzungen jedoch auch hier an den von der Rechtsprechung zur Rauschmittelabhängigkeit entwickelten Grundsätzen orientieren, weshalb im Ergebnis die Unterbringung etwa eines Spielsüchtigen gemäß § 63 StGB derzeit nicht möglich ist – die durch die Nichtanwendbarkeit des § 64 StGB in solchen Fällen unter Umständen

entstehende »Schutzlücke« habe der Gesetzgeber in Kauf genommen (BGHSt 58, S. 192, 196).

Der festgestellte Zustand muss kausal (»infolge«) dafür sein, dass die Gesamtwürdigung des Täters und seiner Tat erhebliche rechtswidrige Taten im Wege einer bestimmten bzw. gewissen, über die bloße Möglichkeit hinausgehenden Wahrscheinlichkeit (BGH NStZ 1986, S. 572) höheren Grades (BGH NStZ 1993, S. 78; BGH bei Detter 1992, S. 477, 480) erwarten lässt und stellt somit die Verbindung zwischen der Anlasstat und den zu erwartenden Taten her.

> ❯ Die Rechtsprechung fordert explizit, dass »zwischen dem seelischen Zustand des Täters und dessen Gefährlichkeit in dem Sinne ein symptomatischer Zusammenhang besteht, daß sowohl die Anlasstat als auch die für die Zukunft zu befürchtenden rechtswidrigen Taten Folgen der zur Schuldunfähigkeit oder doch zu ihrer erheblichen Verminderung führenden seelischen Verfassung sind« (BGH NStZ 1991, S. 528).

Die Taten müssen dementsprechend auf die psychische Störung als »gleiche Defektquelle« (BGH NJW 1998, S. 2986; BGH NStZ-RR 2004, S. 331) rückführbar, aber nicht unbedingt gleichartig sein, wobei unter dem Gesichtspunkt der Verhältnismäßigkeit eine geringfügige Anlasstat eine besondere Prüfung der Gefährlichkeitsprognose erfordert (BGH NStZ 1986, S. 237; BVerfG NStZ-RR 2013, S. 72; zur Anlasstat im Rahmen einer zivilrechtlichen Unterbringung BGH NStZ 1998, S. 405) und erwartete »lästige« bzw. Bagatelltaten (Volckart u. Grünebaum 2009, S. 16) wie beispielsweise kleine Ladendiebstähle (BGH NStZ-RR 1997, S. 230) oder Zechprellereien (BGHSt 20, S. 232) die geforderte Erheblichkeitsgrenze nicht überschreiten. Diese liegt allerdings niedriger als bei der Sicherungsverwahrung nach § 66 Abs. 1 Nr. 3 StGB (▶ Abschn. 9.3.5; BGHSt 27, S. 246, 248). Die Frage nach der Erheblichkeit kann nicht allein mit dem Gewicht des gesetzlichen Straftatbestandes beantwortet werden, es kommt grundsätzlich auf die konkrete Ausgestaltung der zu befürchtenden Taten an (BGH NStZ-RR 2012, S. 39).

Aus dem Verhältnismäßigkeitsprinzip (§ 62 StGB) resultiert auch der Grundsatz der Subsidiarität der Unterbringung. Es muss erwogen werden, ob nicht mildere Maßnahmen außerhalb des Maßregelvollzugs einen ausreichend zuverlässigen Schutz der Allgemeinheit vor der Gefährlichkeit des Täters bieten. Beispielhaft seien genannt die Unterbringung auf einer gesonderten Station für alkoholabhängige Senioren (BGH NStZ-RR 1998, S. 359), die Begründung eines Betreuungsverhältnisses nach §§ 1896 ff. BGB (BGH NStZ-RR 2007, S. 300) oder eine überwachte Medikamenteneinnahme (BGH, Beschluss vom 18.9.2000 – 5 StR 384/00 –, Juris). Allerdings ist zu beachten, dass regelmäßig ein solches milderes Mittel erst Bedeutung für die Frage erlangt, ob die Vollstreckung der Unterbringung gemäß § 67b Abs. 1 StGB zur Bewährung auszusetzen ist (▶ Abschn. 9.3.6). Angesichts der Möglichkeit, die Bewährung zu widerrufen, kann dadurch Druck auf den gefährlichen Täter ausgeübt und die Allgemeinheit ausreichend geschützt werden (BGH NStZ-RR 2000, S. 300 f.).

Die von § 63 StGB als Folge der negativen Erwartung postulierte Allgemeingefährlichkeit hat demgegenüber keine über die eigentliche Gefährlichkeitsprognose hinausgehende Bedeutung, da selbst die für die Allgemeinheit nicht hinnehmbare Gefährdung einer einzelnen fremden Person ausreicht (BGH JR 1996, S. 290; BGHSt 26, S. 321; BGHSt 34, S. 22, 29). So ordnete etwa auch das LG Frankfurt (Oder) mit Verweis auf BGH NStZ-RR 2009, S. 46, die Unterbringung einer Frau an, die im Zustand der Schuldunfähigkeit ihre 4 Jahre alte Tochter getötet hatte, da das Gericht die konkrete Gefahr sah, dass sie »in absehbarer Zeit erneut schwanger und dann aufgrund ihrer psychischen Erkrankung erneut zu einer Todesgefahr für ihr heute noch nicht existierendes Kind werden wird« (LG Frankfurt (Oder) Urteil vom 21.1.2013 – 23 KLs 24/12 –, Juris).

Vor dem Hintergrund der breiten öffentlichen Diskussion um die Unterbringung im Fall »Mollath« (vgl. dazu etwa die Besprechung von Muckel 2014) wird derzeit eine Reform des Unterbringungsrechts erwogen. Das vom Bundesministerium der Justiz erarbeitete Eckpunktepapier vom 15.7.2013 schlägt unter anderem vor, eine Überprüfung der Unterbringungsmaßnahme bereits nach 4 Monaten, sodann nach weiteren 8 Monaten und schließlich im Jahresrhythmus vorzuschrei-

ben und hierbei die Einholung eines u. U. auch externen Sachverständigengutachtens zwingend anzuordnen. Zudem soll an die Stelle der derzeit unbefristeten Unterbringung eine differenzierte Regelung treten, die mit zunehmender Dauer der Unterbringung erhöhte Anforderungen an die negative Gefährlichkeitsprognose stellt. Des Weiteren regt das Eckpunktepapier an, die Verhängung der Maßregel stärker auf gravierende Fälle zu beschränken und eine negative Gefährlichkeitsprognose, die lediglich Delikte von abstrakter und allgemeiner Gefährlichkeit umfasst, für die Anordnung der Unterbringung nicht ausreichen zu lassen, sofern keine erheblichen Personenschäden oder schwere wirtschaftliche Schäden drohen. Auch der Koalitionsvertrag zur 18. Legislaturperiode sieht eine Neuregelung des Unterbringungsrechts vor, um »insbesondere dem Verhältnismäßigkeitsgrundsatz stärker zur Wirkung [zu] verhelfen« (Koalitionsvertrag der 18. Legislaturperiode, S. 146).

Beispiel

- **Fall 9.2**

Florian P., 36-jähriger Student der Germanistik, war schon Monate vor der Tat auffällig. Er zog sich von seinen Freunden und der Universität zurück, konsumierte verstärkt Haschisch, verbarrikadierte sich. Später berichtete er, dass er in dieser Zeit Stimmen wahrgenommen habe, die sein Handeln kommentiert und ihm Befehle gegeben hätten. Er habe sich der Strahlung, die den Steckdosen und den Lichtstrahlern seiner Wohnung entwichen sei, ausgesetzt gefühlt. Fremde Mächte anderer Planeten hätten durch diese Strahlung sein Handeln und Denken gesteuert. Er habe mehr und mehr Angst bekommen, bis er es nicht mehr ausgehalten habe. Er habe bei einer Tankstelle 2 Kanister Benzin gekauft, diese in seiner Wohnung ausgeschüttet und angezündet. Dies hätten ihm die Stimmen befohlen. Er habe damit ein Opfer für die Menschheit bringen sollen.

Während seines Aufenthalts in einer Klinik für Verbrennungen war bei Florian P. eine psychotische Symptomatik nicht auffällig, sodass eine einstweilige Unterbringung nach § 126a StPO nicht angeordnet wurde. Die Diagnose einer Ersterkrankung einer paranoiden Psychose (ICD-10: F20.0) wurde vom Gutachter kurz vor der Hauptverhandlung bei der Untersuchung in der Justizvollzugsanstalt gestellt. Ein Zusammenhang zwischen Anlasstat und Erkrankung war offensichtlich, die Voraussetzungen des § 20 StGB mit einer aufgehobenen Schuldfähigkeit gegeben. Herr P. war weiterhin krank, wenngleich nunmehr ein depressives Syndrom im Rahmen einer ausgeprägten Negativsymptomatik zu verzeichnen war. Da wegen der unvollständigen Remission und recht hohen Rezidivwahrscheinlichkeit erneute schwere Straftaten mit Fremdgefährdungen zu befürchten waren, war von einer weiterhin bestehenden Gefahr für die Allgemeinheit i. S. d. § 63 StGB auszugehen. Bestätigt wurde dies durch die nur partiell gegebene Krankheits- und eingeschränkte Behandlungseinsicht (Florian P.: »Solange ich in der Klinik sein muss, werde ich die Medikamente noch nehmen, anschließend brauche ich sie nicht mehr.«). – Daher befürwortete der Sachverständige, dem sich das erkennende Gericht anschloss, die Unterbringung des Probanden in einem psychiatrisch-psychotherapeutischen Krankenhaus.

9.3.3 Unterbringung in einer Entziehungsanstalt (§ 64 StGB)

§ 64 StGB. Hat eine Person den Hang, alkoholische Getränke oder andere berauschende Mittel im Übermaß zu sich zu nehmen, und wird sie wegen einer rechtswidrigen Tat, die sie im Rausch begangen hat oder die auf ihren Hang zurückgeht, verurteilt oder nur deshalb nicht verurteilt, weil ihre Schuldunfähigkeit erwiesen oder nicht auszuschließen ist, so soll das Gericht die Unterbringung in einer Entziehungsanstalt anordnen, wenn die Gefahr besteht, daß sie infolge ihres Hanges erhebliche rechtswidrige Taten begehen wird. Die Anordnung ergeht nur, wenn eine hinreichend konkrete Aussicht besteht, die Person durch die Behandlung in einer Entziehungsanstalt zu heilen oder über eine erhebliche Zeit vor dem Rückfall in den Hang zu bewahren und von der Begehung erheblicher rechtswidriger Taten abzuhalten, die auf ihren Hang zurückgehen.

Die Unterbringung in einer Entziehungsanstalt nach § 64 StGB, also auf einer spezialisierten Station oder Abteilung eines psychiatrisch-psychotherapeutischen Krankenhauses, ist im Gegensatz

zu § 63 StGB unabhängig von ihrer Schuld(un)fähigkeit für solche Täter vorgesehen, die den Hang haben, »alkoholische Getränke oder andere berauschende Mittel im Übermaß zu sich zu nehmen«. Andere berauschende Mittel neben Alkohol sind dabei vor allem die in den Anlagen I–III des Betäubungsmittelgesetzes (BtMG) aufgeführten, also bspw. Opiate, Cannabis oder Kokain (LK-Schöch 2008, § 64 Rn. 66 ff.; Statistik bei Seifert u. Leygraf 1999, S. 453).

Der vom Gesetz geforderte »Hang« – abzugrenzen vom einmaligen bzw. gelegentlichen Konsum – liegt jedenfalls bei einem Abhängigkeitssyndrom vor, kann aber im Einzelfall auch schon bei regelmäßigem Haschischkonsum gegeben sein (BGH NStZ 1993, S. 339; zum Unterschied zur medizinischen Terminologie Schreiber u. Rosenau 2009, S. 116). Denn nach der Rechtsprechung (BGH NStZ-RR 2003, S. 41; BGH NStZ-RR 2003, S. 106 f.) genügt bereits »eine eingewurzelte, auf Grund psychischer Disposition bestehende oder durch Übung erworbene intensive Neigung, immer wieder Rauschmittel zu sich zu nehmen. Diese Neigung muss noch nicht den Grad einer psychischen Abhängigkeit erreicht haben«.

Übermäßiger Konsum im Sinne des § 64 StGB äußert sich nach der Rechtsprechung darin, dass die Wirkung der Droge den Betroffenen in seiner Gesundheit schädigt oder seine Arbeits- und Leistungsfähigkeit herabsetzt (BGHSt 3, S. 339 f.; BGH NStZ-RR 2003, S. 106 f.; NStZ-RR 2006, S. 103). Dies entspricht im Wesentlichen der ICD-10-Diagnose eines Abhängigkeitssyndroms (ICD-10: F1x.2). Ein täglicher Konsum ist nicht erforderlich, es genügt, wenn der Täter »von Zeit zu Zeit oder bei passender Gelegenheit dem Hang folgt« (BGH NStZ-RR 2009, S. 137). Ein schädlicher Gebrauch (Missbrauch; ICD-10: F1x.1) der Droge reicht hingegen üblicherweise nicht aus, um die Voraussetzung des § 64 StGB zu erfüllen. Ob tatsächlich ein Hang vorliegt oder ob es im Kontext einer dissozialen Entwicklung (auch) zu übermäßigem Suchtmittelkonsum gekommen ist, kann im Einzelfall schwierig zu beurteilen sein. Am ehesten wird ein Hang dann anzunehmen sein, wenn eine zuvor sozial angepasste Person (Indizwirkung etwa Berufsausbildung; Erwerbstätigkeit; intakte Partnerschaftsbeziehung) als Folge übermäßigen Suchtmittelkonsums allmählich sozial abgleitet und dann straffällig wird (Dannhorn 2012, S. 414 f.).

Die rechtswidrige Anlasstat muss bei § 64 StGB im »Rausch«, d. h. im Rahmen einer Intoxikation (ICD-10: F1x.0), begangen worden oder in kausaler Weise (BGH NStZ-RR 1997, S. 67) auf den Hang des Täters zurückzuführen sein. Dabei bildet die erste Alternative lediglich einen Unterfall der zweiten; erforderlich ist stets, dass die Tat »Symptomwert für den Hang hat, indem sich in ihr die hangbedingte Gefährlichkeit des Täters äußert« (BGH NJW 1990, S. 3282; BGH NStZ-RR 2012, S. 72). Symptomatisch sind für alkoholkranke Patienten in diesem Sinne Sachbeschädigungen, Körperverletzungen und andere Gewaltdelikte (Schalast u. Leygraf 2002, S. 191 f.) sowie für Rauschgiftsüchtige überraschenderweise hauptsächlich Raubdelikte (Statistik bei Seifert u. Leygraf 1999, S. 451), aber auch Taten nach dem BtMG, Rezeptfälschungen oder andere Beschaffungstaten (BGH NStZ-RR 2002, S. 331).

> **Für eine Anordnung nach § 64 StGB muss die Gefahr bestehen, dass die Person »infolge ihres Hanges erhebliche rechtswidrige Taten begehen wird«.**

Der danach erforderliche symptomatische Zusammenhang des Hanges mit den Anlasstaten und den künftig zu befürchtenden erheblichen rechtswidrigen Taten darf nicht allein deswegen verneint werden, weil außer der Sucht noch **weitere Persönlichkeitsmängel** eine Disposition für die Begehung von Straftaten begründen (BGH NStZ-RR 2007, S. 171 f.; BGH NStZ 2009, S. 258, 260). Er ist auch dann zu bejahen, wenn der Hang **neben anderen Umständen** dazu beigetragen hat, dass der Angeklagte erhebliche rechtswidrige Straftaten begangen hat und dies bei unveränderten Sachverhalten auch für die Zukunft zu besorgen ist (BGH NStZ-RR 2004, S. 78; BGH NStZ-RR 2009, S. 48; differenzierend Dannhorn 2012 S. 414 ff.), oder wenn ein evident gewordener Hang lediglich Einfluss auf die **Qualität** der bisherigen Straftaten hat und ihm ein solcher Einfluss auch auf die künftig zu befürchtenden Straftaten zukommen kann (BGH NStZ-RR 2006, S. 104 f.).

Zwar mag der unterschiedliche Wortlaut des § 64 StGB (»Gefahr«) und des § 63 StGB (»Erwartung«) dafür sprechen, dass das Gesetz für die Anordnung der Unterbringung in einem psychiatrischen Krankenhaus einen höheren Grad von Wahrscheinlichkeit bezüglich weiterer Taten jenseits der Erheblichkeitsgrenze verlangt (Fischer 2014, § 64 Rn. 15; Lackner u. Kühl 2011, § 64 Rn. 5), was sich aber schon abstrakt kaum bestimmen lässt, wenn von »bestimmter« oder »begründeter« Wahrscheinlichkeit die Rede ist (BGH NStZ 1994, S. 30 f.). Dementsprechend ist eine Grenzziehung in diesem Bereich schwer bis unmöglich, sodass die Anforderungen in den §§ 63 und 64 StGB in der Praxis zu denselben Ergebnissen führen. Obwohl im Gesetz an dieser Stelle nicht ausdrücklich vorgesehen, ist auch bei § 64 StGB eine Gesamtwürdigung vorzunehmen, die sich auf die Persönlichkeit des Täters, seine Lebensumstände und die Entwicklung insbesondere seines Hanges erstreckt (LK-Schöch 2008, § 64 Rn. 99; zu einzelnen Prognosekriterien Schalast u. Leygraf 2002, S. 187 ff.).

Lediglich »lästige« Taten bzw. Bagatelldelikte können auch eine Unterbringung nach § 64 StGB nicht rechtfertigen. Allerdings ist die Erheblichkeitsgrenze bei § 64 StGB etwas niedriger als bei § 63 StGB, weil hier der Besserungszweck im Vordergrund steht und eine zeitliche Obergrenze existiert (Lackner u. Kühl 2011, § 64 Rn. 5; Volckart u. Grünebaum 2009, S. 23). Im Gegensatz zum zumeist längerfristig angelegten § 63 StGB darf die Unterbringung in einer Entziehungsanstalt nämlich grundsätzlich nicht länger als 2 Jahre dauern (§ 67d Abs. 1 S. 1 StGB).

Das Gesetz sah ursprünglich vor, dass die Anordnung der Unterbringung in einer Entziehungsanstalt unterbleibt, »wenn eine Entziehungskur von vornherein aussichtslos erscheint« (§ 64 Abs. 2 StGB a. F.). Das Bundesverfassungsgericht hat diese gesetzgeberische Entscheidung jedoch unter Berufung auf den Verhältnismäßigkeitsgrundsatz dahingehend korrigiert, dass eine hinreichend konkrete Aussicht bestehen müsse, »den Süchtigen zu heilen oder doch über eine gewisse Zeitspanne vor dem Rückfall in die akute Sucht zu bewahren« (BVerfGE 91, S. 1, 30). Dieser Maßstab findet sich nunmehr in beinahe wortgleicher Formulierung in der zum 20.7.2007 in Kraft getretenen Neufassung des § 64 S. 2 StGB (dazu BGH NStZ-RR 2009, S. 48 f.). Die Entscheidung des Gesetzgebers, die Unterbringung in einer Entziehungsanstalt nur bei hinreichend konkreter Behandlungsaussicht zuzulassen, für die Unterbringung nach § 63 StGB jedoch keine entsprechende Regelung vorzusehen, rechtfertigt sich durch die unterschiedlichen Zwecke, die die jeweiligen Maßregeln verfolgen. Die staatliche Pflicht, die Allgemeinheit vor gefährlichen Tätern zu schützen, erlaubt die unterschiedliche Gewichtung von Sicherungs- und Besserungsaspekten in den §§ 63, 64 StGB, weshalb die Differenzierung nicht gegen den Gleichheitssatz des Art. 3 Abs. 1 GG verstößt (BVerfG, Nichtannahmebeschluss vom 5.7.2013 – 2 BvR 708/12 –, Juris).

> **Das Fehlen von Therapiebereitschaft steht der Unterbringung nicht grundsätzlich entgegen; insoweit ist zu prüfen, ob die konkrete Aussicht besteht, dass die Bereitschaft zu einer Erfolg versprechenden Behandlung durch entsprechende Bemühungen im Vollzug geweckt werden kann (BGH NStZ 1996, S. 274; BGH NStZ-RR 2007, S. 171; BGH NStZ-RR 2009, S. 277).**

Angesichts der relativ hohen Zahl vorzeitiger Therapieabbrüche (Statistiken bei MünchKomm-van Gemmeren 2012, § 64 Rn. 7) empfiehlt sich jedoch eine besonders sorgfältige Überprüfung der Erfolgsaussichten, da die dadurch bewirkte Entlastung der Therapieeinrichtungen die Erfolgsaussicht der Unterbringung für die dann noch verbleibenden tatsächlich therapierbaren Patienten und damit indirekt auch die Sicherheit der Allgemeinheit erhöht (MünchKomm-van Gemmeren 2012, § 64 Rn. 76; Dannhorn 2012, S. 414 f.). »Hinreichend konkrete Erfolgsaussicht« ist nicht gleichbedeutend mit dem Fehlen von Aussichtslosigkeit (BGH bei Detter 2014, S. 25). Sie kann jedenfalls nicht bejaht werden, wenn die voraussichtlich notwendige Dauer einer Behandlung die Höchstfrist des § 67d Abs. 1 S.1 StGB von 2 Jahren überschreitet (BGH NStZ-RR 2013, S. 7).

Im Jahr 2007 erhielt die Regelung des § 64 S. 1 StGB zudem den Charakter einer Soll-Vorschrift, während nach früherem Recht die Unterbringung bei Vorliegen der gesetzlich normierten Voraussetzungen zwingend anzuordnen war. Die Neufassung verfolgt ebenfalls das Ziel, eine Blockierung von Therapieplätzen durch Verurteilte mit ungünstiger Prognose zu vermeiden (zu den Reformzielen auch Schöch 2009, S. 704), soll aber ein Absehen von der Unterbringung bei Vorliegen der Anordnungsvoraussetzungen nur in besonderen Ausnahmefällen ermöglichen (dazu Schneider 2008, S. 68 f.). Es erscheint zweifelhaft, ob ihr neben dem nunmehr in § 64 S. 2 StGB normierten Erfordernis hinreichend konkreter Behandlungsaussicht überhaupt ein eigenständiger Anwendungsbereich zukommen kann (Fischer 2014, § 64 Rn. 23a). An der Pflicht des Gerichts zur Prüfung hat sie jedenfalls nichts geändert (BGH NStZ-RR 2008, S.73); der Tatrichter muss das ihm eingeräumte Ermessen tatsächlich ausüben und die Ermessensentscheidung für das Revisionsgericht nachprüfbar machen (BGH StV 2008, S. 300).

Soweit etwa im Gesetzgebungsverfahren in diesem Zusammenhang mangelhafte oder fehlende Sprachkenntnisse des Betroffenen als Beispiel für ein mögliches Absehen von der Unterbringung genannt wurden (BT-Drucks. 16/1344, S. 12), hat bereits der Rechtsausschuss zu Recht hervorgehoben, dass die Sprachunkundigkeit eines Ausländers alleine nicht Grund sein kann, auf seine Unterbringung zu verzichten (BT-Drucks. 16/5137, S. 10). Auch die Rechtsprechung des Bundesgerichtshofs stand bislang auf dem Standpunkt, dass mangelhafte oder fehlende Sprachkenntnisse bei der Beurteilung der Behandlungsaussichten außer Betracht zu bleiben haben, da es grundsätzlich Aufgabe der für den Vollzug der Maßregel zuständigen Vollstreckungs- und Verwaltungsbehörden sei, für im Übrigen behandlungs- und besserungsfähige ausländische Täterinnen und Täter hinreichend geeignete, ihren besonderen persönlichen Verhältnissen individuell gerecht werdende Vollstreckungsmöglichkeiten bereitzustellen (BGHSt 36, S. 199, 201; BGH NStZ-RR 2002, S. 7). In einer nach Inkrafttreten der Neuregelung ergangenen Entscheidung (BGH StraFo 2008, S. 170) hat der 1. Strafsenat des Bundesgerichtshofs jedoch deutlich gemacht, dass die bisherige Rechtsprechung angesichts der Umgestaltung der Bestimmung zur Soll-Vorschrift in dieser Allgemeinheit nicht aufrecht zu erhalten sein werde (vgl. auch BGH StV 2009, S. 15 – 5. Strafsenat; BGH NStZ-RR 2009, S. 170 f. – 3. Strafsenat; LK-Schöch 2008, § 64 Rn. 158). Allerdings muss die Unterbringung nach § 64 StGB allein an fehlenden Sprachkenntnissen auch nach der neuen Rechtslage nicht scheitern, insbesondere muss sie erwogen werden, wenn im Heimatland entsprechende Einrichtungen existieren und eine Überstellung in den dortigen Maßregelvollzug in Betracht kommt (BGH NStZ 2012, S. 689).

Das Bundesverfassungsgericht hat darüber hinaus in der vorerwähnten Entscheidung festgestellt, dass die Unterbringung nach § 64 StGB nicht weiter vollzogen werden darf, wenn entgegen einer anfänglichen positiven Prognose keine hinreichend konkrete Aussicht mehr auf einen Behandlungserfolg besteht. Es hat daher die in § 67d Abs. 5 S. 1 StGB a. F. vorgesehene Mindestvollzugszeit der Maßregel von einem Jahr für unvereinbar mit den betroffenen Freiheitsgrundrechten und für nichtig erklärt (BVerfGE 91, S. 1, 34 f.). Die Neufassung des Gesetzes sieht nunmehr vor, dass das Gericht die Unterbringung für erledigt erklärt, wenn die Voraussetzungen des § 64 S. 2 StGB nicht mehr vorliegen, wobei der Gesetzgeber davon ausgeht, dass es in der Regel eine Unterbringungsdauer von wenigstens 3 Monaten bedürfe, um überhaupt »den ernsthaften Versuch einer therapeutischen Arbeit mit der untergebrachten Person unternehmen zu können« (BT-Drucks. 16/1110, S. 18). Bei der in diesem Zusammenhang zu treffenden Prognoseentscheidung ist der Gesamtverlauf der bisherigen Maßregelvollstreckung zu berücksichtigen. Eine (mögliche) Krise der Unterbringung in der Entziehungsanstalt vermag die Beendigung der Maßregel ebenso wenig ohne Weiteres zu rechtfertigen, wie die bloße Feststellung der Therapieunwilligkeit oder Therapieunfähigkeit, angesichts derer vielmehr zunächst überprüft werden muss, ob eine – vorübergehend – mangelnde Therapiemotivation etwa durch einen Wechsel des Therapeuten und/oder der Behandlungsmethode wieder geweckt werden kann (MünchKomm-Veh 2012 § 67d Rn. 42; OLG Hamm NStZ 2009, S. 39).

Eine Zurückstellung der Vollstreckung dieser Maßregel ermöglicht ferner die Spezialregelung des § 35 Abs. 1 BtMG, wenn der Betroffene sich freiwillig in eine seiner Rehabilitation dienenden Behandlung begibt oder bereits befindet. Die Un-

terbringung nach § 64 StGB geht der dem Vollstreckungsverfahren vorbehaltenen Maßnahme nach § 35 BtMG allerdings vor (st. Rspr., vgl. BGH StV 2010, S. 678).

Beispiel
- **Fall 9.3**
Maria H., eine 51-jährige frühere Fabrikarbeiterin, war schon mehrfach in stationärer Entzugsbehandlung wegen einer bestehenden Alkoholabhängigkeit. Eine längerfristige Entwöhnungsbehandlung wurde von ihr immer wieder abgelehnt. Sie hatte nun zum wiederholten Male Schnaps in einem Discounter, im Sinne einer Beschaffungskriminalität, gestohlen. Bis zur Hauptverhandlung hatten sich 17 einzelne Anklagen angesammelt, jeweils wegen entsprechender Delikte, die verbunden wurden. Das Gericht lehnte den Antrag der Staatsanwaltschaft ab, die Probandin gemäß § 64 StGB in einer Suchtklinik unterzubringen. Die Schwere der Anlasstaten wurde als dafür zu gering eingeschätzt.

9.3.4 Einstweilige Unterbringung (§ 126a StPO)

§ 126a Abs. 1 StPO. Sind dringende Gründe für die Annahme vorhanden, daß jemand eine rechtswidrige Tat im Zustand der Schuldunfähigkeit oder verminderten Schuldfähigkeit (§§ 20, 21 des Strafgesetzbuches) begangen hat und daß seine Unterbringung in einem psychiatrischen Krankenhaus oder einer Entziehungsanstalt angeordnet werden wird, so kann das Gericht durch Unterbringungsbefehl die einstweilige Unterbringung in einer dieser Anstalten anordnen, wenn die öffentliche Sicherheit es erfordert.

Nach § 126a Abs. 1 StPO kann eine einstweilige Unterbringung in einem psychiatrisch-psychotherapeutischen Krankenhaus bzw. in einer psychiatrisch-psychotherapeutischen Suchtabteilung/Entziehungsanstalt bereits vor einer Verurteilung des Angeklagten angeordnet werden, wenn dringende Gründe für die Annahme vorhanden sind, dass aufgrund einer nicht voll verantwortlich begangenen Tat eine Maßregel nach den §§ 63, 64 StGB angeordnet werden wird und die öffentliche Sicherheit es erfordert.

Da diese präventive Regelung aber schon vor der richterlichen Feststellung der in den §§ 63 und 64 StGB geforderten Anlasstat greift, ist sie keine Maßregel im Sinne des StGB, sondern im Verfahrensrecht der StPO geregelt. Die Anordnung dieser vorbeugenden Maßnahme zum Schutz der Allgemeinheit, die auch bei Jugendlichen anwendbar ist (OLG Düsseldorf MDR 1984, S. 603; OLG Jena NStZ-RR 2007, S. 217), erfolgt durch einen Unterbringungsbefehl des Haftrichters (§§ 126a Abs. 2 S. 1, 125, 126 StPO). Die Unterbringung nach § 126a StPO ist der öffentlich-rechtlichen Unterbringung (▶ Abschn. 9.6) gegenüber vorrangig, da die Anforderungen an letztere höher sind und das Haftgericht keinen Einfluss darauf nehmen kann, ob und in welchem Maße der Freiheitsentzug weiter vollzogen wird (KK-Schultheis 2013, § 126a Rn. 1a). Am Stichtag 31.12.2012 waren im früheren Bundesgebiet, einschl. Berlin, 535 Personen einstweilig untergebracht (Statistisches Bundesamt 2014).

»Dringende Gründe« für die Annahme einer rechtswidrigen Tat im nicht voll schuldfähigen Zustand und einer späteren Maßregelanordnung im Sinne dieser Vorschrift erfordern – wie beim nach § 112 StPO für die Untersuchungshaft vorausgesetzten dringenden Tatverdacht – eine hohe Wahrscheinlichkeit (KK-Schultheis 2013, § 126a Rn. 3). Die auch hier zum Zeitpunkt des Erlasses des Unterbringungsbefehls zu stellende Gefährlichkeitsprognose ergibt sich aus der Bedingung, dass die öffentliche Sicherheit die einstweilige Unterbringung erfordert, d. h., dass sie zum Schutz vor weiteren erheblichen Taten geeignet, das mildeste unter gleich geeigneten Mitteln und angemessen sein muss. Auch hier gilt nämlich – zwar nicht direkt über § 62 StGB, aber generell wie für alle staatlichen Grundrechtseinschränkungen – der Verhältnismäßigkeitsgrundsatz. Eine Ausprägung dieses Grundsatzes ist auch die gemäß §§ 126a Abs. 2 S. 1, 116 Abs. 3 StPO bestehende Möglichkeit, den Unterbringungsbefehl auszusetzen, wenn erwartet werden kann, dass die beschuldigte Person bestimmte Anweisungen befolgen wird und dadurch der Zweck der einstweiligen Unterbringung erreicht wird (dazu BT-Drucks. 16/1110, S. 18).

Eine angeordnete Unterbringung wird nach § 126a Abs. 3 StPO aufgehoben, wenn die Voraussetzungen des § 126a Abs. 1 StPO nicht mehr vorliegen, im Urteil schließlich doch keine Anordnung nach den §§ 63 und 64 StGB erfolgt oder die Staatsanwaltschaft vor Erhebung der öffentlichen Klage die Aufhebung beantragt (§§ 126a Abs. 3 S. 3, 120 Abs. 3 StPO).

Die vorläufige Unterbringung in einem psychiatrisch-psychotherapeutischen Krankenhaus ist nicht an die Vorlage eines psychiatrischen Sachverständigengutachtens gebunden. Allerdings ist es in der Praxis ausgesprochen hilfreich, wenn ein Sachverständiger den Beschuldigten zeitnah psychiatrisch untersucht und in einer Stellungnahme auf die Notwendigkeit der Unterbringung hinweist.

Das Bundesverfassungsgericht hat in einer Kammerentscheidung (BVerfG NJW 2012, S. 513) die bei der einstweiligen Unterbringung anzulegenden verfassungsrechtlichen Maßstäbe konkretisiert. Die bloße Wiedergabe der negativen Gefährlichkeitsprognose eines hinzugezogenen Sachverständigen in der Unterbringungsentscheidung genüge nicht, vielmehr müssten auch die Anknüpfungs- und Befundtatsachen, die zum Verständnis der Äußerungen und der Schlüssigkeit des Gutachtens erforderlich seien, benannt werden. Ferner sei, im Sinne des Verhältnismäßigkeitsgrundsatzes, zu prüfen, ob eine freiwillige therapeutische Behandlung oder eine Unterbringung in einer sozialtherapeutischen Einrichtung ausreichend seien. Auch bei der einstweiligen Unterbringung erhöhe sich mit zunehmender Dauer die Anforderung an die Rechtfertigung der Freiheitsentziehung. Dem in Art. 2 Abs. 2 S. 2 GG angelegten Beschleunigungsgebot werde in der Regel nur dann entsprochen, wenn innerhalb von 3 Monaten nach Eröffnung des Hauptverfahrens mit der Hauptverhandlung begonnen werde. Bei erheblichen und vermeidbaren Verfahrensverzögerungen, welche dem Staat zuzurechnen sind, könne höchstens eine außergewöhnlich hohe Gefährlichkeit des Beschuldigten eine schon lang andauernde einstweilige Unterbringung rechtfertigen.

Beispiel
- **Fall 9.4**

Bei Anatol Ö., 24-jährig, war seit einigen Jahren eine undifferenzierte schizophrene Psychose (ICD-10: F20.3) bekannt. Bereits zweimal befand sich der Proband in stationärer Behandlung, bis er ca. 5 Wochen vor der Anlasstat die verordnete antipsychotische Medikation ohne Rücksprache mit seinem behandelnden Psychiater absetzte. Es kam zum Rezidiv der schizophrenen Psychose, in welchem Herr Ö. seine Frau und sein Kind tötete. Am Tag nach der Tat wurde er von einem Sachverständigen noch im Polizeigewahrsam gutachterlich untersucht. Dieser diagnostizierte eine akute Psychose, die dringend behandlungsbedürftig sei. Am gleichen Tag wurde der Proband gem. § 126a StPO in ein psychiatrisch-psychotherapeutisches Fachkrankenhaus aufgenommen. In der späteren Hauptverhandlung wurden für die Anlasstaten die Voraussetzungen der §§ 20 und 63 StGB als gegeben angesehen.

9.3.5 Sicherungsverwahrung (§§ 66–66b StGB)

§ 66 Abs. 1 S. 1 StGB. Das Gericht ordnet neben der Strafe die Sicherungsverwahrung an, wenn

1. jemand zu Freiheitsstrafe von mindestens zwei Jahren wegen einer vorsätzlichen Straftat verurteilt wird, die
   a. sich gegen das Leben, die körperliche Unversehrtheit, die persönliche Freiheit oder die sexuelle Selbstbestimmung richtet,
   b. unter den Ersten, Siebenten, Zwanzigsten oder Achtundzwanzigsten Abschnitt des Besonderen Teils oder unter das Völkerstrafgesetzbuch oder das Betäubungsmittelgesetz fällt und im Höchstmaß mit Freiheitsstrafe von mindestens zehn Jahren bedroht ist oder
   c. den Tatbestand des § 145a erfüllt, soweit die Führungsaufsicht auf Grund einer Straftat der in den Buchstaben a oder b genannten Art eingetreten ist, oder den Tatbestand des § 323a, soweit die im Rausch begangene rechtswidrige Tat eine solche der in den Buchstaben a oder b genannten Art ist.
2. der Täter wegen Straftaten der in Nummer 1 genannten Art, die er vor der neuen Tat begangen hat, schon zweimal jeweils zu einer Freiheitsstrafe von mindestens einem Jahr verurteilt worden ist.
3. er wegen einer oder mehrerer dieser Taten vor der neuen Tat für die Zeit von mindestens zwei Jahren Freiheitsstrafe verbüßt oder sich im Vollzug einer

freiheitsentziehenden Maßregel der Besserung und Sicherung befunden hat und
4. die Gesamtwürdigung des Täters und seiner Taten ergibt, dass er infolge eines Hanges zu erheblichen Straftaten, namentlich zu solchen, durch welche die Opfer seelisch oder körperlich schwer geschädigt werden, zum Zeitpunkt der Verurteilung für die Allgemeinheit gefährlich ist.

Voraussetzung für die Anordnung der Sicherungsverwahrung ist wie auch bei den übrigen Maßregeln eine Anlasstat, die sich als Symptom für die Gefährlichkeit des Täters darstellt. Die Tat liefert demnach zwar den Anlass für die Anordnung der Sicherungsverwahrung, sie stellt jedoch »keine Reaktion auf die in der Anlasstat verwirkte Schuld dar, sondern eine Reaktion auf die sich in der Anlasstat manifestierende Gefährlichkeit des Täters« (BVerfGE 109, S. 133, 175). Das Erfordernis einer Verurteilung zur Freiheitsstrafe ergibt, dass die Sicherungsverwahrung allein bei schuldfähigen Tätern angeordnet werden kann. Der in § 66 Abs. 1 S. 1 Nr. 4 StGB vorausgesetzte »Hang« zur Begehung erheblicher Straftaten stellt konstruktiv das Pendant zu den psychischen Ausnahmezuständen im Sinne der §§ 63, 64 StGB dar (Fischer 2014, § 66 Rn. 19, zum Klientel vgl. etwa die Untersuchung von Gairing 2011). Gegen Jugendliche und Heranwachsende ist die primäre Anordnung der Sicherungsverwahrung unzulässig (▶ Abschn. 9.3.1).

Hintergrundinformation
Die Regelungen zur Sicherungsverwahrung wurden seit der Einführung der Maßregel im Jahre 1933 häufig und in immer kürzeren Zeitabständen geändert (Überblick über die Gesetzeshistorie bis 2012 bei MünchKomm-Ullenbruch/Drenkhahn/Morgenstern 2012 § 66 Rn. 16 ff.). Die statistische Bedeutung der Sicherungsverwahrung hat seit den 90er Jahren stark zugenommen, von 183 Untergebrachten im Jahre 1995 stieg die Zahl stetig auf einen Spitzenwert von 536 im Jahr 2010, auch 2013 blieb die Zahl mit 491 Untergebrachten auf hohem Niveau (Statistisches Bundesamt 2014).

Die Sicherungsverwahrung ist seit dem Jahr 2002 auch neben der Verhängung einer lebenslangen Freiheitsstrafe möglich (zur Vereinbarkeit mit dem Verhältnismäßigkeitsgrundsatz BGH NJW 2013, S. 3735). Die obligatorische Anordnung in § 66 Abs. 1 StGB und die Ermessensentscheidungen nach

Abs. 2 und 3 sind an unterschiedliche formelle Voraussetzungen geknüpft, die hinsichtlich der Anlasstat, der Anzahl bzw. dem grundsätzlichen Erfordernis von Vorverurteilungen und Vorverbüßung von Freiheitsstrafe oder freiheitsentziehender Maßregel variieren:

Die Anordnung nach 2 Vorverurteilungen (§ 66 Abs. 1 StGB) setzt eine Anlasstat aus dem in § 66 Abs. 1 S. 1 Nr. 1 Buchstabe a bis c StGB enthaltenen Katalog zu mindestens 2 Jahren Freiheitsstrafe voraus. Bei Bildung einer Gesamtstrafe ist erforderlich, dass darin eine Einzelstrafe von 2 Jahren oder mehr enthalten ist. Daneben müssen mindestens 2 Vorverurteilungen wegen vorsätzlicher Straftaten zu jeweils einer Freiheitsstrafe von mindestens einem Jahr treten, hierbei gilt nach § 66 Abs. 4 S. 1 StGB eine Verurteilung zu Gesamtstrafe als eine einzige Verurteilung. Erforderlich ist, dass die erste Vorverurteilung bei Begehung der zweiten Vortat bereits rechtskräftig war, die Vorverurteilungen müssen also in der Reihenfolge »Tat-Urteil-Tat-Urteil« begangen worden sein (BGHSt 35, S. 6; BGHSt 38, S. 258; BGH NStZ-RR 2009, S. 137). Auch hier gilt, dass in einer möglicherweise gebildeten Gesamtstrafe eine Einzelstrafe von mindestens einem Jahr enthalten sein muss (BGHSt 24, S. 345; BGHSt 30, S. 221; BGHSt 34, S. 322).

Nach § 66 Abs. 1 S. 1 Nr. 3 StGB wird zudem die Verbüßung einer Freiheitsstrafe oder der Vollzug einer freiheitsentziehenden Maßregel wegen einer oder mehrerer solcher in Nr. 1 genannter Taten für einen Zeitraum von mindestens 2 Jahren vorausgesetzt, wobei nach § 66 Abs. 4 S. 2 StGB Untersuchungshaft und andere Freiheitsentziehung als verbüßte Strafe gelten, sofern sie auf eine Freiheitsstrafe angerechnet werden.

Ohne vorherige Verurteilungen oder Freiheitsentziehungen kommt die Anordnung der Sicherungsverwahrung nach § 66 Abs. 2 StGB in Betracht. Die Regelung ist in erster Linie für bislang unentdeckt gebliebene gefährliche Serientäter konzipiert (Fischer 2014, § 66 Rn. 31). Voraussetzung ist, dass jemand 3 vorsätzliche und rechtlich selbstständige Straftaten i. S. d. Abs. 1 S. 1 Nr. 1 StGB begangen hat, die jeweils mit einer Freiheitsstrafe von mindestens einem Jahr zu ahnden sind, und er wegen dieser Taten insgesamt zu mindestens 3 Jahren Freiheitsstrafe verurteilt wird.

Bei Verbrechen und bestimmten Sexual- und Körperverletzungsdelikten (§§ 174-174c, 176, 179 Abs. 1-4, 180, 182, 224, 225 Abs. 1 oder 2 StGB) bzw. deren Begehung als Rauschtat einer vorsätzlichen Tat nach § 323a StGB ist abweichend von § 66 Abs. 1 S. 1 Nr. 2 StGB gem. § 66 Abs. 3 S. 1 StGB die Anordnung der Sicherungsverwahrung auch bei nur einer Vorverurteilung möglich. Diese Vorverurteilung muss dann allerdings auf mindestens 3 Jahre Freiheitsstrafe lauten, diese soll hier aber als Gesamtfreiheitsstrafe auch auf mehreren Einzeltaten beruhen können (BGHSt 48, S. 100). Auch die Anordnung der Sicherungsverwahrung ohne Vorverurteilung ist bei den genannten Delikten erleichtert. Abweichend von § 66 Abs. 2 StGB kann sie gemäß § 66 Abs. 3 S. 2 StGB auch erfolgen, wenn der Täter nur 2 derartige Taten begangen hat. Voraussetzung ist dann, dass jede dieser Taten mit mindestens 2 Jahren Freiheitsstrafe zu ahnden ist und insgesamt eine Verurteilung zu mindestens 3 Jahren Freiheitsstrafe erfolgt.

Wenn § 66 StGB auf frühere Taten abstellt, muss für deren Berücksichtigung beachtet werden, dass bis zur folgenden Tat grundsätzlich nicht mehr als 5 Jahre – ausgeschlossen die Zeit der sog. Anstaltsverwahrung u. a. im Straf- oder Maßregelvollzug – vergangen sein dürfen (§ 66 Abs. 4 S. 3 und 4 StGB). Bei Straftaten gegen die sexuelle Selbstbestimmung beträgt die Frist 15 Jahre (§ 66 Abs. 4 S. 3 2. Hs. StGB).

Bei all seiner Komplexität existiert bei § 66 StGB mit der Gefährlichkeitsprognose des § 66 Abs. 1 S. 1 Nr. 4 StGB ein gemeinsamer Nenner, dem alle Sicherungsverwahrungsanordnungen entsprechen müssen. Nicht wie in § 64 S. 1 StGB auf übermäßigen Konsum von Alkohol oder anderen berauschenden Mitteln, sondern auf die Begehung erheblicher Straftaten gerichtet, liegt ein »Hang« i. S. d. § 66 Abs. 1 S. 1 Nr. 4 StGB vor, wenn die Delikte des Täters nicht nur Konflikts- oder Gelegenheitstaten (BGH GA 1969, S. 25 f.), sondern aufgrund Anlage und/oder Übung Ausdruck eines Verhaltensmusters sind (zur Begutachtung im Einzelfall Habermeyer et al. 2002, S. 20 ff.; zur Abgrenzung zwischen den Maßregeln der §§ 63 und 66 StGB Habermeyer 2008, S. 104 ff.). Beschrieben ist eine Komponente des psychiatrischen Störungsbildes der dissozialen Persönlichkeitsstörung, die nach

ICD-10: F60.2 auch durch Missachtung sozialer Normen und die Unbeeindruckbarkeit durch nachteilige Erlebnisse einschließlich Bestrafung charakterisiert wird (MünchKomm-Ullenbruch/Drenkhahn/Morgenstern 2012, § 66 Rn. 97).

Hintergrundinformation
Das Merkmal des Hanges verlangt nach der Rechtsprechung einen »eingeschliffenen inneren Zustand des Täters, der ihn immer wieder neue Straftaten begehen lässt. Hangtäter ist danach derjenige, der dauernd zu Straftaten entschlossen ist oder der aufgrund einer fest eingewurzelten Neigung immer wieder straffällig wird, wenn sich die Gelegenheit dazu bietet« (BGH NStZ 1995, S. 178; BGH NStZ 2003, S. 201). Es handelt sich demnach um eine auf die Betrachtung vergangenen Verhaltens fußende Feststellung eines Persönlichkeitsmerkmals (BGH NStZ-RR 2011, S. 272; Fischer 2014, § 66 Rn. 47). Die Ursache des Hanges ist grundsätzlich unerheblich, so soll auch der Täter in Betracht kommen, der »willensschwach ist, aus innerer Haltlosigkeit Tatanreizen nicht genügend widerstehen kann und so jeder neuen Versuchung zum Opfer fällt« (BGH NStZ-RR 2008, S. 337). Die Feststellung des Hanges setzt nach ständiger Rechtsprechung eine sorgfältige Gesamtwürdigung aller Umstände voraus, die für die Beurteilung der Persönlichkeit des Täters und seiner Taten von Bedeutung sind (vgl. etwa BGH NStZ 2005, S. 265; BGH NStZ-RR 2009, S. 11). Gerade in den Fällen der Abs. 2 und 3, bei denen es an Vortaten bzw. Vorverbüßungen fehlt, muss eine besonders kritische Prüfung erfolgen (BGH NStZ-RR 2011, S. 204 f.).

> ❯ **Prozessual zulässiges Verteidigungsverhalten des Angeklagten, etwa ein Bagatellisieren der Tat, darf bei einer Prognoseentscheidung nach § 66 Abs. 1 S. 1 Nr. 4 StGB nicht zu seinem Nachteil gewertet werden (BGH NStZ-RR 2008, S. 304; BGH NStZ-RR 2012, S. 9).**

Wann ein solcher Hang auch wirklich erhebliche Straftaten zum Gegenstand hat, misst sich einmal am Verhältnismäßigkeitsgrundsatz (§ 62 StGB) und zum anderen an den als Leitlinien aufzufassenden Beispielen, die § 66 Abs. 1 Nr. 4 StGB nennt. Zwar kann neben den »klassischen« Sexual- und Gewaltdelikten auch schon die Gefahr einer Schädigung von Eigentum oder Vermögen die Sicherungsverwahrung rechtfertigen. Die geforderten schweren Schäden können aber bei leichterer Kriminalität nicht entstehen (für eine restriktive Auslegung bei Vermögensdelikten, die in der Regel dem Bereich der mittleren Kriminalität zugeordnet werden, BGH StV 2005, S. 129). Zusätzlich

können die Häufigkeit der begangenen und der zu erwartenden Straftaten sowie eine besonders hohe Rückfallgeschwindigkeit ins Gewicht fallen (BGH NStZ 1988, S. 496).

Aus dem Hang im Zusammenhang mit einer Gesamtwürdigung des Täters und seiner Taten muss sich eine zum Zeitpunkt der Urteilsfällung (BGHSt 24, S. 160, 164) negative Allgemeingefährlichkeitsprognose für die Begehung weiterer erheblicher Taten ergeben. Hangtätereigenschaft und Gefährlichkeit für die Allgemeinheit sind dabei nach der Rechtsprechung des Bundesgerichtshofs keine identischen Merkmale (BGHSt 50, S. 188, 196; BGH NStZ-RR 2011, S. 272), klare Abgrenzungskriterien sucht man jedoch vergeblich. Bedeutung könnte die Differenzierung dann erlangen, wenn bei fortbestehendem inneren Hang aufgrund veränderter äußerer Umstände die Wahrscheinlichkeit der erneuten Begehung schwerer Straftaten und damit die Gefährlichkeit des Täters erheblich gemindert ist (Fischer 2014, § 66 Rn. 55).

Hintergrundinformation
Entfallen kann die Gefährlichkeit des Täters im Einzelfall etwa durch zunehmendes Alter bzw. den altersmäßig bedingten Abbau der körperlichen und geistigen Kräfte (BGHSt 5, S. 350; BGH NStZ 1988, S. 496) oder durch allgemeine Veränderungen der psychosozialen Bedingtheiten des Täters, sofern sie eine Haltungsänderung des Betroffenen erwarten lassen bzw. diese schon eingetreten ist.

Die negative Gefährlichkeitsprognose, also regelmäßig die Feststellung einer erheblichen Gefahr schwerer Gewalt- oder Sexualdelikte, muss sich aus den konkreten Umständen ergeben und ist keine allein empirische, die Prognoseverantwortung obliegt dem Gericht und kann nicht auf einen Sachverständigen übertragen werden (BGHSt 50, S. 188, 194; BGH NStZ-RR 2008, S. 304; zur Aussagekraft statistischer Prognoseinstrumente [»Static 99«] BGH NStZ-RR 2010, S. 203; zu den häufigsten Anwendungsfehlern Boetticher et al. 2009, S. 478, 480 f.). Da Prognoseentscheidungen stets auf Wahrscheinlichkeitsfeststellungen beruhen (BGH NStZ 2013, S. 225 f.), genügt es, dass die Taten auf Grund des Hanges ernsthaft zu besorgen sind (BGH NStZ-RR 2003, S. 108; BGH NStZ 2006, S. 278). Eine ausreichende Wahrscheinlichkeit soll jedoch regelmäßig gegeben sein, wenn die

Hangtätereigenschaft festgestellt ist (BGHR StGB § 66 I Gefährlichkeit 1). Maßgeblicher Zeitpunkt für die Prognose ist der Zeitpunkt der Aburteilung, entscheidend ist, ob nach seinem derzeitigen Persönlichkeitsbild zu erwarten ist, dass der Täter nach der Verbüßung der Strafe die wiedergewonnene Freiheit zu neuen Straftaten missbrauchen wird (Fischer 2014, § 66 Rn. 66).

Wenn bei der Verurteilung wegen einer der in § 66 Abs. 3 S. 1 StGB genannten Straftaten »nicht mit hinreichender Sicherheit feststellbar, aber wahrscheinlich« ist, dass der für eine Anordnung nach § 66 StGB erforderliche Hang vorliegt bzw. der Täter für die Allgemeinheit gefährlich ist, kann die Anordnung der Sicherungsverwahrung nach dem 2002 eingefügten **§ 66a Abs. 1 StGB** auch vorbehalten werden, wenn die übrigen formellen Voraussetzungen des § 66 Abs. 3 StGB erfüllt sind, soweit diese nicht auf § 66 Abs. 1 S. 1 Nr. 4 StGB verweisen (§ 66a Abs. 1 Nr. 2 StGB). Nach Absatz 2 ist der Vorbehalt auch bei erstmaliger Verurteilung zu einer Freiheitsstrafe von mindestens 5 Jahren wegen einer der aufgeführten Katalogtaten zulässig. Auch hier genügt die Wahrscheinlichkeit des Vorliegens eines Hanges und von Gefährlichkeit. Liegt eine sichere Feststellung beider Kriterien vor, ist § 66 StGB anzuwenden – der Wortlaut des § 66a Abs. 2 Nr. 3 StGB ist insoweit missverständlich (Fischer 2014, § 66a Rn. 7). Das Gericht des ersten Rechtszugs (§ 275a Abs. 1 StPO), nicht etwa die Strafvollstreckungskammer, ordnet dann in einem zweiten Verfahren die Maßregel an, »wenn die Gesamtwürdigung des Verurteilten, seiner Tat oder seiner Taten und ergänzend seiner Entwicklung bis zum Zeitpunkt der Entscheidung ergibt, dass von ihm erhebliche Straftaten zu erwarten sind, durch welche die Opfer seelisch oder körperlich schwer geschädigt werden« (§ 66a Abs. 3 S. 2 StGB). Diese Entscheidung hat nach § 66a Abs. 3 S. 1 StGB bis zur vollständigen Vollstreckung der Freiheitsstrafe zu ergehen. Gemäß § 275a Abs. 4 S. 1, 3 StPO ist die Einholung eines externen Sachverständigengutachtens obligatorisch.

Hintergrundinformation

Die Berücksichtigung des Verhaltens des Verurteilten im Strafvollzug soll vor allem seine Entwicklung in einer Behandlung als Prognosefaktor erfassen. Weitere prognoserelevante Ge-

sichtspunkte sollen nach der Begründung in den Gesetzesmaterialien (BT-Drucks. 14/8586, S. 7) aggressive Handlungen gegen Strafvollzugsbedienstete oder Mitgefangene, Straftaten oder subkulturelle Aktivitäten im Vollzug, Drohungen oder andere Äußerungen sein, die auf eine Rückkehr in kriminelle Subkulturen und eine Wiederaufnahme insbesondere von Gewalt- oder Sexualkriminalität hindeuten. Einzelne Sachbeschädigungen, Beleidigungen oder ein unfreundliches und gemeinschaftswidriges Sozialverhalten im Vollzug sollen hingegen nicht genügen (BGH StV 2006, S. 63 f.; BGH NStZ 2007, S. 267). Generell erweist sich allerdings auch das Verhalten im Strafvollzug als eine recht unsichere Quelle prognostischer Erkenntnis (Nedopil 2002, S. 349), die in den Fällen des § 66a StGB oft noch dadurch begrenzter ist, dass Lockerungen (▶ Abschn. 9.4) bei Bestehen eines Anordnungsvorbehalts tendenziell restriktiver gewährt werden (Fischer 2014 § 66a Rn. 13 m. N.). Nicht erforderlich sind jedenfalls Feststellungen zur Hangtätereigenschaft. Wenn das erkennende Gericht eine solche nicht sicher feststellen konnte, so werden sich unter den künstlichen Bedingungen des von ständiger Kontrolle und engem Reglement geprägten Strafvollzuges kaum neue entscheidende Anhaltspunkte für einen Hang des Gefangenen zu erheblichen Straftaten ergeben (BT-Drucks. 14/8586, S. 7).

Die nachträgliche Anordnung der Sicherungsverwahrung nach **§ 66b StGB** wurde im Jahre 2004 eingeführt. Die Regelung ging zurück auf eine Entscheidung des Bundesverfassungsgerichts (BVerfGE 109, S. 190), in der entsprechende landesgesetzliche Regelungen wegen fehlender Gesetzgebungskompetenz der Länder für verfassungswidrig erklärt wurden. Der zunächst weite Anwendungsbereich der Vorschrift wurde durch das Gesetz zur Neuordnung der Sicherungsverwahrung vom 22.12.2010 (BGBl I, S. 2300) erheblich eingeschränkt. Die früheren Absätze 1 und 2 wurden zum 1.1.2011 aufgehoben, verblieben ist allein der ursprüngliche Absatz 3, der die nachträgliche Anordnung der Sicherungsverwahrung bei Erledigung der Unterbringung in einem psychiatrischen Krankenhaus gemäß § 67d Abs. 6 StGB (▶ Abschn. 9.3.6; zur Verfassungsmäßigkeit BVerfG, NJW 2010, S. 1514) ermöglicht, also wenn der Zustand, auf dem die Unterbringung beruht, nicht mehr gegeben ist oder von vornherein eine Fehleinweisung vorlag (vgl. BGH NStZ 2009, S. 323; Fischer 2014, § 66b Rn. 4). Der nach einem Beschluss des Großen Senats für Strafsachen (BGHSt 52, 379) eingefügte Satz

2 stellt klar, dass die nachträgliche Anordnung auch dann möglich bleibt, wenn im Anschluss an die Unterbringung nach § 63 StGB noch eine daneben angeordnete Freiheitsstrafe ganz oder teilweise zu vollstrecken ist. Es ist also, entgegen der Rechtsprechung zum alten Recht, nicht erforderlich, dass der Betroffene andernfalls in die Freiheit zu entlassen wäre. Materiell vorausgesetzt wird eine hohe Wahrscheinlichkeit der Begehung erheblicher Straftaten. Der Wahrscheinlichkeitsmaßstab unterscheidet sich sprachlich; in der Praxis jedoch wohl nicht von dem, der bei der Feststellung der Gefährlichkeit in § 66 Abs. 1 S. 1 Nr. 4 StGB und der Erwartung in § 66a Abs. 2 Nr. 2 anzulegen ist (Fischer 2014, § 66b Rn. 17; krit. bzgl. der Differenzierung unterschiedlicher Wahrscheinlichkeiten auch MünchKomm-Ullenbruch/Drenkhahn § 66b Rn. 76).

Hintergrundinformation

Die erforderliche Prognose setzt ähnlich wie § 66a StGB eine »Gesamtwürdigung des Betroffenen, seiner Taten und ergänzend seiner Entwicklung« voraus (§ 66b S. 1 Nr. 2). Als prognoserelevante Umstände kommen (auch) hier u. a. in Betracht (vgl. Fischer 2014 § 66b Rn. 10 ff. m. N.):

- Vorfälle im Vollzug, sofern sie ihre Ursachen nicht überwiegend in den Bedingungen des Vollzugs haben; demnach grundsätzlich nicht: Disziplinverstöße, vollzugstypische Übertretungen.
- Veränderungen von Persönlichkeit und Psyche des Verurteilten sowie (indiziell) der Wandel von Therapieemotiviertheit zum Zeitpunkt der Verurteilung hin zu Therapieverweigerung im Vollzug.
- Ankündigung neuer Straftaten, konkrete Straftatplanung für die Zeit nach dem Vollzug.
- Missbrauch von Lockerungen, Begehung von Straftaten während des Vollzugs.
- Herstellen, Besitz oder Erwerb von Waffen oder waffenähnlichen Gegenständen in der Unterbringung, intensive Kontakte zum gewaltbereiten Milieu.

Im Verfahren, welches sich auch hier nach § 275a StPO richtet, sind bei der nachträglichen Anordnung zwei externe Sachverständigengutachten einzuholen (§ 275a Abs. 4 S. 2, 3 StPO). Zur Sicherung des Vollzugs einer noch nicht rechtskräftig angeordneten vorbehaltenen oder nachträglichen Sicherungsverwahrung kann vorläufig nach § 275a Abs. 6 StPO ein Unterbringungsbefehl erlassen werden (zu den Voraussetzungen KK-Greger 2013, § 275a Rn. 25 ff.).

Durch das Gesetz zur bundesrechtlichen Absicherung des Abstandsgebots in der Sicherungsverwahrung vom 5.12.2012 (BGBl I, S. 2425) ist mit § 66c StGB eigens eine Vorschrift zur Umsetzung des durch das Bundesverfassungsgericht aufgestellten Erfordernisses einer deutlichen Abgrenzung der Unterbringung zur Ausgestaltung des Freiheitsentzugs im Rahmen des Strafvollzuges geschaffen worden. Dieser »Abstand« ist notwendig, da der Freiheitsentzug auf jeweils verschiedenen verfassungsrechtlichen Legitimationsgrundlagen beruht (Detter 2014, S. 22, 27). Die Abkehr von der traditionell therapiefernen (NK-Böllinger/Dessecker 2013, § 66 Rn. 6) Sicherungsverwahrung zum freiheitsorientierten und therapiegerichteten Vollzug der Sicherungsverwahrung steht massiv unter dem Einfluss des Europäischen Gerichtshofs für Menschenrechte. Dieser erklärte Ende 2009 die Streichung der 10-Jahres-Höchstfrist der Sicherungsverwahrung bei erstmaliger Unterbringung (§ 67 d Abs. 1 S.1 StGB a. F.) als mit der Europäischen Menschenrechtskonvention nicht vereinbar, da es sich bei der Sicherungsverwahrung in ihrer konkreten Ausgestaltung unabhängig von ihrer Bezeichnung um eine Strafe i. S. d. Art. 7 MRK handle und daher eine nachträgliche Aufhebung der Höchstgrenze das Verbot rückwirkender Strafen nach Art. 7 Abs. 1 S. 2 MRK verletze (Beschw. Nr. 19359/04 = NJW 2010, S. 2495). Am 13.1.2011 wurde auch die Anordnung der nachträglichen Sicherungsverwahrung nach § 66b a. F. StGB durch den EGMR für konventionswidrig erklärt (Beschw. Nr. 6587/04 = NJW 2011, S. 3423).

Hintergrundinformation

Der daraufhin auch medial breit geführten Debatte, ob nun alle konventionswidrig Verwahrten aus der Unterbringung zu entlassen seien, wurde vom Bundesgesetzgeber mit Einführung des am 1.1.2011 in Kraft getretenen Therapieunterbringungsgesetzes (ThUG) begegnet. Eine (weitere) Unterbringung in einer geschlossenen Einrichtung ist nach § 1 ThUG auch dann möglich, wenn zwar nach den vom EGMR aufgestellten Maßgaben die Unterbringung in der Sicherungsverwahrung beendet werden muss, der Betroffene jedoch an einer »psychischen Störung« leidet, infolge derer die Begehung erheblicher Straftaten hochwahrscheinlich und seine Unterbringung zum Schutz der Allgemeinheit erforderlich ist. Freilich ist zweifelhaft, wann sich eine derartige

»psychische Störung« verifizieren lässt, wenn in dem vorangegangenen und letztlich zur Sicherungsverwahrung führenden Strafverfahren trotz eingehender und gutachterlicher Überprüfung die Schuldfähigkeit des damaligen Angeklagten durch das Gericht bejaht wurde (Nußstein 2011, S. 1194, 1196; zur Auslegung des Begriffs eingehend Morgenstern 2011; zur Rückfallgefährlichkeit nach negativer Legalprognose Müller et al. 2011). Trotz aller im Vorhinein geäußerten Bedenken hat das Bundesverfassungsgericht die Regelungen des ThUG für verfassungskonform erklärt (BVerfG NJW 2013, S. 3151). Insbesondere erfahre der unbestimmte Rechtsbegriff der psychischen Störung, der nicht mit dem medizinischen Begriff gleichzusetzen ist, durch die in der Gesetzesbegründung vorgenommene Anknüpfung an die zu Art. 5 Abs. 1 S. 2 Buchstabe e EMRK entwickelten Voraussetzungen und die Anlehnung an die Begrifflichkeiten der in der Psychiatrie genutzten Diagnoseklassifikationssysteme »eine Konturierung, die zusammen mit den weiteren gesetzlichen Merkmalen einer präzisierenden, den Anforderungen an die Bestimmtheit genügenden Auslegung zugänglich ist« (BVerfG NJW 2013, S. 3151, 3159).

Angesichts der bisherigen Rechtsprechung des Bundesverfassungsgerichts zur Völkerfreundlichkeit des Grundgesetzes und der Bedeutung der MRK in der Interpretation des EGMR (vgl. etwa BVerfGE 111, S. 307, 317 ff.) bestand darüber hinaus genereller Reaktionsbedarf des deutschen Gesetzgebers, da die Möglichkeit einer methodisch vertretbaren konventionsfreundlichen Auslegung des Gesamtregelungskomplexes zutreffend kritisch beurteilt wurde (vgl. etwa Peglau 2011, S. 1924). Mit Urteil vom 4.5.2011 (BVerfGE 128, S. 326) hat das Bundesverfassungsgericht nahezu sämtliche Vorschriften zur Sicherungsverwahrung für verfassungswidrig erklärt, allerdings deren Fortgeltung bis zum 31.5.2013 nach Maßgabe des Urteils zugelassen. Zwar liegt seit der Föderalismusreform im Jahre 2006 die Gesetzgebungskompetenz für den Vollzug (auch) der Sicherungsverwahrung bei den Ländern. Das Bundesverfassungsgericht erachtete jedoch den Bund als verpflichtet, die »wesentlichen Leitlinien« eines freiheitsorientierten und therapiegerichteten Gesamtkonzepts selbst zu regeln und sicherzustellen, dass diese konzeptionelle Ausrichtung der Sicherungsverwahrung nicht durch landesrechtliche Regelungen unterlaufen werden könne (BVerfGE 128, S. 326, 387).

Hintergrundinformation

Die neu geschaffene Vorschrift des § 66c StGB spiegelt nun die in der Entscheidung aufgestellten Vorgaben exakt wider (vgl. zum Ganzen auch Schäfersküpper u. Grothe 2011, S. 447 ff.). Das Individualisierungs- und Intensivierungsgebot sowie das Motivierungsgebot finden sich in Abs. 1 Nr. 1 und schreiben, neben einer umfassenden Behandlungsuntersuchung zu Beginn des Vollzuges, unter anderem ein individuell zugeschnittenes Therapieangebot vor, soweit standardisierte Angebote nicht Erfolg versprechend sind – die Bereitschaft des Untergebrachten zur Mitwirkung an seiner Behandlung soll durch gezielte Motivationsarbeit gefördert werden. Dem Trennungsgebot entspringen die in Abs. 1 Nr. 2 genannten Anforderungen an die Einrichtung. Das Minimierungsgebot (Abs. 1 Nr. 3) fordert vollzugsöffnende Maßnahmen und Entlassungsvorbereitungen sowie eine ausreichende nachsorgende Betreuung. Schließlich resultiert aus dem Ultima-Ratio-Prinzip (Abs. 2), dass schon während des Strafvollzugs alle Möglichkeiten ausgeschöpft werden müssen, um die Gefährlichkeit des Verurteilten zu reduzieren und eine anschließende Sicherungsverwahrung möglichst entbehrlich zu machen. Das Angebot derartiger Maßnahmen wird, kontinuierlich den Vollzug der Freiheitsstrafe begleitend, gerichtlich kontrolliert (vgl. den hierzu neu eingeführten § 119a StVollzG). Findet im Laufe des Vollzugs keine ausreichende Betreuung i. S. d. § 66c Abs. 1 Nr. 1 StGB statt, so ordnet § 67c Abs. 1 S. 1 Nr. 1 n. F. StGB die Aussetzung der Vollstreckung der Unterbringung zur Bewährung an. Das darf freilich nicht den Blick dafür verstellen, dass das Erreichen der Vollzugsziele ohne Mitwirkung des Untergebrachten nicht denkbar ist, und dass fehlende Besserungsaussichten, sei es aus Therapieunwilligkeit oder aufgrund mangelnder Therapiefähigkeit, bei fortdauernder Gefährlichkeit der Unterbringung nicht entgegenstehen (OLG Köln, Beschluss vom 4.9.2013 – 2 Ws 303/13 –, Juris; BT-Drucks. 17/9874, S.15). Das ebenfalls vom Bundesverfassungsgericht aufgestellte Gebot, den Untergebrachten in der Wahrnehmung seiner Rechte und Interessen zu unterstützen (Rechtsschutz- und Unterstützungsgebot), hat in § 109 Abs. 3 StVollzG seinen Niederschlag gefunden.

Die am 1.6.2013 in Kraft getretenen Regelungen sollen nun den festgestellten Verfassungsverstoß beenden. Da dieser nicht aus dem Institut der Sicherungsverwahrung selbst, sondern aus dem Fehlen eines dem verfassungsrechtlichen Abstandsgebot entsprechenden gesetzlichen Gesamtkonzepts hergeleitet wurde, besteht zumindest hinsichtlich der formellen und materiellen Voraussetzungen für die Anordnung der Sicherungsverwahrung nicht das Besorgnis der Verfassungs- oder Konventionswidrigkeit (BGH NJW 2013, S. 3735). Die Sicherungsverwahrung darf jedoch nur als letztes Mittel angeordnet werden. Weiterhin Geltung haben dürfte demnach die in der Übergangszeit immer wieder vom Bundesverfassungsgericht geforderte »strikte Verhältnismäßigkeitsprüfung«, was bedeutet, dass bei den Elementen der Gefährlichkeit, der Erheblichkeit weiterer Straftaten und der Wahrscheinlichkeit ihrer Begehung ein gegenüber der bisherigen Rechtsanwendung strengerer Maßstab anzulegen sein wird (Detter NStZ 2014, S. 22, 27). Die Behandlung von »Altfällen« und die Frage nach dem jeweils anzuwendenden Recht werden der Praxis unter Umständen noch eine Zeitlang Probleme bereiten (Renzikowski 2013, S. 1638, 1641 ff.).

Beispiel

- **Fall 9.5**

Karl L. war bereits 11 Jahre seines Lebens wegen verschiedener Delikte inhaftiert gewesen. Er hatte nun zum vierten Mal eine Bank überfallen, bei der Anlasstat auch Geiseln genommen. Eine psychische Störung gemäß ICD-10 konnte von dem psychiatrisch-psychotherapeutischen Sachverständigen für den Tatzeitpunkt nicht festgestellt werden. Allerdings wurde die Kriminalprognose als ausgesprochen ungünstig eingestuft. Die zuvor abgeurteilten Taten und die jetzige Anlasstat waren vom Vorgehen her relativ gleichartig, der Proband trug nicht zur Aufklärung des Sachverhaltes bei (berichtete z. B. nicht, wo er die Beute versteckt hatte, sodass diese nicht gefunden wurde), bagatellisierte vollständig die erfolgten Verletzungen der Opfer und distanzierte sich auch nicht von der Anlasstat, die er erst nach der Präsentation eines Videofilmes vom Tatort einräumte. Eine besondere Gefährlichkeit für die Allgemeinheit im Sinne des § 66 StGB wurde von dem psychiatrischen Sachverständigen bejaht.

9.3.6 Vollstreckung und Aussetzung der freiheitsentziehenden Maßregeln

Handelt ein Täter (vermindert) schuldhaft, wird eine Unterbringung häufig auch neben einer Freiheitsstrafe angeordnet, wobei bei den Fällen der §§ 63 und 64 StGB in der Regel zuerst die Maßregel vollzogen werden muss, was von psychiatrischer Seite häufig kritisiert wird (Schalast u. Leygraf 2002, S. 194 f.). Es wird dann die Zeit

des Maßregelvollzugs auf die Strafe angerechnet (§ 67 Abs. 4 StGB) bzw. eine Strafrestaussetzung bereits nach Erledigung der Hälfte der Strafe ermöglicht (§ 67 Abs. 5 S. 1 StGB). Problematisch ist diese Reihenfolge aber insbesondere auch für die Unterbringung in einer Entziehungsanstalt gem. § 64 StGB, die oft von so kurzer Dauer ist, dass die Hälfte der Strafe trotz Anrechnung danach nicht verbüßt ist. Weiterer Strafvollzug kann den bis dato erzielten Entziehungserfolg in solchen Fällen nämlich wieder gefährden.

Als Ausnahme zu diesem »vikariierenden System« (Stellvertretung der Strafe durch die therapierende und aufgrund der Anrechnung mildernde Maßregel) sah das Gesetz zunächst in § 67 Abs. 2 StGB den Vorwegvollzug (eines Teils) der Strafe nur dann vor, »wenn der Zweck der Maßregel dadurch leichter erreicht wird«. Um das grundsätzlich vorgesehene und sinnvolle Verhältnis »Therapie vor Repression« nicht zu unterlaufen, wurde diese Ausnahme in der Praxis aber eher restriktiv ausgelegt; das Tatgericht musste konkrete Anhaltspunkte darlegen, die erkennen ließen, worin die Gefährdung des Maßregelerfolgs durch den anschließenden Strafvollzug bestand und wie sich dies bei dem Verurteilten auswirken könnte (BGH NStZ-RR 2003, S. 295).

Nach der zum 20.7.2007 in Kraft getretenen Neuregelung soll das Gericht nunmehr bei Anordnung der Unterbringung in einer Entziehungsanstalt neben einer zeitigen Freiheitsstrafe von über 3 Jahren bestimmen, dass ein Teil der Strafe vor der Maßregel zu vollziehen ist (§ 67 Abs. 2 S. 2 StGB). Der vorweg zu vollziehende Teil der Strafe ist nach § 67 Abs. 2 S. 3 StGB so zu bemessen, dass nach seiner Vollziehung und einer anschließenden Unterbringung eine Entscheidung über die Aussetzung des Strafrests zur Bewährung nach § 67 Abs. 5 S. 1 StGB möglich ist (dazu BGH StV 2008, S. 248; BGH NStZ 2009, S. 87; BGH NStZ-RR 2009, S. 137), hierfür ist eine präzise Prognose darüber notwendig, wie lange die Unterbringung in der Maßregel zur Durchführung der Therapie voraussichtlich erforderlich sein wird (BGH NStZ 2009, S. 87 f.; krit. dazu Dannhorn 2012, S. 414, 418). Durch die Ausgestaltung des § 67 Abs. 2 S. 2 StGB als Soll-Regelung besteht für das Gericht in besonders gelagerten Fällen die Möglichkeit einer abweichenden Entscheidung, die etwa in Fällen dringender Therapiebedürftigkeit geboten sein kann (Fischer 2014, § 67 Rn. 12). Sowohl bei Maßregeln nach § 63 StGB als auch bei solchen nach § 64 StGB soll schließlich gemäß § 67 Abs. 2 S. 4 StGB ein Vorwegvollzug der Strafe bestimmt werden, wenn die verurteilte Person als Ausländer vollziehbar zur Ausreise aus der Bundesrepublik Deutschland verpflichtet und zu erwarten ist, dass ihr Aufenthalt während oder unmittelbar nach Verbüßung der Strafe beendet wird. Die Therapieplanung gestaltet sich in diesen Konstellationen schwierig, da schon nicht feststeht, wieviel Zeit überhaupt zur Behandlung zur Verfügung steht; darüber hinaus besteht oft das Problem, dass die Bereitschaft der untergebrachten Person zur (Re-)Integration in die hiesige Gesellschaft zumeist nicht zu erwartet ist und die auf die untergebrachte Person im Heimatland zukommenden Anforderungen nicht hinreichend klar einschätzbar sind (BT-Drucks. 16/1110, S. 15). Auch hier hat das Gericht nach dem Willen des Gesetzgebers allerdings im Rahmen seiner Ermessensausübung im Einzelfall zu beachten, inwieweit der Zustand der betroffenen Person ihre Behandlung in einer Entziehungsanstalt zur Abwehr unmittelbarer gesundheitlicher Gefahren dennoch notwendig erscheinen lässt.

Hintergrundinformation
Eine Umkehr der Vollstreckungsreihenfolge gemäß § 67 Abs. 2 S. 1 StGB kommt weiterhin beispielsweise in Betracht, wenn im Rahmen des Strafvollzugs die Behandlungsmöglichkeiten in einer sozialtherapeutischen Einrichtung aussichtsreicher erscheinen als die Alternative des psychiatrisch-psychotherapeutischen Krankenhauses nach § 63 StGB (BGHSt 33, S. 285).

Die Anrechnungsbestimmung nach § 67 Abs. 4 StGB ist allerdings nach Ansicht des Bundesverfassungsgerichts (BVerfGE 130, S. 372) mit dem Freiheitsgrundrecht aus Art. 2 Abs. 2 S. 2 GG insoweit unvereinbar, als er es ausnahmslos ausschließt, »verfahrensfremde Freiheitsstrafen«, also solche aus einem anderen Urteil als demjenigen, in welchem die Maßregel angeordnet worden ist, anzurechnen. Bis zu einer gesetzlichen Neuregelung gilt daher nach § 35 BVerfGG die Anordnung, dass »die im Vollzug einer freiheitsentziehenden Maßregel der Besserung und Sicherung verbrachte Zeit

zur Vermeidung von Härtefällen nach Maßgabe der Gründe (vgl. S. 394 und 397) auch auf verfahrensfremde Freiheitsstrafen angerechnet werden muss« (BVerfGE 130, S. 372, 402 f.). Der Gesetzgeber hat an Absatz 4 jedoch bislang trotz zwischenzeitlichen Erlasses des Gesetzes zur bundesrechtlichen Umsetzung des Abstandsgebotes im Recht der Sicherungsverwahrung vom 5.12.2012 (BGBl I, S. 2425) keine Änderungen vorgenommen.

Um das Ziel der optimalen Prävention zu erreichen, zeigt sich das Maßregelvollzugsrecht auch in § 67a StGB flexibel: Diese Vorschrift ermöglicht die wechselseitige Überweisung der untergebrachten Person vom psychiatrisch-psychotherapeutischen Krankenhaus in eine Suchtabteilung (Entziehungsanstalt) bzw. umgekehrt (§ 67a Abs. 1 StGB) und die Überweisung in den Vollzug einer dieser beiden Maßregeln aus der Sicherungsverwahrung (§ 67a Abs. 2 S. 1 StGB), »wenn ihre Resozialisierung dadurch besser gefördert werden kann«. In Fällen, in denen Sicherungsverwahrung angeordnet ist, gilt dies gemäß § 67a Abs. 2 S. 2 StGB auch dann, wenn sich die Person noch im (Vorweg-) Vollzug der Freiheitsstrafe befindet und bei ihr ein Zustand nach § 20 oder § 21 StGB vorliegt (dazu LG Berlin NStZ 2008, S. 692); im Überweisungsfalle findet dann im Maßregelvollzug weiterhin die Vollstreckung der Freiheitsstrafe statt (Schneider 2008, S. 68, 71 f.). Die Überweisung eines zunächst nach §§ 63, 64 StGB Untergebrachten in die Sicherungsverwahrung ist dagegen unzulässig (BGH NStZ 2000, S. 587; vgl. auch BVerfG NJW 1995, S. 772, 775). Dahinter steckt die Einschätzung des Gesetzgebers, dass die Sicherungsverwahrung als »Ultima Ratio« sich wohl kaum je als überlegene Maßnahme gegenüber den anderen Maßregeln erweisen wird (LK-Rissing-van Saan/ Peglau 2008, § 67a Rn. 6). Entscheidungen gemäß § 67a Abs. 1-2 StGB sind änderbar oder aufhebbar (§ 67a Abs. 3 StGB) und ändern nichts an der Rechtsnatur der Freiheitsentziehung sowie an den Fristen und der Dauer (§ 67a Abs. 4 S. 1 StGB).

Während einer Unterbringung muss das Vollstreckungsgericht gemäß § 67e StGB vor Ablauf bestimmter Fristen ab Anordnung bzw. letzter negativer Entscheidung prüfen, ob die weitere Unterbringung vonnöten oder eine Aussetzung der Vollstreckung zur Bewährung oder ihre Erledigterklärung möglich ist. Zudem ist eine Prüfung von Amts wegen jederzeit möglich (§ 67e Abs. 1 S. 1 StGB). Die turnusmäßigen Fristen betragen nach § 67e Abs. 2 StGB bei der Unterbringung in einer Entziehungsanstalt 6 Monate, in einem psychiatrischen Krankenhaus 1 Jahr und in der Sicherungsverwahrung nunmehr ebenfalls 1 Jahr, nach Vollzug von 10 Jahren der Unterbringung lediglich 9 Monate.

Nach § 67d Abs. 2 S. 1 StGB wird die Vollstreckung einer freiheitsentziehenden Maßregel, bei der keine Höchstfrist vorgesehen oder die Frist noch nicht abgelaufen ist, zur Bewährung ausgesetzt, »wenn zu erwarten ist, daß der Untergebrachte außerhalb des Maßregelvollzugs keine rechtswidrigen Taten mehr begehen wird«. Die frühere Erprobungsklausel (»sobald verantwortet werden kann zu erproben«) wurde nicht wie in § 57 Abs. 1 Nr. 2 StGB lediglich klarstellend durch das Gesetz zur Bekämpfung von Sexualdelikten vom 26.1.1998 von der heutigen Gesetzesfassung abgelöst (so aber Schreiber u. Rosenau 2009, S. 134), sondern mit der gleichen Wendung wie in § 56 StGB (zur somit auch hier erforderlichen Erfolgswahrscheinlichkeit ▶ Abschn. 9.1) strenger gefasst (OLG Koblenz NJW 1999, S. 876 f.; Lackner u. Kühl 2011, § 67d Rn. 3; LK-Rissing-van Saan/Peglau 2008, § 67d Rn. 90 ff.; Schöch 1998, S. 1257ff.; anders Schönke u. Schröder-Stree/Kinzig 2014, § 67d Rn. 3).

Hintergrundinformation
Aus dem – schon sprachlich eine Verschärfung bedeutenden – Wortlaut der geänderten Aussetzungsbestimmung und der Zielsetzung der gesetzlichen Änderung – Verbesserung des Schutzes der Allgemeinheit insbesondere vor gefährlichen Sexualstraftätern – ergibt sich, dass dem Sicherheitsinteresse der Bevölkerung nunmehr gesteigerte Bedeutung zukommt. Welches Maß an Erfolgswahrscheinlichkeit für eine Aussetzung zur Bewährung zu verlangen ist, hängt deshalb im Einzelfall insbesondere vom Gewicht des bei einem Rückfall bedrohten Rechtsguts und dem Sicherungsbedürfnis der Allgemeinheit ab (OLG Karlsruhe NStZ-RR 1999, S. 253). Zum notwendigen Urteilsinhalt hinsichtlich des Wahrscheinlichkeitsgrades vgl. BVerfG Beschluss vom 5.7.2013, – 2 BvR 2957/12 –, Juris.

Die heranzuziehenden Kriterien sind grundsätzlich die der Strafrestaussetzung nach § 57 Abs. 1 S. 2 StGB (▶ Abschn. 9.2.1) und damit

indirekt auch solche der anfänglichen Strafaussetzung nach § 56 StGB (▶ Abschn. 9.1). Darüber hinaus spielen eine Rolle: Unterbringungsdauer, Vollzugsgeschehen, Längsschnitt- und Differentialdiagnostik, interne vs. externe Wahrnehmungen sowie der soziale Empfangsraum, inklusive der ambulanten Rahmenbedingungen (Pollähne 2010b, S. 39).

> »Der Grundsatz der Verhältnismäßigkeit gebietet es zudem, die Unterbringung [...] nur so lange zu vollstrecken, wie der Zweck der Maßregel dies unabweisbar erfordert und zu seiner Erreichung den Untergebrachten weniger belastende Maßnahmen nicht genügen.« (BVerfG NJW 2013, S. 3228, 3230 [Fall Mollath])

> »Der verfassungsrechtliche Grundsatz der Verhältnismäßigkeit beherrscht Anordnung und Fortdauer der Unterbringung. [...] Je länger die Unterbringung [...] andauert, umso strenger werden die Voraussetzungen für die Verhältnismäßigkeit des Freiheitsentzuges sein.« (BVerfGE 70, S. 297)

Von Verfassung wegen zu beachten ist, dass die Sicherungsbelange und der Freiheitsanspruch des Untergebrachten als wechselseitiges Korrektiv gesehen und im Einzelfall gegeneinander abgewogen werden müssen (vgl. hier und im Folgenden BVerfGE 70, S. 297 und BVerfG Beschluss vom 5.7.2013, 2 BvR 2957/12 –, Juris). Der Grundsatz der Verhältnismäßigkeit ist daher in die Prüfung der Aussetzungsreife der Maßregel nach § 67d Abs. 2 StGB einzubeziehen (sog. »integrative Betrachtung«). Stets zu erwägen ist, ob dem Sicherheitsinteresse der Allgemeinheit nicht bereits mit geeigneten Auflagen im Rahmen der im Falle einer Bewährungsaussetzung nach § 67d Abs. 2 S. 2 StGB kraft Gesetzes eintretenden Führungsaufsicht Rechnung getragen werden könnte.

Stellt das Gericht nach Beginn der Vollstreckung der Unterbringung in einem psychiatrischen Krankenhaus fest, dass die Voraussetzungen der Maßregel nicht mehr vorliegen oder die weitere Vollstreckung der Maßregel unverhältnismäßig wäre (dazu OLG Karlsruhe NStZ-RR 2005, S. 338; KG StV 2007, S. 432), so erklärt es sie gemäß § 67d Abs. 6 S. 1 StGB für erledigt. Allerdings muss in diesem Fall nicht zugleich die Vollstreckung eines Strafrestes dem Verdikt der Unverhältnismäßigkeit unterfallen; der Strafrest kann dann unter den Bedingungen des Maßregelvollzugs in einem psychiatrischen Krankenhaus vollstreckt werden (OLG Düsseldorf, Beschluss vom 12.12.2013 – III-2 Ws 576-577/13 –, Juris). Nach dem Willen des Gesetzgebers soll die erstgenannte Alternative auch diejenigen Fälle erfassen, in denen die **tatsächlichen** Voraussetzungen der Maßregelanordnung von Anfang an nicht bestanden (Fehleinweisung; vgl. BT-Drucks. 15/2887, S. 14); auf Fälle ausschließlich **rechtlich** fehlerhafter Anordnung ist § 67d Abs. 6 StGB hingegen nach herrschender Meinung nicht anzuwenden (vgl. BVerfG NStZ-RR 2007, S. 29 f.; krit. Volckart u. Grünebaum 2009 S. 344 f.). Mit der Entlassung aus dem Vollzug der Unterbringung nach Erledigterklärung tritt Führungsaufsicht ein; von einer entsprechenden Anordnung sieht das Gericht jedoch ab, wenn zu erwarten ist, dass der Betroffene auch ohne sie keine Straftaten mehr begehen wird (§ 67d Abs. 6 S. 2-3 StGB). Unter bestimmten Umständen kommt eine nachträgliche Anordnung der Unterbringung in der Sicherungsverwahrung in Betracht, § 66b StGB, § 7 Abs. 4 JGG, § 106 Abs. 7 JGG (▶ Abschn. 9.3.5). Die Unterbringung in einer Entziehungsanstalt wird für erledigt erklärt, wenn die Voraussetzungen des § 64 S. 2 StGB nicht mehr vorliegen, also keine hinreichend konkrete Aussicht auf einen Behandlungserfolg mehr besteht (zur Erledigung bei Erreichen des Therapieziels OLG München NStZ-RR 2013, S. 261; Fischer 2014, § 67d Rn. 22).

❯ Eine mit der Anordnung erfolgende sofortige Aussetzung der Unterbringung in einem psychiatrisch-psychotherapeutischen Krankenhaus oder einer Suchtabteilung (Entziehungsanstalt) – verbunden mit Führungsaufsicht – sieht § 67b StGB vor, »wenn besondere Umstände die Erwartung rechtfertigen, daß der Zweck der Maßregel auch dadurch erreicht werden kann«.

Der scheinbare Widerspruch zu der bei der Anordnung ja negativen Gefährlichkeitsprognose erklärt sich dadurch, dass eine Anordnung bei Gefährlichkeit grundsätzlich ohne Rücksicht darauf erfolgt, ob die Gefahr durch anderweitige Maßnahmen abgewendet werden könnte, die Erforderlichkeit i. e. S. demnach nur für die Frage der Vollstreckung, nicht aber für die Frage der Anordnung ausschlaggebend ist (BGH NStZ 1988, S. 451; BGH NStZ-RR 2000, S. 300; Fischer 2014, § 67b Rn. 2).

Beispiel
- **Fall 9.6**

Roger J., 51-jähriger Makler, hatte im Zustand der aufgehobenen Schuldfähigkeit während einer manischen Phase bei bekannter bipolarer affektiver Störung (ICD-10: F31.2) zahlreiche Straftaten begangen, u. a. waren Betrugsfälle mit einer Schadenssumme von insgesamt 1.125.000 € angeklagt. In der Vergangenheit gab es bereits 2 Gerichtsverfahren wegen ähnlich gelagerter Fälle, die alle wegen Schuldunfähigkeit mit einem Freispruch endeten. Der Proband hatte die als Rezidivprophylaxe eingesetzte Medikation mit Lithium jeweils eigenständig abgesetzt. Nun wurden vom Tatgericht, psychiatrisch sachverständig beraten, wiederum die Voraussetzungen des § 20 StGB mit einer aufgehobenen Schuldfähigkeit gesehen. Wegen der Vielzahl der Fälle wurde allerdings nun eine Gefahr für die Allgemeinheit gemäß § 63 StGB postuliert. Das Gericht überzeugte sich allerdings davon, dass der Proband in rezidivfreien Intervallen völlig gesund war, solange er die Medikation mit Lithium fortsetzte. Das Gericht ordnete einerseits eine Maßregel nach § 63 StGB an, setzte diese aber unmittelbar nach § 67b StGB mit der Anordnung zur Bewährung aus. Als Bewährungsauflagen wurde neben Führungsaufsicht der regelmäßige und nachzuweisende Besuch eines Arztes für Psychiatrie und Psychotherapie festgelegt (alle 14 Tage) sowie die kontinuierliche Einnahme einer prophylaktisch wirksamen Medikation (z. B. Lithium) unter entsprechenden Blutspiegelkontrollen.

Nach § 67c Abs. 1 StGB kommt eine Aussetzung der Vollstreckung der Unterbringung insbesondere in den Fällen in Betracht, in denen eine Freiheitsstrafe vor einer gleichzeitig angeordneten Unterbringung vollzogen wird, was für die Sicherungsverwahrung und die nach § 67 Abs. 2 StGB möglichen Ausnahmen vom vikariierenden System der §§ 63, 64 StGB relevant wird. Im Falle des § 67c Abs. 1 S. 1 Nr. 1 StGB prüft das Gericht vor dem Ende des Strafvollzugs, ob gegebenenfalls »der Zweck der Maßregel die Unterbringung nicht mehr erfordert«, d. h., ob die bei der ursprünglichen Entscheidung getroffene und zunächst weiterwirkende Gefährlichkeitsprognose (BVerfGE 42, S. 1, 8) nicht mehr aufrechtzuerhalten ist. Die Prognoseanforderung selbst wurde durch die geringfügige Änderung gegenüber der a. F. (»ob der Zweck der Maßregel die Unterbringung noch erfordert«) nicht modifiziert, weiterhin gilt, dass eine Aussetzung bereits bei Fehlen einer (weiterhin) negativen, nicht erst bei einer positiven Legalprognose erfolgen soll (BT-Drucks. 17/9874 S. 20). Trifft dies zu, erfolgt die Aussetzung der Unterbringung zur Bewährung in Verbindung mit Führungsaufsicht (§ 67c Abs. 1 S. 1 a. E. StGB). Einer Prüfung bedarf es hinsichtlich der Sicherungsverwahrung nach § 67c Abs. 1 S. 2 StGB allerdings nicht, sofern deren Anordnung vor nicht mehr als einem Jahr erfolgte. Die Gefährlichkeitsprognose ist in diesem Falle noch hinreichend aktuell, die Unterbringung zu rechtfertigen (vgl. BT-Drucks. 17/9874 S. 20). Die durch Gesetz vom 5.12.2012 neu eingefügte Nummer 2 der Vorschrift ordnet eine von Amts wegen anzustellende Prüfung der Verhältnismäßigkeit der Unterbringung in der Sicherungsverwahrung an, wenn dem Betroffenen entgegen der in § 66c Abs. 2 StGB enthaltenen Vorgaben im Strafvollzug keine ausreichende Behandlungsbetreuung zuteilwurde.

Sind nach der rechtskräftigen Anordnung der Unterbringung 3 Jahre vergangen, ohne dass mit dem Vollzug begonnen wurde, bedarf es für einen Vollzug – abgesehen von den Fällen der §§ 67b, 67c Abs. 1 StGB – einer Anordnung des Gerichts, die ebenfalls nur erfolgt, »wenn der Zweck der Maßregel die Unterbringung noch erfordert« (§ 67c Abs. 2 S. 3 StGB). Parallel zu § 67b Abs. 1 S. 1 StGB ist hier neben der Erledigung der Maßregel unter besonderen Umständen ebenso eine Aussetzung der Vollstreckung möglich.

Die Aussetzung einer Unterbringung wird nach § 67g StGB widerrufen, wenn der Zweck der Maßregel die Unterbringung (wieder) erfordert, d. h. sie zur Verhinderung neuer erheblicher Taten im Hinblick auf den jeweiligen Unterbringungszweck gerechtfertigt ist (Fischer 2014, § 67g Rn. 3), wie beispielsweise bei einer erneuten rechtswidrigen Tat während der Führungsaufsicht oder beharrlichem Verstoß gegen Weisungen (zu den Anforderungen an die Sachverhaltsaufklärung BVerfG NStZ-RR 2013, S. 115). Widerruft das Gericht die Aussetzung der Unterbringung nicht, so ist die Maßregel gemäß § 67g Abs. 5 StGB mit dem Ende der Führungsaufsicht erledigt. Zeichnet sich jedoch ein solcher Widerruf ab, können bereits im Vorfeld zur Verhinderung weiterer Straftaten nach den §§ 453c Abs. 1, 463 Abs. 1 StPO vorläufige Maßnahmen getroffen und notfalls auch ein Sicherungshaftbefehl erlassen werden.

9.3.7 Einholung eines Gutachtens nach §§ 463 Abs. 3 S. 3, 454 Abs. 2 StPO

Durch die unübersichtlich gestaltete Verweisung des § 463 Abs. 3 S. 3 StPO auf § 454 Abs. 2 StPO (▶ Abschn. 9.2.3) ist die Aussetzungsentscheidung im Falle der Sicherungsverwahrung generell von der Einholung eines Sachverständigengutachtens abhängig, während das Begutachtungserfordernis bei der Entscheidung über die weitere Vollstreckung der Maßregeln nach §§ 63, 64 StGB nur bei Straftaten gilt, die nach § 66 Abs. 3 S. 1 StGB ggf. auch Sicherungsverwahrung nach sich ziehen können (Schneider 2008, S. 68, 73). Auch besteht die Verpflichtung zur Begutachtung, soweit das Gericht im Rahmen des 67c Abs. 1 S. 1 Nr.1 StGB über die Vollstreckung der Sicherungsverwahrung zu entscheiden hat, nunmehr unabhängig davon, ob das Gericht eine Aussetzung überhaupt erwägt. Angesichts der Bedeutung der Entscheidung für das Freiheitsgrundrecht des Betroffenen soll durch die Pflicht zur Einholung eines Gutachtens zur aktuellen Gefährlichkeit des Verurteilten sichergestellt werden, dass die gerichtliche Entscheidung nicht zum bloßen »Durchlaufposten« hin zur Vollstreckung wird (BR-Drucks. 173/12 S. 37). Ein Abweichen des Gerichts von dem eingeholten Gutachten unterliegt angesichts dieser Grundrechtsrelevanz erhöhten Begründungsanforderungen (BVerfGE 70, S. 297, 310 und BVerfG Beschluss vom 5.7.2013, 2 BvR 2957/12 –, Juris).

Hintergrundinformation
Zur Fortdauer der Unterbringung in der Sicherungsverwahrung hat das Bundesverfassungsgericht in einer Entscheidung aus dem Jahre 2004 einige **Mindeststandards der Prognose** benannt (BVerfGE 109, S. 133, 164 f.). Dazu zählen insbesondere:

- Nachvollziehbarkeit und Transparenz: Vollständige und klare Darstellung der Anknüpfungs- und Befundtatsachen; Erläuterung der Untersuchungsmethoden und Offenlegen der Hypothesen.
- Gebot hinreichend breiter Prognosebasis: Betrachtung verschiedener Hauptbereiche aus dem Lebenslängs- und -querschnitt des Betroffenen, insbesondere Auseinandersetzung mit dem Anlassdelikt, der prädeliktischen Persönlichkeit, der postdeliktischen Persönlichkeitsentwicklung sowie dem sozialen Empfangsraum.
- Besondere Berücksichtigung des Verhaltens bei etwaigen Vollzugslockerungen (▶ Abschn. 9.4).
- Anforderungen an das Verfahren: Eingehende Untersuchung des Probanden, schriftliche Aufzeichnung des Gesprächsinhalts und des psychischen Befundes; Gewichtung durch einen Facharzt mit psychiatrischer Ausbildung und Erfahrung.

§ 463 Abs. 4 StPO sieht nach jeweils 5 Jahren vollzogener Unterbringung nach § 63 StGB eine externe Begutachtung zu der Frage vor, ob die Aussetzung der Vollstreckung der Unterbringung (§ 67d Abs. 2 StGB) oder deren Erledigterklärung nach § 67d Abs. 6 StGB möglich ist.

§ 463 Abs. 4 S. 1, 2 StPO. Im Rahmen der Überprüfungen nach § 67e des Strafgesetzbuches soll das Gericht nach jeweils fünf Jahren vollzogener Unterbringung in einem psychiatrischen Krankenhaus (§ 63) das Gutachten eines Sachverständigen einholen. Der Sachverständige darf weder im Rahmen des Vollzugs der Unterbringung mit der Behandlung der untergebrachten Person befasst gewesen sein, noch in dem psychiatrischen Krankenhaus arbeiten, in dem sich die untergebrachte Person befindet.

Der zum 20.7.2007 in Kraft getretene § 463 Abs. 4 StPO wurde allein aus Rücksicht auf landesrechtlich normierte kürzere Zeitintervalle und sonstige besondere Fälle als Soll-Regelung ausgestaltet. Entsprechende Vorgaben finden sich in § 37 Abs. 4 PsychKG/Bran; § 16 Abs. 3 MRVG NRW; § 5 Abs. 4 MRVG/SH und § 8 Abs. 4 MRVG/Sl (auf Antrag des Patienten), die eine Begutachtung bereits nach

Ablauf von jeweils 3 Jahren vorsehen. Die Soll-Vorschrift des § 463 Abs. 4 StPO ist also dahingehend auszulegen, dass sie nicht ausschließt, dass bereits vor Erreichen der 5-Jahres-Frist aufgrund der gerichtlichen Sachaufklärungspflicht ein externer Sachverständiger hinzugezogen werden muss und umgekehrt ein externes Gutachten nach Ablauf der 5-Jahres-Frist eben nur in sehr eng begrenzten Ausnahmefällen (etwa eine ohnehin kurz bevorstehende Entlassung) entbehrlich ist (BVerfG NStZ-RR 2010, S. 122). Insbesondere wenn sich der Untergebrachte seit langer Zeit in ein und demselben psychiatrischen Krankenhaus befindet, ist es in der Regel geboten, von Zeit zu Zeit einen anstaltsfremden Sachverständigen hinzuzuziehen, um der Gefahr repetitiver Routinebeurteilungen vorzubeugen (BVerfG NStZ 2013, S. 116 m. w. N., zur Fortdauer der Unterbringung bei Ablauf der Frist ohne gerichtliche Entscheidung KG, Beschluss vom 22.5.2013 – 2 Ws 204/13, – 141 AR 194/13 –, Juris).

Die Anforderungen an eine derartige Begutachtung sollen im Folgenden exemplarisch anhand der nordrhein-westfälischen Regelung aufgezeigt werden.

§ 16 Abs. 3 MRVG NRW. Spätestens nach Ablauf von jeweils 3 Jahren ist zu überprüfen, ob eine Entlassung der Patientinnen und Patienten angeregt werden kann. Die Patientinnen und Patienten sind durch ärztliche oder nichtärztliche Sachverständige zu begutachten. Diese dürfen nicht für die Einrichtung arbeiten. [...]

Die zuständigen Heilberufskammern führen gemäß § 16 Abs. 4 MRVG NRW »Listen über Sachverständige, die für die Aufgaben nach Absatz 3 geeignet sind. Sie legen nach Abstimmung mit den Trägern der Einrichtungen und der zuständigen Behörde Qualitätskriterien fest.« Die entsprechenden nordrhein-westfälischen Leitlinien für die Gutachtenerstellung sowie die spezifizierten Anforderungen an die Gutachter sollen hier beispielhaft wiedergegeben werden, ▶ Merkblatt zum Antragsverfahren zur Aufnahme in die Sachverständigenliste nach § 16 Abs. 4 Maßregelvollzugsgesetz Nordrhein-Westfalen (MRVG NRW; Ärztekammer Nordrhein 2003).

Merkblatt zum Antragsverfahren zur Aufnahme in die Sachverständigenliste nach § 16 Abs. 4 Maßregelvollzugsgesetz Nordrhein-Westfalen (MRVG NRW; Ärztekammer Nordrhein 2003)

Im Juli 1999 ist das MRVG in Kraft getreten. Nach § 16 (4) MRVG NRW führen die zuständigen Heilberufskammern Listen über Sachverständige, die für die Aufgaben geeignet sind, und legen hierfür Qualitätskriterien fest.

In der Arbeitsgruppe der Ärztekammern Nordrhein und Westfalen-Lippe wurden unter Einbeziehung des Landesbeauftragten für den Maßregelvollzug sowie von Sachverständigen aus Klinik und Praxis Qualitätskriterien für die Sachverständigenliste nach § 16 (4) MRVG NRW abgestimmt.

Mit Zustimmung der Träger der Maßregelvollzugseinrichtungen werden Ärztinnen und Ärzte mit der Schwerpunktanerkennung »Forensische Psychiatrie« auf Antrag vorläufig in die Sachverständigenliste aufgenommen.

Qualitätskriterien für die Sachverständigenliste nach § 16 (4) MRVG NRW

1. Facharzt für Psychiatrie oder Psychiatrie und Psychotherapie oder Nervenheilkunde oder Psychotherapeutische Medizin oder Kinder- und Jugendpsychiatrie oder Kinder- und Jugendpsychiatrie und -psychotherapie
2. Nachweis einer 6monatigen Tätigkeit in einer forensischen Klinik oder entsprechende Behandlungserfahrung mit forensischen Patienten
3. Gutachten: Vorlage von 10 leitliniengerechten Gutachten zu Fragen des Strafrechts (Schuldfähigkeit und Prognose), davon mindestens 5 Gutachten, die sich mit den Fragen der Entlassungsprognose gem. § 16 (3) MRVG NRW befassen. Die Gutachten sollen nicht länger als 5 Jahre zurückliegen. Sie sollen den mit Runderlass des Ministeriums für Frauen, Jugend, Familie und Gesundheit des Landes NRW vom 22.9.1998 veröffentlichten Leitlinien genügen (s. Anlage: Leitlinien für die Beauftragung und Erstellung von Gutachten nach § 16 (3) MRVG NRW in der Fassung vom 11.4.2008)
4. Geeignete Nachweise über die Teilnahme an forensisch-psychiatrischen Fortbildungen und Kongressen

Erstellung und Pflege der Sachverständigenliste nach § 16 (4) MRVG NRW

Die Aufnahme in die Sachverständigenliste nach § 16 MRVG (4) NRW erfolgt auf formalen schriftlichen Antrag nach Prüfung durch die zuständigen Gremien der Ärztekammern Nordrhein bzw. Westfalen-Lippe.

Die Sachverständigen der bisherigen Sachverständigenliste werden angeschrieben, ob sie unter Zugrundelegen o. g. Kriterien weiterhin auf der Liste geführt werden wollen.

Die aktualisierte Liste wird in regelmäßigen Abständen von den Ärztekammern an den Landesbeauftragten für den Maßregelvollzug übermittelt, der diese an Dritte weiterleitet.

Der Eintrag in die Liste erfolgt für einen Zeitraum von 5 Jahren.

Dem Antrag zur Aufnahme in die Sachverständigenliste nach § 16 (4) MRVG NRW sind folgende Unterlagen beizufügen:

- Nachweisbogen »ärztliche Tätigkeiten« (chronologische Auflistung der ärztlichen Tätigkeiten seit Approbation).
- Nachweisbogen »Behandlungserfahrung mit forensischen Patienten«. Dem Nachweisbogen sind folgende Unterlagen in Kopie beizufügen:
  - Zeugnis über die 6monatige Tätigkeit in einer forensischen Klinik oder
  - Zeugnis über entsprechende Behandlungserfahrung mit forensischen Patienten in nichtforensischen Einrichtungen,
  - bei langjähriger Tätigkeit auf dem Gebiet des Maßregelvollzuges kann das Zeugnis durch eine Selbstdarstellung ersetzt werden.
- 10 Gutachten zu Fragen des Strafrechts (Schuldfähigkeit und Prognose), davon mindestens 5 Gutachten, die sich mit Fragen der Entlassungsprognose befassen. Die Gutachten sollen nicht länger als 5 Jahre zurückliegen und sollen den Leitlinien für die Beauftragung und Erstellung von Gutachten nach § 16 (3) MRVG NRW in der Fassung vom 11.4.2008 genügen.
- Nachweis über die Teilnahme an forensisch-psychiatrischen Fortbildungen oder Kongressen.
- Gebühr Antragsbearbeitung.

Vereinfachtes Verfahren für Ärztinnen und Ärzten mit der Schwerpunktbezeichnung »Forensische Psychiatrie«

Ärztinnen und Ärzte mit der Schwerpunktanerkennung »Forensische Psychiatrie« können auf Antrag vorläufig in die Sachverständigenliste aufgenommen werden. Die o. g. Unterlagen müssen bei Antragstellung vorgelegt werden. Der Ärztekammer Nordrhein bereits vorliegende Unterlagen aus dem Antragsverfahren zur Schwerpunktanerkennung »Forensische Psychiatrie« können berücksichtigt werden.

Die bei Vorliegen der Schwerpunktanerkennung »Forensische Psychiatrie« lediglich erforderlichen 5 Gutachten zur Entlassungsprognose können innerhalb eines Zeitraums von 5 Jahren nach vorläufiger Aufnahme in die Sachverständigenliste nachgereicht werden.

Inzwischen hat auch die Psychotherapeutenkammer NRW für ihre Mitglieder, Psychologische Psychotherapeuten, entsprechende Kriterien für die Zulassung psychologischer Sachverständiger nach § 16 Abs. 3 MRVG NRW erarbeitet, ▶ Überarbeitete Fassung der Leitlinien für die Beauftragung und Erstellung von Gutachten nach § 16 Abs. 3 des Maßregelvollzugsgesetzes des Landes Nordrhein-Westfalen (MRVG NRW; Ministerium für Arbeit, Gesundheit und Soziales des Landes NRW, der Landesbeauftragte für den Maßregelvollzug NRW, 2008; http://www.massregelvollzug.nrw.de/pdf/ Leitlinien_Gutachten____16_Abs__3_MRVG. pdf).

Psychologen können in die Sachverständigenliste aufgenommen werden, sofern sie den Nachweis der Anerkennung als Fachpsychologin/ Fachpsychologe für Rechtspsychologie oder den Nachweis der Approbation als Psychologische/r Psychotherapeut/in bzw. Kinder- und Jugendlichenpsychotherapeut/in führen können und eine mindestens 3-jährige Vollzeittätigkeit im Bereich des Maßregelvollzugs oder eine entsprechende Behandlungserfahrung sowie regelmäßige Fortbildungen (mindestens 40 Stunden jährlich) vorweisen können (Voraussetzungen für die Aufnahme von Diplom-Psychologinnen und Diplom-Psychologen in die Liste Sachverständiger nach § 16 Abs. 3 MRVG NRW, herausgegeben von der Vorstandskommission Maßregelvollzug der Psychotherapeutenkammer NRW, Stand 9.9.2004; http://www. ptk-nrw.de/fileadmin/user_upload/pdf/Rechtliches/Aufnahmevoraussetzungen_GA_Liste_16-4-MRVG.pdf).

Überarbeitete Fassung der Leitlinien für die Beauftragung und Erstellung von Gutachten nach § 16 Abs. 3 des Maßregelvollzugsgesetzes des Landes Nordrhein-Westfalen (MRVG NRW; Ministerium für Arbeit, Gesundheit und Soziales des Landes NRW, der Landesbeauftragte für den Maßregelvollzug NRW, 2008; http:// www.massregelvollzug.nrw.de/pdf/Leitlinien_ Gutachten____16_Abs__3_MRVG.pdf)

A. Vorbemerkungen

Zur qualitativen Verbesserung von Gutachten nach § 16 (3) MRVG ist es erforderlich, dass

1. die Maßregelvollzugseinrichtung bei der Beauftragung den Gegenstand des Gutachtens genau beschreibt, konkrete Fragen benennt und den Gutachter über die speziellen inhaltlichen Erwartungen an das Gutachten im Einzelnen informiert. Nach § 16 (3) MRVG ist im Rahmen der Begutachtung zu überprüfen, ob eine Entlassung des Probanden angeregt werden kann. Außerdem sollte sich der Gutachter zur Frage der verantwortbaren Lockerungsmaßnahmen äußern; ob er den derzeitigen Lockerungsgrad des Probanden bzw. welche darüber hinausgehenden Lockerungen er unter welchen Bedingungen in absehbarer Zeit für verantwortbar hält. Zur Klärung dieser Frage muss sich der Gutachtenauftrag an folgenden Fragen orientieren:
   - Wie groß ist die Wahrscheinlichkeit, dass die zu begutachtende Person neue Straftaten begehen wird?
   - Welcher Art werden diese Straftaten sein, welche Häufigkeit und welchen Schweregrad werden sie haben?

   - Mit welchen Maßnahmen kann das Risiko zukünftiger Straftaten beherrscht oder verringert werden?
   - Welche Umstände können das Risiko von Straftaten steigern?
2. die Einrichtung dem Gutachter mit ausreichendem zeitlichen Abstand vor der Exploration die Krankenakten zur Verfügung stellt,
3. durch den Gutachter in der Einrichtung Gespräche mit dem Behandlungspersonal stattfinden und die behandelnden Therapeuten den Gutachter über den Behandlungsstand informieren,
4. der Gutachter nach der Exploration ein Nachgespräch mit den Therapeuten führt. Ziel der Abstimmungsgespräche des Gutachters mit der Klinik ist es nicht, diesen in seiner gutachterlichen Freiheit einzuschränken. Den Kliniken soll jedoch die Gelegenheit gegeben werden, den Gutachter nochmals ausdrücklich auf die Punkte hinzuweisen, zu denen aus ihrer Sicht in einem Gutachten gemäß § 16 Abs. 3 MRVG im konkreten Einzelfall Stellung zu nehmen is,
5. die Klinik das Gutachten im Rahmen der Behandlungsplanung bewertet und den Gutachter hierüber informiert.

Der nachfolgende Anforderungskatalog soll eine Beratungs- und Ergänzungsfunktion für die Maßregelvollzugseinrichtungen haben. Insoweit bedeutet die Auflistung der im Gutachten zu berücksichtigenden Punkte nicht, dass der Gutachter zu diesen Punkten

▼

aus den Behandlungsunterlagen im Aktenteil des Gutachtens zitieren muss. Vielmehr soll im Beurteilungsteil des Gutachtens deutlich werden, dass sich der Gutachter mit diesen Punkten auseinandergesetzt hat.

B. Anforderungen an Gutachten gemäß § 16 (3) MRVG NRW

Aus dem Gutachten sollte der Entscheidungsprozess des Gutachtens ersichtlich sein, damit nachvollzogen werden kann, anhand welcher Anknüpfungspunkte und aufgrund welcher Überlegungen er zu seiner abschließenden prognostischen Beurteilung gekommen ist.

I. Formelle Mindestanforderungen

a. Nennung von Auftraggeber und Fragestellung, ggf. Präzisierung
b. Darlegung von Ort, Zeit und Umfang der Untersuchung
c. Dokumentation der Aufklärung
d. Darlegung der Verwendung besonderer Untersuchungs- und Dokumentationsmethoden (z. B. Videoaufzeichnung, Tonbandaufzeichnung, Beobachtung durch anderes Personal, Einschaltung von Dolmetschern)
e. Exakte Angabe und getrennte Wiedergabe der Erkenntnisquellen (Akten, subjektive Darstellung des Probanden, Beobachtung und Untersuchung, zusätzlich durchgeführte Untersuchungen/weitere Informationsquellen [z. B. bildgebende Verfahren, psychologische Zusatzuntersuchungen, Fremdanamnese] einschließlich Begründung der Maßnahme)
f. Kenntlichmachung der interpretierenden und kommentierenden Äußerungen und deren Trennung von der Wiedergabe der Informationen und Befunde
g. Trennung von gesichertem medizinischem (psychiatrischem, psychopathologischem) sowie psychologischem und kriminologischem Wissen und subjektiver Meinung oder Vermutung des Gutachters
h. Offenlegung von Unklarheiten und Schwierigkeiten und den daraus abzuleitenden Konsequenzen, ggf. rechtzeitige Mitteilung an den Auftraggeber über weiteren Aufklärungsbedarf
i. Kenntlichmachen der Aufgaben- und Verantwortungsbereiche der beteiligten Gutachter und Mitarbeiter
j. Bei Verwendung wissenschaftlicher Literatur Beachtung der üblichen Zitierpraxis
k. Klare und übersichtliche Gliederung

II. Mindestanforderung an die Informationsgewinnung

Ziel ist ein exaktes, durch Fakten begründetes Bild der Person des Probanden, seiner Lebens- und Delinquenzgeschichte, der in seinen Taten zutage getretenen Gefährlichkeit und seiner seitherigen Entwicklung. Ohne die Rekonstruktion der Persönlichkeitsproblematik der Lebens- und Delinquenzgeschichte fehlt einer in die Zukunft gerichteten Risikoeinschätzung das entscheidende Fundament. Dies erfordert ein umfassendes Aktenstudium sowie eine eingehende Exploration, ggf. inklusive psychologischer Testungen.

1. Unterbringungsbeschluss
Hier ist zu verweisen auf:
a. das Einweisungsurteil,
b. die Diagnostik des Einweisungsgutachtens,
c. die aus dem Gutachten abgeleiteten Rechtsfolgen, ggf. zu unterteilen bei fehlender Übereinstimmung in die gutachterlichen und die aus dem Urteil zu ersehenden Rechtsfolgen,
d. die Vorstrafen sowie die möglichen Zusammenhänge zwischen ihnen und der Anlasstat bzw. der Anlasserkrankung.

2. Behandlungsverlauf
2.1. Nach den Unterlagen der Einrichtung
Hier muss mindestens eingegangen werden auf:
a. die klinische Diagnose (einschließlich testpsychologischen Untersuchungen und psychischem Befund) und bei Unterschieden in der gutachterlichen bzw. klinischen Diagnostik auch Auseinandersetzung mit den Folgerungen aus diesem Unterschied,
b. den ersten Behandlungsplan, demgegenüber der Therapieverlauf zu bewerten ist:
   – Medikation,
   – Sozio- und Milieutherapie bzw. Pflegeplan,
   – arbeits- und beschäftigungstherapeutischer Einsatz,
   – einzel- und gruppentherapeutische Verfahren und ihre Durchführung,
   – sonstige therapeutische Anwendungen.
c. die Veränderungen in der Fortschreibung des Behandlungsplanes einschließlich der Gründe für diese Veränderungen (einschließlich Fortschreibung der Anamnese aus dem Erkenntnisse aus dem Behandlungsverlauf [Verlaufsdokumentation der Ärzte, Psychologen, Ergotherapeuten und des pflegerischen Personals], insbesondere für die Bereiche Sexual- und Deliktanamnese),
d. die Lockerungen mit ihren Erfolgen bzw. Misserfolgen sowie die Gründe hierfür; insbesondere ist hier zu untersuchen, inwieweit Misserfolge mit der Anlasserkrankung im Zusammenhang stehen bzw. inwieweit Krankheitsrückfälle mit illegal auffälligem Verhalten verknüpft waren und sich hieraus

▼

aus den Unterlagen eine kriminelle Gefährdung ergibt;

e. Schlussfolgerungen externer Gutachten während der Unterbringung.

2.2. Aus der Sicht des Gutachters

Hier muss eine ausführliche Exploration unter adäquaten Untersuchungsbedingungen den Behandlungsverlauf sowie die Einweisungsdiagnose erheben und dokumentieren. Die Untersuchungsdauer muss unter Berücksichtigung des Schwierigkeitsgrads angemessen sein und erfolgt in begründeten Einzelfällen an mehreren Tagen. Bei begrenzten Fragestellungen oder bei ausführlichen vorangegangenen Begutachtungen kann ein einziger Untersuchungstermin ausreichend sein.

In der Exploration erfolgt eine mehrdimensionale Untersuchung der Entwicklung und des gegenwärtigen Bildes der Persönlichkeit, der Krankheits- und Störungsanamnese sowie eine Analyse der Delinquenzgeschichte und des Tatbildes. Der zeitliche Aufwand sowie die Dimensionalität der Exploration kann in begründeten Einzelfällen reduziert werden (z. B. bei Vorliegen ausführlicher Vorgutachten, eindeutigen Zusammenhängen zwischen Erkrankung und Delikt oder mangelnder Fähigkeit des Patienten zur Mitarbeit).

Folgende Informationen sind relevant: Herkunftsfamilie, Ersatzfamilie, Kindheit, Suchtmittel, Sexualität, Partnerschaften, Freizeitgestaltung, Lebenszeit-Delinquenz (Delikteinsicht, Opferempathie, Veränderungsprozesse seit dem letzten Delikt, Einschätzung von Risiken und deren Management), Vollzugs-, Therapieverlauf, soziale Bezüge, Lebenseinstellungen, Durchführung geeigneter anderer Zusatzuntersuchungen und psychischer Befunde.

Faktische Diskrepanzen werden mit dem Probanden erörtert. Die Stimmigkeit der gesammelten Informationen ist zu überprüfen, Widersprüche zwischen Exploration und Akteninhalt sind anzusprechen. Die Erkenntnisse aus der Diskussion mit dem zuständigen Therapeuten und den anderen Mitarbeitern des »therapeutischen Teams« (insbesondere bei unterschiedlichen Auffassungen und Befunden) sind zu berücksichtigen.

Die Dauer der im Rahmen der Exploration mit dem Probanden geführten Gespräche ist anzugeben.

Aus der Exploration ergeben sich:

a. die klinische Zustandsdiagnose/Differenzialdiagnose, gegenwärtig orientiert an ICD-10, einschließlich testpsychologischer Untersuchungen und Befunde des Gutachters (hier müsste ggf. auf unterschiedliche Auffassungen und deren Folge hingewiesen werden),

b. die Bewertung der Anamnese, insbesondere der Delikts- und Sexualanamnese, der Hintergründe und Ursachen der Delinquenz (Verhaltensmuster, Einstellungen, Werthaltungen, Motivationen). Ziel ist eine Theorie darüber, aus welchen Gründen gerade der Proband bislang straffällig geworden ist, was ggf. die Straffälligkeit aufrechterhalten und ausgeweitet hat,

c. bei Persönlichkeitsstörungen Aussagen zur Dynamik der Störung und Charakterpathologie,

d. die Therapievorschläge bzw. Pläne des Gutachters.

III. Prognosestellung

Aus der Gegenüberstellung des Behandlungsverlaufes aus der Sicht der Klinik und aus der Sicht des Gutachters ergeben sich:

1. die **Behandlungsprognose** für die Anlasserkrankung unter Abgleichung der Ergebnisse zu 2.1 und 2.2 inkl. einer Einschätzung dazu, inwieweit die angebotenen Therapien geeignet sind, den Probanden zu fördern und das Deliktrisiko zu verringern,

2. die **Sozialprognose** (hier insbesondere unter Einbeziehung der Lebensverhältnisse des Probanden außerhalb der Unterbringung, die eine mögliche Entlassung fördern oder hemmen). Die Umstände, für welche die Prognose gelten soll, sollten dadurch eingegrenzt und Maßnahmen aufgezeigt werden, durch welche die Prognose abgesichert oder verbessert werden kann (Risikomanagement),

3. die **kriminologische Prognose** in Verbindung zur Anlasserkrankung. Die kriminologische Prognose ist sowohl im Hinblick auf Art und Grad der Wahrscheinlichkeit der zu erwartenden Straftaten zu stellen. Sie umfasst eine mehrdimensionale biografisch fundierte Analyse (Delikt, Krankheits-/Störungsbild, Persönlichkeit) unter Berücksichtigung der individuellen Risikofaktoren. In der Darstellung der Persönlichkeitsentwicklung des Probanden seit der Anlasstat werden Risikofaktoren sowie protektive Faktoren berücksichtigt. Der sorgfältig abgeklärte Einzelfall sollte dann darauf geprüft werden, ob er typisch für eine bekannte Tätergruppe ist, zu der man die wesentlichen Rückfalldaten kennt (»Basisraten«). Das Vorhandensein empirisch gesicherter, kriminologischer und psychiatrischer Risikovariablen, ggf. unter Anwendung geeigneter standardisierter Prognoseinstrumente, ist zu überprüfen. Prognoseinstrumente ersetzen die hermeneutische oder hypothesengeleitete Individualprognose nicht, helfen aber, empirisches Wissen für die Prognose nutzbar zu machen und die internationalen Prognosestandards einzuhalten. Der soziale Empfangsraum, die

▼

Steuerungsmöglichkeiten in der Nachsorge und die zu erwartenden belastenden und stabilisierenden Faktoren (z. B. Arbeit, Partnerschaft) sind zu berücksichtigen.

IV. Abschließende Beurteilung

1. Hier müsste noch einmal prägnant zusammengefasst werden:
   a. die Zustandsdiagnose
   b. die Behandlungsprognose
   c. die Legalprognose
2. Ggf. eine ausführliche Auseinandersetzung, inwieweit, wenn auch ohne Fortbestehen der Anlasserkrankung, eine kriminelle Gefährdung gesehen wird, und zwar unter Darlegung der Gründe und des Ausmaßes dieser Gefährdung. Bei Fortbestehen einer kriminellen Gefährdung nach erfolgreicher Therapie der Anlasserkran-

kung ist darzulegen, dass die Gefährdung nicht mit Persönlichkeitsmerkmalen im Zusammenhang steht, die in den Bereich der Anlasserkrankung fallen.

3. Ggf. eine ebensolche Beschreibung der Auseinandersetzung mit den Gründen einer nicht fortbestehenden erheblichen kriminellen Gefährdung bei Fortbestehen der Anlasserkrankung.
4. Ggf. eine Darstellung der notwendigen psychosozialen Rahmenbedingungen (z. B. Betreuung, Einweisung nach PsychKG, externer Therapeut, Heimunterbringung, ambulante Betreuungsstelle, Weisungen, Auflagen etc.) dafür, ob erprobt werden kann, dass auch außerhalb der Unterbringung keine erheblichen rechtswidrigen Taten zu erwarten sind.
5. Bewertung der Lockerungsmaßnahmen bzw. Hinweise zu weiteren Lockerungsentscheidungen.

Name des Patienten: ___
1. Unterbringung auf Grundlage des § ___
2. Unterbringung auf Grundlage des § ___
Unterbringung bis: ___
Beschluss vom (Gericht/Datum): ___ AZ: ___
Besuchsrecht für: ___
Betreuer/Bewährungshelfer: ___
Justizbehörde   Aktenzeichen   Ansprechpartner
___
Dem Chefarzt oder seinem Stellvertreter vorgestellt am: ___
Unterschrift des Abteilungsarztes/Stellvertreters: ___
Informationsmappe ausgehändigt am: ___
Vorläufiger Behandlungsplan: ___
Datum ___ mit dem Pat. besprochen   Arzt ___
1. ___
2. ___
3. ___

Stellungnahme nach § 67e StGB:
Datum ___   Arzt ___
1. ___
2. ___
3. ___

Externe Begutachtung gem. § 16 Abs. 3 MRVG NRW am: ___

Ausgangsregelung: ___
Datum: ___   Schreiben an Justiz: ___

Arzt: ___   Unterschrift: ___

Abb. 9.1 Maßregelvollzugs-Checkliste der stationären Unterbringung

Neben diesen allgemeinen Hinweisen bieten sich spezielle Skalen und Checklisten von Prognosekriterien für die Einschätzung der weiteren Krankheits- und Kriminalprognose an, die insbesondere für den Maßregelvollzug vorliegen (Grove et al. 2000; Müller-Isberner et al. 1998, 2000; Seifert et al. 2003). Sie stellen eine sinnvolle methodische Ergänzung dar, jedoch keinen Ersatz für die individuelle psychiatrische Exploration und Untersuchung (Bliesener 2007; Dahle et al. 2007; Leygraf 2009).

Es liegen derzeit kaum testtheoretisch ausreichend fundierte Erkenntnisse über den Einsatz solcher Listen in der individuellen Vorhersage vor. Eine Übersicht standardisierter Prognoseinstrumente geben Wendt u. Stöver 2011, S. 449 ff.; Bliesener 2007 und Dahle et al. 2007. Zur Beweiswürdigung und den Anforderungen an die Entscheidungsgründe bei Verwendung statistischer Prognoseinstrumente im Rahmen der Gefährlichkeitsprognose BGH NStZ-RR 2009, S. 75: Ein standardisiertes Prognoseinstrument könne nie isoliert, sondern immer nur im Kontext der Erforschung und Bewertung der individuellen Täterpersönlichkeit eine Gefährlichkeitsprognose tragfähig begründen, da das empirische Wissen über ein generelles Rückfallrisiko nur die »erste Verortung des Einzelfalls im kriminologischen Erfahrungsraum« erlaube.

Als Orientierungshilfe für den Behandler im Maßregelvollzug und zur Dokumentation seiner Handlungen kann die in ◗ Abb. 9.1 dargestellte Maßregelvollzugs-Checkliste zur stationären Unterbringung dienen.

9.4 Vollzugslockerungen

9.4.1 Allgemeines

§ 2 StVollzG. Im Vollzug der Freiheitsstrafe soll der Gefangene fähig werden, künftig in sozialer Verantwortung ein Leben ohne Straftaten zu führen (Vollzugsziel). Der Vollzug der Freiheitsstrafe dient auch dem Schutz der Allgemeinheit vor weiteren Straftaten.

§ 3 Abs. 2 und 3 StVollzG. Schädlichen Folgen des Freiheitsentzuges ist entgegenzuwirken. Der Vollzug ist darauf auszurichten, daß er dem Gefangenen hilft, sich in das Leben in Freiheit einzugliedern.

Hintergrundinformation
Mit der Föderalismusreform 2006 wurde die Gesetzgebungskompetenz für den Strafvollzug auf die Länder übertragen; das Strafvollzugsgesetz gilt jedoch als Bundesrecht bis zum Erlass entsprechender Landesgesetze fort (Art. 125a Abs. 1 GG). Von der Gesetzgebungskompetenz haben für den Erwachsenenstrafvollzug nunmehr ein Großteil der Länder Gebrauch gemacht. Bayern, Baden-Württemberg, Hamburg, Hessen und Niedersachsen erließen relativ zeitnah eigene, jedoch inhaltlich eng an das StVollzG des Bundes angelehnte Gesetze. Allerdings wurde zum Teil in bewusster Abweichung von der in § 2 StVollzG (Bund) vorgenommenen Prioritätensetzung zugunsten des Resozialisierungsziels (Laubenthal 2011, Rn. 174) die Bedeutung des Sicherungsauftrages gegenüber der Behandlung stärker hervorgehoben (vgl. § 2 Abs. 1 JVollzGB I BW; Art. 2 BayStVollzG; § 2 HmbStVollzG; § 2 HStVollzG; § 5 NJVollzG). Zehn weitere Bundesländer erarbeiteten einen gemeinsamen Musterentwurf (ME LStVollzG der Länder Berlin, Brandenburg, Bremen, Mecklenburg-Vorpommern, Rheinland-Pfalz, Saarland, Sachsen, Sachsen-Anhalt, Schleswig-Holstein und Thüringen vom 23.8.2011). Da die im Nachgang erlassenen Strafvollzugsgesetze der beteiligten Länder dem Musterentwurf weitestgehend folgen, wird bei notwendigem Verweis auf die landesgesetzlichen Bestimmungen im Folgenden auf diesen Entwurf Bezug genommen. In Nordrhein-Westfalen liegt ein Gesetzesentwurf der Landesregierung (Landtagsdrucks. 16/5413) vor, auch in Bremen existiert bereits ein entsprechender Referentenentwurf. Lediglich in Berlin, Sachsen-Anhalt und Schleswig-Holstein lassen die Landesstrafvollzugsgesetze noch auf sich warten (Stand der Bearbeitung: Mai 2014).

Straf- und auch Maßregelvollzug sind von Verfassung wegen auf die Resozialisierung des Täters angelegt (BVerfGE 98, S. 169, 200 f.; BVerfGE 116, S. 69, 85). Als Vorstufe zu einer Aussetzung der strafrechtlichen Sanktionen ist es daher möglich und notwendig, den Betroffenen Vollzugslockerungen in einem dem Schutzbedürfnis der Allgemeinheit zumutbaren Maße zu gewähren. Dies beugt Prisonierungs- und Hospitalisierungsschäden vor (BVerfG NJW 1998, S. 1133; BVerfG NStZ-RR 1998, S. 121; Laubenthal 2011, Rn. 274 ff.; Pollähne 2010a, S. 187) und ermöglicht eine schrittweise Erprobung, ob der Täter sich im »normalen« Leben orientieren kann, ohne seine wiedergewonnene Freiheit zu neuen Straftaten zu missbrauchen. Diese »Lockerungsgeschichte« wird dann als wesentliche Grundlage für prognostische Feststellungen über die Verantwortbarkeit einer Bewährungsaussetzung genutzt (BVerfGE 109, S. 133, 165 f.; Pollähne 2010a, S. 194; Schüler-Springorum et al. 1996, S. 189 f.).

Zu den Vollzugslockerungen zählen insbesondere das Verlassen der Anstalt für bis zu 24 Stunden mit oder ohne Begleitung, der Langzeitausgang über mehrere Tage und die regelmäßige Beschäftigung außerhalb der Anstalt (»Freigang«, vgl. § 11 Abs. 1 StVollzG und die Aufzählung in § 38 Abs. 1 ME LStVollzG, für den Maßregelvollzug Volckart u. Grünebaum 2009, S. 171 ff.). Die verschiedenen Arten der Vollzugslockerungen lassen dabei eine einzelfallbezogene und in sich noch einmal abgestufte Dosierung der Lockerungen zu. Soweit erforderlich, bereiten sie darüber hinaus als positive und motivierende Behandlungsmaßnahmen den Boden für eine zielführende psychosoziale Therapie (Volckart u. Grünebaum 2009, S. 173).

Inwieweit die Gewährung von Vollzugslockerungen den Schutz der Allgemeinheit gefährdet, ist gesellschaftlich umstritten. Ein realistisches Bild vermitteln dazu die Periodischen Sicherheitsberichte der Bundesministerien der Justiz und des Inneren, denen zufolge Strafvollzugslockerungen in allen Ländern seit Inkrafttreten des (Bundes-)Strafvollzugsgesetzes im Jahre 1977 zwar häufiger als vorher gewährt wurden, die Missbrauchsfälle bzw. Misserfolgsraten mit steigender Anwendung von Urlaub, Freigang und anderen Lockerungen jedoch umgekehrt – entgegen einem in der Öffentlichkeit verbreiteten Eindruck – zurückgegangen sind. Ihre Quote bewegt sich danach zwischen 1 und 3 % der gewährten Lockerungen, wobei unter Misserfolg vordringlich die nicht rechtzeitige Rückkehr und der Verstoß gegen Weisungen zu verstehen sind (PSB 2001, S. 426; PSB 2006, S. 622 f.).

9.4.2 Strafvollzug

> **Vollzugslockerungen dürfen im Strafvollzug nach § 11 Abs. 2 StVollzG nur angeordnet werden, »wenn nicht zu befürchten ist, daß der Gefangene sich dem Vollzug der Freiheitsstrafe entziehen oder die Lockerungen des Vollzuges zu Straftaten missbrauchen werde« (entsprechend § 9 Abs. 1 JVollzGB III BW, Art. 13 Abs. 2 BayStVollzG, § 13 Abs. 2 S. 1 HStVollzG, § 13 Abs. 2 NJVollzG). Die jüngeren Landesstrafvollzugsgesetze und § 12 Abs. 1 S. 2 HmbStVollzG enthalten demgegenüber eine Erprobungsklausel (»wenn verantwortet werden kann zu erproben«, vgl. § 38 Abs. 2 ME LStVollzG).**

Nach ständiger Rechtsprechung des Bundesverfassungsgerichts (BVerfG NStZ-RR 1998, S. 121 f.; BVerfG NStZ 1998, S. 430 f.) darf es die Justizvollzugsanstalt bei der Entscheidung über die Gewährung oder Versagung von Vollzugslockerungen nicht bei bloßen pauschalen Wertungen oder bei dem abstrakten Hinweis auf eine Flucht- oder Missbrauchsgefahr bewenden lassen; sie hat vielmehr im Rahmen einer Gesamtwürdigung nähere Anhaltspunkte darzulegen, welche geeignet sind, die Prognose einer Flucht- oder Missbrauchsgefahr in der Person des Gefangenen zu konkretisieren. Bei dieser Prognose wird ihr allerdings ein Beurteilungsspielraum zugebilligt, in dessen Rahmen sie bei Achtung der Grundrechte des Gefangenen mehrere Entscheidungen treffen kann, die gleichermaßen rechtlich vertretbar sind. Dieser Beurteilungsspielraum entbindet die Vollstreckungsgerichte indes nicht von ihrer rechtsstaatlich fundierten Prüfungspflicht, den Sachverhalt umfassend aufzuklären und dabei festzustellen, ob die Vollzugsbehörde als Voraussetzungen ihrer Entscheidung alle Tatsachen zutreffend angenommen und den zugrunde gelegten Sachverhalt insgesamt vollständig ermittelt hat.

In die Entscheidung über die Gewährung der als Behandlungsmaßnahme einzuordnenden Vollzugslockerung (Calliess u. Müller-Dietz 2008, § 11 Rn. 1) fließen ähnliche Gesichtspunkte ein wie bei den Aussetzungsprognosen: Die Persönlichkeit des Gefangenen und ihre Entwicklung bis zur Tat, Art und Weise sowie Motive der Tatbegehung, Entwicklung und Verhalten im Vollzug sowie die Bedingungen, unter denen die Vollzugslockerung erfolgt (OLG Frankfurt NStZ 1982, S. 349 f.; Calliess u. Müller-Dietz 2008, § 11 Rn. 18). Bundeseinheitliche Vollzugsvorschriften der Länder zum Strafvollzugsgesetz, die lediglich für die Vollzugsbehörden, nicht aber für die Gerichte verbindlich sind (OLG Frankfurt NJW 1978, S. 334 f.), konkretisieren den weit gefassten § 11 Abs. 2 StVollzG dahingehend, dass bestimmte Lockerungsformen (Außenbeschäftigung, Freigang und Ausgang) beispielsweise bei Gefangenen ausgeschlossen sind, gegen die Untersuchungshaft, Auslieferungs-, Abschiebungshaft oder eine noch zu vollziehende Maßregel angeordnet ist, oder für solche Gefangene ungeeignet sind, die erheblich suchtgefährdet sind oder sich schon einmal dem Strafvollzug entzogen haben (VV Nr. 6, 7 zu § 11 StVollzG, Volltext bei Calliess u. Müller-Dietz 2008, § 11; explizit auch § 13 Abs. 4, 5 HStVollzG).

9.4.3 Maßregelvollzug (§§ 63, 64, 66 StGB)

Maßregeln, insbesondere nach den §§ 63 und 64 StGB, haben auch therapeutische Ziele, weswegen die Gewährung von Lockerungen einen unerlässlichen Bestandteil darstellen muss. Trotz unterschiedlicher Maßregelvollzugsgesetze in den verschiedenen Bundesländern für die Unterbringung in einem psychiatrisch-psychotherapeutischen Krankenhaus oder in einer Suchtklinik (Entziehungsanstalt) (Volltexte bei Volckart u. Grünebaum 2009, S. 387 ff.) sind für die bei Vollzugslockerungen erforderliche positive Prognose dieselben Gesichtspunkte ausschlaggebend wie beim Strafvollzug: Schon aus der Aussetzungsregelung des § 67d Abs. 2 StGB (▶ Abschn. 9.3.6) und dem Sicherungszweck der Maßregeln ergibt sich, dass erwartet werden können muss, dass der Patient zurückkehrt und außerhalb des Vollzuges keine rechtswidrigen Taten begeht.

Gleiches gilt grundsätzlich für die Vorgaben der nach der Entscheidung des Bundesverfassungsgerichts vom 4.5.2011 zur Neuregelung des Vollzugs der Unterbringung ergangenen Landesgesetze betreffend die Sicherungsverwahrung (vgl. etwa Art. 54 Abs. 2 BaySVVollzG; § 53 Abs. 2 SVVollzG NRW). Jedoch muss nach der bundesgesetzlichen Regelung (§ 66c Abs. 1 Nr. 3 Buchstabe a StGB) und den entsprechend gefassten landesrechtlichen Normierungen die negative Prognose den Missbrauch »zur Begehung erheblicher Straftaten« betreffen. Nicht jede Befürchtung einer Straftat vermag also vollzugsöffnende Maßnahmen auszuschließen, sondern nur noch die Befürchtung besonders qualifizierter

Straftaten; zur Konkretisierung des Begriffs wird auf die entsprechende Rechtsprechung und Literatur zu § 66 Abs. 1 S. 1 Nr. 4 StGB rekurriert werden können (Schäfersküpper u. Grote 2013, S. 447).

Da die Maßregeln alleine durch das Schutzbedürfnis der Allgemeinheit und nicht wie die Strafe durch die Schuld legitimiert sind, ist davon auszugehen, dass den Betroffenen bei Vorliegen der Voraussetzungen ein Rechtsanspruch auf Gewährung der Lockerung zusteht, da eine Versagung derselben bei positiver Prognose dem Verhältnismäßigkeitsgrundsatz zuwiderlaufen würde (Volckart u. Grünebaum 2009, S. 175; Pollähne 2010a, S. 191; dagegen Schöch 2004, S. 401), der eine Belastung, d. h. Freiheitsentziehung, nur in dem Maße erlaubt, das zum Schutz der Allgemeinheit unerlässlich ist. Auch hier gilt, dass »wegen der besonderen Bedeutung der Vollzugslockerungen für die Prognosebasis [...] sich das Vollstreckungsgericht nicht damit abfinden [darf], daß sich die Vollzugsbehörde ohne hinreichenden Grund – etwa auf der Grundlage bloßer pauschaler Wertungen oder mit dem Hinweis auf eine abstrakte Flucht- oder Missbrauchsgefahr – der Gewährung von Vollzugslockerungen versagt« (BVerfGE 109, S. 133, 166). Eine vollständige Versagung von Lockerungen kommt demnach nur in Betracht, wenn auf Grund einer konkreten Gefährdungsprognose selbst bei begleiteten Ausführungen auf dem Klinikgelände ein Missbrauch zu besorgen ist (OLG Celle NStZ-RR 2014, S. 32).

Bei der Auswahl und Dosierung der Lockerungen ist schließlich darauf zu achten, dass der Behandlungserfolg nicht gefährdet wird. Bei erstmaligen Lockerungsentscheidungen für schwere Gewaltverbrecher kann etwa nach § 18 Abs. 4 S. 3 MRVG NRW, soweit erforderlich, ebenfalls ein kurzes Sachverständigengutachten einzuholen sein.

9.5 Besonderheiten im Jugendstrafrecht

9.5.1 Allgemeines

Für Jugendliche sieht das Jugendgerichtsgesetz (JGG) besondere Regeln vor, die das allgemeine Strafrecht zum Teil modifizieren. Das Jugendstrafverfahren bemüht sich entsprechend § 43 Abs. 1 JGG immer um eine möglichst umfassende Erforschung der Täterpersönlichkeit: § 43 Abs. 2 S. 2 JGG enthält ausdrücklich die Aufforderung des Gesetzgebers, soweit eine genauere Untersuchung – wie bei psychopathologischen Auffälligkeiten – erforderlich ist, einen zur Untersuchung von Jugendlichen befähigten Sachverständigen zu beauftragen. Dies sollte in der Regel ein Facharzt für Kinder- und Jugendpsychiatrie und -psychotherapie bzw. bei entsprechenden Fragestellungen ein auf Kinder und Jugendliche spezialisierter Psychologe sein. Soweit das JGG – wie insbesondere im Bereich der strafrechtlichen Sanktionen – spezielle Regelungen enthält, gehen sie dem nach § 2 JGG ansonsten subsidiär anwendbaren allgemeinen Strafrecht vor. Dies gilt als Sperre auch für Vorschriften, die in den spezielleren Regelungen des JGG für den betreffenden Bereich absichtlich nicht vorkommen, wie bspw. § 56 Abs. 3 StGB (▶ Abschn. 9.1): Generalpräventive Gesichtspunkte wie die »Verteidigung der Rechtsordnung« entsprechen nicht dem Grundgedanken des auf den Jugendlichen bzw. Heranwachsenden und seine Entwicklung fokussierten JGG, das im Gegensatz zum »Tatstrafrecht« des StGB daher auch als »Täter«- bzw. »Erziehungsstrafrecht« (Schaffstein u. Beulke 2002, S. 1) oder »jugendadäquates Präventionsstrafrecht« (Ostendorf 2013, Grundlagen zu §§ 1–2 Rn. 4) bezeichnet wird. Auch das Sühne- bzw. Vergeltungsprinzip des allgemeinen Strafrechts tritt in der Regel hinter den Erziehungsgedanken des JGG zurück.

9.5.2 Voraussetzungen der Jugendstrafe (§ 17 JGG)

Somit zielt auch die einzige echte Kriminalstrafe des Jugendstrafrechts, die Jugendstrafe, hauptsächlich auf Individualprävention, allerdings in ihrer negativen Ausprägung. Als »Ultima Ratio« des Jugendstrafrechts darf sie gem. § 17 Abs. 2 JGG nur verhängt werden, »wenn wegen der schädlichen Neigungen des Jugendlichen, die in der Tat hervorgetreten sind, Erziehungsmaßregeln oder Zuchtmittel zur Erziehung nicht ausreichen oder wenn wegen der Schwere der Schuld Strafe erforderlich ist«. Freiheitsentzug durch Jugendstrafe darf demnach nur erfolgen, wenn die als milder angelegten

übrigen Sanktionen des JGG das Erziehungsziel der Nichtbegehung weiterer Straftaten (Brunner u. Dölling 2011, Einf. II Rn. 4 ff. mit weiteren Nachweisen) nicht zu erreichen vermögen. Die oft kritisierte Variante der »Schwere der Schuld« stellt dagegen in einer für das Jugendstrafrecht eher untypischen Weise lediglich auf das Prinzip der Schuldvergeltung ab. Ob tatsächlich bereits das Vorliegen eines gewissen Schuldausmaßes allein als Anordnungsgrund einer Jugendstrafe ohne faktische Erziehungsfähigkeit und -bedürftigkeit des jugendlichen oder heranwachsenden Täters genügt oder ob hierfür zusätzlich eine erzieherische Notwendigkeit bestehen muss, ist jedoch umstritten (mit Tendenz zu Ersterem BGH NStZ 2013, S. 658).

Mit dem Begriff der »**schädlichen Neigungen**« erfordert § 17 Abs. 2 JGG im Gegensatz zum Erwachsenenstrafrecht schon für die Anordnung der Strafe eine Gefährlichkeitsprognose.

> **»** Unter schädlichen Neigungen sind erhebliche – seien es anlagebedingte, seien es durch unzulängliche Erziehung oder Umwelteinflüsse bedingte – Mängel zu verstehen, die ohne längere Gesamterziehung die Gefahr der Begehung weiterer Straftaten in sich bergen, die nicht nur gemeinlästig sind oder den Charakter von Bagatelldelikten haben. Sie können sich auch schon in der ersten Straftat des Jugendlichen zeigen, in diesem Fall bedarf es jedoch regelmäßig der Feststellung von ggf. bislang verborgenen Persönlichkeitsauffälligkeiten, die – wenn auch verborgen – schon vor der Tat entwickelt waren, auf diese Einfluss gehabt haben und weitere Taten befürchten lassen (BGH NStZ 2002, S. 89). Zudem müssen diese Neigungen zum Urteilszeitpunkt noch fortbestehen. Das Gericht muss in jedem Fall wesentlichen gegenläufigen Tendenzen Beachtung schenken, die Zweifel an der Fortdauer schädlicher Neigungen oder die Annahme von deren Überwindung begründen können (BGH NStZ-RR 2010, S. 387: Nachtatverhalten; BGH, Beschl. v. 13.11.2013 – 2 StR 455/13: Keine erneute Straffälligkeit bis zum Urteilszeitpunkt 2 Jahre nach der Tat).

Gelegenheits- oder durch Konflikte bzw. Nöte bedingte Taten (BGHSt 11, S. 169) sprechen daher ebenso wie Tatmotive der »falsch verstandenen

Kameradschaft« oder »kriminellen Abenteuerlust« (BGH StV 1985, S. 419) gegen schädliche Neigungen. Gleiches gilt für eine Tat, die sich als Reaktion auf eine vorangegangene Provokation oder Demütigung darstellt (BGH NStZ 2010, S. 280). Auch ein spontan gefasster Tatentschluss, welcher lediglich ein situationsbedingtes Versagen des Jugendlichen oder Heranwachsenden nahe legt, steht der Annahme schädlicher Neigungen tendenziell entgegen (BGH NStZ-RR 2010, S. 387). Als Indiz für schädliche Neigungen lassen sich hingegen anführen:

- ein besonders professionelles Vorgehen (OLG Hamm StV 2007, S. 2) oder die Begehung schwerster Gewalttaten (BGH NStZ 2002, S. 89);
- Entziehung aus dem erzieherischen Einfluss der Eltern und Schulabbruch (BGH NStZ 2002, S. 89);
- wiederholtes und vom Jugendlichen zu verantwortendes Scheitern beruflicher Integrationsmaßnahmen und die Verweigerung gemeinnütziger Arbeit bei der Gewährung von Sozialhilfe (BGHR JGG § 17 Abs. 2 Schädliche Neigungen 9);
- umgehende Fortsetzung der Verstöße gegen das Betäubungsmittelgesetz auch nach vorübergehender Inhaftierung und Verurteilung zu einer Bewährungsstrafe sowie zeitnah nach der zu verhandelnden Tat begangene weitere Delikte (BGHR JGG § 17 Abs. 2 Schädliche Neigungen 9);
- Vorverurteilungen, wobei diese einen gewissen Erheblichkeitsgrad erreichen müssen (BGH NStZ 2010, S. 281).

9.5.3 Aussetzung der Verhängung der Jugendstrafe (§§ 27 ff. JGG)

Bei Zweifeln über die Voraussetzungen einer Jugendstrafe sieht das Jugendstrafrecht – ohne Entsprechung im Erwachsenenstrafrecht – in den §§ 27 ff. JGG eine besondere Regelung vor, die für solche Fälle eine Aussetzung der Verhängung der Jugendstrafe in das Ermessen des Richters stellt, in denen nicht mit Sicherheit beurteilt werden kann, »ob in der Straftat eines Jugendlichen schädliche Neigungen von einem Umfang hervorgetreten sind, daß eine Jugendstrafe erforderlich ist«. Bei dieser »bedingten Verurteilung« wird die Entscheidung über die Verhängung einer Jugendstrafe nach Feststellung der Schuld sozusagen um 1-2 Jahre (§ 28 Abs. 1 JGG) »vertagt«, um das in diesem Zeitraum gezeigte Bewährungsverhalten des Jugendlichen bzw. Heranwachsenden später bei der Beurteilung der schädlichen Neigungen mitberücksichtigen zu können.

Das vom Gesetz formulierte Ermessen des Richters ist aber angesichts der Grundrechtsrelevanz für den betroffenen Jugendlichen ähnlich wie bei § 56 Abs. 2 StGB als Verpflichtung zur Aussetzung bei Vorliegen der Voraussetzungen zu verstehen (Ostendorf 20013, § 27 Rn. 6).

9.5.4 Aussetzung der Jugendstrafe zur Bewährung (§§ 21 ff. JGG)

Der § 21 Abs. 1 S. 1 JGG entspricht größtenteils der Aussetzungsregelung im Erwachsenenstrafrecht: Die Vorschrift stellt zwar sprachlich auf das künftige Führen eines »rechtschaffenen Lebenswandels« ab, womit aber im Ergebnis auch nur die Nichtbegehung weiterer Straftaten gemeint ist (Ostendorf 2013, § 21 Rn. 6; DSS-Sonnen 2011, § 21 Rn. 9). Das Bundesverfassungsgericht (BVerfG NStZ 1987, S. 275) spricht diesbezüglich auch von der staatlichen Aufgabe, auf ein künftig straffreies Verhalten des Betroffenen hinzuwirken. Auch die namentlich aufgeführten Kriterien zur Ermittlung der Gefährlichkeitsprognose in § 21 Abs. 1 S. 2 JGG gleichen der allgemeinen Regelung in § 56 Abs. 1 S. 2 StGB (▶ Abschn. 9.1).

Geringe Unterschiede bestehen bei der Aussetzung einer mehr als einjährigen, aber nicht über zweijährigen Strafe: Seit der Reform des § 21 Abs. 2 JGG im Jahre 1990 ist die bei § 56 Abs. 2 StGB lediglich praktizierte Regelaussetzung (▶ Abschn. 9.1) sogar im Gesetz festgeschrieben, da die Versagung nur noch in dem Ausnahmefall erfolgen darf, dass »die Vollstreckung im Hinblick auf die Entwicklung des Jugendlichen geboten ist«, sodass bei dieser Vorschrift von einer (noch) weniger zurückhaltenden Anwendung als der entsprechenden Regelung im allgemeinen Strafrecht auszugehen ist. Tatsächlich werden die aussetzungsfähigen Jugendstrafen überwiegend zur Bewährung ausgesetzt, die Quote lag hier in den letzten Jahren bei um die 70 % (Ostendorf 2013, Grdl. z. den §§ 21-26a Rn. 5). Da dies von jugendlichen oder heranwachsenden Tätern unter Umständen als »verkappter Freispruch« missverstanden werden könnte, ordnet der 2012 neueingeführte § 70a JGG hier eine spezielle Belehrung zur Bedeutung dieser Entscheidung an (vgl. BT-Drucks. 17/9389 S. 19).

Hinsichtlich der ebenfalls speziell geregelten Bewährungsmaßnahmen ist zu erwähnen, dass die Bewährungszeit nach § 22 Abs. 1 S. 2 JGG 2–3 Jahre betragen darf, die Bewährungshilfe nach § 24 Abs. 1 S. 1 JGG obligatorisch ist und in den §§ 10, 15 i. V. m. 23 Abs. 1 S. 4 JGG ein spezieller, aber dem Erwachsenenstrafrecht ähnlicher Weisungs- und Auflagenkatalog existiert. Daneben bietet der durch das Gesetz zur Erweiterung der jugendgerichtlichen Handlungsmöglichkeiten vom 4.9.2012 eingefügte neue § 16a JGG die Option, unter bestimmten Voraussetzungen neben einer ausgesetzten Verhängung oder Vollstreckung der Jugendstrafe auch Jugendarrest anzuordnen (sog. »Warnschussarrest«). Zweck und gleichsam Anordnungsvoraussetzung ist, dass durch die Verhängung dem Jugendlichen seine Verantwortlichkeit für das begangene Unrecht und die Folgen weiterer Straftaten nochmals verdeutlicht werden, er aus einem Lebensumfeld mit schädlichen Einflüssen herausgenommen wird oder der Vollzug des Jugendarrests eine nachdrücklichere erzieherische Einwirkung ermöglicht. Diese »Kopplung« ist freilich nur dann verhältnismäßig, wenn die durch den Jugendarrest verfolgten Ziele durch andere Hilfsleistungen, wie etwa soziale Trainingskurse oder sozialpädagogische Betreuung, nicht erreicht werden können (Eisenberg, 2013, § 16a Rn. 3; krit. zum Gesamtregelungskonzept Ostendorf 2013 § 16a Rn. 2 ff.).

9.5.5 Strafrestaussetzung (§ 88 JGG)

Die Aussetzung des Restes der Jugendstrafe ist in § 88 JGG speziell geregelt und kann grundsätzlich schon nach einer Teilverbüßung der Strafe erfolgen. Bei mehr als einjähriger Jugendstrafe muss allerdings nach § 88 Abs. 2 S. 2 JGG mindestens ein Drittel verbüßt sein. Darüber hinaus bestehen im Gegensatz zum Erwachsenenstrafrecht keine Mindestverbüßungsfristen, auch wenn vor einer Verbüßung von 6 Monaten besonders wichtige Gründe vorliegen müssen (§ 88 Abs. 2 S. 1 JGG). Für seine Ermessensentscheidung ist der zuständige Jugendrichter (§ 82 Abs. 1 S. 1 JGG) nicht – wie im allgemeinen Strafrecht – von der Einwilligung des Betroffenen abhängig. Ein Anspruch auf vollständige Vollstreckung der Strafe besteht demnach grundsätzlich nicht, obschon dem jugendlichen oder heranwachsenden Täter daran gelegen sein könnte, etwa eine begonnene Ausbildung fortzusetzen oder aussetzungsbegleitende Maßnahmen zu vermeiden (Eisenberg 2013, § 88 Rn. 14). Das Einholen eines Sachverständigengutachtens entsprechend § 454 Abs. 2 StPO ist grundsätzlich nicht vorgesehen (eingehend Ostendorf 2000, S. 1090 ff.).

> **Prognostische Voraussetzung ist nach § 88 Abs. 1 JGG, dass die Aussetzung »im Hinblick auf die Entwicklung des Jugendlichen, auch unter Berücksichtigung des Sicherheitsinteresses der Allgemeinheit, verantwortet werden kann«.**

Trotz der anderslautenden Formulierung gelten für diese Prognose die Grundsätze für die Aussetzung der Jugendstrafe zur Bewährung nach § 21 Abs. 1 S. 1 JGG entsprechend (▶ Abschn. 9.5.4; Eisenberg 2013, § 88 Rn. 8), wobei wie im Erwachsenenstrafrecht die Wirkungen des bis dahin erfolgten Vollzuges und das Verhalten des Jugendlichen darin mit zu berücksichtigen sind (Ostendorf 2013, § 88 Rn. 6). Mehr noch als beim Erwachsenenstrafvollzug ist aber der Unterschied zwischen scheinbarer Resozialisierung im Vollzug und einer solchen in Freiheit zu beachten, da die Anstaltsordnung bei beeinflussbaren Jugendlichen tendenziell angepasstes Verhalten fördert und die für die Lebensführung in Freiheit nötige Selbstständigkeit unterdrückt (Ostendorf 2013, § 88 Rn. 6.; Statistik bei Meyer 1982, S. 287 und Ostendorf 2012 S. 71 ff.). Die gegenüber dem Sicherheitsinteresse der Allgemeinheit (»auch«) vorangestellte Entwicklung des Jugendlichen spricht dafür, in prognostischen Zweifelsfällen – anders als im allgemeinen Strafrecht – die Aussetzung zu gewähren (Eisenberg 2013 § 88 Rn. 17; Ostendorf 2013, § 88 Rn. 8).

9.5.6 Jugendstrafvollzug

Im Gegensatz zum Erwachsenenstrafvollzug, für den im Gefolge der Strafgefangenenentscheidung des Bundesverfassungsgerichts (BVerfGE 33, S. 1) mit dem 1977 in Kraft getretenen Strafvollzugsgesetz eine differenzierte gesetzliche Grundlage geschaffen wurde, war der Vollzug der Jugendstrafe lange nur rudimentär gesetzlich geregelt. Eine allgemeine Aufgabenbeschreibung enthielt § 91 JGG a. F.: Danach sollte der Jugendliche durch den Vollzug der Jugendstrafe »dazu erzogen werden, künftig einen rechtschaffenen und verantwortungsbewussten Lebenswandel zu führen«. Zur Erreichung dieses Erziehungsziels sah § 91 Abs. 3 JGG a. F. die Möglichkeit vor, den Vollzug aufzulockern und in geeigneten Fällen weitgehend in freien Formen durchzuführen.

Mit Urteil vom 31.5.2006 (BVerfGE 116, S. 69) hat das Bundesverfassungsgericht festgestellt, dass für den Jugendstrafvollzug die erforderliche gesetzliche Regelung fehlt. Gleichzeitig hat das Gericht die durch den Gesetzgeber zu beachtenden Leitlinien (etwa im Hinblick auf die Ermöglichung von Außenkontakten oder körperlicher Bewegung, das in den Vollzugsanstalten vorzuhaltende Ausbildungs- und Weiterbildungsangebot oder die Sanktionierung von Pflichtverstößen) näher konkretisiert. Nach Ablauf einer durch das Gericht eingeräumten Übergangsfrist zum Ende des Jahres 2007 haben mittlerweile alle Länder entsprechende (teilweise übereinstimmende) Gesetze geschaffen (vgl. angesichts der exemplarischen Bedeutung für wenigstens 11 Bundesländer die Kommentierung des Berliner JStVollzG bei DSS-Sonnen 2011, S. 775 ff.; sowie Ostendorf 2012 passim).

Die Vollzugsgesetze der Länder sehen als Vollzugslockerungen jeweils Außenbeschäftigung, Freigang, Ausführung und Ausgang vor und machen deren Gewährung – wie das Strafvollzugsgesetz – davon abhängig, dass keine Flucht- oder Missbrauchsgefahr besteht, vgl. etwa Art. 134 Abs. 2 StVollzG/Bay; § 16 Abs. 3 JStVollzG NRW

(zu den vom Arbeitskreis Forensik und Maßregelvollzug in der Kinder- und Jugendpsychiatrie erarbeiteten Prognosekriterien Stöver u. Wendt 2011, S. 465 ff.). Anders als im Erwachsenenvollzug tritt allerdings der Schutz der Allgemeinheit beim Vollzug der Jugendstrafe gegenüber der hier positiven Individualprävention stärker zurück, was an sich für eine großzügigere Gewährungspraxis bei Lockerungen spricht (Ostendorf 2012, S. 149: offensiv, nicht restriktiv). Tatsächlich ist in der Praxis aber, eher im Gegenteil, eine gegenüber dem Erwachsenenstrafvollzug restriktivere Handhabung der Lockerungsgewährung festzustellen (Ostendorf 2012, S. 167). Zudem formulieren die Landesgesetze weitere Entscheidungskriterien, wie die Erfüllung von Mitwirkungspflichten, Schutz der Allgemeinheit oder die Berücksichtigung der Opferbelange, wodurch der Ermessensspielraum nochmals erweitert wird (Ostendorf 2012, S. 165).

9.6 Öffentlich-rechtliche Unterbringung (PsychKG/UBG)

Aufgrund der Gefährlichkeit einer Person sich selbst oder anderen gegenüber kann es angezeigt sein, diese nach öffentlich-rechtlichen Bestimmungen unterzubringen, ohne dass eine rechtswidrige Tat vorliegt. Die Regelung der Unterbringung ist hauptsächlich den einzelnen Bundesländern überlassen (Volltexte der einschlägigen Landesgesetze bei Marschner et al. 2010). Exemplarisch sollen hier im Wesentlichen das Gesetz über Hilfen und Schutzmaßnahmen bei psychischen Krankheiten des Landes Nordrhein-Westfalen (PsychKG/NRW vom 17.12.1999, GV. NRW. 1999 S. 662) sowie die Regelungen des bayerischen Gesetzes über die Unterbringung psychisch Kranker und deren Betreuung (UnterbrG/Bay vom 5.4.1992, Bay. GVBl 1992, S. 60) vorgestellt werden, die ebenso wie die übrigen Landesgesetze subsidiär zu den soeben erörterten bundesrechtlichen Regelungen zum Maßregelvollzug sind (Art. 1 Abs. 2 UnterbrG/Bay; § 1 Abs. 3 PsychKG/NRW).

Regelungsgegenstand ist die Unterbringung von Personen, von denen aufgrund einer psychischen Erkrankung Gefahren für sich selbst oder für »bedeutende Rechtsgüter anderer« (§ 1 Abs. 1

Nr. 3 PsychKG/NRW) ausgehen bzw. die dadurch »in erheblichem Maß die öffentliche Sicherheit oder Ordnung« gefährden (Art. 1 Abs. 1 S.1 UnterbrG/Bay). Erfasst werden neben behandlungsbedürftigen Psychosen auch andere behandlungsbedürftige psychische Störungen und Suchterkrankungen (der bayerische Normtext führt zudem die »Geistesschwäche« auf).

Unter Unterbringung versteht das Gesetz dabei eine Einweisung in ein psychiatrisches Fachkrankenhaus oder ähnliche Einrichtungen, ohne oder gegen den Willen der Betroffenen (Art. 1 Abs. 1 S.1 a. E. UnterbrG/Bay; § 10 Abs. 2 S. 1 PsychKG/NRW).

Die Unterbringung des Betroffenen ist subsidiär (so explizit etwa § 2 UBG/Sl) zu sonstigen Hilfsmaßnahmen und nur dann zulässig, wenn und solange die Gefährdung nicht anders abgewendet werden kann (Art. 1 Abs. 1 S. 3 UnterbrG/Bay; § 11 Abs. 1 S. 1 PsychKG/NRW). Die Krankheit als solche oder mangelnde Behandlungsbereitschaft reichen also nicht aus, um den Betroffenen unterzubringen (vgl. auch § 11 Abs. 1 S. 2 PsychKG/NRW). Sie muss vielmehr zu einer von ihr zu trennenden erheblichen Gefährdung von Rechtsgütern führen, die mit einem Krankheitsbefund nicht automatisch verbunden ist.

Eine erhebliche Selbstgefährdung ist natürlich bei akuter Suizidalität, aber beispielsweise auch bei (nicht suizidal intendierter) Selbstverstümmelung, nachhaltiger Nahrungsverweigerung oder Verweigerung der Einnahme lebenswichtiger Medikamente zu bejahen (Dodegge 2000, S. 527, 529). Gegenüber der alten Gesetzesfassung, die lediglich eine Allgemeingefährdung forderte, erscheint die nun in Nordrhein-Westfalen gewählte Formulierung der erheblichen Gefährdung bedeutender Rechtsgüter anderer etwas restriktiver, wobei laut Gesetzgeber neben erheblichen Gefährdungen für Leib und Leben Dritter allerdings auch erheblichen Schäden an Sachgütern entgegengewirkt werden soll (NRW-Landtagsdrucks. 12/4063, S. 26 f.).

> **In jedem Fall ist im Sinne des Verhältnismäßigkeitsgrundsatzes eine sorgfältige Abwägung zwischen den Interessen des Betroffenen und dem Wert des gefährdeten Rechtsguts vorzunehmen, was auch aus der Formulierung hervorgeht, dass die Gefährdung nicht anders abgewendet werden kann, und damit eine Unterbringung nur als »Ultima Ratio« vorgesehen ist.**

Die Gefährdung muss kausal auf eine psychische Störung des Betroffenen zurückzuführen sein. Behandlungsbedarf besteht, wenn der Zustand sich ohne Behandlung erheblich verschlimmert oder zumindest die Fortdauer der krankheitsbedingten Gefährdung zu erwarten ist (Dodegge 2000, S. 527 f.).

> **Die Gegenwärtigkeit der Gefahr ist nach § 11 Abs. 2 PsychKG/NRW explizit dann gegeben, »wenn ein schadenstiftendes Ereignis unmittelbar bevorsteht oder sein Eintritt zwar unvorhersehbar, wegen besonderer Umstände jedoch jederzeit zu erwarten ist«.**

Das bundesweit geltende Gesetz über das Verfahren in Familiensachen und in den Angelegenheiten der freiwilligen Gerichtsbarkeit (FamFG) gilt für das Unterbringungsverfahren entsprechend (Art. 7 Abs. 1 S. 4 UnterbrG/Bay; § 13 Abs. 1 PsychKG/NRW). Das nach § 313 Abs. 3 S. 1 FamFG (auf den § 167 Abs. 1 S. 1 FamFG für die Unterbringung Minderjähriger i. S. d. § 151 Nr. 7 FamFG verweist) über eine Unterbringung entscheidende Gericht ist nach § 321 Abs. 1 S. 1 FamFG dazu verpflichtet, zuvor das Gutachten eines Sachverständigen einzuholen. Nach § 321 Abs. 1 S. 4 FamFG muss der Sachverständige zumindest Arzt mit Erfahrung auf dem Gebiet der Psychiatrie sein; für Minderjährige gilt § 167 Abs. 6 S. 1 FamFG, nach dem der Sachverständige Arzt für Kinder- und Jugendpsychiatrie und -psychotherapie sein soll.

Ohne gerichtliche Entscheidung ist eine sofortige Unterbringung durch eine Verwaltungsbehörde bei Gefahr im Verzug möglich. Einige Landesgesetze verlangen hierzu ein im Vorhinein eingeholtes ärztliches Zeugnis mit entsprechendem Befund, welches nicht älter als vom Vortag sein darf (so etwa § 16 Abs. 1 Nr. 3 PsychKG/Brm; § 12 Abs.1 PsychKG/Hmb; § 15 Abs. 1 PsychKG/MV; § 18 Abs. 1 PsychKG/Nds; § 14 Abs. 1 S. 1 PsychKG/NRW; § 15 S. 1 PsychKG/LSA); in anderen Bundesländern ist das Vorliegen der Unterbringungsvoraussetzungen durch sofortige Untersuchung des Betroffenen zu bestätigen (Art. 10 Abs. 5 S. 1 UnterbrG/Bay; § 26 Abs. 3 S. 1 PsychKG/Bln; § 13 Abs. 1 PsychKG/Bran; § 18 Abs. 2 S. 1 SächsPsychKG). Der Antrag auf Unterbringung muss dann unverzüglich nachgeholt werden (vgl. etwa Art. 10 Abs. 5 S. 3 UnterbrG/Bay; § 26 Abs. 4 PsychKG/Bln; § 16 Abs. 2 S.1 PsychKG/Brm § 12 Abs. 3 PsychKG/Hmb; § 14 Abs. 2 S. 1 PsychKG/NRW; § 15 Abs. 5 PsychKG/RlP; anders § 4 Abs. 4 UBG/BW: Antragstellung unverzüglich, spätestens aber bis zum Ablauf des dritten Tages nach Aufnahme oder Zurückhaltung). Wird die Unterbringung und deren sofortige Wirksamkeit nicht bis zum Ablauf des auf den Beginn der sofortigen Unterbringung folgenden Tages durch das Gericht angeordnet – etwa weil der Richter trotz rechtzeitiger Benachrichtigung des Gerichts sowie ordnungsgemäßer Ausstellung und Weiterleitung eines ärztlichen Zeugnisses nicht erscheint und auch nicht erreichbar ist –, so ordnen die meisten Landesgesetze die Entlassung des Betroffenen an (zu den Abweichungen Marschner et al. 2010, Abschnitt B Rn. 95). Abgesehen vom freiwilligen Verbleib in der Einrichtung (vgl. etwa § 16 Abs. 3 S. 1 a. E. PsychKG/Brm; § 44 a. E. PsychKG/Bln; § 30 Nr. 5 PsychKG/RlP) ist eine Ausnahme hiervon nicht vorgesehen; dies kann insbesondere nicht durch eine erneute sofortige Unterbringung umgangen werden (Prütting 2004, § 14 PsychKG Rn. 43); weiteres Festhalten würde daher die Tatbestände der Freiheitsberaubung und Vollstreckung gegen Unschuldige gemäß §§ 239, 345 StGB erfüllen (Marschner et al. 2010, Abschnitt B Rn. 94). Vor diesem Hintergrund erscheint es angezeigt, dem zuständigen Richter – ggf. per Telefon oder Telefax – eindringlich vor Augen zu führen, dass ihn die Verantwortung für eventuelle Selbst- oder Fremdschädigungen durch den Probanden nach der wegen unterbliebener richterlicher Anordnung vorzunehmenden Entlassung trifft. In Extremfällen kann schließlich die Rechtfertigung einer (zeitlich eng begrenzten) Überschreitung der Höchstfrist nach Notstandsgesichtspunkten (§ 34 StGB) in Betracht zu ziehen sein.

Während der Unterbringung wird eine psychiatrisch-psychotherapeutisch gebotene und rechtlich zulässige Heilbehandlung vorgenommen, die nach den meisten Landesgesetzen grundsätzlich der Einwilligung des Betroffenen bedarf (vgl. auch die Kommentierung der teilweise entsprechenden Regelungen im Maßregelvollzug bei Wagner 2010 Rn. D155 ff.). Hierbei ist zu beachten, dass neben der vorausgesetzten Einwilligungsfähigkeit des Untergebrachten dieser »keinem unzulässigen Druck ausgesetzt werden darf, etwa durch das Inaussichtstellen von Nachteilen im Falle der Behandlungsverweigerung, die sich nicht als notwendige Konsequenzen aus dem Zustand ergeben, in dem der Betroffene unbehandelt voraussichtlich verbleiben oder in den er aufgrund seiner Weigerung voraussichtlich geraten wird« (BVerfGE 128, S. 282, 301). Kann der Betroffene Grund, Bedeutung und Tragweite der Behandlung nicht einsehen oder sich nicht nach dieser Einsicht verhalten, ist in den nach dem betreuungsrechtlichen Modell konzipierten Landesgesetzen (Nachweise bei Marschner 2011 S. 160, 165) die Einwilligung der gesetzlichen Vertretung oder der rechtsgeschäftlich Bevollmächtigten erforderlich.

Hintergrundinformation

Demgegenüber regeln einige Landesgesetze die Voraussetzungen der Behandlung unabhängig vom Betreuungsrecht, indem eine Gefahrenschwelle festgelegt wird, unterhalb derer es auf eine Einwilligung des Betroffenen oder seines gesetzlichen Vertreters insoweit nicht ankommt (z. B. Art. 13 Abs. 2 UnterbrG/Bay; § 14 Abs. 4 PsychKG/SH); nur besonders gefährliche Behandlungen sind zusätzlich an die Einwilligung des Betroffenen und/oder seines gesetzlichen Vertreters geknüpft (Marschner 2011, S. 160, 164 f.).

Alle Landesgesetze enthalten darüber hinaus jedoch in unterschiedlichsten Ausprägungen Ermächtigungen zu Heilbehandlungen gegen den Willen des Untergebrachten, meist bei Lebensgefahr oder gegenwärtiger, erheblicher Gesundheitsgefahr des Untergebrachten, teils auch zum Schutze Dritter (vgl. etwa § 8 Abs. 3 UBG/BW; § 22 Abs. 3 PsychKG/Brm; § 18 Abs. 4 PsychKG/NRW). Die medizinische Behandlung eines Untergebrachten gegen seinen natürlichen Willen stellt jedoch einen massiven Eingriff in das Grundrecht auf körperliche Unversehrtheit (Art. 2 Abs. 2 S. 1 GG) dar. Ein solcher liegt vor allem nicht erst dann vor, wenn ein physischer Widerstand des Betroffenen gegen die abgelehnte Behandlung überwunden werden muss, da im bloßen Aufgeben einer bestimmten Form des

Protests nicht unbedingt die Zustimmung zur Behandlung liegt (BVerfGE 128, S. 282, 301 f.). Auch besteht unverändert die Eingriffsqualität fort, wenn dem Betroffenen freigestellt wird, den Eingriff durch Inkaufnahme anderweitiger grundrechtsrelevanter Einschränkungen (z. B. die Rücknahme der Langzeitbeurlaubung) abzuwenden, er also lediglich eine Auswahl unterschiedlicher Eingriffsvarianten präsentiert bekommt (BVerfG, Beschluss vom 28.11.2013 – 2 BvR 2784/12 –, Juris).

Das Bundesverfassungsgericht hat vor diesem Hintergrund die landesgesetzlichen Regelungen der Länder Rheinland-Pfalz (BVerfGE 128, S. 282), Baden-Württemberg (BVerfGE 129, S. 269) und Sachsen (BVerfG NJW 2013, S. 2337) die Möglichkeit von Zwangsbehandlungen betreffend für verfassungswidrig erklärt. Die Entscheidungen ergingen zwar zum Maßregelvollzug, sind aber ob der ähnlichen, teils im gleichen Gesetz geregelten Eingriffsvoraussetzungen (lediglich die Hälfte der Länder verfügen über eigenständige Maßregelvollzugsgesetze) auch auf die öffentlich-rechtliche Unterbringung übertragbar (vgl. Henking u. Mittag 2013, S. 341 f.; Marschner 2011, S. 160 f.). Zwar sei eine zwangsweise Behandlung nicht per se unzulässig, insbesondere dann nicht, wenn sie dazu diene, die tatsächlichen Voraussetzungen freier Selbstbestimmung des Untergebrachten wiederherzustellen (BVerfGE 128, S. 282, 305). Gemessen an den Anforderungen an Klarheit und Bestimmtheit einer gesetzlichen Regelung für besonders schwere Grundrechtseingriffe böten die genannten Landesregelungen hierfür jedoch keine hinreichende Grundlage. Zu den von Verfassung wegen gebotenen Anforderungen an eine Regelung zählen nach BVerfGE 128, S. 282 ff. insbesondere:

- krankheitsbedingte Einsichtsunfähigkeit als unabdingbare Voraussetzung,
- die Maßnahme muss der Förderung der Erreichung des Behandlungsziels dienen, damit verbunden: Abbruch der Maßnahme bei Wirkungslosigkeit,
- ärztliche Aufklärung des Betroffenen über die beabsichtigte Maßnahme, auch wenn dabei keine wirksame Einwilligung zu erreichen ist,
- strikte Beachtung des Verhältnismäßigkeitsgrundsatzes, der zu erwartende Nutzen der

Behandlung muss den möglichen Schaden der Nichtbehandlung deutlich überwiegen,
- verfahrensmäßige Absicherungen wie vorherige Ankündigung, Dokumentationspflichten, Befassung durch externe Dritte (Betreuer, Ombudsperson, Richter) vor Durchführung einer Behandlung außerhalb akuter Notfälle.

Ob die übrigen Landesgesetze diesen strengen Anforderungen gerecht werden können, ist mehr als fraglich (für die Verfassungswidrigkeit sämtlicher Landesgesetze Henking u. Mittag 2013; auch nach Marschner 2011 ist der gesetzgeberische Handlungsbedarf »immens«). Entsprechende Neuregelungen sind zu erwarten und wurden z. T. bereits umgesetzt; in Hamburg etwa durch das Änderungsgesetz vom 1.10.2013 (HmbGVBl. Nr. 42), § 8 UBG/BW wurde durch das Gesetz vom 1.7.2013 (GBl. S. 157) ebenfalls neu gefasst. Auch in anderen Bundesländern stehen entsprechende Änderungsgesetze bevor (vgl. z. B. den Gesetzentwurf der Landesregierung Schleswig-Holsteins, Landtagsdrucks. 18/1363).

Beispiele für Fälle, bei denen eine öffentlich-rechtliche Unterbringung notwendig wurde, werden im Folgenden dargestellt.

Beispiel
- **Fall 9.7**

Francesco I. wurde von Passanten festgehalten, als er versucht hatte, sich von einer Wendeltreppe in einem Kaufhaus in die Tiefe zu stürzen. Bei dem 31-Jährigen war eine paranoide schizophrene Psychose bekannt (ICD-10: F20.01), allerdings hatte der Patient seit mehreren Monaten die psychiatrische Behandlung abgebrochen. Unter dem Einfluss aktuellen Wahnerlebens (er fühlte sich verfolgt und beeinflusst sowie sexuell durch Ströme missbraucht), massiver affektiver Störungen und akustischer Halluzinationen (imperative Stimmen) führte er den Suizidversuch durch. Der herbeigerufenen Polizei teilte Herr I. mit, dass er ein auserwählter Jünger Gottes sei, der durch diesen Sprung seinen Beitrag zum Erlösen der geknechteten Menschheit liefern müsse. Die Äußerungen von Herrn I. waren kaum nachvollziehbar. Die Unterbringung im Krankenhaus erfolgte auf der Rechtsgrundlage des Unterbringungsgesetzes des Landes.

Beispiel

- **Fall 9.8**

Hermine K., eine 41-jährige Angestellte, hatte versucht, sich durch Eröffnung beider Pulsadern das Leben zu nehmen. Ihr Mann hatte sie im gemeinsamen Schlafzimmer blutend aufgefunden. Er alarmierte den Notarzt. Dieser versorgte die multiplen Schnittwunden. Im Gespräch mit der Patientin fielen deren tiefe Verzweiflung und Freudlosigkeit auf. Der Notarzt informierte das städtische Ordnungsamt, das die Patientin aufgrund des Pflichtversorgungsbereiches in die zuständige psychiatrisch-psychotherapeutische Klinik einwies und begleitete. Dem Aufnahmearzt berichtete Frau K. über einen aktuellen Todeswunsch mit weiteren konkreten Umsetzungsgedanken. Eine erstmals aufgetretene schwere depressive Episode (ICD-10: F32.2) wurde diagnostiziert. Frau K. lehnte eine stationäre Aufnahme vehement ab; auch ihr Mann gab zu bedenken, dass seine Frau durch den Notarzt schon genügend schockiert worden sei und nicht in der Klinik bleiben solle. Allerdings erkannte der diensthabende Psychiater eine massive Selbstgefährdung, sodass die Patientin entgegen ihrem erklärten Willen zur stationären Behandlung vorläufig untergebracht wurde. Am Folgetag bestätigte ein Richter des lokalen Amtsgerichtes die Unterbringung von Frau K. für 4 Wochen.

Beispiel

- **Fall 9.9**

Sascha K., ein 24-jähriger Arbeitsloser, war seit einigen Jahren abhängig von Cannabis und konsumierte seit 3 Monaten intravenös Heroin. Er wurde im intoxikierten Zustand am Hauptbahnhof vor einem Geschäft liegend angetroffen. Differenzialdiagnostisch war die Ursache der deutlichen Bewusstseinstrübung unklar. Herr K. wurde in die nächstgelegene internistische Intensivstation verbracht. Dort randalierte er vehement und würgte eine Krankenschwester, sodass er von einem hinzugezogenen Konsiliararzt für Psychiatrie und Psychotherapie aufgrund akuter Eigen- und Fremdgefährdung im Rahmen einer Drogenintoxikation in die psychiatrische Fachabteilung gemäß dem Unterbringungsgesetz eingewiesen wurde. Einer Diskussion über die Notwendigkeit der Behandlung war der Patient unmittelbar nicht zugänglich.

Beispiel

- **Fall 9.10**

Helma O. wurde in das psychiatrisch-psychotherapeutische Fachkrankenhaus durch die Ordnungsbehörde des Kreises eingewiesen, nachdem sie völlig abgemagert und verwahrlost in ihrer Wohnung aufgegriffen wurde. Bei ihr war seit mehreren Jahren eine Demenz vom Alzheimer-Typ bekannt (ICD-10: F00.1). Nachdem ihre Tochter, die ansonsten gelegentlich nach ihr schaute, verreist war, war die Patientin auf sich alleine gestellt. Nachbarn hatten zunächst den Hausarzt informiert, der die 81-Jährige gut kannte. Gegen ihren Willen wies er sie in die Klinik ein. Zunächst wurde eine Unterbringung nach dem Unterbringungsgesetz durchgeführt, was nach kurzer Zeit von einer umfassenden Betreuung abgelöst wurde.

Für die klinische Praxis haben sich **Checklisten** bewährt, um dem Anfänger eine Orientierungshilfe bei seinen Handlungen zu geben und um eine nachvollziehbare und umfassende Dokumentation zu gewährleisten. In ◨ Abb. 9.2 ist eine solche Checkliste, die den Voraussetzungen des PsychKG/NW entspricht, beispielhaft abgebildet (sie ist für die eigene konkrete Situation zu spezifizieren). Anschließend werden Beispiele für ein Formblatt eines notwendigen Behandlungsplans (◨ Abb. 9.3) und für ein Informationsschreiben an den Patienten (◨ Abb. 9.4) dargestellt.

Name: _____

Vorname: _____

Geburtsdatum: _____

Station: _____

Aufnahmedatum: _____

Aufnahmezeit: _____

Vorläufige Diagnose: _____

Ärztliches Zeugnis liegt vor: ☐ ja ☐ nein

Ausgestellt von psychiatrieerfahrenem Arzt: ☐ ja ☐ nein

Ordnungsamt verständigt: ☐ ja ☐ nein

Richter verständigt: ☐ ja ☐ nein

Beschluss vom: _____

Aktenzeichen: _____

Anhörung am: _____

Durch Richter: _____

Beschluss fernmündlich mitgeteilt: ☐ ja ☐ nein

Beschluss schriftlich eingegangen am: _____

Dauer des PsychKGs: _____

Verlängert bis: _____

Vertrauensperson über die Aufnahme informiert: ☐ ja ☐ nein ☐ nicht erreichbar

Name: _____

Telefonnummer: _____

Verfahrenspfleger: _____

Telefonnummer: _____

Bevollmächtigter: _____

Telefonnummer: _____

Betreuer: _____

Telefonnummer: _____

Aufklärung des Patienten über Rechte und Pflichten erfolgt: ☐ ja ☐ nein

Datum: _____

Durch wen: _____

Unterschrift: _____

Aufklärung der Vertrauensperson über Rechte und Pflichten erfolgt: ☐ ja ☐ nein

Datum: _____

Durch wen: _____

Unterschrift: _____

◼ **Abb. 9.2** Checkliste für die Unterbringung eines psychisch kranken Patienten (entsprechend PsychKG/NW)

Ärztliche Untersuchung am: _____

Arzt: _____

Behandlungsplan erstellt: ☐ ja ☐ nein

Datum: _____

Arzt: _____

Behandlungsplan dem Patienten erläutert: ☐ ja, am: _____

                                        ☐ nein, wegen: _____

Behandlungsplan mit der Vertrauensperson/dem Betreuer besprochen: ☐ ja ☐ nein

Maßnahmen ohne eine Einwilligung des Patienten durchgeführt: ☐ ja ☐ nein

Vertrauensperson informiert: ☐ ja ☐ nein

Fixierungen notwendig: ☐ ja ☐ nein

Fixierungsbögen ausgefüllt: ☐ ja ☐ nein

Fortbestand der Notwendigkeit des PsychKGs fortlaufend (täglich) überprüft und dokumentiert: ☐ ja ☐ nein

Beurlaubungen des PsychKGs: ☐ ja ☐ nein

Beurlaubungen länger als 10 Tage: ☐ ja ☐ nein

Gericht verständigt: ☐ ja ☐ nein

Beendigung des PsychKGs und Freiwilligkeitserklärung unterschrieben:

Datum: _____

Rechtskräftig ab: _____

Benachrichtigung abgeschickt an: _____

Gericht: ☐ ja ☐ nein

Ordnungsamt: ☐ ja ☐ nein

Sozialpsychiatrischer Dienst: ☐ ja ☐ nein

Gesetzliche Vertretung: ☐ ja ☐ nein

Beendigung des PsychKGs und Entlassung am: _____

Durch Richter: _____

Benachrichtigungen abgeschickt an: _____

Gericht: ☐ ja ☐ nein

Ordnungsamt: ☐ ja ☐ nein

Sozialpsychiatrischer Dienst: ☐ ja ☐ nein

Gesetzliche Vertretung: ☐ ja ☐ nein

Vertrauensperson/Betreuer: ☐ ja ☐ nein

Behandelnder Arzt: ☐ ja ☐ nein

◻ **Abb. 9.2** *Fortsetzung*

Name: _____

Vorname: _____

Geburtsdatum: _____

Station: _____

Aufnahmedatum: _____

Aktuelle Anamnese: _____
_____
_____
_____
_____
_____
_____
_____
_____

Aktuelle soziale Situation: _____
_____
_____
_____
_____
_____
_____
_____
_____
_____

Psychischer Befund: _____
_____
_____
_____
_____
_____
_____
_____
_____
_____
_____

Vorläufige Diagnose/n:

_____ ICD-10: F _____._____

_____ ICD-10: F _____._____

_____ ICD-10: F _____._____

Form der Unterbringung:

☐ geschlossene Station   ☐ ohne freien Ausgang

☐ offene Station   ☐ mit freiem Ausgang

◾ **Abb. 9.3** Behandlungsplan für nach dem Unterbringungsgesetz behandelte Patienten (entsprechend PsychKG/NW)

Psychiatrisch-psychotherapeutische Einzelbehandlung: _____

_____

_____

_____

_____

Gruppenbehandlung: _____

_____

_____

_____

_____

Psychopharmakologische Behandlung: _____

_____

_____

_____

Behandlung somatischer Erkrankungen: _____

_____

_____

_____

_____

Ergotherapeutische Behandlungsmaßnahmen: _____

_____

_____

_____

Soziale, berufliche und medizinische Eingliederungsmaßnahmen: _____

_____

_____

_____

Erstellt am (Datum):   Unterschrift Arzt/Ärztin

_____   _____

Dieser Plan wurde mit dem Patienten/seinem gesetzlichen Vertreter/seiner Vertrauensperson erörtert.

Erörtert am (Datum):   Unterschrift Arzt/Ärztin

_____   _____

◘ **Abb. 9.3** *Fortsetzung*

Sehr geehrte(r) Frau/Herr ....

Sie sind auf der Grundlage des Gesetzes über Hilfen und Schutzmaßnahmen bei psychischen Krankheiten (PsychKG) in die Klinik eingewiesen worden, weil bei Ihnen Anhaltspunkte dafür bestehen, dass Sie gegenwärtig an einer dringend behandlungsbedürftigen psychischen Erkrankung leiden und Sie sich selbst oder andere gefährden. Auf diesem Informationsblatt möchten wir Sie im Folgenden über Ihre Rechte und Pflichten informieren.

Bei Aufnahme wird Sie der Arzt eingehend untersuchen, d. h. mit Ihnen ein Gespräch führen und Sie im Folgenden körperlich untersuchen. Sollte sich bei dieser Untersuchung ergeben, dass Sie sich selbst oder andere nicht (mehr) gefährden, besteht die Möglichkeit der sofortigen Beurlaubung bis zur Entscheidung des Gerichtes. Ob Sie weiter in der Klinik verbleiben, wird ein Richter vom Amtsgericht bis zum Ablauf des auf die Aufnahme folgenden Tages entscheiden. Dazu wird er Sie in der Regel persönlich auf der Station anhören. Ihm können Sie Ihre Sichtweise schildern und ihm mitteilen, ob Sie in stationärer Behandlung verbleiben möchten oder nicht. Sofern erforderlich, wird Ihnen durch das Gericht ein Rechtsbeistand als Verfahrenspfleger bestellt.

Sollte das Gericht in der genannten Frist keine Entscheidung treffen, so werden Sie aus der Klinik entlassen. Sie können einen Anwalt hinzuziehen und uns eine Person Ihres Vertrauens nennen, die von uns über Ihre Behandlung informiert werden muss. Von Ihrem behandelnden Arzt wird ein individueller Behandlungsplan erstellt, der mit Ihnen erörtert wird. Auf Wunsch wird dieser Behandlungsplan auch mit der von Ihnen benannten Person des Vertrauens erörtert. Sie und auf Wunsch auch Ihre gesetzliche Vertretung haben das Recht, Einsicht in die Krankenunterlagen zu nehmen, es sei denn, es bestehen ärztlicherseits erhebliche Bedenken gegen diese Einsichtnahme.

Eine Behandlung bedarf Ihrer Einwilligung (bzw. der Ihres gesetzlichen Vertreters), es sei denn, es handelt sich um Fälle von Lebensgefahr oder erheblicher Gefahr für Ihre oder die Gesundheit anderer Personen. In Fällen von erheblicher Selbst- oder Fremdgefährdung kann nach Androhung und Begründung Ihr Ausgang beschränkt, Ihr Aufenthalt auf ein bestimmtes Zimmer begrenzt werden und ggf. auch eine sofortige Fixierung erfolgen. Über diese Maßnahmen wird Ihre Vertrauensperson unterrichtet.

Wenn sich Ihr Gesundheitszustand gebessert hat, ist nach Entscheidung des Arztes in besonderen Fällen eine Beurlaubung für längstens 10 Tage möglich. Diese Beurlaubung kann mit bestimmten Auflagen verbunden sein (z. B. Fortführung der Behandlung auf einer offenen Station) und kann – wenn erforderlich – jederzeit wieder zurückgenommen werden. Darüber hinaus ist eine Fortführung der stationären Behandlung auf freiwilliger Basis möglich.

Persönliche Gegenstände dürfen Sie in Ihrem Zimmer aufbewahren, gefährliche Gegenstände (z. B. Messer, Rasierklingen, Glasgegenstände etc.) werden durch die Klinik in Verwahrung genommen und Ihnen bei Entlassung wieder ausgehändigt.

Sie können auf der Station Besuch empfangen (die Besuchszeiten entnehmen Sie bitte dem schwarzen Brett auf Station oder fragen das Pflegepersonal), wenn Sie keinen Besuch wünschen, teilen Sie uns dies bitte mit. Zur Vermeidung von erheblicher Selbst- oder Fremdgefährdung ist in besonderen Fällen eine Beschränkung des Besuchsrechts möglich.

Sie können auf Station telefonieren, Briefe schreiben und Post empfangen. Bei der Benutzung des Telefons beachten Sie bitte die Ruhezeiten der Mitpatienten. Zur Vermeidung von erheblicher Selbst- oder Fremdgefährdung ist in besonderen Fällen eine Überwachung des Postverkehrs möglich. Ein Fernsehgerät steht Ihnen auf Station im Gemeinschaftsraum zur Verfügung.

Abb. 9.4 Informationsblatt für untergebrachte Patienten (auf Grundlage des PsychKG/NW)

Die Kosten Ihres stationären Aufenthaltes werden in der Regel durch Ihre Krankenkasse übernommen. Sollten Sie nicht krankenversichert sein, bitten wir Sie, umgehend mit dem Sozialdienst Kontakt aufzunehmen und einen Sozialhilfeantrag zu stellen.

Wenn Sie Beschwerden haben, versuchen Sie diese auf der Station (z. B. mit Pflegepersonal, Stationspfleger(-in), Abteilungspfleger(-in), Stationsarzt/-ärztin, Oberarzt/-ärztin) zu klären. Sollte Ihrer Beschwerde dort nicht abgeholfen werden können, stehen meine Mitarbeiter und ich Ihnen neben dem Patientenfürsprecher des Klinikums und dem Amtsgericht _____ zur Verfügung.

Wir wünschen Ihnen eine baldige Genesung!
Ihr/e

_____   _____
Chefarzt/-ärztin   Stationsarzt/-ärztin

◻ **Abb. 9.4** *Fortsetzung*

9.7 Literatur

Albrecht P-A (2008) Der politische Gebrauchswert des Jugendstrafrechts. StV 28: 154–159

Bliesener T (2007) Psychologische Instrumente für Kriminalprognose und Risikomanagement. Praxis der Rechtspsychologie 17: 232–344

Bock M (2007) Das Elend der klinischen Kriminalprognose. StV 27: 269–275

Boetticher A, Kröber H-L, Müller-Isberner R, Böhm KM, Müller-Metz R, Wolf T (2006) Mindestanforderungen für Prognosegutachten. NStZ 10: 537–544

Boetticher A, Dittmann V, Nedopil N, Nowara S, Wolf T (2009) Zum richtigen Umgang mit Prognoseinstrumenten durch psychiatrische und psychologische Sachverständige und Gerichte. NStZ 9: 478-481

Brunner R, Dölling D (2011) Jugendgerichtsgesetz, 12. Aufl. De Gruyter, Berlin

Bundesministerium der Justiz, Bundesministerium des Inneren (2001) Erster Periodischer Sicherheitsbericht. Berlin

Bundesministerium der Justiz, Bundesministerium des Inneren (2006) Zweiter Periodischer Sicherheitsbericht. Berlin

Bundesministerium der Justiz (2013) Eckpunktepapier Reformüberlegungen zur Unterbringung nach § 63 StGB. Berlin

Bundesregierung (2013) Deutschlands Zukunft gestalten – Koalitionsvertrag zwischen CDU, CSU und SPD 18. Legislaturperiode. Berlin. Abrufbar unter http://www.bundesregierung.de

Calliess RP, Müller-Dietz H (2008) Strafvollzugsgesetz, 11. Aufl. Beck, München

Dahle K-P (2007) Methodische Grundlagen der Kriminalprognose. FPPK 1: 101–110

Dahle K-P, Schneider V, Ziethen F (2007) Standardisierte Instrumente zur Kriminalprognose. FPPK 1: 15–26

Dannhorn R (2012) Zur Unterbringung in einer Entziehungsanstalt (§ 64 StGB). NStZ 8: 414–419

Detter K (1989) Zum Strafzumessungs- und Maßregelrecht. NStZ 9: 465–472

Detter K (1992) Zum Strafzumessungs- und Maßregelrecht. NStZ 12: 477–480

Detter K (1998) Der Sachverständige im Strafverfahren. NStZ 18: 57–61

Detter K (2014) Zum Maßregelrecht. NStZ 1: 22–30

DSS: Diemer H, Schatz H, Sonnen B-R (2011) Jugendgerichtsgesetz-Kommentar, 6. Aufl. Müller, Heidelberg (zit. DSS-Bearbeiter)

Dodegge G (2000) Das neue Gesetz über Hilfen und Schutzmaßnahmen bei psychischen Krankheiten/Nordrhein-Westfalen. FamRZ 47: 527–530

Eisenberg U (2013) Jugendgerichtsgesetz, 16. Aufl. Beck, München

Fischer T (2014) Strafgesetzbuch und Nebengesetze, 61. Aufl. Beck, München

Gairing S, de Tribolet-Hardy F, Vobs K, Habermeyer E (2011) Diagnostische und kriminalprognostische Merkmale von Sicherungsverwahrten und ihre Bedeutung für das Therapieunterbringungsgesetz. MschrKrim 94: 243–251

Grove WM, Zald DH, Lebow BS, Snitz BE, Nelson C (2000) Clinical versus mechanical prediction: A meta-analysis. Psych Assessment 12:19–30

Habermeyer E, Hoff P, Saß H (2002) Das psychiatrische Sachverständigengutachten zur Hangtäterschaft – Zumutung oder Herausforderung? MschrKrim 85: 20–24

Habermeyer E (2008) Die Maßregel der Sicherungsverwahrung. Forensisch-psychiatrische Bedeutung, Untersuchungsbefunde und Abgrenzung zur Maßregel gemäß § 63 StGB. Steinkopff, Darmstadt

Henking T, Mittag M (2013) Die Zwangsbehandlung in der öffentlich-rechtlichen Unterbringung – Vorschlag einer Neuregelung. JR 8: 341–351

Kindhäuser U, Neumann U, Paeffgen H-U (2013) Strafgesetzbuch, 4. Aufl. Nomos, Baden-Baden (zit. NK-Bearbeiter)

Kinzig J (2007) Anmerkung zum Beschluss des BVerfG vom 08.11.2006 – 2 BvR 578/02 u. a. – JR 61: 165–169

KK: Karlsruher Kommentar zur Strafprozessordnung und zum Gerichtsverfassungsgesetz, 7. Aufl. (2013) Beck, München (zit. KK-Bearbeiter)

Lackner K, Kühl K (2011) Strafgesetzbuch mit Erläuterungen, 27. Aufl. Beck, München

Laubenthal K (2011) Strafvollzug, 6. Aufl. Springer, Berlin Heidelberg New York Tokio

Leygraf N (2009) Die Begutachtung der Gefährlichkeitsprognose. In: Foerster K, Dreßing H (Hrsg) Psychiatrische Begutachtung – Ein praktisches Handbuch für Ärzte und Juristen, 5. Aufl. Elsevier, München, S. 483–499

LK: Leipziger Kommentar zum Strafgesetzbuch (2008) 3. Bd §§ 56–79b, 12. Aufl. De Gruyter, Berlin (zit. LK-Bearbeiter)

Marschner R, Volckart B, Lesting W (2010) Freiheitsentziehung und Unterbringung, 5. Aufl. Beck, München

Marschner R (2011) Aktuelles zur Zwangsbehandlung – in welchen Grenzen ist sie noch möglich? R&P 29: 160–167

Meyer KP (1982) Rückfall bei Jugendstrafe und Strafaussetzung zur Bewährung. MschrKrim 65: 281–287

Morgenstern C (2011) Krank – gestört – gefährlich: Wer fällt unter § 1 Therapieunterbringungsgesetz und Art. 5 Abs. 1 lit. e EMRK? ZIS 12: 974–981

Muckel S (2014) Unterbringung in einem psychiatrischen Krankenhaus –»Fall Mollath«. JA 1: 73–76

Müller-Isberner R, Gonzales Cabeza S, Jöckel D (1998) Die Vorhersage von Gewalttaten mit dem HCR-20. Institut für forensische Psychiatrie Haina e. V., Haina

Müller-Isberner R, Gonzales Cabeza S, Eucker S (2000) Die Vorhersage sexueller Gewalttaten mit dem SVR-20. Institut für forensische Psychiatrie Haina e. V., Haina

Müller JL, Stolpmann G, Fromberger P, Haase KA (2011) Legalbewährung nach Gutachten zur nachträglichen Sicherungsverwahrung. MschrKrim 94: 253–265

MünchKomm: Münchener Kommentar zum Strafgesetzbuch (2012) Bd II, §§ 38–79b. Beck, München (zit. MünchKomm-Bearbeiter)

Nedopil N (2002) Prognosebegutachtungen bei zeitlich begrenzten Freiheitsstrafen – Eine sinnvolle Lösung für problematische Fragestellungen? NStZ 7: 344–349

Neubacher F (2001) Die Einholung eines Sachverständigengutachtens bei der Entscheidung über die Aussetzung des Strafrestes gemäß § 57 I StGB, § 454 II StPO. NStZ 9: 449–454

Nußstein K (2011) Das Therapieunterbringungsgesetz – Erste Erfahrungen aus der Praxis. NJW 17: 1194–1197

Ostendorf (2000) Neue Rechtsprobleme bei der Entlassung auf Bewährung aus dem Jugendstrafvollzug. NJW 15: 1090–1092

Ostendorf H (2008) Jugendstrafrecht – Reform statt Abkehr. StV 28: 148–153

Ostendorf H (2012) Vorbemerkungen, § 1 Grundlagen und § 2 Vollzugsplanung. In: Ostendorf H (Hrsg) Jugendstrafvollzugsrecht, 2. Aufl. Nomos, Baden-Baden, S. 29–173

Ostendorf H (2013) Jugendgerichtsgesetz: Kommentar, 9. Aufl. Nomos, Baden-Baden

Peglau J (2011) Das BVerfG und die Sicherungsverwahrung – Konsequenzen für Praxis und Gesetzgebung. NJW 27: 1924–1927

Pollähne H (2010a) Das Maß des Freiheitsentzugs (Vollzugslockerungen). In: Kammeier H (Hrsg) Maßregelvollzugsrecht, 3. Aufl. De Gryter, Berlin. S. 187–255

Pollähne H (2010b) Verfassungsrechtliche Grundlagen und Menschenrechte. In: Kammeier H (Hrsg) Maßregelvollzugsrecht, 3. Aufl. De Gryter, Berlin. S. 23–68

Prütting D (2004) Maßregelvollzugsgesetz und PsychKG Nordrhein-Westfalen. Kohlhammer, Stuttgart

Renzikowski J (2013) Abstand halten! – Die Neuregelung der Sicherungsverwahrung. NJW 23: 1638–1644

Rotthaus KP (1998) Neue Aufgaben für den Strafvollzug bei der Bekämpfung von Sexualdelikten. NStZ 18: 597–600

Schäfersküpper M, Grote J (2013) Vollzug der Sicherungsverwahrung – Aktuelle Entwicklungen – NStZ 8: 447–454

Schaffstein F, Beulke W (2002) Jugendstrafrecht, 14. Aufl. Kohlhammer, Stuttgart

Schalast N, Leygraf N (2002) Unterbringung und Behandlung im Maßregelvollzug gemäß § 64 StGB. In: Schneider F, Frister H (Hrsg) Alkohol und Schuldfähigkeit. Springer, Berlin Heidelberg New York Tokio, S. 181–201

Schall H, Schreibauer M (1997) Prognose und Rückfall bei Sexualstraftätern. NJW 50: 2412–2420

Schneider U (2008) Die Reform des Maßregelrechts. NStZ 28: 68–73

Schöch H (1998) Das Gesetz zur Bekämpfung von Sexualdelikten und anderen gefährlichen Straftaten vom 26.01.1998. NJW 51: 1257–1262

Schöch H (2004) Juristische Aspekte des Maßregelvollzugs. In: Venzlaff U, Foerster K (Hrsg) Psychiatrische Begutachtung – Ein praktisches Handbuch für Ärzte und Juristen, 4. Aufl. Urban & Fischer, München, S. 385–416

Schöch H (2008) Mindestanforderungen für Schuldfähigkeits- und Prognosegutachten. In: Schöch H, Satzger H, Schäfer G, Ignor A, Knauer C (Hrsg) Strafverteidigung, Revision und die gesamten Strafrechtswissenschaften. Festschrift für Gunter Widmaier. Heymanns, Köln, S. 967–986

Schöch H (2009) Bemerkungen zur Reform der stationären psychiatrischen Maßregeln durch das Unterbringungssicherungsgesetz vom 16.07.2007. In: Hassemer W (Hrsg) In dubio pro libertate – Festschrift für Klaus Volk zum 65. Geburtstag. Beck, München, S. 703–717

Schönke A, Schröder H (2014) Strafgesetzbuch: Kommentar, 29. Aufl. Beck, München (zit. Schönke u. Schröder-Bearbeiter)

Schreiber HL, Rosenau H (2009) Rechtliche Grundlagen der psychiatrischen Begutachtung. In: Foerster K, Dreßing H (Hrsg) Psychiatrische Begutachtung – Ein praktisches

Handbuch für Ärzte und Juristen, 5. Aufl. Elsevier, München, S. 77–152

Schüler-Springorum H, Berner W, Cirullies B et al. (1996) Sexualstraftäter im Maßregelvollzug – Gutachten der unabhängigen Expertenkommission vom 31.1.1996. MschrKrim 79: 147–200

Seifert D, Leygraf N (1999) Drogenabhängige Straftäter im Maßregelvollzug. Nervenarzt 70: 450–456

Seifert D, Bolten S, Möller-Mussavi S (2003) Gescheiterte Wiedereingliederung nach Behandlung im Maßregelvollzug (§ 63 StGB) oder Wie lassen sich Rückfälle verhindern? MschrKrim 86: 127–137

Statistisches Bundesamt (2012) Fachserie 10 Reihe 3, Rechtspflege, Strafverfolgung 2011. Wiesbaden

Statistisches Bundesamt (2013) Im psychiatrischen Krankenhaus und in der Entziehungsanstalt aufgrund strafrichterlicher Anordnung Untergebrachte (Maßregelvollzug). Wiesbaden

Statistisches Bundesamt (2014) Fachserie 10 Reihe 4.1, Rechtspflege, Strafvollzug – Demographische und kriminologische Merkmale der Strafgefangenen 2013. Wiesbaden

SK: Systematischer Kommentar zum Strafgesetzbuch, Loseblattsammlung (2012) Bd II §§ 46–122. Heymanns, Köln (zit. SK-Bearbeiter)

Stöver A, Wendt F (2011) Teil II F 3. Kriminalprognose im klinischen Kontext. In: Häßler F, Kinze W, Nedopil N (Hrsg) Praxishandbuch Forensische Psychiatrie des Kindes-, Jugend- und Erwachsenenalters. MWV, Berlin, S. 463–474

Tondorf G (2000) Behandler sind keine Sachverständigen. StV 20: 171–173

Ullenbruch T (2008) Das »Gesetz zur Einführung der nachträglichen Sicherungsverwahrung bei Verurteilungen nach Jugendstrafrecht« – ein Unding? NJW 61: 2609–2615

Volckart B, Grünebaum R (2009) Maßregelvollzug, 7. Aufl. Heymanns, Köln

Wagner B (2010) Abschn. D Behandlung. In: Kammeier H (Hrsg) Maßregelvollzugsrecht, 3. Aufl. De Gryter, Berlin, S. 107–163

Wendt F, Stöver A (2011) Teil II F 2. Methoden der kriminalprognostischen Bewertung. In: Häßler F, Kinze W, Nedopil N (Hrsg) Praxishandbuch Forensische Psychiatrie des Kindes-, Jugend- und Erwachsenenalters. MWV, Berlin, S. 449–462

Medizinische Indikation eines Schwangerschaftsabbruchs

F. Schneider, H. Frister, D. Olzen, *Begutachtung psychischer Störungen*
DOI 10.1007/978-3-642-54765-2_10, © Springer-Verlag Berlin Heidelberg 2015

■ **Zum Einstieg**

Bei der Schwangerenbetreuung gilt die Aufmerksamkeit und Fürsorge des Arztes nicht nur dem Gesundheitszustand der Schwangeren, sondern natürlich auch dem Gesundheitszustand und der Entwicklung des ungeborenen Lebens. Das Bundesverfassungsgericht hat in seinen beiden Abtreibungsentscheidungen ausdrücklich betont, dass auch das ungeborene Leben unter dem Schutz der Verfassung stehe und deshalb sowohl Menschenwürde gem. Art. 1 Abs. 1 GG als auch ein Recht auf Leben und körperliche Unversehrtheit gem. Art. 2 Abs. 2 GG besitze (BVerfGE 39, S. 1; BVerfGE 88, S. 203). Dabei soll der Grundrechtsschutz laut Bundesverfassungsgericht spätestens ab der Einnistung in die Gebärmutter beginnen. Der Schutz des ungeborenen Lebens kann allerdings in bestimmten Fällen mit den Grundrechten der Frau kollidieren. In Betracht kommen ihr Anspruch auf Schutz und Achtung ihrer Menschenwürde nach Art. 1 Abs. 1 GG, ihr Recht auf Leben und körperliche Unversehrtheit gem. Art. 2 Abs. 2 GG sowie ihr Selbstbestimmungsrecht aus Art. 2 Abs. 1 GG i. V. m. Art. 1 Abs. 1 GG. Die grundsätzliche Pflicht zum Austragen der Schwangerschaft gilt deshalb nicht uneingeschränkt.

10.1   Überblick

10.1.1   Systematik der gesetzlichen Regelung

Die derzeitige Gesetzeslage zum Schwangerschaftsabbruch ist durch folgende Punkte charakterisiert (siehe dazu § 218a StGB):

- **Keine Indikation**: rechtswidrig, nach Beratung für den Arzt aber bis zur 12. Schwangerschaftswoche (SSW) post conceptionem (p. c.) bzw. bis zur 22. SSW p. c. für die Schwangere straffrei (§ 218a Abs. 1 bzw. Abs. 4 StGB).
- **Kriminologische Indikation**: rechtmäßig bis zur 12. SSW p. c.; danach rechtswidrig (§ 218a Abs. 3 StGB).
- **Medizinisch-soziale Indikation**: rechtmäßig bis zur Geburt (§ 218a Abs. 2 StGB).

Den Vorgaben des Bundesverfassungsgerichts folgend ist der Schwangerschaftsabbruch grundsätzlich strafbares Unrecht (§ 218 Abs. 1 S. 1 StGB).

§ 218 StGB. Schwangerschaftsabbruch. (1) Wer eine Schwangerschaft abbricht, wird mit Freiheitsstrafe bis zu drei Jahren oder mit Geldstrafe bestraft. Handlungen, deren Wirkung vor Abschluß der Einnistung des befruchteten Eies in der Gebärmutter eintritt, gelten nicht als Schwangerschaftsabbruch im Sinne dieses Gesetzes. [...]

Die Verhinderung der Einnistung des befruchteten Eies in der Gebärmutter (Nidation), also praktisch alle Schwangerschaftseingriffe innerhalb der ersten beiden SSW p. c., gelten nicht als Abbruchshandlungen und werden deshalb strafrechtlich nicht verfolgt (§ 218 Abs. 1 S. 2 StGB). Hierzu gehören neben der postkoitalen Pille (»morning-after pill«), sowie den intrauterinen Pessaren und Spiralen etc. (Otto 1996, S. 135, 140), auch operative Eingriffe zur Verhinderung einer vollen Einnistung des befruchteten Eies (Schönke u. Schröder-Eser 2014, § 218 Rn. 13).

Ein innerhalb der ersten 12 SSW p. c. vorgenommener Schwangerschaftsabbruch wird gem. § 218a Abs. 1 StGB nicht mit Strafe bedroht, wenn sich die Frau von einer staatlich anerkannten Stelle – nach Abschnitt 1 und Abschnitt 2 des Schwangerschaftskonfliktgesetzes (SchKG) – mindestens 3 Tage vor dem Eingriff beraten ließ und der Abbruch von einem Arzt vorgenommen wurde. Für die Schwangere gilt der persönliche Strafausschluss des § 218a Abs. 4 S. 1 StGB, sofern der Abbruch innerhalb der ersten 22 SSW p. c. nach ordnungsgemäßer Beratung von einem Arzt vorgenommen wurde (siehe dazu § 219 StGB, der auf das SchKG verweist). Diese Regelungen bewirken jedoch keine Rechtfertigung des Schwangerschaftsabbruchs, sondern besagen nur, dass der Abbruch unter diesen Voraussetzungen nicht bestraft wird (vgl. dazu Frister 2006, Sp. 2112, 2114; Schönke u. Schröder-Eser 2014, vor § 218 Rn. 7; § 218a Rn. 12 ff.).

Gerechtfertigt ist ein Schwangerschaftsabbruch nur dann, wenn einer der Indikationstatbestände des § 218a Abs. 2 StGB (medizinisch-soziale Indikation) oder des § 218a Abs. 3 StGB (kriminologische Indikation) gegeben ist.

Die kriminologische Indikation besagt, dass der Abbruch einer Schwangerschaft, die aus einem sexuellen Missbrauch oder einer sexuellen Nötigung, insbesondere einer Vergewaltigung resultiert, bis zur 12. SSW p. c. rechtmäßig ist.

Die medizinisch-soziale Indikation gestattet einen Abbruch bei drohenden Gefahren für das Leben oder die körperliche oder seelische Gesundheit der Schwangeren ohne zeitliche Befristung.

§ 218a StGB. Straflosigkeit des Schwangerschaftsabbruchs. [...] (2) Der mit Einwilligung der Schwangeren von einem Arzt vorgenommene Schwangerschaftsabbruch ist nicht rechtswidrig, wenn der Abbruch der Schwangerschaft unter Berücksichtigung der gegenwärtigen und zukünftigen Lebensverhältnisse der Schwangeren nach ärztlicher Erkenntnis angezeigt ist, um eine Gefahr für das Leben oder die Gefahr einer schwerwiegenden Beeinträchtigung des körperlichen oder seelischen Gesundheitszustandes der Schwangeren abzuwenden, und die Gefahr nicht auf eine andere für sie zumutbare Weise abgewendet werden kann. (3) Die Voraussetzungen des Absatzes 2 gelten bei einem Schwangerschaftsabbruch, der mit Einwilligung der Schwangeren von einem Arzt vorgenommen wird, auch als erfüllt, wenn nach ärztlicher Erkenntnis an der Schwangeren eine rechtswidrige Tat nach den §§ 176 bis 179 des Strafgesetzbuches begangen worden ist, dringende Gründe für die Annahme sprechen, daß die Schwangerschaft auf der Tat beruht, und seit der Empfängnis nicht mehr als zwölf Wochen vergangen sind. [...]

10.1.2 Verzicht auf die embryopathische Indikation

Die frühere »embryopathische« und die »allgemeine Notlagenindikation« sind seit dem Inkrafttreten des Schwangeren- und Familienhilfeänderungsgesetzes (SFHÄndG; BGBl I, S. 1050) am 1.10.1995 formell weggefallen. Die embryopathische Indikation des § 218a StGB a. F. besagte, dass ein Schwangerschaftsabbruch innerhalb der ersten 22 SSW p. c. rechtmäßig sei, sofern eine schwere Störung der kindlichen Entwicklung vorliegt und der Mutter das Austragen der Schwangerschaft nicht zugemutet werden kann. Mit dem Wegfall

der Indikation wollte der Gesetzgeber in erster Linie der Kritik der Behindertenverbände gerecht werden, die beklagten, eine solche Regelung würde zu dem Missverständnis führen, dass sich die Rechtfertigung aus einer geringeren Achtung des Lebensrechtes eines behinderten Kindes ergebe (BT-Drucks. 13/1850, S. 25 f.). Die weggefallene Indikation sollte jedoch nach dem Willen des Gesetzgebers bis zu einem gewissen Grad durch die beiden erhaltenen Indikationen aufgefangen werden (Schönke u. Schröder-Eser 2014, § 218a Rn. 1).

Aufgrund dessen und wegen der Einbeziehung von zukünftigen Lebensumständen in die Beurteilung der Situation kommt es in weiten Teilen der Literatur und vor allem in der Praxis zu dem Missverständnis, dass die weggefallene Indikation vollständig in der neuen medizinisch-sozialen Indikation enthalten sei (Schumann u. Schmidt-Recla 1998, S. 497, 499 f.). Bei der medizinisch-sozialen Indikation kommt es jedoch gerade nicht auf das Vorliegen einer Schädigung des Kindes an. Ein auffälliger Befund im Rahmen der Pränataldiagnostik stellt für sich allein noch keinen Indikationsgrund dar (BÄK DÄBl 1998, A-3013 f.).

> **Es muss eine schwerwiegende Gesundheits- bzw. Lebensgefahr für die Mutter bestehen, welche entweder durch die Schwangerschaft selbst oder die nach der Geburt folgenden Belastungen ausgelöst wird und nicht anders als durch den Abbruch abgewendet werden kann. Nur wenn diese Gefahr tatsächlich festgestellt ist und auch die übrigen Voraussetzungen der medizinischen Indikation vorliegen, ist der Abbruch durch § 218a Abs. 2 StGB gerechtfertigt (BT-Drucks. 13/5364, S. 15).**

Die medizinisch-soziale Indikation sieht im Unterschied zur alten embryopathischen Indikation keine Befristung mehr vor. Nachdem zunächst auch eine Beratung nicht verpflichtend war, hat der Bundestag eine solche Pflicht mit Wirkung zum 1. Januar 2010 eingeführt. Außerdem sind nach der verabschiedeten Gesetzesänderung Schwangerschaftsabbrüche auf der Grundlage der medizinisch-sozialen Indikation nun erst nach einer Bedenkzeit von 3 Tagen zwischen Diagnose und Abbrucherlaubnis möglich (§ 2a SchKG n. F.; vgl. dazu BT-Drucks. 16/12970, S. 8).

10.2 Allgemeine Voraussetzungen für einen straffreien Schwangerschaftsabbruch

Der Eingriff muss von einem Arzt vorgenommen werden. Dabei bezieht sich der Arztvorbehalt sowohl auf die Untersuchung der Schwangeren und die entsprechende Diagnose, als auch auf die Eingriffsvorbereitungen und den sich anschließenden Eingriff, dem ein – ebenfalls vom Arztvorbehalt umfasstes – Gespräch mit der Schwangeren über die den Schwangerschaftsabbruch begründenden Umstände vorauszugehen hat (LK-Kröger 2005, § 218a Rn. 17). Der Arzt hat die Regeln der ärztlichen Kunst zu beachten (NK-Merkel 2013, § 218a Rn. 9). Außerdem muss die Schwangere eingewilligt haben. Dazu muss die Betroffene einsichts- und urteilsfähig sein sowie die Bedeutung und Tragweite des Eingriffs verstehen (BGHSt 4, S. 88, 90; BGHSt 12, S. 379, 383; LK-Kröger 2005, § 218a Rn. 6; Eser u. Hirsch-Lenckner 1980, S. 176).

Umstritten ist, ob eine Minderjährige ohne die Zustimmung ihres Erziehungsberechtigten in den Abbruch ihrer Schwangerschaft einwilligen kann. Nach der Rechtsprechung des OLG Hamm (NJW 1998, S. 3424, so im Ergebnis auch AG Celle NJW 1987, S. 2307) soll der Abbruch der Schwangerschaft einer Minderjährigen in jedem Fall der Zustimmung der gesetzlichen Vertreter bedürfen. Die überwiegende Meinung in der Literatur (Bernard 1995, S. 106 f.; Schönke u. Schröder-Eser 2014, § 218a Rn. 61; LK-Kröger 2005, § 218a Rn. 6; Ulsenheimer 2010, § 143 Rn. 32; Eser u. Hirsch-Lenckner 1980, S. 181; Schwerdtner 1999, S. 1525) und Rechtsprechung (LG München NJW 1980, S. 646; AG Schlüchtern NJW 1998, S. 832) erachtet jedoch im Einklang mit einem Urteil des BGH aus dem Jahre 1958 (BGHZ 29, S. 33) für die rechtswirksame Einwilligung in einen Heileingriff die Urteils- und Einsichtsfähigkeit der Minderjährigen als ausreichend (kritisch zu dieser Begrifflichkeit, aber im Ergebnis zustimmend NK-Merkel 2013,

§ 218a Rn. 21 f., 28). Bezogen auf den Schwangerschaftsabbruch soll nach dieser Ansicht nichts anderes gelten, weswegen jeweils im Einzelfall zu prüfen sei, ob die Minderjährige geistig und emotional in der Lage ist, sowohl die möglichen Folgen der Einwilligung in den Abbruch abzuschätzen als auch die eingetretenen Folgen zu tragen (AG Schlüchtern NJW 1998, S. 832). Bei unter 16-jährigen Mädchen soll dies regelmäßig zu verneinen sein, während es bei über 16-jährigen auf deren individuelle geistige und sittliche Reife ankommt (Ulsenheimer 2010, § 143 Rn. 32).

Bei fehlender Einwilligungsfähigkeit der Schwangeren aufgrund mangelnder Reife oder psychischer Krankheit ist die Entscheidung ihres gesetzlichen Vertreters oder Sorgeberechtigten maßgebend (Belling u. Eberl 1995, S. 287, 295; LK-Kröger 2005, § 218a Rn. 7). Jedoch hat sich der gesetzliche Vertreter stets am Wohl der Schwangeren zu orientieren und die Bedeutung der Mutterschaft für die Betroffene zu berücksichtigen (Eser u. Hirsch-Lenckner 1980, S. 179). Deshalb ist ein Abbruch gegen den Willen der Schwangeren in der Regel nur dann zulässig, wenn dieser bei Fortsetzung der Schwangerschaft eine schwere Gesundheitsgefahr oder die Gefahr des Todes droht (Laufhütte u. Wilkitzki 1976, S. 329, 332; NK-Merkel 2013, § 218a Rn. 26; Schönke u. Schröder-Eser 2014, § 218a Rn. 61; SK-Rudolphi/Rogall 2012, § 218a Rn. 31). Verweigert der Vertreter in solchen Fällen die Einwilligung, ist das Familiengericht einzuschalten, das einen Ergänzungspfleger bestellt oder in Eilfällen selbst entscheidet, ob der Abbruch dem Wohl der Schwangeren entspricht (NK-Merkel 2013, § 218a Rn. 29). Ist bei Fortsetzung der Schwangerschaft das leibliche oder seelische Wohl der Schwangeren gefährdet, hat das Gericht die Einwilligung zu ersetzen (SK-Rudolphi/Rogall 2012, § 218a Rn. 30).

Beispiel
- **Fall 10.1**

Erika S., 26-jährige Studentin der Anglistik, erlitt die erste Episode einer paranoiden schizophrenen Psychose (ICD-10: F20.0) im ersten Trimenon einer Schwangerschaft. Psychopathologisch dominierte eine deutliche Positivsymptomatik mit akustischen

Halluzinationen sowie Beziehungs- und Beeinträchtigungswahn. Sie war nach dem Unterbringungsgesetz des Landes in ein Fachkrankenhaus für Psychiatrie, Psychotherapie und Psychosomatik eingewiesen worden. Die behandelnden Ärzte empfahlen keine Unterbrechung der Schwangerschaft, während von der Familie der Patientin eine solche sehr nachdrücklich gefordert wurde, schließlich sei sie »verrückt«. Die Patientin selbst war ambivalent hinsichtlich eines möglichen Abbruchs. Weder die aktuelle Medikation noch die Krankheitsprognose erfüllten die Voraussetzungen des § 218a Abs. 2 StGB.

Eine mutmaßliche Einwilligung ist dann als ausreichend anzusehen, wenn die grundsätzlich einwilligungsfähige Schwangere in der akuten Situation nicht im Stande ist, ihren Willen zu äußern und ohne sofortigen Eingriff der Tod oder eine schwere Gesundheitsschädigung der Schwangeren zu befürchten ist (LK-Kröger 2005, § 218a Rn. 5). Ist der mutmaßliche Wille nicht bestimmbar, so muss eine Todesgefahr vorliegen, um den Abbruch zu rechtfertigen (Schönke u. Schröder-Eser 2014, § 218a Rn. 61).

10.3 Besondere Voraussetzungen der medizinisch-sozialen Indikation

Gemäß § 218a Abs. 2 StGB ist der Abbruch einer Schwangerschaft nicht rechtswidrig, wenn er unter Berücksichtigung der gegenwärtigen und zukünftigen Lebensverhältnisse der Schwangeren nach ärztlicher Erkenntnis angezeigt ist:
- um eine Gefahr für das Leben oder
- die Gefahr einer schwerwiegenden Beeinträchtigung des körperlichen oder seelischen Gesundheitszustandes der Schwangeren abzuwenden und
- die Gefahr nicht auf eine andere für sie zumutbare Weise abgewendet werden kann.

10.3.1 Lebensgefahr

Als Lebensgefahr kommen als Erstes somatische Ursachen in Betracht, wie drohende akute internistische Dekompensationen der Schwangeren (z. B.

Herzfehler, Eklampsie). Dazu zählen auch bereits vorhandene Leiden, die durch die Schwangerschaft verschlimmert werden können (z. B. bei chronisch entzündeter Restniere) oder die eine lebenserhaltende Therapie benötigen (z. B. Chemotherapie oder Krebsoperation am Uterus), die wegen der Schwangerschaft nicht durchgeführt werden kann (Ulsenheimer 2010, § 143 Rn. 43; Woopen 1999, S. 974 f.).

Neben somatischen Ursachen kann auch eine Suizidalität eine Lebensgefahr darstellen, wobei aber nicht schon die Thematisierung eines möglichen Suizides ausreicht (BGHSt 2, S. 111, 115). Es ist jeweils im Einzelfall von einem Facharzt für Psychiatrie und Psychotherapie zu prüfen, inwieweit die Drohung auf einer ernstzunehmenden Entschlossenheit beruht. Wie bei jeder psychiatrischen Untersuchung sind die Anamnese, möglichst unter Einbeziehung einer Fremdanamnese, und ein psychopathologischer Befund zu erheben und ggf. auch eine psychische Störung entsprechend einem internationalen Diagnoseinventar (ICD-10, DSM-5) zu diagnostizieren. Therapeutische Optionen sind zu prüfen. Suizidalität im Rahmen einer psychosozialen Belastungssituation (Krise) kann – wie bei den meisten anderen psychischen Störungen auch – kaum eine Indikation für eine Abtreibung darstellen.

Beispiel
- **Fall 10.2**

Gertrud K., 31-jährige Mutter zweier Kinder, war vor kurzem als Zahnarzthelferin arbeitslos geworden. Sie lebte in Scheidung und war im Rahmen einer kurzzeitigen, schon wieder beendeten Partnerschaft schwanger geworden (nun in der 14. SSW). Sie drängte ihren Frauenarzt zu einer Abtreibung, da sie sich ansonsten umbringen werde. Dieser ließ ein psychiatrisch-psychotherapeutisches Konsil durchführen. Bei dieser Untersuchung wurde keine psychische Störung entsprechend ICD-10 diagnostiziert. Suizidalität konnte nicht festgestellt werden. Die Patientin hatte Suizidgedanken als Instrument ihres Zieles einer Abtreibung dargestellt. Eine Abtreibung wurde aus medizinischer Sicht nicht befürwortet.

Der Facharzt muss zudem feststellen, ob der Abbruch tatsächlich zu einer Verbesserung der Lage führt und sie nicht noch verschlimmern könnte (Woopen 1999, S. 974 f.).

Darüber hinaus bedarf es der eingehenden Untersuchung, ob der Umstand, der die suizidalen Tendenzen der Schwangeren hervorruft, nicht in einer anderen Störung begründet ist, die mangels aussichtsreicher Therapiemöglichkeiten den Abbruch der Schwangerschaft erfordert (LK-Kröger 2005, § 218a Rn. 36).

10.3.2 Gesundheitsgefahr

Es kommen somatische sowie psychische Störungen in Betracht. Diese müssen jeweils schwerwiegend und von erheblicher Dauer sein (LK-Kröger 2005, § 218a Rn. 39), wobei der Schweregrad umso höher sein muss, je weiter die Schwangerschaft fortgeschritten ist (Lackner u. Kühl 2011, § 218a Rn. 13; Schönke u. Schröder-Eser 2014, § 218a Rn. 34). Insofern verlangt der Bundesgerichtshof eine Güter- und Interessenabwägung (BGH NJW 2002, S. 2636, 2638).

Unter den Begriff fällt damit nicht schon jede Störung des sozialen Wohlbefindens im Sinne der WHO und auch nicht die mit jeder Schwangerschaft verbundenen Belastungen (NK-Merkel 2013, § 218a Rn. 90; Schönke u. Schröder-Eser 2014, § 218a Rn. 29). Allerdings kann aufgrund der Gesundheitsgefahr als eigenständigem Indikationsgrund nicht verlangt werden, dass die Beeinträchtigung einer Lebensgefahr gleichkommt.

Da die Indikation neben der medizinischen eine soziale Komponente besitzt, sind über die somatischen und psychischen Störungen hinaus auch solche Zustände mit einzubeziehen, die zwar keinem medizinischen Krankheitsbild entsprechen, aber im Wege einer die gegenwärtigen und zukünftigen Lebensverhältnisse der Schwangeren berücksichtigenden Gesamtwürdigung eine feststellbare Verschlechterung ihrer körperlichen und seelischen Verfassung bedeuten (Otto 1996 S. 135, 142). Darunter fallen auch psychische Dauerüberlastungen, die infolge einer Summierung wirtschaftlicher und familiärer Belastungen oder bei Vorausschau auf künftige Überforderungen durch Sorge- und Einstandspflichten entstehen

(BVerfGE 88, S. 203, 256). Bei der Beurteilung ist jeweils die individuelle Situation der Frau unter Einbeziehung ihres sozialen Umfeldes zu berücksichtigen. Eine Beeinträchtigung, wie z. B. ein dauerhafter Erschöpfungszustand, kann in einer intakten Familie überwunden werden und unbeachtlich sein, während er in einer zerrütteten oder gewalttätigen Ehe womöglich einen Indikationsgrund darstellt (LK-Kröger 2005, § 218a Rn. 40). Folglich kommt einzelnen sozialen Komponenten für sich genommen noch keine den Abbruch indizierende Wirkung zu, sie können aber im Wege einer Gesamtwürdigung des sozialen Umfelds und der Persönlichkeit der Schwangeren sowie ihres Gesundheitszustandes bei der Indikationsfeststellung Bedeutung erlangen (Fischer 2014, § 218a Rn. 27).

> **Aus medizinischer Sicht erscheint bedenklich, dass psychosoziale Umstände, die mit keiner Krankheit verbunden und durchaus veränderbar sind, hier als Indikation gelten können.**

Insgesamt ist der Begriff der Gesundheitsgefahr sehr eng zu sehen, da auch bei den meisten Krankheiten therapeutische Optionen nicht ausgeschöpft sind und/oder Krankheit und Schwangerschaft bzw. Krankheit und Kindeserziehung sich gerade nicht ausschließen.

Beispiele für schwerwiegende Gesundheitsgefahren aus der Literatur und der Rechtsprechung sind Niereninsuffizienz, Zervix- und Ovarialkarzinome, organisch bedingte Herzfehler bestimmten Grades (Schmidt-Matthiesen u. Wallwiener 2005, S. 190 ff.), aber auch »psychoneurotische Persönlichkeitsverbiegungen«, neurasthenische Entwicklung mit ständigen Versagenserlebnissen und depressive Fehlentwicklung (RegE BT-Drucks. 6/3434, S. 20), nicht dagegen Lungentuberkulose und Epilepsie (Schmidt-Matthiesen u. Wallwiener 2005, S. 193 ff.). Diese Auswahl erscheint recht willkürlich und ist von psychiatrischer Seite wenig nachvollziehbar: So sind die genannten psychischen Störungen nicht nur in ihrer diagnostischen Entität keinem der internationalen Diagnosemanuale zuzuordnen, sondern sie sind auch alle einer psychiatrisch-psychotherapeutischen Behandlung gut zugänglich.

Es müssen konkrete Anhaltspunkte für das Vorliegen einer Gefahr bestehen. Der Grad der Wahrscheinlichkeit des Eintretens einer Gesundheitsgefahr ist dabei von der Größe des zu erwartenden Schadens abhängig zu machen. Je schwerwiegender die drohende Gesundheitsschädigung ist, desto geringere Anforderungen werden an den Grad der Wahrscheinlichkeit des Auftretens der Gefahr gestellt (Schönke u. Schröder-Eser 2014, § 218a Rn. 31).

10.3.3 »Nicht anders abwendbar«

Eine medizinische Indikation liegt nicht vor, wenn die Gefahr auf andere Weise als durch den Abbruch abgewendet werden kann und dies der Frau zumutbar ist (Ultima-Ratio-Gedanke). Als Alternative zum Abbruch kommt in erster Linie die ärztliche Behandlung in Betracht. Die Einweisung in ein psychiatrisches Krankenhaus wird allerdings für unzumutbar gehalten (RegE BT-Drucks. 6/3434, S. 21; LK-Kröger 2005, § 218a Rn. 45; Lackner u. Kühl 2011, § 218a Rn. 13; Fischer 2014, § 218a Rn. 28, nur im Ausnahmefall zumutbar).

Es gibt Situationen, in denen nicht die Schwangerschaft, sondern die Existenz des (nicht notwendigerweise) kranken Kindes die Gesundheit oder das Leben der Schwangeren gefährdet. Hier ist das eigentliche Ziel der Abbruchshandlung die Tötung des Ungeborenen. So könnte z. B. die Gewissheit, ein schwerstbehindertes Kind zur Welt zu bringen, zu schweren Dauerschäden führen. Diese Argumentation ist aber aus medizinischer Sicht nicht nachvollziehbar. Überdies könnte die zu erwartende Pflegebedürftigkeit die körperlichen und seelischen Kräfte der Frau weit übersteigen und nur den Abbruch als Möglichkeit zur Abwendung der Gefahr offen lassen (LK-Kröger 2005, § 218a Rn. 43). Auch dies ist aus medizinischer Sicht abzulehnen, da die psychosozialen und pflegerischen Hilfssysteme weitgehend gut ausgebaut sind. Zu prüfen sind in diesen Fällen immer die Möglichkeiten der Vermittlung und ggf. Bezahlung von Haushaltshilfen und Pflegekräften.

Inwieweit eine Freigabe zur Adoption zumutbar ist, ist streitig. Nach der Rechtsprechung des AG Celle (NJW 1987, S. 2307, 2310) ist die Adoption grundsätzlich ein zumutbarer Ausweg. Dagegen wird eingewandt, dass es – neben der gesellschaftlichen Stigmatisierung, welcher die Freigabe zur Adoption in gewissem Rahmen unterliegt – für die Frau oft unerträglich sei, das Kind erst auszutragen und dann wegzugeben (LK-Kröger 2005, § 218a Rn. 44). Deshalb sei die Adoption grundsätzlich nicht zumutbar (so LG Memmingen NStZ 1989, S. 227 f.), zusätzlich sei aber jeweils auf die individuellen Lebensumstände der Schwangeren abzustellen (BayObLG NJW 1990, S. 2328, 2330; Lackner u. Kühl 2011, § 218a Rn. 13; SK-Rudolphi 2012, § 218a Rn. 47; Schönke u. Schröder-Eser 2014, § 218a Rn. 35). Bei der jeweiligen Einzelfallbetrachtung kann sich eine Unzumutbarkeit z. B. daraus ergeben, dass die Schwangere selbst negative Heimerfahrungen gemacht hat oder sich infolge der Sorge um das zur Adoption freigegebene Kind einer dauernden psychischen Belastung ausgesetzt sieht (Schönke u. Schröder-Eser 2014, § 218a Rn. 35).

Auch der Bundesgerichtshof schließt sich der – von Psychiatern vielfach abgelehnten – letzteren Ansicht an. Allerdings sei eine Abwägung der »gesamten persönlichen Umstände der Schwangeren« gegen das »verfassungsrechtlich geschützte […] Lebensrecht des Kindes« als Entscheidungshilfe wenig geeignet, weshalb der persönliche Eindruck und die Einstellung der Schwangeren ausschlaggebend seien (BGH NStZ 1992, S. 328, 331).

In den Fällen, in denen die Schwangerschaft selbst, nicht aber die Existenz des Kindes die Gesundheit oder das Leben der Schwangeren bedrohen, ist neben der ärztlichen Behandlung der Mutter eine künstlich eingeleitete Frühgeburt, sofern das Kind bereits lebensfähig ist, ein zumutbares Mittel zur Abwendung der Gefahr (NK-Merkel 2013, § 218a Rn. 123; Schönke u. Schröder-Eser 2014, § 218a Rn. 33).

10.3.4 Gegenwärtige und zukünftige Lebensverhältnisse

Nicht nur die momentane Lage der Frau ist von Bedeutung. Konflikte und Belastungen der Frau können sich schon aus der Vorschau auf ihre umfassenden Sorge- und Einstandspflichten für das

Kind nach dessen Geburt ergeben (BVerfGE 88, S. 203, 256). Neben den medizinischen Aspekten sind auch familiär-soziale Lebensumstände der Frau zu berücksichtigen.

10.3.5 Ärztliche Erkenntnis

Ob die Indikationsvoraussetzungen im Einzelfall gegeben sind, hat der Arzt »nach ärztlicher Erkenntnis« zu entscheiden. Der Bundesgerichtshof hat diesbezüglich festgestellt, dass der Arzt einen gewissen Beurteilungsspielraum bei der Indikationsfeststellung hat (BGHZ 95, S. 199, 206; dazu LK-Kröger 2005, § 218a Rn. 47; NK-Merkel 2013, § 218a Rn. 135). Andererseits ist die Entscheidung nicht gänzlich der ärztlichen Erkenntnis überlassen (BGHSt 38, S. 144, 154). Das Gericht kann zunächst überprüfen, ob der indikationsfeststellende Arzt den Sachverhalt gewissenhaft aufgeklärt und geprüft hat. Dafür muss der Arzt die ihm zur Verfügung stehenden Erkenntnismittel – in erster Linie die Befragung der Patientin – ausschöpfen, wobei er sich nicht nur auf die Beurteilung der medizinischen Gesichtspunkte beschränken darf, sondern auch die psychosozialen Verhältnisse der Schwangeren und den Wert des ungeborenen menschlichen Lebens in seine Beurteilung mit einbeziehen muss (Schönke u. Schröder-Eser 2014, § 218a Rn. 36). Fehlt einem Arzt die Sachkunde, hat er einen Facharzt für Psychiatrie und Psychotherapie hinzuzuziehen (BGHSt 3, S. 7, 11). Auch der abbrechende Arzt hat sich nach den zugrunde liegenden Umständen zu erkundigen und sie im Falle der Entscheidung zum Abbruch für ausreichend zu halten (Süfke 1995, S. 106). Zwar kann sich der abbrechende Arzt umso mehr auf die Indikation des feststellenden Arztes verlassen, je weiter die Feststellung auf der überlegenen Sachkunde des Kollegen beruht (z. B. Genetiker, Psychiater). Er darf sich aber nicht mit einer offensichtlich inkompetenten Indikationsfeststellung begnügen (Eser 1992, S. 155, 179).

Die aufgrund richtiger Sachverhaltsermittlung getroffene Entscheidung ist schließlich auf ihre Vertretbarkeit hin gerichtlich überprüfbar (BGHSt 38, S. 144, 154).

10.3.6 Verbot der Doppelrolle und Beratung

> Eine Voraussetzung, deren Nichtvorliegen nicht den Ausschluss der Rechtswidrigkeit im Sinne des § 218a Abs. 2 StGB berührt, jedoch zu einer gesonderten Strafbarkeit nach § 218b Abs. 1 S. 1 StGB führt, ist das Vorliegen der schriftlichen Feststellung der Indikation durch einen anderen als den abbrechenden Arzt: Der indikationsfeststellende Arzt darf also nicht gleichzeitig den Schwangerschaftsabbruch durchführen.

Nach § 218c StGB macht sich der abbrechende Arzt strafbar, wenn er die Schwangerschaft abbricht, ohne der Frau Gelegenheit gegeben zu haben, ihm die Gründe für ihr Abbruchsverlangen darzulegen und sie nicht über die Bedeutung des Eingriffs (Ablauf, Folgen, Risiken und physische oder psychische Auswirkungen) beraten hat.

Bezüglich des Inhalts der Beratung nach einer gesicherten Diagnose einer fetalen Erkrankung, Behinderung oder Anlageträgerschaft sollte sich der Arzt an den Vorgaben der Bundesärztekammer orientieren (DÄBl 1998, A-3013). Insbesondere hat die Beratung einzelfallbezogen, ergebnisoffen und nicht direktiv zu erfolgen. Es wird zudem empfohlen, eine mehrtägige Frist zwischen der Beratung und dem Abbruch einzuhalten.

10.4 Einzelprobleme

10.4.1 Keine Befristung

Durch den Wegfall der Befristung kann es bei Spätabbrüchen zu der Geburt eines lebensfähigen Kindes kommen (vgl. dazu Frister 2003, S. 381; ders. 2006, Sp. 2112 f.; NK-Merkel 2013, § 218a Rn. 106 ff.). Nach Forderung der Bundesärztekammer soll deshalb ein Abbruch, dessen Ziel der Tod des Ungeborenen ist, nach Erreichen der extrauterinen Lebensfähigkeit nur erfolgen, wenn eine unbehandelbare Krankheit oder Entwicklungsstörung des Kindes vorliegt, die mit dem Leben nicht vereinbar ist (z. B. Anenzephalie) und bei deren Vorliegen postnatal in der Regel keine lebenserhaltenden Maßnahmen ergriffen würden (BÄK DÄBl 1998, A-3013, A-3015). Dafür spricht auch, dass die Abbruchsrisiken für die Schwangere mit fortschreitender Schwangerschaft erheblich steigen (Schmidt-Matthiesen u. Wallwiener 2005, S. 179). In den Ausnahmefällen, in denen eine Indikation für einen späten Schwangerschaftsabbruch festgestellt wurde, kann gemeinsam mit der Schwangeren bzw. den Eltern des Kindes erwogen werden, ob ein Fetozid vor Induktion des Abbruchs vorgenommen wird, um dem Kind das abbruchsbedingte Leiden zu ersparen (BÄK DÄBl 1998, A-3013, A-3015).

Nach der Antwort der Bundesregierung auf eine Kleine Anfrage unterliegt ein geschädigtes Kind, das bei einem Schwangerschaftsabbruch lebend zur Welt kommt, ebenso wie jedes andere Kind dem Schutz der Rechtsordnung (BT-Drucks. 13/5364, Frage 23).

> Es besteht eine Versorgungspflicht gemäß dem geltenden medizinischen Standard (§ 1 Abs. 2 der Musterberufsordnung für deutsche Ärzte 1997 i. d .F. des 114. ÄT 2011). Kommt der Arzt der Pflicht nicht nach (sog. »Liegenlassen« wie geschehen im Oldenburger Fall: StA Oldenburg NStZ 1999, S. 461 und Laufs 1998, S. 1752), so macht er sich wegen einer versuchten oder vollendeten Tötung bzw. Körperverletzung durch Unterlassen strafbar (Beckmann 1998, S. 155,159; Foth 2004, S. 367).

Ausnahmen von der grundsätzlichen Pflicht, das Leben des Neugeborenen zu erhalten, bestehen – entsprechend der aufgestellten Grundsätze der Bundesärztekammer zur ärztlichen Sterbebegleitung – bei Neugeborenen mit schwersten Fehlbildungen oder schweren Stoffwechselstörungen, bei denen keine Aussicht auf Heilung oder Besserung besteht. Eine lebenserhaltende Behandlung, die ausgefallene oder ungenügende Vitalfunktionen ersetzt, kann in solchen Fällen nach sorgfältiger Diagnostik auf Wunsch der Eltern unterlassen oder abgebrochen werden. Gleiches gilt auch für extrem unreife Kinder, deren unausweichliches Sterben abzusehen ist, und für Neugeborene, die schwerste Zerstörungen des Gehirns erlitten haben (BÄK DÄBl 2004, A-1298). Es kommt bei der je-

weils im Einzelfall zu treffenden Entscheidung darauf an, ob eine dauerhafte Lebenserhaltung nicht möglich ist und ein in Kürze zu erwartender Tod nur hinausgezögert würde, bzw. ob das Kind von Geburt an offensichtlich lebensunfähig ist.

Unabhängig von dieser Einzelfallentscheidung besteht in jedem Fall »die Pflicht zur Gewährleistung der Grundversorgung, leidenslindernder Maßnahmen und menschlicher Zuwendung« (Beckmann 1998, S. 155, 159).

Die Problematik der Spätabtreibungen hat den Bundestag – wie bereits erwähnt – dazu veranlasst, mit Wirkung zum 1.1.2010 in § 2a SchKG n. F. eine Beratungspflicht einzuführen und die Zulässigkeit von Schwangerschaftsabbrüchen auf der Grundlage einer medizinisch-sozialen Indikation an die Voraussetzung zu knüpfen, dass eine Bedenkfrist von 3 Tagen zwischen Diagnose und Abbrucherlaubnis i. S. d. § 218b Abs. 1 StGB eingehalten wurde (vgl. dazu BT-Drucks. 16/12970, S. 8).

10.4.2 Fetozid bei Mehrlingsschwangerschaften

Bei hochgradigen Mehrlingsschwangerschaften kann es im Einzelfall »infolge von Gestosen, Thrombo-Embolien sowie Prä-Eklampsie und Eklampsie, aber auch durch die gesteigerten geburtsbedingten Risiken und Belastungen, die sich […] durch atypische und pathologische Lagen der Mehrlinge im Uterus ergeben können«, zu einer Lebens- oder schwerwiegenden Gesundheitsgefahr für die Schwangere kommen (Hülsmann 1992, S. 2331, 2334; BÄK DÄBl 1989, A-2218 f.). Nach Forderung der Bundesärztekammer sollen in solchen Situationen zwar keinesfalls »mehr Feten abgetötet werden, als zur Abwendung der indikationsbegründenden Gefahr erforderlich ist« (DÄBl 1989, A-2218, A-2222). Aber auch wenn ein partieller Abbruch medizinisch möglich ist und dadurch eine Indikationslage ausgeschlossen werden könnte, so ist dies der Frau nach überwiegender Ansicht wegen des noch experimentellen Charakters des Eingriffs derzeit nicht generell zumutbar, sondern im Einzelfall zu entscheiden (Eberbach 1989, S. 265, 271; Schönke u. Schröder-Eser 2014, § 218a Rn. 34; Hülsmann1992, S. 2331, 2334; krit. NK-Merkel

2013, § 218a Rn. 115). Willigt die Frau in einen partiellen Eingriff ein und wäre der Totalabbruch gerechtfertigt, so muss ihr auch der Teilabort als »quantitatives Minus« gestattet sein (Hülsmann 1992, S. 2331, 2334).

10.4.3 Beschränktes Weigerungsrecht

Nach § 12 Abs. 1 SchKG ist niemand verpflichtet, an einem Schwangerschaftsabbruch mitzuwirken. Von dieser Regel wird in § 12 Abs. 2 SchKG eine Ausnahme gemacht, wenn die Mitwirkung erforderlich ist, um von einer Frau eine nicht anders abwendbare Gefahr des Todes oder eine schwere Gesundheitsschädigung abzuwenden.

> ❯ Eine Verletzung der Mitwirkungspflicht kann eine Strafbarkeit wegen Totschlags, Körperverletzung und unterlassener Hilfeleistung nach sich ziehen (Ulsenheimer 2010, § 143 Rn. 53).

10.4.4 Haftung für Behandlungsfehler

Durch die Inanspruchnahme bzw. die Übernahme der Betreuung einer Frühschwangerschaft wird zwischen der Schwangeren und dem Arzt ein Behandlungsvertrag begründet, der sich auf die Betreuung von Mutter und Kind bezieht.

Bei der Verletzung der Pflicht zur medizinischen Beratung handelt es sich um einen Behandlungsfehler, den regelmäßig der Patient nachzuweisen hat (OLG Zweibrücken MedR 2000, S. 540 f.). Den Arzt trifft eine generelle und umfassende Beratungspflicht allein wegen des Lebensalters, wenn die Frau das 40. Lebensjahr überschritten hat und deshalb nach ärztlicher Erfahrung einem erhöhten Risiko ausgesetzt ist (OLG Düsseldorf NJW 1989, S. 1548).

Unterbleibt der Schwangerschaftsabbruch wegen einer Verletzung der Beratungspflicht, so besteht ein Anspruch gegen den Arzt auf Ersatz des Unterhalts für das geschädigte Kind, wenn zusätzlich die Indikation des § 218a Abs. 2 StGB vorliegt (Lebensgefahr oder schwerwiegende Beeinträchtigung der Frau durch die Geburt des Kindes;

BGH NJW 2002, S. 2636). Ist der Behandlungsvertrag auf eine pränatale Untersuchung zwecks Vermeidung der Geburt eines schwer vorgeschädigten Kindes gerichtet, so wird die Beratungspflicht verletzt, wenn der Arzt nicht auf die Behinderung hinweist (BGH NJW 2002, S. 2636 f.).

10.5 Literatur

Beckmann R (1998) Der »Wegfall« der embryopathischen Indikation. MedR 16: 155–161

Belling DW, Eberl C (1995) Der Schwangerschaftsabbruch bei Minderjährigen. FuR 6: 287–297

Bernard A (1995) Der Schwangerschaftsabbruch aus zivilrechtlicher Sicht unter besonderer Berücksichtigung der Rechtsstellung des nasciturus. Duncker & Humblot, Berlin

Eberbach WH (1989) Pränatale Diagnostik – Fetaltherapie – selektive Abtreibung: Angriffe auf § 218a Abs. 2 Nr. 1 StGB (embryopathische Indikation). JR 7: 265–273

Eser A (1992) »Ärztliche Erkenntnis« und richterliche Überprüfung der Indikation zum Schwangerschaftsabbruch nach § 218a StGB. In: Arzt G, Fezer G, Weber U, Schlüchter E, Rössner D (Hrsg) Festschrift für Jürgen Baumann. Gieseking, Bielefeld, S. 155–181

Eser A, Hirsch HA (Hrsg) (1980) Sterilisation und Schwangerschaftsabbruch. Enke, Stuttgart (zit. Eser u. Hirsch-Bearbeiter)

Fischer T (2014) Strafgesetzbuch und Nebengesetze, 61. Aufl. Beck, München

Foth E (2004) Überlegungen zur Spätabtreibung. JR 9: 367–370

Frister H (2003) Spätabtreibung. In: Labisch A (Hrsg) Jahrbuch der Heinrich-Heine-Universität. Düsseldorf, S. 381–393

Frister H (2006) Schwangerschaft und Schwangerschaftsabbruch. In: Heun W, Honecker M, Morlok M, Wieland J (Hrsg) Evangelisches Staatslexikon. Kohlhammer, Stuttgart, Sp. 2112–2115

Hülsmann C (1992) Fetozid: Bemerkungen aus strafrechtlicher Sicht. NJW 37: 2331–2338

Lackner K, Kühl K (2011) Strafgesetzbuch, 27. Aufl. Beck, München

Laufhütte H, Wilkitzki P (1976) Zur Reform der Strafvorschriften über den Schwangerschaftsabbruch. JZ 31: 329–338

Laufs A (1998) Arzt und Recht – Fortschritte und Aufgaben. NJW 24: 1750–1761

LK: Leipziger Kommentar zum Strafgesetzbuch (2005) In: Jähnke B, Laufhütte HW, Odersky W (Hrsg) Bd 5, 11. Aufl. De Gruyter, Berlin (zit. LK-Bearbeiter)

NK: Nomos-Kommentar zum Strafgesetzbuch (2013) In: Kindhäuser U, Neumann U, Paeffgen HU (Hrsg) Bd 2, 4. Aufl. Nomos, Baden-Baden (zit. NK-Bearbeiter)

Otto H (1996) Die strafrechtliche Neuregelung des Schwangerschaftsabbruchs. Jura 18: 135–145

Schmidt-Matthiesen H, Wallwiener D (Hrsg) (2005) Gynäkologie und Geburtshilfe, 10. Aufl. Schattauer, Stuttgart

Schönke A, Schröder H (2014) Strafgesetzbuch: Kommentar. In: Eser A et al. (Hrsg), 29. Aufl. Beck, München (zit. Schönke u. Schröder-Bearbeiter)

Schumann E, Schmidt-Recla A (1998) Die Abschaffung der embryopathischen Indikation – eine ernsthafte Gefahr für den Frauenarzt. MedR 16: 497–504

Schwerdtner E (1999) Mehr Rechte für das Kind – Fluch oder Segen für die elterliche Sorge? NJW 21: 1525–1527

Süfke C (1995) »Ärztliche Erkenntnis« und die Pflicht zur sorgfältigen Prüfung im Rahmen des § 218a StGB. Nomos, Baden-Baden

SK: Systematischer Kommentar zum Strafgesetzbuch. Begr.: Rudolphi J, Horn E, Loseblattsammlung Bd 4, Stand: Okt. 2013. Heymanns, Köln (zit. SK-Bearbeiter)

Ulsenheimer K (2010) Der Schwangerschaftsabbruch. In: Laufs A, Kern BR (Hrsg) Handbuch des Arztrechts, 4. Aufl. Beck, München, § 143 Rn. 1–65

Woopen C (1999) Zum Anspruch der medizinisch-sozialen Indikation zum Schwangerschaftsabbruch: Leben, körperliche Unversehrtheit und Selbstbestimmung als konfligierende Rechte. Der Gynäkologe 32: 974–977

Glaubhaftigkeit und Glaubwürdigkeit

F. Schneider, H. Frister, D. Olzen, *Begutachtung psychischer Störungen*
DOI 10.1007/978-3-642-54765-2_11, © Springer-Verlag Berlin Heidelberg 2015

■ **Zum Einstieg**

Die gerichtliche Beweiswürdigung fokussiert die Beurteilung einer konkreten Aussage als wahr oder unwahr (Glaubhaftigkeit oder auch spezielle Glaubwürdigkeit). Dabei geht es nicht um die Beurteilung der Glaubwürdigkeit des Zeugen oder Beschuldigten im Sinne einer dauerhaften personalen Eigenschaft (die auch als allgemeine Glaubwürdigkeit bezeichnet wird), da man sicher nie auf jemanden treffen wird, der immer die Wahrheit sagt, und ebenso selten jemanden findet, der ständig lügt. Der Glaubwürdigkeit als Teil der persönlichen Zuverlässigkeit der aussagenden Person kommt daher nur die Bedeutung einer Hilfstatsache für die Glaubhaftigkeit der Aussage zu (Eisenberg 2013, S. 522 f. Rn. 1426).

Mit der Glaubhaftigkeit ist nicht die Persönlichkeitseigenschaft eines Zeugen gemeint, sondern die im Rahmen der psychologischen Glaubhaftigkeitsanalyse vorgenommene Beurteilung der Erlebnisgestütztheit einer Aussage in der Wirklichkeit.

11.1 Zuständigkeit für die Begutachtung

11.1.1 Grundsatz der Prüfung durch den Tatrichter

Die Beurteilung der Glaubhaftigkeit von Aussagen des Beschuldigten bzw. von Zeugen wird von der Rechtsprechung seit jeher als ureigenste Aufgabe des Tatrichters verstanden (BGHSt 8, S. 130 f.; BGH NStZ 2001, S. 105). Dabei geht die höchstrichterliche Rechtsprechung davon aus, dass vom Richter erwartet werden kann, über die zur Ausübung seines Amtes erforderliche Menschenkenntnis zu verfügen, um die Aussagen auf ihren Wahrheitsgehalt überprüfen zu können (KK-Krehl 2013, § 244 Rn. 51 mit Rechtsprechungsnachweisen). Deswegen ist die Hinzuziehung von Sachverständigen nur dann erforderlich, wenn die Eigenart des Einzelfalles eine außergewöhnliche Kenntnis oder Erfahrung notwendig macht (BGHSt 8, S. 130 f.; vgl. auch BVerfG NJW 2003, S. 1443 ff.; Pfister 2007, S. 42, 45).

11.1.2 Notwendigkeit der Hinzuziehung eines Sachverständigen

❯ Reicht das Sachwissen des Tatrichters zur Beurteilung der Glaubhaftigkeit der Aussage nicht aus, so ist es seine Pflicht, sich sachverständig beraten zu lassen (BGH NStZ 2002, S. 656, 658). Dabei werden in der Mehrzahl der Fälle Psychologen mit der Begutachtung beauftragt.

Ärzte für Psychiatrie und Psychotherapie müssen nur ausnahmsweise beteiligt werden – wie etwa in Fällen, in denen der Zeuge offensichtlich an einer psychischen Störung leidet, die sich auf seine Aussagetüchtigkeit auswirken könnte (BGH NStZ 1997, S. 355).

Ein Sachverständiger ist regelmäßig dann hinzuzuziehen, wenn Besonderheiten bei der aussagenden Person oder bei den Umständen des Falles eine Sachkunde erfordern, die der Richter (auch mit spezifischen forensischen Erfahrungen) nicht hat (KK-Krehl 2013, § 244 Rn. 51 m. w. N.). Zwar hat der Richter, unabhängig von der Beauftragung eines Sachverständigen, stets die letzte Entscheidung in der Beurteilung der Glaubwürdigkeit des Aussagenden bzw. der Glaubhaftigkeit von dessen Aussage (BGH NStZ 1992, S. 450 f.; KK-Krehl 2013, § 244 Rn. 49; LR-Sander 2013, § 261 Rn. 81b) und kann sich dieser Verantwortung auch nicht durch die Beauftragung eines Sachverständigen entziehen (BGHSt 21, S. 62). Weicht er jedoch von dem Sachverständigengutachten ab, so hat der Richter die wesentlichen Ausführungen des Sachverständigen im Einzelnen darzulegen, insbesondere die Stellungnahme des Sachverständigen zu den Gesichtspunkten, auf die er seine abweichende Auffassung stützt (BGH NStZ 1994, S. 503; BGH NStZ-RR 2006, 242 f., vgl. dazu auch ▶ Abschn. 11.5).

Psychische Auffälligkeiten

Besonderheiten in der Person sind regelmäßig gegeben, wenn bei dem zu Vernehmenden Anhaltspunkte für psychische Auffälligkeiten vorliegen (Eisenberg 2013, S. 762 f. Rn. 1860a; Fischer 2008, S. 191, 222). So wurde die Notwendigkeit der Hinzuziehung eines psychiatrischen Sachverständigen (evtl. gemeinsam mit einem psychologischen Sachverständigen) bejaht, wenn der zu Vernehmende an einer **schizophrenen Psychose** (BGH StV 1990, S. 8) bzw. an einer **Epilepsie** leidet (BGH StV 1991, S. 245). Gleiches gilt auch bei allen anderen psychischen Störungen, wie etwa bei folgenden:

- Korsakow-Syndrom (BGH StV 1991, S. 410),
- psychosomatischer Hintergrund (BGH StV 1995, S. 398),
- Alkohol- sowie Drogenintoxikation und -missbrauch (BGH StV 1987, S. 475; BGH NStZ 1991, S. 47; BGH StV 1994, S. 634; BGH NStZ 2011, S. 473: BAK der Zeugin zur Tatzeit: 1,94 ‰),
- Vorliegen von Persönlichkeitsstörungen bzw. sog. Konversionsstörungen (Fischer 1994, S. 2; zur Begutachtung bei Vorliegen einer Borderline-Persönlichkeitsstörung Böhm u. Lau 2007),
- geistige Behinderung (Hetzer u. Pfeiffer 1964, S. 441),
- Folgen von Hirntraumen und Hirnschädigungen (BGH StV 1994, S. 634; BGH NStZ-RR 2006, S. 242 f.).

Zu Recht wird zu bedenken gegeben, dass es einem Richter ohne entsprechende Sachkunde meist nicht möglich ist, das Vorliegen solcher Besonderheiten im Sinne einer Abgrenzung von »geistiger Behinderung« zu »alltäglicher Dummheit« ohne sachverständige Hilfe zu erkennen (Fischer 1994, S. 2). Deshalb hat der BGH entschieden, dass der Tatrichter bei der Hinzuziehung von Sachverständigen in Grenzfällen »eher ein Zuviel als ein Zuwenig tun muss« (BGH NStZ-RR 1997, S. 106). Dies gilt insbesondere für Fälle, in denen sich der Tatrichter über das Ausreichen seiner Sachkunde nicht sicher ist (BGH, a. a. O.).

Kinder und Jugendliche

Oft geht es bei der Beurteilung von kindlichen Zeugenaussagen um Fälle des sexuellen Missbrauchs. Dabei gilt, dass insbesondere von den unter dem Gesichtspunkt besonderer Eignung für Jugendschutzsachen ausgewählten Richtern einer Jugendschutzkammer im Allgemeinen erwartet werden kann, dass sie die hierfür erforderlichen

Kenntnisse und Erfahrungen besitzen (BGH NStZ 1981, S. 400; BGH NStZ 2005, S. 394). Allein der Umstand, dass der kindliche oder jugendliche Zeuge Opfer eines an ihm begangenen Sexualdelikts ist, macht die Hinzuziehung eines Sachverständigen daher nicht ohne das Vorliegen weiterer Besonderheiten erforderlich (BGH NStZ 1997, S. 355; BGH NStZ 2001, S. 105).

> **Eine sachverständige Beurteilung ist erforderlich, wenn das Kind oder der Jugendliche vom »gewöhnlichen Erscheinungsbild« Gleichaltriger abweicht und hervorstechende Züge oder Eigentümlichkeiten aufweist (BGHSt 3, S. 52; BGH NStZ 1981, S. 400), d. h. deutlich entwicklungsverzögert, verwahrlost, verhaltensauffällig oder geistig zurückgeblieben wirkt, oder wenn es sich um Geschehensabläufe aus der Zeit der Geschlechtsreifung handelt (OLG Düsseldorf JR 1994, S. 379).**

Bei der Beurteilung von Aussagen Minderjähriger reicht das Sachwissen des Richters in der Regel auch dann nicht, wenn das Tatgeschehen schon so weit zurückliegt, dass die Erinnerungsfähigkeit zweifelhaft ist (BGH StV 1994, S. 173) oder wenn der Zeuge noch besonders jung ist (unter 4½ Jahren: OLG Zweibrücken StV 1995, S. 293; Eisenberg 2013, S. 763 f. Rn. 1861).

Gleiches gilt, wenn bereits eine suggestive Befragung des mutmaßlich geschädigten Kindes stattgefunden hat (BGH NStZ 2001, S. 105), der Einfluss Dritter bei der Aussageentstehung naheliegt (BGH StV 2005, S. 419 f.), sowie in den Fällen, in denen das Kind zuvor jeden sexuellen Kontakt mit dem Beschuldigten verneint hat und erst auf gezielte Befragung der Kriminalpolizei Aussagen zu einem mehrere Jahre zurückliegenden sexuellen Missbrauch macht (BGH StV 2004, S. 241).

Besonderheiten des Falles

Die Hinzuziehung von Sachverständigen ist schließlich auch bei Vorliegen eines eigentümlichen Sachverhaltes erforderlich, wenn z. B. das vermeintliche Opfer sexuellen Missbrauchs keinerlei Verhaltensauffälligkeiten zeigt, die auf den Missbrauch hindeuten könnten (BGH StV 1994, S. 173 f.; s. auch BGH StV 1991, S. 245). Auch bei sonstigen Auffälligkeiten, wie z. B. bei widersprüchlichem Aussageverhalten eines kindlichen Zeugen (BGH StV 1991, S. 547; BGH StV 1995, S. 115), kann die Einholung eines psychologischen Gutachtens angezeigt sein.

11.2 Rechtliche Rahmenbedingungen einer Begutachtung durch Sachverständige

11.2.1 Begutachtung des Zeugen

> Eine aussagepsychologische Untersuchung des Zeugen kann nur mit dessen Einwilligung (BGHSt 14, S. 21, 23) bzw. im Falle von Minderjährigen mit der Einwilligung der Erziehungsberechtigten vorgenommen werden.

Entgegen einer älteren Entscheidung des Bundesgerichtshofs (BGHSt 13, S. 394, 398) ist der Zeuge grundsätzlich darüber zu belehren, dass ohne seine Einwilligung die Untersuchung nicht stattfinden darf (Fezer 1978, S. 765 f.; Meyer-Goßner 2013, § 81c Rn. 4; Eisenberg 2013, S. 766 Rn. 1867; Welp 1996, S. 77).

Verweigert der Zeuge die aussagepsychologische Untersuchung, so ist es dem Sachverständigen möglich, gem. § 80 Abs. 2 StPO bei der Vernehmung des Zeugen in der Hauptverhandlung anwesend zu sein, dem Zeugen Fragen zu stellen, die für die Gutachtenerstattung erforderlich sind, und die niedergelegten Äußerungen des Zeugen für die Begutachtung zu verwerten (BGHSt 23, S. 1; BGH NStZ 1982, S. 432), auch wenn dies für Begutachtungszwecke nicht gleichwertig zu einer Exploration gesehen werden kann. Das Fragerecht des Sachverständigen darf allerdings nicht dazu führen, dass dieser den Beschuldigten oder Zeugen im eigentlichen Sinne vernimmt (KK-Senge 2013, § 80 Rn. 5); erst Recht kommt die »Ersetzung« einer (polizeilichen, staatsanwaltschaftlichen oder richterlichen) Zeugenvernehmung durch eine psychologische »Befragung« (vgl. die Schilderung bei Rohmann 2006, S. 401 f.) nicht in Betracht. Die Aussagekraft einer Begutachtung ohne eine aussageanalytische Untersuchung ist allerdings fragwürdig (Eisenberg 2013, S. 767 Rn. 1868; Offe 2000, S. 929 f.; Volk/Engländer 2013, § 10 Rn. 29: »im Grunde unseriös und wertlos«).

Davon zu unterscheiden sind die Fälle, in denen dem Zeugen als Angehöriger des Beschuldigten ein Zeugnisverweigerungsrecht gem. § 52 StPO zusteht. Hier besteht Einigkeit darüber, dass er über sein Recht, die aussagepsychologische Untersuchung verweigern zu dürfen, gesondert vom Gericht zu belehren ist (BGHSt 13, S. 394, 398 f.). Eine Belehrung nur hinsichtlich des Zeugnisverweigerungsrechts reicht demnach nicht aus. Bei Zeugen, die mangels Verstandesreife keine genügende Vorstellung von der Bedeutung des Untersuchungsverweigerungsrechts haben, entscheidet über die Einwilligung zur Untersuchung der gesetzliche Vertreter. In diesem Fall ist nach der Rechtsprechung des BGH auch nur der gesetzliche Vertreter über das Verweigerungsrecht zu belehren (BGHSt 40, S. 336). Teilweise wird in der Literatur gefordert, auch in diesem Fall nicht auf die Belehrung des Zeugen selbst zu verzichten (Eisenberg 1995, S. 625). Für die Erteilung der Belehrung ist grundsätzlich der Richter zuständig (LR-Krause 2008, § 81c Rn. 35). Erfolgte die Anordnung der Untersuchung allerdings durch die Polizei oder die Staatsanwaltschaft, so obliegt diesen, gem. § 163 Abs. 3 S. 1 und § 161a Abs. 1 S. 2 StPO analog, die Durchführung der erforderlichen Belehrung.

Ein Verstoß gegen die Belehrungspflicht führt regelmäßig zur Unverwertbarkeit der Aussage, es sei denn, es ergibt sich aus dem Akteninhalt mit Sicherheit, dass der Zeuge sein Verweigerungsrecht kannte und auch bei ordnungsgemäßer Belehrung davon keinen Gebrauch gemacht hätte (BGHSt 40, S. 336, 339). Die gleichen Erwägungen gelten auch, wenn ein gesetzlicher Vertreter (z. B. Mitarbeiter des Jugendamtes) zwar prozesswidrig nicht belehrt wurde, aber in Kenntnis des Rechts, die Untersuchung zu verweigern, in diese eingewilligt hat (BGHSt 40, S. 336, 340). Eine Verwertung des Untersuchungsergebnisses ist in den Fällen möglich, bei denen der gesetzliche Vertreter zwar richterlich belehrt wurde, das Untersuchungsergebnis aber ohne seine Zustimmung gewonnen wurde, sofern er nach erneuter richterlicher Belehrung in diese einwilligt (BGHSt 12, S. 235, 242).

Der Sachverständige sollte – wie allgemein üblich – eine Belehrung vornehmen, den Zeugen aber selbstverständlich keine Ratschläge bezüglich der Ausübung ihres Zeugnisverweigerungsrechts erteilen.

11.2.2 Begutachtung des Beschuldigten

Für den Beschuldigten gilt der Grundsatz »Nemo tenetur se ipsum accusare«, wonach er über sein Schweigerecht hinaus generell dazu berechtigt ist, jede aktive Mitwirkung an seiner Überführung zu verweigern (Bärlein et al. 2002, S. 1825; Eisenberg 2013, S. 314 Rn. 831 ff.). Gemäß § 136 Abs. 1 S. 2 StPO ist der Beschuldigte bei der ersten Vernehmung diesbezüglich zu belehren. Gleiches gilt für den Angeklagten in der Hauptverhandlung (§ 243 Abs. 5 S. 1 StPO). Dem Beschuldigten steht es überdies auch frei zu lügen, ohne dass dies, sollte er später der Lüge überführt werden, als Beweis seiner Schuld gilt (BGH StV 1985, S. 356).

Daraus wurde teilweise die Schlussfolgerung gezogen, dass eine psychologische oder psychiatrische Begutachtung des Beschuldigten strikt abzulehnen sei. Diese Ansicht missinterpretiert jedoch die Funktion des Sachverständigen, indem sie unterstellt, dass eine Sachverständigenbegutachtung den Beschuldigten in seiner Aussagefreiheit beschränken würde. Hat sich dieser aber freiwillig bereit erklärt, zum Geschehen auszusagen, wird seine Darstellung ohnehin auf ihre Glaubhaftigkeit untersucht. Dies geschieht üblicherweise durch den Tatrichter. Liegt allerdings eine der oben beschriebenen Situationen vor, in denen die Fachkenntnis des Richters für eine verantwortungsvolle Beurteilung unzureichend ist, muss ein Sachverständiger als zusätzliche Unterstützung hinzugezogen werden.

> ❯ Die Sachverständigenbegutachtung untergräbt nicht die Aussagefreiheit des Beschuldigten, sondern optimiert lediglich die Qualität der Glaubhaftigkeitsbeurteilung, auf die es bei einem Prozess letztendlich entscheidend ankommt.

Zudem geht aus der BGH-Rechtsprechung (BGHSt 44, S. 308) hervor, dass eine psychologische Begutachtung des Beschuldigten, sofern dieser eingewilligt hat, keine verbotene Vernehmungsmethode im Sinne des § 136a StPO ist. In einer weiteren Entscheidung (BGHSt 45, S. 164) hat der BGH das psychologische Verfahren der aussageanalytischen Glaubhaftigkeitsbeurteilung als wissenschaftlich begründet anerkannt. Die Frage, ob es zulässig ist, eine derartige Untersuchung mit Einwilligung des Beschuldigten als Beweismittel in die Hauptverhandlung einzuführen, muss demnach bejaht werden.

Ist die Beurteilung der Aussage des vermeintlichen Täters also mit besonderen Schwierigkeiten verbunden, dann ist im Hinblick auf die Aufklärungspflicht das Einholen eines Sachverständigengutachtens nicht nur zulässig, sondern geboten (Fischer 1994, S. 2 f.; Rösner u. Schade 1993, S. 1133, 1138). Schwierigkeiten bei der Glaubhaftigkeitsbeurteilung können u. a. bei Abgabe eines Geständnisses bzw. dessen Widerruf, insbesondere bei psychisch auffälligen Personen auftreten (Eisenberg 2013, S. 762 Rn. 1860a; Steller u. Volbert 1997, S. 35). Gegebenenfalls ist für eine psychiatrische Diagnostik ein Psychiater hinzuzuziehen (Steller u. Volbert 1997, S. 35).

11.3 Mindeststandards der Begutachtung

Sowohl in der psychologisch-psychiatrischen als auch in der juristischen Fachliteratur gibt es eine Fülle von Vorschlägen für die Beurteilung der Glaubhaftigkeit einer Aussage, die sich teilweise ergänzen, aber auch in einigen Punkten widersprechen (Erläuterungen zu den einzelnen Überprüfungsmethoden und Glaubwürdigkeitskriterien bei Eisenberg 2013, S. 527 Rn. 1428 ff.). In einem Urteil zur Glaubwürdigkeitsbegutachtung hat der 1. Strafsenat des BGH (BGHSt 45, S. 164) Mindeststandards für die Begutachtung benannt, die im Folgenden dargestellt werden.

Hintergrundinformation

Der Senat hat allerdings wenig später Anlass zu dem klarstellenden Hinweis gesehen, dass es sich bei den in dem

Urteil niedergelegten methodischen Grundprinzipien für die aussagepsychologische Begutachtung (lediglich) um Prüfungsschritte handle, nach denen der wissenschaftlich ausgebildete psychologische Sachverständige gedanklich arbeite (BGH NStZ 2001, S. 45). Für die Beteiligten müsse überprüfbar sein, auf welchem Weg der Sachverständige zu den von ihm gefundenen Ergebnissen gelangt sei. Die aussagepsychologischen Gutachten müssten nicht einheitlich einer bestimmten Prüfstrategie folgen und einen einheitlichen Aufbau haben. Die einzelnen Elemente der Aussagebegutachtung müssten auch nicht nach einer bestimmten Reihenfolge geprüft werden. Es gelte weiterhin der Grundsatz, dass es in erster Linie dem Sachverständigen überlassen sei, in welcher Art und Weise er sein Gutachten dem Gericht unterbreite (dazu auch BGH NStZ 2008, S. 116 f. – 3. Strafsenat; Pfister 2007, S. 42, 51).

11.3.1 Hypothesenbildung

Zunächst ist bei der Begutachtung von der sog. Nullhypothese auszugehen, also davon, dass der vorgetragene Sachverhalt unwahr ist (BGHSt 45, S. 164, 167 f.; krit. Fischer 2008, S. 191, 211 ff.). Diese Hypothese setzt sich aus mehreren Unwahrheitshypothesen zusammen, die sich jeweils darauf beziehen, wie die vorliegende Aussage zu erklären ist, wenn sie nicht erlebnisbasiert wäre. Dabei sind unwahre Aussagen in 3 Konstellationen denkbar (vgl. zum Ganzen Offe 2000, S. 929 f.): Die Aussage kann falsch sein, weil der Zeuge bewusst täuschen möchte (Täuschungshypothese) oder weil er durch Suggestionen zu einer falschen Aussage verleitet wurde (Suggestionshypothese), sodass er ohne Täuschungsabsicht von Erlebnissen berichtet, die er nicht gehabt hat. Zuletzt kann der Zeuge aufgrund geringer kognitiver Fähigkeiten nicht in der Lage sein, zuverlässig zwischen Wirklichkeit und Phantasie zu unterscheiden (fehlende Aussagetüchtigkeit). Demzufolge ist abhängig davon, welche der Erklärungsmöglichkeiten im vorliegenden Fall gegeben sein könnten, eine Täuschungs-, eine Suggestionshypothese und/oder eine Hypothese zur mangelhaften Aussagetüchtigkeit aufzustellen. Erweisen sich diese Unwahrheitshypothesen im Verlauf der Untersuchung als nicht haltbar, gilt die Alternativhypothese, dass es sich um eine erlebnisbasierte Aussage handelt (zu Fehlerquellen bei der Generierung aussagepsychologischer Hypothesen Köhnken 2007, S. 1, 3 f.).

Beispiel

- **Fall 11.1**

Die 45-jährige alkoholabhängige Zeugin Petra F. wurde bezüglich ihrer Aussage, gegen ihren Willen von ihrem Nachbarn zum Geschlechtsverkehr gezwungen worden zu sein, aussagepsychologisch zur Glaubhaftigkeit begutachtet. Der Angeklagte behauptete, es sei freiwillig zum Geschlechtsverkehr gekommen. Die Zeugin wies Verletzungen am Körper auf und war zum fraglichen Tatzeitpunkt stark alkoholisiert. Verletzungen im Genitalbereich waren nicht nachweisbar. Als mögliche Hypothese für eine nicht erlebnisgegründete Aussage wäre denkbar, dass die Zeugin den Nachbarn schädigen und sich an ihm wegen früherer Beeinträchtigungen rächen wollte, da der Angeklagte als für sie und auch die anderen Hausbewohner belastend, bedrohlich und beängstigend geschildert wurde. Möglicherweise lag auch eine Selbstentlastung vor, bei der die Zeugin freiwilligen intimen Kontakt nachträglich als erzwungen darstellen wollte. Schließlich war auch an eine beeinträchtigte Aussagetüchtigkeit wegen der Alkoholisierung und aufgrund der Folgen des chronischen Alkoholabusus bzw. der Alkoholabhängigkeit für die Persönlichkeit und die kognitiven Fähigkeiten zu denken.

11.3.2 Bestandteile der Begutachtung

Als ersten Bestandteil der Glaubhaftigkeitsbeurteilung nennt das Urteil die **inhaltliche Analyse** der Aussage im Sinne einer Qualitätsanalyse (BGHSt 45, S. 164, 170 ff.). Diese basiert auf der Annahme, dass es grundsätzlich leichter ist, die Wahrheit zu sagen als zu lügen, weshalb eine erfundene Aussage im Gegensatz zu einer erlebnisbasierten in gewissen Punkten qualitativ minderwertiger sein muss. Zu diesem Zweck sind in der Literatur Glaubhaftigkeitsmerkmale (sog. Realkennzeichen) zusammengestellt worden, deren Vorliegen für eine erlebnisbegründete Aussage

◻ **Tab. 11.1** Realkennzeichen. (Nach Steller et al. 1992)

Kategorisierung	Realkennzeichen
Allgemeine Merkmale	▪ Logische Konsistenz ▪ Ungeordnete, sprunghafte Darstellung ▪ Quantitativer Detailreichtum
Spezielle Inhalte	▪ Räumlich-zeitliche Verknüpfungen ▪ Interaktionsschilderungen ▪ Wiedergabe von Gesprächen ▪ Schilderung von Komplikationen im Handlungsverlauf
Inhaltliche Besonderheiten	▪ Schilderung ausgefallener Einzelheiten ▪ Schilderung nebensächlicher Einzelheiten ▪ Phänomengemäße Schilderung unverstandener Handlungselemente ▪ Indirekt handlungsbezogene Schilderung ▪ Schilderung eigener psychischer Vorgänge ▪ Schilderung psychischer Vorgänge des Täters
Motivationsbezogene Inhalte	▪ Spontane Verbesserung der eigenen Aussage ▪ Eingeständnis von Erinnerungslücken ▪ Einwände gegen die Richtigkeit der eigenen Aussage ▪ Selbstbelastungen ▪ Entlastung des Angeschuldigten
Deliktspezifische Inhalte	▪ Deliktspezifische Aussageelemente

spricht (◻ Tab. 11.1). Das Urteil zählt in diesem Zusammenhang beispielhaft logische Konsistenz, quantitativen Detailreichtum, räumlich-zeitliche Verknüpfung, Schilderung ausgefallener Einzelheiten usw. auf. (Für eine Übersicht zu Glaubhaftigkeitsmerkmalen wird auf die ausführliche Darstellung bei Arntzen 2011, S. 15 ff.; Bender et al. 2007, Rn. 294 ff.; Volbert u. Steller 2008, S. 817, 819 ff. sowie Eisenberg 2013, S. 523 ff. Rn. 1427a verwiesen.)

Eine schematische Anwendung der Realkennzeichen verbietet sich jedoch (BGHSt 45, S. 164, 171; Köhnken 2007, S. 1, 19 f.). Die einzelnen Glaubhaftigkeitskriterien sind grundsätzlich nur als Indizien zu betrachten, deren Vorliegen die Unglaubhaftigkeit einer Aussage ebenso wenig ausschließt wie ihr Nichtvorliegen eine wahre Aussage ausschließt (Schoreit 2004, S. 284, 286). Vielmehr können erst aus der Gesamtheit der Indikatoren unter Bezugnahme auf die individuellen Fähigkeiten und Eigenarten eines Zeugen im Sinne seiner »allgemeinen und sprachlichen, intellektu-

ellen Leistungsfähigkeit« und seiner Kenntnisse bezüglich des Bereichs des erhobenen Tatvorwurfes (**Kompetenzanalyse**) erste Schlüsse gezogen werden (Offe 2000, S. 929 f.).

Der Senat weist weiter darauf hin, dass die (meisten) Realkennzeichen ungeeignet sind, wahre von suggerierten und damit unbewusst unwahren Aussagen abzugrenzen (BGHSt, S. 164, 171 f.; dazu auch Fischer 2008, S. 191, 215). Zur Aufdeckung eventueller suggestiver Einflüsse dient die **Analyse der Aussagegenese**, d. h. die Aufklärung der Entstehungsgeschichte der Aussage, bei der auch die Befragung Dritter, denen gegenüber die Aussageperson sich zum Verfahrensgegenstand geäußert hat, eine Rolle spielt (Scholz u. Endres 1995, S. 6, 9 f.).

Weiterer Bestandteil der Begutachtung ist die **Konstanzanalyse** (aussageübergreifende Qualitätsanalyse). Hier werden evtl. festgestellte Abweichungen oder Widersprüche zwischen einzelnen Aussagen, die der Zeuge zu verschiedenen Zeitpunkten hinsichtlich eines Sachverhalts gemacht hat, daraufhin überprüft, ob sie auch bei einer erlebnisfundierten Aussage (z. B. durch Gedächtnislücken) auftreten könnten (vgl. im Einzelnen Arntzen 2011, S. 50 ff.; Bender et al. 2007, Rn. 388 ff.).

Schließlich ist auch eine **Motivationsanalyse** durchzuführen mit dem Ziel, mögliche Motive für eine unzutreffende Belastung des Beschuldigten durch den Zeugen festzustellen (dazu Arntzen 2011, S. 82 ff.; Bender et al. 2007, Rn. 219 ff.). Anhaltspunkte für potenzielle Belastungsmotive können durch die Analyse der Beziehung zwischen dem Zeugen und dem Beschuldigten sowie der Analyse der Konsequenzen der Anschuldigungen für den Zeugen, den Beschuldigten oder beteiligte Drittpersonen gewonnen werden (Steller u. Volbert 1997, S. 24).

Bestandteile der Glaubhaftigkeitsbeurteilung

1. Bei der inhaltlichen Analyse gelten u. a. logische Konsistenz, eine chronologisch unstrukturierte Darstellung, quantitativer Detailreichtum, räumlich-zeitliche Verknüpfungen, die Schilderung von Komplikationen im Handlungsverlauf und die Schilderung ausgefallener oder nebensächlicher Einzelheiten als Glaubhaftigkeitskriterien.
2. Widerspruchsfreiheit und Konstanz können als Zeichen der Glaubhaftigkeit gewertet werden, ebenso Aussageveränderungen in den vergessensanfälligen Aspekten und spontane Ergänzungen bei wiederholten Aussagen. Verbale und nonverbale Gefühlsbeteiligungen bei der Aussage können für die Glaubhaftigkeit sprechen.
3. Eine Motivationsanalyse ist durchzuführen mit dem Ziel, mögliche Motive für eine unzutreffende Belastung des Beschuldigten durch den Zeugen herauszufinden.

Die Beurteilung der Glaubhaftigkeit anhand dieser Kriterien wird nachfolgend an 3 Fallbeispielen aufgezeigt.

Beispiel
- **Fall 11.2**

Bei dem 10-jährigen Zeugen José F. sollte festgestellt werden, ob die Aussage, der Bekannte der Mutter habe ihn sexuell missbraucht, glaubhaft sei. Der Bekannte hatte ihn zu sich mit in die Wohnung genommen, wo er hätte übernachten sollen, und habe sich dabei José sexuell genähert. Am selben Abend noch wurde José von seiner Großmutter und Mutter abgeholt. Der Junge besuchte die Sonderschule und wurde hauptsächlich von der Großmutter betreut. Trotz seiner schwierigen sozialen Situation und Entwicklungsgeschichte verfügte der Zeuge über ein gutes Realitätsbewusstsein, ein altersentsprechendes sexuelles Wissen, eine geringe Suggestionsanfälligkeit und zufriedenstellende Schilderungsleistungen. Ein plausibles Falschaussagemotiv ließ sich nicht finden, da die Beziehung zum Angeklagten gut gewesen sei. Die Erstaussage erfolgte unmittelbar nach dem fraglichen Geschehen, als die Großmutter ihn fragte, was der Angeklagte mit ihm gemacht habe. Gleich darauf gab er seine Aussage bei der Polizei zu Protokoll. Diese Schilderung wurde übereinstimmend von allen 3 Beteiligten abgegeben, sodass eine Suggestion oder Absprache wenig wahrscheinlich erschien. Ferner zeigte der Zeuge keinen Belastungseifer, neigte nicht zu Übertreibung, blieb sachlich und musste erst zu ausführlicher Darstellung angehalten werden. Die Übereinstimmung aller Aussagen (Mutter/Großmutter, Polizei, Gutachtensituation) sprach zusammen mit den übrigen genannten Glaubhaftigkeitskriterien für den Erlebnisgehalt der Aussage.

Beispiel
- **Fall 11.3**

In einem Verfahren zum Verdacht auf sexuellen Missbrauch der Tochter Xenia G. wurde diese aussagepsychologisch begutachtet. Die Eltern des Kindes lebten in Scheidung. Die Mutter übernahm in der Gutachtensituation eine führende Rolle, äußerte sich gegenüber dem Gutachter über den sexuellen Missbrauch und gab auch an, ihre Tochter ausführlich über sexuellen Missbrauch aufgeklärt zu haben. Bei der Befragung des Kindes berichtete dieses, die Mutter habe gewollt, dass sie über den Vater aussage, damit es ihr besser gehe, sie nicht noch weiter befragt und alles noch schlimmer würde. Die Aussage des Kindes selbst enthielt sehr wenig Information über den fraglichen

Missbrauch, auch das Verhältnis zum Vater wurde positiv geschildert. Eindeutige Missbrauchshinweise fehlten. Aufgrund fehlender verwertbarer Informationen im Aussageinhalt, einer mangelnden Rekonstruktion der Aussagegenese sowie angesichts der Hinweise auf Suggestion seitens der Mutter war hier die Hypothese vom fehlenden Erlebnishintergrund der Aussage zu bestätigen.

Beispiel
- **Fall 11.4**

Die 17-jährige Zeugin Marita U. wurde erneut bezüglich der Glaubhaftigkeit ihrer Aussage zu einem 5 Jahre zurückliegenden sexuellen Übergriff seitens eines Cousins begutachtet. Das fragliche Geschehen soll während eines Campingurlaubs passiert sein, in dem eine zunehmende Hinwendung zu sexuellen Themen stattgefunden habe. Das erste Gutachten befand die Aussage für glaubhaft, wurde aber angefochten. Das zweite Gutachten kam zu demselben Schluss aufgrund folgender Kriterien: Trotz der möglichen Akteneinsicht war die Aussage nicht perfekt übereinstimmend zur Aktenvorlage, sondern es kam zu Aussageveränderungen in den vergessensanfälligen Aspekten sowie zu spontanen Ergänzungen (Hinweis auf Vorliegen von Realkennzeichen). Ein plausibles Falschaussagemotiv ließ sich nicht finden, da die Zeugin den Cousin als Vaterersatz betrachtete und die Beziehung als gut schilderte. Zudem kam es zur Erstaussage erst ein Jahr nach dem fraglichen Vorfall, herbeigeführt durch eine emotionale Reaktion aufgrund der Erinnerung an den Vorfall, ausgelöst durch einen externen assoziativen Anlass. Selbstbeschuldigungen und Entlastungen des Angeklagten sprachen ebenfalls für eine erlebnisfundierte Aussage. Für die Zeugin ergaben sich keine positiven Effekte durch die Beschuldigungen, allerdings kann der Beziehungsabbruch nach der Beschuldigung des Cousins auch als negative, jedoch naheliegende Folge betrachtet werden, was nachteilig auf die Glaubhaftigkeit wirken könnte. Die Aussagekonstanz war trotz des langen Zeitintervalls in den wesentlichen Punkten gegeben, ferner war nach wie vor eine deutliche Gefühlsbeteiligung verbal und nonverbal erkennbar, was für die Glaubhaftigkeit sprach.

Es bleibt festzuhalten, dass eine Reihe von Kriterien zwischen wahren und unwahren Aussagen

diskriminiert, letztendlich aber nur eine wertende Gesamtbetrachtung aller Indizien aufschlussreich sein kann.

11.3.3 Grundsatz der Nachvollziehbarkeit und Transparenz

Bezüglich der korrekten Darstellung einer Begutachtung sind der höchstrichterlichen Rechtsprechung ebenfalls konkrete Vorgaben zu entnehmen (BGHSt 45, S. 164, 178 ff.). Auch insoweit gilt allerdings, dass die Darstellungsweise grundsätzlich dem Sachverständigen überlassen bleibt, sofern die Begutachtung einschließlich ihrer diagnostischen Schlussfolgerungen transparent und für alle Beteiligten nachvollziehbar ist. Um dies zu gewährleisten, sind gewisse Aspekte zu beachten (Köhnken 2007, S. 1, 31 ff.):

- Die zugrunde gelegten Hypothesen müssen explizit benannt werden. Dann sind die gewählten Untersuchungsmethoden und Testverfahren zu bezeichnen und zu den Hypothesen in Bezug zu setzen. Handelt es sich nicht um anerkannte psychologische Standardverfahren, müssen diese im Gutachten dargestellt werden.
- Die Befundtatsachen sind von der psychologischen Interpretation getrennt aufzuzeichnen, wobei nur die für die Begutachtung relevanten Testergebnisse dargestellt werden müssen. Der Gutachter muss jedoch in der Lage sein, sonstige Ergebnisse bei auftretendem Aufklärungsbedarf in der Hauptverhandlung angeben und belegen zu können.
- Für die Vermeidung von Erinnerungsverfälschungen, insbesondere bei komplexen Sachverhalten, hält der BGH in der Regel **Audio- oder Videomitschnitte** der für die Begutachtung bedeutsamen Teile des Explorationsgespräches für erforderlich. Bei der Befragung von Kindern dienen derartige Mitschnitte überdies der Vermeidung belastender Wiederholungen von Befragungen durch einen evtl. zu beauftragenden Zweitgutachter (Deckers 1999, S. 1365, 1370).

Von Seiten der Literatur wird gelegentlich zusätzlich gefordert, die Exploration in ihrem vollständigen Wortlaut in schriftlicher Fassung dem Gutachten beizufügen, da nur auf dieser Grundlage eine sorgfältige inhaltsanalytische Bearbeitung möglich sei (Offe 2000, S. 929; Ziegert 2000, S. 105 f.). Dies scheint jedoch nur in Einzelfällen notwendig zu sein.

11.4 Verwendete Mittel

11.4.1 Allgemeine Fragen

Gemäß § 78 StPO hat der Richter, soweit es ihm erforderlich erscheint, die Tätigkeit des Sachverständigen zu leiten. Dabei bezieht sich die Leitung in erster Linie auf das, **was** der Sachverständige erforschen soll, nicht jedoch darauf, **wie** er es erforschen soll (KK-Senge 2013, § 78 Rn. 1). Somit ist die Leitungsbefugnis des Gerichts grundsätzlich darauf beschränkt, dem Sachverständigen die Aufgabenstellung vorzugeben, während der Sachverständige die Art und Weise der Untersuchung nach pflichtgemäßem Ermessen wählen kann (BGH NJW 1970, S. 1242 f.). Allerdings hat sich der Sachverständige ausschließlich methodischer Mittel zu bedienen, die dem aktuellen wissenschaftlichen Kenntnisstand entsprechen (BGHSt 45, S. 164, 169). Dies sicherzustellen fällt wiederum in den Zuständigkeitsbereich des Tatrichters, wobei wissenschaftlich fragwürdigen Methoden (wie z. B. der Wartegg-Test oder Baum-Zeichentest, Verbalprobe) von vornherein eine Absage zu erteilen ist (BGHSt 45, S. 164, 177).

Zudem hat der BGH klargestellt, dass der Interpretation von Kinderzeichnungen oder von Spielverhalten mit anatomisch korrekten Puppen in forensisch-aussagepsychologischen Gutachten keine Bedeutung zukommt (BGHSt 45, S. 164, 175 f.). Diese sind daher allenfalls als Explorationshilfe zu sehen, die es dem Kind erleichtert, das Geschehen zu zeigen oder zu benennen (Rösner u. Schade 1993, S. 1133, 1137). Um bei Sexualdelikten den Vorwurf des Opfers beurteilen zu können, ist stattdessen eine Einschätzung seiner sexualbezogenen Kenntnisse und Erfahrungen im Rahmen einer Sexualanamnese in Betracht zu ziehen. Schließlich wird die Auswahl der Methoden insoweit eingeschränkt, als sie zur Überprüfung

der anfangs gebildeten Hypothesen geeignet sein müssen (vgl. im Einzelnen Köhnken 2007, S. 1, 5 ff.).

11.4.2 Polygraphentest

Bei einem Polygraphen (Lügendetektor) handelt es sich nach klassischer Definition um einen Mehrkanalschreiber, der mittels Sensoren somatische Vorgänge wie z. B. Blutdruck, Puls, Atemtätigkeit und Schwitzen misst (Schoreit 2004, S. 284). Die jeweiligen Körperreaktionen für sich genommen können dabei lediglich ein bestimmtes Erregungsniveau indizieren, weshalb unterschiedliche Fragetechniken benötigt werden, um ausschließlich dem Täter, nicht aber einem Unbeteiligten Anlass zu einer messbaren Erregung zu geben (Frister 1994, S. 303, 306). Dies geschieht entweder mit dem **Tatwissen-** oder dem **Kontrollfragentest**.

Hintergrundinformation

Beim Kontrollfragentest werden, neben direkt auf die Tat bezogenen und neutralen Fragen, sog. Kontroll- oder Vergleichsfragen zu tatunabhängigen, jedoch ebenfalls belastenden Sachverhalten gestellt; von den Befürwortern der Methode wird erwartet, dass der Täter bei den tatbezogenen Fragen stärkere innere Erregung und damit messbare Reaktionen zeigt als bei den Kontrollfragen, während dies bei einem Unschuldigen umgekehrt sein soll, da für diesen die allgemein »diskriminierenden« Fragen höheres »Bedrohungspotenzial« besäßen. Beim Tatwissenverfahren werden tatrelevante Informationen dargeboten, die – vermittelt durch eine körperlich messbare Reaktion des Befragten im Falle des Wiedererkennens – eine Aussage darüber ermöglichen sollen, ob dieser entsprechendes Wissen (»Täterwissen«) besitzt (vgl. zum Vorstehenden BGHSt 44, S. 308, 313 ff. sowie Putzke et al. 2009, S. 607, 612 ff.).

Zur Bewertung einer Zeugen- oder Opferaussage wurde die Anwendung des Polygraphentests bislang kaum diskutiert (Nedopil u. Müller 2012, S. 393).

Seit einigen Jahren werden vornehmlich in den USA auch funktionell bildgebende Verfahren, wie insbesondere die funktionelle Kernspintomographie, als Lügendetektoren neuerer Art verwendet. Damit können regionale zerebrale Hirnaktivierungen bei unterschiedlichen Aufgaben festgestellt werden (Schneider u. Fink 2013). Dieses Verfahren ist aber aus verschiedenen Gründen grundsätzlich ungeeignet, um als Lügendetektor eingesetzt zu werden.

Anwendung im Strafprozess

In der Vergangenheit galt in Deutschland die richterliche Verwertung von willentlich nicht beeinflussbaren Körperreaktionen einer Aussageperson als ein Verstoß gegen die Menschenwürde und die Freiheit der Willensentschließung und -betätigung. Die Verwendung von Lügendetektoren im Strafprozess wurde unabhängig von der Einwilligung des Beschuldigten als verfassungswidrig betrachtet und zudem als verbotene Vernehmungsmethode im Sinne des § 136a StPO eingeordnet (BGHSt 5, S. 332).

Der BGH hat allerdings inzwischen von seiner früheren Rechtsprechung Abstand genommen und festgestellt, dass eine Verletzung der Menschenwürde nicht vorliege, solange der Betroffene in die Untersuchung einwilligt. Ebenso liege keine Verletzung der durch § 136a StPO geschützten Freiheit der Willensentschließung vor (BGHSt 44, S. 308, 315 ff.). Begründet wurde die Entscheidung damit, dass auch andere – in der gerichtlichen Praxis verwendete – psychoanalytische und psychiatrische Verfahren darauf abzielen, aus dem Unterbewusstsein des untersuchten Menschen Informationen über diesen zu erlangen. Zusätzlich betont das Gericht, dass bei der Glaubhaftigkeitsbeurteilung ebenfalls willentlich nicht steuerbare Körperreaktionen verwertet werden (z. B. erhöhte Schweißbildung, Erröten). Schließlich gehöre die grundsätzliche Freiheit, über sich selbst verfügen und sein Schicksal eigenverantwortlich gestalten zu können, in den Schutzbereich der Menschenwürde, weshalb dem Beschuldigten eine Entlastung mit Hilfe eines Polygraphentests nicht unter Hinweis auf Art. 1 Abs. 1 S. 2 GG verwehrt werden könne (BGHSt 44, S. 308, 317).

> ❯ Obwohl der BGH die Unzulässigkeit der polygraphischen Untersuchung verneint hat, ist diese nach seiner Auffassung aufgrund ihrer Ungenauigkeit ein zur Wahrheitsfindung völlig ungeeignetes Beweismittel, im Sinne des § 244 Abs. 3 S. 2 Alt. 4 StPO, was zur Folge hat, dass der Richter einen Antrag auf Vornahme eines Polygraphentests ablehnen kann, ohne dass dies einen Revisionsgrund darstellen

würde (vgl. insoweit auch BGH NStZ-RR 2000, S. 35). Dies soll für den Kontrollfragentest uneingeschränkt und für den Tatwissentest zumindest dann gelten, wenn der Beschuldigte bereits von dem gegen ihn erhobenen Vorwurf Kenntnis erlangt hat (BGHSt 44, S. 308, 319 ff.). Aufgrund der Einschränkung ist es nicht mehr ausgeschlossen, dass eine Anwendung des Tatwissentests zumindest vor Beginn der Hauptverhandlung als Beweismittel in Frage kommt (krit. Rill u. Vossel 1998, S. 481). In der Literatur wird zum Teil gefordert, einem von dem Beschuldigten gewünschten Polygraphentest generell einen indiziellen Beweiswert zuzugestehen (so Putzke et al. 2009, S. 607, 643 f.).

Anwendung im Zivilprozess

Bei familiengerichtlichen Prozessen gab es bisher im Gegensatz zum Strafprozess die Tendenz, den Lügendetektor als Begutachtungsmethode zuzulassen (OLG Bamberg NJW 1995, S. 1684; Hamm 1999, S. 923). Dabei handelte es sich in der Regel um Sorgerechtsfälle, in denen es um die Feststellung eines sexuellen Missbrauchs des betreffenden Kindes ging. Das OLG München hatte kurz vor Ergehen der vorerwähnten BGH-Entscheidung in einem Umgangsrechtsverfahren festgestellt, dass ein den Beschuldigten begünstigender Polygraphentest unter gewissen Voraussetzungen eine hohe Wahrscheinlichkeit biete, dessen Unschuld – jedoch nicht dessen Schuld – nachzuweisen (FamRZ 1999, S. 674; das LG Karlsruhe [Urt. v. 6.4.2001, 8 O 152/99] misst diesem eine indizielle Entlastungswirkung zu). In einer neueren Entscheidung hat der 6. Zivilsenat des Bundesgerichtshofs nunmehr ausgeführt, durch die Rechtsprechung der Strafsenate des Bundesgerichtshofs sei auch für das Zivilverfahren höchstrichterlich geklärt, dass die polygraphische Untersuchung mittels Kontrollfragen und – jedenfalls dann, wenn der Beweisführer zum Zeitpunkt des Tests bereits von den Ermittlungsergebnissen Kenntnis hatte – auch mittels Tatwissentest ein völlig ungeeignetes Beweismittel ist (BGH NJW 2003, S. 2527; vgl. zuvor bereits Weber 1999, S. 3170).

Im arbeitsgerichtlichen Verfahren wurde der Polygraphentest ohnehin als Beweismittel abgelehnt, selbst dann, wenn eine Partei sich freiwillig zur Widerlegung einer streitigen Prozessbehauptung einem solchen Test unterziehen wollte (LAG Rheinland Pfalz NZA 1998, S. 670).

11.5 Revisionsgründe

> Die tatrichterliche Beurteilung der Glaubhaftigkeit einer Zeugenaussage unterliegt nur insoweit revisionsgerichtlicher Kontrolle, als sie in nachvollziehbarer Weise begründet sein muss (BGH NStZ 1983, S. 133; BGH NStZ-RR 2006, S. 242 f.; BGH NStZ 2009, S. 106). Eine Nachvollziehbarkeit fehlt, wenn die im Urteil mitgeteilten Überlegungen des Tatrichters in sich widersprüchlich, lückenhaft oder unklar sind (Eisenberg 2013, S. 549, Rn. 1470, 1472).

Bei unzureichendem Sachwissen des Tatrichters kann die unterlassene Hinzuziehung eines Sachverständigen bzw. die fehlerhafte Ablehnung eines diesbezüglichen Beweisantrages mit der Aufklärungsrüge innerhalb der Revision gerügt werden (KK-Krehl 2013, § 244 Rn. 238). Hat der Tatrichter einen aussagepsychologischen Sachverständigen hinzugezogen, muss das Urteil eine revisionsrechtliche Überprüfung des verwerteten Gutachtens ermöglichen; hierzu sind die wesentlichen Anknüpfungstatsachen und die angewandte Methodik darzustellen (OLG Hamm StV 2008, S. 240).

Wird der Antrag auf ein Zweitgutachten abgelehnt, muss sich der Richter in der Ablehnung mit den gegen das Erstgutachten vorgebrachten Einwänden im Einzelnen auseinandersetzen, es sei denn, es ist offensichtlich, dass die geltend gemachten Mängel nach anerkannten wissenschaftlichen Maßstäben nicht bestehen (BGH NJW 1999, S. 2747).

Motive für eine Falschaussage (vgl. dazu Arntzen 2011, S. 93 ff.) und die Aussagemotivation im Allgemeinen sind bei der Beurteilung der Zeugenaussage von großer Bedeutung, weshalb das Nichtberücksichtigen von naheliegenden oder erkennbaren Eigeninteressen des Zeugen revisionsrechtlich angreifbar ist (BGH StV 1998, S. 363; Eisenberg 2013, S. 557 Rn. 1485 f.; zahlreiche Beispiele bei Brause

2007, S. 505, 510). Dies gilt insbesondere im Fall der Existenz von »Kronzeugen«-Regelungen. So ist in der neueren Revisionsrechtsprechung des BGH wiederholt darauf hingewiesen worden, dass Eigeninteressen des Belastungszeugen an einer möglichen Strafmilderung wegen belastender Angaben gemäß § 31 BtMG nachhaltiger Prüfung bedürfen (BGH NStZ 2004, S. 691; BGH NStZ-RR 2005, S. 88; BGH NStZ-RR 2007, S. 116; BGH StV 2008, S. 451; vgl. dazu Pfister 2007, S. 42, 59). Selbiges gilt für § 46b StGB (vgl. zum Ganzen auch Deckers 2010, S. 372, 379 sowie Eisenberg 2013, S. 353 Rn. 942 ff.).

Einer (teilweisen) Falschbelastung kommt zunächst eine indizielle Wirkung gegen die Glaubwürdigkeit des Zeugen zu, was eine Aufklärung der Modalitäten des Zustandekommens dieser Falschbelastung erforderlich macht (BGH NStZ 1990, S. 603, vgl. aktuelle Fälle übergangener Falschbelastungsmotive bei Brause 2013, S. 129, 133 ff.).

Schließlich bestehen erhöhte Darlegungs- und Begründungspflichten, wenn die Bekundungen des Zeugen zu Angaben eines anderen Zeugen oder des Angeklagten im Widerspruch stehen und damit Aussage gegen Aussage steht (BGH StV 1995, S. 115; vgl. auch OLG Frankfurt StV 2011, S. 12). In diesem Fall müssen die Urteilsgründe erkennen lassen, dass der Tatrichter alle Umstände, die die Entscheidung beeinflussen können, erkannt und im Rahmen einer Gesamtwürdigung in seine Überlegungen einbezogen hat (BGH NStZ-RR 1998, S. 16; BGH NStZ 2009, S. 108; BGH NStZ-RR 2011, S. 51; vgl. dazu auch Bender et al. 2007, Rn. 1357 ff.). So sind die entscheidenden Aussageteile in das Urteil aufzunehmen (BGH NStZ 2012, S. 110 f.). Fragen zur Glaubwürdigkeit des Zeugen dürfen nicht zurückgewiesen werden (BGH NStZ 1990, S. 400; Meyer-Goßner 2013, § 241 Rn. 14). Durch die erhöhte Aufklärungspflicht kann die Hinzuziehung eines Sachverständigen deshalb eher erforderlich sein (BGH StV 1995, S. 115).

Im Wege des »Erst-recht«-Schlusses gilt dies auch, wenn sich der Angeklagte nicht zur Sache eingelassen hat und der einzige Belastungszeuge in der Hauptverhandlung seine Vorwürfe nicht mehr aufrechterhält (BGH StV 1998, S. 250) oder eine Änderung in dem das Kerngeschehen betreffenden Aussageverhalten gegeben ist (BGH NStZ-RR 1999, S. 139).

11.6 Literatur

Arntzen F (2011) Psychologie der Zeugenaussage, 5. Aufl. Beck, München

Bärlein M, Pananis P, Rehmsmeier J (2002) Spannungsverhältnis zwischen der Aussagefreiheit im Strafverfahren und den Mitwirkungspflichten im Verwaltungsverfahren. NJW 55: 1825–1830

Bender R, Nack A, Treuer W-D (2007) Tatsachenfeststellung vor Gericht. Glaubwürdigkeits- und Beweislehre, Vernehmungslehre, 3. Aufl. Beck, München

Böhm C, Lau S (2007) Borderline-Persönlichkeitsstörung und Aussagetüchtigkeit. FPPK 1: 50–58

Brause H-P (2007) Zum Zeugenbeweis in der Rechtsprechung des BGH. NStZ 9: 505-512

Brause H-P (2013) Glaubhaftigkeitsprüfung und –bewertung einer Aussage im Spiegel höchstrichterlicher Rechtsprechung. NStZ 3: 129-136

Deckers R (1999) Glaubwürdigkeit kindlicher Zeugen – Vernehmungsfehler und Begutachtung. NJW 52: 1365–1371

Deckers R (2010) Höchstrichterliche Anforderungen an besondere Beweiskonstellationen – Aussage gegen Aussage, Aussage von Mitbeschuldigten oder des »Kronzeugen«. StraFo 9: 372-739

Eisenberg U (1995) Anmerkung zum Urteil des BGH v. 15.11.1994, StV 15: 625–626

Eisenberg U (Hrsg) (2013) Beweisrecht der StPO, Spezialkommentar, 8. Aufl. Beck, München

Fezer G (1978) Grundfälle zum Verlesung- und Verwertungsverbot im Strafprozess. JuS 18: 765–769

Fischer T (1994) Glaubwürdigkeitsbeurteilung und Beweiswürdigung – Von der Last der »ureigenen Aufgabe«. NStZ 14: 1–5

Fischer T (2008) Aussagewahrheit und Glaubhaftigkeitsbegutachtung. Anmerkungen zum Beweiswert von Glaubhaftigkeitsgutachten im Strafverfahren. In: Schöch H et al. (Hrsg) Strafverteidigung, Revision und die gesamten Strafrechtswissenschaften. Festschrift für Gunter Widmaier. Heymanns, Köln, S. 191–222

Frister H (1994) Der Lügendetektor – Zulässiger Sachbeweis oder unzulässige Vernehmungsmethode? ZStW 106: 303–331

Hamm R (1999) Monokeltests und Menschenwürde. NJW 52: 922–923

Hetzer H, Pfeiffer H (1964) Die Glaubhaftigkeit geistig behinderter Tatzeugen. NJW 17: 441–442

KK: Karlsruher Kommentar (2013) Strafprozessordnung, Gerichtsverfassungsgesetz. In: Hannich R (Hrsg) 8. Aufl. Beck, München (zit. KK-Bearbeiter)

Köhnken G (2007) Fehlerquellen in aussagepsychologischen Gutachten. In: Deckers R, Köhnken G (Hrsg) Die Erhebung von Zeugenaussagen im Strafprozess. Berliner Wissenschafts-Verlag, Berlin. S. 1–41

LR: Löwe-Rosenberg (2008, 2013) Die Strafprozessordnung und das Gerichtsverfassungsgesetz. In: Erb V et al. (Hrsg) §§ 48–93, 26. Aufl., 2008; §§ 256-295, 26. Aufl., 2013; de Gruyter, Berlin (zit. LR-Bearbeiter)

Meyer-Goßner L (Hrsg) (2013) Strafprozessordnung, 56. Aufl. Beck, München

Nedopil N, Müller J (Hrsg) (2012) Forensische Psychiatrie – Klinik, Begutachtung und Behandlung zwischen Psychiatrie und Recht, 4. Aufl. Thieme, Stuttgart

Offe H (2000) Anforderungen an die Begutachtung der Glaubhaftigkeit von Zeugenaussagen. NJW 53: 929–930

Pfister W (2007) Die Prüfung der Glaubhaftigkeit einer Aussage im Spiegel höchstrichterlicher Rechtsprechung. In: Deckers R, Köhnken G (Hrsg) Die Erhebung von Zeugenaussagen im Strafprozess. Berliner Wissenschafts-Verlag, Berlin, S. 42–60

Putzke H, Scheinfeld J, Klein G, Undeutsch U (2009) Polygraphische Untersuchungen im Strafprozess. ZStW 121: 607-644

Rill H-G, Vossel G (1998) Psychophysiologische Täterschaftsbeurteilung (»Lügendetektion«, »Polygraphie«): Eine kritische Analyse aus psychophysiologischer und psychodiagnostischer Sicht. NStZ 18: 481–486

Rohmann J A (2006) Glaubhaftigkeitsbegutachtung bei nicht erfolgter Vernehmung. StraFo 12: 401–406

Rösner S, Schade B (1993) Der Verdacht auf sexuellen Missbrauch von Kindern in familiengerichtlichen Verfahren. FamRZ 40: 1133–1139

Schneider F, Fink G (Hrsg) (2013) Funktionelle MRT in Psychiatrie und Neurologie, 2. Auflage. Springer, Berlin

Scholz B, Endres J (1995) Aufgaben des psychologischen Sachverständigen beim Verdacht des sexuellen Kindesmissbrauchs. Befunde, Diagnostik, Begutachtung. NStZ 15: 6–12

Schoreit A (2004) Einsatz von Polygraphen und Glaubhaftigkeits-Gutachten psychologischer Sachverständiger im Strafprozess. StV 24: 284–287

Steller M, Volbert R (1997) Psychologie im Strafverfahren. Huber, Bern

Steller M, Volbert R (2008) Die Begutachtung der Glaubhaftigkeit. In: Foerster K, Dreßing H (Hrsg) Psychiatrische Begutachtung – Ein praktisches Handbuch für Ärzte und Juristen. Elsevier, München, S. 817-850

Steller M, Wellershaus P, Wolf T (1992) Realkennzeichen in Kinderaussagen: Empirische Grundlagen der kriterienorientierten Aussageanalyse. Zeitschrift für experimentelle und angewandte Psychologie 39: 151–170

Volk K, Engländer A (2013) Grundkurs StPO, 8. Aufl. Beck, München

Weber A (1999) Die Entwicklung des Familienrechts seit Mitte 1998 – Eherecht, Kindschaftsrecht, Ehewohnung, Hausrat und vermögensrechtliche Beziehungen. NJW 52: 3160–3172

Welp J (1996) Anmerkung zum Urteil des BGH v. 15.11.1994. JR 42: 77–81

Ziegert U (2000) Anmerkungen zum Urteil des BGH v. 30.7.1999. NStZ 20: 105–106

Renten- und Entschädigungsleistungen

F. Schneider, H. Frister, D. Olzen, *Begutachtung psychischer Störungen*
DOI 10.1007/978-3-642-54765-2_12, © Springer-Verlag Berlin Heidelberg 2015

■ **Zum Einstieg**

In den folgenden Abschnitten geht es um die Dienstfähigkeit, das Rentenrecht und das Entschädigungsrecht einschließlich der Unfallversicherung, des Opferentschädigungsgesetzes und privatrechtlicher Entschädigungsansprüche. Es werden die möglichen Renten- und Entschädigungsleistungen beschrieben, die im Rahmen psychischer Störungen relevant sein können.

12.1 Dienstfähigkeit von Beamten

Im Rahmen dieser Darstellung ist zu beachten, dass es verschiedene Beamtengesetze gibt. Für Bundesbeamte gilt das Bundesbeamtengesetz (BBG), das im Zuge der Neuordnung und Modernisierung des öffentlichen Dienstrechts umfassend novelliert wurde. Die aktuelle Gesetzesfassung vom 28.8.2013 enthält einige neue Regelungen betreffend Dienstunfähigkeit und Ruhestand, auf die im Folgenden an entsprechender Stelle hingewiesen wird. Beachtlich ist vor allem die neue Nummerierung der Vorschriften, insbesondere bei Heranziehung von Literatur und Rechtsprechung zur alten Gesetzesfassung.

Für Landesbeamte galt bis zum 31.3.2009 das jeweilige Beamtengesetz des Landes, bei dem der Beamte beschäftigt war. Da die Landesgesetze jedoch auf der rahmengesetzlichen Vorgabe des Bundes in den §§ 26 ff. Beamtenrechtsrahmengesetz (BRRG) beruhten, waren die inhaltlichen Unterschiede sehr gering. Bei der letzten Föderalismusreform im Jahre 2006 erhielt der Bund in Art. 74 Abs. 1 Nr. 27 GG eine Vorranggesetzgebungskompetenz für das Statusrecht von Landesbeamten. Von dieser Kompetenz hat er durch Verabschiedung des am 1.4.2009 in Kraft getretenen Beamtenstatusgesetzes (BeamtStG) Gebrauch gemacht. Bei der Überführung der alten §§ 26 ff. BRRG in das neue BeamtStG hat sich der Gesetzgeber dafür entschieden, die alten Rahmenregeln mit nur geringen Änderungen zu übernehmen und die weitere Ausgestaltung weiterhin dem Landesrecht zu überlassen (vgl. BT-Drucks. 16/4027, S. 20).

Die folgende Darstellung erfolgt anhand des BBG und geht auf die Rechtslage in den Bundesländern ein, soweit diese nach Inkrafttreten des BeamtStG in Einzelfällen divergieren sollten.

12.1.1 Bedeutung der Dienstfähigkeit

Der Dienstfähigkeit eines Beamten kommt in vielen Stadien des Beamtenverhältnisses Bedeutung zu. Zunächst muss sie, wie aus dem Begriff der Eignung in § 9 S. 1 BBG hervorgeht, gegeben sein, damit die betreffende Person zum Beamten ernannt werden kann (Battis 2009, § 9 Rn. 8; Gunkel u. Pilz 2003, S. 125; Strunk 1986, Rn. 87). Tritt nach Antritt des Amtes ein Mangel in der Dienstfähigkeit ein, so hängen die rechtlichen Folgen zunächst davon ab, ob es sich um eine nur vorübergehende oder dauernde Unfähigkeit handelt.

Die nur vorübergehende Dienstunfähigkeit führt zur Aufhebung der Dienstleistungspflicht gem. § 96 Abs. 1 S. 2 BBG (OVG Koblenz NJW 1985, S. 1415; OVG Koblenz NJW 1990, S. 788 f.; VGH Bayern NVwZ-RR 2002, S. 764; Battis 2009, § 73 Rn. 4; Gunkel u. Pilz 2003, S. 367). In diesem Fall kann der Dienstherr die Vorlage eines amtsärztlichen Attestes verlangen (OVG Koblenz NJW 1985, S. 1415; Battis 2009, § 96 Rn. 4; Gunkel u. Pilz 2003, S. 367). Aus der Verpflichtung des § 61 BBG zu »vollem persönlichen Einsatz« folgt für den Beamten auch die Pflicht, auf die Wiederherstellung seiner Dienstfähigkeit zu achten und hierauf zielenden Anordnungen Folge zu leisten (vgl. Weber 2003, S. 78 f. zur »vollen Hingabe« nach altem Wortlaut des § 54 BBG a. F.). Ist die vorübergehende Dienstunfähigkeit infolge Krankheit selbst verschuldet, so kann dies einen Verstoß gegen die Pflicht zu »vollem persönlichen Einsatz« im Beruf (Gunkel u. Pilz 2003, S. 367) und insofern ein Dienstvergehen darstellen (Kienzler 2002, Rn. 169). Da die nur vorübergehende Dienstunfähigkeit aber keine Renten- oder Entschädigungsleistungen zur Folge hat, soll auf sie nicht weiter eingegangen werden.

❯❯ **Die dauernde Dienstunfähigkeit führt dagegen regelmäßig zur Beendigung des Beamtenverhältnisses. Die Rechtsfolgen hängen vom Status des jeweiligen Beamten ab und sollen später genauer erläutert werden.**

12.1.2 Begriff der Dienstfähigkeit

Der Begriff der Dienstfähigkeit ist weder bundes- noch landesgesetzlich ausdrücklich definiert. Jedoch enthält umgekehrt § 44 Abs. 1 BBG Fälle der Dienstunfähigkeit. Hierbei wird unterschieden zwischen

- tatsächlicher Dienstunfähigkeit nach § 44 Abs. 1 S. 1 BBG und
- vermuteter Dienstunfähigkeit nach § 44 Abs. 1 S. 2 BBG.

Tatsächliche Dienstunfähigkeit (§ 44 Abs. 1 S. 1 BBG)

> **Gemäß der Legaldefinition des § 44 Abs. 1 S. 1 BBG besteht Dienstunfähigkeit, wenn der Beamte wegen seines körperlichen Zustandes oder aus gesundheitlichen Gründen zur Erfüllung seiner Dienstpflichten dauernd unfähig ist (vgl. den identischen Wortlaut in § 26 Abs. 1 S. 1 BeamtStG).**

Bei dem Begriff der Dienstunfähigkeit im Sinne des § 44 Abs. 1 S. 1 BBG handelt es sich um einen prognostischen Begriff (OVG Oldenburg, Az.: 6 A 4532/02, n. v.; OVG Koblenz, Az.: 2 A 11800/04, n. v.; Battis 2009, § 42 Rn. 4; Summer 1993, S. 17, 20) aus mehreren Teilelementen. Dies sind die Feststellung der leistungseinschränkenden Tatsachen und die Prognosewertung für die künftige Entwicklung hierzu, ferner die Feststellung, dass Amtsanforderung und Prognosebild auseinanderfallen (Summer 1993, S. 17, 21). Dienstfähigkeit ist somit kein rein medizinischer Begriff (BVerwG ZBR 1967, S. 148, 150; VGH BW DVBl 1950, S. 608 f.; Spiess 2000, S. 103; Loebel 1999, S. 20). Eine andere Auffassung vertritt insofern Foerster (2004, S. 655), der den Begriff der Dienstunfähigkeit als einen rein ärztlichen Tatbestand bezeichnet und dies damit begründet, dass er allein auf die gesundheitlichen Aspekte abstellt.

> **Zunächst verlangt die Feststellung der Dienstunfähigkeit, dass eine sog. körperliche bzw. geistige Schwäche vorliegt, die zu einer Einschränkung der Leistungsfähigkeit führt. In einem zweiten Schritt muss dann geprüft werden, ob diese Schwäche auch**

tatsächlich negative Auswirkungen auf die Fähigkeit des Beamten, seinen Dienstpflichten nachzukommen, hat.

Diese Entscheidung obliegt grundsätzlich dem Dienstherrn und ist nicht allein von der ärztlichen Beurteilung abhängig (BVerwG NVwZ 1991, S. 477, 479; VGH BW, VerwRspr 3, S. 71, 82; OVG Berlin ZBR 1989, S. 250; Scheerbarth et al. 1992, S. 536; Zilkens 1995, S. 8; Loebel 1999, S. 24; Thom 1999, S. 79).

- **Schritt 1: Feststellung einer gesundheitlichen Schwäche und ihrer Prognose**

Die Beurteilung, ob ein leistungseinschränkender Sachverhalt gegeben ist, und die Prognose über die künftige Entwicklung sind regelmäßig Aufgaben des (amts-)ärztlichen Gutachters (Summer 1993, S. 21; Loebel 1999, S. 24). Bei hier in Frage stehenden psychischen Störungen handelt es sich insoweit regelmäßig um einen Facharzt für Psychiatrie und Psychotherapie. Viele, vor allem größere Gesundheitsämter, sind auch mit Psychiatern besetzt, sodass diese Expertise vorgehalten wird. Häufiger werden auch externe Fachärzte für Psychiatrie und Psychotherapie von Gesundheitsämtern mit der Begutachtung betraut.

Es kommt nicht darauf an, dass der leistungseinschränkende Sachverhalt erst nach Begründung des Beamtenverhältnisses eingetreten ist (BVerwGE 47, S. 1, 6; BVerwG ZBR 1989, S. 373; OVG NW DÖD 1994, S. 235). Eine andere Auffassung würde zu dem untragbaren Ergebnis führen, dass die Verwaltung evtl. gezwungen wäre, mit einem Beamten weiterzuarbeiten, der gar nicht mehr in der Lage ist, seinen Pflichten nachzukommen.

- - **Körperliche Schwächen**

Die Begriffe »körperlicher Zustand« bzw. »gesundheitliche Gründe« sind nicht auf Krankheiten im engeren Sinne beschränkt (BVerwG VerwRspr 16, S. 877; Battis 2009, § 44 Rn. 5; Spiess 2000, S. 104), beziehen sich aber im Wesentlichen auf somatische Erkrankungen. Da sich die Frage der Dienstunfähigkeit nicht nur als medizinisches Problem darstellt, sondern auch unter Berücksichtigung der dienstlichen Belange zu beantworten ist (Schütz u. Maiwald-Brockhaus 2004, § 45 Rn. 30), werden alle somatischen Zustände erfasst, die die Dienstausübung beeinflussen (Spiess 2000, S. 103).

■■ Geistige Schwächen

Der Begriff »Schwäche der geistigen Kräfte« wird in § 44 Abs. 1 S. 1 BBG n. F. – anders als in der bis zum 1.1.2002 geltenden Fassung des § 42 Abs. 1 S. 1 BBG – nicht mehr gesondert aufgeführt. Eine inhaltliche Änderung hat der Gesetzgeber mit der Wortlautveränderung allerdings nicht bezweckt (BT-Drucks. 14/7064, S. 49). Vielmehr bildet die geistige Schwäche nach der bundesrechtlichen Regelung nun einen Unterfall der »gesundheitlichen Gründe«. Insofern sind die folgenden Ausführungen zur »geistigen Schwäche« auch weiterhin relevant.

Der Tatbestand kann regelmäßig nur durch einen psychiatrischen Sachverständigen festgestellt werden (Battis 2009, § 44 Rn. 5).

Der Begriff »Schwäche der geistigen Kräfte« ist kein medizinisch-psychologischer Terminus. Gemeint sind im Wesentlichen alle schweren psychischen Störungen (Battis 2009, § 44 Rn. 5; Monhemius 1995, Rn. 482; Loebel 1999, S. 21). Das Merkmal der geistigen Schwäche bleibt jedoch nicht auf solche psychischen Störungen im engeren Sinne beschränkt (BVerwG VerwRspr 18, S. 877; BVerwG ZBR 1989, S. 373; BVerwG NVwZ 1991, S. 477, 479; Foerster 2004, S. 655); vielmehr kann sie schon dann vorliegen, wenn der Beamte wegen seiner geistig-seelischen Konstitution unterhalb der Schwelle einer psychischen Erkrankung nicht mehr imstande ist, seine Pflicht zur harmonischen Zusammenarbeit mit den übrigen Bediensteten, seinen Vorgesetzten und eventuellem Publikum zu erfüllen und dadurch den Verwaltungsablauf (erheblich) beeinträchtigt (VGH Mannheim NVwZ-RR 2006, S. 220 f.).

> In den Sinn und Zweck des § 44 Abs. 1 BBG fallen vielmehr jede psychische Erkrankung und Persönlichkeitsakzentuierung, die die kognitiv-emotionale Leistungsfähigkeit zur Erfüllung der Dienstpflichten durch einen Mangel an Einsicht mindern (Battis 2009, § 44 Rn. 5).

Der Begriff wird durch das gesetzliche Merkmal »geistig« auch nicht auf kognitive Defizite beschränkt, sondern umfasst daneben soziale und emotionale (»nervliche oder seelische«) Beeinträchtigungen (BVerwG VerwRspr 16, S. 877; OVG Hamburg DÖD 1989, S. 211 f.; Battis 2009, § 45 Rn. 5). Darunter fallen etwa Mängel an Willenskraft, Selbstbeherrschung oder Einsicht sowie sonstige Beeinträchtigungen durch eine psychische Störung (OVG Hamburg DÖD 1989, S. 211 f.).

Entscheidend ist somit nicht die Einstufung der psychischen Störung (»geistige Veranlagung«) als Krankheit, sondern die Tatsache, dass sie die Einsichtsfähigkeit und somit die Leistungsfähigkeit des Beamten negativ beeinflusst (Battis 2009, § 44 Rn. 5; Loebel 1999, S. 21). Eine solche, die Leistungsfähigkeit beeinträchtigende geistige Fehlveranlagung, ist z. B. anzunehmen, wenn sich der betreffende Beamte als zwanghafte Persönlichkeit mit leicht paranoiden und leicht histrionischen Zügen erweist, die als Persönlichkeits- und Verhaltensstörung (früher: »Charakterneurosen«) aufgefasst werden können und dazu führen, dass er nicht mehr in der Lage ist, seine eigenen Fähigkeiten und Aufgaben zu erkennen (OVG Hamburg DÖD 1989, S. 211 f.). Als »geistige Schwäche« in diesem Sinne gilt ferner eine depressive Erkrankung, die dazu führt, dass der Betroffene seiner Tätigkeit nicht mehr nachgehen kann (OVG NW in Schütz u. Maiwald-ES/A II 5.5 Nr. 26). Auch eine Alkoholkrankheit bzw. eine Abhängigkeit von anderen Suchtmitteln stellt u. U. eine solche »geistige Schwäche« dar (BVerwG ZBR 1984, S. 155; BVerwG NJW 1992, S. 1249; OVG Koblenz NVwZ-RR 2001, S. 170; Fischer 1988, S. 173; Weigert 1993, S. 653). Allerdings bedeutet keineswegs jede Form der Alkoholkrankheit automatisch, dass der Beamte dienstunfähig im Sinne des § 44 Abs. 1 S. 1 BBG ist (BVerwG NVwZ-RR 1992, S. 793 f.).

Die Schwäche der »geistigen Kräfte« liegt u. U. auch in einer z. B. durch übertriebene bzw. unrealistische Zielvorstellungen, Arbeitsbedingungen und Arbeitsbelastungen hervorgerufenen depressiven Störung. Eine solche äußert sich neben einer gedrückten Grundstimmung und Freudlosigkeit u. a. in einem Antriebsmangel, erhöhter Ermüdbarkeit, verminderter Konzentration und Aufmerksamkeit, in Insuffizienzgefühlen und Schlafstörungen. Dies alles kann zu einer Einschränkung der Leistungsfähigkeit führen.

Viele Menschen verbinden depressives Erleben mit einem sogenannten »Burn-out-Syndrom«.

Dies ist entsprechend der internationalen medizinischen Diagnosekriterien keine Erkrankung. Vielmehr bezeichnet »Burn-out« eine selbst zugeschriebene Verstimmung, die der Betroffene auf seine Arbeits- und Lebensumstände kausal zurückführt (sozusagen »Der Chef ist schuld.«). Wissenschaftlich ist eine solche Attribution nicht begründbar. Gerade Depressionen unterliegen einem biopsychosozialen Modell der Entstehung.

Ferner kommen als Gründe der Dienstunfähigkeit solche Problemstellungen in Betracht, die dazu führen, dass der betroffene Beamte nicht in der Lage ist, die Folgen seiner Handlung richtig einzuschätzen (BDH DÖV 1963, S. 923). Zudem sind psychische Erkrankungen als geistige Schwäche in diesem Sinne einzustufen, die den Beamten außerstande setzen, seine Dienstpflichten überhaupt zu erkennen oder dieser Einsicht entsprechend zu handeln (Battis 2009, § 44 Rn. 5).

Es ist dabei nicht erforderlich, dass die geistige Veranlagung zu einer permanenten Leistungseinschränkung führt. Vielmehr reicht es aus, dass sie eine solche Einschränkung nur in bestimmten Situationen verursacht. Unter den weiten Begriff der »geistigen Schwäche« fällt daher auch die Konstellation, dass die Möglichkeit einer geistigen Fehlhandlung, sog. Kurzschlussreaktion, nicht ausgeschlossen werden kann, sobald der Betroffene in eine schwierige, für ihn unangenehme Lage gerät (OVG NW DVBl 1952, S. 607 f.).

Beispiel

Das OVG NW nahm eine solche leistungseinschränkende Verhaltensstörung (»Neurose«) in einem Fall an, in dem ein Oberstudienrat seine Personalakten unberechtigt von ihrem Aufbewahrungsort entfernte und darin enthaltene Urkunden verfälschte bzw. beseitigte, weil er glaubte, diese würden ihn politisch belasten (OVG NW DVBl 1952, S. 607 f.). Dagegen stellt eine frustrationsintolerante und regressive Grundhaltung, die zu einem bloßen Motivationsdefizit führt, keine leistungseinschränkende geistige Schwäche dar (BVerwG am 7.3.2002, Az.: BDIG X BK 13/01, n. v.).

Da der »geistigen Schwäche« kein Krankheitswert zukommen muss, kommt allein der vorzeitige Altersabbau als Ursache einer geistigen Leistungseinschränkung in Betracht (BVerwG VerwRspr 16, S. 877). Dies muss aus medizinischer Sicht differenziert gesehen werden, da sich meist eine demenzielle Erkrankung hinter einem sog. Altersabbau verbirgt. Fachliche Unfähigkeit, die auf keiner besonderen geistigen Konstitution beruht, stellt dagegen regelmäßig keine geistige Schwäche dar (Schütz u. Maiwald-Brockhaus 2004, § 45 Rn. 39).

> Entscheidend ist, dass bei dem betroffenen Beamten eine emotionale und/oder kognitive Störung vorliegt, die seine Einsichtsfähigkeit und somit seine Leistungsfähigkeit negativ beeinflusst und auch in Zukunft beeinträchtigen wird.

■ ■ **Zweifel über die Dienstunfähigkeit**

Wie bereits angedeutet, kann die Behörde regelmäßig – insbesondere bei den sog. geistigen Schwächen – den leistungseinschränkenden Sachverhalt nicht selbst feststellen. Vielmehr ist sie hierfür auf ein sachverständiges Gutachten angewiesen. Die rechtliche Grundlage für die Heranziehung eines Gutachters bietet § 44 Abs. 6 BBG.

Anordnung der ärztlichen Untersuchung (§ 44 Abs. 6 BBG). Bei Zweifeln an der Dienstunfähigkeit muss sich der Beamte gem. § 44 Abs. 6 BBG nach Weisung seiner Behörde ärztlich untersuchen und, falls ein Amtsarzt dies für erforderlich hält, auch stationär in einem Krankenhaus beobachten lassen. Ob eine solche Weisung ergeht, steht im Ermessen der Behörde und unterliegt insofern nur einer eingeschränkten gerichtlichen Kontrolle (OVG Bautzen NVwZ-RR 2006, S. 713 f.).

Hintergrundinformation

Bei Zweifeln über die Dienstunfähigkeit von Landesbeamten trifft das BeamtStG keine einheitliche Regelung. Insoweit bleiben weiterhin die jeweiligen Landesbeamtengesetze maßgebend.

Vgl. im Einzelnen: § 33 Abs. 1 S. 1 LBG NW; § 41 Abs. 1 S. 1, S. 3 HmbG; Art. 65 Abs. 2 S.1 BayBG; § 44 Abs. 1 S. 1 LBG BW; § 43 Abs. 1 S. 2 NBG; § 36 Abs. 1 S. 1 HBG; § 37 Abs. 1 S. 1 LBG Brandenburg; § 39 Abs. 1 S. 2 LBG Berlin; § 45 Abs. 1 S. 2 ThürBG; § 51 Abs. 1 SächsBG; § 41 Abs. 1 S. 1 LBG M-V; § 45 Abs. 1 S. 2 SBG; § 44 Abs. 1 LBG RP; § 41 Abs. 1 S. 1 LBG SH, § 45 Abs. 1 S. 1 BG LSA.

Nach Sinn und Zweck besteht diese Pflicht auch schon bei Zweifeln an der Dienstfähigkeit (OVG NW ZBR 1974, S. 362; VG Düsseldorf NVwZ-RR 2002, S. 499; Battis 2009, § 44 Rn. 8).

Zuständig für die entsprechende Anordnung ist gem. § 44 Abs. 6 BBG die Behörde, grundsätzlich also der unmittelbare Dienstvorgesetzte des betroffenen Beamten (Battis 2009, § 44 Rn. 8). Allerdings kann auch die oberste Dienstbehörde die Untersuchung anordnen (BVerwG NVwZ-RR 1996, S. 216; Battis 2009, § 44 Rn. 8).

Rechtsnatur der Anordnung. Die Rechtsnatur der Anordnung zu einer ärztlichen Untersuchung ist umstritten. Diese Frage hat Bedeutung für die Möglichkeit des Beamten, rechtlich gegen sie vorzugehen. Das BVerwG hat die Antwort bis jetzt offen gelassen (vgl. z. B. BVerwG Buchholz 232, § 42 BBG Nr. 4; BVerwG, NVwZ-RR 2000, S. 174 f.), aber für den ähnlich gelagerten Fall einer Anordnung nach § 45 Abs. 4 S. 1 BBG a. F. einen Verwaltungsakt verneint, da es sich insofern um eine interne Maßnahme handele, die ihrem objektiven Sinngehalt nach in der Regel nicht dazu bestimmt sei, den Ruhestandsbeamten als Person zu verpflichten (BVerwG NVwZ 2001, S. 436, 438, so auch OVG Koblenz NVwZ-RR 2003, S. 374). Es ist daher davon auszugehen, dass es auch die Anordnung nach § 44 Abs. 6 BBG nicht als Verwaltungsakt einstufen würde (so auch Spiess 2000, S. 104), da diese im Gegensatz zum Ruhestandsbeamten gegenüber einem aktiven Beamten ergeht und daher der Bezug zum internen Dienstbetrieb noch näher liegt (so im Ergebnis auch OVG Bautzen NVwZ-RR 2006, S. 713 f.).

Andere Gerichte und Stimmen in der Literatur nehmen an, dass es sich bei der Anordnung wegen des mit ihr verbundenen Eingriffs in das Persönlichkeitsrecht des Beamten und der im Falle der Weigerung möglichen Disziplinarmaßnahmen um einen Verwaltungsakt handelt (VGH Mannheim ZBR 1975, S. 322; OVG Lüneburg NVwZ 1990, S. 1194; OVG Berlin NVwZ-RR 2002, S. 762; VGH Mannheim NVwZ-RR 2006, S. 200; VG Berlin NVwZ-RR 2002, S. 762; Battis 2009, § 42 Rn. 7; Scheerbarth et al. 1992, S. 536; Zilkens 1995, S. 9; Loebel 1999, S. 23).

Voraussetzungen. Für die Rechtmäßigkeit einer Anordnung nach § 44 Abs. 6 BBG kommt es darauf an, dass Zweifel an der Dienstfähigkeit bzw. Dienstunfähigkeit bestehen, die sich auf konkrete tatsächliche Umstände stützen (OVG NW, ZBR 1974, S. 362 f.; OVG Koblenz NVwZ-RR 1990, S. 154; VGH Mannheim NVwZ-RR 2006, S. 200; VG Düsseldorf NVwZ-RR 2002, S. 449 f.). Solche Zweifel können, auch wenn der Beamte dem Dienst nicht über längere Zeit krankheitsbedingt ferngeblieben ist, etwa dann vorliegen, wenn der Dienstherr aufgrund der nachteiligen Auswirkungen des erkennbar schlechten Gesundheitszustandes auf den Dienstbetrieb den Eindruck gewinnen muss, dass der Beamte den maßgeblichen, ihm in seinem abstrakt-funktionalen Amt obliegenden Dienstpflichten nicht mehr gewachsen ist (VGH Mannheim NVwZ-RR 2006, S. 200 f.). Die Begründetheit der Zweifel ist jedoch nicht vorauszusetzen, da sie gerade durch die ärztliche Untersuchung geklärt werden soll (VGH Mannheim NVwZ-RR 2006, S. 200 f.).

Für eine psychiatrische Untersuchung sind allerdings strengere Anforderungen als für die Anordnung einer sonstigen ärztlichen Untersuchung zu stellen, was in der damit verbundenen Stigmatisierung psychisch Kranker begründet liegt. Ihre Anordnung ist aufgrund der Fürsorgepflicht des Dienstherrn gegenüber seinem Beamten nur dann ermessensfehlerfrei, wenn gewichtige Gründe bzw. deutliche Anhaltspunkte für eine im kognitiven, emotionalen und psychosozialen Bereich begründete, dem psychiatrischen Fachbereich zuzuordnende Dienstunfähigkeit des Beamten sprechen (VGH BW, DVBl 1988, S. 258; OVG Berlin NVwZ-RR 2002, S. 762; VGH Mannheim NVwZ-RR 2006, S. 200 f.; VG Düsseldorf NVwZ-RR 2002, S. 449 f.; Battis 2009, § 44 Rn. 8). Eine stationäre psychiatrische Beobachtung kommt nur in Betracht, wenn eine ambulante Untersuchung ungeeignet oder nicht ausreichend erscheint (OVG Berlin NVwZ-RR 2002, S. 762).

Beispiel
- **Fall 12.1**

Solche deutlichen Anhaltspunkte wurden vom VG Düsseldorf in einem Fall bejaht, in dem ein als Oberstudienrat an einem Abendgymnasium tätiger

Beamter unter einem Verfolgungswahn litt: Unter anderem hatte er selbst berichtet, dass die von ihm unterrichteten Studierenden absichtlich schlechte Leistungen erbringen würden, um seine fachliche Qualifikation in Frage zu stellen, und dass sein Unterricht abgehört würde. Hinter diesen »Manipulationen« vermutete er eine »drahtziehende Organisation«. Dies erachtete das VG in seiner Entscheidung als hinreichende Anhaltspunkte für eine durch eine sog. geistige Schwäche begründete Dienstunfähigkeit, die die Anordnung einer psychiatrischen Untersuchung rechtfertigten (VG Düsseldorf NVwZ-RR 2002, S. 449 ff.).

Untersuchungsauftrag. Erachtet der Dienstherr die dargestellten Zweifel an der Dienstfähigkeit des Beamten als gegeben, so hat er einen Arzt mit der Begutachtung des Beamten zu beauftragen. Hierbei kann er bestimmen, ob eine allgemein-, fach- oder amtsärztliche Untersuchung erfolgen soll (Schütz u. Maiwald-Brockhaus 2004, § 45 Rn. 57).

Der Auftrag muss den Sachverhalt, der den Anlass gegeben hat, ein Pensionierungsverfahren einzuleiten, und alle bekannten Umstände, die für die Abfassung eines aussagekräftigen ärztlichen Zeugnisses wesentlich sind, enthalten (Zilkens 1995, S. 8). Reicht eine solche Auskunft nicht aus, so kann dem Arzt auch die Personalakte des Beamten übermittelt werden, und zwar gem. § 111 Abs. 1 S. 3 BBG ohne Einwilligung des Betroffenen.

Auch sind etwaige besondere Anforderungen, die sich aus dem jeweiligen Amt ergeben, bzw. besondere physische und psychische Belastungen, denen der Beamte in seinem Amt ausgesetzt ist, zu nennen (Zilkens 1995, S. 8). Soweit dies bereits möglich ist, sollten auch schon Angaben über mögliche andere Ämter, in die der Beamte nach § 44 Abs. 4 BBG versetzt werden kann, und deren Anforderungsprofil gemacht werden, damit der untersuchende Arzt die Leistungsfähigkeit auch bezüglich dieses Amtes beurteilen kann, bevor er zu einem Ausscheiden aus dem Dienst raten muss.

Ärztliche Untersuchung. Der beauftragte Arzt nimmt die zur Wahrnehmung des Untersuchungsauftrags erforderlichen Untersuchungen vor und holt nach Entbindung von der ärztlichen Schweigepflicht u. U. zusätzliche ärztliche Auskünfte bzw. ergänzende fachärztliche Gutachten ein. Zu Beginn der Untersuchung hat er gem. § 48 Abs. 3 S. 1 BBG den Beamten auf den Zweck der Untersuchung und die Übermittlungsbefugnis an die Behörde hinzuweisen.

Ärztliches Zeugnis. Als Resultat seiner Untersuchung erstellt der Arzt ein Zeugnis, das die Entscheidung über die Versetzung in den Ruhestand vorbereiten soll. Es muss deshalb alle Angaben enthalten, die für die Entscheidung der zuständigen Stelle von Bedeutung sind (Zilkens 1995, S. 8). Dazu gehören neben den allgemeinen Angaben in forensisch-psychiatrischen Gutachten (▶ Kap. 1), z. B. der Anamnese, im Besonderen eine Prognose hinsichtlich der weiteren Entwicklung des Zustandes, Angaben über eine etwaige Möglichkeit einer späteren Wiederherstellung der Dienstfähigkeit und in Frage kommende Rehabilitationsmaßnahmen bzw. psychiatrisch-psychotherapeutische Behandlungen. Der Arzt soll ferner ausführen, ob der Ruhestand durch eine Teilverwendung oder eine anderweitige Dienstaufgabe vermieden werden kann (§§ 44 Abs. 3, 4, 45 BBG; vgl. insofern z. B. § 2 Abs. 2 der Verordnung über amtsärztliche Untersuchungen für den öffentlichen Dienst des Landes Nordrhein-Westfalen).

Nicht für diese Frage benötigte Angaben bzw. Befunde, die keine gesundheitlichen Bedenken begründen, dürfen nicht mitgeteilt werden, es sei denn, der Betroffene willigt hierin ein (§ 48 Abs. 2 BBG). Da eine psychiatrische Exploration und Untersuchung allerdings grundsätzlich umfassend sein muss, können solche Angaben nur in seltenen Ausnahmefällen verschwiegen werden. Im Hinblick auf § 46 BBG kommen u. U. auch Angaben dazu in Betracht, ob eine Nachuntersuchung sinnvoll erscheint und ggf. zu welchem Zeitpunkt sie erfolgen sollte.

Zwar entscheidet, wie bereits angeführt, die Behörde im zweiten Schritt selbstständig und ungebunden über das Vorliegen der Dienstfähigkeit. Jedoch darf das ärztliche Zeugnis eine – die Behörde nicht bindende – Schlussfolgerung bezüglich dieser Frage enthalten (Loebel 1999, S. 27). Insofern muss aber erkennbar sein, auf welche Tatsachen und Erkenntnisse sich die Folgerung stützt (BVerwG VerwRspr 16, S. 877, 880).

Bei der Begutachtung eines Beamten auf Probe gelten Besonderheiten, die sich aus § 34 Abs. 1 Nr. 3 BBG ergeben (▶ Abschn. 12.1.3).

Mitteilung des Untersuchungsergebnisses (§ 48 Abs. 2 S. 2 BBG). Der Arzt übermittelt das Gesundheitszeugnis der auftraggebenden Behörde, und zwar gem. § 48 Abs. 2 S. 2 BBG in einem gesonderten, verschlossenen und versiegelten Umschlag.

Der Einwilligung des untersuchten Beamten bedarf es hierzu nicht (BVerwG ZBR 1978, S. 338; Battis 2009, § 48 Rn. 2; Fischer 1985, S. 167; Zilkens 1995, S. 9). Dies wird zwar in § 48 BBG nicht ausdrücklich erwähnt, ergibt sich aber zum einen aus der in § 48 Abs. 3 BBG festgelegten Aufklärungspflicht des Arztes, zum anderen daraus, dass die Weitergabe nur eine logische Folge des Sinn und Zwecks ist, die mit der Untersuchung, die der Beamte dulden muss, verfolgt werden (Fischer 1985, S. 168; Zilkens 1995, S. 9).

Daneben übermittelt er das Ergebnis seiner Untersuchung gem. § 48 Abs. 3 S. 2 BBG in Kopie auch dem Beamten oder, soweit dieser Verfahrensweise ärztliche Gründe entgegenstehen, seinem Vertreter.

■ **Schritt 2: Dauernde Unfähigkeit zur Erfüllung der Dienstpflichten**

Der zweite Schritt des Verfahrens besteht darin, dass die für die Versetzung in den Ruhestand zuständige Behörde aufgrund des ärztlichen Gutachtens darüber befindet, ob der Beamte dienstunfähig ist (Summer 1993, S. 21). Dabei ist entscheidend, ob die körperliche bzw. geistige Beeinträchtigung bzw. Schwäche des Beamten dazu führt, dass er zur Erfüllung seiner Dienstpflichten dauernd unfähig ist (BVerwG ZBR 1967, S. 148, 150; VG Stuttgart, Az.: 15 K 650/03, n. v.).

Eine irgendwie geartete Bindung an das ärztliche Gutachten besteht hierbei nicht (Scheerbarth et al. 1992, S. 538; Summer 1993, S. 21).

■■ **Unfähigkeit**

Der Beamte muss demnach aufgrund der körperlichen oder geistigen Schwäche nicht mehr in der Lage sein, die sich aus dem jeweiligen Amt ergebenden Dienstpflichten zu erfüllen. Es kommt dabei darauf an, dass die geistig-seelische Verfassung des Beamten mit Blick auf die Erfüllung seiner amtsgemäßen Dienstgeschäfte zu einer bedeutenden und dauerhaften Abweichung vom »Normalbild« eines in dieser Hinsicht tauglichen Beamten führt. Die Feststellung dieser Abweichung orientiert sich daher, entsprechend dem Sinn und Zweck der Vorschrift, nicht an einem »Normalbild« eines im medizinischen Sinne gesunden Menschen, sondern an der Verfassung eines vergleichbaren und durchschnittlichen, zur Erfüllung seiner amtsgemäßen Dienstgeschäfte tauglichen Amtsinhabers (VGH Mannheim NVwZ-RR 2006, S. 220 f.).

❯ **Die relevante Frage lautet, ob der Beamte trotz seiner Schwäche imstande ist, sich unter allen Umständen so zu verhalten, wie es für einen Beamten unbedingt notwendig erscheint (OVG NW DVBl 1952, S. 607 f.).**

— Im Falle der bereits erörterten »Kurzschlussreaktionen« fehlt es daher schon dann an der Dienstfähigkeit, wenn die Möglichkeit, dass es im Falle kritischer Situationen zu erneuten »Kurzschlussreaktionen« kommen wird, nicht ausgeschlossen werden kann (OVG NW DVBl 1952, S. 607 f.).

— Ebenfalls liegt eine Dienstunfähigkeit vor, wenn bei einer latent vorhandenen psychischen Störung weitere Krankheitsepisoden zu erwarten sind und somit krankheitsbedingte Fehlleistungen nicht ausgeschlossen werden können (Battis 2009, § 44 Rn. 5). Die Anforderung an die Wahrscheinlichkeit einer Wiederholung der Erkrankung ist umso geringer, je größer sich die Gefahren und Risiken darstellen, die von der Erkrankung für den Dienstbetrieb ausgehen (OVG NW in Schütz u. Maiwald-ES/A II 5.5 Nr. 26).

— Ferner wurde vom Hamburgischen OVG Dienstunfähigkeit in einem Fall angenommen, in dem die besondere Persönlichkeitsstruktur des betroffenen Beamten zu sozialen Schwierigkeiten am Arbeitsplatz und dadurch zu Störungen im Dienstbetrieb führte. So ereignete es sich z. B. mehrfach, dass der Beamte Kaffee- und Mittagspausen über Gebühr ausdehnte und darüber hinaus eigenmächtig weitere Erholungspausen einlegte. Auch führte das von ihm gegenüber seinen Kollegen an den Tag gelegte Verhalten zu Unruhe auf der nächsten Dienststelle, wohin er nach tätlichen Auseinandersetzungen mit seinen früheren Kollegen versetzt werden musste (OVG Hamburg DÖD 1989, S. 212 f.).

Die Unfähigkeit zur Erfüllung der Dienstpflichten ist erst recht gegeben, wenn der Beamte aufgrund seines emotional-kognitiven Verhaltens und Erlebens gar nicht mehr in der Lage ist, seine Dienstpflichten zu erkennen.

Ausschlaggebend für die Dienstfähigkeit sind nicht die sich aus seinem bisherigen Dienstposten, sondern die sich aus seinem Amt als Beamter ergebenden Pflichten (BVerwG VerwRspr 16, S. 877 f.; BVerwG NVwZ 1992, S. 1096 f.; BVerwG NVwZ 2005, S. 458 f.; LG Heidelberg NJOZ 2004, S. 2016, 2018; Kienzler 2002, Rn. 145; Spiess 2000, S. 103; Loebel 1999, S. 21). Daher liegt keine Dienstunfähigkeit vor, wenn der Beamte zwar nicht mehr den Anforderungen seiner konkreten Tätigkeit gerecht wird, jedoch eine andere, gleichwertige Tätigkeit bei seiner Dienststelle ausüben kann (BVerwG VerwRspr 16, S. 877 f.; Kienzler 2002, Rn. 145).

▪▪ Dauerhaftigkeit

Diese Unfähigkeit muss **dauernder Natur** sein, darf also nicht nach sachkundiger Bewertung unter Berücksichtigung der jeweiligen Umstände des Einzelfalles in absehbarer Zeit enden (Bay VGH in Schütz u. Maiwald-ES/A II 5.1 Nr. 15; VGH BW DÖD 1993, S. 87, 89; Battis 2009, § 44 Rn. 5; Scheerbarth et al. 1992, S. 535; Loebel 1999, S. 21).

Nicht erforderlich ist es dagegen, dass der Mangel voraussichtlich lebenslang bestehen wird (OVG Koblenz, Az.: 2 A 11800/04, n. v.; Battis 2009, § 44 Rn. 5; Loebel 1999, S. 21). Mit Blick auf § 44 Abs. 1 S. 2 BBG muss der Zeitraum, in dem eine Wiederherstellung der Dienstfähigkeit nicht in Betracht kommt, aber mindestens 6 Monate betragen (Loebel 1999, S. 21).

> Dienstunfähigkeit ist gegeben, wenn auf unabsehbare Zeit, wenigstens 6 Monate, nicht gewährleistet werden kann, dass der Beamte trotz seiner geistigen oder körperlichen Schwäche imstande ist, sich unter allen Umständen so zu verhalten, wie es für einen Beamten unbedingt notwendig erscheint.

Beispiel
- **Fall 12.2**

Beginnende Alzheimer-Demenz (ICD-10: F00.00) lautete die Diagnose für Dr. Richard T. Der 55-jährige Richter am Amtsgericht war schon seit geraumer Zeit von seiner Frau auf Gedächtnisprobleme angesprochen worden, hatte diese aber selbst noch nicht richtig wahrgenommen. In der Gerichtskantine fragte er den Psychiater, den er als Sachverständigen aus einem Verfahren kannte, um Rat. Dieser empfahl eine eingehende psychiatrische Untersuchung in der Gedächtnisambulanz der benachbarten Universitätsklinik für Psychiatrie, Psychotherapie und Psychosomatik. Die Abklärung wurde aufwendig durchgeführt und umfasste neben der Exploration und Untersuchung eine testpsychologische, laborchemische, kernspintomographische, positronenemissionstomographische sowie eine Liquoruntersuchung. Die Diagnose war eindeutig, und Dr. T. stellte einen Antrag an seinen Dienstherrn zur Anerkennung seiner Dienstunfähigkeit. Der Dienstherr ließ ein psychiatrisches Fachgutachten von einem externen Sachverständigen erstellen, der zu dem Schluss kam, dass die Erkrankung schnell progredient sei. Der Dienstherr erklärte daraufhin, dass Dr. T. zur Erfüllung seiner Dienstpflichten dauernd unfähig sei. Sechs Jahre später verstarb der Richter.

Sehr differenziert zu beurteilen sind jene Patienten, die voraussichtlich länger als 6 Monate an einer psychischen Störung leiden. Hier sollte der Gutachter die Zeitperspektive sehr deutlich herausarbeiten und die einzelnen Schritte der absehbaren Genesung konkretisieren. Dabei kann er in seinem Gutachten durchaus für die einzelnen Phasen Maßnahmen vorschlagen, die den Gesundungsprozess unterstützen, z. B. eine Wiedereingliederungsmaßnahme am Arbeitsplatz oder eine Versetzung an einen anderen Arbeitsplatz.

■ **Sondervorschrift: Polizeidienstunfähigkeit (§ 4 BPolBG)**

Zu beachten ist, dass bei bestimmten Beamtengruppen von § 44 Abs. 1 BBG abweichende Sondervorschriften für die Frage der Dienstfähigkeit existieren, die gem. § 44 Abs. 7 BBG der allgemeinen Regelung des § 44 Abs. 1 BBG vorgehen. Vor allem ist hinzuweisen auf die besonderen Regelungen für die Polizeidienstunfähigkeit in § 4 BPolBG (vgl. hierzu auch die entsprechenden Vorschriften der jeweiligen Landesbeamtengesetze, z. B. § 116 LBG NW; § 110 NBG; § 112 LBG RP; § 109 LBG SH; § 107 LBG LSA).

❯❯ Eine Polizeidienstunfähigkeit besteht nach diesen Regelungen dann, wenn der jeweilige Beamte den besonderen gesundheitlichen Anforderungen für den Polizeivollzugsdienst nicht mehr genügt und nicht zu erwarten ist, dass er seine volle Verwendungsfähigkeit innerhalb von 2 Jahren wiedererlangt.

Anders als die »allgemeine« Dienstunfähigkeit i. S. d. § 44 Abs. 1 S. 1 BBG, deren Bezugspunkt die Anforderungen des ausgeübten abstrakt-funktionellen Amtes bildet, orientiert sich die Polizeidienstfähigkeit somit an den besonderen gesundheitlichen Anforderungen für sämtliche Ämter der Laufbahn »Polizeivollzugsdienst« (BVerwG NJOZ 2005, S. 3232 f.); zudem sieht das Gesetz hier eine starre Zeitgrenze vor, innerhalb derer die volle Verwendungsfähigkeit voraussichtlich nicht wiedererlangt wird. Auch bei diesem Spezialbegriff kommt es nicht allein auf die medizinische Beurteilung des Zustandes an, sondern darauf, wie sich der entsprechende Mangel auf den Dienstbetrieb auswirkt (Schütz u. Maiwald-Brockhaus 1999, § 194 Rn. 12). Vor der Versetzung in den Ruhestand ist auch hier gem. § 4 Abs. 2 BPolBG ein Gutachten des Amtsarztes oder eines beamteten Polizeiarztes einzuholen.

Vermutete Dienstunfähigkeit (§ 44 Abs. 1 S. 1 und 2 BBG)

Gemäß § 44 Abs. 1 S. 1 und 2 BBG vermutet das Gesetz Dienstunfähigkeit ferner dann, wenn der Beamte infolge einer Erkrankung innerhalb eines Zeitraumes von 6 Monaten mehr als 3 Monate keinen Dienst geleistet hat und keine Aussicht besteht, dass er innerhalb weiterer 6 Monate wieder voll dienstfähig wird.

Hintergrundinformation

Die Vermutung für eine Dienstunfähigkeit von Landesbeamten setzt gem. § 26 Abs. 1 S. 2 BeamtStG ebenfalls voraus, dass infolge einer Erkrankung innerhalb eines Zeitraumes von 6 Monaten mehr als 3 Monate kein Dienst geleistet wird und keine Aussicht besteht, dass innerhalb einer Frist, deren Bestimmung dem Landesrecht vorbehalten bleibt, die Dienstfähigkeit wieder voll hergestellt ist. Die Landesbeamtengesetze bestimmen einheitlich eine Frist von weiteren 6 Monaten, sodass sich kein Unterschied zur Regelung nach dem BBG ergibt.

Vgl. im Einzelnen: § 33 Abs. 1 S. 3 LBG NW; § 43 Abs. 1 LBG BW; § 41 Abs. 2 HmbG; Art. 65 Abs. 1 BayBG; § 43 Abs. 2 NBG; § 36 Abs. 2 HBG; § 37 Abs. 2 LBG Brandenburg; § 39 Abs. 1 S. 1 LBG Berlin; § 45 Abs. 1 S. 1 ThürBG; § 45 Abs. 2 BG LSA; § 49 SächsBG; § 41 Abs. 2 LBG M-V; § 45 Abs. 1 S. 1 SBG; § 41 Abs. 2 BremBG; § 41 Abs. 2 LBG SH; § 41 Abs. 3 LBG RP.

Diese Regelung bestimmt allerdings keinen eigenen von der Legaldefinition des § 44 Abs. 1 S. 1 BBG abweichenden Begriff der Dienstunfähigkeit, sondern stellt nur eine Beweiserleichterung zugunsten der Behörde dar (BVerwG ZBR 1967, S. 148 ff.; Battis 2009, § 44 Rn. 7).

Für die prognostische Frage, ob der Beamte innerhalb von 6 Monaten wieder voll dienstfähig sein wird, muss regelmäßig ein ärztliches Gutachten erstellt werden (Battis 2009, § 44 Rn. 7; Loebel 1999, S. 22). Zu beachten ist dabei, dass die Fehlzeiten nicht zeitlich zusammenhängen müssen (Battis 2009, § 44 Rn. 7; Loebel 1999, S. 22).

Streit besteht darüber, ob es sich um dieselbe Krankheit handeln muss (Battis 2009, § 44 Rn. 7) oder ob auch die Fälle verschiedener Krankheiten erfasst sind (Schütz u. Maiwald-Brockhaus 2004, § 45 Rn. 46). Rechtsprechung zu dieser Frage ist nicht ersichtlich.

Hintergrundinformation

Für das Abstellen auf dieselbe Krankheit wird zunächst auf den Wortlaut des § 44 Abs. 1 S. 2 BBG verwiesen, der von »Erkrankung« spricht und somit im Singular formuliert ist (vgl. etwa Battis 2009, § 44 Rn. 7). Diese Auslegung erscheint allerdings nicht zwingend. Vielmehr könnte man die Formulierung »infolge Erkrankung« auch so verstehen, dass sie nur den Sinn hat, solche Fehlzeiten auszuschließen, die auf anderen Ursachen, wie etwa Urlaub, Kur oder Suspendierung vom Dienst, beruhen. Entscheidend ist Folgendes: Dass die Regelung des § 44 Abs. 1 S. 2 BBG eine bloße Beweislastverbesserung zugunsten der Behörde im Verhältnis zu § 44 Abs. 1 S. 1 BBG darstellt, spricht dafür, im Rahmen des § 44 Abs. 1 S. 2 BBG die gleichen Maßstäbe wie bei § 44 Abs. 1 S. 1 BBG anzuwenden. Bedenkt man, dass im Rahmen des § 44 Abs. 1 S. 1 BBG Dienstunfähigkeit auch bei mehreren Erkrankungen angenommen wird, bei denen jede für sich weder schwer noch von langer Dauer ist, während das wiederholte Auftreten von Krankheiten aber den Schluss zulässt, dass der Beamte aufgrund seiner gesamten körperlichen Konstitution zur Erfüllung seiner Dienstpflichten dauernd unfähig sein wird (BVerwG ZBR 1967, S. 148, 150; Battis 2009, § 44 Rn. 5), so liegt es nahe, auch im Rahmen des § 44 Abs. 1 S. 2 BBG das Auftreten mehrerer Erkrankungen genügen zu lassen. Für eine solche Auffassung sprechen auch Sinn und Zweck der Regelung des § 44 Abs. 1 BBG, die auch darin bestehen, die Staatsverwaltung vor der Belastung zu bewahren, mit Beamten arbeiten zu müssen, die zur Erfüllung ihrer Aufgaben außerstande sind. Dafür spielt es aber keine Rolle, ob der Beamte nur unter einer schwerwiegenden Erkrankung leidet oder unter mehreren für sich genommen leichteren Erkrankungen, die aber in ihrer Gesamtheit ebenfalls zu einer erheblichen Zahl von Fehlzeiten führen.

Im Rahmen einer psychiatrischen Begutachtung wird es allerdings in vielen Fällen nicht hierauf ankommen, da es sich meist um eine einzige Veranlagung und nicht um mehrere getrennt voneinander auftretende Krankheiten handelt und darüber hinaus diejenigen, die das Vorliegen einer einzigen Krankheit fordern, den Begriff der Erkrankung weit fassen und es auch ausreichen lassen, dass die Fehlzeit auf den Krankheitsfolgen beruht.

12.1.3 Rechtsfolgen der Dienstunfähigkeit

Vor Begründung des Beamtenverhältnisses

Zweifel an der Dienstfähigkeit des Kandidaten vor Begründung des Beamtenverhältnisses erfordern als Beurteilungsgrundlage amtsärztliche und u. U. fachärztliche Untersuchungen (Battis 2009, § 9 Rn. 8). Stellt sich dabei heraus, dass mit hoher Wahrscheinlichkeit häufige Erkrankungen bzw. sogar dauernde Dienstunfähigkeit vor Erreichen der Altersgrenze nicht ausgeschlossen werden können, so fehlt dem Bewerber die erforderliche Eignung (Battis 2009, § 9 Rn. 8) und von

der Begründung eines Beamtenverhältnisses ist abzusehen.

Nach Begründung des Beamtenverhältnisses

Stellt sich die Dienstunfähigkeit erst nach Begründung des Beamtenverhältnisses heraus, so führt dies regelmäßig zur Beendigung des aktiven Dienstes. Die Frage, wie sich das Verfahren gestaltet, hängt davon ab, welche der 5 in Betracht kommenden Statusformen (Beamter auf Lebenszeit, Beamter auf Zeit, Beamter auf Probe, Beamter auf Widerruf und Ehrenbeamter) bei dem jeweiligen Beamten vorliegt.

- **Beamter auf Lebenszeit**
- - **Grundsatz: Versetzung in den Ruhestand (§ 44 Abs. 1 S. 1 BBG)**

Der Beamte auf Lebenszeit muss bei erwiesener Dienstunfähigkeit gem. § 44 Abs. 1 S. 1 BBG grundsätzlich in den Ruhestand versetzt werden. Wird die Dienstunfähigkeit dagegen nur vermutet, so steht es im Ermessen der nach § 47 Abs. 2 S. 2 BBG zuständigen Behörde, ob sie den Beamten in den Ruhestand versetzt (Battis 2009, § 42 Rn. 6; Kienzler 2002, Rn. 145).

Die Zuständigkeit liegt gem. § 47 Abs. 2 BBG bei der Stelle, die nach § 10 Abs. 1 BBG auch für die Ernennung des Beamten zuständig war. Sie bedarf allerdings hierzu des Einvernehmens der obersten Dienstbehörde.

- - **Ausnahmen**

Weiterbeschäftigung in einem anderen Amt (§ 44 Abs. 2 S. 1 BBG). Gemäß § 44 Abs. 2 S. 1 BBG soll von der Versetzung des Beamten in den Ruhestand abgesehen werden, wenn dem Beamten ein anderes Amt derselben oder einer anderen Laufbahn übertragen werden kann. Die Übertragung ist ohne Zustimmung des Beamten gem. § 44 Abs. 2 S. 2 BBG möglich, wenn das Amt zum Bereich desselben Dienstherrn gehört, mit demselben Endgrundgehalt verbunden ist wie das bisherige und erwartet werden kann, dass der Beamte den gesundheitlichen Anforderungen des neuen Amtes genügen wird. Erscheint eine solche Versetzung in ein gleichwertiges Amt ausgeschlossen, so darf ihm gem. § 44 Abs. 3 BBG auch eine geringwertigere Tätigkeit zugewiesen werden, sofern ihm das zumutbar ist. Insofern sind Feststellungen zum gesundheitlichen Befähigungs- und Eignungsprofil und zum Anforderungsgefälle zwischen dem bisher bekleideten Amt und demjenigen, in das der Beamte versetzt werden soll, erforderlich (Schnellenbach 1995, S. 329).

Ein Beamter, der nicht über die fachlichen Fähigkeiten verfügt, die für die neue Laufbahn erforderlich sind, hat gem. § 44 Abs. 5 BBG an Maßnahmen zu ihrem Erwerb teilzunehmen, z. B. an einer Fortbildung.

Vgl. die inhaltlich übereinstimmende Regelung in § 26 Abs. 2 S. 3 BeamtStG.

Begrenzte Dienstfähigkeit (§ 45 Abs. 1 BBG). Eine weitere Ausnahme sieht § 45 Abs. 1 BBG für den Fall vor, dass der Beamte unter Beibehaltung seines Amtes seine Dienstpflichten noch mindestens während der Hälfte der regelmäßigen Arbeitszeit erfüllen kann. Dann wird er im Umfang seiner begrenzten Dienstfähigkeit weiterbeschäftigt. Im Unterschied zur Regelung nach § 42a Abs. 1 BBG a. F. handelt es sich dabei nicht mehr um eine »Soll-«, sondern um eine »Muss-Vorschrift«, deren gesetzgeberischer Zweck in der Vermeidung von Frühpensionierungen liegt.

Über die Frage, ob eine solche Weiterbeschäftigung erfolgen kann und über den entsprechenden Prozentsatz, zu dem der Beamte noch dienstfähig ist, entscheidet aufgrund eines ärztlichen Gutachtens gem. § 45 Abs. 3 BBG die nach § 10 BBG zuständige Behörde. Die Arbeitszeit wird gem. § 45 Abs. 2 S. 1 BBG nach Maßgabe dieser festgestellten begrenzten Dienstfähigkeit reduziert. Der zunächst festgesetzte Prozentsatz kann aufgrund eines entsprechenden ärztlichen Gutachtens während des Zeitraums der begrenzten Dienstfähigkeit erhöht oder weiter herabgesetzt werden. Von der Möglichkeit der begrenzten Dienstfähigkeit soll allerdings nach § 45 Abs. 1 S. 2 BBG nur dann Gebrauch gemacht werden, wenn eine Versetzung zu einer anderen Stelle gem. § 44 Abs. 2 oder 3 BBG nicht in Betracht kommt.

Die Rechtslage im Falle begrenzter Dienstunfähigkeit stellte sich nach den jeweiligen Landesbeamtengesetzen bis zum 31.3.2009 äußerst unterschiedlich dar. Mit Inkrafttreten des § 27 BeamtStG

erfolgte eine Vereinheitlichung, die weitgehend der Regelung in § 45 BBG entspricht. Allerdings handelt es sich bei § 27 Abs. 1 S. 1 BeamtStG um eine »Soll-Vorschrift«.

Beispiel

- **Fall 12.3**

Gertrud V., eine 51-jährige Lehrerin, litt seit vielen Jahren an einem chronifizierten depressiven Syndrom. Sie hatte allerdings nie fachpsychiatrische oder fachpsychologische Behandlungen durchführen lassen, sondern war stattdessen zu einem Heilpraktiker gegangen. Unter dessen Behandlung verschlimmerte sich die Symptomatik erheblich. Vom begutachtenden Facharzt für Psychiatrie und Psychotherapie wurde empfohlen, zunächst eine stationäre psychiatrisch-psychotherapeutische Behandlung von mehrwöchiger Dauer durchzuführen. Nach einer unter ambulanten Bedingungen fortgeführten psychiatrisch-psychotherapeutischen Behandlung sollte Frau V. dann schrittweise, in Abhängigkeit vom Verlauf, über 6–12 Monate an ihren Arbeitsplatz zurückgeführt werden. Eine Nachbegutachtung wurde angeregt für den Fall einer ungenügenden Besserung der depressiven Symptomatik nach 6–9 Monaten.

▪▪ Entlassung (§ 32 Abs. 1 Nr. 2 BBG)

Schließlich steht u. U. § 32 Abs. 1 Nr. 2 BBG der Versetzung in den Ruhestand entgegen. Danach endet das Beamtenverhältnis nicht durch Ruhestand, sondern durch Entlassung, wenn die nach § 50 BBG vorgeschriebene versorgungsrechtliche Wartezeit nicht erfüllt ist. Diese erfordert gem. § 4 Abs. 1 S. 1 Nr. 1 BeamtVG die Ableistung einer 5-jährigen Dienstzeit.

Vgl. die inhaltsgleiche Regelung in § 23 Abs. 1 S. 1 Nr. 2 BeamtStG.

Es handelt sich dabei aber um eine bloße Änderung der Rechtsfolge (OVG NW NVwZ-RR 2002, S. 520), die für die Belange des ärztlichen Gutachtens keine Besonderheiten mit sich bringt.

▪▪ Verfahrensarten

In welchem Verfahren die Versetzung in den Ruhestand erfolgt, richtet sich nach der Novellierung des BBG nicht mehr danach, ob der Beamte die Feststellung der Dienstunfähigkeit beantragt (§ 43 BBG a. F.) oder ob die Behörde selbst das

Verfahren in Gang setzt (sog. Zwangspensionierungsverfahren gem. § 44 BBG a. F.). Mit der Neufassung des § 44 BBG soll verdeutlicht werden, dass es sich bei der Entscheidung über die Ruhestandsversetzung primär um eine Maßnahme des Dienstherrn handelt, der bei Vorliegen der Voraussetzungen von Amts wegen tätig wird, und nicht um eine Entscheidung auf Initiative des Beamten. Sein Recht, einen formlosen Antrag in eigener Sache zu stellen, bleibt aber unberührt (BT-Drucks. 16/7076, S. 111). In beiden Fällen bildet jeweils ein ärztliches Gesundheitszeugnis die Grundlage der behördlichen Entscheidung. Wird eine Entscheidung ohne vorherige ärztliche Begutachtung des Gesundheitszustandes getroffen, so liegt ein Verfahrensfehler vor (Zilkens 1995, S. 7), der allerdings gem. § 46 VwVfG dann unbeachtlich bleibt (BVerwG NVwZ 1991, S. 477 f.), wenn er die Entscheidung in der Sache nicht beeinflusst hat, die Entscheidung der Behörde also inhaltlich richtig war.

Hintergrundinformation
Hierbei gilt es **Unterschiede zwischen dem Bundesrecht und den Landesgesetzen** zu beachten. § 47 BBG setzt das Gutachten eines Arztes, d. h. nach § 48 Abs. 1 BBG eines Amtsarztes oder eines durch die oberste Dienstbehörde zum Gutachter bestimmten Arztes, voraus. § 29 Abs. 5 BeamtStG überlässt die Regelungen zur ärztlichen Untersuchung dem Landesrecht.

In Schleswig-Holstein (§ 44 LBG SH), Hamburg (§ 44 HmBG), Bremen (§ 44 BremBG), Mecklenburg-Vorpommern (§ 44 LBG MV) und Niedersachsen (§ 45 NBG) erfolgt die Untersuchung entweder durch einen Amtsarzt, durch einen beamteten Arzt oder durch sonstige von der Behörde bestimmte Ärzte (Letzteres in Niedersachsen nur »ausnahmsweise« und auch in Mecklenburg-Vorpommern »vorrangig von Amtsärzten und beamteten Ärzten«). In Sachsen gilt Ähnliches: Gemäß § 52 SächsBG muss sich der Beamte nach Weisung der Behörde von einem Amtsarzt, Polizeiarzt oder einem anderen beamteten Arzt oder in Ausnahmefällen von einem Facharzt untersuchen lassen. Beantragt er die Versetzung in den Ruhestand, muss sein Dienstvorgesetzter gem. § 51 SächsBG nur bei Erforderlichkeit ein Gutachten selbiger Personen (wieder: nur ausnahmsweise des Facharztes) einholen.

Brandenburg bestimmt gem. § 43 LBG Brandenburg, dass nur ärztliche Gutachter die ärztliche Untersuchung vornehmen dürfen. Es überlässt es im Hinblick auf Landesbeamte dem für das allgemeine öffentliche Dienstrecht zuständigen Ministerium. Dieses soll unter Mitwirkung des für das finanzielle öffentliche Dienstrecht zuständigen und des für das Gesundheitswesen zuständigen Ministeriums festlegen, welche Ärzte als Gutachter beauftragt werden können. Somit

unterfallen der Norm nach Auslegung des Begriffs »ärztlicher Gutachter« Amtsärzte, aber auch als Gutachter beauftragte Ärzte. Für die Beamten der kommunalen Dienstherren trifft der Kommunale Versorgungsverband Brandenburg diese Bestimmungen.

In Thüringen spricht § 47 ThürBG von einem »Arzt« und überlässt es dem für das Beamtenrecht zuständigen Ministerium im Benehmen mit den obersten Landesbehörden, durch Rechtsverordnung die Zuständigkeit für die ärztliche Untersuchung näher zu bestimmen.

Rheinland-Pfalz weist die Untersuchung der unmittelbaren Landesbeamten der zentralen medizinischen Untersuchungsstelle für Soziales, Jugend und Versorgung zu, während mittelbare Landesbeamte nur von einem Amtsarzt oder als Gutachter beauftragtem Arzt untersucht werden dürfen (§ 47 LBG RP).

In Sachsen-Anhalt erstellt gem. § 49 BG LSA die zentrale ärztliche Versorgungsstelle ein Gutachten. Allerdings kann die oberste Dienstbehörde oder die von ihr bestimmte Behörde auch ärztliche Gutachten von Amtsärzten oder anderen als Gutachter beauftragten Ärzten zulassen (§§ 49 Abs. 1 i. V. m. 10 Abs. 1 S. 2 BG LSA).

In Hessen (§ 39 HGB) und Berlin (§ 39 LBG Berlin) muss der Arzt durch die (in Hessen: oberste) Dienstbehörde bestimmt werden.

In NRW erfolgt die Untersuchung durch einen Arzt der unteren Gesundheitsbehörde (§ 33 Abs. 1 S. 1 LBG NW).

Bayern setzt eine ärztliche Untersuchung voraus, Art. 65 Abs. 2 BayBG. Geht es um den Antrag auf Versetzung in den Ruhestand, ist zur Feststellung der Dienstunfähigkeit ein amtsärztliches Gutachten nötig, so Art. 65 Abs. 3 BayBG.

Baden-Württemberg beschränkt sich in § 53 LBG BW auf Ausführungen zu einer »ärztlichen« Untersuchung und stellt damit keine besonderen Anforderungen an den untersuchenden Arzt.

Bedarf es entsprechend der bundesrechtlichen Regelung »nur« eines ärztlichen Gutachtens, zielt eine entsprechende Regelung darauf ab, dass die zuständigen Behörden auch das Fachwissen anderer Ärzte als der Amtsärzte heranziehen können. Ferner soll so in den Fällen eine Verfahrensbeschleunigung erreicht werden, in denen dem Amtsarzt die erforderlichen fachärztlichen Kenntnisse fehlen und er ohnehin einen weiteren Arzt hinzuziehen müsste (BT-Drucks. 14/7064, S. 49).

Hintergrundinformation
Bei entsprechendem Verfahren sollte allerdings der von der Rechtsprechung entwickelte Grundsatz beachtet werden, wonach sich in dem Fall, dass sich ein privatärztliches Attest und eine amtsärztliche Stellungnahme widersprechen, grundsätzlich der amtsärztlichen Beurteilung Vorrang zukommt, da vom Amtsarzt aufgrund seiner aus Art. 20 Abs. 3 GG resultierenden Bindung an Recht und Gesetz eine größere Neutralität

zu erwarten ist und der Amtsarzt den Befund besser zur Frage der Dienstfähigkeit in Beziehung zu setzen vermag als ein Privatarzt (OVG Rheinland-Pfalz RiA 2001, S. 101 f.; OVG Berlin NVwZ-RR 2002, S. 762 f.; VGH Bayern NVwZ-RR 2002, S. 764 f.; VG Oldenburg, Az.: 6 A 2368/02, n. v.; vgl. auch OVG Bautzen NVwZ-RR 2006, S. 713 f.). Dies gilt nur ausnahmsweise dann nicht, wenn sich das privatärztliche Gutachten unter Darlegung der Gründe mit den Feststellungen des Amtsarztes auseinandersetzt und diese entkräftet (OVG Berlin NVwZ-RR 2002, S. 762 f.). Daher wird es aus Beweisgründen für das spätere Verfahren für die Behörde günstiger sein, ein amtsärztliches Attest einzuholen, wenn die Kenntnisse des Amtsarztes ausreichend erscheinen.

Üblich ist auch das Vorgehen, wonach ein Amtsarzt einen psychiatrischen Sachverständigen mit einer Begutachtung beauftragt, die der Amtsarzt wiederum in seine Stellungnahme einfließen lässt.

Hält der Dienstvorgesetzte den Beamten aufgrund eines ärztlichen Gutachtens für dienstunfähig, so teilt er dies dem Beamten gem. § 47 Abs. 1 BBG unter Angabe der Gründe mit. Gemäß § 47 Abs. 2 S. 1 BBG kann der Beamte nach der Mitteilung innerhalb eines Monats Einwendungen erheben. Danach entscheidet gem. § 47 Abs. 2 S. 2 BBG die für die Ernennung zuständige Behörde im Einvernehmen mit der obersten Dienstbehörde, ob der Beamte in den Ruhestand versetzt wird oder nicht.

▪▪ Rechtsfolgen der Versetzung in den Ruhestand

Die Versetzung in den Ruhestand wandelt das Beamtenverhältnis gem. § 30 Nr. 4 BBG durch Verwaltungsakt in ein Ruhestandsverhältnis um (Battis 2004, § 42 Rn. 3). Der Ruhestand beginnt gem. § 47 Abs. 4 BBG mit dem Ende des Monats, in welchem dem Beamten die Versetzungsverfügung zugegangen ist.

Er erhält dann gem. § 4 Abs. 2 BeamtVG Ruhegehalt nach dem Beamtenversorgungsgesetz (BeamtVG). Die Höhe des Ruhegehaltes ist hierbei gem. § 14 BeamtVG von den gem. § 5 BeamtVG ruhegehaltfähigen Dienstbezügen und von der gem. §§ 6–13 BeamtVG ruhegehaltfähigen Dienstzeit abhängig.

▪▪ Verbot der Führung von Dienstgeschäften (§ 66 Abs. 1 S. 1 BBG)

Bis zur endgültigen Entscheidung über die Versetzung in den Ruhestand kann dem betroffenen Beamten gem. § 66 Abs. 1 S. 1 BBG die Führung seiner Dienstgeschäfte verboten werden. Hierbei stellt die Dienstunfähigkeit einen zwingenden dienstlichen Grund im Sinne des § 66 Abs. 1 S. 1 BBG dar, wenn die weitere Dienstausführung aufgrund der Persönlichkeitsstruktur unausweichlich zu dienstlichen Nachteilen führen würde (OVG Hamburg DÖD 1989, S. 211; Gunkel u. Pilz 2003, S. 501).

Für die Rechtmäßigkeit eines solchen Verbots reicht es aufgrund des präventiven Charakters aus, dass erhebliche Zweifel an seiner Dienstfähigkeit bestehen (Schnellenbach 1995, S. 330).

▪▪ Reaktivierung eines bereits in den Ruhestand versetzten Beamten (§ 46 Abs. 1 S. 1 BBG)

Gemäß § 46 Abs. 1 S. 1 BBG kann ein wegen Dienstunfähigkeit in den Ruhestand versetzter Beamter, der wieder dienstfähig geworden ist, erneut in das Beamtenverhältnis berufen werden. Dies setzt voraus, dass ihm im Dienstbereich seines früheren Dienstherrn ein Amt in seiner früheren oder einer mit mindestens demselben Endgrundgehalt verbundenen Laufbahn übertragen werden soll und zu erwarten ist, dass er den gesundheitlichen Anforderungen des neuen Amtes entspricht.

Gemäß § 45 Abs. 1 S. 4 BBG a. F. erforderte eine Berufung zu einem späteren Zeitpunkt als 5 Jahre nach Eintritt in den Ruhestand die Zustimmung des Betroffenen, wenn er das 55. Lebensjahr bereits vollendet hatte. Die Altersgrenze für eine Reaktivierung des Ruhestandsbeamten ist mit dem Inkrafttreten des novellierten Bundesbeamtengesetzes am 12.2.2009 entfallen.

Im Unterschied zur früheren Rechtslage (vgl. OVG NW NVwZ-RR 1998, S. 765; Weigert 1993, S. 654) sind nach § 46 Abs. 4 S. 1 BBG n. F. auch in den vorzeitigen Ruhestand versetzte Beamte verpflichtet, zur Wiederherstellung ihrer Dienstfähigkeit an geeigneten und zumutbaren Rehabilitationsmaßnahmen teilzunehmen. Die anfallenden Kosten sind gem. § 46 Abs. 4 S. 4 BBG vom Dienstherrn zu tragen.

Bei Zweifeln an der Dienstfähigkeit des Beamten kann er gem. § 46 Abs. 7 BBG angewiesen werden, sich ärztlich untersuchen zu lassen (BVerwG NVwZ 2001, S. 436 f.). Es muss nach der ärztlichen Begutachtung die Aussicht auf Wiederherstellung der vollen oder zumindest begrenzten Dienstfähigkeit bestehen (BT-Drucks. 16/7076, S. 112).

Beispiel

- **Fall 12.4**

Vier Jahre befand sich Herbert Z. als Polizeibeamter im Ruhestand. Mit 27 Jahren war er nach dem zweiten stationären Aufenthalt in einer psychiatrisch-psychotherapeutischen Klinik wegen einer paranoiden Schizophrenie (ICD-10: F20.0) aus dem Dienst ausgeschieden. Er begehrte nun selbst eine Reaktivierung in den Dienst, nachdem er unter der allgemeinen psychiatrisch-psychotherapeutischen Behandlung seitdem kein Rezidiv mehr erlitten hatte. Er nahm weiterhin Antipsychotika, um nicht erneut zu erkranken. Sein behandelnder Psychiater unterstützte die Reaktivierung. Der Polizeiarzt lehnte diese zunächst mit der Begründung ab, dass Herr Z. als schizophrener Patient lebenslang krank sei, und holte in der benachbarten Universitätsklinik für Psychiatrie, Psychotherapie und Psychosomatik ein ausführliches Gutachten ein. In diesem wurde unter Einschluss einer testpsychologischen Untersuchung festgestellt, dass das Rezidivrisiko sehr klein sei. Gegenwärtige psychopathologische oder testpsychologische Auffälligkeiten konnten nicht festgestellt werden. Eine Reaktivierung wurde empfohlen; eine Bewertung, der sich der Polizeiarzt letztlich anschloss.

Eine Reaktivierung kommt gem. § 46 Abs. 6 BBG auch in den Fällen der beschränkten Dienstfähigkeit in Betracht.

Hintergrundinformation
Inhaltlich weitgehend übereinstimmend ist die Regelung des § 29 BeamtStG.

- **Beamter auf Zeit**

Für den Beamten auf Zeit gelten, wie § 6 Abs. 2 S. 2 BBG zeigt, dieselben Regelungen wie für den Beamten auf Lebenszeit, d. h. im Falle der Dienstunfähigkeit die §§ 44 ff. BBG.

Hintergrundinformation
Für einen Landesbeamten auf Zeit gelten gem. § 6 BeamtStG die Regelungen der §§ 26 ff. BeamtStG und – soweit die Materie nicht vom BeamtStG erfasst wird – die jeweiligen landesrechtlichen Vorschriften für Beamte auf Lebenszeit entsprechend.

- **Beamter auf Probe**

Beim Beamten auf Probe ist zu differenzieren, ob er sich die Dienstunfähigkeit aufgrund einer Krankheit, Verwundung oder sonstigen Beschädigung und zwar ohne grobes Verschulden, also weder vorsätzlich noch grob fahrlässig (Scheerbarth et al. 1992, S. 538; Battis 2009, § 49 Rn. 5), bei Ausübung oder aus Veranlassung des Dienstes zugezogen hat, oder in außerdienstlichen Bereichen, z. B. bei einer gefährlichen Sportart.

Ist die Dienstunfähigkeit Folge einer dienstlich erlittenen Schädigung, so wird er gem. § 49 Abs. 1 BBG in den Ruhestand versetzt.

Andernfalls steht die Entscheidung gem. § 49 Abs. 2 BBG im Ermessen der Behörde. Entscheidet sie sich gegen eine Versetzung in den Ruhestand, so ist der Beamte auf Probe nach § 34 Abs. 1 Nr. 3 BBG zu entlassen.

Auch bei dienstlich veranlasster Dienstunfähigkeit (§ 49 Abs. 2 BBG) kommt eine Versetzung in den Ruhestand nicht in Betracht, wenn der Beamte auf Probe sie durch grobes Verschulden herbeigeführt hat, z. B. durch eine Trunkenheitsfahrt (Scheerbarth et al. 1992, S. 539).

Der entlassene Beamte hat keinen Anspruch auf Ruhegehalt. Allerdings ist gem. § 47 BeamtVG die Gewährung eines Übergangsgeldes möglich.

Das Verfahren bei der Versetzung in den Ruhestand richtet sich nach den bereits dargestellten Grundsätzen (§ 49 Abs. 3 in Verbindung mit den §§ 44 bis 48 BBG). Zu beachten bleibt, dass auch hier der Versetzung in den Ruhestand die Regelung des § 35 S. 2 BBG im Weg stehen kann, wenn keine der Voraussetzungen des § 4 Abs. 1 BeamtVG erfüllt sind.

Hintergrundinformation
Für Landesbeamte auf Probe trifft § 28 BeamtStG inhaltlich dieselbe Regelung.

Schließlich muss man darauf hinweisen, dass eine Entlassung des Beamten auf Probe gem. § 34 Abs. 1 S. 1 Nr. 2 BBG auch bei mangelnder gesundheitlicher Eignung erfolgen kann, die – wie sich im Umkehrschluss aus § 34 Abs. 1 S. 1 Nr. 3 BBG ergibt – nicht unbedingt der dauernden Dienstunfähigkeit gleichsteht. Vielmehr genügt es dafür, dass während der Probezeit körperliche oder psychische

Probleme festgestellt werden, die die Möglichkeit häufiger Erkrankungen oder des Eintritts der dauernden Dienstunfähigkeit schon vor Erreichen der Altersgrenze nicht mit hoher Wahrscheinlichkeit ausschließen (BVerwG ZBR 1963, S. 215; BVerwG NJW 1993, S. 2546 f.; BVerwG NVwZ-RR 2002, S. 49; Battis 2009, § 34 Rn. 7). Hierauf ist im Rahmen der ärztlichen Begutachtung eines Beamten auf Probe einzugehen.

- **Beamter auf Widerruf/Ehrenbeamter**

Der Beamte auf Widerruf kann bei Dienstunfähigkeit nicht in den Ruhestand versetzt, sondern gem. § 37 Abs. 1 S. 1 BBG entlassen werden. Der Ehrenbeamte wird bei Eintritt der Dienstunfähigkeit ebenfalls nicht in den Ruhestand versetzt, sondern gem. § 133 Abs. 1 Nr. 1 BBG verabschiedet.

»Gerichtliche Kontrolle« der Dienstunfähigkeit

- **Möglichkeiten einer gerichtlichen Überprüfung**

Zu einer gerichtlichen Überprüfung der Dienstunfähigkeit kommt es vor allem in 2 Situationen:

- Einmal ist dies möglich, wenn der Beamte wegen bestehender Dienstunfähigkeit in den Ruhestand versetzt werden will, der Dienstherr ihn aber für dienstfähig hält und die Versetzung deshalb verweigert. Hier kann der Beamte versuchen, die Versetzung in den Ruhestand im Wege der Verpflichtungsklage vor dem Verwaltungsgericht zu erreichen.
- Ferner kommt in Betracht, dass der Beamte sich gegen seine Versetzung in den Ruhestand wehrt, weil er sich entgegen der Ansicht seines Dienstherren für dienstfähig hält. In diesem Fall muss er vor dem Verwaltungsgericht Anfechtungsklage gegen die Versetzungsverfügung erheben.

- **Vorgehen des Gerichts**

Die in beiden Situationen entscheidende Frage lautet, ob der jeweilige Beamte dienstfähig ist oder nicht. Der Behörde steht nach ständiger Rechtsprechung des BVerwG (BVerwGE 16, S. 285, 287; BVerwG NVwZ 1991, S. 477 f.) kein Beurteilungsspielraum zu (so aber Battis 2009, § 44 Rn. 4), sodass die Frage der Dienstunfähigkeit unein-

geschränkt gerichtlich kontrolliert werden kann (so auch OVG Oldenburg, Az.: 6 A 4532/02, n. v.; Scheerbarth et al. 1992, S. 535; Loebel 1999, S. 20).

Hierbei ist auf dieselbe Art und Weise vorzugehen, wie dies bereits für das behördliche Verfahren dargestellt wurde. Das Gericht muss also einen die Leistungsfähigkeit beeinträchtigenden Zustand feststellen und dann fragen, ob der betroffene Beamte deshalb seine Dienstpflichten nicht mehr erfüllen kann.

Allerdings muss auf unterschiedliche Zeitpunkte abgestellt werden. Während bei der Verpflichtungsklage die Sachlage im Zeitpunkt der letzten mündlichen Verhandlung maßgebend ist, entscheidet im Rahmen der Anfechtungsklage der Zeitpunkt der letzten Verwaltungsentscheidung, d. h. regelmäßig der des Erlasses des Widerspruchsbescheides. Das Gericht muss prüfen, ob zu diesem Zeitpunkt die entscheidende Behörde nach den ihr zur Verfügung stehenden Erkenntnissen annehmen durfte, der Betroffene sei dauernd dienstunfähig (BVerwGE 105, S. 267, 269; BVerwG NVwZ-RR 1998, S. 572; Bay VGH in Schütz u. Maiwald-ES/A II 5.1 Nr. 5; OVG Hamburg DÖD 1989, S. 211 ff.; Weber 2003, S. 67; Spiess 2000, S. 105).

- - **»Geistige Schwäche«**

Wie die Dienstbehörde ist auch das Gericht bei der Feststellung der den forensischen Psychiater interessierenden »geistigen Schwäche« des Beamten regelmäßig auf die Hilfe eines psychiatrischen Sachverständigen angewiesen (BVerwGE 21, S. 240, 243). Ein Verzicht auf eine gutachterliche Feststellung kommt nur ausnahmsweise dann in Betracht, wenn die maßgebenden Umstände auch einer Person ohne medizinische Ausbildung den eindeutigen Schluss auf eine geistige Schwäche gestatten (BVerwGE 21, S. 240, 243).

Das Gericht kann im Wege des Urkundsbeweises auf das im behördlichen Verfahren erstellte Gutachten zurückgreifen (BVerwGE 69, S. 70, 73 f.; BVerwG ZBR 1967, S. 148, 150; BVerwG DVBl 1980, S. 593 f.; BVerwG DÖV 1986, S. 1063). Allerdings darf es sich aufgrund seiner Aufklärungspflicht aus § 86 Abs. 1 S. 1 VwGO nicht allein mit dem schriftlichen Gutachten eines Sachverständigen begnügen (BVerwG VerwRspr 16, S. 877, 880).

Vielmehr ist es gehalten, den Sachverständigen persönlich zu hören und erforderlichenfalls ein Obergutachten einzuholen bzw. einen weiteren Sachverständigen hinzuzuziehen (BVerwG Verw-Rspr 16, S. 877, 879 f.). Dies gilt insbesondere dann, wenn ein Beteiligter das Gutachten des Sachverständigen durch substantiiertes Vorbringen in Frage stellt (BVerwGE 69, S. 70, 73; BVerwG DÖV 1986, S. 1063).

Die Pflicht des Gerichts, das persönliche Erscheinen des Sachverständigen anzuordnen, kann sich im Übrigen auch aus § 98 VwGO in Verbindung mit den §§ 411 Abs. 3, 402 und 397 ZPO ergeben, wenn ein Beteiligter dies beantragt.

Im Rahmen des Gutachtenauftrages unterliegt der Sachverständige, bei dem es sich regelmäßig um einen Arzt handeln wird, wie bei forensisch-psychiatrischen Gutachten im Allgemeinen, nicht der ärztlichen Schweigepflicht (Fischer 1985, S. 166).

▪ ▪ Dienstunfähigkeit

Zwar ist es möglich, dass das Gutachten eine eigene Prognose über die Dienstfähigkeit trifft, jedoch entscheidet das Gericht über diese Frage letztlich selbstständig unter Zugrundelegung aller ermittelten Tatsachen (BVerwG VerwRspr 16, S. 877, 880; OVG Hamburg ZBR 1989, S. 211 f.). Hierbei kommt es, wie bereits bei der behördlichen Entscheidung, darauf an, ob die Schwäche dazu führt, dass der Beamte seinen Dienstpflichten nicht mehr nachkommen kann.

12.1.4 Dienstfähigkeit von Soldaten

Bezüglich der Dienstfähigkeit von Soldaten gelten Sondervorschriften. Soldaten sind keine Beamten, da sie gemäß § 1 Abs. 1 S. 1 SG (Gesetz über die Rechtsstellung der Soldaten) in einem Wehrdienstverhältnis stehen. Für den Fall, dass ein Soldat »wegen seines körperlichen Zustandes oder aus gesundheitlichen Gründen zur Erfüllung seiner Dienstpflichten dauernd unfähig (dienstunfähig)« geworden ist, sieht § 44 Abs. 3 S. 1 SG die Versetzung in den Ruhestand vor. Der identische Wortlaut mit § 44 Abs. 1 S. 1 BBG und § 26 Abs. 1 S. 1 BeamtStG ist kein Zufall, da der Gesetzgeber § 44

Abs. 3 S. 1 SG bewusst an die beamtenrechtlichen Regelungen angeglichen hat. Nach allgemeiner Ansicht kann deshalb bezüglich des soldatenrechtlichen Begriffs auf den beamtenrechtlichen Begriff (▶ Abschn. 12.1.2) rekurriert werden (Walz/Eichen/Sohm-Eichen § 44 Rn. 28). Ebenso können die Bestimmungen für die Durchführung der ärztlichen Untersuchung bei Musterung und Dienstantritt von Wehrpflichtigen, Annahme und Einstellung von freiwilligen Bewerbern sowie bei der Entlassung von Soldaten (ZDv 46/1, aktueller Stand: 2010) herangezogen werden, welche die Tauglichkeitskriterien für Soldaten festlegen (T1–T6). Entspricht der Tauglichkeitsgrad nicht mehr den gesundheitlichen Anforderungen, die an den Soldaten gestellt werden, so ist er dienstunfähig.

Als Gründe für die Dienstunfähigkeit kommen gemäß § 44 Abs. 3 S. 1 SG nicht nur vorübergehende Krankheiten in Betracht, sondern auch Unfälle, die sich im außerdienstlichen Bereich ereignet haben. Insbesondere können auch psychische Beeinträchtigungen die Dienstunfähigkeit im Sinne des § 44 Abs. 3 S. 1 SG begründen. Wie im Beamtenrecht kommt es bei § 44 Abs. 3 S. 1 SG auf eine gewisse Dauerhaftigkeit der Erkrankung an, wobei die Dienstunfähigkeit nach § 44 Abs. 3 S. 2 SG vermutet wird, wenn eine Wiederherstellung der zum Dienst erforderlichen Fähigkeiten nicht innerhalb eines Jahres zu erwarten ist.

Darüber hinaus muss der Soldat für eine Versetzung in den Ruhestand gemäß § 44 Abs. 5 S. 1 SG mindestens 5 Jahre im Dienst gewesen oder in Folge einer Wehrdienstbeschädigung dienstunfähig geworden sein. War der Soldat weniger als 5 Jahre im Dienst, besteht im Falle der Dienstunfähigkeit die Möglichkeit einer Zahlung eines Unterhaltsbeitrags gemäß § 36 SVG. Ist der Soldat in Folge einer Wehrdienstbeschädigung dienstunfähig geworden, greifen zudem die §§ 80 SVG ff. zu seinen Gunsten (▶ Abschn. 12.3.1). Ist der Soldat dienstunfähig ohne die weiteren Voraussetzungen des § 44 Abs. 5 S. 1 SG zu erfüllen, ist er gemäß § 46 Abs. 2 S. 1 Nr. 6 SG aus dem Wehrdienstverhältnis zu entlassen.

Mittels Gutachten eines Arztes der Bundeswehr wird die Dienstunfähigkeit von Amts wegen oder auf Antrag festgestellt (§ 44 Abs. 4 S. 1 SG), wobei sich die Bundeswehr gemäß § 44 Abs. 4 S. 3

SG auch fremder Sachverständiger bedienen kann. Die Norm erlaubt den Rückgriff auf medizinische Expertise außerhalb des öffentlichen Dienstes, was auch der Verfahrensbeschleunigung zuträglich sein kann (vgl. Walz et al. 2010, § 44 Rn. 41).

Liegt eine nicht nur vorübergehende Dienstunfähigkeit vor, erhält der Soldat ein Ruhegehalt nach den §§ 15 SVG ff.

Soldaten auf Zeit können im Falle ihrer Dienstunfähigkeit nicht in den Ruhestand versetzt werden; sie sind gemäß § 55 Abs. 2 SG aus dem Dienst zu entlassen. In diesem Fall werden sie in der gesetzlichen Rentenversicherung nachversichert.

12.2   Rentenversicherungsrecht

Die gesetzliche Rentenversicherung ist überwiegend im 6. Buch des Sozialgesetzbuches (SGB VI) geregelt. Sie erbringt zum einen diverse **Leistungen zur Teilhabe** (▶ Abschn. 12.2.2), um den Auswirkungen einer Krankheit oder Behinderung auf die Erwerbsfähigkeit entgegenzuwirken oder sie zu überwinden. Das Ziel dieser Leistungen zur Teilhabe besteht darin, Beeinträchtigungen der Erwerbsfähigkeit des Versicherten oder sein vorzeitiges Ausscheiden aus dem Erwerbsleben zu verhindern oder, wenn der Versicherungsfall bereits eingetreten ist, den Versicherten möglichst dauerhaft – wenigstens teilweise – wieder in das Erwerbsleben einzugliedern (§ 9 Abs. 1 S.1 SGB VI). Zum anderen erbringt die gesetzliche Rentenversicherung Rentenleistungen wegen Alters, wegen verminderter Erwerbsfähigkeit oder wegen Todes (§ 33 Abs. 1 SGB VI; zu weiteren, hier nicht relevanten Leistungen der Rentenversicherung s. Fichte 2007).

Davon soll im vorliegenden Abschnitt ausschließlich die **Rente wegen (krankheits- oder behinderungsbedingt) verminderter Erwerbsfähigkeit** behandelt werden, weil über ihre Anspruchsvoraussetzungen – anders als bei den beiden anderen Rentenarten – regelmäßig nur mit Hilfe eines medizinischen Sachverständigen entschieden werden kann. Gemäß § 33 Abs. 3 Nr. 1 und 2 SGB VI wird sie geleistet als Rente wegen teilweiser oder voller Erwerbsminderung (▶ Abschn. 12.2.3), ferner in Sonderfällen, die sich aufgrund der Änderung des Rentenversicherungsrechts ergeben können

(§ 228 SGB VI, ▶ Abschn. 12.2.4), als Rente wegen Berufsunfähigkeit (§ 33 Abs. 3 Nr. 4 SGB VI), wegen Erwerbsunfähigkeit (§ 33 Abs. 3 Nr. 5 SGB VI) und wegen teilweiser Erwerbsminderung bei Berufsunfähigkeit (§ 33 Abs. 5 SGB VI).

Hintergrundinformation
Die Änderungen des Rentenversicherungsrechts waren lange Zeit diskutiert worden, wurden jedoch erst durch das Gesetz zur Reform der Renten wegen verminderter Erwerbsfähigkeit vom 20.12.2000 (BGBl I 2000, S. 1827) realisiert, das am 1.1.2001 in Kraft trat (s. den Kurzüberblick bei Fichte 2007; ausführlich zur Reformdiskussion und mit Kritik Schulin-Köbl 1999, § 26 Rn. 1 ff.; zum neuen Recht vgl. auch Joussen 2002 sowie Waltermann 2012, Rn. 326 ff.).

12.2.1   Krankheit und Behinderung im rentenversicherungsrechtlichen Sinne

Schon die einleitende Darstellung verdeutlicht, dass neben der Erwerbsfähigkeit den Begriffen »Krankheit« und »Behinderung« im Rentenversicherungsrecht zentrale Bedeutung zukommt. Sie sollen deshalb vorab erläutert werden, bevor auf die sonstigen (insbesondere die Erwerbsfähigkeit betreffenden) Voraussetzungen für Leistungen und Renten eingegangen wird.

Begriffsklärung
- **Krankheit**

Nicht selten liest man, dass sich Krankheit im medizinischen und im rechtlichen Sinne unterscheiden. Während unter Krankheit im medizinischen Sinne ein gewisser regelwidriger Zustand von Körper oder Psyche fallen soll, der von der gesunden Norm abweicht, könne eine Krankheit im Rechtssinne erst dann angenommen werden, wenn die Regelwidrigkeit überdies ein gewisses »krankmachendes« Ausmaß, einen »Krankheitswert« erreiche, mithin klinisch-funktionell manifest geworden sei und/oder zu Funktionsstörungen bzw. Beschwerden führe, die eine Beeinträchtigung der Erwerbsfähigkeit bewirkten (BSGE 21, S. 189 ff.; mit weiteren Nachweisen aus der Rechtsprechung Erlenkämper 2003, 2007, ähnlich Lassner 2002).

Die Unterscheidung erscheint nicht nur nach dem Sprachgebrauch zweifelhaft. Richtig ist allerdings, dass nicht jede medizinisch begriffene Krankheit auch rechtlich relevant wird. Das hängt damit zusammen, dass das Gesetz neben dem Bestehen einer Krankheit weitere Voraussetzungen aufstellt, etwa im Rahmen der hier thematisierten Leistungs- und Rentenansprüche des SGB VI eine durch das Leiden hervorgerufene (drohende) Beeinträchtigung der Erwerbsfähigkeit. Gerade aber der Umstand, dass diese anderen Anspruchsbedingungen neben dem Kriterium der Krankheit vom Gesetz gefordert werden, zeigt, dass die negativen Auswirkungen auf die Erwerbsfähigkeit im rechtlichen Krankheitsbegriff selbst nicht enthalten sind.

Der hier vorgebrachte Einwand ist auch nicht nur sprachlicher Natur. Die Diagnose des Leidens muss zwingend von der Feststellung, ob eine Erwerbsminderung vorliegt, abgegrenzt werden. Ersteres stellt eine ärztliche Frage dar, Letzteres hingegen eine rein rechtliche (Foerster 2009; Erlenkämper 2003).

- **Behinderung**

Eine Behinderung liegt gemäß der auch im Rentenversicherungsrecht geltenden Definition des § 2 Abs. 1 S. 1 SGB IX vor, wenn die körperliche Funktion, geistige Fähigkeit oder seelische Gesundheit eines Menschen, also seine somatischen oder kognitiv-emotionalen Funktionen, mit hoher Wahrscheinlichkeit länger als 6 Monate von dem für das Lebensalter typischen Zustand abweichen und daher seine Teilhabe am sozialen Leben beeinträchtigt ist.

Durch das Abstellen auf den für das Lebensalter typischen Zustand ist es ausgeschlossen, dass die mit dem normalen Alterungsprozess verbundenen Beschwerden als Behinderung oder als Krankheit begriffen werden, solange sie nicht über das Normalmaß hinausgehen. Andernfalls würden die Rente wegen Erwerbsminderung und die Rente wegen Alters (§§ 35 ff. SGB VI) vermischt.

Der Behinderungsbegriff erfasst alle dauerhaften Gesundheitsschäden und sonstigen Funktionsstörungen oder Schwächen körperlicher, geistiger oder seelischer Art (Erlenkämper 2007). Eine exakte Abgrenzung von dem Begriff »Krankheit« ist aus diesem Grunde kaum möglich (Schulin

1999, § 21 Rn. 34), im Rentenversicherungsrecht aber auch nicht nötig, weil dort beide Begriffe stets paarweise auftreten und somit gleich behandelt werden.

Allgemeines zur Begutachtung

Für die Erbringung von Renten und sog. Leistungen zur Teilhabe entscheidet letztlich, ob und in welchem Maße der Versicherte erwerbsfähig ist. Das Gutachten soll für diese vom Rentenversicherungsträger bzw. vom Gericht zu beurteilende Rechtsfrage eine Teilgrundlage bilden (Erlenkämper 2003; Foerster 2009). Es darf sich daher nicht auf die Diagnose beschränken, sondern muss darüber hinaus die infolge des Leidens auftretenden physischen und psychischen Beeinträchtigungen sowie den prognostizierbaren Verlauf der Krankheit oder Behinderung erfassen (Foerster 2009; Foerster u. Dressing 2014). Auf die festgestellten Funktionsstörungen muss das Gutachten – ebenso wie auf u. U. vom Versicherten behauptete, in Wirklichkeit aber nicht vorliegende Beschwerden – detailliert und geordnet eingehen (Erlenkämper 2003).

> **Hintergrundinformation**
> Beispielsweise ist darzulegen, ob der Versicherte noch in der Lage ist, leichte/mittelschwere/schwere körperliche Arbeiten zu verrichten und ob hierbei Einschränkungen zu beachten sind, z. B. nicht/nicht ständig/nicht länger als X Minuten/Stunden in gebückter/sonstiger Zwangshaltung arbeiten zu dürfen etc. (Erlenkämper 2003).

Auch soll dargelegt werden, wenn der Versicherte eine Tätigkeit zwar noch verrichten kann, dies jedoch nur unter Schmerzen und/oder physischer bzw. psychischer Überforderung möglich ist (Erlenkämper 2003). Die Ursache des Leidens hingegen hat im Rentenversicherungsrecht keine Bedeutung (Widder 2001), solange die Erwerbsminderung nicht absichtlich (§ 103 SGB VI) oder im Zuge einer sich als Verbrechen i. S. d. § 12 Abs. 1 StGB oder als vorsätzliches Vergehen darstellenden Handlung (§ 104 Abs. 1 SGB VI) herbeigeführt wurde.

> ❯ **Im Gutachten ist aufzuzeigen, welches Leistungsvermögen vorhanden (positives Leistungsbild) und welches nicht vorhanden ist**

(negatives Leistungsbild). Diese Beurteilung sollte nachvollziehbar begründet werden. Einfluss auf die konkrete Leistungsfähigkeit können insbesondere haben:

1. Kognitive Fähigkeiten wie Aufmerksamkeit und Konzentration, kognitive Flexibilität, Informationsverarbeitungsgeschwindigkeit, Problemlösefähigkeit und Fähigkeit zu logischem Denken, Wahrnehmungskompetenz sowie Gedächtnisleistungen
2. Antrieb und Psychomotorik, Handlungs- und Veränderungsmotivation
3. Affektivität, emotionale Belastbarkeit, Frustrationstoleranz
4. Psychosoziale Kompetenzen wie psychosoziale Anpassungsfähigkeit, Konfliktverhalten, Kommunikationskompetenz

Diese Merkmale müssen sowohl im Quer- als auch im Längsschnitt beurteilt werden, um Aussagen über die zukünftige Entwicklung und die Beeinflussbarkeit durch rehabilitative und therapeutische Maßnahmen treffen zu können.

Als Orientierungsrahmen für die Beurteilung der Leistungsfähigkeit kann die Internationale Klassifikation der Funktionsfähigkeit, Behinderung und Gesundheit der WHO (ICF, International Classification of Functioning, Disability and Health) (http://www.dimdi.de/static/de/klassi/icf/index.htm) dienen. Die ICF stellt ein Klassifikationssystem dar, das die Beschreibung von Funktionsfähigkeit und Behinderung auf der Grundlage eines integrativen biopsychosozialen Modells ermöglicht.

> **Tipp**
>
> Leitlinien der Deutschen Rentenversicherung für die sozialmedizinische Beurteilung von Menschen mit psychischen Störungen sind im Internet abrufbar unter:
> http://www.deutsche-rentenversicherung.de/Allgemein/de/Inhalt/3_Infos_fuer_Experten/01_sozialmedizin_forschung/01_sozialmedizin/03_begutachtung/psyche_verhalten_sucht.html

In der Praxis besonders relevant für die im Rahmen der Rentenversicherung erforderliche Begutachtung sind die folgenden psychischen Erkrankungen:

- affektive Störungen,
- schizophrene Störungen,
- Suchterkrankungen,
- somatoforme Störungen,
- Konversionsstörungen (dissoziative Störungen) und
- Angststörungen.

Dessen ungeachtet kann aber auch jedes andere Leiden, sofern es unter die eben erörterten Begriffe von Krankheit oder Behinderung fällt, einen Anspruch auf Leistungen zur Teilhabe oder einen Rentenanspruch wegen Erwerbsminderung begründen, wenn die übrigen gesetzlichen Voraussetzungen vorliegen.

> ⚙ **Entscheidend für die sozialmedizinische Beurteilung ist nicht eine ätiologische Diagnose, sondern ausschlaggebend ist die Ausprägung der psychopathologischen Symptomatik.**

Bei der Feststellung somatischer Störungen ist vor allem auf die möglicherweise bestehende **komorbide Ausprägung der psychopathologischen Symptomatik** zu achten (Foerster 2000). Diesbezügliche Untersuchungen hängen stark von der zuvor gestellten Diagnose ab. Für das psychiatrische Gutachten sind solche Fälle deshalb von Bedeutung, weil sich bei somatischen Störungen einerseits bisweilen eine depressive oder Anpassungsstörung als Reaktion auf die somatische Krankheit entwickelt, andererseits sich eine verhaltenstherapeutische Behandlung dann empfiehlt, wenn Bewältigungsstrategien den Umgang mit den somatisch bedingten Einschränkungen erleichtern (z. B. Mahler et al. 1998 für Hautkrankheiten).

Gerade bei Verhaltens- und Belastungsstörungen als auch bei Persönlichkeitsstörungen und Schmerzstörungen sowie insbesondere auch bei psychisch Gesunden besteht die Gefahr von **Simulation** und **Aggravation** (▶ Abschn. 1.4.1; ▶ Abschn. 12.4.2). Wegen dieser Simulationsgefahr stellt die Rechtsprechung an den Nachweis solcher Störungen hohe Anforderungen. Insbesondere trägt der Versicherte die Beweislast für das Vorhandensein des Leidens, sodass Unsicherheiten zu seinen Lasten gehen (BSG SozR 3-2600, § 43 Nr. 14). Kann der Sachverständige die Simulation oder Aggravation eindeutig nachweisen, so sollte er dies einerseits im Gutachten deutlich zum Ausdruck bringen, andererseits jedoch bei seiner Wortwahl deshalb vorsichtig sein, weil eine zu krasse Formulierung zu einer Ablehnung wegen Befangenheit durch den Antragsteller führen kann (§ 118 Abs. 1 S. 1 SGG in Verbindung mit §§ 406 Abs. 1 S. 1, 42 ZPO; Erlenkämper 2003). Entsprechendes gilt umso mehr, wenn lediglich der Verdacht der Simulation oder Aggravation besteht.

Voraussetzung für die Annahme einer relevanten Erkrankung ist stets, dass der Betroffene die psychische Störung einschließlich ihrer Auswirkungen auf die Erwerbsfähigkeit nicht aus eigener Kraft – und sei es mit fremder Hilfe – überwinden kann (BSGE 21, S. 189; vgl. auch BSG SozR 3-2200, § 1254 RVO a. F. Nr. 15). Die Störung muss somit bereits derart fixiert, derart »eingeschliffen« sein, dass sie sich einer willentlichen Steuerung entzieht (Fichte 2007).

Eine Überwindbarkeit psychischer Störungen durch eine »zumutbare Willensanspannung« ist umso eher zu verneinen, je mehr folgende Kriterien zutreffen (Winckler u. Foerster 1996):

1. auffällige prämorbide Persönlichkeitsstruktur bzw. –entwicklung;
2. Komorbidität mit anderen psychischen Erkrankungen wie Persönlichkeitsstörungen, Suchterkrankungen, hirnorganischen Beeinträchtigungen;
3. chronische körperliche Begleiterkrankungen;
4. Verlust sozialer Integration (Scheidung, Arbeitsplatzverlust, sozialer Rückzug);
5. hoher primärer und/oder sekundärer Krankheitsgewinn;
6. primär chronifizierter Krankheitsverlauf ohne längerdauernde Remissionen;
7. mehrjährige Krankheitsdauer mit stabiler oder progredienter Symptomatik;
8. unbefriedigende Behandlungsergebnisse trotz konsequent und lege artis durchgeführter Behandlungsmaßnahmen, v. a. gescheiterte stationäre Therapien.

Zudem sind das intellektuelle Niveau, die Motivation und das Durchhaltevermögen einzubeziehen.

Hintergrundinformation
Die Frage, ob der Patient seine Störung selbst zu überwinden vermag, ist für das Vorliegen einer Krankheit oder Behinderung genaugenommen irrelevant, was infolge der unpräzisen Definition des Begriffes »Krankheit« allerdings oft übersehen wird. Vielmehr handelt es sich um einen Aspekt der Kausalität zwischen dem Leiden einerseits und der Beeinträchtigung der Erwerbsfähigkeit andererseits. Ist der Patient noch zu einer willentlichen Steuerung seiner Krankheit/Behinderung in der Lage, so verursacht eben nicht diese, sondern seine fehlende Bereitschaft die Erwerbsminderung.

12.2.2 Leistungen zur medizinischen Rehabilitation und zur Teilhabe am Arbeitsleben

Aufgabe und Leistungsinhalt

Die gesetzlichen Leistungen der Rentenversicherung gliedern sich im Wesentlichen in Leistungen zur medizinischen Rehabilitation und Leistungen zur Teilhabe am Arbeitsleben.

Hintergrundinformation
Daneben treten das Übergangsgeld (§§ 20, 21 SGB VI) als Entgeltersatzleistung, ergänzende Leistungen (§ 28 SGB VI), wie Haushaltshilfe oder Reisekosten (Waltermann 2012, Rn. 347), und sonstige Leistungen (§ 31 SGB VI), z. B. stationäre medizinische Leistungen (§ 31 Abs. 1 Nr. 2 SGB VI) oder die stationäre Heilbehandlung für Kinder von Versicherten (§ 31 Abs. 1 Nr. 4 SGB VI) hinzu.

Die **Leistungen zur medizinischen Rehabilitation** umfassen sämtliche Maßnahmen, die erforderlich sind, um Behinderungen (einschließlich chronischer Krankheiten) und die daraus resultierenden Einschränkungen der Erwerbsfähigkeit abzuwenden, zu beseitigen, zu mindern, auszugleichen oder zumindest deren Verschlimmerung zu verhüten (§ 26 Abs. 1 SGB IX).

Hintergrundinformation
Alle hier zitierten Vorschriften des SGB IX sind im Rentenversicherungsrecht gem. § 15 Abs. 1 S. 1 SGB VI bzw. § 16 SGB VI anwendbar. Aus Gründen besserer Lesbarkeit werden diese beiden Verweisungsnormen jedoch zukünftig nicht mit angeführt.

Demgegenüber erstrecken sich die **Leistungen zur Teilhabe am Arbeitsleben** auf Maßnahmen, die zur Erhaltung, Verbesserung oder (Wieder-) Herstellung der Erwerbsfähigkeit des Versicherten entsprechend seiner Leistungsfähigkeit notwendig sind, um seine Teilhabe am Arbeitsleben möglichst auf Dauer zu sichern (§ 33 Abs. 1 SGB IX). Sämtliche Leistungen zur Teilhabe gehen solchen Rentenleistungen vor, die bei erfolgreicher Rehabilitation nicht oder voraussichtlich erst zu einem späteren Zeitpunkt zu erbringen wären (Waltermann 2012, Rn. 345); es gilt der bekannte, mittlerweile in § 9 Abs. 1 S. 2 SGB VI festgehaltene Grundsatz »Rehabilitation vor Rente«.

Rechtliche Voraussetzungen

Die rechtlichen Voraussetzungen beider Leistungsarten sind weitgehend identisch. Entgegen dem Wortlaut des § 9 Abs. 2 SGB VI, der den Eindruck erweckt, bei der Frage nach dem »Ob« der Leistungserbringung handele es sich um eine Ermessensentscheidung des Rentenversicherungsträgers (»Leistungen […] **können** erbracht werden«), besteht eine **Leistungspflicht**, sobald die persönlichen und versicherungsrechtlichen Voraussetzungen vorliegen (BSGE 57, S. 157, 161). Lediglich das »Wie«, also Art, Dauer, Umfang, Beginn und Durchführung der Leistungen, unterliegt dem pflichtgemäßen Ermessen und kann somit vom Träger der Rentenversicherung einzelfallbezogen sowie unter Beachtung der Grundsätze der Wirtschaftlichkeit und Sparsamkeit bestimmt werden (§ 13 Abs. 1 S. 1 SGB VI).

> ⊗ **Dem Sachverständigen kommt sowohl bei der Prüfung, ob dem Versicherten überhaupt Leistungen zuzusprechen sind, als auch bei der Bestimmung des »Wie« ihrer Erbringung eine wichtige Rolle zu. Denn die Grundlage beider Entscheidungen ist in der Regel medizinisch begründet und entzieht sich somit regelmäßig der Kompetenz des entscheidenden Versicherungsträgers bzw. Richters.**

■ **Persönliche Voraussetzungen**

Die persönlichen Voraussetzungen erfüllen gem. § 10 Abs. 1 SGB VI diejenigen Versicherten, deren Erwerbsfähigkeit wegen Krankheit oder körperlicher, geistiger oder seelischer Behinderung erheb-

lich gefährdet oder gemindert ist (Nr. 1) und bei denen voraussichtlich

- **bei erheblicher Gefährdung der Erwerbsfähigkeit** eine Minderung der Erwerbsfähigkeit durch Leistungen zur medizinischen Rehabilitation oder zur Teilhabe am Arbeitsleben abgewendet werden kann (Nr. 2 Lit. a);
- **bei geminderter Erwerbsfähigkeit** diese durch Leistungen zur medizinischen Rehabilitation oder zur Teilhabe am Arbeitsleben wesentlich gebessert oder wiederhergestellt oder hierdurch deren wesentliche Verschlechterung abgewendet werden kann (Nr. 2 Lit. b);
- **bei teilweiser Erwerbsminderung** ohne Aussicht auf eine wesentliche Besserung der Erwerbsfähigkeit der Arbeitsplatz durch Leistungen zur Teilhabe erhalten werden kann (Nr. 2 Lit. c).

Ferner liegen die persönlichen Voraussetzungen für die Inanspruchnahme der genannten Leistungen vor, wenn der Versicherte erwerbs- oder berufsunfähig ist, und seine Erwerbsfähigkeit voraussichtlich durch diese Leistungen wesentlich gebessert oder wiederhergestellt werden kann (§ 301 Abs. 3 SGB VI). Für im Bergbau Tätige ist die Spezialvorschrift des § 10 Abs. 2 SGB VI zu beachten.

■■ **Allgemeines**

Der Wortlaut des § 10 Abs. 1 SGB VI fordert ein zweistufiges Vorgehen. Zunächst muss die **Rehabilitationsbedürftigkeit** geprüft werden, ob also die Erwerbsfähigkeit des Versicherten infolge eines Leidens erheblich gefährdet oder bereits gemindert ist. Dazu muss man nicht nur das Vorliegen **einer Krankheit oder Behinderung** feststellen, sondern auch die dadurch bedingten **Einschränkungen bzw. Gefährdungen der Erwerbsfähigkeit** (KassKomm-Kater 2009, § 6 SGB VI Rn. 3 ff.; vgl. auch Lassner 2002).

Hintergrundinformation
Zu beachten bleibt, dass die Erwerbsfähigkeit durch Krankheit oder Behinderung beeinträchtigt sein muss. Andere erwerbsmindernd wirkende Gründe, etwa die Veraltung des Berufswissens (Schulin 1999, § 22 Rn. 20) oder soziale Schwierigkeiten, wie z. B. Wohnungsprobleme (BSG SozR 3-2200, § 1237 Nr. 4), begründen keinen Anspruch auf rentenversicherungsrechtliche Leistungen.

Unter **Erwerbsfähigkeit** versteht man die Fähigkeit, die bisherige berufliche Tätigkeit in möglichst normalem Umfang weiterhin auszuüben. Entscheidend ist somit nicht, welche Erwerbsmöglichkeiten der Arbeitsmarkt allgemein bietet, sondern grundsätzlich die konkrete bisherige Tätigkeit des Versicherten (BSGE 48, S. 74 f.; BSG SGb 2006, S. 348; Waltermann 2012, Rn. 346). Jedoch muss der Gutachter das gesamte Tätigkeitsspektrum der letzten Jahre berücksichtigen (BSGE 49, S. 263, 267), insbesondere dann, wenn der Versicherte in diesem Zeitraum wechselnden Beschäftigungen nachging. Eine Minderung oder Gefährdung des Leistungsvermögens in einem verhältnismäßig unbedeutenden Teil dieses Spektrums genügt nicht, um Ansprüche zu begründen (Schulin 1999, § 22 Rn. 30 mit weiteren Nachweisen).

Nach der Prüfung der Rehabilitationsbedürftigkeit ist in einem zweiten Schritt die **Rehabilitationsfähigkeit**, i. S. d. § 10 Abs. 1 Nr. 2 SGB VI, zu untersuchen. Dies erfordert eine Prognose, ob die vom Gesetz zur Verfügung gestellten Leistungen Erfolg versprechen, wobei die Norm hinsichtlich verschiedener »Stufen« der Rehabilitationsbedürftigkeit unterscheidet. Der Behandlungserfolg wird dabei im Recht der Rentenversicherungen nur mit Blick auf die Erwerbsfähigkeit (bzw. Erhaltung des Arbeitsplatzes) beurteilt. Den Hintergrund dessen bildet der Zweck der Rehabilitationsleistungen, zukünftige Rentenzahlungen zu verhindern.

Die bloße Linderung des Leidens oder die bloße Verbesserung der Lebensumstände stellen somit per se kein rentenversicherungsrechtlich anzustrebendes Behandlungsziel dar und genügen folglich für sich genommen nicht, um einen Anspruch auf »Leistungen zur Teilhabe« zu begründen (BSG SozR 3-5765, § 1 Nr. 1; BSG SozR 3-2200, § 1237 Nr. 1). Erforderlich ist vielmehr, dass durch die Leistungen zumindest auch die Erwerbsfähigkeit positiv beeinflusst (d. h. gebessert, wiederhergestellt etc.) wird.

Im Rahmen der dazu erforderlichen Erfolgsprognose sind neben dem objektiv Möglichen (das heißt u. a. dem medizinischen Erkenntnisstand) stets auch die subjektiven Lebensumstände des Versicherten (persönliche Rehabilitationsfähigkeit) zu berücksichtigen (BSG NZS 2007, S. 542; KassKomm-Kater 2009, § 10 SGB VI Rn. 14). Darunter fallen insbesondere die intellektuellen Fähigkeiten und die Bereitschaft des Versicherten, an den Leistungen zur Teilhabe mitzuwirken (Schulin 1999, § 22 Rn. 18).

> **Bei der Erörterung der Erfolgsaussichten einer Leistung zur Teilhabe hat der Sachverständige formelhafte Stellungnahmen (z. B. »Die Maßnahmen versprechen keinen Erfolg«), die ohne nähere Begründung zu einem Ergebnis gelangen, zu vermeiden (Grüner 2009). Insbesondere im Falle der Ablehnung einer Maßnahme trotz medizinischer Indikation (z. B. wegen fehlender Mitwirkungsbereitschaft des Versicherten) müssen die Gründe des Für und Wider ausführlich dargelegt und abgewogen werden.**

■ ■ **Geminderte Erwerbsfähigkeit**

Rehabilitationsbedürftigkeit. Soll eine »Leistung zur Teilhabe« aufgrund einer Minderung der Erwerbsfähigkeit erbracht werden (§ 10 Abs. 1 Nr. 2 Lit. b SGB VI), dann muss diese Minderung von einem »gewissen Gewicht und voraussichtlich gewisser Dauer« sein (BSGE 28, S. 18, 20). Geminderte Erwerbsfähigkeit liegt auch dann vor, wenn der Versicherte zwar seinen beruflichen Anforderungen noch nachzukommen vermag, hierfür jedoch übermäßige Anstrengungen unternehmen muss oder sogar auf ein Entgegenkommen seines Arbeitgebers angewiesen ist. Denn auf Kosten der Gesundheit ausgeführte Arbeiten sind bei der Feststellung der Erwerbsfähigkeit nicht zu berücksichtigen (BSGE 51, S. 133 f.).

Rehabilitationsfähigkeit. Bei der Beurteilung der Erfolgsaussichten muss der Gutachter wiederum das Ziel der Leistungen zur Teilhabe berücksichtigen, das in der Vermeidung eines unmittelbar bevorstehenden Eintritts eines Rentenfalles besteht, beziehungsweise, falls er schon eingetreten sein sollte, in dessen Beseitigung. Für den Behandlungserfolg kann daher u. U. bereits eine geringfügige Verbesserung der geminderten Erwerbsfähigkeit genügen (Schulin 1999, § 22 Rn. 43).

Hintergrundinformation
Bei der Prüfung, ob ein Rentenfall unmittelbar droht, ist jedoch allein auf die Erwerbsfähigkeit des Betroffenen abzustellen und nicht auch auf sonstige Voraussetzungen (Wartezeit usw.). Leistungen zur Teilhabe können aus diesem Grunde auch dann zu gewähren sein, wenn dem (teilweise oder voll erwerbsgeminderten) Versicherten ein Rentenanspruch aus versicherungsrechtlichen Gründen offensichtlich nicht zustehen würde (Schulin 1999, § 22 Rn. 43 mit weiteren Nachweisen).

Des Weiteren sind Leistungen zur Teilhabe nach dem eindeutigen Wortlaut des Gesetzes (§ 10 Abs. 1 Nr. 2 Lit. b SGB VI) zu erbringen, wenn dadurch die Erwerbsfähigkeit voll wiederhergestellt, also die Leistungsminderung endgültig behoben wird.

▪▪ Erhebliche Gefährdung der Erwerbsfähigkeit
Auch im Falle einer erheblichen Gefährdung der Erwerbsfähigkeit, also vor Eintritt einer Minderung der Erwerbsfähigkeit, ist hinsichtlich der Ansprüche auf rentenversicherungsrechtliche Leistungen zwischen Rehabilitationsbedürftigkeit und -fähigkeit zu unterscheiden.

Rehabilitationsbedürftigkeit. Von einer erheblichen Gefährdung der Erwerbsfähigkeit spricht man, wenn die begründete Aussicht besteht, dass eine Minderung der Erwerbsfähigkeit in absehbarer Zeit, d. h. innerhalb von 3 Jahren, eintritt (KassKomm-Kater 2009, § 10 SGB VI Rn. 5). Die bloße Möglichkeit einer Erwerbsminderung reicht nicht aus. Andererseits bedarf es aber auch keiner gegenwärtigen oder unmittelbar bevorstehenden Gefahr (Schulin 1999, § 22 Rn. 35).

Rehabilitationsfähigkeit. Zu beachten ist, dass es das Gesetz bereits als Behandlungserfolg wertet, wenn die drohende Gefährdung der Erwerbsfähigkeit infolge der Leistungen zur Teilhabe abgewendet, also der Status quo gehalten werden kann (§ 10 Abs. 1 Nr. 2 Lit. a SGB VI). Dies rechtfertigt z. B. Frühbehandlungen von Krankheiten. Rein präventive Leistungen sind hingegen ausgeschlossen (Schulin 1999, § 22 Rn. 49).

▪▪ Teilweise Erwerbsminderung
Einen Anspruch auf Leistungen zur Teilhabe bei teilweiser Erwerbsminderung ohne Aussicht auf eine wesentliche Besserung der Erwerbsfähigkeit begründet § 10 Abs. 1 Nr. 2 Lit. c SGB VI, wenn dadurch der Arbeitsplatz des Betroffenen erhalten werden kann. Es handelt sich demnach um eine Konstellation, in der vom Versicherungsträger eigentlich eine Rente gem. § 43 Abs. 1 SGB VI zu erbringen wäre.

Das Motiv dieser relativ neuen Gesetzesregelung ist eng verbunden mit dem Grundsatz der Wirtschaftlichkeit und Sparsamkeit (vgl. BT-Drucks. 13/8011, S. 52): Vergleichsweise kostengünstige Leistungen zur Teilhabe sollen auch dann erbracht werden, wenn hierdurch zwar nicht die Erwerbsfähigkeit des Betroffenen verbessert, immerhin aber sein Arbeitsplatz erhalten werden kann und man damit eine kostenintensivere Rentenzahlung vermeidet. Zu denken ist in diesem Zusammenhang insbesondere an eine Umstellung von Voll- auf Teilzeitarbeit und die dafür erforderliche Feststellung der Leistungsmöglichkeiten, ferner an eine entsprechende Eingliederung (BT-Drucks. 13/8011, S. 52).

Beispiel
▪ **Fall 12.5**
Seit mehreren Jahren litt Erich J., ein 49-jähriger Bauschlosser, an einer Zwangserkrankung (ICD-10: F42.1). Die häufig auftretenden Kontroll- und Zählzwänge führten am Arbeitsplatz immer wieder zu problematischen Situationen, da Herr J. aufgrund der Zwänge übermäßig lange für die geforderten Tätigkeiten benötigte. Nachdem er in einem psychiatrisch-psychotherapeutischen Fachkrankenhaus stationär medikamentös und psychotherapeutisch behandelt worden war, war es ihm aber möglich, die Zwänge stundenweise weitgehend zu unterdrücken. Die medikamentöse und psychotherapeutische Behandlung wurde ambulant fortgeführt. Die behandelnden Ärzte empfahlen eine halbschichtige Arbeitstätigkeit, was Herr J. in seinem Antrag auf Leistungen zur Teilhabe bei teilweiser Erwerbsminderung aufgriff.

▪ **Versicherungsrechtliche Voraussetzungen**
Für die Feststellung der versicherungsrechtlichen Voraussetzungen – etwa, ob der Versicherte die Wartezeit (Mindestversicherungszeit) von 15 Jahren erfüllt hat (§ 11 Abs. 1 Nr. 1 SGB VI) oder ob die Pflichtbeiträge im erforderlichen Umfang geleistet wurden (§ 11 Abs. 2 Nr. 1 SGB VI) – bedarf

es grundsätzlich keiner medizinischen Sachkenntnis. In einzelnen Fällen muss jedoch auch hier ein Sachverständiger beauftragt werden, denn Leistungen zur Teilhabe am Arbeitsleben begründet § 11 Abs. 2a SGB VI auch dann,

- wenn ohne diese Leistungen Rente wegen verminderter Erwerbsfähigkeit zu leisten wäre (Nr. 1) oder
- wenn sie für eine voraussichtlich erforderliche Rehabilitation unmittelbar im Anschluss an Leistungen zur medizinischen Rehabilitation erforderlich sind (Nr. 2).

- **Leistungsausschlussgründe**

Der Vollständigkeit halber sei erwähnt, dass sowohl Leistungen zur medizinischen Rehabilitation als auch solche zur Teilhabe am Arbeitsleben gem. § 12 Abs. 1 SGB VI zu zahlreichen anderen Sozialleistungen subsidiär sind. Beide kommen daher nicht in Betracht, wenn der Versicherte bereits anderweitig versorgt wird z. B. wegen eines Arbeitsunfalls oder infolge der sozialen Entschädigungsregelungen gleichartige Leistungen erhält (§ 12 Abs. 1 Nr. 1 SGB VI), Altersrente bezieht (Nr. 2) oder seine Versorgung nach beamtenrechtlichen Vorschriften gewährleistet ist (Nr. 3).

> **Zu beachten bleibt ferner, dass Leistungen zur medizinischen Rehabilitation grundsätzlich nicht in der Phase akuter Behandlungsbedürftigkeit einer Krankheit erbracht werden, soweit die Behandlungsbedürftigkeit nicht gerade während der Ausführung von Leistungen zur medizinischen Rehabilitation eintritt (§ 13 Abs. 2 Nr. 1 SGB VI), ebenso wenig anstelle einer sonst erforderlichen Krankenhausbehandlung (§ 13 Abs. 2 Nr. 2 SGB VI).**

Hintergrundinformation
Bei § 13 Abs. 2 Nr. 1 und 2 SGB VI handelt es sich entgegen ihrer systematischen Einordnung im Unterabschnitt »Umfang der Leistungen« anders als im Falle des § 13 Abs. 2 Nr. 3 SGB VI nicht um Vorschriften zur Ausgestaltung der Rehabilitationsleistungen (»Wie«), sondern um (negative) Anspruchsvoraussetzungen (»Ob«) (vgl. Schulin 1999, § 22 Rn. 11).

Ein Anspruch auf Leistungen zur medizinischen Rehabilitation besteht ferner dann nicht, wenn der Versicherte **weniger als 4 Jahre** zuvor bereits eine solche oder ähnliche Leistung zur Rehabilitation erhalten hat und ihre Kosten aufgrund öffentlich-rechtlicher Vorschriften getragen oder bezuschusst wurden (§ 12 Abs. 2 S. 1 SGB VI). Etwas anderes gilt nur, wenn eine erneute medizinische Rehabilitation aus gesundheitlichen Gründen dringend erforderlich ist (§ 12 Abs. 2 S. 2 SGB VI).

Leistungserbringung

Steht der Anspruch auf Leistung fest, bleibt deren Art und Umfang zu ermitteln. Auch hierbei bedarf es sachverständiger Unterstützung.

- **Leistungen zur medizinischen Rehabilitation**
- - **Medizinische Hilfen im Sinne des § 26 Abs. 1 und Abs. 2 SGB IX**

Bei einem Anspruch auf medizinische Rehabilitation erbringt der Träger der Rentenversicherung gem. § 26 Abs. 1 SGB IX diejenigen Leistungen, die erforderlich sind, um

- **Behinderungen,** einschließlich chronischer Krankheiten, abzuwenden, zu beseitigen, zu mindern, auszugleichen oder deren Verschlimmerung zu verhüten (§ 26 Abs. 1 Nr. 1 SGB IX) oder
- **Einschränkungen der Erwerbsfähigkeit und Pflegebedürftigkeit** zu vermeiden, zu überwinden, zu mindern, eine Verschlimmerung zu verhüten sowie den vorzeitigen Bezug von laufenden Sozialleistungen zu vermeiden oder laufende Sozialleistungen zu mindern (Nr. 2).

Diesbezüglich enthält § 26 Abs. 2 SGB IX einen Katalog zur Durchführung der medizinischen Rehabilitation. Aufgeführt sind dort etwa die Behandlung durch Ärzte und Angehörige anderer Heilberufe, sofern diese unter ärztlicher Aufsicht oder auf Anordnung eines Arztes tätig werden (Nr. 1), des Weiteren die Verwendung von Arznei- und Verbandmitteln (Nr. 3), der Einsatz von Heilmitteln, einschließlich physikalischer sowie Sprach- und Beschäftigungstherapie (Nr. 4), die Durchführung einer Psychotherapie (Nr. 5), einer Belastungserprobung und einer Arbeitstherapie (Nr. 7) sowie der Gebrauch von Hilfsmitteln (Nr. 6).

Hintergrundinformation

Mit **Hilfsmitteln** in diesem Sinne sind Körperersatzstücke sowie orthopädische und vergleichbare Hilfsmittel gemeint, die vom Versicherten getragen oder mitgeführt werden können und die er für eine erfolgreiche Behandlung benötigt (§ 31 Abs. 1 SGB IX). Auch die Ausbildung im Gebrauch dieser Hilfsmittel und die notwendigen Instandhaltungsmaßnahmen, Änderungen und Ersatzbeschaffungen werden vom Anspruch auf die Leistung zur medizinischen Rehabilitation umfasst (§ 31 Abs. 2 SGB IX).

Diese Auflistung regelt den möglichen Leistungsumfang allerdings nicht abschließend (»insbesondere«), sodass auch andere Maßnahmen in Betracht kommen, die zu Erreichung der genannten Ziele (Vermeidung usw. von Behinderungen bzw. Einschränkungen der Erwerbsfähigkeit) erforderlich sind.

▪ ▪ Andere medizinische, psychologische und pädagogische Hilfen im Sinne des § 26 Abs. 3 SGB IX

Die Leistung zur medizinischen Rehabilitation umfasst überdies **medizinische, psychologische und pädagogische Hilfen**, soweit diese im Einzelfall erforderlich sind, um

- ▬ die genannten Ziele zu erreichen oder zu sichern oder
- ▬ Krankheitsfolgen zu vermeiden, zu überwinden, zu mindern bzw. ihre Verschlimmerung zu verhüten (§ 26 Abs. 3 SGB IX).

Darunter fallen insbesondere Hilfen zur Unterstützung bei der Krankheits- und Behinderungsverarbeitung (§ 26 Abs. 3 Nr. 1 SGB IX), die Aktivierung von Selbsthilfepotenzialen (Nr. 2) sowie die Vermittlung von Kontakten zu örtlichen Selbsthilfe- und Beratungsmöglichkeiten (Nr. 4), Hilfen zur seelischen Stabilisierung und zur Förderung der sozialen Kompetenz (Nr. 5), das Training lebenspraktischer Fähigkeiten (Nr. 6) und die – die Zustimmung des Leistungsberechtigten voraussetzende – Information und Beratung von Partnern, Angehörigen, Vorgesetzten und Kollegen (Nr. 3). Auch dieser Maßnahmenkatalog ist allerdings nicht abschließend (»insbesondere«).

▪ ▪ Sonstiges

Sämtliche Rehabilitationsleistungen müssen dem allgemein anerkannten medizinischen Erkenntnisstand entsprechen (§ 13 Abs. 2 Nr. 3 SGB VI). Stationäre Leistungen zur medizinischen Rehabilitation sollen für längstens 3 Wochen erbracht werden, es sei denn, die Erreichung des Rehabilitationsziels erfordert eine längere Behandlung (§ 15 Abs. 3 SGB VI). Handelt es sich bei dem Versicherten um einen Arbeitsunfähigen, der nach ärztlicher Feststellung seine bisherige Tätigkeit teilweise verrichten kann und durch eine stufenweise Wiederaufnahme seiner Tätigkeit voraussichtlich besser in das Erwerbsleben wiedereingegliedert wird, so soll dies bei der Leistungserbringung berücksichtigt werden (sog. stufenweise Wiedereingliederung; § 28 SGB IX).

▪ Leistungen zur Teilhabe am Arbeitsleben

Zur Teilhabe am Arbeitsleben werden die erforderlichen Leistungen erbracht, um die Erwerbsfähigkeit entsprechend der Leistungsfähigkeit zu erhalten, zu verbessern, herzustellen oder wiederherzustellen und die Teilhabe am Arbeitsleben möglichst auf Dauer zu sichern (§ 33 Abs. 1 SGB IX). Je nach Eignung, Neigung und bisheriger Tätigkeit des Versicherten sowie unter Berücksichtigung der Lage und Entwicklung des Arbeitsmarktes (§ 33 Abs. 4 SGB IX) kommen Hilfen z. B. zur Erhaltung oder Erlangung eines Arbeitsplatzes in Betracht (§ 33 Abs. 3 Nr. 1 SGB IX), ferner im Bereich der beruflichen Vorbereitung (Nr. 2), der beruflichen Ausbildung (Nr. 4) sowie der Anpassung und der Weiterbildung (Nr. 3). Gemäß § 33 Abs. 6 SGB IX, der mit § 26 Abs. 3 SGB IX identisch ist, bietet der Versicherer auch die oben erwähnten medizinischen, psychologischen und pädagogischen Hilfen an.

Die Leistungsdauer richtet sich grundsätzlich nach der vorgeschriebenen bzw. für die Erreichung des Teilhabeziels allgemein üblichen Zeit. Sie kann jedoch verlängert werden, wenn besondere Umstände dies rechtfertigen (§ 37 Abs. 1 SGB IX). Leistungen zur beruflichen Weiterbildung sollen in der Regel nicht länger als 2 Jahre dauern, es sei denn, dies verspricht eine wesentliche Verbesserung der Eingliederungsaussichten (§ 37 Abs. 2 SGB IX).

12.2.3 Rente wegen Erwerbsminderung

Renten wegen Erwerbsminderung setzen schon ihrer Bezeichnung nach voraus, dass der Versicherte teilweise oder voll erwerbsgemindert ist (§ 43 Abs. 1 und Abs. 2 SGB VI).

- Als **teilweise erwerbsgemindert** bezeichnet man gem. § 43 Abs. 1 S. 2 SGB VI Personen, die wegen Krankheit oder Behinderung auf nicht absehbare Zeit außerstande sind, unter den üblichen Bedingungen des allgemeinen Arbeitsmarktes mindestens 6 Stunden täglich erwerbstätig zu sein.
- Von **voller Erwerbsminderung** spricht man gem. § 43 Abs. 2 S. 2 SGB VI bei Personen, die wegen Krankheit oder Behinderung auf nicht absehbare Zeit außerstande sind, unter den üblichen Bedingungen des allgemeinen Arbeitsmarktes mindestens 3 Stunden täglich erwerbstätig zu sein.
- Demgegenüber ist **nicht erwerbsgemindert**, wer unter den üblichen Bedingungen des allgemeinen Arbeitsmarktes mindestens 6 Stunden täglich erwerbstätig sein kann; dabei bleibt die jeweilige Arbeitsmarktlage außer Betracht (§ 43 Abs. 3 SGB VI).

Hintergrundinformation
Daneben müssen jeweils weitere, allerdings leicht und ohne sachverständige Hilfe feststellbare Erfordernisse gegeben sein (z. B. Mindestversicherungszeit).

Der Unterschied zwischen den beiden Formen der Erwerbsminderung liegt somit überwiegend im quantitativen Bereich (3 bzw. 6 Stunden). Die zentralen Begriffe – Krankheit und Behinderung, Erwerbstätigkeit, übliche Bedingungen des allgemeinen Arbeitsmarktes – sind hingegen in beiden Fällen identisch. Stets gilt, dass Leistungen zur Teilhabe Vorrang vor solchen Rentenleistungen haben, die bei erfolgreicher Wiedereingliederung des Betroffenen in den Arbeitsmarkt nicht oder jedenfalls erst zu einem späteren Zeitpunkt anfallen (Grundsatz »Rehabilitation vor Rente«, § 9 Abs. 1 S. 2 SGB VI).

Krankheit und Behinderung

Einer weiteren Erörterung von Krankheit und Behinderung bedarf es an dieser Stelle nicht (► Abschn. 12.2.1). Zu erläutern bleiben allein die speziell für die Gewährung von Renten relevanten Probleme der »eingebrachten Leiden« und der »Rentenneurose«.

- **Eingebrachte Leiden**

> **Eingebrachte Leiden sind solche, die bereits vor dem Eintritt in das Versicherungsverhältnis bestanden. Begründen diese bereits bei Eintritt in die Rentenversicherung eine rechtlich relevante Minderung der Erwerbsfähigkeit, so führt das allein nicht zu einem Versicherungsfall (BSGE 25, S. 227, 229 f.; BSG SozR 4-2600 § 44 Nr. 1).**

Etwas anderes ergibt sich aber infolge einer wesentlichen Verschlimmerung sowie bei Hinzutreten weiterer Krankheiten oder Behinderungen während der Versicherungszeit (Grüner 2009). In derartigen Fällen ist für die Frage der noch möglichen Erwerbstätigkeit der Krankheits- bzw. Behinderungszustand als Ganzes zu berücksichtigen, also einschließlich des eingebrachten Leidens (Fichte 2007, mit weiteren Nachweisen).

Hintergrundinformation
Diese Grundsätze sind auf die Leistungen zur Teilhabe nicht übertragbar (Fichte 2007). Generell dürften eingebrachte Leiden im Rentenversicherungsrecht aufgrund der Wartezeiten (z. B. § 11 Abs. 1 Nr. 1, § 43 Abs. 1 Nr. 3 und Abs. 2 Nr. 3, §§ 50ff. SGB VI) und der Sonderregelung für Langzeiterwerbsunfähige (§ 43 Abs. 6 SGB VI) auch von nicht allzu großer praktischer Relevanz sein (Schulin 1999, § 21 Rn. 40 f.).

- **»Rentenneurose«**

Der Ausdruck Rentenneurose ist eigentlich überflüssig, weil er nicht definiert wird (Foerster 2009: »obsoleter Begriff«, »sollte in keinem Gutachten mehr auftauchen«). Auch die ICD-10 (F68.0) greift die Rentenneurose nicht als eigenständiges Krankheitsbild, sondern lediglich als einen Begriff auf, der im Zusammenhang mit aus psychischen Gründen entwickelten körperlichen Symptomen steht. Wahrscheinlich wäre es besser, von vordergründigen, wunschbedingten Versorgungstendenzen zu sprechen (Erlenkämper 2007). Die schwere Feststellbarkeit solcher Erscheinungen bereitet auch dem Sachverständigen oft Probleme. Dennoch wird sie von der Rechtspraxis immer noch verwendet und deshalb im Folgenden definiert.

Entsprechend der ICD-10 handelt es sich um das Vorkommen körperlicher Symptome, vereinbar mit und ursprünglich verursacht durch eine gesicherte körperliche Störung, Krankheit oder Behinderung. Diese werden wegen des psychischen Zustandes des Betroffenen aggraviert oder halten länger an. Es entwickelt sich ein Aufmerksamkeit suchendes (in der Regel histrionisches) Verhalten mit zusätzlichen (und gewöhnlich unspezifischen) Beschwerden nicht körperlichen Ursprungs. Die Patienten sind meist durch ihre Schmerzen oder die Behinderung beeinträchtigt und von möglicherweise berechtigten Sorgen über eine länger dauernde oder zunehmende Behinderung oder Schmerzen beherrscht. Hinzu kommen Unzufriedenheit mit und Enttäuschung über Untersuchungen, Behandlungen und Zuwendung.

Eine Rente kommt aus Rechtsgründen nicht in Betracht, soweit die Versorgungstendenz hierdurch – genauer gesagt um der Fortsetzung der Rentenleistungen willen – forciert würde, was allerdings fast regelmäßig zu befürchten ist (Foerster 2009). Es wäre mit dem der Rente zugrunde liegenden Zweck, dem Ausgleich der wirtschaftlichen Folgen eines Leidens, unvereinbar, wenn durch eben diesen Ausgleich der ursächliche krankhafte Zustand aufrechterhalten würde (Schulin 1999, § 21 Rn. 38 mit weiteren Nachweisen; vgl. auch BSGE 18, S. 173; BGHZ 20, S. 137, 142). Mittel der Wahl sind in derartigen Fällen vielmehr Leistungen zur medizinischen Rehabilitation.

Unvermögen, erwerbstätig zu sein

■ **Begriff der Erwerbsfähigkeit: Abgrenzungsfragen**

Bei der Frage, inwieweit der Versicherte infolge seines Leidens außerstande ist, erwerbstätig zu sein, kann nicht ohne Weiteres auf den Begriff der Erwerbsfähigkeit zurückgegriffen werden, wie er im Recht der Leistungen zur Teilhabe gebraucht wird. Während es dort entscheidend auf die bereits abhanden gekommene Leistungsfähigkeit des Versicherten ankommt, ist im Rahmen des § 43 SGB VI – unbeschadet des Wortlauts (»Erwerbsminderung«) – auf das dem Betroffenen

noch verbliebene Leistungsvermögen abzustellen (Erlenkämper 2003; Schulin 1999, § 22 Rn. 23).

■ **Teilweise und volle Erwerbsminderung**

❯ Es entscheidet nach dem Gesetz allein die Zeit, die der Versicherte unter den üblichen Bedingungen des allgemeinen Arbeitsmarktes täglich noch erwerbstätig sein kann (§ 43 Abs. 1 S. 2, Abs. 2 S. 2, Abs. 3 SGB VI). Dem Gesetzgeber kam es darauf an, einen objektiv messbaren und damit »einheitlichen, für alle Versicherten gleichen Maßstab zugrunde legen zu können« (BT-Drucks. 13/8011, S. 54).

Rente wegen teilweiser Erwerbsminderung wird bei einer täglich möglichen Erwerbstätigkeit von nur 3–6 Stunden gewährt. Sie stellt keinen vollen Lohnersatz dar; vielmehr liegt ihr der Gedanke zugrunde, der vermindert Erwerbsfähige erziele zur Deckung seines Lebensunterhaltes weitere Einkünfte, sei es aufgrund von Teilzeitarbeit, sei es aufgrund anderer Sozialleistungen, wie etwa dem Arbeitslosengeld (Fichte 2007; Erlenkämper 2003; vgl. auch die Hinzuverdienstgrenze des § 96a SGB VI, die nicht überschritten werden darf). Renten wegen teilweiser Erwerbsminderung werden grundsätzlich auch nur als Zeitrente geleistet (§ 102 Abs. 2 S. 1 SGB VI).

Von **voller Erwerbsminderung** spricht man – wie schon ausgeführt – im Falle des Unvermögens des Versicherten, täglich mindestens 3 Stunden erwerbstätig zu sein (§ 43 Abs. 2 S. 2 SGB VI). Diese Zeitgrenze wurde gewählt, um einen nahtlosen Übergang zwischen Renten- und Arbeitslosenversicherung zu schaffen (BT-Drucks. 13/8011, S. 54 f.). Sie orientiert sich dementsprechend am Arbeitsförderungsrecht, nach dem der Betroffene bei einer Erwerbsfähigkeit von unter 15 Stunden wöchentlich (3 Stunden täglich) den Vermittlungsbemühungen der Agentur für Arbeit nicht zur Verfügung steht (§ 138 Abs. 5 Nr. 1 SGB III).

Hingewiesen sei noch auf § 43 Abs. 2 S. 3 SGB VI, der behinderte Menschen, die in anerkannten Werkstätten oder gleichartigen Einrichtungen Leistungen erbringen (vgl. § 1 S. 1 Nr. 2 SGB VI), als voll erwerbsgemindert einstuft, wenn sie wegen Art und Schwere der Behinderung nicht auf dem allgemeinen Arbeitsmarkt tätig sein können.

Beispiel

- **Fall 12.6**

Die 30-jährige Architektin Petra K. litt seit dem 23. Lebensjahr an einer bipolaren affektiven Störung (ICD-10: F31) mit wechselnd manischen und depressiven Episoden. Zwischen den nunmehr 5 Episoden war sie weitgehend beschwerdefrei, allerdings traten die neuen Episoden in der Regel plötzlich und unvermittelt auf. Alle Erkrankungen führten zu mehrwöchigen stationären Krankenhausaufenthalten, und Frau K. nahm regelmäßig eine phasenprophylaktische und intermittierend zentral dämpfende antipsychotische und antidepressive Medikation ein. In den letzten 2 Jahren war sie weit über die Hälfte der Zeit krankgeschrieben, sodass sie schließlich ihren Arbeitsplatz verlor. Vom Arbeitsamt wurde ihr nun geraten, einen Rentenantrag zu stellen, dem man nach einem psychiatrischen Fachgutachten wegen der vollen Erwerbsminderung stattgab.

Beispiel

- **Fall 12.7**

Mit mehreren Bescheinigungen von verschiedenen Allgemein- und Fachärzten kam Jan O. zum psychiatrischen Fachgutachter. Das Sozialgericht fragte nach einer ggf. vorliegenden Erwerbsminderung, die der Proband vorgab. Er litt an multiplen Schmerzen im Bereich der großen und kleinen Gelenke und des Rückens sowie an Kopf- und Magenschmerzen. Zudem berichtete er über ein seit einigen Monaten (nach Ablehnung des letzten Rentenantrags) deutliches depressives Syndrom. Der psychiatrische Gutachter konnte früheren Gutachten keinen psychopathologischen Befund entnehmen – im Gegensatz zu den von Herrn O. beigebrachten Arztschreiben. Im psychischen Befund anlässlich der aktuellen gutachterlichen Untersuchung dominierte eine erhebliche Diskrepanz zwischen Selbst- und Fremdbeurteilung: Das depressive Syndrom war für den Gutachter nicht offensichtlich, obschon einer der beiden Psychiater, die der Proband kurz zuvor entsprechend der mitgebrachten Briefe konsultiert hatte, eine mittelgradige depressive Episode mit somatischem Syndrom (ICD-10: F32.11) und der andere eine Somatisierungsstörung (F45.0)

bei histrionischer Persönlichkeit (F60.4) diagnostiziert hatte. Die gutachterliche testpsychologische Zusatzuntersuchung bekräftigte den Verdacht auf Simulation und Rentenbegehren. Der Gutachter stellte fest, dass bis auf einen Alkoholmissbrauch (F10.1) keine weitere psychische Störung vorlag.

- **Zu berücksichtigende Arbeitsmarktlage**
- - **Allgemeiner Arbeitsmarkt und abstrakte Betrachtungsweise**

Der Bemessung des Umfangs der gesundheitsbedingt erlittenen Erwerbsminderung legt das Gesetz – losgelöst von der konkreten Arbeitsmarktsituation – seit der am 1.1.2001 in Kraft getretenen Rentenreform die »üblichen Bedingungen des allgemeinen Arbeitsmarktes« zugrunde (§ 43 Abs. 1 S. 2, Abs. 2 S. 2, Abs. 3 SGB VI).

> Es ist nicht maßgeblich, inwieweit der Versicherte seiner erlernten, sondern jeder nur denkbaren Tätigkeit, die der Arbeitsmarkt unter den üblichen Bedingungen bietet, noch nachgehen kann. Anders ausgedrückt: Es bleibt unerheblich, »ob dem Versicherten ein seinem Leistungsvermögen entsprechender freier Arbeitsplatz zur Verfügung gestellt werden kann« (BT-Drucks. 13/8011, S. 54). Der Beruf als solcher wird von der Rentenversicherung damit nicht (mehr) geschützt (Schulin 1999, § 26 Rn. 36 und 39; zur gegenteiligen alten Rechtslage und zur ebenfalls gegenteiligen Übergangsregelung des § 240 SGB VI, ▶ Abschn. 12.2.4).

Hintergrundinformation

Auf diese Art soll das Risiko der krankheits- oder behinderungsbedingten Erwerbsminderung vom allgemeinen Arbeitsmarktrisiko unterschieden und Letzteres aus dem Schutz der Rentenversicherung ausgenommen werden (vgl. z.B. Fichte 2007). Rentenversicherungsrechtlicher **Berufsschutz**, wie er etwa früher in Form der Berufsunfähigkeitsrenten gewährt wurde, wirkte sich nach Ansicht des Gesetzgebers als »Privileg von Versicherten mit besonderer Ausbildung und in herausgehobenen Beschäftigungen aus. Das Versicherungsprinzip als Konkretisierung des Gleichheitssatzes fordert aber, daß die Versicherten im Maße ihrer Beitragszahlung gleiche Möglichkeiten haben müssen, Leistungen der Versicherung in Anspruch zu nehmen. [...] Eine Unterscheidung danach, daß für die meisten Versicherten der gesamte allgemeine Arbeitsmarkt, für einen Teil der Versicherten dagegen nur ein eingeschränkter, auf besondere Berufsbilder oder Tätigkeiten mit einem bestimmten Mindesteinkommen eingeengter Ausschnitt des allgemeinen Arbeitsmarktes maßgebend ist, wird es künftig deshalb nicht mehr geben« (BT-Drucks. 13/8011, S. 50).

Grundsätzlich entscheiden also allein der Gesundheitszustand und die daraus resultierenden körperlichen und psychischen Funktionsstörungen des Versicherten (sog. **abstrakte Betrachtungsweise**; BT-Drucks. 13/8011, S. 49). Der Zumutbarkeit einer Tätigkeit, der Ausbildung und dem Status der bisherigen beruflichen Tätigkeit kommen demgegenüber – anders als nach altem Recht (▶ Abschn. 12.2.4) – keine Bedeutung mehr zu (BT-Drucks. 13/8011, S. 54). Unerheblich bleibt ferner, ob und inwieweit der Betroffene seine (verminderte) Erwerbsfähigkeit im konkreten Fall noch lohnbringend auf dem Arbeitsmarkt verwerten kann (sog. **konkrete Betrachtungsweise**; BT-Drucks. 13/8011, S. 49). Denn die konkrete Arbeitsmarktlage ist nicht zu berücksichtigen (§ 43 Abs. 3 SGB VI).

Beispiel

Das eben Ausgeführte kann an den »Stimmberufen« (vgl. Olthoff u. Kruse 2002) aufgezeigt werden: Ein Sänger oder etwa auch ein Lehrer, der eine gravierende Stimmstörung erleidet, ist u. U. zur Ausübung seines Berufs nicht mehr in der Lage. Dennoch müsste eine Rente wegen Erwerbsminderung (soweit nicht weitere Störungen hinzutreten) abgelehnt werden, weil der allgemeine Arbeitsmarkt Tätigkeiten bereithält, für deren Ausübung die Stimme nicht entscheidend ist. Unerheblich wären aus rentenversicherungsrechtlicher Sicht die Probleme des Sängers/Lehrers, die dadurch entstehen, dass er keinen anderen Beruf erlernt hat.

▪ ▪ Übliche Bedingungen, insbesondere Verschlossenheitskatalog

Eine Einschränkung erfährt die abstrakte Betrachtungsweise allerdings dadurch, dass die der Beurteilung der Erwerbsfähigkeit zugrunde liegenden Bedingungen des allgemeinen Arbeitsmarktes, etwa die örtlichen Gegebenheiten und die Verteilung der Arbeitszeit (Schulin 1999, § 26 Rn. 45 mit weiteren Nachweisen), üblich sein müssen. Das ist der Fall, wenn sie nicht vereinzelt, sondern in nennenswertem Umfang oder in beachtlicher Zahl auftreten

(BSG SozR 3-4100, § 103a Nr. 1). Dieses Üblichkeitskriterium soll gewährleisten, dass für die Feststellung des Leistungsvermögens solche Tätigkeiten nicht in Betracht gezogen werden, für die der Versicherte schlechthin keinen Arbeitsmarkt hat (BT-Drucks. 13/8011, S. 54). Trotz der grundsätzlich angezeigten abstrakten Betrachtungsweise können somit in gewissen (unüblichen) Konstellationen auch konkrete Umstände berücksichtigt werden.

Solche Fälle sind dem vom BSG entwickelten (BSGE 80, S. 24, 35) und mittlerweile vom Gesetzgeber ausdrücklich in Bezug genommenen (BT-Drucks. 13/8011, S. 54) sog. **Verschlossenheitskatalog** zu entnehmen; hierbei handelt es sich um eine Ansammlung von Sachverhalten, in denen der Arbeitsmarkt dem Versicherten faktisch nicht zugänglich (»verschlossen«) ist. Nach dem Verschlossenheitskatalog soll die Arbeitsmarktlage ausnahmsweise erheblich sein,

— wenn der Versicherte zwar an sich noch eine Vollzeittätigkeit ausüben kann, aber nicht unter den in den Betrieben dafür üblichen Bedingungen,

— wenn der Versicherte zwar an sich noch zur Vollzeittätigkeit in der Lage ist, entsprechende Arbeitsplätze aber aus gesundheitlichen Gründen nicht aufsuchen kann,

— wenn die Zahl der in Betracht kommenden Arbeitsplätze deshalb erheblich reduziert ist, weil der Versicherte nur in Teilbereichen eines Tätigkeitsfeldes eingesetzt werden kann,

— wenn für den Versicherten nur Tätigkeiten in Betracht kommen, die auf Arbeitsplätzen ausgeübt werden, die

— als Schonarbeitsplätze nicht an Betriebsfremde,

— generell nicht an Berufsfremde,

— jedenfalls als Aufstiegspositionen nicht an Betriebsfremde vergeben werden.

Hinzutreten muss, dass entsprechende Arbeitsplätze nur in ganz geringer Zahl vorkommen.

Inwieweit weitere Fallkonstellationen hinzutreten werden, bleibt abzuwarten. Zu bedenken ist, dass eine weite Auslegung der »üblichen Arbeitsmarktbedingungen« zugunsten des Versicherten der gesetzgeberischen Intention, Gesundheits- und Arbeitsmarktrisiken voneinander getrennt zu behandeln, entgegenwirken würde. Insoweit muss die Rechtsprechung noch Fallgruppen bilden (vgl. dazu Schulin 1999, § 26 Rn. 45 f.).

12.2.4 Sonder- und Übergangsregelungen

Von Bedeutung sind für die Praxis schließlich die Sondernormen des 5. Kapitels des SGB VI (§§ 228 ff. SGB VI). Sie enthalten ergänzende Übergangsregelungen für Sachverhalte, die mittlerweile nicht mehr oder nur noch übergangsweise eintreten können (§ 228 SGB VI), bei denen aber aus Gründen des Vertrauensschutzes die alte Rechtslage Berücksichtigung finden muss. Überdies hätte die kurzfristige, ersatzlose Abschaffung der Rente wegen Berufsunfähigkeit alten Rechts wohl den grundrechtlich garantierten Eigentums- und Bestandsschutz von Versicherten höheren Alters verletzt (vgl. Schulin 1999, § 26 Rn. 60), sodass eine Übergangsregelung auch aus verfassungsrechtlichen Gründen geboten war.

Rente wegen teilweiser Erwerbsminderung bei Berufsunfähigkeit

Gemäß der Sondervorschrift des § 240 Abs. 1 SGB VI (in Verbindung mit § 33 Abs. 5 SGB VI) haben auch solche Versicherte einen Anspruch auf Rente wegen teilweiser Erwerbsminderung, die
- vor dem 2.1.1961 geboren und
- berufsunfähig sind.

Zusätzlich müssen die sonstigen (versicherungsrechtlichen) Voraussetzungen erfüllt sein. Der Anspruch besteht ferner nur bis zum Erreichen der Regelaltersgrenze.

Den Begriff der Berufsunfähigkeit definiert § 240 Abs. 2 SGB VI wie folgt:

» [1]Berufsunfähig sind Versicherte, deren Erwerbsfähigkeit wegen Krankheit oder Behinderung im Vergleich zur Erwerbsfähigkeit von körperlich, geistig und seelisch gesunden Versicherten mit ähnlicher Ausbildung und gleichwertigen Kenntnissen und Fähigkeiten auf weniger als sechs Stunden gesunken ist. [2]Der Kreis der Tätigkeiten, nach denen die Erwerbsfähigkeit von Versicherten zu beurteilen ist, umfasst alle Tätigkeiten, die ihren Kräften und Fähigkeiten entsprechen und ihnen unter Berücksichtigung der Dauer und des Umfangs ihrer Ausbildung sowie ihres bisherigen Berufs und der besonderen Anforderungen ihrer bisherigen Berufstätigkeit zugemutet werden können. [3]Zumutbar ist stets eine Tätigkeit, für die die Versicherten durch Leistungen zur Teilhabe am Arbeitsleben mit Erfolg ausgebildet oder umgeschult worden sind. [4]Berufsunfähig ist nicht, wer eine zumutbare Tätigkeit mindestens sechs Stunden täglich ausüben kann; dabei ist die jeweilige Arbeitsmarktlage nicht zu berücksichtigen.

- **Unterschiede zur Rente wegen Erwerbsminderung im Sinne des § 43 SGB VI**

Im Folgenden soll auf die Abweichungen von den Erwerbsminderungsrenten des jetzt geltenden Rechts aufmerksam gemacht werden. Im Wesentlichen liegt der Unterschied darin, dass sich § 240 SGB VI – anders als § 43 SGB VI – an der bisher durchgeführten Tätigkeit orientiert und somit berufsschützende Elemente enthält. Dies äußert sich in 2 Besonderheiten:
- Zum einen kommt es im Rahmen der Feststellung der Erwerbsfähigkeit maßgeblich auf einen Vergleich zu gesunden Versicherten »mit ähnlicher Ausbildung und gleichwertigen Kenntnissen und Fähigkeiten« an (§ 240 Abs. 2 S. 1 SGB VI).
- Zum anderen ist nicht auf sämtliche Tätigkeiten des allgemeinen Arbeitsmarktes abzustellen, sondern vielmehr auf einen deutlich engeren, »zumutbaren« Tätigkeitskreis, der mit Blick auf die Dauer und den Umfang der Ausbildung des Versicherten sowie seines bisherigen Berufs und der besonderen Anforderungen der bisherigen Berufstätigkeit festgelegt wird (§ 240 Abs. 2 S. 2 SGB VI).

Zur Beurteilung der zumutbaren Verweisungstätigkeiten (ggf. nach entsprechender Umschulung, vgl. § 240 Abs. 2 S. 3 SGB VI) hat das BSG ein **Mehrstufenschema** entwickelt (ständige Rechtsprechung, vgl. BSG SozR 3-2200, § 1246 Nr. 12–14, 17, 21, 27–29, 32, 38 f., 44 f.; BSG SozR 2200, § 1246 Nr. 138; BSG SozR 4-2600 § 44 Nr. 1), welches die Arbeiterberufe in an sog. Leitberufen orientierten Gruppen untergliedert. Obgleich dieses Schema also primär auf Arbeiterberufe abstellt, gilt es für Angestellte entsprechend (BSGE 55, S. 45, 48; 66, S. 226, 228; Waltermann 2012, Rn. 369).

Das Mehrstufenschema ist bei Arbeiterberufen durch folgende 4 Leitberufe gekennzeichnet (vgl. etwa BSG SozR 4-2600 § 44 Nr. 1):

- Facharbeiter mit Vorgesetztenfunktion und diesen gleichgestellte besonders hoch qualifizierte Facharbeiter;
- (normale) Facharbeiter, die einen anerkannten Ausbildungsberuf mit einer Ausbildungszeit von mehr als 2 Jahren, regelmäßig 3 Jahren, ausüben;
- angelernte Arbeiter, die einen Ausbildungsberuf mit einer vorgeschriebenen Regelausbildungszeit bis zu 2 Jahren ausüben;
- ungelernte Arbeiter.

Versicherte können zumutbar nur auf Tätigkeiten der gleichen oder nächstniedrigeren Stufe des Schemas verwiesen werden (BSG SozR 4-2600 § 44 Nr. 1). Voraussetzung ist zudem, dass die in Aussicht genommene Verweisungstätigkeit den Kräften und Fähigkeiten des Versicherten entspricht (vgl. die obigen Nachweise aus der Rechtsprechung; ferner Erlenkämper 2000; ausführlich Fichte 2007).

- **Gemeinsamkeiten**

Beim Vergleich der Rente wegen Erwerbsminderung nach § 43 SGB VI mit der hier erörterten Übergangsregelung des § 240 SGB VI bestehen auch Gemeinsamkeiten: Die Begriffe »Krankheit« und »Behinderung« sind identisch auszulegen (▶ Abschn. 12.2.1). Die zeitliche Grenze zur Berufsunfähigkeit liegt bei 6 Stunden und entspricht somit derjenigen der (teilweisen) Erwerbsminderung. Ferner bleibt auch im Rahmen des § 240 SGB VI die jeweilige Arbeitsmarktlage (wenngleich nur innerhalb des beruflichen Tätigkeitskreises) unberücksichtigt (§ 240 Abs. 2 S. 4 SGB VI). Hier wie dort ist der sog. Verschlossenheitskatalog heranzuziehen.

- **Praktische Bedeutung der Rente wegen teilweiser Erwerbsminderung bei Berufsunfähigkeit**

Unter Berücksichtigung der Tatsache, dass § 240 SGB VI die Vorschriften zur Rente wegen Er-

werbsminderung nicht verdrängt, sondern ergänzt (§ 228 SGB VI, vgl. außerdem § 240 Abs. 1 SGB VI: »auch«), entfaltet die Norm für Versicherte Bedeutung, die zwar auf dem allgemeinen Arbeitsmarkt mindestens 6 Stunden täglich arbeiten können (und aus diesem Grunde keine Rente wegen Erwerbsminderung im Sinne des § 43 SGB VI erhalten, vgl. § 43 Abs. 3 SGB VI), nicht mehr jedoch in ihrem bisherigen Beruf oder in zumutbaren Verweisungstätigkeiten (Fichte 2007; ▶ Abschn. 12.2.3), und die die persönlichen Anwendungsvoraussetzungen des § 240 Abs. 1 Nr. 1 SGB VI erfüllen.

Rente wegen Berufsunfähigkeit

- **Anwendbarkeit alten Rechts**

Gemäß § 33 Abs. 3 Nr. 4 SGB VI hat die dem alten Recht entstammende Berufsunfähigkeitsrente (§ 43 SGB VI a. F.) nach den Übergangsvorschriften des 5. Kapitels (§§ 228 ff. SGB VI) auch gegenwärtig noch Relevanz. So gewährt z. B. § 302a Abs. 3 S. 1 SGB VI (in Verbindung mit § 300 Abs. 1 und Abs. 5 SGB VI) eine Invalidenrente bis zum Erreichen der Regelaltersgrenze, solange der Versicherte berufsunfähig oder erwerbsunfähig ist. In ähnlicher Weise stellt § 302b Abs. 1 S. 1 SGB VI auf die Berufs- bzw. Erwerbsunfähigkeit des alten Rechts ab. Schließlich sind Streitfälle aus der Zeit vor der am 1.1.2001 in Kraft getretenen Rentenreform weiterhin nach altem Recht zu beurteilen.

- **Nähe zur Rente wegen teilweiser Erwerbsminderung bei Berufsunfähigkeit**

Bei der Beurteilung der Berufsunfähigkeit gem. § 43 Abs. 2 SGB VI a. F. ergeben sich im Vergleich zur eben erörterten Berufsunfähigkeit des § 240 Abs. 2 SGB VI kaum Abweichungen; § 240 SGB VI lehnt sich als Übergangsvorschrift stark an die alte Rechtslage an. Der Unterschied liegt allein im Umfang des noch verbliebenen Leistungsvermögens: Während § 240 Abs. 2 SGB VI ein Abfallen der Erwerbsfähigkeit auf weniger als 6 Stunden voraussetzt, entscheidet für § 43 Abs. 2 SGB VI a. F. bei ansonsten identischen Anforderungen, ob die Erwerbsfähigkeit des Versicherten auf weniger als die Hälfte derjenigen von körperlich, geistig und seelisch gesunden Versicherten mit ähnlicher Ausbildung und gleichwertigen Kenntnissen und Fähigkeiten gesunken ist. Somit kann auf die obigen

Ausführungen zur Rente wegen teilweiser Erwerbsminderung bei Berufsunfähigkeit (§§ 33 Abs. 5, 240 SGB VI) verwiesen werden (Fichte 2007; Erlenkämper 2000, 2003; Richter 1994).

Rente wegen Erwerbsunfähigkeit

Ebenso wie der aus dem alten Rentenrecht geläufige Begriff der Berufsunfähigkeit hat gem. § 33 Abs. 3 Nr. 5 SGB VI auch die Erwerbsunfähigkeit im Sinne des § 44 SGB VI a. F. heute noch Bedeutung.

Als erwerbsunfähig im Sinne des § 44 Abs. 2 SGB VI a. F. bezeichnet man Versicherte, die wegen Krankheit oder Behinderung auf nicht absehbare Zeit (d h. 6 Monate; Fichte 2007) außerstande sind, eine Erwerbstätigkeit in gewisser Regelmäßigkeit auszuüben oder ein Arbeitsentgelt oder Arbeitseinkommen zu erzielen, das ein Siebtel der monatlichen Bezugsgröße des § 18 SGB IV (für die alten Bundesländer im Jahre 2014: 2765 € : 7 = 395 €; für die neuen Bundesländer bei einer monatlichen Bezugsgröße von 2345 € : 7 = 335 €) übersteigt. Erwerbsunfähig ist nicht, wer eine selbstständige Tätigkeit ausübt oder eine Tätigkeit vollschichtig ausüben kann; bei dieser Prognose bleibt die jeweilige Arbeitsmarktlage wiederum unberücksichtigt. Überdies existierte für Behinderte im Sinne des § 1 S. 1 Nr. 2 SGB VI eine mit dem heutigen § 43 Abs. 2 S. 3 Nr. 1 SGB VI identische Vorschrift.

Auch hier kommen somit als Ursache der Leistungseinschränkung allein Krankheit und Behinderung in Betracht. Den Maßstab bei der Bemessung der Erwerbsunfähigkeit bildet der gesamte allgemeine Arbeitsmarkt (Erlenkämper 2003; Fichte 2007, S. 420) und nicht nur das bisherige Tätigkeitsfeld des Versicherten. Dies ergibt sich aus dem Wortlaut des § 44 Abs. 2 SGB VI a. F., der darauf abstellt, ob der Versicherte noch (irgend-) eine Erwerbstätigkeit in gewisser Regelmäßigkeit ausüben kann.

Hintergrundinformation

In dieser Hinsicht bestehen somit Parallelen zur Rente wegen Erwerbsminderung gem. § 43 SGB VI, Unterschiede hingegen zur Rente wegen teilweiser Erwerbsminderung bei Berufsunfähigkeit im Sinne der §§ 33 Abs. 5, 240 SGB VI und zur Berufsunfähigkeitsrente des § 43 SGB VI a. F.

Die Ermittlung der Erwerbsunfähigkeit erfordert aber eine konkrete Betrachtungsweise (BSG 3-2200, § 1246 Nr. 13; BSG 3-2200, § 1247 Nr. 20). Diesbezüglich geht man also anders vor als bei der Feststellung der Voraussetzungen einer Rente wegen Erwerbsminderung nach § 43 SGB VI, die grundsätzlich eine abstrakte Betrachtungsweise verlangt. Folglich ist Erwerbsunfähigkeit u. a. auch dann zu bejahen, wenn der Versicherte zwar noch erwerbstätig sein und mehr als ein Siebtel der monatlichen Bezugsgröße erwirtschaften könnte, ihm aber der Arbeitsmarkt praktisch verschlossen bleibt.

Neben den Konstellationen des unter ▶ Abschn. 12.2.3 aufgeführten Verschlossenheitskatalogs liegt Erwerbsunfähigkeit insbesondere dann vor, wenn der Versicherte zur vollschichtigen Arbeit nicht mehr in der Lage ist und auch keinen Teilzeitarbeitsplatz mehr erlangen kann (BSGE 43, S. 75, 85), ferner in Fällen sog. atypischer Leistungseinschränkungen, die eine lohnbringende Verwertung der verbliebenen Arbeitskraft unter den realen Bedingungen des Arbeitsmarktes faktisch unmöglich machen (BSGE 30, S. 167, 190; BSGE 34, S. 280 f.), so z. B., wenn der Versicherte mehr oder längere als betriebsübliche Pausen benötigt (vgl. auch Fichte 2007, mit weiteren Nachweisen).

Auf eine tiefergehende Behandlung der Erwerbsunfähigkeitsrente soll an dieser Stelle verzichtet werden (ausführlicher Erlenkämper 2003; Fichte 2007; überblicksartig Grüner 2009). Sie ist für den gerichtlichen Sachverständigen wegen der Rückläufigkeit der nach altem Recht zu beurteilenden Fälle nicht mehr von großer praktischer Bedeutung.

12.3 Entschädigungsrecht: Unfallversicherung, Unfallfürsorge, Opferentschädigungsgesetz (OEG), privatrechtliche Entschädigungsansprüche

12.3.1 Unfallversicherung und Unfallfürsorge

Im Rahmen der Unfallversicherung ist zwischen der gesetzlichen und der privaten Unfallversicherung zu unterscheiden. Sowohl Rechtsgrundlagen als auch Trägerschaft weichen voneinander ab, die Leistungsvoraussetzungen und Leistungen sind unterschiedlich. Bei der gesetzlichen Unfallversicherung handelt es sich um eine öffentlich-rechtliche Versicherung gegen die Folgen von Arbeitsunfällen mit Pflichtmitgliedschaft der Unternehmer (Igl u. Welti 2007, § 36 Rn. 11). Die private Unfallversicherung zählt dagegen nicht zum System der gesetzlichen Sicherung, sondern gewährt vielmehr im Versicherungsfall Schadensersatz im Rahmen des bürgerlichen Rechts. Dies ist für den Sachverständigen deshalb von Bedeutung, weil er in Rechtsstreitigkeiten über die gesetzliche Unfallversicherung vor den Sozialgerichten tätig wird, im Rahmen der privaten Unfallversicherung demgegenüber bei den Zivilgerichten.

Gesetzliche Unfallversicherung

- **Aufgaben und Träger der gesetzlichen Unfallversicherung**

> **Die gesetzliche Unfallversicherung ist im 7. Buch des Sozialgesetzbuches (SGB VII) geregelt. Die Aufgabe der gesetzlichen Unfallversicherung besteht darin, Arbeitsunfälle und Berufskrankheiten sowie arbeitsbedingte Gesundheitsgefahren zu verhüten, nach Eintritt von Versicherungsfällen die Gesundheit und die Leistungsfähigkeit der Versicherten mit allen geeigneten Mitteln wiederherzustellen und sie oder ihre Hinterbliebenen mit Geldleistungen zu entschädigen (§ 1 SGB VII). Es geht also um Prävention, Rehabilitation und Entschädigung.**

Träger der Unfallversicherung sind 35 gewerbliche Berufsgenossenschaften, 10 landwirtschaftliche Berufsgenossenschaften, die Unfallkassen des Bundes, der Eisenbahn, der Post/Telekom und der Länder, die Unfallversicherungsverbände der Länder und Gemeinden, die Feuerwehrunfallkassen sowie die gemeinsamen Unfallkassen für den Landes- und den kommunalen Bereich (§§ 22 Abs. 2 SGB I und 114 SGB VII in Verbindung mit Anlage 1 und 2 zu § 114 SGB VII).

- **Kreis der versicherten Personen**

Mitglieder in der gesetzlichen Unfallversicherung werden nur die Unternehmer, nicht dagegen die versicherten Beschäftigten. Das Versicherungsverhältnis besteht demgegenüber zu den versicherungspflichtigen Beschäftigten und der Berufsgenossenschaft (Igl u. Welti 2007, § 38 Rn. 4) und begründet für den Versicherten das Recht, im Versicherungsfall Leistungen in Anspruch zu nehmen. Beitragspflichtig sind gemäß § 150 Abs. 1 S. 1 SGB VII allein die Unternehmer (sowie die ihnen nach § 150 Abs. 2 SGB VII gleichgestellten Personen).

Den Kreis der versicherten Personen legt das SGB VII enumerativ fest.

- ■ **Versicherung kraft Gesetzes (§ 2 SGB VII)**

In § 2 SGB VII werden die kraft Gesetzes versicherten Personen genannt. Die erste und wahrscheinlich umfangreichste Gruppe bilden die »Beschäftigten« (§ 2 Abs. 1 Nr. 1 SGB VII). Unter dem Begriff der Beschäftigung ist gem. § 7 Abs. 1 S. 1 SGB IV jede nichtselbstständige Arbeit, insbesondere in einem Arbeitsverhältnis, zu verstehen, wobei sich Anhaltspunkte gem. § 7 Abs. 1 S. 2 SGB IV daraus ergeben können, dass die betreffende Person bei ihrer Tätigkeit Weisungen unterliegt und in die Arbeitsorganisation des Weisungsgebers eingegliedert ist. Die Versicherung umfasst also alle aufgrund eines Arbeits-, Dienst- oder Lehrverhältnisses als Arbeitnehmer Beschäftigten, Arbeiter ebenso wie Angestellte, ohne Rücksicht auf die Höhe des Entgelts. Dieser Umstand bildet den Unterschied zur gesetzlichen Krankenversicherung, bei der Beschäftigte, deren Verdienst unterhalb einer bestimmten Jahresarbeitsentgeltgrenze liegt, versicherungsfrei sind (§§ 6, 7 SGB V).

Darüber hinaus zählt § 2 Abs. 1 SGB VII eine Vielzahl weiterer Personengruppen auf, wie z. B. Kinder beim Besuch des Kindergartens, Schüler während des Schulbesuchs und Studierende während der Aus- und Fortbildung an Hochschulen (§ 2 Abs. 1 Nr. 8a–c SGB VII), ferner auch Blutspender (§ 2 Abs. 1 Nr. 13b SGB VII) und Personen, die bei Unglücksfällen Hilfe leisten (§ 2 Abs. 1 Nr. 13a SGB VII), was im Einzelfall auch Beamte außerhalb der Unfallfürsorge betreffen kann (vgl. Schütz u. Maiwald – Brockhaus, Beamtenrecht, § 30 BeamtVG Rn. 32 [369. AL, März 2014]). Neben der originären Aufgabe der gesetzlichen Unfallversicherung, dem Schutz der Arbeitnehmer, wurde so im Laufe der Zeit die sog. unechte Unfallversicherung ausgebaut und entwickelt. Darunter ist der Schutz auch solcher Personen gegen Unfälle zu verstehen, die nicht im Rahmen eines Arbeitsverhältnisses tätig werden. Es handelt sich um Fälle, die rechtssystematisch der sozialen Entschädigung zuzurechnen sind (Igl u. Welti 2007, § 36 Rn. 8; Waltermann 2012, Rn. 243).

■ ■ Versicherung kraft Satzung (§ 3 SGB VII)

Das Versicherungsverhältnis kann sich darüber hinaus auch aus der Satzung eines Versicherungsträgers der gesetzlichen Unfallversicherung ergeben, wenn diese etwa die Erstreckung auf Unternehmer (sog. genossenschaftliche Eigenunfallversicherung) oder ihre im Unternehmen mitarbeitenden Ehegatten bzw. Lebenspartner vorsieht.

■ ■ Versicherungsfreiheit (§ 4 SGB VII)

Die Regelung des § 4 SGB VII nimmt denjenigen Personenkreis von der gesetzlichen Unfallversicherung aus, der anderweitig ausreichend abgesichert ist, wie z. B. ein Beamter durch die Unfallfürsorgevorschriften (vgl. §§ 30 ff. BeamtVG).

■ ■ Freiwillige Versicherung (§ 6 SGB VII)

Die Möglichkeit einer freiwilligen Versicherung sieht schließlich § 6 SGB VII für bestimmte Personengruppen vor; erwähnenswert erscheint dabei vor allem die durch die Norm eingeräumte Möglichkeit, dass sich Unternehmer selbst bzw. den in ihrem Unternehmen mitarbeitenden Ehegatten freiwillig versichern (§ 6 Abs. 1 Nr. 1 SGB VII).

■ Versicherungsfall

Gemäß § 7 Abs. 1 SGB VII fallen unter die Versicherungsfälle in der gesetzlichen Unfallversicherung Arbeitsunfälle oder Berufskrankheiten, was gem. § 7 Abs. 2 SGB VII auch bei einem verbotswidrigen Handeln gilt.

■ Arbeitsunfall (§ 8 Abs. 1 SGB VII)

❯ **Arbeitsunfälle sind Unfälle von Versicherten infolge einer nach §§ 2, 3, 6 SGB VII versicherten Tätigkeit (§ 8 Abs. 1 S. 1 SGB VII). Einen Unfall definiert § 8 Abs. 1 S. 2 SGB VII als zeitlich begrenztes, von außen auf den Körper einwirkendes Ereignis, das zu einem Gesundheitsschaden oder zum Tod führt.**

Der Unfallbegriff wird im Sozialrecht eher weit verstanden, als außergewöhnlicher, auffallender, eindrucksvoller Vorgang, der meist schlagartig auftritt, wie z. B. ein Sturz oder ein Verkehrsunfall auf versicherten Wegen. Er kann aber auch unauffälliger eintreten, wie z. B. eine Infektion durch an der Arbeitsstelle verbreitete Erreger (Erlenkämper u. Fichte 2007, S. 32 f.).

In Abgrenzung zur gesetzlichen Krankenversicherung wird eine zeitliche Begrenzung des Ereignisses gefordert, die aber nicht nur gegeben ist, wenn Plötzlichkeit im Sinne des allgemeinen Sprachgebrauchs vorliegt, sondern auch dann, wenn die äußere Einwirkung innerhalb einer Arbeitsschicht erfolgt.

Beispiel

Dies ist gegeben bei einer über eine Arbeitsschicht verteilten Einwirkung von Krankheitserregern, deren Wesen es entspricht, dass ein Gesundheitsschaden nicht innerhalb von Sekunden eintritt, sondern eine mehrstündige Einwirkung erfordert (Ziegler in Franke u. Molkentin 2007, § 8 Rn. 22).

Wenn aber ein Sanitäter oder ein sonstiger Helfer in einem Katastrophenfall tagelang Schwerverletzte und Tote birgt und dadurch eine psychische Gesundheitsstörung erleidet, kann dieses Merkmal nur bejaht werden, wenn sich eine einzelne Ursache einer Arbeitsschicht derart aus der Gesamtheit hervorhebt, dass sie nicht nur als die letzte von mehreren für den Erfolg gleichwertigen Ursachen erscheint (Benz 2002, S. 10). Dies ist aus medizinischer Sicht nicht ganz nachvollziehbar, kann sich ein relevantes Trauma doch durchaus aufgrund einer länger andauernden, kontinuierlichen Traumatisierung entwickeln.

Des Weiteren beinhaltet die Definition des Unfalls regelmäßig, dass das Ereignis von außen auf den Körper einwirkt (Waltermann 2012, Rn. 274). Es ist allerdings nicht erforderlich, dass die Unfalleinwirkung sich körperlich ausdrückt. So können auch psychische Einwirkungen – etwa betrieblicher Stress aufgrund von sog. Mobbing – einen Unfall darstellen, ohne dass es zu einer körperlichen Schädigung kommt (Brackmann et al. § 8 Rn. 18). Innere Ursachen für Schädigungen, wie z. B. Herzinfarkt, Kreislaufkollaps oder epileptischer Anfall, stellen keinen Unfall dar (Waltermann 2012, Rn. 274), können aber zu einem Unfall führen, wie z B. ein Herzinfarkt am Lenkrad eines Wagens (BSG SozR 2200, § 555 Nr. 2). In diesem Fall ist dann im Rahmen der haftungsbegründenden Kausalität zu entscheiden, ob der Unfall allein wesentlich auf der inneren Ursache oder auch auf der Arbeits- bzw. der Dienstverrichtung beruht (Erlenkämper u. Fichte 2007, S. 34).

> **Das Ereignis muss weiterhin grundsätzlich unfreiwillig eingetreten sein** (Brackmann et al. § 8 Rn. 13). **Vorsätzlich oder gar absichtlich herbeigeführte Ereignisse stellen schon begrifflich keinen Unfall dar** (Erlenkämper u. Fichte 2007, S. 36). **Nach dieser Definition sind weder die Selbstverstümmelung noch die Selbsttötung Unfallereignisse.**

Im Falle einer als unvermeidbar erkannten oder aber für möglich gehaltenen und billigend in Kauf genommenen Schädigung steht die Freiwilligkeit der unfallbringenden Tätigkeit der Annahme eines Unfalls allerdings dann nicht entgegen, wenn sie in einem inneren Zusammenhang zur versicherten Tätigkeit steht und daher gerade Gegenstand des geschützten Risikos ist, wie z.B. beim Katastrophen- oder Feuerwehrdienst.

▪▪ Berufskrankheit (§ 9 SGB VII)

Daneben kommt als Versicherungsfall grundsätzlich auch eine Berufskrankheit in Betracht.

> **§ 9 Abs. 1 S. 1 SGB VII erfasst als Berufskrankheiten nur bestimmte Krankheiten, die in einer besonderen, durch die Bundesregierung mit Zustimmung des Bundesrates erlassenen Rechtsverordnung, der Berufskrankheiten-Verordnung (BKV), als Berufskrankheit bezeichnet sind (sog. Listenerkrankung) und die der Versicherte infolge einer nach §§ 2, 3, 6 SGB VII versicherten Tätigkeit erleidet.**

Die Rechtsverordnung nennt keine psychischen Störungen. Gemäß § 9 Abs. 2 SGB VII haben die Unfallversicherungsträger allerdings eine Krankheit, die nicht in der Rechtsverordnung bezeichnet ist oder bei der die dort bestimmten Voraussetzungen nicht vorliegen, wie eine Berufskrankheit als Versicherungsfall anzuerkennen, sofern im Zeitpunkt der Entscheidung nach neuen Erkenntnissen der

medizinischen Wissenschaft die Voraussetzungen für eine Bezeichnung nach § 9 Abs. 1 S. 2 SGB VII erfüllt sind. Diese Anforderungen erscheinen allerdings für eine psychische Krankheit kaum denkbar. Denn die psychischen Störungen müssten dann durch besondere Einwirkungen verursacht worden sein, denen bestimmte Personengruppen durch ihre versicherte Tätigkeit in erheblich höherem Grade als die übrige Bevölkerung ausgesetzt sind.

▪▪ Versicherte Tätigkeit

Sowohl der Arbeitsunfall als auch die Berufskrankheit müssen infolge einer versicherten Tätigkeit eingetreten sein (§§ 8 Abs. 1 S. 1, 9 Abs. 1 S. 1 SGB VII). Eine Legaldefinition dieses Merkmals findet sich in § 8 Abs. 1 S. 1 SGB VII. Hiernach fällt darunter jede den Versicherungsschutz nach den §§ 2, 3 oder 6 SGB VII begründende Tätigkeit. In § 8 Abs. 1 S. 1 SGB VII ist somit die Arbeitstätigkeit als versicherte Tätigkeit festgelegt, daneben der Arbeitsweg (§ 8 Abs. 2 Nr. 1–4 SGB VII).

Die Leistungspflicht erfordert einen inneren sachlichen Zusammenhang zwischen der Tätigkeit und dem Unternehmen, der in der Regel vorliegt, wenn das unfallauslösende Verhalten der versicherten Tätigkeit zuzurechnen ist und ursächlich den Unfall herbeigeführt hat (BSGE 61, S. 128).

▪▪ Haftungsbegründende Kausalität

Zwischen der unfallbringenden versicherten Tätigkeit und dem Arbeitsunfall bzw. der Berufskrankheit muss ein rechtlich relevanter Kausalzusammenhang bestehen, die sog. haftungsbegründende Kausalität (Kater u. Leube-Kater 1997, § 8 Rn. 36). Im Unterschied zum Arbeitsunfall setzt die Berufskrankheit aber eine dauernde Einwirkung voraus. Dieser Umstand wirkt sich auch im Rahmen der Kausalitätsbeurteilung aus, für die der psychiatrische Sachverständige allerdings nicht hinzugezogen wird, da eine psychische Störung als Berufskrankheit regelmäßig nicht in Betracht kommt. Die folgenden Ausführungen beschränken sich daher auf die Kausalität zwischen Arbeitsunfall und versicherter Tätigkeit.

Die Kausalität ist ein tatsächlicher Vorgang, den man aus Gründen der Übersichtlichkeit in eine haftungsbegründende und eine haftungsausfüllende Kausalität aufgliedert (Benz 2002, S. 8). Die sozialrechtliche Kausalitätslehre beurteilt sich nicht wie die Kausalität im Bereich der privaten Unfallversicherung bzw. der privaten Entschädigungsansprüche (▶ Abschn. 12.3.3).

Die Beurteilung des ursächlichen Zusammenhangs bereitet aufgrund der Vielzahl zu beachtender Gesichtspunkte in der Praxis dem Gutachter häufig Schwierigkeiten. Das BSG hat festgelegt, dass eine dahingehende Beurteilung in mehreren Schritten zu erfolgen hat (BSG SozR 2200, § 548 Nr. 84):

- Zunächst sind die tatsächlichen Grundlagen festzulegen, die für die Wertentscheidungen in Betracht gezogen werden.
- Im Anschluss tritt man in die Abwägung der ursächlichen Bedeutung dieser einzelnen mitwirkenden Faktoren ein.

Grundlage für jede Beurteilung eines ursächlichen Zusammenhangs sowohl im Zivilrecht als auch im Strafrecht oder Sozialrecht bildet zunächst die sog. **Conditio-sine-qua-non-Formel** (Äquivalenztheorie). Danach ist jede Bedingung für den Eintritt des Erfolges ursächlich, die nicht hinweggedacht werden kann, ohne dass der konkrete Erfolg entfiele (Waltermann 2012, Rn. 283). Hypothetische Abläufe, die möglicherweise auch den Erfolg herbeigeführt haben würden, bleiben aber außer Betracht (Benz 2002, S. 8).

Im Sozialrecht wird dieser Grundsatz weiter dadurch eingeschränkt, dass nur die Bedingungen als ursächlich anzusehen sind, die wegen ihrer besonderen Beziehung zum Erfolg zu dessen Eintritt **wesentlich** mitgewirkt haben (sog. Theorie der wesentlichen Bedingung bzw. des wesentlichen Zusammenhangs; BSGE 1, S. 157; Waltermann 2012, Rn. 284). Dies erfordert eine Wertung, die unter Berücksichtigung aller Umstände des Einzelfalles vorzunehmen ist (BSG SozR 2200, § 548 Nr. 15, 75). Es hilft der Schutzzweck des Gesetzes (Grüner 2009, S. 646), der sich im Rahmen der gesetzlichen Unfallversicherung ausschließlich auf Risiken erstreckt, die dem versicherten Bereich zuzuordnen sind (Benz 2002, S. 9).

Zu beachten ist darüber hinaus insbesondere folgender Gesichtspunkt: Der einzelne Betroffene wird in dem physischen und psychischen Gesundheitszustand geschützt, in dem er sich bei Eintritt der Schädigung befunden hat (Erlenkämper u. Fichte 2007, S. 65 f.).

> ❯ Bei der Feststellung der Kausalität empfiehlt sich eine zweistufige Prüfung:
> 1. **Zuerst ist die Äquivalenztheorie anzuwenden. Als kausal bewertet man demnach jede Bedingung, die nicht hinweggedacht werden kann, ohne dass der Erfolg entfiele.**
> 2. **Anschließend ist der Zurechnungszusammenhang festzustellen. Die im Sinne der Äquivalenztheorie kausale Bedingung muss dem in der gesetzlichen Unfallversicherung versicherten Bereich zuzurechnen sein.**

Haben andere, sog. schadensunabhängige Faktoren – beispielsweise Bedingungen aus dem privaten Bereich – an der Entstehung mitgewirkt (Erlenkämper u. Fichte 2007, S. 67), spricht man von sog. **konkurrierender Kausalität**. Alle Mitursachen sind rechtlich relevant (BSGE 22, S. 203); entscheidend ist, ob die unterschiedlichen Bedingungen in ihrer Bedeutung und Tragweite für den Eintritt des Erfolges annähernd gleichwertig sind (BSGE 1, S. 157). Die in Frage stehende Ursache muss also einen Beitrag zur Entstehung des Gesundheitsschadens geleistet haben und dieser Beitrag muss wesentlich gewesen sein.

Daraus ergibt sich als **Anforderung an ein Gutachten**:

- Es ist eine Abwägung der Bedeutung und Tragweite der mitwirkenden Kausalfaktoren vorzunehmen und sorgfältig zu begründen (BSG SozR 3-2200, § 548 Nr. 4).
- Bei dieser Abwägung sind Inhalt und Schutzzweck der maßgebenden gesetzlichen Vorschriften zu berücksichtigen, und es ist eine objektiv vernünftige, an die praktische Erfahrung des Arbeitslebens anknüpfende Betrachtungsweise zugrunde zu legen (Brackmann et al. § 8 Rn. 313).

Besonders bei sog. psychischen Fehlentwicklungen darf man bei der Abwägung nicht auf die Reaktionsweise eines »normalen« Gesunden abstellen, sondern allein darauf, welche Auswirkungen die schädigenden Einwirkungen und ihre Folgen auf die jeweilige Einzelpersönlichkeit mit ihren vorgegebenen Struktureigenschaften im somatischen wie im psychischen Bereich gehabt haben (BSG SozR 3-2200, § 583 Nr. 1).

Auch die **Beweisanforderungen** hinsichtlich des Kausalzusammenhangs weisen Besonderheiten auf. Danach wird beurteilt, welcher Grad an Überzeugung gegeben sein muss, um eine Tatsache als erwiesen anzusehen. Die Kausalität als anspruchsbegründende Tatsache verlangt grundsätzlich vollen Beweis. Der soziale Schutz der Unfallversicherung würde aber häufig leerlaufen, wenn man stets absolute Gewissheit verlangte. Dieser sog. Vollbeweis, d. h. ein Beweis mit einem so hohen Grad an Gewissheit, »dass begründete Zweifel nicht mehr bestehen«, kann für die Kausalität in der Medizin in der Regel nicht erbracht werden (Grüner 2009, S. 645 f.). Gerade auf dem psychiatrischen Fachgebiet bereitet die Zusammenhangsfrage wegen der ätiologischen Komplexität der Erkrankungen Schwierigkeiten, ein Umstand, der nicht zu Lasten des Versicherten gehen darf. Dies hat das BSG dazu veranlasst, in Einzelfällen bei der Beurteilung des Zusammenhangs zwischen Unfallereignis und psychischer Störung die Anforderungen an den Ursachenzusammenhang herabzusetzen (BSG SozR 2200, § 581 Nr. 26).

Nach überwiegender Meinung genügt es deshalb, dass für einen solchen Kausalzusammenhang eine **hinreichende Wahrscheinlichkeit** angenommen werden kann. Diese Wahrscheinlichkeit besteht, wenn nach Feststellung, Prüfung und Abwägung aller bedeutsamen Umstände des Einzelfalls mehr für als gegen das Vorliegen der streitigen Tatsache spricht (BSG SozR 3-2200, § 548 Nr. 4); die bloße Möglichkeit reicht dagegen nicht aus (Kater u. Leube-Kater 1997, Vorbemerkung zu §§ 7–13 Rn. 65).

Im Sozialrecht gilt die sog. Untersuchungsmaxime, d. h. die Leistungsträger und ggf. die Gerichte müssen den Sachverhalt von Amts wegen erforschen (§ 20 SGB X, § 103 SGG). Allerdings sind die Folgen der Nichterweislichkeit einer Tatsache von demjenigen zu tragen, der aus dieser Tatsache ein Recht herleiten will (BSGE 19, S. 53). Für das sozialrechtliche Verfahren ergibt sich daraus, dass eine Ungewissheit über anspruchsbegründende Tatsachen zu Lasten des Anspruchstellers (Versicherter) geht, so z. B. wenn nicht geklärt werden kann, ob eine psychische Störung zu einem Arbeitsunfall geführt hat.

Probleme bereitet die haftungsbegründende Kausalität in Fällen der sog. **Schadensanlage**. Es handelt sich dabei um Sachverhalte, in denen bestimmte exogene Einwirkungen, die auf eine Vielzahl von Menschen treffen, nur bei einigen zum Ausbruch einer Krankheit führen, bei denen offensichtlich – neben der äußeren Einwirkung – eine in der individuellen Konstitution liegende Schadensanlage bei der Entstehung der Krankheit mitgewirkt hat.

Beispiel

Dies trifft u. a. für Infektionen zu, bei denen eine Vielzahl von Personen mit dem Erreger in Berührung kommen, allerdings nur wenige daran tatsächlich erkranken.

Auch die meisten psychischen Störungen entstehen nur in der Interaktion einer genetisch determinierten, biologischen Vulnerabilität mit Stressoren aus der Umwelt, die auf ein konkretes Individuum mit bestimmten individuellen Bewältigungsmechanismen treffen (BSG MeSo B 310/80; »Vulnerabilitäts-Stress-Coping-Modell«).

Für die Beurteilung von Anlageleiden hinsichtlich des ursächlichen Zusammenhangs mit der schädigenden Einwirkung gelten grundsätzlich die bereits dargestellten allgemeinen Grundsätze der sozialrechtlichen Kausalität, insbesondere die der konkurrierenden Kausalität (Grüner 2009, S. 645).

Bevor sich die Frage des Ursachenzusammenhangs stellt, muss aber zunächst das anlagebedingte Leiden nachgewiesen sein, andernfalls hat es bei der Beurteilung des Kausalverlaufs außer Betracht zu bleiben (BSGE 61, S. 130). Ob eine solche Krankheitsanlage bestand, lässt sich in der Regel allein durch Sachverständigengutachten feststellen. Dabei gelingt der sichere Nachweis einer derartigen Krankheitsanlage nur selten. Oftmals kann der Sachverständige die Krankheitsanlage nur mit »sicherer« Wahrscheinlichkeit einschätzen.

Stehen Art und Ausmaß einer Schadensanlage fest, so führt u. U. eine leicht ansprechbare Krankheitsanlage, deren exogener Auslöser als nicht wesentliche Bedingung für den Eintritt des Schadens zu werten ist, zur Ablehnung des ursächlichen Zusammenhangs zwischen der schädigenden Einwirkung und der versicherten Tätigkeit. Zur Begutachtung diesbezüglich ist eine Abwägung der ursächlichen Bedeutung der Schadensanlage einerseits und der schädigenden (Unfall-) Einwirkung andererseits vorzunehmen. Sofern die Schadensanlage für die Entstehung des Gesundheitsschadens so eindeutig im Vordergrund steht, dass sie als allein wesentliche Ursache des Schadens gewertet werden muss, bleibt die auslösende Ursache als unbedeutend außer Betracht (Grüner 2009, S. 645 f.).

In diesem Fall spricht man von einer **Gelegenheitsursache**. Als Anhaltspunkt kann darauf abgestellt werden, ob der Schaden wahrscheinlich auch durch alltäglich vorkommende und beliebig austauschbare Einwirkungen des unversicherten Privatlebens zu derselben Zeit eingetreten wäre (BSG SozR 3-2200, § 548 Nr. 4).

■ ■ Gesundheitsschaden oder Tod
Des Weiteren muss ein Gesundheitsschaden oder der Tod eingetreten sein. Unter Gesundheitsschaden ist die gesundheitliche Schädigung eines Menschen nicht nur im somatischen Bereich (körperlich-organisch), sondern in gleicher Weise auf psychischer Ebene (»Gebiet des Psychisch-Geistigen«) zu verstehen (BSGE 61, S. 116).

Der Gesundheitsschaden kann unmittelbar und ausschließlich im psychischen Bereich angesiedelt sein (z. B. einige Verhaltensstörungen) oder eine psychische Reaktion auf die Folgen eines Arbeitsunfalls oder einer Berufskrankheit darstellen (z. B. organisch begründete psychische Störung nach Schädel-Hirn-Trauma).

❯ Liegt psychischen Gesundheitsstörungen eine entsprechende persönlichkeitsbedingte Veranlagung im Sinne einer Persönlichkeitsstörung oder auch eine andere psychische Störung in fortgeschrittener Entwicklung zugrunde oder entwickelt sich eine psychische Reaktion auf einen Arbeitsunfall erst nach weiteren äußeren Einwirkungen, so muss anhand der unfallrechtlichen Kausalitätsnorm gefragt werden, ob der Arbeitsunfall eine wesentliche Bedingung darstellt.

Früher als »neurotische Störung« bezeichnete Leiden (nach ICD-10 regelhaft F4 zugehörig) fin-

den Berücksichtigung, wenn sie nicht ausschließlich auf wunschbedingten Vorstellungen beruhen (BSGE 18, S. 176; 20, S. 243).

Der Schaden kann auch in der **Verschlimmerung** einer zum Unfallzeitpunkt bereits vorhandenen Krankheit bestehen (Erlenkämper u. Fichte 2007, S. 89). Dann muss die schädigende Einwirkung auf ein im Zeitpunkt der Schädigung bereits vorhandenes Grundleiden gestoßen sein und dieses lediglich vermehrt, eben »verschlimmert« haben. Hierüber entscheidet der versicherungsrechtliche und nicht der medizinische Begriff der »Verschlimmerung«. Schwierigkeiten können sich hier im tatsächlichen Bereich, insbesondere in den bereits dargestellten Anlagefällen einstellen, gilt es doch hier bei der Abgrenzung der »Verschlimmerung« zur erstmaligen Entstehung zu untersuchen, ob die Schadensanlage bereits vor der schädigenden Einwirkung aus dem Stadium des nur »Angelegtseins« herausgetreten und sich bereits klinisch-funktionell manifestiert hatte oder nicht, was durch den oft schleichenden Verlauf erschwert wird (vgl. Erlenkämper u. Fichte 2007, S. 89).

»Verschlimmerung« bedeutet danach, dass die Gesundheitsverschlechterung rechtlich wesentlich auf die festgestellten Folgen eines Versicherungsfalls zurückzuführen ist (Benz 2002, S. 14). Die Unfallfolge besteht in einem solchen Fall aber nur in dem Anteil des Leidens, der dem Einfluss des Unfalls auf das Leiden und seinem weiteren Verlauf zuzurechnen ist (sog. Verschlimmerungsanteil; BSGE 7, S. 56).

❯ **Die schadensbedingte Minderung der Erwerbstätigkeit ist nur für diesen Verschlimmerungsanteil und nicht für das Grundleiden zu berechnen.**

Die gesetzliche Unfallversicherung ersetzt nicht nur den unmittelbar durch das schädigende Ereignis verursachten Gesundheitsschaden, sondern auch sog. **mittelbare Schäden**. In § 11 Abs. 1 Nr. 1 bis Nr. 3 SGB VII sind bestimmte mittelbare Folgen eines Versicherungsfalls ausdrücklich geregelt, andere aber wegen des nicht abschließenden Charakters der Aufzählung nicht ausgeschlossen. Auch psychische Schäden sind als sog. Sekundärschäden denkbar, z. B. depressive Störungen aufgrund des Verlustes eines Körpergliedes.

■■ **Haftungsausfüllende Kausalität**

❯ **Die Leistungen der Unfallversicherung setzen weiterhin voraus, dass zwischen dem Arbeitsunfall bzw. der Berufskrankheit und dem Gesundheitsschaden ein Kausalzusammenhang besteht. Dafür gelten die im Rahmen der haftungsbegründenden Kausalität dargestellten Grundsätze entsprechend.**

Sowohl der Arbeitsunfall als auch die Berufskrankheit können mit erheblichen psychischen Störungen einhergehen. Die in diesem Zusammenhang von einem psychiatrischen oder gelegentlich auch von einem psychologischen Sachverständigen zu beantwortenden Fragen sind im Wesentlichen:

— ob psychische Störungen ohne organische Verletzungen ein Unfallereignis darstellen;

— ob psychische Störungen neben organischen Verletzungen als Unfallfolge aufzufassen sind;

— unter welchen Voraussetzungen die Tatsachen, die den rechtlich relevanten Ursachenzusammenhang begründen, zwischen dem Unfallereignis und der psychischen Störung vorliegen.

Gerade die Feststellung eines rechtlich wesentlichen Zusammenhangs zwischen einem körperlich schädigenden Unfallereignis und einem Gesundheitsschaden in Form einer psychischen Störung ist in der Praxis sehr problematisch. Nicht immer gibt es für den konkreten Fall gesicherte medizinische oder psychologische Erkenntnisse zum Kausalzusammenhang. Damit hat sich der BSG in einer Entscheidung aus dem Jahre 1995 beschäftigt (BSGE 77, S. 1 ff.) und folgende Grundsätze festgelegt:

❯❯ Wenn sich nach einem seelisch belastenden Vorgang ein Dauerleiden einstellt, läßt sich offenbar nicht überzeugend klären, ob und nach welchem psychischen Mechanismus dieser Vorgang das Dauerleiden herbeigeführt hat oder ob und in welchem Umfang schon eine Anlage von Krankheitswert vorhanden war [...]. Vor dieser Unsicherheit hat das private Unfallversicherungsrecht kapituliert [...]. Nicht kapitulieren kann das gesetzlich geregelte Schadensersatzrecht, insbesondere nicht das soziale Entschädigungsrecht. Von einem Ursachenzusammenhang

zwischen einer bestimmten Belastung und einer bestimmten Krankheit kann aber auch auf diesem Rechtsgebiet nur dann gesprochen werden, wenn feststeht, daß Belastungen dieser Art allgemein geeignet sind, Krankheiten dieser Art hervorzurufen [...]. Erst wenn die herrschende Lehrmeinung in der medizinischen Wissenschaft die Belastung allgemein für geeignet hält, bestimmte Krankheiten hervorzurufen, kann ein Ursachenzusammenhang im Einzelfall ernstlich in Betracht gezogen werden. Da man den tatsächlichen Wirkungszusammenhang zwischen Belastung und Krankheit im Allgemeinen nicht kennt und andere Ursachen nie auszuschließen sind, ist die Möglichkeit des Ursachenzusammenhangs schon dann anzunehmen, wenn nach dem Erfahrungswissen der Ärzte die Gefahr des Ausbruchs der betreffenden Krankheit nach den betreffenden Belastungen deutlich erhöht ist. Wenn bei entschädigungspflichtigen Vorgängen bestimmter Art und bestimmten Ausmaßes für die davon Betroffenen die Gefahr bestimmter Erkrankungen gegenüber den nicht Betroffenen besonders deutlich erhöht wird, liegt auch schon die Wahrscheinlichkeit nahe, daß der im Einzelfall von der Gefahr betroffene Kranke dieser Gefahr tatsächlich erlegen ist. (BSGE 77, S. 2 ff.)

Bezüglich der haftungsausfüllenden Kausalität, also des Zusammenhangs zwischen dem körperlich schädigenden Unfallereignis und einem psychischen Gesundheitsschaden, ergeben sich gegenüber den Ausführungen zur haftungsbegründenden Kausalität lediglich Besonderheiten bei einer konkurrierenden Kausalität mit einem Grundleiden. Die haftungsausfüllende Kausalität erfordert, dass dem Unfallereignis und seinen Folgen im Vergleich zur Anlage oder Disposition des Betroffenen zumindest die Bedeutung einer gleichwertigen Ursache zukommen muss (Benz 2002, S. 15).

Danach ist eine haftungsausfüllende Kausalität in folgenden Fällen abzulehnen:

— bei bewusstseinsnahen Begehrensvorstellungen,

— bei Gelegenheitsursachen,

— in Bagatellfällen.

Die erste Fallgruppe bilden die sog. **bewusstseinsnahen Begehrensvorstellungen.** Dabei wird das Unfallereignis zum Anlass genommen, ein bevorstehendes oder neu gesetztes Lebensziel – beispielsweise den Rückzug aus dem Beruf – zu verwirklichen (Benz 2002, S. 12). Bei derartigen bewusstseinsnahen Wunsch- und Zweckreaktionen bildet allein die Anlage oder die Disposition des Betroffenen eine wesentliche Bedingung (Mehrtens et al. 2003, S. 259).

Beispiel

Als eine derartige Begehrensvorstellung gilt beispielsweise die Aggravation (▶ Abschn. 1.4.1): Eine Aggravation ist eine im Verhältnis zum objektiven Befund übertriebene, möglicherweise zweckgerichtet eingesetzte Präsentation subjektiv empfundener Symptome, der im Gegensatz zur Simulation jedoch ein (psycho)pathologischer Befund zugrunde liegt.

Die zweite Fallgruppe setzt sich aus den sog. **Gelegenheitsursachen** zusammen. Darunter versteht man Ursachen, die zwar kausal für den Unfallschaden bzw. die Erkrankung sind und auch mit überwiegender Wahrscheinlichkeit zum Schaden bzw. der Erkrankung geführt haben, allerdings gerade nicht wesentlich im Sinne der rechtlichen Begriffsbildung sind (Ockenga 1993, S. 62). Von einer Gelegenheitsursache spricht man demnach, wenn eine Krankheitsanlage oder andere Erkrankung vorliegt und »leicht ansprechbar« in dem Sinne ist, dass jedes alltägliche ähnliche Ereignis wie das Unfallereignis zu derselben Zeit dieselben Erscheinungen wie die geltend gemachten ausgelöst hätte (BSG SozR 2200, § 548 Nr. 51). Zu prüfen ist damit also, ob das Unfallereignis und seine organischen Auswirkungen mit anderen alltäglichen Ereignissen austauschbar sind.

Schließlich fehlt die Kausalität in den **Bagatellfällen.** Hier besteht zwischen Schwere des Unfallereignisses und Schwere der psychischen Störung ein Missverhältnis (Benz 2002, S. 13). Nach der Rechtsprechung des BSG entscheidet in diesem Zusammenhang, ob der Versicherte bei zumutbarer Willensanstrengung aus eigener Kraft die psychische Störung überwinden kann (BSGE 21, S. 190 f.).

Besonderheiten können sich im Rahmen der haftungsausfüllenden Kausalität bei der bereits angesprochenen **Selbstverstümmelung oder Selbsttötung** ergeben (▶ Abschn. 12.3.1: »Arbeits-

unfall«). Beides stellt zwar keinen Arbeitsunfall im Sinne des § 8 Abs. 1 S. 1 SGB VII dar, kann aber gleichwohl eine rechtlich wesentliche Folge eines anderen Versicherungsfalls sein, wie z. B. einer unheilbaren Berufskrankheit (BSG SozR 3-2200, § 553 Nr. 1).

Dabei ist zu unterscheiden zwischen dem sog. Verzweiflungssuizid aufgrund eines psychischen Traumas am Arbeitsplatz innerhalb einer Arbeitsschicht und dem Bilanzsuizid (Benz 1999, S. 439), auch wenn diese psychiatrischerseits kaum differenziert werden können und in der Regel depressive Störungen zugrunde liegen. Die höchstrichterliche Rechtsprechung erkennt mittlerweile an, dass nicht nur die Beeinträchtigung der Willensentscheidung durch ein psychisches Trauma (Verzweiflung), sondern auch ein durch einen Arbeitsunfall oder eine Berufskrankheit hervorgerufener schwerer Gesundheitsschaden u. U. rechtlich wesentlich zur Selbsttötung (sog. bilanzierender Suizid) führt. Sie akzeptiert damit auch den Suizid und den Suizidversuch als Versicherungsfall (BSGE 66, S. 158), wenn er sich seinerseits als Folge eines Versicherungsfalls darstellt. Vor einer Entschädigungsleistung ist allerdings zu prüfen, ob zwischen dem Erstschaden und der Selbsttötung bzw. dem Selbsttötungsversuch ein rechtlich wesentlicher Zusammenhang besteht (Benz 1999, S. 440).

Dabei sind die Grundsätze der konkurrierenden Kausalität zu beachten: Nur wenn die Folgen des Versicherungsfalls u. U. neben privaten Faktoren als annähernd gleichwertige Bedingung zur suizidalen Handlung geführt haben, lässt sich ein rechtlich wesentlicher Folgeschaden des vorangegangenen Versicherungsfalls anerkennen (Benz 1999, S. 440). Als Kriterium dafür gilt, wie der Betroffene auf die Folgen des Versicherungsfalls reagiert hat (BSG SGb 1990, S. 496). Die Aufgabe eines hinzugezogenen psychiatrischen Sachverständigen besteht darin, Auskunft zu geben, welche Beweggründe den Verletzten veranlasst haben könnten, sich selbst zu töten, und ob der rechtlich relevante Kausalzusammenhang gegeben ist.

Des Weiteren kann ein psychiatrisches Gutachten auch im Fall des Verdachts auf Suizid erforderlich sein. Die Beweisregeln, die das BSG aufgestellt hat (s. oben), sehen vor, dass es zu

Lasten der Hinterbliebenen geht, wenn sich nicht klären lässt, ob betriebliche Gründe den Unfall herbeigeführt haben oder aber der Verletzte selbst willentlich die wesentliche Ursache für seinen Tod gesetzt hat (BSG VersR 1985, S. 988). Demnach entfällt der Schutz der gesetzlichen Unfallversicherung, wenn sich nicht ermitteln lässt, ob der Versicherte aufgrund der betrieblichen Tätigkeit oder durch Suizid, der wesentlich auf ganz anderen Ursachen beruht, gestorben ist. Die Kritik hält entgegen, das BSG stehe damit im Widerspruch zu den Bestimmungen des SGB VII, wonach der Versicherungsschutz nur bei vorsätzlicher Schädigung, vgl. § 101 SGB VII, entfalle, sodass die bloße Möglichkeit der Selbsttötung aus sonstigen Gründen nicht ausreichen könne (Plagemann u. Hontschik 1996, Rn. 231). Trotz der Kritik ist das BSG bis heute nicht von seiner Rechtsprechung abgewichen.

■ **Leistungen**

Wenn die dargestellten Tatbestandsvoraussetzungen des Versicherungsfalles erfüllt sind, kann der Versicherte die Leistungen der gesetzlichen Unfallversicherung beanspruchen. Sie sind in den §§ 26 ff. SGB VII aufgeführt und beinhalten:

- Heilbehandlung, einschließlich der medizinischen Rehabilitation (§§ 27–34 SGB VII),
- Leistungen zur Teilhabe am Arbeitsleben bzw. am Leben in der Gemeinschaft und ergänzende Leistungen (§§ 35–43 SGB VII),
- Leistungen bei Pflegebedürftigkeit (§ 44 SGB VII),
- Verletzten- sowie Übergangsgeld (§§ 45–52 SGB VII),
- Renten (§§ 56–62 SGB VII),
- im Falle des Todes Leistungen an Hinterbliebene (§§ 63–80 SGB VII).

■ **Minderung der Erwerbsfähigkeit**

Für den Fall, dass sowohl die haftungsbegründende als auch die haftungsausfüllende Kausalität nachgewiesen sind, und der Versicherte nach § 56 SGB VII eine Rente beansprucht, muss ein hinzugezogener psychiatrischer Sachverständiger die Minderung der Erwerbsfähigkeit (MdE) einschätzen. Die Anforderungen an die MdE sind in § 56 Abs. 2 SGB VII geregelt.

> ❯❯ **Demnach richtet sich die Minderung der Erwerbsfähigkeit (MdE) nach dem Umfang der sich aus der Beeinträchtigung des körperlichen und geistigen Leistungsvermögens ergebenden verminderten Arbeitsmöglichkeiten auf dem gesamten Gebiet des Erwerbslebens.**

Bei jugendlichen Versicherten bemisst man die MdE gem. § 56 Abs. 2 S. 2 SGB VII nach den Auswirkungen, die sich bei Erwachsenen mit gleichem Gesundheitsschaden ergeben würden. Gem. § 56 Abs. 2 S. 3 SGB VII werden bei der Bemessung der MdE Nachteile berücksichtigt, die die Versicherten dadurch erleiden, dass sie bestimmte von ihnen erworbene besondere berufliche Kenntnisse und Erfahrungen infolge des Versicherungsfalls nicht mehr oder nur noch in vermindertem Umfang nutzen können, soweit solche Nachteile nicht durch sonstige Fähigkeiten, deren Nutzung ihnen zugemutet werden kann, ausgeglichen werden.

Auch bei psychischen Störungen muss demnach auf das Ausmaß der Beeinträchtigung des Leistungsvermögens abgestellt werden. Die MdE wird in Prozentsätzen ausgedrückt, die grundsätzlich durch 10 teilbar sein sollten.

Hintergrundinformation

Den MdE-Grad genauer als in Zehnerstufen – allenfalls in Fünferstufen – einzuschätzen, sei tatsächlich unmöglich und deshalb rechtlich nicht zulässig, weil eine so geringe Dimension noch innerhalb der allen ärztlichen Schätzungen eigenen Schwankungsbreite liege, der Grad einer unfallbedingten Minderung der Erwerbsfähigkeit mithin nicht völlig genau, sondern nur annäherungsweise feststellbar sei (BSG NJOZ 2001, S. 802).

Im Rahmen der Feststellung der MdE ist eine abstrakte Schadensberechnung dergestalt vorzunehmen, dass die MdE den Unterschied bezeichnet, der sich für den versicherten Verletzten aus einer Gegenüberstellung seiner mit 100 % anzusetzenden Erwerbsfähigkeit auf dem gesamten Feld des Erwerbslebens vor dem Unfall und derjenigen nach dem Unfall ergibt (BSGE 21, S. 67; Schmitt 2008, § 56 Rn. 20).

Die Bemessung der MdE erfolgt in 3 Stufen nach Beantwortung folgender 3 Fragen (BSGE 53, S. 17):

1. Welche Körperfunktionen (bzw. kognitiv-emotionalen Funktionen), die für die Leistungsfähigkeit im Erwerbsleben bedeutsam sein können, sind durch die Unfallschädigungsfolgen beeinträchtigt und in welchem Ausmaß?
2. Welche Erwerbstätigkeiten kann der Versicherte dadurch nicht mehr ausüben?
3. Welchen Anteil haben diese Tätigkeiten am gesamten Erwerbsleben?

> **Muss eine Gesamt-MdE aus verschiedenen Einzelbeeinträchtigungen aus unterschiedlichen medizinischen Fachgebieten gebildet werden, dürfen aus den einzelnen medizinischen Fachgebieten hierzu die jeweiligen MdEs nicht einfach addiert werden. Die Gesamt-MdE ist individuell zu ermitteln.**

Beispiel
- **Fall 12.8**
Heribert Z., 41-jähriger Industriearbeiter, war Zeuge eines Rangierunglücks der Betriebsbahn, bei der 2 Kollegen tödlich verletzt wurden. Er entwickelte in der Folge eine posttraumatische Belastungsstörung (ICD-10: F43.1), die sich in sog. Nachhallerinnerungen (»flashbacks«), fehlender emotionaler Anteilnahme, Gleichgültigkeit, Depressivität, Schlaflosigkeit und einem Vermeiden des Aufsuchens des Unglücksortes, des Ansehens von Bahnen und entsprechender Abbildungen in Zeitschriften und im Fernsehen äußerte. Der von der Berufsgenossenschaft eingeschaltete psychiatrische Sachverständige schlug eine MdE in Höhe von 30 v. H. sowie eine Nachuntersuchung nach Ablauf eines Jahres zur Überprüfung des weiteren Krankheitsverlaufs vor.

Zur Gewährleistung eines gleichen und gerechten Maßstabes zur Bemessung der MdE wurden für viele Standardunfallfolgen in zahlreichen Quellen MdE-Tabellen entwickelt. Diese Erfahrungssätze sind für die Begutachtung zwar keineswegs verbindlich, sollten aber aufgrund der gebotenen Gleichbehandlung als Richtlinie beachtet werden (Vorschläge zur MdE-Einschätzung bei psychoreaktiven Störungen in der gesetzlichen Unfallversicherung finden sich bei Foerster et al. 2007).

Um eine solche Einschätzung vorzunehmen, konnte ursprünglich auf die vom Bundesministerium für Arbeit und Soziales (BMAS) herausgegebenen Anhaltspunkte zurückgegriffen werden.

Bei diesen sog. Anhaltspunkten handelte es sich um vom BMAS herausgegebene Empfehlungen für die ärztliche Gutachtertätigkeit im sozialen Entschädigungsrecht und nach dem Schwerbehindertenrecht (http://anhaltspunkte.vsbinfo.de).

Auch im Bereich der gesetzlichen Unfallversicherung waren bei der medizinischen Bewertung von Unfallschäden diese Anhaltspunkte entsprechend heranzuziehen (BSGE 93, S. 63). Die Begriffe »Grad der Behinderung« (GdB) und »Minderung der Erwerbsfähigkeit« bedeuteten in der Regel keinen substanziellen Unterschied, sondern stellten die Eckpunkte ärztlichen Ermessens dar (SG Stuttgart NZA 1991, S. 534). Für Altfälle (vor dem 1.1.2009) sind die Anhaltspunkte nach wie vor in ihrer jeweils maßgeblichen Fassung zu berücksichtigen (OVG Berlin-Brandenburg BeckRS 2011, 46671).

Den Anhaltspunkten fehlte jedoch die demokratische Legitimation. Deswegen werden sie seit dem 1.1.2009 durch die »Versorgungsmedizinischen Grundsätze« ersetzt, welche sich in der Anlage der Versorgungsmedizin-Verordnung (VersMedV) finden. Grundsätzlich problematisch ist eine direkte Geltung dieser Versorgungsmedizinischen Grundsätze für die gesetzliche Unfallversicherung, da sie nicht allein das allgemeine Erwerbsleben, sondern Auswirkungen von Funktionsbeeinträchtigungen in allen Lebensbereichen zum Inhalt haben (KSW-Holtstraeter § 56 Rn.16). Wie zuvor schon bei den »Anhaltspunkten für die ärztliche Gutachtertätigkeit im sozialen Entschädigungsrecht und nach dem Schwerbehindertengesetz« (BSGE 93, S. 63), kommt aber auch bei den »Versorgungsmedizinischen Grundsätzen« eine entsprechende Anwendung in Betracht. In ihrem Rahmen muss der Gutachter bei der Bemessung der MdE jedoch berücksichtigen, dass sein Maßstab nur die Beeinträchtigung im allgemeinen Erwerbsleben ist (VGH München, BeckRS 2011, 46577). Seit einigen Jahren werden die Versorgungsmedizinischen Grundsätze grundlegend revidiert. Waren bislang ausschließlich Versorgungsmediziner der Länder an deren Abfassung beteiligt, ist es nun ein paritätisch besetzter Arbeitskreis von Wissenschaftlern und Versorgungsmedizinern in dem unabhängigen »Ärztlichen Sachverständigenbeirat Versorgungsmedizin«, der das Bundesministerium für Arbeit und Soziales zu allen versorgungsärztlichen Angelegenheiten berät und die Fortentwicklung vorbereitet. Die Revision wird sich in allen Bereichen vollständig an der ICF orientieren und insbesondere auch für den Bereich der psychischen Erkrankungen einen wesentlich höheren Differenzierungsgrad aufweisen (zum aktuellen Stand der Versorgungsmedizinischen Grundsätze mit Leitlinien zur Begutachtung, allgemeinen Grundsätzen und GdS/GdB-Tabelle s. Arbeitskompendium der versorgungsmedizinisch tätigen Leitenden Ärztinnen und Ärzte der Länder und der Bundeswehr, Band I Schwerbehindertenrecht; http://www.rp-giessen.hessen.de/irj/RPGIE_Internet?cid=c4f1afd614ba27c3d7a5523950d19617).

Im Folgenden werden aus den »Versorgungsmedizinischen Grundsätzen« die GdS-Tabelle betreffend das Nervensystem und die Psyche dargestellt, ▶ GdS-Tabelle Nummer 3 Nervensystem und Psyche aus den »Versorgungsmedizinischen Grundsätzen« (BMAS, http://www.bmas.de/DE/Service/Gesetze/versmedv.html).

GdS-Tabelle Nummer 3 Nervensystem und Psyche aus den »Versorgungsmedizinischen Grundsätzen« (BMAS, http://www.bmas.de/DE/Service/Gesetze/versmedv.html)

3.1 Hirnschäden

a. Ein Hirnschaden ist nachgewiesen, wenn Symptome einer organischen Veränderung des Gehirns – nach Verletzung oder Krankheit nach dem Abklingen der akuten Phase – festgestellt worden sind. Wenn bei späteren Untersuchungen keine hirnorganischen Funktionsstörungen und Leistungsbeeinträchtigungen mehr zu erkennen sind, beträgt der GdS dann – auch unter Einschluss geringer z. B. vegetativer Beschwerden – 20; nach offenen Hirnverletzungen nicht unter 30.

b. Bestimmend für die Beurteilung des GdS ist das Ausmaß der bleibenden Ausfallserscheinungen. Dabei sind der neurologische Befund, die Ausfallserscheinungen im psychischen Bereich unter Würdigung der prämorbiden Persönlichkeit und ggf. das Auftreten von zerebralen Anfällen zu beachten. Bei der Mannigfaltigkeit der Folgezustände von Hirnschädigungen kommt ein GdS zwischen 20 und 100 in Betracht.

c. Bei Kindern ist zu berücksichtigen, dass sich die Auswirkungen eines Hirnschadens abhängig vom Reifungsprozess sehr verschieden (Besserung oder Verschlechterung) entwickeln können, so dass in der Regel Nachprüfungen in Abständen von wenigen Jahren angezeigt sind.

d. Bei einem mit Ventil versorgten Hydrozephalus ist ein GdS von wenigstens 30 anzusetzen.

e. Nicht nur vorübergehende vegetative Störungen nach Gehirnerschütterung (reversible und morphologisch nicht nachweisbare Funktionsstörung des Gesamthirns) rechtfertigen im ersten Jahr nach dem Unfall einen GdS von 10 bis 20.

Bei der folgenden GdS-Tabelle der Hirnschäden soll die unter Nummer 3.1.1 genannte Gesamtbewertung im Vordergrund stehen. Die unter Nummer 3.1.2 angeführten isoliert vorkommenden bzw. führenden Syndrome stellen eine ergänzende Hilfe zur Beurteilung dar.

3.1.1 Grundsätze der Gesamtbewertung von Hirnschäden

Hirnschäden mit geringer Leistungsbeeinträchtigung	30–40
Hirnschäden mit mittelschwerer Leistungsbeeinträchtigung	50–60
Hirnschäden mit schwerer Leistungsbeeinträchtigung	70–100

3.1.2 Bewertung von Hirnschäden mit isoliert vorkommenden bzw. führenden Syndromen (bei Begutachtungen im sozialen Entschädigungsrecht auch zur Feststellung der Schwerstbeschädigtenzulage)

Hirnschäden mit psychischen Störungen:

Leicht (im Alltag sich gering auswirkend)	30–40
Mittelgradig (im Alltag sich deutlich auswirkend)	50–60
Schwer	70–100

3.4 Beeinträchtigungen der geistigen Leistungsfähigkeit im Kindes- und Jugendalter

Die GdS-Beurteilung der Beeinträchtigungen der geistigen Entwicklung darf nicht allein vom Ausmaß der Intelligenzminderung und von diesbezüglichen Test-

▼

ergebnissen ausgehen, die immer nur Teile der Behinderung zu einem bestimmten Zeitpunkt erfassen können. Daneben muss stets auch die Persönlichkeitsentwicklung auf affektivem und emotionalem Gebiet, wie auch im Bereich des Antriebs und der Prägung durch die Umwelt mit allen Auswirkungen auf die sozialen Einordnungsmöglichkeiten berücksichtigt werden.

3.4.1 Entwicklungsstörungen im Kleinkindesalter

Die Beurteilung setzt eine standardisierte Befunderhebung mit Durchführung geeigneter Testverfahren voraus (Nachuntersuchung mit Beginn der Schulpflicht).

Umschriebene Entwicklungsstörungen in den Bereichen Motorik, Sprache oder Wahrnehmung und Aufmerksamkeit:

Leicht, ohne wesentliche Beeinträchtigung der Gesamtentwicklung	0–10
Sonst bis zum Ausgleich je nach Beeinträchtigung der Gesamtentwicklung	20–40
Bei besonders schwerer Ausprägung	50

Globale Entwicklungsstörungen (Einschränkungen in den Bereichen Sprache und Kommunikation, Wahrnehmung und Spielverhalten, Motorik, Selbstständigkeit, soziale Integration) je nach Ausmaß der sozialen Einordnungsstörung und der Verhaltensstörung (z. B. Hyperaktivität, Aggressivität):

Geringe Auswirkungen	30–40
Starke Auswirkungen (z. B. Entwicklungsquotient [EQ] von 70 bis über 50)	50–70
Schwere Auswirkungen (z. B. EQ 50 und weniger)	80–100

3.4.2 Einschränkung der geistigen Leistungsfähigkeit im Schul- und Jugendalter

Kognitive Teilleistungsschwächen (z. B. Lese-Rechtschreib-Schwäche [Legasthenie], isolierte Rechenstörung):

Leicht, ohne wesentliche Beeinträchtigung der Schulleistungen	0–10
Sonst – auch unter Berücksichtigung von Konzentrations- und Aufmerksamkeitsstörungen – bis zum Ausgleich	20–40
Bei besonders schwerer Ausprägung (selten)	50

Einschränkung der geistigen Leistungsfähigkeit mit einem Intelligenzrückstand entsprechend einem Intelligenz-Alter (IA) von etwa 10 bis 12 Jahren bei Erwachsenen (IQ von etwa 70 bis 60):

Wenn während des Schulbesuchs nur geringe Störungen, insbesondere der Auffassung, der Merkfähigkeit, der psychischen Belastbarkeit, der sozialen Einordnung, des Sprechens, der Sprache oder anderer kognitiver Teilleistungen vorliegen, oder wenn sich nach Abschluss der Schule noch eine weitere Bildungsfähigkeit gezeigt hat und keine wesentlichen, die soziale Einordnung erschwerenden Persönlichkeitsstörungen bestehen, oder wenn ein Ausbildungsberuf unter Nutzung der Sonderregelungen für behinderte Menschen erreicht werden kann	30–40
Wenn während des Schulbesuchs die oben genannten Störungen stark ausgeprägt sind oder mit einem Schulversagen zu rechnen ist, oder wenn nach Abschluss der Schule auf eine Beeinträchtigung der Fähigkeit zu selbstständiger Lebensführung oder sozialer Einordnung geschlossen werden kann, oder wenn der behinderte Mensch wegen seiner Behinderung trotz beruflicher Fördermöglichkeiten (z. B. in besonderen Rehabilitationseinrichtungen) nicht in der Lage ist, sich auch unter Nutzung der Sonderregelungen für behinderte Menschen beruflich zu qualifizieren	50–70

▼

Intelligenzmangel mit stark eingeengter Bildungsfähigkeit, erheblichen Mängeln im Spracherwerb, Intelligenzrückstand entsprechend einem IA unter 10 Jahren bei Erwachsenen (IQ unter 60):

Bei relativ günstiger Persönlichkeitsentwicklung und sozialer Anpassungsmöglichkeit (Teilerfolg in einer Sonderschule, selbstständige Lebensführung in einigen Teilbereichen und Einordnung im allgemeinen Erwerbsleben mit einfachen motorischen Fertigkeiten noch möglich)	80–90
Bei stärkerer Einschränkung der Eingliederungsmöglichkeiten mit hochgradigem Mangel an Selbstständigkeit und Bildungsfähigkeit, fehlender Sprachentwicklung, unabhängig von der Arbeitsmarktlage, und auf Dauer Beschäftigungsmöglichkeit nur in einer Werkstatt für Behinderte	100

3.5 Verhaltens- und emotionale Störungen mit Beginn in der Kindheit und Jugend

Die Kriterien der Definitionen der ICD 10-GM Version 2011 müssen erfüllt sein. Komorbide psychische Störungen sind gesondert zu berücksichtigen.

Eine Behinderung liegt erst ab Beginn der Teilhabebeeinträchtigung vor. Eine pauschale Festsetzung des GdS nach einem bestimmten Lebensalter ist nicht möglich.

3.5.1 Tief greifende Entwicklungsstörungen (insbesondere frühkindlicher Autismus, atypischer Autismus, Asperger-Syndrom)

Bei tief greifenden Entwicklungsstörungen:
- ohne soziale Anpassungsschwierigkeiten beträgt der GdS 10–20,
- mit leichten sozialen Anpassungsschwierigkeiten beträgt der GdS 30–40,
- mit mittleren sozialen Anpassungsschwierigkeiten beträgt der GdS 50–70,
- mit schweren sozialen Anpassungsschwierigkeiten beträgt der GdS 80–100.

Soziale Anpassungsschwierigkeiten liegen insbesondere vor, wenn die Integrationsfähigkeit in Lebensbereiche (wie zum Beispiel Regel-Kindergarten, Regel-Schule, allgemeiner Arbeitsmarkt, öffentliches Leben, häusliches Leben) nicht ohne besondere Förderung oder Unterstützung (zum Beispiel durch Eingliederungshilfe) gegeben ist oder wenn die Betroffenen einer über das dem jeweiligen Alter entsprechende Maß hinausgehenden Beaufsichtigung bedürfen.

Mittlere soziale Anpassungsschwierigkeiten liegen insbesondere vor, wenn die Integration in Lebensbereiche nicht ohne umfassende Unterstützung (zum Beispiel einen Integrationshelfer als Eingliederungshilfe) möglich ist.

Schwere soziale Anpassungsschwierigkeiten liegen insbesondere vor, wenn die Integration in Lebensbereiche auch mit umfassender Unterstützung nicht möglich ist.

3.5.2 Hyperkinetische Störungen und Aufmerksamkeitsstörungen ohne Hyperaktivität

Ohne soziale Anpassungsschwierigkeiten liegt keine Teilhabebeeinträchtigung vor.

Bei sozialen Anpassungsschwierigkeiten:
- ohne Auswirkung auf die Integrationsfähigkeit beträgt der GdS 10–20.
- mit Auswirkungen auf die Integrationsfähigkeit in mehreren Lebensbereichen (wie zum Beispiel Regel-Kindergarten, Regel-Schule, allgemeiner Arbeitsmarkt, öffentliches Leben, häusliches Leben) oder wenn die Betroffenen einer über das dem jeweiligen Alter entsprechende Maß hinausgehenden Beaufsichtigung bedürfen, beträgt der GdS 30–40.
- mit Auswirkungen, die die Integration in Lebensbereiche nicht ohne umfassende Unterstützung oder umfassende Beaufsichtigung ermöglichen, beträgt der GdS 50–70.
- mit Auswirkungen, die die Integration in Lebensbereiche auch mit umfassender Unterstützung nicht ermöglichen, beträgt der GdS 80–100.

Ab dem Alter von 25 Jahren beträgt der GdS regelhaft nicht mehr als 50.

3.5.3 Störungen des Sozialverhaltens und Störungen sozialer Funktionen

Mit Beginn in der Kindheit und Jugend sind je nach Ausmaß der Teilhabebeeinträchtigung, insbesondere der Einschränkung der sozialen Integrationsfähigkeit und dem Betreuungsaufwand, individuell zu bewerten.

3.6 Schizophrene und affektive Psychosen

Langdauernde (über ein halbes Jahr anhaltende) Psychose im floriden Stadium je nach Einbuße beruflicher und sozialer Anpassungsmöglichkeiten	50–100

▼

Schizophrener Residualzustand (z. B. Konzentrations-störung, Kontaktschwäche, Vitalitätseinbuße, affektive Nivellierung) mit geringen und einzelnen Restsymptomen:

Ohne soziale Anpassungsschwierig-keiten	10–20
Mit leichten sozialen Anpassungs-schwierigkeiten	30–40
Mit mittelgradigen sozialen Anpas-sungsschwierigkeiten	50–70
Mit schweren sozialen Anpassungs-schwierigkeiten	80–100

Affektive Psychose mit relativ kurzdauernden, aber häufig wiederkehrenden Phasen:

Bei 1–2 Phasen im Jahr von mehr-wöchiger Dauer, je nach Art und Ausprägung	30–50
Bei häufigeren Phasen von mehrwö-chiger Dauer	60–100

Nach dem Abklingen lang dauernder psychotischer Episoden ist eine Heilungsbewährung von 2 Jahren abzuwarten. GdS während dieser Zeit:

Wenn bereits mehrere manische oder manische und depressive Phasen vor-angegangen sind	50
Sonst	30

Eine Heilungsbewährung braucht nicht abgewartet zu werden, wenn eine monopolar verlaufene depressive Phase vorgelegen hat, die als erste Krankheitsphase oder erst mehr als 10 Jahre nach einer früheren Krankheitsphase aufgetreten ist.

3.7 Neurosen, Persönlichkeitsstörungen, Folgen psychischer Traumen

Leichtere psychovegetative oder psy-chische Störungen	0–20
Stärker behindernde Störungen mit wesentlicher Einschränkung der Erlebnis- und Gestaltungsfähigkeit (z. B. ausgeprägtere depressive, hypochondrische, asthenische oder phobische Störungen, Entwicklun-gen mit Krankheitswert, somato-forme Störungen)	30–40

Schwere Störungen (z. B. schwere Zwangskrankheit) mit mittelgradigen sozialen Anpassungsschwierigkeiten	50–70
Schwere Störungen mit schweren so-zialen Anpassungsschwierigkeiten	80–100

3.8 Psychische Störungen und Verhaltens-störungen durch psychotrope Substanzen

Der schädliche Gebrauch psychotroper Substanzen ohne körperliche oder psychische Schädigung bedingt keinen Grad der Schädigungsfolgen. Die Abhängigkeit von Koffein oder Tabak sowie von Koffein und Tabak bedingt für sich allein in der Regel keine Teilhabebe-einträchtigung.

Abhängigkeit von psychotropen Substanzen liegt vor, wenn als Folge des chronischen Substanzkonsums mindestens drei der folgenden Kriterien erfüllt sind:
- starker Wunsch (Drang), die Substanz zu konsu-mieren,
- verminderte Kontrollfähigkeit (Kontrollverlust) den Konsum betreffend,
- Vernachlässigung anderer sozialer Aktivitäten zu-gunsten des Substanzkonsums,
- fortgesetzter Substanzkonsum trotz des Nachwei-ses schädlicher Folgen,
- Toleranzentwicklung,
- körperliche Entzugssymptome nach Beenden des Substanzkonsums.

Es gelten folgende GdS-Werte:
Bei schädlichem Gebrauch von psychotropen Substan-zen mit leichteren psychischen Störungen beträgt der GdS 0–20.
Bei Abhängigkeit:
- mit leichten sozialen Anpassungsschwierigkeiten beträgt der GdS 30–40
- mit mittleren sozialen Anpassungsschwierigkeiten beträgt der GdS 50–70,
- mit schweren sozialen Anpassungsschwierigkeiten beträgt der GdS 80–100.

Ist im Fall einer Abhängigkeit, die zuvor mit einem GdS von mindestens 50 zu bewerten war, Abstinenz erreicht, muss eine Heilungsbewährung von zwei Jahren ab dem Zeitpunkt des Beginns der Abstinenz abgewartet werden. Während dieser Zeit ist ein GdS von 30 anzunehmen, es sei denn, die bleibenden psychischen oder hirnorgani-schen Störungen rechtfertigen einen höheren GdS.

Weitere Organschäden sind unter Beachtung von Teil A Nummer 2 Buchstabe e der Versorgungsmedizi-nischen Grundsätze zu bewerten.

Abnorme Gewohnheiten und Störungen der Im-pulskontrolle sind nach Teil B Nummer 3.7 zu bewerten.

Private Unfallversicherung

Die private Unfallversicherung wird durch den Abschluss eines Versicherungsvertrages zwischen Versicherer und Versicherungsnehmer begründet und ist damit dem Zivilrecht zuzuordnen, sodass Rechtsstreitigkeiten vor dem zuständigen Zivilgericht ausgetragen werden.

- **Aufgaben und Rechtsgrundlagen der privaten Unfallversicherung**

Die private Unfallversicherung stellt eine Personenversicherung dar, die den Versicherungsnehmer – und bzw. oder einen bezugsberechtigten Dritten – insbesondere vor den wirtschaftlichen Folgen einer durch einen Unfall eingetretenen körperlichen Invalidität schützen soll (Beckmann u. Matusche-Beckmann 2009, § 47 Rn. 1). Es handelt sich um eine sog. Summenversicherung, die keine konkreten Schäden ausgleicht, sondern sich an einem abstrakten Bedarf orientiert (Beckmann u. Matusche-Beckmann 2009, § 47 Rn. 3). Ihre Rechtsgrundlage findet sich in den §§ 178–191 VVG bzw. für vor dem 1.1.2008 begründete Versicherungsverhältnisse gem. Art.1 Abs.1, Abs.2 EGVVG in den §§ 179–185 VVG a. F., soweit der Versicherungsfall bis zum 31.12.2008 eingetreten ist. Dazu gibt es Musterversicherungsbedingungen, die dem Versicherungsvertrag regelmäßig zugrunde gelegt werden (van Bühren 2007, § 1 Rn. 1).

> ❯ Als Allgemeine Versicherungsbedingungen (AVB) kennt die Praxis inzwischen 7 Bedingungswerke, die Allgemeinen Unfallversicherungsbedingungen (AUB), nämlich:
> — AUB 61, AUB 88,
> — AUB 94, AUB 99, AUB 2008, AUB 2010, AUB 2014.

Die angegebenen Ziffern bezeichnen das Jahr, in denen die AUB neu gefasst wurden. Welche AUB im Einzelfall maßgebend sind, richtet sich nach der Vereinbarung zwischen Versicherer und Versicherungsnehmer im Versicherungsvertrag. Da Unfallversicherungen häufig langfristig abgeschlossen werden, erweisen sich die alten AUB weiterhin als relevant. Wesentliche sachliche Änderungen existieren zwischen den einzelnen Bedingungen kaum. Im Hinblick auf den **Ausschluss des Versicherungsschutzes** bei psychischen Erkrankungen

bestehen jedoch Unterschiede zwischen den AUB 61 und den nachfolgenden Bedingungen, so dass die Risikoausschlüsse im Folgenden getrennt dargestellt werden.

- **Am Vertrag beteiligte Personen**

Grundsätzlich sind der Versicherer auf der einen und der Versicherungsnehmer auf der anderen Seite am Vertragsverhältnis beteiligt. Es ist aber möglich, weitere Personen in den Vertrag miteinzubeziehen. So kann die Gefahrperson, d. h. die versicherte Person, vom Versicherungsnehmer unterschiedlich sein, oder die Parteien vereinbaren, dass ein Dritter bezugsberechtigt sein soll (van Bühren 2012, § 16 Rn. 11).

- **Versicherungsfall**

Unter den Versicherungsschutz fällt die durch einen Unfall eintretende dauerhafte Gesundheitsschädigung.

> ❯ Ein Unfall liegt nach § 178 Abs. 2 S. 1 VVG und der in den AUB normierten Definition vor, wenn der Versicherte durch ein plötzlich von außen auf seinen Körper wirkendes Ereignis (Unfallereignis) unfreiwillig eine Gesundheitsschädigung erleidet (vgl. 1.3 AUB 2014, 1.3 AUB 99/2008, § 1 Abs. 3 AUB 94, § 1 Abs. 3 AUB 88, § 2 Abs. 1 AUB 61).

Die Definition des Unfalls deckt sich inhaltlich weitgehend mit der sozialrechtlichen des Arbeitsunfalls, sodass auf die Ausführungen dazu verwiesen werden kann (▶ Abschn. 12.3.1).

Allerdings ergeben sich Unterschiede bezüglich des Definitionsmerkmals der **Unfreiwilligkeit**. Grundsätzlich besteht bei Suizid bzw. Suizidversuch auch im Rahmen der privaten Unfallversicherung mangels Unfreiwilligkeit kein Versicherungsschutz (BGH VersR 1965, S. 797 ff.; OLG Frankfurt a. M. NVersZ 1999, S. 325 f.; OLG Hamm NVersZ 1999, S. 380). Die Beweislast für das Merkmal der Unfreiwilligkeit trifft aber nicht den Versicherungsnehmer wie bei der gesetzlichen Unfallversicherung. Es greift vielmehr zu seinen Gunsten die gesetzliche Vermutung des § 178 Abs. 2 S. 2 VVG bzw. § 180a Abs. 1 VVG a. F. ein.

Demnach wird die Unfreiwilligkeit bis zum **Beweis des Gegenteils** vermutet, wenn die Leistungspflicht des Versicherers davon abhängt, dass der Betroffene unfreiwillig eine Gesundheitsschädigung erlitten hat.

Bei einem Suizidversuch muss der Versicherer diese Vermutung widerlegen. An den Nachweis werden erhebliche Anforderungen gestellt.

Beispiel

So hat das OLG Oldenburg im Jahr 2000 z. B. den Suizidversuch als nicht hinreichend bewiesen angesehen, wenn die Umstände unaufgeklärt bleiben, der Verletzte aber hilflos neben den Bahngleisen mit schweren Kopfverletzungen aufgefunden wurde (OLG Oldenburg VersR 2000, S. 161).

Als weitere Tatbestandsvoraussetzung muss ein objektiver Gesundheitsschaden eingetreten sein. Es reicht nicht aus, wenn der Versicherte sich nur beeinträchtigt fühlt (van Bühren 2012, § 16 Rn. 69).

Wie in der gesetzlichen Unfallversicherung verlangt man zwischen dem Unfallereignis und der Gesundheitsschädigung einen Kausalzusammenhang (Knappmann 2007, S. 49), wobei Mitursächlichkeit genügt (Knappmann 2007, S. 49). Hier gilt allerdings die zivilrechtliche Adäquanztheorie (Beckmann u. Matusche-Beckmann 2009, § 47 Rn. 28; van Bühren 2012, § 16 Rn. 70) und nicht – wie im Bereich der gesetzlichen Unfallversicherung – die Kausalitätsnorm als wesentliche Bedingung. Ausgangspunkt der Beurteilung bleibt zunächst die Conditio-sine-qua-non-Formel. Die sog. Adäquanztheorie untergliedert die im Sinne dieser Formel für den Schadenseintritt relevanten Ursachen im Folgenden danach, mit welcher Wahrscheinlichkeit jede von ihnen zu dem eingetretenen Erfolg führte. Ein nach der Lebenserfahrung gänzlich unwahrscheinlicher Kausalverlauf lässt die Haftung des Schädigers grundsätzlich entfallen (MünchKomm-Oetker 2012, § 249 Rn. 109). Die Ursache muss also im Allgemeinen und nicht nur unter besonders eigenartigen, unwahrscheinlichen und nach dem gewöhnlichen Verlauf der Dinge außer Betracht zu lassenden Umständen geeignet sein, einen Erfolg dieser Art herbeizuführen (BGHZ 7, S. 204).

Die Kausalität zwischen Unfall und Gesundheitsschädigung hat der Versicherungsnehmer zu beweisen (BGH NJW 2004, S. 2592; van Bühren 2012, § 16 Rn. 71; Knappmann 2007, S. 49), wobei es des Vollbeweises nach § 286 ZPO bedarf (BGH VersR 1987, S. 1007 f.). Gleichfalls zu beweisen hat er, dass die behauptete dauernde Beeinträchtigung seiner Arbeitsfähigkeit auf die unfallbedingte Gesundheitsschädigung zurückzuführen ist, wobei ihm allerdings das erleichterte Beweismaß des § 287 ZPO zugutekommt, sodass für die tatrichterliche Überzeugungsbildung eine überwiegende, auf gesicherter Grundlage beruhende Wahrscheinlichkeit gegenüber anderen Geschehensabläufen ausreicht (BGH r+s 1998, S. 80; BGH NVersZ 2002, S. 65).

- **Risikoausschlüsse**

Alle AUB enthalten Risikoausschlüsse für psychische Reaktionen, was schwer zu legitimieren ist, da psychische Erkrankungen damit stigmatisiert werden.

Es ergeben sich insoweit die bereits erwähnten Unterschiede zwischen den AUB 61 und den später nachfolgenden AUB, sodass eine getrennte Darstellung erforderlich ist.

■ ■ **AUB 61**

❯ **Gemäß § 2 Abs. 3b AUB 61 fallen Erkrankungen infolge psychischer Einwirkung nicht unter den Versicherungsschutz.**

Zudem legt § 10 Abs. 5 AUB 61 fest, dass für die Folgen psychischer Störungen, die im Anschluss an einen Unfall eintreten, eine Entschädigung nur gewährt wird, wenn und soweit diese Störungen auf eine durch den Unfall verursachte organische Erkrankung des Nervensystems oder eine durch den Unfall neu entstandene Epilepsie zurückzuführen sind.

Damit sollten psychische Reaktionen eines Menschen auf Ereignisse der Außenwelt in der Form von sog. Schreck- und Schockwirkungen (insbes. posttraumatische Belastungsstörungen, vgl. dazu ▶ Abschn. 12.4) vom Versicherungsschutz ausgeschlossen bleiben (Konen u. Lehmann 1990, S. 21). Als eher stigmatisierende Begründung wird zum einen angeführt, dass eine zuverlässige Tarifkalkulation über psychische Reaktionen ausgeschlossen ist (Grimm 2013, AUB 2010 5 Rn. 105), zum anderen fürchtet man die bestehenden Beweisschwierigkeiten bei psychischen Störungen (Wussow 2000, S. 1183), eine Betrachtungsweise, die allerdings aus psychiatrischer Sicht kaum nachvollziehbar erscheint.

Da gem. § 10 V AUB 61 die psychische Reaktion auf einer organischen Erkrankung beruhen muss, sind psychoreaktive, sog. neurotische und persönlichkeitsbedingte Störungen von vornherein ausgeschlossen (Witter 1981, S. 305). Die verkürzt als »**Neuroseklausel**« bezeichnete Regelung schließt aber nicht nur sog. »Begehrensneurosen« (ungeeignete und als obsolet geltende Bezeichnung) aus, sondern enthält eine von der Rechtsprechung entwickelte unabhängige Einschränkung der Leistungspflicht (BGH VersR 1972, S. 927) für psychische Störungen aller Art, nicht nur für Neurosen.

In diesem Rahmen sind Sachverständigengutachten insbesondere deshalb erforderlich, um festzustellen, ob die psychische Störung auf eine **durch den Unfall verursachte organische Erkrankung des Gehirns** zurückzuführen ist. Das OLG Hamm hat 1989 entschieden, dass eine psychische Störung nur dann auf einer unfallbedingten organischen Erkrankung des Nervensystems beruht, wenn die organische Erkrankung nicht nur den Auslöser, sondern den eigentlichen Grund der psychischen Störung bildet (OLG Hamm VersR 1989, S. 1142).

Beispiel
- **Fall 12.9**

Der Kläger berief sich in dem zugrunde liegenden Fall auf Antriebslosigkeit, aggressive Reizbarkeit und Verstimmung. Er hatte sich aus dem gesellschaftlichen Leben und seinem Beruf zurückgezogen. Die Beschwerden wurden durch frühere Gutachter bestätigt und als depressive Symptomatik zusammengefasst. Der Kläger machte geltend, dass diese Störungen auf eine durch einen Unfall verursachte »Gehirnprellung« zurückzuführen seien. Der Sachverständige hat zu den Ursachen der Depression des Klägers ausgeführt, dass sie wahrscheinlich entweder durch eine bipolare Störung (Zyklothymie) oder durch einen Gefäßprozess, i. S. einer bluthochdruckbedingten organischen

Gehirnerkrankung, entstanden ist. Er vermochte aber nicht völlig auszuschließen, dass die Depression direkt auf eine Hirnverletzung zurückzuführen sei. Dazu hat er allerdings erklärt, dass eine Depression eigentlich nur bei einer frontalen Verletzung des Gehirns, nicht bei der linksparietalen Atrophie oder bei einer Verletzung des limbischen Systems zu erwarten sei (eine zweifelhafte Begründung). Ob überhaupt eine organische Verletzung des Gehirns im Sinne einer Kontusion beim Unfall hervorgerufen wurde, war nach den Ausführungen des Sachverständigen medizinisch nicht zu klären. Als Ursachen blieben eine Zyklothymie und – wahrscheinlicher – ein Gefäßprozess.

Nach Ansicht des Gerichts hatte der vom Kläger erlittene Unfall auslösende Funktion. Aus Sicht des OLG war der Unfall mitursächlich für die depressive Symptomatik des Klägers, selbst wenn diese auf einer Fehlverarbeitung des Unfallereignisses beruhe. Das Gericht hat die Depression jedoch gem. § 10 V AUB 61 bei der Bemessung des Invaliditätsgrads nicht berücksichtigt, weil verschiedene psychische Störungen bestünden, die nicht auf eine durch den Unfall verursachte organische Erkrankung des Nervensystems zurückzuführen seien. Eine zyklothyme Veranlagung des Klägers und auch ein Gefäßprozess, die nach dem Sachverständigengutachten alternativ Ursache der Depression waren, sah das OLG zwar als organische Erkrankungen an. Sie seien aber nicht durch den Unfall verursacht. Als unfallbedingte organische Erkrankung des Nervensystems sei lediglich die erlittene Gehirnerschütterung festzustellen. Im Zusammenhang mit der Gehirnerschütterung habe der Kläger seit seinem Unfall unter einer Verminderung seiner Konzentrationsleistung und der visuellen Merkfähigkeit zu leiden. Seine Rückschläge auf diesem Gebiet können zu Versagensängsten und zu der übrigen depressiven Symptomatik geführt haben, sodass diese durch den Vorgang der Fehlverarbeitung des Unfallereignisses mit der beim Unfall erlittenen Gehirnerschütterung zusammenhänge. Dieser mittelbare Zusammenhang bedeute aber nicht, dass die psychischen Störungen auf die Gehirnerschütterung »zurückzuführen« wären. Mit diesem Begriff sei nämlich gemeint, dass die unfallbedingte organische Erkrankung der eigentliche Grund der psychischen Störung sein müsse. Es könne nicht ausreichen, dass sie nur den Auslöser bei einer schon vorhandenen Veranlagung des Versicherten für die psychische Störung bilde; denn die Auslöserrolle könne auch eine beliebige andere unfallbedingte organische Erkrankung spielen. So löse u. U. beispielsweise der Verlust eines Gliedes eine Depression aus, wofür der Versicherer aber gerade nicht entschädigungspflichtig sei, weil es sich nicht um eine organische Erkrankung des Nervensystems handele (OLG Hamm VersR 1989, S. 1143).

Die Beweislastverteilung in den Fällen des § 10 V AUB 61 hängt maßgeblich davon ab, welche Rechtsnatur man dieser Bestimmung zubilligt. Während u. a. das OLG Hamm die Beweislast dem Versicherungsnehmer aufbürdet (OLG Hamm VersR 1989, S. 1142; VersR 1993, S. 175), geht der BGH davon aus, dass das Leistungsversprechen des Versicherers grundsätzlich psychische Störungen als Zwischenursache umfasse und somit Einschränkungen dieses Versprechens Leistungsausschlüsse darstellten, die der Versicherer beweisen müsse (BGHZ 131, S. 15, 21).

■ ■ AUB 88 und darauf folgende AUB

Die AUB 88 enthalten in § 2 Abs. 4 (ab AUB 99 5.2.6) eine Neufassung des Ausschlusses psychischer Störungen, die sowohl die Ausschlussklausel des § 2 Abs. 3b AUB 61 als auch die Regelung des § 10 V AUB 61 mit einbeziehen.

❯ **Gemäß § 2 Abs. 4 AUB 88 (der nahezu wortgleich in den darauf folgenden AUB beibehalten wurde) fallen krankhafte Störungen infolge psychischer Reaktionen nicht unter den Versicherungsschutz, gleichgültig, wodurch sie verursacht worden sind.**

Die Neuregelung kam einer Forderung der Rechtsprechung nach einer eindeutigen Regelung des Ausschlusses entgegen. Er greift auch dann ein, wenn die psychische Reaktion als Zwischenursache zur späteren Gesundheitsschädigung führt (Wussow 2000, S. 1183); § 2 Abs. 4 AUB 88 bezieht sich sowohl auf Einwirkungen, die von außen über psychische Reaktionen, wie z. B. Schock, Schreck oder Angst erfolgen, als auch auf solche, die auf unfallbedingter psychischer Fehlverarbeitung beruhen (BGH NJW-RR 2003, S. 881; Knappmann 2007, S. 49). Für den Ausschluss spielt es also keine Rolle, in welchem Glied der Kausalkette die psychische Reaktion eine Gesundheitsschädigung

bedingt hat (Grimm 2013, AUB 2010 5 Rn. 109). Entstehen psychische Reaktionen im Zusammenhang mit einem Unfallereignis, greift der Ausschlusstatbestand daher dann ein, wenn es an einem körperlichen Trauma fehlt oder die krankhafte Störung des Körpers nur mit ihrer psychogenen Natur erklärt werden kann (BGH NJW-RR 2005, S. 32 f.). Dies erklärt sich aus dem Vertragszweck der privaten Unfallversicherung, der in erster Linie dadurch gekennzeichnet ist, körperliche Beeinträchtigungen zu versichern (BGH NJW 2004, S. 2589).

Dagegen greift der Ausschlusstatbestand nach seinem klaren Wortlaut nicht ein, wenn eine organische Schädigung oder Reaktion zu einem psychischen Leiden führt, da dies physisch verursacht wurde (BGH NJW 2004, S. 2589 f.; OLG Saarbrücken r+s 2003, S. 470). Der Versicherungsschutz besteht damit also beispielsweise, wenn der Versicherungsnehmer durch einen Unfall hirnorganisch geschädigt wird, falls dies eine krankhafte Veränderung seiner Psyche zur Folge hat (Knappmann 2002, S. 4).

Die eindeutige Formulierung des § 2 Abs. 4 AUB 88 führt auch dazu, dass nunmehr unumstritten der Versicherer die Beweislast für die Voraussetzungen der Vorschrift trägt (BGH NJW 2004, S. 2589, 2592; OLG Köln r+s 2008, S. 31; Grimm 2013, AUB 2010 5 Rn. 110; Knappmann 2007, S. 49), also darlegen und ggf. beweisen muss, dass und vor allem in welchem Umfang psychische Reaktionen den krankhaften Zustand hervorgerufen haben (BGH NJW 2004, S. 2589, 2592; Knappmann 2007, S. 49). Der Beweis kann dabei als geführt gelten, wenn ein praktischer Grad an Gewissheit gegeben ist, der Zweifeln Schweigen gebietet, ohne sie völlig auszuschließen (OLG Köln r+s 2008, S. 31).

In der Vergangenheit herrschte ferner Streit darüber, ob § 2 Abs. 4 AUB 88 wegen Verstoßes gegen § 307 Abs. 2 Nr. 2 BGB unwirksam ist: Gemäß § 307 Abs. 1 BGB sind Bestimmungen in Allgemeinen Geschäftsbedingungen unwirksam, wenn sie den Vertragspartner des Verwenders entgegen den Geboten von Treu und Glauben unangemessen benachteiligen. Eine unangemessene Benachteiligung kann sich auch daraus ergeben, dass die Bestimmung nicht klar und verständlich ist (kritisch OLG Jena NVersZ 2002, S. 403; Schwintowski 2002, S. 396). Gemäß Abs. 2 liegt eine unangemessene Benachteiligung im Zweifel vor, wenn eine Bestimmung mit wesentlichen Grundgedanken der gesetzlichen Regelung, von der abgewichen wird, unvereinbar erscheint (§ 307 Abs. 2 Nr. 1 BGB) oder wesentliche Rechte oder Pflichten, die sich aus der Natur des Vertrages ergeben, so einschränkt, dass die Erreichung des Vertragszwecks gefährdet ist (§ 307 Abs. 2 Nr. 2 BGB). Der BGH hat sich indes für die **Wirksamkeit des Ausschlusses** in § 2 Abs. 4 AUB 88 entschieden (BGH NJW 2004, S. 2589; dem folgend OLG Köln r+s 2008, S. 31; so bereits auch OLG Saarbrücken r+s 2003, S. 470) und zur Begründung vor allem auf 2 Gesichtspunkte abgestellt:

- Die Ausgrenzung psychisch-reaktiver Gesundheitsschäden gefährde den Vertragszweck nicht. Der Ausschluss betreffe keinesfalls alle seelischen Unfallfolgen, sondern bedeute nur dann eine Einschränkung, wenn die Beschwerden keine organische Ursache hätten.
- Auch benachteilige der Ausschluss den Versicherungsnehmer nicht unangemessen. Eine zügige Regulierung und günstige Prämien lägen gerade ebenso in seinem Interesse. Dies könne bei Einbeziehung aller psychogenen Schäden nicht mehr gewährleistet werden. Solche Schäden seien stark auch von der persönlichen Disposition eines Versicherungsnehmers abhängig, und als Auslöser komme praktisch jedwedes Geschehen in der Außenwelt in Betracht (BGH NJW 2004, S. 2589, 2591).

Unfallfürsorge

- **Aufgaben, Leistungen und Rechtsgrundlagen der Unfallfürsorge**

Die dem Unfallversicherungsrecht der gesetzlichen Unfallversicherung nachgebildete Unfallfürsorge ist Teil des öffentlichen Unfallentschädigungsrechts. Die beamtenrechtliche Unfallfürsorge wird von Art. 33 Abs. 5 GG als Sonderversorgung des Beamtentums geschützt und folgt nach herrschender Meinung aus der Fürsorgepflicht des Dienstherrn (vgl. Schütz u. Maiwald-Brockhaus, Beamtenrecht, § 30 BeamtVG Rn. 2 [299. AL, März

2009]). Für Bundesbeamte (§ 1 BeamtVG) ist sie in den § 30 ff. BeamtVG geregelt. Für Landesbeamte gilt das jeweilige Beamtenversorgungsgesetz des Landes, bei dem sie beschäftigt sind. Die folgende Darstellung erfolgt anhand des BeamtVG, da die einzelnen Ländergesetze den entsprechenden Vorschriften des BeamtVG weit überwiegend nachgebildet sind.

Beamte sind, soweit für diese die Vorschriften über die beamtenrechtliche Unfallfürsorge gelten, von der gesetzlichen Unfallversicherung befreit (§ 4 Abs. 1 Nr. 1 SGB VII) und von daher für Unfälle, die sich im Rahmen des dienstunfallgeschützten Bereichs ereignen, aus der gesetzlichen Unfallversicherung auch nicht bezugsberechtigt. Für Unfälle außerhalb des dienstunfallgeschützten Bereichs kann jedoch auch für sie (z. B. im Rahmen allgemeiner Hilfeleistungen, § 2 Abs. 1 Nr. 13a SGB VII) Versicherungsschutz in der gesetzlichen Unfallversicherung bestehen (Stegmüller, Schmalhofer-Bauer, Beamtenversorgungsrecht, Erl. 1 zu § 30 Rn. 1 [69. AL, September 2004]).

Der Zweck der Unfallfürsorge ist der Schutz des Beamten vor Unfallfolgen, die der dienstlichen Sphäre entspringen, sofern es sich um einen Dienstunfall i. S. v. § 31 Abs. 1 BeamtVG handelt (vgl. Stegmüller, Schmalhofer-Bauer, Beamtenversorgungsrecht, Erl. 1 zu § 30 Rn. 1, 3. [69. AL, September 2004]). Schäden, die im Rahmen der Dienstverrichtung aufgetreten sind, aber keinen Dienstunfall begründen, werden von der Unfallfürsorge nicht abgedeckt (Schütz u. Maiwald-Brockhaus, Beamtenrecht, § 30 BeamtVG Rn. 4 [299. AL, März 2009]).

Die Unfallfürsorge umfasst gemäß § 30 Abs. 2 BeamtVG die Erstattung von Sachschäden und besonderen Aufwendungen (§ 32 BeamtVG), Heilverfahren (§§ 33, 34 BeamtVG), Unfallausgleich (§ 35 BeamtVG), Unfallruhegehalt oder Unterhaltsbeitrag (§§ 36–38 BeamtVG), Unfall-Hinterbliebenenversorgung (§§ 39–42 BeamtVG), einmalige Unfallentschädigung (§ 43 BeamtVG), Schadensausgleich in besonderen Fällen (§ 43a BeamtVG) sowie die Einsatzversorgung im Sinne des § 31a BeamtVG.

Unfallfürsorge wird nicht gewährt, soweit der Beamte den Dienstunfall vorsätzlich herbeigeführt hat, § 44 Abs. 1 BeamtVG.

- **Dienstunfall**

Gemäß § 31 Abs. 1 BeamtVG ist ein Dienstunfall ein auf äußerer Einwirkung beruhendes, plötzliches, örtlich und zeitlich bestimmbares, einen Körperschaden verursachendes Ereignis, das in Ausübung oder infolge des Dienstes eingetreten ist. Der Begriff des »Dienstes« wird in § 31 Abs. 1 S. 2 Nr. 1, Nr. 2, Nr. 3, Abs. 2 BeamtVG konkretisiert.

Aufgrund des Zusammenhangs »in Ausübung oder infolge des Dienstes« beschränkt der Dienstherr seine Ersatzpflichten auf »spezifische Gefahren der Beamtentätigkeit«; durch die Konkretisierung des Ereignisses nimmt der Gesetzgeber eine Abgrenzung zu länger dauernden gesundheitlichen Einwirkungen vor (vgl. BVerwGE 11, 229).

Als Ereignis ist jedes objektiv wahrnehmbare Geschehen anzusehen, das eine Veränderung des bis dahin vorliegenden Zustands herbeiführt (Schütz u. Maiwald-Brockhaus, Beamtenrecht, § 31 BeamtVG Rn. 16 [322. AL, Oktober 2010]). Zum einen muss dieses plötzlich, örtlich und zeitlich bestimmbar auftreten. Zum anderen muss das Ereignis auf »äußerer Einwirkung« beruhen, womit solche Unfallereignisse und Körperbeschädigungen ausgeschlossen werden, die auf einer in körperlicher oder seelischer Weise besonderen Veranlagung des Beamten beruhen (vgl. Stegmüller, Schmalhofer-Bauer, Beamtenversorgungsrecht, Erl. 1 zu § 31 Rn 2 [69. AL, September 2004]). Das Vorliegen einer »äußeren Einwirkung« grenzen Rechtsprechung und Lehre negativ ab: Ist eine innere Einwirkung nicht erkennbar, liegt im Umkehrschluss eine äußere vor. Dies hat zur Folge, dass eine äußere Einwirkung gerade nicht von außenstehenden Sachen oder Dritten ausgehen muss, sondern selbst eine eigene Handlung des Beamten eine solche zu begründen vermag (vgl. dazu Stegmüller, Schmalhofer-Bauer, Beamtenversorgungsrecht, Erl. 2 zu § 31 Rn. 2 [69. AL, September 2004] m. N.).

Das Ereignis muss einen Körperschaden verursachen. Dessen Gewicht ist nicht bedeutsam. Als Körperschäden gelten insbesondere äußere und innere Verletzungen, organische Beeinträchtigungen mit Krankheitswert, nicht unerhebliche Entstellungen sowie psychische Störungen, sofern es sich nicht bloß um eine kurzzeitige negative Beeinflussung der von § 31 BeamtVG ebenfalls erfassten »seelischen Integrität« handelt (so das VG Hamburg [Urt. v. 9.5.2006 – 10 K 3873/05, juris] bei Anerkennung einer PTBS als Körperschaden).

Die Bestimmung des Ursachen- und Zurechnungszusammenhangs zwischen Ereignis und Körperschaden entspricht im Wesentlichen deren Bestimmung im Rahmen der gesetzlichen Unfallversicherung (vgl. zum Ganzen:▸ Abschn. 12.3.1). Erforderlich ist das Vorliegen eines adäquaten Zusammenhangs (d. h. das auslösende Ereignis »muss im Allgemeinen und nicht nur unter besonders eigenartigen, unwahrscheinlichen und nach dem gewöhnlichen Lauf der Dinge außer Betracht zu lassenden Umständen geeignet sein, einen Erfolg dieser Art herbeizuführen« [st. Rspr.: BGHZ 7, 198; 57, 137]). Auch muss der Schaden innerhalb des Schutzzwecks der Norm liegen (vgl. Schütz u. Maiwald-Brockhaus, Beamtenrecht, § 31 BeamtVG Rn. 33 [322. AL, Oktober 2010]). Zudem gilt wie im gesamten Sozialversicherungsrecht die Theorie der wesentlichen Bedingung.

Unfälle, aus denen Unfallfürsorgeansprüche nach dem BeamtVG entstehen können, sind innerhalb einer Ausschlussfrist von zwei Jahren nach dem Eintritt des Unfalles bei dem Dienstvorgesetzten des Verletzten zu melden, § 45 Abs. 1 S. 1 BeamtVG. Im Falle eines erlittenen Traumas und verzögert auftretenden Folgen, stellt bereits das Trauma und nicht erst die Folgereaktion den Unfalleintritt im Sinne dieser Vorschrift dar (VG Hamburg, Urt. v. 9.5.2006 – 10 K 3873/05, juris). Für den Fristbeginn kommt es nicht darauf an, dass der Beamte das Ereignis als Dienstunfall einstuft (VG München, Urt. v. 5.6.2009 – M 21 K 07.4500, juris). Aus der Meldung braucht sich weder die Art der Verletzung zu ergeben noch müssen mit ihr bereits Unfallfürsorgeansprüche erhoben werden.

Unterbleibt die Meldung des Unfalls und verstreicht die Zweijahresfrist, kann Unfallfürsorge nur im Ausnahmefall innerhalb der engen Grenzen des § 45 Abs. 2 BeamtVG gewährt werden (vgl. dazu Bayerischer Verwaltungsgerichtshof, Beschluss v. 29.4.2014 – 3 ZB 11.1420, juris).

Militärversorgungsrecht

Einen weiteren Teil des öffentlichen Unfallentschädigungsrechts stellt das Militärversorgungsrecht dar. Dieses sieht verschiedene Ersatzansprüche für Soldaten vor.

Nach § 27 Abs. 1 SVG steht Berufssoldaten, die infolge eines Dienstunfalls dienstunfähig und daraufhin in den Ruhestand versetzt worden sind (unter entsprechender Anwendung bestimmter, dort genannter Normen des BeamtVG) ein erhöhtes Unfallruhegehalt zu. Die übrigen Leistungen der beamtenrechtlichen Unfallfürsorge werden Berufssoldaten über den Dritten Teil des SVG (§§ 80, 81a, 84 Abs. 1 und 6 SVG) sowie nach den Bestimmungen des BVG gewährt (Heilbehandlung: §§ 10–24 BVG, Kriegsopferfürsorge: §§ 25–27h BVG; Beschädigtenrente und Pflegezulage: §§ 29–35 BVG). Der Ausgleich für eine erlittene Wehrdienstbeschädigung und die Erstattung von Sachschäden sowie besonderen Aufwendungen richten sich nach den §§ 85, 86 SVG (vgl. zum Ganzen: Stauf, Soldatenversorgungsgesetz, § 27 Rn. 1).

Der in § 27 Abs. 2 S. 1 SVG legaldefinierte Dienstunfallbegriff ist deckungsgleich mit dem im Rahmen der Unfallfürsorge verwendeten Dienstunfallbegriff (§ 31 Abs. 1 S. 1 BeamtVG). Auch kann bezüglich des Kausalitäts- und Zurechnungszusammenhangs zwischen dem Ereignis und dem eingetretenen Körperschaden auf obige Ausführungen verwiesen werden.

Eine weitere wesentliche Norm des SVG ist § 80 SVG: Erleidet ein Soldat eine Wehrdienstbeschädigung, erhält er nach Beendigung des Wehrdienstverhältnisses wegen der gesundheitlichen und wirtschaftlichen Folgen der Wehrdienstbeschädigung Versorgung.

Gemäß § 81 SVG ist Wehrdienstbeschädigung eine gesundheitliche Schädigung, die durch eine Wehrdienstverrichtung, durch einen während der Ausübung des Wehrdienstes erlittenen Unfall oder durch die dem Wehrdienst eigentümlichen Verhältnisse (zu diesem Begriff: BSG, Urt. v. 30.1.1991 – 9a/9 RV 26/89, Rn. 17, juris) herbeigeführt worden ist. § 81 Abs. 3 und Abs. 4 SVG konkretisieren und erweitern den Begriff des »Wehrdienstes« im Sinne von § 81 Abs. 1 SVG. Eine vom Beschädigten absichtlich herbeigeführte

gesundheitliche Schädigung gilt nicht als Wehrdienstbeschädigung, § 81 Abs. 7 SVG.

Voraussetzung für die Anerkennung des Versorgungsanspruchs ist das Vorliegen eines mit dem Wehrdienst zusammenhängenden Vorgangs, der ursächlich für die Schädigungsfolgen geworden ist. Der alleinige Umstand, dass eine psychische Erkrankung erstmalig im Rahmen des Wehrdienstes auftritt, reicht daher für die Anerkennung als Wehrdienstbeschädigung nicht aus (BSG, Urt. v. 30.1.1991 – 9a/9 RV 26/89, juris).

Bezüglich der Kausalität bestimmt § 81 Abs. 6 S. 1 SVG, dass zur Anerkennung einer Gesundheitsstörung als Folge einer Wehrdienstbeschädigung die Wahrscheinlichkeit des ursächlichen Zusammenhangs genügt. Dies ist der Fall, wenn unter Berücksichtigung der herrschenden wissenschaftlichen-medizinischen Lehrmeinung mehr für als gegen den ursächlichen Zusammenhang spricht (Landessozialgericht für das Saarland, Urt. v. 7.12.2004 – L 5b VS 9/98, Rn. 32, juris). Eine hinreichende Wahrscheinlichkeit bejaht die Rechtsprechung im Falle einer Strahlenexposition durch militärische Sendeanlagen und einer später beim Soldaten aufgetretenen Leukämieerkrankung (Hessisches Landessozialgericht, Urt. v. 29.4.2009 – L 4 VS 1/05 – Rn. 41 ff., juris). Eine Beweiserleichterung folgt aus § 81 Abs. 6 S. 2 SVG: Im Gegensatz zur Unfallfürsorge und der gesetzlichen Unfallversicherung ist die Anerkennung einer Gesundheitsstörung als Folge einer Wehrdienstbeschädigung selbst dann möglich, wenn die nach § 81 Abs. 6 S. 1 SVG erforderliche Wahrscheinlichkeit nur deshalb nicht gegeben ist, weil über die Ursache des festgestellten Leidens in der medizinischen Wissenschaft Ungewissheit besteht. In diesem Fall kann mit Zustimmung des Bundesministeriums für Arbeit und Soziales die Gesundheitsstörung als Folge einer Wehrdienstbeschädigung anerkannt werden, vgl. § 81 Abs. 6 S. 2 SVG.

12.3.2 Opferentschädigungsgesetz (OEG)

Aufgaben und Zielsetzung

Das Opferentschädigungsgesetz bildet einen Entschädigungstatbestand im Rahmen der sozialen

Entschädigung, zu dem u. a. auch etwa die Kriegs-opferversorgung, die Versorgung der Soldaten der Bundeswehr und die Entschädigung von Impf-schäden zählen (§ 5 S. 1 SGB I; Igl u. Welti 2007, § 67 Rn. 1 ff.). Das Recht der Gewaltopferentschä-digung stellt den jüngsten Zweig dieser sozialen Entschädigung dar.

> **Gemäß § 1 Abs. 1 S. 1 OEG erhält der-jenige, der infolge eines vorsätzlichen, rechtswidrigen tätlichen Angriffs gegen seine oder eine andere Person oder durch dessen rechtmäßige Abwehr eine gesundheitliche Schädigung erlitten hat, wegen der gesundheitlichen und wirt-schaftlichen Folgen auf Antrag Versor-gung in entsprechender Anwendung der Vorschriften des Bundesversorgungsge-setzes.**

Die Kosten der Opferentschädigung trägt das Bundesland, in dem die Schädigung erfolgte. So-weit hierüber Feststellungen nicht möglich sind, zahlt das Land, in dem der Geschädigte zur Tat-zeit seinen Wohnsitz oder gewöhnlichen Aufent-halt hatte (§ 4 Abs. 1 OEG). Allerdings entfallen auf den Bund 40 % der Ausgaben, die den Län-dern durch Geldleistungen nach diesem Gesetz entstehen (§ 4 Abs. 2 S. 1 OEG). Hat ein Land Leistungen im Sinne des OEG zu gewähren, geht gemäß §§ 5 Abs. 1 OEG i. V. m. 81a Abs. 1 BVG der gegen Dritte bestehende gesetzliche Scha-densersatzanspruch auf dieses über, und zwar be-reits im Augenblick der schädigenden Handlung und in dem Umfang, in dem dem Geschädigten ein Anspruch nach dem OEG zusteht (dazu etwa BGH r+s 2008, S. 83).

Personeller Anwendungsbereich

Das soziale Entschädigungsrecht setzt mit seinen Leistungen ein, sobald ein Entschädigungstat-bestand erfüllt ist. Das OEG versorgt sowohl unmittelbar Geschädigte als auch mittelbar Ge-schädigte. Zwar setzt ein Anspruch nach dem OEG grundsätzlich eine unmittelbare Schädigung voraus, nach ständiger Rechtsprechung des BSG kann unmittelbar aber auch eine andere Person, das sog. Sekundäropfer, geschädigt sein (BSGE 88, S. 240, 242 ff.).

Hintergrundinformation
Das BSG hat dies erstmals im Rahmen einer Entscheidung aus dem Jahre 1979 bezüglich eines Schockschadens fest-gelegt (BSGE 49, S. 98 ff.). Eine Mutter hatte aufgrund der Nachricht von der Ermordung ihres Sohnes einen »psycho-genen Schock« erlitten. Das BSG hat ihr Leistungen nach dem OEG mit der Begründung zugesprochen, dass – anders als beim BVG – nach dem Wortlaut des § 1 OEG derjenige, der den Gesundheitsschaden erlitten habe, nicht identisch zu sein brauche mit demjenigen, gegen den sich der tätliche Angriff gerichtet habe.

Bei derartigen »**Schockschäden**«, die begrifflich nicht dem medizinischen Verständnis eines Scho-ckes entsprechen, sondern vielmehr eher eine psy-chische Reaktion auf ein Trauma darstellen (»psy-chogener Schock«, ungleich der medizinischen Diagnose einer posttraumatischen Belastungs-störung), müssen allerdings zusätzliche Voraus-setzungen erfüllt sein, damit eine unmittelbare Schädigung des Sekundäropfers anerkannt wird (Loytved 2004, S. 516). So muss

- ein enger Zusammenhang zwischen Schädi-gungstatbestand und Schaden beim Sekundä-ropfer bestehen;
- der tätliche Angriff geeignet sein, den Schock durch das eigene Erleben auszulösen – dies ist in der Regel nur bei besonders schweren Ge-walttaten anzunehmen;
- der Schock eine nicht nur vorübergehende psychische Störung von Krankheitswert verur-sacht haben (z. B. eine posttraumatische Belas-tungsstörung).

Zwar erleidet das Sekundäropfer durch die psychi-sche Reaktion selbst einen Schaden. Dieser Schä-digungsvorgang wird aber grundsätzlich vom Sinn und Zweck des Opferentschädigungsgesetzes nicht erfasst, da lediglich die Opfer von Gewalttaten entschädigt werden sollten (Loytved 2004, S. 518). Ausnahmsweise erfüllt es den Gesetzeszweck aber auch, wenn der spätere psychische Vorgang eng mit dem gegen das Primäropfer gerichteten tätli-chen Angriff verknüpft ist.

Maßgebliche Kriterien für das Vorliegen eines solchen engen Zusammenhangs bilden die **zeitli-che, örtliche und personale Nähe**. Zeitliche und örtliche Nähe liegen etwa bei einem Augenzeugen als Sekundäropfer vor (BSGE 88, S. 240, 243). Die personale Nähe zum Primäropfer muss nach der

Rechtsprechung mittlerweile nicht mehr zusätzlich gegeben sein, sondern wird vielmehr dazu herangezogen, um einen Mangel im Rahmen der zeitlich, örtlichen Komponente auszugleichen (BSGE 88, S. 240, 244; BSG NJW 2004, S. 1476 f.). Ein fehlender zeitlicher und örtlicher Zusammenhang zu dem das Primäropfer schädigenden Vorgang schadet also dann nicht, wenn das Sekundäropfer eine enge personale Beziehung zum Primäropfer hat (BSG NJW 2003, S. 2700). Dementsprechend bejahte das BSG die Unmittelbarkeit der Schädigung jedenfalls bei einem nahen Angehörigen auch dann, als das Sekundäropfer erst später Kenntnis von der vorsätzlichen gewaltsamen Tötung des Primäropfers erhielt und dadurch eine Schädigung erfuhr (BSGE 49, S. 98).

Beispiel

Dieser unmittelbare Zusammenhang ist beim Miterleben des Todes eines Gewaltopfers im Krankenhaus **nicht** gegeben (BSG-Urteil v. 12.6.2003, SozR 4 – 3800 § 1 Nr. 2).

Dagegen hat das BSG in einem Fall den erforderlichen Zusammenhang angenommen, in dem die psychische Beeinträchtigung durch den Anblick der 2 Stunden zuvor ermordeten, noch am Tatort in einer Blutlache liegenden Mutter hervorgerufen wurde. Obgleich auch hier der das Primäropfer treffende schädigende Vorgang als solcher im Zeitpunkt der Kenntnisnahme bereits abgeschlossen war, stellte der unverändert gebliebene Tatort noch ein Abbild des Gewaltgeschehens dar, das stärker als jede Nachricht darüber geeignet war, sich unmittelbar psychisch auszuwirken (BSGE 88, S. 240).

Entschädigungsfall

Der Lehre vom Versicherungsfall im Recht der gesetzlichen Unfallversicherung entspricht im sozialen Entschädigungsrecht die Lehre vom **Entschädigungsfall**. Im Rahmen der Opferentschädigung spielen also auch 3 Kausalglieder für die Entstehung des Anspruchs eine Rolle. Durch einen vorsätzlichen rechtswidrigen **tätlichen Angriff** muss eine **gesundheitliche Schädigung** verursacht worden sein, die zu rechtsrelevanten Folgen, d. h. einem **Gesundheitsschaden** und/oder zu einem wirtschaftlichen Nachteil, geführt hat (§ 1 Abs. 1 S. 1 OEG).

■ **Tätlicher Angriff**

Eine Entschädigung im Rahmen des OEG setzt zunächst einen vorsätzlichen und rechtswidrigen tätlichen Angriff bzw. dessen rechtmäßige Abwehr voraus. Der vorsätzliche tätliche Angriff verlangt in der Regel ein gewaltsames Handeln, das in feindseliger Willensrichtung unmittelbar auf eine bestimmte Person zielt und in rechtswidriger und in der Regel strafbarer Weise auf die körperliche Integrität des Opfers einwirken und diese verletzen soll (BSG SozR 3800, § 1 Nr. 1, 6; LSG Niedersachsen-Bremen NJOZ 2006, S. 4333, 4335 f.). Im Hinblick auf die nunmehr durch § 238 StGB eingefügte Strafbarkeit und den damit verfolgten Schutzzweck können hierunter auch zumindest »schwere« Formen des sog. Stalkings fallen, ohne dass es noch unmittelbarer körperlicher Übergriffe bedarf (dahingehend wohl auch die Ausführungen bei LSG Niedersachsen-Bremen NJOZ 2006, S. 4333, 4336 f.).

> **Einem tätlichen Angriff im Sinne des § 1 Abs. 1 S. 1 OEG stehen die vorsätzliche Beibringung von Gift und die wenigstens fahrlässige Herbeiführung einer Gefahr für Leib und Leben eines anderen durch ein mit gemeingefährlichen Mitteln begangenes Verbrechen gleich (§ 1 Abs. 2 OEG).**

Die für das Vorliegen dieser anspruchsbegründenden Tatsache notwendigen Sachverhaltsermittlungen sind durch das Versorgungsamt von Amts wegen vorzunehmen (§ 20 SGB X). Ebenso wie im Rahmen der gesetzlichen Unfallversicherung gilt diesbezüglich die Untersuchungsmaxime (▶ Abschn. 12.3.1). Daraus ergibt sich, dass das Versorgungsamt bei der Sachverhaltsermittlung an die Feststellungen aus den vorangegangenen staatsanwaltlichen Ermittlungs- bzw. strafgerichtlichen Verfahren nicht gebunden ist.

Das OEG macht die Entschädigung grundsätzlich davon abhängig, dass ein vorsätzlicher rechtswidriger tätlicher Angriff nachgewiesen und nicht nur wahrscheinlich ist (BSG SozR 1500, § 128 Nr. 34). Man darf jedoch von einem festgestellten äußeren Hergang auf die innere Tatseite, insbesondere den Vorsatz, schließen, auch wenn der Täter unbekannt bleibt (BSG NJW 1991, S. 2590).

■ **Gesundheitliche Schädigung**

Des Weiteren bedarf es einer gesundheitlichen Schädigung. Der Begriff der Schädigung bezeichnet die durch den tätlichen Angriff bewirkte **primäre gesundheitliche Beeinträchtigung**. Eine solche Schädigung ist bei jedem regelwidrigen somatischen oder psychischen (BSGE 49, S. 98 f.; BSGE 88, S. 240, 242) Zustand gegeben, ohne dass er dauerhaft sein muss (Gelhausen 1998, Rn. 769).

Eine zu einem sog. Schockschaden führende Schädigung im Sinne des OEG liegt vor, wenn das belastende Ereignis eine – u. U. zunächst weitgehend symptomlose – seelische Reaktion des Sekundäropfers von einigem Gewicht bewirkt (BSG NJW 2004, S. 1476).

■ **Gesundheitliche oder wirtschaftliche Folgen**

Diese Primärschädigung muss ferner zu gesundheitlichen oder wirtschaftlichen Folgen geführt haben, für deren Ausgleich Leistungen im Rahmen des OEG gewährt werden sollen.

Die psychiatrische Begutachtung wird im Hinblick auf die gesundheitlichen Schädigungsfolgen relevant. Dazu zählen wiederum nicht nur physische Verletzungen, sondern auch psychische Krankheiten wie Psychosen, affektive Störungen, Verhaltensstörungen (Neurosen) und sonstige psychische Störungen und Veränderungen von Krankheitswert (BSGE 2, S. 265). Insoweit ergeben sich keine Besonderheiten zu den Ausführungen zum Gesundheitsschaden im Rahmen der gesetzlichen Unfallversicherung (▶ Abschn. 12.3.1).

■ **Zurechnungszusammenhang und Kausalität**

Sowohl zwischen dem tätlichen Angriff und der gesundheitlichen Schädigung (haftungsbegründende Kausalität) und den hieraus resultierenden gesundheitlichen und/oder wirtschaftlichen Folgen (haftungsausfüllende Kausalität) muss ein ursächlicher Zusammenhang gegeben sein. Dieser wird nach der allgemeinen – im Rahmen der gesetzlichen Unfallversicherung erläuterten – sozialrechtlichen Lehre von der rechtlich wesentlichen Ursache beurteilt (▶ Abschn. 12.3.1).

Ebenso wie in der gesetzlichen Unfallsicherung müssen auch im sozialen Entschädigungsrecht die Kausalbeziehungen nicht bewiesen werden. Zur Anerkennung einer Gesundheits-

störung als Folge einer Schädigung genügt die Wahrscheinlichkeit des Bedingungszusammenhangs (§ 1 Abs. 12 S. 2 OEG in Verbindung mit § 1 Abs. 3 S. 1 BVG). Die bloße Möglichkeit reicht dagegen nicht aus. Im Gegensatz zur gesetzlichen Unfallversicherung besteht eine weitere Beweiserleichterung dahingehend, als dass gemäß § 1 Abs. 3 OEG in Verbindung mit § 1 Abs. 3 S. 2 BVG eine Anerkennung einer Gesundheitsstörung als Folge einer Schädigung auch dann möglich ist, wenn die nach § 1 Abs. 3 S. 1 BVG erforderliche Wahrscheinlichkeit nur deshalb nicht gegeben ist, weil über die Ursache des festgestellten Leidens in der medizinischen Wissenschaft Ungewissheit besteht. In diesem Fall kann mit Zustimmung des Bundesministeriums für Arbeit und Soziales die Gesundheitsstörung als Folge einer Schädigung anerkannt werden.

Bei der Feststellung dieser Wahrscheinlichkeit sind die ärztlichen bzw. psychologischen Gutachten – obwohl ohne Bindungswirkung für das Gericht – doch ganz wesentliche Anhaltspunkte. Kommen mehrere Gutachten übereinstimmend zu dem Ergebnis, dass vom medizinischen Standpunkt aus ein Kausalzusammenhang unwahrscheinlich oder gar unmöglich ist, dann führt dies in der Regel zu einer Ablehnung des Kausalzusammenhangs (Kunz u. Zellner 1999, § 1 Rn. 38).

Bei psychischen Störungen, die auf den tätlichen Angriff zurückgeführt werden, bereitet die Feststellung des ursächlichen Zusammenhangs häufiger Schwierigkeiten (Heinz 2001). Nach einem psychisch belastenden Ereignis lässt sich nicht überzeugend klären, ob und nach welchem Mechanismus dieses Ereignis die Gesundheitsstörung herbeigeführt hat, oder ob und in welchem Umfang schon eine Anlage von Krankheitswert vorhanden war (BSGE 77, S. 1).

Das BSG hat diesbezüglich entschieden, die den Versorgungsanspruch begründende Wahrscheinlichkeit des Ursachenzusammenhangs zwischen einem einzelnen plötzlichen Ereignis und einer psychischen Krankheit liege nur dann vor, wenn es der herrschenden Meinung in der medizinischen Wissenschaft entspricht, dass Ereignisse dieser Art allgemein geeignet sind, solche Krankheiten hervorzurufen (BSG SozR 3-3800, § 1 Nr. 3).

Beispiel

- **Fall 12.10**

Der Entscheidung aus dem Jahre 1994 lag folgender Sachverhalt zugrunde: Der neurotisch veranlagte Kläger hatte auf seinem Grundstück eine tätliche Auseinandersetzung mit einem verfeindeten Nachbarn gehabt. Anderthalb Jahre später beantragte er eine Entschädigung nach dem OEG, wobei er insbesondere eine inzwischen bemerkbar gewordene neurotische Entwicklung auf die seinerzeit erlittenen Eindrücke zurückführte. Die Beklagte lehnte den Antrag ab. Widerspruch und Klage blieben erfolglos. Auf die Berufung des Klägers hatte das Landessozialgericht (LSG) die Beklagte verurteilt, dem Kläger Versorgung nach dem OEG, u. a. wegen neurotischer Entwicklung mit übersteigertem Schmerzerleben am ganzen Körper, zu gewähren. Das BSG hielt dagegen die Revision der Beklagten für begründet, und zwar mit dem Argument, das LSG habe die Anforderungen, die das Gesetz an die Wahrscheinlichkeit des ursächlichen Zusammenhangs zwischen einem schädigenden Vorgang und einem Dauerleiden stelle, nicht in vollem Umfang beachtet. Das Gutachten des Psychiaters, auf das sich das LSG allein gestützt hatte, erachtete das BSG für keine ausreichende Grundlage im Hinblick auf die Feststellung, das seelische Dauerleiden des Klägers sei auf die Schlägerei mit dem Nachbarn zurückzuführen. Es enthalte keine Ausführungen dazu, ob und in welchem Umfang es in der medizinischen Wissenschaft Erfahrungen und Erkenntnisse darüber gebe, dass schädigende Vorgänge ohne bleibenden körperlichen Schaden und ohne feststellbare seelische Schädigung geeignet seien, das seelische Dauerleiden als gesundheitliche Folgeschädigung herbeizuführen, an dem der Kläger leide.

Das Gutachten hatte zwar alle Umstände des Einzelfalls, die für und gegen den ursächlichen Zusammenhang zwischen der Schlägerei und der psychischen Krankheit sprechen, dargelegt und abgewogen. Nach eingehender Untersuchung und Befragung des Klägers war es zu dem Ergebnis gekommen, dass mehr für als gegen den ursächlichen Zusammenhang spreche. Das BSG hielt diese Ausführungen entgegen der Meinung des LSG nicht für geeignet, die Wahrscheinlichkeit des ursächlichen Zusammenhangs zu begründen. Die Wahrscheinlichkeit setze mehr voraus als die persönliche Meinung eines Gutachters im Einzelfall. Sie erfordere, dass der schädigende Vorgang

seiner Art nach generell geeignet sei, Krankheiten der Art hervorzurufen, wie sie im Einzelfall als Schädigungsfolge geltend gemacht würden.

Es sei Aufgabe der Verwaltung und der Gerichte, entsprechende Ermittlungen anzustellen, insbesondere den Sachverständigen gezielt nach entsprechenden Erkenntnissen und Erfahrungen in der medizinischen Wissenschaft zu fragen.

Des Weiteren hat das BSG darauf hingewiesen, dass es der ständigen Rechtsprechung im Versorgungsrecht und im Recht der gesetzlichen Unfallversicherung entspreche, ein belastendes Erlebnis auch bei vorbelasteten Personen nur dann als wahrscheinliche Ursache für eine längerdauernde psychische Störung anzuerkennen, wenn ein solches Erlebnis auch bei Gesunden zu einer außerordentlichen Reaktion geführt hätte. Der Geschädigte sei einerseits zwar grundsätzlich mit seiner individuellen Veranlagung geschützt (BSG NZS 1992, S. 117). Wenn eine Schädigung wie im Fall des Klägers nur deshalb zu einer erheblichen Gesundheitsstörung führe, weil der Geschädigte eine entsprechende Veranlagung habe, sei die Schädigung nicht allein wegen dieser Veranlagung als wahrscheinliche, wesentliche Ursache abzulehnen. Andererseits sei in solchen Fällen aber zu prüfen, ob es sich nicht um eine Gelegenheitsursache handele, weil die Veranlagung so leicht ansprechbar sei, dass jederzeit auch ein nicht versorgungs- oder versicherungsrechtlich geschütztes Ereignis die Krankheit hätte auslösen können (BSGE 62, S. 222).

Im Jahre 1995 hat das BSG in einer weiteren Entscheidung (BSG NVwZ-RR 1997, S. 38) die Beweisanforderungen an den Kausalzusammenhang zwischen tätlichem Angriff und seelischer Krankheit näher konkretisiert: Ein rechtlich maßgebender ursächlicher Zusammenhang zwischen einer bestimmten seelischen Krankheit und einem bestimmten seelisch schädigenden Vorgang kommt danach nur in Betracht, wenn nach allgemeinem medizinischen Erfahrungswissen die Krankheit nach einem Vorgang dieser Art gehäuft auftritt (BSG NVwZ-RR 1997, S. 38).

Um eine solche Häufung festzustellen, könne auf die vom BMA herausgegebenen **Anhaltspunkte** (mittlerweile **Versorgungsmedizinische Grundsätze** nach der VersMedV; ▶ Abschn. 12.3.1) zurückgegriffen werden. Ermittlungen diesbezüglich seien entbehrlich, wenn dort der generelle Ursachenzusammenhang bejaht werde (BSG NV-wZ-RR 1997, S. 38). Aus den Anhaltspunkten ergibt sich ferner in Bezug auf Gesundheitsfolgen, die durch psychische Traumata bedingt sind, dass diese auch nach relativ kurz dauernden Belastungen in Betracht kommen, sofern die Belastungen (z. B. Geiselnahme, Vergewaltigung) ausgeprägt und mit dem Erleben von Angst und Ausgeliefertsein verbunden waren (posttraumatische Belastungsstörung: ICD-10: F43.1, ausführlich ► Abschn. 12.4).

Das BSG hat weiterhin dazu ausgeführt, dass eine in den Anhaltspunkten aufgeführte psychische Störung wahrscheinliche Folge einer dort aufgeführten Extrembelastung sein könne, wenn die Krankheit in engem Anschluss an den belastenden Vorgang ausgebrochen sei. Zweifel, ob schon vorher Krankheitssymptome vorhanden waren oder ob andere Ursachen die Krankheit herbeigeführt haben, gingen dann nicht zu Lasten des Opfers (BSG NVwZ-RR 1997, S. 38).

Beispiel

- **Fall 12.11**

Im Rahmen dieser Entscheidung machte die Klägerin einen Anspruch auf Versorgung nach dem OEG wegen der psychischen Folgen eines Vergewaltigungsversuchs geltend. Der Täter hatte ihr einen Stein gegen den Kopf geschlagen und versucht, sie in ein Gebüsch zu zerren. Als sich ein Auto genähert hatte, hatte der unbekannt gebliebene Täter von der begonnenen Vergewaltigung abgelassen und war geflüchtet. Die der Klägerin zugefügte äußere Verletzung besserte sich in den folgenden Monaten, psychische Störungen blieben hingegen bestehen. Im Mai 1985 beantragte die Klägerin Versorgung als Gewaltopfer. Das beklagte Land erkannte als Schädigungsfolge ohne MdE in rentenberechtigendem Grad lediglich eine »Narbe am linken Stirnhaaransatz« an. Veränderungen im psychisch-affektiven Bereich seien ebenso wenig Folge des Vergewaltigungsversuchs wie die vegetative Unausgeglichenheit der Klägerin.

Das Sozialgericht hat ein psychiatrisches Gutachten mit psychologischem Zusatzgutachten eingeholt und den Beklagten verurteilt, als weitere Schädigungsfolgen »eine erlebnisreaktive, länger andau-

ernde Anpassungsstörung, ein depressives Syndrom mit vielfältigen somatischen Beschwerden und eine neurotische Persönlichkeitsentwicklung« anzuerkennen und Rente nach einer MdE um 50 % für die Zeit vom 20.10.1984 bis zum 30.4.1988 und nach einer MdE um 25 % ab 1.5.1988 zu gewähren. Berufung und Revision des beklagten Landes blieben erfolglos. Das BSG bezog sich in seiner Begründung u. a. auf die Nummer 71 der Anhaltspunkte. Danach würden zwar nur besonders schwer belastende Ereignisse (Kriegsgefangenschaft, rechtsstaatswidrige Haft in der DDR, Geiselnahme, Folterung, Vergewaltigung) aufgeführt und bei anhaltenden Störungen, wie sie bei der Klägerin vorlägen, tiefgreifende, in das Persönlichkeitsgefüge eingreifende und in der Regel langdauernde Belastungen vorausgesetzt. Die Feststellungen des LSG über den Hergang des Vergewaltigungsversuchs reichten aber aus, die fragliche Schädigung in den beispielhaft aufgeführten Katalog der Belastungen einzuordnen. Die Klägerin leide an einer der Krankheiten, die als mögliche Folge solcher Belastungen aufgeführt sei, was sich besonders dann zeige, wenn man die im Einzelfall erstatteten Gutachten und die Krankheitsbezeichnungen heranziehe, auf die die Anhaltspunkte sinngemäß verwiesen.

Anforderungen an ein Gutachten hinsichtlich des Ursachenzusammenhangs als Grundlage eines Entschädigungsanspruchs aus dem OEG

1. Die Wahrscheinlichkeit des ursächlichen Zusammenhangs setzt voraus, dass der schädigende Vorgang seiner Art nach geeignet ist, Krankheiten der Art hervorzurufen, wie sie im Einzelfall als Schädigungsfolge geltend gemacht werden, und dass die Krankheit nach einem Vorgang dieser Art nach allgemeinem medizinischem Erfahrungswissen gehäuft auftritt (abstrakte Betrachtung).

2. Im Anschluss daran muss beurteilt werden, ob es im konkreten Fall wahrscheinlich ist, dass die beim Antragsteller festgestellte Erkrankung auf dem tätlichen Angriff beruht (konkrete Betrachtung).

▼

3. Bei der medizinischen Beurteilung ist die herrschende wissenschaftliche Lehrmeinung zugrunde zu legen. Es genügt danach nicht, dass ein einzelner Wissenschaftler eine Arbeitshypothese aufgestellt oder einen Erklärungsversuch unternommen hat. Es kommt also – wie üblich – nicht auf die subjektive Auffassung des beurteilenden Gutachters an, sondern auf die allgemeine Plausibilität dieser Meinung, die durch medizinisches Erfahrungswissen begründet werden muss.

Leistungen

Der Entschädigungsfall begründet für den Geschädigten Ansprüche, die überwiegend Schadensbeseitigungs- bzw. Schadensausgleichsfunktion haben (Igl u. Welti 2007, § 69 Rn. 3).

Für die Versorgung gesundheitlicher und wirtschaftlicher Folgen einer durch eine Gewalttat erlittenen Gesundheitsschädigung verweist das Gesetz auf die Vorschriften des BVG (§ 1 Abs. 1 OEG), wo die verschiedenen Leistungen in den §§ 10 ff. BVG geregelt sind. Einen Überblick gibt § 9 BVG. Demnach umfasst die Versorgung:

- Heilbehandlung, Versehrtenleibesübungen und Krankenbehandlung (§§ 10–24a BVG),
- Leistungen der Kriegsopferfürsorge (§§ 25–27j BVG),
- Beschädigtenrente (§§ 29–34 BVG) und Pflegezulage (§ 35 BVG),
- Bestattungsgeld (§ 36 BVG) und Sterbegeld (§ 37 BVG),
- Hinterbliebenenrente (§§ 38–52 BVG),
- Bestattungsgeld beim Tod von Hinterbliebenen (§ 53 BVG).

Grad der Schädigungsfolgen (GdS)

Lassen sich dauernde Gesundheitsfolgen im Sinne des § 30 Abs. 1 BVG feststellen, so kommt als Entschädigungsleistung eine Beschädigtenrente (§§ 29–34 BVG) in Betracht, die nach Maßgabe der durch die anerkannten Schädigungsfolgen bewirkten GdS gewährt wird (§§ 30 Abs. 1 und 2, 31 BVG).

Dafür muss der Gutachter – ebenso wie in der gesetzlichen Unfallversicherung – die Einschätzung

des GdS vornehmen, d. h. die Auswirkungen beurteilen. Diesbezüglich ergeben sich aber kaum Unterschiede zu den Darstellungen im Rahmen der gesetzlichen Unfallversicherung. Allerdings ist der GdS anders als in der gesetzlichen Unfallversicherung im Anwendungsbereich des OEG unabhängig von dem früheren oder späteren Einkommen des Geschädigten festzustellen (Erlenkämper u. Fichte 2007, S. 39). Der GdS bezeichnet ein Maß für die Auswirkungen eines Mangels an funktionaler Intaktheit, also an körperlichem und psychosozialem Vermögen. Sie setzt dementsprechend eine Regelwidrigkeit gegenüber dem für das Lebensalter typischen Zustand voraus (Kunz u. Zellner 1999, § 1 Rn. 34).

Die Anforderungen an den GdS werden im sozialen Entschädigungsrecht durch § 30 BVG geregelt. Gemäß § 30 Abs. 1 S. 3 BVG setzt der GdS zunächst eine Gesundheitsstörung voraus, die mehr als 6 Monate andauert. Der GdS ist nach den durch die körperliche und geistige Gesundheitsstörung bedingten Funktionsbeeinträchtigungen in allen Lebensbereichen zu beurteilen (§ 30 Abs. 1 S. 1 BVG).

Die GdS-Sätze im sozialen Entschädigungsrecht liegen z. T. höher als in der gesetzlichen Unfallversicherung. Die Festlegung des GdS erfolgt wiederum anhand der Versorgungsmedizinischen Grundsätze, welche die GdS-Tabelle enthalten (▶ Abschn. 12.3.1).

12.3.3 Privatrechtliche Entschädigungsansprüche

Gesetzlicher Anknüpfungspunkt

Privatrechtliche Entschädigungsansprüche können sich aus dem BGB sowie aus einer Fülle anderer Gesetze ergeben. Der Umfang der Schadensersatzpflicht bemisst sich dabei aber immer nach den §§ 249–255 BGB.

> **Gemäß § 249 Abs. 1 BGB hat derjenige, der zum Schadensersatz verpflichtet ist, den Zustand herzustellen, der bestehen würde, wenn der zum Ersatz verpflichtende Umstand nicht eingetreten wäre. Bei einer Verletzung einer Person oder der Beschädigung einer Sache kann der Gläubiger auch den dazu erforderlichen Geldbetrag verlangen (§ 249 Abs. 2 S. 1 BGB).**

Auf welcher Haftungsnorm der Schadensersatzanspruch beruht, ist für die Anwendung der §§ 249 ff. BGB grundsätzlich bedeutungslos. Neben vertraglichen Ansprüchen sind die §§ 249 ff. BGB auch bei Ansprüchen wegen der Verletzung sonstiger (vor-)vertraglicher Pflichten oder solchen aufgrund unerlaubter Handlung (§§ 823 ff. BGB) anzuwenden (MünchKomm-Oetker 2012, § 249 Rn. 3; Palandt-Grüneberg 2014, Vorbemerkung zu § 249 Rn. 4). Ebenso wird – soweit keine vorrangigen Sonderregelungen existieren – auch der Umfang der Gefährdungshaftung, z. B. nach straßenverkehrsrechtlichen Vorschriften, durch diese Normen festgelegt (BGH NJW 1978, S. 163). Eine abschließende Darstellung der möglichen Haftungsnormen würde den Rahmen der Ausführungen sprengen. Die folgende Darstellung konzentriert sich deshalb auf den Umfang der Entschädigungspflicht.

Da die §§ 249 ff. BGB ausweislich ihres Wortlautes eine Verpflichtung zum Schadensersatz auf anderweitigen Grundlagen bereits voraussetzen, beziehen sie sich nicht auf die Haftungsbegründung, sondern auf die Haftungsausfüllung, d. h. die Rechtsfolgen einer Schädigung (u. a. Staudinger-Schiemann 2005, Vorbemerkung zu § 249 Rn. 4).

Haftungsausfüllende Kausalität

Zwischen dem Verletzungserfolg, also beispielsweise der Körperverletzung nach einem Verkehrsunfall, und dem geltend gemachten Schaden muss ein ursächlicher Zusammenhang gegeben sein. Diese sog. haftungsausfüllende Kausalität bildet eine Voraussetzung für die privatrechtlichen Entschädigungspflichten. Die Kausalität im Zivilrecht wird dreistufig bestimmt. Auszugehen ist von der Äquivalenztheorie (▶ Abschn. 12.3.1), die in einem zweiten Beurteilungsschritt durch die wertende Beurteilung im Rahmen der Adäquanztheorie (▶ Abschn. 12.3.1) eingeschränkt wird. Die neuere Lehre stellt auf den sog. Schutzzweck der Norm ab (Palandt-Grüneberg 2014, Vorbemerkung zu § 249 Rn. 29) und fragt, ob der zu ersetzende Schaden aus dem Bereich derjenigen Gefahren stammt, zu deren Abwendung die verletzte Norm erlassen worden ist (BGHZ 57, S. 142).

Beispiel

Der Schutzzweck der Norm kann z. B. bei Verkehrsunfällen relevant werden. Wird ein Geschädigter nach einem Verkehrsunfall in ein Krankenhaus gebracht, so stellt sich im Fall von Folgeverletzungen des Geschädigten die Frage, inwieweit der Verursacher z. B. haftet, wenn der Krankenwagen auf dem Weg ins Krankenhaus in einen zweiten Unfall verwickelt wird, bei dem der Geschädigte weitere Verletzungen davonträgt. Da wegen der Schwere der Verletzungen der Transport erfolgen muss, ist der Erstverursacher für die besondere Gefahr des Nottransports verantwortlich, die sich in dem Zweitunfall realisiert hat. Hingegen entfällt eine Haftung des Erstverursachers, wenn der Geschädigte im Rahmen des Krankenhausaufenthaltes durch Ansteckung von einem anderen Patienten eine Infektion erleidet, da dies dem allgemeinen Lebensrisiko entspricht.

Ersatzfähige Schäden

Unter Schaden versteht das Zivilrecht jede Beeinträchtigung eines Interesses, sei es ein Vermögenswert oder ein rein ideelles Interesse (MünchKomm-Oetker 2012, § 249 Rn. 16).

- **Vermögens- bzw. Nichtvermögensschaden**
  Im Weiteren unterscheidet man Vermögens- und Nichtvermögensschäden:
  - Ein Vermögensschaden liegt vor, wenn der Geschädigte eine in Geld messbare Einbuße erlitten hat, z. B. durch Krankenhaus- oder Therapiekosten. Die Ersatzpflicht eines Vermögensschadens bestimmt sich nach den §§ 249 Abs. 2 S. 1 und 250, 251 BGB.
  - Beim Nichtvermögensschaden kann eine Geldentschädigung nur gefordert werden, wenn das Gesetz dies ausdrücklich anordnet (§ 253 Abs. 1 BGB). Umgangssprachlich ist der Nichtvermögensschaden besser unter dem Stichwort »Schmerzensgeld« bekannt. Der wichtigste Fall einer solchen gesetzlichen Anordnung findet sich in § 253 Abs. 2 BGB. Demnach kann auch wegen des Schadens, der nicht Vermögensschaden ist, eine billige Entschädigung in Geld gefordert werden, wenn eine Verletzung des Körpers, der Gesundheit, der Freiheit oder der sexuellen Selbstbestim-

mung erfolgte; vergleichbare Vorschriften finden sich vor allem im Rahmen der sog. Gefährdungshaftung, vgl. etwa § 11 S. 2 StVG, § 8 S. 2 ProdHaftG.

■ **Unmittelbarer oder mittelbarer Schaden**

Für den Umfang des zu ersetzenden Schadens ist es grundsätzlich bedeutungslos, ob der Schaden unmittelbar an dem verletzten Rechtsgut oder an anderen Rechtsgütern des Geschädigten, also mittelbar, eintritt (Staudinger-Schiemann 2005, Vorbemerkung zu § 249 Rn. 43). Eine gesetzliche Anordnung für die Ersatzpflicht eines mittelbaren Schadens findet sich in § 252 BGB, wonach auch der entgangene Gewinn ersetzt werden muss.

■ **Psychische Folgeschäden**

Es entspricht ständiger Rechtsprechung des BGH, dass sich die Haftung grundsätzlich auch auf die aus einer Verletzungshandlung resultierenden Folgeschäden erstreckt, wenn jemand schuldhaft die Körperverletzung oder Gesundheitsschädigung eines anderen verursacht hat. Das gilt sowohl für somatisch als auch psychisch bedingte Folgewirkungen (BGH NJW 2000, S. 862). Hierbei gilt der Grundsatz, dass eine besondere Schadensanfälligkeit des Verletzten dem Schädiger haftungsrechtlich zuzurechnen ist (BGH NJW 2000, S. 862 f.). Eine Haftung wurde deshalb von der Rechtsprechung bejaht bei:
- unfallbedingter Wesensveränderung (BGH VersR 1960, S. 225),
- Depressionen (BGH NJW-RR 1994, S. 400),
- Aktual- oder Unfallneurosen (BGH NJW 1985, S. 777),
- Angstneurosen (BGH VersR 1970, S. 272),
- Konversionsneurosen (BGH NJW 1993, S. 1523).

> **Der BGH hat wiederholt ausgesprochen, dass die Schadensersatzpflicht für psychische Auswirkungen nur die hinreichende Gewissheit verlangt, dass sie ohne den Unfall nicht aufgetreten wären (BGH NJW 1998, S. 810). Daraus lässt sich der Grundsatz ableiten, dass der Schädiger für psychisch bedingte Folgeschäden, auch wenn sie auf einer psychischen Prädisposition oder auf einer sog. neurotischen Fehlverarbeitung beruhen, haftungsrechtlich grundsätzlich einstehen muss.**

Allerdings vertritt der BGH in ständiger Rechtsprechung auch die Ansicht, dass eine Haftung bei offensichtlich unangemessener Verarbeitung des Schadensfalls vollständig entfällt (BGH NJW 2004, S. 1945 f.). Diesbezüglich hat er 2 Tatbestände entwickelt, bei denen die grundsätzliche Verpflichtung zu Schadensersatz nicht eintritt: die Bagatelle und die Renten- bzw. Begehrensneurose.

■■ **Bagatelle**

So hat die Rechtsprechung anerkannt, dass psychische Folgeschäden nicht ersatzfähig sind, wenn das schädigende Ereignis eine Bagatelle darstellt, also bei durchschnittlichem Empfinden ungeeignet erscheint, eine krankhafte seelische Reaktion hervorzurufen (BGH NJW 1998, S. 810; NJW 1998, S. 810, 813). Unter Bagatelle sind allein außerordentlich geringfügige Vorkommnisse zu verstehen, die praktisch nur zu einer alltäglichen und ganz vorübergehenden Beeinträchtigung des Verletzten geführt haben (Schäfer u. Baumann 1998, S. 1081).

Der Begrenzung der Schadensersatzpflicht in diesen Fällen wird auch in der Literatur zugestimmt (MünchKomm-Oetker 2012, § 249 Rn. 192). Die Überempfindlichkeit des Geschädigten auf das Schreckereignis geht zu seinen Lasten, da die krankhafte Verarbeitung des Unfallgeschehens ausschließlich auf der Persönlichkeitsstruktur des Geschädigten beruht, während das schädigende Ereignis nur den zufälligen Anlass und Kristallisationspunkt für die psychische Fehlverarbeitung des Geschehens bildet (BGH NJW 1993, S. 1523). Trotz eines Bagatellereignisses tritt eine Schadensersatzpflicht allerdings dann ein, wenn die Schädigung auf eine spezielle Schadensanlage des Verletzten trifft (BGH NJW 1998, S. 810, 812), weil sich in einem solchen Fall gerade nicht nur die allgemeine Anfälligkeit des Geschädigten für neurotische Fehlentwicklung verwirklicht habe (BGH NJW 1998, S. 810, 812). Als Begründung führt der BGH an, dass der Schädiger bei somatischen Schäden ebenfalls eine besondere Schadensanlage des Geschädigten hinnehmen müsse (▶ Abschn. 12.3.1).

▪ ▪ Renten- oder Begehrensneurose

Die Ersatzpflicht ist zudem im Falle einer sog. Renten- oder Begehrensneurose ausgeschlossen, also bei einer – möglicherweise auch unbewussten – Flucht des Geschädigten in die Vorstellung, der Schädiger müsse Rente zahlen, sodass es sich nicht lohne, die Schadensfolgen zu überwinden (BGH NJW 1956, S. 1108; NJW 1998, S. 810). Der BGH verneint die Ersatzpflicht generell, weil der Geschädigte nur so zur Überwindung seiner neurotischen Fehlhaltung angespornt werden könne (BGH NJW 1956, S. 1108). Zudem könne der Zurechnungszusammenhang mit dem schädigenden Ereignis nicht mehr bejaht werden, weil die Begehrensvorstellung des Geschädigten im Vordergrund steht (BGH NJW 1998, S. 810).

> ❯ Die Bezeichnung der Renten- oder Begehrensneurose sollte eigentlich nicht mehr gebraucht werden (▶ Abschn. 12.2.3), wird in der Rechtspraxis aber immer noch häufig verwendet.

Der BGH verlangt allerdings eine detaillierte Einzelfallprüfung gerade auch in psychiatrischer Hinsicht. Zusätzlich hat eine Abgrenzung zu dissoziativen Störungen (Konversionsstörungen), die zur vollen Ersatzpflicht des Schädigers führt, stattzufinden (BGH NJW 1998, S. 810 f.).

Sofern die vom Geschädigten behaupteten Beschwerden ihre Grundlage nicht nur in unbewussten Begehrensvorstellungen, sondern auch in einer früher so genannten »konversionsneurotischen Entwicklung« haben, wird die Ersatzpflicht nicht unter dem Gesichtspunkt der Renten- oder Begehrensneurose verneint (BGH NJW 1998, S. 810, 813). Für den Ausschluss der Ersatzpflicht reicht es nach der Rechtsprechung des BGH demnach nicht aus, dass neben anderen Symptomen auch der Wunsch des Geschädigten nach Sicherungs- und Entschädigungsansprüchen Bedeutung hat. In diesem Fall kommt allenfalls eine Haftungsbegrenzung in Betracht (▶ Abschn. 12.3.1).

Hintergrundinformation
Der BGH führt dazu aus, dass nach neueren psychologischen Erkenntnissen vielfach auch in Fällen, bei denen man zunächst von einer Rentenneurose ausgegangen sei, der Rentenwunsch zwar ein Symptom, nicht aber den wesentlichen oder al-

lein ausschlaggebenden pathogenetischen Faktor dargestellt habe. Bei derartigem psychischem Fehlverhalten spielten die Persönlichkeitsstruktur des Betroffenen sowie Fehlverarbeitungen oder erhebliche Belastungen im persönlichen Bereich, die durch ein Unfallereignis zum Ausbruch gelangen könnten, eine wesentliche Rolle (BGH NJW 1998, S. 812).

Eine grundsätzliche Ersatzpflicht besteht auch für psychische Folgeschäden. Ausnahmen davon bilden Bagatellfälle und »Renten- bzw. Begehrungsneurosen«. An die Bejahung einer solchen Ausnahme sind allerdings erhebliche Anforderungen zu stellen.

▪ ▪ Nachweis durch Sachverständige

Sofern das Tatsachengericht für die entsprechende Bewertung selbst nicht die erforderliche medizinische bzw. psychologische Sachkunde besitzt, muss es sich eines Sachverständigen bedienen, der auf diesem Gebiet die erforderliche Spezialausbildung und Erfahrung hat. Gemäß § 287 Abs. 1 S. 2 ZPO bleibt es dem Ermessen des Gerichts überlassen, ob und inwieweit eine beantragte Beweisaufnahme oder von Amts wegen die Begutachtung durch Sachverständige anzuordnen ist.

Allerdings hat der BGH im Jahre 1997 entschieden, dass das Problem, ob das schädigende Ereignis eine Ausnahme von der grundsätzlich gegebenen Haftung des Schädigers für psychische Folgeschäden erlaubt, einer Würdigung der Persönlichkeit des Betroffenen bedarf, die der Richter in der Regel nicht ohne Einschaltung eines Sachverständigen vornehmen könne (BGH NJW 1997, S. 1640 f.).

Im Gegensatz zum Bereich der organischen Schäden fehlen im Bereich psychischer Schäden die medizinisch-technischen Möglichkeiten einer Abklärung weitgehend, sodass die Erfahrung und Kompetenz des mit dem Fall befassten psychiatrischen Sachverständigen umso stärker gefordert sind (Schäfer u. Baumann 1998, S. 1083).

▪ Schockschäden

Der Schädiger kann schließlich nicht nur für psychische Reaktionen des Geschädigten, sondern auch für naheliegende psychische Reaktionen eines Dritten ersatzpflichtig sein, sog. Schockschäden (es wurde bereits erläutert, dass der medizinische Begriff eines Schocks etwas anderes darstellt als der hier gemeinte »psychische Schock« im Sinne einer – nicht medizinisch definierten – psychischen Belastungsreaktion; ▶ Abschn. 12.3.2). Er hat in einem solchen Fall außer dem Opfer noch eine andere Person unmittelbar in ihrer Gesundheit verletzt und schuldet ihr deshalb Ersatz (BGH NJW 1986, S. 777 f.; MünchKomm-Oetker 2012, § 249 Rn. 149).

Eine Haftung in Schockschadensfällen kommt deshalb nur in Betracht, wenn die Beeinträchtigungen selbst Krankheitswert besitzen, also eine Gesundheitsschädigung im Sinne des § 823 Abs. 1 BGB darstellen (BGH NJW 1985, S. 1390) und für den Schädiger vorhersehbar waren (BGH NJW 1976, S. 847). An sich ist eine derartige Vorhersehbarkeit bei psychischen Folgeschäden nicht erforderlich (BGHZ 59, S. 39). Bei psychisch vermittelten Beeinträchtigungen Dritter handelt es sich allerdings nicht um den Fall der Folgewirkung einer Verletzung. Vielmehr treten Schockschäden als psychische Reaktion auf ein Unfallgeschehen mittelbar bei den nicht Geschädigten ein und müssen deshalb in seiner Person die Haftungsvoraussetzungen erfüllen.

Um eine Ausuferung der Ersatzpflicht zu vermeiden, ist die Annahme eines Schockschadens an enge Voraussetzungen geknüpft:

1. Zunächst muss nach der Rechtsprechung die Gesundheitsschädigung nach Art und Schwere deutlich über das hinausgehen, was Nahestehende als mittelbar Betroffene erfahrungsgemäß an Beeinträchtigungen erleiden (BGH NJW 1989, S. 2317), damit eine Gesundheitsschädigung im Sinne von § 823 Abs. 1 BGB vorliegt. Der BGH hat in seiner oben zitierten Entscheidung ausgeführt, dass psychische Beeinträchtigungen wie Trauer und Schmerz beim Tode naher Angehöriger, mögen sie auch für die körperliche Befindlichkeit medizinisch relevant sein, nur dann als Gesundheitsschädigung im Sinne des § 823 Abs. 1 BGB angesehen werden, wenn sie pathologisch fassbar und deshalb nach der allgemeinen Verkehrsauffassung als Verletzung des Körpers oder der Gesundheit aufzufassen sind (BGH NJW 1989, S. 2317). Zu Recht hält man dieser Argumentation entgegen, dass es nicht auf Art und Schwere der Beeinträch-

tigung im Vergleich zu einem »Normalfall« ankommen kann, sondern lediglich auf den Eintritt eines Gesundheitsschadens, d. h. den Eintritt krankhafter Symptome, an dem es bei bloßer Trauer oder Verzweiflung fehlt (so etwa MünchKomm-Oetker 2012, § 249 Rn. 151; Staudinger-Schiemann 2005, § 249 Rn. 46).

2. Ein derartiger Anspruch steht nur nahen Angehörigen zu (OLG Stuttgart NJW-RR 1989, S. 477 f.; kritisch Staudinger-Schiemann 2005, § 249 Rn. 46). Der Begriff »Angehörige« darf aber nicht streng familienrechtlich verstanden werden (MünchKomm-Oetker 2012, § 249 Rn. 153). Umfasst sind z. B. auch Verlobte oder Lebensgefährten (MünchKomm-Oetker 2012, § 249 Rn. 153; Palandt-Grüneberg 2014, Vorbemerkung zu § 249 Rn. 40).

3. Der Schock muss im Hinblick auf seinen Anlass aus Sicht eines durchschnittlich Empfindenden verständlich sein (OLG Nürnberg NZV 2008, S. 38; MünchKomm-Oetker 2012, § 249 Rn. 155; Palandt-Grüneberg 2014, Vorbemerkung zu § 249 Rn. 40).

Hintergrundinformation
Für die untersuchten Fälle lässt sich folgender Leitsatz festhalten:
Die Wahrscheinlichkeit eines Ursachenzusammenhangs zwischen einem schädigenden Ereignis und einer damit in Zusammenhang stehenden psychischen Störung kann nur bejaht werden, wenn es der herrschenden Meinung in der medizinischen Wissenschaft entspricht, dass Ereignisse dieser Art allgemein geeignet sind, solche Krankheiten hervorzurufen.

Bei unangemessener seelischer Verarbeitung des Schadensfalls sind die Grenzen für Schockschäden ähnlich zu ziehen wie bei der sog. Rentenneurose (▶ Abschn. 12.2.3). Überwiegt diese Schocklabilität des Geschädigten derart stark, dass die psychische Schadensverarbeitung in ihrem konkreten Verlauf dem Schädiger nicht mehr zugerechnet werden kann, entfällt seine Haftung vollständig (OLG Nürnberg NZV 2008, S. 38 f.). Unterhalb dieser Schwelle kommt ein anspruchsminderndes Mitverschulden des Schockgeschädigten in Betracht (MünchKomm-Oetker 2012, § 249 Rn. 152). Die Entschädigung fällt dann geringer aus. Der Hintergrund dieser Eingrenzung besteht darin, dem

Schädiger nicht das allgemeine Lebensrisiko des Geschädigten aufzubürden (OLG Nürnberg NZV 2008, S. 38; Lange u. Schiemann 2003, § 3 X 4).

12.4 Begutachtung von Menschen mit Traumafolgestörungen

Psychische Folgeschäden nach traumatischen Ereignissen sind vergleichsweise häufig, aber meist vorübergehender Natur oder von kurzer Dauer (z. B. in Form einer akuten Belastungsreaktion).

> **Nach der ICD-10 bezeichnet ein Trauma ein Ereignis oder eine Situation kürzerer oder längerer Dauer, mit außergewöhnlicher Bedrohung oder katastrophenartigem Ausmaß, das oder die bei fast jedem eine tiefe Verzweiflung hervorrufen würde.**

Nur ein kleiner Teil der Betroffenen entwickelt nach einem traumatischen Erlebnis eine längerfristige psychische Erkrankung wie eine posttraumatische Belastungsstörung (PTBS).

Breslau et al. konnten in der 1998 veröffentlichten Detroit Area Survey of Trauma feststellen, dass durchschnittlich etwa 9 % der von einem traumatischen Erlebnis Betroffenen eine PTBS entwickeln. Das Risiko für eine PTBS lag für Frauen (13 %) höher als für Männer (6 %), obwohl Männer häufiger mit einem potentiellen Trauma konfrontiert waren (s. auch Breslau 2009). In einer veröffentlichten Studie aus Großbritannien berichteten White et al. (2014), dass fast die Hälfte der 4558 befragten Erwachsenen zwischen 25 und 83 Jahren mindestens ein traumatisches Ereignis erlebten und von diesen etwa jeder 7. die DSM-IV Diagnosekriterien für eine PTBS erfüllte. Für Deutschland gibt es dazu bisher nur wenige repräsentative Daten. In einer im Jahr 2000 veröffentlichten Studie fanden Perkonigg et al. bei 3021 Adoleszenten (14–24 Jahre) eine Prävalenz für traumatische Erfahrungen von 26 % (männliche Adoleszenten) bzw. 17,7 % (weibliche Adoleszenten), aber insgesamt erfüllten nur wenige die Kriterien für das Vollbild einer PTBS (1 % der männlichen und 2,2 % der weiblichen Adoleszenten).

Dabei hängt die Auftretenswahrscheinlichkeit für eine PTBS neben anderen Faktoren, wie bei-spielsweise dem Geschlecht, auch von der Art und Schwere des Traumas ab. In der Literatur findet sich die Unterscheidung zwischen Typ-I-Traumata (einmalige, kurzdauernde Traumata) und Typ-II-Traumata (mehrfache bzw. lang anhaltende Traumata) sowie akzidentellen (z. B. Verkehrsunfälle, berufsbedingte Unfälle, Naturkatastrophen) und interpersonellen (»man made«) Traumata (z. B. sexuelle bzw. gewalttätige Übergriffe). Das Risiko für die Ausbildung einer PTBS ist höher bei mehrfachen bzw. langanhaltenden Traumata (Typ II) sowie bei Traumata, die durch andere Menschen (»man made«) verursacht werden.

Demnach variieren die Prävalenzangaben einer PTBS nach Traumatisierung ganz erheblich (Flatten et al. 2011):
- nach einer Vergewaltigung oder bei Kriegs-, Vertreibungs- und Folteropfern ca. 50 %,
- nach anderen Gewaltverbrechen ca. 25 %,
- bei Verkehrsunfallopfern ca. 10 %,
- bei schweren Organerkrankungen (Herzinfarkt, Malignome) ebenfalls etwa 10 %.

> **Nicht jede Traumatisierung führt zwangsläufig zu einer PTBS oder einer anderen psychischen Erkrankung. Das Risiko für das Auftreten einer PTBS hängt neben Variablen wie dem Geschlecht, dem soziokulturellen Kontext, den individuellen Copingmechanismen und der sozialen Unterstützung auch von der Art und Schwere des Traumas ab.**

Unabhängig davon liegt die Lebenszeitprävalenz für die Manifestation einer PTBS in der Allgemeinbevölkerung mit bis zu 8 % vergleichsweise hoch (Kessler et al. 1995).

12.4.1 Posttraumatische Belastungsstörung (PTBS)

Die PTBS stellt sicherlich die relevanteste Diagnose bei der Begutachtung von Traumafolgestörungen dar, insbesondere, da hier die Erkrankung unmittelbar auf das Trauma selbst zurückgeführt werden kann. Dies ist grundsätzlich in dieser Ausschließlichkeit bei keiner anderen psychischen Störung möglich. Das Besondere an der PTBS ist, dass die Störung ohne ein spezifisches Trauma nicht aufgetreten wäre, auch wenn vielleicht mögliche Risikofaktoren vorliegen (z. B. Defizite in der individuellen Bewältigungsstrategie, eine unzureichende soziale Unterstützung). Damit ergibt sich der besondere Fall, dass durch die Diagnosestellung einer PTBS die Frage nach der Kausalität eines äußeren Ereignisses für die vorliegenden Symptome bereits geklärt ist.

In Deutschland ist es in der klinischen Praxis üblich, zur Diagnosestellung die ICD-10-Kriterien heranzuziehen. Es kann allerdings im Rahmen der PTBS-Begutachtung sinnvoll sein, aufgrund einer stärkeren Operationalisierung und einer etwas anderen inhaltlichen Ausgestaltung, die DSM-5-Kriterien zumindest zusätzlich heranziehen und diese parallel zu den ICD-10-Kriterien im Gutachten zu diskutieren und möglicherweise auf Diskrepanzen zwischen den beiden Klassifikationssystemen aufmerksam zu machen (Dressing u. Foerster 2014).

> **Der Gutachter muss sich in seinem Gutachten zu einer PTBS gezielt und für das Gericht nachvollziehbar mit den Diagnosekriterien auseinandersetzen.**

Diagnostische Leitlinien (ICD-10): F43.1 Posttraumatische Belastungsstörung

(Dilling u. Freyberger 2012; Die Forschungskriterien können als äquivalent zum DSM-IV bzw. DSM-5 angesehen werden, was den Formalisierungsgrad, nicht dagegen die einzelnen inhaltlichen Ausgestaltungen betrifft)

- Erleben eines kurz- oder langanhaltenden Ereignisses von außergewöhnlicher Bedrohung mit katastrophalem Ausmaß, das bei nahezu jedem eine tiefe Verzweiflung hervorrufen würde (»Traumakriterium«)
- Wiedererleben der traumatischen Situation durch Flashbacks, sich aufdrängende, lebendige Erinnerungen, Albträume
- Vermeidung von Stimuli, die mit dem traumatischen Ereignis in Zusammenhang stehen
- Teilweise oder vollständige Amnesie für wichtige Aspekte des traumatischen Ge-
▼ schehens oder

- anhaltende Symptome eines erhöhten Erregungsniveaus mit wenigstens 2 der folgenden Beschwerden: Schlafstörungen, Reizbarkeit oder Wutausbrüche, Konzentrationsstörungen, Hypervigilanz, gesteigerte Schreckhaftigkeit

Die Symptome treten innerhalb von 6 Monaten nach dem traumatischen Ereignis oder nach Ende der extremen Belastungsperiode auf (in einigen Fällen kann ein späterer Beginn berücksichtigt werden).

Die Diagnosekriterien nach DSM-5 umfassen wie in der ICD-10 das Vorliegen eines Traumas (wobei dieses im DSM-5 klarer definiert ist), Intrusionssymptome, die Vermeidung von Reizen, die mit dem Trauma assoziiert sind sowie ein erhöhtes Erregungsniveau. Unter dem erhöhten Erregungsniveau sind im DSM-5 im Vergleich zum DSM-IV nun erstmals auch aggressive Ausbrüche ohne oder nach geringer Provokation und selbstzerstörerisches Verhalten explizit mit aufgeführt. Dies trägt sicherlich der Beobachtung Rechnung, dass das Vorliegen einer PTBS einen Risikofaktor für gewalttätiges Verhalten darstellt (Donley et al. 2012) und ist ein Punkt, der auch im Rahmen von Schuldfähigkeitsbegutachtungen im Hinblick auf eine möglicherweise beeinträchtigte Steuerungsfähigkeit Beachtung finden muss (Dressing u. Foerster 2014). Darüber hinaus wird im DSM-5 als weiteres Kriterium »negative Veränderungen der Kognitionen und der Stimmung« aufgeführt. Dieses Symptom-Cluster findet sich so explizit weder in der ICD-10, noch fand es sich im DSM-IV.

> **Neben dem Vorliegen eines Traumas nennt das DSM-5 als 4 Symptom-Cluster: Intrusionssymptome, die anhaltende Vermeidung von Reizen, die mit dem Trauma assoziiert sind, ein erhöhtes Erregungsniveau sowie negative Veränderungen der Kognitionen und der Stimmung.**

Des Weiteren verlangt das DSM-5, dass die Störung länger als einen Monat andauern muss, klinisch bedeutsames Leiden oder eine Beeinträchtigung der sozialen, beruflichen oder anderer bedeutsamer Fähigkeiten verursacht und nicht auf Substanzeffekte oder andere körperliche Erkrankungen zurückzuführen ist.

Als Besonderheit nennt das DSM-5 die PTBS mit verzögertem Beginn. Eine solche liegt vor, wenn die diagnostischen Kriterien vollständig erst 6 Monate nach dem Trauma erfüllt sind, wobei einige der Symptome schon unmittelbar nach dem Trauma auftreten können.

Häufig tritt eine PTBS aber zeitnah zu dem traumatischen Ereignis auf und es findet sich oft nach wenigen Monaten bereits eine Remission. Bei etwas mehr als einem Drittel der Betroffenen halten die Symptome allerdings länger als 6 Jahre an. Darüber hinaus ist ein sehr verzögerter Beginn einer PTBS, Jahre oder Jahrzehnte nach dem eigentlichen Trauma, nach heutigem Kenntnisstand durchaus möglich. Mitunter wurden in der Vergangenheit sogenannte »Brückensymptome« zwischen dem traumatischen Ereignis und dem späten Ausbruch der PTBS gefordert, um einen ursächlichen Zusammenhang herstellen zu können. Als solche Brückensymptome werden beispielsweise eine erhöhte Schreckhaftigkeit, unspezifische subklinische Angstsymptome oder Schlafstörungen direkt nach dem Trauma angesehen. Die Notwendigkeit des Vorliegens von Brückensymptomen entspricht allerdings nicht mehr dem aktuellen Stand der Wissenschaft. Inzwischen zeigen Studienergebnisse, dass sich psychische Erkrankungen, hier im Speziellen die PTBS, auch noch Jahre nach einem Trauma manifestieren können. In einer Längsschnittstudie an Holocaust-Überlebenden, die zum Einschluss in die Untersuchung und erneut nach einem Zeitraum von 10 Jahren hinsichtlich psychopathologischer Symptome untersucht wurden, stellten Yehuda et al. (2009) bei 10 % der Untersuchten, die zum ersten Erhebungszeitpunkt klinisch völlig unauffällig waren, eine in dem 10-Jahres-Zeitraum neu aufgetretene PTBS fest. Es sind darüber hinaus auch sehr viel längere Intervalle möglich.

> **❯** **Im Rahmen der Kausalitätsfeststellung ist aus medizinischer Sicht das Fehlen von Brückensymptomen zwischen einem schädigendem Ereignis und einem späteren Schaden kein Ausschlusskriterium für einen**

Zusammenhang. Allerdings soll ein größerer zeitlicher Abstand dazu führen, den Grad der Wahrscheinlichkeit in besonderem Maße differentialdiagnostisch zu diskutieren (Schneider u. Weber-Papen 2013).

Dem trägt auch die inzwischen 5. Revision des DSM in gewisser Weise Rechnung. Im Vergleich zur Vorgängerversion ist das A2-Kriterium als Diagnosekriterium einer PTBS weggefallen, nämlich die unmittelbare subjektive Reaktion auf das Trauma mit Hilflosigkeit, Entsetzen und Erschrecken. In der Vergangenheit wurden viele Entschädigungsleistungen alleine deswegen abgelehnt, weil ein entsprechender Nachweis des A2-Kriteriums nicht erbracht werden konnte. Diese Notwendigkeit entspricht heute nicht dem Stand der medizinischen Wissenschaft.

12.4.2 Begutachtungssituation

Die Begutachtung von traumatisierten Menschen stellt besondere Anforderungen an den Gutachter. Zum einen ist zu beachten, dass Opfer von Gewaltdelikten häufig durch die Begutachtungssituation erheblich belastet sind. Der Gutachter bzw. Sachverständige muss sich darauf einstellen, dass bei den Betroffenen beispielsweise große Schamgefühle bestehen und Betroffene daher möglicherweise spontan nur sehr wenig von dem Ereignis und den bestehenden Beschwerden berichten. Wichtig ist daher, eine Atmosphäre der Akzeptanz zu schaffen, die es dem Betroffenen ermöglicht, sich mitzuteilen. Des Weiteren mag hilfreich sein, gleichgeschlechtliche Gutachter zu wählen, insbesondere bei Frauen, die Opfer sexueller Gewalt wurden.

Qualifikation des Gutachters

Gemäß einer Stellungnahme der Deutschen Gesellschaft für Psychiatrie und Psychotherapie, Psychosomatik und Nervenheilkunde (DGPPN) bedarf es auf Seiten des Gutachters für eine sachgerechte Begutachtung von Menschen mit möglichen Traumafolgestörungen (nach Dressing et al. 2009; http://www.dgppn.de/publikationen/stellungnahmen/detailansicht/select/stellungnahmen-2009/article/141/stellungnahm-7.html):

■ einer psychiatrisch-psychotherapeutischen Ausbildung, in der die Befähigung erworben wird, einen umfassenden psychopathologischen Befund zu erstellen und damit einhergehend auch die korrekte Diagnose einer eventuell vorhandenen PTBS zu stellen;

■ der Kenntnis des aktuellen wissenschaftlichen Diskussionsstandes in der Psychotraumatologie;

■ Kenntnisse über die rechtlichen Rahmenbedingungen, um die erhobenen Befunde entsprechend einordnen zu können.

Diese Fähigkeiten und Kenntnisse werden zum einen im Rahmen der ärztlichen Weiterbildung zum Facharzt für Psychiatrie und Psychotherapie und durch supervidierte Gutachten im Rahmen der Facharztausbildung vermittelt. Zum anderen können Kenntnisse gerade zum letztgenannten Punkt in der von der DGPPN zertifizierten Weiterbildung zur »Forensischen Psychiatrie« oder durch die von den Ärztekammern vergebene Schwerpunktbezeichnung »Forensische Psychiatrie« erworben werden. Es bedarf also keiner speziellen psychotraumatologischen Weiterbildung, wie es manchmal von selbst ernannten »psychotraumatologischen Spezialgutachtern« behauptet wird. Wäre dies der Fall, müsste es auch für andere psychiatrische Störungsbilder jeweils – unnötigerweise – ebensolche Spezialgutachter geben. Ansprechpartner für Gutachten im Rahmen psychotraumatischer Störungen sollten daher Fachärzte für Psychiatrie und Psychotherapie sein.

Einsatz von Selbst- und Fremdbeurteilungsinstrumenten

Zur Objektivierung einer PTBS greifen Gutachter mitunter auf entsprechende Selbst- und Fremdbeurteilungsinstrumente zurück. Letztere können sicherlich eine hilfreiche zusätzliche Informationsquelle für den Gutachter darstellen, allein auf das Ergebnis eines solchen Tests darf sich aber niemals eine Diagnose stützen. Ein gut validiertes Fremdbeurteilungsinstrument stellt die CAPS (»Clinician Administered PTSD Scale«) dar.

Selbstbeurteilungsinstrumente sind hingegen kritischer zu bewerten, da diese lediglich die

subjektive Sicht und Beschwerdeschilderung des Probanden widerspiegeln und keine objektiven Befunde liefern. Allerdings können Widersprüche zwischen den Ergebnissen der Selbstbeurteilungsinstrumente und dem objektiven psychopathologischen Befund auf eine mögliche Aggravation oder Simulation hindeuten.

Simulation und Aggravation

Das mögliche Vorliegen von Simulation und Aggravation ist bei jeder Begutachtung kritisch zu berücksichtigen. Empirische Befunde lassen aber nicht den Schluss zu, dass Simulation oder Aggravation häufiger bei Begutachtungen zu Traumafolgestörungen anzutreffen wären.

Grundsätzlich ist bei der Berücksichtigung von Aggravation und Simulation im Rahmen einer PTBS-Begutachtung so vorzugehen wie bei anderen Begutachtungen auch (▶ Kap. 1).

Testpsychologische Verfahren bei Simulationsverdacht als auch die Verhaltensbeobachtung können weitere Hinweise auf Simulation oder Aggravation geben bzw. einen entsprechenden Verdacht erhärten, dürfen aber nicht unkritisch eingesetzt werden. Es gibt einen von Morel (1998) speziell auf simulierte PTBS-Symptomatik ausgerichteten Test zur Simulationsdiagnostik, der aber nicht hinreichend validiert ist.

Dressing und Meyer-Lindenberg (2008) haben Hinweise für eine simulierte PTBS-Symptomatik aufgestellt, die weitere Anhaltspunkte geben können, die aber immer in den Gesamtkontext zu integrieren sind (◘ Tab. 12.1).

Beispiel

■ **Fall 12.12**

Claudia J., eine 42-jährige Bürokauffrau, wurde zur Frage des Vorliegens einer PTBS oder sonstiger Gesundheitsstörungen als Folge einer kieferchirurgischen Behandlung psychiatrisch begutachtet. Frau J. begehrte aufgrund der kieferchirurgischen Behandlung Schmerzensgeld. Sie gab an, die Operation am Kiefer, die 1,5 Stunden gedauert habe und während derer sie starke Schmerzen habe aushalten müssen, als traumatisch und als »körperliche Misshandlung« empfunden zu haben. Sie sei davon überzeugt, dass sie – wahrscheinlich aufgrund ihres Versicherungsstatus (sie sei gesetzlich versichert)

– wie ein »Versuchskaninchen« behandelt worden sei. Sie leide unter Albträumen von dem Eingriff und habe aufgrund starker Ängste seitdem keinen Zahnarzt mehr aufsuchen können. In der psychiatrischen und ergänzenden testpsychologischen Untersuchung sowie unter Beachtung von Vorbefunden wurden eine paranoide Persönlichkeitsstörung festgestellt und zusätzlich eine Aggravationsneigung gefunden. Weder das Trauma-Kriterium noch die weiteren Kriterien einer PTBS konnten als erfüllt gelten, so dass das Vorliegen einer PTBS vom Gutachter verneint wurde. Auch die Diagnose der paranoiden Persönlichkeitsstörung konnte nicht auf das Ereignis der kieferchirurgischen Behandlung ursächlich zurückgeführt werden.

12.4.3 Einordnung in den rechtlichen Kontext

Die gutachterliche Auseinandersetzung mit der Diagnose einer PTBS entfaltet in verschieden Bereichen besondere Relevanz. Dies ist der Fall bei der Begutachtung der Dienstfähigkeit von Beamten und Soldaten (▶ Abschn. 12.1), im Rentenversicherungsrecht (▶ Abschn. 12.2) sowie im Entschädigungsrecht (▶ Abschn. 12.3). Daneben kommt der Begutachtung der PTBS in Verfahren zum Militärversorgungsrecht (vgl. dazu die Statistiken bei Weitz, NVwZ 2009, 693) und dem Asyl- und Ausländerrecht (▶ Abschn. 12.4.4) eine stetig wachsende Bedeutung zu.

◻ **Tab. 12.1** Hinweise für simulierte PTBS-Symptomatik (Aus Dressing u. Meyer-Lindenberg 2008)

Hinweise für Simulation einer PTBS	Hinweise für das Vorliegen einer PTBS
Symptome werden übertrieben und ausführlich berichtet	Bericht über Symptomatik wird eher vermieden
Symptome werden spontan und früh angesprochen	Symptome werden zögernd und erst auf gezielte Fragen berichtet
Flashbacks werden wenig plastisch beschrieben	Bei Flashbacks sind unterschiedliche Wahrnehmungsqualitäten involviert, Bericht eher im Präsens
Flashbacks werden ohne Zeichen vegetativer Erregung oder emotionaler Anspannung berichtet	Vegetative Erregung und emotionale Anspannung sind beim Bericht eines Flashbacks in der Untersuchungssituation direkt beobachtbar
Angabe einer kompletten Amnesie für die traumatische Situation	Es existieren Erinnerungsinseln, mit zunehmendem Abstand vom Ereignis weitet sich die Amnesie nicht aus
Albträume mit immer dem gleichen Inhalt und der gleichen Frequenz	Albträume mit unterschiedlicher Häufigkeit und ängstigenden, aber durchaus auch wechselnden Inhalten
Andere Personen oder äußere Umstände werden beschuldigt	Selbstvorwürfe
Vor dem Trauma wird ein völlig konfliktfreies Leben ohne Belastungen berichtet	Frühere Konflikte und Probleme werden als Ursachen für die Symptomatik erwogen
Die Behandlung wird in unmittelbarem Zusammenhang mit einer juristischen Auseinandersetzung begonnen; die erste Aktivität des Therapeuten ist die Ausstellung eines Attests	Frühzeitige Therapiebemühungen
Symptome werden im Zeitverlauf als völlig stabil und unveränderlich dargestellt	Die Symptomatik fluktuiert, teilweise werden Besserungen, z. B. durch eine Therapie, berichtet
Obwohl bei der traumatischen Situation auch andere Menschen ums Leben gekommen sind, besteht keine »survivor guilt«	Ausgeprägte »survivor guilt«

Stets hat der Gutachter die psychopathologische Symptomatik zu erheben, um die Diagnose einer PTBS zu stellen. Er hat zu entscheiden, ob ein Unfallerleben oder schädigendes Ereignis den Traumakriterien entspricht und ob dieses geeignet ist, die psychische Störung zu bewirken. Zu beurteilen, ob ein solches Ereignis überhaupt stattgefunden hat, ist hingegen nicht die Aufgabe des Gutachters, sondern die des Gerichts.

Für die Diagnose einer PTBS muss der Erkrankte nicht unmittelbar selbst vom dem traumatischen Ereignis betroffen sein, sondern er kann es auch indirekt als Zeuge erlebt haben. Allerdings verneinte der Bundesgerichtshof (Urt. v. 22.5.2007 – VI ZR 17/06) die Haftung für eine posttraumatische Belastungsstörung von Polizeibeamten, die Zeugen eines Verkehrsunfalls geworden waren und dabei miterleben mussten, wie die Unfallbeteiligten im Wagen verbrannten. Gemäß dem Urteil des Bundesgerichtshofs sind Polizeibeamten als zufällige Zeugen zu betrachten, für die ein solches Ereignis unter das allgemeine Lebensrisiko fällt, das grundsätzlich jeder selbst zu tragen habe. Eine Haftung wird nur dann bejaht, wenn der Anspruchsteller direkt und nicht nur mittelbar am Unfall beteiligt ist. Entscheidend hierfür ist, dass der Schädiger dem Geschädigten die Rolle des direkt am Unfall Beteiligten »aufgezwungen« hat und der am Unfall Beteiligte nicht nur »zufälliger Zeuge« ist.

Hintergrundinformation
Entscheidung des BGH vom 22.5.2007, VI ZR 17/06:
    Wird eine psychische Gesundheitsbeeinträchtigung auf das Miterleben eines schweren Unfalls zurückgeführt, so kommt eine Haftung des Schädigers regelmäßig nicht in Betracht, wenn der Geschädigte nicht selbst unmittelbar an dem Unfall beteiligt war.

Durch diese Einschränkungen soll einer ausufernden Haftung entgegengewirkt werden. Nichtsdestotrotz kann aus medizinischer Sicht die Beobachtung einer Schädigung Dritter natürlich ein kausaler Faktor für die Entwicklung einer schweren psychischen Gesundheitsstörung, wie einer posttraumatischen Belastungsstörung, sein. Das allgemeine Lebensrisiko ist allerdings nicht ersatzpflichtig (Schneider u. Weber-Papen 2013).

In bestimmten Fällen beschränkt sich die Begutachtung auf die Feststellung der Existenz einer PTBS und deren Folgen. Dies gilt insbesondere in den Bereichen der Rentenversicherung und der Begutachtung der Dienstfähigkeit von Beamten und Soldaten, da es in diesen Fällen nur auf das Vorliegen der Dienstunfähigkeit und gerade nicht auf die Ursache ankommt.

Im Rahmen der Unfallversicherung, der Unfallfürsorge und von Entschädigungsansprüchen im Sinne des OEG hat der Gutachter dagegen auch Feststellungen zur Kausalität zwischen dem schädigenden Ereignis und der PTBS einschließlich ihrer Folgen zu treffen (▶ Abschn. 12.3.1, ▶ Abschn. 12.3.2).

Beispiel
- **Fall 12.13**

Der 56jährige Justizvollzugsbeamte Kurt K. erlitt während seines Dienstes in einer JVA einen gewalttätigen Übergriff eines Häftlings. Als Herr K. dessen Zellentür aufschloss, sprang der Häftling völlig unvermittelt und mit voller Wucht auf Herrn K. zu, streckte ihn nieder und trat auf den am Boden Liegenden mehrfach ein. Herr K. erlitt mehrere Rippenprellungen sowie eine Distorsion der rechten Schulter. Seit dem Vorfall war es Herrn K. nicht mehr möglich, seinem Beruf als Justizvollzugsbeamten in der JVA weiter nachzugehen und seinen Alltag wie gewohnt zu bewältigen. In einer psychiatrischen Exploration im Rahmen einer psychiatrischen Begutachtung zur Frage der durch den Dienstunfall möglicherweise vorliegenden Gesundheitsstörungen und einer eventuellen Minderung der Erwerbsfähigkeit (MdE), schilderte Herr K. deutliche Symptome einer PTBS, die sich eindeutig auf den besagten Dienstunfall zurückführen ließen, der bei Herrn K. nach seinen Angaben Gefühle der Todesangst und Hilflosigkeit ausgelöst hatte. Zudem bestand begleitend eine schwere depressive Symptomatik. Hinweise auf Aggravation oder Simulation ergaben sich in der psychiatrischen und ergänzenden testpsychologischen Untersuchung nicht. Die psychiatrische Vorgeschichte des Herrn K. war bis zu dem Dienstunfall blande. Der Gutachter diagnostizierte eine posttraumatische Belastungsstörung sowie eine schwere depressive Episode ohne psychotische Symptome und bejahte eine durch den Dienstunfall verursachte Minderung der Erwerbsfähigkeit. Als Grundlage für die

Feststellung des Grades der durch den Dienstunfall verursachten Minderung der Erwerbsfähigkeit (MdE) nach dem BeamtVG zog er die »Versorgungsmedizinischen Grundsätze« heran, die in Ausführung von § 2 der Versorgungsmedizin-Verordnung (VersMedV) erlassen wurden. Unter Berücksichtigung der Schwere der vorliegenden Störung mit schweren sozialen Anpassungsschwierigkeiten nahm der Gutachter aus psychiatrischer Sicht einen GdS von 80 an.

Insbesondere die Feststellung des Ursachen- und Zurechnungszusammenhangs kann den Gutachter vor erhebliche Herausforderungen stellen. Zahlreiche Geschädigte scheitern mit ihren Ansprüchen aufgrund der Nichterweisbarkeit des erforderlichen Ursachenzusammenhangs. Ihnen können gesetzliche Beweiserleichterungen wie Vermutungen bei ihrer Darlegungslast helfen.

Eine solche gesetzliche Vermutung findet sich beispielsweise in § 34 Abs. 6 S. 1 BeamtVG Hamburg: Danach wird vermutet, dass eine nachstehend benannte psychische Störung durch einen Unfall im Sinne der § 34 Abs. 1, 4, 5 BeamtVG Hamburg verursacht worden ist, wenn durch eine Fachärztin oder einen Facharzt für Psychiatrie und Psychotherapie, der durch die oberste Dienstbehörde oder eine von ihr bestimmte Stelle bestimmt worden ist, festgestellt wird, dass die Störung innerhalb von fünf Jahren nach einem Unfallereignis eingetreten ist, und die erkrankte Beamtin oder der erkrankte Beamte während des dienstlichen Ereignisses der Gefahr einer solchen Störung in besonderer Weise ausgesetzt war. Der Gefahr einer psychischen Störung im Sinne des Satzes 1 in besonderer Weise ausgesetzt waren Beamtinnen und Beamte, die an einem Einsatz teilgenommen haben, bei dem Waffen eingesetzt wurden oder die von einem solchen Einsatz betroffen oder einer vergleichbaren Belastung ausgesetzt waren, § 34 Abs. 6 S. 2 BeamtVG Hamburg. Von den nachstehend benannten psychischen Störungen ist gemäß § 34 Abs. 6 Nr. 1 BeamtVG Hamburg unter anderem die posttraumatische Belastungsstörung erfasst.

> **Nicht nur eine PTBS, sondern auch andere psychische Störungen können durch ein traumatisches Ereignis bedingt sein. Bei ihnen ist diese Bedingtheit jedoch nicht in** den Diagnosekriterien verankert, so dass der Nachweis der Kausalität schwieriger ist. Insbesondere sind andere psychische Störungen in der Regel nicht monokausal durch ein bestimmtes traumatisches Ereignis bedingt, so dass hier multifaktorielle Verursachungen zu diskutieren sind.

12.4.4 PTBS-Begutachtung im Ausländerrecht

Die PTBS-Begutachtung ist auch außerhalb von Renten- und Entschädigungsleistungen von Bedeutung. Erhebliche praktische Relevanz hat sie bei der Begutachtung im Ausländerrecht, wo die PTBS – bei Vorliegen weiterer Voraussetzungen – ein Abschiebungshindernis begründen kann. So werteten Sieberer et al. (2011) psychiatrische Gutachten in Asylverfahren zum psychischen Gesundheitszustand der Asylsuchenden aus: 82 % der Begutachteten berichteten über eine Traumatisierung, v. a. durch Vergewaltigung oder Folter. Am häufigsten wurde die Diagnose einer PTBS gestellt (74 %). 57 % der Begutachteten waren suizidal.

Gutachter treffen in diesen Fällen oft auf Menschen mit einer schweren Symptombelastung, auf kulturelle Unterschiede sowie auf nicht zu unterschätzende Sprachbarrieren. Da die PTBS aber nicht wie rein körperliche Krankheiten objektiv messbar ist, herrscht bei den Behörden teilweise großes Misstrauen vor. Denn oft wird die PTBS erst vorgetragen, wenn die Abschiebung unmittelbar bevorsteht. Ein spätes Vorbringen kann – muss aber nicht – Anlass für besondere Zweifel an der Glaubhaftigkeit des Vorbringens begründen, denn eine Abschiebungsandrohung kann aufgrund des unmittelbaren »vor-Auge-Führens« der Abschiebung retraumatisierend wirken (HK-AuslR-Bruns § 60a AufenthG Rn. 12). Gleichwohl sollte sich der Gutachter der Gefahr einer Instrumentalisierung immer bewusst sein.

Unabdingbare Voraussetzung für die Begutachtung im asyl- und ausländerrechtlichen Verfahren sind Kenntnisse des soziokulturellen Bezugsrahmens des Probanden, um bestimmte Phänomene überhaupt als normalpsychologisch oder psychopathologisch einordnen zu können. Dass der Gutachter sich mit den kulturspezifischen Einflussfaktoren auf die Symptomausgestaltung und –präsentation kritisch befasst hat, sollte in dem Gutachten zum Ausdruck kommen. Zur Erhebung kultureller Faktoren kann beispielsweise das »Cultural Formulation Interview« (CFI) im DSM-5 hilfreich sein.

Im Gutachtenauftrag werden Fragen nach dem Vorliegen psychischer Erkrankungen und deren diagnostischen Einordnung, Fragen zur Glaubwürdigkeit, zur Prognose, zu Behandlungsmöglichkeiten im Herkunftsland oder zur Reisefähigkeit gestellt, also Fragen zum Vorliegen gesundheitlich begründeter Abschiebungshindernisse oder von Vollstreckungshindernissen.

Unterschieden werden müssen auch hier aussagepsychologische und klinische Gutachten. Während sich das klinische Gutachten der Frage widmet, ob eine Krankheit vorliegt, untersucht das aussagepsychologische Gutachten die Glaubhaftigkeit und Zuverlässigkeit einer Schilderung. Geht es um die spezielle Glaubwürdigkeit von Aussagen eines zu begutachtenden Probanden, sind die entsprechenden Methoden der Glaubwürdigkeitsbegutachtung anzuwenden (▶ Kap. 11).

Die auftraggebenden Behörden oder das Gericht haben mitunter die Vorstellung, der Gutachter könnte beispielsweise durch die Diagnosestellung einer psychischen Erkrankung wie einer PTBS das Vorliegen einer Traumatisierung im Heimatland verifizieren. Im Rahmen der Beweiswürdigung hat eine vorliegende PTBS für ein tatsächliches Traumaerlebnis im Heimatland jedoch allenfalls Indizwirkung. Eine tatsächlich vorliegende PTBS kann auf Folter im Heimatland schließen lassen, muss es aber nicht. Sie kann auch auf ein anderes Trauma zurückgehen. Die Gewichtung einer solchen Indizwirkung ist nicht mehr Aufgabe des Gutachters, sondern ist vom Gericht im Rahmen seiner Beweiswürdigung vorzunehmen (VGH Mannheim NVwZ-RR 2007, 202; Ebert u. Kindt S. 42 f.). Das Gericht hat zu entscheiden, ob im zu beurteilenden Fall andere Ursachen für die vom Sachverständigen festgestellte PTBS mit hinreichender Sicherheit ausgeschlossen werden können.

Die Arbeitsgruppe SBPM (Standards für die Begutachtung psychotraumatisierter Menschen) hat in Abstimmung mit der Bundesärztekammer einheitliche Standards zur Begutachtung psychisch reaktiver Traumafolgen in aufenthaltsrechtlichen Verfahren entwickelt (abzurufen unter http://www.sbpm.de, aktuelle Fassung von 2012).

Überblick über die Rechtslage

Gemäß § 4 Abs. 1 Aufenthaltsgesetz (AufenthG) benötigt jeder Ausländer, der Einreise und Aufenthalt begehrt und kein freizügigkeitsberechtigter Staatsangehöriger eines EU Mitgliedsstaats ist, einen Aufenthaltstitel sowie gemäß § 3 AufenthG einen gültigen Pass. Als Aufenthaltstitel kommen Visum, Aufenthaltserlaubnis, Niederlassungserlaubnis und die Erlaubnis zum Daueraufenthalt-EU in Betracht. Die allgemeinen Voraussetzungen für die Erteilung eines Aufenthaltstitels regelt § 5 AufenthG. Besitzt ein Ausländer einen Aufenthaltstitel nicht oder nicht mehr (z. B. durch Ablauf der Geltungsdauer), ist er gemäß § 50 AufenthG zur Ausreise verpflichtet.

Unterschieden werden Ausweisung (§§ 53–55 AufenthG) und Abschiebung (§ 58 AufenthG). Während die Ausweisung die Entziehung des Aufenthaltstitels bezeichnet, ist die Abschiebung ein Vollzugsakt (zwangsweise Außerlandesschaffung).

Die Vollziehbarkeit der Ausreisepflicht ist gemäß § 58 Abs. 2 AufenthG Voraussetzung für die Abschiebung. Die Abschiebung soll gemäß § 59 Abs. 1 AufenthG schriftlich angedroht werden. Den Regelfall der Abschiebung bildet damit ein mehrstufiges Verfahren: 1. Ausweisung, 2. Androhung der Abschiebung, 3. Abschiebung.

PTBS als zielstaatenbezogenes Abschiebungshindernis

§ 60 AufenthG regelt unter seiner Überschrift »Verbot der Abschiebung« zwingende und für den Regelfall geltende Abschiebungshindernisse. Liegt ein zwingendes Abschiebungsverbot vor, **darf** der Ausländer nicht abgeschoben werden, liegt ein nur für den Regelfall geltendes Abschiebungshindernis vor, **soll** der Ausländer nicht abgeschoben werden.

Relevant für Fälle der PTBS ist vor allem das nur für den Regelfall geltende Abschiebungshindernis des § 60 Abs. 7 S. 1 AufenthG, wonach der Ausländer nicht abgeschoben werden »soll«, »wenn dort für diesen Ausländer eine erhebliche Gefahr für Leib, Leben oder Freiheit besteht«. Eine lediglich in Deutschland diagnostizierte PTBS reicht folglich nicht aus, um ein Abschiebungshindernis im Sinne von § 60 Abs. 7 S. 1 AufenthG zu begründen. Es muss auch die konkrete Gefahr bestehen, dass sich die Krankheit im Zielstaat (»dort«) verschlechtert. Das ist zum Beispiel der Fall, wenn die Krankheit im Zielstaat nicht behandelbar ist oder aber die Behandlung zwar grundsätzlich möglich, dem Betroffenen jedoch aus tatsächlichen Gründen nicht zugänglich ist (BVerwG DVBl. 2003, 463; HK-AuslR-Möller/Stiegeler § 60 AufenthG Rn. 53).

Auch eine drohende Retraumatisierung bei festgestellter PTBS kann eine erhebliche, konkrete und zielstaatenbezogene Gesundheitsgefahr im Sinne von § 60 Abs. 7 S. 1 AufenthG begründen. In diesem Fall kommt es nicht mehr darauf an, ob die Krankheit im Zielstaat grundsätzlich behandelbar ist, da die Retraumatisierung selbst die Gefahr der Verschlechterung begründet und nicht erst die Nichtbehandelbarkeit (VG Stuttgart NVwZ 2008, 495; für die Vorgängervorschrift § 53 Abs. 6 AuslG VG Braunschweig, Urt. v. 27.9.2004 – 6 A 161/02). Die Behörde darf sich deshalb in einem solchen Fall nicht auf den Einwand zurückziehen, eine drohende Traumatisierung könne im Zielstaat behandelt werden.

Die Behörde kann auch nicht davon ausgehen, dass eine PTBS in aller Regel nicht den notwendigen Schweregrad von § 60 Abs. 7 S. 1 AufenthG erreicht (BVerwG NVwZ 2007, 346). Die Schwere der Störung ist vielmehr im Einzelfall mit sachverständiger Hilfe zu beurteilen. Für psychotraumatologische Fachfragen gibt es keine eigene Sachkunde der Behörde oder des Gerichts (VG Stuttgart NVwZ-RR 2008, 495). Liegt ein Abschiebungshindernis nach § 60 Abs. 7 S. 1 AufenthG vor, soll dem Ausländer gemäß § 25 Abs. 3 S. 1 AufenthG eine Aufenthaltserlaubnis erteilt werden.

Gefahren, die aus der Abschiebung als solche resultieren und somit nicht vom Zielstaat abhängig sind, fallen nicht unter § 60 Abs. 7 S. 1, sind aber möglicherweise als inlandsbezogene Vollstreckungshindernisse im Rahmen von § 60a Abs. 2 S. 1 AufenthG zu berücksichtigen. Die PTBS kann folglich nicht nur als zielstaatenbezogenes Abschiebungshindernis, sondern auch als inlandsbezogenes Vollstreckungshindernis Bedeutung gewinnen.

PTBS als inlandsbezogenes Vollstreckungshindernis

Gemäß § 60a Abs. 2 S. 1 AufenthG ist die Abschiebung eines Ausländers auszusetzen, »solange die Abschiebung aus tatsächlichen oder rechtlichen Gründen unmöglich ist (…)«. Fälle tatsächlicher oder rechtlicher Unmöglichkeit stellen unter anderem Staatenlosigkeit, Suizidgefahr oder Reiseunfähigkeit dar (HK-AuslR-Bruns § 60a AufenthG Rn. 10). Reiseunfähigkeit kann im engeren und im weiteren Sinne ein inländisches Vollstreckungshindernis begründen. Reiseunfähigkeit im engeren Sinn liegt vor, wenn der Betroffene durch die Reise selbst einen Gesundheitsschaden erleiden würde. Reiseunfähigkeit im weiteren Sinne liegt vor, wenn die Abschiebung als solche (unabhängig vom konkreten Zielstaat) den Gesundheitszustand des Betroffenen wesentlich oder gar lebensbedrohlich verschlechtert (VG Stuttgart, Urt. v. 5.1.2007 – 11 K 2421/06).

Die Aussetzung einer Abschiebung hebt die Ausreisepflicht des Ausländers zunächst nicht auf (§ 60a Abs. 3 AufenthG). Unter Umständen kann die Duldung aber zu einem Aufenthaltstitel nach § 25 Abs. 3, 4 oder 5 AufenthG führen.

Für die aufenthaltsrechtlichen Verfahren sind gem. § 71 Abs. 1 S. 1 AufenthG die Ausländerbehörden zuständig.

Definitionen

Von zielstaatenbezogenen Abschiebungshindernissen sind inländische Vollstreckungshindernisse zu unterscheiden:

Zielstaatenbezogene Abschiebungshindernisse im Sinne von § 60 Abs. 7 AufenthG sind z. B. konkrete und erhebliche Gefahren für die Gesundheit oder das Leben, die sich durch die Abschiebung in einen Zielstaat ergeben, z. B. Retraumatisierung oder fehlende Behandlungsmöglichkeiten im Zielstaat.

Inländische Vollstreckungshindernisse sind z. B. konkrete und erhebliche Gefahren für die Gesundheit und das Leben, die durch den Vorgang der Abschiebung selbst eintreten können, z. B. Suizidalität, wenn sie in einer drohenden Abschiebung begründet ist.

PTBS im Asylverfahrensgesetz (AsylVfG)

Im Rahmen des nicht von den Ausländerbehörden, sondern vom Bundesamt für Migration und Flüchtlinge (BAMF) geführten Asylverfahrens wird mittels Geltendmachung einer PTBS mitunter versucht, eine politische Verfolgung im Heimatland zu belegen.

Gemäß Art. 16a GG genießen politisch Verfolgte Asylrecht. Eine politische Verfolgung liegt vor, wenn dem Ausländer aus politischen Gründen Verfolgungsmaßnahmen mit Gefahr für Leib und Leben oder Beschränkungen seiner persönlichen Freiheit drohen (BVerfG NJW 1980, 2641). Voraussetzung für eine Asylberechtigung ist ein Antrag beim BAMF. Hat der Asylantrag Erfolg, ist dem Asylberechtigten gemäß § 25 Abs. 1 und 2 AufenthG eine (grundsätzlich befristete) Aufenthaltserlaubnis zu erteilen. Wird eine Asylberechtigung verneint, prüft das Bundesamt gemäß § 24 Abs. 2 AsylVfG, ob Abschiebungsverbote gemäß § 60 Abs. 2-5 oder 7 AufenthG vorliegen. Diese Entscheidung des BAMF hat bezüglich zielstaatenbezogener Abschiebungshindernisse, nicht aber bezüglich inländischer Vollstreckungshindernisse, Bindungswirkung für die Ausländerbehörde (§ 42 VwVfG), weshalb die Unterscheidung zwischen zielstaatenbezogenen Abschiebungs- und inländischen Vollstreckungshindernissen von essentieller Bedeutung ist. Zur PTBS im Rahmen von § 60 Abs. 7 S. 1 AufenthG gilt das oben Gesagte. Kommt das BAMF zu der Feststellung, dass Abschiebungshindernisse vorliegen, soll die Ausländerbehörde wiederum einen Aufenthaltstitel gemäß § 25 Abs. 3 S. 1 AufenthG erteilen.

Beispiel

- **Fall 12.14**

Die 24-jährige Daya N. aus Sri Lanka wurde im Rahmen eines Asylverfahrens psychiatrisch begutachtet. Frau N. gab an, in ihrer Heimat im Norden Sri Lankas körperlich und sexuell missbraucht worden zu sein. Sie berichtete, im Jahr vor der aktuellen Begutachtung von einer Gruppe unbekannter Männer in einen Lieferwagen gezerrt, verschleppt und mehrere Tage lang gefoltert und sexuell missbraucht worden zu sein. Sie machte Symptome einer PTBS, die sich auf die massiven Gewalterfahrungen in Sri Lanka zurückführen ließen, glaubhaft deutlich. Zudem bestand zum Zeitpunkt der Begutachtung eine mittelgradige depressive Episode. Frau N. befand sich bereits seit 5 Wochen in stationärer psychiatrisch-psychotherapeutischer Behandlung, aufgenommen wurde sie mit einer schweren depressiven Episode mit akuter Suizidalität. Der Gutachter formulierte in seinem Gutachten bei einer erzwungenen Abschiebung zum aktuellen Zeitpunkt die konkrete Gefahr einer Retraumatisierung mit Dekompensation und massiver Verschlechterung der psychischen Erkrankungen mit akuter Lebensgefährdung. Das Gericht schloss sich dem an und sah in der zu erwartenden massiven Verschlechterung ein zielstaatenbezogenes Abschiebungshindernis, das konkret und landesweit gegeben war.

12.5 Literatur

Battis U (2009) Bundesbeamtengesetz, 4. Aufl. Beck, München

Beckmann R, Matusche-Beckmann A (2009) Versicherungsrechtshandbuch, 2. Aufl. Beck, München

Benz M (1999) Leistungsansprüche in der gesetzlichen Unfallversicherung bei Selbstmord (Selbstmordversuch). NZS 8: 435–440

Benz M (2002) Psyche und Trauma aus der Sicht der gesetzlichen Unfallversicherung. NZS 11: 8–15

Brackmann K, Bress D, Krasney O-E (Losebl.) Handbuch der Sozialversicherung, Bd 3. Asgard, Sankt Augustin (Gesetzliche Unfallversicherung, 12. Aufl.)

Breslau N (2009) The epidemiology of trauma, PTSD, and other posttrauma disorders. Trauma Violence Abuse 10: 198–210

Breslau N, Kessler RC, Chilcoat HD, Schultz LR, Davis GC, Andreski P (1998) Trauma and posttraumatic stress disorder in the community: the 1996 Detroit Area Survey of Trauma. Arch Gen Psychiatry 55: 626–632

Bühren H van (2012) Handbuch Versicherungsrecht, 5. Aufl. Deutscher Anwalt Verlag, Bonn

Bundesministerium für Arbeit und Soziales (BMAS) (Hrsg) (2009) Versorgungsmedizin-Verordnung – VersMedV – Versorgungsmedizinische Grundsätze. BMAS, Referat Information, Publikation, Redaktion, Bonn (http://vmg.vsbinfo.de)

Dilling H, Freyberger HJ (Hrsg) (2012) Taschenführer zur ICD-10-Klassifikation psychischer Störungen. Huber, Bern

Donley S, Habib L, Jovanovic T, Ressler KJ (2012) Civilian PTSD symptoms and risk for involvement in the criminal justice system. J Am Acad Psychiatry Law 40: 522–529

Dressing H, Meyer-Lindenberg A (2008) Simulation bei posttraumatischer Belastungsstörung. Versicherungsmedizin 60: 8–13

Dressing H, Foerster K (2014) Begutachtung der posttraumatischen Belastungsstörung. Forens Psychiatr Psychol Kriminol 8: 26–33

Dressing H, Frommberger U, Freyberger H, Foerster K, Grözinger M, Schneider F (2009) Begutachtungsstandards bei posttraumatischer Belastungsstörung. Nervenarzt 80: 1398–1400

Ebert D, Kindt H (2004) Die posttraumatische Belastungsstörung im Rahmen von Asylverfahren. VBlBW 2: 41–45

Erlenkämper A (2000) Rechtliche Grundlagen. In: Venzlaff U, Foerster K (Hrsg) Psychiatrische Begutachtung – Ein praktisches Handbuch für Ärzte und Juristen, 3. Aufl. Urban & Fischer, München, S. 461–503

Erlenkämper A (2003) Arzt und Sozialrecht. Rechtliche Grundlagen der Sozialmedizin und der sozialmedizinischen Begutachtung. Steinkopff, Darmstadt

Erlenkämper A (2007) Allgemeine Rechtsbegriffe. In: Erlenkämper A, Fichte W (Hrsg) Sozialrecht, 6. Aufl. Luchterhand, Köln, S. 7–60

Erlenkämper A, Fichte W (2007) Sozialrecht, 6. Aufl. Luchterhand, Köln

Fichte W (2007) Gesetzliche Rentenversicherung (SGB VI). In: Erlenkämper A, Fichte W (Hrsg) Sozialrecht, 6. Aufl. Luchterhand, Köln, S. 371–505

Fischer J (1985) Die Schweigepflicht des Amts- und Betriebsarztes und das Beamtenrecht. DÖD 38: 165–169

Fischer J (1988) Chronischer Alkoholismus als Dienstvergehen. DÖD 41: 173–200

Flatten G, Gast U, Hofmann A et al. (2011) S3 – Leitlinie Posttraumatische Belastungsstörung. Trauma & Gewalt 3: 202–210

Foerster K (2000) Psychiatrische Begutachtung im Sozialrecht. In: Venzlaff U, Foerster K (Hrsg) Psychiatrische Begutachtung – Ein praktisches Handbuch für Ärzte und Juristen, 3. Aufl. Urban & Fischer, München, S. 505–520

Foerster K (2004) Begutachtung bei sozial- und versicherungsmedizinischen Fragen. In: Venzlaff U, Foerster K (Hrsg) Psychiatrische Begutachtung – Ein praktisches Handbuch für Ärzte und Juristen, 4. Aufl. Urban & Fischer, München, S. 643–669

Foerster K (2009) Begutachtung bei sozialrechtlichen Fragen. In: Foerster K, Dreßing H (Hrsg) Psychiatrische Begutachtung – Ein praktisches Handbuch für Ärzte und Juristen, 5. Aufl. Elsevier, München, S. 657–693

Foerster K, Dressing H (2014) Begutachtung bei sozialrechtlichen Fragen. Forens Psychiatr Psychol Kriminol 8: 17–25

Foerster K, Bork S, Kaiser V et al. (2007) Vorschläge zur MdE-Einschätzung bei psychoreaktiven Störungen in der gesetzlichen Unfallversicherung. MedSach 103: 52–56

Franke E, Molkentin T (2007) Gesetzliche Unfallversicherung SGB VII, Lehr- und Praxiskommentar, 2. Aufl. Nomos, Baden-Baden

Gelhausen R (1998) Soziales Entschädigungsrecht, 2. Aufl. Luchterhand, Neuwied

Grimm W (2013) Unfallversicherung, 5. Aufl. Beck, München

Grüner B (2009) Rechtliche Grundlagen. In: Foerster K, Dreßing H (Hrsg) Psychiatrische Begutachtung – Ein praktisches Handbuch für Ärzte und Juristen, 5. Aufl. Elsevier, München, S. 611–655

Gunkel A, Pilz B (2003) Beamtenrecht in Nordrhein-Westfalen, 4. Aufl. Bernhardt & Schünemann, Witten

Heinz D (2001) Das Opferentschädigungsgesetz im Spiegel der Rechtsprechung, 1. Aufl. Asgard, Sankt Augustin

Hoffmann R, Hoffmann H (2008) Handkommentar zum Ausländerrecht, 1. Aufl. Nomos, Baden-Baden (zit. HK-AuslR-Bearbeiter)

Igl G, Welti F (2007) Sozialrecht, 8. Aufl. Werner, Düsseldorf

Joussen J (2002) Die Rente wegen voller oder teilweiser Erwerbsminderung nach neuem Recht. NZS 10: 294–298

Kasseler Kommentar: Sozialversicherungsrecht (2009). Leitherer S (Hrsg), Bd 1, Beck, München

Kater H, Leube K (1997) Gesetzliche Unfallversicherung, SGB VII, Kommentar. Vahlen, München

Kessler RC, Sonnega A, Bromet E, Hughes M, Nelson CB (1995) Posttraumatic stress disorder in the National Comorbidity Survey. Arch Gen Psychiatry 52: 1048–1060

Kienzler H (2002) Beamtenrecht, 1. Aufl. Nomos, Baden-Baden

Knappmann U (2002) Unfallversicherung: Kausalitäts- und Beweisfragen. NVersZ 2: 1–5

Knappmann U (2007) Privatversicherungsrecht und Sozialrecht (Kranken- und Unfallversicherung); Unterschiede und Übereinstimmungen – Privatversicherungsrecht –. r+s 2: 45–50

Konen J, Lehmann R (1990) Allgemeine Unfallversicherungs-Bedingungen (AUB 88): Motive und Erläuterungen. Verlag Versicherungswirtschaft e. V., Karlsruhe

Kreikebohm R, Spellbrink W, Waltermann R (Hrsg) (2013) Kommentar zum Sozialrecht, 3. Aufl. Beck, München (zit. KSW-Bearbeiter)

Kunz E, Zellner G (1999) Opferentschädigungsgesetz, 4. Aufl. Beck, München

Lange H, Schiemann G (2003) Schadensersatz, 3. Aufl. Mohr Siebeck, Tübingen

Lassner H (2002) Lexikon Sozialrecht. Bund, Frankfurt/Main

Loebel H (1999) Die Dienstunfähigkeit des Beamten. RiA 46: 19–30

Loytved H (2004) Zur Unmittelbarkeit der Schockschädigung von Sekundäropfern nach dem Opferentschädigungsgesetz. NZS 13: 516–519

Mahler V, Schmidt A, Fartasch M, Loew TH, Diepgen TL (1998) Stellenwert der psychotherapeutischen Medizin bei der Begutachtung von Hautkrankheiten. Empfehlungen für die Indikation eines Zusatzgutachtens »Psychotherapeutische Medizin« in der Begutachtung aus der Sicht der Dermatologie. Hautarzt 49: 626–633

Mehrtens G, Valentin H, Schönberger A (2003) Arbeitsunfall und Berufskrankheit, 7. Aufl. Schmidt, Berlin

Monhemius J (1995) Beamtenrecht. Beck, München

Morel KR (1998) Development and preliminary validation of a forced-choice test of response bias for posttraumatic stress disorder. J Pers Assess 70: 299–314

Münchener Kommentar (2007) Kommentar zum Bürgerlichen Gesetzbuch, Säcker FJ, Rixecker R (Hrsg), Bd 2: Schuldrecht Allgemeiner Teil, §§ 241–432, 5. Aufl. Beck, München (zit. MünchKomm-Bearbeiter)

Nomos Kommentar (2012) Kommentar zum Soldatenversorgungsgesetz, Stauf (Hrsg), Nomos, München

Ockenga E (1993) Sachverhaltsermittlung und Beweisprobleme im Recht der gesetzlichen Unfallversicherung. NZS 2: 57–62

Olthoff A, Kruse E (2002) Aktuelle sozialmedizinische Betrachtung der Stimmstörung. HNO 50: 1092–1096

Palandt O (Hrsg) (2014) Kommentar zum Bürgerlichen Gesetzbuch, 73. Aufl. Beck, München (zit. Palandt-Bearbeiter)

Perkonigg A, Kessler RC, Storz S, Wittchen H-U (2000) Traumatic events and post-traumatic stress disorder in the community: prevalence, risk factors and comorbidity. Acta Psychiatr Scand 10: 46–59

Plagemann H, Hontschik B (1996) Medizinische Begutachtung im Sozialrecht, 3. Aufl. Deutscher Anwalt Verlag, Bonn

Richter T (1994) Berufsunfähigkeitsversicherung: eine vergleichende Darstellung der privaten Berufsunfähigkeitsversicherung und der Berufs- und Erwerbsunfähigkeitsversicherung in der gesetzlichen Rentenversicherung, 2. Aufl. Versicherungswirtschaft e. V., Karlsruhe

Schäfer U, Baumann F (1998) Die neue Rechtsprechung des BGH zum Schadensersatz für psychische Folgeschäden nach Unfällen. MDR 52: 1080–1083

Scheerbarth H, Höffken H, Bauschke H, Schmidt L (1992) Beamtenrecht, 6. Aufl. Reckinger, Siegburg

Schmitt J (2008), SGB VII – Gesetzliche Unfallversicherung, 3. Aufl. Beck, München

Schneider F, Weber-Papen S (2013) Psychische Erkrankungen. In: Ludolph E (Hrsg) Der Unfallmann. Springer, Berlin Heidelberg, S. 499-533

Schnellenbach H (1995) Beweislast bei beamtenrechtlichen Streitigkeiten. ZBR 43: 321–335

Schulin B (1999) Rentenversicherungsrecht. (Handbuch des Sozialversicherungsrechts, Bd 3). Beck, München

Schütz E, Maiwald J (Entscheidungssammlung) Beamtenrecht des Bundes und der Länder. Decker, Heidelberg (zit. Schütz u. Maiwald-ES)

Schütz E, Maiwald J (Loseblattsammlung) Beamtenrecht des Bundes und der Länder. 5. Aufl. Decker, Heidelberg (zit. Schütz u. Maiwald-Bearbeiter)

Schwintowski HP (2002) Ausschluss krankhafter Störungen infolge psychischer Reaktionen in den AUB. NVersZ 5: 395–397

Sieberer M, Ziegenbein M, Eckhardt G, Machleidt W, Calliess IT (2011) Psychiatrische Begutachtung im Asylverfahren. Psychiat Prax 38: 38–44

Spiess W (2000) Öffentliches Dienstrecht Bund: Textausgabe mit Erläuterungen zu den beamtenrechtlichen Kernvorschriften. Walhalla, Regensburg

Stegmüller M, Schmalhofer R, Bauer E (Loseblattsammlung) Beamtenversorgungsrecht des Bundes und der Länder, Kommentar (zit. Stegmüller, Schmalhofer-Bearbeiter)

Staudinger J (Hrsg) (2005) Kommentar zum Bürgerlichen Gesetzbuch, 2. Buch: Recht der Schuldverhältnisse, §§ 249–254, 13. Bearbeitung (Neubearbeitung 2005). De Gruyter, Berlin (zit. Staudinger-Bearbeiter)

Strunk G (1986) Beamtenrecht, 3. Aufl. Heymanns, Köln

Summer R (1993) Änderungen des Rechts über den Eintritt in den Ruhestand durch die Beamtenversorgungsrechtsreform 1992. Kuckuckseier im Statusrecht. ZBR 41: 17–24

Thom V (1999) Amtsärztliche Untersuchung öffentlich Bediensteter und vertrauensärztliche Tätigkeit der Gesundheitsämter NRW. DÖD 52: 73–80

Waltermann R (2012) Sozialrecht, 10. Aufl. Müller, Heidelberg

Walz D, Eichen K, Sohm S, Hucul S, Ewald J (2010) Soldatengesetz, 2. Aufl. Rehm, Heidelberg, München, Landsberg, Frechen, Hamburg (zit. Walz/Eichen/Sohm-Bearbeiter)

Weber A (2003) Beamtenrecht. Beck, München

Weigert M (1993) Gesunderhaltungspflicht für Ruhestandsbeamte im Sinne des Art. 58 BayBG. BayVBl 124: 653–654

Weitz T (2009) Versorgungsanspruch bei posttraumatischen Belastungsstörungen nach Auslandseinsätzen. NVWZ 11: 693-695

Widder B (2001) Vermeidbare Fehler bei neurologischen Begutachtungen. Nervenarzt 72: 755–763

White J, Pearce J, Morrison S, Dunstan F, Bisson JI, Fone DL (2014) Risk of post-traumatic stress disorder following traumatic events in a community sample. Epidemiol Psychiatr Sci 17: 1–9

Winckler P, Foerster K (1996) Zum Problem der »zumutbaren Willensanspannung« in der sozialmedizinischen Begutachtung. MedSach 92: 120–124

Witter H (1981) Zur rechtlichen Beurteilung sogenannter Neurosen – Neurose und Versicherung. VersR 32: 301–306

Wussow R-J (2000) Der Leistungsausschluss bei psychischen Beeinträchtigungen in der privaten Unfallversicherung. VersR 51: 1183–1187

Yehuda R, Schmeidler J, Labinsky E, Bell A, Morris A, Zemelman S, Grossman RA (2009) Ten-year follow-up study of PTSD diagnosis, symptom severity and psychosocial indices in aging holocaust survivers. Acta Psychiatr Scand 119: 25–34

Zilkens M (1995) Zur Übermittlung personenbezogener Daten in Gesundheitszeugnissen für Pensionierungsverfahren – Die Rechtslage im Land Nordrhein Westfalen. NWVBl 9: 7–10

Fahreignung und Fahrtüchtigkeit

F. Schneider, H. Frister, D. Olzen, *Begutachtung psychischer Störungen*
DOI 10.1007/978-3-642-54765-2_13, © Springer-Verlag Berlin Heidelberg 2015

■ **Zum Einstieg**

Hinsichtlich Fahreignung und Fahrtüchtigkeit kommt eine medizinische und/oder psychologische Begutachtung bei zwei unterschiedlichen Fragestellungen in Betracht. Einerseits kann sich das Gutachten auf die Feststellung der Fahrtüchtigkeit als konkret situationsbezogene Fahreignung bei einer bereits vorgenommenen Fahrt richten, was bei den Straßenverkehrsdelikten und der Sanktion des Fahrverbots relevant wird. Daneben kann das Gutachten die Beurteilung der Fahreignung für künftige Fahrten zum Gegenstand haben, was die Nichterteilung bzw. Entziehung der Fahrerlaubnis nach den einschlägigen Vorschriften des Strafgesetzbuches (StGB), des Straßenverkehrsgesetzes (StVG) und der Fahrerlaubnisverordnung (FeV) betrifft.

Fahreignung ist die generelle, nicht auf eine bestimmte Situation bezogene Fähigkeit einer Person zum Führen von Fahrzeugen, **Fahrtüchtigkeit** dagegen die Fähigkeit einer Person zum Führen eines Fahrzeugs zu einem konkreten (Tat-) Zeitpunkt.

13.1 Rechtliche Bedeutung der Fahrtüchtigkeit

13.1.1 Straßenverkehrsdelikte

Tatbestandsvoraussetzungen

Das Strafgesetzbuch setzt in den Straßenverkehrsdelikten der §§ 315a, 315c und 316 StGB als Tatbestandsmerkmal voraus, dass der Täter ein Fahrzeug führt, »obwohl er infolge des Genusses alkoholischer Getränke oder anderer berauschender Mittel nicht in der Lage ist, das Fahrzeug sicher zu führen«. Die §§ 315a und 315c StGB sehen dabei zusätzlich die Alternative »oder infolge geistiger oder körperlicher Mängel« vor.

❯❯ **Ein Gutachten zur Fahrtüchtigkeit im Rahmen eines Strafverfahrens, das diese Delikte zum Gegenstand hat, wird demnach zur Klärung der Frage herangezogen, ob der mutmaßliche Täter zum Zeitpunkt der Tat in der Lage war, sein Fahrzeug sicher zu führen.**

Rechtsfolgen bei Schuldunfähigkeit

Problematisch wird die strafrechtliche Bewertung des Tatgeschehens dann, wenn der Täter sich durch den Genuss berauschender Mittel in einen Zustand der Schuldunfähigkeit versetzt, was beispielsweise bei Alkoholkonsum mit ganz erheblichen alkoholbedingten psychopathologischen Auffälligkeiten, häufig in Verbindung mit einer auch blutchemisch nachzuweisenden Alkoholintoxikation, in Betracht kommt (▶ Abschn. 2.1.2). In solchen Fällen ist eine Voraussetzung der Strafbarkeit, nämlich die Schuld des Handelnden, nicht gegeben.

Im Rahmen der Grundsätze der »actio libera in causa« ist es in solchen Fällen zwar grundsätzlich möglich, für eine Strafbarkeit an den zeitlich vorausgehenden Akt anzuknüpfen, durch den sich der Täter selbstverschuldet in diesen psychopathologischen Zustand und damit in die Lage versetzt hat, eine Straftat im Stadium der Schuldunfähigkeit zu begehen (BGHSt 21, S. 381 ff.; Deiters 2002, S. 121 ff.; ▶ Abschn. 2.1.2). Diese Konstruktion hat der BGH jedoch für die Straßenverkehrsdelikte ausdrücklich ausgeschlossen (BGHSt 42, S. 235, 238 f.; dagegen Hirsch 1997, S. 230 ff.), da der Beginn der Tatbestandshandlung (Führen eines Fahrzeugs) nicht schon im »Sichbetrinken« gesehen werden kann (Deiters 2002, S. 125 ff.).

Da sich eine Strafbarkeit wegen eines Verkehrsdelikts in solchen Fällen weder auf die Handlung des Fahrens in fahruntüchtigem Zustand (aufgrund Schuldunfähigkeit) noch auf eine zeitlich vorausgehende schuldhafte Herbeiführung dieses Zustands stützen lässt, kommt lediglich das Delikt des Vollrausches in Betracht: § 323a StGB bestraft denjenigen mit einer Freiheitsstrafe von bis zu 5 Jahren oder einer Geldstrafe, der »sich vorsätzlich oder fahrlässig durch alkoholische Getränke oder andere berauschende Mittel in einen Rausch versetzt, […] wenn er in diesem Zustand eine rechtswidrige Tat begeht und ihretwegen nicht bestraft werden kann, weil er infolge des Rausches schuldunfähig war oder weil dies nicht auszuschließen ist«.

Der § 323a StGB ist als Auffangtatbestand konzipiert, da nicht nur die Fälle erwiesener Schuldunfähigkeit erfasst werden, sondern auch die, in denen sie nach dem Grundsatz »in dubio pro reo« nicht auszuschließen ist (BGHSt 32, S. 48 ff.;

Fischer 2014, § 323a Rn. 10). Allerdings muss mit dem Tatbestandsmerkmal des Rausches (näher dazu Renzikowski 2002, S. 144 ff.; ▶ Abschn. 2.1.2) zumindest ein Zustand verminderter Schuldfähigkeit nachweisbar vorgelegen haben.

Nebenstrafe: Fahrverbot (§ 44 StGB)

Zusätzlich zu der in den Straßenverkehrsdelikten selbst vorgesehenen Sanktion wird in bestimmten Fällen die in § 44 StGB geregelte Nebenstrafe des Fahrverbots verhängt. Das Gericht kann dem Täter nach § 44 Abs. 1 S. 1 StGB für die Dauer von einem bis zu drei Monaten »verbieten, im Straßenverkehr Kraftfahrzeuge jeder oder einer bestimmten Art zu führen«, wenn er eine mit Freiheits- oder Geldstrafe geahndete Straftat »bei oder im Zusammenhang mit dem Führen eines Kraftfahrzeugs oder unter Verletzung der Pflichten eines Kraftfahrzeugführers begangen hat«. Das Fahrverbot ist vorwiegend spezialpräventiv als Warnungs- und Besinnungsstrafe für nachlässige oder leichtsinnige Kraftfahrer gedacht (BVerfGE 27, S. 36, 41) und setzt als Nebenstrafe nicht nur, wie die Entziehung der Fahrerlaubnis nach § 69 StGB (▶ Abschn. 13.2.2), eine rechtswidrige Tat, sondern eine Verurteilung zu einer Freiheits- oder Geldstrafe und damit auch ein schuldhaftes Verhalten voraus (ausführlich zur Anlasstat Molketin 2001, S. 411 ff.).

Hintergrundinformation
Zwischen der Freiheits- oder Geldstrafe und der Nebenstrafe des Fahrverbots besteht, wie stets zwischen Hauptstrafe und Nebenstrafe, eine unbestreitbare Wechselwirkung insofern, als beide zusammen das Maß der Tatschuld nicht überschreiten dürfen und als sie – wenn auch mit verschiedenen Mitteln – überwiegend dieselben Strafzwecke verfolgen. Die gerade bei der Ahndung von Verkehrsverstößen sich aufdrängende ganzheitliche Betrachtungsweise wirkt sich insofern aus, als der strafschärfende Erfolg, der in der Verhängung der Nebenstrafe des Fahrverbots liegt, in der Regel zugleich bei der Bemessung der Hauptstrafe zu berücksichtigen ist. (BGHSt 29, S. 58, 60 f.)

Das sich in der Anordnungspraxis widerspiegelnde Unterordnungsverhältnis zur Maßregel der Besserung und Sicherung des § 69 StGB wird in § 44 Abs. 1 S. 2 StGB deutlich, der besagt, dass ein Fahrverbot in der Regel anzuordnen ist, wenn in den Fällen einer Verurteilung nach § 315c Abs. 1

Nr. 1a und Abs. 3 sowie § 316 StGB die Entziehung der Fahrerlaubnis nach § 69 StGB unterbleibt.

Grundsätzlich wird § 44 StGB durch § 69 StGB ausgeschlossen (Fischer 2014, § 44 Rn. 3), was allerdings nicht heißt, dass das in der Praxis in den Hintergrund getretene Fahrverbot in vielen Fällen nicht als angemessenere Maßnahme erscheinen kann (Piesker 2002, S. 297 ff.). Die Verdrängung des § 44 StGB durch § 69 StGB resultiert daraus, dass die Entziehung der Fahrerlaubnis in unsachgemäßer Weise praktisch als Nebenstrafe gehandhabt wird, indem auf eine zukunftsgerichtete und für eine Maßregel der Besserung und Sicherung immer erforderliche konkrete Prognose weithin verzichtet wird.

13.1.2 Versicherungs- und Schadensersatzrecht

Die Frage nach der Fahrtüchtigkeit sowie der Fahreignung und somit auch deren Begutachtung kann ebenfalls im Zivilrecht in den Bereichen des Versicherungs- und Schadensersatzrechts relevant werden, beispielsweise bei möglichen Ansprüchen der Beteiligten untereinander wegen Gesundheits- oder Sachschäden nach einem Unfall. Dabei reduziert sich die Problematik in der Praxis weitgehend auf alkoholbedingte Verkehrsunfälle.

> **Bei Verkehrsunfällen können der Fahrzeughalter nach § 7 Abs. 1 StVG und der Fahrzeugführer nach § 18 Abs. 1 S. 1 StVG zum Schadensersatz verpflichtet sein, wenn bei dem Betrieb des Fahrzeugs ein Mensch verletzt bzw. getötet oder eine Sache beschädigt wird. Daneben ist auch ein Anspruch des Verletzten aus allgemeiner Delikthaftung nach § 823 BGB denkbar.**

Allerdings kann eine für den Beifahrer erkennbare Fahruntüchtigkeit des Fahrers dazu führen, dass Schadensersatzansprüche des Beifahrers gegenüber dem Fahrer unter dem Gesichtspunkt des Handelns auf eigene Gefahr entsprechend den §§ 242 und 254 BGB gemindert werden müssen (BGH NJW 1979, S. 2109 f.; OLG Schleswig NZV 1995, S. 357). Ein dementsprechender Fahrlässigkeitsvorwurf wegen Mitverschuldens kann je nach Einzelfall zu einer Schadensminderung von 25–50 % führen (vgl. Nachweise bei OLG Hamm NJW-RR 2000, S. 1624 f.). Die Abwägung eines Mitverschuldens nicht motorisierter Verkehrsteilnehmer wird gemäß den §§ 9 StVG und 254 BGB nach den Umständen des Einzelfalls vorgenommen, wobei entgegen des Wortlauts »Verschulden« bei § 254 vor allem nach konkreten Verursachungsanteilen auszugleichen ist, wenn Schuldgesichtspunkte auch wesentlich mitsprechen (Hentschel et al.-König 2013, § 17 Rn. 1). Bei mehreren beteiligten Fahrzeughaltern erfolgt dieser Ausgleich nach § 17 Abs. 1 und 2 StVG. Im Rahmen dieser Abwägung wirkt sich die Fahruntüchtigkeit eines Beteiligten dann entsprechend negativ aus; dies allerdings auch nur, wenn sie erwiesenermaßen schadensursächlich war (BGH NZV 1995, S. 145) und nicht das Ausmaß vom Betroffenen zu beweisender Schuldunfähigkeit erreicht hat (▶ Kap. 2; vgl. § 827 BGB, der analog auch im Rahmen der §§ 81, 103 VVG [Versicherungsvertragsgesetz] anwendbar ist; BGH NJW 1989, S. 1612 f. zur Vorgängervorschrift § 61 VVG a. F.).

Nach der mit Wirkung zum 1.1.2008 neu gefassten allgemeinen Regelung des § 81 VVG für Schadensversicherungen ist der Versicherer nicht zur Leistung verpflichtet, wenn der Versicherungsnehmer vorsätzlich den Versicherungsfall herbeiführt (Abs. 1); führt der Versicherungsnehmer den Versicherungsfall grob fahrlässig herbei, ist der Versicherer nunmehr – in Abweichung von § 61 VVG a. F., der auch insoweit ein vollständiges Freiwerden von der Leistungspflicht vorsah – nur noch berechtigt, seine Leistung in einem der Schwere des Verschuldens des Versicherungsnehmers entsprechenden Verhältnis zu kürzen (Abs. 2; vgl. hierzu Langheid 2007, S. 3669). Der Vorwurf der groben Fahrlässigkeit kann dem Versicherungsnehmer im Rahmen der Vollkaskoversicherung beispielsweise dann gemacht werden, wenn er den Verkehrsunfall, der die Beschädigung des versicherten Fahrzeugs zur Folge hatte, im Zustand alkoholbedingter Fahruntüchtigkeit verursacht hat (BGH NJW 1992, S. 119; NJW 1989, S. 1612).

Auch in der Haftpflichtversicherung führt zwar nach § 103 VVG nur eine vorsätzliche Herbeiführung des Versicherungsfalles durch den Versicherungsnehmer zur Leistungsfreiheit des Versicherers. Nach § 5 Abs. 1 Nr. 5 der Verordnung über den Versicherungsschutz in der Kfz-Haftpflichtversicherung (KfzPflVV) kann jedoch auch die Verpflichtung vereinbart werden, »das Fahrzeug nicht zu führen oder führen zu lassen, wenn der Fahrer infolge des Genusses alkoholischer Getränke oder anderer berauschender Mittel dazu nicht sicher in der Lage ist«. Die schuldhafte – also auch fahrlässige – Verletzung dieser Obliegenheit führt allerdings lediglich zu einer finanziell begrenzten Leistungsfreiheit des Versicherers (§ 5 Abs. 3 KfzPflVV: 5000 €).

Nach Punkt 5.1.1 der Allgemeinen Unfallversicherungsbedingungen (AUB 2010), die zwar als unverbindliche Empfehlungen des Gesamtverbands der Deutschen Versicherungswirtschaft (GDV) keine Gesetzesnormen darstellen, aber Bestandteil beinahe jedes privaten Unfallversicherungsvertrages sind, werden vom Versicherungsschutz Unfälle infolge von psychischen Störungen (hier sog. Geistes- oder Bewusstseinsstörungen) ausgeschlossen, auch wenn sie durch Trunkenheit verursacht wurden. Hier wird ebenfalls auf den Begriff und die Kriterien der Fahrtüchtigkeit abgestellt (BGH NJW 1988, S. 1846; NJW-RR 1986, S. 323). Nicht versichert sind weiterhin Unfälle durch Schlaganfälle, epileptische oder andere Krampfanfälle, die den ganzen Körper der versicherten Person ergreifen (Punkt 5.1.1), sowie Unfälle, die die versicherte Person infolge der vorsätzlichen Ausführung oder des Versuchs einer Straftat – beispielsweise eines Straßenverkehrsdelikts – erleidet (Punkt 5.1.2). Da der Suizid, wie der Suizidversuch, keine Straftat darstellt, sind suizidale Handlungen nur insoweit erfasst, als sie andere Straftatbestände verwirklichen.

Beispiel
- **Fall 13.1**

Gerhard C., ein 51-jähriger Prokurist, erlitt die erste Phase einer depressiven Störung. Im Rahmen einer bestehenden Suizidalität steuerte er seinen Pkw auf die Gegenfahrbahn, rammte einen Brückenpfeiler und zog sich dabei mehrere Verletzungen zu, die stationär medizinisch versorgt werden mussten. In der Folge wurde er entsprechend dem Unterbringungsgesetz des Bundeslandes in ein psychiatrisches Fachkrankenhaus eingewiesen. Nach der vollständig erfolgten Remission der Depression forderte er Leistungen aus der bestehenden Unfallversicherung. Seine Versicherung war gemäß § 81 VVG wegen vorsätzlicher Herbeiführung des Unfalls von der Leistung frei.

In der gesetzlichen Unfallversicherung hatte bis Ende 1996 alkoholbedingte Fahruntüchtigkeit den Ausschluss des Versicherungsschutzes nach den §§ 548 und 550 Abs. 1 der Reichsversicherungsordnung (RVO) zur Folge, soweit sie die allein wesentliche Ursache des Unfalls war (BGH NZV 1993, S. 267 f.). Letzteres wurde im Wege des Anscheinsbeweises, d. h. mangels ersichtlicher sonstiger Unfallursachen nach der Erfahrung des täglichen Lebens, zumeist bejaht (Fuchs 1993, S. 423). Obwohl die RVO dann von den Vorschriften des SGB VII abgelöst wurde, die keine explizite Regelung dieser Problematik vorsehen, stellt die Rechtsprechung weiterhin auf diese Voraussetzungen ab (LSG Schleswig NZS 2001, S. 273 f.; BSGE 98, S. 79 – Kombination aus Alkohol- und Cannabiskonsum).

Im Allgemeinen kann ein Versicherer auch dann von seiner Leistung frei werden, wenn dem Versicherungsnehmer eine Obliegenheitsverletzung vorzuwerfen ist, die darin bestehen kann, dass er seiner Tatbestandsaufklärungspflicht nicht genügt hat (vgl. §§ 28, 31 VVG; zu den geringen Differenzierungen verschiedener Versicherungsarten s. Rüther 1994, S. 457 ff.). Dies kann, häufiger vorkommend in Zusammenhang mit alkoholbedingter Fahruntüchtigkeit, beispielsweise durch unerlaubtes Entfernen vom Unfallort (§ 142 StGB; vgl. BGH NJW 1987, S. 2374), einen ins Gewicht fallenden Nachtrunk (OLG Hamm NJW-RR 1992, S. 165; ▶ Abschn. 13.3.3) oder falsche Angaben nach dem Unfall (OLG Hamm VersR 1994, S. 590) geschehen.

13.1.3 Ordnungswidrigkeitenrecht

Im StVG wird ebenfalls das Führen eines Fahrzeuges unter Alkohol- oder sonstigem Drogeneinfluss thematisiert. Nach § 24a Abs. 1 StVG handelt ordnungswidrig, »wer im Straßenverkehr ein Kraftfahrzeug führt, obwohl er 0,25 mg/l oder mehr Alkohol in der Atemluft oder 0,5 Promille oder mehr Alkohol im Blut oder eine Alkoholmenge im Körper hat, die zu einer solchen Atem- oder Blutalkoholkonzentration führt«. Gleiches gilt nach § 24a Abs. 2 S. 1 StVG für denjenigen, der »unter der Wirkung eines in der Anlage zu dieser Vorschrift genannten berauschenden Mittels im Straßenverkehr ein Kraftfahrzeug führt«.

Die Vorschrift greift schon bei folgenlosen Fahrten ohne Fahrfehler bzw. Ausfallerscheinungen unter Alkohol- bzw. Drogenwirkung ein (Lenhart 2003, S. 409) und schließt damit die Lücke zwischen Verkehrsgefahren – die üblicherweise ab einer Blutalkoholkonzentration von 0,5 ‰ bestehen – und exakt beweisbarer Fahruntüchtigkeit im Einzelfall (Hentschel et al.-König 2013, § 24a StVG Rn. 7).

> Im Ordnungswidrigkeitenrecht wird somit im Gegensatz zum Strafrecht nicht auf die konkrete Fahruntüchtigkeit des Betroffenen abgestellt, sondern nur auf das Fahren unter Alkohol- bzw. Drogeneinfluss.

Hervorzuheben ist die Herabsetzung der Grenze in § 24a Abs. 1 StVG (»0,5-Promille-Grenze«) im Jahre 2001, die mit einer erheblichen Erhöhung des Bußgeldhöchstbetrags (seit 30.12.2008 nunmehr bis zu 3000 €, vgl. § 24a Abs. 4 StVG) und der Anordnung eines Fahrverbots als Regelfall nach § 25 Abs. 1 S. 2 StVG einhergegangen ist (Weibrecht 2001, S. 145; Hentschel 2001, S. 1904). Die zur Feststellung der Blutalkoholkonzentration (BAK) erforderliche Entnahme einer Blutprobe ist durch § 81a Abs. 1 S. 2 StPO legitimiert, der über § 46 Abs. 4 OWiG auch im Ordnungswidrigkeitenrecht Anwendung findet. Soweit keine Gefahr im Verzug vorliegt, bedarf es für diese Entnahme gemäß § 81a Abs. 2 StPO einer richterlichen Anordnung. Dieser grundsätzliche Richtervorbehalt ist zwar für den Bereich der Straßenverkehrsdelikte rechtspolitisch sehr umstritten (vgl. etwa den Gesetzentwurf des Bundesrats, BT-Drucks. 17/4232, 1 ff.), aber als geltendes Recht von den Strafverfolgungsbehörden bis auf Weiteres zu beachten, die deshalb regelmäßig versuchen müssen, eine Anordnung des originär zuständigen Richters zu erlangen, bevor sie von der ihnen gesetzlich zugebilligten Eilkompetenz Gebrauch machen (BVerfG NJW 2007, S. 1345 f.).

Was die Gerichte (BGHSt 25, S. 246, 251 f.; BVerfG NJW 1995, S. 125 f.) bezüglich der Straßenverkehrsdelikte des StGB ausdrücklich feststellen mussten, ist in § 24a Abs. 1 StVG in verfassungsrechtlich zulässiger Weise (BVerfG NJW 1978, S. 882) schon niedergeschrieben: Auch wenn der Grenzwert von 0,5 ‰ während der Fahrt noch nicht erreicht war, genügt eine Alkoholmenge im Körper, die erst noch zu einer solchen BAK führt, da in einer solchen Anflutungsphase die Beeinträchtigungen von gleichem Ausmaß sind wie bei Erreichen des Maximums. Auch soll ein mit erheblichen Beweisschwierigkeiten verbundenes Berufen eines Betroffenen auf das Nichterreichen des Grenzwerts zum Fahrzeitpunkt so verhindert werden (Hentschel 2006, Rn. 514). Hinsichtlich des Atemalkoholgrenzwerts von 0,25 mg/l hat der BGH das Erfordernis eines Sicherheitsabschlags bei der Verwendung geeichter Atemalkoholmessgeräte verneint (BGHSt 46, S. 358), obschon diese Geräte im Vergleich zu den Blutproben relativ unpräzise sind.

Der Ordnungswidrigkeitentatbestand des § 24a Abs. 2 StVG erfasst gemäß der Anlage zu dieser Vorschrift das Führen eines Fahrzeugs unter der Wirkung von Cannabis, Heroin, Morphin, Kokain, (Designer-)Amphetamin und Methylamphetamin (näher dazu Stein 1999, S. 442 ff.). Die Gerichte verlangten z. T. nur den Nachweis einer solchen Droge bzw. ihrer Metabolite im Blut, weil man davon ausging, dass Wirkungs- und Nachweisdauer bei diesen Mitteln übereinstimmen (BT-Drucks. 13/3764, S. 4 f.). Diese Prämisse ist jedoch – wie das Bundesverfassungsgericht festgestellt hat – von den heutigen wissenschaftlichen Nachweismöglichkeiten überholt. § 24a Abs. 2 S. 1 und 2 StVG seien daher nur dann mit dem Grundrecht der allgemeinen Handlungsfreiheit im Sinne des Art. 2 Abs. 1 GG vereinbar, »wenn die Regelung dahin ausgelegt wird, dass eine Wirkung in ihrem Sinne nur vorliegt, wenn eine THC-Konzentration im Blut festgestellt wird, die es als möglich erscheinen lässt, dass der untersuchte Kraftfahrzeugführer am Straßenverkehr teilgenommen hat, obwohl seine Fahrtüchtigkeit eingeschränkt war« (BVerfG NJW 2005, S. 349).

Nach den vom Bundesverkehrsministerium zu diesem Verfahren vorgelegten gutachterlichen Äußerungen ist eine Wirkung ab einem Grenzwert von 1 ng/ml THC nicht mehr auszuschließen (vgl. BVerfG, a.a.O., S. 351). Dieser von der Grenzwertkommission in ihrem Beschluss zu § 24a Abs. 2 StVG vom 20.11.2002 angegebene Wert wird auch in der Rechtsprechung der Oberlandesgerichte (BayObLG NJW 2003, S. 1681; OLG Köln NStZ-RR 2005, S. 385; OLG Karlsruhe NZV 2007, S. 248) und der Verwaltungsgerichte (vgl. VG München, Beschluss vom 26.5.2004, M 6a S 04.2632; OVG Berlin-Brandenburg NZV 2010, 531 ff.; OVG Lüneburg NVwZ-RR 2003, S. 899; VGH Baden-Württemberg VRS Bd. 107, S. 234; s. auch OVG Koblenz DAR 2004, S. 413) zugrunde gelegt.

Die weiteren von der Grenzwertkommission im Jahr 2002 festgelegten analytischen Grenzwerte (vgl. dazu Albrecht 2005, S. 82; Hentschel et al. König 2013, § 24a StVG Rn. 21a) betragen für:

- Morphin: 10 ng/ml (dazu OLG Köln DAR 2005, S. 699),
- Benzoylecgonin (Kokain): 75 ng/ml (dazu OLG Hamm NZV 2007, S. 248),
- Amphetamin (dazu OLG München NJW 2006, S. 1606), XTC (Ecstasy) und MDE (3,4-Methylendioxy-N-ethylamphetamin): 25 ng/ml.

Die in § 24 StVG vorgesehenen Sanktionen für Ordnungswidrigkeiten werden von der Verordnung über die Erteilung einer Verwarnung, Regelsätze für Geldbußen und die Anordnung eines Fahrverbots wegen Ordnungswidrigkeiten im Straßenverkehr (kurz: Bußgeldkatalog-Verordnung, BGBl I 2013, S. 498 ff., zuletzt geändert durch Art. 4 der 9. Verordnung zur Änderung der FeV und anderer straßenverkehrsrechtlicher Vorschriften vom 5.11.2013, BGBl I 2013, S. 3920 ff.) näher geregelt. Zu beachten ist die Anhebung der Verwarngelder bei geringfügigen Ordnungswidrigkeiten gemäß § 56 Abs. 1 S. 1 OWiG ab dem 1.5.2014, die durch das Fünfte Gesetz zur Änderung des Straßenverkehrsgesetzes und anderer Gesetze vom 28.8.2013 (BGBl I 2013, 3313 ff.) beschlossen wurde. Dieses beinhaltet auch gleichzeitig eine Reform des Punktesystems in Flensburg (Abschn. 13.2.2.2).

Ein Verbot »Kraftfahrzeuge jeder oder einer bestimmten Art zu führen«, kann für die Dauer von einem bis zu drei Monaten gemäß § 25 Abs. 1 S. 1 StVG auch gegen denjenigen verhängt werden, der eine in § 24 StVG benannte Ordnungswidrigkeit »unter grober oder beharrlicher Verletzung der Pflichten eines Kraftfahrzeugführers« verwirklicht. Die Parallele dieses Fahrverbots zur Nebenstrafe des § 44 StGB (▶ Abschn. 13.1.1) erklärt sich dadurch, dass auch die Verkehrsübertretungen bis 1969 im StGB geregelt waren. Die Beibehaltung der Fahrverbotssanktion auch im Ordnungswidrigkeitenrecht billigte BVerfGE 27, S. 36, 42 trotz ihres kriminalstrafähnlichen Charakters (Scheffler 1995, S. 177) sogar ausdrücklich als »erzieherische Nebenfolge«. Der »Denkzettel« des § 25 StVG hat zwar primär spezialpräventiven Charakter, sodass beispielsweise ein verkehrsgerechtes Verhalten des Betroffenen während langer Verfahrensdauer entscheidend gegen die Verhängung sprechen kann (BayObLG NZV 2002, S. 280; OLG Bamberg DAR 2006, S. 337). Dies soll aber die Heranziehung generalpräventiver Gesichtspunkte bei der Ermessensentscheidung nicht hindern (BayObLG NZV 1996, S. 464; Hentschel et al.-König 2013, § 25 StVG Rn. 11). Das Ermessen der Behörde hat sich auch vor dem Hintergrund, dass § 25 StVG im Gegensatz zu § 44 StGB keine Straftat voraussetzt und auf grobe und beharrliche Pflichtverletzungen eines Kraftfahrzeugführers beschränkt ist, am Verhältnismäßigkeitsgrundsatz zu orientieren (BGHSt 43, S. 241, 245 ff.).

Hintergrundinformation
Der Bundesgerichtshof stellt zu beharrlichen Pflichtverletzungen fest (BGHSt 38, S. 231, 234):
Hierzu zählen solche Verkehrsverstöße, die nach ihrer Art oder den Umständen ihrer Begehung für sich allein betrachtet zwar nicht bereits zu den objektiv oder subjektiv groben Zuwiderhandlungen zählen, durch deren wiederholte Begehung der Fahrer jedoch erkennen lässt, dass es ihm an der für die Teilnahme am Straßenverkehr erforderlichen rechtstreuen Gesinnung und der notwendigen Einsicht in zuvor begangenes Unrecht fehlt.

13.2 Rechtliche Bedeutung der Fahreignung

Die Fahreignung spielt eine wichtige Rolle im Fahrerlaubnisrecht, das im StVG und in der FeV geregelt ist. Das StVG regelt die allgemeinen Voraussetzungen für die Teilnahme am öffentlichen Straßenverkehr. Seine Bestimmungen werden er-

gänzt durch die FeV (BGBl I 2010, 1980 ff., zuletzt geändert durch die 9. Verordnung zur Änderung der FeV und anderer straßenverkehrsrechtlicher Vorschriften vom 5.11.2013, BGBl I 2013, S. 3920 ff.), die aufgrund von § 6 StVG erlassen wurde und inhaltlich die bis dahin geltenden entsprechenden Regelungen der Straßenverkehrszulassungsordnung (StVZO) ablöste.

13.2.1 Erteilung bzw. Verlängerung der Fahrerlaubnis (§§ 2 StVG, 6, 11 FeV)

Jeder, der auf öffentlichen Straßen ein Kraftfahrzeug führt, bedarf einer Fahrerlaubnis, die von der zuständigen Fahrerlaubnisbehörde erteilt wird (§ 2 Abs. 1 S. 1 StVG). § 2 Abs. 2 Nr. 3 StVG macht die Erteilung einer Fahrerlaubnis neben anderen Voraussetzungen davon abhängig, dass der Bewerber »zum Führen von Kraftfahrzeugen geeignet ist«. Gleiches gilt nach § 2 Abs. 2 S. 4 StVG für die Verlängerung der Fahrerlaubnis auf Antrag des Betroffenen.

Die Fahrerlaubnis wird gemäß des mit Verordnung vom 7.1.2011 neu gefassten und am 19.1.2013 neu in Kraft getretenen § 6 FeV (BGBl I 2011, S. 3 ff., zuletzt geändert durch die 8. Verordnung zur Änderung der FeV und anderer straßenverkehrsrechtlicher Vorschriften vom 10.1.2013, BGBl I 2013, S. 35 ff.) grundsätzlich in den in ◻ Tab. 13.1 aufgeführten Klassen erteilt.

Bei Bedenken gegen die Eignung kann die Fahrerlaubnisbehörde nach § 2 Abs. 8 StVG und § 11 Abs. 2 S. 1 FeV je nach Einzelfall die Beibringung eines Gutachtens eines Fach- oder Amtsarztes, einer Begutachtungsstelle für Fahreignung oder eines Sachverständigen bzw. Prüfers für den Kraftfahrzeugverkehr durch den Betroffenen auf dessen Kosten anordnen. Die Behörde muss sich dabei auf »Tatsachen« im Sinne greifbarer und konkreter Anhaltspunkte stützen können, die über gewisse Vermutungen sowie über einen gewissen Verdacht hinaus berechtigte Zweifel der Behörde an der Eignung des Betroffenen begründen. Welcher Fachrichtung der ärztliche Gutachter angehören muss, legt nach § 11 Abs. 2 S. 3 FeV die Behörde fest. In Frage kommen dabei insbesondere Ärzte mit den Fachgebieten Psychiatrie und Psychotherapie oder

◻ Tab. 13.1 Fahrerlaubnisklassen gemäß § 6 Abs. 1 S. 1 FeV

Klasse AM	– Zweirädrige Kleinkrafträder (auch mit Beiwagen) mit einer, durch die Bauart bestimmten, Höchstgeschwindigkeit von nicht mehr als 45 km/h und einer elektrischen Antriebsmaschine oder einem Verbrennungsmotor mit einem Hubraum von nicht mehr als 50 cm³ oder einer maximalen Nenndauerleistung bis zu 4 kW im Falle von Elektromotoren, – Krafträder mit einer, durch die Bauart bestimmten, Höchstgeschwindigkeit von nicht mehr als 45 km/h und einer elektrischen Antriebsmaschine oder einem Verbrennungsmotor mit einem Hubraum von nicht mehr als 50 cm³, die zusätzlich hinsichtlich der Gebrauchsfähigkeit die Merkmale von Fahrrädern aufweisen (Fahrräder mit Hilfsmotor), – dreirädrige Kleinkrafträder und vierrädrige Leichtkraftfahrzeuge jeweils mit einer, durch die Bauart bestimmten, Höchstgeschwindigkeit von nicht mehr als 45 km/h und einem Hubraum von nicht mehr als 50 cm³ im Falle von Fremdzündungsmotoren, einer maximalen Nutzleistung von nicht mehr als 4 kW im Falle anderer Verbrennungsmotoren oder einer maximalen Nenndauerleistung von nicht mehr als 4 kW im Falle von Elektromotoren; bei vierrädrigen Leichtkraftfahrzeugen darf darüber hinaus die Leermasse nicht mehr als 350 kg betragen, ohne Masse der Batterien im Falle von Elektrofahrzeugen.
Klasse A1	– Krafträder (auch mit Beiwagen) mit einem Hubraum von bis zu 125 cm³ und einer Motorleistung von nicht mehr als 11 kW, bei denen das Verhältnis der Leistung zum Gewicht 0,1 kW/kg nicht übersteigt und – dreirädrige Kraftfahrzeuge mit symmetrisch angeordneten Rädern und einem Hubraum von mehr als 50 cm³ bei Verbrennungsmotoren oder einer bauartbedingten Höchstgeschwindigkeit von mehr als 45 km/h und mit einer Leistung von bis zu 15 kW.
Klasse A2	Krafträder (auch mit Beiwagen) mit einer Motorleistung von nicht mehr als 35 kW, bei denen das Verhältnis der Leistung zum Gewicht 0,2 kW/kg nicht übersteigt.
Klasse A	– Krafträder (auch mit Beiwagen) mit einem Hubraum von mehr als 50 cm³ oder mit einer, durch die Bauart bestimmten, Höchstgeschwindigkeit von mehr als 4 km/h und – dreirädrige Kraftfahrzeuge mit einer Leistung von mehr als 15 kW und dreirädrige Kraftfahrzeuge mit symmetrisch angeordneten Rädern und einem Hubraum von mehr als 50 cm³ bei Verbrennungsmotoren oder einer bauartbedingten Höchstgeschwindigkeit von mehr als 45 km/h und mit einer Leistung von mehr als 15 kW.
Klasse B	Kraftfahrzeuge – ausgenommen Kraftfahrzeuge der Klassen AM, A1, A2 und A – mit einer zulässigen Gesamtmasse von nicht mehr als 3.500 kg, die zur Beförderung von nicht mehr als acht Personen außer dem Fahrzeugführer ausgelegt und gebaut sind (auch mit Anhänger mit einer zulässigen Gesamtmasse von nicht mehr als 750 kg oder mit Anhänger über 750 kg zulässiger Gesamtmasse, sofern 3.500 kg zulässige Gesamtmasse der Kombination nicht überschritten wird).
Klasse BE	Fahrzeugkombinationen, die aus einem Zugfahrzeug der Klasse B und einem Anhänger oder Sattelanhänger bestehen, sofern die zulässige Gesamtmasse des Anhängers oder Sattelanhängers 3.500 kg nicht übersteigt.
Klasse C1	Kraftfahrzeuge, ausgenommen Kraftfahrzeuge der Klassen AM, A1, A2 und A, mit einer zulässigen Gesamtmasse von mehr als 3.500 kg, aber nicht mehr als 7.500 kg, die zur Beförderung von nicht mehr als acht Personen außer dem Fahrzeugführer ausgelegt und gebaut sind (auch mit Anhänger mit einer zulässigen Gesamtmasse von nicht mehr als 750 kg).
Klasse C1E	Fahrzeugkombinationen, die aus einem Zugfahrzeug der Klasse C1 und einem Anhänger oder Sattelanhänger mit einer zulässigen Gesamtmasse von mehr als 750 kg bestehen, sofern die zulässige Gesamtmasse der Fahrzeugkombination 12.000 kg nicht übersteigt.
Klasse C	Kraftfahrzeuge, ausgenommen Kraftfahrzeuge der Klassen AM, A1, A2, A, mit einer zulässigen Gesamtmasse von mehr als 3.500 kg, die zur Beförderung von nicht mehr als acht Personen außer dem Fahrzeugführer ausgelegt und gebaut sind (auch mit Anhänger mit einer zulässigen Gesamtmasse von nicht mehr als 750 kg).
Klasse CE	Fahrzeugkombinationen, die aus einem Zugfahrzeug der Klasse C und Anhängern oder einem Sattelanhänger mit einer zulässigen Gesamtmasse von mehr als 750 kg bestehen.

13

◻ Tab. 13.1 *Fortsetzung*

Klasse D1	Kraftfahrzeuge, ausgenommen Kraftfahrzeuge der Klassen AM, A1, A2, A, die zur Beförderung von mehr als acht, aber nicht mehr als 16 Personen außer dem Fahrzeugführer ausgelegt und gebaut sind und deren Länge nicht mehr als 8 m beträgt (auch mit Anhänger mit einer zulässigen Gesamtmasse von nicht mehr als 750 kg).
Klasse D1E	Fahrzeugkombinationen, die aus einem Zugfahrzeug der Klasse D1 und einem Anhänger mit einer zulässigen Gesamtmasse von mehr als 750 kg bestehen.
Klasse D	Kraftfahrzeuge, ausgenommen Kraftfahrzeuge der Klassen AM, A1, A2, A, die zur Beförderung von mehr als acht Personen außer dem Fahrzeugführer ausgelegt und gebaut sind (auch mit Anhänger mit einer zulässigen Gesamtmasse von nicht mehr als 750 kg).
Klasse DE	Fahrzeugkombinationen, die aus einem Zugfahrzeug der Klasse D und einem Anhänger mit einer zulässigen Gesamtmasse von mehr als 750 kg bestehen.
Klasse T	Zugmaschinen mit einer, durch die Bauart bestimmten, Höchstgeschwindigkeit von nicht mehr als 60 km/h und selbstfahrende Arbeitsmaschinen oder selbstfahrende Futtermischwagen mit einer, durch die Bauart bestimmten, Höchstgeschwindigkeit von nicht mehr als 40 km/h, die jeweils nach ihrer Bauart zur Verwendung für land- oder forstwirtschaftliche Zwecke bestimmt sind und für solche Zwecke eingesetzt werden (jeweils auch mit Anhängern).
Klasse L	Zugmaschinen, die nach ihrer Bauart zur Verwendung für land- oder forstwirtschaftliche Zwecke bestimmt sind und für solche Zwecke eingesetzt werden, mit einer, durch die Bauart bestimmten, Höchstgeschwindigkeit von nicht mehr als 40 km/h und Kombinationen aus diesen Fahrzeugen und Anhängern, wenn sie mit einer Geschwindigkeit von nicht mehr als 25 km/h geführt werden, sowie selbstfahrende Arbeitsmaschinen, selbstfahrende Futtermischwagen, Stapler und andere Flurförderzeuge jeweils mit einer, durch die Bauart bestimmten, Höchstgeschwindigkeit von nicht mehr als 25 km/h und Kombinationen aus diesen Fahrzeugen und Anhängern.

Nervenheilkunde, daneben auch solche aus der Verkehrsmedizin, Arbeitsmedizin, Betriebsmedizin oder gelegentlich auch der Rechtsmedizin.

Für die in der Praxis viel diskutierten medizinisch-psychologischen Untersuchungen (MPU; dazu Geiger 2007, S. 489 ff.), die im Fahrerlaubnisrecht begrifflich von den allgemeinen ärztlichen Gutachten abgegrenzt werden, sind alleine die amtlich anerkannten Begutachtungsstellen für Fahreignung zuständig. Ein solches qualifiziertes Gutachten wird besonders häufig bei alkoholauffälligen Verkehrsteilnehmern und solchen mit Konsum illegaler Drogen erforderlich. Es kann auch bei einer Entscheidung über die Befreiung von den Vorschriften über das Mindestalter, bei erheblichen Auffälligkeiten im Rahmen einer Fahrerlaubnisprüfung, bei erheblichen oder wiederholten Verstößen gegen verkehrsrechtliche Vorschriften oder bei Straftaten im Zusammenhang mit dem Straßenverkehr, nach wiederholtem Entzug der Fahrerlaubnis oder dann angefordert werden, wenn es

nach der Würdigung eines ärztlichen Gutachtens zusätzlich erforderlich erscheint (§ 11 Abs. 3 FeV). Ein Arzt einer Begutachtungsstelle für Fahreignung kann nach Anlage 14 zur FeV, auf die § 11 Abs. 2 S. 3 Nr. 5 FeV verweist, mit einer Begutachtung beauftragt werden, wenn er mindestens eine einjährige Praxis in der Fahreignungsbegutachtung in einer Begutachtungsstelle für Fahreignung (dazu Laub u. Brenner-Hartmann 2001, S. 16 ff.) sowie mindestens eine zweijährige klinische Tätigkeit oder eine Qualifikation als Facharzt aufweist.

13.2.2 Entziehung der Fahrerlaubnis

Die Maßregel des § 69 StGB

Bei der Entziehung der Fahrerlaubnis nach § 69 StGB handelt es sich um eine Maßregel der Besserung und Sicherung (▶ Kap. 9), die sich neben oder anstatt einer Strafe als Sanktion an eine Tat anschließen kann. Da Maßregeln im Gegensatz zur Strafe primär der Gefahrenabwehr dienen, stellt die Vorschrift des § 69 StGB weder auf die Fahrtüchtigkeit, die allerdings Voraussetzung der Vortat sein kann, noch auf die Schuldfähigkeit zum Zeitpunkt einer bereits begangenen Tat ab, sondern setzt eine generell mangelnde Fahreignung voraus: Begeht jemand eine rechtswidrige Tat »bei oder im Zusammenhang mit dem Führen eines Kraftfahrzeugs oder unter Verletzung der Pflichten eines Kraftfahrzeugführers«, wird ihm gemäß § 69 Abs. 1 S. 1 StGB die Fahrerlaubnis entzogen, »wenn sich aus der Tat ergibt, daß er zum Führen von Kraftfahrzeugen ungeeignet ist«. Anders als die Nebenstrafe des Fahrverbots (▶ Abschn. 13.1.1), mit dem die begangene Tat geahndet wird, soll die Entziehung der Fahrerlaubnis ungeeignete Kraftfahrer präventiv zum Schutz der Allgemeinheit aus dem Straßenverkehr ausschließen (Schönke u. Schröder-Stree/Kinzig 2014, § 69 Rn. 2). Die begangene Tat muss ein Indiz für die mangelnde Eignung sein, die sich aus körperlichen, geistigen oder charakterlichen Mängeln ergeben kann (BGHSt 7, S. 165, 173; 15, S. 393, 396).

In der Rechtsprechung des Bundesgerichtshofs war umstritten, ob und inwieweit eine Straftat aus dem Bereich der allgemeinen Kriminalität ein Indiz für mangelnde Fahreignung sein kann. Traditionell ging der Bundesgerichtshof davon aus, dass jede unter Benutzung eines Kraftfahrzeugs begangene gravierende Straftat die charakterliche Eignung zum Führen eines Kraftfahrzeugs in Frage stelle. Dementsprechend wurde die Fahrerlaubnis nach § 69 StGB auch dann entzogen, wenn etwa bei einem Raub, beim Handel mit Betäubungsmitteln oder auch bei Serienbetrügereien ein Kraftfahrzeug zur Ausführung der Tat benutzt wurde. Der Große Senat für Strafsachen hat jedoch in einer neueren, auf einen Vorlagebeschluss des 4. Strafsenats (BGH NJW 2004, S. 3497) hin ergangenen Entscheidung den Anwendungsbereich des § 69 StGB eingeschränkt: Danach kommt eine Entziehung der Fahrerlaubnis wegen charakterlicher Ungeeignetheit bei Taten im Zusammenhang mit dem Führen eines Kraftfahrzeugs nur in Betracht, wenn die Anlasstat tragfähige Rückschlüsse darauf zulässt, dass der Täter bereit ist, die Sicherheit des Straßenverkehrs seinen eigenen kriminellen Interessen unterzuordnen (BGHSt 50, S. 93).

Bei (auch im Vollrausch gemäß § 323a StGB begangenen) Delikten der Gefährdung des Straßenverkehrs (§ 315c StGB), der Trunkenheit im Verkehr (§ 316 StGB) oder des unerlaubten Entfernens vom Unfallort (§ 142 StGB) ist der Täter gemäß § 69 Abs. 2 StGB »in der Regel« als ungeeignet anzusehen, wenn er im Fall des § 142 StGB zumindest wissen kann, dass ein Mensch nicht unerheblich verletzt worden oder ein bedeutender Schaden an fremden Sachen entstanden ist. Letzteres wird ab einem Schadensbetrag von ca. 1300 € anzunehmen sein (Nachweise bei Fischer 2014, § 69 Rn. 29; Himmelreich u. Halm 2011, S. 442; Himmelreich u. Halm 2006, S. 382).

Die erneute Erteilung einer Fahrerlaubnis kann normalerweise für bis zu 5 Jahre ausgeschlossen werden, in Ausnahmefällen aber auch »für immer«, wenn zu erwarten ist, dass die Höchstfrist zur Gefahrenabwehr nicht ausreicht (§ 69a Abs. 1 StGB).

Die Entziehung der Fahrerlaubnis kann bereits vorläufig gemäß § 111a StPO erfolgen, wenn dringende Gründe für die Annahme vorhanden sind, dass die Fahrerlaubnis entzogen werden wird. Dies geschieht durch Beschlagnahme nach § 111a Abs. 3 S. 1 und § 94 Abs. 3 StPO. Zwar ist eine vorläufige Entziehung der Fahrerlaubnis nach § 111a StPO dem Richter vorbehalten. Jedoch kann bei Gefahr im Verzug, d. h. wenn die richterliche Entscheidung zur Erreichung des Zwecks der Maßnahme zu spät käme, auch eine sofortige Beschlagnahme durch die Staatsanwaltschaft bzw. deren Ermittlungspersonen erfolgen (§ 98 Abs. 1 S. 1 StPO). Speziell bei § 111a StPO liegt Gefahr im Verzug nach BGHSt 22, S. 385 vor, wenn »ohne die Beschlagnahme der Verlust des Führerscheins als Beweismittel« zu befürchten sei oder der Betroffene »ohne die Abnahme des Führerscheins weitere Trunkenheitsfahrten unternehmen oder sonst Verkehrsvorschriften in schwerwiegender Weise verletzen« werde.

Beispiel
- **Fall 13.2**

Bei Bernhardt F., einem 42-jährigen Handelsfachwirt, war seit Jahren eine Alkoholabhängigkeit bekannt. Allerdings konnte er jahrelang den Konsum von Alkohol und das Autofahren strikt trennen. Dies änderte sich, und er verursachte – alkoholbedingt – auf dem Weg zum Arbeitsplatz einen schweren Verkehrsunfall, bei dem ein Fußgänger tödlich verunglückte. Weitere z.T. schwere Auffälligkeiten im Straßenverkehr folgten innerhalb weniger Monate. Mehrere Entzugsbehandlungen und eine stationäre Entwöhnungsbehandlung bewirkten jeweils nur kurzfristig eine Abstinenz. Das Gericht sprach für die zusammengezogenen Anklagen, neben einer Freiheitsstrafe von 18 Monaten auf Bewährung, eine Maßregel gemäß § 69 StGB aus und befristete den Entzug der Fahrerlaubnis wegen der weit fortgeschrittenen Alkoholabhängigkeit (ICD-10: F10.24) auf 5 Jahre.

Fehlende oder bedingte Befähigung oder Eignung (§ 3 StVG, § 46 FeV)

Die Fahrerlaubnis wird bei fehlender Befähigung oder Eignung von der Fahrerlaubnisbehörde gemäß § 3 Abs. 1 S. 1 StVG bzw. § 46 FeV entzogen. Davon war früher z. B. bei 18 oder mehr Punkten im Flensburger Verkehrszentralregister grundsätzlich auszugehen (§ 4 Abs. 3 Nr. 3 und Abs. 1 S. 1 StVG a. F.). Ab dem 1.5.2014 ist dies gemäß des neuen § 4 Abs. 5 Nr. 3 StVG schon bei 8 Punkten der Fall, wobei dann für die Bemessung der Punktehöhe der neue § 4 Abs. 2 S. 2 StVG gilt. Auch die Bezeichnung hat sich geändert: Das Verkehrszentralregister heißt künftig Fahreignungsregister. Für den Übergang regelt der in § 65 StVG neu eingefügte Abs. 3 die Umrechnung von alten in neue Punkte. Eine Entziehung der Fahrerlaubnis ist ebenfalls bei Verfehlungen in der Probezeit nach § 2a Abs. 2–4 StVG vorgesehen, die auch ein medizinisch-psychologisches Gutachten erforderlich machen können.

Bloße Eignungszweifel genügen für eine Entziehung nicht. Der dem Schutz der Allgemeinheit vor Gefährdungen durch ungeeignete bzw. nicht befähigte Kraftfahrer dienende § 3 Abs. 1 S. 1 StVG setzt seinem Wortlaut nach eine erwiesene Nichteignung voraus (Hentschel et al.-Dauer 2013, § 3 StVG Rn. 3).

Bei bedingter Eignung ordnet die Fahrerlaubnisbehörde gemäß § 46 Abs. 2 FeV und entsprechend dem Übermaßverbot die notwendigen Auflagen oder Beschränkungen an. Letzteres kommt beispielsweise als Ausnahme von der vollständigen Entziehung der Fahrerlaubnis in Betracht, wenn der Betroffene zur Mitarbeit in einem landwirtschaftlichen Betrieb die Fahrerlaubnis der Klasse L

bzw. T zur Ermöglichung des Führens von Traktoren braucht. Eine Auflage ist dagegen dadurch gekennzeichnet, dass dem Fahrzeugführer seine Fahrerlaubnis belassen wird, aber gleichzeitig beispielsweise eine erneute theoretische und praktische Prüfung auferlegt wird (Bode u. Winkler 2006, S. 451 ff.).

Das untergeordnete Verhältnis zum Strafrecht wird in § 3 Abs. 3 S. 1 StVG deutlich, der besagt, dass die Fahrerlaubnisbehörde einen Sachverhalt in einem Entziehungsverfahren nicht berücksichtigen darf, der Gegenstand eines anhängigen Strafverfahrens ist, in dem die Entziehung der Fahrerlaubnis nach § 69 des Strafgesetzbuches in Betracht kommt. Will die Fahrerlaubnisbehörde zu einem späteren Zeitpunkt einen Sachverhalt berücksichtigen, der Gegenstand der Urteilsfindung in einem Strafverfahren gegen den Inhaber der Fahrerlaubnis gewesen ist, so darf sie nach § 3 Abs. 4 S. 1 StVG zu dessen Nachteil vom Inhalt des Urteils insoweit nicht abweichen, als es sich auf die Feststellung des Sachverhalts, die Beurteilung der Schuldfrage oder der Eignung zum Führen von Kraftfahrzeugen bezieht.

> **Die Verwaltungsbehörde ist in wichtigen Gesichtspunkten an die Vorgaben aus dem Strafverfahren gebunden, allerdings nicht an ergänzenden Feststellungen zu in der strafgerichtlichen Entscheidung nicht thematisierten Aspekten gehindert (Näheres bei Bode u. Winkler 2006, S. 571 ff.; Hentschel et al.-Dauer 2013, § 3 StVG Rn. 15 ff.).**

Nimmt jemand trotz Fahrverbot bzw. fehlender Fahrerlaubnis als Führer eines Kraftfahrzeugs am Straßenverkehr teil, so macht er sich nach § 21 StVG strafbar.

Bei der Frage nach der Wiederherstellung der Eignung genügt nach § 11 Abs. 10 FeV statt eines erneuten medizinisch-psychologischen Gutachtens in der Regel auch die Teilnahme an einem nach § 70 FeV anerkannten Nachschulungskurs, »wenn aufgrund eines medizinisch-psychologischen Gutachtens einer Begutachtungsstelle für Fahreignung die Teilnahme des Betroffenen an dieser Art von Kursen als geeignete Maßnahme angesehen wird, seine Eignungsmängel zu beheben« und die Fahrerlaubnisbehörde der Kursteilnahme zugestimmt hat.

13.3   Beurteilung von Fahreignung und Fahrtüchtigkeit

13.3.1   Begriff der Fahrtüchtigkeit

> Fahruntüchtigkeit bzw. -unsicherheit liegt vor, wenn der Führer eines Fahrzeugs nicht dazu fähig ist, dieses eine längere Strecke entsprechend den Anforderungen des Straßenverkehrs auch bei plötzlichem Auftreten schwieriger Verkehrslagen zu steuern (BGHSt 13, S. 83; 19, S. 243 f.; 21, S. 157, 160).

Im Gegensatz zum abstrakt-generellen Begriff der Fahreignung, der auf eine situationsunabhängige und zeitlich stabile Eigenschaft bzw. ein Persönlichkeitsmerkmal abstellt, sind mit Fahrtüchtigkeit bzw. Fahruntüchtigkeit die aktuellen, im Fall des Strafrechts zur Tatzeit vorliegenden situations- und zeitbezogenen Fähigkeiten zum Führen eines Fahrzeugs gemeint.

- **Absolute Fahruntüchtigkeit** liegt dann vor, wenn der Zustand des Täters ein sicheres Führen des Fahrzeugs per se ausschließt, ohne dass weitere Feststellungen zu Begleitumständen, wie z. B. der Fahrweise des Betroffenen, im Einzelfall notwendig sind. Ist eine Person nach der oben unterschiedenen Begrifflichkeit schon generell ungeeignet zum Führen eines Kraftfahrzeugs, beispielsweise aufgrund von Blindheit, ist sie immer auch als absolut fahruntüchtig anzusehen (wohingegen der Rückschluss von absoluter Fahruntüchtigkeit auf generell fehlende Fahreignung nicht möglich ist).
- **Relative Fahruntüchtigkeit** ist gegeben, wenn sich die fehlende Fähigkeit, das Fahrzeug sicher zu führen, erst aus den festgestellten Mangel hinausgehenden weiteren Umständen der konkreten Situation ergibt, wie z. B. bei Fahren in Schlangenlinien.

Die Fahruntüchtigkeit muss auf den Genuss, d. h. den Konsum bzw. die Einnahme berauschender Mittel (LK-König 2008, § 316 Rn. 13), oder – nur bei den §§ 315a und 315c StGB – auf sog. geistige bzw. körperliche Mängel (psychische oder somatische Erkrankungen) zurückzuführen sein, wobei sich die Varianten nicht gegenseitig ausschließen:

Alkohol ist bekanntermaßen ein spezielles berauschendes Mittel (▶ Abschn. 13.3.3). Der Genuss berauschender Mittel ruft wiederum körperlich-geistige Beeinträchtigungen hervor, sodass von einem Spezialitätsverhältnis auszugehen ist (Lackner u. Kühl 2014, § 315c Rn. 12).

13.3.2   Begriff der Fahreignung

§ 2 Abs. 4 S. 1 StVG. Fahreignung. Geeignet zum Führen von Kraftfahrzeugen ist, wer die notwendigen körperlichen und geistigen Anforderungen erfüllt und nicht erheblich oder nicht wiederholt gegen verkehrsrechtliche Vorschriften oder gegen Strafgesetze verstoßen hat.

Unklar lässt die Vorschrift allerdings, welche körperlichen und geistigen Anforderungen konkret erfüllt sein müssen bzw. welche Symptome, Syndrome oder Erkrankungen die Fahreignung ausschließen können. In negativer Hinsicht ist die Fahreignung insofern eingrenzbar, als § 2 Abs. 2 StVG die Befähigung zum Führen von Kraftfahrzeugen (§ 2 Abs. 2 Nr. 5 StVG) von der Fahreignung (§ 2 Abs. 2 Nr. 3 StVG) im Gegensatz zur bis 1999 geltenden Regelung abtrennt:

Hintergrundinformation
Zuvor umfasste der Begriff »Eignung« zum Führen von Kraftfahrzeugen sowohl die Eignung in körperlicher und geistiger sowie charakterlicher Hinsicht als auch die Befähigung. Da es sich dabei jedoch sachlich um unterschiedliche Elemente mit eigenständiger Bedeutung handelt, wurden Eignung und Befähigung begrifflich getrennt (BR-Drucks. 821/96, S. 67 f.).

Die Befähigung muss nach entsprechender Ausbildung in einer theoretischen und praktischen Prüfung nachgewiesen bzw. erworben werden und zielt begrifflich eher auf bestimmte Kenntnisse und Fertigkeiten, wogegen die Eignung eher die persönlichen Eigenschaften des Betroffenen zum Gegenstand hat.

§ 2 Abs. 5 StVG. Fahrbefähigung. Befähigt zum Führen von Kraftfahrzeugen ist, wer
1. ausreichende Kenntnisse der für das Führen von Kraftfahrzeugen maßgebenden gesetzlichen Vorschriften hat,

2. mit den Gefahren des Straßenverkehrs und den zu ihrer Abwehr erforderlichen Verhaltensweisen vertraut ist,
3. die zum sicheren Führen eines Kraftfahrzeugs, ggf. mit Anhänger, erforderlichen technischen Kenntnisse besitzt und zu ihrer praktischen Anwendung in der Lage ist und
4 über ausreichende Kenntnisse einer umweltbewussten und energiesparenden Fahrweise verfügt und zu ihrer praktischen Anwendung in der Lage ist.

Mit dem trotz § 2 Abs. 4 StVG noch relativ unkonturierten Begriff der Fahreignung setzt sich § 11 Abs. 1 FeV weiter auseinander, der zwar eine weitere begriffliche Konkretisierung der Fahreignung vermissen lässt, aber hinsichtlich der körperlichen und geistigen Anforderungen auf die Anlagen 4 und 5 zur FeV verweist, die ausführlich, aber nicht abschließend auf spezielle Krankheitsbilder bzw. Mängel und ihren Einfluss auf die Fahreignung eingehen (BGBl I 1998, S. 2214, 2253 ff., zuletzt geändert durch die 6. Verordnung zur Änderung der Fahrerlaubnisverordnung und anderer straßenverkehrsrechtlicher Vorschriften vom 7.1.2011, BGBl I 2011, S. 3 ff.).

Überlegungen zur Beeinträchtigung der Fahrtüchtigkeit durch körperliche bzw. psychische Krankheiten oder Zustände können auf die Fahreignung nur insoweit übertragen werden, als die Mängel die Fähigkeit zum Führen eines Kraftfahrzeugs nicht nur vorübergehend (zum Tatzeitpunkt) ausgeschlossen, sondern dauerhaft mangelnde Fahreignung zur Folge haben müssen.

Traditionell und angelehnt an die frühere Gesetzesfassung wird neben den körperlichen und geistigen auch auf charakterliche Mängel abgestellt, die die Eignung ausschließen können. Damit können beispielsweise Persönlichkeitsstörungen im Sinne der ICD-10 oder auch Persönlichkeitsakzentuierungen ohne Krankheitswert gemeint sein. So können neben zeitlich invarianten, überdauernden Persönlichkeitseigenschaften auch verkehrsrelevante Einstellungen das aktuelle Verhalten im Straßenverkehr beeinflussen (BVerfG NJW 2002, S. 2378, 2380):

» Schließlich können auch charakterlich-sittliche Mängel die Fahreignung ausschließen. Solche

Mängel liegen vor, wenn der Betroffene bereit ist, das Interesse der Allgemeinheit an sicherer und verkehrsgerechter Fahrweise den jeweiligen eigenen Interessen unterzuordnen und hieraus resultierende Gefährdungen oder Beeinträchtigungen des Verkehrs in Kauf zu nehmen. Ausdruck eines Mangels dieser Art ist es, wenn ein Fahrerlaubnisinhaber ungeachtet einer im Einzelfall anzunehmenden oder jedenfalls nicht auszuschließenden drogenkonsumbedingten Fahruntüchtigkeit nicht bereit ist, vom Führen eines Kraftfahrzeugs im öffentlichen Straßenverkehr abzusehen (unzureichende Trennungsbereitschaft).

Während bei körperlichen oder geistigen Mängeln auch eine bedingte Fahreignung vorliegen kann, ist es umstritten, ob dies auch bei charakterlichen Mängeln gilt (Himmelreich et al. 2007, Rn. 922).

13.3.3 Alkohol

Für die Wirkung von Alkohol ist typisch, dass dosis- und konstitutionsabhängig das subjektive Leistungsgefühl und die Risikobereitschaft gesteigert werden, während die psychotechnische Leistungsfähigkeit, im Sinne von Aufmerksamkeit, Auffassung, Konzentration, Sehvermögen, Geschicklichkeit und Reaktion, in Wirklichkeit abnimmt (Habel u. Schneider 2002, S. 23 ff.; Fischer 2014, § 316 Rn. 9). Die verschiedenen Funktionsstörungen werden dabei nicht einzeln gewürdigt, sondern es wird sinnvollerweise auf die Beeinträchtigung der Gesamtpersönlichkeit abgestellt. Dazu der Bundesgerichtshof (BGHSt 25, S. 360 f.):

» Ob und wann eine Fahruntüchtigkeit i. S. des § 316 StGB gegeben ist, hängt einerseits ab vom Ausmaß der alkoholbedingten Änderungen der Leistungsfähigkeit und der Beeinträchtigungen der Gesamtpersönlichkeit des Fahrzeugführers selbst, andererseits vom Ausmaß der Gefährdung anderer Verkehrsteilnehmer durch ihn.

Absolute Fahruntüchtigkeit im Sinne einer per se unzureichenden Leistungsfähigkeit ist bei allen Kraftfahrern mit einer BAK von mindestens 1,1 ‰ gegeben (BGHSt 37, S. 89, für Fahrradfahrer 1,6 ‰ bei ermäßigtem Sicherheitszuschlag, vgl. BGHSt 34, S. 133, für Elektrorollstuhlfahrer 1,1 ‰, Lackner u. Kühl 2014, § 315c Rn. 6a). Dies gilt auch dann, wenn dieser Grenzwert zum Zeitpunkt der Fahrt zwar noch nicht erreicht war, der Kraftfahrer jedoch eine Alkoholmenge im Körper hatte, die in der Folgezeit zu einer entsprechenden BAK geführt hätte, da in einer solchen Anflutungsphase die Beeinträchtigungen von gleichem Ausmaß sind wie bei Erreichen des Maximums (BVerfG NJW 1995, S. 125 f.; BGHSt 25, S. 246, 251; Hentschel 2006, Rn. 514).

Unterhalb dieser »Promillegrenze« kommt relative Fahruntüchtigkeit in Betracht, denn schon ab einer BAK von 0,3 ‰ sind relevante Störungen der Gesamtleistungsfähigkeit nachweisbar (LK-König 2008, § 316 Rn. 16b; Weibrecht 2001, S. 146; Hentschel 2006, Rn. 183).

Für die Feststellung der **relativen Fahruntüchtigkeit** berücksichtigt die Rechtsprechung neben dem wichtigsten Beweisanzeichen der BAK in der Person des Fahrers liegende Gegebenheiten, wie Krankheit oder Ermüdung, äußere Bedingungen der Fahrt, wie Straßen- und Witterungsverhältnisse, und das konkrete Verhalten des Fahrers, das sich in stets erforderlichen Ausfallerscheinungen äußern muss.

Hintergrundinformation
Dabei sind die an eine konkrete Ausfallerscheinung zu stellenden Anforderungen umso geringer, je höher die Blutalkoholkonzentration und je ungünstiger die objektiven und subjektiven Bedingungen der Fahrt des Angeklagten sind. Als solche Ausfallerscheinungen kommen insbesondere in Betracht: eine auffällige, sei es regelwidrige, sei es besonders sorglose und leichtsinnige Fahrweise, ein unbesonnenes Benehmen bei Polizeikontrollen, aber auch ein sonstiges Verhalten, das alkoholbedingte Enthemmung und Kritiklosigkeit erkennen lässt, ferner z. B. ein Stolpern und Schwanken beim Gehen (BGHSt 31, S. 42, 44).

Die Feststellung der BAK erfolgt durch eine Blutprobe gemäß § 81a Abs. 1 S. 2 StPO, eine Atemalkoholanalyse oder Trinkmengenberechnung (ausführlich und kritisch zu den einzelnen Methoden Haffner u. Blank 2002, S. 70 ff.; LK-König 2008, § 316 Rn. 17 ff.; ► Abschn. 1.4.3). Zu beachten ist, dass für eine Strafbarkeit wegen eines Verkehrs-

delikts die BAK zur Tatzeit ermittelt werden muss. Deshalb ist auch bei einer vorliegenden Blutprobe oder Atemalkoholanalyse meist eine Rückrechnung erforderlich. Bei einer solchen Rückrechnung wird in der Rechtsprechung für jede Stunde ein Abschlag von 0,1 ‰ angesetzt. Die Berechnung anhand dieses statistisch gesicherten Mindestabbauwerts trägt dem Grundsatz »in dubio pro reo« Rechnung (BGHSt 25, S. 246, 250).

Hintergrundinformation
Bei der Frage nach einer möglichen Schuld(un)fähigkeit kann sich für den Täter auch ein zur Tatzeit besonders hoher Promillewert als günstig erweisen. In diesen Fällen nimmt die Rechtsprechung zugunsten des Täters einen Abbau von 0,2 ‰ pro Stunde an, wobei ein einmaliger Sicherheitszuschlag von 0,2 ‰ addiert wird (► Abschn. 2.1.2; Hentschel 2006, Rn. 262).

Problematisch kann die Rückrechnung dann werden, wenn der Betroffene behauptet, den Alkohol oder einen Teil davon beispielsweise aufgrund der Aufregung erst nach der Tat konsumiert zu haben. Gerade zur Überprüfung der Behauptung eines solchen Nachtrunks werden häufig medizinische Sachverständige herangezogen. Bei einem Vergleich zweier in zeitlichem Abstand entnommener Blutproben kann beispielsweise eine Differenz der BAK im Falle einer höheren späteren für einen Nachtrunk, im Falle einer signifikant niedrigeren gegen einen Nachtrunk sprechen (Hentschel 2006, Rn. 107; gegen letzteren Umkehrschluss Hoppe u. Haffner 1998, S. 268). Ähnlich unsicher sind Beobachtungen zu Veränderungen der Trunkenheitssymptome beim Betroffenen, die in der Resorptionsphase im Gegensatz zur Eliminationsphase in der Regel vermehrt auftreten. Neben der Feststellung der BAK kann eine Blutprobe aber auch auf Begleitalkohole wie z. B. Methanol untersucht werden, die z. T. sehr detaillierte Rückschlüsse hinsichtlich eines Nachtrunks erlauben, sodass diese Begleitstoffanalyse als wichtigstes Hilfsmittel für die Überprüfung solcher Fälle bezeichnet werden kann (Bonte et al. 1982, S. 2109 ff.; Hentschel 2006, Rn. 109; Hoppe u. Haffner 1998, S. 268).

Klärung von Eignungszweifeln im Zusammenhang mit Alkohol (§ 13 FeV). Bei Anzeichen für eine Alkoholabhängigkeit (ICD-10: F10.2; Habel u. Schneider 2002, S. 32 ff.) ist nach § 13 Nr. 1 FeV ein fachärztliches Gutachten erforderlich. Dies sollte zweckmäßigerweise von einem Arzt für Psychiatrie und Psychotherapie erstellt werden, da die Erkrankung nur zu dessen Fachgebiet gehört.

Ein mit einer Prognose des Alkoholtrinkverhaltens verbundenes medizinisch-psychologisches Gutachten ist gemäß § 13 Nr. 2a und § 13 Nr. 2e FeV bei einem schädlichen Gebrauch von Alkohol (Alkoholmissbrauch, ICD-10: F10.1; Habel u. Schneider 2002, S. 25 ff.) bzw. dessen in Frage stehender Beendigung angezeigt. Ein Alkoholmissbrauch als klinisch relevante Vorstufe zur Abhängigkeit liegt laut Anlage 4, Nr. 8.1 schon dann vor, wenn das Führen von Fahrzeugen und ein die Fahrsicherheit beeinträchtigender Alkoholkonsum nicht hinreichend sicher getrennt werden können. Zum Teil wurde auf den Zusammenhang mit der Teilnahme am Straßenverkehr in der Rechtsprechung sogar gänzlich verzichtet.

Hintergrundinformation
Im Jahr 2001 sah der VGH Mannheim (VRS 100, S. 232) im Fall eines nächtlichen Baraufenthalts einer erheblich alkoholisierten Frau in Begleitung ihres vierjährigen Kindes bereits genügende Anzeichen für einen Alkoholmissbrauch (diese Feststellung ist natürlich völlig unabhängig von der medizinischen Diagnose eines Alkoholmissbrauchs).

Des Weiteren ist gemäß § 13 Nr. 2b–d FeV nach wiederholten Zuwiderhandlungen im Straßenverkehr unter Alkoholeinfluss, einer Auto- oder Fahrradfahrt mit einer BAK von mindestens 1,6‰ bzw. Atemalkoholkonzentration von mindestens 0,8 mg/l oder nach dem Entzug der Fahrerlaubnis aus solchen Gründen ein medizinisch-psychologisches Gutachten erforderlich. Das Führen eines Fahrrads im Straßenverkehr mit einer BAK von mindestens 1,6‰ kann nicht nur Zweifel an der Eignung zum Führen von Fahrrädern, sondern auch an der Eignung zum Führen von Kfz begründen (BVerwG NJW 2008, S. 2601 f.; Hentschel et al.-Dauer 2013, § 13 FeV Rn. 23).

> **Wesentlich im Rahmen der Begutachtung ist neben der Feststellung einer Alkoholabhängigkeit oder eines -missbrauchs die Prognose. Bei Alkoholabhängigkeit wird Abstinenz, bei Alkoholmissbrauch mindestens eine stabile und motivational gefestigte**

Änderung des Trinkverhaltens im Sinne einer Rückkehr zu kontrolliertem Trinken und einer zuverlässigen Trennung von Trinken und Fahren gefordert. Ein adäquates Problembewusstsein ist dabei immer Grundvoraussetzung.

13.3.4 Andere berauschende Mittel (illegale Drogen)

> **Berauschende Mittel im Sinne der Straßenverkehrsdelikte sind alle Stoffe, die das Hemmungsvermögen sowie die intellektuellen und motorischen Fähigkeiten beeinträchtigen und die damit in ihren Auswirkungen denen des Alkohols vergleichbar sind (BGH VRS 53, S. 356; Schönke u. Schröder-Sternberg-Lieben/Hecker 2014, § 316 Rn. 4; LK-König 2008, § 316 Rn. 140).**

Dies sind vor allem die Mittel, die in den Anlagen zum Betäubungsmittelgesetz (BtMG) aufgeführt sind, also hauptsächlich Opiate, Cannabis und Kokain (LK-König 2008, § 316 Rn. 141 ff.), aber auch Amphetamine, LSD und die Substitutionsmittel Heroinabhängiger. Ebenso werden Schmerzmittel, Psychopharmaka und andere pharmakologische Mittel erfasst, wenn sie bei entsprechender Dosierung und – üblicherweise nicht ärztlich verordneter – Anwendung als Rauschdrogen wirken (Lackner u. Kühl 2014, § 315c Rn. 5).

Im Gegensatz zum Alkohol, bei dem die Rechtsprechung aufgrund guter Quantifizierbarkeit, bekanntem Stoffwechsel sowie überprüfbarer und bedingt reproduzierbarer Wirkungsweise einen Grenzwert für die absolute Fahruntüchtigkeit festlegen konnte, fehlen solche Anhaltspunkte für die anderen berauschenden Mittel fast vollständig (Schönke u. Schröder-Sternberg-Lieben/Hecker 2014, § 316 Rn. 5; Gehrmann 2002a, S. 205 ff.; Lenhart 2003, S. 409). Der Begriff der absoluten Fahruntüchtigkeit findet daher in diesen Fällen keine Anwendung. Zur Feststellung der Fahruntüchtigkeit sind insofern wie bei der relativen Fahruntüchtigkeit unter leichterem Alkoholeinfluss weitere konkrete Anhaltspunkte erforderlich (BGH JR 2009, S. 120 f.).

Hintergrundinformation

Gesicherte Erfahrungswerte, die es erlauben, der Blutalko-holkonzentration von 1,1 ‰ entsprechend »Grenzwerte« der Blut-Wirkstoff-Konzentration für die Annahme »absolu-ter« Fahruntüchtigkeit nach Drogenkonsum zu bestimmen, liegen bisher nicht vor. [...] Trotz der erheblichen Gefahren, die von der Teilnahme unter Rauschgifteinfluss stehender Kraftfahrer am Straßenverkehr ausgehen können, kann des-halb der für die Erfüllung des geltenden § 316 StGB vo-rausgesetzte Nachweis der (»relativen«) Fahruntüchtigkeit bei der gegenwärtigen Gesetzeslage grundsätzlich nur auf-grund des konkreten rauschmittelbedingten Leistungsbildes des Betreffenden im Einzelfall geführt werden; dazu bedarf es außer dem positiven Blut-Wirkstoff-Befund regelmäßig weiterer aussagekräftiger Beweisanzeichen. (BGH NJW 1999, S. 226 f.)

Entsprechende konkrete Anhaltspunkte können zum einen aus direkten Defiziten im Fahrverhal-ten selbst, etwa bei auffälliger, riskanter, besonders sorgloser und leichtsinniger Fahrweise, zum an-deren aus einem **Leistungsverhalten** nach der Tat abzuleiten sein, das – wie etwa schwerwiegende Einschränkungen der Wahrnehmungs- und Re-aktionsfähigkeit – sichere Rückschlüsse auf man-gelnde Fahrtüchtigkeit zulässt (OLG Zweibrücken NStZ-RR 2004, S. 149).

In § 14 Abs. 1 S. 1 FeV ist die Anordnung ei-nes ärztlichen Gutachtens zur Vorbereitung von Entscheidungen über die Erteilung oder die Ver-längerung der Fahrerlaubnis vorgesehen, wenn Tatsachen die Annahme von Betäubungsmittel-abhängigkeit bzw. -einnahme oder missbräuchli-cher Einnahme von psychoaktiv wirkenden Arz-neimitteln und Stoffen begründen. Letzteres liegt laut Anlage 4, Nr. 9.4 bei regelmäßig übermä-ßigem Gebrauch vor. Vorzugsweise sind solche Gutachten wiederum durch entsprechend quali-fizierte Ärzte für Psychiatrie und Psychotherapie anzufertigen.

Beispiel

- **Fall 13.3**

Charlotte F., eine 26-jährige Prostituierte, war jahre-lang heroinabhängig (ICD-10: F11.22) und nahm seit 6 Monaten an einem ärztlich überwachten Substi-tutionsprogramm mit L-Polamidon teil. Sie war im Straßenverkehr nie auffällig geworden. Die Straßen-verkehrsbehörde ordnete nun eine fachpsychiatrische Begutachtung an. Frau F. war in der Exploration und

Untersuchung hinsichtlich ihrer Fahreignung nicht auffällig, was durch mehrere ergänzende blutche-mische (toxikologisch: kein Beikonsum) und eine testpsychologische Untersuchung (unter der durch-geführten Substitution) bestätigt werden konnte. Die sachverständige Empfehlung bestätigte daher die Fahreignung.

Ein ärztliches Gutachten kann unabhängig von Drogenkonsum und Straßenverkehr nach der Er-messensvorschrift des § 14 Abs. 1 S. 2 FeV außer-dem angeordnet werden, »wenn der Betroffene Betäubungsmittel im Sinne des Betäubungsmittel-gesetzes widerrechtlich besitzt oder besessen hat«.

Ein medizinisch-psychologisches Gutachten kann dagegen nach § 14 Abs. 1 S. 3 FeV angeord-net werden, wenn eine »gelegentliche Einnahme von Cannabis vorliegt und weitere Tatsachen Zweifel an der Eignung begründen«. Es ist zwin-gend nach § 14 Abs. 2 FeV beizubringen, wenn die Fahrerlaubnis aus einem der in § 14 Abs. 1 FeV ge-nannten Gründe entzogen war oder zu klären ist, ob der Betroffene noch abhängig ist oder weiterhin Betäubungsmittel einnimmt, da in diesen Fällen für eine Beurteilung auch in Form einer Prognose entscheidend ist, ob ein stabiler Einstellungswan-del eingetreten ist.

Während bereits die einmalige Einnahme von Betäubungsmitteln entsprechend Anlage 4, Nr. 9.1 grundsätzlich die Fahreignung ausschließt (VGH Mannheim NZV 2002, S. 475 ff.), ist spe-ziell für Cannabis zwischen fachärztlich fest-gestellter regelmäßiger und gelegentlicher Ein-nahme zu unterscheiden (zur Differenzierung Gehrmann 2002a, S. 209 f.). Erstere schließt die Fahreignung gemäß Anlage 4, Nr. 9.2.1 ebenfalls in der Regel aus, wogegen die gelegentliche Ein-nahme die Fahreignung grundsätzlich nicht hin-dert. Bestehen aber aufgrund weiterer Tatsachen Zweifel an der Eignung, wie z. B. bei Konsum im Zusammenhang mit dem Fahren, Kontroll-verlust, Persönlichkeitsstörungen oder zusätzli-chem Gebrauch von Alkohol (BVerwG FD-StrVR 2013, 352537) oder anderen psychoaktiv wirken-den Stoffen (Anlage 4, Nr. 9.2.2), so kann nach § 14 Abs. 1 S. 4 FeV die Beibringung eines medi-zinisch-psychologischen Gutachtens angeordnet werden.

Hintergrundinformation
Sind hinreichend konkrete tatsächliche Verdachtsmomente dafür festzustellen, dass jemand während der Teilnahme am Straßenverkehr Cannabis konsumiert oder sonst wie unter Cannabiseinfluss ein Kraftfahrzeug geführt hat, bestehen keine verfassungsrechtlichen Bedenken, ihn einer Fahreignungsüberprüfung zu unterziehen. Diese kann auch die Anforderung eines fachärztlichen Gutachtens auf der Grundlage eines Drogenscreenings umfassen (BVerfG NJW 2002, S. 2381).

Zu dieser Problematik bestätigte das Bundesverfassungsgericht (BVerfG NJW 2002, S. 2378, 2380) die Rechtsprechung des Bundesverwaltungsgerichts (NJW 2002, S. 78, 80) dahingehend, dass der einmalige oder nur gelegentliche Cannabiskonsum ohne Bezug zum Straßenverkehr nicht als hinreichendes Verdachtselement für eine Fahreignungsprüfung zu bewerten ist, was bedeutet, dass schon die Anordnung der Beibringung eines ärztlichen Gutachtens in solchen Fällen rechtswidrig ist. Zwar unterfiel der der Entscheidung zugrunde liegende Fall noch der alten Rechtslage vor 1999. Da das BVerfG aber hauptsächlich auf den verfassungsrechtlichen Verhältnismäßigkeitsgrundsatz hinsichtlich des Grundrechts der allgemeinen Handlungsfreiheit aus Art. 2 Abs. 1 GG abstellte, muss auch die neue Rechtslage diesen Anforderungen entsprechen. Für die Vorschrift des § 14 FeV hat das folgende Auswirkungen:

❯ § 14 Abs. 1 S. 1 Nr. 2 FeV ist insoweit als verfassungswidrig anzusehen, als er bei Tatsachen für die Annahme des einmaligen oder gelegentlichen Konsums von Cannabis zwingend die Anordnung eines ärztlichen Gutachtens vorsieht (so auch Gehrmann 2003, S. 15; vor der Entscheidung bereits u. a. VG Berlin NJW 2000, S. 2440; Kreuzer 1999, S. 357). Eine Anordnung nach § 14 Abs. 1 S. 2 FeV darf dementsprechend bei lediglich festgestelltem Besitz von kleineren Mengen Cannabis erst recht nicht erfolgen.

Letzteres ergibt sich daraus, dass der Besitz noch nicht den Verdachtsgrad des § 14 Abs. 1 S. 1 Nr. 2 FeV erreicht: Wäre dem so, so wäre die Vorschrift aufgrund des gleichen Gefahrengrades für die Straßenverkehrssicherheit nicht als Ermessensvorschrift

formuliert. Darüber hinaus wäre § 14 Abs. 1 S. 2 FeV dann aber auch völlig überflüssig, da er vollständig in § 14 Abs. 1 S. 1 Nr. 2 FeV enthalten wäre (OVG Münster NZV 2002, S. 427 f.). Dies und die Tatsache, dass § 14 Abs. 1 S. 2 FeV jeglichen Bezug zum Straßenverkehr vermissen lässt, stellt die Verfassungsmäßigkeit dieser Vorschrift (auch bezüglich härterer Drogen) deutlich in Frage. Geht man dennoch von ihr aus, so bleibt auf der Grundlage der neueren Rechtsprechung die Frage offen, ab welcher Menge Cannabis gegen ihren Besitzer ohne jeglichen Bezug zu Konsum und Straßenverkehr eine Anordnung nach § 14 Abs. 1 S. 2 FeV in verfassungsrechtlich zulässiger Weise ergehen kann.

13.3.5 Geistige oder körperliche Mängel (andere psychische oder somatische Krankheiten)

Eine zielführende Trennung zwischen geistigen und körperlichen Mängeln (Tatbestandsalternative nur §§ 315a, 315c StGB) ist oft nicht möglich, aber aufgrund der Gleichstellung im Gesetz auch nicht notwendig, wobei eine Fahruntüchtigkeit erst aufgrund des Zusammenwirkens von geistigen und körperlichen Mängeln selbstverständlich miterfasst ist (LK-König 2008, § 315c Rn. 48). Das BVerfG spricht von »körperlich-geistigen Mängeln, also Defiziten der körperlich-geistigen Leistungsfähigkeit oder Fehlfunktionen« (NJW 2002, S. 2378, 2380).

Hintergrundinformation
Als körperliche Mängel kommen in der juristischen Literatur beispielsweise in Betracht: Amputation von Beinen oder Armen, Schwerhörigkeit, Augenleiden, schwerer Diabetes mellitus, fiebrige Erkrankungen und selbst intensiver Heuschnupfen (Fischer 2014, § 315c Rn. 4a; LK-König 2008, § 315c Rn. 53 f.).

Aus medizinischer Sicht lässt sich keine umfassende Liste erstellen, da entsprechende Beeinträchtigungen individuell höchst unterschiedlich ausgeprägt sind und in Teilen durch Hilfsmittel, Medikamente, psychosoziale Unterstützungen oder andere Dinge ganz oder wenigstens teilweise kompensiert werden können. Anfallsleiden sind laut BGH erfasst, »sofern nach dem Erscheinungsbild und dem Verlauf der Erkrankung die erhebliche

Gefahr jederzeit auftretender Anfälle begründet ist« (BGHSt 40, S. 341).

Geistige Mängel, d. h. psychische Störungen im Sinne der ICD-10, liegen vor bei einer Beeinträchtigung kognitiver, emotionaler und psychophysiologischer Fähigkeiten, die die Verkehrsteilnahme negativ beeinflussen. Eine Spezifizierung hinsichtlich Qualität und Quantität einzelner Symptome lässt sich allerdings kaum empirisch ableiten.

Hinsichtlich der häufig vorkommenden Fälle von **Übermüdung** hat der BGH festgestellt, »dass ein Kraftfahrer, bevor er am Steuer seines Fahrzeugs während der Fahrt einschläft (einnickt), stets deutliche Zeichen der Ermüdung (Übermüdung) an sich wahrnimmt oder wenigstens wahrnehmen kann« (BGHSt 23, S. 156).

> ❯ Entscheidend bei der Beurteilung im Einzelfall ist nicht das Vorhandensein einer psychischen oder auch einer somatischen Erkrankung. Vielmehr kommt es darauf an, ob und wie sehr sich die betreffenden Zustände auf die Fahrtüchtigkeit auswirken. Informationen über das Krankheitsbild sind für den entscheidenden Richter daher nur insoweit von Nutzen und Interesse, als sie Rückschlüsse auf die Fahrtüchtigkeit des Betroffenen zulassen.

Grundsätzlich bestehende Mängel, die die Fahrtüchtigkeit in der Regel ausschließen würden, können häufiger durch technische Hilfsmittel, Medikamente oder auch durch bestimmte Verhaltensmodifikationen kompensiert werden. Allerdings sind dann ggf. Nebenwirkungen, z. B. von Medikamenten, zu berücksichtigen (Laux 2002, S. 236 f.; Pluisch 1999, S. 3 f.; ▶ Abschn. 13.3.6). Dabei ist zu beachten, dass der Tatbestand (»nicht in der Lage [...], das Fahrzeug sicher zu führen«) auch bei lediglich beschränkter Fahrtüchtigkeit erfüllt ist (Hentschel et al.-König 2013, § 316 StGB Rn. 7).

13.3.6 Fahrsicherheit bei Arzneimitteltherapie

Die stabilisierende Wirkung einer Arzneimitteltherapie auf der einen Seite und mögliche Einschränkungen der psychophysischen Leistungsfähigkeit durch die Arzneimitteltherapie auf der anderen Seite sind differenziert zu bewerten.

Generell ist jeder Verkehrsteilnehmer zur Selbstüberprüfung seiner Fahrsicherheit verpflichtet (Vorsorgepflicht, andere Verkehrsteilnehmer nicht zu gefährden). Dies gilt insbesondere bei einer Erkrankung oder während einer Arzneimitteltherapie. Aber auch der Arzt hat eine Aufklärungspflicht gegenüber dem Patienten hinsichtlich eventueller Einschränkungen der Fahrsicherheit durch die Erkrankung selbst oder die medikamentöse Behandlung. Diese Aufklärung kann mündlich erfolgen (ein bloßer Verweis auf die Packungsbeilage eines Medikaments genügt nicht!) und sollte aus Gründen der Beweispflicht immer schriftlich dokumentiert werden.

Der Arzt hat das Recht, bei uneinsichtigen Patienten und konkreter Gefahr, die ärztliche Schweigepflicht zu brechen und eine Meldung an die Straßenverkehrsbehörde und/oder Polizei zu machen (»rechtfertigender Notstand«; Peitz u. Hoffmann-Born 2008, S. 82). Der Arzt sollte den Patienten aber vorher darüber informiert haben, dass er ihn melden werde, wenn er weiterhin aktiv am Straßenverkehr teilnehme. Der Anteil der durch Arzneimittelwirkungen (mit-)bedingten Verkehrsunfälle wird auf 3–10 % geschätzt. Die größte Rolle scheinen hierbei Benzodiazepine zu spielen, für die in der Literatur ein bis zu 5-fach erhöhtes Verkehrsunfallrisiko beschrieben wird (Berghaus et al. 2006, S. 2104).

Einen Überblick über wesentliche verkehrsrelevante Arzneimittel gibt ❑ Tab. 13.2. Zum einen kann die erwünschte Wirkung des Medikaments, zum anderen können unerwünschte Nebenwirkungen einen negativen Einfluss auf die Fahrsicherheit haben. Insbesondere sedierende Arzneimittel wirken sich negativ auf Aufmerksamkeit und Konzentration, Reaktionsgeschwindigkeit und Wahrnehmung sowie Koordination aus.

Bei der Beurteilung der Fahrsicherheit unter einer Arzneimitteltherapie sind neben den einzelnen Arzneimittelgruppen unbedingt weitere Einflussgrößen zu berücksichtigen (s. auch Berghaus et al. 2006, S. 2105 f.):

- Grunderkrankung und individuelle Faktoren, z. B. Alter, Geschlecht, Körperbau, Begleiterkrankungen, Compliance.

◻ Tab. 13.2 Wichtige Arzneimittelgruppen mit möglichen verkehrsrelevanten Wirkungen

Arzneimittel	Mögliche verkehrsrelevante Wirkungen
Antidepressiva	Vor allem tri- bzw. tetrazyklische Antidepressiva: Sedierung, Schwindel, Verwirrtheit, Unruhe, Senkung der Krampfschwelle, Sehstörungen (Akkommodationsstörungen)
Antipsychotika	Sedierung, Hypotonie, vegetative Symptome, Sehstörungen, extrapyramidal-motorische Störungen, Senkung der Krampfschwelle
Hypnotika und Sedativa	Sedierung, herabgesetzte Reaktionsgeschwindigkeit, Hypotonie, verminderte Vigilanz, Müdigkeit, Schwindel; besondere Gefahr durch Hangover-Effekte
Psychostimulanzien	Schwindel, Psychosen, Krampfanfälle, Sehstörungen (Akkommodationsstörungen), Unruhe, übersteigerter Antrieb, Selbstüberschätzung
Antiparkinsonmittel	Müdigkeit, Schwindel, Verwirrtheit, Halluzinationen, kognitive Störungen
Antikonvulsiva	Müdigkeit, Schwindel, Konzentrationsstörungen, Koordinationsstörungen, Sehstörungen
Antihistaminika	Je nach Substanz mehr oder weniger starke Sedierung
Antidiabetika	Vor allem in Ein-/Umstellungsphasen Gefahr durch Hypo- oder Hyperglykämien
Ophthalmika	Gefahr insbesondere durch Pupillenerweiterungen oder -verengungen (verminderte Sehschärfe und beeinträchtigte Fähigkeit zur Anpassung an die Lichtverhältnisse)
Antihypertonika	Hypotonie, Schwindel, Ohnmachtsneigung, Müdigkeit, herabgesetzte Konzentrationsfähigkeit
Analgetika	Nichtopioidhaltige Analgetika: bei Kombinationspräparaten mit Koffein oder Kodein stimulierende Effekte, Unruhe, mögliche Stimmungsschwankungen (Euphorie, Aggressivität) Opioidhaltige Analgetika: Sedierung, herabgesetzte Konzentration und Aufmerksamkeit, verlängerte Reaktionszeiten, Unruhe, eingeschränkte Muskelkoordination, Pupillenverengung
Lokalanästhetika, Narkotika	Bei isolierter Gabe von Lokalanästhetika kurzfristige Leistungsminderungen (im Wesentlichen innerhalb der ersten Stunde nach Applikation), bei Narkotika in der Regel wenige Stunden
Zentrale Muskelrelaxantien	Vor allem Sedierung
Zytostatika	Vor allem Müdigkeit

- Dosis: je höher die Dosis, desto größer sind in der Regel die Auswirkungen auf das psychophysische Leistungsvermögen; aber auch Änderungen der Dosis sind kritisch.
- Applikationsart: nach intravenöser Darreichung eines Arzneimittels sind gewöhnlich schnellere und massivere Auswirkungen auf die Leistungsfähigkeit zu erwarten als bei oraler Darreichung mit längerer Resorptionszeit.
- Therapiephase: besonders kritisch ist der Therapiebeginn, bei dem die optimale Dosis noch nicht gefunden ist.
- Zeitspanne zwischen Medikamenteneinnahme und Fahrt (maximale Leistungseinschränkung bei maximaler Wirkstoffkonzentration): in der Resorptionsphase (Anflutungsphase) eines Medikaments sind größere Leistungseinbußen zu erwarten als während der Elimination.
- Interaktionen mit anderen Mitteln.

13.4 Vorgaben für die Gutachtenerstellung

Hinsichtlich der Erstellung ärztlicher bzw. medizinisch-psychologischer Gutachten (speziell dazu Himmelreich u. Janker, S. 1999) macht die Anlage 15 (dazu Geiger 2002, S. 20 ff.; Geiger 2007, S. 491 f.), auf die § 11 Abs. 5 FeV verweist, nähere Angaben.

Eine Orientierung und Hilfestellung bei der Beurteilung der Fahreignung bieten zudem die Beurteilungskriterien zur Urteilsbildung in der medizinisch-psychologischen Fahreignungsdiagnostik, die zum Zwecke der Vereinheitlichung und Transparenz der Fahreignungsdiagnostik entwickelt wurden (Schubert u. Mattern 2009, S. 197 ff., hier auch weitere Informationen zu Drogenscreenings und Abstinenznachweisen).

Weitere Anhaltspunkte, insbesondere auch für psychische Störungen, lassen sich den – durch die Zusammenlegung der Gutachten »Krankheit und Kraftverkehr« und »Das Psychologische Gutachten Kraftfahreignung« begründeten – Begutachtungsleitlinien zur Kraftfahrereignung entnehmen. Die für die Leitlinien inzwischen verantwortliche Bundesanstalt für Straßenwesen hält diese in ihrer aktuellen Fassung auf der eigenen Internetseite (http://www.bast.de) bereit (aktuell in der Fassung vom 1.5.2014).

Anlage 15 zu § 11 Abs. 5 FeV. Grundsätze für die Durchführung der Untersuchungen und die Erstellung der Gutachten

1. Die Untersuchung ist unter Beachtung folgender Grundsätze durchzuführen:

   a. Die Untersuchung ist anlassbezogen und unter Verwendung der von der Fahrerlaubnisbehörde zugesandten Unterlagen über den Betroffenen vorzunehmen. Der Gutachter hat sich an die durch die Fahrerlaubnisbehörde vorgegebene Fragestellung zu halten.

   b. Gegenstand der Untersuchung sind nicht die gesamte Persönlichkeit des Betroffenen, sondern nur solche Eigenschaften, Fähigkeiten und Verhaltensweisen, die für die Kraftfahreignung von Bedeutung sind (Relevanz zur Kraftfahreignung).

   c. Die Untersuchung darf nur nach anerkannten wissenschaftlichen Grundsätzen vorgenommen werden.

   d. Vor der Untersuchung hat der Gutachter den Betroffenen über Gegenstand und Zweck der Untersuchung aufzuklären.

   e. Über die Untersuchung sind Aufzeichnungen anzufertigen.

   f. In den Fällen der §§ 13 und 14 ist Gegenstand der Untersuchung auch das voraussichtliche künftige Verhalten des Betroffenen, insbesondere ob zu erwarten ist, dass er nicht oder nicht mehr ein Kraftfahrzeug unter Einfluss von Alkohol oder Betäubungsmitteln/Arzneimitteln führen wird. Hat Abhängigkeit von Alkohol oder Betäubungsmitteln/Arzneimitteln vorgelegen, muss sich die Untersuchung darauf erstrecken, dass die Abhängigkeit nicht mehr besteht. Bei Alkoholmissbrauch, ohne dass Abhängigkeit vorhanden war oder ist, muss sich die Untersuchung darauf erstrecken, ob der Betroffene den Konsum von Alkohol einerseits und das Führen von Kraftfahrzeugen im Straßenverkehr andererseits zuverlässig voneinander trennen kann. Dem Betroffenen kann die Fahrerlaubnis nur dann erteilt werden, wenn sich bei ihm ein grundlegender Wandel in seiner Einstellung zum Führen von Kraftfahrzeugen unter Einfluss von Alkohol oder Betäubungsmitteln/Arzneimitteln vollzogen hat. Es müssen zum Zeitpunkt der Erteilung der Fahrerlaubnis Bedingungen vorhanden sein, die zukünftig einen Rückfall als unwahrscheinlich erscheinen lassen. Das Gutachten kann auch geeignete Kurse zur Wiederherstellung der Kraftfahreignung empfehlen.

   g In den Fällen des § 2a Abs. 4 Satz 1 und Abs. 5 Satz 5 oder des § 4 Abs. 10 Satz 4 des Straßenverkehrsgesetzes oder des § 11 Abs. 3 Nr. 4 oder 5 dieser Verordnung ist Gegenstand der Untersuchung auch das voraussichtliche künftige Verhalten des Betroffenen, ob zu erwarten ist, dass er nicht mehr erheblich oder nicht mehr wiederholt gegen verkehrsrechtliche Bestimmungen oder gegen

▼   ▼

Strafgesetze verstoßen wird. Es sind die Bestimmungen von Buchstabe f Satz 4–7 entsprechend anzuwenden.

2. Das Gutachten ist unter Beachtung folgender Grundsätze zu erstellen:

   a. Das Gutachten muss in allgemeinverständlicher Sprache abgefasst, sowie nachvollziehbar und nachprüfbar sein. Die Nachvollziehbarkeit betrifft die logische Ordnung (Schlüssigkeit) des Gutachtens. Sie erfordert die Wiedergabe aller wesentlichen Befunde und die Darstellung der zur Beurteilung führenden Schlussfolgerungen. Die Nachprüfbarkeit betrifft die Wissenschaftlichkeit der Begutachtung. Sie erfordert, dass die Untersuchungsverfahren, die zu den Befunden geführt haben, angegeben und, soweit die Schlussfolgerungen auf Forschungsergebnisse gestützt sind, die Quellen genannt werden. Das Gutachten braucht aber nicht im Einzelnen die wissenschaftlichen Grundlagen für die Erhebung und Interpretation der Befunde wiederzugeben.

   b. Das Gutachten muss in allen wesentlichen Punkten, insbesondere im Hinblick auf die gestellten Fragen (§ 11 Abs. 6), vollständig sein. Der Umfang eines Gutachtens richtet sich nach der Befundlage. Bei eindeutiger Befundlage wird das Gutachten knapper, bei komplizierter Befundlage ausführlicher erstattet.

   c. Im Gutachten muss dargestellt und unterschieden werden zwischen der Vorgeschichte und dem gegenwärtigen Befund.

3. Die medizinisch-psychologische Untersuchung kann unter Hinzuziehung eines beeidigten oder öffentlich bestellten und vereidigten Dolmetschers oder Übersetzers, der von der Begutachtungsstelle für Fahreignung bestellt wird, durchgeführt werden. Die Kosten trägt der Betroffene.

   ▼

4. Wer mit Unternehmen oder sonstigen Institutionen vertraglich verbunden ist, die Personen hinsichtlich der typischen Fragestellungen in der Begutachtung von Begutachtungsstellen für Fahreignung im Sinne von § 66 zur Klärung von Zweifeln an der Kraftfahreignung in Gruppen oder einzeln beraten, behandeln, betreuen oder auf die Begutachtung vorbereiten oder Kurse zur Wiederherstellung der Kraftfahreignung anbieten, oder wer solche Maßnahmen in eigener Person anbietet, darf keine Personen zur Klärung von Zweifeln an der Kraftfahreignung in Begutachtungsstellen für Fahreignung untersuchen oder begutachten.

Es ist aber zu beachten, dass es sich bei den Begutachtungsleitlinien zur Kraftfahrereignung nicht um verbindliche Rechtsnormen handelt, auf die ohne weiteres Bezug genommen werden kann. So führen die Leitlinien in Punkt 2.4 aus:

» Es ist nicht Aufgabe der Leitlinien, alle vorkommenden Leistungseinschränkungen eines Menschen zu berücksichtigen und zu prüfen, ob die festgestellten Beeinträchtigungen ein stabiles oder bedingt stabiles Leistungsniveau gewährleisten oder u. U. zu einem plötzlichen Leistungszusammenbruch führen könnten. […] Die Leitsätze der Begutachtungsleitlinien ersetzen nicht die Begründung des Gutachtens im Einzelfall. Es bleibt eine Aufgabe des Gutachters, den Mangel individuell zu interpretieren und so einen Bezug des Mangels zu den Begutachtungsleitlinien in verständlicher Weise herzustellen.

Insbesondere Stevens u. Foerster (2001, S. 129) weisen in einer dezidierten, aber noch zu den Richtlinien aus dem Jahr 2000 ergangenen Kritik an den Begutachtungsleitlinien zur Kraftfahrereignung (BLL) darauf hin:

» Zusammenfassend erscheinen die BLL reformbedürftig. Sie befremden in einer Landschaft von wissenschaftlichen Leitlinien, die die, der Empfehlung zugrunde liegenden Quellen und Daten, benennen, kritisch diskutieren und nachvollziehbar machen (evidence-based medicine). Die BLL sind umfangreich, lassen aber an Präzision vermissen, indem sie die Meinung ihrer Verfasser ähnlich einer »persönlichen Kommunikation« dogmenhaft wiedergeben. […] Einige Empfehlungen wirken auch willkürlich, theoriegeleitet und nicht im Einklang mit empirischen Befunden. Es besteht so ein Mangel an Transparenz und Objektivität, der durch die Gewährung weiter interpretatorischer Spielräume und Appelle an die Erfahrung der Gutachter nur unzureichend verdeckt wird. Transparente, begründete und belegbare Empfehlungen werden dem Gutachter, im Zweifelsfall von den Verwaltungsgerichten, zwar ausdrücklich abverlangt – die BLL sind dabei allerdings keine Hilfestellung.

Bezüglich der Anforderungen an die Leistungsfähigkeit wird in den Leitlinien für die Fahrerlaubnisgruppe 1 (Klassen A, A1, A2, B, BE, AM, L und T) mindestens ein Prozentrang von 16 (bezogen auf altersunabhängige Normwerte) in entsprechenden Testverfahren gefordert, für die Fahrerlaubnisgruppe 2 (Klassen C, C1, CE, C1E, D, D1, DE, D1E und Fahrerlaubnis zur Fahrgastbeförderung) überwiegend ein Prozentrang von 33 (ein Prozentrang von 16 muss aber in allen Testverfahren mindestens erreicht werden). Bei der Beurteilung der Leistungsdefizite sind immer auch Kompensationsmöglichkeiten zu berücksichtigen.

Kritikpunkte an der FeV beziehen sich beispielsweise auf die vorgegebene Auswahl von psychologischen Tests sowie die Eignung der Gutachter. So müssen gemäß Anlage 5 zur FeV Bewerber, die die Erteilung einer Fahrerlaubnis der Klasse D, D1, DE oder D1E und der Fahrerlaubnis zur Fahrgastbeförderung anstreben, sowie Bewerber, die das 50. Lebensjahr vollendet haben und die Verlängerung der benannten Klassen begehren, sowie Bewerber, die das 60. Lebensjahr vollendet haben und eine Verlängerung der Fahrerlaubnis als auch der Fahrerlaubnis zur Fahrgastbeförderung begehren, einen Leistungstest nach der FeV durchführen. Untersucht werden müssen dabei:

- Belastbarkeit,
- Orientierungsleistung,
- Konzentrationsleistung,
- Aufmerksamkeitsleistung,
- Reaktionsfähigkeit.

Die Auswahl wirkt willkürlich (Schneider u. Ihl 2000, S. 21 f.). Es bleibt offen, warum andere im Verkehr wesentliche Fähigkeiten, wie z. B. Wahrnehmungsleistungen oder soziale Kompetenz im Umgang mit schwierigen Verkehrssituationen, hier nicht aufgeführt werden. Eine Auswahl sollte sich an wissenschaftlichen Kriterien orientieren. Des Weiteren fehlt eine Prüfung auf die gerade im Alter auftretenden beginnenden Störungen der kognitiven Fähigkeiten. Nachbesserungsbedarf sehen inzwischen auch Bund und Länder selbst. Aufgrund der Ergebnisse des von der Bundesanstalt für Straßenwesen verfassten Berichts zu Testverfahren zur psychometrischen Leistungsprüfung der Fahreignung (Poschadel et al. 2009) halten sie es nach einer Auskunft des Ministeriums für Bauen, Wohnung, Stadtentwicklung und Verkehr des Landes Nordrhein-Westfalen für fraglich, ob der Verordnungstext der Anlage 5 Nr. 2 FeV dem Gesetzeszweck – einheitliche Prüfkriterien herzustellen – genügt.

Die deutsche Gesellschaft für Verkehrspsychologie e. V. (DGVP) hat inzwischen eine ständige Arbeitsgruppe »Testbewertungssystem« eingerichtet, die es sich zur Aufgabe gemacht hat, die eingesetzten Testverfahren auf ihre Tauglichkeit zu überprüfen.

13.5   Literatur

Albrecht F (2005) Fahren unter Drogen nach der Entscheidung des Bundesverfassungsgerichts. SVR 5: 81–86

BASt (2014) Begutachtungsleitlinien zur Kraftfahreignung. Bundesanstalt für Straßenwesen, Bergisch Gladbach, Stand 2014

Berghaus G, Käferstein H, Rothschild MA (2006) Arzneimittel und Fahrsicherheit. DÄ 103: A 2104–2109

Bode HJ, Winkler W (2006) Fahrerlaubnis – Eignung, Entzug, Wiedererteilung, 5. Aufl. Deutscher Anwaltverlag, Bonn

Bonte W, Rüdell E, Sprung R, Bilzer N, Kühnholz B (1982) Die Begleitstoffanalyse. NJW 35: 2109–2110

Deiters M (2002) Die freie Entscheidung zur Tat: Zur Rechtsfigur der actio libera in causa. In: Schneider F, Frister H (Hrsg) Alkohol und Schuldfähigkeit. Springer, Berlin Heidelberg New York Tokio, S. 121–139

Fischer T (2014) Strafgesetzbuch mit Nebengesetzen, 61. Aufl. Beck, München

Fuchs M (1993) Die Behandlung alkoholbedingter Straßenverkehrsunfälle im Unfallversicherungsrecht. NZV 6: 422–425

Gehrmann L (2002a) Die Eignungsbeurteilung von Drogen konsumierenden Kraftfahrern nach neuem Fahrerlaubnisrecht. Zur Frage der Verfassungsmäßigkeit von § 14 FeV. NZV 5: 201–212

Gehrmann L (2002b) Neue Erkenntnisse über die medizinische und psychologische Begutachtung von Kraftfahrern. Zur Kommentierung der Begutachtungs-Leitlinien, Januar 2002, von Schubert/Schneider/Eisenmenger/Stephan. NZV 15: 488–499

Gehrmann L (2003) Bedenken gegen die Kraftfahrereignung und Eignungszweifel in ihren grundrechtlichen Schranken. NZV 16: 10–17

Geiger H (2002) Anforderungen an medizinisch-psychologische Gutachten aus verwaltungsrechtlicher Sicht. NZV 15: 20–22

Geiger H (2007) Die Bedeutung der medizinisch-psychologischen Untersuchung im Fahrerlaubnisrecht. NZV 20: 489–492

Habel U, Schneider F (2002) Diagnostik und Symptomatik von Alkoholintoxikation, schädlichem Gebrauch und Alkoholabhängigkeit. In: Schneider F, Frister H (Hrsg) Alkohol und Schuldfähigkeit. Springer, Berlin Heidelberg New York Tokio, S. 23–54

Haffner HT, Blank JH (2002) Berechnung und Stellenwert der Blutalkoholkonzentration bei der Schuldfähigkeitsbeurteilung. In: Schneider F, Frister H (Hrsg) Alkohol und Schuldfähigkeit. Springer, Berlin Heidelberg New York Tokio, S. 69–89

Hentschel P (2001) Gesetz zur Änderung des Straßenverkehrsgesetzes und anderer straßenverkehrsrechtlicher Vorschriften vom 19.3.2001. NJW 54: 1901–1905

Hentschel P (2006) Trunkenheit – Fahrerlaubnisentziehung – Fahrverbot im Straf- und Ordnungswidrigkeitenrecht, 10. Aufl. Werner, München/Unterschleißheim

Hentschel P, König P, Dauer P (2013) Straßenverkehrsrecht, Kommentar, 42. Aufl. Beck, München (zit. Hentschel et al.-Bearbeiter)

Himmelreich K, Janker H (1999) MPU-Begutachtung, 2. Aufl. Werner, Düsseldorf

Himmelreich K, Halm W (2011) Überblick über neue Entscheidungen in Verkehrsstraf- und Bußgeldsachen, Überblick 1.4.2010–31.3.2011. NStZ 8: 440–450

Himmelreich K, Halm W (2006) Überblick über neue Entscheidungen in Verkehrsstraf- und Bußgeldsachen, Überblick 1.4.2005–31.3.2006. NStZ 26: 380–388

Himmelreich K, Janker H, Karbach U (2007) Fahrverbot, Fahrerlaubnisentzug und MPU-Begutachtung, 8. Aufl. Luchterhand, Neuwied

Hirsch HJ (1997) Anwendbarkeit der Grundsätze der actio libera in causa (Anmerkung zu BGH 3 StR 632/96). NStZ 17: 230–232

Hoppe B, Haffner HT (1998) Doppelblutentnahme und Alkoholanflutungsgeschwindigkeit in der Bewertung von Nachtrunkeinlassungen. NZV 11: 265–268

Kreuzer A (1999) Verfassungs-, straf- und verwaltungsrechtliche Behandlung des Drogenfahrens – Einigkeiten und Diskrepanzen. NZV 12: 353–358

Lackner K, Kühl K (2014) Strafgesetzbuch mit Erläuterungen, 28. Aufl. Beck, München

Langheid T (2007) Die Reform des Versicherungsvertragsgesetzes. 1. Teil: Allgemeine Vorschriften. NJW 60: 3665–3672

Laub G, Brenner-Hartmann J (2001) Die Begutachtungsstelle für Fahreignung (BfF) – Aufgaben und Arbeitsweise. NZV 14: 16–27

Laux G (2002) Psychische Störungen und Fahrtauglichkeit. Eine Übersicht. Nervenarzt 71: 231–238

Lenhart U (2003) Die Verteidigung bei Fahrt unter Rauschmitteleinwirkung – Warnung vor »2. Instanz«. NJW 56: 409–411

LK: Leipziger Kommentar zum Strafgesetzbuch (2008) Bd 11 §§ 306–323, 12. Aufl. De Gruyter, Berlin (zit. LK-Bearbeiter)

Molketin R (2001) Fahrverbot (§ 44 StGB) nur bei erheblichen Anlasstaten? NZV 14: 411–420

Peitz J, Hoffmann-Born H (2008) Arzthaftung bei problematischer Fahreignung, 2. Aufl. Kirschbaum, Bonn

Piesker H (2002) Fahrverbot statt Entziehung der Fahrerlaubnis auch bei Trunkenheitsdelikten und anderen Katalogtaten des § 69 II StGB. NZV 15: 297–302

Pluisch F (1999) Medikamente im Straßenverkehr – Zur Diskussion einer Ergänzung des § 24a StVG. NZV 12: 1–6

Poschadel S, Falkenstein M, Pappachan P, Poll E, von Hinckeldey K (2009) Testverfahren zur psychometrischen Leistungsprüfung der Fahreignung. Schünemann, Bremen

Renzikowski J (2002) Im Labyrinth des Vollrauschtatbestands (§ 323a StGB). In: Schneider F, Frister H (Hrsg) Alkohol und Schuldfähigkeit. Springer, Berlin Heidelberg New York Tokio, S. 139–157

Rüther B (1994) Die Gefährdung des Versicherungsschutzes durch Alkohol im Straßenverkehr. NZV 7: 457–466

Scheffler U (1995) Fahrverbot und Ordnungswidrigkeitenrecht. NZV 8: 176–177

Schneider F, Ihl R (2000) Verordnete Irrwege? Neuregelung des Fahrerlaubnisrechts in Nordrhein-Westfalen. Rheinisches Ärzteblatt 54/4: 21–22

Schönke A, Schröder H (2014) Strafgesetzbuch: Kommentar, 29. Aufl. Beck, München (zit. Schönke u. Schröder-Bearbeiter)

Schubert W, Mattern R (2009) Beurteilungskriterien. Urteilsbildung in der medizinisch-psychologischen Fahreignungsdiagnostik. Kirschbaum, Bonn

Schubert W, Schneider W, Eisenmenger W, Stephan E (2005) Begutachtungs-Leitlinien zur Kraftfahrereignung, Kommentar, 2. Aufl. Kirschbaum, Bonn

Stein U (1999) Offensichtliche und versteckte Probleme im neuen § 24a II StVG (»Drogen im Straßenverkehr«). NZV 12: 441–453

Stevens A, Foerster K (2001) Die neuen Begutachtungsleitlinien zur Kraftfahreignung: Erfahrungsbericht und kritische Besprechung. Spektrum der Psychiatrie, Psychotherapie und Nervenheilkunde 30: 125–130

Weibrecht C (2001) Die neue »0,5-Promille-Regelung« des § 24a StVG und andere aktuelle Änderungen des Straßenverkehrsrechts. NZV 14: 145–148

Kindeswohlentscheidungen

F. Schneider, H. Frister, D. Olzen, *Begutachtung psychischer Störungen*
DOI 10.1007/978-3-642-54765-2_14, © Springer-Verlag Berlin Heidelberg 2015

■ **Zum Einstieg**

Psychologische und psychiatrische Gutachten stellen eine beachtliche Hilfe für die am Kindeswohl orientierten Entscheidungen des Familiengerichtes dar. Daher werden solche Sachverständigengutachten in einer Vielzahl von Fällen angefordert. Zwar besteht dazu keine Verpflichtung der Gerichte. Sehen sie davon ab, müssen sie jedoch eine andere zuverlässige Entscheidungsgrundlage haben (BVerfG FamRZ 2006, S. 605 f.).

Nach einem kurzen Überblick (▶ Abschn. 14.1) werden zunächst die Voraussetzungen eines solchen Gutachtens (▶ Abschn. 14.2) und danach die Sachverhalte geschildert, in welchen Gutachten erforderlich sind (▶ Abschn. 14.3). Dabei wird auf Sorgerechtsentscheidungen eingegangen (▶ Abschn. 14.3.1), ferner auf das Umgangsrecht (▶ Abschn. 14.3.2), das Auskunftsrecht (▶ Abschn. 14.3.3), die kindesschutzrechtlichen Maßnahmen (▶ Abschn. 14.3.4), die nicht medizinisch indizierte Beschneidung einwilligungsunfähiger männlicher Kinder (▶ Abschn. 14.3.5), die mit Freiheitsentzug verbundene Unterbringung Minderjähriger (▶ Abschn. 14.3.6) sowie die Verbleibensanordnung (▶ Abschn. 14.3.7, ▶ Abschn. 14.3.8). Anschließend erfolgt eine Erörterung der Anforderungen an die Gutachten (▶ Abschn. 14.4). Praktische Relevanz hat darüber hinaus insbesondere die Sachverständigentätigkeit im Rahmen einer Anordnung gem. § 163 Abs. 2 FamFG (▶ Abschn. 14.5).

14.1 Überblick

Seit dem 1.9.2009 gilt für Familiensachen und damit auch für Kindschaftssachen das Gesetz über das Verfahren in Familiensachen und in den Angelegenheiten der freiwilligen Gerichtsbarkeit (FamFG). Hier herrscht der Amtsermittlungsgrundsatz (§ 26 FamFG). Mithin kann vom Gericht ein Sachverständigengutachten angeordnet werden. Die Vorschriften über den Sachverständigenbeweis der Zivilprozessordnung gelten gem. § 30 Abs. 1 FamFG im Falle einer förmlichen Beweisaufnahme auch für das familiengerichtliche Verfahren. Aufgrund der Tatsache, dass mit Entscheidungen in Kindschaftssachen oft ein Eingriff in Grundrechte, vor allen in das Elternrecht gemäß Art. 6 Abs. 2 GG erfolgt, ist in der Regel ein solches

förmliches Beweisverfahren erforderlich (vgl. BT-Drucks. 16/ 6308 S. 189; Osthold 2011, S. 195 f.). Ob ein Sachverständiger mit einem Gutachten beauftragt wird, steht im pflichtgemäßen Ermessen des Familiengerichts (Knittel 2010, § 13 Rn. 245). Die Anordnung erfolgt per Beweisbeschluss. Da es sich um eine Zwischenentscheidung handelt, besteht keine Anfechtungsmöglichkeit (Knittel 2010, § 13 Rn. 247). Gutachten zur Vorbereitung von Entscheidungen über die elterliche Sorge sowie zur Ermittlung des Kindeswohls im Rahmen von Umgangsregelungen stellen hierbei die häufigste Form dar (Ernst 2009, S. 345; Salzgeber u. Fichtner 2009, S. 245 f.). Das Sachverständigengutachten legt die Entscheidung des Gerichtes aber nicht fest, sondern unterliegt der freien richterlichen Beweiswürdigung (Keidel/Sternal 2014, § 29 Rn. 34). Sollte das Gericht jedoch dem Gutachten nicht folgen, hat es die Gründe hierfür darzulegen (BVerfG NJW 1999, S. 3623 f.; BayObLG FamRZ 1980, S. 482 f.; Osthold 2011, S. 195, 198 f.). Dies führt in der Praxis zu einer nicht rechtlich, aber faktisch hohen Bindungswirkung.

❯ **Das Gericht hat sich bei seinen Entscheidungen ausschließlich am Kindeswohl zu orientieren.**

14.2 Voraussetzungen der Sachverständigentätigkeit in Kindschaftssachen

Neben der Bestellung (▶ Abschn. 14.2.1) setzt die ordnungsgemäße Tätigkeit des Sachverständigen u. U. eine bestimmte Qualifikation (▶ Abschn. 14.2.2) sowie die Beachtung bestimmter Pflichten (▶ Abschn. 14.2.3) voraus.

14.2.1 Bestellung

Die ordnungsgemäße Bestellung des Sachverständigen kann entweder durch einen förmlichen Beweisbeschluss gem. § 358 ZPO oder formlos (BGH NJW 2011, S. 520, 522) erfolgen. Seine Auswahl nimmt das Gericht vor (§ 404 Abs. 1 S. 1 ZPO; im Einzelnen ausf. ▶ Kap. 1).

> Nur bei einer speziellen Beauftragung gem. § 163 Abs. 2 FamFG hat der Sachverständige die Befugnis, auf ein Einvernehmen der Beteiligten hinzuwirken (Ernst 2009, S. 345, 347). Eine solche Tätigkeit wäre sonst auch nicht vergütungsfähig (BeckOKFamFG-Schlünder 2013, § 163 Rn. 13; Ernst 2009, S. 345, 347), sondern könnte ohne entsprechende Bestellung sogar die Besorgnis der Befangenheit begründen (OLG Naumburg BeckRS 2011, 27400; BeckOKFamFG-Burschel 2013, § 30 Rn. 39.1).

Eine Ablehnung des Sachverständigen folgt über §§ 112 Nr. 3, 113 Abs. 1 S. 2, 266 Abs. 1 Nr. 4, 5 FamFG den Vorschriften der ZPO über die Ablehnung eines Richters (Näheres in ▶ Kap. 1). Sollte der Ablehnungsantrag per Beschluss für unbegründet erklärt werden, gibt es dagegen die sofortige Beschwerde (§ 406 Abs. 5 ZPO). Über diese entscheidet der Einzelrichter (OLG München FGPrax 2012, S. 92).

14.2.2 Qualifikation des Gutachters

Für die Begutachtung gemäß § 163 Abs. 2 FamFG benötigt der Sachverständige beratende und mediative Fähigkeiten sowie gegebenenfalls eine Befähigung zur systematischen Gesprächsführung und interventionsorientierten Diagnostik (Ernst 2009, S. 345, 348; Balloff u. Wagner 2010, S. 38, 43). Demnach ist eine Ausbildung als Psychotherapeut, Familien- oder Paartherapeut oder als Mediator von Vorteil (Balloff u. Wagner 2010, S. 38, 41). Diese Qualifikationen sind bei Fachärzten für Psychiatrie und Psychotherapie und Psychologischen Psychotherapeuten gegeben. Aus dem Wortlaut der Vorschrift folgt zudem, dass ein Auftrag nur erteilt werden kann, wenn der Sachverständige mit dem familiären Konflikt aufgrund vorangegangener Diagnostik vertraut ist (Ernst 2009, S. 345, 347).

Im Falle einer Begutachtung anlässlich der Genehmigung einer freiheitsentziehenden Unterbringung eines Minderjährigen fordert § 167 Abs. 6 FamFG, dass es sich bei dem Gutachter um einen Arzt für Kinder- und Jugendpsychiatrie und -psychotherapie handelt. Im Falle der Anordnung einer freiheitsentziehenden Unterbringung eines Minderjährigen nach den Landesgesetzen kommt auch ein in Fragen der Heimerziehung ausgewiesener Psychotherapeut, Psychologe, Pädagoge oder Sozialpädagoge als Sachverständiger in Betracht.

> Für eine sachgerechte gutachterliche Exploration und Untersuchung von Kindern muss der Gutachter über Kenntnisse in Entwicklungspsychologie und –psychopathologie sowie des altersabhängigen kindlichen Erlebnishintergrundes verfügen.

14.2.3 Pflichten des Gutachters

Der Sachverständige muss unabhängig, objektiv, unparteiisch, transparent, sorgfältig ebenso wie gewissenhaft arbeiten. Er ist verpflichtet, darauf zu achten, dass ein faires Verfahren stattfindet, in dem die Parteien ihr Recht auf rechtliches Gehör wahrnehmen können (Osthold 2011, S. 195, 198). Für die Grundpflichten des Gutachters siehe ▶ Kap. 1.

14.3 Begutachtungssituationen in Kindeswohlangelegenheiten

> Eine psychologische oder psychiatrische Begutachtung des Kindes darf stets nur mit Zustimmung des Sorgeberechtigten angeordnet und durchgeführt werden (Knittel 2010, § 13 Rn. 248). Ansonsten handelt es sich um ein nichtverwertbares Gutachten (BGH FamRZ 2010, S. 720, 724; Knittel 2010, § 13 Rn. 248).

Allerdings hat das Gericht im Falle der Weigerung des Sorgeberechtigten die Möglichkeit, entweder das Kind in Anwesenheit des Sachverständigen anzuhören und dem Sachverständigen die Möglichkeit der Stellungnahme zu geben, oder aber die Einwilligung des Sorgeberechtigten gem. § 1666 Abs. 3 Nr. 5 BGB zu ersetzen (BGH NJW 2010, S. 1351; Knittel 2010, § 13 Rn. 248).

> **Muss ein einsichtsfähiges Kind dahingehend untersucht werden, ob die elterliche Sorge gemäß § 1666 BGB eingeschränkt oder entzogen werden soll, bedarf die Begutachtung seiner Einwilligung (Staudinger-Coester 2009, § 1666 Rn. 281).**

Eine solche Einsichtsfähigkeit liegt in Bezug auf Religionsfragen in der Regel bei einem zwölfjährigen Kind vor (vgl. § 5 KErzG). Ansonsten liegt die Einsichtsfähigkeit des Kindes vor, wenn es sich in der Lage befindet, die Konsequenzen seiner Einwilligung zu überblicken (MünchKommBGB-Olzen 2012, § 1666 Rn. 221).

14.3.1   Erziehungstätigkeit

In Sorgerechtsverfahren ist nicht immer ein Sachverständigengutachten nötig. So erfordert ein Verfahren nach § 1671 Abs. 1 S. 2 Nr. 1 BGB nur dann eine Begutachtung, wenn Anlass zu Nachforschungen nach § 1666 BGB besteht, weil die Übertragung der Alleinsorge auf einen Elternteil eine Kindeswohlgefährdung gem. § 1666 BGB besorgen lässt (Schnitzler/Lang, FamR, § 13 Rn. 329; Staudinger-Coester, § 1671 Rn. 286). Im Rahmen der streitigen Übertragung der Alleinsorge gem. § 1671 Abs. 1 S. 2 Nr. 2 BGB erweist sich ein Gutachten dagegen in der Regel als erforderlich, vor allem wenn wechselseitige Anträge, ein hohes Streitpotential, der Vorwurf eines Kindesmissbrauchs, ein Widerspruch des Kindes, eine problematische Umplatzierung des Kindes oder eine potentielle Trennung von Geschwistern dafür sprechen (Knittel 2010, § 13 Rn. 245; Staudinger-Coester 2009, § 1671 Rn. 286). Sollte das Kind jedoch offensichtlich zu beiden Elternteilen eine stabile psychosoziale Beziehung haben, ist ein solches Gutachten grundsätzlich entbehrlich (Knittel 2010, § 13 Rn. 246; Staudinger-Coester 2009, § 1671 Rn. 286).

Elterliche Sorge im Überblick

Generell steht die elterliche Sorge beiden Elternteilen gemeinsam zu. Wenn die Eltern miteinander verheiratet sind, so gilt dies ohne weiteres (§ 1626 Abs. 1 BGB), nicht miteinander verheiratete Eltern müssen eine entsprechende Sorgeerklärung abgeben (§ 1626a Abs. 1 Nr. 1 BGB) oder aber heiraten (§ 1626a Abs. 1 Nr. 2 BGB). Zudem kann das Familiengericht ihnen die gemeinsame elterliche Sorge übertragen (§ 1626a Abs. 1 Nr. 3 BGB). Die Übertragung findet auf Antrag eines Elternteils statt, wenn sie dem Kindeswohl entspricht (§ 1626a Abs. 2 S. 1 BGB). Hierfür besteht eine Vermutung, sofern der andere Elternteil keine entgegenstehenden Gründe vorträgt und solche auch nicht ersichtlich sind (§ 1626a Abs. 2 S. 2 BGB). Andernfalls hat die Mutter das Alleinsorgerecht (§ 1626a Abs. 3 BGB).

Gemeinsame elterliche Sorge

Die gemeinsame elterliche Sorge wird in gegenseitigem Einvernehmen der Eltern ausgeübt (§ 1627 BGB). Sollten die Eltern getrennt leben, so ist nur bei Entscheidungen von erheblicher Bedeutung gegenseitiges Einvernehmen notwendig (§ 1687 Abs. 1 S. 1 BGB). In Angelegenheiten des täglichen Lebens hat dagegen derjenige, bei dem das Kind gewöhnlich lebt, die Befugnis, allein zu entscheiden (§ 1687 Abs. 1 S. 2 BGB). Können sich die Eltern – unabhängig davon, ob sie zusammen oder getrennt leben – bei einer Sache von erheblicher Bedeutung nicht einigen, besteht die Möglichkeit, beim Familiengericht zu beantragen, die Entscheidungskompetenz für diese Angelegenheit auf einen Elternteil zu übertragen (§ 1628 S. 1 BGB). Im Falle des Getrenntlebens bei gemeinsamer elterlicher Sorge kann stattdessen auch ein Antrag auf Übertragung der alleinigen Sorge gemäß § 1671 BGB gestellt werden (Dethloff 2012, Kap. 2 Rn. 41).

Alleinige elterliche Sorge

Der Alleinsorgeberechtigte unterliegt nur den allgemeinen Ausübungsbeschränkungen, wie beispielsweise dem Auskunfts- und Umgangsrecht (§§ 1684, 1686 BGB) des anderen Elternteils. Im Übrigen entscheidet er allein und vertritt das Kind (Dethloff 2012, Kap. 2 Rn. 42). Der nicht sorgeberechtigte Elternteil kann allerdings, wenn sich das Kind mit Einwilligung des Sorgeberechtigten oder aber aufgrund einer gerichtlichen Entscheidung bei ihm aufhält, in alltäglichen Angelegenheiten allein entscheiden (§§ 1687a, 1687 Abs. 1 S. 4 BGB).

Rechtliche Voraussetzungen einer Übertragung der Alleinsorge bei ursprünglich gemeinsamer Sorge

Auch wenn das Gesetz grundsätzlich vorsieht, dass auch bei Getrenntleben sowie nach der Scheidung der Elternteile die elterliche Sorge gemeinsam ausgeübt wird, bietet § 1671 BGB die Möglichkeit, mittels Antrag die Übertragung der alleinigen Sorge zu veranlassen.

§ 1671 Abs. 1 S. 2 Nr.1 BGB regelt den bereits eingangs erwähnten Fall, dass Einigkeit der Eltern im Hinblick auf die Übertragung der alleinigen Sorge auf einen Elternteil besteht. Hier ist dem Antrag statt zu geben, es sei denn, das mindestens 14 Jahre alte Kind widerspricht. Eine Überprüfung, ob diese Übertragung dem Kindeswohl entspricht, findet also grundsätzlich nicht statt (MünchKommBGB-Hennemann 2012, § 1671 Rn. 61). Ein Eingreifen von Amts wegen im Rahmen des § 1671 Abs. 4 BGB kommt aber in Frage, wenn eine Kindeswohlgefährdung gem. §1666 BGB vorliegt (MünchKommBGB-Hennemann 2012, § 1671 Rn. 61).

Ohne eine Zustimmung des anderen Elternteils oder bei Widerspruch des 14-jährigen Kindes, richtet sich die gerichtliche Entscheidung zur Übertragung der alleinigen elterlichen Sorge auf den Antragssteller nach dem Kindeswohl (§ 1671 Abs. 1 S. 2 Nr. 2 BGB). Es hat hier also eine doppelte Kindeswohlprüfung stattzufinden. Zum einen geht es um die Auflösung der gemeinsamen Sorge, zum anderen gerade um die Übertragung der alleinigen Sorge auf den Antragssteller (MünchKommBGB-Hennemann 2012, § 1671 Rn. 69). Dabei ist nicht zwingend erforderlich, dass dies zur Abwendung einer konkreten Kindeswohlgefährdung geschieht (Muscheler 2013, Rn. 596). Bei der Prüfung, ob eine gemeinsame elterliche Sorge dem Kindeswohl besser als das Sorgerecht eines Elternteils entspricht, muss das Gericht vor allem darauf abstellen, ob subjektiv und objektiv (noch) Kooperationsfähigkeit der Eltern besteht (MünchKommBGB-Hennemann 2012, § 1671 Rn. 70). Es müssen darüber hinaus »tragfähige soziale Beziehungen« (BVerfG NJW 2003, S. 955 f.; BGH NJW 2008, S. 994 ff.) zwischen den Eltern existieren.

Wichtige Gesichtspunkte bei der Entscheidung des Gerichts, ob dem antragenden Elternteil die alleinige Sorge übertragen werden soll, stellen die Persönlichkeit des Elternteils und seine Lebensumstände (sog. Förderungsprinzip), die Qualität der Eltern-Kind-Beziehung (sog. Bindungsprinzip), die Kontinuität und Stabilität der Lebensbedingungen des Kindes (sog. Kontinuitätsprinzip) sowie der Kindeswille (sog. Willensprinzip) dar (Staudinger-Coester 2009, § 1671 Rn. 177; Muscheler 2013, Rn. 596).

Rechtliche Voraussetzungen einer Übertragung der Alleinsorge auf den Vater bei ursprünglicher Alleinsorge der Mutter gem. § 1626a Abs. 3 BGB

Wenn nicht miteinander verheiratete Eltern nicht nur vorübergehend getrennt leben, ursprünglich die Mutter gem. § 1626a Abs. 3 BGB die Alleinsorge hatte und nunmehr der Vater die Übertragung der Alleinsorge beantragt, unterscheiden sich die Voraussetzungen für die Übertragung der Alleinsorge von denen der Übertragung der Alleinsorge nach ursprünglich gemeinsamer Sorge. Dem mit der Zustimmung der Mutter gestellten Antrag des Vaters – ohne eine solche Zustimmung ist der Antrag unzulässig (BT-Drucks. 13/4899 S. 100) – ist stattzugeben, wenn die Mutter der Sorgerechtsübertragung zustimmt, das mindestens 14 Jahre alte Kind nicht widerspricht und die Übertragung dem Kindeswohl entspricht (§ 1671 Abs. 2 S. 2 Nr. 1 BGB). Anders als bei § 1671 Abs. 1 S. 2 Nr. 1 BGB findet hier also stets eine Kindeswohlprüfung statt. Es besteht für die Eltern jedoch die Möglichkeit, diese Kindeswohlprüfung zu umgehen, indem sie zunächst durch eine entsprechende Sorgerechtserklärung gem. § 1626a Abs. 1 Nr. 1 BGB die gemeinsame Sorge erhalten und danach der Vater einen Antrag auf Übertragung der Alleinsorge gem. § 1671 Abs. 1 S. 2 Nr. 1 BGB stellt (Horndasch 2013, Rn. 46). Eine Übertragung der Alleinsorge auf den Vater erweist sich zudem als möglich, wenn eine gemeinsame elterliche Sorge der Eltern gar nicht in Betracht kommt und die Übertragung der elterlichen Sorge auf den Vater dem Kindeswohl am besten entspricht (§ 1671 Abs. 2 S. 2 Nr. 2 BGB).

Begutachtung

Mit Hilfe des Gutachtens soll das Gericht in die Lage versetzt werden, eine Sorgerechtsregelung zu finden, die dem Kindeswohl am besten entspricht. Grundsätzlich richtet sich der konkrete Inhalt des

Gutachtens nach dem Beweisbeschluss. Der Sachverständige hat aber jedenfalls auch die Aufgabe, die Situation der Familie deutlich zu machen.

Seine Aufgabe besteht darin, die bereits genannten Gesichtspunkte des Förderungs-, Bindungs-, Kontinuitäts- und Willensprinzips in seinem Gutachten entsprechend den aktuellen wissenschaftlichen Erkenntnissen nachvollziehbar zu beurteilen und zu gewichten. Grundlage dafür bilden neben der Exploration des Kindes und der Eltern, Verhaltens- und Interaktionsbeobachtungen sowie gegebenenfalls ergänzende testpsychologische Untersuchungen (Näheres siehe Klosinski 2007; Lempp 2013; Westhoff u. Kluck 200; Westhoff et al. 2000). Bei der testpsychologischen Untersuchung von jüngeren Kindern werden mitunter auch projektive (z. B. Sceno-Test; Fliegner 2004) oder semiprojektive Tests (z. B. Family-Relations-Test, FRT; dt. Bearbeitung von Fläming u. Wörner 1977) angewandt, die es dem Kind ermöglichen, auf spielerische oder nonverbale Art und Weise Dinge auszudrücken, für die es noch keine Worte findet. Der Sachverständige erhofft sich hieraus beispielsweise weitere Informationen zur Art und Qualität inner- und außerfamiliärer Bindungen und Beziehungen, einen Einblick in das Erleben und die Gefühlswelt des Kindes oder Hinweise auf mögliche Verhaltensauffälligkeiten des Kindes (z. B. beim Spiel mit dem Sceno-Testmaterial). Allerdings sind projektive oder semiprojektive Tests aufgrund ihrer eingeschränkten Durchführungs-, Auswertungs- und Interpretationsobjektivität sehr umstritten. Zur Qualitätssicherung von Gutachten und Erhöhung der Transparenz und Aussagegültigkeit sollte der Sachverständige daher unbedingt für das Gericht nachvollziehbar in seinem Gutachten Stellung zu den Gütekriterien der verwendeten Verfahren beziehen (Brähler et al. 2002).

> **Eine Interpretation testpsychologischer Befunde darf nur in Zusammenschau mit den anderen Befunden erfolgen. Testpsychologische Befunde dürfen nur ergänzend Anwendung finden und ihre Grenzen sind im Gutachten aufzuzeigen.**

Um die Lebensumstände und Beziehungsmuster besser beurteilen zu können, kann es sinnvoll sein, die Untersuchung um eine Interaktionsbeobach-

tung im persönlichen Umfeld des Kindes zu ergänzen. Hausbesuche müssen aber unbedingt vorher angekündigt werden.

Bei der Beurteilung des Kindeswillens (der nicht mit dem Kindeswohl übereinstimmen muss) ist die mögliche Einflussnahme durch ein Elternteil zu berücksichtigen, d. h. der vom Kind verbal geäußerte Kindeswille sollte im Hinblick auf mögliche Suggestionen bewertet werden. Hilfreich kann es dafür sein, das Kind zu zwei Zeitpunkten zu befragen: einmal, wenn es von dem einen Elternteil zur Untersuchung gebracht wird, ferner, wenn der andere Elternteil es zur Untersuchung bringt.

Abschließend sollte der Sachverständige aus psychologischer Sicht Empfehlungen für eine Betreuungs- oder Lebensschwerpunktsregelung im Hinblick auf das Kind abgeben sowie die Frage der Kindeswohlgefährdung aus psychologischer Sicht beantworten (Salzgeber 2013, S. 442, 444). Ferner sollte das Gutachten die Konflikte zwischen den Beteiligten präsentieren und u U. Lösungswege vorschlagen (SBW/Ziegler 2012, § 163 Rn. 4). Ein direktes Hinwirken auf ein Einvernehmen ohne speziellen Auftrag ist aber nicht Aufgabe des Gutachters (SBW/Ziegler 2012, § 163 Rn. 4).

> **Das Gutachten sollte keine konkrete Sorgerechtsempfehlung enthalten (Salzgeber 2013, S. 442, 444), wohl aber aufzeigen, welche Chancen und Risiken für die Entwicklung des Kindes aus den unterschiedlichen Lebensbedingungen resultieren können, d. h. welche konkreten Bedingungen und Einflüsse sich u. U. fördernd oder hemmend auswirken (Westhoff u. Kluck 2008, S. 157).**

Beispiel

■ **Fall 14.1**

Nach ihrer Scheidung teilten sich Kirsten L. und Oliver L. das gemeinsame Sorgerecht über ihre 7-jährige Tochter Hannah. Hannah lebte bei ihrer Mutter Kirsten L. und verbrachte jedes 2. Wochenende bei ihrem Vater, der mit seiner neuen Lebensgefährtin etwa 300 km weit entfernt wohnte. Nachdem sich Kirsten L. aufgrund einer erstmalig aufgetretenen schweren Depression einer stationären psychiatrisch-psychotherapeutischen Behandlung unterzog, während derer das schulpflichtige Kind durch die Großeltern versorgt wurde, beantragte Oliver L. das alleinige Sorgerecht, da er die Erziehungsfähigkeit seiner Frau aufgrund der psychischen Erkrankung als nicht gegeben sah und daraus bereits resultierende Verhaltensauffälligkeiten des Kindes zu sehen glaubte. Im anschließenden familiengerichtlichen Verfahren beauftragte das Gericht einen psychologischen Sachverständigen zur Frage einer Kindeswohlgefährdung und ergänzend einen psychiatrischen Sachverständigen zur Beurteilung der Erziehungsfähigkeit der Kirsten L. Unter der aktuellen psychopharmakologischen sowie engmaschigen ambulanten Psychotherapie ergab sich aus psychiatrischer Sicht kein Hinweis auf eine aufgehobene Erziehungsfähigkeit der Kirsten L. Sie schien unter den aktuell gegebenen Umständen in der Lage zu sein, angemessen auf die körperlichen, psychischen und sozialen Bedürfnisse ihrer Tochter einzugehen und diese adäquat zu befriedigen. Der psychologische Sachverständige führte in seinem Gutachten aus, dass die Mutter für Hannah die Hauptbezugsperson darstellte und zwischen beiden eine sichere Bindung bestand, wobei auch die Vater-Tochter-Beziehung von wechselseitiger Zuneigung geprägt war. Eine Herausnahme aus dem gewohnten, stabilen Umfeld und ein etwaiger Umzug zum Vater wurden von dem psychologischen Sachverständigen im Hinblick auf das Kontinuitätsprinzip als nicht förderlich für die Entwicklung des Kindes beschrieben. Auch unter Berücksichtigung des Kindeswillens entschied das Gericht daher, die alleinige Sorge nicht auf den Vater zu übertragen und die gemeinsame Sorge nicht aufzulösen. Kirsten L. wurde aber eine Familienhilfe zur Seite gestellt.

> **Eine psychische Erkrankung eines Elternteils schließt nicht per se dessen Erziehungsfähigkeit aus.**

14.3.2 Umgangsrecht

Überblick

Zwar bestimmt der Sorgeberechtigte den Umgang des Kindes (§ 1632 Abs. 2 BGB), aber andere Personen haben parallel ein Recht auf Umgang. § 1684 BGB gewährt es den Eltern, § 1685 Abs. 2 BGB den Großeltern und Geschwistern des Kindes, sofern der Umgang dessen Wohl dient. Darüber hinaus können auch enge Bezugspersonen des Kindes, die

für das Kind tatsächliche Verantwortung tragen oder aber getragen haben und deren Umgang dem Wohl des Kindes dient, ein entsprechendes Recht haben (§ 1685 Abs. 2 BGB). Schließlich hat auch der biologische, nicht rechtliche Vater des Kindes ein Recht auf Umgang mit seinem Kind, falls dies dem Kindeswohl dient (§ 1686a Abs. 1 Nr. 1 BGB). Unter »Umgang« fallen nicht nur der Besuch und das persönliche Gespräch, sondern auch Telefonate, SMS sowie Korrespondenz (vgl. Dethloff 2012, Kap. 2 Rn. 94; Muscheler 2013, Rn. 641). Das Umgangsrecht soll dem Berechtigten ermöglichen, sich von der körperlichen und geistigen Verfassung sowie der Entwicklung des Kindes durch Augenschein und gegenseitige Gespräche zu überzeugen (BGH NJW 1965, S. 394 ff.; NK-BGB Peschel-Gutzeit 2010, § 1684 Rn. 8). Überdies soll damit die (verwandtschaftliche) Beziehung des Kindes zu dem Umgangsberechtigten aufrechterhalten und eine Entfremdung verhindert werden (BGH NJW 1965, S. 394, 396; NK-BGB Peschel-Gutzeit 2010, § 1684 Rn. 8). Das Umgangsrecht stellt ein höchstpersönliches, unübertragbares sowie unverzichtbares Recht dar (Muscheler 2013, Rn. 635).

Rechtliche Voraussetzungen

Die juristischen Erfordernisse des Umgangsrechtes der rechtlichen Eltern und des Umgangsrechtes sonstiger Personen sind unterschiedlich.

Umgangsrecht der Eltern

Das elterliche Umgangsrecht ist unabhängig vom Sorgerecht. Auch demjenigen, der nur ein Teilsorgerecht besitzt, steht ein Umgangsrecht zu, sofern er nicht täglich mit dem Kind zusammenlebt (BT-Drucks. 13/4899 S. 105). Umgangsbefugnisse bestehen bereits im Säuglingsalter (BVerfG FamRZ 2006, S. 1822, 1824). Das Gesetz geht gem. § 1626 Abs. 3 BGB von der Vermutung aus, dass es dem Kindeswohl dient, wenn das Kind Umgang mit seinen Eltern sowie mit anderen Personen pflegt, zu denen es Bindungen hat, deren Aufrechterhaltung seine Entwicklung fördert. Es kommt dem Wohl des Kindes in der Regel zugute, dass es die Möglichkeit hat, durch Umgang eine persönliche Beziehung zu den Eltern oder sonstigen nahestehenden Personen aufzubauen oder fortzusetzen (BVerfG NJW 2008, S. 1287, 1289).

Umgangsrecht der Großeltern, enger Bezugspersonen sowie des leiblichen Vaters

Das Umgangsrecht der Großeltern, engerer Bezugspersonen und des leiblichen Vaters ist im Gegensatz zum Umgangsrecht der Eltern an die positive Feststellung gebunden, dass es dem Wohl des Kindes dient. Ein aufgezwungener Umgang mit diesem Personenkreis schädigt nach Ansicht des Gesetzgebers in der Regel das Kindeswohl. Bei der Beurteilung ist der Wille des Kindes beachtlich; ihm wird ein starkes Gewicht beigemessen (jurisPK-Bauer 2011, § 1685 Rn. 14). In Bezug auf den biologischen Vater geht man bei sozial-familiären Beziehungen davon aus, dass eine Kindeswohldienlichkeit vorliegt (Staudinger-Rauscher 2009, § 1686a Rn. 18). Dazu muss der biologische Vater ein ernsthaftes Interesse an dem Kind bekundet haben (BT-Drucks. 17/12163 S. 13) und bei Antragsstellung auf Erteilung eines Umgangsrechts an Eides statt versichern, dass er der Mutter des Kindes während der Empfängniszeit beigewohnt hat (§ 167a Abs. 1 FamFG). Zudem hat er – falls es sich als erforderlich erweist und nicht unzumutbar ist – zur Klärung der Vaterschaft Untersuchungen, insbesondere die Entnahme von Blutproben, zu dulden (§ 167a Abs. 2 FamFG).

Verfahrensrechtliche Aspekte

Grundsätzlich treffen die Eltern eine Vereinbarung über Art, Ort und Häufigkeit des Umganges (NK-BGB Peschel-Gutzeit 2010, § 1684 Rn. 22). Scheitert sie, entscheidet der Sorgeberechtigte, bei dem das Kind lebt, über die Gestaltung des Umganges gem. § 1632 Abs. 2 BGB (NK-BGB Peschel-Gutzeit, 2010 § 1684 Rn. 22). Allerdings kann auch das Familiengericht eine Reihe von Entscheidungen treffen. Möglich ist zum einen die Konkretisierung des Umganges gem. § 1684 Abs. 3 S. 1 BGB im Hinblick auf beispielsweise die Anzahl der Kontakte, ihre Dauer oder den Zeitpunkt (Muscheler 2013, Rn. 642). Zum anderen kann das Familiengericht Anordnungen im Hinblick auf die Wohlverhaltenspflicht des Umgangsberechtigten erlassen (§ 1684 Abs. 3 S. 2 BGB). Es besteht auch die Möglichkeit, eine Umgangspflegschaft gem. § 1684 Abs. 3 S. 3 BGB anzuordnen. Als Folge

wird dem sich weigernden betreuenden Elternteil das Aufenthaltsbestimmungsrecht entzogen und auf einen Pfleger übertragen, der dem Berechtigten dann den Umgang ermöglicht (OLG Rostock FamRZ 2004, S. 54; NK-BGB Peschel-Gutzeit 2010, § 1684 Rn. 67).

Für eine Umgangspflegschaft beim Umgang mit dem leiblichen Vater sowie den anderen Bezugspersonen bestehen jedoch erhöhte Anforderungen. Die §§ 1685 Abs. 3, 1686a Abs. 2 S. 2 BGB verweisen auf § 1666 Abs. 1 BGB, d. h., es muss eine Kindeswohlgefährdung vorliegen. Ferner kann das Familiengericht gem. § 1684 Abs. 4 S. 1, 3 BGB den Umgang auch einschränken, ausschließen oder aber einen sog. geschützten Umgang anordnen, bei dem ein mitwirkungsbereiter Dritter beim Umgang anwesend sein muss, wenn dies zum Wohl des Kindes erforderlich ist (Muscheler 2013, Rn. 642). Die Einschränkung des Umgangs muss jedoch verhältnismäßig sein (BVerfG FamRZ 2006, S. 605). Zudem erlaubt § 1684 Abs. 4 S. 1, 2 BGB dem Familienrichter, den Umgang für eine längere Zeit oder auf Dauer einzuschränken oder sogar auszuschließen, falls ansonsten das Wohl des Kindes gefährdet wäre. Die Beschränkungen müssen zur Abwehr einer konkreten Gefahr für das körperliche, geistige oder seelische Wohl des Kindes erforderlich sein und dürfen nicht durch eine mildere Maßnahme abgewendet werden können (NK-BGB Peschel-Gutzeit 2010, § 1684 Rn. 47; BeckOKBGB-Veit 2013, § 1684 Rn. 41). In der Regel hat einmal jährlich eine gerichtliche Überprüfung stattzufinden, vorausgesetzt, dass eine solche Überprüfung nicht ihrerseits das Kindeswohl gefährdet (EGMR FamRZ 2011, S. 1484 f.; Muscheler 2013, Rn. 642).

Beispiel

- **Fall 14.2**

Im Fall des 5-jährigen Marvin G. kam es zu einer massiven Beeinflussung des Kindes durch die allein sorgeberechtigte Mutter gegen den Vater. Sie führte zu erheblichen Loyalitätskonflikten auf Seiten des Kindes. Trotz Umgangsrechts des Vaters lehnte die Mutter Kontakte des Kindes zum Vater ab und versuchte, diese immer wieder zu verhindern. Die Mutter befürchtete durch den Umgang des Kindes mit dem

Vater, der ihr gegenüber während der Ehe gewalttätig geworden war, eine negative Einflussnahme auf Marvin. Es bestanden ein hohes Streitpotential, gegenseitige Anschuldigungen und wenig Kooperationsbereitschaft beider Elternteile. Mehrere Vermittlungsversuche durch Beratungsstellen, das Jugendamt und das Gericht blieben ohne Erfolg. In einem familiengerichtlichen Verfahren, in welchem sich alle Beteiligten auch einer psychologischen Begutachtung unterzogen, wurde schließlich eine Umgangspflegerin bestellt. Das Gericht bewertete die Aufrechterhaltung regelmäßiger Kontakte auch zum Vater als vordringliche Bedingung für die gesunde Weiterentwicklung des Kindes.

Gegenüber demjenigen, der dazu verpflichtet ist, den Umgang zu ermöglichen, kann das Familiengericht Ordnungsmittel in Form von Ordnungshaft oder Ordnungsgeld anordnen (§ 89 Abs. 1 FamFG). Darüber hinaus kommt sogar unmittelbarer Zwang in Betracht, falls die Ordnungsmittel erfolglos waren oder aber keinen Erfolg versprechen, während die zeitnahe Vollstreckung der Entscheidung unbedingt geboten ist (§ 90 Abs. 1 FamFG). Allerdings richtet der unmittelbare Zwang sich nicht gegen das Kind selbst (§ 90 Abs. 2 S. 2 FamFG). Schließlich kann auch auf Anregung eines Elternteiles ein Vermittlungsverfahren über die Durchsetzung des Umgangsrechts gem. § 165 FamFG durchgeführt werden. Es dient dazu, eine einverständliche Konfliktlösung zu erzielen und damit auch weitere gerichtliche Entscheidungen bzw. den Einsatz von Ordnungsmitteln (vgl. BeckOKFamFG-Schlünder 2013, § 165 Rn. 1; vgl. Keidel/Engelhardt 2014, § 165 Rn. 1) zu verhindern.

Die ebenfalls bestehende Umgangspflicht der Eltern gegenüber dem Kind kann dagegen nicht zwangsweise durchgesetzt werden (BVerfG NJW 2008, S. 1287).

Begutachtung

Das Gutachten soll das Gericht bei der Suche nach einer kindeswohlgerechten Umgangsregelung unterstützen. In dem Gutachten werden die bestehenden Konflikte aufgezeigt und u. U. Lösungswege vorgeschlagen, ein direktes Hinwirken auf ein Einvernehmen ist aber nicht Gegenstand (SBW/Ziegler 2012, § 163 Rn. 4).

14.3.3 Auskunftsrecht

Überblick

Ein Anspruch auf Auskunft kann sowohl zugunsten des einen Elternteils gegenüber dem anderen, als auch zugunsten des biologischen, aber nicht rechtlichen Vaters gegenüber den Eltern bestehen. Der Anspruch auf Auskunft dient sowohl als Ergänzung eines bestehenden Umgangsrechtes als auch als Ersatz für ein solches (BT-Drucks. 8/2788 S. 55; NK-BGB Peschel-Gutzeit 2010, § 1686 Rn. 3; Kassenbacher 2012, S. 4).

Rechtliche Voraussetzungen

Die Voraussetzungen für das Auskunftsrecht sind in § 1686 BGB sowie § 1686a Abs. 1 Nr. 2 BGB aufgeführt. Der Anspruchssteller muss ein berechtigtes Interesse sowie eine Kindeswohlverträglichkeit geltend machen. Für den Auskunftsanspruch des leiblichen Vaters bestehen darüber hinaus noch weitere (verfahrensrechtliche) Besonderheiten.

- **Berechtigtes Interesse**

Ein berechtigtes Interesse des Elternteils bzw. biologischen Vaters an der Auskunft besteht, wenn keine andere Möglichkeit vorhanden ist, sich über das Wohlergehen des Kindes zu informieren. Das Gleiche gilt, wenn eine anderweitige Informationsbeschaffung nicht zumutbar ist (vgl. Dethloff 2012, Kap. 2 Rn. 101). Dies kann z. B. gegeben sein, wenn das Kind zu klein oder noch nicht dazu in der Lage ist, beim Umgang bestimmte Sachverhalte zu erläutern, oder aber wenn der andere Elternteil aus tatsächlichen oder rechtlichen Gründen nur vereinzelt Umgang mit dem Kind hat (Kassenbacher 2012, S. 4). Der vollständige Ausschluss von Umgangsrechten stellt jedoch keine zwingende Voraussetzung für ein Auskunftsrecht dar, sondern dieses kann neben dem Umgangsrecht existieren (MünchKommBGB-Hennemann 2012, § 1686 Rn. 1). Es entfällt aber, sofern im Rahmen der Amtsermittlung eine erhöhte Gefahr dafür festgestellt wird, dass die gewünschten Informationen zu Zwecken verwendet werden sollen, die mit dem Kindeswohl unvereinbar sind. Das Gleiche gilt, wenn sie allein dafür genutzt werden, zusätzliche Informationen über den anderen Elternteil zu gewinnen (Kassenbacher 2012, S. 4).

- **Kindeswohl**

Zudem darf die Auskunftserteilung keinen Verstoß gegen das Kindeswohl darstellen (negative Kindeswohlverträglichkeit). Eine hierauf gestützte Versagung des Auskunftsanspruchs erfordert aber eine messbare Beeinträchtigung des Kindeswohls (OLG Schleswig FamRZ 1996, S. 1355; Staudinger-Rauscher 2009, § 1686 Rn. 10). Ein vollständiger Ausschluss des Auskunftsrechtes setzt ferner voraus, dass zum Schutz des Kindes kein milderes Mittel existiert (Staudinger-Rauscher 2009, § 1686 Rn. 10).

- **Besonderheiten beim Auskunftsanspruch des biologischen Vaters**

Der biologische Vater, der einen Auskunftsanspruch geltend macht, muss ein ernsthaftes Interesse am Kind bekundet haben (BT-Drucks. 17/12163 S. 13 f.; Staudinger-Rauscher 2009, § 1686a Rn. 20). Zudem verlangt § 167a Abs. 1 FamFG, dass er bei Antragsstellung an Eides statt versichert, der Mutter des Kindes während der Empfängniszeit beigewohnt zu haben. Bei Zumutbarkeit muss er zur Klärung der Vaterschaft Untersuchungen, insbesondere die Entnahme von Blutproben, dulden (§ 167a Abs. 2 FamFG).

- **Auskunftsverpflichteter**

Auskunftsverpflichteter ist nach dem Wortlaut der Vorschrift grundsätzlich nur der andere Elternteil. Jedoch wird § 1686 BGB analog angewendet auf Pflegeeltern, Vormünder oder aber Beschäftigte in einem Heim, sodass auch dort die Verpflichtung zur Auskunftserteilung bestehen kann (Staudinger-Rauscher 2009, § 1686 Rn. 5).

- **Inhalt des Auskunftsanspruches**

Der Auskunftsanspruch bezieht sich auf die persönlichen Verhältnisse des Kindes. Darunter fallen alle für das Befinden des Kindes wesentlichen tatsächlichen oder rechtlichen Umstände (BayObLG NJW 1993, S. 1081), also seine Gesundheit, allgemeine Entwicklung, schulischen Leistungen und Lebensumstände (MünchKommBGB-Hennemann 2009, § 1686 Rn. 10). Darüber hinaus beinhaltet der Auskunftsanspruch auch das Recht auf Zusendung von Kopien der Schulzeugnisse und Fotografien des Kindes (MünchKommBGB-Hennemann

2012, § 1686 Rn. 10). Nicht unter den Auskunftsanspruch fallen höchstpersönliche Angelegenheiten, über die der Heranwachsende selbst entscheiden kann (jurisPK-Bauer 2011, § 1686 Rn. 23). Der Umfang des Anspruches wird ferner dadurch begrenzt, dass gegen den Willen eines fast volljährigen Kindes keine Auskunft über den Gesundheitszustand, das politische oder gesellschaftliche Engagement sowie seine Freundschaften, erteilt werden darf (KG NJW-RR 2011, S. 438; MünchKommBGB-Hennemann 2012, § 1686 Rn. 1). Die Erteilung der Informationen erfolgt in regelmäßigen Zeitabständen, in der Regel viertel- bis halbjährlich (MünchKommBGB- Hennemann 2012, § 1686 Rn. 11).

14.3.4 Kindesschutzrechtliche Maßnahmen

§ 1666 BGB. Gerichtliche Maßnahmen bei Gefährdung des Kindeswohls. (1) Wird das körperliche, geistige oder seelische Wohl des Kindes oder sein Vermögen gefährdet und sind die Eltern nicht gewillt oder nicht in der Lage, die Gefahr abzuwenden, so hat das Familiengericht die Maßnahmen zu treffen, die zur Abwendung der Gefahr erforderlich sind.

Überblick

§ 1666 BGB ermöglicht es dem Familiengericht, Maßnahmen zum Schutz der Person des Kindes oder aber seines Vermögens zu ergreifen. Die Verpflichtung des Familiengerichtes zum Eingreifen resultiert aus dem staatlichen Wächteramt (Art. 6 Abs. 2 S. 2 GG) (MünchKommBGB-Olzen 2012, § 1666 Rn. 1).

Rechtliche Voraussetzungen

Die Vorschrift erfasst jeden Inhaber der elterlichen Sorge, d. h. auch die Adoptiveltern. Sie gilt unabhängig davon, ob der Betreffende das Sorgerecht allein oder teilweise innehat (Staudinger-Coester 2009, § 1666 Rn. 10; MünchKommBGB-Olzen 2012, § 1666 Rn. 38). Ferner gilt § 1666 BGB entsprechend für den Vormund und den Pfleger (§ 1837 Abs. 4 , 1915 Abs. 1 S. 1 BGB). Umstritten ist lediglich seine Anwendung auf das ungeborene Kind (ausführlich hierzu Staudinger-Coester 2009, § 1666 Rn. 22 ff.). Es besteht Unklarheit darüber, ob mit Hilfe von § 1666 BGB auch gegenüber der Schwangeren zum Schutz des Embryos Verhaltensmaßnahmen angeordnet werden können (Staudinger-Coester 2009, § 1666 Rn. 24; Münch-KommBGB-Olzen 2012, § 1666 Rn. 41). Das Familiengericht greift bei Kindeswohlgefährdungen von Amts wegen ein (Muscheler 2013, Rn. 599). Eine Aufhebung der Maßnahme erfolgt, sofern die Gefährdung des Kindeswohls wegfällt oder die Maßnahme sich als nicht mehr erforderlich erweist (§ 1696 Abs. 2 BGB). Die Voraussetzungen für das Eingreifen kindesschutzrechtlicher Maßnahmen führt § 1666 BGB abschließend auf.

- **Körperliches, geistiges, seelisches Wohl**

Zunächst muss eine Gefährdung des körperlichen, geistigen oder seelischen Wohls des Kindes (Personensorge) oder aber eine Gefährdung des Kindesvermögens (Vermögenssorge) gegeben sein. Beim Begriff »Wohl des Kindes« handelt es sich um einen unbestimmten Rechtsbegriff, welcher vom Richter anhand bestimmter Kriterien und objektiver Entwicklungsstandards konkretisiert wird (Palandt-Götz 2014, § 1666 Rn. 7). Eine Beeinträchtigung des körperlichen Wohls liegt vor, wenn das Kind unzureichend ernährt, bekleidet, medizinisch versorgt oder körperlich misshandelt wurde (Schlüter 2012, Rn. 402). Ein Beispiel für die Schädigung des geistigen Wohles stellt die Weigerung der Eltern dar, das Kind in die Schule zu schicken (BGH FamRZ 2008, S. 45 f.; Schlüter 2012, Rn. 402). Eine Verletzung des seelischen Wohles kommt z. B. in Betracht, wenn die Eltern sich dem Kind nicht persönlich zuwenden oder dem Kind grundlos den Umgang mit nahestehenden Personen verbieten (Schlüter 2012, Rn. 402).

- **Vermögen**

Unter den Begriff des Vermögens fallen alle dem Kind zustehenden Werte, also Anlagewerte, Sachwerte, Forderungen gegen Dritte oder die Eltern, Unterhaltsansprüche, Rentenansprüche, vom Kind erworbenes Entgelt, Barvermögen sowie die daraus gewonnen Früchte und Zinsen (Münch-KommBGB-Olzen 2012, § 1666 Rn. 122).

- **Gefährdung**

Das Kindeswohl ist gefährdet, wenn eine Gefahr droht, die mit ziemlicher Sicherheit zu einer erheblichen Schädigung führen wird (vgl. BGH NJW 1956, S. 1434; BGH NJW 2005, S. 672 f.). Umso größer und schwerwiegender der drohende Schaden ist, desto geringer sind die Anforderungen an die Wahrscheinlichkeit des Eintrittes (OLG Karlsruhe NJW 2009, S. 3521 f.; Erman/Michalski/Döll 2011, § 1666 Rn. 6c). Eine rein zukünftige Gefährdung reicht aber nicht aus (BVerfG NJW 1982, S. 1379, 1381; Staudinger-Coester 2009, § 1666 Rn. 82). Das Kindesvermögen ist gefährdet, sobald die Befürchtung besteht, dass es sich ohne das Eingreifen des Familiengerichtes mindert bzw. durch den Ausfall von Erträgen stagniert (NK-BGB Rakete-Dombek 2010, § 1666 Rn. 14; Palandt-Götz 2014, § 1666 Rn. 23). Hinzukommen muss, dass dieser Umstand durch eine ordnungsgemäße Vermögensverwaltung hätte verhindert werden können (NK-BGB Rakete-Dombek 2010, § 1666 Rn. 14; Palandt-Götz 2014, § 1666 Rn. 23). Dies ist regelmäßig der Fall, wenn der Inhaber der Vermögenssorge seine Unterhaltspflicht gegenüber dem Kind oder mit der Vermögenssorge zusammenhängende Pflichten verletzt. Gleich zu bewerten ist die Missachtung der auf die Vermögenssorge bezogenen Anordnungen des Gerichtes (§ 1666 Abs. 2 BGB).

- **Unwillen oder Unfähigkeit der Eltern**

Zu den genannten Voraussetzungen muss hinzutreten, dass die Eltern nicht gewillt oder nicht in der Lage sind, die zur Abwendung dieser Gefahr notwendigen Maßnahmen zu treffen. Die Herkunft der Gefährdung bleibt unbeachtlich (Staudinger-Coester 2009, § 1666 Rn. 58).

- **Maßnahmen des Gerichts**

Zwar lässt § 1666 BGB grundsätzlich alle erforderlichen Maßnahmen des Gerichtes zu, jedoch wird dies durch den in § 1666a BGB normierten Verhältnismäßigkeitsgrundsatz hinsichtlich der Personensorge eingeschränkt. Die Entziehung der gesamten Personensorge stellt die ultima ratio dar (Schlüter, Familienrecht, Rn. 405). In § 1666 Abs. 3 BGB befindet sich im Übrigen eine beispielhafte Aufzählung denkbarer Maßnahmen. Es besteht auch die Möglichkeit, Maßnahmen gegenüber Dritten zu erlassen (§ 1666 Abs. 4 BGB). Bei einer Gefährdung des Vermögens nennt § 1667 BGB einige Beispiele möglicher Maßnahmen. So kann das Familiengericht ein Vermögensregister, eine bestimmte Art der Geldanlage sowie Sicherheitsleistungen des sorgeberechtigten Elternteils anordnen.

Begutachtung

Ziel des Sachverständigengutachtens stellt die Prüfung und u. U. Widerlegung einer Kindeswohlgefährdung dar, da der Sachverständige nach der Verfahrenseröffnung durch das Familiengericht von der Annahme ausgehen kann, dass eine Kindeswohlgefährdung existiert (Salzgeber 2011, Rn. 1015). Das Gutachten soll gerade zur Klärung der Frage, ob eine Beeinträchtigung des geistigen oder seelischen Kindeswohls vorliegt, beitragen (Schlüter 2012, Rn. 402). Deshalb hat eine Bewertung des elterlichen Verhaltens dahingehend zu erfolgen, ob und in welchem Ausmaß Faktoren vorliegen, welche die Erziehungskompetenz einschränken (Salzgeber 2011, Rn. 1017). Ferner müssen die Auswirkungen dieser Faktoren auf das Kind festgestellt und die Maßnahmen aufgeführt und fachlich bewertet werden, welche diese abmildern und zugleich nur minimale Eingriffe in das Elternrecht darstellen (Salzgeber 2011, Rn. 1017). Auch hier wird vom Sachverständigen keine konkrete Empfehlung für einen Sorgerechtsentzug oder die Sorgerechtsübertragung erwartet (Salzgeber 2011, Rn. 1042).

Die medizinisch nicht indizierte Beschneidung eines einwilligungsunfähigen männlichen Kindes darf nur durchgeführt werden, wenn sie das Kindeswohl nicht gefährdet (§ 1631d Abs. 1 S. 2 BGB). Ein Sachverständigengutachten kann hier notwendig sein, um zu ermitteln, ob dem Wohl des Kindes, vor allem unter Würdigung psychischer Aspekte, jenseits der medizinischen Risiken und Schmerzen Schäden drohen (vgl. OLG Hamm NJW 2013, S. 3662, 3664 f.). Hinsichtlich akuter Schmerzen mag eine solche Beurteilung medizinisch einfach sein, über ggf. eintretende langfristige psychische Störungen lässt sich aber valide keine sachverständige Aussage treffen.

Das Gericht hat andererseits den Zweck der Beschneidung zu berücksichtigen. Sofern nur im geringen Maße schutzwürdige Motive der Sorgeberechtigten vorliegen, kann dies dazu führen, dass die Schwelle für eine Untersagung der Beschneidung geringer ist als der § 1666 BGB zugrunde liegende Maßstab (OLG Hamm NJW 2013, S. 3662, 3664; Rogalla 2013, S. 483 f.). Dies ist z. B. angenommen worden, als eine Mutter im Prozess vortrug, dass ihr Sohn bei den seltenen Besuchen in seinem Heimatland ohne Beschneidung nicht als »vollwertiger Mann« angesehen werde (OLG Hamm NJW 2013, S. 3662, 3664). Das Gericht berücksichtigt ferner bei der Ermittlung der Kindeswohlgefährdung sowohl den Willen des Kindes als auch seine religiöse Überzeugung (BT-Drucks. 17/11295 S. 18; Palandt-Götz 2014 § 1631d Rn. 5).

14.3.5 Nicht medizinisch indizierte Beschneidung nicht einwilligungsfähiger männlicher Kinder

§ 1631d BGB. Beschneidung des männlichen Kindes. (1) Die Personensorge umfasst auch das Recht, in eine medizinisch nicht erforderliche Beschneidung des nicht einsichts- und urteilsfähigen männlichen Kindes einzuwilligen, wenn diese nach den Regeln der ärztlichen Kunst durchgeführt werden soll. Dies gilt nicht, wenn durch die Beschneidung auch unter Berücksichtigung ihres Zwecks das Kindeswohl gefährdet wird.

14.3.6 Mit Freiheitsentzug verbundene Unterbringung Minderjähriger gemäß § 1631b BGB

§ 1631b BGB. Mit Freiheitsentziehung verbundene Unterbringung. Eine Unterbringung des Kindes, die mit Freiheitsentziehung verbunden ist, bedarf der Genehmigung des Familiengerichts. Die Unterbringung ist zulässig, wenn sie zum Wohl des Kindes, insbesondere zur Abwendung einer erheblichen Selbst- oder Fremdgefährdung, erforderlich ist und der Gefahr nicht auf andere Weise, auch nicht durch andere öffentliche Hilfen, begegnet werden kann. Ohne die Genehmigung ist die Unterbringung nur zulässig, wenn mit dem Aufschub Gefahr verbunden ist; die Genehmigung ist unverzüglich nachzuholen.

Überblick

Die freiheitsentziehende Unterbringung gem. § 1631b BGB geschieht aufgrund einer Entscheidung der sorgeberechtigten Eltern. Es handelt sich um die Durchsetzung des Aufenthaltsbestimmungsrechts unter Anwendung von Zwangsmitteln (jurisPK-Schwer/Hamdan 2011, § 1631b Rn. 1). Die Tatsache, dass das Gesetz dafür eine familiengerichtliche Genehmigung fordert, stellt eine Beschränkung der elterlichen Personensorge dar (Staudinger-Salgo 2009, § 1631b Rn. 1) und zwar zum Schutz des höherrangigen Grundrechts auf Freiheit der Person aus Art. 2 Abs. 2 S. 2 GG (Beermann 2011, S. 535).

> Auch durch die Zustimmung des Kindes entfällt daher das Erfordernis nicht (OLG Naumburg Beschluss vom 10.7.2012 – 8 UF 144/12 (zit. nach juris); Beermann 2011, S. 535 f.; Staudinger-Salgo 2009 § 1631b Rn. 8; A. A. BayObLG BayObLGZ 1954, S. 298; Erman/Michalski/Döll 2011 § 1631b Rn. 3a).

Rechtliche Voraussetzungen

Der für die Unterbringung erforderliche Antrag beim Familiengericht kann nur vom Aufenthaltsbestimmungsberechtigten, grundsätzlich also den sorgeberechtigten Eltern, gestellt werden (OLG Bremen NJW-RR 2013, S. 579 f.; Palandt-Götz 2014, § 1631b Rn. 3; MünchKommBGB-Huber 2012, § 1631b Rn. 19). Eine Enumeration der Voraussetzungen dafür, wann eine gerichtliche Genehmigung erforderlich ist und eine solche gewährt wird, findet sich in § 1631b BGB.

▪ Mit Freiheitsentzug verbundene Unterbringung

Unter einer »Unterbringung« i. S. d. § 1631b S. 1 BGB versteht man den von den Eltern vorgesehenen ständigen Aufenthalt außerhalb des Elternhauses, der mit Freiheitsentziehung verbunden ist, z. B. in einer Anstalt, einem Heim oder in der geschlossenen Abteilung eines Krankenhauses (MünchKommBGB-Huber 2012, § 1631b Rn. 2; BeckOKBGB-Veit 2013, § 1631b Rn. 2). Weder die Dauer noch der Zweck der Unterbringung sind relevant (jurisPK-Schwer/Hamdan 2011, § 1631b Rn. 2). Als Freiheitsentziehung gilt die Beeinträchtigung der persönlichen Bewegungsfreiheit des Kindes gegen seinen natürlichen Willen (MünchKommBGB-Huber 2012, § 1631b Rn. 4; BeckOKBGB-Veit 2013, § 1631b Rn. 3.1), z. B. dadurch, dass das Kind eingeschlossen wird (MünchKommBGB-Huber 2012, § 1631b Rn. 4; Beermann 2011, S. 535). Auch die Unterbringung auf einer geschützten Station eines psychiatrischen Krankenhaus oder einer geschlossenen Abteilung eines Heims stellt regelmäßig eine solche Freiheitsentziehung dar (MünchKommBGB-Huber 2012, § 1631b Rn. 4). Abzugrenzen ist die Freiheitsentziehung von der bloßen Freiheitsbeschränkung. Zu nennen sind beispielhaft stationäre Krankenhausaufenthalte, Aufenthalte im Internat mit begrenzten Ausgangszeiten. Sie bedürfen keiner Genehmigung durch das Familiengericht (Beermann 2011, S. 535 f.).

▪ Kindeswohldienlichkeit

Die Zulässigkeit der Unterbringung setzt voraus, dass sie dem Wohl des Kindes dient, etwa zur Abwendung einer erheblichen Selbst- oder Fremdgefährdung. Darunter fallen beispielsweise ein ausgeprägtes depressives, suizidgefährdetes Verhalten oder Drogenabhängigkeit (vgl. NK-BGB Rakete/Dombek 2010, § 1631b Rn. 6). Eine Fremdgefährdung wirkt sich auf das Kindeswohl aus, weil das Kind dem Risiko von Notwehrmaßnahmen, Ersatzansprüchen sowie Prozessen ausgesetzt wird (MünchKommBGB-Huber 2012, § 1631b Rn. 13).

▪ Verhältnismäßigkeit

Zudem darf kein anderes Mittel zur Beseitigung der Gefahr, insbesondere durch öffentliche Hilfen, bestehen. Als Alternativen kommen beispielsweise in Betracht die ambulante und stationäre Jugendhilfe sowie psychiatrische Behandlungen (jurisPK-Schwer/Hamdan, § 1631b Rn. 12). Es handelt sich bei der Unterbringung somit um eine ultima ratio (MünchKommBGB-Huber 2012, § 1631b Rn. 13). Die Genehmigung einer freiheitsentziehenden Unterbringung erfolgt daher nur in Ausnahmefällen (BeckOKBGB-Veit 2013, § 1631b Rn. 7).

Umso länger die Unterbringung andauert, desto strenger sind die Ansprüche an die Verhältnismäßigkeit (OLG Saarbrücken FamRZ 2010, S. 1920, 1922; BeckOKBGB-Veit 2013, § 1631b Rn. 7).

- **Unterbringung ohne Genehmigung**

Eine Unterbringung ohne Genehmigung ist nur zulässig unter der Voraussetzung, dass der Aufschub zu einer Gefährdung des Kindes führen würde (§ 1631b S. 2 BGB), z. B. weil die Eigen- oder Fremdgefährdung so akut ist, dass eine vorherige Genehmigung des FamFG nicht rechtzeitig eingeholt werden kann und sogar eine vorläufige Unterbringung kraft einstweiliger Anordnung gem. §§ 331 ff. FamFG sich als zu langwierig erweist (MünchKommBGB-Huber 2012, § 1631b Rn. 16). Die Genehmigung muss dann jedoch unverzüglich nachgeholt werden.

Verfahrensrechtliche Aspekte

Zunächst muss ein Antrag des Aufenthaltsbestimmungsberechtigten vorliegen (jurisPK-Schwer/Hamdan 2011, § 1631b Rn. 24). Eine Unterbringung des Minderjährigen gegen den Willen der Sorgeberechtigten ist nur möglich, wenn ihnen sowohl das Aufenthaltsbestimmungsrecht als auch die Gesundheitsfürsorge gemäß § 1666 BGB entzogen wurden (jurisPK-Schwer/Hamdan 2011, § 1631b Rn. 24). Stets hat eine Begutachtung des Kindes stattzufinden (§ 167 Abs. 1 FamFG i. V. m. 321 Abs. 1 S. 1 FamG), und zwar durch einen Arzt für Kinder- und Jugendpsychiatrie und -psychotherapie oder durch einen in Fragen der Heimerziehung ausgewiesenen Psychotherapeuten, Pädagogen oder Sozialpädagogen (§ 167 Abs. 1, 6 FamFG i. V. m. 321 Abs. 1 S. 1 FamG). Eine Person ohne solche Qualifikationen kann nur in begründeten Ausnahmefällen als Sachverständiger bestellt werden (Haußleiter-Fest 2011, § 167 FamFG Rn. 19). Das Kind ist zudem gem. § 167 i. V. m. § 319 Abs. 1 S. 1 FamFG anzuhören. Ferner teilt man dem Minderjährigen einen Verfahrensbeistand (§ 158 FamFG) zu (§ 167 Abs. 1 FamFG i. V. m. § 317 FamFG).

Begutachtung

Der Inhalt des Gutachtens entspricht demjenigen des Gutachtens, welches generell vor einer Unterbringungsmaßnahme vorgelegt werden muss (§ 167 Abs. 1 FamFG i. V. m. § 321 FamFG). Es wird daher auf ▶ Kap. 5 verwiesen. Vor der Erstellung des Gutachtens muss der Sachverständige das minderjährige Kind untersuchen und befragen (§ 167 Abs. 1 FamFG i. V. m. § 321 Abs. 1 S. 2 FamFG).

Einstweilige Anordnung der vorläufigen Unterbringung

Die vorläufige Unterbringung eines Minderjährigen kann einstweilig vom Gericht angeordnet werden (§ 167 Abs. 1 FamFG i. V. m. § 331 FamFG), allerdings nur für die Dauer von max. 6 Wochen (§ 167 Abs. 1 FamFG i. V. m. § 333 S. 1 FamFG). Es besteht aber die Möglichkeit der Verlängerung auf bis zu 3 Monate nach Anhörung eines Sachverständigen, auch durch erneute einstweilige Anordnungen (§ 167 Abs. 1 FamFG i. V. m. § 333 S. 2 FamFG). Auch für die Voraussetzungen einer solchen einstweiligen Anordnung der vorläufigen Unterbringung wird auf die Ausführungen in ▶ Kap. 5 verwiesen.

Beendigung der Unterbringung

Falls das Wohl des Kindes keine weitere Unterbringung erfordert, hat das Familiengericht die Genehmigung zurückzunehmen (§ 1696 Abs. 2 BGB). Auch ohne Anlass muss es daher in gewissen Zeitabständen kontrollieren, ob die genehmigte Unterbringung noch notwendig ist (MünchKommBGB-Huber 2012, § 1631b Rn. 18). Gemäß § 167 Abs. 1 FamFG i. V. m. § 329 Abs. 1 FamFG endet sie aber jedenfalls nach Ablauf eines Jahres bzw. bei offensichtlicher Unterbringungsbedürftigkeit nach 2 Jahren, wenn keine Verlängerung gerichtlich angeordnet wurde.

Abgrenzung zur öffentlich-rechtlichen Unterbringung

Die öffentlich-rechtliche Unterbringung beruht auf einer Anordnung des Amtsgerichtes (vgl. §§ 167 Abs. 1 FamFG i. V. m. §§ 312 Nr. 3, 313 Abs. 3 FamFG), die zivilrechtliche Unterbringung gem. § 1631b BGB auf einer Entscheidung bzw. einem Antrag der Sorgeberechtigten. Im Übrigen wird auf die Ausführungen zur Abgrenzung in ▶ Kap. 5 verwiesen.

- **Sogenannte unterbringungsähnliche Maßnahmen**

Uneinigkeit besteht im Hinblick auf die rechtlichen Voraussetzungen der sog. unterbringungsähnlichen Maßnahmen, also z. B. Medikamente oder Fixierungen, die die Bewegungsfreiheit des Kindes über längere Zeit oder aber regelmäßig entziehen (MünchKommBGB-Huber 2012, § 1631b Rn. 6). Im Betreuungsrecht werden sie der freiheitsentziehenden Unterbringung gleichgesetzt (§ 1906 Abs. 4 BGB). Zum Teil wird daher vertreten, dass diese Vorschrift analog auf die sog. unterbringungsähnlichen Maßnahmen bei Kindern angewendet werden müssen, so dass auch sie die Genehmigung des Familiengerichtes erfordern (MünchKommBGB-Huber 2012, § 1631b Rn. 8; Beermann 2011, S. 535, 538). Die Rechtsprechung lehnt diese Betrachtungsweise aber ab und lässt die Zustimmung der Sorgeberechtigten genügen (BGH NJW 2013, S. 2969; OLG Frankfurt am Main FamRZ 2013, S. 1225; OLG Oldenburg FamRZ 2012, S. 39, 41; jurisPK-Schwer/Hamdan 2011, § 1631b Rn. 6).

14.3.7 Verbleibensanordnung gem. § 1632 Abs. 4 BGB

§ 1632 BGB. Herausgabe des Kindes; Bestimmung des Umgangs; Verbleibensanordnung bei Familienpflege. (4) Lebt das Kind seit längerer Zeit in Familienpflege und wollen die Eltern das Kind von der Pflegeperson wegnehmen, so kann das Familiengericht von Amts wegen oder auf Antrag der Pflegeperson anordnen, dass das Kind bei der Pflegeperson verbleibt, wenn und solange das Kindeswohl durch die Wegnahme gefährdet würde.

Überblick

Innerhalb eines Pflegeverhältnisses können starke Bindungen zwischen dem Kind und der Pflegefamilie entstehen (Schwab 2013, Rn. 699). Gleichzeitig kann die Betreuung in der Pflegefamilie zu einer Entfremdung gegenüber den Eltern führen. Die Verbleibensanordnung i. S. d. § 1632 Abs. 4 BGB bezweckt, Schädigungen des Kindes durch unpassendes Herauslösen aus dem Pflegeverhältnis

zu vermeiden (BeckOKBGB-Veit 2013, § 1632 Rn. 21). Sie hat keinen Wechsel des Erziehungsrechts zur Folge, schränkt jedoch das Aufenthaltsbestimmungsrecht ein (jurisPK-Schwer/Hamdan 2011, § 1632 Rn. 33). Zudem hat die Pflegeperson die Befugnis, in Angelegenheiten des täglichen Lebens zu entscheiden und das Kind in solchen Angelegenheiten auch zu vertreten (§ 1688 Abs. 1, 4 BGB).

Rechtliche Voraussetzungen

Gemäß § 1632 Abs. 4 BGB hat das Familiengericht die Möglichkeit anzuordnen, dass ein sich seit längerer Zeit in Pflege befindliches Kind bei der Pflegefamilie verbleibt, obwohl ein Herausgabeverlangen der Eltern gem. § 1632 Abs. 1 BGB besteht. Die Anordnung erfolgt von Amts wegen oder aber aufgrund eines Antrages der Pflegeperson. Dem Kind selbst steht kein Antragsrecht zu (jurisPK-Schwer/Hamdan 2011, § 1632 Rn. 21). Bis zur Entscheidung über den Antrag der Pflegeperson muss diese das Kind nicht herausgeben (Staudinger-Salgo 2009, § 1632 Rn. 80).

Familienpflege seit längerer Zeit

Zunächst muss das Kind bei einer natürlichen Person bzw. bei natürlichen Personen untergebracht sein, sodass eine Unterbringung in einem Kinderheim nicht in den Anwendungsbereich der Vorschrift fällt, weil dort die geschützte familienähnliche Beziehung nicht begründet werden kann (BeckOKBGB-Veit 2013, § 1632 Rn. 21.1). Ob es sich um ein rechtswirksames Pflegeverhältnis handelt, ist dagegen unbeachtlich, sodass auch eine seit langer Zeit bestehende Pflege durch Verwandte ausreicht (MünchKommBGB-Huber 2012, § 1632 Rn. 40). Familienpflege liegt vor, wenn die Pflege und Erziehung des Kindes an mehreren Tagen in der Woche von mindestens einer Pflegeperson außerhalb des Elternhauses ausgeübt wurde. Schließlich ist erforderlich, dass zwischen den Personen ein familienähnliches Pflegeverhältnis besteht, also vielfältige und wechselseitige Bindungen vorhanden sind (jurisPK-Schwer/Hamdan 2011, § 1632 Rn. 23).

Um zu bestimmen, ob das Kind eine lange Zeit in der Familie verbracht hat, stellt man auf das kindliche Zeitempfinden in Relation zum Alter ab

(MünchKommBGB-Huber 2012, § 1632 Rn. 41). Je jünger ein Kind ist, desto eher wird man daher eine längere Zeit i. S. d. Gesetzes bejahen (Peschel-Gutzeit 2004, S. 428 f.). Es kommt also nicht darauf an, ob das Kind eine bestimmte absolute Zeit bei der Pflegefamilie verbracht hat (BeckOKBGB-Veit 2013, § 1632 Rn. 22), sondern ob es in der Pflegefamilie eine Bezugswelt gefunden hat (BeckOKBGB-Veit 2013, § 1632 Rn. 22). Sollte jedoch eine fehlerhafte gerichtliche Entscheidung den Aufenthalt in der Pflegefamilie verlängert haben, hat das Gericht dies zu Gunsten der Eltern zu berücksichtigen (BVerfG FamRZ 2004, S. 771 f.; BeckOKBGB-Veit 2013, § 1632 Rn. 22.2).

Wegnahmewille der Eltern

Da § 1632 Abs. 4 BGB vor der Wegnahme des Kindes durch die leiblichen Eltern schützen soll, setzt die Vorschrift voraus, dass diese überhaupt einen Herausgabeanspruch haben. Dies ist der Fall, wenn ihnen das uneingeschränkte Personensorgerecht oder zumindest das Aufenthaltsbestimmungsrecht zusteht (BayObLG NJW-RR 1990, S. 1287 f.; BeckOKBGB-Veit 2013, § 1632 Rn. 23). Die Vorschrift ist analog anwendbar, falls ein Vormund oder ein Pfleger das Herausgabeverlangen geltend macht (BVerfG FamRZ 2004, S. 771 f.; BeckOKBGB-Veit 2013, § 1632 Rn. 23). Die Verbleibensanordnung kann bereits erlassen werden, wenn die leiblichen Eltern ernstlich das Herausgabeverlangen ankündigen, nicht erst bei seiner gerichtlichen Geltendmachung (MünchKommBGB-Huber 2012, § 1632 Rn. 42). Strittig ist, ob auch die bloße Weigerung des Sorgeberechtigten, eine verbindliche Erklärung in Bezug auf den Verbleib des Kindes abzugeben, ausreicht (bejahend: OLG Celle FamRZ 2007, S. 659; verneinend AG Ludwigslust FamRZ 2010, S. 2084).

Gefährdung des Kindeswohls durch die Wegnahme

Bei der Beurteilung, ob eine Gefährdung des Kindeswohles durch Herausnahme aus der Pflegefamilie vorliegt (s. hierzu auch Barloff 2013), wird unterschieden zwischen dem Herausgabeverlangen mit dem Ziel der Rückführung zu den leiblichen Eltern sowie einem Herausgabeverlangen, welches die Unterbringung des Kindes in einer anderen Pflegefamilie bezweckt (BVerfG FamRZ 2004, S. 771 f.; BVerfG FamRZ 2005, S. 783 f.). Im Falle der Rückführung zu den eigenen Eltern liegt die dem Kind zumutbare Belastungsgrenze höher (MünchKommBGB-Huber 2012, § 1632 Rn. 44; jurisPK-Schwer/Hamdan 2011, § 1632 Rn. 31). Soll nur ein Wechsel der Pflegefamilie erreicht werden, fordert die Rechtsprechung weitergehend, dass eine Gefährdung des Kindes durch die Herausnahme aus der bisherigen Pflegefamilie mit Sicherheit ausgeschlossen werden kann (BVerfG NJW 1988, S. 125). Eine solche Gefahr besteht bei begründeter gegenwärtiger Besorgnis, dass eine Änderung des Aufenthalts, der Betreuung und der Erziehung zu schweren und nachhaltigen körperlichen oder seelischen Schäden beim Kind führt (vgl. BVerfG FamRZ 2006, S. 1593 f.; BeckOKBGB-Veit § 1632 Rn. 24; Peschel-Gutzeit 2004, S. 428, 430). Hier hat eine Gesamtabwägung zwischen den Rechten der Pflegeperson und denen der leiblichen Eltern sowie den Kindesinteressen stattzufinden, wobei letztere aber den ausschlaggebenden Faktor darstellen (BeckOKBGB-Veit 2013, § 1632 Rn. 24). Bei dieser Abwägung sind die Integration des Kindes in die Pflegefamilie sowie die Auswirkungen der Trennung von der Pflegefamilie einerseits sowie andererseits die Auswirkungen der Trennung von den leiblichen Eltern auf das Kind zu berücksichtigen (BeckOKBGB-Veit 2013, § 1632 Rn. 24).

Begutachtung

Das kinderpsychologische bzw. -psychiatrische Gutachten soll bei der Entscheidung darüber helfen, ob die Herausnahme des Kindes aus der Pflegefamilie eine Gefährdung des Kindeswohls darstellt (BeckOKBGB-Veit 2013, § 1632 Rn. 25). Der Gutachter hat demnach auszuführen, ob, wann und in welcher Weise eine Rückführung des Kindes zu seinen leiblichen Eltern in Betracht kommt (Salzgeber 2011, Rn. 1080).

Beispiel

- **Fall 14.3**

Die 10-jährige Melanie B. befindet sich seit 3 Jahren fortlaufend in der Obhut einer Pflegefamilie. Bei der leiblichen Mutter, Karin B., besteht eine langjährige schwere Alkohol- und Drogenabhängigkeit, in deren

Rahmen es in der Vergangenheit auch zu Drogendelikten kam. Vor der Unterbringung des Kindes in einer Pflegefamilie blieben weniger einschneidende Maßnahmen, wie die Unterstützung durch das Jugendamt und die Familienhilfe, erfolgos. Melanie entwickelte bereits deutliche Verhaltensauffälligkeiten in Form von aggressiven Impulsausbrüchen, Diebstählen und Schule schwänzen. Der leibliche Vater von Melanie ist unbekannt. Nun verlangte Karin B., die inzwischen in einer neuen Partnerschaft lebte, gerichtlich die Herausgabe ihrer Tochter aus der Pflegefamilie. Das Gericht entschied sich jedoch für einen Verbleib des Kindes in der Pflegefamilie, da es in der Herauslösung aus der Pflegefamilie eine Gefährdung des Kindeswohls sah. Das Gericht stützte sich in seiner Entscheidung unter anderem auf ein psychologisches Gutachten, wonach Melanie inzwischen eine stabile, enge Beziehung zu ihren Pflegeeltern aufgebaut hatte und die Pflegemutter die wichtigste Bezugsperson darstellte. Die Gefühle von Melanie der leiblichen Mutter gegenüber waren ambivalent, sie konnte zu dieser aufgrund der körperlichen und emotionalen Vernachlässigung keine sichere Bindung aufbauen. Das Gericht sah zudem eine Kindeswohlgefährdung in dem von Karin B. weiter betriebenen massiven Alkoholkonsum, welcher mit fehlender Krankheits- und Behandlungseinsicht einherging.

14.3.8 Verbleibensanordnung gem. § 1682 BGB

Nach der Trennung der Eltern entwickelt ein Kind häufig enge Bindungen an einen neuen Ehepartner bzw. Lebenspartner des Elternteils, bei dem es lebt (Schwab 2013, Rn. 704). Ein Konflikt tritt in der Regel ein, wenn nunmehr dem anderen Elternteil das Alleinsorgerecht bzw. zumindest das Aufenthaltsbestimmungsrecht zufällt. Eine Verbleibensanordnung soll in diesem Fall verhindern, dass ein Kind aus dem bisherigen Umfeld zur Unzeit herausgenommen wird, weil der andere Elternteil die Personensorge erlangt hat (Palandt-Götz 2014, § 1682 Rn. 1; MünchKommBGB-Hennemann 2012, § 1682 Rn. 1). Es handelt sich inhaltlich um eine Fortführung des Gedankens aus § 1632 Abs. 4 (MünchKommBGB-Hennemann 2012, § 1682 Rn. 1). Der Erlass einer solchen Anordnung erfordert ein längeres Zusammenleben des minderjährigen Kindes mit dem Ehegatten bzw. Lebenspartner des anderen Elternteils sowie eine Kindeswohlgefährdung durch die Herausnahme. Gleichgestellt sind durch Verweis auf § 1685 Abs. 1 BGB ein gemeinsamer Haushalt mit den Großeltern oder volljährigen Geschwistern.

Haushaltsgemeinschaft

Eine Haushaltsgemeinschaft i. S. d. § 1682 BGB, die das Herausgabeverlangen des jetzt allein Aufenthaltsbestimmungsberechtigten blockieren kann, verlangt einen Aufenthalt des Kindes bei den genannten Personen und ein Zusammenleben mit ihnen (Staudinger-Salgo 2009, § 1682 Rn. 19). Nicht erfasst wird der Fall, dass das Kind mit dem bisher sorgeberechtigten Elternteil und dessen nichtehelichen Lebensgefährten zusammenlebte (MünchKommBGB-Hennemann 2012, § 1682 Rn. 4). Auch wenn die Norm den betroffenen Personenkreis mit »umgangsberechtigen« Personen bezeichnet, müssen aber nicht tatsächlich die Voraussetzungen für die Durchsetzung eines Umgangsrechts gem. § 1685 BGB vorliegen (BT-Drucks. 13/4899 S. 104; MünchKommBGB-Hennemann 2012, § 1682 Rn. 4). Hieraus folgt nur der einschlägige Personenkreis.

Seit längerer Zeit

Hinsichtlich dieses Tatbestandsmerkmals wird auf die Ausführungen zur Verbleibensanordnung gem. § 1632 Abs. 4 BGB verwiesen.

Herausgabeverlangen

Zunächst muss die elterliche Sorge des ursprünglich sorgeberechtigten Elternteils wegen seines Todes entfallen sein. Das Gleiche gilt, wenn er für tot erklärt wurde bzw. sein Tod festgestellt wurde (§ 1677 BGB). Ein Herausgabeverlangen kommt ferner in Betracht, wenn der bisherige Sorgeberechtigte an der Ausübung gehindert ist (§ 1678 BGB), wenn sie ruht (§§ 1678 Abs. 1, 2, 167 3, 1674 BGB) oder ihm gem. § 1666 BGB entzogen wurde (BeckOKBGB-Veit 2013, § 1682 Rn. 4). Eine psychische Erkrankung des sorgeberechtigten Elternteils auch mit längerem stationären Aufenthalt kann ein tatsächliches Ausübungshinderns i. S.

d. § 1674 Abs. 1 BGB darstellen (BeckOKBGB-Veit 2013, § 1674 Rn. 2.1). Ferner ruht die elterliche Sorge, falls aufgrund der psychischen Erkrankung der sorgeberechtigte Elternteil geschäftsunfähig ist (§ 1673 Abs. 1 BGB). (Siehe ausführlich zur elterlichen Sorge ▸ Abschn. 14.3.1)

Hinzutreten muss die ernsthafte Ankündigung eines Herausgabeverlangens des aufenthaltsbestimmungsberechtigten Elternteils, weil ansonsten kein Rechtsschutzbedürfnis für den Erlass der Verbleibensanordnung besteht (Staudinger-Salgo 2009, § 1682 Rn. 20).

Gefährdung des Kindeswohls durch die Herausnahme

Auch insofern wird auf die Ausführungen zur Verbleibensanordnung gem. § 1632 Abs. 4 BGB verwiesen.

Antrag

Zudem muss ein entsprechender Antrag vorliegen. Das Kind selbst kann diesen nicht stellen (Palandt-Götz 2014, § 1682 Rn. 2). Jedoch stellen der Ehegatte bzw. der Lebenspartner, die Großeltern oder die volljährigen Geschwister taugliche Antragssteller dar (Palandt-Götz 2014, § 1682 Rn. 2). Es besteht auch die Möglichkeit, dass das Familiengericht von Amts wegen eingreift (Palandt-Götz 2014, § 1682 Rn. 3).

Begutachtung

Der Sachverständige muss hier die Beziehungsqualität des Kindes zu dem Elternteil, der die Herausgabe verlangt, feststellen (Salzgeber 2011, Rn. 1192). Hierzu muss er zum einen prüfen, wie dieser Elternteil innerhalb der Familie, in welcher das Kind lebt, dargestellt wird und Informationen über mögliche Adoptionsbestrebungen beschaffen (Salzgeber 2011, Rn. 1192). Zum anderen muss er im Hinblick auf den nun Alleinsorgeberechtigten die Intensität des Kontaktes mit dem Kind sowie das Verhältnis zu diesem feststellen (Salzgeber 2011, Rn. 1192). Ferner muss er nachforschen, ob eine Kooperationsbereitschaft bei den Beteiligten vorliegt (Salzgeber 2011, Rn. 1192). In der Praxis handelt es sich häufig bei demjenigen, der eine Verbleibensanordnung gem. § 1682 BGB erstrebt, um den Stiefelternteil. Hinsichtlich der Anforde-

rungen an das kinderpsychologische Gutachten wird auf die Ausführungen zur Verbleibensanordnung gem. § 1632 Abs. 4 BGB verwiesen.

14.4 Anforderungen an Sachverständigengutachten in Kindschaftssachen

Für den psychologischen oder psychiatrischen Sachverständigen stellt sich nicht nur die Frage, welche formalen Anforderungen (▸ Abschn. 14.4.1 bis ▸ Abschn. 14.4.4) an das Sachverständigengutachten einzuhalten sind, sondern auch, welche inhaltlichen Erfordernisse (▸ Abschn. 14.4.5) bestehen.

14.4.1 Form

Aus § 163 Abs. 1 FamFG ergibt sich, dass eine schriftliche Begutachtung angeordnet werden kann. Der Umkehrschluss spräche dafür, dass auch ein mündliches Gutachten möglich wäre, was aber in der Praxis nicht vorkommen dürfte. Häufig hat der Sachverständige aber sein Gutachten in der mündlichen Verhandlung zu erläutern (§ 30 Abs. 1 FamFG i. V. m. § 411 Abs. 3 ZPO).

Vorschriften für die Gliederung des Gutachtens existieren nicht. Normalerweise wird das schriftliche Gutachten jedoch untergliedert in die Punkte formaler Rahmen, Wiedergabe der Aktenanalyse, Darstellung der Untersuchungsergebnisse, Befund sowie Beantwortung der Fragestellung (Salzgeber 2011, Rn. 2321). Des Weiteren wird auf ▸ Kap. 1 verwiesen.

14.4.2 Vorbereitung

Bei der Begutachtung müssen die Eltern gem. § 27 Abs. 1 FamFG den Gutachter unterstützen. Allerdings handelt es sich nicht um eine erzwingbare Verpflichtung (Keidel/Engelhardt 2014, § 163 Rn. 6). Im Falle der Weigerung können ihnen jedoch gem. § 81 Abs. 1, Abs. 2 Nr. 4 FamFG die Kosten für die Begutachtung auferlegt werden (Keidel/Engelhardt 2014, § 163 Rn. 6). Insbesondere in Verfahren des Sorgerechtsentzuges gem. § 1666 BGB fehlt es an einer gesetzlichen Verpflichtung der Eltern, bei einem Sachverständigen zu erscheinen, um sich körperlich oder psychologisch untersuchen zu lassen (BeckOKFamFG-Burschel 2013, § 30 Rn. 37a; BVerfG FamRZ 2009, S. 944). Es besteht jedoch die Möglichkeit, dass das Familiengericht das persönliche Erscheinen des sich weigernden Elternteils anordnet, sodass er in Anwesenheit des Sachverständigen vom Gericht angehört werden kann (BeckOKFamFG-Burschel 2013, § 30 Rn. 37a). Ferner verhindert die verweigerte Mitwirkung eines Beteiligten nicht die Erstellung eines Gutachtens, sondern dieses bezieht sich dann nur auf die Informationen der anderen Beteiligten (Salzgeber 2011, Rn. 121). Bei Gutachten im Rahmen eines Verfahrens gem. § 1666 BGB muss der Sachverständige nach Rücksprache mit dem Familiengericht und Einwilligung der/des Sorgeberechtigten – in der Regel auf Drittquellen, wie Kindergarten und Schulen, zurückgreifen (Salzgeber 2011, Rn. 1008).

Im Falle eines Unterbringungsverfahrens ist der Minderjährige vor seiner Untersuchung durch den Sachverständigen über die Ernennung des Gutachters und den Zweck der Untersuchung zu informieren (BGH NJW 2011, S. 520, 522). Ansonsten kann er sein Recht, an der Beweisaufnahme teilzunehmen, nicht wirkungsvoll ausüben.

14.4.3 Zeitpunkt

Allgemeines

§ 163 Abs. 1 FamFG legt fest, dass das Familiengericht dem Sachverständigen bei Anordnung eines schriftlichen Gutachtens eine Frist setzen muss. Die Fristsetzung dient der Beschleunigung des Verfahrens und soll beachtliche Verzögerungen der Verfahrensdauer vermeiden (BT-Drucks. 16/6308 S. 241). Die Fristsetzung geschieht zeitgleich mit der Anordnung der Begutachtung, entweder direkt im Beschluss oder aber im Gutachtenauftrag (Keidel/Engelhardt 2014, § 163 Rn. 4). Die Fristlänge richtet sich nach den Umständen des Einzelfalles (Ernst 2009, S. 345 f.; Keidel/Engelhardt 2014 § 163 Rn. 4). In der Praxis findet sich oft eine dreimonatige Frist (Salzgeber 2013, S. 442

f.). Die Fristsetzung als Zwischenentscheidung ist nicht selbstständig mit einer Beschwerde anfechtbar (Keidel/Engelhardt 2014, § 163 Rn. 4).

Fristverlängerung

Über die Vorgehensweise bei einer Fristverlängerung herrscht Unklarheit. In der Praxis wird sie durchaus auf Antrag des Gutachters fernmündlich vom Gericht erteilt (Salzgeber 2013, S. 442 f.).

> **Die Fristverlängerung per förmlichen Beschluss stellt allerdings den sichersten Weg dar.**

Ein solcher Beschluss beruht auf einem Antrag des Sachverständigen (§ 30 FamFG i. V. m. § 224 Abs. 2 ZPO).

Fristverstoß

Sollte der Sachverständige die Frist nicht einhalten, kann gegen ihn ein Ordnungsgeld festgesetzt werden (§ 30 Abs. 1 FamFG i. V. m. § 411 Abs. 2 ZPO). Hierbei berücksichtigt das Gericht, ob die Versäumnis aus einer unzureichenden Mitwirkung der Beteiligten oder auch aus Gründen, die der Sachverständige nicht beeinflussen konnte, resultiert (Keidel/Engelhardt 2014, § 163 Rn. 5).

14.4.4 Urheber

Höchstpersönlichkeit

In der Regel erfolgt eine namentliche Beauftragung des Sachverständigen (Salzgeber 2013, S. 442). Dieser muss das entsprechende Gutachten grundsätzlich allein erstellen (vgl. § 407a Abs. 2 ZPO). Ansonsten würde die auf sachlichen und persönlichen Gründen basierende Auswahl des Sachverständigen durch das Familiengericht umgangen (Osthold 2011, S. 195, 198). Es besteht jedoch die Möglichkeit, zur Unterstützung Hilfspersonen einzusetzen (§ 407a Abs. 2 S. 2 ZPO). Ausführlich hierzu ▶ Abschn. 1.1.2.

Beauftragung einer Institution

Es kann nur eine natürliche Person als Sachverständiger bestellt werden (OLG Düsseldorf FamRZ 1989, S. 1101). Sollte dennoch eine Institution mit der Erstellung des Gutachtens beauftragt worden sein, ist der Leiter dieser Institution der beauftragte Sachverständige (Salzgeber 2013, S. 442). In der Praxis benennt die Institution aber meist einen Psychologen oder Kinder- und Jugendpsychiater, welcher die Verantwortung für die Erstellung des Gutachtens durch entsprechende Unterschrift übernimmt (Salzgeber 2013, S. 442). Das Gericht ergänzt dann den ursprünglichen Beschluss um den Namen dieses Psychologen (Salzgeber 2013, S. 442).

14.4.5   Inhalt des Gutachtens

Das Gutachten muss nachvollziehbar und transparent sein (BGH NJW-RR 2011, S. 649 f.). Der Sachverständige hat sowohl die eingesetzte Methode als auch das Testverfahren vorzustellen und so zu erläutern, dass das Gericht und die Beteiligten nachvollziehen können, wie der Sachverständige zu seinen Folgerungen gelangte (Knittel 2010, § 13 Rn. 255). Die Gründe für die Wahl einer umstrittenen Untersuchungsmethode sowie die fachliche Bewertung insgesamt sollten laienverständlich erklärt werden (Knittel 2010, § 13 Rn. 255).

14.5   Hinwirken auf ein Einvernehmen gemäß § 163 Abs. 2 FamFG

§ 163 FamFG. Fristsetzung bei schriftlicher Begutachtung; Inhalt des Gutachtenauftrags; Vernehmung des Kindes. (2) Das Gericht kann in Verfahren, die die Person des Kindes betreffen, anordnen, dass der Sachverständige bei der Erstellung des Gutachtens auch auf die Herstellung des Einvernehmens zwischen den Beteiligten hinwirken soll.

14.5.1   Überblick

Beim Hinwirken auf das Einvernehmen gem. § 163 Abs. 2 FamFG handelt es sich um ein sog. lösungsorientiertes Gutachten (BT-Drucks. 16/6308 S. 169). Der Auftrag an den Sachverständigen, darauf hinzuwirken, dass ein Einvernehmen zwischen den Beteiligten erreicht wird, stellt eine Besonderheit des Verfahrens in Kindschaftssachen dar. Grundsätzlich dienen Beweismittel allein der Ermittlung eines streitigen Sachverhaltes (Osthold 2011, S. 195, 202; vgl. Greger 2010, S. 443).

Der Sachverständige hat im Rahmen seines besonderen Auftrages zusätzlich eine Vermittlungsfunktion (Greger 2010, S. 443 f.). Er dient also nicht nur als Hilfe zur Sachverhaltsaufklärung, sondern unterstützt das Gericht auch bei seinem Auftrag gem. § 156 FamFG, eine einvernehmliche Regelung des Streites herbeizuführen (Greger 2010, S. 443 ff.). Vor der gesetzlichen Regelung durch § 163 Abs. 2 FamFG war die richterliche Anordnung des Hinwirkens auf ein Einvernehmen unzulässig (vgl. BGH NJW 1994, S. 312 f.; Osthold 2011, S. 195, 202).

14.5.2   Rechtliche Voraussetzungen

Die Anordnung einer Sachverständigentätigkeit i. S. d. § 163 Abs. 2 FamFG steht im Ermessen des Gerichtes (Osthold 2011, S. 195, 201). Sie ist nur möglich in Verfahren, die die Person des Kindes betreffen, nicht im Rahmen der Vermögensvorsorge (Keidel/Engelhardt 2014, § 163 Rn. 8). Eine solche Begutachtung kann darüber hinaus auch nicht isoliert durchgeführt werden, sondern sie steht immer im Zusammenhang mit der Aufgabe, ein schriftliches Gutachten über ein Beweisthema zu erstellen (»auch«) (BeckOKFamFG-Schlünder 2013, § 163 Rn. 13; Greger 2010, S. 443, 445). Ferner erfordert diese Aufgabe das Einverständnis des Sachverständigen (Greger 2010, S. 443 f.). Obwohl es § 163 Abs. 2 FamFG nicht ausdrücklich vorsieht, muss auch hierbei auf das Kindeswohl Rücksicht genommen werden (Ernst 2009, S. 345, 347; Balloff/Wagner 2010, S. 38, 42).

Der Sachverständige ist trotz seiner Beauftragung i. S. d. § 163 Abs. 2 GG nicht verpflichtet, auf das Einvernehmen der Beteiligten hinzuwirken (»soll«) (Keidel/Engelhardt 2014, § 163 Rn. 10). Wenn ihm die Herstellung des Einvernehmens nicht gelingt, obliegt es ihm, diese lösungsorientierte Begutachtung abzubrechen, weil das Einvernehmen nicht gegen den Willen eines Beteiligten verfolgt werden kann (Vogel 2010, S. 1870, 1873). Gegen die Entscheidung des Gerichtes, dem Sachverständigen zusätzlich gem. § 163 Abs. 2 FamFG die Aufgabe zu geben auf ein Einvernehmen hinzuwirken, kann keine Beschwerde eingelegt werden (MünchKommFamFG-Schumann 2013, § 163 Rn. 14).

14.5.3 Verfahrensrechtliche Besonderheiten

Auch wenn der Sachverständige bei einem Auftrag gem. § 163 Abs. 2 FamFG eine Vermittlerstellung innehat, unterliegt er den Regeln für Beweismittel. Dies hat zur Folge, dass er sich weder auf die Verschwiegenheitspflicht nach § 203 StGB, noch auf ein Aussageverweigerungsrecht berufen kann (Greger 2010, S. 443, 445). Stattdessen muss er auch Erkenntnisse, die er im Rahmen seiner Vermittlungstätigkeit erlangt, und die für die Beweisfrage Relevanz haben, in seinem Gutachten präsentieren.

14.5.4 Ziel der Tätigkeit

Wie der Wortlaut andeutet, handelt der Gutachter mit dem Ziel, eine Konfliktminderung oder Einigung zwischen den Beteiligten zu erreichen. Zudem soll bewirkt werden, dass der vom Sachverständigen erarbeitete Lösungsvorschlag später auch umgesetzt wird (Keidel/Engelhardt 2014, § 163 Rn. 8).

14.5.5 Vorgehen

Über die Methoden, die der Sachverständige bei seiner Vermittlungstätigkeit zugrunde legen soll, sagt das Gesetz nichts aus. Es obliegt ihm jedoch darzulegen, wie er den Auftrag umgesetzt hat (Wagner u. Balloff 2009, S. 263, 277). Umstritten ist allerdings die Reihenfolge, in welcher beide Aufträge, also der diagnostische Gutachtenauftrag sowie die lösungsorientierte Tätigkeit, vom Sachverständigen zu bearbeiten sind. Zum Teil wird vertreten, dass der Sachverständige beide Tätigkeiten parallel ausüben kann (Balloff 2011, S. 12 f.). Andere sind der Ansicht, dass zunächst die diagnostische Begutachtung erfolgen muss, bevor mit dem Versuch, ein Einvernehmen herbeizuführen, begonnen werden kann (Greger 2010, S. 443, 445). Letztlich hat der Sachverständige aber darüber nach eigenem, pflichtgemäßem Ermessen zu entscheiden.

14.6 Literatur

Balloff R (2011) Die Beauftragung des Sachverständigen in Kindschaftssachen. FPR 17: 12–14

Balloff R (2013) Kindeswohlgefährdungen durch Herausnahme des Kindes aus dem Elternhaus und bei Wegnahme aus der Pflegefamilie. Familie, Partnerschaft, Recht 19: 208–213

Balloff R, Wagner, W (2010) Einvernehmenorientiertes Vorgehen in der Sachverständigentätigkeit nach dem FamFG. FPR 16: 38–43

Beck'scher Online-Kommentar BGB, Edition 29 Stand 1.11.2013. Beck, München (zit.: BeckOKBGB-Bearbeiter)

Beck'scher Online-Kommentar FamFG, Edition 10 Stand 1.10.2013. Beck, München (zit.: BeckOKFamFG-Bearbeiter)

Beermann C (2011) Zivilrechtliche und öffentlich-rechtliche freiheitsentziehende Unterbringung Minderjähriger. FPR 17: 535–538

Brähler E, Holling H, Leutner D, Petermann F (2002) Brickenkamp Handbuch psychologischer und pädagogischer Tests. Hogrefe, Göttingen

Dethloff N (2012) Familienrecht, 30. Aufl. Beck, München

Erman W (2011) Bürgerliches Gesetzbuch Band II §§ 759–2385, ProdHaftG, ErbbauRG, VersAusglG, VBVG, LPartG, WEG, EGBGB, 13. Aufl. Dr. Otto Schmidt, Köln (zit.: Erman-Bearbeiter)

Ernst R (2009) Der Sachverständige in Kindschaftssachen nach neuem Recht. FPR 15: 345–348

Flämig J, Wörner U (1977) Standardisierung einer deutschen Fassung des Family Relations Test (FRT) an Kindern von sechs bis 11 Jahren. Praxis der Kinderpsychologie und Kinderpsychotherapie 1: 5–10, 38–46

Fliegner J (2004) Scenotest-Praxis. Ein Handbuch zur Durchführung, Auswertung und Interpretation. Asanger, Kröning

Greger R (2010) Die einigungsorientierte Begutachtung aus verfahrensrechtlicher Sicht. FPR 16:. 443–446

Haußleiter M (2011) FamFG, Beck (zit. Haußleiter-Bearbeiter), München

Horndasch K (2013) Teil E Elterliche Sorge, Umgangsrecht. In: Scholz H, Kleffmann N, Motzer S (Hrsg), Praxishandbuch Familienrecht, 25. Aufl. Beck, München

juris Praxiskommentar (2011) BGB Bd 4 Familienrecht, 5. Aufl. juris, Saarbrücken (zit. jurisPK-Bearbeiter)

Kassenbacher M (2012) Der Auskunftsanspruch über die persönlichen Verhältnisse des Kindes. NJW–Spezial 1: 4–5

Keidel T (2014) FamFG, 18. Aufl. Beck, München (zit.: Keidel-Bearbeiter)

Klosinski G (Hrsg) (2007) Begutachtung in der Kinder- und Jugendpsychiatrie: Empfehlungen der Kommission »Qualitätssicherung für das Gutachtenwesen in der Kinder- und Jugendpsychiatrie und Psychotherapie«. Deutscher Ärzteverlag, Köln

Knittel B (2010) Elterliche Sorge. In: Schnitzler K (Hrsg) Familienrecht, 3. Aufl. Beck, München

Lang C (2014) Elterliche Sorge. In: Schnitzler K (Hrsg) Familienrecht, 4. Aufl. Beck, München

Lempp R (Hrsg) (2013) Forensische Psychiatrie und Psychologie des Kindes- und Jugendalters. Springer, Berlin

Münchener Kommentar (2012) Kommentar zum Bürgerlichen Gesetzbuch, Säcker FJ, Rixecker R (Hrsg), Bd 8: Familienrecht §§ 1589-1921 SGB VIII, 6. Aufl. Beck, München (zit.: MünchKommBGB-Bearbeiter)

Münchener Kommentar (2013) Kommentar zum FamFG, Rauscher T (Hrsg), 2. Aufl, München, Beck (zit.: MünchKomm-FamFG-Bearbeiter)

Muscheler K (2013) Familienrecht, 3. Aufl. Franz Vahlen, München

Nomos Kommentar BGB (2010) Kaiser D, Schnitzler K, Friederici P (Hrsg), Familienrecht Band 4 §§ 1297-1921, 2. Aufl. Nomos, Mainz Euskirchen Naumburg

Osthold R (2011) Sachverständigentätigkeit in Kindschaftssachen nach § 163 FamFG. Praxis der Rechtspsychologie 21: 195-206

Palandt, O (Hrsg) (2014) Bürgerliches Gesetzbuch, 73. Aufl. Beck, München (zit. Palandt-Bearbeiter)

Peschel-Gutzeit L (2004) Schützt die Verbleibensanordnung das Kind wirksam? 25 Jahre Erfahrung mit § 1632 IV BGB. FPR 10: 428-431

Rogalla V (2013) Elterliche Einwilligung in eine medizinisch nicht indizierte Beschneidung des selbst noch nicht einwilligungsfähigen männlichen Kindes gemäß § 1631d BGB. FamFR 21: 483-484

Salzgeber J (2013) Der psychologische Sachverständige im Familiengerichtsverfahren – Hat der Sachverständige immer Recht? FF 5: 442-445

Salzgeber J (2011) Familienpsychologische Gutachten. Rechtliche Vorgaben und sachverständiges Vorgehen, 5. Aufl. Beck, München

Salzgeber J, Fichtner J (2009) Neue und bekannte Handlungsspielräume des Sachverständigen bei der Orientierung auf Lösung. Praxis der Rechtspsychologie 19: 245-262

Schlüter W (2012) BGB-Familienrecht, 14. Aufl. C.F. Müller, Heidelberg

Schulte-Bunert K, Weinreich G (Hrsg) (2012) Kommentar des FamFG, 3. Aufl. Luchterhand, Köln (zit.: SBW-Bearbeiter)

Schwab D (2013) Familienrecht, 21. Aufl. Beck, München

Staudinger J (Hrsg) (2009) Kommentar zum Bürgerlichen Gesetzbuch mit Einführungsgesetzen und Nebengesetzen, 4. Buch, Familienrecht, §§ 1626-1633 Elterliche Sorge – Inhaber und Inhalt; §§ 1638-1683 Elterliche Sorge – Vermögenssorge, Kindesschutz, Sorgerechtswechsel;

§§1684-1717 Elterliche Sorge 3 – Umgangsrecht, 15. Aufl. De Gruyter, Berlin (zit.: Staudinger-Bearbeiter)

Vogel H (2010) Das Hinwirken auf Einvernehmen in strittigen Kindschaftssachen. FamRZ 22: 1870-1874

Wagner W, Ballof R (2009) FamFG und Sachverständigentätigkeit. Praxis der Rechtspsychologie 19: 263-281

Westhoff K, Kluck M-L (2008) Psychologische Gutachten schreiben und beurteilen. Springer, Heidelberg

Westhoff K, Terlinden-Arzt, Klüber A (2000) Entscheidungsorientierte psychologische Gutachten für das Familiengericht. Springer, Berlin Heidelberg

14

Stichwortverzeichnis

F. Schneider, H. Frister, D. Olzen, *Begutachtung psychischer Störungen*
DOI 10.1007/978-3-642-54765-2, © Springer-Verlag Berlin Heidelberg 2015